근현대교회사

서 요 한 저

A History of Morden Christian Church

by

Rev. Yohahn Su, Th.M., Ph.D.

Professor of Ecclesiastical Theology
in Chongshin University(Seoul, Korea)
and
Director, Centre for the Puritans & Reformed Theology

Korean Edition

헌 정 사

존경하는 雲山 최영섭 선생님과

허병주 목사님께 이 작은 책을 기쁨으로 헌정한다.

"내가
선한 싸움을 싸우고
나의 달려갈 길을 마치고 믿음을 지켰으니
이제 후로는 나를 위하여
의의 면류관이 예비되었으므로
주 곧 의로우신 재판장이 그 날에
내게 주실 것이니
내게만 아니라 주의 나타나심을 사모하는
모든 자에게니라"
(딤후 4:7-8)

"예수 그리스도는
어제나 오늘이나 영원토록 동일하시니라"
(히 13:8)

"이는 만물이
주에게서 나오고 주로 말미암고 주에게로 돌아감이라
영광이 그에게 세세히 있으리로다 아멘!"
(롬 11:36)

머 리 말

대부분의 사람들이 공감하듯이 현대는 정보화의 시대, 무한경쟁 시대, 특별히 제4차 산업 혁명(fourth industrial revolution, 4IR)[1] 시대로 특징된다. 그 중에 제4차 산업혁명은 정보통신기술(ICT)의 융합으로 이루어낸 최근의 과학 혁명으로 물리적 및 생물학적, 디지털적 세계를 빅 데이터에 입각하여 통합시키고 경제와 산업 등 모든 분야에 영향을 미치는 다양한 신기술을 가리킨다. 이는 18세기 초 산업 혁명 이후 네 번째 형성된 것으로 핵심은 인공지능과 로봇공학, 사물 인터넷과 무인 운송 수단, 즉 무인 항공기와 무인 자동차, 3차원 인쇄와 나노 기술과 같은 분야에서의 새로운 기술 혁신을 말한다. 이는 현재 우리가 삶의 현장에서 직접 경험하고 있는 또한 앞으로 경험할 미래의 신산업이다. 이렇듯 전 세계는 급속히 글로벌화 되는바 좋든 싫든 하나의 공동 운명체이다. 그러나 누가 우군인지 적군인지 알 수 없는 긴박한 상황에서 각국은 시시각각 매우 다양한 생존 방법과 전략을 전 방위적으로 펼치고 있다. 따라서 지금까지 우리가 그렇게 중시해 온 전통적인 사고방식과 생활 습관은 끝 모를 도전에 노출되어 있다. 이러한 상황에서 향후 21세기는 어떤 모습일지 기대만큼 우려 또한 크다. 그러나 유사 이래 세계는 어느 한 시대도 어려움이 없던 때가 없었고, 지금처럼 앞으로도 격랑 속에 묵묵히 궤적을 남길 것이다. 격동의 한 시대를 살았고 또 살아갈 치열한 삶

1) 제1차 산업 혁명은 유럽과 미국에서 18-19세기에 일어났다. 주로 농경 사회에서 농촌 사회로의 전환으로 산업과 도시로 바뀌는 시기였다. 당시 철강 산업은 증기 엔진의 개발과 함께 산업 혁명기에 핵심적인 역할을 수행하였다. 제2차 산업 혁명은 제1차 세계 대전 직전인 1870년에서 1914년 사이에 일어났다. 이를 통해서 기존의 산업 성장을 이끌며 철강, 석유 및 전기 분야에서 신규 산업의 확장과 대량 생산을 위해 전력이 사용되었다. 이 기간 동안 주요 기술의 진보는 모터, 전화, 전구, 축음기 및 내연 기관이 포함되었다. 제3차 산업혁명은 전자회로와 정밀제어에 의한 생산성이 급속히 향상된 것으로 디지털 혁명을 가리킨다. 즉 기존의 아날로그 전자 및 기계 장치에서 현재 이용 가능한 디지털 기술의 발전을 가리키며, 1980년대 이 후 지금까지 계속되고 있다. 특별히 제3차 산업 혁명에는 개인용 컴퓨터, 인터넷 및 정보 통신 기술(ICT)이 포함되었다. 그리고 제4차 산업혁명은 언급된 대로 초연결성, 초지능성에 의한 생산성 향상을 가리킨다.

의 현장에서 우리는 역사에 무엇을 남길 것인지를 고뇌하는 지성인들로 이는 누구도 피할 수 없는 운명이요 과제일 것이다.

1994년 2월 귀국 후 필자는 지금까지 몇 몇 선지학교에서 기독교회사를 가르쳐 왔다. 그러던 중에 유학 시절 한국 교회와 차세대 지도자를 위한 신학 지침서의 출간을 기획하고, 특별히 21세기 한국교회의 성장과 도약, 미래를 꿈꾸며 학자로서 책임과 역할을 위해 오직 한 길 앞만 보고 달려왔다. 필자는 유학 당시 여러 교수님들을 통해 배운 학문과 학위 과정 중에 준비한 다양한 자료들을 하나님의 나라와 언약신학적 관점에서 심도있게 분석하고, 이를 한국적 상황에 접목하는 시대별 맞춤 교회사 집필 20년 프로젝트를 진행해 온바, 지금까지 기독교 2,000년 역사를 시대별로 구분하여 「언약사상사」(1994), 「초대교회사」(1999, 2003, 2010), 「중세교회사」(2003, 2010), 「종교개혁사」(2013), 「개혁신학의 전통」(2014), 「스코틀랜드 교회와 한국장로교」(2015), 「청교도유산」(2016)을 연차적으로 출간하였다. 그런데 본서는 「언약사상사」, 「개혁신학의 전통」, 「스코틀랜드 교회와 한국장로교」, 그리고 「청교도 유산」과 함께 필자가 기획한 2,000년 기독교의 역사, 특별히 종교개혁 이후의 방대한 근현대 기독교의 역사를 주제별로 정리하였다. 그러나 많은 부분에서 부족을 실감하며 이후 학문적인 수정과 보완이 요구된다 할 것이다.

본서는 결론과 부록 1장을 포함하여 5부 총 20장으로 구성되었다. 제1부 종교개혁과 기독교 선교는 4장으로 제1장 근세교회사의 역사적 조망, 제2장 종교개혁자 존 칼빈의 성경관 소고, 제3장 16세기 종교개혁과 칼빈주의의 확장, 제4장 종교개혁 이후 기독교 선교 과정이며, 제 2부 신학 논쟁과 정체성 확립은 5장으로 개신교 정통 신앙고백 시대 소고, 제6장 개혁파 정통시대의 특징 소고, 제7장 경건주의(Pietism)의 형성과 전개과정, 제 8장 영국의 복음주의 운동 소고, 제9장 조나단 에드워드의 대각성 운동이다. 제 3부 현대 기독교의 갈등과 대립은 5장으로 제10장 현대교회사의 발전과 기독교의 역할, 제 11장 현대기독교 사상의 역사적 전개(1), 제12장 현대기독교 사상의 역사적 전개(2), 제13장 아브라함 카이퍼의 생애와 신학사상, 제14장 19세기 영국의 옥스퍼드 운동 소고이며, 제4부 자유주의의 도전과 교회의 역할은 4장으로, 제15장 20세기 양차 대전과 역사 변동, 제16장 기독교 자유주의 신학 소고, 제17장 복음주의의 형성과 신학적 특징, 제18장 WCC, 세계교회협의회 소고 등이다. 그리고 제5부 결론 및 부록은 2장으로 제19장 결론 근현대교회사의 역사적 평가와 전망, 제20장 부록(1) 사이비 이단 천부교 경전 하나님 말씀 비판으로 구성되었다.

본서를 출간하면서 지난날을 돌아보니 필자에게 감사할 일들이 너무나 많다. 무엇보다도 먼저 부족한 종을 뜨거운 불도가니에 일곱 번 연단한 정금처럼 오랫동안 훈련하셔서 학자로 세워 주신 주님의 크신 사랑과 은혜이다. 사도 바울은 일찍이 자신을 사도 중에 지극히 작은 자(고전 15:10)요 또한 모든 성도 중에 지극히 작은 자보다 더 작은 자라고 하였다(엡 3:8). 이는 감히 필자가 본서를 마무리하면서 사도 바울의 심정으로 존귀하신 주님께 올리는 고백이다. 그리고 필자의 유학시절 학문연구와 재정문제로 어려움에 처한 필자에게 영적 아버지로서 물심양면 후원하신 고(故) Rev. 윌리암 스틸(William Still) 목사님(Scotland, Aberdeen)의 은혜를 잊을 수 없다. 목사님은 오래 전에 주님 품에 안기셨지만 필자의 여정에 그분께서 베푸신 사랑과 은혜는 밤하늘에 빛나는 별처럼 내 가슴에 영원히 자리 할 것이다. 그리고 평생을 자식 위해 눈물로 기도하신 사랑하고 존경하는 부친 서남수 장로님과 모친 정복순 권사님, 그리고 사랑하는 가족들(아내 은순과 삼남매 에덴, 아론, 샤론)의 관심과 사랑은 이 세상의 그 어떤 것과 비교할 수 없을 것이다.

본서를 마무리하면서 "그리운 금강산"의 작곡가 雲山 최영섭 선생님께 감사의 마음을 전한다. 선생님은 2018년 8월 현재 90세의 고령에도 불구하고 필자의 인생에 새로운 사명감으로, 역사학도인 필자에게 시 문학과 고전 음악, 특별히 전통 우리 가곡에 관심을 불러 일으키셨다. 그리하여 선생님은 필자의 작시에 성가곡 16곡, 서정가곡 42곡, 찬송가 28곡 등 총 86여 곡을 작곡하셨다.[2] 그리고 총신대 한상진 교수님과 신대원 이희성 교수님, 한경석 교수님과 김선영 교수님, 백

석대의 문태순 교수님, 친구 문승호 목사님과 김영춘 사장님, 평생을 이단척결을 위해 헌신하신 허병주 목사님의 관심과 사랑, 그리고 필자의 저술 「초대교회사」와 「중세교회사」를 세계 최초로 만화화하시고, 현재는 「종교개혁사」와 「청교도 유산」을 작업 중에 계신 김종두 부장님께 감사드린다. 특별히 부장님의 작품을 통해서 국내외의 기독교 문서 선교는 물론 향후 역사에 대한 관심과 교회와 세상을 이해하는 통찰력의 증대, 무엇보다도 성도들의 신앙 성숙과 성장에 도움이 되었으면 한다. 그리고 신학교 시절부터 지금까지 기도로 항상 함께 하는 푸른 초장 교회의 이근희 목사님과 조요남 사모님, 윤성룡 집사님과 임성자 집사님께 특별히 고마움을 전하며, 또한 장화동 목사님과 최영렬 목사님, 최시몬 목사님과 전영수 목사님, 최석렬 목사님과 최용성 목사님, 조교 박이레 전도사님과 이영국 전도사님, 한대희 전도사님, 그리고 목동제자교회와 화곡동 대평교회 교우들에게도 고마움을 전한다. 끝으로 본서의 출간을 기쁘게 허락하신 도서출판 그리심 대표 조경혜 권사님과 장종길 장로님, 그리고 편집부 직원들에게 심심한 감사를 드린다. 바라기는 본서를 통해서 한국 교회의 지속적인 성장과 온누리에 하나님의 나라 건설, 또한 그분의 소명을 이루기를 열망하는 모든 이들에게 주님의 크신 은총을 기원한다.

Soli Deo Gloria!

2018년 10월 5일

개혁신학의 요람 총신대학교 신학대학원 양지 연구실에서

中甫 서요한 교수

---

2) 2016년 11월 29일, 「기독신문」20면 제2082호 특별 광고 참조.

차 례

제 4부 자유주의의 도전과 교회의 역할

제 5부 결론 및 부록

A History of
Morden Christian Church

제 1 부

종교개혁과 기독교 선교

제1장

근대교회사의 역사적 조망

1. 서론: 역사 해석의 방법론

필자는 년 전에 출간한 종교개혁사에서 종교개혁에 대한 몇 가지 견해를 살펴보았다. 정리하면 우리가 역사를 해석할 때 하나님의 섭리적 관점에서 항상 객관적인 사실을 중시하고 해석자 자신의 주관적인 인식의 중요함을 고찰하였다. 균형 잡힌 해석을 위해서는 해석자의 신학적 균형, 성숙한 역사 선택과 강조 그리고 평가가 요구된다. 역사해석은 때로 각자의 입장과 처지에 따라 조금은 차이가 있을 수 있지만 이것이 잘 조화를 이룰 때 창조적인 역할과 함께 바른 역사적 안목이 형성된다. 그러므로 특정적인 견해나 주장을 절대시하거나 획일화해서는 안 될 것이다. 모든 글과 저술에는 저자의 혼과 사상이 담겨져 있듯이 역사에는 인간의 모든 발자취가 내포되었다. 오늘도 이 역사는 종말을 향해 도도히 흐르는 바, 우리는 모두 그 역사의 주역과 주체로 역사의 한 페이지를 서술해 가야 할 것이다.

장구한 인간의 역사를 탐구하기 위해 우리는 기독교인으로서 역사전반 특히 지난 날 과거의 기독교 역사를 취급할 때 언급한 대로 바른 신앙적 및 신학적 입장을 정립하는 것이 중요하다. 여기에는 물론 바른 성경관이 필연적으로 요청된다. 이것이 올바로 정립되지 않으면 역사는 왜곡될 수 있고 그렇게 되면 고립되거나 탈선하기 쉽다. 그리하여 종국에는 의도했던 하지 않았던 시날 땅의 바벨탑이 될 것이다. 때문에 우리는 하나님이 만세전에 계획하시고 이루시는 그분의 구속경륜, 구원의 역사를 바른 신앙과 역사적 기초위에서 이해하는 것이 중요하다. 끝없이 전개되는 역사적 사건과 시대적 변화 속에서 그분의 뜻을 이해하고 그 뜻을 이루기 위한 소명자의 삶을 살아야 할 것이다. 이런 방식이 소위 기독교의 구속사적 역사 해석과 실천적 방법이다. 그렇게 되면 이 땅에서 일어나는 역사적 사건들은 모두가 새로울 뿐 아니라 역사의 창조자로서 적극적으로 살아가게 된다. 동시에 역사 속에 나타난 하나님의 섭리를 그리스도의 구속적 관점[3)]에서 해석하고 적용할 수 있다. 우리는 부름 받은 주의 일꾼으로 역사 속에 나타난 하나님의 구속 경륜을 실현하는데 온 힘을 기울여야겠다.

그런데 역사를 해석함에 있어서 우리는 과연 바른 역사관 위에서 편견 없이 역사를 해석할 수 있는가? 역사 해석에서 해석자의 입장이 완전히 배제될 수는 없으나 이를 최소화하기 위해 우리의 신앙 성숙과 인식 능력을 고양(高揚)하는 것이 필요하다. 부단한 연구와 자기 탐구는 이 물음과 문제를 해결하는 열쇠이기 때문이다. 우리는 개혁주의적 신학 전통과 신앙위에서 역사를 해석해야 하므로 일반 역사가에 비해 더 많은 노력과 수고가 요구된다. 노도광풍처럼 거세게 몰아치는 세속문화의 도전, 특별히 요즘처럼 급변하는 최첨단 정보화 시대에 맞서 기독교 문화를 창달하고 정착시키기 위해 갑절의 노력이 요청되는 것이다. 이것을 실현하기 위해 심도 있는 역사 탐구와 깨달음, 실제적 적용을 통해 미래를 조망(眺望)해야 된다. 이런 간단한 이해와 함께 우리는 본서를 통해서 역사 해석의 방법론을 확실히 해야 할 것이다. 그 이유는 역사를 탐구할 때 항상 역사를 어떤 관점에서 취급할 것인지, 결국은 역사관에 직면하기 때문이다. 이것은 그토록 방대한 역사적 사실을 오늘 우리의 현실과 상황에 올바로 적용하기 위한 필연적인 인식이다.

필자는 본 장에서 세 가지 원칙 아래 근현대교회사를 취급할 것이다.

(1) 단순히 역사의 연대기적 관찰이나 나열보다는 사건의 발생과 시대적 상황에 대한 의미 해석에 역점을 둘 것이다. 왜냐하면, 역사란 사건 개개의 발생 시기를 기점으로 형성되지만 그 사건들이 주는 의미를 보다 객관적으로 이해하기 위

---

3) 이와 관련하여 전통적으로 개혁파는 신적 작정론에서 취급하지만 그러나 혹 그리스도론적으로 접근하면 오스카 쿨만(Oscar Culm an)의 「시간과 그리스도」(*Time and Christ*)의 기독론 중심의 역사관이 형성되어 자유주의적으로 기울므로 주의가 요망된다.

해서이다. 역사가는 여기서 개인과 사회, 혹은 국가를 대변하는 진정한 역사와 만날 수 있다. 이같은 방식을 통해 우리는 방대한 역사를 일목요연하게 객관적으로 이해할 수 있다. 그러므로 역사가에게 요구되는 것은 항상 균형잡힌 학문적 통찰력인바, 어떤 편견과 선입견, 혹은 불공평성을 배제하기 위함이다.

(2) 해석학적 방법론의 필연적 요구로 과거의 역사적 사실들을 오늘 우리의 상황에 바르게 적용시키는 훈련이 요청된다. 사건을 보는 관점이 역사가에 따라 다를 수 있으나 역사에 기록된 사건과 사상들이 역사가에 의해 올바로 조명되고 해석되어야 한다. 역사는 먼저 역사가와의 진정한 만남에서 시작되기 때문이다.[4] 우리는 역사의 관망자가 아니라 참여자로서 모든 사건을 서술해야 할 시대적 사명이 있다. 과거의 역사가 지금 우리에게 무엇을 의미하는지(for me now)가 항상 진지하게 고려되어야 한다. 여기에 기초하여 현재와 미래에 대한 보다 확실한 전망, 때로는 역사적 예측과 예상이 가능할 것이다.

(3) 무엇보다도 계시사적 발전, 즉 언약신학적 접근을 통해 하나님은 어떻게 이 죄악 세상을 다루시는지를 신학적 관점 즉 기독교적으로 해석하는 것이다. 이 말은 역사를 하나님의 구속경륜, 신적 작정의 측면에서 역사 속에 숨겨진 하나님, 그분의 뜻을 찾는 것을 말한다. 다른 말로 하면 역사 속에서 하나님의 활동, 그분의 숨결을 발견하는 것이다. 때문에 기독교 역사가는 항상 자기 자신의 생각과 의견 대신 하나님과 인간에 관한 성경이 가르치는 구속사적 개념들을 올바로 해석하여 전달해야 한다. 하지만 혹 이점을 간과한다면 역사 연구는 바람을 잡는 듯이 결국은 허공을 칠 것이다. 따라서 본서는 1500년대 종교개혁 이후 1800년 프랑스 혁명까지 약 300년 동안 어떻게 발전해 왔는지를 개혁주의적 관점에서 상고할 것이다. 그런 의미에서 본서는 일반 교회사나 세속사와 확연히 구별될 것이다.

---

4) 독일어에서 역사란 두 가지 히스토리와 게쉬히테로 표현된다. 전자는 인간과 관계된 사건들의 인과적 연쇄관계에 초점을 맞추며 주로 역사적 사실들을 강조한다. 여기서는 역사가에게 모든 전제와 선입견으로부터 분리가 요구된다. 우리가 히스토리, 즉 역사를 탐구할 때는 객관적 사실들이 유일한 목표이다. 후자는 인격들의 상호 조우에 초점이 맞추어진다. 여기서는 반드시 공평성을 추구하지는 않는다. 역사가는 게쉬히테 속에서 그의 인격적 실존에 영향을 미치는 만남을 경험하게 된다. 이 만남 속에서 역사가는 어떤 시대적 요청들과 반응들, 소위 역사의 의미를 창조하게 된다. 보다 자세한 것은 서요한, "제1장 교회사의 역사적 개관(1)",「초대교회사」, (도서출판 그리심, 2010), 21-56 참조.

일반적으로 종교개혁사는 주로 개혁자 루터와 칼빈, 츠빙글리와 재세례파 및 프랑스의 종교개혁, 그리고 가톨릭의 반동종교개혁을 포함한다. 여기서는 주로 각 지역이나 언어, 혹은 지도자를 중심으로 취급되지만 또한 당시 각 교파나 혹은 교회의 개혁을 위해 요구된 교리를 취급한다. 그 후 근대의 첫 시기, 소위 정통주의 시대는 신앙이 교파를 따라서 보다 교리적 양상을 띠었다. 예를 들면, 정통 개혁파 교회에서는 당시 교회가 요구한 참된 권위와 교회의 본질에 관한 문제 그리고 구원문제를 집중적으로 논의하였다. 한편 재세례파와 가톨릭은 자신들의 입장을 옹호하기 위하여 그들 나름의 교리를 확립하였다. 특별히 가톨릭에서는 예수회와 트랜트 공의회를 통하여 종교개혁에 적극적으로 대응하였다. 필자는 본서에서 먼저 근대의 역사적 사실들, 그간의 제 이론들을 고찰할 것이다. 이것은 특히 연대구분과 해석을 둘러싸고 차이를 보여 온 것을 간략히 세 가지로 정리하였다.

2. 근대교회사의 시대구분

(1) 1517년 루터의 종교개혁과 함께 시작되었다는 것이다. 이들은 개혁 사상은 곧 중세의 해묵은 교권과 전통에서 벗어나 새로운 사상 전개를 펼쳐나갔다고 주장한다. 종교개혁은 종교, 즉 교회 개혁에 국한하지 않고 정치과 경제, 사회와 문화 등 전 영역에 혁명적인 변화를 가져왔기 때문이다. 따라서 일부 학자들은 이것을 근대의 태동과 시작으로 평가한다. 분명한 것은 종교개혁으로 유럽은 중세에서 근대로 접어들었다. 중세 1,000년의 죽은 전통과 관습, 그리고 인문주의적 신앙을 거부하고 성경에 기초한 신앙회복과 교회의 개혁을 성취하여, 이후 그 누구도 거부하거나 방해할 수 없는 새로운 시대를 개화하였다. 때문에 개혁자들은 하나님의 거룩한 소명에 자신들의 삶을 헌신하고 개혁에 투신하였으며 가톨릭의 박해와 온갖 음해에도 불구하고 성경의 원리와 가르침을 실천함으로 마침내 새로운 역사의 여명을 열었다.

(2) 종교 개혁자들의 사망을 기점으로 보는 견해로 대개 이들은 독일의 신교가 처음에 독일 내 가톨릭 세력으로부터 그 생존권을 인정받게 된 1555년의 아우구스부르크 종교화의에서 출발한다. 이 시기의 주장자들은 마틴 루터(1483-1546)나, 존 칼빈(1509-1564), 헐드리히 츠빙글리(1484-1531), 그리고 존 낙스(1514-1572)

같은 개혁자들이 떠났으나 개혁교회가 가톨릭과 분리 후 유럽의 여러 나라에서 신앙의 자유를 쟁취한 시기라고 믿는다. 그러나 혹 이 시기를 종교개혁과 분리하지 않고 하나로 취급하면 종교개혁 시기는 너무 광범위 할 것이다. 사실 일반 세계사나 문화사와 달리 기독교는 종교개혁 이후의 역사를 시대별 특징에 따라서 청교도 운동과 경건주의 운동, 복음주의 운동과 대 각성운동으로 구분하여 취급한다. 그런데 그 중에 영국에서 일어난 청교도 운동은 영국교회의 종교개혁과 밀접히 연관되었다. 예를 들면, 당시 스코틀랜드 개혁자 존 낙스는 역사가 증명하듯이 영국 교회의 초기 개혁을 주도한, 청교도 운동의 핵심 지도자였다. 그러므로 2,000년 기독교사에서 종교개혁의 중요성을 볼 때 이를 근대와 구분하는 것은 매우 적절하다. 전통적으로 학자들은 이 시기를 종교개혁사와 구분하여 근대사로 취급하였다.

(3) 또 다른 주장은 유럽의 종교전쟁이 모두 종식된 1648년부터 근대교회사를 취급해야 한다는 것이다. 이 주장은 유럽의 전쟁, 특별히 30년 전쟁(1618년-1648년)을 종식시키고 종교적 관용을 공식화한 시기이기 때문이다.[5] 이를 통해서 유럽의 역사와 사회, 정치와 종교, 그리고 문화 전반에 엄청난 변화를 가져왔다. 이 전쟁의 종식과 함께 비로소 세계 역사는 이성과 자율의 시대, 즉 합리주의 시대로 발전하였다. 따라서 이 시기에 교회는 가톨릭으로부터 자율성을 보장받았으나 다양한 철학 사상의 대두와 급속한 세속화로 치명타를 입었다. 예를 들면, 전례 없이 교황의 권위가 추락하면서 세속 정부지도자들이 그 권위를 이양 받았고, 이러한 경향은 가톨릭뿐 아니라 개신교도 마찬가지였다. 따라서 개혁자들의 성경 중심적 신앙 전통과 신학적 유산은 퇴색하고 인본주의와 세속주의, 혼합주의와 자유주의 사상이 교회를 맹타하였다. 이처럼 절박한 상황에서 물론 교회의 각성과 갱신을 촉구한 경건주의 운동과 복음주의 운동, 그리고 대각성운동이 태동하기도 하였다. 필자는 본 장에서 1555년의 아우구스부르크 종교화의를 기점으로 근대교회사를 취급할 것이다. 그 이유는 종교개혁사에서 이미 당시의 여러 상황을 다루었기 때문이다.

5) 게리 코헨, 「신앙과 과학」, 강신권 역, (쿰란출판사, 2008), 131.

3. 근대교회사의 역사해석

3.1. 가톨릭의 견해

초대교회 이래 유일한 범 우주적 혹은 보편적 교회로 존재해 온 로마 가톨릭은 교회의 권위를 부정하고 기독교적 전통에서 이탈하는 무리를 이단으로 규정, 혹독히 심판하였다. 이들에 의하면 루터의 개혁은 개혁이 아니라는 것이다. 그 이유는 개혁이 개악으로 변질될 수 있으며 종종 의도와 달리 수정 정도로 끝나는 경우도 많기 때문이다. 혹은 혁명으로 유도되는 경우나 반란, 혁신으로 변하기 때문이다. 하지만 가톨릭 교회사에서 가장 영향을 미친 혁신 운동은 16세기의 종교개혁이다. 가톨릭에 의하면 이 사건은 교회의 쇄신에 대한 열망이었으나 오히려 신앙의 기초와 원리를 파괴하고 그리스도의 몸된 교회를 분열하였다.[6] 결국 가톨릭은 종교개혁을 개악으로, 정치적인 분열이나 혹은 교회의 반란으로 취급하였다.[7] 이런 가톨릭의 견해는 16세기의 트랜트 공의회와 19세기의 제1차 바티칸 공의회의 교서가 보여준다. 이들은 자신들의 주요 회의를 통해서 스스로의 권위를 인정하였다. 그렇게 함으로서 자신들의 전통을 유지하고 확립하여 가톨릭이 세계 종교의 중심이라는 사실을 보여주었다. 그러나 가톨릭은 자신들의 기대와 달리 종교개혁이나 혹은 근대에 발생한 여러 사건들로 인하여 그 권위가 극도로 실추되었다. 따라서 이런 현상에 대하여 가톨릭의 역사학자 독일의 요셉 로르쯔(Joseph Lortz, 1887-1975)는 근대와 현대를 주관주의와 개인주의, 민족주의와 평신도주의로 특징짓고 이 시대는 계시 신앙적이 아니라 계시 적대적이라고 비판하였다. 즉 가톨릭적 보편성과 기독교적 중심성을 인정하지 않는 사상적 혼란기라는 것이다.[8] 사실 근대의 기독교의 신앙은 가톨릭의 전유물이기 보다는 오히려 탈기독교화의 몸부림이 맹위를 떨치던 시대였다.[9]

6) 한국사목연구소, 「가톨릭 교과 교육 자료집 세계사」, (서울: 한국천주교중앙협의회, 1993), 54, 63.

7) 아우구스트 프란쯔, 「세계사」, 최석우 역, (경북: 분도출판사, 1996), 293.

8) 김광채, 「근세현대 교회사」, (기독교문서선교회, 1994), 14.

9) *Ibid.*, 14.

가톨릭은 급속도로 확산되는 교회 역사를 어떻게든 자신들에게 유리하게 해석하였다. 예를 들면, 가톨릭은 제1차 바티칸 공의회(1869-1870)의 교황무오설 이후 나타난 문화 투쟁을 통하여 계속해서 사회와 문화에 대한 주도권을 잡으려고 노력하였다. 그러나 그들의 해석은 가톨릭 이 외의 사람들이 쉽게 수용할 수 없는 문제였다. 심지어 카알 라너(Karl Rahner)나 한스 큉(Hans Kung)같은 현대 가톨릭 신학자들은 이러한 문제에 깊이 관심을 가졌다.[10] 이들은 1962-1965년까지 교황이 소집한 제2차 바티칸 공의회의 위원으로 참여하여 교회의 부정적 관점들을 수정하는데 기하였다. 이때 바티칸 공의회는 "오늘의 세계 속의 교회"라는 헌장을 통해 과거 교회가 저지른 잘못들에 대하여 유감을 표명한바, 이것은 가톨릭 내의 변화를 엿볼 수 있는 한 실례이다.[11] 그리고 1995년 발표한 교서에서 교황 요한 바오로 2세는 가톨릭이 과거에 저지른 수많은 실수와 과오를 인정하였다. 이러한 면들은 가톨릭이 과거의 그릇된 편견에서 벗어나 역사적 보편화를 시도하는 노력이다.

3.2. 개신교의 견해

가톨릭의 입장과 달리 개신교는 보수와 진보의 상반된 두 입장에 따라서 근세를 평가한다. 먼저 보수주의자들은 근대를 개혁주의적 신앙 전통의 상실을 우려한 비판적 시각에서 인본주의의 시대로 특징짓고 불신앙적인 현상이 뚜렷하다고 규정했다. 사실 이 시대는 종교개혁 시대와 달리 신적 경외감과 경건이 사라지고 인간의 이성과 자율의 활보가 특징적이다. 이들은 이러한 시대에 신본주의를 실천할 수 있는 길을 주로 교리와 생활, 제도적 교회의 조직화와 참된 회개, 신도들의 경건 생활과 변화에서 찾았다. 특히 이 시기에 등장한 다양한 교리를 통해 보다 개혁적인 성향을 더욱 강조하였다. 그런 면에서 종교개혁은 중세의 유일한 구원기관으로 간주된 가톨릭 교회에 대하여 미신적인 맹목적인 의존에서 탈피함으로 신앙의 영적 자유와 그리스도를 통한 구원의 성취로서 성도의 신앙 성숙에 기여하였

10) 한스 큉, 「교회」, 정지련 역, (한들출판사, 2007) 참조.

11) Walter M. Abbott, *The Documents of Vatican II*., (London: Geoffrey Chapman, 1966) 참조.

다. 따라서 보수주의자들은 종교개혁의 전통에 기초하여 말씀과 하나님의 은혜, 절대 신앙을 강조하고 인간의 합리적 및 자율적 신앙을 거부하였다.

한편 보수주의자들과 달리 칼 바르트, 프리드리히 고가르텐, 빌헬름 딜타이, 그리고 에른스 투뢸취 같은 자유주의자들은 대체로 근대를 긍정적으로 평가한다.[12] 이들은 종교개혁을 통해 진정한 기독교적 인간론이 정립되었으며 인간과 하나님, 세상의 삼각 관계가 책임과 조화 속에서 형성되는데 결정적으로 영향을 끼쳤다고 보았다. 이후에 종교개혁은 인간성을 회복하여 하나님과 세상과의 새로운 관계 정립을 가져 왔다. 그러나 이들은 이신칭의나 구원 문제 같은 전통적인 기독교 신학의 용어들을 상황에 맞게 재해석하여 하나님과의 관계 회복과 화해를 부각시켰다. 예를 들면, 이들은 루터의 칭의 개념을 인간이 하나님과의 소외로부터 해방되는 것이며 동시에 세상과 전혀 새로운 관계를 갖는 것이라고 보았다. 뿐만 아니라 믿음으로 의롭게 된 인간은 하나님의 하나님 되심과 세상의 세상 됨을 인정하고 세상에서 하나님의 성숙한 아들로 자라가도록 노력한다. 때문에 성숙한 기독교인은 이제 더 이상 성속의 구별이 없이 삶의 모든 영역이 인간의 자유로운 활동에 맡겨졌으므로 인간이 책임있는 존재로 일하게 된다는 것이다.[13] 결국 이들은 삶의 영역에서 인간의 책임을 강조하고 인간이 단순히 신율적 도구로 전락해 버린 중세와 달리 근대에서 인간은 창조적이며 독립적인 기능을 부여받은 존재로 인식하였다.

독일의 역사학자 투뢸취는 상기한 두 견해를 그의 기독교에 대한 종교사적 분류에서 근대를 긍정적으로 평가하고, 슐라이어마허를 기점으로 그 이전은 구개신교로 그 이후는 신개신교로 나누었다. 그의 의하면 전자는 국가와 사회, 교육과 학문, 경제와 법이 계시라는 초자연적 척도에 의해 규제된 시대였다. 그러나 이 시대는 중세와 달리 교황이나 교회의 전통이 세속적 권세의 지원 속에 백성들을 교육한 것이 아니라 세속적 위정자와 성경이 백성들의 훈육을 담당하게 된 시대이다. 한편 신개신교 시대는 삶의 모든 영역이 철저하게 역사화 되고 개인화된 시대, 즉 계시라는 초자연적 척도가 그 규제력을 상실한 시대로서 사람들은 이제 각

12) 박용규, 「근대교회사」, (총신대 출판부, 1995), 11-13.

13) Verhangnis und Hoffnung der Neuzeit, 94; Der Mensch zwischen Gott und Welt, 360.

자 원하는 종교를 자발적으로 신봉 할 수 있는 종교 자유의 자율시대이다. 따라서 신개신교 시대에는 계시신앙과 구속신앙이 이전과 같이 절대성을 주장할 수 없게 되었고 기독교란 단지 합리성과 보편성, 도덕성 등의 측면에서 최고의 종교 내지 모든 종교가 지향해야 할 분기점으로 이해되었다. 결국 근대는 교회가 이 시대의 사상을 주도하기보다는 세속문화가 모든 것을 주도하였다. 디이트리히 본회퍼(Dietrich Bonhoeffer, 1906-1945)의 지적처럼 근대는 분명히 마치 하나님이 없는 것처럼 생각한 철저히 세속화된 시대였다.[14)]

4. 근세교회사의 일반적 상황

이 시대는 한마디로 전통적 신앙을 포기하고 이 땅에 유토피아적 꿈을 실현하고자 한 문화의 세속화 시대였다.[15)] 때문에 중세의 절대적 종교 개념은 이제 종교적 중립을 요구하였고[16)] 그 결과 전문인과 상인, 노동 계층의 신분상승이 현저해졌다. 각 개인들의 독립성이 지속적으로 넓혀지고 이들에 대한 국가 간의 관용정책이 크게 확장되었다. 이 시기 대부분의 사람들은 최종적 권위자로서 이성, 즉 자아 독립성을 선택하였다. 수많은 사람들이 철학자 홉스와 데카르트, 스피노자와 로크, 버클리와 흄, 라이프니츠와 칸트를 신봉자하였다. 이와 달리 일부 사람들은 감각적 경험으로 증명할 수 없는 명제들을 비판하였다. 이 시대는 이성과 체계, 그리고 추상적 서술이 신학을 지배하게 되었는바, 프란시스 쉐이퍼 박사는 이것을 이성과 자연, 행복과 진보, 자유라는 5가지 명제로 정리하고, 이 시대를 꿈이 부푼 시대로 축소 정리하였다.[17)] 이것은 결국 자율과 이성으로 특징지을 수 있는 역사상 가장 혼란한 격변기였음을 보여준다. 르네상스 시대에 등장한 인본주의적 요소들이 이 시대에 범람하게 된 것이다. 이들은 인간과 사회는 실제로 완전하게 될 수 있다는 환상을 가졌다. 따라서 이 같은 풍조는 당시 기존의 사회와 정치 및 종

---

14) 김광채, *op. cit.*, 21.

15) Williston Walker, *A History of the Christian Church* (New York: Scribner, 1985), 568.

16) J. H. 니콜스, 「현대교회사」, (기독교문서선교회, 1995), 14.

17) 프란시스 A. 쉐이퍼, 「기독교 서구관 V」, (크리스챤 다이제스트, 1995), 155.

교적인 틀을 뒤흔들어 일대 시련과 위기를 자초하였다. 특별히 이 시기에 교회는 무수한 종파 분열로 엄청난 비난과 함께 스스로 위기를 초래하였다. 이 시기에 특징을 아래와 같이 정리하였다.

4.1. 사회 문화적 상황

르네상스 인문주의와 종교 개혁의 여파로 가톨릭적 수구 세력과 사회체제는 급변하였다. 중세를 독보적으로 지배한 라틴어는 이제 민족주의의 등장으로 각국의 모국어가 대치하였고, 활판 인쇄술의 발달로 이전에 문맹이던 수많은 사람들이 문자를 활용하게 되었다. 거기에 중세의 봉건체제가 무너지면서 도시가 증가하고 인구 또한 급증하였다. 이와 함께 도시의 중산계급인 부르조아들이 정치적으로 문화적으로 더욱 중시되었다. 그런 가운데 오스만 터키는 여전히 위협적인 존재였다. 수십 년 동안 그들의 판도는 계속 확장되었으며 마침내 발칸반도와 그리스, 헝가리와 흑해연안, 소아시아와 메소포타미아 지방뿐만 아니라 홍해로부터 지부랄타 해협에 이르는 아프리카 북부해안 전역을 포괄하였다. 이처럼 광활한 영토 확장과 함께 오스만 터키는 16세기 초반의 70년 동안 절정에 달했고, 교황 피우스 5세(Pius V)의 후원을 받은 함대에 의해 레판토 해전에서 터키인들의 결정적인 패배로 위세와 위용이 꺾이었다. 그 후 터키족은 다시는 지중해를 지배하지 못하였다.[18)]

한편 서구국가의 식민지 확장은 스페인과 포르투칼에 의해 아메리카와 아프리카로 더욱 가속화 되었다. 코페르니쿠스(1473-1543)와 갈릴레오(1564-1642), 케플러(1571-1630)의 등장으로 천문학이 발달하고 온도계와 천체 만원경이 발명되었다. 따라서 르네상스의 영향으로 헬라 사상이 복고되어 천체의 중심이 지구에서 태양으로 이동하였다. 산술과 기하, 대수와 미적분 같은 진보적인 수학 기호가 창안되었다. 사물에 대한 관찰을 강조함으로서 프란시스 베이컨은 자연과학의 발전에 많은 공헌을 하였다. 17세기 초에 하비가 혈액순환을 발견하여 의술에 새 장을 열었다. 갈릴레오가 사망한 1642년에 태어난 아이삭 뉴톤은 물리학과 천문학의

18) 서요한, 「종교개혁사」, (도서출판 그리심, 2015), 709-759참조.

기본 법칙을 통해서 만유인력을 정립하였다. 현미경은 더욱 개량되었고, 공기 펌프가 발명되었으며 온도 측정기가 발달하였다. 식물학과 동물학이 발달하여 생물학에 기초를 놓았다. 이처럼 이 시기는 이전 시대와 달리 새 하늘과 새 땅을 밝히는 과학적 발견의 새로운 시대였다.[19] 이것은 18세기 산업혁명과 계몽주의를 이끈 변혁의 원동력이었다.

4.2. 정치적 상황

정치적으로는 민족국가의 발전이 한층 더 가속화 되면서 크고 작은 봉건국가들이 스스로의 권력을 주장하며 여러 왕국으로 분리되었다. 예를 들면, 독일과 영국, 스코틀랜드와 스페인, 포르투갈과 스웨덴, 덴마크와 노르웨이 등이 권력 증강과 각자의 영토 확장을 위해 투쟁하였다. 그들은 화약을 사용하는 총포로 무장한 직업 군인을 전투에 고용하였다. 용병들이 이전 시대의 봉건제 징병을 대신했으며 왕들은 징병에 의지하지 않게 되었다. 봉건제도 하에서 권력자들을 견제하기 위해 왕들은 흔히 중산계급의 협조를 구하였다. 그런 가운데 종교와 정치의 분리 문제로 이념 전쟁이 발발하였다. 유럽의 몇몇 민족들이 최초로 왕조나 계승권 대신 신앙의 차이로 대립하였다. 1546-1547년의 슈말카덴 동맹 전쟁에서 1618-1648년 웨스트팔리아 조약에 이르기까지 유럽은 이념 투쟁으로 유혈이 낭자하였다.[20] 이런 상황은 1942년 제2차 세계대전의 발발까지 최악이었다.

한편 영국과 스코틀랜드에서는 장기간의 투쟁 속에 1688년 명예(무혈)혁명으로 정치가 안정되었다. 의회는 왕권에 맞서 열등한 상대가 아니라 왕권과 동등한 대상으로 부상하였다. 이로서 구체화된 그리고 제도화된 법 테두리 안에서 왕권을 면밀하게 통제하게 되었다. 권력의 중앙 집권화 현상은 이제 국민을 대변하는 의회중심 체제로 변모하였다. 그러나 1776년 미국의 독립 전쟁 시 자유를 위한 엄청

---

19) Williston Walker, *op. cit.*, 569; Herbert Butterfield, *Writings on Christianity & History,* ed. C. T. McINTIRE, (Oxford University Press, 1979), 3.

20) 대표적으로 독일이 가장 큰 피해를 입었는데, 당시 칼빈주의 도시들도 예외는 아니었다. John T. McNeill, *The History and Character of Calvinism*, (New York.Oxford University Press, 1954), 279; 안토니 파그덴, 「민족과 제국」, 한은경 역, (을유문화사, 2003), 106.

난 희생이 요구되었고 프랑스에서는 1789년의 6월 혁명으로 공화정이 출범하였다. 이 같은 정치적 변화 속에서 프랑스인들은 매우 낭만적으로, 그들 모두에게 근대는 새로운 희망이었다.

4.3. 사상적 변화

종교개혁은 성경이 증거하는바 그리스도 안에서 성취된 성육신과 고난, 십자가 죽음, 그리고 부활 등 하나님의 구속 경륜에 기초한다. 여기서부터 그들은 하나님 중심, 즉 말씀 중심의 사고로 하나님과 세상과의 새로운 관계 정립에 목소리를 높였다. 또한 교회 중심적 사고를 통해 신앙생활의 활력을 불어 넣었다. 개혁자들의 외침으로 강단이 회복되었으며 목회자들은 성경의 원리를 따라서 설교하였다. 비로소 하나님의 주권과 그리스도의 구속적 은혜, 그리스도인의 의무와 책임 및 내세적 신앙이 제자리를 찾았다. 동시에 하나님의 창조 원리에 따라 평신도들의 지위, 즉 만인제사장 제도가 회복되었으며 비로소 하나님이 인간에게 부여하신 영적 자유를 체험하였다. 특별히 구원 문제는 인간의 공로나 그 어떤 행위가 아닌 하나님의 전적인 은혜에 의한 구속이 강조되었다.

이와 달리 근대교회사의 이성주의는 기존의 교회적 권위에 열정적으로 도전하였다. 데카르트는 모든 지식의 출발은 의심으로 간주하고 의심될 수 없는 기초 또는 출발점이 발견 될 때까지는 어떤 실질적 진보도 이루어 질 수 없다고 믿었다.[21] 그는 모든 것을 존재로서의 자기 자신의 실존 속에서 이해하였다. 이런 경향은 곧 인간으로 하여금 하나님과 세상을 인정하고 양자의 관계에서의 인간의 역할과 위치가 무엇인가를 찾으려 한 증거요 몸부림이었다. 결국 이것은 그동안 신 중심적 전통에서 인간 중심적 사고로 전환된 것을 가르친다. 이 시기에 인간은 더 이상 영적인 세계에 집착하지 않고 현세에 관심을 집중시켜 인간 생활의 준거점을 삼았다. 이는 문예부흥에서 보여준 일종의 인간성의 해방으로 개인주의와 세속주의로 표현되었다.[22] 따라서 인간은 그 어떤 존재로부터의 구속도 거부하고 스

21) Williston Walker, *op. cit.*, 569.

22) J. H. 니콜스, *op. cit.*, 18.

스로 자유인이 되었다. 그러나 상대적으로 인간의 책임이 강조되고 단순히 신율적인 도구로 전락해 버린 중세와 달리 근대에서의 인간은 창조적이고 독립적인 기능을 부여받은 책임 있는 존재로 인정되었다.

이러한 사조의 저변에는 이성주의 철학과 자연과학이 깊이 연루되었고 이것은 탈기독교를 추구하는 인본주의에서 절정에 이른다. 이제 인간은 합리적 사고에 기초하여 스스로 주인이 되어 모든 것을 판단하고 결정한다. 인간의 이성이 극대화된 것이다. 결국 이것은 철학적 합리주의와 이성주의의 대두로 학문의 자유를 통해 신학의 절대성을 무너뜨리고 신앙의 자유를 위해 하나님보다 세상에 더 관심을 집중시켰다.[23] 또한 교회의 영적 권위를 파괴하면서 세속문화가 주도한 시대였다. 이것은 곧 종교개혁에 대한 정면 도전으로 완강한 인간 자율주의를 내세운 것이다. 이것이 18세기에는 계몽주의가 되었다. 그 결과 개인과 사회생활의 다양한 측면들에 이성의 법칙을 적용한 두 가지의 현상이 급속히 확산되었다.

(1) 세속화 현상: 세속화는 용어의 의미상 대게 난폭하고 부도덕하며 호색적이고 경솔한 품행을 말한다. 이는 15세기 몇몇 인문주의자들 사이에서 저속하게 통용되었다. 하지만 이 용어는 교양있는 사람의 이상, 즉 화가나 조각가에 의해서 일종의 인격 완성을 추구하는 데도 사용되었다.[24] 대표적으로 자연과학자인 레오나르도 다빈치(Leonardo da Vinci), 조각가요 화가이며 건축가요 시인인 미켈란제로 브오나로티(Michelangelo Buonarroti)가 있다. 그런데 세속화는 근대에 들어오면서 신성의 권위를 무너뜨리고 자신들의 권위를 극대화하여 급속히 세속화로 나아갔다. 그 결과 세속화는 만연하게 부패의 길을 열어준 주범이었다.[25] 사람들은 자신들의 권익을 보장받기 위해 더욱 힘쓰게 되었고 이제 교회는 크고 작은 교파들의 등장으로 혼미를 거듭하였다. 개혁자들의 신앙적 전통은 시대적 조류에 휘말리며 각자의 편의에 따라 해석되었다. 따라서 바른 신학과 교회의 정통성 문제는 관심 밖으로 밀려 퇴색하고 점차 그 권위를 잃었다. 보다 성결하고 포용적이어야 할 공동제적 교회는 이기주의에 빠져 교회연합에 실패하였다. 여기에 한몫을 한 것이

23) Colin Brown, *Philosophy and the Christian Faith*, (The Tyndale Press, 1969), 48-49.

24) 롤란드 베인턴, 「세계교회사」, 이길상 역, (크리스챤 다이제스트, 2001), 251.

25) *Ibid.*, 18.

화란에서 태동한 실존주의와 합리주의, 영국의 자연신교 혹은 이신론, 프랑스의 계몽주의 같은 다양한 철학 사상의 출현이었다. 이런 다양한 사상을 통해 개인주의 신앙이 발달하고, 인간성 탐구의 인문주의가 문예부흥 이후 재등장하였다. 이제 교회는 파도처럼 밀려오는 세속화에 어떻게 대처하느냐가 과제였다.

(2) 세계관의 변화: 종교개혁기의 세계관은 하나님 중심으로 철저히 신앙중심이었다. 그러나 근대에 이르러 사고의 중심이 하나님 중심에서 인간중심으로 전환하면서 인간의 자연을 보는 관점에 큰 변화가 일어났다. 자연은 이제 더 이상 하나님의 피조물이 아니다. 이로써 인간은 자연이 하나님에 의하여 규정되고 통치되기보다는 스스로 존재하는 것으로 인식하였다. 말하자면 자연에게 존재와 사고의 영역을 부여하면서 자연적이라는 말은 기본적인 규범에 맞는 뜻으로 사용되었고, 그 결과 자연신학과 자연윤리, 자연경제와 자연법이라는 말이 보편화 되었다.[26] 이제 신앙의 관점에서 기독교를 논하는 것 보다는 이성과 자연을 통해 기독교를 논하게 되었다. 이런 세계관은 자연과학의 발달과 신대륙의 발견을 통해 더욱 가속화 되었다. 이것은 인간에게 새로운 가능성을 심어주며 엄청난 변화를 제공하였다.

4.4. 종교적 변화

17세기와 18세기 초 계몽주의 확산의 중요한 결과는 합리주의의 발전이었다. 이 시기의 사람들은 이신론에 기초하여 하나님이 세계를 창조했으나 지금은 세계와 아무런 접촉도 하지 않으며 사람들에게 더 이상 진리를 계시하지 않는다고 믿었다. 혹 신이 존재한다고 해도 신은 침묵한다는[27] 것이다. 이 같은 현상은 개인주의로 확산되어 교회도 다양한 종파로 분열하였다. 이들 중에 개혁자들의 사상을 계승한 신학적 보수파가 주축이었으나 새로운 교단의 등장으로 교회는 일대 혼란에 빠졌다.[28] 이로 인해 루터파와 칼빈파 같은 전통적인 종파는 큰 위협에 직면하

---

26) John T. McNeill, *The History and Character of Calvinism*, (New York.Oxford University Press, 1954), 354-355; Gerald R. Cragg, *Freedom and Authority: A Study of English Thought in the Early Seventeenth Century*, (Philadelphia: The Westminster Press, 1975), 36-58.

27) Williston Walker, *op. cit.*, 579-585.

였다. 예를 들면, 루터교는 신 루터파로, 칼빈주의는 베자 중심의 개혁파와 아르미니우스 중심의 급진적 교회를 낳게 되었다. 이러한 현상은 여기에 머물지 않고 더욱 가속화되어 다양한 신학운동으로 확산되었다. 앞에서 고찰했듯이 청교도 운동과 경건주의 운동, 혹은 퀘이커 운동, 복음주의 운동과 대각성운동이 그것이다. 그 결과 교회는 누가 더 정통이냐의 문제로 대립하면서 사랑의 실천과 경건을 상실한 교리 중심 교회로 전락하였다.

지금까지 보았듯이 결국 이러한 변화를 가져오게 한 것은 휴머니즘의 영향과 근대 철학의 태동, 그리고 과학의 발전 때문이었다. 하나님 중심의 신권에 대한 거부와 인간에 대한 지나친 신뢰가 이렇게 만든 것이다. 이러한 현상은 역사가 전개되면서 더욱 위력을 발휘하여 프랑스 혁명과 미국의 혁명, 그리고 19세기의 자연주의적 자유주의 신학으로 만개하였다. 따라서 전통적 기독교 신앙은 자유주의 사상의 발흥으로 성경의 영감과 구원 등 신학 전반에 도전을 피할 수 없게 되었다. 소위 성서비평학과 함께 고등비평과 진화론의 등장으로 보수교회의 전통적 신학 체계는 새로운 각성이 요청되었다. 설상가상 유니테리언을 포함한 이단적 교파의 출현은 또 다른 도전이었다. 교회는 이러한 전환기에 계속해서 타협이냐 거부냐의 현실적인 문제에 노출되었다.

하지만 이 같은 급속한 변화와 자율주의 사상의 팽창은 교회에 반드시 부정적인 것은 아니었다. 그 이유는 이런 사상에 맞서 교회 안에서 새로운 갱신운동을 외치며 일어난 운동들이 형성되었기 때문이다. 예를 들면, 영국에서 일어난 청교도 운동과 퀘이커 운동, 독일에서 일어난 경건주의 운동, 복음주의 운동, 미국에서 일어난 대 각성운동, 윌리암 케리 중심의 선교운동 등이다.[29] 특별히 신대륙에서 이러한 운동이 현저하였다. 그 중에 기독교 종말론, 특별히 성경의 무오를 강조하는 근본주의의 역사적 전천년설과 세대주의적 전천년설, 이와 함께 D. L. 무디를 통한 성결운동이 강조되었다. 한편 조나단 에드워드의 후천년설이 프린스톤 신학교에 정착된 후 프린스톤 출신 개혁주의자들의 입장이 되었다.[30] 이처럼 격변기의

---

28) 베른하르트 로제, 「기독교교리사」, (컨콜디아사, 1992), 225.

29) Colin Brown, *op. cit*., 37.

30) James H. Moorhead, “The Millennium and the Media” in *Communication & Change in American Religious History*, ed. Leonard I. Sweet, (Grand Rapids: Eerdmans,

교회는 세속적 도전으로 중대한 시련에 직면했지만 이에 적극적으로 맞서 새로운 기독교 역사를 창출에 기여하였다.

5. 격변기의 교회

지금까지 필자는 이 시대의 특징을 고찰하면서 근대를 보는 기독교의 제 입장을 간략히 정리하였다. 앞에서 정리한 것처럼 근대의 특징은 무엇보다도 **(1) 교회의 세속화 현상이 현저하다는 것이다.** 그 원인은 어디에 있는가? 그것은 곧 교회가 제 사명을 망각하고 신학 논쟁과 교권싸움에 빠졌기 때문이다. 동시에 세속문화에 적극 대응하지 못한 채 교리에 얽매어 실천적 삶을 결여했기 때문이다. 강단에서 목소리를 높여야 할 시기에 교회는 세속 철학과 전통, 그리고 이성주의에 침묵한 것이다. 때문에 교회의 영적 권위는 극도로 실추되었다. 인간 이성과 경험이 신앙과 특별 은총 위에 군림한 것이다. 신적 권위가 완전히 배제된 채 신학교들이 난립하고 크고 작은 교파들이 출현하였다. 이러한 현상은 종교개혁 이후 지금까지 교회를 괴롭히는 지울 수 없는 상처가 되었다.

(2) 교회 갱신의 활성화이다. 이런 역사적, 정치적, 철학적 상황에서 기독교는 엄청난 손실을 가져 왔다. 그럼에도 불구하고 사탄의 끈질긴 계책에 굴복하지 않고 신앙으로 살려는 일단의 무리들이 나타났다. 이들은 성경 말씀과 신학, 그리고 신앙의 실천을 고민하였다. 이들은 강력한 세속화의 도전에도 불구하고 교회의 정체성을 지키고 회복하기 위해 몸부림을 쳤다. 그 중에는 종교개혁을 배경으로 형성된 청교도 운동, 독일의 경건주의 운동, 영국의 복음주의 운동, 그리고 웨일즈 복음주의 운동, 스코틀랜드의 부흥 운동, 미국의 대 각성 운동들이 있다. 자유주의 신학의 등장으로 전통적 교회와 신학이 위협에 직면했으나 역사적 개혁교회는 칼빈의 신학적 유산과 전통을 고수하기 위해 온 힘을 기울였고 이를 위해 많은 교회들과 신학자들이 분전하였다. 예를 들면, 스코틀랜드의 개혁 장로교, 영국의 비국

1993), 216-238; Linda Kay Johnson, "Apocalyptic Recycling in Cotton Matter and Edward Taylor", Ph.D. Disser., (University of Minnesota, 1982); John Wheeler Auxier, "Princetonian Eschatology 1812-1878: the Neglect of the Apocalypse", M.A.Disser., (Trinity Evangelical Dininity School, 1986).

교파 교도들, 미국의 청교도들이 그들이다. 그리고 유럽에서는 개혁파 경건주의와 루터파 경건주의 및 프랑스의 위그노들이 동참하였다.

(3) 선교운동의 확산과 전개이다. 세계 선교의 시작은 근대 기독교가 낳은 또 하나의 유산이다. 교회가 경건의 능력을 상실하고 교리 싸움에 휘말렸을 때 주님의 사랑과 은혜를 체험한 영적 각성자들이 등장하여 선교의 기치를 높이 든 것이다. 특별히 독일의 할레 대학에서 일어난 경건주의의 영향으로 선교 열풍이 강하게 일어났다. 18세기 영국에서는 윌리암 케리를 통해서 선교의 새로운 장이 열리었다. 이처럼 선교사역은 자유주의 신학과 진화론 같은 이교적 학설이 팽배한 시기에 더욱 거세게 전 세계로 확산되었다. 이들은 교회와 학교 강단의 인본주의적 신학의 관심에서 깨어나 교회 밖의 역사, 구령사업에 적극 참여하였다. 따라서 교회 밖의 잡다한 운동들, 소위 세속화의 도전에도 불구하고 교회는 교회로서의 사명을 완수하였다.

6. 역사적 개혁교회의 신학 원리들

이 같은 급박한 도전과 변화 속에서 역사적 개혁교회는 개혁자들이 물려준 신앙과 신학적 전통을 붙잡고 이성주의와 타협하지 않고 꿋꿋하게 외길을 걸었다. 이들은 세상은 변해도 영원히 변치 않는 주님을 바라보며 그 모진 격랑(激浪)을 헤쳐 나갔다. 따라서 그들은 한 시대의 패배자로가 아니라 승리자로서 당당히 서게 되었다. 비록 세상이 급변하고 교회의 옛 전통이 강력한 도전에 직면했으나 하나님의 말씀을 붙잡고 진리의 깃발아래 굳게 선 것이다. 그런데 이들이 그렇게 한 데는 중요한 몇 가지 원리 때문이었다. 필자는 격동하던 시대에 이들의 신앙을 견고케 한 기본적 원리가 무엇이었는지를 몇 가지로 정리하였다.

6.1. 성경적 기초

17세기 합리주의와 자연과학의 발달로 교회는 엄청난 충격을 받았다. 특별히 19세기 진화론과 성서비평학의 등장은 기성교회에 치명타를 가하였다. 그러나 이들은 끈질긴 도전에도 불구하고 개혁자들의 신학적 전통을 따라서 성경이 영감된 하나님 말씀으로 우리의 구원에 필수적이라고 믿었다. 말씀을 떠나서는 그 어떤 것도 생각할 수 없었다. 이들의 이러한 신앙은 웨스트민스터 신앙고백서에 잘 정리되었다. 이 고백서에 따르면 성경은 자연계시의 불충분성에 따라 죄인의 구원을 위한 하나님의 특별계시로 기록된 말씀이다. 이 성경은 자연과 이성으로 하나님을 인식한다는 것과 신비주의적 전통을 배격한다. 또한 가톨릭의 전통이 성경과 동일하거나 우위에 있다는 주장도 거부한다. 따라서 성경은 독자적으로 구원에 필요한 권위와 효과를 갖는다. 구원 얻는 우리에게 성경은 영원한 생명의 양식이자 말씀이다. 이 말씀이 우리의 신앙과 생활의 표준이다. 이 말씀을 붙잡고 승리해야겠다는 한 가지 일념, 거룩한 열망이 그들의 신앙을 계승 발전시켰다. 그러므로 우리는 이 말씀 앞에 겸손히 머리를 숙여야 한다. 당시 사람들은 배우고 확신한 일에 거하며 주님의 말씀이 하늘에서 이루어짐 같이 땅에서도 이루어지기를 소망하였다. 이들은 좌우 흔들림 없이 반석 같은 신앙을 견지하였다. 결국 진리는 승리한다는 것을 삶으로 보여 주었다.

6.2. 구원은 오직 예수

세상의 잡다한 이설에도 불구하고 이 시대의 파수꾼들은 16세기 개혁자들처럼 오직 예수만이 죄인의 구주라고 가르쳤다. 학문이나 과학 그 어떤 논리보다도 이들은 단지 그리스도만을 붙잡고 그의 이름을 부르며 세상을 향해 외쳤다. 왜냐하면, 그분 만이 그분 안에서 참된 평안을 경험했기 때문이다. 그들은 주님의 사랑에 감사하여 그분을 깊이 명상하며 생각하며 기도하였고, 베푸신 은총에 감사하여 이 억 만 리 타국에서 복음을 전하였다. 하나님은 자기를 찾는 자들을 오늘도 찾으시며 간구하는 자들의 기도를 응답하시는 바, 그분의 뜻과 소명에 순종하였다. 진리를 거부하고 맞서며 심지어 왜곡하는 인류에게 끝없이 당신의 사랑을 베푸시는 하나님께 나가야 할 것이다. 창조주 하나님은 타락한 죄인들에게 변함없이 당신의 은총, 심지어 배신자까지 사랑하시는 도무지 사랑 받을 수 없는 자를 사랑하시는 하나님의 사랑, 영원한 사랑, 구속적 사랑을 보여주셨다. 이것이 바로 그분의 본성이다. 그분은 당신을 믿는 모든 자에게 영원한 생명과 구원을 약속하셨다. 이 같은 강조는 경건주의자들과 청교도들, 복음주의자들의 설교 핵심이었다. 한 생명의 변화와 기적은 그리스도를 믿고 그만을 의지할 때 역사하는 것이다.

6.3. 인간의 의무와 성령의 조명과 인도

이들에 의하면 구원은 하나님의 은혜요 선물이다. 그러나 그에 대한 인간의 책임과 의무가 요구된다. 이것은 죄로 타락한 인간이 하나님의 은혜에 대한 당연한 행동이라고 믿었다. 동시에 이것은 하나님이 베푸신 은혜를 실현하는 것이었다. 결국 구원과 우리의 책임은 결코 분리할 수 없다는 것이다. 사랑은 받은 만큼 사랑하는 것이다. 그러나 주님은 우리의 생각과 한계를 벗어나 사랑할 수 없는 자들을 구원하셨다. 이것이 아가페적 사랑이다. 이 사랑을 실천하는 것은 그리 간단하지가 않다. 주님의 특별한 은혜와 은총을 입어야 하는 것이다. 여기서 요청되는 문제가 바로 은사이다. 우리는 주님께서 약속하신 은사를 사모하고 받도록 힘써야 한다. 은사 중에 특별히 말씀을 분별하는 능력, 영분별의 능력, 학자의 영을 위해서 기도해야 할 것이다. 왜냐하면, 우리가 주의 종으로 쓰임받기 위해서는 무엇보다도 말씀의 능력이 요청되기 때문이다.

오늘 날 보수신학은 은사와 책임을 소홀히 취급하는 경향이 있다. 그러나 한편 보수주의는 성경에 근거한 은사와 책임을 중시한다. 책임 이탈이 아니라 수행을 강조한다. 말씀의 영감과 무오류성에 철저하면서도 보수교회는 은사를 종종 타부시 하는 경향이 있다. 왜 우리는 소위 보수라면서 믿는 것과 행하는 것에 이중적인가? 도대체 무엇이 문제인가? 그런데 교회 안에는 하나님의 구원과 인간의 의무에 대한 혼란이 팽배하다. 하나님을 사랑하고 믿는 만큼 우리의 책임이 수반되는 것을 잊어서는 안 될 것이다. 이러한 책임 수반은 하나님의 구원에 대한 감사에서 비롯된다. 성숙한 그리스도인은 은총에 대한 감사로 철저히 자신을 쳐서 복종시켜야 할 것이다. 그런데 오늘 한국교회의 부정적 요인 중에 하나는 바로 이러한 극단적인 양극화이다. 이것은 성경의 가르침을 외면한 잘못된 처사이다. 신앙생활에 일대 개혁이 요구되는 이유이다.

교회의 혼란기에 이들은 성령의 내적 조명과 인도를 철저히 신봉했다. 때문에 타협하고 범죄 하는 대신 주님께 그들의 생애를 맡기었다. 사회 정치 그리고 자연과학 등 모든 분야에서 성령의 내적 조명을 강조하고 철저히 그분의 인도를 따랐다. 이것이 바로 영국의 청교도들과 독일의 경건주의 자들의 삶이었다. 성도는 하나님의 감동이 없이는 아무것도 할 수 없는 하루살이 이다. 살았으나 실상은 죽은 것이다. 그러므로 그저 주님의 은혜를 힘입어야 한다. 이를 위해서 우리의 삶을 온전히 주님께 맡겨야 할 것이다.

6.4. 통일성과 다양성

이 두 요소는 사회나 교회에서 긴급히 요청되는 것이다. 현대는 성경을 하나님의 말씀으로 믿는 교단과 교회와 서로 소통해야 하는 통합의 시대이다. 나와 우리만이 정통이라는 생각으로 예수님의 책망을 받은 바리새인이 되어서는 안 될 것이다. 오히려 분파와 분열보다는 형제가 서로 연합하고 친목해야 한다. 그러기 위해서는 (1) 항상 겸손으로 허리를 동이고, (2) 믿음 안에서 자유를 추구해야 한다. 주님의 풍성한 은혜를 체험하되 자신을 부인하고 주님처럼 십자가로 승리해야 한다. (3) 그리스도의 형상을 닮기 위한 열망으로 성결한 삶을 추구하고, (4) 땅 끝까지 복음 전도의 사명을 완수해야 한다. 그리하여 주님의 왕국을 이 땅에 건설해야 한다. 주님께서 우리에게 원하든 원치 안든 여러 교회와 교파를 주셨으므로 모두가 복음 안에서 한 몸을 이루고, 또한 서로 용납하고 받아주며 남을 나보다 낫게 여기는 자세를 가져야 할 것이다.

6.5. 내세 지향적 신앙

결국 이 시대는 내세보다는 현실적 가치에 우선하는 물질주의적이며 현실주의적인 시대였다. 사람의 사는 것이 절대적인 신앙, 영적 가치보다는 각자의 행복, 지상 천국을 위해 세속적 가치를 중시하였다. 그러므로 그 어떤 신앙도 용인할 수 없는 불신앙이 팽배하였다. 그러기 때문에 이 시대는 더욱 불안한 시대였다. 그럼에도 불구하고 말씀을 붙잡은 일단의 경건한 종들이 주님의 나라를 소망하며 여러 아픔과 고난을 믿음으로 이겨냈다. 이들은 내세 지향적 신앙을 통해 위에서 부르신 부름의 상을 위하여 달려갔다. 오늘 우리가 사는 시대는 어떠한가? 그때와 비교해서 무엇이 얼마나 달라졌는가? 필자의 생각에 근본적으로는 전혀 달라진 것이 없다. 당시 교회 이상으로 오늘 교회는 지나치게 현실적이다. 그러기 때문에 오늘 우리는 더욱 불안한지도 모른다. 무엇보다 심심찮게 일어나는 교회 안팎의 크고 작은 사건들을 접하면서 절망하게 된다. 주님이 언제 오실런지 그날이 더욱 사모되는 시대이다. 오직 마라나다 신앙으로 모든 시험과 환란의 때를 극복해야 할 것이다.

7. 결론

지금까지 우리가 살펴본 근대교회사는 오늘 우리 시대의 추한 모습을 보는 것 같이 지극히 불신앙적이고 세속적이며 개인적인 시대였다. 이들은 옛 전통이나 질서를 파괴하며 자신들의 길을 향방 없이 걸어갔다. 이들의 이 같은 행보에 당시 성직자와 교회는 침묵하고 대부분 침식되었다. 당시 교회에 의식 있는 목회자들과 성도들이 요구되었듯이 오늘 우리 시대에도 이러한 의식 있는 성직자와 신학도, 성도들이 요구된다. 특별히 신학교는 하나의 목사를 만드는 과정이 아니라 그 이상의 의미 즉 구원받은 성도로서 소명에 충실한 변화된 삶을 요청한다. 이를 위해 우리 자신이 하나님의 자녀로 신실한 백성 혹은 종으로 주님을 닮는 삶, 경건을 실천해야 한다. 주님 앞에서 자신에게 항상 성실한 삶을 실천하는 것이다. 그러기 위해서는 우리가 그리스도인으로서 분명한 신앙 의식을 갖는 것이 필요하다. 즉 왜 무엇 때문에 하나님이 나 같은 사람을 부르셨는지를 깊이 인식하고 우리의 사명을 새롭게 해야 한다. 주님의 말씀, 주님의 거룩한 영이 우리의 심령을 다스리고 지배하도록 해야 할 것이다.

요즘 우리는 불신앙과 절망의 시대를 살고 있다. 고유가로 세계 경제가 어려운 상황에서 내외적으로는 미국과의 소고기 협상, 국내적으로는 대운하 사업문제, 이를 둘러싸고 전개된 서울광장 앞의 촛불시위와 화물연대 파업, 2016년 10월 발생한 최순실의 국정농단과 2017년 3월 10일 박근혜 대통령의 탄핵, 그 과정에서 광화문을 정점으로 전국을 불꽃으로 물들인 촛불시위 등이다. 2018년 2월 9일-25일까지 제23회 동계올림픽이 강원도 평창과 강릉, 정선 등지에서 개최되었다. 이 올림픽은 대한민국에서는 최초로 개최되는 동계 올림픽이며 서울에서 개최된 1988년 하계 올림픽 이후 30년 만에 개최된 두 번째 올림픽이다. 올림픽의 최대 이슈는 남북한 단일팀 구성과 동시입장이었다. 이를 기점으로 북한의 핵미사일 발사로 인한 남북한의 긴장완화는 2018년 4월 27일 제3차 남북 정상회담[31)]의 판문점 공동경비구역 남쪽 평화의 집에서 개최되었다.

선언문에 따르면 1953년 7월 남북 양국 정상들의 정전협정 서명 65년 만에 두 정상이 처음으로 비핵화를 위한 합의문에 사인하였다. 그리고 이후의 정상회담을 통하여 종전선언을 평화협정으로 전환하기 위해 남과 북, 미 3자 또는 남과 북, 미와 중, 4자 회담을 추진하기로 하였다. 그 후 29일 만인 2018년 5월 26(토)일 오후 3-5시까지 제4차 남북정상회담[32)]이 판문점 북측 통일각에서 열렸다. 이는 제3차 정상회담에서 합의한 내용을 실행하기 위한 실무형 성격의 남북정상회담이었다. 1개월 전인 4월 27일 개최된 제3차 남북정상회담을 계기로 북한과 미국 간의 정상회담이 갑자기 추진되는 중에 김정은 북한 국무위원장의 요청에 따라서 4 · 27 판문점 선언의 이행과 북미 정상회담의 성공적 개최와 정보 교환을 위한 실무적 목적으로 개최되었다. 따라서 양 정상의 의전을 포함한 거의 모든 격식이 최소화되었다. 문재인 대통령은 이 회담에 앞서 5월 22일 미국을 방문하여 트럼프 대통령과 정상회담을 갖고, 북미정상회담과 관련된 제반 사항을 논의하였다. 5월 26일의 제4차 남북정상회담에서 두 정상은 6 · 12 북미정상회담이 성공적으로 이뤄져야 한다는 데 동의하고, 한반도의 비핵화와 항구적인 평화체제를 위한 노력을

---

31) 2018년 4월 27일, 제3차 남북정상회담에서 남북이 공동 발표한 선언문의 정식 명칭은 '한반도의 평화와 번영, 통일을 위한 판문점 선언' 이었고, 주 의제는 한반도 비핵화, 한반도 평화 정착, 남북관계 발전 등이었다. 특별히 비핵화와 평화 문제를 다룬 것은 2007년 평양에서 열린 제2차 남북정상회담 당시 발표한 '10 · 4공동선언' 과 맥락을 같이 한다. 그러나 보다 구체적으로 시기와 방식을 명시했다는 점에서는 '10 · 4공동선언' 보다 진일보하였다.

32) 남한 대통령과 북한 최고 지도자의 회담에서 제1차 남북정상회담은 2,000년 김대중 대통령과 김정일 북한 국방위원장, 제2차는 2007년 노무현 대통령과 김정일 국방위원장 간에 평양에서 개최되었다. 각각 '6 · 15 공동선언' 과 '10 · 4 공동선언' 의 성과가 있었지만, 이 선언들이 지속적으로 이어지지는 못하였다. 2018년 4월27일 문재인 대통령과 김정은 북한 국무위원장 간의 3차 남북정상회담이 판문점에서 열렸다. 정상회담 결과, 문재인 대통령과 김정은 북한 국무위원장은 한반도의 완전한 비핵화를 공동 목표로 '한반도의 평화와 번영, 통일을 위한 판문점 선언' 을 공동으로 발표하였다. 또한, 남북은 연내 종전을 선언하고 정전협정을 평화협정으로 전환하기 위한 남과 북, 그리고 미 3자 또는 남과 북, 미와 중 4자회담 개최 추진과 경제 협력을 위한 사업 추진 등에 합의하였다. 이어 같은 해 5월 26일 문재인 대통령과 김정은 국무위원장 사이에 실무형 정상회담이 파격적으로 진행되었다.

지속하며, 이를 위해 긴밀히 상호 협력하는 데 합의하였다. 또한 4 · 27 판문점 선언의 조속한 이행과 6월 1일 남북 고위급 회담의 개최에 합의했다. 더불어 군사적 긴장완화를 위한 군사당국자 회담과 이산가족 상봉을 위한 적십자 회담을 열기로 합의하였다.

그리고 동년 6월 12일 오전 9시 싱가포르 센토사 섬 카펠라호텔에서 1948년 종전 70년 만에 미국의 도널드 트럼프 대통령과 북한의 김정은 국무위원장 간의 역사적인 제1차 북미정상회담, 소위 세기의 회담이 개최되었다. 당시 약 35분간 진행된 일대일 단독 회담 후 트럼프 대통령은 "(회담이)매우, 매우 좋았다". 자신과 김 위원장은 "훌륭한 관계(excellent relationship)"로 이번 회담을 통해 김 위원장과 "큰 문제, 큰 딜레마를 해결할 것이다. 함께 협력하여 난제를 해결해 나갈 것"이라고 말했다. 두 정상은 이날 단독회담을 통해서 향후 양국 간의 적대관계를 청산하고 모두가 열망하는 평화로운 한반도의 정착을 다짐하였다. 그리고 정상 회담 이후 확대 정상회담[33)]과 실무오찬을 통해서 비핵화[34)]와 체제보장을 포함한 몇몇 의제들이 공동합의에 포함되었다. 그리하여 1948년 분단 이후 불신과 대립, 상호 비방과 반목으로 점철된 남북 간 북미 간의 관계에 새로운 전기를 마련하였다. 특별히 북미 양국은 한반도와 동북아 안보의 중대 걸림돌인 북한의 핵 문제 해결을 위한 협상 프로세스를 약 10년 만에 재가동하고, 6 · 25 전쟁 후 68년간 이어온 적대관계의 청산을 위해 중대한 걸음을 내딛었다.[35)] 싱가포르 북미정상회담 이

---

33) 확대회담에는 미국 측에서 마이크 폼페이오 국무장관과 존 볼턴 백악관 국가안보보좌관이 배석하고, 북측에서는 김영철과 리수용 노동당 부위원장과 리용호 외무상이 배석하였다.

34) 여기서 미국의 도널드 트럼프 대통령이 북한의 김정은 위원장에게 요청한 것은 CVID(complete, verifiable, dismentlement), 즉 완전하고 검증 가능하며 되돌릴 수 없는 핵 폐기였다. 하지만 이것이 언제까지 어떤 방식으로 이뤄낼지를 둘러싸고 양측 간에 팽팽한 줄다리기가 이어져 왔다.?그 과정에서 트럼프 대통령은 사업가답게 이른바 SCSP(strong, connected, secure, prosperous), 즉 강하고, 고립에서 벗어난 북한, 그리고 체제의 안정 속에서 경제적인 번영을 약속하였다. https:..news.sbs.co.kr.news.endPage.do? nirreversible, ewsid=N1004798821&plink=REL2&cooper=DAUM&oaid=N1004799511&plink=COPYPASTE&cooper=SBSNEWSEND.

35) 이는 2차 세계 대전과 1950년 6.25 한국전쟁 이후 2018년 6월 12일 북미 정상이 만나 합의문에 서명할 때까지 동서 간의 냉전 시기를 거치면서 미국과 중국, 소련 등 각국 정상들이 세계의 평화 정착을 위해 힘쓰는 중에 이룬 대 역사이다. 역사적으로 동서간의 대립은 1962년 쿠바의 미사일 위기 시 비엔나 미국 대사관에서 존 F. 캐네디 미국 대통령과 니키타 흐루시초프 소련 공산당 서기장 간의 회담, 1972년 리처드 닉스 미국 대통령과 마오쩌둥(毛澤東)

후 문재인 대통령은 기자들에게 김정은 북한 국무위원장과 도널드 트럼프 미국 대통령의 역사적인 첫 정상회담, 6월 12일 센토사 합의는 지구상의 마지막 냉전을 해체한 세계사적 사건으로 기록될 것"이라고 하였다. 양국 정상은 후속조치로 이르면 다음 달(7월) 평양에서 늦어도 10월 워싱턴에서, 소위 2, 3차 연쇄 정상회담을 전망하고 있다. 이로써 냉전시대의 유물인 전 세계 유일의 분단국가인 대한민국은 70년 만에 역사적인 평화의 닻을 올리며, 21세기 통일시대로 나가게 되었다. 이날 전 세계 여론이 한반도에 집중된바, 일찍이 영국의 BBC는 만약 이 일이 계획대로 잘 된다면 2018년 노벨평화상이 가능할 것이라고 평가하였다.[36)]

이렇듯 오늘 우리는 급박하게 전개되는 세계의 역사, 특별히 근현대 교회의 역사를 고찰하는 중에 우리는 지금 어디에 있는가? 향후 역사는 어떻게 흘러갈 것인가? 를 생각하면서 주님의 소명과 은총에 감사하며 다시 한 번 첫사랑을 회복해야겠다. 예측할 수 없는 매우 혼란하며 혼탁한 시대를 살아가면서 우리는 2,000년 전 죄 없이 십자가에 오르신 주님, 죽기까지 순종하신 주님처럼 온유와 겸손으로 허리를 동이고 남을 나보다 낫게 여기는 성숙한 신앙을 가져야 할 것이다. 정치와 사회, 문화와 종교적으로 혼란한 시대에 오직 그리스도와 언약, 말씀의 성취와 순

중국 주석의 미중 정상회담, 1985년 로널드 레이건 미국 대통령과 미하일 고르바초프 소련 공산당 서기장의 미소 정상회담이 있었다.

36) 하지만 이러한 급속한 변화와 달리 국내적으로는 2018년 1월 29일 서지현 검사(창원지검 통영지청)가 검찰 내부 통신망에 자신이 검찰 측 고위 간부들에게 성추행을 당하고 또한 인사 불이익을 받았다는 글을 올리면서 한국사회는 큰 충격에 빠졌다. 1월 31일 Jtbc 뉴스룸에 직접 출현한 서지현 검사는 자신이 경험한 성추행 사건을 구체적으로 폭로하였다. 이 후 전국을 강타한 소위 #MeToo 운동으로 몇 몇 정치 지도자들은 물론 문단과 연예계 인사들이 국민들의 질타를 받고 있다. 문제는 정작 국민의 지지 속에 책임을 지고 국가를 운용하는 지도자들이나 사회와 교계의 저명한 인사들이 자신의 잘못을 인정하지 않고 오히려 책임을 회피하고 있다. 매일 자고새면 터지는 사건과 사고를 보면서 우리 사회가 양심이 붕괴 된지 오래라는 사실을 알 수 있다. 오늘 집 밖을 나서기가 무섭고 혹 나서면 무사히 집에 돌아 올수 있을지 모를 불안한 현실이다. 이런 현실을 보면서 때로 우리는 산다는 것이 어떤 의미가 있는지를 생각해야 할 것이다. 왜냐하면 별로 소망이 보이지 않는 혼란한 이 세상, 살 만한 의욕과 용기, 기분이 나지 않기 때문이다. 그렇다고 우리는 결코 좌절할 수 없다. 오히려 현실을 딛고 일어서서 변화와 혁신, 보다 나은 미래를 위해서 하늘 소명에 응답해야 할 것이다. 누가 이 일을 위하여 허물과 죄로 얼룩진 세상의 중심으로 뛰어 들겠는가? 누가 우리 시대의 이사야와 예레미야, 호세아와 아모스가 되어 그리고 주님의 소명받은 제자가 되어 이웃을 위해 십자가를 지겠는가?

교적 신앙, 일사각오로 헌신한 초대교회로 돌아가야 할 것이다. 오늘 우리는 긴박하게 기독교적 세계관과 신앙관, 역사관이 요구되는 시대를 살고 있다. 우리는 불완전한 사회를 뛰어넘어 오늘도 사랑과 긍휼로 당신의 백성들을 살피시는 주님을 바라보면서 신앙과 인내로 반드시 승리해야겠다. 그리하여 우리 모두 이 시대의 나팔수가 되고 어둠을 지키는 파수꾼이 되어야겠다. 이것을 위해 죄 없으신 주님께서 십자가에서 죽으시고 우리를 부르셔서 천사도 흠모할 사명을 주셨다. 주 오시는 그 날까지 흠 없는 그분의 신부로 헌신해야 할 것이다.

제2장

16세기 종교개혁과 성경(관)[1)]

-부제: 종교 개혁자 존 칼빈과 이후 개혁신학의 전통을 중심으로-[2)]

1. 서론

기독교는 전통적인 여러 종교들, 예를 들면, 불교와 힌두교, 이슬람교와 유교와 달리 구원의 종교, 부활의 종교, 생명의 종교이다. 상기한 종교들은 각각 경전을 가지고 있는 바, 기독교의 경전인 성경은 창조주 하나님, 다니엘에 의하면 영원히 망하지 않으며, 바벨론 왕 느브갓네살의 표현(단 2:47)대로 참으로 모든 신의 신이시오 모든 왕의 주재이시다. 뿐만 아니라 하나님은 은밀한 것을 나타내시는 자로 말씀으로 천지만물을 창조하신 유일신 하나님을 증거한다. 그러므로 상천하지에 하나님 같은 분은 없다.[3)] 사도 요한은 알파와 오메가, 처음과 나중, 시작과 끝이라

---

1) 본 논문은 2017년 3월 16일 대한예수교장로회 총회(합동)가 종교개혁 500주년을 맞이하여 교단 내 교회를 위해 신학위원회 주관으로 실시한 행사를에서 발표한 것임을 밝힌다.

2) 본 주제의 영어식 표기는 *A Study on the 16th Century Reformation and its views on the Bible, the Word of God*, 부제(A Subtitle)는 *A Study on the Tradition of John Calvin the Reformer and his successors*이다. 차제에 본 주제와 관련한 논문으로는 서요한, “제6장 개혁신학의 전통과 한국 장로교”, “제7장 개혁주의 성경관과 한국 장로교”, 「스코틀랜드교회와 한국장로교」, (도서출판 그리심, 2015), 151-182, 183-218을 참조하라.

3) 신 4:38-40, “너보다 강대한 여러 민족을 네 앞에서 쫓아내고 너를 그들의 땅으로 인

고 하였다. 이와 관련한 모든 내용은 영감으로 기록된 하나님의 말씀은, "능히 우리로 하여금 그리스도 예수 안에 있는 믿음으로 말미암아 구원에 이르는 지혜가 있게" 하며, 또한 "교훈과 책망과 바르게 함과 의로 교육하기에 유익"[4]한 바 (i) 창조 전에 하나님이 궁극적으로 계획하신 그분의 나라와 세계를 보여준다. (ii) 그 나라, 하나님의 나라는 창조 이후 그의 몸 된 교회, 구약은 선민 이스라엘을 통해서, 신약은 구원받은 성도들을 통해 이루어졌으며, (iii) 마지막 날, 사망 권세를 이기시고 부활하신 예수 그리스도의 재림으로 완성될 것이다. 그 때 하나님은 영원부터 영원까지 영광중에 만국을 통치하실 것이다. 이것을 아래와 같이 정리하였다.

(1) 성경의 핵심내용

하나님의 계시 →	성경(영감)기록 →	하나님의 나라→	구약: 이스라엘 신약: 교회(성도)→	새 예루살렘 →

A.D. 30년 예수님의 승천 이후 지금까지 2,000년 기독교 역사는 실로 파란만장하였다. 마가의 다락방에서 성령의 강림과 함께 시작된 교회, 소위 기독교의 역사는 이 후 시대를 따라서 수많은 사건들을 양산하며 발전한바, 그 중에 16세기 종교개혁은 역사의 분수령, 오늘 우리가 주목하는 역사의 전환점이었다. 다른 말로 하면 종교개혁은 실로 해묵은 한 시대, 1,000년 중세 교회의 어둠과 절망을 뒤

도하여 들여서 그것을 네게 기업으로 주려 하심이 오늘과 같으니라. 그런즉 너는 오늘 위로 하늘에나 아래로 땅에 오직 여호와는 하나님이시요 다른 신이 없는 줄을 알아 명심하고, 오늘 내가 네게 명령하는 여호와의 규례와 명령을 지키라 너와 네 후손이 복을 받아 네 하나님 여호와께서 네게 주시는 땅에서 한 없이 오래 살리라", 수 2:8-11, "두 사람이 눕기 전에 라합이 지붕에 올라가서 그들에게 이르러, 말하되 여호와께서 이 땅을 너희에게 주신 줄을 내가 아노라 우리가 너희를 심히 두려워하고 이 땅 백성이 다 너희 앞에 간담이 녹나니, 이는 너희가 애굽에서 나올 때에 여호와께서 너희 앞에서 홍해 물을 마르게 하신 일과 너희가 요단 저편에 있는 아모리 사람의 두 왕 시혼과 옥에게 행한 일 곧 그들을 전멸시킨 일을 우리가 들었음이라. 우리가 듣자 곧 마음이 녹았고 너희의 연고로 사람이 정신을 잃었나니 너희 하나님 여호와는 상천하지에 하나님이시니라".

4) 딤후 3:15-17, "또 어려서부터 성경을 알았나니 성경은 능히 너로 하여금 그리스도 예수 안에 있는 믿음으로 말미암아 구원에 이르는 지혜가 있게 하느니라. 모든 성경은 하나님의 감동으로 된 것으로 교훈과 책망과 바르게 함과 의로 교육하기에 유익하니, 이는 하나님의 사람으로 온전하게 하며 모든 선한 일을 행할 능력을 갖추게 하려 함이라" 참조.

로하고 새로운 이정표, 왜곡된 성경의 권위와 전통을 새롭게 회복하였다.

(2) 기독교의 역사발전

구약.신약 → 천지창조-예수승천	초대교회 → (승천 후 500년)	중세교회 → (1,000년)	종교개혁 → 약50년(1517-1572)	근 · 현대교회 → (개혁 후 500년)

2017년 3월 16일, 오늘 우리는 500년 전, 1517년 10월 31일, 독일의 한 무명 수도사 마틴 루터가 종교개혁의 봉화를 든 그 날을 기념하여 범 교단적으로 뜻 깊은 행사를 진행하였다. 이는 안으로 장자교단으로서의 위상과 무엇보다도 심각한 사회적 및 국가적 위기와 갈등 속에서[5] 한국교회의 신학적 전통과 참된 교회의 권위를 회복하며, 밖으로는 세계 교회에 한국교회의 위상을 드높이는 계기였다. 필자는 제시된 "16세기 종교개혁과 성경(관)"을 강의하면서 1,000년의 교황권에 맞서 개혁을 주도한 마틴 루터보다는 우리 교단의 정체성과 관련하여 종교개혁자 존 칼빈과 이후 그의 계승자들의 전통을 취급할 것이다. 그 이유는 2가지로 마틴 루터가 교황권에 맞서 가톨릭의 오류와 폐해를 지적하며 개혁을 이끌었으나 결국 그의 개혁은 상황에 편승한 개혁, 미완의 개혁이었기 때문이다. 한편 개혁자 칼빈은 루터가 이루지 못한 개혁을 성경에 기초하여 새롭게 정립하여, 오늘 날 개혁. 장로교회의 형성과 발전에 크게 기여하였다. 따라서 16세기 종교개혁은 종합적으로 결코 존 칼빈을 떠나서는 생각할 수 없다.[6] 필자는 본 강의에 제시된 목차를 따라서, 성경의 핵심 주제인 하나님의 나라와 교회, 중세 교회와 종교개혁, 그리고 종교개혁에 끼친 개혁자 존 칼빈과 그의 계승자들을 고찰할 것이다.

---

5) 2017년 12월 9일, 박근혜 대통령의 국정농단에 대한 의회의 표결로 전체 300명 의원 참석, 299명이 표결하여 소추안은 총의석 2/3인 찬성 234(총 투표자의 81%, 반대 56, 무효 7표, 기권 2표로 탄핵이 가결되면서 특검과 헌법재판소의 조사와 결정이 나기까지(2017년 3월 10일 예정) 탄핵 찬성과 반대 간에 극심한 혼간이 가중되었다.

6) John McNab, *Our Priceless Heritage, the Essence of Our Faith*, (The Presbyterian Church in Canada, 1950), 25; Philip Schaff(ed.), *The Creeds of Christendom with a History and Critical Notes,* (Michigan: Baker Book House, 1990), vol. 1., 423.

2. 역사의 전개: 하나님의 나라와 교회

(1) 하나님 나라와 교회: 종교학자들에 의하면 2017년 3월 현재, 지구촌에는 수많은 종교가 있다. 그 중에는 우리가 잘 알고 있는 4대 종교 불교와 힌두교, 이슬람교, 그리고 기독교가 있다. 그 중에 기독교는 2017년 3월 현재 세계 인구의 1/3의 23억 신도를 가진 최대의 종교이며,[7] 영감으로 기록된 신구약 성경 66권의 경전을 갖고 있다. 그러면 기독교의 경전 성경은 무엇을 가르치는가? 성경학자들에 의하면 성경은 다른 경전과 달리 하늘로부터 임한 하나님의 계시로 인간의 삶과 행복, 현재와 미래의 삶, 인간의 길흉화복, 최후의 심판을 통한 천국과 지옥의 축복과 저주, 참 영생을 가르친다. 이렇듯 성경은 하나님의 영원한 경륜 속에서 그분이 만세전에 계획하신 일들, 당신이 친히 선택한 백성으로 이루실 구원의 역사가 구체적으로 기록되었다. 그것은 하나님이 시대와 환경을 따라서 소명하신 사람들을 통해 다양하게 표현된바, 예를 들면, 하나님의 예정과 섭리, 지혜와 능력, 사랑과 긍휼, 인간의 범죄와 타락, 회개와 용서, 예수 그리스도를 통한 최후의 심판과 구원의 은총, 영원한 축복과 영광이다. 성경 말씀, 영감으로 기록된 계시가 발전, 성취되는 과정에서 하나님이 보여주신 것은 이 땅에 당신의 나라, 하나님의 나라[8]를 건설하는 것이다. 그런데 하나님의 나라는 하나님 자신이 스스로 왕과

---

7) cafe.daum.net.gkaRp2.D2Tc.317 참조.

8) '하나님 나라'는 두 단어의 결합으로, 하나는 '나라'이고, 다른 하나는 '하나님의' 이다. 먼저 '나라'(kingdom)란 용어는 헬라어 '바실레이아'의 번역어이다. 이 '바실레이아'는 영토 개념(범위)보다는 통치 개념(정치적 개념)이 우선한다. 그러므로 '하나님의 나라'란 하나님의 통치, 즉 하나님의 왕권이라는 동적 개념이 지배적이다. 하지만 그 통치 영역이나 국토 개념이 전혀 배제되는 것은 아니다. 결국 '하나님 나라'란 '하나님께서 주권을 행사하시는 나라요', '하나님께서 주가 되시는 나라'로, '하나님이 친히 자신의(당신의) 크신 능력으로 이루시는 나라'를 가르친다. 헤르만 리델보스(Herman Ridderbos)에 의하면 "하나님의 나라는 그리스도 안에서 성취되고 절정에 도달할 구원에 대한 위대한 신적 사역이며, 교회는 하나님께서 선택하시고 부르셔서 그 나라의 축복 속에 참여하는 백성이다". 하늘나라에 들어 간다 혹은 하늘 나라를 영접한다는 것은 그 왕의 권위에 복종하는 것이며, 그 나라를 구하는 것은 그 왕의 뜻에 굴복함으로써 그 뜻을 존경하는 것을 가르친다. 그러므로 그 나라에 들어간다는 것은 어떤 영역에 들어간다는 말보다는 하나님과 그리스도께서 우리 위에 권위적인 주장을 하시는 관계에 복종하고, 그 관계를 인식하는 것을 의미한다. 그것은 곧 순종하는 자세를 견지하는 것이다. 아울러 하나님의 통치에 반응한다는 말은 하나님의 계시된 뜻을 신중하게 취급하는 것을 의미한다. 그러므로 하나님의

주인으로 통치하는 나라로, 그분의 주권과 능력이 미치는 하늘과 이 땅, 그리고 영적 영역의 세계를 가르친다. 따라서 하나님은 온 우주와 영적 세계를 주권적으로 통치하신다.

비록 세상은 혼란과 무질서, 끝없는 살상과 전쟁이 일어나지만 하나님이 꿈꾸시는 나라는 흔들림 없이 확장되고 있다. 하나님의 나라는 이 땅의 어떤 나라와 비교할 수 없는 지혜와 능력이다. 하나님은 이 나라를 건설하기 위해 동방에 에덴을 창설하시고, 첫 사람 아담의 창조와 범죄 타락 후 아브라함을 부르시고 그의 후손, 선민 이스라엘 백성들에게 젖과 꿀이 흐르는 가나안을 약속하셨다. 그리고 애굽의 압제와 해방, 사사시대를 거쳐 왕국 시대에는 다윗과 솔로몬을 통해서, 포로 시대와 귀환 이후에는 예루살렘의 회복, 약속대로 때가 되매 성육신 하신 예수님은 "회개하라 천국이 가까이 왔느니라"(마 4:17)를 선포하셨다. 그 후 제자들에게 땅 끝까지 복음전파를 부탁하셨다. 마지막에는 아버지의 뜻을 따라 친히 십자가를 지시고 골고다에서 예수님은 친히 "다 이루었다"(요 19:30)고 말씀하신 후 운명하셨다. 그리고 승천 직전에 예루살렘 마가의 다락방에서 친히 피로 값 주고 사신 교회(행 20:28)를 설립하셨다. 당시 교회는 313년 콘스탄티누스 황제의 기독교 공인까지 말할 수 없는 고난과 박해를 받으며 일사각오로 신앙을 사수하였다.

(2) 교회의 정의와 속성[9]: 교회는 (i) 그리스도께서 피로 값 주고 사신 몸이자 공동체[10]로 하나님의 부름받은 자들이 함께 모여 예배하는 구원의 공동체이다. 구약의 '카할'(히)과 신약의 '에클레시아(헬)'는 모두 '부른다'는 뜻이다. 이와 함께 구약의 '에다', 신약의 '쉬나고게(회당)' 역시 함께 모인다는 의미이다. 영어의 church(교회)는 헬라어 '퀴리아케'에서 기원한바, 그 뜻은 '주께 속한다' 혹은 '주의 것' 이라는 것이다. 그러므로 교회는 주님께서 친히 자신의 피로 값 주고 사신 그 자신의 소유물이다(행 20:28; 계 1:10). (ii) 또한 교회는 예수 그리스도를 주로 믿어 거룩함을 입은 자들이 그리스도에게 연합된 단체(community)이다. 사도 바

통치에 대한 계시는 인간을 향해 순종을 요구하며, 하나님이 다스리시는 권위에의 굴복은 그의 말씀 가운데 계시된 하나님의 질서 있는 뜻에 복종하는 것이다.

9) 보다 자세한 것은 서요한, "제7장 신약교회 형성과 제도의 발전", 「초대교회사」, (도서출판 그리심, 2010), 193-222를 참조하라.

10) 고전 6:14-20, 12:27; 갈 1:4-5, 2:20; 엡 1:7, 2:13; 히 10:10; 계 5:9-10 참조.

울의 고백처럼 예수 그리스도는 교회의 머리요 모든 성도들은 그의 지체이다(고전 12:27). 이 교회의 본질은 내적이며 영적인 교통에 있으며, 시대를 따라 소명 받은 성도들 외에는 아무도 포함되지 않는다. 그러므로 교회 밖에는 구원이 없다(행 2:47). 따라서 이 땅의 교회, 예수 그리스도의 이름으로 설립된 교회는 특징상 몇 가지 구별을 요하는바, 전투적 교회와 승리적 교회(히 12:4, 25), 보이는 교회와 보이지 않는 교회, 유기체교회와 조직체 교회(고전 12:13)로 나타난다. 그러나 궁극적 혹은 본질적으로 예수 그리스도의 교회는 몸이 하나요 성령이 하나이듯이 오직 하나이다.[11] 이 같은 교회의 정의와 속성, 기능은 복음 전파 과정에서 지속적으로 나타났으나, 특별히 16세기 종교개혁자들에게는 특별한 과제였다. 왜냐하면, 교회는 그리스도의 몸으로 성경이 가르치는 하나님의 나라와 직결된 특별한 기관이기 때문이다.

(3) 교회의 존재 이유와 기능: 초대 교회 이후 사도적 신앙과 전통을 계승한 역사적 기독교는 주님께서 피로 값 주고 사신 교회, 그 교회는 다음과 같이 예배와 교제, 훈련과 봉사, 그리고 복음전파 5가지의 기능을 갖는다.

(i) 예배(Worship): 교회의 존재 목적과 기능은 무엇보다도 하나님께 영광돌리는 것, 예배(행 15:14)에 있다. 사 43:7, "무릇 내 이름으로 일컫는 자 곧 내가 내 영광을 위하여 창조한 자를 오게 하라 그들을 내가 지었고 만들었느니라"고 하셨다. 또한 사 43:21, "이 백성은 내가 나를 위하여 지었나니 나의 찬송을 부르게 하려 함이니라"고 말씀하셨다. 교회는 하나님께 참된 예배를 통해서 구원에 감사하여 헌신을 다짐하는 것이다. 그리고 나의 삶을 그분께 전적으로 위탁하는 것이다. 따라서 하나님께 영광 돌리는 삶, 그 의무는 하나님의 성호, 그분의 이름을 높이는 것이다. 이것이 바로 우리가 우리의 몸을 산제사로 드리는 이유이다(롬 12:1; 벧전 2:5). 그런데 교회의 예배는 하나님의 인격에 근거한다. 그러므로 예배시에

---

11) 엡 4:1-6, "그러므로 주 안에서 갇힌 내가 너희를 권하노니 너희가 부르심을 입은 부름에 합당하게 행하여, 모든 겸손과 온유로 하고 오래 참음으로 사랑 가운데서 서로 용납하고, 평안의 매는 줄로 성령의 하나 되게 하신 것을 힘써 지키라. 몸이 하나이요 성령이 하나이니 이와 같이 너희가 부르심의 한 소망 안에서 부르심을 입었느니라. 주도 하나이요 믿음도 하나이요 세례도 하나이요, 하나님도 하나이시니 곧 만유의 아버지시라 만유 위에 계시고 만유를 통일하시고 만유 가운데 계시도다".

우리는 그분이 누구인지 알고 그분에게 합당한 예배를 드려야 한다(시 29:8; 계 4:8). 계 4:11에 의하면 하늘 보좌의 장로들은 하나님의 창조하신 일을 가지고 그분께 영광과 존귀와 능력을 그에게 돌렸다. 천사들은 죽임 당하신 어린 양을 예배하고 있다(계 5:12). 말세에 성도들은 만물을 창조하시고 죄인들을 구원하신 창조주 하나님과 우리 구조 예수 그리스도께 온 마음과 몸을 통해 영적 예배를 들려야 할 것이다(롬 12:1). 계시된 하나님의 말씀을 온 세상에 드러내는 것, 즉 예수님에 대한 증거를 선포하는 것이다. 소명받은 하나님의 사람으로 우리는 이것을 실천해야 할 것이다.

(ii) 교제(Koinonia-Fellowship): 서로를 사랑하고 지체를 세워가는 것이다. 우리는 다른 성도들과 함께 진정한 교제를 경험하기 위해 서로 사랑해야 한다. 왜냐하면 우리는 하나님의 가족으로 태어났기 때문이다. 고전 1:9, "너희를 불러 그의 아들 예수 그리스도 우리 주와 더불어 교제하게 하시는 하나님은 미쁘시도다"라고 했다. 요일 3:23, "그의 계명은 이것이니 곧 그 아들 예수 그리스도의 이름을 믿고 그가 우리에게 주신 계명대로 서로 사랑할 것이니라"고 말씀하셨다. 우리는 교제와 양육과 치유와 서로 섬기는 일들을 위해 서로 섬겨야 한다.

(iii) 훈련(Didache-Discipleship): 성도는 각각 영적 성숙을 위해 힘쓰고 하나님의 성품을 닮아가도록 노력해야 한다. 왜냐하면 우리는 예수 그리스도를 닮도록 새롭게 창조되었기 때문이다. 고전 11:1, "내가 그리스도를 본받는 자가 된 것 같이 너희는 나를 본받는 자가 되라"고 권면하였다. 딤후 3:16-17, "모든 성경은 하나님의 감동으로 된 것으로 교훈과 책망과 바르게 함과 의로 교육하기에 유익하니 이는 하나님의 사람으로 온전케 하며 모든 선한 일을 행하기에 온전케 하려 함이니라"고 말씀했다. 우리는 영적성장에 필요한 원리와 습관들을 훈련하고 계발함으로 주님을 닮게 되는 것이다.

(iv) 봉사(Diaconia-Ministry): 자신의 재능과 은사를 따라 섬기는 것이다. 우리는 하나님으로부터 받은 재능과 은사를 교회의 사역을 위해 사용해야 한다. 왜냐하면 우리는 하나님을 섬기기 위해 지금의 모습으로 지음 받았기 때문이다. 롬 12:6-8, "우리에게 주신 은혜대로 받은 은사가 각각 다르니 혹 예언이면 믿음의 분수대로, 혹 섬기는 일이면 섬기는 일로, 혹 가르치는 자면 가르치는 일로, 혹 위로하는 자면 위로하는 일로, 구제하는 자는 성실함으로, 다스리는 자는 부지런함

으로, 긍휼을 베푸는 자는 즐거움으로 할 것이니라"고 하셨다. 봉사와 사역은 자신의 재능과 은사를 발견하고 교회의 사역과 연결함으로써 이루어진다.

(v) 복음전파(Kerygma-Evangelism): 땅 끝까지 하나님의 사랑을 전하는 것이다. 이는 우리가 받은 하나님의 사랑과 축복을 다른 사람들에게 전하고 나누기 위함이다. 왜냐하면, 우리는 하나님의 사랑과 복음을 전하라고 지음 받았기 때문이다. 마 28:18-20, "예수께서 나아와 말씀하여 이르시되 하늘과 땅의 모든 권세를 내게 주셨으니, 그러므로 너희는 가서 모든 민족을 제자로 삼아 아버지와 아들과 성령의 이름으로 세례를 베풀고 내가 너희에게 분부한 모든 것을 가르쳐 지키게 하라. 볼지어다 내가 세상 끝 날까지 너희와 항상 함께 있으리라"고 하셨다. 우리는 믿음과 사랑을 나누고 전도와 선교활동에 참여함으로 선교 사명을 이루어가야 한다. 이것이 바로 교회가 이 세상에 존재 이유이다. 즉 그리스도를 증거하는 것, 즉 복음전파와 함께 이웃을 사랑으로 섬기는 것이다. 벧전 2:11-12, "사랑하는 자들아 거류민과 나그네 같은 너희를 권하노니 영혼을 거슬러 싸우는 육체의 정욕을 제어하라. 너희가 이방인 중에서 행실을 선하게 가져 너희를 악행한다고 비방하는 자들로 하여금 너희 선한 일을 보고 오시는 날에 하나님께 영광을 돌리게 하려 함이라". 여기에는 한 사람도 예외가 없다. 믿는 자는 누구나 다 왕 같은 제사장이다(벧전 2:9). 제사장은 자신이 받은 특권을 잘 활용하는 것이 중요하다.

4. 중세교회의 형편과 실상

이렇듯 초대교회는 로마 제국의 박해와 끝없는 도전 속에서 예배(말씀)와 교제, 훈련과 봉사, 특별히 주님의 명령(마 28:19-20과 막 16:15-16; 행 1:8)을 이루기 위해 각지에 흩어져 복음전파의 사명을 다하였다. 그러나 A.D. 476년 로마 제국의 패망 후 교회는 급속히 세속화되었다. 당시 새롭게 형성된 중세교회는 초대교회의 신앙 전통에서 벗어나 급속히 의식화, 형식화, 세속화 되었다. 마침내 교황권의 끝 모를 부패와 타락은[12] 1517년 10월 31일, 젊은 수도사 마틴 루터의 필연적

12) 예를 들면, 수도원의 설립과 봉건제도의 확립, 서임권 논쟁과 동서 교회의 분리, 대학의 설립과 스콜라 신학의 형성, 십자군 운동과 문예부흥의 발흥 등 이다. 보다 자세한 것은 서요한, 「중세교회사」, (도서출판 그리심, 2010) 참조.

출현을 잉태하였다. 당시 교황은 구약의 애굽과 아시리아, 바벨론과 페르시아, 헬라의 뭇 제왕들처럼 무소불위의 권력을 휘둘렀다. 교황은 상명하복, 절대 복종만을 강요하였다. 당시 중세 교회 교황청의 일탈을 아래와 같이 정리하였다.[13)]

(1) 교회의 부패와 타락: 이는 대부분 역사가들의 지적처럼 이노센트 8세(1482-1492)[14)]는 성직자 고유의 순결을 저버린 채 16명의 자녀를 두고 그들의 결혼식을 바티칸에서 실시하였다. 이에 편승하여 교회와 성직자의 세속화가 더욱 가중되어 축첩을 일삼고 성직 매매와 함께 성직을 이중으로 소유하였다. 그는 가톨릭 교회의 공적 규례와 의식들, 예를 들면, 세례와 고해성사를 대가로 부를 축적하였고 심지어 면죄부로 엄청난 재산을 형성하였다. 무엇보다도 당시 교회의 부패와 타락의 정점에 교황 율리우스 2세(1443-1513)[15)]가 있다. 그는 매우 난폭한 기질에 통제력 없는 무서운 교황이었다. 성직자다운 면모보다는 오직 교회의 위엄과 권위에 집착함으로 본연의 직무를 망각한 채, 영적 지도자이기 보다는 정치 지도자 혹은 전사(戰士)로 활동하였다. 그리고 윤리적 및 도덕적인 지탄, 과도한 부의 축적으로 탈선하였다. 그는 '지독한 사람' 혹은 '무서운 교황' 으로 재임 동안 성 베드로 성당의 신축을 추진하고, 미켈란젤로에게 시스티나 성당의 천장화를 지시

---

13) 보다 자세한 것은 서요한, "제7장 중세교황권의 형성과 특징", 「중세교회사」, (도서출판 그리심, 2010), 195-226.

14) 1467년 교황 바울 2세에 의해 이탈리아 사보나 주교로 임명 된 후 1473년 추기경에 임명되었다. 1484년 8월 29일 교황으로 선출되었으나 추기경 지울리아노 델라 로베레(Giuliano della Rovere)의 영향력을 벗어나지 못하였다. 교황은 당시 유행하던 마술을 인정하지 않고, 독일에 종교 재판관을 파견하여 마녀 재판을 감행하였다. 또한 1486년에 플라톤주의 철학자 피고 델라 미란돌라(Pico della Mirandola, 1463-1494)의 논문을 단죄하였다. 그는 이탈리아의 여러 도시와 전쟁을 치르는 중에 교황청이 어려우지자 성직을 매매하였다. blog.naver.com.chanwoolee.220790005181.

15) 그는 제 216대 교황으로 교황 식스투스 4세의 유일한 형제이자 가난한 라파엘로 델라 로베레의 아들로 태어났다. 1468년 프란체스코 수도회에 가입했고, 1471년 식스투스 4세에 의해 추기경에 임명되었다. 1503년 보르자가의 교황의 소천으로 10년의 망명생활을 청산한 후 로마로 돌아왔으며, 피우스 3세의 짧은 교황 재위 기간이 끝난 뒤 온갖 뇌물로 성직을 매매하여 1503년 10월 율리우스 2세로 교황에 선출되었다. 그는 예술을 좋아하여 예술가들을 후원한 당대의 강력한 군주 중에 한 사람이었다. 그에는 미켈란젤로의 절친으로, 당시 브라만테와 라파엘로를 포함한 여러 예술가들을 후원하였다. 특별히 미켈란젤로에게 '모세'와 시스티나 부속 예배당에 있는 그림들을 그리게 했고, 라파엘로에게는 바티칸 궁에 있는 프레스코들을 그리게 하였다. blog.daum.net.wwg1950.8153.

하였다.

(2) 교황권의 신장과 세속화: 중세 교황의 개인적 및 도덕적인 일탈 외에 국가와 교회 간의 권력 다툼은 중세 교회 몰락의 주된 요인이었다. 590년 그레고리 1세 이후 1517년 마틴 루터의 개혁까지 유럽사회를 지배한 교황청의 전횡은 카노사의 굴욕과 이 후 교황청의 분열로 급속히 쇠퇴하였다. 특별히 1077년 신성로마제국의 하인리히 4세가 자신을 파문한 교황 그레고리 7세를 만나기 위해 이탈리아의 북부 카노사 성에 가서 그곳에서 용서를 구하였다.[16] 또한 이노센트 3세는 교황은 그리스도의 대리자로 자처하였다. 그는 친히 교황은 태양, 황제는 달이라며 교회와 세상에서 자신이 최고라고 천명하였다. 또한 로마 교황의 국제주의 내지 보편주의는 근대 국가의 형태를 갖춘 유럽 각국의 민족주의와 충돌하였다. 따라서 중세 1,000년의 오랜 역사와 전통 속에서 영권과 속권을 모두 장악하려 한 교황들의 행태는 내정 간섭의 근거였고, 이 같은 지배구조를 원치 않은 여러 국가들이 교황권에 맞서 투쟁하였다. 그런 상황에서 교황권의 바벨론 70년 포로, 소위 아비뇽 천도는 중세 가톨릭교회의 몰락의 결정적인 근거였다.

(3) 교회제도의 제정과 형식화: 무엇보다도 가톨릭은 성경에 명시되지 않은 여러 의식들, 예를 들면, 7성례, 즉 영세, 견진, 성찬, 고해, 결혼, 서품, 종유를 오직 사제만이 집행할 수 있는 것으로 법제화하였다. 따라서 가톨릭이 성경을 금서(禁書)화한 상황에서[17] 이를 읽거나 쓸 수 없는 사람들은 사제의 감독아래 성물 숭

---

16) 보다 자세한 연구를 위해서는 서요한, "제8, 9장 중세 서임권 논쟁의 형성과 발전(I, II)", 「중세교회사」, (도서출판 그리심, 2010), 229-260, 261-291을 참조하라.

17) 가톨릭의 금서 목록은 주로 16세기부터 20세기까지 당 교회가 금지한 출판물 목록을 가르친다. 당시 가톨릭 교회는 종교개혁에 맞서 (i) 신앙 교육과 법률상의 기능을 수행하기 위해서 신학적으로 잘못되거나 비도덕적인 책을 읽음으로서 신앙의 오염과 도덕적 타락을 막기 위해서, (ii) 실제적으로는 로마 가톨릭 교회의 비판을 금하기 위함이었다. 역사적으로 도서검열, 즉 교회법의 기원은 사도 바울이 개종 후 에베소에서 마술 책들을 불사른 데서 기인하였다(행 19:19), 그 후 496년 반포된 겔라시우스 칙령은 금서목록과 함께 권장도서를 제공한 최초의 로마 목록(Roman Index)이었다. 그러나 목록(index)이라는 단어를 공식화한 최초의 목록은 1526년 2월 25일 반동종교개혁의 일환으로 소집된 트렌트 공의회의 결정이었다. 당시 공의회는 종교재판소에 금서와 관련된 금서목록의 제정 명령을 하달하였고, 1542년 7월 21일 종교재판 혹은 심문소를 재조직하였다. 그리고 서적 및 출판물을 단속, 검열하는 임무를 부여하였다. 그 명령에 의하면 모든 출판물은 종교심문소의 사전 승인 없이는 금지되었다. 1559년 트리엔트 공의회의 권고에 따라 교황 바울 4세는 첫 번째 금서목록(*Index of Prohibited Books*)과 삭제목록(*Index of*

배와 성인 숭배, 상상 숭배와 성지 순례 같은 규례와 의식에 속박되었다. 그들은 성경 말씀을 통해 직접 하늘의 은혜와 축복을 누리기보다는 사제의 통제와 감시에 철저히 귀속되었다. 혹 어느 특정인이 이를 어기고 성경을 번역했을 때는 이단으로 정죄되었다. 또한 교황은 성지 탈환을 명분으로 십자군 운동을 전개하여 수많은 사람들을 불의의 전사로 만들었다. 이 밖에 교황청은 성도들의 안위와 구원을 위해 여러 의식들을 제도화하고, 또한 부족한 재정을 충당하기 위해 면죄부를 판매였다. 이는 마틴 루터의 종교개혁의 결정적 동인이었다.

(4) 문예부흥과 민족주의의 대두: 13세기부터 지중해 무역을 통해 일어난 새로운 상업 시대의 욕구는 새로운 르네상스 운동을 태동시켰다. 그리하여 중세의 초월적인 신 중심적 세계관에서 벗어나 반봉건적인 문화의 창달을 위해 새로운 세계관을 형성하였다. 이 모든 것들은 그리스-로마 문화를 부활시키는 진보적인 운동으로 발전하였다. 결국 르네상스는 중세 유럽의 신앙과 철학, 사회와 문화, 정치와 경제를 새롭게 변화시켰다. 르네상스와 더불어 중세의 사회 질서 속에 얽매여 있던 개인이 해방되고 동시에 개인과 사회의 새로운 관계를 보증해 주는 통일적

Expurgations)을 함께 발행하였다. 금서목록의 마지막 판은 1948년 판(20판)이며, 1966년 6월 폐지되었다. 폐기 직전까지 가톨릭의 금서 목록은 성경과 함께 아래와 같이 수많은 책들이 포함되었다. 특별히 1229년의 발렌시아(스페인) 공의회는 사제 외에는 성경구독(자국어 번역금지)을 금지하였고(당시 이단 중의 한 분파인 알비파 혹은 카타리파, 그리고 발도파는 자신들이 번역한 성경을 사용), 그 후 현재까지 개신교 신자나 신학자들이 번역한 모든 성경을 금서조치 하였다. 금서 목록은 스피노자의 모든 저술, 마르틴 루터의 모든 저술, 존 칼빈의 모든 저술, 츠빙글리의 모든 저술, 위클리프의 모든 저술, 마키아벨리 군주론, 에밀 졸라의 모든 작품, 뒤마의 삼총사와 몬테크리스토 백작과 연애소설들, 플로베르의 보바리 부인, 발자크의 연애소설들, 아나톨 프랑스의 작품, 빅토르 위고의 노틀담의 곱추.레미제라블, 루소의 에밀, 조르주 상드의 작품, 오귀스트 콩트의 실증철학, 스탕달의 작품, 칸트의 순수이성 비판, 에르네스트 르낭의 예수전, 루소의 사회계약설, 도스토예프스키 작품, 베르그송의 창조적 진화(L' evolution creatrice), 토머스 홉스의 리바이어던, 갈릴레오 갈릴레이의 모든 저서, 코페르니쿠스의 천구의 회전에 관하여(*De revolutionibus orbium coelestium*), 백과전서파의 백과전서, 조르다노 브루노의 무한한 우주와 무한한 세계에 관하여, 존 밀턴의 아레오파지티카, 볼테르의 철학 사전, 철학 서한, 캉디드, 랭제뉘, 사드 후작의 저스틴, 줄리엣, 소돔의 120일 등, 몽테스키외의 법의 정신 등이다. William R. Estep, *Renaissance & Reformation*, (Michigan: Grand Rapids, William B. Eerdemans Publishing Company, 1989), 285-286; G. D. Henderson, *The Church of Scotland*, (Edinburgh: The Church of Scotland Youth Committee, 1954), 42-43; Jones, R. Tudur, *The Reformation*, (1992), 1-380; 허창덕, 「가톨릭 금서목록」, (가톨릭청년, 제10권 제3호,1956년 4월) 참조.

인 국가, 즉 민족주의가 대두되었다. 이러한 변화 속에서 봉건 국가의 권한은 극도로 제한되었으나 통치자는 그 권한을 제약 없이 행사하였다.[18] 시간이 지나면서 관료들이 군주의 뜻을 제한하는 강력한 관례와 전통을 발전시켰다. 이러한 변화는 봉건주의적 위계의 퇴조에 기초했다. 군주의 관심은 더 이상 직속 봉신들의 이해관계와 요구에 국한되지 않았다. 그는 그의 영토에 살고 있는 모든 사람의 지배자로서 그들의 공익을 배려해야 했다. 군주와 백성들 사이의 관계의 이러한 변화로 민족주의가 태동하게 되었다.[19] 이 후 모든 종교 회의는 민족 중심으로 조직되었다.[20]

5. 종교개혁의 발단과 전개과정

5.1. 종교개혁의 유산: 중요성

이는 당시 교회의 상황에서 볼 때 매우 중요하다. 사실 개혁은 단순히 몇몇 사람들의 개혁적인 의지와 정신에 의해 출현한 것이 아니기 때문이다. 개혁자들은 한 결 같이 말씀에 무장하여 성령의 인도를 따라서 생애를 헌신하였다. 이 같은

---

18) 프랭크 틸리, 「서양철학사」, 김기찬 역, (현대지성사, 1998), 333-334.

19) 각 군주들과 백성들은 그들의 공통된 이해관계를 따라서 군주를 중심으로 하나의 공동 운명체를 형성하였다. 사람들은 각자 마음을 정하고 자신들의 군주에게 충성을 바쳤다. 그 결과 민족주의적 감정이 급속히 확산되면서 서유럽의 세력판도는 더욱 고착화 되었다. 따라서 무력에 의한 정복은 불가능하게 되었다. 그리고 모든 곳에서 보편제국과 교황권에 맞서 민족주의 사상이 출현하였다. Norman Sykes, *The English Religious Tradition*, (London: SCM Press Ltd., 1961), 9-12.

20) 프랑스와 영국에 강력한 중앙집권적 왕정이 수립되었고, 스페인이 통일 왕국을 형성하였다. 독일과 이탈리아에서는 고도로 중앙집권화된 규모의 전제군주국이 수립되었다. 이 모든 경우에 귀족들과 교회의 권한은 왕정이 주도하였다. 영국의 의회, 프랑스의 삼부회, 그리고 스페인의 신분제 의회를 헨리 7세, 루이 11세, 그리고 아라곤의 페르디난드 같은 국왕들이 통제하였다. 이처럼 왕정의 성장과 더불어 국왕이 귀족계급의 정치권을 제한할 수 있는 소위 중간계급의 중요성이 증대되었다. 그리고 일련의 공의회로 분열은 종식되었으나 이를 계기로 새로운 정치, 경제, 그리고 문화적 질서가 확립되었다. 1517년 종교개혁과 1688년, 1776년, 1789년의 혁명들은 중세 공의회의 결실이었다. 그리하여 서유럽과 구미 국가에서 의회주의적 제도가 급속히 발전하였다. R. Lodge, *The Close of the Middle Ages*, (London: Rivingtons, 1906), 516; 프레데릭 B. 아르츠, 「중세 유럽의 문화유산」, 홍성표 역, (보진제, 1993), 404-407.

헌신에는 무엇보다도 당대 최대의 지성인들로 지나간 역사의 정통성 확립에 주력하였다. 그런데 종교개혁의 유산, 중요성은 당시 개혁을 주도한 사람들에 의하여 다음과 같이 정리된다.

(1) 권위 : 전통적으로 가톨릭의 권위는 교황청과 교황에서 보듯이 전적으로 외적인 것이었다.[21] 물론 교황 중심의 제도가 모두 나쁜 것은 아니다. 초기 로마 제국의 몰락 후에 교권의 남용과 폐해가 없지 않았으나 야만적인 서방과 북부 유럽 국가들을 훈련하는 학교의 역할을 하였다. 또한 이교의 야만성에서 그들을 끌어내어 개혁 당시의 기독교 문명으로 교육하였다. 거친 폭력의 횡포를 방지하고, 교회의 외부적 통일성을 기하며, 국가 간 관계를 원활히 하였다. 제후들의 탐욕에서 결혼의 신성함을 방어하며, 노예제를 완화하고, 애정(愛情)을 함양하며, 개척 정신을 길렀다. 기독교 확장을 증진하고 배움을 격려하며 평화정착에 기여하였다.[22] 하지만 가톨릭교회는 사람의 영혼과 몸처럼 교회와 국가는 본질상 하나로 인식했으나, 이들은 둘 중에 영혼이 더 중요하다고 생각하였다. 이 두 기관은 각자의 칼을 갖는바, 하나는 교회의 교황(성직자)에 의하여 다른 하나는 국가의 황제에 의해 통치된다고 믿었다.[23] 중세 교회의 교황과 성직자들은 이 권위에 기초하여 국가 위에 군림하고 순박한 성도들의 헌금을 약탈하여 막강한 부를 누렸다. 교황은 영권과 지상권을 한 몸에 가진 신의 대리자로 그 누구도 그의 권위에 대항할 수 없었다. 교황은 자신의 권위로 심지어 지옥으로 가는 문을 닫고 천국으로 가는 문을 연다고 선포하였다. 특별히 면죄부를 통해 사후(死後)에 연옥에서 받을 형벌을 감소해 준다고 하였다.[24] 이로써 교황은 연옥의 고통을 두려워한 중세인들의 마음을 사로

---

21) Thomas M. Lindsay, *A History of the Reformation*, (Edinburgh: T. & T. Clark, 1907), vol. II., 156; Philip Schaff, *History of the Christian Church*, (Michigan: Grand Rapids, 1910), vol. vii, 4-5.

22) Owen Chadwick, *The Reformation*, (The Pelican History of the Church, Penguin Books, 1988), 99-101.

23) 앨퀸은 사람을 억지로 세례 받도록 할 수는 있지만 억지로 믿게 할 수는 없다고 말했는데, 최초로 교회와 국가의 역할을 두 자루의 칼로 묘사하였다. 롤렌드 베인톤, 「기독교의 역사」, 이길상 역, (크리스챤 다이제스트, 1997), 166; Owen Chadwick, *op. cit.*, 23-29.

24) Thomas M. Lindsay, *A History of The Reformation*, (Edinburgh, T. & T. Clark, 1906), vol. 1., 218-219; 데이비드 케너다인, 「굿바이 E.H. 카」, 문화사학회 역, (푸른역사, 2005), 126-128; 롤란드 베인톤, 「16세기 종교개혁」, 홍치모 · 이훈영 역, (크리스챤 다이제스트, 1993),

잡았다. 이는 곧 사람의 구원이 교황의 절대 권위로 성취될 수 있음을 보여준것이다. 따라서 이들은 교황 신수권에 기초하여 철저히 복종을 가르쳤다. 이는 당시 사람들에게 일반적으로 수용된 교회의 전통이었다.[25] 당시 유럽의 여러 지도자들은 그 권위를 교황이나 때로는 군주로부터 위임받아 개혁을 실천하려 하였다.[26]

하지만 개혁자들은 교황권에 의문을 제기하였다. 부여된 권세가 크면 클수록 남용의 위험과 유혹도 크기 때문이다. 루터는 교황의 권위가 무오하고 최종적인지, 아니면 성경과 공의회에 의해 수정될 수 있는 것인지를 인지하였다.[27] 그리고 1520년 6월 20일,「독일 그리스도인 귀족에게 고함」을 발표하였다. 여기서 그는 교황의 폭정을 폭로하고 그의 통치는 사탄과 그리스도가 함께 할 수 없고, 지옥과 천국이, 밤과 낮이 다른 것처럼 다르다고 하였다. 교황이 그리스도의 대리인이며 베드로의 계승자임을 비난하였다. 6개월 후인 12월 10일 루터는 많은 교수들과 학생들 앞에서 교황의 파문 교서와 교황의 선언문, 교회법과 기타 저술들을 불 태웠다. 그 후「왜 루터는 교황과 그 제자들의 책을 불태워버렸는가?」에서 교황의 법률 책에서 교황을 영화롭게 하려는 30개 항의 잘못된 규정을 인용하였다. 그것은 결국 교황이 땅에 있는 신이요, 하늘과 땅, 영혼과 육체 모든 것 위에 있다. 뿐만 아니라 모든 것이 교황에게 속했으므로 누구도 감히 교황이 하는 일에 도전할 수 없다고 하였다. 그러므로 그에게 모든 교회법은 멸망의 가증한 것이요(마 24:15)

19-20. 보다 자세한 것은 서요한, "제5장 면죄부와 루터의 95개 항의문 소고", 「중세교회사」, (도서출판 그리심, 2010), 207-238.

25) 따라서 교황은 자신의 권한을 남발하였다. 교황 우르바누스 6세는 노케라 성에 갇힌 채 공격을 당할 때 하루에 3회 종과 책과 촛불을 들고서 성의 창문에 나타나 공격을 하는 군인들을 파문하였다. 그리고 교황 레오는 독일의 루터를 파문하였고, 이어서 헨리 8세, 1570년 교황 피우스 5세는 엘리자배스 여왕을 파문하였다. 그러나 파문은 전혀 효과 없이 공허하게 끝났다. 오히려 칙서는 영국의 로마 가톨릭 교도들의 장래를 짓밟았다. 훗날 그 칙서를 통해서 교황이 다른 나라 군주를 섣불리 파문해서는 안 된다는 교훈을 남겼다. 1573년 추기경 보로메오(Charles Borromeo)는 밀라노의 막강한 스페인 총독과 귀족들, 노동자들이 자신을 수행하지 않았다는 이유로 파문하였다. 20년 후 프랑스의 앙리 4세는 가톨릭 동맹군에 맞서 권좌 유지를 위해 투쟁하였다. 교황은 앙리를 파문하였다. 교황의 권위는 급속히 퇴락하였다. Owen Chadwick, The Reformation, (The Pelican History of the Church, Penguin Books), 1988), 375-376.

26) Owen Chadwick, *op. cit.,* 23-27.

27) Philip Schaff, *History of the Christian Church,* (Michigan: Grand Rapids, 1910), vol. vii, 168-169.

적 그리스도(살후 2:4)였다. 루터의 생애에서 교권의 상징인 교서를 불태운 것은 가장 과감하고 용기있는 행동이었다. 이것은 가장 거대한 지상 권력에 대한 도전이었다. 이 행동은 서방 기독교를 절반으로 축소하는 결정적인 계기가 되었다.[28)]

한편 칼빈은 루터와 달리 마치 그리스 신화의 제우스 머리에서 나온 아테나처럼 완전히 성숙한 모습으로 등장하였다. 칼빈은「기독교 강요」에서 보이지 않는 하나님이 통치와 권위를 중세 교회의 감각적 눈에서 지성의 눈으로 되돌렸다. 그리고 모든 기독교 신앙의 근본이 성경에 계시되었음을 선언하였다.[29)] 이는 그의 말씀이 영원히 하늘에 굳게 섰기 때문이다(시 119:8-9). 사도 바울의 고백처럼 모든 성경은 하나님의 감동으로 된 것으로 교훈과 책망과 바르게 함과 의로 교육하기에 유익하다(딤후 3:16). 이 성경은 십자가에 달려 돌아가신 분은 그리스도 한 분뿐이시고, 그가 교회와 국가의 머리요 우리는 그의 지체이다. 지음 받은 모든 사람들은 죄로 타락하여 동일하게 구원이 요청된다. 때문에 성직자가 특정인으로 사람들 위에 군림할 수 없으며 모든 사람들은 그리스도 안에서 평등하다. 오직 그리스도만이 구원의 기쁨과 영생을 선물로 줄 수 있다. 모든 사람은 그리스도 안에서 동일하다. 또한 이들은 가톨릭의 전승과 교황의 권위 대신 영감 된 하나님의 말씀이 최종 권위임을 확신시켰다. 그러므로 모든 사람의 신앙적 생활 규범은 성경이며 오직 이 성경으로 판단 받아야 했다. 개혁자들은 참된 권위가 하늘로부터 오며 그 권위는 오직 예수 그리스도와 성경이라고 정의했다. 특별히 칼빈은 가톨릭이 아닌 새로운 형태의 교회를 만인 제사직에 기초하여 조직하였다. 그리고 교황의 권위 대신에 초대 교회의 모범을 따라, 목사의 권위를 회복하였다.

(2) 교회의 통일성: 모든 교회는 하나님의 소명 안에서 한 형제이며 거룩한 공회이다. 이런 통일된 사상은 초대교부시대 이후 중세까지 면면이 흘러왔다. 이 같은 사상은 당시 대학교들과 수도원들, 그리고 각 교회들이 중심이 되었다. 가톨릭 교회는 구원받은 자들의 공동체였으며 이 교회는 그리스도로부터 위임되었다고

28) Philip Schaff, 250-252.

29) 그리고 모든 만물이 하나님 자신에게 직접적으로, 그리고 즉각적으로 절대적인 의존관계에 있음을 가르쳤다. 또한 인간의 죄는 너무도 커서 하나님의 자유로운 은총과 떨어져서는 어떤 용서나 개선이나 구원이 없음을 선언하였다. 또한 이 모든 사상들을 논리적인 통일성으로 엮어 놓음으로 그 당시 지성인들의 눈에 하나님의 집은 손으로 만든 데 있지 않고 하늘나라에 영원히 있음을 보여주었다. Philip Schaff, vol. 2., 157.

인식되었다. 이 시기에 가톨릭 이 외에 다른 종파는 인정되지 않았고 혹 있었어도 모두 이단으로 정죄되었다. 구원은 오직 가톨릭 교회를 통해서만 얻을 수 있었다. 그러므로 당시의 사람들은 거의 모두 유형교회에 소속되었고 여기에 소속된 모든 사람들을 그들의 기본적인 의무(십일조나 기타 교회행사에 참여하는 일 등)를 수행해야 했다. 이때 교회의 회원은 모든 교회 의식에 참여할 수 있었고 교회에서 베푸는 영적인 축복을 누릴 수 있었다. 그러나 이 교회는 외견과 달리 내적으로 생명력을 잃어버렸다. 그리스도의 몸으로서 기능보다 정치적인 면과 제도화로 구성되었다. 교회 자체의 전통과 달리 진리에서 멀리 떠나 비성경적 전통과 의식에 사로잡혔다. 말씀이 강단에서 사라지고 인본주의적 의식과 여러 제도들이 교회를 지배하였다. 사람들은 영적인 자유를 누릴 수 없었으며 항상 무거운 죄의식에 사로잡혔다. 이 같은 상황에서 개혁자들은 교회의 본질과 기능을 새롭게 규명하고 참된 교회의 표식을 수립하였다. 이들에 의하면 참된 교회는 말씀을 선포하며, 성례를 집행하고 권징의 바른 실시를 강조하였다. 이 땅의 모든 그리스도의 교회는 이것을 잘 시행해야 한다. 특별히 성도로서 부도덕하고 비윤리적인 행동을 할 때는 징계를 촉구하였다. 따라서 개혁자들은 말씀을 받아들이고 그리스도를 주라 고백하는 이 땅의 모든 교회는 한 몸이며 영적 축복과 자유를 누리는 그리스도 안에서 한 형제라고 하였다. 그리스도는 이 교회들의 머리이고 교회는 그의 몸이며 그는 신랑이고 교회는 그의 신부이다. 이 교회는 주님의 재림과 함께 장차 승리하게 될 것이다.

(3) 구원: 구원은 하나의 제도로서 오직 보편 교회 안에서만 발견하게 된다고 가르쳤다. 그런데 이 교회는 제사장들의 공동체로서 이해되었다. 은혜의 수단은 사제가 성찬을 집행함으로서 획득된다고 가르쳤고 이와 함께 7성례인 세례, 미사, 혼배, 서품(사제의 임직식과 수녀의 봉헌식), 견신례, 고해성사(참회), 종부(죽어가는 사람에게 기름을 발라주는 예식) 같은 것이 실시되었다. 또한 그리스도께서 죽으신 후 연옥에 가셔서 그 영혼을 깨끗케 하신 후 하늘나라로 들어가시기에 적합하게 되셨다고 가르쳤다.[30] 또 세례 받지 못하고 죽은 어린이들을 위한 유아 림보가 있다고 가르쳤다. 또 성인들에게 드리는 기도가 장려되었다. 1년 중 거의 매일 같이

30) 데이비드 케너다인, 「굿바이 E. H. 카」, 문화사학회 역, (푸른역사, 2005), 126-128.

성인들을 기념하는 날이 있었다. 성인들은 그들의 선행이 넘쳐흘러 땅위에 있는 모든 백성들에게 유익을 줄 수 있다는 것이다. 성인들이나 예수님의 모친인 마리아에게 공경을 드림으로 사람들은 마땅히 하나님께 드려야 할 경배를 망각하였다.[31] 뿐만 아니라 구원을 위한 선행과 공덕개념, 죄의 용서를 위하여 면죄권이 판매되었다. 당시 사람들은 영적 평안과 구원을 얻기 위해 모든 수단방법을 가리지 않았다. 이런 미신적인 것들이 교회 안에 즐비하게 널려 있었는데 사제는 백성들이 은혜를 받을 수 있도록 이런 것들을 교회에서 실습하였다.

이처럼 중세 가톨릭 교회는 은혜가 곧 성례라고 가르쳤다. 그럼에도 불구하고 서로의 권력의 우위권 문제로 인하여 황제와 교황의 충돌이 발생하였다. 이에 대하여 개혁자들은 구원은 그리스도 안에서 거저 베푸시는 은혜와 믿음의 수납을 통해 얻게 된다고 가르쳤다. 이 구원에 우리의 공로나 행위는 무익하며 하나님의 심판을 면할 수가 없다. 중세교회처럼 면죄부를 사는 것, 혹은 고행하며 금식 하는 것, 그 외에 성자들을 숭배하는 것 등을 통해 구원이 허락되지 않으며 오직 그리스도를 바라봄으로 얻게 된다. 그것은 곧 그리스도가 생명의 구원자이시며 장차 재림주로 오실 임금이시기 때문이다. 그분 앞에서 모든 생명(죽은 자나 산 자)이 떨게 될 것이며 선을 행한 자는 의에 심판으로 영생에, 불의를 행한 자는 불의의 심판으로 영멸(永滅)에 처하게 될 것이다. 그리고 어린양 그리스도는 영영 세세토록 왕 노릇하실 것이다. 개혁자들은 인간 중심적 제도나 전통 혹은 의식을 철저히 배격하고 오직 그리스도의 은혜와 믿음을 강조하였다.

---

31) 모든 직업층, 연령층, 그리고 직분들에는 거기에 걸 맞는 수호성인들이 있었다. 국가마다 수호성인이 있었고 불행이나 질병이 있을 때마다 구원을 요청할 수 있는 특별한 중보자가 필요했다. 하나님은 한 분이시요 또 하나님과 사람 사이에 중보도 한 분이시니 곧 사람이신 그리스도 예수라(딤전 2:5)는 말씀을 망각하였다. 사람들은 세례 의식, 미사 참석, 면죄부 그리고 선행들을 통하여 구원을 얻기를 기대하였다. 이방 사상은 추방되었으나 이방의 미신들은 여전히 존속되었다. 사람들은 요술, 복술, 그리고 길흉조 등을 믿었다. 대부분의 성당과 마찬가지로 영국의 켄터베리 대성당에서도 수많은 두개골, 턱뼈, 치아, 손가락뼈, 또는 팔뼈 등이 성스러운 유품으로 보존되었다. 토마스 벡케트(Thomas Becket)의 성당에 수많은 사람들이 모여들었으며, 그곳을 담당한 수도승과 사제들은 수백 가지의 유품들을 만들어 냈다. 예를 들면, 순교자 스데반의 손가락뼈, 막달라 마리아의 머리카락, 사도 요한과 도마의 피, 동정녀 마리아의 머리카락 한 움큼, 통으로 짜인 그리스도의 겉옷 조각 등이었다. 글로스터셔(Gloucestershire)에는 유리병 속에 담은 그리스도의 피도 있었다. 화체설의 교리를 지지하기 위하여 피가 묻은 떡을 여기저기에 진열해 놓았다.

(4) 영적 자유: 개혁 당시 자유, 특별히 영적 자유는 종교적 전통이나 의식을 충실히 이행하는 것으로 이해되었다. 따라서 누구도 사회적 체제와 구조 속에서 벗어날 수 없었고 어쩌면 성직자들의 감시에서 벗어날 수 없었다. 이는 곧 내외적으로 속박 된 채 형식적인 종교생활을 감수해야 했음을 가리킨다. 육적 세계와 달리 영적 세계는 모든 기독교인의 영혼 문제에서 항상 불안과 두려움을 주기 때문에, 루터는 개인적인 모범으로, 그리고 교육으로 이를 입증하였다. 루터는 「기독교인의 자유」(*Liberty of f Christian Man*, 1520)에서 중세 교회가 주장하는 성직자의 무한한 권리를 반박하였다. 그리고 이 두려움으로부터 스스로 자유롭게 되어 지금까지 루터가 경건의 사람인 줄 알았던 사람들까지 자유를 얻게 하였다. 루터는 더 이상 두려움으로 아파할 필요가 없음을 알고 영적 문제에 더욱 치중하게 되었다. 결국 종교개혁은 율법적 속박에 대한 항거였고 복음적 자유를 주창하였다. 종교에서 자유를 획득하였고, 그 결과로 학문적, 정치적, 그리고 시민의 자유를 획득하였다. 뿐만 아니라 하나님의 말씀의 가르침과 위로를 모든 이가 동일하게 누릴 수 있게 하였다.[32)]

한편 칼빈은 하나님의 은혜를 통한 그리스도 안에서의 구원과 그를 믿는 믿음 안에서의 자유, 즉 영적 자유를 힘주어 외쳐댔다. 이 자유는 그 어떤 것도 제어할 수 없는(롬 8:31-39) 위로부터 주신 특별한 선물이었다. 중세 교회가 전승에 발목 잡혀 있는 동안 개혁자들은 성경에 기초하여 자유를 주창하며 공정한 열린 시각을 제공하였다.[33)] 이것은 루터가 주창한 죄의 속박으로부터의 칼빈의 말씀과 성령의 임재를 향한 영적 순례를 가르친다. 이처럼 개혁자들은 당시 혼탁한 교회의 개혁을 위해 참된 권위와, 교회의 본질, 그리고 구원과 자유에 관한 문제를 집중 논의하고 새롭게 신학을 정립하였다. 개혁자들은 이 원리를 정립하기 위해 이곳저곳을 전전긍긍했고 자신들의 생애를 희생하였다. 복음적 기독교의 궁극적 목적은 모든 사람들을 그리스도와의 살아있는 연합으로 인도한다. 그리스도만이 죄와 죽음으로부터 우리를 건져내신 유일하고 완전한 주님이시오 구원자이시기 때문이다. 종교개혁의 성취와 오늘 개혁 교회의 영광은 이들의 헌신에 기초한다고 하겠다.

---

32) Philip Schaff, *History of the Christian Church*, (Michigan: Grand Rapids, 1910), vol. vii, 259-260.

33) Philip Schaff, *ibid.*, 259-260.

이들은 이미 떠났으나 남긴 개혁적 유산은 오늘 우리의 신앙과 삶 속에 깊이 뿌리 박혀 있다. 이들의 정신을 이어받고 이 혼탁한 시대를 살아가는 우리는 항상 이들을 보내신 주님께 감사하며 살아가야겠다.

5.2. 전개과정

16세기 종교개혁은 이 후 역사 속에서 각각 문화적, 정치적, 신학적, 종교적 및 실천적 목적에 따라 마치 무지개처럼 다양한 색깔을 형성하였다. 그것은 대체로 약 8가지, 루터와 칼빈, 츠빙글리와 낙스, 그들의 계승자들, 영국의 성공회와 재세례파들, 로마 가톨릭으로 정리된다.

(3) 종교개혁의 제 양태

(1) 마틴 루터 →	츠빙글리 (2) 존 칼빈 → 존 낙스	(3) 영국 성공회 →	급진주의.재세례파) (4) 독립파(회중파)→ (7) 뮌쩌와 퀘이커	(5) 로마 가톨릭 → (트랜트 종교개혁) (6) 그리스 정교회

(1) 루터의 개혁: 중세 로마 가톨릭은 오직 초대교회의 교부 제롬이 70인경을 라틴어로 번역한 성경만을 사용하였다. 이러한 상황에서 루터는 헬라어와 히브리어에 기초하여 성경을 독일어로 번역하였다. 그리고 '이신칭의' 교리를 개혁의 중심 과제로 취급하였다. 루터에게 이신칭의는 그의 신앙의 처음과 나중, 핵심적 원리이자 보루였다. 종교개혁이 루터의 95개 항의문으로 촉발되었지만, 이후 확산과정에서 크게 두 개의 흐름으로, 하나는 루터 중심의 독일과 북유럽의 루터교회, 다른 하나는 제네바의 개혁자 존 칼빈의 전통에 따라서 화란은 개혁파를, 스코틀랜드는 장로교회를 형성하였다.

(2) 칼빈과 개혁파: 칼빈은 루터의 이신칭의를 중요하게 간주했으나 성만찬을 포함한 일부 신학에 대해서는 견해를 달리하였다. 칼빈은 성화를 루터의 이신칭의 이상 강조하되 종교개혁의 신학적 이론과 바탕을 제공하였다. 물론 루터와 칼빈은 종교 개혁의 주류지만 칼빈은 더욱 성경에 기초한 교리를 종교개혁의 가장 중요한 기초이자 근간으로 간주하였다. 칼빈은 성경에 기초하여 하나님의 절대 주권과 예정, 교회의 본질과 직분, 성만찬론을 포함하여 그리스도인의 사회적 책임을 강조하

였다.[34] 츠빙글리와 낙스, 그들의 계승자들은 이 후 칼빈의 개혁 신학에 통합되었고, 특별히 낙스의 스코틀랜드는 장로교를 국교화하여 오늘에 이르렀다.

(3) 영국의 성공회: 유럽의 다른 나라와 달리 영국 교회의 개혁은 헨리 8세(Henry VIII, 1491-1547) 당시 국왕의 이혼과 깊이 연관되었다. 한 때 교황 레오 10세로부터 신앙의 수호자라는 칭송을 받았으나 1534년 수장령을 반포하여 가톨릭과 단절하고 국왕 자신이 교회의 수장이 된 성공회, 영국 국교를 창시하였다.? 그러나 첫 왕비 캐서린의 딸 메리가 왕위에 오르면서 광신적인 가톨릭교도였던 그녀는 부친이 세운 성공회를 거부하고 가톨릭 국가로 환원하였다. 그 과정에서 개혁자 수 백 명을 학살하여 사후 “피의 메리”가 되었다. 메리의 사 후 헨리 8세의 두? 번째 부인 앤 불린의 딸 엘리자베스 1세는 다시 성공회를 부활시키고 가톨릭 신도들을 박해하였다. 성공회는 구교와 신교 극단을 지양하고 상호 장점을 포용하였다. 이 후 ?영국의 국왕은 반드시 성공회 교인으로 교리를 준수하며, 모든 성직자들은 왕에게 충성을 맹세하였다.

(4) 급진적 개혁운동: 루터파와 칼빈파 외에 재세례파(재침례파)가 존재하였다. 이들은 개혁 과정에서 상기한 두 개혁자와 많은 것을 공유하였다. 하지만 이들은 개혁의 과정에서 국가권력과의 결탁을 단호히 거부하였다. 이들은 종교개혁이 처음의 뜻과 달리 보수화되는 것을 국가권력과의 타협, 결탁이라고 보았다. 이들은 또한 교리적으로 주류와 다른 견해를 지향하고 이신칭의 교리를 급진적으로 해석하여 유아세례를 거부하고, 전통적으로 기존 교회가 베푼 어릴 적 세례를 무효화하여 그들에게 다시 세례를 주어 재세례파가 되었다. 한편 재세례파는 두 주류의 개혁가들과 달리 예수님이 가르치신 산상수훈에 기초하여 복음의 핵심을 평화로 규정하였다.[35]

---

34) 그런데 종교개혁을 이루는 방식에서 두 사람은 모두 국가권력을 활용하였다. 루터는 작센 지역의 선제후 프리드리히에게 후원을 받아 로마교회로부터 보호받았다. 칼빈을 포함하여 츠빙글리, 스코틀랜드의 존 낙스는 지역 시의회나 영주들과 함께 개혁을 추진하였다. 기독교 역사가들은 이를 ‘정부 주도형(magisterial)’ 혹은 ‘관 주도형’ 종교개혁으로 부른다. 특별히 개혁자 존 낙스는 칼빈의 영향아래 스코틀랜드를 장로교 국가로 만들었다. 1560년 이후 2017년 3월 현재까지 스코틀랜드는 세계에서 유일한 장로교 국가이다.

35) 따라서 이들은 전쟁 대신 평화를 이룩하는 것이 교회의 과제라고 보았다. 이들은 제자들이 예수를 따를 때 그들에게 가장 핵심적인 가르침은 산상수훈이고, 산상수훈의 키워드는

(5) 로마 가톨릭 교회 : 가톨릭 교회는 개혁이 급속히 확산되는 중에 위기 극복을 위해 자체 개혁에 착수하였다. 이는 곧 '반동 종교개혁' 혹은 '역 종교개혁'(counter reformation)으로 1545년부터 1563년까지 진행된 가톨릭의 트랜트 종교개혁을 가르친다. 이 회의는 전쟁과 전염병, 당시 계속되는 정치적 논쟁으로 여러 차례 중단되면서 장기간 열렸다. 이를 통해 가톨릭은 종교개혁에 맞서 전통적 가르침을 재확인하고 교회의 제도와 관행을 갱신하였다. 루터의 "오직 믿음으로" 의롭게 된다는 주장에 맞서 공의회는 사랑의 행위를 통해 형성된 신앙이 사람들을 구원한다는 "믿음과 사랑으로"라는 전통적인 견해, 선행론을 재확인하였다, 하나님의 은혜가 칭의의 시작이지만, 사람들이 그 은혜에 동의하고 협력해야 한다고 주장함으로 인간의 자유의지와 도덕적인 노력의 여지를 보존하였다. "오직 성경"은 칼빈의 개혁자들과 달리 "기록된 성경과 기록되지 않은 전통"이라는 교회의 두 지표를 유지하였다.

6. 존 칼빈의 성경관

고찰한대로 16세기 종교개혁은 가톨릭으로부터 다양한 교파들을 형성하였다. 개혁자들은 루터가 주창한 "오직 성경"(*Sola Scriptura*), "오직 믿음"(*Sola fide*), "오직 은혜"(*Sola gratia*)를 지표로 종교개혁을 성취하였다. 이는 단순히 영감으로 기록된 성경과 성경해석 뿐 아니라 모든 기독교 신앙과 관련하여 종교개혁자들을 로마가톨릭과 구분하는 표지였다. 당시 로마 가톨릭 교회는 교황을 그리스도의 대리자로 간주한 성경 위의 최고, 최상의 권위자였다. 혹 성경 해석과 적용에 문제가 발생할 경우에는 교황의 판단이 결정적이었다. 한편 개혁자들은 성경을 기록된 하나님의 말씀으로 믿고, 성경 이 외에 그 어떤 권위도 인정하지 않았다. 그들에게 성경은 교황과 기독교 전통, 혹은 다른 어떤 것도 대신할 수 없는 최고의 권위였으며, 또한 다른 모든 것을 평가하는 유일무이한 표준이었다. 따라서 개혁자들은

평화라고 이해하였다. 당시 유럽의 여러 국가들이 오스만튀르크의 위협에 직면했을 때 이들은 반전운동을 주도하였다. 따라서 당시 교회는 체제에 대한 도전으로 간주하고 재세례파의 확산을 막기 위해 무자비하게 박해하였다. 재세례파는 당시 주류 교회인 가톨릭과 종교개혁 그룹, 그리고 정치권력의 삼중 박해를 받으면서 급속히 쇠퇴하였다.

중세 가톨릭의 신앙 전통, 모든 관습과 직제를 재평가하고, 성경의 가르침과 배치되거나 근거가 없는 것들은 모두 거부하였다. 이러한 상황에서 칼빈은 역작 「기독교 강요」를 통해 보다 심도있게 개혁의 이정표를 제시하였다. 특별히 그는 중세 1,000년 동안 금서화[36] 된 성경을 중심으로 자신의 신학을 체계화하였다. 그에게 성경은 한편 하나님의 주권과 영광 다른 한편 죄인의 구원과 영원한 생명, 궁극적으로 하나님의 나라를 건설하기 위한 유일무이한 책이었다.

(1) 성경의 필요성 : 말씀의 이해와 안경의 역할: 칼빈은 무엇보다도 인간이 자신의 구원을 위해 성경이 절대적으로 필요하다고 하였다. 그에 의하면 인간은 그 어떤 종교들, 소위 그들이 만들어낸 종교로부터 자신을 구원할 수 없다. 따라서 인간의 구원을 위해서는 성경이 절대적으로 필요한 것이다. 칼빈은 성경이 다른 책들과 달리 참되고 유일하신 하나님을 위한 길을 마련하기 위하여, 과거에 이교도들이 신으로 떠받들던 모든 존재들을 거짓된 것으로 규정하였다. 그리고 이교도들의 신과의 구별을 위해 하나님은 이스라엘의 시온산에 친히 임재하시며, 이 밖에 그 어디서도 그분의 임재는 없고 오직 시온산에서 만 그분을 아는 지식이 계속 확장될 것을 가르친다고 하였다.[37] 그 이유는 오직 믿음으로 모든 세계가 하나님의 말씀으로 지어진 줄을 우리가 알기 때문이다(히 11:3). 아담의 범죄로 부패하고 타락한 죄인들은 각각 자신들을 위해 자연을 의지하지만 그것은 궁극적으로 자기의 길을 고집한 결과일 뿐 아무런 유익도 얻을 수 없다. 혹 어떤 이들은 마지막 날 하나님의 심판대 앞에서 이런 저런 이유로 변명하겠지만, 그러나 자신의 처지를 사실대로 변명할 수는 없다.[38] 결국 인간이 자신을 아는 길은 성경 말씀 외에는 없는 것이다. 그 이유는 하나님이 계시의 말씀 성경을 통해서만 역사 속에 당신을 알리셨기 때문이다. 하나님은 사실 한 사람도 예외 없이 모두에게 자신의 임재를 보여 주심으로 온 인류를 동일한 정죄와 심판아래 두셨다. 이러한 상황에서 사람이 창조주 하나님께 올바로 이끌림 받기 위해서는 그 보다 더 나은 또 다른 도움이 요청되는바, 하나님은 그의 말씀의 빛을 통해 각 사람에게 그 자신을 알게

---

36) 각주 17번을 참조하라.

37) John Calvin, *Institutes of the Christian Religion*, trans., by Henry Beveridge, (London: James Clarke & Co., Ltd, 1953), vol. I,5.13.61.

38) John Calvin, *Institutes of the Christian Religion*, 1.5.1.62.

하여 구원에 이르게 하신다. 그리고 하나님은 말씀을 통하여 당신께 가까이 더 친근하게 나오는 자들에게 특별한 은혜를 베푸신다. 이는 마치 구약 시대 유대인들에게 하신 것처럼 신약 시대 성도들에게도 동일한 방식을 취하셨다.[39] 그러므로 누구든지 성경을 떠나면 심각한 오류에 빠지게 된다. 성경은 하나님의 창조 계시, 즉 일반계시와 자연계시가 이룰 수 없는 것을 특별계시, 성경이 성취한다고 하였다.

칼빈에 의하면, 하나님이 이렇게 하시는 이유는 사람이 아무리 완전해 보여도 작은 일에 곧바로 넘어지기 때문이다. 예를 들면, 노인이나 눈이 흐린 사람 혹은 시력이 좋지 못한 사람에게 훌륭한 책을 제공해도 그들은 그것이 좋은 책인 줄 알면서도 눈이 흐리기 때문에 각 단어와 문장을 올바로 읽지 못한다. 그러나 안경을 쓰면 아주 또렷하게 그 책을 읽을 수 있게 된다. 칼빈은 여기서 성경을 안경으로 비유하고 오직 성경을 통해서만 하나님을 우주의 창조주요 또한 만물의 유일한 통치자로 알 뿐 아니라, 중보자로 나타나신 구속 주를 이해하게 된다고 하였다. 그리고 그리스도를 언급한 율법서와 예언서, 그리고 성취된 신약 성경에는 하나님이 세계의 창조주이심이 계시되어 있고 무엇보다도 그분에 대하여 마땅히 생각해야 할 것이 구체적으로 설명되어 있다. 따라서 성경은 하나님에 관한 다양한 지식을 우리의 마음에 올바로 모아주며 무엇보다도 우리의 우둔함을 몰아내어 참되신 하나님을 분명히 보여준다고 하였다.[40] 뿐만 아니라 성경이 창조주 하나님을 알게 하는 안내자요 교사로서의 필요성을 역설하였다. 그에 의하면 “성경은 하나님에 대한 혼란한 지식을 우리 마음에서 바로잡고 우리의 우둔함을 내 쫓으며, 참 하나님을 우리에게 보여준다. 그러므로 하나님은 교회를 교훈하기 위해 우둔한 교사들을 사용하지 않고 친히 자신의 거룩한 입술을 여시는 방법으로 교육하시는 바, 이것이 바로 하나님의 특별 은혜이다.

하나님은 당신이 택한 자들을 가르치되 단순히 어느 한 신(神)을 막연히 보게 하지 않고, 그들이 확실히 바라보아야 할 참 하나님이 바로 자기 자신이심을 보여주신다고 하였다. 하나님은 태초부터 당신이 세우신 자기 교회를 위하여 이를 계획하셨고, 그리하여 갖가지 일상적인 증거들 이 외에 자신의 말씀을 주셨다. 그러므로 이 말씀, 곧 성경은 하나님을 깨닫는 데 필요한 매우 직접적이고도 확실한

---

39) John Calvin, *Institutes of the Christian Religion*, 1.6.1.64.

40) John Calvin, *Institutes of the Christian Religion*, 1.6.1.65.

수단인 것이다. 또한 칼빈은 하나님은 또한 교회가 어떻게 당신을 경배해야 하는지를 가르칠 뿐 아니라 바로 자신이 친히 경배를 받아야 할 분이심을 보여주신다."고 하였다. 이 땅에 수많은 신들이 있지만 우주의 창조주이신 하나님을 확실히 인식하고 배우며 확증하기 위해서는 반드시 성경으로 돌아가야 한다[41]고 하였다. 특별히 칼빈은 시 19:7-8을 통해서 "하나님은 하늘과 땅, 즉 자연을 통하여 모든 민족을 초청하신 일이 아무런 효과를 거두지 못하기 때문에, 그분의 말씀 자체가 중요한바, 하나님의 자녀들을 훈련하는 특별한 학교"라고 말하였다. 칼빈에 의하면 시 29편과 시 93:5도 동일한 목적을 추구한다.[42] 이는 결국 인간의 마음이 연약하고 무기력함으로 하나님의 거룩하신 말씀의 도움 없이는 절대로 하나님께 이를 수 없음을 보여주는 것이다. 그러나 유대인을 제외한 그 당시 모든 사람들이 말씀 없이 하나님을 찾았으나 결국은 허무와 오류 속에서 이리저리 방황하였다고 하였다. 따라서 칼빈은 성경 말씀의 중요성을 강조하였다.

(2) 성경의 영감과 권위 : 칼빈은 중세 로마 가톨릭 교회가 주장하는 교회의 전통과 권위에 맞서 하나님의 말씀, 성경의 중요성을 강조하였다. 그에 의하면 사람이 하나님의 말씀을 말씀으로 인정한다면 혹 상식이나 인간성이 없는 사람이 아닌 이상 어느 누구도 감히 말씀하시는 그분의 신빙성을 비난할 만큼 오만하지 않는다고 하였다. 그러나 날마다 말씀이 하늘로부터 주어지지는 않는다. 그러므로 하나님께서는 그의 진리를 오직 성경을 기록하심으로 영원히 기억하게 하셨다. 따라서 우리가 성경을 하늘로부터 온 것으로 여길 때, 비로소 신자들이 성경의 완전한 권위를 인정하게 된다고 하였다. 그러나 당시 로마 가톨릭 교회는 오직 교회의 동의에 의해 성경이 권위를 인정하였다. 이에 대하여 칼빈은 어떻게 하나님의 영원하고 침범할 수 없는 진리가 사람들의 결정에 따라 좌우될 수 있는지를 묻고,

41) John Calvin, *Institutes of the Christian Religion*, 1.6.1.65.

42) 칼빈에 의하면 선지자는 우렛소리로 땅을 뒤흔들며(3), 바람과 비와 회비 바람과 폭풍우로 산들을 떨게 만들며(6), 백향목을 꺾는(5) 하나님의 무서운 음성에 대해서 말씀한 다음, 마지막 부분에서 "성전에서 그의 모든 것들이 말하기를 영광이라 하도다"(9)라는 말씀을 덧붙인다. 이는 불신자들은 공중에서 울려 퍼지는 하나님의 모든 음성들을 전혀 듣지 못하기 때문이다. 덧붙여 시 93:5을 설명하면서 칼빈은 무섭게 밀어닥치는 바다의 높은 파도를 묘사한 후 "여호와여 주의 증거들이 매우 확실하고 거룩함이 주의 집에 합당하니 여호와는 영원무궁하시리이다"라고 하였다.

이것은 곧 성령을 조롱하는 것이라고[43] 하였다. 그러면서 칼빈은 누가 성경이 하나님께로부터 왔음을 설명할 수 있으며, 또한 성경이 오늘까지 전혀 손상되지 않고 완전하게 전수되어 왔음을 보장하겠느냐고 하였다. 그리하여 칼빈은 가톨릭교회가 교회를 배경으로 자기들 마음대로 횡포를 부리며, 무지한 일반 성도들에게 교회가 모든 일에 권위를 지닌다고 강요한다고 지적하였다. 따라서 성경의 영생에 대한 모든 약속들이 이처럼 사람들의 판단에 좌우된다면 선한 양심으로 영생을 추구하는 이들은 어떻게 되겠느냐고 하였다. 그리고 그는 계속해서 주장하기를 "하나님이 성경의 저자"라고 말했다. 칼빈은 로마 가톨릭의 성경관을 신랄하게 비판하기를 이들은 "교회의 승인을 얻을 때에만, 비로소 성경이 그 중요성을 가진다는 견해는 가장 유해한 오류"라고 지적하였다.

가톨릭의 이러한 허황된 견해에 대하여 칼빈은 사도 바울의 말씀, 엡 2:20을 인용하여 교회는 "사도들과 선지자들의 터 위에 세우심을 입" 었음을 증언한다고 반박하였다.[44] 그에 의하면 선지자들과 사도들의 가르침이 교회의 "터" 라면, 교회가 존재하기 이전에 이미 그 가르침이 권위를 갖는다는 것이다. 만약 그렇지 않고 소위 성경을 판단하는 권세, 즉 교회가 성경의 확실성 여부를 결정하는 것은 허구이다. 물론 교회가 성경을 받아들이고 성경에 대하여 승인을 확증하지만, 그렇다고 해서 의심스럽고 논란이 되는 것을 교회가 인침으로서 그것을 순전한 것으로 만드는 것은 아니다. 교회는 다만 성경이 하나님의 진리임을 인정하며 또한 주저없이 성경을 높임으로써 그 경건한 의무를 다한 것뿐이다. 칼빈은 성경을 인정하지 않는다면 어떻게 빛과 어둠을, 흰색과 검은 색을, 단맛과 쓴맛을 구별할 수 있겠느냐고 하였다. 마치 흰 물건과 검은 물건이 그 색깔을 명확히 드러내듯이, 또한 단 것과 쓴 것이 각기 그 맛을 확실히 드러내듯이, 성경은 그것이 진리라는 명확한 증거를 충만히 스스로 드러낸다고 하였다.[45]

---

43) John Calvin, *Institutes of the Christian Religion*, 1.7.1.68.

44) John Calvin, *Institutes of the Christian Religion*, 1.7.2.69.

45) John Calvin, *Institutes of the Christian Religion*, 1.7.2-3.70. 여기서 칼빈은 초대교회의 교부 어거스틴을 인용한 로마 가톨릭 교회의 주장, 즉 "교회의 권위에 감동을 받지 않았다면 자신은 복음을 믿지 않았을 것" 이라는 진술을 그들이 얼마나 그릇되게 해석했는지를 문맥을 통해 비판하였다. 칼빈에 의하면 당시 어거스틴은 마니교도(Manichees)를 상대로 논쟁하는 중에, 그들은 자신들의 주장이 아무런 반대 없이 수용되기를 바랐으나, 사실 그들은 자신들이 참된 진

여기서 칼빈은 어거스틴의 글을 인용하며 사람을 따르지 말고, 우리를 내적으로 강건케 하시며 우리 마음을 조명하시는 하나님을 따라야 할 것이라고[46] 하였다. 그리고 "하나님의 영으로 아직 깨우침을 받지 못한 사람들이 교회에 대한 존경심으로 인해 배우려는 자세를 갖추어 마침내 복음을 통하여 그리스도를 믿는 신앙을 힘써 배우게 된다." 그리고, "성령께서는 성경에서 보여 주신 자신의 진리와 아주 굳게 결속하시므로 그 말씀이 마땅히 존경과 위엄을 받을 때에 비로소 성령이 자신의 권능을 발휘하신다"고 하였다. 하나님을 믿지 않는 사람들도 성경을 읽을 수 있지만, 죄로 인해 가려진 무지한 영적 안목으로 인하여 그 의미를 바르게 이해하지는 못한다. 그들에게 성경은 무의미한 책일 수도 있지만, 그리스도인들에게 성경은 생명의 책이요, 영혼의 안내서요, 구원의 교과서요, 세상에서 가장 귀중한 책이다. 이는 결국 성경에 대한 우리의 믿음을 교회의 동의나 판단에 의존하게 해서는 안 되기 때문이다. 칼빈은 참으로 경건한 자들은 가톨릭과 달리 전혀 다른 근거, 즉 성경적 확신에 기초하여 신앙을 세우기를 소망한다고[47] 하였다.

(3) 성경과 성령의 증거 : 칼빈은 로마 가톨릭의 성경관을 강력히 비판하였다. 그에 의하면 가톨릭이 "교회의 승인을 얻을 때만 비로소 성경은 그 중요성을 가진다는 견해는 가장 유해한 오류"라고 하였다. 이처럼 칼빈은 성경의 권위가 교회로부터 온 것이 아니라, 하나님으로부터 온 것, 즉 "성경의 기원이 하늘로부터 유래되었"음을[48] 역설하였다. 교회가 성경을 받아들였기 때문에 비로소 성경이 하나님의 말씀이 되는 것이 아니라, 성경이 하나님의 말씀이기 때문에 교회는 성경을 받아들인다는 것이다. 칼빈은 참된 "진리는 외부적인 것에 의해 유지되지 않고

리를 소유하고 있음을 증명하지 못하였다. 그런데 가톨릭은 오히려 마니의 신앙을 전하기 위해 복음을 이용했기에 어거스틴은 복음을 믿지 않는 사람에게 빛을 비추어 주려 할 때 어떻게 하겠는가? 그리고 어떤 논리를 사용하여 그 사람을 납득시키겠느냐고 물었다. 그리고 어거스틴은 만약 자신 같으면 복음을 믿지 않겠다고 하였다. 이는 자신이 혹 믿음이 없는 자라면 교회의 권위에 억지로 떠밀리지 않는 한 결코 복음을 하나님의 말씀과 진리로 받아들이지 않을 것을 보여준다고 하였다. 그러므로 여기서 어거스틴의 진술은 복음의 확실성과 경건한 사람의 믿음이 교회의 권위에 근거를 두지 않는 것을 가르친다.

46) John Calvin, *Institutes of the Christian Religion*, 1.7.3.70.

47) John Calvin, *Institutes of the Christian Religion,* 1.7.4.71.

48) John Calvin, *Institutes of the Christian Religion*, 1.7.4.71.

진리 그 자체가 자증하게 될 때 모든 의심에서 벗어나게 된다. 그리고 "성령으로 말미암아 내적으로 가르침을 받은 사람은 진심으로 성경을 신뢰한다는 것, 그리고 성경은 자증한다"고[49] 주장하였다. 칼빈은 "성경에 대한 최고의 증거는 일반적으로 하나님이 인격적으로 성경 안에서 말씀하시는 사실에서 얻게 된다"고 하였다. 그러므로 성령의 증거가 어떤 이론보다도 훨씬 힘이 있다고 주장하였다. 이는 곧 "하나님 자신만이 자기 말씀의 합당한 증인이 되시듯이, 그 말씀도 성령의 내적 증거에 의해 확증되기 전에는, 사람의 마음에 받아들여질 수 없기 때문이다."[50] "만일 우리가 양심을 위하여 최선의 길이 마련되기를 원한다면, 곧 영원히 의심되는 문제로 불안해하거나 동요하지 않고, 또한 가장 작은 강해나 어떤 논리에도 놀라지 않기를 원한다면, 우리는 인간의 이성이나 판단 그리고 억측이 아닌 이 보다 훨씬 더 높은 근원, 곧 성령의 은밀한 증거에서 우리의 확신을 찾아야 한다. 따라서 성령께서 마음에 빛을 주명해 주시기까지는 그 누구도 의심의 바다에서 방황할 수밖에 없다.

그러므로 우리는 성경께서 내적으로 가르침을 주신 사람들은 진정으로 성경을 신뢰한다는 것과 또한 성경이 과연 스스로를 확증하므로 성경을 감히 증거와 이론에 예속시켜서는 안 되며, 우리가 가져야 마땅한 완전한 확신은 성령의 증거를 통해서 얻게 된다고 하였다. 성경은 그 자체의 위엄으로 인하여 사람들에게 높임을 받는다. 그러므로 오직 성령을 통하여 우리 마음에 그것이 인 쳐질 때 비로소 성경이 우리에게 진지하게 영향을 끼치는 것이다. 이렇듯 성령의 능력으로 말미암아 조명을 받기 때문에 성경이 하나님께로부터 온 것임을 우리 자신의 판단이나 혹은 다른 사람의 판단에 의해서 믿는 것이 아니다. 인간의 판단을 넘어서 성경이 사람들의 사역을 통하여 하나님의 입 그 자체로부터 우리에게 흘러나온 것임을 완전한 확신으로 받아들이는 것이다. 그렇게 되면 우리의 판단을 기댈 어떤 순전한 증표나 증거를 찾지 않는다.[51] 오히려 우리의 판단과 지성, 모든 습관을 성령의 증거에 예속시키게 된다. 그리하여 하나님의 신적 위엄이 말씀의 확실한 능력으로 성경 속에서 살아 숨 쉬고 있음을 알게 된다. 결국 칼빈에 의하면 참된 믿음

---

49) John Calvin, *Institutes of the Christian Religion*, 1.7.4.72.

50) John Calvin, *Institutes of the Christian Religion*, 1.7.4.71.

51) John Calvin, *Institutes of the Christian Religion*, 1.7.5.72-73.

은 오직 하나님의 성령께서 우리 마음에 인 쳐주시는 것이라는 사실을 것임을 분명히 깨달아야 하는 것이다. 하나님은 오직 인류 전체에서 구별하여 세우신 그의 택하신 백성에게만 이러한 특별한 특권을 베푸시는 것이다. 그리고 그는 하나님의 음성을 듣고자 하는 즉각적인 열심히 바로 참된 교리의 시작이라고 지적하며, 하나님은 모세의 입을 통하여 그의 말씀을 들으라고 요청하셨다[52]고 하였다. 따라서 성경에 대한 최고의 증거는 하나님이 인격적으로 성경 안에서 말씀하시는 사실에서 얻게 된다. 그러므로 성경이 마땅히 지녀야 할 확실성은 성령의 증거에 의해서 얻게 되는 것이다. 그러면서 "말씀 자체가 성령의 증거로 말미암아 확증되지 않는 한 우리에 대하여 큰 확실성을 가지지 못 한다"고 밝힌다.

(4) 성경에 대한 이성적 판단과 성경 자체의 증언 : 칼빈은 성경이 인간의 모든 판단보다 더 높고 더 강력한 확실성이 없다면 그 어떤 논증을 통해서 성경의 권위를 수호하며, 교회의 동의로 그 권위를 세우고 혹은 다른 도움을 받아 그것을 확증할 수 없다고[53] 하였다. 따라서 성경에 대한 확실한 기초가 세워졌을 때 모든 의혹으로부터 자유하는 것이다. 그러나 우리가 성경 말씀의 위엄과 권위를 받아들이고 또한 그 말씀이 단순한 일상적인 것들을 초월하는 것임을 깨닫는다면 이전에 갖지 못했던 여러 증거들이 오히려 매우 유용하게 될 것이다. 예를 들면, 성경의 권위를 받아들 후 말씀을 공부하면서 발견하는 신적 지혜의 경륜, 하늘의 완전한 계시의 말씀, 성경의 각 부분이 아름답게 조화를 이루는 것 혹은 그 밖에 다른 위엄을 느끼는 특징을 생각하면, 성경에 대한 우리의 믿음이 과연 진리임을 놀랍게 확증하게 된다. 그렇게 되면 우리가 성경을 높이 평가하는 소위 언어의 아름다움 보다는 그 주제의 장엄함 때문에 더욱 신뢰하게 된다. 천국의 숭고한 비밀들이 대부분 비천하고 초라한 말들로 표현되었어도 여기에는 하나님의 놀라운 섭리가 포함되었다. 만일 성경이 온통 찬란한 미사여구(美辭麗句)로 치장되었다면 혹 불경스런 자들은 성경이 힘 있는 것은 오로지 미사여구 때문이라고 치부했을 것이다. 그러나 성경은 오히려 세련되지 못하고 때로는 조잡하기까지 한 단순한 언어와 내용으로 그 어떠한 미사여구보다도 더 큰 높임과 숭고함을 불러일으킨다. 이는 곧 성경의 진리 그 자체가 너무도 강력하여 언어의 기교가 불필요하다는 것을

52) 신 30:12-14; 시 107:26 참조.

증거하는 것이다.[54)]

따라서 칼빈은 사도 바울이 고린도 교회에 보낸 편지를 인용하여 성경은 "사람의 지혜에 있지 아니하고 다만 하나님의 능력에 있다"[55)]고 하였다. 또한 그들에게 전한 설교에서 "설득력 있는 지혜의 말로 하지 아니하고 다만 성령의 나나나심과 능력으로"[56)] 된 것이라고 하였다. 이는 말씀이 그 어떤 외부의 도움도 받지 않고 그 자체로 충족하게 스스로를 드러낼 때 비로소 진리가 모든 의혹을 물리치고 진리로 든든히 서게 된다고 하였다. 오직 성경만이 갖고 있는 이 강력한 힘은 인간의 어떤 저작들이 아무리 예술적으로 뛰어나다 할지라도 성경처럼 우리에게 영향을 줄 수 있는 능력이 없다고 단언하였다. 이는 결국 성경에는 인간이 도달할 수 없는 어떤 품위와 탁월한 영감으로, 무언가 신적인 것이 거기서 지속적으로 숨 쉬고 있기 때문이다.[57)] 그러나 성경의 저자들, 예를 들면 선지자들 중에는 그 어떤 세속 저자들에 못지않을 만큼 아주 세련되고 명료하며 화려하기까지 한 언어를 구사하고 있다. 이런 사례를 통해서 성령께서는 결코 자신에게 언변에 결함이 있는 것이 아님을 보여 주셨다. 그러므로 유려하고 명쾌한 언어를 사용한 다윗이나 이사야 혹은 다소 거칠지만 목자 아모스, 예레미야, 스가랴 등의 글들은 성령의 위엄이 확실히 나타난다. 때로는 사탄이 미혹할지라도 어느 정도 지각 있는 사람이라면 누구나 그런 악한 행위가 얼마나 허망하며 혐오스러운 것인지를 알 수가 있다.[58)]

성경에 관한 한, 고집 센 사람들이 아무리 헐뜯는다 해도, 거기에는 사람으로는 도저히 품을 수 없는 사상으로 가득 차 있는 것이 확실이다. 선지자들에게서 보듯이 인간의 한계를 훨씬 능가하지 않은 사람이 하나도 없음을 알게 된다.[59)] 그러나

---

53) John Calvin, *Institutes of the Christian Religion*, 1.8.1.75.

54) John Calvin, *Institutes of the Christian Religion*, 1.8.1.75.

55) 고전 2:5 참조.

56) 고전 2:4 참조.

57) John Calvin, *Institutes of the Christian Religion*, 1.8.1.75.

58) John Calvin, *Institutes of the Christian Religion*, 1.8.1.76.

59) John Calvin, *Institutes of the Christian Religion*, 1.8.1.76. 여기서 칼빈은 성경의 고대성을 설명하기 위하여, 현존하는 고대의 종교적 문서들, 헬라의 저자들과 애굽의 신화들을 예로 들었다. 그에 의하면 많은 현존하는 고대의 종교 문서들은 모세보다 훨씬 후대에 속한 것들

흥미로운 것은 창 49:5-6에서 모세는 매우 노골적으로 자신이 속한 지파를 비판하였다. "시므온과 레위는 형제요 그들의 칼은 폭력의 도구로다. 내 혼아, 그들의 모의에 상관하지 말지어다. 내 영광아, 그들의 집회에 참여하지 말지어다". 칼빈에 의하면 모세는 이 같은 수치스런 사실에 오히려 침묵함으로서 자기 조상은 물론 자기 자신과 자기의 온 가문을 치욕에서 구하였다. 그러나 모세는 스스로 자기 가문의 시조가 완전히 혐오스런 존재임을 성령을 통하여 비판하였다. 그 과정에서 그는 자기 개인의 유익을 돌아보거나 개의치 않았다. 뿐만 아니라 모세는 자신의 형 아론과 누이 미리암이 악하게 자신을 비방한 사실[60]을 기록하였다. 이것은 모세가 자기 개인의 육신적인 경험을 배제하고 오히려 성령의 명령에 순종한 것이다. 무엇보다도 모세는 자신의 아들들에게 대제사장의 권리를 넘겨주지 않고 오히려 가장 낮은 자리에 두었다. 그리고 모세는 자신이 행한 수많은 기적들을 포함하여, 특별히 자신이 받은 율법과 공포한 교의, 가르침을 이성적으로 더욱 확증하였다.[61]

그리고 역사적으로는 성경이 공포된 이후, 각 시대마다 한 결 같이 성경에 순종하였다. 사탄은 온 세상과 함께 놀라운 수단을 통해서 무수하게 성경을 억압하고 파괴시키고 혹은 사람들의 기억에서 완전히 지워버리려고 애썼으나 성경은 여전히 마치 종려나무처럼 번성하였다. 비범한 능력을 가진 궤변가나 웅변가들 치고 성경을 대적하는데 힘쓰지 않은 사람이 없으나 그들의 모든 수고가 다 허사였다.

이다. 그런데 모세는 새로운 신을 소개하지 않고 단지 그 이전 오래 전부터 족장들을 통해 전수되어 온 이스라엘 백성들이 받아들이 영원한 하나님에 관한 교의를 명확히 수용하여 자신의 책에 기술하였다. 그는 실로 이스라엘 백성들을 아브라함과 더불어 시작된 그 언약으로 다시 인도한 것 외에 아무것도 하지 않았다고 하였다. 그리하여 칼빈은 성경의 고대성은 여타 다른 저작들을 완전히 능가한다고 하였다.

60) 민 12:1 참조.

61) 모세 자신이 증언한 바와 같이 기적의 사람이었다. 그가 행한 모든 기적들은 모세가 실로 하나님의 참 선지자였음을 보여주는 것이다. 출 16:13, 17:7, 19:16, 24:18, 34:29, 40:34; 민 11:9, 16:24, 20:10-11;고전 10:4 참조. 모세는 자신의 기적을 마술이라고 비방하는 무리들에게 오히려 접신한 자와 박수무당을 따르는 자들을 돌로 치라고 명령할 정도로 미신을 증오하였다(fp 20:6) 그리고 그는 자기와 자신의 형 아론은 아무것도 아니요 다만 하나님의 명령을 준행하는 자일뿐이라고 선언하였다(출 16:7) 그리고 칼빈은 선지자들의 예언의 확실성은 모세의 경우보다 더 분명하게 나타난다고 하였다. 보다 자세한 것은 John Calvin, *Institutes of the Christian Religion*, 1.8.4.77-81.

그리고 이 땅의 모든 권력들이 성경을 파괴하기 위하여 무장하여 일어났으나 그들의 모든 시도들이 다 연기 속으로 사라졌다. 이토록 사방에서 강력하게 공격을 받았으나 만약 인간의 보호에만 의존했다면 성경은 결코 존재할 수 없었을 것이다. 오히려 성경은 인간이 모든 노력을 기울여 대적함에도 불구하고 성경이 그 자체의 능력으로 지금까지 그대로 보존, 전수된 것은 성경의 기원이 곧 하나님께 있음을 입증한다고 하였다.[62] 그리고 성경은 오늘 날 한 도시나 한 국가에 국한되지 않고 전 세계, 만방에 이르렀다. 이는 곧 하나님의 섭리 이 외에 그 어떤 것으로도 설명이 불가능한 것이다. 무엇보다도 신앙의 사수를 위해 일어선 거룩한 사람들, 순교자들이 피를 흘리며 성경 말씀을 확증하고 증언하였다. 그러므로 성경이 우리의 이성이 아닌 신앙의 확증과 더불어 순교적 삶을 통해 전수되었음으로 굳건한 믿음으로 말씀을 사수해야 할 것이다.[63]

(5) 율법과 복음의 관계 : 칼빈에 의하면 하나님은 말씀과 환상을 통하여 혹은 사람들의 일과 사역을 통해서 구약의 옛 족장들에게 자신을 알리셨다. 그리고 하나님은 그 족장들이 그 후손들에게 전수해야 할 것을 그들의 마음에 새겨 주셨다. 하나님은 그의 말씀을 통하여 그들의 믿음을 명확하게 하셨고, 마침내 당신의 가르침이 계속 이어지고 그 진리가 온 시대를 넘어 세상에 영원토록 남아 있도록 하시고자 율법, 족장들에게 주신 동일한 말씀을 공적으로 남기셨다. 그리하여 하나님은 율법을 반포하셨고 후에 선지자들이 율법의 해석자로 추가되었다. 그런데 율법의 용도는 매우 다양하게 나타났다. 하지만 모세와 선지자들에게 주어진 율법의 용도는 무엇보다도 하나님과 사람 사이의 화목의 길을 가르치기 위함이다(롬 10:4). 이렇듯 성경은 참되고 유일하신 하나님, 곧 우주를 창조하시고 다스리시는 그 하나님을 온갖 다른 거짓 신들과 혼동하지 않도록 하기 위해 기록된 그분에 대한 분명한 증표와 표지들이다. 그러므로 자연은 지극히 영광스러운 것으로 우리가 마치 극장의 관객으로 영화를 보는 것과 같이 하나님의 역사를 두 눈으로 볼 수 있지만, 하나님의 말씀은 그 이상의 유익, 다시 말하면 우리에게 귀를 통해 듣는 것을 제공한다.[64] 대개 사람들은 각자에게 주어진 상황에서 신중하게 말씀을 청종

62) John Calvin, *Institutes of the Christian Religion*, 1.8.12.82.

63) John Calvin, *Institutes of the Christian Religion,* 1.8.13.82-83.

64) John Calvin, *Institutes of the Christian Religion,* 1.6.1.65-66.

하지 않고 오히려 그들의 허망함에 쉽게 빠져든다.

결국 참된 신앙이 우리에게 빛을 발하기 위해서는 반드시 하늘의 가르침에서 출발해야 하며, 이는 곧 성경의 제자가 되지 않고는 올바르고 건전한 교리를 전혀 맛볼 수가 없다. 그러므로 하나님은 성경을 통해 친히 자신을 증거하신 말씀을 겸손하고 경건한 자세로 수용하는 자들에게 비로소 참 깨달음을 허락하셨다. 결국 완전하며 모든 면에 충족한 믿음은 하나님에 대한 모든 올바른 지식과 순종에서 나오는 것이다. 하나님은 말씀을 통해 시대를 초월하여 모든 인간들을 돌아보신다. 하나님은 인간이 욕망에 사로잡히거나 오류에 빠지지 않게 하기 위하여 당신의 계시를 말씀으로 기록하여 증거로 남기셨다. 그리하여 하나님은 만물의 지극히 아름다운 조화 속에서 당신이 직접 형상을 새기시고 그것이 효과적으로 사용될 수 있도록 하기 위해 말씀으로 도움을 주셨다. 그러므로 하나님을 순전히 바라보기를 원한다면 똑바로 그분의 길을 따라 전진해야 할 것이다. 하나님은 그가 행하시는 역사들을 통해서 자기 자신을 진정으로 생생하게 묘사하였다. 그 역사를 판단하는 기준은 우리의 부패한 심정이 아니라 영원한 진리의 규범, 말씀이다. 그러므로 그 말씀에서 벗어나면 우리의 노력에도 불구하고 결코 목표를 이룰 수가 없다. 말씀의 실, 즉 선의 인도를 받지 않으면 미로를 걷는 것처럼 하나님의 찬란한 모습에 이를 수 없다. 그 말씀의 길을 따라 절뚝거리며 걷는 것이 차라리 그 길 바깥에서 온 힘을 다해 달리는 것보다 났다고 하였다.

(6) 이단자 · 광신자들의 비판 : 종교개혁 당시에 성경을 떠나 하나님께로 갈 수 있다고 주장하는 사람들이 있었다. 이에 대하여 칼빈은 그 사람들을 "광란에 사로잡힌 자"[65]라고 하였다. 특히 칼빈은 하나님을 멸시하고 성경의 권위를 약화시키는 자들을 염두에 두고 다음과 같이 말한다. "내게는 특별한 재주나 특별한 웅변을 하는 데 남보다 뛰어난 데가 없다. 그러나 하나님을 멸시하는 데 있어서 가장 교활한 자, 곧 성경의 권위를 약화시키는 데 기지와 기술을 나타내고자 하는 자들과 논쟁을 한다면, 아무 어려움 없이 그들의 소란한 소리를 잠잠케 할 수 있을 것이라고 나는 믿는다. 그리고 그들의 이론을 논박하는 것이 유익한 일이 된다고 하면, 그들의 은신처에서 비밀히 수군거리는 그 거만한 자들을 나는 큰 어려움

65) John Calvin, *Institutes of the Christian Religion*, 1.9.1.84.

없이 분쇄시킬 것이다." 뿐만 아니라, "믿음은 사탄과 지옥의 모든 간계와 전 세계에 대항했을 때 굴복하지 않고 흔들리지 않을 만큼 굳게 설 수 있어야 한다. 이런 견고성은 하나님의 말씀에서만 얻을 수 있다"고 하면서 성경의 중요성을 강조한다. 한 마디로 표현해서 칼빈은 "성경이 하나님의 영원하고 침범할 수 없는 진리"이기 때문에 우리가 마땅히 존중해야 함을 말하는 것으로 이해할 수 있다.

7. 칼빈 이후 개혁신학의 전개[66)]

칼빈 사후 개혁운동은 유럽 각지로 전파되어 루터교와 함께 개신교의 2대 주류를 형성하였다.[67)] 칼빈은 루터의 오직 성경과 오직 믿음, 오직 은혜를 계승했으나 보다 독창적으로 자신의 사상을 발전시켰다. 특별히 칼빈은 그리스도인의 성숙한 생활, 생활 속의 성화를 주장하였다. 그 과정에서 칼빈은 하나님의 절대 주권과 영광, 성경 중심의 신앙과 신학의 형성, 구원에 있어서의 불가항력적인 은혜와 성도의 견인을 강조하였다. 이는 통상 예정론으로 정리되는바, 이 밖에 교회관과 성례관에서 루터와 차이를 보였다. 무엇보다도 칼빈은 생활면에서 루터의 수동적 경건생활에서 벗어나 보다 성경에 근거한 철저한 신앙으로 적극적으로 하나님의 영광을 위한 도구로 보았다. 그리하여 생활 속에서 적극을 보이며, 칼빈주의의 상징인 "오직 하나님의 영광을 위하여", "*coram deo*"를 칭의에서 성화, 성화에서 영화의 단계로 적용하였다. 그리하여 신앙생활을 하나님에 대한 감사와 헌신, 사랑과 은

---

66) 보다 자세한 것은 서요한, "제6장 개혁신학의 전통과 한국 장로교", "제7장 개혁주의 성경관과 한국 장로교", 「스코틀랜드교회와 한국장로교」, (도서출판 그리심, 2015), 151-182, 183-218; 「개혁신학의 전통」, (도서출판 그리심, 2014), 1-459; 「청교도 유산」, (도서출판 그리심, 2016), 1-570을 참고하라.

67) 영국에서는 국왕 헨리 8세의 사적인 이혼문제로 개혁이 시작되어, 중세 1,000년의 가톨릭 교회의 전통에서 이탈하여 국왕 스스로 교회의 수장이 되었다. 그 후 엘리자베스 여왕 때 성공회로 완전히 분리되었다. 가톨릭 교회는 종교개혁에 맞서 트랜트 종교회의(1545-1563)를 소집하고 반동종교개혁을 주도하며 내부적으로 교회의 혁신을 시도하였다. 위기 상황에서 이그나티우스 로욜라는 예수회를 창설하고 가톨릭의 포교를 위해 세계 각지에 학교를 세우며 선교사를 파견하였다. 한편 프랑스와 영국 등 유럽의 여러 나라들은 근대국가의 길을 걷기 시작하여 중세적 기독교의 세력이 급속히 쇠퇴하였다. 따라서 종교개혁은 교회의 혁신운동이었으나 동시에 근대국가의 형성에 기여하였다.

혜의 신학 체계를 확립하였다. 역사적으로 17세기 영국의 청교도 혁명은 칼빈의 영향아래, 18세기 미국의 독립혁명과 프랑스 혁명의 촉매제였다. 그 밖에 칼빈은 예배에서도 가톨릭의 예전 중심, 즉 미사 제도를 폐지하고 설교 중심의 말씀 예배로 전환하였다. 교회제도에 있어서는 목사와 교사, 장로와 집사 등의 4(네) 직무를 규정하고, 목사와 장로로 구성된 제도, 즉 장로제 교회를 운영하였다. 이러한 칼빈주의의 신학 체계는 1559년 칼빈이 작성한 제네바 고백서에 잘 정리되었다.

이 후 작성된 여러 고백서들, 예를 들면, 1560년 낙스의 신앙고백서와 1566년 제2차 스위스 신앙고백서, 이 후 스위스를 포함한 유럽의 여러 지역의 비루터파 교회들이 이를 수용한바, 프랑스에서는 위그노파, 스코틀랜드에서는 장로파, 네덜란드에서는 개혁파가 계승하였다. 한편 영국 교회의 감독제는 칼빈으로는 결코 용인할 수 없는 문제였으나 1563년 영국 국교회의 39개 신조 작성에 영향을 끼쳤다. 앞에서 고찰한 대로 영국과 달리 스코틀랜드에서는 존 낙스의 개혁이 성공하여 장로교가 국교가 되었고, 미국에서는 스코틀랜드 장로교회와 영국의 청교도, 네덜란드 개혁교회의 이민자들에 의해 칼빈주의 전통이 수립되었다. 19세기에는 미국의 활발한 해외 선교 사역을 통하여 아시아와 아프리카에 복음이 전래되었다.

8. 결론: 의의와 평가

8.1. 종교개혁의 의의

앞에서 보았듯이 종교개혁은 중세 1,000년의 신앙전통, 악습에서 벗어나 다양한 형태의 교회 및 국가 형태를 제공하였다. 그것은 아래와 같이 정리된다.

(1) 정치적인 면 : 개혁자들은 1,000년의 로마 가톨릭 교회로부터 분리, 이 후 근대 국가의 형성에 기여하였다. 당시 유럽은 종교개혁으로 크게 7개의 종교 집단을 형성하였다. 첫째는 기존의 전통적인 로마 가톨릭교회, 둘째는 그리스 정교회, 셋째는 루터교, 넷째는 칼빈의 장로교와 개혁파 교회, 다섯째는 영국 성공회, 여섯째는 회중교회와 독립파 교회, 그리고 일곱째는 퀘이커 등이다. 상기한 교회들 중에 루터교와 장로교, 회중 교회와 영국 성공회는 보통 프로테스탄트, 신교로 부른다. 여기에 영국교회를 포함하는 이유는 가톨릭 교회, 교황권에 저항했기 때문이

다. 교황권은 형성 과정과 본질에서 극단적인 정치세력으로, 이 후 종교개혁으로 인한 분리는 교황에게 엄청난 타격이었다. 신교, 즉 종교개혁 교회들은 일부 교리적 차이에도 불구하고 각각 "독자세력"을 형성하였다. 그런 의미에서 각 교회와 교단은 여전히 교회 국가를 유지한바, 결국 보이지 않는 종파간의 갈등으로 종교전쟁을 유발하였다. 물론 전쟁의 중심에는 신교에 대한 가톨릭의 의도적인 박해가 포함되었으나, 신교도들은 자신들의 교회와 반대되는 자들을 탄압하였다. 즉 그들은 가톨릭뿐 아니라 교회의 질서를 파괴하고 어지럽히는 "이단자"들과 싸웠다. "이단자"들 중에는 재 침례교회가 포함되었다.

(2) 사회적인 면 : 독일의 사회학자 막스 베버(Max Weber, 1864-1920)는 근대 자본주의의 특징을 규정하면서 그것은 곧 존 칼빈의 예정론과 직업 소명론에 기초했다고 주장하였다. 또한 루터가 국가 권력을 칭송한 것과 달리 칼빈은 국가 권력에 대한 저항권을 인정하고 국가의 교회에 대한 자율권을 확보하였다. 국가에 대한 교회의 자율성은 정치 권력에 대한 비판정신과 저항권 사상을 제공하여 근대 민주주의의 사상적 기초를 놓았다. 이렇듯 루터의 개혁과 함께 이후 종교개혁은 여러 시대와 지역을 거치며 교회 내 여러 지도자들의 자각과 자성과 함께 급속히 확대되었다. 그것은 성경 번역과 성경해석, 성도들의 신앙 행위, 즉 다양한 예배 행위를 통해 절정에 이르렀다. 그들은 안으로는 신비한 예배 행위, 미사를 중심으로 한 의식 예배, 연극, 밖으로는 성지 순례를 포함하여 성인 숭배, 성물 숭배, 성화 숭배를 실시하였다. 이에 맞서 개혁자들은 성경적 가르침에 충실하였다. 따라서 성경 말씀과 그 말씀의 해석, 교회의 중요성을 강조하였다. 개혁자들은 개혁을 위해 로마 가톨릭 교회의 형식주의와 그 형식적 교회관에 도전하였다. 개혁자들은 교회의 본질을 교회의 외형적 조직체에서 찾지 않고 "성도의 교통"에서 찾았다. 개혁자들 특별히 루터와 칼빈은 교회를 그리스도를 믿어 성화되고 그 머리인 그리스도에게 연합된 성도들의 공동체로 이해하였다.

(3) 영적인 면 : 무엇보다도 가장 중요한 것은 성경적 믿음의 회복이었다. 당시 개혁자들의 과제는 "로마 가톨릭 교회의 그릇된 전통과 신앙의 청산"이었다. 로마 가톨릭은 교황을 중심으로 절대적 신앙의 복종과 외형적 제도, 다양한 의식을 통해 당시 교인들을 억압하였다. 자신들의 가르침을 7성례를 비롯한 성사들과 그밖에 성인숭배, 성상 숭배, 성물숭배, 성지순례를 제도화하였다. 이는 결국 십자가의

신앙, 믿음과 은혜가 아닌 인간의 공로사상, 행위 구원을 가르쳤다. 설상가상 성직자들의 교권주의와 도덕적 부패가 만연하였다. 이런 가운데 개혁자들은 성경 중심적 설교를 통하여 로마 가톨릭을 사탄의 회로 규정하였다. 개혁자들은 한 결 같이 로마교회는 창녀요 교황은 적그리스도라고 주장하였다. 특히 개혁자 루터는 "이신칭의", 롬 1:17을 통해서 가톨릭에 의해 수탈된 수많은 영혼들을 지옥의 입구에서 구원하였다. 개혁자 칼빈은 로마 교회의 교리들이 비성경적임을 낱낱이 파헤쳤다. 칼빈은 오직 성경, 말씀으로 돌아가자고 외쳤고, 회중들은 성경 말씀에 귀를 기울였다. 하나님의 절대 주권과 오직 그분에게만 영광 돌릴 것을 천명하였다. 물론 개혁의 중심에는 위클리프와 루터의 성경번역이 자리한다. 성경번역은 신앙생활에 큰 반향을 일으키며, 글을 아는 사람들은 누구라도 성경을 읽게 되었다. 이에 발 마추어 개혁자들의 주석이 쏟아져 나왔다. 그리하여 지금까지 교황과 사제들에게 억눌렸던 의식으로부터 벗어나게 되었다. 종교개혁은 실로 하나님의 크신 은혜의 역사였다.

8.2. 평가

고찰한 대로 지금까지 2,000년 기독교 역사는 실로 파란만장하였다. 그 역사 속에 16세기 종교개혁은 산으로 비유하면 우리나라의 한라산과 백두산, 이탈리아의 히말라야 산이었다. 그 만큼 역사적 유산과 공헌이 심대하기 때문이다. 학자에 따라서 종교개혁이 다양하게 평가되지만, 대부분은 성경과 말씀의 권위, 즉 말씀의 재발견에 동의한다. 개혁자들은 개혁의 과정에서 중세 1,000년 동안 망각된 초대교회의 전통, 즉 순교적 신앙에 기초하여 말씀의 회복과 존중, 예배의식의 제정과 구제 활동, 세상의 빛과 소금의 역할을 다 하였다. 특별히 개혁자 칼빈은 중세 가톨릭의 주장에 맞서 성경 해석과 적용은 성령의 은혜와 능력이라고 하였다. 사실 가톨릭은 그들 스스로 그 권능을 신도들로부터 강탈하였다. 비록 그들은 그 권능이 베드로에게 천국 열쇠가 주어졌을 때 주어졌다고 하지만 그 열쇠는 베드로에게 준 것이 아니라 그리스도를 주로 고백하는 교회에 주신 것이다." 이는 곧 로마 가톨릭 교회의 성경에 대한 인식이 그만큼 성경에서 벗어났음을 반증한다. 칼빈은 이것을 다음과 같이 정리하였다. 즉 성경의 권위는 하나님으로부터 온 것이지 교회에서 온 것이 아니다. 성경의 권위는 말씀 자체가 증거 한다고 하였다. 이것을 그는 성경의 독자적 권위라고 명명하였다. 이처럼 칼빈은 “하나님만 인간에게 바로 증거 하시기 때문에 성령께서 내적 증거를 주시기까지는 우리의 마음속에 확신 있게 말씀을 받아들일 수 없다고 하였다.

이 같은 칼빈의 성경관은 이 후 그의 계승자들에 의해 전 세계로 확대되어 개혁주의 신앙 전통을 확립하였다. 그 교회들 중에 한국교회는 1885년 4월, 해외 선교사들의 복음 전파와 헌신적인 노력에 힘입어 경이적인 성장을 이루며 오늘 날 전 세계 교회에 귀감이 되었다. 그리하여 지금까지 받는 수동적 교회에서 주는, 능동적인 교회로 세계 선교의 중심이 되었다. 특별히 대한예수교장로회 총회(합동)는 일제의 신사참배 강요와 자유주의의 도전에 맞서 일관되게 개혁주의 보수 신학을 견지하였다. 2017년 3월 현재, 총회 직영 신학교인 총신대학교는 신학의 국제화를 위하여, 특별히 개혁주의 신학을 연구하고 가르치며 홍보하는 일에 주력하고 있다. 2017년 3월 16일 현재, 종교개혁 500주년을 기념하는 이러한 범 교단적인 행사는, 그러므로 매우 의미있는 일이라 할 것이다. 따라서 우리 모두 총회와 총회에 속한 여러 기관들, 특별히 총신대학교를 위해 기도하며, 부흥과 발전을 위해 물질로 후원하기 바란다. 여러분의 총회를 향한 마음의 기도는 우리의 총회와 신학교는 물론 혼란에 빠진 우리나라를 새롭게 할 줄로 믿는다. 여러분 모두에게 주님의 크신 은총을 기원한다.

제3장

16세기 북동부 유럽의 종교개혁과 칼빈주의의 전개[1)]

1. 서론

중세는 가톨릭의 오랜 통치와 지배아래 국가와 교회는 하나의 통합채로 발전하였다. 그 과정에서 국가와 교회는 각각의 이익을 추구했으나 갈등과 대립 속에서 분열하였다. 특별히 바른 교회를 열망하는 일단의 개혁자들이 성경적 전통의 확립을 위해 힘썼으나 이단의 오해 속에 심기일전하였다. 그 중에 존 후스와 존 위클리프가 대표적이다. 이들은 중세 로마 가톨릭교회의 그릇된 이해와 판단으로 생전은 물론 죽어서도 이단의 누명을 벗지 못하였다. 하지만 16세기 독일 비텐베르크의 개혁자 마틴 루터와 스위스 제네바의 존 칼빈을 중심으로, 네덜란드와 프랑스, 영국과 스코틀랜드에서 박해에도 불구하고 개혁이 급속히 확장되었다.[2)] 그 영향은 동시대는 물론 근대 역사와 문화를 지배하고 선도하는데 결정적이었다.[3)] 따라서

1) 종교개혁 이전까지의 복음전파는 크게 두 시기로 대별 되는 바, 자세한 것은 서요한, “제20장 초기복음전파와 기독교 선교”, 「초대교회사」, (도서출판 그리심, 2010), 583-612; “제4장 중세 유럽의 기독교 형성 과정”과 “제5장 프랑크 왕국과 신성 로마제국의 형성”, 「중세교회사」, (도서출판 그리심, 2010), 93-160을 참조하라.

2) 장로교의 확장은 서요한, “장로교의 전통과 교회의 일치”, 「한국장로교회의 합동운동」, 서기행/홍정이 편집, (도서출판 새한, 2009), 209-263을 참고하라.

철옹성 같던 교황청과 가톨릭교회는 체제의 안정적 유지를 위해 어쩔 수 없이 내부 개혁과 변화를 모색하였다. 그중에 가장 중요한 사건은 1545-1563년 사이에 18년 동안 25차례 소집된 트렌트 공의회였다. 트렌트 공의회는 성경과 전통의 권위에 근거하여 믿음과 선행으로 의롭다고 인정받는 기존의 교리를 채택하였다. 한편 종교 개혁의 급속한 확장 속에 개혁 교회는 유럽을 뛰어 넘어, 동부 유럽으로 확장되었다. 이 시기에 아시아와 아프리카, 특별히 중국과 인도 등 극히 일부 지역을 제외하고는 아직 복음을 접하지 못하였다.

2. 중세 이후 교회의 확장 과정

독일의 마틴 루터와 함께 시작된 16세기 종교 개혁은 가톨릭의 종주국 이탈리아와 대리 국가인 스페인을 제외한 나라들, 예를 들면, 중부 유럽의 스위스와 프랑스, 네덜란드와 영국, 그리고 스코틀랜드로 급속히 확장되었다.[4] 이것은 개혁 이전의 존 후스와 존 위클리프의 개혁의 영향을 크게 힘입은 결과였다. 하지만 독일은 개혁 운동의 진행 과정에서 초기와 달리 루터파와 칼빈파 사이에 심한 갈등을 빚었다. 이러한 경향은 스칸디나비아 국가들, 예를 들면, 덴마크와 핀란드도 마찬가지였다.[5] 하지만 그밖에 유럽의 여러 나라에서는 칼빈주의가 급속히 정착

---

3) Robert D. Knudsen, "Calvinism as a Cultural Force", 그리고 W. Stanford Reid, "The Transmission of Calvinism in the Sixteenth Century", John Calvin, *His Influence in the Western World*, ed. W. Stanford Reid, (Michigan: Zondervan, 1982), 13-29, 33-52; M. Weber, *The Protestant Ethics and the Spirit of Capitalism*, ed. T. Parsons and R. H. Tawney, (New York: Scribner, 1958), 1-98; C. Gregg Singer, *John Calvin: His Roots and Fruits*, (Greenville: Salisbury, 1989), 29-60; Alastair Duke, "Perspectives on international Calvinism", *Calvinism in Europe 1540-1620*, eds. Andrew Pettegree/Alastair Duke/Gillian Lewis, (Cambridge University Press, 1996), 1-20; Donald K. McKim, *Readings in Calvins's Theology*, Michigan: Baker Book House, 1984, 9; K. S. 라토렛, 「기독교의 역사」, 허호익 역, (대한기독교출판부, 1994), 38.

4) 서요한, "제4장 중세 유럽의 기독교 형성과정", 「중세교회사」, (도서출판 그리심, 2010), 93-125.

5) 서요한, "제12장 네덜란드 종교개혁의 역사적 전개", 「종교개혁사」, (도서출판 그리심, 2015), 542-561.

되었다.[6)]

3. 독일 내 칼빈주의의 확장

(1) 칼빈주의의 정착: 독일은 유럽의 다른 나라와 달리 매우 보수적이었다. 그럼에도 불구하고 1560년 칼빈의 개혁주의가 라인란드(Rhineland)에 전파되었다. 이는 종교 개혁 직전의 여러 도시들, 예를 들면, 취리히와 바젤, 제네바 등에 종교적 접촉이 활발했기 때문이다. 마틴 부처의 지도하에 스트라스부르그는 권징을 통해 개혁 교회의 특징을 보여주었다. 이는 칼빈이 인정할 정도로 체계가 잘 확립되었다. 칼빈은 망명 중에 스트라스부르그에 머무는 동안 「성물 숭배에 관한 논문」(*Treatise on Relic*, 1643)을 저술하였다. 그러나 영향력 만큼 그의 생전에 독일의 여러 도시 중에 하나도 칼빈주의화 되지 못하였다. 이유 중에 하나는 당시 종교전쟁을 유발한 가톨릭을 중심으로 신성로마제국을 재통합하려던 합스부르크 왕조의 찰스 5세(Karl V, 1500-1558)의 정책으로 야기된 슈말칼텐 전쟁(Schmalkaldic War) 때문이었다. 루터파 제후들은 1531년 황제에 맞서 슈말칼텐 동맹을 결성하였다.[7)] 이 동맹에 묶여 독일은 반 칼빈주의적이 되었고[8)], 심지어 칼빈이 전에 목회한 프랑스 피난민 교회의 목사가 1555년 추방되었다. 그리고 칼빈주의 교수 잔키(Jerome Zanchi, 1590)는 존 슈트룸의 지지를 받았으나 물러난 후에 하이델베르크에서[9)] 교수하였다.

---

6) 서요한, "제17장 종교개혁 이후 정통교회의 발전", 「종교개혁사」, (도서출판 그리심, 2015), 761-775.

7) 1531년 결성된 슈말칼텐(Schmalkalten) 동맹은 개신교 제후들의 연맹체이며, 이후 이 동맹은 독일에 종교개혁을 이룩한 실질적 힘으로 작용하였다. 당시 첫 창립 때는 7개 제후와 11개의 도시가 참여했으며, 6년 후에는 독일의 주요 제후들과 도시 대부분이 참여하였다. 당시 회의에는 '루터의 신앙고백' 으로 불릴만한 슈말칼텐 신앙고백이 제출되었다.

8) 오언 채드윅, 「종교개혁사」, 서요한 역, (크리스챤 다이제스트, 1999), 63-64.

9) 독일 하이델베르크에 있는 국립대학으로 1386년 선제후 루페르트 1세가 파리대학교를 모방하여 설립하였다. 이후 17, 18세기의 침체기를 거쳐 19세기 초 선제후 카를 프리드리히에 의해 재조직된 후 옛 명성을 회복하였다. 교수어도 라틴어에서 독일어로 바꾸었으며 현재는 과학과 법학, 철학 중심의 명문 대학이다.

1518년 개혁자 마틴 루터가 하이델베르크를 방문했을 때, 당시 젊은 도미니쿠스회 수도사 마틴 부처는 어거스틴 수도원에서 개혁자의 설교를 듣고 개혁을 결단하였다. 루터의 영향으로 그곳의 거주민들은 츠빙글리와 칼빈을 수용하였다. 하지만 1550년 이후 하이델베르크 대학은 신학 논쟁의 중심에서 가톨릭적 예배와 의식을 도입하고, 열성분자 틸레만 헤수스(Tolemann Hesshus)는 개혁파를 공격하였다. 결국 헤수스는 오토와 그의 후계자 프리드리히 3세(1559-1576)를 이간시켰다. 그러나 신실하고 지적이며 종교적인 프리드리히는 교리와 예배의 논쟁점을 잘 알았다. 그는 반 칼빈주의 루터파의 의식에는 무관심 했으나 대신 칼빈주의에 이끌렸다. 1560년 멜란히톤의 사망으로[10] 프리드리히는 루터주의를 유지하지 못하였다. 삐에르 보깽(Pierre Boquin)에 의해 오히려 칼빈주의 교리가 궁정에서 설득력을 얻었다. 오토 헨리는 그를 하이델베르크의 교수로 임명하였다.

(2) 우르시누스(Zacharias Ursinus, 1534-1583)와 올레비아누스(Caspar Olevianus, 1585): 1561년 이월, 개신교의 연합을 위한 회의가 나움부르그(Naumburg)에서 개최되었다. 그러나 회의 결과는 루터파에게 더욱 절망적이었다. 그 이유는 선제후가 그의 영지 내에서 칼빈주의를 보급했기 때문이다. 그러나 칼빈주의에 멜란히톤의 사상이 가미되었다. 따라서 그는 새 지도자의 필요를 느끼던 중, 이탈리아 출신 고령의 피터 마터 버미글리(Peter Martyr Vermigli, 1499-1562)를 지목하였다. 그런데 마터는 대신 브레스라우(Breslau) 출신 자카리야 우르시누스를 천거하였다. 우루시누스는 한 때 비텐베르그에서 7년 동안 멜란히톤의 지도를 받았다. 그리고 여러 종교 개혁의 도시를 여행하던 중에 제네바에서 칼빈의 강의를 들었다. 그러나 1560년 브레스라우에서 루터파의 반발로 목회를 중단하였다. 그리하여 그는 취리히 스승에게 갔고, 거기서 피터 마터는 우르시누스를 칼빈주의로 인도하였다. 당시 27세의 우르시누스는 잘 훈련된 학자로, 고전과 시가, 신학 분야에서 뛰어났다. 1561년 9월 초에 그는 선제후의 소원대로 하이델베르크로 귀환하였다.

---

10) 당시 칼빈은 멜란히톤을 높이 평가했으며 사실상 그에게 동의하여 개신교의 통일을 소망하였다. 스위스 교회들의 연합은 그의 직접적인 관심사로 보다 광범위한 교제의 필요성을 추구하였다. 하지만 칼빈의 기대와 달리 멜란히톤은 결국 반대자인 강경주의자들에게 패배하였다. 설상가상 1560년 4월 멜란히톤의 갑작스런 사망으로 모든 기대를 빼앗겼다. 그러나 칼빈은 과거 교제에 대해 감회어린 글을 남겼다.

우르시누스의 협력자 올레비아누스는 1550-1557년까지 칼빈처럼 오를레앙과 부르제에서 법학을 공부하였다. 그는 이 시기에 칼빈의 문하생으로 제네바에서 1년 공부하였다. 그리고 그의 권고를 받아 트레베스에서 설교하였다. 하지만 그는 칼빈의 제자로 투옥되었으나 프리드리히의 도움으로 곧 석방되었다. 1560년 1월 프리드리히는 그를 하이델베르크로 데려왔다. 올레비아누스는 우르시누스 보다 2살 연하였으나 유창한 언변가였다.

(3) 하이델베르크 신앙고백서: 1561년, 선제후 프리드리히 3세는 우르시누스를 하이델베르크 대학교로 초빙하였다. 그리고 우르시누스는 그곳에서 이듬해 신학박사 학위를 받았다. 프리드리히는 올레비아누스와 우르시누스를 활용하여 당시 사용 중이던 루터와 요하네스 브렌즈(Johann Brenz, 1499-1570), 존 알 라스코(John a Lasco, 1456-1531)의 요리 문답을 대체할 요리문답을 구상하였다. 그리고 1563년 1월 올레비아누스와 우르시누스를 통해 완성하였다. 그 교리서는 당시 모든 신앙 고백문서 중에서 가장 탁월한 것으로, 모든 칼빈주의 교회가 수납하였으며, 특별히 독일과 화란 개혁 교회의 교리 설교의 기초가 되었다. 이 문서는 모두 129개의 질문과 대답으로 구성되었다.[11] 제1문의 답변은 "나는 나 자신의 것이 아니다" 라고 선포한다. 제2문은 "나의 죄와 비참, 나는 어떻게 구속되었나", "그리고 나는 어떻게 감사할 수 있나"로 되어있다. 3-11 문은 구속의 계획이 사도신경의 논의와 함께 전개되지만 12-85문까지 선택은 빠졌다. 그리고 86-129문까지는 십계명과 주기도문을 취급하였다. 이 교리 문답의 특징은 전체에 걸쳐 1인칭을 사용한 것이다.[12] 문서 중에 주목할 부분은 사도신경의 "지옥으로의 하강"에 관한 해설로 그리스도께서 십자가상에서 고뇌하신 것은 칼빈의 해석을 차용한 것이다.[13]

---

11) G. Van Reenen, *The Heidelberg Catechism: Explained for the Humble and Sincere in 52 Sermons,* (Michigan: Grand Rapids, 1979), 5-638,

12) 대표적으로 21문 믿음의 정의는, 하나님께서 말씀으로 우리에게 계시하신 모든 것이 참이라고 아는 확실한 지식일 뿐 아니라 마음에서 우러나는 신뢰이기도 하다. 그것은 성령께서 복음을 통해 우리 속에 이루시는 신뢰이며, 다른 사람에게뿐 아니라 나에게도 죄의 용서, 영원한 의와 축복이 하나님의 은혜로, 오직 그리스도의 공로 때문에 값없이 주어진다는 것이다. 여기서 하나님 아버지는 나의 하나님이요 나의 아버지로 불린다. 그리스도는 내 위에 놓였던 저주를 자기 위에 걸머지셨다.

13) John T. McNeill, *The History and Character of Calvinism*, (New York/Oxford University Press, 1954), 271.

제80문의 성만찬과 미사에서 후자는 저주받은 우상숭배로 정죄하는 구절이 프리드리히에 의해 첨가되었다. 그리고 하이델베르크 요리문답 제3부는 그리스도인의 삶을 하나님의 축복에 대한 신자의 감사로 표현하였다. 죄에 대한 슬픔과 증오, 하나님 안에서 느끼는 기쁨은 새로운 생명의 표지들이다. 도덕성에 대한 단순한 설명들은 십계명에 대한 단순하고 예리한 해석으로 강조되었다. 질투와 증오, 분노는 은밀한 살인으로 불리며, 도적질 속에는 속이는 술수와 탐심, 낭비가 포함되었다. 그리고 그리스도인들은 가난한 사람들을 돕기 위해 성실히 일해야 한다. 기도의 중요 부분은 감사이며, 주기도문의 핵심은 하나님께 예수님이 아들로써 경외함과 하늘의 위엄에 있다.

(4) 에라스투스와 루이 6세의 출현: 이후 제국 내에서 칼빈주의는 심각한 문제로 대두되었다. 심지어 루터교를 포함한 개신교에 반감이 없던 맥시밀리안 2세는 프리드리히에게 하이델베르크 요리문답을 포기하고 아우구스부르크 신앙고백을 받아들이라고 경고하였다. 칼빈처럼 프리드리히는 1540년에 멜란히톤이 수정한 아우구스부르크 신앙고백은 아무런 이의가 없다고 했으나 본래의 요리 문답을 고수하였다. 1566년 5월 그는 아우구스부르크 제국 회의에서 해명을 요청받았다. 고발자들은 그를 아우구스부르크 조약의 침해자로 폐위하려 하였다. 그 때 그는 당당히 자신의 생명을 하나님께 드리고 성경의 증거에 따라 문답에 임하여 처벌을 받지 않았다. 그 결과 칼빈주의가 제국 내에서 기회를 얻었으나 어떤 지위를 보장받은 것은 아니었다. 프리드리히와 그의 신학자들은 칼빈주의 교회의 영속성과 안정성을 부여하기 위해 교회의 완전한 조직에 착수하였다. 지방 치리 법원을 창설하고 선제후는 모든 교회에 그것의 구성을 촉구하였다. 뿐만 아니라 인접한 교구 지도자들에게 노회 설립을 권장하였다. 그리하여 올레비아누스의 권징 체계가 이루어졌다. 당시 하이델베르크 대학에는 자카리아스 우르시누스와 카스파르 올레비아누스(Caspar Olevianus), 토마스 에라스투스(Thomas Erastus)와 유대인 기독교 성경학자 임마누엘 트레멜리우스(Emanuel Tremelius) 등이 교수하여 우수한 학생들이 연구하였다.

1568년 영국의 청교도 조지 위더(George Wither, 1588-1667)[14]가 제출한 교회

14) 1604년 옥스퍼드대학교 모들린 칼리지에 들어갔으나 1606년 학위를 받지 못한

권징에 관한 박사 논문의 변호에서 문제가 발생하였다. 당시 에라스투스는 올레비아누스와 우르시누스가 선제후의 호의 아래 수립한 권징을 공격하였다. 그리고 1589년 사후에 자신의 책 출교에 관한 75개조가 런던에서 출간되었다. 이 책으로 에라스티안주의, 즉 국가가 교회를 통제한다는 사상이 출현하였다.[15] 그런데 이 때 팔라딘 령에서 미카엘 세르베투스(Michael Servetus)[16]가 등장하여 반 삼위일체 신학을 주창하였다. 그는 당시 자신과 같은 견해를 소유한 소수의 목사들을 이끌었다. 그 중에 한 사람은 터키로 도망하여 마호메트 교도가 되었다. 1572년 12월 하이델베르크에서 실바누스가 참수된 것은 칼빈주의 목사들의 요청이었다. 한편 유니테리언주의는 삼위일체를 부인하고 단지 성부의 유일한 신격만을 주장할 뿐 그리스도의 신격을 부인하였다. 그들은 성자는 하나님이 창조하신 거룩한 하나

채 중퇴했다. 1610년 런던에 정착하여 1615년 법률 공부를 시작했다. 그 후 위더는 독실한 청교도가 되어 종교적 및 정치적 문제를 다룬 글만 썼다. 「교회 찬송가와 노래」(*The Hymnes and Songs of the Church*, 1623)는 시편만 의존하지 않은 최초의 영어 찬송집으로, 투박하고 단순한 산문 가사들이 실려 있다. 1625년 그는 역병이 번지는 동안 런던에 머물면서 이 사건을 주제로 「영국의 비망록」(*Britain's Remembrancer*, 1628)이라는 대작시를 출판하였다. 한 때 스코틀랜드의 언약도들을 진압하기 위한 찰스 1세의 원정에 가담했으나 청교도 혁명 때 의회 편에서 일하면서 많은 종교시와 찬송가를 써서 1641년에 「할렐루야: 영국의2번째 비망록」(*Haleluiah or Britans Second Remembrancer*)으로 출판하였다. 출판되지 않았으나 의회를 비난한 시를 썼다는 이유로 1660-63년 수감되었다. 위더의 시는 단조롭지만 놀랄 만큼 다양한 것이 특징이다.

15) 에라스투스는 종교 문제에서 국가가 교회보다 우위에 있어야 한다는 국가 권력 지상주의를 주장하였다. 그에 의하면 파문을 성경에 어긋난다는 이유로 반대하고, 사람이 잘못을 저지르면 교회가 파문하는 대신 세속 국가가 처벌해야 한다고 주장하였다. 모든 시민이 하나의 종교를 신봉하는 곳에서는 국가가 민법뿐 아니라 교회법 위반까지도 처벌할 권리와 의무를 갖는다는 것이다. 결국 에라스투스주의는 세속 권력의 우월성을 옹호한 리처드 후커의 「교회 정치법에 관하여」(*Of the lawes of ecclesiasticall politie*, 1593-1662)와 1643년 웨스트민스터 의회에서 벌인 토론에 의해 현재의 의미를 갖게 되었다. John T. McNeill, 274; 서요한, 「청교도 유산」, (도서출판 그리심, 2016), 196-201.

16) 진지한 성경주의와 전적으로 그리스도 중심적인 세계관을 펼쳤으나, 1553년 비정통신앙을 가르쳐 신교와 로마 가톨릭 교회로부터 이단으로 정죄되었다. 이후 삼위일체와 세례에 대한 견해에서 이단 혐의로 화형되었다. 그는 본래 프랑스 툴루즈에서 법학을 공부했다. 그런데 삼위일체에 대한 견해를 담은 「삼위일체론의 오류에 대하여」를 통해서 정통교리를 비판하고 독자적인 관점을 피력하였다. 1546년 「그리스도교 회복」에서는 성부와 그의 아들 예수 그리스도가 니케아 신조로 모욕을 당했으며, 교회가 타락하게 되었다고 주장하였다.

의 피조물이다. 성령은 단지 하나님이요 세력일 뿐이다. 즉 아버지는 창조주, 아들은 피조물, 성령은 비인격적 존재이다. 따라서 유니테리언주의는 칼빈주의자들에게 전혀 용납되지 않았다. 그런데 칼빈주의자들의 주장을 루터파와 로마 가톨릭도 지지하였다. 결국 삼위일체론을 거부한 세르베투스의 처형으로 프리드리히의 입장이 강화되었다. 하지만 1576년 10월 26일, 그의 사후 아들 루이 6세가 직위를 계승한 후, 상 팔라틴(Upper Palatinate)을 통치하면서 부친이 이룩한 칼빈주의를 박해하였다. 뿐만 아니라 그는 라인 강가의 팔라틴 령에서 개혁교회를 종식시키는 작업을 착수하였다. 그리하여 약 600여 명의 칼빈주의 교수들과 목사들이 파직된 후 추방되었다.[17)]

(5) 콘코드 신앙고백서의 출현: 하이델베르크 신앙고백서의 출현 후, 이를 배척하기 위해 1580년 콘코드 신앙고백서가 창안되었다. 마침내 많은 루터파 제후들이 그것을 채택한 바, 그것은 전적으로 칼빈주의에 불리하였다.[18)] 하지만 당시 영국 여왕 엘리자베스 1세는 자신의 정책을 지지할 자신의 젊은 사신 필립 시드니 경의 열정으로 존 카시미르(John Casimir)가 칼빈주의자 및 친 칼빈주의 세력과의 정치적 제휴를 꾀하였다. 이 때 위그노 학자 위베르 랑게(Hubert Languet)는 독일의 군주들이 콘코드 신앙고백서 대신 칼빈주의 교리를 인정할 수 있는 순회사역에 나섰다.[19)] 콘코드 신앙고백에 반대하는 개혁 교회의 이런 운동은 취리히의 루돌프 호스피이안(Rudolph Hospinian)이 쓴 방대한 논문 「부조화스러운 콘코드」를 통해 계속되었다. 그 논문은 콘코드 신앙고백의 역사를 서술하고 그것의 오류들, 아우구스부르크 신앙고백과의 차이점과 모순들, 부당한 정죄들을 지적하였다. 그러나 여기에 나타난 교리 중에 성만찬은 칼빈과 유사하였다. 뷔르템베르그(Wurtemberg)의 크리스토퍼 공작과 다른 루터파 군주들은 프리드리히에게 하이델베르크 요리문답 거부 압력을 행사하였다. 그러나 프리드리히는 요리문답과 함

---

17) John T. McNeill, 274.

18) 대표적으로 루터파인 덴마크의 왕 프레데릭 2세는 자기에게 온 그 신앙고백 사본을 화로(火爐)에 던져 버렸다. 어떤 지역에서는 멜란히톤파들이 그것에 반발하였다. 그 저항은 칼빈주의와 손을 잡거나 동일시되는 것이었다. John T. McNeill, 274.

19) 그는 처음에 제국 법원에서 삭소니의 선제후를 돕다가 후에 오렌지의 윌리암에게 도움을 주었다.

께 예전을 포함하는 교회 질서를 도입하였다.

팔라틴 예전은 제네바처럼 성탄절과 부활절, 성령강림절 및 9월의 첫째 일요일 외에 격월제로 성만찬을 실시하였다. 준비 예배 후 성찬 이전에 목사와 이야기하고 싶어 하는 사람은 그렇게 하였다. 권징은 회중들이 선출한 경건하고 하나님을 두려워하는 사람들과 함께 목사가 집행하였다. 주일 아침 예배 시에 죄의 자백 기도 후, 회개 자들에게 요 3:16을 기초로 하나님의 은혜를 선포하고, 그렇지 않은 자들에게는 심판을 선포하였다. 설교는 세상에 있는 모든 이들과 핍박받는 자들을 위한 기도 후에 실시되었다. 기도의 모범은 다음과 같이, "오 은혜의 하나님이시여, 핍박당하는 자들을 승리의 인내와 성령의 능력으로 강하게 하사 그들이 이 고난을 기쁘게 받게 하시고 환란의 중심에서 모든 지각을 초월한 평화를 체험하게 하소서"이다. 예배는 병자들과 옥에 갇힌 자들의 심방 및 장례식 때 드려졌다. 그러나 팔라틴으로 추방된 칼빈주의자들은 흩어진 지역에서 영향력을 행사하였다. 이들은 루터파로 대체되어 개혁주의 예배 대신 루터파 예배의 확립을 위해 노력하였다. 이로써 대학의 모든 신학자들은 사퇴 압력을 받았다.

(6) 칼빈주의의 확장: 선제후 루이(Louis)로부터 피난 온 칼빈주의자들은 다른 곳에서 활동하였다. 올레비아누스는 베를레베르그(Berleberg)로 도피하였고, 트레멜리우스는 세단으로 도망하였다. 다른 개혁 교회 교사들은 칼빈주의자 루이의 동생 존 카시미르(John Casimir)가 통치하는 노이슈타트(Neustadt)에 거주하였다. 그리고 1583년 형의 사망 후 형의 9살 난 아들 프리드리히의 후견인으로 프리드리히 3세 때처럼 칼빈주의를 회복시켰다. 그 결과 수백 명의 루터파가 쫓겨나고 칼빈주의자들이 그 자리를 대체하였다. 존 카시미르의 후계자 프리드리히 4세(1592-1610)는 개혁교회에 호의적인 정책을 계속하였다. 1609년 그는 루터파와 개혁파 군주들의 개신교 연맹의 결성을 주도하였다. 프랑스 앙리 4세와 동맹을 맺어 황제 루돌프 2세에 대항하였다. 그러나 1610년 앙리의 사후 그도 곧 사망하였다. 이때 팔라틴 교회의 인물은 데이비드 파레우스(David Pareus, 1548 -1622)였는데, 그는 우르시누스의 제자였다. 구약과 신약을 가르치면서 파레우스는 유럽의 학생들을 하이델베르크로 끌어 들였다. 그의 작품 중에 이레니쿰(Irenicum, 1614-1615)은 보편적 대화를 통한 신교도의 통일 방안을 제시하였다.

이 시기에 독일의 다른 도시들도 칼빈주의를 채택하였다. 대표적으로 낫소

(Nassau)에서는 루이 4세가 추방한 팔라틴의 설교자들과 비텐베르크에서 그들의 군주에 의해 밀려나 1574년 그곳에 들어온 멜란히톤의 영향으로 변화가 일어났다. 이 변화는 1578년 개최된 대회에서 결정되었다. 이 대회는 1530년의 아우구스부르크 신앙고백서 대신 1540년 멜란히톤이 승인한 아우구스부르크 신앙고백의 사용과 개혁 교회의 권징을 도입한 것이다. 하이델베르크 요리문답은 1581년 채택되었고, 이듬해 올레비아누스는 베를레레르그(Berlelerg)로부터 헤르본(Herborn)의 새 개혁주의 대학의 설립을 도와달라는 요청을 받았다.

낫소 협회는 어느 정도 화란 대회의 영향을 받았다. 신학자요 교육자이며 백과사전 편찬자인 존 헨리 알스테드(John Henry Alsted)는 헤르본 출신으로 그곳 교수로 가장 뛰어난 칼빈주의자였다. 존 아모스 코메니우스(John Amos Comenius)는 자신의 교육 이론을 향한 암시를 그에게서 받았다. 알스테드는 1630년「모든 지식의 백과사전」(*Encyclopedia of All Knowledge*)을 출간하였고, 코튼 매터(Cotteon Mather)는 그것을 모든 학문으로 가는 지름길로 불렀다.

안트워프의 어거스틴파인 주트펜의 헨리는 옥에서 탈출한 후 브레멘에서 루터파를 소개하였다. 그곳에서 칼빈주의 운동은 존 알 라스코의 친구 알버트 하르덴버그(Albert Hardenberg)의 신앙고백문 출간으로 시작되었다. 그 신앙 고백은 개혁주의 성향을 띠고 성찬 논쟁을 펼쳤다. 하르덴버그와 그의 일파는 그리스도의 부활체가 편재한다는 루터파의 교리를 거부하였다. 1561년 성도들이 그를 좋아했으나 성직자들의 적개심으로 도시를 떠났다. 1582년 멜란히톤 파의 크리스토퍼 페젤(Christopher Pezel)은 칼빈주의 문서인 브레멘 목사의 합의를 작성하였다. 그 후 하이델베르크 요리문답과 칼빈 및 불링거의 교리서들이 인정을 받았다. 그러나 루터파들은 그대로 거주하였고, 1638년 예배를 위해 성당 사용을 승인받았다.

한편 라인강 하류의 루터파 도시 베셀(Wesel)은 네덜란드와 영국으로부터 많은 피난민들, 대부분의 칼빈주의자들을 받아들였다. 1545년 이들 피난민들은 계속 거주를 위해서 1540년의 아우구스부르크 신앙고백서 수정판에 서명하였다. 칼빈주의자들은 이 멜란히톤 문서를 반대하지 않았다. 찰스 5세는 1548년 잠정적 조처에 부분적으로 동의를 얻었고 루터파는 후에 회복되었다. 1568년 베셀 개최 대회는 화란 개혁교회에서 매우 중요하였다. 베셀의 왈룬 칼빈주의자들을 위해 노회가 결성되었고, 1579년에 한 독일인 교회가 가입하였다. 따라서 독일의 개혁주의는 급격히 증가하였다. 비록 화란인들이 떠났어도 취리히와 클레베스(Cleves), 베르그(Berg)의 독일 대회는 유지되었다. 당시 교회에서는 하이델베르크 요리문답이 사용되었고 용어는 독일어였다. 1610년 이 라인강 하류의 개혁주의 노회들이 총회를 개최하여 화란 교회와 결별하였다. 그리고 안할트(Anhalt)와 헤세(Hesse)에 칼빈주의가 일어난 것은 루터파들이 콘코드 신앙고백을 받아들이라고 계속 요구했기 때문이다. 멜란히톤의 사위 카스파르 포이처는 삭소니에서 12년 수감 후 1586년 데소(Dessau)의 주인으로 신앙고백을 반대하였다. 1595년 안할트의 공작 존 조지가 존 카시미르의 딸과 결혼하였다. 그 후 팔라틴 식의 칼빈주의 예배를 도입하였다. 그리고 1616년 교회는 하이델베르크 요리문답을 인정하여 칼빈주의가 되었다. 이러한 경향은 루터파의 초기 요새 중에 하나인 헤세에서도 유사하였다. 당시 가장 영향력 있는 교사는 안드레아스 히페리우스(Andreas Hyperius)로 마틴 부처를 흠모중에 칼빈주의자가 되었다.

1570년 후반 헤세의 영주 윌리암이 성직자들의 지원을 받아 콘코드 신앙고백의 서명을 거부하였다. 그리고 후계자 모리스(Maurice)는 아무 저항 없이 개혁주의 체제를 도입하였다. 그러나 말부르크와 상부 헤세는 폭동과 비상계엄 선포 후에 채택되었다. 1607년 채택된 신앙고백은 콘코드의 십계명, 성화들의 제거, 그리스도의 몸의 편재, 선택과 무자격자들의 성찬 참여에 맞서 칼빈주의를 지지하였다. 1610년 치리법원으로부터 총회까지 교회의 정체는 전형적으로 개혁주의였고, 예배도 일부를 제외하고는 개혁주의 방식을 채택하였다.

한편 브란덴부르크(Brandenburg)는 매우 강력한 루터파 지역이었으나 칼빈주의 영향을 받은 다른 지역들을 흡수하여 팽창하였다. 1609년 선제후 존 지기스문트(John Sigismund)는 결혼에 의해 클레베스의 공작령을 주장하였다. 그 결과 나우부르그의 남작 팔라틴(Count Palatine of Nauburg)과의 논쟁으로 팔라틴이 루터파에서 가톨릭으로, 지기스문트는 칼빈주의로 개종하였다. 그의 공적 목표는 자기가 명명한 개량된 아우구스부르크 신앙고백서를 인정하면서 멜란히톤주의와 칼빈주의의 타협안을 마련하는 것이었다. 그리하여 1614년 루터파와 칼빈파를 공히 인정하였다. 그러나 이 체제는 격렬한 저항을 받았다. 베를린의 궁중 설교자는 폭도들의 습격으로 재산을 약탈당하였다. 그러나 선명한 칼빈주의 교회들이 수없이 태동하여 선제후의 호의를 누렸다. 그럼에도 불구하고 칼빈주의는 루터파를 극복하지 못하였다. 이때 수 천 명의 프랑스 개신교도들이 독일의 여러 칼빈주의 지역에서 피난처를 찾았다. 그들은 그곳에서 수공업 기술과 군사 지식, 무역 경험과 교육적 성취 그리고 성경적 경건으로 오랜 전쟁으로 피폐되고 낙후되었던 국가에 공헌하였다.[20)]

1618-1648년까지의 30년 전쟁은 독일에게 엄청난 재난을 부과하였다. 다른 여러 지방들처럼 칼빈주의를 채택했거나 허용했던 지방들도 손실을 크게 입었다. 그 중에서도 팔라틴이 가장 큰 피해를 입었다. 당시 이곳의 선제후 프리드리히 5세는 보헤미아의 왕으로 천거되었다가 프라하 근처에서 참패하였다. 그러던 중 1620-1623년 바바리아와 스페인 군대가 그의 공국에 침입하였다. 웨스트팔리아 평화조약을 협상 중에 브란덴베르그의 선제후 프리드리히 윌리암은 칼빈주의도 유럽에서 루터주의와 동일한 위치를 가져야 한다고 주장하여 개혁교회가 처음으로 제국 세력에 의해 법적 인정을 받았다. 교황이 그 조약을 정죄했으나 문제되지 않았다. 바바리아가 상부 팔라틴 지방을 보유하게 되어 이 지방은 로마 가톨릭의 강력한 지배를 받았다. 그리고 라인 지역, 즉 팔라틴 저 지역은 프리드리히 5세의 상속자에게 양도되어 칼빈주의 지역에 남았다.

그러나 1688-1693년까지 이 지역은 루이 14세의 군대에 의해 처참히 유린되었다. 헐벗은 난민들이 무더기로 라인 강을 따라 네덜란드로 들어갔다. 남은 자들은 목사를 빼앗긴 채 박해를 받고 로마 가톨릭으로 설득되었다. 선제후 존 윌리암(1690-1716)은 친히 가톨릭을 채택하고 조직적으로 칼빈주의를 박해하였다. 프리드리히 대제(Great Elector)의 아들 프러시아 왕 프리드리히 1세의 항의로 황제 프란시스 요셉 1세가 개입하여 박해를 중지시켰으나 개혁교회의 많은 재산이 로마 가톨릭 성직자들에게 넘어갔다. 미국의 독일 개혁교회는 이 시기에 시작되었다. 그들의 주요 식민지는 1727년, 조지 미카엘 바이스(Weiss)가 인도하는 팔라틴 출신의 피난민들로 이루어졌다. 1732년 이 개척자들은 새로운 이주민들에 흡수되어 펜실베니아 여러 지역에 산재하였다.

---

20) John T. McNeill, *The History and Character of Calvinism*, 279.

4. 폴란드의 형편

중세 말엽의 폴란드는 교황들의 요청에도 불구하고 자긍심이 강한 나라였다. 법률학자 겸 인문학자인 존 오스트로로그(John Ostrorog)는 1473년의 논문에서 "폴란드 왕은 하나님을 제외하고는 그 어느 누구의 우월성도 인정하지 않는다". 그는 왕이 감독을 임명해야 한다는 것뿐 아니라 교회의 재산이 공공의 필요를 위해 사용되어야 한다고 주장하였다. 종교개혁 전에 성직자들의 무질서한 생활은 그들에 대한 반감을 널리 확산시켰다. 발도파들과 위클리프파, 후스파들이 성경적 포교를 수행하였고 루터의 초기 작품들이 폴란드에 널리 보급되었다. 1520년 토룬(Thorn)에서 루터의 저서와 그림을 불사르던 교황의 사절이 돌을 맞고 쫓겨났다. 그는 동 프러시아의 루터교회와 보헤미아와의 계속적인 교류로 더 이상 종교개혁의 문헌들과 사상을 배척하지 못하였다. 지기스문트 1세(1506-1548)는 프로테스탄트주의를 억압하기 위해 자기가 할 수 있는 일을 다 하였다.

지기스문트 2세(1548-1572)의 통치가 시작되었을 때, 많은 보헤미아 형제단원들(Bohemian Brethren)은 박해자 페르디난트 왕을 피해 대 폴란드와 동 프러시아로 도피하였다. 이 시기 칼빈주의가 폴란드 사제들과 귀족들 사이에 모습을 드러냈다. 인문주의자들 중에 특별히 니콜라스 레이는 칼빈주의에 매혹되었다. 감독들의 엄격한 금지에도 불구하고 많은 사제들이 칼빈주의 예배와 교리를 도입하였다. 지기스문트 왕은 칼빈과 서신을 왕래하며 「기독교 강요」를 읽고 감탄하였다. 칼빈은 복음주의적 정신을 가진 대주교와 감독들 하에서 폴란드 교회를 개척하기 위한 계획을 제출하였다. 리투아니아의 왕자요 지기스문트의 재상인 니콜라스 라지윌(Nicolas Raziwill)은 칼빈주의를 채택하고 지원하였다.

1550년대 소 폴란드 지방에 칼빈주의 교회들이 많이 있었다. 1560년에는 영적 및 세속적 문제에 관해 지역 교회를 감독하기 위한 성직자와 평신도 감독자가 임명되었다. 소 폴란드의 칼빈주의자들은 대 폴란드 형제단원들과 아주 친밀한 관계를 유지하였다. 이 교회들은 1555년 연합대회를 개최하여 20년 전 형제단의 지도자들이 편집한 공동의 신앙고백서를 채택하였다. 그들은 함께 성만찬을 행함으로 연합을 공고히 하며 성찬을 교류하였다. 1550년 한 귀족 사제가 결혼을 결심하여 귀족들 편에서 감독들에 대한 적개심이 고조되었다. 신교도 영향이 국회에서 강화되면서 교회 개혁을 위한 전국적인 회의를 촉구하였고, 1556년 표트르코우(Piotrkow)에서 열린 회의는 폴란드 교회의 개혁을 위한 9개항의 질문을 채택하였다.[21)]

한편 폴란드의 개혁자 존 알 라스코는 1523년 이후 대부분의 시간을 서방에서 보냈다. 1538년 신교도가 된 후 그는 종교개혁의 지도자들과 접촉하고, 엠덴과 런던에서 교회를 섬기며, 제네바의 존 칼빈과 취리히의 헐드리히 츠빙글리의 신뢰를 얻었다. 그러던 중 1556년 12월 폴란드 칼빈주의 대회의 초청으로 귀국하였다. 해외에서 루터파를 포함한 여러 기독교인들로부터 대접을 받았으나 귀국하여 개혁파들을 형제단과 루터파의 연합에 힘을 쏟았다. 그리고 폴란드어 성경 준비를 위해 18명으로 구성된 학자들을 도왔다. 그리고 여러 권의 책들, 대표적으로 「엠덴 요리 문답, 1554」, 「프랑크푸르트 외국인 공동체의 고백, 1554」, 「이방인의 교회에 있어 예배의 모든 형식과 방법, 1550, 1555」을 저술하였다. 이 중에 마지막 저술은 대륙의 피난민들로 구성된 아 라스코의 런던 교회의 권징과 예배에 관한 내용이다. 그 교회는 피의 메리의 통치 초기에 아 라스코와 함께 영국을 탈출한 사람들의 교회였다. 폴란드에서 전국적인 연합 신교도 교회를 조직하려는 아 라스코의 계획은 수포였다. 하지만 그는 저서를 통하여 개혁교회를 강화시키는데 주력하였다.

당시 왕의 비서요 인문주의자인 안드레아스 프리시우스 모드레비우스(Andreas Fricius Modrevius)는 존 아 라스코의 옛 친구로 멜란히톤의 문하생이었으나 칼빈주의에 호감을 가졌다. 그는 개혁을 위해 교회의 전국적인 회의나 총회 소집을 촉구하였다. 그리고 트렌트 공의회를 강하게 비판하였다. 트렌트의 작업이 완성되고 제수이트의 지휘 아래 반동 종교개혁이 부상함으로 폴란드 개신교회의 성장은 중단되었다. 1570년 4월 새로운 위험에 직면한 루터파는 센도미르의 합의문(Consensus of Sendomir)을 채택하면서 칼빈주의들과 형제단들에게 동의하였다. 이 협정에 멜란히톤의 가르침과 일치되는 성찬론이 포함되었다. 칼빈은 이 교리에 멜란히톤이 동의했음을 강조하였다. 1573년 프랑스의 앙리 3세, 앙주의 앙리

21) 여기에는 사제의 결혼을 허가하는 것과 시민 소송에 있어서 감독들의 법적 권위를 거부하는 것이었다. 당이 주도권은 라지일이 이끄는 소 폴란드와 리투아니아의 귀족들이 갖고 있었다.

(Henry of Anjou)가 폴란드의 왕이 되었을 때, 의견을 달리하는 자들의 평화(Pax Dissidentium)로 알려진 종교적 상호 관용의 협정에 동의하라는 귀족들의 압력을 받았다. 이 문서는 가톨릭이나 어떤 다른 교파들도 종교의 다양성 때문에 피를 흘려서는 안 된다. 그들은 종교 때문에 서로 처벌하거나 어느 누구를 해하거나 투옥하거나 추방해서는 안 된다고 선언하였다. 하지만 시간이 지나면서 관용 정책은 폐기되었다. 이로써 반동 종교개혁이 폴란드에 정착되었다. 1564년 제수이트파가 폴란드에 들어와 힘 있게 활동하였다. 그들의 영향으로 스테반 바토리(Stephen Batory, 1575-1586)는 자신이 왕으로 선출되자 신교도주의를 포기하였다. 1587-1632년까지의 지기스문트 3세의 통치 동안 개혁교회는 소멸하였다. 극소수의 칼빈주의자들 만이 18세기까지 존재했으며, 종교적 관용 정책은 폴란드가 이웃 열강들에게 분할되던 1772-1795년에 귀환되었다.

5. 보헤미아의 형편

폴란드처럼 보헤미아의 칼빈주의도 폭넓은 지지를 얻었으나 억압받았다. 1526년 이후 이 나라는 합스부르그의 일부로 찰스 5세의 동생 페르디난트의 지배하에 귀속되었다. 이때 후스파는 2개의 대립적 교단으로 분열되었다. 하나는 우트라키스트파(Utraquists)로 바젤 공의회 당시에 마련된 협정(compactata)에 따라 두 종류의 성찬이나 로마 방식과는 다른 의식적 변형을 실시하였고, 다른 하나는 형제단 연합(Unity of Brethren)으로 1471년 피터 첼시키(Chelcicky)의 노력으로 형성된 급진 후스파 교회였다. 당시 루터는 양편과 접촉했는데 그 중에 전자가 루터파가 되었다. 우트라키스트파의 출신으로 형제단의 멤버가 된 존 아우구스타(John Augusta)는 루터의 제안에 따라 주목할 만한 신앙고백서를 저술하였다. 후에 왕 페르디난트는 제출된 저술을 기각하였다. 1555년 폴란드 칼빈주의자들이 폴란드에 거주한 보헤미아 형제들과의 협정에서 수락한 것이 바로 이 고백서였다.

독일과 스위스 대학에 있던 많은 체코 학생들이 비텐베르크로부터 스트라스부르그와 제네바로 몰려왔다. 1540년 스트라스부그의 만찬 석상에서 칼빈은 형제단의 젊은 목사 체르벤카를 만나 그의 교회와 나라에 대해서 묻고, 그 후에 아우구스타와 서신을 왕래하였다. 여기서 칼빈은 형제단의 성직자 독신제를 충고하였다.

1541-1542년 마틴 부처도 아우구스타와 우호적 편지를 주고받았다. 그의 저서 「영혼의 진정한 치유에 관하여」는 1545년 체코어로 번역되었다. 1547년 슈말칼트 전쟁 당시 형제단들이 합스부르그를 지원하지 않은 것은 아우구스타의 정책에 기인하였다. 그 보복으로 페르디난트는 1547년 9월 그들을 투옥하고 추방하였다. 아우구스타 자신은 탈출하지 않고 투옥되었는데, 14년 동안 수감 중에 자신의 입장 철회를 강요받았다. 그의 정책의 반대자 존 블라호슬라브(John Blahoslav)가 연합체의 지도자요 감독이었다. 아우구스타보다 나은 학자였던 그는 형제단의 역사서를 펴냈고 그와 함께 「설교자들의 실수들」이라는 자료집의 출간과 신약 성경을 헬라어에서 체코어로 번역하였다. 개혁이 고조되던 시기에 제네바와 스트라스부르그, 하이델베르크, 라이덴과 다른 칼빈주의 중심지에서 공부한 귀족 가문 출신의 학생들이 귀국함으로 칼빈주의가 영향력을 행사하였다. 그 중에 중심인물이 바클라프 부도벡(Vaclav Budovec)이었다. 그는 체코의 자유를 위해 일하던 중 1621년 프라하에서 처형되었다. 그와 함께 카렐 제로틴(Karel Zerotin)은 유배 중이던 1636년 사망하였다. 유학생들로 인하여 보헤미아의 귀족들에게 칼빈주의가 영향을 끼쳤다. 그들 중 다수가 각각 영지에서 개혁주의 예배를 확립하였다.

황제 막시밀리안 2세(1564-1576) 때에 루터주의와 칼빈주의는 보헤미아에서 자유를 누렸다. 1575년 프라하에서 국회 개회 전에 신앙고백서가 제출된 바, 후에 보헤미아 신앙고백서가 되었다. 이것은 전형적인 칼빈주의 보다 멜란히톤주의였다. 반동 종교개혁의 억압으로 루터파와 칼빈파, 신 우트라키스트파 및 형제단이 신앙고백서를 만들고 채택하는 일에 힘을 모았다. 황제는 고백서를 우호적으로 받아들였고, 서명자들에게 종교적 자유를 제공하였다. 막시밀리안은 이 서약을 성실히 이행하였다. 그의 아들 황제 루돌프 2세는 1609년 7월 9일 칼빈주의자 제로틴과 보헤미아 영주들의 권고를 따라 헌장(Maiestatsbrief)을 발표하여 1575년의 신앙고백서 추종자들이 박해를 받지 않을 것을 선언하였다. 1612년에 무능한 루돌프를 동생 마티아스(Matthias)가 계승하였다. 5년 후 그의 사촌 대공(Archduke) 페르디난트가 보헤미아의 왕이 되었다. 대관식 때 페르디난트는 보헤미아 헌장을 승인했으나 칼빈주의 귀족들은 그들의 면책권이 침해당한 것에 격분하여 프라하 총회를 열고 논의 끝에 저항을 결의하였다. 1618년 5월 23일, 그들은 페르디난트의 심복 3인을 프라하의 성에서 창 아래로 넌졌다. 프라하의 이 사선은 연쇄 반응을 일으키며 유럽의 30년 전쟁을 유발하였다.[22] 이 시기에 보헤미아는 초토화되었으며 인구도 본래의 1.5로 줄었다. 그리고 그곳의 신교도들은 합스부르크의 세력과 열렬한 제수이트의 개종자들로 박멸되었다. 그들 중에 생존자들, 대표적으로 존 아모스 코메니우스는 형제단의 감독과 교육가로 「죽어가고 있는 어머니의 유산, 형제단의 연합, 1650」을 저술하였다. 그리고 칼빈주의가 오스트리아에서 허용된 것은1781년의 계몽된 황제 요셉 2세 때였다.

6. 헝가리의 형편[23]

헝가리의 루이 2세가 모학스(Mohacs) 전투에서 1526년 전사하였다. 이 때 왕위는 트랜실바니아의 존 자폴리아(John Zapolya)에게 돌아갔다. 그러나 합스부르크의 페르디난트는 왕위가 자신의 것이라고 주장하였다. 페르디난트는 트랜실바니아에 대한 자폴리아의 지배를 약화시킬 수 있었는 바 자폴리아는 그곳에서 술탄(Sultan)의 승인아래 통치하였다. 루터파는 이미 그 나라에 들어 왔었는데, 1523년 루터파를 사형에 처한다는 선포가 있었다. 터키인들의 공격은 국내의 정치적 혼란을 가져왔고 문화적으로는 아니어도 정치적으로 트랜실바니아를 합스부르크로부터 분리하였다. 두 지역에서 칼빈주의는 안정적으로 확산되었다. 이곳의 선구자 중에 마티아스 비로 데바이(Matthias Biro Devay)는 트랜실바니아의 데바(Deva) 출신이었다. 한때 루터 집에 기거한 학생이었으나 후에는 부처와 칼빈의 영향을 받았다. 1545년 아우구스부르크 신앙고백서의 지지 선언문을 채택한 에르도드(Erdod)의 대회에 참석하였다.

1551년 불링거의 저서들이 주목을 끌던 중 칼빈의 영향이 이곳에 미쳤다. 헝가

---

22) 서요한, "제5장 개신교 정통 신앙고백시대 소고"를 참고하라.

23) 헝가리 개혁주의의 역사는 Richard Horcsik, "Hungary", *Encyclopedia of the Reformed Faith*, ed. Donald K. McKim, (Edinburgh: Saint Andrew Press, 1992), 186-187을 참조하라. Horcsik는 헝가리 교회(개혁)의 역사를 (1) 1500-1608년, 종교개혁, (2) 1608-1781년, 반동 종교개혁, (3) 1781-1849년, 개혁과 갱신의 시대, (4) 1849-1918년, Austro 헝가리 군주 시대, (5) 1945-1945년, 1, 2차 세계 대전 중의 교회, (6) 1945-1948, 1948-1989년, 사회주의 국가 체제하의 교회, (7) 1989년, 붕괴 이후의 개혁 등 7단계로 구분하였다.

리의 지지자들과 칼빈이 주고받은 편지들 중에는 프란시스 크프로폰테스(Francis Caphrophontes)가 비텐베르그에서 쓴 편지가 포함되었다. 그는 1561년 12월 26일의 편지에서 자신의 성찬교리가 헝가리에서 지지를 받고 있다고 하였다. 보헤미아나 폴란드처럼 서방 학교에 재학 중인 헝가리 학생들도 비텐베르그의 개념에서 취리히와 제네바로 이동하였다. 1554년 데바이의 옛 친구요 데부레첸(Debreczen)의 목사인 마르틴 칼만세히(Kalmancsehi)는 칼빈주의를 전파했다는 이유로 트랜실바니아로 도피하였다. 그곳에서 그는 스위스의 교리를 전파하였다. 한때 루터파와의 논쟁으로 멜란히톤에게 자문을 구했으나 화해를 촉구하였다. 그때 데브레첸에 피터 멜리우스 유하스(Peter Melius Juhasz)가 나타났다. 1559년 프란시스 다비드와 함께 신앙고백서를 작성하였다. 그러나 다수파인 루터파가 칼빈주의자들을 교회에서 축출하였다. 정부는 타협을 계속 종용하며 사람들에게 목사 선택의 자유를 부여하였다. 멜리우스와 그의 친구들은 새로운 개혁주의 신앙고백서를 작성하였다. 그것은 보편적 신앙고백서로 그 나라의 양 대회가 1562년 채택하였다. 성찬에 대한 고백서의 교리는 영적 임재와 함께 기념을 포함하였다. 1564년 칙령으로 지역 교회에 루터파와 복잡한 관계에 있던 교회들에게 분리 승인이 내려졌다. 1566년과 1567년 칼빈의 요리문답과 제2차 헬베틱 신앙고백서가 채택되어 칼빈주의 권징 체계가 지역 교회에서 시행되었다.

멜리우스와 함께 비텐베르크의 신학박사 체게드(Szeged)의 스데반 키스(Kis)는 학자적 저술가요 전도자로 개혁주의 운동에 기여하였다. 그의 「신학 비망록」(*Commonplaces of Theology*)은 칼빈주의 사상을 정리한 저술이다. 그는 또한 헝가리 개혁교회의 정체를 만드는데 공헌하였다. 그로 인해 목사의 역할은 조심스럽게 통제되었다. 목사와 장로로 구성된 지역 교회 당회들 위에 노회가 있었다. 노회 위에는 5명으로 구성된 감독이 있었다. 그리고 노회는 목사와 장로 각각 1명이 대표였다. 감독은 자기의 평신도 보좌를 두었으며, 그 보좌인도 감독처럼 감독 관구에 있는 교회 당회가 선출하였다. 따라서 이곳에서 칼빈주의는 헌법적 감독제를 채택하였다. 최고의 통치 기관은 총회로 10년에 1차례 소집되었다. 트랜실바니아에서 유니테리언파는 가톨릭과 칼빈파, 루터파와 함께 법의 보호를 받으며 1560년 이후 성장하였다. 이러한 자유는 터키의 영향이었다. 당시 합스부르크의 헝가리에서는 반동 종교 개혁이 승리를 거두었으며 대신 개신교는 약화되었다. 터키인들이 직접 통치하지는 않았으나 기독교인들에게 굴욕적으로 대하였다. 황제 루돌프도 억눌린 민족을 위협하며 개신교 근절에 앞장섰다. 이런 상황에서 트랜실바니아의 영웅 칼빈주의자 스데반 보츠카이(Stephen Bocskay)가 등장하여 민족을 구원하였다. 투쟁과 외교에 의해 그는 자기가 죽은 1606년 황제 및 술탄과 우호적인 조약을 맺었다. 그리하여 헝가리에 있는 여러 종파에게 동일한 권리를 보장받았다. 그의 후계자 가브리엘 베틀렌(Gabriel Bethlen)은 열렬한 칼빈주의자로 보츠카이의 정책을 공고히 하였다. 제수이트의 지원 아래 칼빈주의를 근절시키려 했으나 성공하지 못하였다.

1781년 황제 요셉 2세의 "종교적 관용에 관한 칙령"(Toleration Edict)과 함께 향후 10년 동안 칼빈주의가 급성장하였다. 그러나 황제는 후에 마자르어를 배척하고 독일어를 강요함으로 칼빈주의자들을 소외시켰다. 황제 프란시스 1세 치하에서는 반개신교 정책이 수행되었으나, 1836년 사망 직전 완화되었다. 1848년 애국자요 웅변가인 혁명 지도자 루이 코수트(Louis Kossuth)는 칼빈주의 아카데미에서 훈련을 받았다. 그가 헝가리에 독립을 선언한 것도 칼빈주의 교회였으나 러시아의 개입으로 실패하였다. 하지만 이후 100년 동안 헝가리인들 중에서 칼빈주의자들이 수없이 배출되었으며, 20세기 양차 대전 어간에 국민들에게 영향을 끼쳤다.

7. 결론

지금까지 북동부 유럽의 종교 개혁과 칼빈주의의 전개에서 고찰한대로 상기 국가들은 중남부 유럽, 즉 스위스와 프랑스, 네덜란드와 영국, 스코틀랜드의 개혁에는 미치지 못하였다.[24] 그 이유는 수구적 중앙 정부와 이에 편승한 가톨릭교회의 견제 내지 지도자의 부재 때문이었다. 대표적으로 합스부르크 세력은 지속적으로 종교의 자유를 억압하였다. 하지만 그곳에서 그 나마 개혁을 성취한 것은 당시 소규모의 정치권력을 가진 영주들의 노력 덕분이었다. 이러한 예는 1564년 이후 트랜실바니아에서 한 두 세대, 1781년 이후 헝가리에서 한 세대를 제외하고는 거의 동일하였다. 따라서 개혁 교회는 설교와 교육, 출판에서 많은 불편과 불리 속에서

24) 서요한, 「종교개혁사」, (도서출판 그리심, 2013), 15-804.

엄청난 손실을 겪었다. 그러나 성경뿐 아니라 서구 종교 개혁의 문헌들이 아주 활발히 번역되었다.[25] 이러한 경향은 영국의 청교도들과 독일의 경건주의자들에게 계승되었다.

17세기 초에 칼빈주의는 북동부 유럽을 넘어 심지어 동방 정교회 지역까지 침투하였다. 특별히 30년 전쟁이(1618-1648년) 한창이던 때 동서를 연결한 정교회 신학자 시릴 루카르(Cyril Lucar, 1572-1638)는 유럽을 여행하던 중에 제네바의 영향을 받았다. 그 후 그는 러시아의 영토인 볼리니아(Volhynia)의 감독이 되었다. 그리고 1602년 알렉산드리아의 대주교, 1621년 콘스탄티노플의 대주교가 되었다. 그는 서구의 종교개혁 지도자들과 친밀하게 서신을 왕래하였다. 그는 영국의 제임스 1세에게 신약성경 알렉산드리아 사본을 증정하였다. 그리고 1629년 영국에서 수입한 인쇄기로 자신의 요리 문답을 출간하였다. 이 요리문답에는 성경과 이신칭의, 예정에 관한 칼빈주의 교리가 포함되었다. 그러나 그는 종교 개혁에 대한 반대와 콘스탄티노플의 제수이트파의 음모로 파직 된 후 교수형을 당하였다. 그리고 1672년 예루살렘 대회는 그의 교리를 거부하였다. 이로써 동구 칼빈주의는 종식되었다.

---

25) 대표적으로는 루이스 베일리(Lewis Bayly)의 「경건의 훈련」은 마쟈르 신교도들의 필독서였고, 람페(F. Q. Lampe)는 「헝가리 개혁교회사」에서 당시 상황을 소개하였다. 그리고 1607년 알버트 몰나르(Albert Molnar)가 헤르본에서 편집한 헝가리 시편집은 헝가리 시의 출현에 많은 영향을 끼쳤다.

제4장

16세기 종교개혁 이후 기독교 선교

1. 서론

1960년대 이후 세계는 급속한 변화에 직면하였다. 그 변화는 여러 분야, 특히 다문화주의, 예를 들면, 흑인의 민권 혹은 인권 운동과 페미니즘(여권신장운동), 신문화 운동 등이 출현한 것이다. 이 중 민권 혹은 인권 운동은 흑인의 시민권과 참정권 획득에 그치지 않고 다양한 소수 민족들에게 자신들의 목소리를 드러내는 계기가 되었다. 페미니즘은 남성과 동등한 권리 회복과 사회 참여를 촉구하는 운동으로 전개되었다. 한편 신문화 운동은 인디언, 중남미계, 아시아인 등 다른 소수 민족의 자각을 불러 일으켰다. 심지어 아일랜드계, 이탈리아계 같은 백인 민족 집단에게까지 영향을 끼쳤다.[1] 다문화주의는 과거 앵글로-색슨계 주도의 문화적 관행 대신에 개별 소수 집단의 정체성을 강조하였다.[2] 그 과정에서 전통과 관습을

---

1) 이러한 소수 민족의 정체성을 찾으려는 움직임에 동기를 부여한 것이 알렉스 헤일리(Alex Haley)의 소설 뿌리(Roots)였다. 이 소설은 노예의 역사를 노예들의 시선으로 바라보게 한 계기가 되었다. 부당한 제도의 폭력성에 대한 시민정신의 고취로 흑인 등 소수 민족에 대한 사회적 관심과 이해를 증폭시켰다. 또한 자신과 자신의 조상에 대한 존재의 의미를 깨닫게 해 주었다. 손영호, 「다시 읽는 미국사」, (교보문고, 2010), 20-21.

2) 예를 들면, 미국인이기 전에 아프리카계 흑인으로서 자신의 정체성을 확인하려는 것이다. 다문화주의는 소수 민족의 고유성과 정체성을 인정하여 서로 조화롭게 공존해야 한

고수하려는 보수주의자들의 격렬한 반대[3]에 봉착하였다. 그러나 17세기 영국 청교도들의 초기 미국의 13주 이주 이후 지금까지 수 백 년 동안 이룩한 변화 중에 가장 큰 변화였다. 이는 미국 사회에 고착된 다양한 편견과 차별을 넘어 사회적 배경이 아닌 개인의 개성과 능력으로 평가 받는 시대가 되었다. 다문화주의 가치관으로 미국 사회는 과거의 인종 차별이 상당 부분 사라졌고, 인종 간의 상호 공존이 이루어졌다. 그 중심에 미국 역사상 최초로 흑인 대통령이 된 버락 오바마가 있다.[4] 우리나라도 2,000년 이후 다민족 다문화에 대한 국가적 국민적 관심이 고조되고 있다. 그 영향으로 기존의 전통적 풍속들 중에 시골의 농촌 환경, 특별히 결혼 풍속도가 급속히 바뀌었다.[5]

한편 이 시기와 맞물려 탈식민지화의 급속한 진행으로 세계 선교, 특별히 서구의 아프리카 선교는 의문으로 남았다. 1970년경 아프리카의 여러 국가들은 보다 적극적으로 서구교회에 선교 중지를 요청하였다. 그 이유는 서구 선교사들이 현지인의 주도적 성장을 방해했기 때문이다. 그들에게 선교는 식민지주의의 기관인바, 식민 정부가 철수하면 마땅히 그 종교 활동도 철수해야 한다는 것이었다. 이후 서구 교회, 대표적으로 미국 교회들의 아프리카 선교는 헌금을 줄이고 본국의 사회사업에 투자하였다. 이처럼 최근 세계의 급속한 변화와 더불어 기존의 선교 방식,

---

다는 것으로 민주주의의 정신과 일치하였다. 민주주의는 기본적으로 개인의 권리와 존엄성을 인정하기 때문이다.

3) 대표적으로 앨런 블룸(Allan Bloom)은 「미국 정신의 종말」(*The Closing of the American Mind*)에서 다문화주의는 그리스-로마 문화시대로부터 내려온 서구 문명의 역사와 문화적 가치를 붕괴시키고, 이질적이고 저급한 문화와 가치관을 받아들이는 것이라고 주장하였다. 여러 잡다한 문화가 뒤섞인다면 미국은 결국 캐나다의 퀘백이나 구소련 연방과 같은 분열을 피할 수 없을 것이라 하였다. 손영호, 21 참조.

4) 김경우, 「버락 오바마: 지치지 않는 희망으로 나를 채워라」, (사파리, 2008); 신주영, 「버락 오바마-희망을 일군 미국 최초의 흑인 대통령」, (홍진 P&M, 2009); 안형모, 「버락 오바마」, (다산어린이, 2010)

5) 2010년 12월 22일, 곽승준 대통령 직속 미래기획위원회 위원장은 "더 큰 대한민국을 위한 미래비전 2040"을 주제로 열린 창의 서울 아침특강에서 "외국의 인재를 끌어들여 장기적으로 `다민족 국가'로 나아가야 한다", "이러한 차원에서 정부도 다문화 가정을 돕자는 캠페인을 벌이고, 이민법 개정이나 이중국적 허용을 추진하고 있다"고 설명했다. hapyry@yna.co.kr. 한편 한국다민족조형예술협회는 12월 25일 '2010 재외동포 화예인의 밤' 행사를 통해 이를 홍보하였다.

지배든 피지배든 새로운 방법을 모색해야 할 시점이 되었다. 여러 요인 중에 핵심은 컴퓨터와 인터넷, 그리고 핸드폰의 발견과 발달 때문이다. 대표적으로 최근 애플사와 삼성, LG 등의 IT 전자 업계는 최 점단 스마트 폰을 통해 인류의 기대와 삶의 질을 높이는 등 세계는 지금 일일 문화권 내지 실시간 소통으로 통합되었다. 최근 한 언론에 의하면 스마트폰 사용(2018년 8월 현재 2300만 화소)이 인터넷을 앞질렀다고 보도하였다.[6] 이러한 상황에서 오늘 우리는 어떻게 선교를 해야 하는가? 16세기 종교 개혁 이전과 이후의 기독교 선교 과정을 고찰할 것이다.

2. 16세기 종교 개혁 이전과 이후의 선교

(1) 16세기 종교개혁 이전의 선교 : 1492년 콜럼버스의 신대륙 발견과 더불어 유럽 국가들은 군함과 장총으로 무장한 채, 아프리카와 남아메리카 원주민들에게 기독교 선교의 깃발을 올렸다. 당시 선교적 환경은 각 나라와 지역에 따라 문화적으로 토착 신앙과의 연계 속에서 전개되었다. 당시 가톨릭에 속한 유럽 국가들은 종교개혁에 맞서 정책에 따라 세계 선교에 박차를 가하였다. 그러나 가톨릭교회는 피선교지 국가들의 도전과 위협에 어쩔 수 없이 무장한 군대와 함께 아프리카, 아시아, 남아메리카로 진군하였다. 1500년부터 대표적으로 스페인과 포르투갈 같은 국가들은 기독교 선교의 명분아래 전 세계로 급속히 확산되었다. 당시 로마 가톨릭은 선교사들을 전 세계 연안에, 예를 들면, 아시아, 아프리카, 남북 아메리카에 파송하였다. 1580년경 이베리아 반도의 스페인과 포르투갈은 서쪽으로는 신세계, 동쪽으로는 인도에 이르는 군사 무역권의 확대를 구축하였다. 스페인 사람들은 멕시코에서 마닐라에 이르는 제국의 해상 무역로를 개척하고 진정한 지구촌 경영에 박차를 가하였다. 당시 단지 유라시아 대륙을 정복한 페르시아, 로마, 몽골제국과 비교할 때, 이들은 해상을 통해 지구촌 제국을 건설하였다.[7] 교황은 남아메리카와 필리핀에서 이베리아인의 기독교 선교를 승인하였다. 그리하여 1579년 마닐라는

---

6) 「국민일보」, 2012년 7월 3(화)일, 종합 3면, 13면 참조. 그 결과 청소년들이 24시간 스마트폰으로 친구끼리 카카오톡, 트위터를 통해 유해한 음란물을 주고받아 통제 불능상태에 있다고 보도하였다.

7) 필립 젠킨스, 「신의 미래」, 김신권/최요한 역, (도마의 길, 2009), 73.

멕시코시티 소속 교구가 되었다. 1595년 마닐라는 자치권을 가진 대주교구가 되어 이후 몇 세기 동안 광범위하게 복음화 되었다. 이 시기에 리투아니아가 기독교화 되면서, 유럽의 복음화가 이루어지고, 그 후 1세기가 지나면서 멕시코와 필리핀, 콩고에 기독교가 전파되었다. 하지만 종교적으로 가장 성공적인 선교는 모든 피정복 민족이 자신들의 신앙과 밀접히 연관된 가톨릭 신앙을 받아들인 중앙아메리카와 남아메리카였다. 이곳에는 영혼구원보다는 자신들의 재물 확충, 즉 광물과 보물 발견에 관심을 기울였다. 따라서 당시 원주민들은 서구 기독교의 도래를 엄청난 재앙으로 간주하였다.[8] 마야의 한 예언서에는 스페인 약탈자들의 도래를, "그들은 진정한 신, 진정한 주님이자 우리에게 불행의 씨앗을 가지고 이 땅에 왔다"고[9] 기록하였다. 기실 예언서의 기록처럼 스페인 정복자들이 고대 메소-아메리카 문명의 과학과 문학, 종교 서적 중에 당시 남아있던 모든 문서의 파괴는 가장 심각한 범죄였다.

(2) 16세기 종교개혁 이후 기독교 선교: 서구 열강들의 선교 이후, 중앙아메리카와 남아메리카의 기독교는 꾸준히 발전하였다. 1520년대 이미 앤틸레스 제도의 8개 주교 관할 지역들이 멕시코 안에 세워졌다. 1570년경 대륙의 멕시코시티와 미라에는 대주교 관구가 조직되었다. 특히 리마는 그 후 페루, 에콰도르, 볼리비아와 칠레를 관장하였다. 당시 많은 원주민들이 세례를 받았고, 어떤 경우에는 하루에 수 천 명이 세례를 받았다. 도미니쿠스회나 예수회 같은 단체들은 탐욕스런 유럽 식민주의자의 착취로부터 원주민을 지키려는 투쟁을 전개하였다. 당시 선교부는 원주민이 신앙을 가질 수 있다는 공식적인 승인에도 불구하고, 그들에 대한 교육과 선교에 무관심하였다. 따라서 도시나 지역의 마을을 벗어나는 선교는 극히 드물었다. 특히 원주민이 개종을 하더라도 성찬에 참여하는 경우는 지극히 제한적이었다. 이것은 원주민을 진정한 신앙인으로 받아들이지 않았다는 것을 보여준다. 그 후 1700년 대 말 이 원칙이 철폐되었다. 그러나 이곳 신자들은 교회 전례에 참여하지 못했어도, 신앙의 요소와 성자들, 성모 마리아에 대한 헌신에 집중하였다. 그리고 형제회 같이 평신도 지체를 통한 예배를 조직하였다. 따라서 16세기 종교

8) 필립 젠킨스, 「신의 미래」, 74.

9) 필립 젠킨스, 「신의 미래」, 74.

개혁 이후 가톨릭의 선교는 일부 교회의 전통과 규제, 제한에도 불구하고 급속히 정착되었다.

3. 기독교 선교의 특징

기독교의 확산은 거의 서구 제국의 확장과 함께 하는바, 쇠퇴와 몰락 또한 함께하였다. 하지만 기독교는 서구 제국의 몰락에도 불구하고 더욱 힘차게 전 세계로 전파되었다. 여기에서 우리는 종교 개혁을 전후하여 급박하게 전개된 기독교 선교의 몇 가지 특징을 다음과 같이 정리할 수 있다.

(1) 무역과 군사 중심: 포르투갈의 가톨릭은 그들이 지배한 아프리카의 서해안을 따라서 복음을 전했지만, 유럽인들이 지배한 대부분의 지역은 무역과 군사적 중심지에 국한되었다. 하지만 선교사들은 앙골라처럼 내륙의 독립 왕국으로 선교를 떠났다. 1491년 당시 강대한 콩고 왕국의 왕이 세례를 받았고, 그 후 2세기 동안 많은 국민들이 가톨릭을 받아들였다. 콩고의 초기 기독교 통치자 중에 한 사람인 음벰마 은징가(Mvemba Nzinga)는 아프리카 교회사에서 가장 위대한 평신도였다. 1516년 한 포르투갈 사제는 콩고의 왕 아폰소(Afonso)에 대해서 우리보다 예언서와 예수 그리스도의 복음서, 모든 성자들의 삶과 우리의 어머니인 거룩한 교회에 대하여 더 잘 알고 있다고 지적하였다.[10] 16세기 콩고의 한 군주는 교황으로부터 신앙의 수호자라는 칭호를 받았다. 이는 영국의 헨리 8세보다 몇 년 앞선 것이다. 그러나 그는 헨리와 달리 가톨릭교회를 헌신적으로 후원하였다. 그리하여 1596년 산살바도르는 자치 교구가 되었다. 따라서 다음 세기 동안 기독교는 아프리카인의 전통적 삶의 방식을 대체하지 않고서도 그들의 지역사회와 정신세계에 완전히 파고들었다. 이 왕국은 부분적으로 유럽의 옷을 입고 가톨릭 신앙을 고백하는 지식인 들이 다스렸다. 1619년 미국 버지니아 식민지는 최초의 아프리카 노예들을 수입하였다. 1700년에 이르러 콩고의 가톨릭교회는 6세대를 거쳤다.

(2) 창조적 선교 방법도입: 가톨릭 선교사들은 특별히 중국과 일본, 인도의 선교를 위해 창조적인 선교 방법을 도입하였다. 이들 국가들은 아프리카 국가들과

---

10) 필립 젠킨스, 「신의 미래」, 김신권/최요한 역, (도마의 길, 2009), 78.

달리 서구 제국주의의 도움을 받지 않았으므로 오히려 각 지역의 토착 문화와 상대하였다. 당시 이곳의 기독교 지도자들은 기독교와 유럽적 성격의 관계를 재정립해야 했으며, 기독교 신앙이 기존의 문화적 요소들에 융화될 수 있는지를 요청받았다. 성공적 선교를 위해 어느 정도 정통 개념을 양보해야 하는가? 그리고 교회가 행하고 있는 의식이나 교리 중에서 얼마나 많은 것들이 신앙의 본질보다 유럽적 관습과 편견을 반영했는가? 두 물음 중 전자는 끊임없이 불거졌다. 예를 들면, 17세기 예수회 선교사 로버트 드 노빌리(Robert de Nobili)는 인도의 제자들에게 기독교의 신비를 가르치면서 힌두교 구루(guru)를 사용하였다. 그는 직접 인도의 전통 옷을 입고, 논쟁에도 불구하고 까다로운 카스트 제도를 존중하였다. 하지만 동시에 그는 예수님의 가르침 중 평등을 어기는 문제를 야기하였다. 그럼에도 불구하고 이 방식은 성공적 선교 전략으로 인정되었다. 이는 종교 간의 화합과 상호작용의 가능성을 보여주는바, 당시 인도의 무굴제국[11] 이슬람 황제들은 예수와 마

11) 1398년 창설된 무굴 제국은 인도를 침입한 티무르로 거슬러 올라간다. 그 이유는 그의 후예 바부르(1483-1530)가 훗날 무굴 제국의 시조가 되었기 때문이다. 그 후 무굴 제국은 티무르의 5대손 바부르가 여러 해 동안 시련과 도전을 거친 끝에 비로소 그 기틀을 마련한(1526) 왕조이다. 무굴 혹은 투르크계 몽골 족장 바부르가 인도의 역사에 등장하기 시작한 것은 1517년 무렵이다. 그러나 바부르는 어릴 때부터 한때 그의 선조들의 땅 북부인도를 회복하려는 집념에 불탔다. 그의 야망은 사마르칸트 지역을 되찾으려는 노력으로 나타났다. 하지만 1491과 1503년 두 번의 전쟁에서 패함으로 그의 꿈은 실패하였다. 그러던 그가 영토회복에 자신을 갖고 1504년 아프가니스탄의 중심지 카불과 간다라를 점령하였다. 이를 계기로 그는 산을 가로지르는 두 지역과 바다흐샨을 연결하는 지역을 자신의 지배하에 두었다. 그는 이 지역의 확보를 그 옛날 티무르의 영토였던 사마르칸트를 회복한 것에 비유할 만큼 영광스러운 일로 여겼다. 한편 바부르는 1526년 4월 로디의 마지막 술탄 이브라힘과 델리 근교의 파니파트에서 접전을 벌여 수적으로 훨씬 우세했던 이브라힘 군대를 격파하고, 이들 세력을 그 지역으로부터 몰아냈다. 바부르는 이 승리를 발판으로 델리에서 아그라로 곧바로 진격, 스스로 인도의 파드샤(역대 무굴 왕들의 칭호)임을 내외에 선포했다. 그러나 오랜 전투와 무더위에 지친 병사들이 그들의 고향 아프가니스탄으로 귀환하고자 하였다. 이때가 바부르에게는 가장 어려운 시기였다. 그러나 그는 특유의 호소력으로 병사들의 사기를 북돋았을 뿐 아니라, 무굴에의 충성을 간절히 설파하였다. 결국 그는 탁월한 지도력으로 이 위기를 무사히 넘겼다. 그러자 이번에는 메와르의 라나 상가가 라지푸트군을 이끌고 쳐들어왔다. 이때 그는 군사력의 열세를 결연한 의지로 극복하고, 라지푸트군의 격퇴에 기여하였다. 그들의 종족분열과 무굴 기병대의 신속한 전술이 승리의 밑거름이었다. 그 후 바부르는 파트나 근교의 고굴 지역에서 아프가니스탄군을 패퇴시키고 비하르 지방을 직할령으로 삼았다. 또한 벵골의 이슬람 술탄으로부터도 충성을 확인받았다. 이제 그는 서쪽의 아무나 강으로부터

리아의 초상에 경의를 표하였다. 1580년대 무굴제국의 황제 아크바(Akbar)는 성탄절에 포르투갈에서 온 예수회 선교사들을 초청하여 말구유에 누인 아기 예수의 초상 앞에 엎드렸고, 선교사들만 특별히 궁정에서 허리를 펼 수 있게 하였다. 가톨릭은 일단 개종자들이 자신들의 신앙을 받아들이면, 나라와 민족은 다를 지라도 한 신앙 안에서 다양성을 형성하게 하였다. 아시아와 아프리카인에게 서양 문화의 이식은 재앙이었으나, 토착문화의 적응은 성장에 도움이 되었다.

일본에서는 복식문제로 일시적으로 어려움을 겪었는바, 이는 기독교 사제들이 비단옷을 입어야 하는지 아니면 면으로 된 옷을 입어야 하는지 였다. 만약 사제들이 면 옷을 입으면 기독교가 말하는 겸손을 준행하며, 동시에 가난한 자와 천대받

바다흐샨과 카불을 거쳐 동쪽은 벵골, 남쪽은 나르마다 강에 이르는 광활한 영토를 지배하게 되었다. 그는 대제국 무굴의 초석을 닦은 동시에 그 시조가 되었다. 무굴 제국의 발판을 마련한 사람이 바부르였다면 이 왕조를 대제국의 위치로 끌어올린 사람은 악바르(1542-1605)였다. 그는 무엇보다 뛰어난 군사 책략가였고, 자신에게 주의를 집중시키는 인간적 흡인력을 지녔다. 뿐만 아니라, 전략을 수립하고 결정하는 상황 판단이 뛰어났으며, 나폴레옹에 버금가는 신속한 기동력도 보유하였다. 그의 이런 지도력에 힘입어 무굴 제국은 1605년 그가 죽을 때까지 북인도의 전지역을 지배함으로써 데칸과 벵골 만 및 아라비아 해에 이르는 대제국을 건설하게 되었다. 한편 그는 여러 민족으로 구성된 제국 백성들을 위협하여 복종하게 하기보다는 결혼정책이나 종족간의 타협을 통해 힌두의 여러 세력들을 무굴 제국의 실질적 동반자로 흡수하려는 노력을 게을리 하지 않았다. 이와 같은 점에서 악바르는 무굴 제국의 전성기를 연 위대한 황제이자 힌두 문화와 이슬람 문화의 실질적 융합에도 공헌한 훌륭한 인물이었다. 그러나 악바르 사후, 무굴 제국은 자한기르(1605-27), 샤자한(1628-58), 아우랑제브(1658-1707) 등의 치세를 거치는 동안 대외적으로 힘의 균형이 깨졌고, 대내적으로 힌두교도와 이슬람교도 간의 반목이 재연되면서 분열 조짐이 여기저기서 나타났다. 특히 마라타족의 흥기는 무굴에게 큰 위협이었다. 이들은 마하라슈트라 지방을 본거지로 활동하던 강인한 전사 집단이었다. 마라타인들은 매우 지적이고 배타적인 소수의 브라만과 다수의 농노 계층인 수드라로 구성되었다. 이 마라타인들은 그들의 영웅 시바지(1627-80)를 중심으로 일치 단결하여 무굴로부터 독립을 쟁취했을 뿐만 아니라 세력을 고츠 산맥을 따라 서서히 남북으로 확대하기 시작했다. 이후 더욱 세력을 키운 마라타족은 1738년 드디어 무굴 제국의 심장부인 델리 근교를 공격하기에 이르렀고, 말와 지방을 점령했다. 이로써 마라타 세력은 인도대륙의 한 부족국가의 위치에서 벗어나 전인도 대륙을 넘볼 수 있는 위치까지 이르렀다. 그러나 이렇듯 강성해진 마라타도 1761년 7월 파니파트 대평원에서 마주친 아프가니스탄 군대에 대패함으로써 더 이상의 세력 확장에 제동이 걸렸다. 이후 북인도는 아프가니스탄과 마라타 및 쇠퇴일로를 걷고 있던 무굴 제국 등이 일종의 힘의 공백기를 맞으면서 혼란과 분열을 거듭했다. 이 혼란의 와중에서 인도대륙을 넘보기 시작한 세력이 유럽 열강들이었다.

는 자들의 친구가 될 수 있었다. 그러나 비단옷을 입으면, 결국은 그렇게 되었지만 영주와 귀족들의 존경을 받는 사회 지도층으로 인정되었다. 사제들이 비단 옷을 입음으로 당시 일본 사회에 크게 영향을 끼쳤는데, 이들이 신앙을 가짐으로 가신이나 소작인들이 개종했기 때문이다. 1600년 경 일본은 기독교 국가가 될 듯하였다. 1596년 나가사키가 주교 교구가 되었고, 1601년 최초의 일본인 사제가 서임되었다. 그리고 수 십 만 명의 일본인들이 세례를 받았다. 그러나 가톨릭교회의 확장은 불행히도 민족적 반발을 야기하였다. 일부 유럽의 가톨릭이 일본을 필리핀처럼 스페인의 식민지로 삼으려 한다는 소식에 일본인들은 가톨릭에 반감을 가졌다. 따라서 이런 가톨릭교도들의 야망은 극심한 박해로 좌절되었다. 1540년 희망적으로 시작된 일본 가톨릭은 이렇게 종식되었다. 그러나 20세기까지 명맥을 유지했으나, 이전보다 더 큰 타격을 받았다. 1945년 제2차 세계대전 당시 미국의 핵폭탄 투하로 일본의 가톨릭 거점인 나가사키가 완전히 파괴되었기 때문이다.

일본에서의 실패와 달리 가톨릭은 같은 시기 중국에서 부흥하였다. 이곳에서 선교는 일본의 비단옷처럼 가톨릭 교도들이 입었다. 따라서 중국의 많은 귀족과 지식인들이 기독교로 개종하였다. 1589년 중국에 마테오 리치가 도착하였다. 1644년 명의 멸망의 와중에 청나라 조정에서 선교는 계속되었다. 예수회 선교사들은 기독교의 문화적 적응에 관심을 보였다. 예수회 선교사들은 900년 전 네스토리우스가 그랬듯이 기독교를 중국인들이 이해할 수 있게 소개하였다. 성경이 중국어로 번역되었고, 그 중에 천(天)이라는 단어는 중국 철학에서 하늘로 번역되었다. 그들은 하나님을 상제라고 불렀는데, 이것은 곧 천주를 뜻했다. 예수회 선교사들은 기독교 신앙에 현저하게 위배되는 것을 제외하고는 어떤 것이든 평화적으로 받아들이기를 선호할 만큼, 선교사들은 바티칸과 포교성의 후원을 받았다. 따라서 이들은 신앙 외에 그 어떤 것도 소개해서는 안 되었다. 이 원칙은 곧 중국의 조상 숭배와 유교 철학에 대한 존중을 의미했다.

중국 선교 17세기 후반은 황금기로, 기독교인들은 1692년에 청나라 강희제로부터 신앙의 자유를 허락받았다. 강희제는 당시 전 세계에서 가장 강력한 권력자였다. 당시 그는 1억 5천 명의 백성을 다스렸는데, 이 인구는 당시 러시아와 유럽의 인구를 합한 숫자였다. 많은 사람들이 기독교로 개종하면서 선교자들은 중국인 성직자들을 배출하였다. 그 중 루오 웬자오(Luo Wenzao)는 1685년 최초의 중국인 가톨릭 주교가 되었다. 1700년까지 중국에는 20여만 명의 가톨릭 교인이 있었다. 만약 이 기회를 선용하여 중국이 기독교화 되었다면, 세계 선교는 한 층 용이했을 것이다.[12] 예수회의 문화적 수용 방법론은 17세기 말 예수회의 정적들이 교황의 태도를 바꿈으로 종말을 보았다. 그것은 예수회가 중국인들에게 조상 숭배를 허용하고, 공자의 경전들을 인정하며, 성경을 중국어로 번역하면서 이교 신들의 이름을 삽입했다는 이유로 공격을 받았다. 1704년 바티칸은 예수회에 중국의 고유 의식들을 금지하고, 최근의 성경 번역본을 폐기하라고 하였다. 그후 모든 종교의식은 철저히 라틴어로 진행되었다.

이와 더불어 교황청의 내정간섭이 표면화 되면서 중국 황실은 분개하였다. 따라서 1724년 기독교 신앙 금지 칙령을 발포하였다. 칙령에 의하면 "어떤 외국인들이 우리 중국의 문화를 이해해주기를 기대할 수 있겠는가? 기본적으로 그들 중 어느 누구도 우리의 언어를 진정으로 이해하지 못한다. 그들의 언어와 철학은 때로 우습기까지 하다. 그들의 가르침은 불교와 도교, 혹은 다른 신앙들과 유사하다. 그러므로 더 이상 외국인들이 우리에게 무엇인가를 가르칠 필요가 없다. 따라서 우리는 이들 모두를 금지함이 마땅하다"라고 하였다. 가톨릭의 정책은 중국과 인도에 영향을 미쳤는바, 이후 중국과 인도의 예수회는 대규모로 혹독한 박해를 받았다. 이는 교황청의 토착 선교 방식을 거부한 결과였다. 교황청은 아프리카에서 사제들의 결혼을 포함한 일부 예외적인 것들을 인정하지 않았다. 따라 가톨릭교회의 선교는 향후 1세기 이상 지체되었다.

(3) 예언-은사주의의 확대: 제3세계, 아시아와 아프리카, 남아메리카에서의 선교 특징은 은사주의로 나타났다. 여기에는 주술이나 무속적 경향이 다양한 민족적 특성을 따라 복합적으로 나타났다.[13] 도처의 예언자들은 선교사들이 세운 교회를

---

12) 필립 젠킨스, 「신의 미래」, 김신권/최요한 역, (도마의 길, 2009), 83.

13) 대표적으로 콩고에서 이탈리아 카푸친회(Capuchin) 선교사들에게 세례를 받은 여자 종교운동가 킴파 비타였다. 그녀는 베아트리체로 이름을 바꾸고 유럽 신부들의 설교에 따라 기독교인이 되었다. 그러나 그녀는 신부들이 사회의 전통 관습과 제도를 공격하자 심기가 불편하였다. 킴파는 식민지 행정관의 말대로 주술사 무당이었다. 1703년 킴파는 꿈에서 콩고인이 가장 사랑하는 성자 성 안토니를 만났다. 그때 안토니는 킴파에게 식민지 교회가 매우 잘못되었다고 경고하였다. 킴파는 꿈에서 예수는 콩고 흑인이었고, 사도들과 성 프란체스코와 같은 성자들도 흑인이었다고 하였다....킴파 비타는 콩고 왕국을 회복하는 두 번째 하

통해 개종한 후, 그 교회와 관습 흔히 토착 관행 통합문제로 분열하였다. 이들은 대체로 꿈이나 환상을 통해 하나님의 계시를 받았다. 이후 예언자들은 독립적으로 설교하며 신생 독립교단을 세웠다. 예언자 중에 윌리엄 웨이드 해리스(William Wade Harris)는 현대 아프리카의 유력한 지도자로, 20세기 초반에 물리적 현시를 강하게 나타내며 환상으로 가브리엘 천사의 가르침을 받았다.[14] 그는 예언자요 종말의 새벽을 기다리는 파수꾼이요 엘리야였다. 그는 가브리엘 천사의 지시를 따라 에티오피아 의복을 버리고, 흰색 옷과 터번을 쓴 채 서아프리카 전역에 복음을 전하며 성공을 거두었다. 그는 아프리카두운 선교를 위해 대나무 십자가와 성경, 호리병박을 들고 다녔다. 그는 2년 동안 약 10만 명을 개종시켰다. 그는 십계명에 순종하며 안식일을 엄격히 지킬 것을 가르치고 정통 기독교에 기초하여 말씀을 증거하였다.[15] 해리스는 청중과 같이 물신에 영적 세력이 있다고 믿고 우상을 불태우며 싸웠다. 이러한 관행은 제1차 세계 대전 이후 특별히 아프리카 신자들 사이에서 많이 일어났다.[16]

한편 19세기 후반 북아메리카의 은사주의 분파에서 성장한 집단으로 시온주의파 교회가 있다. 이들은 믿음의 치유와 방언을 실천하였다. 그들은 간접적으로 예루살렘 시온 산에서 명칭을 땄으며, 직접적으로는 미국의 은사주의 운동의 발원지인 일리노이 주 시온 시에서 빌렸다. 시온주의파 교회들은 1890년대에 아프리카 남부에서 활동했고, 20세기 초에 크게 성장하였다. 1910년 엔게나스 바나바스 레크가니야네는 남아프리카공화국에 시온 크리스천 교회를 세워 성공하였다. 시온주의파와 여러 독립교회들은 처음에 미국의 영향을 받았으나 곧 순수하게 아프리카식의 지도력을 확보하였다. 그들은 일부다처제와 금지된 의식을 가리지 않고, 아프리카 관습을 받아들였다. 뿐만 아니라 그들의 축사와 주술, 빙의에 대한 종교적

나님 성 안토니의 영혼이 자신에게 재림했다고 주장하였다. 종종 킴파는 프랑스의 잔 다르크로 불렸다. 그녀는 이후 콩고의 개립과 갈등을 화해로 이끄는 지도자로 활략했으나 군주제를 지지했으나, 1706년 이단자와 무당으로 단죄되어 화형되었다. 필립 젠킨스, 「신의 미래」, 김신권/최요한 역, (도마의 길, 2009), 111.

14) 그는 삼위 하나님이 나에게 기름을 부었다. 하나님이 내 머리를 세 번 두드리자 성령이 내렸다. 마치 물줄기 같은 소리가 났다고 하였다.

15) 필립 젠킨스, 113.

16) 필립 젠킨스, 110-119.

신념은 전통 토착종교화 되었다.

(4) 아프리카의 경우: 인종차별 결과 1880년대 후반에 아프리카 여러 곳에서 예를 들면, 감리교를 포함하여 새로운 독립교단이 설립되었다. 이 교회들은 토착 또는 아프리카의 이름을 붙였다. 그 중에 에티오피아는 메넬리크 황제가 아두와(Aduwa) 전투에서 이탈리아에게 승리를 거둔 뒤 더욱 부흥하였다. 신생 교단들은 에티오피아의 이름을 붙여 백인 기독교 모델을 따르지 않음을 정당화 할 뿐 아니라 범 아프리카 기독교 정체성을 확립하였다. 한편 미국의 경우, 이민자 수용과 개혁법을 실시하였다. 1965년 미국이 이를 전격적으로 수용했는데, 여기에는 기독교 확장에 큰 영향을 끼쳤다. 이민자 중에 66%가 기독교이었고 무슬림은 8%였다.[17)]

(5) 유럽 중심 교회의 토착 교회 전환: 서구 교회, 특별히 가톨릭은 프랑스와 포르투갈의 오랜 전통이지만, 그 어느 나라보다 스페인의 영향이 크다 할 것이다. 유럽 교회의 영향으로 아프리카의 가톨릭은 눈부시게 성장하였다. 존 앨런의 지적처럼 20세기 아프리카는 1900년 가톨릭 인구 190만 명에서 2,000년 1억 3천으로 증가하였다. 이는 6,708%로 기독교 성장률 2,000년 사를 종합하여 비교할 때 대륙에서 가장 신속히 부흥한 사례이다.[18)] 성장과 더불어 교회 조직도 아프리카 주교 426명, 사제 2만 7천명이며, 그나마 수요에 비해 턱없이 부족한 상황이다. 그러나 이같은 서구 가톨릭 교회의 식민 지배는 1950년대를 전후로, 특별히 영국과 프랑스, 포르투갈과 네덜란드, 스페인으로부터 완전히 새롭게 독립된 교회로 변모하였다. 따라서 이들은 기존의 선교사 중심의 예배 형태를 벗어나 토착적인 예배 형식을 도입하였다. 이에 대하여 선교사들은 불쾌하게 생각했으나 이를 제재할 방법이 없었다. 따라서 수 백 명의 라틴 아메리카 가톨릭 교인들이 개신교와 오순절로 돌아섰다. 혹 어떤 경우에는 경쟁 교단 대신 완전히 새로운 교회를 건립하였다. 특별히 라틴 아메리카에서의 오순절 파의 부흥은 획기적으로, 가장 큰 교회로 부상하였다. 비록 기존의 가톨릭 교회가 대세이지만 산재한 신흥 교회의 성장은 주목할 만하다.[19)]

---

17) 필립 젠킨스, 197.

18) 필립 젠킨스, 128.

19) 필립 젠킨스, 「신의 미래」, 김신권/최요한 역, (도마의 길, 2009), 126-127.

(6) 남아메리카의 개신교 증가: 라틴 아메리카에서는 전통 교회보다는 개신교가 현저히 성장하였다. 사실 로마 가톨릭은 약 40년 전만 해도 압도적인 숫자였으나 지금은 수많은 사람들이 개신교로 전향하였다. 예를 들면, 1940년 라틴 아메리카에는 개신교 신자가 100만이 채 안되었다. 그러나 1960년부터 개신교 수가 매년 6% 성장하였고, 현재는 전체 인구의 10-15%, 6-7천만 명이 되었다. 인구 비율로 볼 때 개신교 교인, 곧 복음주의자는 과테말라와 칠레에 가장 많으며, 전체 인구의 1/4이 된다. 브라질에 많게는 3-4천만 명이다. 라틴 아메리카에서 개신교 교인이 가장 많은 나라는 전체 인구의 35%인 미국령 프에르토리코이다. 이들은 대체로 가톨릭 보다 헌신적이며 교회 출석율이 높다. 한편 멕시코는 지난 반 세기 동안 개신교가 급증하였다. 본래 멕시코는 로마 가톨릭과 열렬한 세속주의와 반교권주의로 나뉘었으나 20세기 대부분 멕시코 정권은 가톨릭과 적대적이었다. 1970년 교인 수는 약 100만 명이으로 전체 인구 2%였다. 하지만 그 후 개신교는 도시와 농촌 지역에서 번영하였다. 그리고 다른 곳 처럼 도시에서는 이민자와 소외계층이 개신교를 믿었다. 놀라운 사건 중에 하나는 멕시코 남서부의 치아파스, 타바스코, 베라크루즈 같은 지방의 시골 인디오 사회의 개종이다. 아직까지는 가톨릭이 대세이지만 전체 1억 600만 중에 개신교는 6%로 꾸준히 증가하고 있다.[20]

(7) 오순절 교회의 성장: 지난 반세기 동안 전 세계 오순절 파의 증가는 개신교 자체의 성격을 크게 바꾸었다. 필립 젠킨스에 의하면 전 세계 오순절파의 급속한 성장은 하비 콕스가 「하늘로부터 내려오는 불」을 저술하기 전까지 서구에 거의 알려지지 않았다.[21] 그러나 오순절파 영성의 등장은 새로운 분위기로, 2,000년의 교인 수는 매년 1900만 명의 비율로 증가하였다. 역사적으로 오순절은 개신교의 한 분파로 감리교와 성결교에 기초하였다. 라틴 아메리카에서는 개신교와 오순절을 구별 없이 사용하지만 점차 신앙과 관습의 차이로 구별하였다. 개신교와 달리 오순절은 성경의 권위를 보충하거나 대신하는 영적 계시를 강조하였다. 두 교단의 신자들 중에 전자는 주로 중산층이며 후자는 가난한 사람들로 구성되었다.

오순절은 라틴 아메리카에 뿌리를 내렸고, 제2차 세계대전 이전에 독립교회는 미미했으나 1950년 이후 급성장하였다. 특별이 이 지역에서 80-90%를 확보하였

---

20) 필립 젠킨스, 133-134.

다. 칠레 개신교는 오순절파가 대다수이고, 이 교파는 중앙아메리카에서도 매우 강하였다. 무엇보다도 오순절 교회의 성공은 브라질에서 확인된다. 브라질의 오순절은 20세기 초에 시작되어 50-60년대에 급증하였다. 가장 영향력 있는 교회는 1955년에 마노엘 데 멜로(Manoel de Mello)가 설립한 브라질 파라 오 크리스토(Brasil Para o Cristo), 곧 그리스도를 위한 브라질이다. 그의 영적 뿌리는 하나님의 성회이며, 복음 전파는 미국식 대중 집회를 채용하였다. 현재 이들의 주 성전에는 100만 명이 운집한다. 그리고 브라질에는 크고 작은 교회들이 설립되었다. 한국의 군소교단의 난립처럼 브라질이 유사한 상황이다. 대표적으로 하나님 나라의 만국교회(Igreja Universal do Reino de Deus), 즉 IURD는 새로운 오순절파 교회이다. 이 교회는 1977년 에디르 마케도(Edir Macedo)가 세웠는데, 1990년 중반 절정일 때는 300만에서 600만 신자를 자랑하였다. 이들은 현재 브라질에서 가장 큰 방송국과 정당, 리우데자레이루 축구팀을 소유하였다. 또한 브라질 외에 40개국에서 활동하고 있다. 이 교회의 재산은 대부분 십일조 생활을 하는 성도들로 구성되었다. 한때 이단으로 지목되었고 신앙으로 돈을 짜내는 교회라고 비난 받았다.[22] 그러나 이러한 현상은 세계 도처에서, 예를 들면, 유사한 사례들이 난무하고 있다. 사실 지난 20년 동안 미국의 주류 교회에서도 금융 사기와 성폭행 같은 추문이 있었다. 한편 라틴 아메리카의 말일성도교(Latter-day Saints), 즉 몰몬교가 미국을 넘어 이곳에 정착하였다. 아시아에서는 필리핀에 엘샤다이(El Shaddai) 운동이 확산되었다. 이 단체는 가톨릭에 뿌리를 둔 것으로, 필리핀의 개신교에 맞서기 위해 시작된 은사 운동으로 브라질의 IURD와 유사하다.[23]

(8) 아프리카의 실상: 이곳 또한 다른 대륙과 유사한 상황으로 전개되었다. 특별히 최근에 오순절파가 성공하였다. 특별히 탄자니아는 은사주의 예배가 확장중이며, 열광적인 찬양과 율동, 박수소리에 치유와 기적을 구하며, 대도시에서는 한 집 걸러 한 집마다 모임과 이른 바 권능의 운동이 열리고 있다. 그러나 이곳의 특징은 독립교회의 증가라 할 것이다. 이 교회는 오순절 교회와 유사한 예언적 형태

---

21) 필립 젠킨스, 135.

22) IURD 교회의 목회 현상은 홈 페이지처럼 "기적이 당신을 기다린다"로 요약된다. 필립 젠킨스, 「신의 미래」, 김신권/최요한 역, (도마의 길, 2009), 138-139을 참고하라.

23) 필립 젠킨스, 142-143.

로, 현세적 건강과 물질을 강조한다. 대표적으로 1980년대 중반 데이비드 오예데포(David Oyedepo) 감독이 설립한 위너 채플(Winner's Chapel)이 있다. 그 중에서도 믿음의 성막(Faith Tabernacle)은 5만 명을 수용하는 큰 교회이다. 그 밖에 번창하는 단체들은 복음전도집회장을 갖춘 불과 기적의 산(Mountain of Fire Miracles), 더 깊은 삶(Deeper Life), 구원의 캠프(Redemption Camp) 등이 있다. 특별히 아프리카 중에 우간다는 전통 교회와 함께 토착 교회들이 공존한다.[24] 이곳에 시온주의파 교회는 도시 빈민 지역에서 크게 부흥하였다. 이들은 매년 부활절에 100만 명이 회집하여 그들의 힘을 과시한다. 남아프리카 독립교단의 성장은 아프리카의 정치와 인종 위기의 상승과 관련이 깊다. 1960년대와 1990년대 초 사이에 흑백 갈등이 고조되었다. 따라서 많은 흑인들은 식민지주의 정권과 관련 있는 선교회를 떠났다. 1965년부터 1979년 사이에 짐바브웨와 로디지아에서 독립전쟁이 일어났다. 이런 혼란에도 불구하고 독립교회들이 빠르게 성장한 반면 서구 선교회의 교회는 점점 침체하고 있다.

(9) 아시아 교회의 형편: 한 선교사는 "유럽은 부와 재물과 특권의 무게에 짓눌린 낡은 종교 체제에 맞서는 예수의 시대에 살고, 아시아는 처녀지에 교회를 세우는 바울 시대에 있다"고 하였다.[25] 이렇듯 실로 아시아는 활기차게 선교가 일어나며 기독교인으 수가 빠르게 증가하고 있다. 대표적으로 중화인민공화국은 현재까지 정확히 통계를 알 수 없다. 사실 1949년 공산주의의 등장 이전까지 중국은 전 세계에서 가장 비옥한 단일 선교지였다. 그러나 정권의 변화와 함께 기독교의 상황은 급속히 악화되었다. 1951년 혁명 직후 해외 선교사들은 모두 제국주의 앞잡이로 추방되었다. 중국의 기독교인은 처한 상황에서 마지못해 체제를 수용한 채 정부에 등록된 교인이어야 했다. 개신교 교인들은 삼자 원칙 곧 자치, 자양, 자전을 수용하였다. 현재 중국에는 가정교회를 제외한 약 3천 만 명이 정부에 등록된 교인이다. 그런데 미국의 국제종교자유 연례 보고서에 의하면 현재 중국의 기독교인은 1억 5천만 명이다. 이는 중국의 이슬람교와 불교나 중국 공산당 숫자 보다 많은 것이다. 1949년 모택동의 혁명 당시와 비교하면 10배 증가하였다. 중국에는

24) 필립 젠킨스, 144-145.

25) 필립 젠킨스, 146.

프랑스나 영국보다 기독교인이 더 많고, 헌신의 수준도 훨씬 경이롭고 깊다. 아프리카에서처럼 중국에도 주류 삼자교회에서 은사주의가 강한 가정교회 운동까지 매우 폭넓게 분포되었다. 1980년대 사람들이 공산주의를 불신한 후, 특정 지역에 따라서는 기독교가 건강하게 성장하였다. 문제는 공산당 내부의 관료들의 기독교화이다. 1980년 하남 중부 지방에서 가톨릭 교인은 40만에서 100만 명으로 증가하였고, 1989년 민주주의 시위로 이념 문제가 격렬해졌다. 천안문 시위의 긴급 수배자 였던 학생 21명 중에 2명이 신부가 되었다. 마르크스 사회주의에 실망한 지식인들 사이에 기독교가 급속히 확산된 것이다.[26)]

한편 기독교는 인도네시아와 말레이시아, 홍콩과 싱가포르처럼 환태평양 국가에서도 빠르게 성장하였다. 그리고 베트남에서도 공산주의 치하에서, 특별히 몽타냐르 같은 소수 민족 거주 지역에서 급성장하였다. 1990년 라오카이 지방에는 기독교인이 전무였으나 5만에서 7만 명으로 늘었다. 또한 인도도 예외는 아니다. 인도는 역사적으로 기독교의 뿌리가 깊고, 중국과 한국에 비해 성장률이 낮지만 꾸준히 성장하고 있다. 무엇보다 한국에서 기독교는 성공적이었다. 1590년 극동으로 진출한 가톨릭 선교사들에 의해 복음이 최초로 전래되었다. 그 후 개신교 선교사들이 19세기에 입국하였다. 1920년 한국에 기독교인이 20만이었으나 2018년 현재 약 1,000만으로 전체 인구 1/5이다.

사실 역사적으로 한국은 불교와 유교의 나라였다. 그러나 복음 전래 이후 개신교는 가톨릭 보다 3배 증가하였다. 한국의 개신교 성장과 관련하여 오순절의 영향도 심대하였다. 6.25때 수 백 명이 1980년 초기에 50만 명으로 증가하였다. 서울의 여의도순복음교회는 현재 교인이 약 70만, 광림감리교회는 1971년 교인 150명이 현재 8만 5천명이다. 한국 개신교는 독특한 몇 가지 전통, 예를 들면, 새벽기도와 산기도, 금식기도, 그밖에 헌신적인 신앙심과 전도, 선교에 열심이었다. 2018년 8월 현재 국내 교단과 선교 단체의 해외 파송 선교사는 전 세계 2위로 약 2만 7천명이다.[27)] 한국 교회의 선교는 매우 다양하게 추진되는바, 그 중에 하나는 탈북

26) 2018년 8월 현재 중국의 국가주석 시진핑이 종교정책 감시로 중국 전역의 기독교인들이 긴장하고 있다. 해외선교사들, 그중에 특별히 한국의 선교사들이 무더기로 추방되고 있으며

27) 1970년대 시작된 한국 교회의 선교사역은 1980년대에 급격히 성장하였다. 통계

자를 돕는 일과 보다 적극적으로 북한 주민에게 복음을 증거하는 일이다. 그러나 기독교는 아시아의 이슬람 국가에는 거의 들어가지 못하였다. 그 이유는 지도자들의 국가 장악력과 강력한 성직자 체제, 부족과 집안의 충성심 때문이다. 따라서 이들 국가에서는 여타 종교로의 개종이 위험하며 매우 어렵다. 복음주의 기독교인들은 앞으로 선교는 적도 위로 북위 10도에서 북위 40도까지 집중될 것인바, 이곳은 아프리카와 아시아에 걸쳐 인구가 조밀하고 넓게 퍼진 사각형 모양이다.

4. 기독교 선교의 성공 요인

기독교는 다양한 문화에서 증가하였다. 대륙 간에 문화적 및 경제적인 차이로 구분은 브라질과 중국에서 보듯이 쉽지 않다. 그러나 공통적인 현상은 1950년대 이후 나타난 오순절 운동의 확산이다.

(1) 유사한 경제 현실: 지난 30-40년 동안 농촌 사회가 도시화 되면서 이주민 수백, 수 천 만 명이 주님을 영접하였다. 복음화와 더불어 건강과 복지, 교육의 실제적 대안이 제시되었다. 무엇보다도 도시화가 시작되면서 새로운 정치적, 종교적 자유가 점진적으로 보장되었다. 예를 들면, 라틴 아메리카에서는 지난 반세기 동안 사람들이 이농을 통해 전통 종교 체제에서 해방되었다. 그들은 더 이상 지주들이 자기 영토에서만 참석을 허락했던 가톨릭교회에 얽매일 필요가 없게 되었다. 브라질의 상파울루가 대표적인 경우이다. 이곳에는 약 1800만 명이 거주하는데, 이들 중 약 150만 명이 빈민굴에서 생활한다. 그런데 이곳에 버려진 공장 건물과

적으로 1979년 조사 당시 선교사는 93명이었으나 1989년에는 1178명으로 무려 1270%가 증가하였다. 선교기관도 1979년 21개가 1989년에는 92개로 440%로 늘어났다. 또 선교지도 1979년 26개국에서 1989년 72개국으로 270%나 증가하였다. 1989년 집계에 의하면 13개 교단선교부와 79개의 초교파 선교단체가 구성되었으며, 80년대 초교파 선교단체의 증가이유는 학생선교단체의 활성화와 선교훈련의 전문화 때문이었다. 한편 1990년부터 2,000년까지는 한국교회의 선교운동에 있어서 새로운 황금기였다. 이 기간 동안 해외선교사는 1990년 1645명에서 2,000년 8103명으로 492%로 증가했다. 이는 10년 내에 무려 6458명의 선교사가 증가했음을 보여주며 매년 평균 645명의 선교사를 파송했음을 의미한다. 한편 2017년 12월 현재, 선교사 파송 수는 170개국 총 27,436명으로 전년 대비 231명이 증가하였다. 활동국가 수는 전년 대비 2개국이 줄었으며, 파송 선교사는 2016년 보다 증가되었으나 이전의 증가보다는 적었다.

폐허에서 교회가 극적으로 부흥한 것이다. 매년 열리는 상파울루 예수 행진에 200-300만 명이 운집한다. 라틴 아메리카의 다른 곳에서도 이와 같은 결과를 낳았다. 예를 들면, 칠레와 페루에서 개신교가 크게 성장하였고, 아프리카 또한 급속한 도시화로 대형 집회가 열렸다. 1998년 하나님의 구속된 그리스도의 교회의 부흥회에 약 100만-200만이 회집하였다.

(2) 교회의 피난처 역할: 교회는 사회의 극심한 변화 속에서 사람들의 피난처가 되었다. 교회에는 다양한 사람들, 예를 들면, 중산층과 극빈자들이 함께 이루어 졌다. 그럼에도 불구하고 대게의 교회 부흥은 가난한 사람들 사이에서 일어났다. 인도의 경우 기독교 성장은 하층민 또는 천민에 많이 의존하였다. 그 결과 전통적인 힌두 지도자들과 대립하였다. 라틴 아메리카에서 오순절주의는, 특히 브라질의 흑인과 중앙아메리카의 마야 인디오 같은 극빈자들의 호응을 얻었다. 이를 극복하기 위해서는 인종의 벽을 넘어야 했다. 브라질에서 흑인은 가난과 정치적 약자이다. 이들은 전체 인구의 50%임에도 국회의원은 고작 전체 의원의 2%이다. 그러나 한 나이지리아 오순절 목사의 지적처럼 지금은 아프리카의 시대이다. 그리스도의 재림을 앞두고 마지막 복음을 들을 사람은 흑인이라고[28] 하였다.

(3) 새로운 필요의 충족: 이처럼 다양한 민족적 특정과 사회적 환경에도 불구하고, 교회는 인종 문제를 포함하여 남녀 간의 차이를 취급하였다. 새로운 남반구 운동은 교회에서 여자를 지도자로 혹은 핵심 교인으로 간주하였다. 사실 남반구 교회의 구성원은 대부분 여자였다. 그러나 남녀의 역할 강조로 가정의 가치를 새롭게 하였다. 교회를 통해서 재산을 술과 도박, 창녀나 딴 살림을 하지 않는 절제된 남자를 만날 수 있게 되었다. 이는 로마 시대의 사람들처럼 교회를 통해 소외를 청산하고 공동체의 매력을 경험하였다. 이들은 박해지에 순교를, 역병이나 폭동의 위기의 순간에 합심하여 행동하고, 주린 자에게 음식을 제공하였다.[29] 따라서 교인이 되는 것은 나이지리아나 페루의 시민이 되는 것 보다 좋게 인식되었다. 그리하여 교회를 통하여 자신의 사회적 열망을 표현하고, 무엇보다도 초자연적 세계를 믿음과 현세의 복을 소망하였다. 이러한 경향은 남반구 국가들 사이에서 더

---

28) 필립 젠킨스, 157.

29) 필립 젠킨스, 158.

욱 열광적이었다. 재미있는 것은 각 교단들이 하나님을 소개하지만, 내용과 전달 방식은 매우 상이하다는 것이다. 예를 들면, 장로교회는 대다수가 하나님은 무척 크고 위대하셔서 솔직히 가까이 갈 수 없다. 하나님이 너무 멀리 계시기 때문이다. 오순절파 교회의 하나님은 오늘과 내일의 문제를 해결해줄 하나님이다. 사람들은 내일 보다 오늘의 문제 해결을 원하기 때문이다.[30] 따라서 서구 유럽과 달리 제3세계에서는 성공, 즉 번영과 건강을 약속하는 신앙이 쉽게 용인되는 것이다. 그러나 이와 같은 열광적이며 즉흥적이며, 근본주의적이고 초자연적인 아프리카의 독특한 종교 형태는 유럽과 북아메리카와 비교할 때 크게 다르다.

(4) 18세기, 위대한 선교 시대 : 종교 개혁 이후 해외 선교는 트렌트 공의회의 결의를 따라서 주로 가톨릭교회에 의존하였다. 그러나 실제로 1790년경 개신교 선교가 시작되었다. 이것은 부분적으로 부흥운동의 결과이며 동시에 대영제국의 국력과 영향력의 증대 때문이었다. 1793년 선교에 불을 붙 힌 윌리암 캐리 (William Carey, 1761-1834)[31]는 많은 사람들에게 영감을 제공하였다. 침례교 총

---

30) 필립 젠킨스, 「신의 미래」, 김신권/최요한 역, (도마의 길, 2009), 160.

31) 윌리엄 케리는 근대 선교의 문을 연 사람으로 보통 근대 선교의 아버지로 불린다. 그는 본래 구두 수선공이었으나 19세 때, 한 기도 모임에서 성령을 체험 한 후 전 생애를 그리스도께 헌신하였다. 그러던 중에 「쿡 선장의 마지막 항해」라는 책을 읽는 중에 태평양의 무수한 섬들이 복음의 불모지로 그곳의 원주민들을 생각하면서 가슴이 뜨거워졌다. 당시 영국 교회는 선교는 예수님의 제자들만의 사명이라고 생각하였다. 이러한 상황에서 한 목사가 케리에게 "이보게 젊은이, 그만 열 내고 자리에 앉게. 만약 하나님께서 이방인들을 개종시키려면 자네나 우리 도움 없이도 얼마든지 하실 수 있을 걸세" 라고 말하였다. 그러나 윌리엄 케리는 "오직 성령이 너희에게 임하시면 너희가 권능을 받고 예루살렘과 온 유대와 사마리아와 땅 끝까지 이르러 나의 증인이 되리라"(행 1:8)는 예수님의 마지막 명령을 굳게 믿고, 1793년 32세 때 인도 선교사로 결단하였다. 그러자 갑자기 그를 가로막는 많은 장애물이 출현하였다. 첫째는 아버지, 둘째는 그의 아내, 셋째는 교회의 성도들이었다. 하지만 케리는 '하나님으로부터 위대한 일을 기대하라, 하나님을 위해 위대한 일을 시도하라!'(Expect great things from God, attempt great things for God!). 결국 그는 사랑하는 가족과 처제 그리고 토마스 선교 동역자와 함께 인도로 향하였다. 그러나 7년 간 단 한 명의 인도인 개종자도 없이 자신의 꿈이 산산이 깨어지는 아픔을 겪었다. 당시 윌리엄 케리는 그의 일기장에서 '하나님은 부요하신 분이시며 약속에 신실하신 분이십니다. 내가 이 하나님을 바라보았을 때, 나의 모든 근심을 내어 맡길 수 있었습니다. 내가 설사 이곳에서 생명을 잃는다 해도, 나에게 맡겨진 사명으로 기뻐하고 또 기뻐할 것입니다.' 하지만 그가 흘린 눈물과 땀의 결실로 크리쉬나팔이라는 첫 번째 개종자가 탄생하였다. 윌리엄 케리는 1834년 73세에 인도의 세람포에

회에서 행한 연설에서 캐리는 "하나님을 위하여 위대한 일을 기대하라, 하나님을 위하여 위대한 일을 시도하라"(Expect great things from God, and Attempt great things for God)는 슬로건을 내 걸었다. 그 영향으로 잠시 침체에 빠졌던 유럽 선교사들은 중국에 관심을 기울였다. 특별히 영국의 개신교를 중심으로 마침내 본격적인 해외 선교가 시작되었다. 영국의 현대 선교는 1792년 런던침례교회선교협회의 창립을 필두로, 1795년 회중교회 소속의 런던선교회, 1799년 성공회선교협의회가 설립되었다. 이 중에 성공회선교협의회는 성경적 신앙, 개인적 회심, 경건 등을 강조한 일단의 복음주의 성직자들이 아프리카와 동양 선교를 위해서 런던에 발족하였다. 1807년 최초의 개신교 선교사가 광동에 파견되었으며, 아프리카에도 관심을 불러 일으켰다. 이로써 아프리카에 1787년 시에라리온, 1806년 희망봉에 식민지 건설과 더불어 선교의 확장, 1812년 아프리카와 동양 선교를 위한 성공회 선교 협회의 창설, 바로 이 시기에 미국교회가 선교에 동참하면서 각종 선교회와 선교위원회가 발족하였다. 1821년 라이베리아에 선교기지가 건설되었으며, 여러 선교 국가 중에 1880년 콩고에서 선교의 열광적인 신앙을 경험하였다.

5. 기독교의 퇴조와 감소 이유

16세기 종교개혁 이후 기독교 선교의 급속한 확장에도 불구하고 21세기는 이곳저곳에서 어두운 전망들이 쏟아지고 있다. 이에 대한 교회의 적극적인 대처와 정책개발이 요청된다 할 것이다.

(1) 인구의 감소: 지난 세기와 달리 20세기 중엽부터 지금까지 유럽은 소위 핵가족으로 인구가 급감하고 있다. 2,000년 현재 유럽에서 가장 인구가 많은 8개국, 영국과 독일, 프랑스와 스페인, 이탈리아와 폴란드 등의 인구를 합하면 약 5억 4천명이다. 그런데 2025년에 3%가 줄어 약 5억 2천 만, 2050년에는 4억 6천만이

묻혔다. 캐리는 하나님께서 주신 꿈을 품고 어떤 상황에서도 실망하지 않고 도전하였다. 그리하여 영국을 구원하고 또한 전 세계 각지로 선교사를 파송하는 제사장 나라가 되었다. 그 후 런던 선교회와 스코틀랜드의 글라스고우 선교회, 네덜란드 선교회와 영국 해외 성서공회, 미국 해외 선교위원회와 미국 침례교 선교협회, 미국 성서공회가 창설되었으며, 오늘날 세계 선교의 초석을 놓는 19세기 선교 황금시대를 열었다.

될 것이다. 유럽연합 전체로 2,000년에서 2050년까지 인구는 약 1/6로 감소할 것이다. 한 나라의 인구 유지를 위해서는 출산율이 최소한 여성 1명당 자녀 2.1명이어야 한다. 하지만 많은 나라의 출산율이 이보다 낮고, 23개국은 출산율이 1.5명 아래로 떨어졌다.[32] 이는 구 소련, 러시아의 경우도 예외는 아니다. 현재 러시아는 낮은 출산율에 치솟는 사망률과 전염병으로 매우 어려운 상황이다. 한 예측에 의하면 현재 러시아의 인구 1억 5천만은 2050년에 1억 2천의 감소를 예측하였다. 이는 1917년의 볼세비키 혁명 당시 러시아 인구로 회귀하는 것이다.

이와 관련하여 아시아의 일본은 유럽 사회처럼 인구 감소가 심화되고 있다. 2015년에 일본은 전체 인구 1/4이 65세 이상의 고령들이다. 이를 극복하기 위한 방안으로는 이민자의 확대이다. 그러나 반대로 아프리카와 아시아를 포함한 대륙에서는 인구가 급증하고 있다. 예를 들면, 1990년 아프리카와 라틴아메리카는 세계 인구의 13%였으나 지금은 21%가 되었다. 인류학자들은 2050년에 세계 인구의 29%가 될 것으로 예측하였다. 한편 아프리카와 유럽 간의 노인 인구의 상대화는 65세 이상 노인을 놓고 볼 때 그 편차가 더욱 심화될 것이다. 현재 유럽은 16-17%지만 아프리카 대부분의 나라들은 3-4%이다. 그러나 젊은 층이 유럽에서 14세 미만 어린이는 16-20%, 아프리카는 전체의 1/3이다.[33] 따라서 각 대륙별로 혹

---

32) 2017년 12월 한국의 출산율이 세계 꼴찌 수준을 좀처럼 벗어나지 못하고 있다. 3일 미국 중앙정보국(CIA) '월드팩트북'(The World Factbook)에 따르면 올해 추정치 기준으로 한국의 합계 출산율은 1.26명으로 분석 대상 세계 224개국 중 219위를 차지했다. 합계 출산율은 여성 1명이 평생 낳을 것으로 예상하는 평균 출생아 수를 뜻한다. 한편 한국보다 합계 출산율이 낮은 국가는 싱가포르(0.83명), 마카오(0.95명), 대만(1.13명), 홍콩(1.10명), 푸에르토리코(1.22명) 정도다. 인구 2천300만 명 정도의 대만을 제외하면 대부분 인구가 1천만 명 이하의 국가들로 한국은 선진국 클럽인 경제협력개발기구(OECD) 35개 회원국 중에서 최하위다. OECD 회원국 중 한국 다음으로 합계 출산율이 낮은 국가는 폴란드(1.35명), 슬로베니아(1.36명), 슬로바키아(1.41명), 일본(1.41명) 등이다. 한국은 가임여성 숫자가 급격히 줄고 첫째 아이 출산 시기도 늦어져 합계 출산율이 점차 낮아지고 있다. 통계청이 발표한 올해 1-9월 누적 출생아 수는 27만8천100명으로 관련 통계 작성 이후 처음으로 340만 명 아래로 떨어졌다. 2018년 8월 현재 합계 출산율 1위는 아프리카 중부의 니제르 6.49명, 뒤이어 앙골라(6.16명), 말리(6.01명), 부룬디(5.99명), 소말리아(5.80명) 등 9위까지 아프리카 국가들이며, 아프가니스탄은 5.12명으로 10위이다. 북한은 1.95명으로 127위, 미국은 1.87명으로 143위, 중국은 1.60명으로 182위다.

33) 필립 젠킨스, 「신의 미래」, 김신권 · 최요한 역, (도마의 길, 2009), 172, 2025년과 2050년 사이의 세계 인구의 실태 참조.

은 지역별로, 특별히 기독교 국가들은 인구 감소와 절벽을 심각하게 고려하고, 출산률 증대에 주력해야 할 것이다.

(2) 세속주의의 팽창: 근래에 들어와 교회를 가지 않지만 하나님을 믿는다는 사람들이 많다. 대다수는 구원의 확신이 없어도 스스로 기독교인이라고 여긴다. 하지만 정상적인 기독교인이라면 이런 말에 현혹되어서는 안 될 것이다. 일반화된 세속적 혹은 사회적 기억으로 종교가 얼마나 오래 생존할지는 알 수 없다. 사람들은 내일과 미래 혹은 내세 적인 관심보다는 현재 먹고 사는 일에 집착하며, 이에 편승하듯이 사회가 급속히 다변화되고 있다. 이러한 상황에서 성공회와 가톨릭은 지구적으로 산재하여 신도 수의 증감에 그렇게 크게 영향을 받지 않는다. 하지만 정교회는 대다수가 유럽에 집중되어, 인구 통계학적으로 크게 영향을 받는다. 예를 들면, 현재 동방정교회는 전 세계에 약 2억 2천 만 명인데, 대부분은 동유럽과 동남유럽에 포진하여, 앞으로 계속 감소할 것이다. 1990년 소련의 붕괴 이후 러시아 정교회가 부흥하고 있지만, 출생률의 극감으로 이슬람이나 공산주의에 비해 파괴적일 수 있다.

그런데 개신교는 이보다 더 심각한 상황이다. 온갖 물질주의와 세속주의, 혼합주의와 자유주의의 도전에 전통적인 교회들이 어려움을 겪고 있기 때문이다. 그러므로 딤전 6:11-21, "오직 너 하나님의 사람아 이것들을 피하고 의와 경건과 믿음과 사랑과 인내와 온유를 따르며, 믿음의 선한 싸움을 싸우라. 영생을 취하라 이를 위하여 네가 부르심을 받았고 많은 증인 앞에서 선한 증언을 하였도다. 만물을 살게 하신 하나님 앞과 본디오 빌라도를 향하여 선한 증언을 하신 그리스도 예수 앞에서 내가 너를 명하노니, 우리 주 예수 그리스도께서 나타나실 때까지 흠도 없고 책망 받을 것도 없이 이 명령을 지키라. 기약이 이르면 하나님이 그의 나타나심을 보이시리니 하나님은 복되시고 유일하신 주권자이시며 만왕의 왕이시며 만주의 주시오, 오직 그에게만 죽지 아니함이 있고 가까이 가지 못할 빛에 거하시고 어떤 사람도 보지 못하였고 또 볼 수 없는 이시니 그에게 존귀와 영원한 권능을 돌릴지어다 아멘".

(3) 제국주의의 몰락과 신흥 국가의 등장: 1950년대 말과 1960년 초기에 서구 제국주의 식민지는 봇물 터지듯 해방되었다. 이는 제2차 세계대전 이후 약 50년 동안 전개되었다. 예를 들면, 1947년 영국이 인도와 파키스탄에서, 1949년 네덜란

드가 인도네시아, 1955년 반둥 회의에서 제3세계가 출현하였다. 1957년 아프리카 사하라 사막 이남에서, 그 뒤 10년 동안 해방이 전개되었다. 그 과정에서 1960년 콩고.자이르와 나이지리아의 독립, 1962년 알제리의 독립, 1975년 포르투갈 제국의 해체, 1979년 짐바브웨의 독립, 그러나 1994년까지 일부 화란계 백인들이 남아프리카 공화국을 지배하였다. 소련은 중앙아시아에서 유럽 식민지주의를 확대하던 중 1991년 붕괴와 더불어 막을 내렸다. 1950년대와 1960년대 식민지 해방이 한창일 때, 서구 기독교인들은 아프리카와 아시아의 새로운 교회가 어떻게 살아남을지 염려하였다. 그러나 새로운 교회들이 살아남아 번창하였다. 새 신자 수백만이 교회로 밀려들었다. 서구 식민주의가 종식된 후에도 기독교는 폭발적으로 성장하였다. 1965년 아프리카의 기독교 인구는 아주 짧은 시간에 아프리카 대륙 인구의 25%에서 46%까지 증가하였다. 사회적 변화와 상관없이 식민지 시대의 기독교 선교사들은 큰 성공을 거두었다. 이 성공은 대부분 교회가 현지 상황에 유연하게 적응한 결과였다. 비록 초기에는 식민지 정책을 따라 강요했으나, 다른 사람들은 현지 방식에 적응을 꾀하였다. 이런 압박은 낡은 부대가 새 포도주를 얼마나 융통성 있게 담을 수 있는가에 따라서 다양한 결과를 낳았다. 여러 경우에 유럽의 교회 대다수는 현지 방식에 따라 예배 형식을 바꾸었다.

(4) 혼합주의와 탈현대주의의 도전: 현대의 특징은 제시된 두 단어의 변화와 속도로 정리할 수 있다. 모든 것이 급속도록 변하고 있으며 그 변화의 속도는 가히 상상을 초월하고 있다. 과거 100년, 10년, 1년은 오늘 날 1일, 1시간, 1분과 1초로 압축되었다. 이러한 변화는 전 방위적으로 나타나고 있다. 변화의 단위를 세대라는 말로 흔히 30년 주기로 표현했으나 지금은 한 배에서 태어난 쌍둥이도 세대차이가 날 정도이다. 이러한 상황에서 우리는 무엇보다도 기독교는 자체 내 여러 단체 간에 협력과 네트워크를 확대해야 할 것이다. 1988년 데이빗 바렛은 전세계 교회는 이미 세계복음화를 성취할 수 있는 충분한 자원을 가지고 있지만 '중복' 과 '경쟁' 을 극복 하지 못하는 한 세계복음화에 실패할 것이라고 하였다. 이후 기독교 지도자들은 불필요한 '중복' 과 '경쟁' 을 피하는 일에 주력하였다. 이런 움직임은 2,000 movement로 발전되었고, 더욱이 GCOWE 대회를 통해서 세계적 규모의 여러 교단과 신학교, 초교파 선교단체 지도자들이 모여 협력 방안을 모색하였다. 예를 들면, 교회의 성장과 발전 방안, 미전도 종족 입양 운동과 전

방 개척 운동, 선교사의 전략적 재배치 등이다. 이 밖에도 서구 단체와 비서구 단체 간의 협력, 선교단체와 현지 교회들 간의 협력, 본국 내에서의 파송 단체들 간의 협력, 교단 간의 협력이 요청된다. 이러한 협력과 소통은 현장에서 서로 양보와 인내, 경험에 근거한 실제적 제안 등을 통해서 극복될 것이다.

(5) 전통 종교에 대한 이해: 20세기 후반 전 세계 기독교의 부흥을 분석해 보면 전통 종교에서는 거의 부흥을 경험하지 못했다. 예를 들면, 이슬람과 힌두교, 그리고 불교 권에서 부흥이 일어난 사례가 많지 않으나, 대신 민속종교와 가톨릭권의 라틴 아메리카와 전통 부족 종교가 지배적인 아프리카, 종교를 금지하고 오히려 압제를 가한 구 공산권 등에서 현저히 부흥을 경험하였다. 그런데 전형적인 전통 종교는 영혼을 구원하는 일을 하지 못하고 있다. 그러므로 이제는 기독교 선교는 기존 종교의 장벽을 뚫는 일에 집중해야 할 것이다. 이 사역을 위해서는 활발한 토론과 신학의 정비작업이 요청된다. 대표적으로 초기 기독교인들은 여전히 유대교 회당에 남아있고 유대적 전통을 버리지 않으면서 그 안에서 새로운 해석과 전통을 형성, 발전 시켰다. 지금은 서구형 기독교가 너무나 강력한 세력으로 기독교의 유일한 구조처럼 인식되고 있는 것이 문제이다. 만약 그들이 성령의 분명한 인도를 받는다면 서구형 기독교와 다른 전통, 다른 해석을 가지고 새로운 기독교를 능히 구성할 수 있을 것이다. 대표적으로 messianic jews 운동이 그것이다. 아직 초기 단계지만 어느 범위까지 내부자 운동이 가능할지는 토론이 요구된다. 문제는 유대교가 내부자 운동으로 성공하게 된 것은 구약에 근거한 동일한 세계관과 신관 때문이다.

7. 결론: 교훈

고찰한 대로 16세기 종교개혁 이후 기독교 선교는 교회 안팎의 여러 도전에도 불구하고 온 유대와 사마리아, 대서양과 인도양, 태평양을 건너 땅 끝까지 전 세계로 급속히 확산되었다. 복음이 땅 끝까지 전파되는 과정에서 남녀노소, 빈부귀천, 시대와 지역을 불문하고 사명의 성취를 위해 헌신한 수많은 종들의 땀과 눈물이 있지만 무엇보다도 이 땅에 당신의 나라를 건설하기 위한 하나님의 열망이 자리한다. 하나님께서는 친히 당신의 영광을 위하여 사 43:7, “내 이름으로 불려지는 모든 자 곧 내가 내 영광을 위하여 창조한 자를 오게 하라 그를 내가 지었고 그를 내가 만들었느니라". 43:21, "이 백성은 내가 나를 위하여 지었나니 나의 찬송을 부르게 하려 함이니라". 고전 10:31, "그런즉 너희가 먹든지 마시든지 무엇을 하든지 다 하나님의 영광을 위하여 하라"고 하셨다. 그러므로 우리는 주님의 지상명령, 마 28:19-20과 막 16:15; 행 1:8 말씀을 이루기 위해 더욱 헌신해야 할 것이다.

(1) 통합된 민족의식의 고취: 비록 이 땅에 수많은 민족과 나라가 있지만, 세계 역사는 우리에게 모든 민족이 그리스도 안에서 하나라는 것을 가르쳐 준다. 그 이유는 하나님께서 당신의 형상을 따라서 첫 사람 아담을 창조하시고, 그가 전 인류의 조상임을 가르치기 때문이다. 그런데 그리스도께서는 둘째 아담으로 하늘과 땅의 막힌 담을 허시고 그를 믿는 모든 자들에게 하늘의 권세를 주셨다. 그런데 종교개혁 이후 이 땅은 정치와 이념의 차이로 끝없는 갈등과 대립 속에 여전히 서구 제국주의 국가들의 횡포가 만연하다. 이들 국가들은 시간이 지나면서 약육강식의 식민사업과 연계되었다.

그러므로 향후 로마 가톨릭과 개신교 선교는 16세기 개혁 당시 세계를 지배한 서구 열강들과의 연계 속에서 이해해야 할 것이다. 예를 들면, 18세기와 19세기 아프리카의 선교는 영국의 소위 제국주의의 팽창과 함께 전개되었고, 동시에 가톨릭의 아프리카와 아시아 선교는 프랑스 제국주의와 함께 펼쳐졌다. 남부 우간다 선교의 경우, 종교와 제국주의의 결합을 보여준다. 예를 들면, 이곳의 가톨릭 교인은 바파란사(baFaransa), 즉 프랑스인으로 불렸고, 개신교 교인은 바잉게레짜(balngerezza)로 불렸다. 특히 식민 세력을 종교적으로, 인도주의적으로 합리화하기 위해 프랑스와 영국의 식민 세력이 아프리카의 노예 제도와 싸우는 동시에 기독교 선교와 결합하였다. 19세기 중반까지 유럽의 손길이 닿은 아프리카의 대륙 대부분의 지역에서 선교적 역동은 최고조에 달하였다. 중국이 유럽과의 전쟁에 패하면서 시작된 개방으로, 중국 선교는 새로운 국면을 맞이하였다. 1858년 데이비드 리빙스턴의 남아프리카의 선교 여행과 탐색(Missionary Travels and Researches in South Africa)은 새로운 세대의 선교사 지원자들에게 크게 영향을 끼쳤다. 1870년 경 가톨릭 선교도 성령회(Holy Ghost Father, 혹은 Spiritans)[34]와 백의 선교

34) 정식 명칭은 성령과 마리아 성심회(Congregation of the Holy Ghost and of the

회(White Fathers)[35] 같은 수도회의 설립과 더불어 활성화되었다.

프랑스인은 이슬람 지역까지 선교를 시도했으며, 1838년 알제리에 주교령을 설치하였다. 그 중에서도 알제리의 대주교 추기경 샤를 라비주리(1865-1892)는 아프리카 전역을 복음화하기 위해 조직적으로 제국주의와 연합한 기독교 선교를 구상하였다. 그에 의하면 아프리카의 기독교 선교란 1,000년 동안 무슬림에 의해 중단된 암흑시대의 종언을 의미했다. 그는 예전에 번영했던 기독교 신앙 전통을 회복하는 것으로 이해하였다. 이에 교황은 그에게 카르타주의 주교이며 아프리카의 대주교라는 칭호를 부여하였다. 라비주리는 아프리카를 순회하면서 순례자들을 보호하고, 노예상인들과 싸울 수 있는 현대의 십자군 수도회의 창설을 소원하였다. 19세기 후반에 영국과 프랑스의 성공적 선교 사례를 통해 독일과 이탈리아, 벨기에가 제국주의적 깃발아래 참여하였다. 특히 미국 기독교인들은 중국 선교에 대한 자신들의 사명을 인식하였다. 서구인들의 활동이 극에 달한 1920년경에는 약 8,000명의 선교사들이 중국에서 활동하였다. 당시 미국인들은 중국을 향한 하나님의 특별한 뜻이 자신들에게 있다고 주장하였다. 1893년 시카고에서 열린 세계종교회의(World Parliament of Religions)는 자유롭고, 개신교적이며, 아주 특별하게 미국적인 현대 기독교의 승리를 선언하였다. 따라서 이들은 차세대는 자신들의 차지로 기독교의 세기(Christian century)가 될 것이라고 주장하였다. 1950년경 미국

Immaculate Heart of Mary)이며 별칭은 Spiritans이다. 클로드 프랑수아 풀라르 데 플라스가 1703년 파리에 세운 로마 가톨릭 남성단체로, 원래는 신학생 훈련만을 목적으로 했으나 점차 선교 활동에 적극 참여하였다. 프랑스 대혁명 때 박해를 받고 나폴레옹 때 복권되었으나 박해의 영향으로 그 뒤에도 미미한 상태로 있었다. 1848년 마리아 성심회와 연합하고 유대교에서 개종한 프랑수아 리베르만이 책임을 맡으면서 본격적인 활동을 하였다. 1800년대에 다른 선교 단체에 앞서 아프리카 선교를 시작하였다.

35) 정식 이름은 아프리카 선교협회이며, 이곳을 유일한 사역지로 삼는 사제들과 형제들로 이루어진 로마 가톨릭 국제 선교 단체이다. 1868년 알제의 대주교 샤를 마르샬 랄망 라비주리가 북아프리카에 세웠다. 처음에 알제리 북부에서 선교를 시작했으나, 1878년 이 협회의 회원들은 극심한 신체적 고통과 질병, 박해를 견디며 중앙아프리카의 거대한 호수 지역에서 가톨릭교도로서는 처음으로 선교 활동을 수행하였다. 1895년에는 사역지를 아프리카 서부까지 확장하였다. 백의 선교사들은 될 수 있는 대로 아프리카 사람들과 같은 방식으로 생활하려고 노력했으며, 북아프리카 사람들이 전통적으로 입는 옷과 비슷하게 흰색 간두라(겉옷)와 부르누즈(망토)로 된 제복을 입었다. 1869년 라비주리는 백의선교회가 벌이고 있던 아프리카 사역을 돕기 위해 백의 수녀회, 즉 아프리카 성모 마리아 선교수녀회를 건립하였다.

은 전 세계에서 활동하는 4만 3천 명의 개신교 선교사들 중에서 약 2/3를 파송하였다.

(2) 교회와 세상과의 조화 : 그럼에도 불구하고 선교사들이 폭력과 열대의 풍토병으로 인한 엄청난 위험을 겪으며 선교하였다. 그들 중에 많은 사람들이 순교의 제물이 되었다. 자국에서 부흥은 해외선교의 열정으로 이어졌다. 무엇보다도 중요한 것은 선교사들이 제국주의와의 협력에도 불구하고 동시에 각 나라와 민족의 토착 문화를 존중하였다. 특히 개신교 선교사들은 선교 초창기부터 각 지역의 방언으로 예배를 드리는 것이 절대적으로 필요함을 인식하였다. 따라서 성경 전체나 부분을 아프리카와 아시아의 각국 언어로 신속히 번역하였다. 일부 선교사들은 가톨릭처럼 피식민지들을 편협하게 취급했으나, 언어 문제에서는 비교할 수 없이 우위를 점하였다. 가톨릭과 개신교는 모두 유럽 식민주의의 모습을 통해서 보편적 기독교 신앙을 전함으로 문화적 충돌을 예견하였다. 사실 지역적으로는 인종 차별적인 베란다 기독교, 즉 토착민을 베란다까지만 접근하게 하는 권위적이고 가부장적인 일들이 발생하였다. 따라서 토착민들은 개종을 해도 유럽인의 집안에 들어올 수 없었다. 이에 대하여 성령회의 설립자 클로드 프랑수아 풀라르 데 플라스가는 선교사 지망생들에게, "아프리카에다 또 다른 이탈리아, 프랑스 혹은 어떤 유럽 국가를 건설하려고 그곳에 가서는 안 된다. 스스로를 흑인과 같이 하는 흑인으로 여겨라. 우리의 거룩한 신앙은 변함없이 아프리카의 토양 위에 세워져야 한다"고 경고하였다.[36)]

따라서 몇 몇 개신교 중국 선교사들은 자신들을 보호하고 권위를 보장해 주었다. 그리고 일반인과 구별된 유럽식 의복과 생활태도를 포기하였다. 이 때 가장 위대한 선교회가 설립되었다. 그것은 1865년 중국내지선교회(China Inland Mission, CMI)의 창설이었다. 여기에 속한 선교사들은 중국식 옷을 입고, 황제에 복종을 상징하는 변발을 하였다. 1900년까지 이 선교회에 약 800명이 소속되었다. 이와 관련하여 토착민을 위한 목회자와 교회가 설립되었다. 1860년 경 많은 중국인들이 안수를 받고 목회하였다. 그리고 토착민을 위한 선교는 대표적으로 네비우스의 조선 선교 정책, 즉 자조와 자전, 자치가 성공적이었다. 1914년 인도의 도마

---

36) 필립 젠킨스, 「신의 미래」, 김신권/최요한 역, (도마의 길, 2009), 91.

기독교는 소수의 사람을 제외하고는 비유럽 태생 주교는 한 명도 없었다. 그 결과 1800년에 유럽과 북아메리카 이외에 살고 있던 개신교인이 대략 1%였으나 1900년경에 거의 10%로 증가하였다. 1914년 아프리카의 가톨릭교회는 700만 명의 세례교인과 100만 명의 세례 준비자가 있었다. 이 숫자는 1938년에 두 배로 증가하였다. 선교학자 스티븐 닐은 "20세기에 처음으로 세계는 보편 종교를 갖게 되었다. 그것은 바로 기독교이다"라고 하였다.

(3) 세계화의 역동적인 활용: 21세기 현대를 설명하는 핵심 단어는 세계화이다. 세계화의 결과는 자유로운 이동, 즉 지리적 한계를 넘어서는 것이다. 세계화로 인한 개방과 이동시간의 급속한 발전은 말과 언어, 인종 간 지역 간은 물론 문화적 차이를 넘어 세계를 하나로 통합하고 있다. 대표적인 사례가 바로 K-Pop[37]과 방

---

37) 2,000년 대 가수 박진영이 원더걸스를 투입하여 미국의 장벽을 깨기 위해 부단히 노력한 결과 전 세계는 K-POP 열풍에 휘말렸다. 2003년 9월 15일-2004년 3월 23일까지 매주 월화에 방송된 MBC 문화방송의 대하드라마 대장금(중종의 신임을 받은 의녀 장금(長今)의 삶을 재구성한 픽션)은 방영 당시 전국 55.5%(2004년 3월 23일 방송)를 기록했으며, 평균 시청률은 41.6%를 기록하였다. 그 후 대한민국 이외의 국가들, 대표적으로 중국과 홍콩, 대만과 일본, 미국과 러시아, 캐나다와 이란, 그리고 터키와 일본에서도 인기를 끌었다. 그런데 2015년 경 가수 싸이가 유튜뷰에 올린 뮤직 비디오 강남스타일이 전 세계를 강타하였다. 그야말로 전 세계가 갑자기 싸이 신드롬에 빠졌다. 사실 지금까지 미국인조차 이런 기록을 낸 사람이 없었다. 한 달도 안 되어 조회 수 일억, 수십억을 넘는 것, 그것도 우리말로 된 노래가 이렇게 빅 히트한 것은 초유의 사태였다. 싸이는 멋있는 음성과 박진감 넘치고 흥겨운 멜로디에 코믹한 동작이 어우러져 세계인의 시선을 사로잡았다. 한편 2013년 6월 13일 결성된 대한민국의 7인조(슈가, 제이홉, RM, 진, 지민, 뷔, 정국) 보이그룹 방탄소년단은 방시혁의 프로듀싱에 의해 탄생한 빅히트 엔터테인먼트의 20대 중반의 남자 아이돌(1992-1997년생)이다. 대부분의 멤버가 출중한 작사와 작곡 능력을 갖추고 있어 싱어 송 라이터로서의 면모를 보이는데 지금까지 미공개곡이 300곡이 넘는다. 이들이 이렇게 주목받은 것은 7인의 퍼포먼스로 데뷔 초부터 난이도가 높은 안무 스케일을 보여주었기 때문이다. 노래는 주로 10대와 20대 청춘들의 생각, 삶과 사랑, 꿈을 주요 주제로 하는데, god 이후 국내에서 16년 만에 단일앨범 누적 판매량 140만장 돌파를 넘어 160만장의 신기록을 수립하였고 싸이 이후 2번째로 같은 해에 열린 5개의 가요 시상식에서 모두 대상을 수상하였다. 지금까지 한류, 그 중 K-POP의 해외인기는 일본과 중국, 동남아 지역의 아시아 국가에 한정되었다. 그런데 이 그룹은 유튜브 컨텐츠의 활용과 SNS, 시선을 사로잡을 만한 화려한 퍼포먼스를 무기로 입소문을 타면서 인기를 형성하였다. 처음 시작은 여타 다른 K-POP 그룹들과 같았으나 뮤직비디오 쩔어를 기점으로 리액션 영상과 더불어 유튜브 내에서 입소문을 탔고, 불타오르네를 통해서 유튜브 내 K-POP 팬덤의 이목을 받았다. 특별히 2016년 말부터 빌보드 수상을 기점으로 전환점을 맞는 데, 당시 팔로워 400만이 1년도 안 되어 1,000만을 돌파하였

탄소년단이 입증하고 있다. 이렇듯 과거에 비해 현대는 정보화의 시대로 생활환경이 급변하고 있다. 이전에 선교지 방문에 엄청난 시간이 걸렸으나 오늘날 교통통신의 발달로 선교지와 본국과의 거리가 몇 분 몇 초에 대화 가능한 무선으로 연결되었다. 이전 교회의 선교는 선교사를 파송하거나 지원하는 것이었다. 하지만 이제는 성도들 자신이 직접 선교지를 방문하고 경험하며 참여하고 있다. 세계화는 이처럼 필요를 채울 수 있는 환경을 만들었다. 또한 선교지 방문에 대한 요구는 교회와 공동체 안에 선교를 도전하고 알리고 동원하는 일에 중요한 도구가 되었다. 뿐만 아니라 세계화로 인해 각국의 문화 공유가 한층 용이해 졌다. 특정 문화에서 다른 문화로 짧은 시간에 양측이 쉽게 공감대를 형성하는 계기를 마련하였다. 그러나 세계화(Globalization)의 이면에 지역화(Localization) 문제가 있다. 한편 세상이 세계화되고 있지만 다른 한편 지역화가 강화되고 있다. 즉 개방과 폐쇄, 진보와 보수, 자유주의와 근본주의가 동시에 나타나고 있는 것이다. 따라서 오늘날 선교지는 개방적인 것 같지만 내부를 보면 매우 폐쇄적이다. 또한 수용성이 높지만 거부감도 확산되고 있다. 이러한 변화에 민감하지 못할 경우 선교는 일방적이고 획일적이며 패권적일 수 있어 그 효과가 반감될 수 있다. 한 층 지혜가 요청된다 할 것이다.

(4) 디아스포라 현상 : 오늘날 세계의 또 다른 현상은 디아스포라 현상이다. 즉 흩어짐의 현상이다. 이것 또한 세계화의 결과이다. 과거에는 흩어짐이 기근과 한발, 혹은 홍수 같은 자연재해와 전쟁(특히 중동의 이념적 갈등)으로 인한 비자발적인 흩어짐이었다. 그런데 오늘날의 흩어짐은 자발적이고 긍정적인 현상이 포함되었다. 하나는 타국으로 이동하는 자원 계층이 넓어졌다는 것이다. 남녀노소, 빈부귀천 할 것 없이 이런 흐름에 동참하고 있다. 이것은 단기선교의 참여 형태를 새롭게 확장할 것이다. 이전에는 주로 청년들 중심의 단기선교였으나, 오늘날은 장년과 청소년을 포함한 단기선교로 발전하였다. 그 과정에서 필연적으로 관리 비

다. 또한 DNA 시점에서는 월드 실시간 트렌드를 찍었고, 그 컴백 뮤비로 역대 24시간 조회수 10위 안에 드는 화력(K-POP 무비 24시간 조회수 유일 2,000만 돌파)을 보이며 미국 유튜브 트렌딩 1위를 기록하였다. 그리고 이 앨범을 기점으로 버블링을 뚫고 빌보드 200과 핫 100 동시 차트 7주, 200은 14주 차트인을 기록하였다. 그 결과 피플지에서 전 세계에서 가장 인기있는 보이그룹 평가와 함께 AMAs에 퍼포머로서 출연, 엘렌쇼와 지미 키멜쇼, 레잇 레잇쇼에 출연과 이브쇼에 초청되었다.

용 문제가 제기된다. 다른 하나는 문턱선교(mission at our door steps) 개념의 출현이다. 즉 우리의 생활공간으로 한류 붐을 타고 타문화가 홍수처럼 몰려온 것이다. 외국인 근로자와 유학생, 단기 체류자와 비즈니스 관련자, 다문화가정 등 타국의 디아스포라들이 우리의 생활 반경을 급속히 점유하고 있다. 이러한 현상은 선교가 단순히 지역적 개념이 아니라 문화적 개념이라는 사실을 깨닫게 해 준다. 그러므로 향후 선교는 지금까지의 지리적 이동의 패러다임을 벗어나 국내에서 진행할 수 있는 타문화권 선교에 관심을 갖고 타 문화 속으로의 복음 확대를 펼쳐야 할 것이다. 선교는 GO만이 아니라 COME도 있다는 사실을 인식해야 할 것이다.

(5) 비서구선교 운동의 확산: 지난 2,000년 동안 서구 중심의 기독교가 1980년을 기점으로 비서구로 그 중심이 이동하였다. 이러한 변화는 기독교의 모든 것에 변화를 가져왔다. 신학은 물론 교회의 모습 뿐 아니라 사역의 형태에도 혁명적인 변화가 일어났다. 지금까지 2,000년 선교역사는 서구에 의한 선교였다. 따라서 이제까지의 선교의 방향과 내용 또한 서구적 환경을 벗어나지 못하였다. 그 결과 기독교 선교의 커다란 진보가 있었으나 한계도 있었다. 대표적인 한계는 서구의 패권적 선교 형태였다. 지금까지 단기선교는 이러한 패권적 및 일방적 형태의 패러다임의 한 형태였다. 하지만 이후 비서구중심의 선교운동이 일어나는 상황에서 패권적이고 일방적인 선교 형태에 근본적인 변화가 요청된다. 지금까지 단기선교는 가진 자들이 부족한 자들을 돕는 행태였다. 앞으로 선교에 참여하고 협력해야 할 선교자원들은 서구교회처럼 많은 재정과 힘을 가진 교회들이 아니다. 한국교회가 선교를 보다 활성화하기 위해서는 현재와 같은 재정 구조를 가진 선교를 얼마나 더 확산 할 수 있을지를 계산해야 한다. 최소한의 재정으로 최대한의 선교 참여를 이끌어 낼 수 방안이 모색되어야 하는 것이다. 현재 우리 주변의 청년들이 재정적 압박을 받고 있다. 무작정 교회가 단기선교를 하는 것은 고려해야 할 부분이다. 결국 관건은 효율성이다. 한 번의 선교라도 가는 자와 받는 자들 사이에서 의미있는 결과가 도출되어야 할 것이다.

(6) 획기적인 전교전략 수립: 이처럼 급박한 변화 속에서 교회 개척과 부흥의 새로운 전략 수립이 요청된다. 여기에 중요 부분을 담당하는 것이 바로 단기선교이다. 지금까지 선교는 건전한 교회 개척 방안으로 크고 높은 수준의 프로그램을 가진 교회, 고급화, 소위 준비된 지도력을 가진 신학교 출신의 목회자, 자체 건물

을 가진 교회 등을 목표로 삼았다. 그래야 스스로 자립과 자전이 가능하다고 믿었다. 그러나 현재의 일반적인 경향은 오히려 그 반대로 다양한 소규모 그룹의 활성화이다. 예를 들면, CPM 전략과 셀 교회, G-12 등으로, 이는 오늘날 선교 현장에서 실천되고 있는 교회 개척과 설립의 전략 등이다. 이들의 공통점은 작고 낮은 수준의 지도력을 가졌지만 재생산성이 높은 교회라는 점이다. 여기서 재생산성과 교회의 높은 수준 요구는 서로 상반되지만 상호 긴밀한 소통을 통해서 극복할 수 있을 것이다.

교회의 수준이 높아질수록 재생산성이 떨어지지만, 최근의 선교전략은 재생산성에 우선순위를 두는 방향으로 움직이고 있다. 선교 전략을 둘러싸고 다양한 의견이 있을 수 있으나 중요한 것은 급속한 사회변화에 교회가 능동적으로 혹은 역동적으로 대처하는 것이다. 세상을 복음화 하는 기대와 열망만큼, 이 땅에 주님의 나라를 건설하기 위해서는 모든 기득권을 내려놓고 주님이 주신 지상 명령 마 28:19-20; 행 1:8을 성취하기 위해서는 희생과 헌신이 요청되는 것이다. 이 목적을 이루기 위해서 우리는 비록 언어와 피부, 사회와 문화, 정치와 경제 여건이 달라도 그리스도의 십자가로 모두를 포용할 수 있는 마음을 가져야 할 것이다. 사실 복음은 모두를 위한 생명의 말씀이기 때문이다.

특별기고:
현대 선교의 효과적인 전략 방안

1. 서론

미국의 역사학자 케네스 스코트 라토렛(Kenneth Scott Latourette, 1884-1968)[38]은 19세기를 위대한 세기라고 하였다. 그의 말대로 19세기는 일반 역사뿐만 아니라 특별히 기독교 2,000년 역사에서 위대한 세기였다. 19세기 서구 열강과 제국주의의 팽창으로 시작된 제3세계에 대한 선교 열풍은 정치와 경제, 사회와 문화, 그리고 종교적으로 일대 혁신을 제공하였다. 여기에는 긍정과 부정의 두 측면이 뒤따른다. 전자는 사회 개발과 문화 혁신, 산업과 민주화 등이다. 후자는 식민 통치와 착취, 내지 인권 유린 등이다. 이 같은 공과는 적어도 기독교 선교와 더불어 20세기 중엽, 제 3세계의 독립과 함께 또한 긍정과 부정 두 측면으로 분류할 수 있다. 아프리카나 남아메리카, 아시아의 여러 국가에서 보듯이 기독교화 내지 친기독교로 지금까지 계승되었으나 일부 나라에서는 반 기독교화 내지 대립적으로 이슬람화 되었다. 그 결과 여타 종교와 달리 기독교와 이슬람교는, 뿌리가 같은

38) 예일대학교 선교부 파송으로 중국 선교사를 지냈으며, 리드대학과 그랜빌 침례대학교, 그리고 예일대학교에서 선교와 동양역사를 교수하였다. 그는 「기독교 확장사」(*A History of the Expansion of Christianity*), (New York: Harper & Bros, 1945), 7 vols(A history of the expansion of Christianity. 1. The first five centuries(1937), A history of the expansion of Christianity. 2. The thousand years of uncertainty. 500-1500(1938), A history of expansion of christianity. 3.Three centuries of advance: A.D. 1500-A.D. 1800(1939), A history of expansion of Christianity. 4. The great century: in Europe and the United States of America; A.D. 1800-A.D. 1914(1941), A history of the expansion of Christianity. 5. great century in the Americas, Australasia, and Africa. 1800-1914(1943), A history of the expansion of Christianity. 6, The great century in Northern Africa and Asia: A.D. 1800 - A.D. 1914(1944), A history of expansion of Christianity. 7. Advance through storm: AD 1914 and after, with concluding generalizations(1945)에서 구속사를 역사의 주축으로 이해하는 독특한 선교사관를 바탕으로, 제도권 교회보다는 우선적으로 소수 선각자 운동에 의해 선교 운동이 확산되었고, 후에 제도권 교회의 선교 각성으로 변혁이 일어났다고 하였다.

자칭 계시종교(?)임에도 불구하고 생존을 위해 극단적으로 충돌하였다. 이러한 현상은 비교적 인종이 단일한 나라나 종교에서는 발생하지 않았다. 그리고 이스라엘과 사우디아라비아, 이집트처럼 유대교나 이슬람이 거의 절대적인 상황에서 이슬람이나 기독교는 큰 힘을 얻지 못하였다.[39] 소수파가 전체 인구의 10-20%일 경우에 국가의 종교적 화합에 저항하기는 쉽지 않다. 하지만 두 종교가 공존하는 나라에서 20세기 후반, 특별히 21세기와 더불어 여러 지역에서 갈등과 대립, 충돌이 고조되고 있다. 이것은 몇몇 학자들의 비판에도 불구하고 사무엘 헌팅톤(Samuel Huntington, 1927-2008)[40]이 역작 「문명의 충돌」(*The Clash of Civilization*, 1997)[41]에서 지적한 것처럼 종교 간의 이념 논쟁에 기초하였다.

---

39) 필립 젠킨스에 의하면 이슬람이 압도적으로 많은 나라는 파키스탄과 방글라데시, 사우디아라비아와 터키, 이란과 예멘이며 기독교인이 소수인 나라는 인도네시아와 이집트, 수단이며, 기독교인이 압도적으로 많은 나라는 미국과 브라질, 멕시코이며 기독교인이 주를 이루고 이슬람이 소수인 나라는 필리핀과 콩고민주공화국, 독일과 러시아, 우간다이다. 한편 기독교인과 이슬람 어느 편도 다수파가 아닌 경우는 나이지리아와 에티오피아, 탄자니아, 기독교나 이슬람이 지배적이지 않은 기타 나라는 인도와 중국, 베트남과 태국, 일본 등이다. 필립 젠킨스, 「신의 미래」, 김신권/최요한 역, (도마의 길, 2009), 296 참조.

40) 세계적인 정치학자로 동서 냉전 종식 후 달라진 세계 정치의 성격을 규명하는 시도로 '문명 충돌론' 을 제기하여 센세이션을 일으켰다. 군사정치학과 비교정치학 분야에서 왕성한 활동을 벌인 그는 「제3의 물결-20세기 후반의 민주화」, 「불협화음의 미국 정치」, 「쉽지 않은 선택-개발도상국에서 정치 참여」등의 저서를 집필하였다. 그의 활동은 현실 정치 참여로 이어져 월남전에서 '전략촌' 정책을 수립하고, 카터 행정부에서 외교안보 보좌관으로 일하였다. 그리고 시사 전문지 '포린 팔러시' (Foreign Policy)를 창립하여 공동 편집인으로 활약했으며, 미국 정치학회의 회장을 역임하였다.

41) 헌팅턴은 자신의 역작 「문명의 충돌」(Simon & Schuster, 1997)에서 향후 세계에서 경쟁과 대항의 주체는 '문명' 으로, 이것은 야만과 대비되는 문명이 아니라 언어와 종교 등 여러 가지 문화적 특질의 집합체로서 세계 여러 지역에 자리잡아온 문명권을 가르친다. 그에게 문명권을 구분하는 1차 기준은 종교로 기독교권과 그리스정교 권, 이슬람 권과 유교 권, 불교 권과 힌두 권 등이다. 여기에 라틴 아메리카와 아프리카, 일본권이 추가된다. 헌팅턴의 핵심은 인류의 가치 체계가 하나로 통일된다는 일원론으로, 냉전 시대의 산물인 대립적 이원론에 맞서 앞으로는 다양한 가치 체계가 형성될 것이라는 것이다. 세계정치는 이데올로기가 아니라 문화와 문명의 괘선을 따라 재편될 것이며, 또한 다양한 문명 내의 갈등과 분쟁보다는 문명 간의 단층선을 따라 벌어지는 갈등과 분쟁이 중요할 것이다. 결국, 헌팅턴이 보기에 탈냉전 세계는 일곱 내지 여덟 개의 종교를 둘러싼 주요 문명으로 이루어지는 세계이다. 문화적 동질성과 이질성은 국가 간의 이익과 대결, 협력 양상을 규정할 것이나 확전으로 치달을 가능성이 높은 국지적 분쟁은 판이하게 다른 문명에 속한 집단과 국가 간의 충돌일

2. 기독교와 이슬람의 갈등 이유

기독교와 이슬람 간의 종교적 대립과 갈등이 야기되는 이유는 **(1) 인구 증가와 국가의 종교 상관성 때문이다**. 상기한 대로 단일 민족이나 단일 종교 집단으로 구성된 나라라면 문제는 간단할 것이다. 이런 나라에서는 극단적으로 인구가 감소되어도 별 문제는 없다. 하지만 나라마다 대부분 다양한 규모의 소수민족이 존재하고 인구 변화는 시대적인 조류이다. 대체로 가난한 사람과 타지인은 생활이 부유한 사람들보다 출산율이 높다. 그들의 종교적 및 문화적 전통은 시간이 갈수록 영향력이 증대되고 있다. 대표적으로 시아파 무슬림 소수파가 사회의 하층을 구성하는 레바논은시아파의 인구성장률이 폭증하고 있다. 1975-1990년 사이에 레바논 내전은 대부분 가난한 대중의 주거문제에서 기인하였다. 이와 같이 서유럽 국가 대다수는 출산율이 높은 이민자 집단에 비해 상대적으로 매우 낮다. 따라서 영국과 프랑스에서 종종 발생하는 종교간, 인종간의 갈등은 서구인들의 배타성과 더불어 심리적 경계심에서 비롯되었다. 문제는 앞으로 이러한 현상, 즉 소수파 하층민과 이민자들의 증가에 기존 서구 국가들이 어떻게 대처할 것인지가 과제이다.

(2) 종교의 개종이다. 2018년 현재 기독교와 이슬람의 포교 상황은 사활을 건 전쟁으로 두 종교 모두 적극적이다. 두 종교는 역사적으로 거의 같은 지역에서 태동하여 교세를 확장하였다. 특별히 세계에서 가장 인구성장률이 빠른 아프리카에서 두 종교 간의 경쟁은 치열하다. 두 종교 모두 어렵게 전통 토착종교를 믿는 사람들을 개종하려고 다투지만, 어떤 상황에서는 기독교인이 무슬림을 개종하려 하고 또는 무슬림이 기독교인을 개종시키려 힘쓴다. 그런데 기독교와 달리 이슬람은 자신들의 종교로부터 개종하는 일을 막기 위해 개종자에게 이슬람법에 따라 사형에 해당하는 배교행위로 간주하였다. 속담처럼 살로 "이슬람은 일방으로만 통행하는 문이다. 들어올 수는 있어도 나갈 수는 없다".[42]

것이다. 정치 경제적 발전의 지배적 양상은 문명과 문명마다 다르지만 요점은 국제 문제에서 중요한 사안에는 문명의 차이 때문에 발생한다고 보았다. 헌팅턴이 예측한 향후 세계는 장기간 주도권을 행사해 온 서구 문명으로부터 비서구 문명으로 힘의 무게 중심이 옮겨 가고 있다는 것이며, 실제로 세계 정치는 급속히 다극화 및 다문명화 되고 있다.

42) 필립 젠킨스, 「신의 미래」, 김신권/최요한 역, (도마의 길, 2009), 297.

이처럼 이슬람은 자체 법령을 통해 철저히 개종을 막고 있다. 이슬람의 공격은 특별히 기독교 국가를 상대로 악의에 찬 공격을 일삼으며 매우 방어적이다. 이것은 현재 아프리카의 여러 나라, 기독교가 득세하는 나라에서 충격을 받은 이슬람이 과격한 행동을 일삼는 것이다. 예를 들면, 19세기 초 나이지리아는 본래 강력한 이슬람 국가로 남부에는 정령숭배자들이 거주하였다. 기독교는 20세기 초에 등장하여, 1970년까지 전체 인구의 약 1%였으나 44%로 증가하였다.[43] 이와 달리 이슬람은 매우 느렸다. 하지만 2018년 8월 현재 이슬람은 아시아는 물론 유럽 국가들을 위협하고 있다. 필자는 이슬람의 급속한 증가 이유를 여섯 가지로[44] 정리한 바, 이는 기독교인들이 경각심을 갖고 숙지해야 할 부분이라고 믿는다.

---

43) 이곳의 기독교는 2000년 현재 성공회 1,800-2,000만명과 로마 가톨릭 1,400-1,500만으로 전체 인구의 2/3를 차지 하고 있다.

44) 필자는 이슬람의 성장 이유를 여섯 가지로 정리하였다. (i) 다산이다. 무슬림 여인들은 1인당 평균 6명의 아이를 낳는다. 무슬림 여인은 반드시 무슬림 남성과 결혼을 해야 하고, 이슬람 사회에서 결혼의 기본적인 목적은 자녀를 낳는 것이다. 다산은 이슬람 공동체 확장에 크게 공헌하였다. (ii) 결혼에 의한 개종이다. 무슬림 여인은 반드시 무슬림 남자와 결혼을 해야 하지만 무슬림 남성은 성경의 백성과 결혼할 수 있다. 여기에서 성경의 백성이란 기독교인이나 유대인을 가르친다. 무슬림 남성과 결혼을 할 때는 이슬람의 신앙고백을 해야 하며, 무슬림과의 사이에서 아이를 낳으면 그 아이는 자동적으로 무슬림이 되며 아버지가 양육권을 갖는다. (iii) 개종에 의한 증가이다. 오늘 날 이슬람의 증가는 자발적인 개종이다. 영국의 내무부 장관 재키 스미스는 2008년 BBC방송에서 "2001년부터 매년 5만 명의 영국인이 개종하여 영국에서 무슬림은 그 수가 40만 명에 이르"렀다고 하였다. 2018년 8월 현재 이슬람은 문화와 인종을 넘어 세계적으로 널리 퍼지고 있으며 여러 곳에서 기독교인의 수를 압도하고 있다. 21세기 전 세계 종교 지형이 바뀔에 직면하였다. 기독교인들의 각성과 적극적인 대처가 요청된다 할 것이다. (iv) 아랍 및 이슬람 국가로부터의 과다한 이민이다. 유럽은 제2차 세계대전 때 엄청난 남성들이 사망했다. 전쟁의 폐허에서 경제를 일으키는 과정에서 해외로부터 값싼 노동력의 유입이 필요하였다. 당시 이들 이민자들은 초기에는 사회의 최하층 근로자였으나 시간이 흘러 유럽 사회에 적응하면서 이들의 문화와 종교가 자연스럽게 유럽 문화에 스며들었다. (v) 무슬림들의 이슬람에 대한 열성과 그들의 실천적인 신앙 때문이다. 무슬림들은 이슬람의 종교적 규율이 현대 상황에 맞느냐 맞지 않느냐를 따지지 않고, 그 계율을 적극적으로 따르고 있다. 이들의 이러한 적극적이고 열정적인 신앙 자세가 유럽인들에게 매력을 주고 있다. (vi) 유럽인들의 탈교회화와 새로운 신앙의 추구이다. 중세 교회가 신학 논쟁으로 시간을 허비하며 복음에 무관심하였듯, 현대 유럽 교회도 이성주의와 과학, 논리적 증명 등 비생산적인 논쟁으로 신자들에게 외면을 당하였다. 더욱이 교회가 거룩 성을 상실한 채 세상과 차이가 없다. 이러한 현상들이 젊은이들로 하여금 교회를 떠나게 하는 이유들이다.

3. 두 종교의 공존 가능성

(1) 긍정적 견해 : 마호메트의 초기 사역에서 보듯이, 그리고 무엇보다 코란에서 보듯이 이슬람은 다른 종교에 관용을 가르친다. 사실 이슬람 경전 코란은 대부분 기독교의 성경과 유사한 내용들이다. 오히려 코란은 신약 성경 보다 성모 마리아를 더 많이 취급하였다. 심지어 예수에 대한 언급도 자주 발견된다. 더욱이 예수는 이슬람교의 한 종파인 수피교가 사랑하는 인물이자 스승으로 신비주의의 원천이다. 1980년대 예수를 지나치게 인간적으로 묘사하여 논란이 된 「그리스도 최후의 유혹」(*The Last Temptation of Christ*)이 개봉되자 서구 기독교인들은 단지 시위만 했으나 이슬람은 상영을 금지하였다. 한편 2004년의 「그리스도의 수난」은 이슬람 국가에서 환대를 받았으며, 성직자들이 신자들에게 추천하였다. 일부 성직자들은 못마땅하게 생각했으나 그것은 예수를 신성 모독으로 보았기 때문이다.

역사에서 보듯이 기독교와 이슬람교는 종종 좋은 관계를 유지하였다. 특별히 중세 로마 가톨릭의 박해 아래 유대교와 이슬람교는 살아남았다. 오늘 날 중동에서 발생하는 긴장과 갈등 속에서도, 대표적으로 팔레스타인에서 두 종교는 공존하고 있다. 이슬람 국가 대다수와 오만과 아랍에미리트 같은 걸프 해 국가들도 이슬람을 개종하지 않는 한 기독교 예배를 허용한다. 교황 요한 바오로 2세가 이집트와 시리아를 방문했을 때, 이슬람의 원로 성직자들과 대중들이 그를 환영하였다. 2001년 요한 바오로 2세는 고대 교회의 자리에 세워진 다마스쿠스 대사원, 우마이야 모스크에서 교황으로 최초의 연설을 하였다. 아프리카 대부분의 지역에서 이슬람과 기독교는 상호 생존과 공존 원리를 적용하고 있다. 이는 부분적으로 정령숭배자들을 개종하는 아프리카의 두 최대 종교 사이의 강한 친화력의 반영 때문이다. 서구의 성탄절은 동아시아와 동남아시아 전역의 명절이 되었고 인도네시아의 무슬림들도 이 명절을 열정적으로 지킨다.

(2) 부정적 견해 : 이 같은 여러 정황에도 불구하고 기독교와 이슬람교는 결코 공존할 수 없는 상황이다. 그 이유는 외형상 나타나는 폭력적 행위 때문이 아니라 각자의 신앙을 정치적 행동으로 이루려 하기 때문이다. 두 종교 간의 유사성에도 불구하고 열혈정부의 등장으로 서로가 서로를 박해하였다. 대표적으로 중세나 현대 유럽 초기의 유대인들이 이렇게 어려움을 당하였다. 대체로 지배적 종교가 관

용적이었어도, 소수파 종파들은 돌출된 광신 행위로 짓밟히거나 무참히 유린되었다. 최근 중동의 소수파 종교가 바로 그 예(例)이다. 기독교 사회는 중동에 일부 잔존하지만 1850년과 비교하면 매우 미미하다.

1915년 제1차 세계대전 당시 터키의 전신 오스만투르크가 소수 민족 아르메니아인 150만 명을 학살한 것이 대표적인 경우이다. 또한 1860년 무슬림의 드루즈파(Druzes)는 레바논의 기독교 마론파와 치열한 공방전으로 수만 명을 학살하였다. 1915년 터키인은 모든 종파의 기독교인 수십만을 학살하고 추방하였다. 터키 군부는 일부러 기근을 통해 레바논 마론파(Maronite) 기독교인 십만 명을 살해하였다. 1915년 유혈 사태로 중동 전역에서 로마시대부터 계승된 고대 기독교 문화와 야곱파, 네스토리우스파, 갈데아파를 파괴하였다. 전쟁 후에도 1919-1925년 사이에 그리스 기독교인들은 새로운 세속주의 국가 터키에서 대량으로 추방되었다. 1955년 이스탄불의 기독교인들은 수정의 밤 사건 이후 유럽에서 벌어진 최악의 인종폭동을 겪었다. 1923년 이스탄불의 그리스 기독교인은 약 40만이었으나 현재는 4000명으로 감소되었다.

이슬람의 전략은 잔인과 과격을 앞세워 무자비하게 자행되었다. 이것은 현대 기독교도 예외는 아니다. 1995년 스레브레니차에서 세르비아인이 보스니아 무슬림을 학살한 사건은 1945년 이후 유럽에서 일어난 최대의 범죄였다. 그럼에도 불구하고 이슬람의 위협은 극단적이며 폭발적이다. 그 이유는 (i) 갑작스런 부흥의 결과이다. 사실 지난 20년 동안 이슬람은 급속히 부흥하였다. 이는 이슬람법을 따르는 순수 이슬람 국가의 건설에 근거하였다. (ii) 추종자들은 지구화 시대에 자신의 문화 정체성의 상실을 염려하기 때문이며 (iii) 또한 부유하고 무정한 서구의 통제아래 빈자들을 위한 해법으로 간주하기 때문이다. 현재 중동 국가들은 현대화와 지구화의 어려움을 극복하지 못했고, 기술 혁신과 상업 발전에서 낙후되었다. 인구에 비해 세계 학계나 산업 분야에서 기여도가 매우 낮다. 따라서 당분간 이슬람의 과격한 적대 행위는 계속될 것이다.

대표적인 례가 수단과 이집트이다. 전자는 1963년부터 1972년까지 유혈 폭동이 발생했고 1980년대 무슬림 종교법 샤리아(Sharia)를 전국으로 확대하였다. 그 후 이곳의 전쟁으로 약 150만 명이 목숨을 잃었다. 아직 이곳에는 무슬림 국가 모니타니와 더불어 드물게 노예제를 두고 있다. 한편 후자 또한 수 십 년 동안 콥트파를 박해하였다. 1990년대 이슬람 무장 게릴라들이 콥트파 마을을 공격하여 100여명을 사살하였다. 이웃 무슬림들이 게릴라 공격을 비난하고 기독교인 피해자를 도왔으나 폭동을 막지 못했다. 그리고 나이지리아에서 두 종교 간의 갈등도 예사롭지 않다.[45] 고조되는 상황에서 이곳의 기독교인들은 이슬람의 율법 아래 사는 것을 두려워하고 있다. 술을 금지하는 일로부터 박해하는 일까지 소수파 기독교인들은 생활에 영향을 받고 있다. 심할 경우 사법과 형법, 가족법 전체가 기독교인들에게 불리하게 적용되어, 신체적 처벌과 태형, 사지 절단을 당할지 모르기 때문이다. 극히 제한된 종교 생활로 전도 활동이 금지되고 만약 이슬람을 배교하면 사형에 처하였다. 이곳에서 여자는 이동권과 노동권이 극히 제한적이며, 공공장소에서 이성과의 대화는 간통과 매춘 등의 오해와 불이익을 받는다. 종교적 갈등이 야기되는 나라들 중에 나이지리아가 그 중심에 있다.

아시아에서는 파키스탄이 문제이다. 이곳에 기독교인 인구는 2% 약 300만이다. 이들은 대부분 가난한데, 신성모독과 배교에 관한 법적 제재를 받고 있다. 1986년 제정된 법에 의하면 언어와 몸짓, 풍자로 직간접으로 거룩한 예언자 마호메트의 이름을 모독하면 사형이나 종신형에 처한다. 무슬림에게 복음을 전하거나 개종을 생각하면 사형에 처하였다. 파키스탄과 함께 인도네시아는 종교간 갈등이 매우 심하다. 이곳의 기독교인은 전체 인구의 10%인데, 도시의 상권을 주도하고 있다. 1990년대 후반부터 기독교와 이슬람의 대립은 동부지역에서 발생하였다. 인도네시아 정부는 1975년 자신들이 점령한 동티모르의 가톨릭 지역을 탄압하였다. 그리고 1999년 독립을 선언하자 정부군이 가톨릭 성직자와 교인들을 살해하였다. 무엇보다도 가장 악랄한 폭력 사태는 몰루카 제도에서 일어났다. 1999년과 2,000년 사이에 폭동으로 양측이 절반씩 총 5,000명이 죽었다. 1998년과 2002년 사이에 약 400개의 인도네시아 교회가 불타거나 폭파되었다. 2,000년 할마헤라에서는 무장한 무슬림 라스카르 지하드에 의해 한 시간 만에 기독교인 약 200명이 죽었

45) 필립 젠킨스, 「신의 미래」, 김신권/최요한 역, (도마의 길, 2009), 306-307. 1966년 이보족 기독교인 수만 명이 북부에서 학살되었고, 생존자들은 안전한 지역으로 피신하였다. 이 일로 북부 이슬람 지배권이 강화되고 잔존한 기독교인은 소수가 되었다. 1967년과 1970년 사이에 동부의 기독교인이 독립을 시도했으나 실패하여 약 100만 명이 사망하였다. 이후 지금까지 중동의 이슬람 국가들은 매우 적극적으로 이슬람화를 위해 총력을 기울이고 있다.

다. 그 해 말 몰루카 기독교인 약 50만 명이 정부의 지원을 받은 지하드 전사에 의해 추방되었다. 북몰루카 기도교인 수 천 명은 공식 예배에서 강제로 이슬람으로 개종하였고, 일부는 남녀 할례 의식도 거행하였다. 당시 개종을 거부한 수 백 명은 목숨을 잃었다. 인도네시아의 반기독교 정서는 (i) 근본주의의 발흥과 민족주의의 확대로 민족의 일치를 위한 행동에 근거하였고, (ii) 경제적 요인으로는 당시 인도네시아의 도시 기독교가 상권에서 중국과 연계되었다. 따라서 당시 독제자 수하르토는 1998년 며칠 동안 이곳의 중국인 약 200명의 폭동을 처형하였다. 필리핀도 갈등이 고조되는 나라 중에 하나이다. 특별히 이곳 남부의 무슬림 지역 민다나오의 목표는 이슬람 주가 되는 것이다. 현재 이곳에 미군 8만 명이 주둔하고 있다. 결국 아프리카를 포함한 세계 도처에서 발생하는 종교 간의 갈등, 특별히 기독교와 이슬람의 갈등은 끝없을 것이다.[46)]

한편 유럽에서는 1990년대의 유고슬라비아를 빼놓을 수 없다. 보스니아와 코소보의 전쟁은 중세 십자군 전쟁으로 비화되었다. 1980년대 이후 프랑스에서는 젊은 저소득층의 북아프리카 사람들이 대도시에서 폭동을 일으키며 경찰과 충돌하였다. 같은 시기에 베를린에서는 인종주의에 맞서 터키와 무슬림 세력이 시위하였다. 특별히 1989년 이란 정부는 살만 루시디에게 사형을 선고, 즉 파트와를 내렸을 때, 유럽의 여러 곳, 영국, 프랑스, 벨기에, 독일, 네덜란드에서 무슬림 수천 명이 신성모독을 규탄하는 시위를 벌였다. 루시디 사건은 무슬림 정치 조직과 과격주의의 등장을 촉발하였으며, 2006년 예언자 마호메트를 그린 덴마크 만화로 분노가 폭발하였다. 이탈리아의 무슬림들은 볼로냐 대성당의 15세기 프레스코, 최후의 심판에 자극을 받고 격분하였다. 또한 단테의 신곡을 포함하여 무슬림을 부정적으로 묘사한 작품들을 없앨 것을 요청하였다. 그리고 2004년 스페인의 마드리드 폭탄테러와 이듬해 영국에서의 지하철 테러이다. 두 사건으로 약 250명이 사망하였고, 네덜란드의 테오 반 고흐 감독이 암살되었다. 2005년 프랑스의 도시에서 일어난 폭동도 주목해야 할 것이다. 문제는 이슬람의 호전정신에 맞서 미래의 정부는 폭력을 피하고, 종교 간의 갈등을 조장하지 않도록 힘써야 할 것이다. 유

---

46) 대표적으로 케냐와 아이보리코스트이다. 특히 후자는 무슬림과 기독교인 인구 대비 40%와 33%이다. 이곳은 서방 국가의 내정간섭과 미국의 석유 수입으로 갈등의 잠재 요인이다.

럽의 국가들은 초기에는 인종적인 면을 고려했으나 현재는 종교적 영향이 크게 미치고 있다. 이를 극복하기 위해서는 기독교인의 이민이나 포교에 더욱 힘써야 할 것이다.

종교 간의 갈등은 이슬람만이 아니다. 아시아에서는 힌두교화 불교와의 갈등이 문제이다. 인류학자에 의하면 힌두교의 본산지 인도는 2040년이면 인구로 중국을 추월하여 약 15억 명이 될 것이다. 서구인들은 종종 편견을 가지고 이슬람을 폭력으로 간주하나 힌두교는 간디의 비폭력으로 좋은 인상을 가지고 있다. 이론상으로 힌두교는 훨씬 폭넓은 종교이다. 그럼에도 인도에서 기독교는 불안과 증오의 대상이다. 그 이유는 무엇인가?

(1) 불가촉천민 전통 : 이것은 힌두교의 신분 혹은 인종 차별 전통으로 불법임에도 여전히 지금도 적용되고 있다. 따라서 수많은 사람들이 억압과 폭력에 시달리며, 살해와 고문, 강간을 당하고 있다. 오늘까지 계속되는 카스트제도는 사실 현존 세계에서 가장 크고 유일한 제도적 불의이다. 이 문제는 결국 종교적 갈등 요인으로, 다른 종교들은 이들을 개종시켜 힌두교로부터 분리하려고 한다. 여러 개종자들은 힌두교 사회의 변방에 사는 부족 사람들이다. 이곳의 기독교인은 불가촉천민 약 4,000만의 대다수를 차지한다. 인도의 가톨릭 주교 150여 명 중 대부분이 높은 계급 출신이고 신부도 마찬가지다.

(2) 기독교의 포교 활동 : 기독교가 향후 인도의 힌두교 사회를 변화시킬 지도 모른다는 염려 때문이다. 사실 생전에 마하트마 간디(Mohandas Karamchand Gandhi, 1869-1948)[47]는 기독교인의 인도인 개종을 반대하였다. 그 이유는 인도의 가난한 사람들이 기독교에 호의적이었기 때문이다. 1997년 힌두교 민족주의자

47) 본명은 모한다스 카람찬드 간디이며 1869년 인도 북서부 지방에서 태어났다. 간디는 인도의 정신적 및 정치적 지도자로, 마하트마 간디(Mahatma Gandhi)로 널리 알려져 있는데 '마하트마'는 "위대한 영혼"이라는 뜻으로 인도의 시인인 타고르가 지어준 이름이다. 그는 공부하거나 놀이 할 때 눈에 띄는 아이가 아니었고 오히려 시간 나면 혼자서 오랫동안 산책하는 소극적인 성격이었다. 영국 유학 중 법학(London University)을 공부한 후, 남아프리카 공화국 시절 인종차별의 슬픔을 겪으면서 비폭력 무저항주의자가 되었다. 영국의 식민지 인도의 독립을 위해 열한 차례 투옥되었으며 비폭력 무저항주의 운동을 펼쳤다. 1930년 미국 시사주간지 타임의 '올해의 인물' 에 선정되었으며, 노벨 평화상 후보자에 4번 올랐으나 수상하지 못하였다. 또한 인도 독립에 결정적인 역할을 한 정치 지도자였으나 인도의 분열을 막지 못한 채 1948년 암살되었다.

들이 선거 승리 후 상황이 더욱 악화되었다. 오리사 주에서는 폭도들이 호주 선교사 그래함 스테인즈(Graham Staines)와 어린 두 아들을 불태워 죽였기 때문이다. 구자라트 주에서는 최악의 폭력 사태로 교회 수십 개가 파괴되었다. 이들은 계속해서 신분이 낮은 기독교 개종자들을 협박하며 구타할 것이다. 따라서 각 지방의 인도 민중당 초 민족주의 소속의 개별 테러주의자들이 기독교를 공식적으로 차별하라고 요구하였다. 그리고 개종자들에게 개종을 금지하거나 여러 법적 규제를 만들어 전도나 결혼을 통해 종교를 바꿀 때에 관청에 등록하게 하였다. 일부 지역에서는 인도인들이 서구 선교사들의 돈을 받고 개종하기도 한다. 한편 불교는 다른 종교에 비해 예외적으로 쇠퇴하고 있다. 그 쇠퇴 이유로는 중국, 티베트, 몽골, 베트남, 캄보디아 등이 반종교 혁명의 중심지가 되었기 때문이다. 하지만 앞으로 불교는 중국과 베트남, 태국을 중심으로 회복될 것이다.

4. 선교의 발달 과정

(1) 제국주의 식민 통치시대: 19세기는 선교의 위대한 시대이자 동시에 순교의 시대였다. 기독교의 박해로 아프리카와 인도에서 수백 명이 순교하였다. 여기에 한국의 기독교도 순교자의 피로 형성되었다. 가톨릭 신자 수천 명이 목숨을 잃었고, 1860년-1870년 절정에 달하였다. 19세기 후반은 세계적으로 기독교 순교자의 시대였다.[48] 특별히 아프리카의 기독교는 선교 이후 정통 교회의 전통과 여러 부분에서 차이가 있다. 그것은 예배와 신앙의 다양한 의식과 절차에서 발견된다. 대체로 이것들은 현지 문화에서 파생한 것들로 기존 교회와 달리 매우 순박하다. 그러나 복음이 정착하는 과정에서 특정 문화와 접목하면서, 특정한 형태로 발전했음을 의미한다. 사실 민족마다 문화를 표현하는 방식이 다르고, 어떤 문화에서 효과가 다른 문화에서 동일한 효과를 산출할 수는 없다. 예를 들면, 북 유럽 사람들은 흔히 춤을 추거나 몸을 이리저리 움직이는 것이 예배에 맞지 않는다. 그러나 아프리카 사람들에게 춤은 당연한 것으로, 한 사람이 아니라 전체로 어울 어지는 공동의 활동이다. 이런 경향은 아프리카와 남미의 브라질, 쿠바, 미국, 심지어 유럽에

48) Steven Neill, *History of the Christian Missions,* (Penguin), 415-418; 필립 젠킨스, 「신의 미래」, 김신권/최요한 역, (도마의 길, 2009), 106.

흩어져 있는 흑인 교회에서 현저히 발견된다.[49]

(2) 토착화 문제: 문제는 복음을 전하면서 신앙의 본질과 문화의 비본질을 어떻게 조화시켜야 하는가의 문제이다. 예를 들면, 아프리카의 일부다처제나 점치는 일, 동물을 바치는 제사, 하례와 조상 숭배 문제이다. 빅토리아 여왕 시대, 아프리카 남부에서 선교를 한 콜렌소(J. W. Colenso) 주교는 기독교 개종자들에게 이를 시정하라고 하지 않았다. 왜냐하면, 일부다처제는 아프리카 문화의 일부였기 때문이다.

그렇다면, 우리가 복음을 증거하면서 이를 어떻게 취급해야 하는가? 선교 학자 앤드루 월스의 지적처럼 우리는 기독교인이 될 때 우리의 역사와 문화를 전부 포기해야 하는가? 영국의 경우, 이들도 고대 기독교의 전통을 그들의 문화 속에 토착화하여, 중세 북유럽의 고딕 양식을 교회 건축에 적용하였다. 여기서 고딕 양식은 기독교의 핵심이 아니라 문화적 표현일 뿐이다. 하지만 이것은 매우 중요하다. 왜냐하면, 복음은 문화적 양식을 통해 정착되기 때문이다. 서구 기독교는 수 백 년 동안 복음을 접한 후 당시의 상황에서 크게 바꾸었고, 다양한 문화의 사상과 뒤섞인 채 성장해 왔다. 이것이 곧 복음의 능력이요 기독교의 신앙이다. 기독교의 융통성은 그러므로 신비이다.

여기에 가장 좋은 사례는 600년경의 그레고리 1세이다. 당시 교황은 영국 선교사들에게 보낸 편지에서 "우상의 사원을 절대로 파괴하지 말라. 우상은 파괴해야 하지만 사원 자체에 성수를 뿌리고 제단을 세워 그곳에 유물을 보관하라. 이교도들은 귀신에게 소를 바치는 관습이 있으니 헌신의 날이나 그곳에 안치한 경건한 순교자들의 축제일과 같은 다른 의식으로 그 관습을 대체하라" 고[50] 하였다. 결국 개조된 사원은 뒤에 웅장한 교회가 되었다. 예를 들면, 영국 런던의 성 바울 성당은 고대에 이교도의 건축물이 있던 곳이었다. 그리고 교황 그레고리는 선교사들이 고대 절기를 흡수하는 것 까지 현지 종교와 타협하였다. 기독교의 가장 중요한 절기인 부활절도 그 단어 안에 이교도가 섬기는 봄의 여신의 이름을 담고 있다. 이것이 바로 기독교가 위대한 성자의 이름을 고대 이교의 절기 축제에 붙인 이유이

---

49) 필립 젠킨스, 「신의 미래」, 김신권/최요한 역, (도마의 길, 2009), 208-209.

50) 필립 젠킨스,, 211-212.

다. 유럽 전역에 걸쳐 하지는 세례자 요한의 축일과 관련이 있다.

16세기 종교개혁과 더불어 해외로 수출된 기독교는 그 과정에서 토착화 문화를 성공시켰다. 라틴 아메리카의 웅장한 성당과 교회는 아즈텍족이나 잉카족의 사원이 있던 자리를 차지하였다. 그 사원을 지은 벽돌로 다시 성당과 교회를 건축하였다. 이러한 사례는 신세계 기독교, 특별히 1531년 스페인 선교사에 의한 멕시코의 수호 여신에서 발견된다. 이것은 기독교가 전래되기 전 아즈텍의 여신 토난친의 것으로 기독교 전파 이전부터 섬겨온 관행이다.[51] 그리고 라틴 아메리카의 다른 곳에서는 성모 마리아의 숭배는 이교와 관련된다. 쿠바인은 섬에 잡혀온 서아프리카 노예들이 여신으로 섬기는 카리다드 델코브레 성모(La Virgen de la Caridad del Cobre)를 숭배한다. 오늘날 이 숭배는 아프리카계 쿠바인의 산테리아교의 일부이다. 이들은 제의 도중에 피를 제단에 드리는 관습에 따라 염소와 양, 비둘기 등을 제물로 바치며, 강한 리듬의 음악 속에서 엑스터시에 빠져든다.[52] 이 같은 성모 마리아 숭배는 점차 영적인 것만큼이나 윤리적인 모델로 발전하였다. 한편 중앙아메리카의 고대 마야족 제사장 권력층은 가톨릭 조직을 빌려 종교적 세력을 유지하였다. 고찰한 바대로 이것은 이후 필리핀 사람들의 종교관을 지배하는 전통이 되었다. 토착화의 많은 부분 중에 중심은 예배를 위한 언어로, 기독교는 창의력을 발휘하여 직면한 여러 상황에 맞게 특별한 용어를 채택하였다. 고대 유대인이 사용한 율법과 초대 교회가 사용한 신약은 중동과 지중해 사회에서 출현한 것이다. 그리고 로마제국의 전 사회와 경제 공동체에 가장 적합한 언어로 정착되었다. 이것은 선교 시에 혹은 토착민의 선교를 위해 불가피한 것이다.

(3) 교회와 국가 연합: 식민지 통치아래 교회는 국가의 지원을 받으며, 그 대가로 타협적인 정치 입장을 표명하였다. 어떤 면에서 교회는 정부 기관이었다. 무엇보다도 라틴 아메리카의 가톨릭은 나라가 해방된 뒤에도 이전의 특혜를 계속 누렸고 일부 나라에서는 지금도 누리고 있다. 남아메리카에서 개신교 소수파가 많은 나라인 칠레는 2,000년에야 교육과 문화생활에 대한 교회의 법적 지배를 끝냈다. 그때까지 가톨릭 신자만이 군목을 임명할 수 있었고, 가톨릭 단체만이 부동산과

---

51) 필립 젠킨스,. 212-213.

52) 필립 젠킨스,. 213.

헌금에 대한 감세 혜택을 받았다. 학교의 종교교육은 순수한 가톨릭이었다. 금세기 초에 가톨릭 전통은 가톨릭 성직자들이 세속 문제에 폭넓게 영향을 주어 가톨릭 사회 신조가 사회, 경제, 정치의 모든 영역에 미쳐야 한다는 중세적 통합주의가 팽배하였다. 라틴 아메리카의 정치적 갈등 속에서 가톨릭교회는 전통 지배 권력의 편에 섰고, 그들의 압제마저 묵인했다. 1970-1980년대 아르헨티나의 독재 시절에 가톨릭의 지도자들은 공권력의 폭력과 비열한 전쟁의 잔인한 절차를 묵인함으로 악명을 떨쳤다. 갈등 반대편의 급진주의자들은 흔히 가톨릭과 성직자들을 강하게 반대하였다. 멕시코 교회는 21세기 전반기에 급진 정권의 폭압으로 고통을 당했다. 아프리카에서도 식민지 세력의 지원에 의지했던 선교회가 세운 교회들은 폭동이 일어나는 동안 산발적으로 공격을 받았다. 20세기에 제3세계 교회들은 점차 개혁과 혁명의 구심점이었다. 그 결과 이들이 국정에 참여하여 국가를 이끌어야 한다는 생각이 내재하였다. 1950년대 이후 이 사상은 유럽과 북아메리카, 제3세계 전역으로 확산되었다. 개신교 신도들은 교회가 독일 나치에 맞서지 못한 과오를 깊이 반성하고, 인종차별과 남아프리카공화국의 아파테이트 정권에 반대하는 운동과 더불어 급진주의가 되었다.

(4) 해방신학의 출현: 이러한 상황에서 세계교회협의회는 불의한 국가에 맞서 어떻게 행동할 것인지를 고민하였다. 그러나 1970년대 세계교회협의회의 특별기금이 백인 로디지아 정권과 싸우는 게릴라들에게 들어갔다는 소식에 비난이 쏟아졌다. 이와 관련하여 1963-1965년 제2차 바티칸 공의회 후 해방신학이 출현하였다. 바티칸은 한 동안 급진적 정치 행동을 허용하였다. 1967년 교황 회칙(Populorum Progressio)은 전 세계의 부를 재분배하는 용기 있는 변화를 주문하였다. 따라서 가톨릭과 개신교는 모두 남반구에 걸친 폭력 정권에 반대하고 인종과 경제를 억압하는 구조적 불의와 싸우는 것이 권리이자 의무라고 간주하였다. 또한 그들은 기독교 역사에서 이와 같은 행동주의에 대한 선례를 발견하였다. 그들은 노예 해방의 출애굽기와 아모스 같은 구약의 정의로운 예언자를 찾았다. 해방신학자들도 성경에서 급진적인 사회 비판의 근거를 찾았다.

해방신학은 다양한 모양으로 신자들에게 동기를 부여하여 정치적 갈등에 참여시켰다. 교회가 더 이상 폭력 정권의 편이 아님을 분명히 했다. 따라서 성직자는 일반 시민보다 표현과 실천의 자유가 훨씬 더 많았다. 저항과 실천의 중심에서 상징적 역할을 하며 압제 국가에서 실제로 정치적 변화를 창출하였다. 평범한 노동자가 정부의 고문과 박해를 비판하면 투옥되거나 살해되었지만 신부나 주교가 똑같은 발언을 하면 정부는 신중할 수밖에 없었다. 이 과정에서 성직자는 저항 운동의 대변자였다. 그러므로 정부는 교회가 주도한 시위나 집회에 대하여 선불리 행동하지 못하였다. 급진주의 성직자는 중세 기독교의 성소 개념을 재창조하고, 교회는 일종의 피난처가 되었다. 1973년 칠레의 유혈 쿠데타가 발생한 뒤 피해자들은 가톨릭교회가 보호하는 연대사목회(Vicaria de la Solidaridad) 밖에 의지할 곳이 없었다. 1970년대 브라질의 폭정 시절 상무울루 추기경 파울로 아른스(Paolo Arns)가 이끄는 가톨릭교회는 단연코 가장 효과적으로 군부에 맞섰다.

해방신학은 나라와 지역의 정치적 상황에 따라 여러 과정을 겪었다. 해방신학은 초기에 라틴 아메리카에서 성공했으나 다른 곳에서는 그렇지 못했다. 가톨릭 급진주의는 1960년대에서 1980년대까지 라틴 아메리카 역사에 매우 중요하게 영향을 미쳤다. 이들은 마르크스의 용어를 빌려 신식민지주의, 착취, 자본주의 사회의 제도적 폭력을 강력히 비판하며 경제와 사회의 근본 개혁을 요구하였다. 1971년 페루의 가톨릭 신부 구스타보 구티에레즈(Gustavo Gutierrez)는 해방신학의 경전으로 알려진 해방신학을 출간하였다. 그 후 20년 동안 여러 교회 지도자들은 가난한 자를 위하라는 요구를 진지하게 받아들였다. 1964년부터 1985년까지 브라질의 레시페와 울린다에서 대주교를 지낸 헬더 카마라(Helder Camara) 같은 주교는 급진주의를 몸으로 실천하였다. 가톨릭 급진주의자들은 마르크스 단체와 활발하게 소통하고, 기독교인들은 몇 몇 혁명에 참여하였다. 1960년 중반에 가난한 자들을 돕는 일부 신부들은 정치색을 심하게 띠었고, 어떤 신부들은 진심으로 혁명의 의제를 채택하였다. 이 운동의 수호성인 콜롬비아의 카밀로 토레스(Camilo Torres)는 게릴라 단체와 더불어 싸웠다.

그는 1966년 무장 세력과 전투를 벌이던 중 사망하여, 세계 극좌파의 순교자가 되었다. 그는 공산주의자들은 자신을 몰라도 그들 중에 참된 기독교인이 많다고 하며 공산주의자들이 동맹하였다. 그에 의하면 혁명은 굶주린 자를 먹이고 헐벗은 자를 입히며 무지한 자를 가르치고 자선과 이웃 사랑의 일을 성취하는 정부를 세우는 길이다. 따라서 기독교인은 혁명을 할 수 있을뿐더러 반드시 해야만 한다. 기독교인은 모든 사람을 사랑할 수 있는 효과적이고 완전한 유일한 길이 혁명에 있음을 알아야 한다[53]고 하였다. 해방신학자들은 1979년 니카라과에서 산디니스타 혁명이 승리하자, 여러 전 현직 성직자들이 혁명 정부의 각료가 되었다. 이듬해 로메로 대주교가 암살되고 대중이 따르는 순교자가 되었다. 이로써 중앙아메리카는 전 세계 기독교 좌파의 중심이었다. 하지만 1990년 미국의 간섭과 소련의 붕괴로 산디니스타 정권은 몰락하였다. 이러한 상황에서 1978년 교황 요한 바오로 2세는 폴란드에서 경험한 일로 마르크스주의를 불신하며 보수주의자가 되었다. 그 후 일부 단체들은 살아남았으나 여러 기초 공동체들이 구심점을 상실하였다. 따라서 이 영향은 도시 빈민들이 모이는 오순절주의로 이동하였다. 부분적으로 오순절파의 성장은 초기 혁명에 대한 기대의 반작용이었고 1980년대 새로운 분파들이 여러 나라에서 정치적 탄압 속에 급성장하였다.

제3세계에서의 교회의 역할은 일반 국민을 대변하는 유일한 조직이다. 특히 정부와 시민사회의 구조가 붕괴된 나라에서는 더욱 그렇다. 그래서 교회는 정부의 부패와 탄압, 마약을 밀매하는 테러리스트, 우익과 좌익의 악독한 민병대가 들끓는 콜롬비아에서 정의를 외친다. 모든 정치 집단은 인질과 유괴로 재정을 충당한다. 유괴된 인질은 거의 짐승이었다. 가장 용감한 성직자만이 이러한 인간성 말살에 공개적으로 맞섰다. 이에 맞서다 2002년 칼리의 대주교 이사이아스 드아르테 칸시노(Isaias Duarte Cancino)가 목숨을 잃었다. 그 후 30년 동안 전3 세계 국가의 정치적 상황은 경제와 계급, 노동에서 개인의 권리와 윤리 문제로 이동하였다. 그리고 성문제로 화두가 옮기면서 낙태와 동성애, 줄기세포 연구가 활성화되었다. 종교가 정치적 사고와 행동에 스며든 브라질에서의 모든 분파적 교회는 다양한 관점에서 사회 이슈에 개입하였다. 그 중에 현재 이곳의 개신교 정당인 복음주의 의회전선은 하나님의 목적과 말씀에 따라 행동한다. 현제 약 600명에 이르는 국회의원 중에 하원 58명 상원 3명이 가입되었다. 최근 어떤 개신교 국회의원은 성경에 기초한 브라질 법전을 개정하고 싶다고 하였다. 그는 이것은 의무입니다. 교회를 사회에서 분리할 수 없습니다. 복음주의자들이 있는 교회는 사명이 있습니다. 이 사명은 하나님 나라를 확장하는 것으로[54] 오늘 날 브라질의 정치를 이해하려

---

53) 필립 젠킨스, 「신의 미래」, 김신권/최요한 역, (도마의 길, 2009), 262.

54) 필립 젠킨스., 265.

면 종교를 알아야 할 것이다.

해방신학은 남아메리카와 더불어 아프리카에서도 끈끈한 관계를 맺었다. 1960년대 이후 아프리카에서는 기독교와 독립 투쟁을 분리해서 생각할 수 없다. 독립국가 제1세대 정치 지도자들은 대부분 기독교 미션 스쿨 출신이었다. 대표적으로 잠비아의 대통령 케네스 카운다(Kenneth Kaunda)는 장로교 목사의 아들이었고, 세네갈의 지도자 레오폴드 셍고르(Leopold Senghor)는 신학 교육을 받았다. 탄자니아의 수상 줄리어스 니에레레(Julius Nyerere)와 가나의 지도자 콰메 은쿠루마(Kwame Nkrumah)는 미션스쿨에서 훈련받았다. 니에레레는 가톨릭 신자로서 교회와 가깝게 일했다. 자신은 민족주의자였으나 가장 좋은 것 곧 교회와 생활양식을 아프리카에 가져온 선교사들을 칭송하였다. 그는 기독교의 사상과 언어를 풍부하게 차용하여 급진적 아프리카 사회주의 체계를 세웠다. 그는 그 기초를 사도행전에서 찾았다.

이후 30년 동안 남아프리카 공화국의 견고한 백인 정권에 맞서 여러 교단의 지도자들이 끈질기게 투쟁하였다. 여기서 민족주의와 기독교가 단단히 결속하여 교회는 해방신학을 지지하고, 세속의 악에 대항하여 예언적인 발언을 하였다. 1985년 가톨릭과 개신교 지도자들이 급진신학을 현대 정치에 적용하자는 카이로스 선언을 도출하였다. 이 선언은 흑인과 백인이 한 교회에 같이 앉아 있고 밖에서는 기독교인 경찰과 군인들이 기독교인 아이들을 구타하고 죽이거나 기독교인 수감자들을 고문하여 죽이는데, 다른 기독교인들은 그 광경을 보고 평화를 외칠 때 나왔다. 이 선언문은 압제받는 세상 사람들처럼 우리는 우리가 받는 압제에 관해 성경을 살펴보니, 억압은 구약과 신약의 중심 주제라고 하였다. 그렇다면 남아프리카 공화국의 신은 곧 마귀 적그리스도라고 하였다. 1994년 백인 정권이 무너짐으로 교회의 권위는 회복되었다. 성공회 대주교 데스몬드 투투는 의심할 바 없이 모든 사람이 신뢰하는 지도자로 부상하였다. 그는 진실화해위원회를 통해 나라의 정적들을 화해시키려고 노력하였다. 이는 기독교의 회개와 용서의 사상을 개인적 관계의 차원을 넘어 세속 국가 정치에 적용하려는 혁신적인 노력이었다.

1970-1980년 사이에 남아프리카 공화국과 같이 우간다 정부는 학정이 고조되었다. 이 시기에 많은 기독교인들이 목숨을 잃었다. 대표적으로 1977년 루움 대주교는 이디 아민(Idi Amin)의 명령으로 살해되었다. 같은 해 콩고인민공화국의 정

치 다툼에서 가톨릭 대주교 비아옌다(Biayenda)가 목숨을 잃었다. 그러나 아프리카의 여러 나라에서 종교적 지도자들이 독재 정부를 비판하며 강력히 민주주의의 회복을 제창하였다. 대부분 이들 지도자들은 자신의 목숨을 담보로 투쟁하였다. 혹 기독교인이 많지 않은 나라에서는 그래도 신뢰할 수 있는 로마 가톨릭 교회에 일임하였다. 사무엘 헌팅톤은 1980년대 민주화를 향한 세계적 추세의 연구를 통해 가톨릭 교회가 진보의 중요한 원동력이었다고 평가하였다. 이러한 사례는 1996년 르완다에서도 발견된다. 당시 르완다 군대는 자이르 동부 지방에 몰려가 그곳의 가톨릭 대주교 크리스토프 문지히르와(Christophe Munzilirwa)를 살해하고 시체를 거리에 버렸다. 대주교는 당시 상대가 누구든 폭력과 학대를 공정하게 비판하였다. 그는 목숨을 잃을 각오로 독재자 모부트 세세세코(Mobute Sese Seko) 정권에 맞서 투쟁하였다. 모부투 정부가 전복되자 문지히르와 대주교는 그 지역의 수십만 르완다 난민의 학살을 막은 마지막 희망이었다. 결국 순교와 영웅의 고귀함은 이들 국가의 기독교 전통에 깊이 뿌리 내렸다.

1960년대 이후 제3세계 각국 성직자들의 인권 운동 덕택에 교회의 지위가 상승되었다. 동시에 정치적 영향력도 증대하였다. 이런 일은 아프리카와 라틴 아메리카 뿐 아니라 아시아에서도 일어났다. 필리핀 가톨릭교회의 행동주의는 사회정의 문제에 자취를 남겼다. 신부들과 평범한 성직자들은 앞장서서 스페인에, 그 후에는 미국의 식민지주의에 저항하였다. 20세기 초 전직 신부 그레고리오 아들리파이(Gregorio Aglipay)는 국민의 숭앙을 받는 영웅이었다. 그는 스페인의 고위 성직자들에게 맞서 필리핀다운 교회 건설에 매진하였다. 그는 나라의 영적 수장으로 절정기에는 필리핀 국민의 1/3이 모인 독자적인 가톨릭교회를 세웠다. 현재는 가톨릭이 다수가 되었다. 1970년대 필리핀 성직자들은 해방신학의 영향을 받았고, 1986년 독재자 페르디난드 마르코스(Ferdinand Marcos)를 권좌에서 끌어내린 혁명을 주도하였다. 당시 제이미 신 추기경은 국가적 저항의 상징이 되었다. 당시 마르코스 정권이 정적을 상대로 군사력을 동원하려 하자, 신 추기경은 하나님의 모든 자녀들에게 정적을 보호하자고 호소하였다. 실제로 이들은 행동에 나섰고, 시위대는 군인들에게 군대의 명령을 어기라고 설득하였다. 신 추기경은 전 국민의 저항을 하나님이 대본을 쓰시고 성모 마리아가 감독하고 필리핀 국민이 출연한 기적이라 하였다.[55] 신 추기경은 차기 대통령 조지프 에스트라다(Joseph Estrada)

탄핵 운동 때도 핵심역할을 하였다. 에스트라다는 거액의 뇌물을 받았다는 혐의로 기소되었고, 2,000년 퇴진 운동이 절정에 달했을 때 강력히 항거하였다. 가톨릭 사회단체와 노동단체, 가톨릭 대학교들이 신 추기경과 여러 주교가 이끄는 저항 성체 미사에 참석하였다.

한편 한국은 1960년대부터 기독교가 급성장했으나, 1970년대 군부 통치아래서 교회가 국민의 민주적 권리와 민족의 명분을 위해 투쟁하였다. 한국의 기독교는 국가 권력의 탄압 속에서 성장하였다. 교회는 개혁을 강하게 요구하였고, 가톨릭과 함께 전국의 시위를 주도하였다. 수많은 목사와 주교들이 정치범이 되어 감옥으로 이송되었다. 이 시기에 한국의 진보교회는 해방신학을 한국적 상황에서 민중신학으로 발전시켰다. 1992년 민주화의 기수 김영삼과 1997년 김대중, 2003년 노무현, 2008년 이명박, 2013년 박근혜, 그러나 2016년 12월 9일 박근혜 대통령의 국정농단 탄핵소추안[56]이 국회에서 통과되었고, 2017년 3월 10일, 헌법재판소는 8명의 재판관 전원일치로 대통령 박근혜 탄핵 소추안을 인용하여 박근혜를 대통령직에서 파면하였다. 그리고 국회의 일정에 따라서 동년 5월 9일 화요일 제19대 대선이 18대 대통령의 임기 만료일인 2018년 2월 24일, 전 70일 이후 첫 번째 수요일인 2017년 12월 20일에 시행할 예정이었으나 제18대 대통령 박근혜가 파면되면서 선거 일정이 변경) 치루어져 민주당 후보 문재인이 19대 대통령에 당선되었다. 그리고 2018년 4월 27일, 5월 26일, 제3차, 제4차 남북정상회담,[57] 동년 6

55) 필립 젠킨스, 「신의 미래」, 김신권/최요한 역, (도마의 길, 2009), 270-271.

56) 박근혜 대통령 탄핵은 헌법에 위배되는 범죄 의혹(박근혜-최순실 게이트, 비선 실세 의혹, 대기업 뇌물 의혹 등)을 사유로 국회에서 당시 야당(더불어 민주당과 국민의당, 정의당) 의원들이 대통령에 대한 대통령 탄핵 소추를 발의해 헌법재판소에서 탄핵을 인용한 것이다. 2016년 12월 9일 오후 4시 10분에 탄핵소추안이 국회에서 가결되었다. 그리고 같은 날 오후 7시 3분 대통령(당시 박근혜)은 국회로부터 탄핵 소추 의결서를 받는 동시에 헌법상 대통령 권한 행사가 정지되었다. 이로 인해서 황교안 국무총리가 대통령 권한대행을 맡게 되었다.

57) 남북한 제1차 남북정상회담은 2,000년 김대중 대통령과 김정일 북한 국방위원장, 제2차는 2007년 노무현 대통령과 김정일 국방위원장 간에 개최되었다. 각각 '6 · 15 공동선언' 과 '10 · 4 공동선언' 의 성과가 있었지만, 이 선언들이 지속적으로 이어지지 못하였다. 2018년 4월 27일 문재인 대통령과 김정은 북한 국무위원장 사이에 3차 남북정상회담이 열렸다. 정상회담 결과, 문재인 대통령과 김정은 북한 국무위원장은 한반도의 완전한 비핵화를 공동 목표로 확인한 '한반도의 평화와 번영, 통일을 위한 판문점 선언' 을 공동발표 하였

월 12일 제1차 북미회담이 싱가포르에서 개최되었다.[58)]

5. 결론

주님의 지상 명령인 선교, 마 28:19-20; 막 16:15; 행 1:8, 땅 끝까지 복음 전파는 이 땅의 교회와 구원받은 성도들이 이루어야 할 지상 과제이다. 이는 21세기 급속한 변화 속에서 교회가 반드시 성취해야 할 사명이다. 여기에는 상황에 따른 지혜와 통찰력, 다양한 전략과 방법이 요청된다. 일단 선교는 그것이 어떤 형태든지 선교사와 피선교사 간의 커뮤니케이션, 소통이 중요하다. 원만한 소통을 위해서는 무엇보다도 선교사의 철저한 준비와 더불어 상황에 맞는 패러다임이 수립되어야 할 것이다. 따라서 기본적으로 요청되는 선교 전략은 무엇인지 몇 가지로 정리하였다.

(1) 지역과 인종, 세대 간의 벽을 넘는 것이다. 주지하듯이 성경의 대 명제는 모든 민족 모든 열방을 복음으로 하나 되게 하는 것, 이 땅에 하나님의 나라를 건설하는 것이다. 그렇다면 구원받은 성도와 교회 공동체가 해야 할 일이 무엇인지가 명백하다. 자고로 21세기는 정보화의 시대이자 국경 없는 시대이다. 시간과 공간의 제약을 받지 않는 시대이다. 그러므로 개 교회나 교단, 기득권자이든 피기득권 자이든 구태의연한 자세로 안주할 수 없다. 교회 밖에는 현재 그 수를 헤아릴 수 없는 영혼 없는 종교들과 교회 안팎의 온갖 불의한 사이비 이단들, 통칭 마귀와 사탄, 어둠의 세력들이 우는 사자와 같이 삼킬 자를 찾고 있다. 교회가 함께 머리를 맞대고 전략을 수립하지 않으면 안 될 긴박한 때이다. 한 영혼의 구원이 천

다. 또한 남북은 연내 종전을 선언하고 정전협정을 평화협정으로 전환하기 위한 남과 북미 3자 또는 남과북, 미와 중 4자회담 개최 추진과 경제 협력을 위한 사업 추진 등에 합의했다. 이어 같은 해 제4차 남북 정상회담이 5월 26일 진행되었다.

58) 2018년 북미정상회담(2018 North Korea?United States summit)은 북한의 김정은 국무위원장이 대한민국의 정의용 국가안보실장을 통해 미국의 대통령 도널드 트럼프에게 전달한 회담 제의를 트럼프가 수락하여, 2018년 6월 12일 싱가포르에서 열린 북한과 미국 간 정상회담이다. 개최 전 도널드 트럼프는 5월 24일 북한 측의 극도의 분노와 적대심 때문에 회담을 취소한다고 밝혔다가 5월 26일 다시 예정된 날짜에 회담을 열 것이라고 발언하였다. 결국 우여곡절 끝에 2018년 6월 12일 현지 시간 오전 9시 싱가포르 카펠라 호텔에서 역사상 최초로 북미 정상 간 정상회담이 이루어졌다.

하보다 귀하다고 했지만 이 사역이 요즘처럼 어려운 때도 없다. 정보화의 시대, 과학의 발달과 도전에 특단의 대책을 마련해야 할 것이다.

(2) 적극적으로 전문인 선교에 동참하는 일이다. 이를 위해서는 지역과 세대, 남녀노소 할 것 없이 다양한 그룹의 헌신이 요청된다. 현재 세계의 선교지는 두 종류의 사람들을 요청하는바, 하나는 최고의 전문성을 가진 사람들이다. 복음 전파가 어려운 지역에는 전문성(high profile)을 가진 사람들의 접근이 용이하기 때문이다. 다른 하나는 정반대로 삶의 바닥으로 들어가 삶(몸)으로 복음의 가치를 그대로 들어내는 사람들이 필요하다. 그런데 현재 대부분의 선교 관심 자들과 헌신 자들은 중간 영역의 사람들이다. 단기선교가 이러한 중간영역의 사람들의 정서를 만족하는 도구에서 벗어나 한편 전문성(high profile)을 가진 사람들을 발굴하고, 다른 한편 삶의 현장으로 헌신하는 사람들을 동원하는 도구가 되어야 한다. 과거의 선교는 선교사들과 이를 지원하는 몇몇 교회에 국한되었다. 그러나 오늘날의 세상과 선교환경의 변화는 다양한 선교참여를 요청하고 있다. 이유 중에 하나는 인간 수명의 연장과 함께 전문직에서 은퇴한 건강한 사람들의 일터 마련이 중요해졌기 때문이다. 그러므로 이들의 적극적인 인력 활용을 위한 대책이 시급한바, 그 대안 중에 하나가 바로 단기선교이다. 물론 단기선교에 대한 찬반 양론이 있고, 그 결과에 대한 평가가 다양하다. 그러나 교회가 인식해야 할 것은 선교지 방문 혹은 선교 여행은 선교가 몇몇 사람들의 독점 대상 혹은 전유물이 아니라 구원받은 모든 성도의 책무라는 것이다. 앞으로 이러한 현상이 다양하게 나타날 것이지만 그 결과에 대한 엄격한 평가가 요구된다.

(3) 더불어 풀뿌리운동의 확대이다. 오늘날 세계의 변화는 상층부에서 일어나기 보다는 저자거리 같은 풀뿌리, 민초가 근원지이다. 2010년 12월 이래 중동과 북아프리카에서 일어난 반정부 시위가 대표적이다. 당시 알제리와 바레인, 이집트와 이란, 요르단과 리비아, 모로코와 튀니지, 예멘 등 중동과 북아프리카 지역 대부분이 대규모 반정부 시위가 일어났으며, 이라크와 쿠웨이트, 오만과 사우디아라비아, 소말리아와 수단, 시리아에서도 반정부 시위가 발생하였다. 그 중에 튀니지와 이집트, 리비아는 오랫동안 철권통치를 펼쳐온 독재자들을 축출하였다. 그러나 상당수 나라가 내전에 시달리는 등 독재정권 이후 새로운 체제를 수립하는데 어려움을 겪고 있다. 한편 우리나라에서는 2016년 박근혜 대통령과 최순실의 국정

농단 규명을 위해 광화문에서 열린 대규모 촛불집회[59)]가 보여준다. 2017년 3월 10일(11:21 KST) 대한민국 헌법재판소는 결정문에서 당시 18대 박근혜 대통령이 헌법에 위배되는 범죄 의혹(박근혜-최순실 게이트, 비선실세 의혹, 대기업 뇌물 의혹 등)을 사유를 들어 국회(당시 야당 더불어 민주당과 국민의당, 정의당)가 대통령의 탄핵 소추를 발의하자 이를 인용, 파면하였다. 그리하여 2016년 12월 9일 오후 4시 10분 탄핵소추안의 국회가결로 같은 날 오후 7시 3분 대통령(당시 박근혜)은 국회로부터 탄핵 소추 의결서를 받는 동시에 헌법상 대통령의 권한이 정지되었고, 황교안 국무총리가 대통령 권한대행을 맡았다. 이러한 운동의 급속한 확대는 풀뿌리운동, SNS의 결과이다. 앞으로 이러한 현상은 더욱 급속히 강화될 것이다. 따라서 기독교 선교도 이러한 시대적 흐름을 거스를 수 없다. 선교는 몇 몇 상층부 운동이 아니라 교회 구성원 전체의 운동이다. 모두가 선교사가 될 필요는 없지만 모두가 선교적 삶을 살아야 하는 것이다. 모두가 전임 선교사처럼 활동할 필요가 없으나 이제는 각자의 은사에 맞추어 주어진 환경에서 복음을 전해야 하는 것이다.

(4) 패러러다임의 변화이다. 이러한 서구의 힘에 의존하는 선교와 비서구의 새로운 선교형태를 비교하는 패러다임이 파워보트(power boat)와 세일링 보트(sailing boat) 비유이다. 전자는 대규모의 힘과 조직에 의한 선교지만 후자는 소규모지만 모두가 참여하고 자발적이며, 그 동력이 성령에 의존하는 선교 움직임이다. 비서구선교가 힘과 조직에 의한 선교가 아니라 소규모적이고 성령에 의존하는 선교로 나타날 때 단기선교 또한 동일한 패러다임을 가져야 할 것이다. 현재의 선교여행은 대규모 단위의 이동과 나누기 형식으로 진행되고 있다. 그런데 대규모 이

59) 촛불집회는 항의나 추모를 목적으로 하는 비폭력 평화시위의 주요방식으로 한국에서는 '촛불문화제' 형식으로 나타났다. 이는 정부에서 야간시위를 금지하는 집회 및 시위에 관한 법률의 제약에 맞서 고안된 집단시위와 저항행동의 주요방식으로 2,000년대 이후 정착되었다. 역사적으로 촛불집회는 1960년대 말 미국의 반전운동 과정에서 나타났으며 한국에서는 1992년 온라인 서비스의 유료화에 반대하는 촛불집회가 저항적 시위로 처음 나타났으며, 2002년 미군 장갑차에 사망한 두 여중생의 추모집회에 이어 2004년 노무현 대통령의 탄핵반대 시위를 거치며 야간시위의 주요방식이 되었다. 그리고 2008년 미국산 쇠고기 수입반대 집회에서 최대 규모의 촛불시위가 전개되었고, 2011년에는 대학생들의 반값등록금 촛불집회가 있었다. 그 후 2016년 광화문에서 대규모 촛불집회가 매주말 약 20여 차례 열렸다.

동은 여러 가지 측면에서 문제를 야기한다. 예를 블면, 경비와 조직운영관리 등의 문제만이 아니라 선교지 활동에도 많은 제약을 받는다. 혹은 창의적인 지역이나 제한지역에서의 대규모 이동은 필연적으로 상대방에게 노출되며, 그 결과 저항과 공격 대상이 된다. 반면 3-4명의 소수 단위의 이동은 이동수단의 부담이 적고 노출을 최소화 할 수 있다. 앞으로 우리가 고민해야 할 것은 최소한의 비용으로 최대의 목적을 이루는 것이다.

(5) 성육신적 선교이다. 선교는 본질적으로 그리스도의 성육신에 기초하여 인종과 지역, 사상과 이념, 국경을 넘는 유대와 사마리아, 땅 끝까지 복음을 전파하는 것이다. 복음은 예수님의 성육신적 삶을 통해서 하나님의 창조 목적과 뜻을 이룬다. 하나님의 아들 예수 그리스도께서 모범을 보이셨다. 혹 선교가 인위적으로 잘못되면 반 성육신적으로 오히려 사탄과 마귀를 기쁘게 할 뿐이다. 오늘날 세계는 그 어느 때 보다 평등과 공존의 시대이다. 예수님은 제자들에게 "여행을 위하여 지팡이 외에는 양식이나 배낭이나 전대의 돈이나 아무 것도 가지지 말며 신만 신고 두 발 옷도 입지 말라"(막 6:8-9)고 하셨다. 오늘날 급변하는 세계, 선교현장은 많은 변화를 요청하고 있다. 모든 선교 활동의 목적은 결과적으로 현지 교회가 세워지고 자립하는 것이다. 이를 위해서는 가는 자(교회.공동체), 받는 자(현지 교회), 그리고 이 둘을 연결하는 현장선교사들 간의 아름다운 삼위일체형 협력과 노력이 필요하다.

A History of
Morden Christian Church

제 2 부

신학 논쟁과 정체성 확립

제5장

개신교 정통 신앙고백 시대 소고

- 루터파와 개혁파의 신경을 중심으로 -

1. 서론

일반적으로 교회 역사가들은 16세기 종교개혁 이후 대륙에서 일어난 개혁주의 운동을 통칭 신앙 고백 시대 혹은 정통 시대로 부른다. 그 이유는 이 시대가 개혁의 제1세대와 달리 제2세대와 그들의 교회는 자체 내에 발생한 교리논쟁에 휘말리며 신학의 정통성 문제에 모든 정력과 에너지를 쏟았기 때문이다. 따라서 종교개혁 이후 기독교 안에 다양한 요소들이 교리적 특성을 따라 결집했으나 동시에 영속적인 분열에 빠졌다. 대표적으로 루터파와 칼빈파의 분열이다. 이들은 종교개혁 이전에 있었던 학문적(스콜라적) 신학을 사용하여 보다 교리의 순수성을 강조하였다. 개혁자 루터가 이성의 독자성과 아리스토텔레스의 철학을 거부했으나 정통주의는 일부 계몽주의 영향으로 아리스토텔레스의 사유 방식을 수용하였다. 실로 이 시기의 특징은 연대적으로 종교개혁과 맞물려 개혁 사상은 보다 철저히 조직화되고 그들의 제자들에 의해서 전수, 개조, 발전되었다.

시기적으로 정통주의는 종교 복수주의를 공언한 1555년의 아우구스부르크 종교화약에서 시작하여 경건주의의 창시자 필립 스페너가 경건의 열망을 저술하고 스위스 신조가 체결된 1675년에 막을 내렸으나 신학의 근대화, 즉 인본주의적 다양화를 개화하였다. 설상가상 17세기 근대 철학자들의 출현은 종교개혁의 신 중심의 전통에서 떠나 국가 중심의 세속철학과 법 이론의 출현과 강조, 기계적 인과론에 따른 사회 건설과 현대주의에 기여하였다. 그 후 정통주의 신학과 전통은 18세기 이후 현재까지 보수와 진보의 대립 속에 신앙적 옛 전통을 고수하려는 몸부림 속에 전 세계로 급속히 확산되었다. 그러나 17세기 정통주의, 즉 칼빈주의적 개혁신앙은 경건주의의 등장과 계몽주의의 영향을 받은 자유주의 신학의 출현으로 최대의 시련에 직면하였다.[1)] 철학과 신학의 비판자들은 정통주의가 종교개혁운동의 생동감 있는 신앙적 정신을 버리고 단지 신앙고백주의적인 형식만 강조할 뿐이라고 하였다.

이러한 경향은 전통적인 신앙고백서들을 방어하는 과정에서 그들의 답변에 잘 나타난다. 이것은 1560-1618년 사이에 더욱 고착화 되어 루터파나 칼빈파 중심의 개신교 신학자들이 각자의 교리로부터 떠나거나 혹은 이를 수정하지 못하도록 철저히 제한하였다. 이 시기 정통주의의 가장 중요한 신학적 전제는 종교 개혁자들의 가르침과 그 가르침에 대한 신학적 절대화였다. 따라서 신교와 가톨릭 양 진영은 서로 다른 고백서들을 통해서 자신들의 전통을 더욱 확고히 하였다. 예를 들면, 가톨릭은 트렌트 종교회의(1545-1563)에서 반포된 교회법을, 정통 개혁교회는 돌트 총회의 5개 신조, 루터교에서는 아우구스부르그 신앙고백과 콩코드, 일치 신조 등이다. 이러한 신조들은 각 교회의 신앙적 원리로 자리를 잡아 이후 어떤 신학자도 그러한 전통, 도그마에서 벗어 나지 못하였다. 이 같은 현상은 몇몇 특정인의 가르침과 교단적 전통을 절대화하는 경향을 보이며 하나의 전통과 신앙 안에서 상호 대립하며 반목하고 마침내 분열하였다.[2)]

---

1) 학자들은 정통주의를 편의상 세 시기로 구분하여 (i) 요한 게르하르트에 이르기까지 초기 정통주의와, (ii) 전성기 정통주의, (iii) 그 후 칼로프가 사망한 1680년 이후를 후기 정통주의라 한다. 이것은 피안과 현세, 죽음의 곤고와 삶의 의지, 광대 무변한 우주와 자아 의식, 전통 고수와 진보 사상을 강조한 초기 바로크 시대, 전성기 바로크 시대 및 후기 바로크 시대와 연결된다(16세기말 이탈리아에서 탄생하여 17세기 유럽, 18세기 독일과 남아메리카 식민지에서 유행하였다. 특징은 양식적인 면에서 혼합적이며 반항적인 모습을 보인다. 그러나 감각에 호소하여 감정적 상태를 표출하려는 욕구는 극적인 표현으로 나타난다. 바로크 회화는 미술가들의 천장화와 교회장식에서 절정에 이르렀다. 건축은 회화와 조각으로 통합된 하나의 종합예술로 극적이고 환상적인 내용을 추구하였다. 음악은 종교음악과 세속음악, 성악과 기악의 구별이 뚜렷해졌으며, 문학은 양극성과 긴장이 주를 이루었다. 바로크 시대는 보다 가볍고 덜 극적이며 과도하게 장식적인 로코코 시대로 넘어가는 과도기였다)

2) Gillian R. Evans/Alister E. McGrath/Allan D. Galloway, *The History of Christian*

2. 근대의 특징

16세기의 종교개혁은 오랫동안 교회에 체질화된 교권주의적(교황중심) 전통과 성례론적 의식을 거부하고 오직 영감으로 기록된 하나님의 말씀인 성경을 최고의 권위자로 인정하였다. 개혁자들은 말씀을 말씀되게 하는 일에 헌신하였다. 또한 개혁자들은 외형적 교회의 표지, 예를 들면, 건물이나 다양한 의식과 규례를 거부하고 참된 교회란 믿는 자들의 공동체라고 주장하였다. 그들이 주장한 교회는 그리스도를 왕으로, 그분을 머리로 한 몸으로 연합되었다. 교회를 교회되기 위한 지침으로 이들은 말씀의 바른 선포와 증거, 성례의 합당한 집행, 그리고 권징의 바른 실시를 주장하였다. 구원에 관하여 개혁자들은 중세 로마 가톨릭 교회의 행위 구원, 즉 공로사상을 거부하고 오직 그리스도의 은혜를 통한 믿음을 주장하였으며, 구원 받은 성도는 이제 그리스도 안에서 그리스도를 위하여 그리스도와 함께 살아야 한다고 역설하였다. 결국 개혁자들의 일관된 사상은 그리스도 중심의 신앙, 그분의 말씀과 언약게 기초하였다. 그리스도와 함께 살고 그리스도와 함께 죽는 일사각오 정신이었다.

그런데 종교개혁 이후 서구 교회는 이 같은 개혁자들의 숭고한 신앙을 망각하고 옛 전통에서 이탈하였다. 이들은 마치 술에 취한 듯이 세속적인 새로운 사조(思潮)와 혼합된 제이론(諸理論)에 휘말리며 그 어떤 보장과 미래도 약속 받지 못한 채 근대를 맞이하였다. 그러면 이들이 그렇게 열정적으로 헌신하며 사모한 근대는 어떤 시대였고 그 특징은 무엇인가? 무엇이 그들의 마음을 한 순간에 송두리채 사로잡았는가? 이런 급박한 상황에서 교회는 어떻게 해야 하는가? 그들이 직면할 것은 오직 절망뿐인가? 당시 상황과 형편을 두 가지로 정리하였다.

(1) 일반적 특징 : (i) 종교개혁 시대의 신율주의에서 인간중심의 이성주의 시대로 정의될 수 있다. 이 시기에 사회와 문화, 사상과 정치, 경제와 공업, 음악과 예술이 급변하였다. 그 결과 신앙적 옛 전통은 퇴락하고 불신앙적 세속주의가 교회를 잠식하였다. 사람들의 의식 속에 주님을 기다리고 바라는 자세보다는 현실적 적응과 타협이 최대의 관심사였다. 이제 사람들은 신의 도움 없이도 살 수 있다는

Theology, Vol. 1: *The Science of Theology*, ed. Paul Avis, (UK: Marshall Morgan & Scott Ltd., 1986), 151-152.

자만에 빠졌다. 이들의 주장처럼 정말 인간은 신의 도움 없이 살아갈 수 있는 존재인지가 질문으로 남는다. (ii) 분파주의의 팽창이다. 정체성을 상실한 교회는 신학논쟁에 휘말리며 서로 분리하며 점차 교권주의가 득세하였다. 때로 성경의 권위보다도 어떤 사람이나 교파의 이론과 교단의 교리가 더욱 강조되었다. 그리하여 종교개혁 이후 교회에서 사라진 죽은 혼령(魂靈)들이 권위주의적 전통을 통해 다시 교회에 머리를 드밀었다. (iii) 개인주의 현상이 급등하였다. 교리 중심적 풍조는 개 교회 교파주의를 조장하여 교회는 세포분열을 가속화 하였다. 교회의 일치보다는 사사로운 이익에 사로잡혀 교회는 무참히 짓밟혔다. 결국 지나친 이기(利己)는 곧 공동의 파멸을 부른바, 공동체적 연대감이 아쉬울 뿐이다. (iv) 그럼에도 불구하고 이 시기는 교회갱신과 선교 확장이 현저하였다. 모든 것이 암울한 시기에 교권과 형식주의에서 탈피하여 경건주의나 청교도 운동 혹은 복음주의 운동이 일어나 새로운 기독교 역사를 장식하였다. 이로서 교회는 세속적 사상으로부터 벗어나 적극적으로 교회의 부흥운동을 주도하며 타 민족의 구원과 복음화를 위해 세계 선교의 깃발을 들었다. (v) 전통적인 교리 중심의 신학에 대한 재고가 요청되었다. 즉 참된 진리는 교리화 된 이론이 아니라 삶이 우선하는 실천적 운동이라는 것이다. 한 때 제자훈련이 맹위를 떨쳤는데, 이는 교회의 교리나 신학적 논쟁에 맞서 등장한 17세기 경건주의와 18세기 웨슬리 운동이 그 좋은 본보기이다. 이들은 공히 전통적 교리나 이성주의에 맞서 교회의 전통을 새롭게 하고 영혼구원으로 세계를 복음화 하는 일에 관여하였다. 그러나 한마디로 이 시대를 특징 짓는다면 영적으로 혼란했던 시대였다. 이러한 현상은 요즘과 별로 다를 것이 없는 격변의 시대였다.

(2) 교회적 특징 : 그런데 이 같은 교회 밖의 상황과 달리 교회는 내적으로 커다란 논쟁에 휘말렸다. 그것은 지도자가 없어서도 그렇다고 신학의 부재도 아니었다. 그것은 단지 누가 참된 신학을 소유하였느냐라는 정통성 시비문제였다. 이들은 개혁 1세대들의 이론을 변호하려는 열망에서 루터 중심의 루터파와 칼빈의 개혁파로 양분되었다. 그중 개혁파 교회는 다시 개혁파와 아르미니우스파로 나뉘어 발전하였다. 그런데 먼저 개혁파 교회에서는 언약(계약) 신학과 루터의 신학, 그리고 칼빈의 신학의 영향으로 영국의 청교도 운동과 독일의 경건주의 운동, 다시 영국의 복음주의 운동과 미국의 대각성 운동으로 발전하였다. 이 학파는 종교개혁

초기에 하나님의 절대 주권과 예정론, 그리고 오직 구원은 믿음으로 획득한다는 칭의 교리를 강조하였다. 그러나 개혁기를 지나면서 초기의 사상에서 떠나 교리 중심적인 경향을 보였다. 한편 아르미니우스의 신학 사상은 이들과 달리 구원에 있어서 인간 의지의 역할을 적극적으로 평가함으로 마침내 인본주의적 자유주의 신학의 모태가 되었다. 결국 두 개신교 학파는 타락한 인간의 구원에 있어서 하나님의 은혜와 인간의 역할에 첨예한 대립을 보이며 신학계를 강타하였다.

이 같은 개괄적인 이해와 함께 필자는 본 장에서 종교 개혁 이후 개신교가 직면한 문제들을 정치적 및 역사적, 종교적으로 살피고자 한다. 이런 맥락에서 먼저 본 장에서는 종교개혁의 본산지 독일에서 루터의 사후에 어떻게 개혁운동이 전개되었는가를 신학적으로 취급할 것이다. 따라서 필자는 본장에서 루터파 정통에서 (1) 독일의 종교 및 정치적 배경, (2) 30년 전쟁의 발발 원인, (3) 아우구스부르크 종교화약의 중요성, (4) 독일 개신교 교회의 논쟁의 확산, (5) 루터파 교회의 정통성 문제, (6) 스위스 일치 신조의 정통성 문제를 살피고자 한다.

3. 독일의 종교 및 정치적 배경

그동안 정치적으로 크고 작은 여러 주와 도시로 나눠져 있던 독일은 종교상의 문제로 전쟁발발의 원인이었다. 찰스 5세는 종교 개혁의 무효화를 위해 무력 사용과 전쟁 불사를 주장했다. 그러나 찰스 5세는 당시 프랑스와 이탈리아와 전쟁 중이었다. 설상가상 터키의 위협에 직면해 있었기에 이런 대국적인 문제를 앞에 놓고 국내의 개신교 영주들과 싸울 입장이 못 되었다. 때문에 그는 보름스 의회에서 결정된 루터와 그의 동료들에 대한 추방령을 강력히 즉시 실행할 수 없었다. 당시 독일에 가장 위협이던 오스만 터키는 슐레이만 1세(1520-1566) 치하에서 전성기를 맞았고 또 찰스 5세의 최대의 적대자인 프랑스의 프란시스 1세와(1515-1547) 동맹관계에 있었다. 찰스 5세는 국내외적으로 많은 어려움이 있었으나 국외적인 위협이 더 컸다. 찰스 5세가 대외적으로 대적이 많았던 것은 그가 당시 유럽뿐 아니라 전 세계에서 가장 많은 영토와 가장 큰 권세를 소유한 군주였기 때문이다. 찰스 5세는 1515년 아버지 필립 단여 공으로부터 부르군드 공국을 상속받아 부르군드 공이 되었다. 그 후 그는 1516년 스페인과 브라질을 제외한 지역을 관할하였다. 1519년에는 조부인 신성로마 황제 막시밀리안 1세의 사후 독일의 합스부르크 왕가의 영토 오스트리아와 헝가리, 보헤미아 등을 상속받고 독일 왕 겸 신성로마 황제에 올랐다. 이로서 그는 해가 지지 않는 나라의 황제가 되었다.

하지만 이 같은 찰스의 외적 위상과 달리 그는 정치적 및 종교적으로 시련을 겪고 있었다. 무엇보다도 종교 개혁 이후에 복잡해진 국내의 종교적 통일을 유지하며 주변 국가와의 유대관계를 바로 설정하는 일이 과제였다. 그는 먼저 국내적으로는 기독교가 서구문화를 형성하고 있었기 때문에 이것을 그대로 관망하는 것은 곧 자신의 위협으로 간주했다. 따라서 그는 종교개혁을 억제하기 위하여 1521년에 웜스 칙령을 발표하였다. 국외적인 문제는 프랑스와 교황과의 관계 개선이었다. 당시 프랑스는 독일과의 적대 관계에 있었기 때문에 프로테스탄트를 지원함으로써 독일의 국력 약화를 도모했고 그렇게 함으로 유럽에서 독일을 제치고 강국이 될 수 있다고 생각하였다. 그리하여 프랑스의 프란시스 1세는 독일의 개신교 영주들과 동맹을 맺고 찰스 5세를 괴롭혔다. 또한 당시 교황 클레멘트 7세도 프란시스 1세와 동맹을 맺고 찰스 5세를 견제하였다. 이에 반감을 가진 찰스 5세는 1527년 로마를 공격하여 클레멘트 7세를 포로 삼았다.[3)]

1530년 국내 종교의 통합을 회복하기 위해 로마의 황제 대관실에서 돌아온 찰스 5세는 아우구스부르크에서 제국 의회를 소집하여 신교도들에게 그들이 로마 가톨릭 교회와 다른 점들을 진술케 하였다. 이에 신교를 대표한 멜란히톤은 신앙고백서의 집필에 참여하였다. 그는 가능한 한 이 고백서를 온건히 작성하여 신교도의 신조를 세계 교회의 신조와의 일치를 꾀하였다. 동시에 로마 교회에 내재해 있는 악습을 망설임 없이 사실대로 지적하였다.[4)] 이에 대하여 로마 가톨릭 신학자들의 답변도 있었고 황제가 협의회를 열어 의견을 일치시키려 했으나 결국은 실

---

3) 이처럼 대외적인 적을 많이 둔 찰스 5세는 어려움을 겪고 있던 중에 1544년 프란시스 1세와 끄레뻬(Crepy)에서 평화조약을 맺으므로 독일 개신교들을 향해 공격의 화살을 돌리게 하였다.

4) 좀 더 구체적으로 아우구스부르크 신앙고백서의 의미를 다음과 같이 정리하였다. (1) 칼빈주의자들의 존재를 완전히 무시하고 자신들의 신학 전통 확립에 전력했다. 왜냐하면, 만일 칼빈주의자들이 여기에 개입하게 된다면 또 다른 싸움은 불가피했을 지도 모르기 때문이다. 결국 17세기 초에 독일 신교 영주들이 군사동맹을 체결하고 이에 맞서 가톨릭 동맹이 결성되었을 때 이미 전쟁은 예상되었다. 실재 전쟁은 1618년에 일어났고, 이로 인해서 장미전쟁이 발발하였

패하였다. 당시 의회의 과반 수 이상이 가톨릭 교도였으므로 신교도들이 논박 당하였다. 그 결과 찰스 황제는 1531년 3월까지 신교도들에게 항복할 시간적 여유를 주었으나 이에 응하지 않자 마침내 독일내의 개신교도를 박멸하기 위하여 군대를 동원하였다. 이에 교황 파울루스 3세는 찰스 5세의 충성 대가로 상당한 액수의 전쟁비용을 지불했으며 교황 직속의 군대도 파병하였다. 결국 가톨릭과 개신교 사이에 전쟁이 불가피 하자 개신교도들 중에 일부가 가톨릭교회와 재결합하였다. 따라서 독일의 개혁교회는 찰스의 무력에 맞서 1531년 슈말칼텐 동맹을 결성하여 개신교 영주들의 가톨릭의 귀의와 황제 지지를 막고자 하였다. 그리고 그들의 무력에 맞서 자신들의 권익을 보호하고자 하였다. 따라서 군사동맹을 체결한 개신교 영주들은 총 8-9만 명의 군대를 동원하였다.

이 같은 혼란 중에 가톨릭과 개신교도들 사이에 전쟁이 계속되었다. 1552년 전쟁에 패한 황제는 포로가 되었다. 그리하여 그는 1555년 9월 아우구스부르크 평화협약을 체결하였다. 이것은 한 나라의 한 종교 원칙에 따라 두 가지 신앙형태 중에서 루터파나 가톨릭파 간에 평신도 제후들이 각각 자기 영토 안에 전파할 신앙을 하나씩 선택하도록 허락하고, 혹 루터파로 전향한 가톨릭 고위 성직자들에게는 그 직위에 따른 재산과 수입을 가톨릭 교회로 환원케 하였다. 주요 내용은 (1) 모든 영주는 개혁권을 가진다. 이 말은 종교개혁의 여부는 각 지방 영주의 고유한 권한으로써 황제가 간섭할 수 없으며 일반 백성도 이에 대항할 수 없다. (2) 영주의 영역에 거주하는 모든 거민은 영주의 종교를 따라야 한다. (3) 영주의 종교에

다. (2) 웨스트팔리아 조약은 결국 가톨릭의 다른 표현이라는데 동의하였고, 따라서 개신교와 가톨릭이 함께 공존하게 되었다. 이와 관련하여 교황은 일체의 독일 내 종교 문제에 개입이 금지되었다. 물론 교황 이노센트 10세는 회의 결의 내용에 이의를 제기했으나 가톨릭과 개신교 지도자들은 이를 무시하였다. 1,000년 만에 처음으로 국가가 교황을 도외시하고 각 영토내의 문제를 결정 할 수 있게 되었다. (3) 결국 이것은 정치적 협상의 결과였다. 종교와 정치의 분할로 인해 독일의 영토는 종교적 성향에 따라서 지역을 분할하였다. 동시에 이 협약으로 가톨릭과 개신교의 상호지역 이주가 허용되었고 교회 재산도 보호받게 되었다. 그러나 만약 가톨릭의 대주교와 성직자가 루터교로 개종하면 모든 재산은 포기해야 했다. 이는 영적 지도자들의 교권상 지위 때문에 이 제도가 수립되었다. 그러나 이런 결과에도 불구하고 독일에서 루터교회는 퇴락하였다. 결국 본 고백서는 백성의 종교 선택은 성주의 종교 선택에 준하는 오류를 낳게 되었으며 분파주의가 아닌 교리주의로 나가게 되었다. 개신교의 자유가 허용된 것은 이 고백서가 갖는 공헌이라 할 것이다.

반대하는 사람은 자기에게 맞는 지역으로 이주할 수 있는 권리, 곧 이주권을 가진다. (4) 중세 이후 교회령은 계속 가톨릭의 손에 남게 된다. 따라서 교회의 성직자로서 개신교가 된 사람은 성직을 상실하고 이제까지 교회령에서 받은 급료를 더 이상 받을 수 없었다. (5) 개신교 영주들은 교회령 유보를 받아들이는 대가로 교회령 내의 개신교를 신봉하는 자유인이나, 귀족과 기사들이 신앙을 가질 수 있게 자유를 달라는 요청이 받아졌다. (6) 자유시, 예를 들면, 프랑크프르트나 보름스, 슈파이어와 스트라스부르크 같은 몇 몇 도시는 개신교 도시이면서도 가톨릭교회의 예배당의 존속을 허용하였다. 이 같은 일방적인 처사로 후에 30년 전쟁이 발발하였다.

4. 30년 전쟁의 발발 원인

한 나라 한 종교의 원칙은 1555년의 아우구스부르크 회의 이후 독일에서 실행되어 온바, 그 후 유럽의 종교문제는 소강상태였다. 그러나 16세기 말 경에 이르면서 변화가 일어났다. 그 하나는 예수회를 중심으로 한 가톨릭의 현저한 회복이요 다른 하나는 독일에서 인정받지 못한 칼빈파의 세력 확장이었다. 당시 주된 문제는 독일의 개신교가 가톨릭으로부터 자유를 허락받을 수 있느냐의 신앙적 이해 문제였는데 결국은 허락받고 예배당을 짓게 하였다. 이 같은 개신교의 자유령에 대하여 가톨릭은 못마땅하게 생각하여 신교도들을 억압하고 예배당을 파괴하였다. 따라서 17세기 초에 불안을 느낀 신교 제후들이 칼빈파의 팔쓰(Pfalz: Palatine) 선제후를 중심으로 1608년 연합을 결성하였다. 그리고 다음 해 가톨릭은 바이레른 공을 중심으로 동맹(Liga: League)을 결성하여 이에 맞섰다. 이 같은 신구교의 대립은 1618-1648년 사이의 30년 전쟁으로 확대되면서 유럽은 종교적 갈등에 휘말렸다. 그 결과 서부 유럽의 대부분 국가들이 이 분쟁에 휘말렸으며 후에는 프랑스가 영토 확장을 위해 개입하면서 사태는 혼란에 빠졌다. 30년 전쟁은 몇 몇 국가를 중심으로 편의상 4시기로 나눌 수 있다.

(1) 제 1단계: 보헤미야 시기(1618-1623): 실질적인 전쟁 기간으로 처음에 보헤미야의 반란으로 시작되었다. 1609년만 해도 거의 개신교 지역이던 이 나라는 당시 황제 루돌프 2세(1576-1612)에게 종교의 관용을 요구했으나 거부되었다. 그

후 1617년 반동 종교개혁의 철저한 대변자인 그의 사촌 슈티리아는 페르디난드의 귀족 계층으로부터 마티아스의 후계자로 인정받았다. 이로써 가톨릭의 칙령 위반이 급증했으며 그동안 오스트리아의 지배에 대한 민족 감정이 고조되던 차에 1618년 5월 23일 불만에 쌓인 한 무리의 개신교 귀족들이 부패한 황제 마티아스를 대표하는 두 명의 가톨릭 섭정을 프라하의 라드카니(Hradcany) 성채 밖으로 내 동댕이쳤다. 이 투적 사건으로 그 지방의 귀족들이 황제 마티아스에 대해 반란을 일으켰다. 이들은 종교적인 관용뿐 아니라 정치적 독립을 수립하려고 하였다.

그들은 합스부르크가의 지배를 거부하여 새 왕으로 프리드리히 5세(1610-1632)를 왕으로 추대하였다. 그러나 1619년 황제 마티아스의 사망 후 페르디난드 2세가 황제에 피선되어 가톨릭 동맹과 스페인으로부터 지원군을 얻어 프리드리히를 격파하였다. 가톨릭 연합군은 왈룬 장군, 틸리히의 백작 체르칼레스(Jon Tserkales, 1559-1632)의 지휘아래 1620년 11월 8일 프라하 근처 힌산 전투에서 반군 보헤미야 군을 진압하여 마침내 프리드리히의 영토가 바바리아에 편입되었다. 이에 프리드리히는 도피했고 칙령은 폐지되었으며 신교 목사들이 축출되고 권리가 박탈되었으며 보헤미야의 개신교 재산은 거의 다 몰수되어 예수회에 귀속되었다. 이때 5개의 감독과 100여 개의 신교 수도원들이 구교로 바뀌었다. 이로서 보헤미아의 개신교도 3만 명이 유리 방황하게 되었으며 동시에 보헤미야와 모라비아에서 반동 종교개혁이 시행되었다. 몰수 재산의 획득으로 부자가 된 사람 중에 발렌슈타인(Albrecht von Wallenstein, 1583-1634)은 이후의 전쟁 역사에서 중요한 역할을 하였다.

(2) 제 2단계: 덴마크 시기(1625-1629): 일단 끝난 듯 한 전쟁은 덴마크의 간섭으로 재연되었다. 덴마크의 크리스티안 4세는 북부 독일 지방의 신교를 원조하여 북해의 항구들을 세력권 안에 끌어들였다. 그러나 1625년 독일에 침입한 그의 군대는 발렌슈타인과 틸리 군대에 의해 패퇴하였다. 발렌슈타인의 군대는 각국에서 모인 잡당(雜黨)으로서 신앙의 구별없이 편성된 약탈 위주의 용병군에 불과하였다. 이로써 크리스티안 4세는 신성로마제국의 제후가 갖는 독일내의 특권을 상실하였다. 한편 신성로마황제 페르디난드 2세는 이러한 가톨릭의 군사적 성공에 고무되어 1629년 뤼베크에서 평화조약을 체결하고 반환령(返還令)을 발포하였다. 이 칙령으로 아우구스부르크 화약 이래 신교도들의 수중에 들어간 모든 가톨릭교

회 재산이 원상 복귀되었다. 그것은 2세대 이상 신교도들이 소유한 재산, 특히 독일의 가장 부유한 지방의 일부재산이 다시 신교의 손을 떠나는 것을 의미하였다. 이로써 신교도들이 종교적 자유를 잃을 뿐 아니라 북독일에서 영토상의 우월권을 상실하였다.

(3) 제 3단계: 스웨덴 시기(1630-1635): 전쟁은 다시 스웨덴의 간섭으로 속개되었다. 스웨덴의 구스타부스 아돌푸스왕은 진지하고 열광적인 신교도로서 영토를 확대하고 발트해를 지배하였다. 독일에 침입한 스웨덴군이 계속 승전하자 페르디난드 2세는 발렌슈타인을 소환하였다. 구스타부스 아돌푸스군은 바바리아로 진격하여 뮌헨을 함락시키고 계속 빈으로 향하였다. 1632년 말 뤼짼 격전에서 스웨덴 왕의 도움으로 발렌슈타인군을 격파하여 신교가 회복되었으나 스웨덴 왕은 전사하였다. 그러나 스웨덴군이 계속 전쟁을 강행하였다. 독일 또한 황폐했으나 결국 양측의 피해는 막대하였다. 따라서 1635년 신구교 양측은 프라하 평화조약을 체결하였다. 주된 내용은 1627년 11월을 기준으로 모든 교회 재산을 그 당시 소유자에게 40년 동안 두었다가 신구교 판사회의에서 결정하자는 것이었다.

(4) 제 4단계: 프랑스 시기(1635-1648): 신구교의 타협적인 프라하의 휴전은 프랑스의 재상 리슐류 추기경이 개입함으로서 다시 전쟁이 발발하였다. 당시 리슐류는 합스부르크가가 패배할 때만이 프랑스가 안전하다고 믿었다. 1635년까지 그는 독일의 신교 제후들과 스웨덴 측을 비밀리에 원조했으나 이후 공공연히 합스부르크가에 도전하였다. 한편 프랑스는 독일 제후들로 하여금 신성로마제국 군과 싸우게 하고 남쪽으로는 스페인을 공격하였다. 당시 프랑스는 신교를 거부한 가톨릭이 이끌어 왔는데 유럽의 스페인과 독일, 스웨덴 등이 자국의 이익을 위해 각축전을 벌였다. 이로써 스페인은 포르투갈을 잃고 남 네덜란드와 이탈리아의 소유지를 겨우 유지하였다. 그리하여 1635년 전쟁이 발발하였고 오스트리아의 페르디난드 3세(1637-1657)는 독일 제후들의 공격으로 수세에 몰렸다. 그리하여 1641년 휴전을 선언하고, 이후 4년의 협상 끝에 1648년 10월 27일 웨스트팔리아 평화 협상을 체결하여 오랜 종교전쟁을 종식시켰다. 이 조약으로 유럽의 판도가 재편되었다. 예를 들면, 스웨덴은 발틱 연안에서 독일영지 확보, 프랑스는 알사스 지방의 확보, 스위스는 독일로 부터 독립, 네덜란드는 스페인으로부터 독립하였으며, 벨기에는 가톨릭 지역으로 네덜란드는 신교로 확정되었다.

5. 웨스트팔리아 협약의 내용과 분석

1648년 10월 27일 체결된 웨스트팔리아 협약으로 독일의 황권과 교황권이 대폭 축소되었다. 따라서 제후들에게 영토에 대한 완전한 주권과 외교권, 조약 체결권이 인정되었다. 그리고 황제와 제국에 맞서지 않는다는 조건에도 불구하고 황권의 약화는 필연적이었다. 상기 조약은 크게 종교적인 면과 정치적인 면으로 구분된다. 이 같은 양면성은 곧 30년 전쟁의 성격을 나타내 준다. 먼저 종교적인 면은 (1) 1555년의 아우구스부르크 종교회의 결정 사항을 승인하여 칼빈파는 루터파와 동등한 모든 특권을 향유한다. (2) 1624년 당시 신교나 가톨릭의 교회 재산은 공히 그대로 유지한다. (3) 신성로마제국의 황제 재판소는 루터파와 칼빈파의 동수로, 재판관이 재판을 주재하게 한다. 그러나 이보다 복잡한 것은 쌍방 간의 신앙적 차이보다는 정치적 타협이었다. (i) 실제적으로 제후는 각각 자신의 영내에서 독립 주권을 행사할 수 있다. (ii) 프랑스는 스트라스부르크 자유시 이외의 알사스 지방을 소유한다. 특별히 메츠와 투울, 베르덩 주교구의 소유가 재확인되었다. (iii) 스웨덴은 포메라니아의 일부를 할당 받아 오데르 강 입구를 지배하였다. 또한 브레멘 시 주변의 브레멘 주교구를 포함하여 엘베와 베제르 강의 하구 지역도 장악하였다. (iv) 이처럼 프랑스와 스웨덴은 독일 지방을 할당받아 신성로마제국 의회의 표결권도 확보하였다. 이것은 곧 이 두 나라가 향후 독일의 내정을 간섭할 가능성을 보여준다. (v) 브란덴부르크는 동 포메라니아 및 다수의 주교권을 소유하였다. (vi) 스위스와 네덜란드는 자유 독립국가로 승인을 받았다.

상기 협약으로 이들 양 진영은 각각 자신의 종교를 찾을 수 있었다.[5] 다시 정리하면 평화 협정은 로마 가톨릭에게는 신교도의 반격을 저지했으나 동시에 루터파 뿐 아니라 다른 개혁파의 신앙을 인정하였다. 그리고 신교와 가톨릭을 보다 명확히 구분한 채 유지되었다. 이로써 기독교의 신구교 양편은 공히 이득을 취하였다. 일부 가톨릭 교구와 수도원, 교회들이 신교의 수중에 남았으나 이전에 신교 지역인 보헤미아에서는 가톨릭이 확산되었다. 일반적으로 북부 독일은 신교로 남았으나 라인강 유역의 여러 지역은 가톨릭에 편입되었다. 군주(영주)의 신앙과 다른

5) Owen Chadwick, *The Reformation*, (The Pelican History of the Church, Penguin Books, 1988), 402.

분파의 신앙에 대한 개인적인 예배도 용인되었다. 그러나 30년 전쟁으로 독일의 인구는 전체 인구 3,000만 명중 1천 2백 만 명으로 3분의 2가 감소하였다. 그중에 가장 피해가 많은 지역은 비텐베르크로 총 인구 40만 명중에 8천명이 남았고, 당시 그곳의 300명의 목사는 30명으로 줄었다.

6. 웨스트팔리아 협약의 중요성과 평가

(1) 중요성 : 결국 웨스트팔리아 협약은 혼란이 거듭된 과거의 역사를 뒤로하고 새로운 시대를 여는 분수령이었다. 그런데 그 조약의 역사적 중요성은 그동안 가톨릭의 통제 아래서 해방을 얻은 것이며, 좀 더 적극적으로 그들로부터 독자적인 신앙단체로서의 생존권을 인정받는 최초의 사례였다. 사실 이전까지 가톨릭의 개신교에 대한 입장은 이단적으로 전혀 그들의 입지가 용인되지 않았다. 그런데 이 협약으로 기득권을 유지한 가톨릭은 힘을 상실하였고, 개신교는 가톨릭으로부터 실질적인 독립을 쟁취하였다. 종교개혁이 발발한 당시 가톨릭의 사회적인 평판은 극도로 실추된바, 이런 움직임은 그들의 위상을 더욱 약화시켰다. 그러나 이 조약의 핵심은 1624년을 기준으로 신구교 재산은 당시 소유자 것으로 하되, 제후들이 백성의 지역 종교를 결정함으로 한 영지에 한 종교가 정착하게 되었다. 만약 특정 지역의 영주가 사망하면 그의 아들이 왕위에 올라 혹시 그가 신앙을 바꾸면 그 지역의 종교는 강요 없이 두 종교를 승인하였다. 결국 이 조약은 구교와 신교의 역사적 분리를 선언한 것으로 신교의 자유를 허용하였다. 그후 교황 이노센트가 곧바로 웨스트팔리아 협약의 무효를 선언했으나 효력을 발휘하지 못하였다. 이후 유럽에서 교황의 정치적 위상은 현저히 추락하였다.

(2) 평가 : 결국 30년 전쟁을 종식시킨 웨스트팔리아 조약은 마틴 루터 이후 100년 이상 지속된 종교전쟁을 종식시킨 국제간의 외교적 문서였다. 그러나 그간에 발생한 많은 전쟁들이 사실 종교적이라기보다는 정치적이었다. 그 중에 한 사례가 바로 30년 전쟁이었다. 표면상의 이유는 가톨릭과 신교 사이의 종교적 관용이었으나 전쟁의 주된 동기는 정치적 및 경제적 요인이었다. 이와 함께 근대적인 국가체제, 국제간의 세력균형, 근대적 외교관계 등의 관념은 이미 16세기 종교개혁 이후 대두되었으나 신성로마제국의 기득권과 위상이 그것을 통제하였다. 그러

나 이후 각국은 동등한 주권행사 및 대사나 외교관의 파견을 통해 동등한 관계를 수립하였다. 30년 전쟁 중에 잔인한 학살이나 무차별적 전투행위는 국가 간의 법적 필요성을 촉발하여 비로소 인도주의적 국제법을 실현하였다. 이것은 후에 전쟁 중에 발생한 비전투원의 보호나 부상자 처리문제, 그리고 무차별적인 약탈 금지 같은 문제가 국제적인 관심사가 되었다. 결국 30년 전쟁으로 17세기 중엽 이후 유럽의 패권은 프랑스가 주도하였고, 그 후 루이 14세의 절대 왕정기에 전성기를 맞았다.

7. 독일 개신교회의 신학논쟁의 확산

이처럼 독일의 개신교는 중세 가톨릭 교회로부터 독립하는 특권을 얻었음에도 불구하고 그것을 계승하지 못하는 비극을 맞이하였다. 루터파 신교도들은 그들 내부의 일치를 이루지 못 한 채, 아우구스부르크 종교 화약 이후 개혁교회는 지엽적인 교리논쟁과 당파 싸움에 휘말렸다.[6] 혹자는 가톨릭적 전통과 관습에 순응을 선호하였고, 또 다른 사람들은 선행이 기독교인의 생활에 장해가 된다고 주장하였다. 또 다른 사람들은 인간에게 완전한 자유의지는 없다고 하였다. 그 후 1577년 태동한 루터교의 일치신조는 이런 이론을 하나로 통합할 목적으로 만들어졌다. 이후 이 신조는 소수 반대자들을 제외한 대다수의 독일 루터파의 신념을 대변하였다. 그럼에도 불구하고 이후 루터파는 교리상의 일치된 모습을 보여주지 못하였다. 그리하여 루터와 함께 1520년대 정착한 독일 개신교로의 개종은 1550년대 직후 종말을 고하였다. 이러한 급박한 변화의 와중에 각 나라마다 새로운 교단이 형성되면서 교파별로 각각의 교리를 만들어 각자의 길을 걸었다. 이로써 중세 가톨릭교회와 싸워 쟁취한 종교개혁의 신앙적 유산은 이제 예측할 수 없는 교리 논쟁의 늪에 빠졌다.

6) 프랑스에서는 1562-1598년 사이에 프랑스 칼빈주의자들과 가톨릭 사이에 내전이 있었다. 양측이 더 이상 기진하여 싸움을 할 수 없을 때에 낭트칙령을(1598) 통해 지역 분할원칙에 동의하였다. 위그노들은 자유를 얻고 국가의 일부 통치권을 부여 받았으며, 가톨릭은 국가의 공식 종교가 되었다. 한편 1560-1618년까지 네덜란드의 칼빈주의자들은 스페인과 싸워 독립하였다. 그리고 오늘 날 벨기에는 가톨릭으로 남아 있던 중에 1841년 독립하였다.

이러한 상황은 다양한 교파의 교리와 교회조직을 통해서 각 교파들이 채택한 신앙고백서들이 잘 보여준다. 당시 고백서들을 다음과 같이 연대순으로 정리하면, (1) 루터교회의 아우구스부르크 신앙고백서(1530), (2) 바젤 고백서(1534), (3) 칼빈의 제네바 고백서(1537), 요리문답(1541), (4) 불란서 개혁교회의 갈리안 신앙고백서(1559), (5) 스코틀랜드의 신앙고백서(1560), (6) 화란 개혁교회의 벨직 신앙고백서(1561), (7) 하이델베르그 요리문답(1563), (8) 크랙의 요리문답(Craig's Catechism, 1581), (9) 영국의 39개 신앙고백서(1563), (10) 하이델베르그 신조(1584), (11) 취리히 요리문답(1609), (12) 아이리쉬 고백서(1615), (13) 돌트 신앙고백서(1619), (14) 웨스트민스터 신앙고백서, 대소요리문답(1643-1648), (15) 헬베틱 고백서(Helvetic Consensus Formula, 1675), (16) 침례교 신앙고백서(런던 고백서, 1677, 1689)[7] 등이다.

상기한 고백서들은 각자의 특징에 따라 크게 3가지로 구분할 수 있다. (i) 교리적으로 루터교와 장로교, 성공회와 침례교, (ii) 국가적으로 독일과 영국, 스위스와 스코틀랜드, 화란과 독일 등, (iii) 언어학적으로 영어와 독일어, 불어와 화란어 등이다. 이 고백서들의 공통점은 모두 반 가톨릭적으로 칼빈의 제네바 영향을 절대적으로 받아들였다. 이 고백서들은 대부분 하나님과 그의 주되심, 성경의 권위와 윤리, 그리고 권징을 강조하였다. 그 중에 갈리안 신앙고백서와 스코틀랜드 신앙고백서, 하이델베르크 요리문답은 공동체가 그것을 함께 고백하는데 강조점이 있다. 한편 웨스트민스터 신앙고백서와 벨기에 신앙고백서는 보다 객관적으로 하나님의 주권과 인간의 책임을 강조하며, 현재 한국의 몇 몇 보수적인 장로교단을 포함하여 세계 개혁 장로교회가 사용하고 있다.

앞에서 고찰한 대로 1555년 아우구스부르크 종교화약 이후 개신교회는 그들 상호간의 용서와 관용의 부재로 서로 형제를 비판하며 각자의 신앙고백서를 작성

---

7) 20세기에 나온 고백서들로는 "독일 개혁교회 공동체의 두셀도르프 명제집"(Dusseldorf Theses, 1933), "종교개혁 신앙고백의 바른 이해에 관한 선언"(Declaration Concerning the Right Understanding of the Reformation Confession of Faith, 1934), "바르멘 선언"(The Barmen Declaration, 1934), "연합그리스도교회의 신앙고백"(Statement of Faith of the United Church of Christ, 1959), "미국연합장로교회의 1967년 신앙고백" 등이다. John H. Leith, *An Introduction to the Reformed Tradition: A Way of Being the Christian Community*, (Edinburgh: The Saint Andrew Press, 1977), 129-130 참조.

하였다. 지나친 공로주의에 치우친 가톨릭의 박해로 그 어느 때 보다도 영적 각성이 요청되었다. 그러나 이 시기에 개신교회는 자신들의 영적 성숙과 변화된 삶보다는 메마른 교리 싸움에 정력을 낭비하였다. 그들은 개혁 1세대들이 평생 몸 바쳐 쟁취한 개혁의 유산을 정착시키지 못하고 경건을 상실한 이론가가 되었다. 그럼에도 불구하고 신앙고백시대는 이단의 공격에 맞서 교회가 지향해야 할 신학적 근거와 원리를 확실히 보여준다. 이것은 오늘 신학적 부재와 여러 신종 이단들이 득세하는 상황에서 우리가 이 시대에 무엇을 해야 할 것인지를 잘 가르쳐 준다. 이로써 우리는 16-17세기에 나타난 루터파와 성공회, 개혁파 장로교와 침례교, 그리고 가톨릭의 신학적 특징이 무엇인지 올바른 이해가 요청된다. 필자는 본 장에서 루터파의 신학 논쟁, 정통논쟁을 고찰할 것이다.

8. 루터파 교회의 정통성 문제

루터파 교회의 정통성 문제는 개혁자 루터의 사후(1546), 그의 신학적 이론과 통찰력을 명확히 변호하려는 열망에서 시작되었다. 여기의 주역은 멜란히톤으로 루터의 사상을 전수받고 그 사상의 정착을 소원했으나 오히려 루터로부터 이탈하였다. 후에 그는 루터의 스승이자 친구인 에라스무스의 인문주의로 돌아갔다. 사실 멜란히톤은 1521년부터 1525년까지 루터처럼 신약 시대에 십계명의 폐지를 선언하였고 루터도 이에 동의하였다. 그리고 루터의 율법과 복음의 구별을 유지하는 중에, 1525년 루터의 율법과 복음의 구별을 위하여 멜란히톤은 자신의 자연법 개념을 사용하였다. 하지만 그는 1527년부터 구원 얻는 믿음을 둘러싸고 루터의 자유의지를 부정하며, 구원은 하나님의 은혜와 인간의지의 협동의 열매라고 가르쳤다. 따라서 그의 구원론은 종교개혁의 원리로부터 멀어졌다. 이로써 1537-1556년까지 루터파 내에서 모두 10번에 걸친 교리 논쟁이 발생한바,[8] 그 논쟁들은 특별히 1546년 루터의 사후에 표면화되었다. 사실 멜란히톤은 생전에 루터의 도움을 받아 개신교 신앙고백서를 저술하고, 그를 보좌하며 칭송하며, 교회 안에서 진

---

8) Philip Schaff(ed.), *The Creeds of Christendom with a History and Critical Notes,* vol I., (Baker Book House, 1990), 268-306.

리의 회복자로 존경하였다. 그리고 루터의 학식과 학문, 조직신학과 교육의 방법, 대학의 이상과 균형있고 차분한 기질을 공급받았으나 끝내 등을 돌렸다.[9] 이들 상호 간의 논쟁으로 독일 내 루터 교회는 시민전쟁의 격전지로서 교황주의자들의 비방과 조롱을 피하지 못하였다. 결국 루터파의 분열은 혼란과 무질서를 자초하였다. 당시 제기된 논쟁은 통칭 구원 문제로 루터파의 칭의 교리를 깊이 이해할 수 있는바 간략히 6가지로 정리하였다.

(1) 반 율법주의 논쟁(Antinomian Controversy, 1527-1560): 이 논쟁은 회개와 믿음의 관계, 그리고 신자들의 체험에서 도덕법이 차지하는 위치를 둘러싸고 아그리콜라와 멜란히톤 간에 벌어진 논쟁이다. 1527년 멜란히톤은 구원에 이르는 믿음으로 사람들을 준비시키기 위해 복음, 즉 그리스도를 통해 성취된 말씀 전에 율법적 내용을 설교에 포함시키게 하였다. 회개를 위해서 복음 전에 율법을 먼저 설교해야 하며 성도들의 삶에 율법의 필요성을 강조하였다.[10] 이에 요한 아그리콜라(Johann Agricola, 1494-1566)는 초기 루터의 가르침에 따라서 격렬히 반발하며, 십계명이 은혜의 경륜과 기독교적 삶에 아무런 역할을 하지 못한다고 주장하였다.[11] 1537년경 아이스레벤에서 비텐베르크로 이주한 아그리콜라는 롬 2:4-8[12]에 기초하여 그리스도인들에게 뉘우침과 회개를 위해서는 율법보다는 오직 복음과 그리스도의 수난이 선포되어야 한다. 단지 율법은 회심한 성도들의 삶에 필요할 뿐이며, 도덕법이 그리스도인의 경험과 상관없다. 거듭난 그리스도인은 위

9) Owen Chadwick, *The Reformation*, (The Pelican History of the Church, Penguin Books, 1988), 66-67, 141-143.

10) Paul Althaus, *The Theology of Martin Luther*, trans by Robert C. Schultz, (Philadelphia: Fortress Press, 1966), 258.

11) Sinclair B. Ferguson & David F. Wright, *New Dictionary of Theology*, (Leicester: Inter-Varsity Press, 1988), 379.

12) "혹 네가 하나님의 인자하심이 너를 인도하여 회개하게 하심을 알지 못하여 그의 인자하심과 용납하심과 길이 참으심이 풍성함을 멸시하느냐(회개할 기회를 주시는 하나님) 다만 네 고집과 회개하지 아니한 마음을 따라 진노의 날 곧 하나님의 의로우신 심판이 나타나는 그 날에 임할 진노를 네게 쌓는도다(기회를 차버리고 회개를 하지 않는 사람들) 하나님께서 각 사람에게 그 행한 대로 보응하시되, 참고 선을 행하여 영광과 존귀와 썩지 아니함을 구하는 자에게는 영생으로 하시고, 오직 당을 지어 진리를 따르지 아니하고 불의를 따르는 자에게는 진노와 분노로 하시리라".

로부터 주시는 성령의 은혜로 말미암아 모세의 율법을 더 이상 지킬 필요가 없다는 것이다. 이러한 그의 주장은 회개를 위해서는 성도들에게 십계명의 실천이 선결되어야 한다는 멜란히톤에 맞서 루터가 율법과 복음사이를 구별한 규정을 극단적으로 적용하였다. 그는 참된 회개란 지키기 불가능한 십계명으로부터 오지 않고 다만 복음을 통해서 하나님의 사랑을 발견하는데서 시작된다. 그러므로 율법은 그리스도인과 아무런 관련이 없다고 주장하고 십계명은 재판정에 갔다 놓고 복음을 선포하는 강단에 두지 말라[13]고 하였다. 그 이유는 만약 사람들의 선행과 공로가 하나님이 보시기에 무가치하고 또한 천국과 지옥을 결정하는 일, 각자의 운명에 아무런 영향을 끼칠 수 없다면 과연 선하게 사는 것이 무슨 의미가 있는가? 또는 악하지 않게 사는 것이 무슨 의미가 있는가?[14] 그리하여 그는 도덕, 즉 선행이 아무런 의미가 없다고 주장하였다.

여기에 암스도르프와 포아크, 오토 같은 학자들은 칭의, 즉 그리스도 안에서의 새로운 삶은 율법의 규제를 받지 않는다고 주장하였다. 그리고 의롭다 함을 입은 사람은 율법아래 있지 않으며 그것이 명령하는 바를 자유롭게 이행할 수 있다고 하였다.[15] 이들은 은혜로 인한 은사로서의 복음과 인간에게 준행의 의무가 있는

---

13) F. Bente, *Historical Introduction to the Book of Concord*, (St. Louis: Concordia, 1953), 163.

14) 디아메이드 맥클로흐, 「종교개혁의 역사」, 이은재/조상원 역, (CLC, 2013), 199.

15) 이와 관련하여 특별히 아래의 말씀을 참조하라. 롬 3:20, "그러므로 율법의 행위로 그의 앞에 의롭다 하심을 얻을 육체가 없나니 율법으로는 죄를 깨달음이니라". 3:24-29, "그리스도 예수 안에 있는 속량으로 말미암아 하나님의 은혜로 값없이 의롭다 하심을 얻은 자 되었느니라. 이 예수를 하나님이 그의 피로써 믿음으로 말미암는 화목제물로 세우셨으니 이는 하나님께서 길이 참으시는 중에 전에 지은 죄를 간과하심으로 자기의 의로우심을 나다내려 하심이니, 곧 이 때에 자기의 의로우심을 나타내사 자기도 의로우시며 또한 예수 믿는 자를 의롭다 하려 하심이라. 그런즉 자랑할 데가 어디냐 있을 수가 없느니라 무슨 법으로냐 행위로냐 아니라 오직 믿음의 법으로니라. 그러므로 사람이 의롭다 하심을 얻는 것은 율법의 행위에 있지 않고 믿음으로 되는 줄 우리가 인정하노라". 롬 4:1-3, "그런즉 육신으로 우리 조상인 아브라함이 무엇을 얻었다 하리요, 만일 아브라함이 행위로써 의롭다 하심을 받았으면 자랑할 것이 있으려니와 하나님 앞에서는 없느니라. 성경이 무엇을 말하느냐 아브라함이 하나님을 믿으매 그것이 그에게 의로 여겨진바 되었느니라". 롬 6:4, 6, 8, 11, 14, "그러므로 우리가 그의 죽으심과 합하여 세례를 받음을 그와 함께 장사되었나니 이는 아버지의 영광으로 말미암아 그리스도를 죽은 자 가운데서 살리심과 같이 우리로 또한 새 생명 가운데서 행하게 하려 함이라". 6, "우리가 알거니와 우리의 옛 사람이 예수와 함께 십자가에 못 박힌 것은 죄의 몸이 죽어 다시는 우리가 죄에서 종 노릇

그 어떤 것으로서 율법간의 대조를 보다 명확히 하였다. 그러나 반대자들은 이들이 율법의 지위를 격하시키고 있다고 주장하며 그들을 반율법주의자로 규정하였다. 결국 이 문제는 율법의 제3의 용도 (i) 죄를 깨달아 회개에 이르게 하고, (ii) 공공질서를 유지시키며, (iii) 기독인, 즉 성도들을 의의 길로 인도하고 격려한다는 개념으로 단지 표현상의 의무적 명령이 아닌 하나님의 의지를 가리키는 것으로 이해되었다.[16] 이러한 사실 때문에 그들에게도 율법의 지도와 양육이 필요하였다. 이에 대해 루터는 그들이 자신의 교리를 오해한 것으로 간주하였다. 그리고 전적으로 타락한 인간의 회개와 연관된 뉘우침과 죄로 인한 슬픔은 죄를 드러내는 율법에 의해서만 일깨워질 수 있음을 지적하였다.[17] 이유는 율법이 반드시 선포되어야 하는바, 율법이 죄와 진노와 사망이 무엇인지 드러내 주는 중요한 계율이기 때문이다. 그러므로 루터는 그리스도인은 항상 죄인이라는 범위 안에서, 그는 여전히 옛 사람을 사망에 이르게 하기 위해 존재하는 율법에 복종해야 한다는 것이다. 그럼에도 불구하고 루터는 율법과 복음을 이원화하여 율법을 복음의 시녀로 간주하였다. 그에게 중생한 자들은 용서받은 의인인 동시에 죄인이다.

(2) 비본질에 관한 논쟁[18](Adiaphoriscit or Interimistic Controversy, 1548-

---

하지 아니하려 함이라". 8, "만일 우리가 그리스도와 함께 죽었으면 또한 그와 함께 살 줄을 믿노니", 11, "이와 같이 너희도 너희 자신을 죄에 대하여는 죽은 자요 그리스도 예수 안에서 하나님께 대하여는 살아있는 자로 여길지어다". 14, "죄가 너희를 주장하지 못하리니 이는 너희가 법 아래에 있지 아니하고 은혜 아래에 있음이라".

16) 루터에게 율법의 용도는 주로 죄의 회개에 집중되었다. 그러므로 이들의 예전에는 율법이 죄의 고백 앞에 들어갔다. 그러나 칼빈의 강조점은 세 번째였다. 따라서 그는 예전에 십계명이 죄의 고백과 용서의 확신 뒤에 포함시켰다. 여기 예배 순서는 용서받은 자라도 율법을 다루지 않으면 안 되며, 하나님의 도우심으로 그것을 지킬 수 있음을 보여준다.칼빈에게 율법은 말씀을 듣고 순종하는 것을 의미하였다. 한편 파렐은 죄의 고백을 설교와 율법의 말씀 뒤에 삽입하였다. 그것은 사람이 먼저 하나님의 말씀을 듣고 거기에 비추어 무엇을 고백해야 할지를 알아야 한다는데 기초하였다. John H. Leith, *An Introduction to the Reformed Tradition: A Way of Being the Christian Community*, Edinburgh: The Saint Anndrew Press, 1977, p. 175. Cf. 이효재, "칼빈의 '율법의 제3용법' 과 이자금지법 해석: 구약 율법의 적용 사례 연구", 「한국개혁신학」, (한국개혁신학회 논문집 제41권, 2014), vol. 41, 70-89. 칼빈에게 제3용법은 성령 안에서의 자유와 사랑의 실천이었다.

17) Paul Althaus, *The Theology of Martin Luther*, trans by Robert C. Schultz, (Philadelphia: Fortress Press, 1966), 258-273.

18) 루터는 가톨릭의 전통적인 예식문을 많이 이용하여 독일어 찬송가를 지었으며 성경

1555): 아디아포라(adiaphora)는 (헬) '아디아폴론' 의 복수 형태로 '대수롭지 않은 것들'의 의미이다. 이 개념은 고대 스토아주의에 의해 형성된 바, 선도 악도 아니며 명령을 받거나 혹은 금지되지 않은 것을 가르친다. 1523년 루터는 자신이 발행한 예식서에서 공적이든 사적이든 로마 교회의 의식과 행사를 일부 포함하여 성경이 명백히 금하지 않은 것들을 교회의 전통으로 수용하였다.[19] 따라서 그는 자신이 가톨릭에서 경험한 성찬 의식이나 예배의 절차, 성직자의 복장을 폐하지 않고 수용하였다. 물론 그에게 말씀의 선포가 무엇보다 중요하지만 혹 잘못 될 경우 찬양과 성경 낭독 그리고 온 성도가 함께 예배하는 것이 무의미하다고 생각하였다.[20] 이로써 그는 공 예배에서 말씀과 성례의 균형을[21] 유지하고자 하였다. 예를 들면, 예식서에 자국어 찬송만이 아니라 모든 예배 순서를 자국어로 집례할 것을 역설하였다. 그는 모든 예배를 회중의 언어로 바꾸어 성경과 찬송 그리고 기도를 하게 하였다. 그러나 루터 사후 후계자 멜란히톤은 신앙고백의 단일화를 위해 이미 폐지된 몇몇 의식들을 루터파에 다시 소개하였다. 그가 볼 때 이것은 신앙 양심과 상관없는 비본질적인 것으로 간주되었기 때문이다. 그 후 일부 루터파 교회가 수용한 1548년 라이프치히 화약(Interim De Leifzig, 1548)에서는 이 점을 보다 정교히 다듬었다. 그 결과 작센지방의 개신교도들에게 예배 의식과 교회 구조에 있어서 이래도 저래도 좋게 가톨릭에 가깝게 모든 것을 방임하였다. 사실 멜란히톤은 이미 자신의 공동과목(Loci Communis, 1521) 제2판에서 라이프치히 화약을 작성한 자들의 입장을 채택하였다.

이에 순루터파는 이것을 복음주의적 믿음과 신앙에 대한 배반으로 간주하였다. 이들은 다시 제정된 의식들이 비본질적 임은 분명하나 원수들이 활동하는 고난과

에 분명히 금지 되어 있지 않는 한 로마 가톨릭 교회에서 전하여온 관습은 반드시 부인할 필요가 없다고 했다.

19) Owen Chadwick, *The Reformation,* (The Pelican History of the Church, Penguin Books, 1988), 78; P. Toon, "Adiaphora", *New Dictionary of Theology*, eds. Sinclair B. Ferguson/David F. Wright, (IVP, 1988), 5.

20) R. N. Schaper, In His Presence, (Nachville: Thomas Nelson Publisher's Company, 1984), 115.

21) 루터는 1520년 주장한 「바벨론 포로」의 가톨릭 7성례, 350년 동안 실시되어 온 것들을 3개로 세례와 성찬, 그리고 사적인 고백으로 줄였다. Owen Chadwick, 64.

박해의 시기에 성경을 애매모호하게 만들고 와해시키는 것을 부당하게 여기고 성경적 원리의 실천적 및 실제적인 양보를 거부하였다. 당시 순루터파의 리더 플라키우스(Matthias Flacius, 1520-1575)는 갈 2장의 바울의 베드로 면책을 예로 들어 신앙고백과 범죄 문제가 관련되어 있는 한 거기에 비본질적인 것이란 있을 수 없다고 믿고 멜란히톤을 공격하였다.[22] 그 결과 같은 대학 교수인 멜란히톤과 플라시우스의 대립으로 작센의 루터파는 둘로 분열하여 멜란히톤파는 비텐베르크를 순루터파는 예나대학을 지지하였다.

(3) 의의 전가 문제: 아디아포라 논쟁과 함께 3번째 루터파를 강타한 것은 의의전가 문제였다. 이것은 목사요 교수였던 오시안더(Andreas Osiander, 1498-1552)가 터뜨린 논쟁이다. 그는 1550년의 한 토론회에서 칭의 교리에 관하여 당시 해석과는 전혀 다른 내용을 발표하였다. 그에 의하면 인간의 칭의가 오래 전 그리스도께서 이룩하신 구속사역으로 주어질 수 없다고 믿었다. 그는 칭의란 삼위 하나님의 제2위격의 신적 그리스도가 우리 안에 내주하심으로 실제로 의롭게 된다고 가르쳤다. 이것은 의의 순수한 전가 개념에 대한 과거의 역사가 아닌 현재 우리가 누릴 수 있는 신적 적용의 문제였다. 그는 인간이 의롭게 되는 것은 외적 전가를 통해서 완성되기 보다는 우리 안에 그리스도께서 내적인 말씀, 성령의 내주에 기초한다고 가르쳤다. 따라서 속죄는 단지 칭의를 위한 필요조건으로, 그것은 일생을 통해 즉각적으로 단 번에 주어졌다. 이때까지 우리가 받은 것은 루터의 가르침을 따라서 그리스도의 의가 신자들에게 전가된다는 것이었다. 때문에 멜란히톤과 플라키우스 같은 오시안더 비판자들은 성경에 사용된 칭의 개념은 의인임을 선포한다는 뜻이라고 주장하였다.

멜란히톤과 플라키우스는 믿음에 의한 칭의의 참 의미는 모든 것을 채우고도 남음이 있는 그리스도의 율법의 성취와 완성이 우리에게 100% 전가되기 때문이다. 그러나 이것은 외부로부터 주어진 의로 인간의 외부에 위치한다. 그런데 이에 대하여 신비적 성격의 쾨니스베르그(Konigsberg) 목사는 이미 15세기가 지난 그리스도의 수난(passion) 사건을 구속적 관점에서 보지 않고, 구원을 그리스도께서

---

22) 보다 자세한 것은 1577년 작성된 일치신조(the Formula of Concord), 제 10항을 참고하라. 여기서는 중간적 입장이 제안되었다. P. Toon, "Adiaphora", *New Dictioanary of Theology*, eds. Sinclair B. Ferguson/David F. Wright, (IVP, 1988), 5.

믿음을 통해 신자 각자의 마음에 내주하심으로 그와 실제적으로 연합한다는 사실을 강조하였다. 그는 그리스도의 신자와의 연합이 믿음을 통해 그리스도와 연합한다고 신비적으로 해석하고 2,000년 전 그리스도께서 십자가에서 성취하신 그분의 의가 믿는 자에게 전가되는 객관적 사실을 배제시켰다. 그에 의하면 인간에게는 본래 그 자체 의가 있는바, 그것을 강조하다 보니 루터가 주장한 소위 동시적 사건, 죄의 회개와 용서가 즉각적으로 주어지는 칭의 개념을 망각하였다. 결국 오시안더는 종교개혁이 그토록 목소리를 높여 철저히 거절한 가톨릭의 선천적 의의 개념을 다시 개신교 신학에 끌어 들였다. 특별히 멜란히톤은 성도의 영혼에 그리스도의 내주는 칭의의 결과나 원인이 아니라고 주장하였다. 결국 그는 그리스도의 공로, 십자가의 희생 없이도 구원받을 수 있다는 중세 스콜라주의로 기울었다. 이 논쟁은 마침내 오시안더의 사망 후 그의 사위가 멜란히톤파에 귀의함으로 종결되었다.

(4) 선행(공로) 문제: 그리스도의 내주 문제는 멜란히톤과 직접 관련되지 않았으나 그와 무관하지는 않았다. 사실 초기의 멜란히톤은 루터처럼 오직 신앙, 신앙만능 주의자였다. 그러나 그는 인문주의자 에라스무스의 영향으로 구원에 선행이 반드시 필요하다고 하였다. 그 후 멜란히톤의 추종자 비텐베르크 대학의 조지 메이저(George Major, 1502-1574) 교수가 이것을 주장했다. 그에 의하면 선행은 구원의 기초가 아니라 구원의 필수 불가결한 증거로서 영생에 필요한 것이라고 주장하며, 그의 스승 멜란히톤의 사상을 그대로 따랐다.[23] 그리고 1552년에 주장하기를 비록 사람이 선행없이 의롭게 되지만 선행이 믿음으로 얻는 칭의를 유지하는데 필요하기 때문에 선행없이 구원받는 것은 불가능하므로 선행은 구원에 필수적이라고 하였다. 물론 그가 개신교신학에 공로개념을 재도입하려 한 것은 아니었다. 하지만 그의 주장을 통해서 사람들은 신자들의 칭의가 먼 훗날 성화에 달려있다는 것으로 이해될 수 있게 되었다. 다시 말하면 그리스도의 십자가의 대속의 원리보다는 우리들의 성결한 삶으로 구원이 완성되는 것으로 받아질 위험성을 내포하였다.

이에 대하여 순루터파는 이것을 행위에 의한 의를 주장하는 한 사례로 간주하

---

23) 원종천, “반율법주의에 대한 루터와 청교도의 대응”, 「바른신학과 교회갱신」, (길송 이종윤 목사 고희 기념논문집 간행 위원회, 2010), 1061.

고 모든 선행에 우선하는 칭의와 중생을 엄격히 구별함으로 메이저에 대응하였다. 메이저의 가르침에 열정적으로 반대한 니콜라우스 폰 암스도르프(Nikolaus Von Amsdorf)는 정반대의 명제인 선행이 구원에 유해하다고 하였다. 그리고 이 선행 개념은 역사적으로 고대 펠라기우스와 중세 교황주의의 재등장이라고 하였다. 특별히 플라시우스는 메이저 이단을 추방할 목적으로 하나님은 선행을 개의치 않으신다고 주장하였다. 그러나 이 논쟁이 계속되는 동안 쌍방의 오해가 발생하였다. 메이저는 사실 선행이 칭의에 반드시 필요하기 보다는 다만 믿음에 선행이 수반되어야 한다는 것으로, 믿음의 보존을 위해 선행이 반드시 요청된다고 하였다. 그러나 그에게 칭의의 보존은 행위가 아니라 믿음에 의해서, 은혜를 통해서 이루어진다는 것이다. 암스도르프는 자신의 논제를 설명하면서 루터파의 오직 믿음의 개념을 보다 구체적으로 표현하였다. 그러나 그의 표현 방식은 믿음과 행위 사이의 피할 수 없는 신비, 연관성을 결과적으로 모호하게 하였다. 루터는 자신의 이신칭의 론에 근거하여 선행을 행하는 사람은 이미 의롭기 때문에 그 행위가 선한 것이지 선행을 행함으로 선한 것은 아니라고 하였다. 결국 이 논쟁은 칭의 교리에서 선행이 차지하는 위치를 보다 명확히 규명하였다.

(5) 신인협동설 문제: 1550년대와 1560년대에 걸쳐 인간의 회심과 구원의 과정에서 하나님과 인간의 협력문제, 즉 신인협동설 논쟁이 발생하였다. 사실 루터는 생전에 이 견해를 주장하지 않았으나 점차 내적 변화를 용인하였다. 이 논쟁의 기원은 멜란히톤의 저서 「신학통론」에서 인간의 회심 과정에서 하나님은 인간의 의지를 어느 정도 사용하며 협력 할 수 있다고 하였다. 그에 의하면, 하나님께서는 죄의 원인이 아니시므로 죄를 의도하거나 뜻하지 않으신다. 그러나 마귀의 의지와 인간의 의지는 죄의 원인이다. 인간 본성은 하나님의 말씀을 거역하였으나 절대적으로 절망적이지 않게 부패하였다. 이 본성은 성령의 도우심 없이는 하나님을 경외하고 사랑하며 참 된 순종으로 영적인 삶을 살 수 없지만, 스스로 하나님의 은혜를 받아드리거나 거절할 수 있다. 하나님이 주권적으로 부르시고 각자의 마음을 움직이지만, 구원을 위해서는 우리가 그분의 소명에 기쁘게 응답해야 한다.

멜란히톤은 이를 고대의 스토아적 오류, 즉 금욕주의로 간주하고 자신의 초기 예정론, 인간의 구원은 창조주 하나님에 의해 미리 정해져 있으며 신은 인간의 의지와 관계없이 당신이 미리 정하신 바를 실현시켜 나간다는 가르침을 포기하였다.[24] 그에 의하면 사람의 회심에는 세 가지 원인이 작용하는 바, (i) 하나님의 말씀이고, (ii) 성령이며, (iii) 인간의 의지이다. 멜란히톤은 초대교회 교부 크리소스톰의 글을 이용하여 하나님은 인간의 의지를 사용하여, 친히 자원자들을 이끄신다고 하였다. 뿐만 아니라 아우구스부르크 신앙고백서[25] 제18조 자유의지에 관하여[26]와 독일어판 변증서[27]에서 신인협력설을 암시하였다. 하지만 선행이 구원의

24) 필립 샤프, 「독일 종교개혁」, 박종숙 역, (크리스찬 다이제스트, 2004), 346.

25) 이 고백서는 1530년 독일의 종교개혁 당시 형성된 루터교회의 신앙고백으로 필립 멜란히톤이 작성하였다. 이는 개혁자 마틴 루터의 사상에 기초하여 작성된 프로테스탄트 신앙고백서로 루터교회의 신학과 신앙을 총 28개조로 압축하여 독일어와 라틴어로 출간된 것이다. 이 신조에서 멜란히톤은 많은 부분을 로마 가톨릭교회에 양보했으나 그렇다고 루터교회의 입장을 포기한 것은 아니었다. 그는 단지 루터교의 신앙이 가톨릭 교회와 별반 다르지 않다는 것을 보여주었다. 신조는 하나님과 원죄, 세례에 대해서는 로마 가톨릭과 같은 입장이었으나 이신칭의와 성찬, 선행에서는 의견을 달리하였으며 또한 츠빙글리와 재세례파의 입장을 비난하였다. 성경의 권위는 언급하지 않고 교황직은 정죄하지 않았다. 그리고 만인 제사장직과 성화, 연옥 등은 언급하지 않았으나 오직 은혜, 오직 믿음에 의한 칭의를 주장하였다. 이에 영향을 받은 독일 남부의 4 도시들, 예를 들면, 스트라스부르크(Strasburg), 콘스탄스(Constance), 멤밍겐(Memmingen), 린다우(Lindau) 등은 7월 9일 4개 자신들의 신앙고백서(Confessio Tetrapolitana)를 작성하여 의회에 제출하였다. 이 고백서는 마틴 부쩌가 작성한 바, 로마 가톨릭 교회는 그중 13개조를 정죄하는 반박문을 1530년 8월3일 발표하였다.

26) "인간의 의지는 사회 정의를 택하고 이성이 파악할 수 있는 일들을 행할 수 있는 자유를 어느 정도 가졌다고 본다. 그러나 인간의 의지는 성령이 없이는 결코 하나님의 의, 곧 영적인 의를 행할 능력을 가지지 못한다. 왜냐하면 자연인은 하나님의 영적인 일을 파악하지 못하기 때문이다. 하나님의 의는 말씀을 통하여 성령을 받을 때 마음 속에서 이루어지는 것이다. 어거스틴은 다음과 같이 말한다. 즉 모든 사람은 이성의 판단 기능인 자유의지를 가지고 있다는 것을 인정한다. 그러나 그것으로 할 수 있는 모든 일들은 이 세상에 관계된 일이지 하나님에 관계된 일을 할 수 있는 것은 하나님의 의지가 없이는 안 된다는 것이다. 우리 교회는 펠라기우스파 및 그와 유사한 파들을 정죄한다. 그들은 성령 없이 자연적인 능력만 가지고 하나님을 사랑할 수 있고, 또한 행위의 본질에 미칠 수 있는 정도까지 하나님의 계명을 행할 수 있다고 가르친다".

27) 1530년 6월 25일 멜란히톤이 아우크스부르크 신앙고백서를 발간 한 후 찰스 5세가 가톨릭 신학자들을 통해 자신의 고백서를 반박하자(Confutation: 논박문, 1530년 8월 3일) 이것이 오히려 자신의 신앙을 정확히 대변해 준다고 확신하였다. 그 후 멜란히톤은 급히 비텐베르크로 돌아와서 논박문 사본을 입수하고, 가톨릭 신학자들의 주장을 철저히 분석한 후 답변을 정리하였다. 그리고 종교개혁자들의 신앙을 더욱 명확히 설명하기 위하여 변증서 보완에 주력하였다. 1530년 9월 22일 멜란히톤은 보완된 변증서를 아우크스부르크 제국의회의 황제에게 제출하였다. 그러나 이 때 황제는 개혁자들에게 가톨릭 교회로의 귀의를 요청했으나 제출된 변증서는 거부하였다. 멜란히톤은 거부된 변증서를 재수정하여 1531년 4-5월 라틴어로 출간하였다. 그리고 유스투스 요나스가 번역한 독일어판이 1531년 가을 출판되었다. 루터와 그 외 제자들은 이 변증서가

공로가 된다는 것은 일관되게 거부했으나, 1557년 보름스 회의에서 인간의 의지가 노예 상태에 있다는 교리를 수용하였다. 사실 멜란히톤은 처음에 하나님의 독단적인 필연론(necessitarianism)[28]을 믿었다. 따라서 그는 어거스틴과 루터처럼 영적인 문제에서 인간의 자유 의지 일체를 부정하였다. 그러나 그는 모든 것을 면밀히 검토한 후에 스토아적 숙명론이 기독교 신앙과 윤리에 어긋나는 것으로 규정하였다. 그는 말하기를 사람이 회개 할 때 각자의 의지와 노력으로 독자적인 역할을 하여 신적 은혜와 협력한다고 주장하였다.[29] 그리하여 후대에 출현한 아르미니우스를 예견한 듯이 반펠라기우스주의[30]로 기울었다. 이렇듯 일치신조는 루터의 인간의지의 노예 상태 교리를 매우 강하게 천명하였다. 1548년 멜란히톤은 인간의 자유의지를 하나님의 은총을 가로 챌 수 있는 도구이다. 그런데 죄인의 자유의지는 영적으로 무기력하다. 하지만 하나님의 주권적인 은혜는 이러한 죄인에게 은혜를 베푸시는 신앙의 유일한 원천이라고 하였다. 인문주의자 에라스무스로부터 영감 받은 멜란히톤의 주장은 그 후 라이프치히 대학교의 교수 페핑거(J. Pfeffinger)의 「의지의 자유에 관하여」(*De Libertate Voluntatis*)에서 되풀이 되었다. 그는 어떤 이들은 구원에 동의하고 또 어떤 이들은 동의하지 않는 그 무엇인지가 우리 안

루터교 신앙의 탁월한 해설서임을 자인하였다. 그 후 이 변증서는 여러 집회와 회의에서 인용되었고, 마침내 루터교의 표준 교리집인 「일치서」(Book of Concord, 1580)에 수록되었다. 이 일치서는 분량이 아우크스부르크 신앙고백의 7배로 종교개혁의 수많은 저술들 중에서 가장 뛰어난 것으로 평가받는다. 본서의 1/3은 의인론(Justification)이며, 나머지는 교회와 인간전승, 성인들에 대한 기도와 사제의 혼인, 미사와 수도 서약, 고행과 원죄를 취급한다.

28) 이것은 인간의 행위를 포함한 이 세상의 모든 일이 신이나 자연, 사회관계 같은 외적인 원인에 의해 정해져 있고 선택의 자유나 우연은 없다고 믿는 견해로 인간의 의지나 책임, 행동의 의의와 의미에 대해서는 부정적이다.

29) 필립 샤프, 「독일 종교개혁」, 290.

30) 이 용어는 하나님의 은혜와 인간의 자유의지에 대한 양 극단의 이론인 성 어거스틴과 펠라기우스의 중도적인 입장을 가리키는 말이다. 어거스틴에 의하면 죄인은 하나님의 은혜가 없이는 그분께 한 걸음도 나갈 수 없다. 펠라기우스에게 신앙은 인간의 자유로운 행위였다. 그런데 반펠라기우스주의는 인간은 누구나 자신의 자유의지로서 하나님께 돌아설 수 있고, 그 후에 하나님이 그 생명에게 살 수 있는 은혜를 계속 부어주신다고 주장하였다. 이 이론은 어거스틴이 가르친 하나님의 은혜와 상충되는 것이다. 어거스틴에게 하나님의 은혜는 누구도 저항할 수 없으며, 그분이 예정하여 부르신 사람은 결코 멸망받을 수 없다. 그러나 반펠라기우스주의는 인간은 하나님께 돌아선 이후에도 그분의 은총에 저항할 수 있다고 주장하였다.

에 있다고 말하였다.

한편 스트리겔은 신인협동설의 지지자로 회심 체험에서 자유의지는 계속해서 본래의 방식대로의 기능을 할 뿐, 본질적인 의미에서 새로운 의지를 받은 것은 아니라고 주장하였다. 달라진 부분은 단지 악한 의지가 선한 의지로 바뀌었다는 것이다. 그는 인간이 죄 가운데 타락하는 과정에서도 자신의 본질을 상실하지 않았음을 역설하였다. 그는 점진적인 체험으로서의 회심은 언제나 인간의지의 수준에서 일어난다고 보았다. 그러므로 그는 원죄를 하나의 우발적인 사건으로 표현하였다. 다른 한편 플라키우스는 신인협동설이 죄의 개념을 수정하는 의미로 간주하고 반대하였다. 그에 따르면 원죄란 하나의 본질 또는 인간의 본질적인 형태와 일치하는 어떤 것이었다. 때문에 회심에서 본성적 의지는 전혀 아무것도 도울 수 없음을 가르친다. 그것은 단순히 수동적인 자세를 취하기보다는 적극적으로 은혜를 거부하기도 한다. 이로써 완전히 새로운 의지의 즉 새사람은 창조되는데 반하여 옛 의지는 하나님의 은혜에 의해 억제되고 그분의 지배를 받게 된다. 다시 말하면 회심의 최초 경험 단계는 전적으로 은혜의 결과이며 인간의 의지는 본성적으로 타락했기 때문에 선을 행할 수 있는 것과는 너무나 먼 상태에서 오히려 하나님의 은혜를 거스린다고 하였다.

(6) 성만찬 논쟁: 칼빈주의적 성찬의 개념은 1552년 루터파 신학자인 함부르크의 조아킴 웨스트팔(Joachim Westphal of Hamburg)에 의하여 공격을 받았다. 이것은 결국 성찬문제에 관하여 루터파와 칼빈파 사이에 철저한 논쟁을 치르는 결과를 가져왔다. 보수적인 루터파 신학자 요하네스 브렌즈는 성찬 제정의 말씀에 대한 문자적이고 실제적인 해석을 옹호하는 주장을 펼쳤고, 여기에 기초하여 속성교류의 개념을 재확인하였다. 당시 비텐베르크 대학의 교수들을 지지자로 확보한 멜란히톤과 그의 제자들은 처음에는 이 논쟁에 관여하지 않았다. 그러나 멜란히톤 사후 성찬 문제는 멜란히톤과 순루터파 간의 갈등을 고조시켰다. 역사적으로 멜란히톤은 성찬 때 그리스도의 육체적 임재설과 그리스도의 살과 피를 입으로 먹는다는 견해를 단죄하거나 배격하지 않았지만 개인적으로는 거부하였다. 그 대신 영적 및 실제적 임재와 그리스도와의 사귐, 연합을 강조하였다. 1540년 멜란히톤은 아우구트부르크 신앙고백의 제10조를 수정하면서 츠빙글리를 비판한 조항을 삭제하였다. 그리고 개혁파 신학자들의 입장을 수용하였다. 그러나 성찬을 단순한 기

념으로 본 츠빙글리의 이론을 한 번도 채택하지 않았다. 멜란히톤의 후기 성찬관은 칼빈의 견해와 유사했으나 예정과 자유 의지는 달랐다.

비텐베르크 신학자들은 성찬 시 그리스도의 실제적 임재가 편재성 교리로 설명되어서는 안 된다고 믿었다. 이 점에서 그들은 마틴 켐니츠와 뷔르템베르크의 야곱 안드레아의 저항에 부딪혔다. 이런 가운데 1574년 멜란히톤의 추종자 중의 한 사람이 기록한 익명의 진술이 나타났고, 여기서 멜란히톤의 성찬 교리가 지니는 개혁파적 암시가 발견되자 선거후는 비텐베르크의 신학자들을 제재하였다. 1570년대에 이르러 비텐베르크 대학의 멜란히톤파 신학자들은 보수적인 루터파 신학자들로 교체되었으며, 비밀리에 들어온 칼빈주의는 제재되었다. 종합적으로 루터파의 정통성 문제는 루터를 옹립했으나 루터적 동기와 멜란히톤적 동기를 복잡하게 결합하여 결국 루터의 신학을 정통주의로 축소하였다.[31)]

9. 콩코드 일치신조의 태동배경과 신학적 특징

9.1. 태동배경

(1) 정치적 및 종교적 변화: 1555년 아우구스부르크 평화협약 당시 독일은 압도적으로 개신교 국가였다. 로마 가톨릭 교회는 대부분의 지역에서 사라졌고 절망적 상황에 직면하였다. 사실 당시 대부분의 세속 통치자들은 개신교도였으나 제국의회의 성직자 영주 2/3는 황제와 함께 여전히 가톨릭이었다. 따라서 그들은 독일과 제국 내에서 가톨릭의 부흥을 위한 정치적 기반과 토대를 꿈꾸었다. 1566년경 독일의 개신교는 더욱이 영토 확장에 주력하였다. 그 후 이 운동이 서서히 낮아졌다. 반동 종교개혁으로 재기한 가톨릭은 예수회의 주도와 바바리아 공 같은 가톨릭 영주들의 지지로 공격적이었다. 하지만 신앙고백에 따라서 정치적으로 분열된

---

31) 루터는 성경이 금지하고 있는 않는 한 예배의 여러 가지 의식이나 형식을 허용함으로 교회의 가르침과 예배의 범위를 성경으로만 제한하지 않았다. 그러나 스위스 개혁자 헐드리히 츠빙글리와 존 칼빈은 오직 성경에 명시된 범위로 해석을 제한함으로 개혁을 한 걸음 진전시켰다. Edwin Nisbet Moore, *Our Covenant Heritage*, (Scotland: Christian Focus Publications Ltd., 2000), 15.

개신교는 서로 연합하여 가톨릭에 적절히 대응하지 못하였다.

1555년 아우구스부르크 평화협약에도 불구하고 칼빈주의는 보호받지 못하였다. 여기에는 가톨릭 뿐 아니라 루터교의 반대가 작용하였다. 그런 가운데 독일 루터 교회의 분열은 황제 페르디난드 1세가 1557년에 웜스 의회를 소집하여 가톨릭과 개신교간의 화해를 중재했을 때 절정에 달하였다. 이때 독일의 개신교는 남서 지방으로 급속히 확산되는 칼빈주의로 심하게 동요하였다. 팔라틴의 탁월한 선제후 프리디리히 3세(1559-1576)가 1559년 선제후에 선출되었을 때 성만찬의 토론과 연구를 통해서 칼빈의 입장을 취하였다. 1562년 젊은 신학자 올레비아누스와 우르시누스는 선제후의 영지 주민들을 위해 하이델베르크 요리문답을 작성하였다. 이것은 칼빈주의 신학을 가장 호의적으로 표현한 것 중에 하나로 1563년 선제후가 채택하였다.

(2) 루터교 내의 신학적 변화: 이런 가운데 루터파 내부의 신학적 논쟁이 심화되었다. 1573년 작센의 선제후 아우구스트(Elector August of Saxony, 1553-1586)는 멜란히톤을 대적하는 순루터파가 많은 작센 공작령에서 그곳의 젊은 영주들에 대한 감독을 강화하고 그들 중에 과격 자들을 추방하였다. 비텐베르크 대학과 라이프찌히 대학을 소유한 선제후 령 작센은 지금까지 멜란히톤의 전통을 따랐다. 이에 당시 튀빙겐대학 교수인 안드레아(Jackop Andrea, 1528-1590)와 브룬스빅의 쳄니츠(Martin Chemnitz, 1522-1586), 라이프지히의 젤네커(Nicholas Selnecker, 1532-1592)를 비롯한 평화적 신학자들이 1574년의 쉬바아벤 합의(the Schwabische Konkordie)를 기초로 세 번의 개정 끝에 콩코드, 일치 신조를 작성하였다.

9.2. 신학적 특징

콩코드 신조는 먼저 설교 형식으로 된 12개의 톨가우서(Torgau Book)에[32] 기초하였다. 이는 삭소니 선거후의 명령에 따라서 6명의 학자들이 말데부르크 근교

32) 그 이유는 이곳 하르텐펠스 성에서 18명의 루터파 신학자들이 모여 완성했음으로 그 지명을 딴 것이다.

베르겐 성에서 1577년 3월과 5월에 작성한 것이다. 그 후 1580년 6월 25일 드레스텐(Dresden)에서 정식으로 공포되었다. 이렇게 빛을 보게 된 콩코드 신조에는 고대 교회의 3대 신조인 사도신경과 니케아 신조, 아타나시우스 신조, 그 후 아우구스부르크 신앙고백서와 그 변호서, 슈말칼트 신조와 교황의 권력과 우위성에 관한 논문, 그리고 루터의 두 요리문답서가 포함되었다.[33] 그들은 이 신조를 통하여 루터교회의 교리적 연합과 평화를 이루고자 하였다. 이로서 그들은 성경 및 복음주의적인 교훈과 일치 방식에 따라서 그동안 루터파 내의 여러 교리 논쟁들을 종식하고자 하였다. 사실 처음 이 선언서가 나왔을 당시 멜란히톤파와 순루터파 양측, 그 어느 누구도 만족시키지 못했으나 상호 노력 끝에 호응을 얻었다.[34]

이 신조는 근 40년 동안 루터파 신학자들이 논쟁을 벌려온 것으로 개요와 함께 확고한 진술과 선언 두 부분으로 구성되었다. 개요에서는 기본적인 교리, 논쟁의 핵심, 그리고 옳은 교리와 잘못된 사상을 정죄한다. 확고한 진술과 선언은 구분은 없으나 각 조항들은 보다 자세한 해설과 성경, 교부들과 구 루터파 신조들, 루터의 개인적인 저서들로부터 인용한 풍부한 증거들이 추가되어 개요보다 분량이 5배나 많다. 각 부분들은 프로테스탄트의 기본 원리에 따라 성경은 신앙과 교리의 유일한 규범에서 출발한다. 그리고 장차 루터교회에서 기독교 신앙의 증거와 해설서로 인정될 9개의 신조를 언급한다.[35]

이 신조들을 간략히 8가지로 정리하면 (1) 원죄: 인간의 본성과 원죄를 구별하

---

33) Philip Schaff, *op. cit.*, 221-222. 그러나 여기의 모든 신조들이 똑같은 권위를 가지고 있는 것은 아니다. 샤프에 따르면 초대교회 때의 세 신조들을 제외하고는 아우구스부르크 신앙고백이 가장 높은 평가를 받고 유일하게 공통적인 권위를 인정받았다. 그 다음으로는 루터의 소요리 문답서가 기초 교육을 위해 널리 사용되었으며 그의 대요리 문답서는 소요리 문답의 확대에 불과하였다. 한편 멜란히톤이 제정한 변증서는 아우구스부르크 신앙고백의 권위있는 해설이라는 점에서 신학적인 가치가 있다. 슈말칼텐 신조는 로마교회에 대한 도전이라는 점에서 역사적 의의를 가지나 별로 사용되지는 않는다. 이 신조는 공통적으로 수집된 적은 없으나 몇몇 나라에서 극렬한 반대를 받았으며 루터교회의 연합파와 멜란히톤 추종자들에게는 전혀 관계가 없다는 선언을 받았다.

34) 그중 특별히 1573년 이들에게 논란의 대상이었던 문제들을 취급하는 6편의 설교 출판이 계기가 되었다.

35) 초대교회의 세 신조인 사도신경을 포함하여 니케아 신조와 아타나시우스 신조, 아우구스부르크 신앙고백, 신앙고백의 변증서, 슈말칼텐 신조, 루터의 대소요리문답, 일치신조 등이다.

고 전자는 창조되었고 구속받았으며 언젠가는 다시 소생될 것이라고 주장한다. 그러나 부패의 원인이 되는 원죄를 설명하지 못한다. (2) 자유의지: 아담의 타락의 결과로 하나님의 형상을 상실한 인간은 소경이요 무능력하고 죽은 자이며 하나님을 대적하기까지 한다. 따라서 인간은 영적인 문제에 있어서 구원을 위한 어떤 공로도 이룰 수가 없다. 동시에 회심의 체험에서의 의지의 협력도 거부되며, 열광주의자들이 주장하는 회심이 은혜의 수단이 아니고 은혜의 방편이 되는 성령의 직접적인 조명에 의해 일어난다. (3) 신앙의 의: 그리스도가 인간의 의가 되어 주시면 참 믿음은 언제나 선행과 사랑, 그리고 소망과 분리될 수 없다고 했다. 그리스도를 영접하는 유일한 도구요 매개체는 신앙이다. (4) 선행: 인간의 선행은 그로 하여금 자신의 믿음을 보존케 하는데 도움이 되지 않으며 그것은 다만 믿음에 대한 증거인 동시에 내주하시는 성령에 대한 증거이다. (5) 율법과 복음의 관계: 반율법주의가 관련되었으며 율법과 복음이 세심하게 구별되어야 한다고 기록되었다. 율법은 죄를 책망하고 회개를 촉구하며 복음은 모든 죄에 대한 그리스도의 속죄와 만족을 전파하는 기쁨의 메시지이다. (6) 성찬: 그리스도의 육체적 임재를 인정하나 장소적인 성격의 임재가 아닌 성례적인 성격의 것이다. 이는 그가 계시고 싶어 하는 곳이면 어디든지 계실 수 있는 그리스도의 권능에 의한 초자연적인 임재를 의미한다. 그는 믿는 자만이 아니라 불신자들도 받을 수 있으나 회개하지 않으면 심판과 저주에 이르게 된다. 따라서 칼빈과 츠빙글리의 견해를 거부하였다. (7) 아디아포라(비본질) 문제: 하나님의 말씀에 명령도 금지도 되지 않은 의식과 관습들의 준수는 그리스도인의 자유에 맡겨져야 한다. 그러므로 이것들이 신적 예배의 일부로 강요되는 경우에는 끝까지 거부되어야 한다(갈 2:4, 5;1; 행 16:3; 롬 14:6; 고전 7:18; 골 2:16). 박해 시 복음의 자유가 위험에 처해 있을 때는 누구든지 사소한 문제라도 적대자들에게 어떤 별미도 주어서는 안 된다. (8) 예지와 선택: 칼빈의 쌍방예정에 대하여 하나님의 영원한 선택은 단지 그리스도를 믿는 믿음을 통하여 구원을 얻을 자들에게만 상관이 있다고 반박하고 유기를 거부했다. 이들은 복음에 나타난 약속들과 회개의 선포는 보편적인 것이라고 믿었다. 그러므로 하나님을 모르는 자들에 대한 정죄는 그들이 말씀을 멸시하거나 혹은 그것을 저버린다는 사실에서 연유되었다.[36)]

이상에서 보았듯이 이 신조는 결국 오시안더의 칭의 교리 및 암스도르프의 반

율법주의적 선행 개념과 율법의 제3의 용도가 배격된 것처럼 원죄에 관한 플라키우스적 견해 역시 부인되었다. 뿐만 아니라 멜란히톤과 신학자들 사이에 퍼졌던 신인협동론적 경향도 배제되었다. 선제후 아우구스트는 그의 영지 내에서 칼빈의 성만찬 교리가 틀림없다고 믿고 멜란히톤과 칼빈주의를 심하게 억압하였다. 그러나 여기서 성만찬에 관한 브렌즈와 쳄니츠의 주장은 멜란히톤파 대신 순루터파의 견해의 수용이었다. 아울러 선택 교리와 관련하여 하나님의 전능성과 숨겨진 의지에 관한 루터의 사상이 외면되었다. 결국 이 신조는 루터파의 견해와 칼빈주의 간의 대조를 분명하게 보여주는데 그 이유는 종교개혁에 대한 멜란히톤의 해석에 기초했기 때문이다.

앞에서 말했듯이 1580년 6월 25일 이 신조는 아우구스부르크 신앙고백 15주년을 기념하여 출판되면서 루터교의 정경교리로 확립되었다. 이 신조는 51명의 군주와 대부분 복음주의 독일 국가인 35개 도시가 채택하였고, 8,000명 이상의 신학자들이 서명함으로서 모든 불화를 완화시켰다. 그러나 이때 루터파 도시 중에서도 이 신조의 서명을 거부한 이들도 많았다. 그들은 의심할 것 없이 독일 루터교 다수파를 대표하였다. 그것은 모든 논쟁점에 대해 보다 철저한 루터적 해석을 고수하여 순루터파와 멜란히톤파의 극단적 입장을 모두 거부했다. 이 일치신조는 본질적으로 루터의 사상과 일치하기는 했으나 그 방법과 논쟁 양식에 있어서 루터 자신의 신학 작품보다 훨씬 더 스콜라적인 경향을 보였다. 따라서 이 일치신조로 인하여 루터교 고등 정통주의 시대가 도래하였다. 루터교 정통주의는 변증법적 방법을 광범위하게 사용한 것으로 유명한 게르하르트(Johann Gerhard, 1582-1637)의 기념비적인 신학주제들에서 고전적으로 해명되었다.

10. 결론

(1) 정리: 17세기 정통시대의 교리적 체제 중에 표현된 신앙고백의 신학은 본질상 교회들 사이의 공통적인 기반과 토대를 강조하기 보다는 서로간의 차이점을 강조하였다. 따라서 신학에 대한 신앙고백적 접근은 불가피하게 성경과 교부들,

---

36) Pilip Schaff, *op. cit.*, 302-307.

이성을 선택적으로 비판하면서 각각의 신앙고백적 입장을 인정하고 변호하는 데 급급하였다. 이러한 경향은 계몽주의가 출현한 18세기까지 계속되었다. 하지만 이런 부정적인 측면에도 불구하고 정통주의 시대는 신앙과 이성 간의 관계에서 성경을 중심으로 신학적인 발전을 이루었다.[37)]

(2) 독일 개혁파(칼빈파)의 발전과 정착: 일치신조 이후에 억압을 받은 독일 내 멜란히톤파들은 점차 칼빈파로 전향하였고 이에 칼빈주의는 점차 독일을 잠식하였다. 1577년 나싸우, 1581년 브레멘, 1597년 안할트, 그리고 같은 기간에 헤세의 일부가 팔라티네이트에 합병되었다. 브란덴베르크의 선제후 집안은 비록 주민의 대부분이 루터파였지만 1613년에 칼빈파가 되었다. 이런 변모는 종종 아우구스부르크 신앙고백서를 고수하면서 이루어졌다. 이처럼 루터의 독일 개혁교회는 교리와 예배에 있어서 칼빈파가 되었지만 그들 사이에 칼빈의 특징적 권징은 거의 찾아볼 수 없게 되었다. 뿐만 아니라 성례전에 대해서는 칼빈파와 츠빙글리파의 입장을 정죄했고 그 결과 교회 연합에 찬물을 끼 언 졌다. 그리하여 칼빈주의를 신봉한 팔츠나 브란덴베르크 지방에 칼빈주의가 더욱 확산 되었다. 이에 위협을 느낀 루터파의 부정적인 양상은 30년 전쟁까지 확산되면서 반로마적이기 보다는 오히려 반 칼빈적인 성격을 갖게 하였다. 따라서 독일 내 칼빈주의의 정착은 많은 시련을 겪게 되었다.[38)]

37) Gillian R. Evans/Alister E. McGrath/Allan D. Galloway, *The History of Christian Theology*, Vol. 1: *The Science of Theology*, ed. Paul Avis, (UK: Marshall Morgan & Scott Ltd., 1986), 152-152.

38) W. Stanford Reid(ed.), "The Reformed Church in Germany", John Calvin, *His Influence in the Western World*, (Michigan: Grand Rapids, Zondervan, 1982), 123-138.

제6장

개혁파 정통시대의 특징 소고

-칼빈의 계승자, 화란의 돌트 총회를 중심으로-

1. 서론: 개혁파와 개혁교회의 중요성

종교개혁 이후 나타난 개혁파 정통은 루터파와 동시대에 발생한 개혁주의 신학으로 주로 장로교 전통을 의미한다. 지리적으로 장로교는 16, 17세기 루터파 일색의 독일을 포함한 북유럽과 로마 가톨릭 지역의 남부 이탈리아 사이에 자리 잡은 주요 개신교를 말한다. 이 지역은 트란실바니아와 헝가리에서부터 스위스를 건너 라인강 유역을 거쳐 네덜란드 또한 북해를 건너 스코틀랜드와 북부 아일랜드에서 꽃을 피웠다. 프랑스 신교도의 대부분은 개혁파였으며 영국에서도 그 영향력은 무시 못 할 정도였다. 그런데 츠빙글리가 루터와 충돌한 이후, 신교진영은 루터교와 개혁주의로 분열하였다. 그 후 칼빈의 개혁주의는 보수와 진보, 예정론을 둘러싸고 베자와 아르미니우스로 분열하였다.[1] 그 후 개혁파 교회는 청교도의 몰락과 더불어 비판을 받았다. 하지만 선교운동에 박차를 가하여 세계 복음화에 크게 영향을 미쳤다. 특히 17세기 영국 청교도들의 미국 정착으로 이곳에 기독교 운동이 놀랍게 확장되었다. 사회 정치적 안정과 함께 미국은 그 후 경제 대국으로 세계를

---

1) Owen Chadwick, *The Reformation*, (Penguin Books: The Pelican History of the Church, 1988), 246-247.

주도하였으며 19세기 이후 현재까지 세계 선교에 크게 공헌해 왔다.

그러면 개혁파가 왜 어떻게 발흥하였는가? 우리가 아는 대로 개혁파 신교는 중세의 타락하고 부패한 가톨릭 교회와 교권에 맞서 성경적 원리를 회복하려 한 공동의 목적으로 시작되었다. 이렇게 태동한 개혁파 교회는 가톨릭과 루터파 사이의 절충형이 아니라 오히려 성경적 원리로의 복귀를 강조한 제3의 종파였다. 때문에 개혁파는 가톨릭의 전통을 부분적으로 수용한 루터파보다 훨씬 더 비판적이었다. 이미 살펴보았듯이 루터는 성경과 모순된다고 여기는 비본질에 관한 가톨릭의 관습들을 거부했다. 그러나 개혁파는 보다 철저히 가톨릭의 관습 중에서 세례와 성찬같이 성경에 명백히 밝혀져 있는 것만을 받아들였다. 결국 개혁파의 출현은 교회의 전통이나 인간 중심의 체제에서 성경의 원리에 따라 바른 개혁을 정착 시킨 개혁자들과 그들의 추종자들의 열망으로 빛을 보았다. 이들은 어두워진 죄악 세상에 한줄기 빛을 던지기 위해서 기존의 교회와 사회 체제에서 벗어나 성경에 입각한 교회를 세우고자 하였다. 루터는 인간 사회를 하나님의 뜻에 합치시킬 수 있는 가능성에 대해 비관적이었다. 그러나 개혁파는 루터의 이런 사실을 받아들이면서도 하나님은 자신의 은총과 구원을 받아들인 사람을 통해 이 세상을 천국으로 만드시리라는 적극적인 하나님의 주권주의를 주장하였다. 결국 개혁교회는 하나님이 창조하신 세상과 이웃을 사랑과 애정을 갖고 죄악을 몰아내며 이곳에 하나님의 나라를 이룩하려는 창조적 지성과 문화의식, 그리고 개혁의식을 붙잡는다. 이것은 바로 역사적 개혁파 교회가 일관되게 주장한 신학전통이자 문화관이다.

한국의 개혁파 교회, 특별히 장로교회는 바로 이러한 역사적 전통 속에서 역사에 유래 없는 부흥을 가져온 산 증거이다. 사실 우리 교회는 한말(韓末)의 격동기와 일제의 침략, 그리고 1950년 민족상잔의 6.25를 겪으면서 서구 교회로부터 많은 사랑을 입었다. 그 결과 오랜 가난과 고통의 굴레에서 벗어나 비로소 경제 자립과 정치적 독립을 이룩하였다. 특별히 1970년대 이후 급속하게 이룬 경제성장과 산업화는 교회의 부흥과 성장에도 한 몫을 했다. 이에 점차 교회도 안정이 되어가고 각 기독교 교단별로 교세확장에 박차를 가하였다. 교회가 성장해 오는 동안 사회참여 문제로 보수와 진보 사이에 신학적 갈등을 빚기도 했으나 한국 교회의 일반적 특색은 장로교를 중심으로 한 보수성의 지향이었다. 이제 우리는 복음선교 2세기에 이룩해야 할 교회의 사명과 조국 통일, 그리고 21세기 무한 경쟁

시대와 격변할 미래를 바라보며 우리의 사명이 얼마나 중 차대 한 지를 새롭게 물어야할 것이다. 우리 모두 주님의 부르심에 응답하기 위하여 소망으로 웅비(雄飛)하며 새롭게 정진하는 주의 종들이 되어야 할 것이다.

2. 개혁파 교회의 지도자들

역사적 개혁주의는 종교 개혁시대까지 거슬러 올라간다. 그런데 요즘 우리는 "개혁주의"라는 용어와 함께 "칼빈주의"라는 용어를 병행하여 사용한다. 흔히 우리는 개혁신학이라는 말을 칼빈주의와 병행해서 사용하는데 본래 그 의미는 서로 약간 다르다. 본래 개혁신학이란 이름은 칼빈 신학을 루터신학이나 재세례파 신학과 구분지어 말할 때 사용하나 그 안에서 다시 츠빙글리와 구분된다. 그러나 개혁주의는 개혁 신학 내에 마틴 부처, 헐드리히 츠빙글리, 하인리히 불링거, 데오도레 베자, 존 낙스, 요하네스 코케이우스, 그리고 오이코람파디우스 같은 많은 사람들의 사상을 포함한다. 이들의 신학적 전통은 칼빈의 기독교 강요에 잘 정리되어 그의 가르침에 기초하였다. 칼빈은 개혁자들의 신학을 집약하여 기독교 강요에서 명쾌하게 해설했고 따라서 개혁주의는 칼빈주의로서 칼빈주의는 곧 개혁주의로 호칭하게 되었다. 그 후 개혁주의의 신학적 전통은 1618년 돌트 총회에서 채택된 5개의 신조를 근간으로 해 왔으나 오늘 대부분의 개혁교회는 영국의 청교도들이 1643-1648년 혁명의 와중에서 작성한 웨스트민스터 신앙고백서를 채택하여 그들의 신조와 신앙의 표준으로 삼았다.[2)]

이 같은 역사적 전통 속에 개혁주의는 스위스와 독일, 네덜란드와 프랑스, 스코틀랜드 그리고 영국 등에서 발전되었다. 19세기 중엽 이후 20세기에 이르면서 개혁주의는 네덜란드와 미국에서 크게 번성하였다. 특히 아브라함 카이퍼는 화란에 자유대학교를 설립하여 보수 신학을 배양하고 정치가로 네덜란드 수상을 역임하였다. 그 외에 개혁주의 전통은 스코틀랜드 정통 장로교 목사인 토마스 찰머스, 윌

---

2) Gillian R. Evans/Alister E. McGrath/Allan D. Galloway, *The History of Christian Theology*, *Vol. 1: The Science of Theology*, ed. Paul Avis, (UK: Marshall Morgan & Scott Ltd., 1986), 165-166; 서요한, "개혁주의 전통과 한국 장로교", 「신학지남」, (총신대출판부, 2011), 3, 참조.

리암 커닝함, 제임스 오르와 미국의 찰스 핫지, 벤자민 B. 월필드, 헤르만 바빙크, 그레샴 메첸, 코넬리우스 반 틸, 존 머리를 통해 발전하였다. 이들은 19-20세기의 자유주의적 진보 신학에 맞서 보수 신학의 변호와 부흥에 크게 기여하였다. 한국에서는 고 박형룡과 박윤선 양 박사에 의해 개혁 신학의 전통이 전수되어 오늘에 이르렀다. 본장에서는 개혁주의 신학의 원조인 츠빙글리와, 존 칼빈, 그리고 베자를 살필 것이다.[3)]

2.1. 헐드리히 츠빙글리(Huldreich zwingli, 1484-1531)

츠빙글리는 초기 개신교 개혁파 운동의 탁월한 지도자였다. 그는 루터보다 겨우 몇 주일 앞서 부유한 농가에서 태어났다. 그는 몹시 총명했으므로 가족들은 그를 공부시켜 신부가 되게 할 계획이었다. 학창 시절에 그는 기독교 인문주의자들의 작품을 통해 감명을 받았으나 루터처럼 영혼을 뒤흔드는 종교적 체험을 하지는 않았다. 그는 성직 임명 후에 취리히 대성당의 간부가 되었으며 강단에서 설교를 통해 개혁을 펼쳐나갔다. 그는 강단에서 성경의 권위를 역설했고 성경에 맞지 않는 가톨릭의 교회 행사와 유전들을 거부하였다. 그는 믿음에 의한 구원을 강조하고 수도사의 맹세와 성직자의 독신제와 성자들에 대한 고지(告知) 기도, 연옥신앙, 미사의 희생제사, 선행적 구원관을 비판했다. 그리하여 그는 취리히의 행정 당국자들의 열렬한 지지를 받았다. 1525년 부활절 이전에 성상과 유물과 악기를 취리히 교회에서 치워버렸고 수도원 재산을 몰수 처분하여 학교에 헌납하고 미사를 중단시켰으며 독일어를 사용하여 간결한 예배를 발전시켰다. 츠빙글리는 루터와

3) William S. Barker, *Puritan Profiles,* (Scotland: Mentor, 1996), 9-320; John Macleod, *Scottish Theology*, (Edinburgh: The Banner of Truth Trust, 1974), 41-65; Ian B. Cowan, *The Scottish Covenanters 1660-1688*, (London: Victor Gollancz Ltd., 1976), 17-163; John Macleod, *Scottish Theology,* (Edinburgh: The Banner of Truth Trust, 1974), 41-65; Agnes Mure Mackenzie, *Scotland in Modern Times 1720-1939*, (Edinburgh: W. & R. Chambers, Ltd., 1941), 3-393; G. N. M. Collins, *Men of the Burning Heart,* (Edinburgh: Knox Press, 1983), 3-159; Douglas Ansdell, *The People of the Great Faith: The Highland Church 1690-1900*, (Scotland: Acair, 1998), 1-214; Andrew Monaghan, *God's People?,* (Edinburgh: Saint Andrew Press, 1991), 1-262; Iain H. Murray, *A Scottish Christian Heritage*, (Edinburgh: The Banner of Truth Trust, 2006), 3-392 참조.

달리 주로 주의 만찬에 의해 성찬식은 단순히 그리스도의 자기 희생적인 죽음을 기념하는 예배라고 주장하였다. 그는 취리히 당국자들이 개신교 신앙을 인근 가톨릭 지역에 강요하려다가 발생한 지역들 사이의 전쟁에 참여하여 1534년에 전사하였다. 1536년 제1 스위스 신조가 작성되었고, 그 후에 다시 제2 스위스 신조가 작성되었다. 이 신조들은 오랜 동안 많은 개혁파 교회의 표준 신조로 받아졌고 루터파와 완연히 구별되었다. 츠빙글리가 죽기 전에 그가 주장한 개혁운동은 스위스와 스트라스부르그로 확산되었다.

2.2. 존 칼빈(John Calvin, 1509-1564)[4)]

(1) 생애: 개신교 개혁파 지도자 중에서 칼빈의 영향은 거의 절대적으로 그의 이름을 직접 사용하기를 즐겨하는 교파도 있다. 칼빈은 개혁파 교회에서 루터가 루터교 안에서 위치처럼 개혁파 교회를 형성한 탁월한 사람이었다. 격동기의 루터처럼 칼빈의 작품들도 교회 안 밖에서 심오하고도 지속적인 영향을 끼쳤다. 칼빈은 명문 출신은 아니었지만 귀족 사회에서 자랐다. 그는 파리에서 동북쪽으로 약 60마일 떨어진 노용에서 출생했다. 그의 부친이 그를 신부로 만들려고 했으므로 10대 초에 당시 신학 연구의 중심지인 파리대학교에 입학하였다. 당시 가톨릭 개혁의 위대한 인물이었던 이그나티우스 로욜라와 프란시스 사비에르가 파리 대학 재학 중에 그들과 교제했는지는 알 수 없다. 19세가 되던 해에 그는 법률을 공부하기 위해 파리를 떠났다. 그의 관심은 당시 유행하던 인문주의 연구였고 이를 위해 라틴어를 배웠으며 히브리어와 헬라어에 대한 지식도 습득했다. 이 시기에 그는 한 종교 단체로부터 감동을 받고 회심 체험을 했지만 그에 관한 자세한 내용은 알 수 없다. 20대 중반에 그의 개신교적인 신념 때문에 투옥된 후 석방되자 당시 신교 도시였던 바젤 시로 망명하였고, 그곳에서 기독교 강요를 집필하였다.

칼빈의 종교개혁은 그의 스승 파렐(Guilaume Farel, 1489-1565)을 떠나서는 이해할 수 없다. 당시 파렐은 1527년 추방되어 바젤에서 지내던 중 1536년 그곳에 개신교를 정착시켰다. 이때 파렐은 칼빈에게 자신을 도와 줄 것을 부탁하였다. 이

---

4) 보다 자세한 것은 서요한, "제7장 존 칼빈과 스위스(제네바) 종교개혁", 「종교개혁사」, (도서출판 그리심, 2013), 283-350 참조.

두 사람은 제네바를 교회와 국가가 조화를 이룬 이상적인 공동체로 만들기 위해 서로 노력했다. 그러나 1538년 반대편에서 시 정부의 통치권을 장악하여, 파렐과 칼빈은 추방당하였다. 칼빈은 스트라스부르그로 피신했다. 이 도시는 그때 벌써 신교 도시가 되어 있었다. 과거 어거스틴 수도회의 수도사였으며 칼빈과 친분이 있던 마틴 부처(Martin Bucer, 1491-1551)가 그곳의 유력한 지도자였다. 거기서 칼빈은 프랑스인 목회자가 되었고 결혼도 했으며 저작활동과 교육에 힘썼다. 그러는 동안 제네바의 정계 변동으로 칼빈과 그의 친구들이 다시 권력을 잡게 되었다. 따라서 그들의 요청을 받은 칼빈은 1541년 제네바로 다시 돌아가 죽기까지 그곳에서 지냈다. 때로는 그의 권위가 위협을 받았지만 작은 도시를 그의 이상에 맞게 발전시키는 데 성공했다. 그가 이룩한 당시의 교회 체제는 4개로 구분된 직분론으로 목사, 교사, 장로, 집사였다. 성직자들은 차별 없이 평등했으며 이들은 주일마다 토론을 위해 모임을 갖고 여러 가지를 의논하였다. 이 회의는 12명으로 구성되었으며 교회 교육의 기능을 담당하였다. 장로교회는 모든 종류의 도덕적 또는 교회에 관련된 범죄를 견책하는 기능을 담당하였다.

칼빈에 의해 주도된 종교개혁은 상당히 훌륭한 성과를 거두었다. 이때 칼빈은 가르치고 설교도 하고 저술도 했으며 입법과 행정과 법률의 집행을 조언하였다. 그는 상업과 산업을 육성시키기 위해 많은 일을 했다. 유럽에서 박해를 받고 있던 여러 나라의 개혁자들과 신교도들이 칼빈의 제네바로 피신했으며, 후에 그들의 나라로 돌아가서 종교개혁의 정착을 위해 열심히 봉사하였다. 이곳의 개혁의 현장을 목격한 스코틀랜드의 개혁자 존 낙스는 칼빈이 설립한 제네바 대학을 상기하며 사도시대 이래 지상에서 가장 완전한 그리스도의 학교라고 극찬했다. 아래 강의에서는 칼빈의 신학적 특징을 그의 대작 기독교 강요를 중심으로 간략하게 정리하였다.

(2) 기독교강요와 칼빈의 신학: 칼빈은 1536년 27세 되던 해에 바젤에서 「기독교 강」요를 출판하고 계속 수정 보완하여 1559년에 제4판, 최종판을 냈다. 칼빈의 이 책은 그 명료함과 사상체계의 정연함과 포괄성으로 인해 단권으로는 신교 개혁에 가장 크게 영향을 끼쳤다. 이 책에서 칼빈은 사도신경의 순서를 따라 신론, 기독론, 성령론, 구원론, 교회론, 그리고 종말론 등으로 기독교 교리를 요약하여 참된 신앙을 역설하였다. 그는 특히 성경과 어거스틴을 강조하고 하나님은 우주의

창시자요 보유자이며 지배자라고 했다. 루터와 츠빙글리와 같이 칼빈은 하나님의 주권을 역설했고 하나님은 전지전능하시며 섭리에 따라 하늘과 땅을 지배하시고 그 어느 하나도 하나님의 계획 없이는 일어나지 않도록 만물을 주관하신다고 하였다. 칼빈은 하나님은 인간을 자신의 형상대로 창조하셨으며, 그 형상은 영혼에 내재해 있으며 영혼은 영원불멸하고 인간은 선악과 의와 불의를 판결할 힘을 가지고 있다고 역설했다.

(3) 원죄와 구원: 그러나 그는 최초의 인간 아담이 범죄했으며, 그의 죄의 본질은 하나님에 대한 반역인데 거기에는 교만과 육욕과 배은망덕이 명백히 나타나 있다. 그래서 아담의 죄를 통해 모든 인간은 태어날 때부터 죄로 얼룩져있다. 원죄 때문에 모든 인간은 완전히 타락하게 되었으며 하나님의 은총의 도움이 없이는 선행을 할 수 없다는 것이다. 비록 하나님은 인간의 죄를 미워하시지마는 인간을 사랑하시며, 창조 이전부터 세우신 계획에 따라 인간에게 율법을 주어 그리스도가 올 때까지 구원의 희망을 보존할 수 있게 하였다. 하나님은 완전한 신이시요 또한 완전한 인간이신 그의 아들을 보내 자신의 속죄의 제물로 바치게 하였다. 그리하여 그리스도는 하나님의 공의의 심판을 만족케 하고 인간에게는 죄로 받을 저주를 없이하고 부활로 죽음을 이겼다. 마지막 날에 그리스도는 만민의 심판주로 또는 선민의 속죄주로서 나타날 것이다.

(4) 구원과 예정: 칼빈에 의하면 죄인은 믿음에 의해 그리스도 안에서 하나님의 역사를 받아들이게 되는데 이 믿음은 성령을 통해서 주어진다. 그런데 믿음과 죄의 회개는 상호관계가 있다. 이 둘은 하나님과 인간에 대한 사랑과 성결과 순결을 우러나오게 한다. 우리들이 현세에서는 결코 완전해질 수는 없지만 그 목표를 향해 밀고 나아가야 한다. 원죄의 흔적 때문에 인간은 성령의 인도함이 없이는 구원하는 신앙을 가질 수 없다. 어거스틴과 같이 칼빈은 하나님께서 이러한 신앙을 갖게 될 사람과 그 신앙을 갖지 못할 사람들을 미리 선택하였다고 주장했다. 왜 하나님이 어떤 사람은 신앙을 받아들이지 않도록 선택하셨는지 인간으로는 알 수 없다. 이런 경우에 하나님의 공의는 타협하지 않는다. 그 누구도 하나님으로부터 어떤 것을 받을 자격이 없기 때문이다. 또한 어거스틴과 같이 칼빈은 그 누구도 이 세상에서 자기가 선택된 자 가운데 속해 있는지 여부를 확신할 수 없다고 주장했다. 그러나 칼빈은 사람이 만일 신앙고백과 정직한 생활과 성례전에 참여함으로

신앙의 표준에 적합하게 된다면 아마도 그는 선택받은 사람 가운데 속할 것이므로 염려할 필요가 없다고 했다. 하나님은 모든 사람에게 관심을 가지고 계신다는 믿음 때문에 칼빈은 사람은 각자 특별한 일을 하도록 저마다 하나님의 부르심을 받고 있다고 했다.

(5) 교회와 국가: 칼빈은 보편적 교회는 선택받은 사람들을 모두 포함하고 있으며 그리스도를 그 머리로 하고 있지만 눈에 보이지 않으며 그 구성원들은 하나님에게만 알려져 있다고 가르쳤다. 그러나 비록 많은 위선자가 들어 있기는 하지만 눈에 보이는 교회도 존재하는데 그 교회는 하나님의 말씀이 순수하게 선포되고 들려지며 성례전이 그리스도께서 제정하신 대로 집행되는 곳에서는 어디서나 발견된다고 했다. 대체로 개혁파 내의 장로교회들은 칼빈이 신약성경이 가르친다고 믿고 기술한 교회 체제를 따랐다. 중세 가톨릭 사상가들처럼 칼빈은 거룩한 공동체로는 각기 그 직능을 하나님께로부터 위임받은 교회와 국가가 둘 다 포함된다고 했다. 그러나 교회와 국가에 대한 그의 설명은 중세와 달랐다. 칼빈은 정교분리를 주장하고 이 두 기관이 서로 도와야 한다고 했다.

2.3. 데오도레 베자(Theodore Beza, 1519-1605)

(1) 생애: 베자는 칼빈을 계승하여 정착시킨 스위스의 제2의 개혁자였다. 파리에서 약 150마일 떨어진 곳에서 태어난 그는 하급 귀족 가문 출신으로 인문주의 교육을 받았다. 베자의 가족은 영특한 베자에게 법률 공부를 시키고자 했으나 베자는 20대에 파리에서 시인으로 활동하며 교회의 복록금 수입으로 생활하였다. 그러던 중에 중병을 앓고 회복 후 개신교로 개종하였다. 그러자 프랑스 파를르망(Parlement)은 그의 모든 법적 권리를 박탈하고 막대한 재산과 임금을 몰수했으며 초상을 불태웠다. 그리하여 그는 1548년 제네바로 망명하였다. 1550년 로잔으로 이주 후 그곳의 아카데미(Laussane Academy)에서 8년간 그리스어를 가르치며 시와 연극을 쓰고, 예정론의 초기 작품들을 집필하였다. 그곳에서 그는 학자로서 명성을 떨치며 핍박받는 발도파들을 원조하였다. 그리고 루터파와 개혁주의자들을 화해시키기 위해 독일을 여행하였다. 1558년 제네바로 돌아온 그는 이듬해 칼빈이 창설한 제네바 학술원의 학장으로 봉직하였다. 또한 베자는 제네바의 한 교회에서 목회자

로 활동하고, 1564년 칼빈의 사후에는 목사회 의장(Moderator of Company of Pastors)으로 선출되어 제네바 컨시스토리를 이끌며 개혁교회의 설립에 기여하였다. 1580년 건강상의 이유로 사임할 때까지 이 직책을 수행하였다. 그는 또한 제네바의 영향력 있는 법률 고문이자 정치 고문으로 칼빈과 같이 제네바 시의 몇몇 주요 법령과 법적 권고문을 작성하였다. 그리고 결혼과 혼인 무효 및 이혼에 대한 새로운 법을 제정하였다. 따라서 그의 영향력은 칼빈에 비견될 정도로 개혁교회에 막대한 영향을 미쳤다. 1599년 은퇴할 때까지 그는 칼빈의 후계자로 중요한 역할을 담당하였다.[5)]

베자는 초기에 칼빈의 영향을 많이 받아 그의 신학을 발전시켰으나 후에는 독자노선을 취했는데 그 중에 하나가 바로 시민불복종이었다. 이와 관련하여 베자는 1554년 「시민정부에 의한 이단자들의 처벌」*(The Punishment of Heretics by Civil Authorities)*과 1574년의 「피통치자에 대한 통치자의 권리와 통치자에 대한 피통치자의 의무」*(On the Rights of Rulers Over Their Subjects and the Duty of Subjects Toward Their Rulers)*라는 두 권의 책을 저술하였다. 전자는 교회와 국가, 자유와 법에 대한 베자의 초기 생각들을 정리한 것이며, 후자는 칼빈주의의 저항이론을 매우 영향력 있게 정립한 것이다. 이는 무엇보다도 당시 새롭게 떠오르던 자연권 이론과 정치적 언약 이론[6)]에 근거하여, 이후 칼빈주의 전통 확립에 기

5) 존 위티 주니어, 「권리와 자유의 역사」, 정두메 역, (IVP., 2015), 149-150.

6) 이는 칼빈 사상에 기초하여 정립된 이론으로 각 공동체의 정치적 통치가 하나님과 통치자와 백성, 삼자 간의 약속에 의해 형성된다는 것이다. 하나님의 이 삼자 간의 약속에 의거하여 통치자와 백성이 하나님과 자연의 법들, 십계명에 순종하는 대가로 이들을 보호하고 복 주신다는 것이다. 또한 통치자들은 이 상위 법들을 존중하고 백성의 필수 권리들, 특히 십계명에 뿌리를 둔 권리들을 보호하기로 약속한다고 했으며, 백성은 통치자들을 선출하고 이들에게 청원하며, 통치자들이 하나님의 법을 존중하고 백성의 권리를 보호하는 한 이들에게 복종함으로써 공동체를 향한 하나님의 정치적 뜻을 실천하기로 약속한다고 하였다. 그러나 만약 백성이 이 정치적 언약의 조항들을 어겨 범죄자가 될 경우, 위정자는 이런 백성을 합법적으로 기소하고 벌할 수 있으며, 극심한 사건의 경우 사형에 처할 수 있었다. 반대로 만약 통치자들이 이 정치적 언약의 조항들을 어겨 폭군이 될 경우, 백성은 합법적으로 이들에게 저항해 공직에서 파면시킬 수 있으며, 극심한 경우에는 사형에 처할 수도 있다는 것이다. 그러나 폭군들에게 저항하고 탄핵할 수 있는 권력은 백성이 직접 갖지 않고, 백성의 대표, 즉 필요한 경우에는 모든 전쟁과 혁명을 통해서라 폭군들에게 맞서 질서 있는 저항을 하도록 대중을 조직하고 지휘할 권위를 헌법에 의해 부여받은 하위 위정자들이 갖는다고 하

여하였다. 베자의 시민 불복종 사상은 개혁이 한창 진행되고 있던 스코틀랜드의 종교개혁자 존 낙스에게 크게 영향을 미쳤고 개혁교회, 특히 장로파 교회의 정치적 투쟁의 원리가 되었다.[7] 이런 정치적 투쟁사는 프랑스의 위그노와 스코틀랜드의 언약도들의 개혁에 정의의 반란 혹은 시민불복종 운동으로 확산되었고 스코틀랜드는 이 이론에 기초하여 종교개혁을 성취하였다. 이 같은 사상적 공헌 외에 베자는 많은 저술을 했으며, 프랑스 개혁파 교회의 헌법 제정에 지도적인 역할을 했다. 그리고 시편에 운율을 붙이고 그것을 작곡하여 교회음악의 발전을 촉진시켰다. 1562년에는 널리 사용된 제네바 시편집의 결정판을 발행하였다.[8]

(2) 신학사상: 베자의 신학사상은 성경을 근거로 선택자의 구원과 유기 자들의 멸망으로 설명된다. 그에 따르면 하나님의 방법은 변치 않으며 그의 작정은 영원 불변하고 모든 원인들에 선행한다. 이를 통해 그가 자신 안에서 자신의 영광을 위해 그리스도 안에서 구원해야 할 어떤 자들을 선택하시되 인간 창조는 의로운 상태로 자신의 선택에 따라 변동 가능케 하셨다. 그러나 하나님은 인간 자신의 잘못으로 정죄 받아야 할 어떤 이들을 버리셨다. 결국 인간은 자발적이고 우선적인 선택으로 타락하게 되었다. 비록 스스로 타락했으나 그리스도 안에서 무상으로 선택과 구원이 예정된 자들을 향한 하나님의 거저 베푸시는 사랑이 허락되며 한편 아

였다. 이 사상, 즉 정치적 언약은 향후 서구의 민주혁명과 입헌정부 이론적 발전에 크게 기여하였다. 존 위티 주니어,「권리와 자유의 역사」, 정두메 역, (IVP., 2015), 145-148.

7) 존 위티 주니어에 의하면 베자가 혼자의 힘으로 이 같은 위업을 달성한 것은 아니었다. 우선적으로 그가 활동한 당시 약 50년 동안 함께한 동료들과 그들의 영감과 개신교회의 가르침, 그리고 500년 가톨릭의 가르침과 방대한 양의 고전과 교부 시대의 자료들의 도움 때문이었다. 그는 결코 독불장군은 아니었다. 보다 자세한 것은「권리와 자유의 역사」, 정두메 역, (IVP., 2015), 151-152를 참고하라.

8) 공예배에서 악기 사용문제는 개혁자들 사이에 논의의 대상이었다. 츠빙글리에 따르면 공예배시에 음악과 악기 사용은 불가하다고 주장했는데 그의 사후 1세기 후에 개혁교회에서 이탈하였다. 칼빈은 츠빙글리처럼 강경하지 않았으나 음악을 시편과 아가의 운율에 맞추어 부르는 회중 찬송에 국한 시켰다. 1539년에 스트라스부르그와 1542년, 1551년에 찬송가집이 간행되었으며 1562년에는 제네바 찬송가집 결정판이 나왔다. 베자는 시편을 시형으로 편역하여 완성했고 많은 인기를 얻었다. 이 시편 곡들은 길거리와 공중예배에서 불려졌다. 이것의 수정본은 프랑스 개혁주의 표준으로 오랫동안 남았고 후에 독일어와 화란어, 그리고 영어로 사용되었다. 현재도 스코틀랜드 개혁 장로교회와 연합, 자유장로교회 예배 시에 이것을 사용한다.

담의 죄의 파급으로 스스로 타락한 자들에 대해서는 하나님의 의로운 증오가 뒤따른다. 하나님은 자기가 사랑하는 자를 효과적인 소명으로 부르셔서 순수 은혜에 대한 회심과 신앙, 죄의 전가에 대한 칭의와 성화를 시작하셨다. 그러나 타락한 자에 대한 하나님의 증오는 소명의 부재와 비효과적인 소명으로 나타나 스스로 강퍅케 되고 복음에 무지하여 제공된 복음을 멸시함으로 불의와 더러움에 처하게 된다.

결국 하나님은 양쪽에 대해 심판을 감행하셔서 그리스도 안에서 의로워진 자들은 영화로, 타락한 죄인들은 공의로운 정죄와 심판을 하신다. 그렇게 함으로써 하나님의 의가 무상으로 전가시킨 그의 지체들에게는 그리스도의 영생을 베푸시고 죄인들에게는 영원한 죽음의 의로운 형벌이 가해지게 하신다. 이 모든 것은 하나님의 영원한 작정에 따라서 예정되어 지극히 긍휼하시고 지극히 타당하신 하나님이 스스로 영광을 받으신다(사 43:7, 21 참조).

베자는 예정론에서 구원론적 은혜의 한 측면을 강조한 칼빈의 타락 후 예정론과 달리 타락전 예정론(supralapsarianism)을 주장하여 개혁교회 안에서 새로운 신학을 형성시켰다. 즉 하나님이 타락한 자들 중에서 종말에 구원을 받을 자들을 타락하기 전에 택하셨다는 것이다. 따라서 이 예정론은 그의 신학적 중심원리로 다른 모든 교리의 논리적 기반을 구성하는 결정적 역할을 하였다. 그리하여 개혁파 신학은 성경에 기초한 하나님의 교리로부터 예정의 원천(the decree of predestination) 교리로 발전하였다. 이것은 아리스토텔레스적 논리를 기반으로 태동한바 하나의 주어진 원칙으로부터 하나 혹은 그 이상의 결론들을 연역하는 이론을 전개하였다. 그리하여 그는 주저 없이 그리스도께서 오직 택자들 만을 위해 돌아가셨다는 타락전 예정설을 주장하였다. 이런 베자의 신학적 원리는 광범위하게 확산되었으나[9] 유럽에 있는 개혁교회 모두에게 공감대를 형성한 것은 아니었다. 그중 특히 네덜란드에서는 개혁교회 안에서 치열한 교리 논쟁이 야기되었다. 이런 와중에서 발생한 것이 바로 아르미니우스에 맞서 개최된 돌트 총회였다.

9) 제네바에서 오래 체류했던 사람들은 칼빈과, 베자, 또한 다른 사람들의 저서를 모아서 하이델베르그 교리문답서를 만들었고 스코틀랜드에서는 1560년에 낙스의 신앙고백서가 나왔다.

3. 아르미니우스 논쟁과 돌트총회

3.1. 사회 정치적 상황

네덜란드는 중세를 통하여 북해 및 발트 해 무역의 중심지로서 상업이 융성하고 13세기경부터는 모직물 공업이 발달하여 도시가 발달하고 시민계급이 현저히 성장하였다. 도시와 지방들은 자치적인 특권을 누리고 지역에 따라서는 언어와 풍습에도 격차가 있었고 근대 초에는 칼빈의 신교를 받아들여 부흥하였다. 그러던 중 16세기 후반에 접어들면서 루터교회는 칼빈파로 대치되었고 남부 10주는 로마 가톨릭이 주류를 이루었지만 이와 달리 북부 7주는 홀란드 주를 포함하여 우트레히트(Utrecht)동맹을 결성한 대다수의 신교도들이었다. 1571년에는 네덜란드 개혁파 교회에서 최초의 교회회의가 열렸다. 네덜란드에서 자란 신성 로마제국 황제 찰스 5세는 이곳에서 신교를 몰아내고 한층 더 중앙 집권적이며 독재적인 행정기구를 세우려고 했다. 그의 아들이며 후계자인 스페인의 필립 2세는 그의 부친이 시작한 일을 계속 수행하여 중앙집권적인 통합정책의 일환으로 지역적 차이나 자치적인 특권을 무시하고 종교재판을 강화하며 일률적으로 가톨릭을 강요하였다. 이 같은 필립 2세의 강압정책으로 네덜란드 교회는 가톨릭의 박해를 받았다. 이로 인해 발생한 반란을 침묵자 윌리엄(William the Silent of Orange)이란 별명을 가진 오렌지의 윌리암(1533-1584)이 지휘하였다. 오랜 전쟁 끝에 신교 지역인 북부에서 주연합을 결성했고 1581년에 독립을 선언하며 국명을 네덜란드 연방국가라 하였다. 그 후 양국사이에 전쟁이 계속되었으나 1609년 스페인과 동맹을 맺었고 30년 전쟁이 종식된 1648년 웨스트팔리아 강화 조약 이후 스페인은 독립을 승인하였다.

3.2. 경제적 상황

네덜란드는 길고 긴 독립전쟁으로 많은 피해를 입었으나 그것은 오히려 새로운 발전과 번영의 계기가 되었다. 특히 16세기에 유럽경제의 중심이던 안트워프가 1585년 스페인군에게 점령되자 그곳의 상공업자가 대거 암스테르담으로 이주하게 되어 암스테르담은 17세기를 통하여 유럽경제, 특히 상업과 금융의 중심지가 되었다. 당시 네덜란드의 경제적 기반은 모직물 공업과 조선업, 특히 중개상업이었다. 근대 초에 네덜란드는 동구에서 생산되는 곡물과 목재 등을 반출하여 이를 유럽 각지에 재수출하고 16세기 말에는 그 상선대가 지중해와 아프리카 서해안 그리고 멀리 포르투갈 령인 브라질까지 진출하였다. 1602년 동인도회사가 설립되면서 강력한 국가적 지원하에 인도네시아를 거점으로 아시아로 진출하였다. 결국 네덜란드의 독립은 이곳 대상인들의 공헌으로 이들을 중심으로 한 시민계급의 승리였다. 이들에게 있어서 당시 암스테르담은 정치와 사상뿐만 아니라 세계적인 국제무역의 중심지로서 경제적 번영을 자랑하게 되었다. 이곳에서 화가 렘브란트와 철학자 스피노자, 국제법의 그로티우스 등이 배출되었다. 지금도 세계적인 금융회사와 기름회사, 치즈와 튤립, 다이아몬드 등은 이곳의 주된 무역상품이다.

3.3. 종교적 상황

스페인으로부터 정치적 독립을 쟁취한 후 네덜란드 개혁교회는 중대한 시점에 직면하였다. 그것은 개혁파 교회의 통일된 신학적 전통에 의문을 제기한 치열한 교리논쟁이 발생한 것이다. 이 논쟁의 발단은 주로 국가의 권리를 옹호하는 부유한 지식층으로 구성된 소수 항의파가 교회가 주장하는 예정(선택)논에 이의를 제기하며 항의한데서 촉발되었다. 여기 지도자로는 당시 저명한 학자 데오도레 코른헤르트(Theodore Coornhert, 1522-1590), 카스파르 쿨하에스(Carpar Coolhaes, 1534-1615)와 제임스 아르미니우스(James Arminius)였다. 이들 항의자들(Remonstrants)은 아르미니우스[10]의 가르침에 따라서 성경이 하나님의 사랑을

10) 역사적으로 아르미니우스의 선조는 고대 게르만 족의 한 부류인 케루스키족의 왕 세기메르(Segimer)였다. 세기메르의 아들 아르미니우스는 A.D. 8년 경 로마 군대와 싸워 승리한 게르만의 영웅이었다. 당시 케루스키족은 중간 규모의 부족으로 리페 강과 엠스 강 발원지에서부터 엘베 강 건너 동쪽까지 확장되었다. 아르미니우스는 판노니아와 일리리쿰에 있는 게르만족 용병부대들과 함께 티베리우스 아래서 복무하였고, 바루스 수하에서 라인 부대의 지휘관이었다. 그는 이후 판노니아인들의 봉기를 진압한 공적으로 로마 시민권과 유일무이하게 기사의 영예까지 얻었다. 이후 그는 로마를 이긴 영웅으로 알렉산더 대왕과 스피키오, 한니발에 비견되는 인물로 수백 년 동안 군림하였다. 그런데 종교개혁기에 아르미니우스는 정통 신학에 맞서 투쟁하였다. 개혁자 루터는 독일의 영웅을 자신의 사역에 활용키 위해

계시하고, 이는 죽은 자들이 자신의 행위에 상관없이 지옥에 가게 된다는 것과 맞지 않는다고 주장하였다.[11] 그리하여 칼빈의 선택과 유기의 쌍방(both) 예정론을 거부하고 동시에 정확한 신조의 규정이나 사변적 신학에 억매이지 않은 교회를 선호하였다. 이들에 따르면 예정론은 선행에 대한 모든 열심과 갈망을 제한하고 기도에 대한 열심을 소멸시키며, 우리가 우리 자신의 구원을 이루도록 명령받은 그 모든 유익한 두려움과 떨림을 제거시킨다.[12] 그리고 이들은 교리보다는 정화된 신앙과 성경적 경건에 의한 훈련을 강조하며 구원에 있어서 인간의 능력과 의지의 역할을 중시하였다. 이 같은 교리의 급속한 변화는 곧 종교개혁 이래 일관되게 주장해온 유럽의 칼빈주의적 개혁파 교회에 커다란 충격이었다. 처음에 간단한 신학논쟁으로 시작된 화란 교회의 문제는 결국 정치문제로 비화되면서 점차 건잡을 수 없는 혼란에 빠지게 되었다.[13] 이로서 칼빈의 개혁주의 신학과 전통은 종교개혁 이후 최대의 도전과 위기에 직면하였다. 이런 절박한 상황에서 하나님은 어떻게 교회를 다스림으로 그의 뜻을 이루셨는가?

4. 아르미니우스 논쟁과 신학적 특징

(1) 논쟁의 발단: 1589년 암스테르담의 법률가 디릭 볼카에르트 준 코른헤르트(Dirik Volckaerts Zoon Koornhert, 1522-1590)는 칼빈의 예정론 교리를 공격하였

그의 이름을 독일식 헤르만(Hermann)으로 바꾸었다. 이는 군대(Heer)의 지도자라는 의미의 헤르만(Heermann)에서 유래하였다. 페터 아렌스, 「유럽의 폭풍」, 이재원 역, (들녘 코기토, 2006), 96-116.

11) Owen Chadwick, *The Reformation, The Pelican History of the Church*, (Penguin Books, 1988), 220-221.

12) James Arminius, *Declaration of Sentiments, in the Works of James Arminius*, tr.by James Nichols and W. R. Bagnall, vol. 1., (Baker Book House, 1977), 231.

13) Philip Schaff, *op. cit.*, 509-512.

14) 코른헤르트는 기독교인이 신앙고백서에 얽매일 필요가 없다고 주장했다. 이와 같은 맥락에서 그는 당시 화란 개혁교회가 신앙고백서로 채택한 하이델베르크 문답도 인간의 가르침에 불과하고 오류 투성이라고 매도하였다. 그는 에라스무스의 자유의지론의 영향을 받아 창 3장에 나오는 아담의 타락에 대한 기사야 말로 인간에게 자유의지가 있다는 사실을 말해주는 가장 기본적인 증거라고 보고 하나님과 인간의 자유의지가 아담의 타락 이후

다.[14] 그는 베자의 타락전 선택설을 반대하고, 구원에 이르는 선택은 각자의 신앙에 달려있다. 그리스도는 모든 사람을 위해 죽으셨으며, 믿는 자만이 구원을 얻을 것이다. 또한 은혜는 항거할 수 있으며 성도의 견인은 하나님의 도움 위에 인간 각자의 행위에 달려있다. 때문에 만약 하나님이 사람으로 죄를 유발시키면 그는 실제로 죄의 창시자이다. 성경은 이 같은 괴상한 것을 가르치지 않는다고 하였다. 이에 암스테르담 시장은 한때 칼빈의 문하생이었던 아르미니우스에게 코른헤르트의 논박을 요청하였다. 아르미니우스는 요구를 받아들여 그의 글을 읽고 특별히 롬 9장을 깊이 연구하였다. 연구를 통해 그는 오히려 코른헤르트의 주장이 설득력이 있다고 판단하고 보편적 은혜와 의지의 자유 교리를 주장하는 쪽으로 기울었다. 따라서 그는 선택과 유기에 대한 쌍방 예정론과 특히 베자의 타락 전 선택설에 대하여 더 회의적이 되었다. 그리고 그는 유기의 작정을 부인하고 원죄 교리를 완화시키려 했으며 벨직 신앙고백과 하이델베르크 요리문답의 수정을 요구하였다.

사실 이때 칼빈의 제자 베자는 쌍방 예정론을 주장하였다. 그는 칼빈처럼 예정론에 관하여 하나님께서 어떤 사람들을 지옥으로 보내기로 결정하셨다고 주장하고 또한 하나님께서 사람으로 죄를 짓게 허용하신다고 말했다. 그리고 그는 하나님께서 어떤 사람들은 구원하시고 다른 사람들은 저주하시는 신적 작정(만물창조계획)과 예정(구원계획)이 창조하려는 결정보다 논리적으로 앞선다고 했다. 그리고 한 번 예정된 자의 구원의 완성은 신적인 사랑의 영속성과 능력에 근거하여 그리스도인의 삶 속에서 계속되며 결코 파괴되지 않는다(벧전 1:3-5; 롬 8:31-39).

에도 항상 협력하는 것이라고 했다. 이에 반하여 칼빈은 하나님께서 아담의 타락 이전에 이미 인간의 구속을 예지하실 뿐 아니라 계획하셨으므로 아담의 타락이 하나님의 계획속에 포함되었던 것이 분명하다고 가르침으로서 하나님의 무조건적 예정 교리를 주장했다. 아르미니우스는 이 같은 칼빈의 예정론에 맞서 아담의 타락 전에 하나님은 누가 구원을 받을 사람인가를 예지하셨을 따름이며 예정이란 하나님이 예수 그리스도를 인류의 구속자로 결정한 사실을 가르친다고 주장했다. 그리고 한 사람 한 사람의 운명은 하나님의 주권적 의지에 의해 결정되는 것이 아니라 인간이 예수 그리스도 안에서 주어진 구원의 기회에 어떻게 반응하느냐에 달려있다고 했다. 따라서 아르미니우스는 무조건적 예정 혹은 무조건적 선택에 관한 정통 칼빈주의의 교리를 수정하고 그리스도는 구원 받기로 예정된 사람들만을 위해서 죽으신 것이 아니라 모든 사람을 위해서 죽으셨으며 모든 사람이 자유의지에 입각하여 하나님의 선물로서의 참된 신앙을 받아들일 수 있는 길이 열린 것이라고 주장했다. 영국의 존 웨슬리는 이 사상에 근거하여 만인구원설을 역설하고 신인 협동을 통해서만 인간은 구원을 받을 수 있다고 믿었다.

우리 속에 착한 일을 시작하신 이가 그리스도 예수의 날까지 이루실 줄을 확신하였다(빌 1:6). 따라서 예정이란 하나님께서 어떤 사람들을 저주하시기 위하여 그들을 창조하시며 또한 어떤 자들은 하나님의 영광을 위해 끝까지 보호하고 축복하신다. 이것이 곧 선택에서 견인으로 이어지는 칼빈주의의 핵심 교리이다.

그러나 야코부스 아르미니우스(Jacobus Arminius, 1560-1609)는 이 같은 신학 체계를 전면 거부하였다. 아르미니우스는 철물상의 아들로 태어나 15세기 공동생활 형제단이 위트레히트에 설립한 성 제롬 학교에서 교육 받았다. 1575년 독일 유학 중에 친척들이 스페인 군에게 학살되었다는 소식을 듣고 귀국했다. 후에 친구들의 도움으로 말부르크 대학과 오렌지의 윌리암이 1575년 설립한 레이든 대학교에서 1576-1581년까지 5년 간 공부하고 1회로 졸업했다. 그리고 제네바와 바젤, 파두아와 로마에서 수학 후 귀국하여 1588년 암스테르담의 한 교회 목사로 15년 간 명성을 떨쳤다. 그러나 이때 그는 칼빈의 예정론에 의문을 가졌다.

1603년 아르미니우스는 벨직 신앙고백 작성에 기여한 당시 존경받던 프란치스쿠스 유니우스(Franciscus Junius, 1545-1602) 교수의 후임으로 레이든 대학의 신학부 교수로 임명된 후 예정론을 강의하였다. 이것은 그의 동료 프란시스 고마루스(Francis Gomarus, 1563-1645)와의 격렬한 논쟁으로 비화되어 결국 학생회뿐만 아니라 개혁교회 목사들이 둘로 나뉘었다. 당시 고마루스는[15] 엄격한 타락전 예정론자로 인간이나 세계의 창조 이전에 인간의 행위와는 상관없이 하나님께서 미리 구원받을 자와 저주받을 자를 예정하셨다는 것이다. 고마루스는 아르미니우스의 가르침이 멜란히톤처럼 모든 사람들에게 제공된 하나님의 은혜는 그들의 의지의

15) 평생 칼빈주의 정통 신앙을 열정적으로 변호한 고마루스는 소년시절 스트라스부르크에서 슈트룸과 노이슈타트의 잔키우스 밑에서 신학을 공부했다. 그리고 계속해서 옥스포드와 케임브리지 대학교에서 연구했으며 1593년 하이델베르크대학교에서 박사학위를 받고 30세에 레이든 대학교의 신학교수가 되었다. 아르미니우스와의 신학논쟁이 격화되던 중 보르스티우스(Conrad Vorstius)가 레이든대학교의 아르미니우스 후임 교수로 임명되자 이에 염증을 느껴 교수직을 사임했다. 항변파 논쟁이 가열되면서 점차 정치적인 파벌주의와 뒤섞이게 되자 고마루스는 프랑스 소뮈르로 가서 그곳에 있는 위그노신학교에서 1614년부터 1618년까지 가르쳤다. 그 후 흐로닝겐대학교 신학교수로 초빙되어 다시 네덜란드로 돌아왔다. 반항변파로 명성을 얻은 그는 돌트 총회의 대표로 선출되어 큰 역할을 하였고 항변파를 단죄하는 쾌거를 경험했다. 그는 칼빈주의 교리의 중요성을 강조하고 타락전 예정론을 지지하였다.

자유로운 결정에 의해 수납된다고 생각하였다. 따라서 고마루스는 아르미니우스가 교수로 임명된 때부터 그의 영향력을 제거하기 위해 모든 수단을 동원하였다. 이 두 사람의 논쟁은 진정 기미를 보이지 않고 사회 정치적으로 비화되었다. 마침내 고마루스는 아르미니우스가 인간론과 구원론에서 펠라기우스 사상을 가졌다고[16] 법정에 고소했고 이에 아르미니우스는 정부에 회의 소집을 요청하였다. 이들은 주위의 온갖 화해와 노력에도 불구하고 더 이상 설득하지 못하였다. 당시 도시인들은 아르미니우스를, 하층민들은 엄격한 칼빈주의를 지지하였다.

1610년 칼빈의 의견에 반대하는 아르미니우스의 추종자 46명의 목회자들이 칼빈파에 대항하여 5개의 항의서를 정부에 제출하여 자기들의 신학적 입장을 인정받고자 하였다. 이들은 후에 항의자들(Remonstrants) 혹은 아르미니우스주의자들로 불리었다. 이들의 5개 항의서는 조심스런 이해가 요청되는바, 먼저 창조 이전에 하나님께서 성령의 은혜로 그의 아들을 믿으며 끝까지 이 믿음을 계속할 자들을 구원하시는 한편 불신앙으로 그리스도를 거부하는 자들은 정죄하사 그들의 죄 가운데 버려두시기로 작정하셨다. 다시 말하면 하나님은 어떤 사람이 의인이 되고 어떤 사람이 악인이 될지 미리 아시고 자신의 예지에 근거하여 인간의 자유 의지의 결과에 따라 구원받을 자와 저주받을 자를 예정하였다는 것이다. 따라서 아르미니우스는 신적 은총을 거절하고 그리스도의 죽으심이 선택된 자들 뿐 아니라 모든 사람들에게 해당되며 구원은 신자에게만 적용된다는 타락 후 예정론을 주장하였다.

그런데 아르미니우스의 사후(1609) 화란 개신교는 혼란한 정치 상황으로 분열에 직면하였다. 그 이유는 1611년 아르미니우스의 항의서에 맞서 칼빈주의자들이 반대 항의서를 작성하여 정부에 제출했기 때문이다. 당시 화란은 성직자를 포함하여 다수 국민이 칼빈주의자였다. 이들은 도시의 상업적 이익을 취한 백성들과 화란의 침묵자 윌리암의 아들 오랑쥬의 모리스(Maurice d'Orange)와 동맹을 맺어 그의 지지를 받았다. 이때 여러 지방으로 분리된 네덜란드의 여러 도를 중앙 집권화하여 왕국으로 전환하려던 모리스의 정책과 정통파의 총회 소집 요구가 맞아떨어져 함께 연합하였다. 한편 아르미니우스파는 일종의 지방자치제(각 주의 독자

16) Philip Schaff, *op. cit.*, 511.

적 주권)를 주장한 브르조와 과두정치 당원들(예를 들면 법률가 그로티우스)의 지원을 받았다. 그리고 지도자 올덴발너벨트(Jan Oldenbarneveldt)의 지원아래 화란과 서프리스랜드 의회에 항의서를 제출하였다.[17] 항의서 발표 8년 동안 올덴바르네벨트와 모리스는 권력 쟁취를 위해 정치적 투쟁을 벌였다. 그러나 결국 모리스가 승리하여 마침내 돌트 총회가 소집되었으며 그의 정적들은 모반죄로 고소되어 투옥되거나 처형 혹은 해외로 추방되었다. 그리고 이 총회는 항의서에 대해 조목조목 반박하는 글을 채택하고 벨기에 신앙고백서와 하이델베르크 요리문답을 정통 표준문서로 채택하였다.

(2) 아르미니우스의 항의서: 항의서는 모두 다섯 가지로 구성되었다. (첫째) 조건예정: 하나님은 영원 전부터 변치 않는 작정을 하고 계신다. 이것은 성령의 은혜로 예수 그리스도를 믿고 같은 은혜로 끝까지 신앙의 인내를 하는 자들은 구원하고 불신자와 회개치 않는 자들은 정죄하신다. 선택과 정죄는 예지를 조건으로, 예견된 인간의 신앙과 불신앙이 선택과 정죄의 조건이다(요 3:36). (둘째) 보편속죄: 그리스도는 세상의 구주시다. 그는 세상 모든 사람을 위해 죽으셨다. 그의 은혜도 세상 모든 사람들에게 역사한다. 그리스도의 구속적 희생은 그것 자체가 그리고 그것을 통해서 온 세상을 구속하기에 충족한 것이었다. 성부께서는 모든 사람을 위하여 그리스도를 희생시키셨다. 그러나 그리스도의 희생이 지닌 고유한 효험이 모든 사람에게 실제적으로 반드시 나타나는 것은 아니다. 하나님의 은혜는 거부당할 수도 있다. 그러므로 믿음으로 그 은혜를 받아들인 자들만이 실제적으로 구원을 받는다. 버림을 받은 자는 자기 자신의 죄 때문에 버림을 받는다(요 3:16; 요일 2:2). (셋째) 구원하는 믿음: 타락한 상태에 놓여 있는 인간은 스스로 어떤 방법으로도 참 선을 이룰 수 없다. 따라서 그리스도 안에서 성령을 통하여 하나님으로 말미암아 중생하여 새롭게 되지 않고는 구원 얻는 믿음을 가질 수 없다(요 15:5). (넷째) 은혜는 우리의 영적 생활의 시작과 진행이며 마지막이다. 따라서 인간은 자기를 인도하고 자기와 협력하며 자기를 도와주는 은혜가 아니면 선을 생각하거나 행할 수 없고 죄를 억제할 수도 없다. 그러나 협력의 방법에 관한 한 이 은혜는 많은 사람들이 성령을 거스르고 있음에서 볼 수 있듯이 거절이 불가능하

---

17) *Ibid*., 512.

지는 않다(행 7:51). (다섯째) 비록 은혜가 신실한 자들로 하여금 온갖 핍박과 유혹 가운데서 영생을 얻을 수 있도록 보호하여 주기에 충분한 것이지만 그 은혜가 한 번 주어진 후에 다시 상실되어질 수 없다는 사실은 성경에 입증되지 않았다(요 10:28).[18)]

(3) 신학적 특징: 위에서 본대로 5개 항의서는 하나님의 예정교리에서 출발하였으나 인간론과 구원론으로 확대되었다. 이들 항의자들은 이 다섯 항목이 하나님의 말씀과 일치하며 이것을 믿는 것만으로도 구원이 충족된다고 주장했다. 그리고 그들은 자기들을 가리켜 개혁적인 기독교를 변질시키는 자들이라는 비난에 반론을 제기하고 자신들의 교리에 대한 합법적인 보호와 관용정책을 요구하였다. 그러나 필립 샤프가 지적했듯이 이들은 전통적인 칼빈주의 입장에서 벗어났다.[19)] 이들은 예정론을 거부하기 위해 성경이 신자들에게 경고하는 구절들, 예를 들면, 마 24:3-14; 골 1:21-23; 히 2:1, 3:12-14, 6:4-6, 11-12, 10:26-27; 고전 9:27 등과 실제로 가룟 유다와 같이 배교했거나 넘어진 특정한 사람들의 구체적인 사례들을[20)] 지적하며 반론을 폈다. 이들은 인간의 자유에 대한 칼빈의 견해가 성경적 개념과 모순된다고 보았다.

이 주장에 의하면 하나님의 예지적 속성을 따르는 사람들은 자신의 선택에 의해 그리스도를 영접하고 그 돌보심 속에 계속 거하도록 하나님이 예정하신다. 이것은 복음 안에서 하나님의 사랑과 부르심에 순종하는 것과 동일하게 각 사람의 책임을 강조하나 한편 인간의 의존도를 높이기 위해 하나님의 절대적인 구원 영역을 좁게 하였다. 이들은 하나님의 주권에 대한 반항 없이 인간 편에서 의지의 진정한 자유를 보존한다고 주장하였다. 그러나 그것은 자연적으로 하나님의 예지와 그 결과로 인한 예정 이외의 다른 주장을 거부하였다. 즉 하나님의 절대 주권을 거부하고 인간 자신의 믿는 것과 믿지 않음에 기초하여 구원에 있어서 인간의

---

18) *Ibid*., 517-519; Owen Chadwick, *The Reformation, The Pelican History of the Church,* (Penguin Books, 1988), 220-221.

19) *Ibid*., 519.

20) 여기에는 예수를 배반한 유다와 성령을 속인 아나니아와 삽비라(행 5:1-11), 그리고 양심을 버림으로서 그들의 믿음에 관하여 파선한 우메내오와 알렉산더(딤전 1:19-20), 후메내오와 빌레도(딤후 2:16-18), 데마(딤후 4:10), 거짓 교사들과 그들을 따르는 사람들(벧후 2:1-2)을 말한다.

능력과 의지를 주장하였다. 그리하여 아르미니우스는 자신의 연구를 통해 정통교회의 교리를 변호할 기대를 저버리고 오히려 쌍방 예정론 교리에 의혹을 갖게 되었다.

아르미니우스에 따르면 결국 타락전 예정론은 하나님을 죄의 조성자로 만들었다. 또한 양자 모두 결정적인 것을 밝히는데 실패했다고 믿었다. 그는 오히려 하나님은 처음에 예수 그리스도를 죄로부터 구속주와 구원자로 임명하시고 신자들을 오직 그리스도 안에서만 구원으로 예정되게 하셨다고 가르쳤다. 따라서 하나님의 최초 절대적인 작정은 그리스도만을 대상으로 한 것이고 예정론은 이 기독론적인 맥락에서만 논의되어야 한다고 주장했다. 따라서 개개인의 예정은 절대적인 것이 아니라 그리스도를 영접하느냐 거부하느냐에 달려있다. 하나님은 회개하고 믿는 모든 사람들이 구원받게 될 것으로 섭리하셨으며 또한 모든 사람들이 믿을 수 있을 만한 충분한 은혜를 수여하셨다. 그러므로 사람들은 자신의 의지에 따라서 나름대로 자유롭게 믿거나 믿지 않을 수 있다. 하나님은 우리를 위하여 믿지 않으시며 혹은 우리가 믿도록 강요하지 않으신다.

하나님은 그리스도를 믿고 신앙 안에서 견인할 것을 미리 안자들을 구원키로 결정하였다. 반면 믿지 않고 불신앙을 지속하리라고 미리 아신 자들을 저주하시기로 했다. 따라서 하나님의 예지가 예정의 기초이지 그 반대 명제는 성립되지 않는다. 인간은 하나님의 은총을 거부할 수 있으며 동시에 그의 능력으로 사단과 사상을 이길 수 있다고 주장했다. 그리하여 그는 인간의 능력을 높이고 상대적으로 하나님의 주권을 약화시켰다. 그는 멜란히톤처럼 모든 사람들에게 제공된 하나님의 은혜는 그들의 의지의 자유로운 결정에 의해 수납된다고 생각했다. 결국 그는 하나님의 절대 주권적 선택 보다는 인간의 의지적 선행을 미리 예견하였다.

5. 돌트 총회와 신학적 특징

(1) 총회의 구성: 이 같은 항의파의 행동에 맞서 정통파는 문제의 원만한 해결을 위해 국가적 총회 소집을 요구하였다. 그리하여 1618년 11월 13일 개혁교회의 총회가 돌트에 소집되어 1619년 5월 9일까지 총 180차례 모였다. 이 총회는 모두 102명의 대표가 참여한바, 그 중 58명은 화란 교회 대표자이며 나머지는 외국인

이었다. 외국인 중에는 스위스, 브레멘, 헤세, 엠든, 제네바, 팔라티네이트, 영국, 스코틀랜드 등에서 파송된 자들이었다.[21] 특별히 이들 중에는 5명의 고마루스 대표와 13명의 아르미니우스 대표가 포함되었다. 그러나 아르미니우스파는 초청대신 피고로 소환되었다. 그들은 소환에 주저하였으나 결국 자신들의 입장 변호를 위해 참여하였다.[22] 따라서 양측 대표들이 예정론에 관해 논쟁을 펼쳐 마침내 돌트 신조를 제정하였다. 이후 이 신조는 하이델베르크 교리문답, 벨기에 신앙고백서와 함께 화란교회의 교리적 기반이 되었다. 결국 돌트 총회는 아르미니우스주의를 정죄하고 예정론을 확립하였다.

(2) 신학적 특징: 앞에서 본 것처럼 이 총회의 핵심 현안은 두 예정론, 즉 타락전 예정론과 타락 후 예정론이었다. 타락 전 예정은 창세전에 하나님의 계획이 선택과 유기에 있어서 선택자와 유기자를 결정함에, 먼저 그 둘을 결정하고 타락에 관한(선악과) 내용을 결정함이다. 이때 하나님의 구원 계획이 인간 범죄에서 허용적으로 나타난다. 왜냐하면, 인간이 죄를 짓지 않으면 하나님께서 구원하실 수 없기 때문이다. 그러므로 하나님이 뜻하시는 인간 구원은 성취에서 보면 인간이 죄를 지어야 가능하게 된다. 타락은 구원의 필수적 선행조건이다. 동시에 구원에 있어서도 타락한 인간의 선행을 미리 보시고 구원을 결정하시는 것이다. 한편 타락 후 예정은 인간의 타락을 먼저 결정하고 선택과 유기를 결정했다는 이론이다. 하나님의 구원의 계획은 첫 사람 아담의 범죄로 모든 인간은 죄 중에 태어나기 때문에 당연한 것으로 여긴다. 결국 예정론, 하나님의 선택과 유기는 인간의 타락이나 선행과는 무관하게 하나님께서 주권적으로 역사하신다. 이처럼 쌍방 예정론은 공히 하나님의 주권을 강조하며 우리의 구원은 은혜로 얻음을 강조한다.

---

21) *Ibid*., 512-515. 당시 정부의 반대로 프랑스 위그노 교도들과 루터파 소속의 브란덴부르크 선제후가 불참하였다.

22) 이 두 사람은 종교와 신학적으로는 관용, 정치적으로는 공화정, 교회와 국가의 관계에 있어서는 관료들의 교회의 사법 관할권 행사를 주장했다. 스페인과의 전쟁은 휴전을 희망했다. 그러나 칼빈파 대부분은 전쟁을 원했는데, 이들은 당시 군 지도자 총독 나싸우의 모리스와 손을 잡고 단호히 가톨릭에 반대했고 중앙 집권체제를 희망, 장로교적 정치를 주장했다. 1618년 7월 모리스는 의용군을 일으켜 홀란드 주요 도시에서 쿠테타를 일으킨 후 항의파들을 제거하고 반항의파들로 관료를 교체하였다. 이때 올텐바르네벨트는 반역죄로 기소되어 참수당했고 그로티우스는 종신형을 받았다.

그러나 아르미니안주의자들은 이 이론을 거부하고 하나님이 미리 아신 자들의 신앙이나 불신에 따라 구원과 멸망에 이르게 한다고 했다. 돌트 총회에서는 이와 달리 유기라 할지라도 자신들의 실책으로 멸망받는다. 그리스도의 죽음은 모든 이의 구원을 위해 충분하나 그 효과는 오직 선택받은 자를 위한다. 하나님의 은혜는 불신가운데서 회심한 자에게 효과적으로 역사한다. 따라서 이 총회는 아르미니우스 주의자들을 정죄 하고 강단에서 축출하였다. 그리고 이 총회는 항거자들의 5개 조항에 맞서 5개의 신조를 작성하였다. 돌트 총회의 결정 사항이 영국에서는 반대에 직면했으나 1620년 10월 1일과 1623년 9월 알라이스와 샤렌톤에 모인 프랑스 개혁교회 총회는 전적으로 지지했으며 다른 지역에서도 환영하였다. 이 신조는 오늘날 개혁주의 신학의 요점이며 예정론을 근거로 작성된 칼빈주의 5대 교리로, 이 신조는 이후 영어의 첫 알파벳을 따서 "Tulip"으로 불리었다.[23)]

---

23) Tulip은 Total depravity, Unconditional election, Limited atonement, Irresistable grace, and Perseverance of the saints의 첫 자를 딴 것인데 공교롭게도 이것은 화란의 국화(國花)이다. 이에 관해 보다 자세한 자료는 Edwin H. Palmer, *The Five Points of Calvinism*, (Grand Rapids: Baker, 1972); Duane Edward Spencer, *TULIP: The Five Points of Calvinism in the Light of Scripture*, (Grand Rapids: Baker, 1979)을 참고하라. 그리고 튤립에 관해서는 앨런 파머 「오스만 제국은 왜 몰락했는가」, 이은정 역, (에디터, 2004), 68-75; 한국역사교사모임, 「처음 읽는 터키사」, (휴머니스트, 2010), 188-189를 참고하라. 1560년대 한 합스부르크 대사가 터기에서 튤립을 선물 받아 북해 연안 저지대로 가져 온 후 주변에 있는 다른 귀족들과 부유한 계층에 선물하였다. 그 후 세월이 흐르면서 튤립이 부유층의 전유물이 되었다. 이는 마치 초상화처럼 귀족 꽃으로 자리매김하였고 비싸게 팔렸다. 혹 누군가 튤립이 아주 희귀한 꽃을 피우면 그 꽃의 가격은 일반 꽃의 몇 배가 되었다. 당시 계층 간의 신분 제도에 따라서 계층을 상징하는 튤립 색깔도 여러 가지였다. 꽃의 선호도가 높아지자 재배 자들이 증가하고 시장이 확장되었다. 더욱이 튤립은 씨에 따라 색깔이 다양했기 때문에 높은 계급의 색깔을 얻으면 엄청난 수입을 올렸다. 이렇게 되자 튤립뿌리 자체가 주식처럼 거래되었다. 이러한 튤립 열풍은 네덜란드를 벗어나 유럽전체로 확산되었고, 신분의 상징을 떠나 투기 대상이었다. 튤립뿌리 하나가 약 6,000길더에 달할 정도로, 당시에 커다란 저택 구입 값이었다(당시 목수의 연간수입이 250길더였다). 따라서 귀족과 상인, 변호사와 시녀, 농부 할 것 없이 모든 계층의 사람들이 가진 돈을 쏟아 부었다. 사람들은 빚을 지면서 튤립뿌리를 구입하였다. 온 유럽이 튤립에 미쳤고, 투기는 물량 없는 겨울에도 계속되었다. 미리 가격을 정해 대금을 지불하고 나중에 실물을 받는 선물거래가 등장하였다. 그런데 어느 한 귀족 아저씨가 튤립뿌리를 사서 조심스럽게 집으로 가져와 거실 테이블 위에 놓은 후 잠시 자리를 비운 사이에 이를 발견한 집안 요리사가 튤립뿌리를 양파덩어리로 오인하였다. 그리고는 그것을 맛있게 요리하였다. 무슨 맛이엇는지는 잘 모르겠지만 뒤늦게 그 사실을 안 귀족 아저씨는 머리가 돌아버렸다. 그 후 주인은 자기 집 요리사를 상대로 손해배상을 청구하

제1교리: 인간의 전적 타락: 모든 사람은 아담 안에서 죄를 범하고 저주아래 영원한 죽음을 받게 되었다. 때문에 하나님께서 인간이 형벌을 받도록 내버려 두신다 해도 그에게는 불의함이 없으시다. 그러나 하나님은 그의 무한하신 자비로 그리스도의 복음을 통한 구원을 예비하사 그를 믿는 사람은 멸망치 않고 영생을 얻게 하신다. 어떤 사람은 하나님께로부터 믿음을 선물로 받으나 다른 사람들은 그렇지 못하다. 이는 선택과 유기에 관한 하나님의 영원하신 작정에서 비롯되기 때문이다.[24] 선택이란 하나님의 변치 아니하는 계획으로 이 계획에 의해 하나님이 창세전부터 순전히 은혜에서 나온 자신의 주권적인 기쁘신 뜻에 따라 본래의 순전한 상태에서 타락하여 자신의 잘못 때문에 죄와 멸망 가운데 빠진 모든 인생들을 그리스도 안에서 영원 전부터 구원을 받게 될 자들로 결정하심을 말한다. 이 택함 받은 자들은 다른 사람보다 나은 것도 또 택함 받을 만한 자격이 없어도 우리를 거룩하게 하기 위해 무조건적으로 베풀어 주신 것이다. 하나님께서 불변하신 것처럼 그의 선택도 불변하기 때문에 택함을 받은 자들은 결코 택자의 무리에서

였다. 그리하여 1637년 2월 판결이 났는데, 튤립의 재산적 가치를 인정할 수 없다는 것이었다. 그 후 그 귀족 아저씨의 행방은 잘 모르지만 이후 튤립의 투기가 붕괴되었다. 당시 6,000길더 가치의 튤립은 단돈 1길더에 팔리었다. 그동안 어음 결재한 사람들은 더 이상 돈을 지불할 능력도 물건도 없었다. 투기꾼들은 곧 빚더미에 올랐으며 은행들 역시 파산하였다. 그 후 1703년 29세에 술탄에 오른 오스만 터키의 아흐메트 3세는 27년을 통치하였다. 그는 제위 시에 서유럽이 군사적으로 자신들보다 앞섰음을 인정하였다. 그리고 침체를 극복하기 위해 파리에 2명의 외교 사절단을 파견하였다. 이들은 돌아와서 서유럽, 특별히 프랑스의 발전상을 충격적으로 설명하였다. 쾨프륄뤼가의 총리대신들은 톱카프 궁의 외벽을 둘러싸고 있는 통로에 총리대신 관저를 마련하고 그곳에 직원을 파견하였다. 그리고 술탄과 재상은 사절단의 건의대로 프랑스의 문화를 수용하고 프랑스식 군대 훈련과 기술학교의 창설, 서유럽의 지식과 기술을 알리기 위해 인쇄소와 도서관을 만들있다. 그 외에 술탄과 귀족들은 화려한 여름 별장을 짓고 유럽식 파티와 오락을 즐겼다. 그리고 베르사유 궁전처럼 정원을 아름답게 꾸미기 위해 튤립을 심었다. 튤립은 본래 아타톨리아와 흑해 주변의 야생화로 원산지는 터키이며 약 839 종이다. 술탄은 꽃잎이 가늘고 길며 바깥쪽으로 휜 화려한 모양의 튤립을 많이 심었다. 그 후 카펫과 조각, 모스크나 궁전을 장식하는 타일에 튤립 무늬를 사용하였다.

24) 이것은 하나님의 무조건적 선택을 말하는 것으로 예정이 창조전의 인간이 아니라 타락상태의 인간에게만 해당되며 하나님의 선택과 유기의 각성은 개인의 행위에 대한 하나님의 예지에 근거했다고 주장했다. 또한 기독교 관료들은 교회의 세속적 문제에 못지 않게 영적인 것도 잘 돌볼 수 있는 자질을 부여 받았고, 그래서 교회정책에 관한 법을 입법할 수도, 목사와 감독 임명에 참여할 수 있음을 말한다.

떨어져 나갈 수 없다. 한편 택함을 받지 못한 자들은 단지 자신들의 죄악에 대한 마땅한 형벌, 즉 유기에 맡겨진다. 유기는 하나님을 죄의 조성자로 만드는 것이 아니라 오히려 하나님이 공평하고 책잡을 것이 없는 의로우신 심판주요 보응하시는 자이심을 가르쳐 준다.

제 2교리: 무조건적 선택: 하나님의 주권적 의지에 따라 이루어진 그리스도의 대속적 죽음이 가져온 구원의 능력은 모든 택자들에게 확대되어 그들로 하여금 확고히 구원에 이를 수 있게 해준다. 그러나 그리스도의 희생과 만족은 본질적으로 무한한 가치를 가지고 있어서 온 세상의 죄를 다 속량하고도 남을 만큼 충분하다. 그리스도의 죽음은 무한한 가치와 위엄을 가지고 있다. 왜냐하면, 죽음에 복종하신 자는 진정한 인간이요, 완벽하게 거룩하신 자일뿐 아니라 하나님의 독생자요, 성부나 성령과 똑같이 영원하고 무한하신 본체를 가지고 계신 분이기 때문이다. 그는 우리의 구주가 되기에 필요한 자격을 다 갖추고 계셨다. 죽음이란 죄 때문에 우리에게 부여된 하나님의 진노와 저주의 의미를 가지고 있다. 더욱이 복음의 약속은 십자가에 못 박히신 그리스도를 믿는 자마다 멸망치 않고 영생을 얻는다(요 3:16)고 했다. 이 약속은 회개하고 믿으라는 명령과 함께 모든 민족, 모든 사람들에게 차별이나 구분이 없이 전파되어야 한다. 하나님은 그의 기쁘신 뜻을 따라 그들에게 복음을 주셨다. 그렇지만 복음의 부르심을 받은 자들 중에서 많은 사람들이 회개하고 그리스도를 믿지 아니함으로 불신앙 속에서 멸망을 당한다. 이것은 그리스도께서 십자가에서 쏟으신 희생이 부족하거나 그 효험이 모자라서 그런 것이 아니다. 그 책임은 전적으로 믿지 않은 자 편에 있다.

제 3교리: 제한속죄: 인간은 본래 하나님의 형상을 따라 지어졌음으로 조물주와 신령한 것들을 사실대로 알아 구원을 받을 수 있을 만한 지식을 부여 받았다. 그러나 인간은 마귀의 유혹을 따라 하나님을 반역하고 자기 자신의 의지적 자유를 추구하므로 이런 탁월한 은사들을 빼앗기고 모든 행위는 완악해졌다. 타락한 이후 인간은 모방이 아니라 하나님의 정당한 심판의 결과로서 자신의 악한 본성을 부모로부터 받으며 부패한 자손을 낳았다. 따라서 인간은 죄 중에 잉태되고, 본질상 진노의 자식들이며 구원을 받을 어떤 선도 행할 수 없이 악으로 기울어져 죄에 죽고 죄의 노예가 되었다. 따라서 중생케 하시는 성령의 은혜가 아니면 하나님께로 돌이키거나 자기 본성의 타락성을 떨쳐 버리거나 스스로 개혁 할 수가 없고 또 하려 할 수도 없다. 인간은 타락 후에도 자연의 빛이 남아 있으나 그것으로는 도저히 구원에 관한 지식과 참된 회심으로 인도할 정도가 못되며, 자연과 사회의 일에 있어서도 정당하게 쓸 수 없다. 하나님의 선민 유대인에게 모세를 통해 주신 율법도 구원의 은혜를 획득할 수 없다.

제 4교리: 불가항력적 은혜: 하나님은 성령의 말씀과 화목케 하시는 사역에 따라 복음으로 부르심을 받는 사람들을 아무런 차별이 없이 부르신다. 복음으로 부르심을 입은 사람들은 마땅히 하나님께 전폭적으로 순종해야 한다. 하나님은 인간을 영원 전부터 그리스도 안에서 선택하시고, 역사 속에서 그들을 실제로 부르시어 믿음과 회개에 이르게 하신다. 그리고 그들을 흑암의 세력에서 구해내사 그의 아들의 나라에 들어가게 하시며 그를 찬송하게 하고 사도들이 보여준 증거를 따라 그리스도만을 영화롭게 하도록 해주신다. 그러므로 신앙은 하나님의 선물이다. 하나님께서 주신 믿음은 인간이 받아들이거나 배척할 수 있는 성질의 것이 아니다. 믿음은 인간에게 실제적으로 부여되었고 인간과 함께 숨 쉬며 인간 속에 주입되었다. 그 구원은 불가항력적인 은혜이다.

제 5교리: 성도의 견인: 하나님이 자신의 뜻에 따라 그의 아들 예수 그리스도의 무리로 불러내신 자들은 성령으로 중생하고 죄와 통치와 죄의 노예 상태로부터 해방도 받게 된다. 그러나 이들이 세상에 있는 동안 죄악 된 육체와 육체의 고통에서 완전히 구원받은 것은 아니다. 이 때문에 죄악 세상에 거하면서 죄와 세상으로부터 유혹을 받고 사는 자들은 자기 자신의 힘으로는 은혜의 상태에 계속 머물러 있을 수가 없다. 여기서 매일 결점의 죄가 발생한다. 그러나 하나님은 신실하시기 때문에 택자들을 끝 날까지 은혜로 보살펴 주시고 긍휼로 확신을 주시어 담대히 인내할 수 있게 해주신다. 그러므로 참된 신자들은 택자들이 궁극적으로 구원에 이르고 믿음 안에 머물러 있을 것에 대해서 자신의 믿음의 분량에 따라 스스로 확신을 가질 수 있다. 택자들은 이 확신을 통해 자기들이 참되고 살아있는 교회의 지체로 계속 남아있을 것과 죄의 용서를 체험할 것, 그리고 마침내 영생을 누리게 될 것을 확신함에 이른다. 이 확신은 하나님의 말씀 안에서 여러 성도들이 보여준 사례처럼, 속에서부터 우러나는 한결같은 감사와 선행을 자극받게 된다.[25)]

25) Philip Schaff, *op. cit.*, 519-523.

(3) 신조해설: 이 5개의 신조가 강조하는 것은 하나님의 전적 주권과 예정으로 인간의 구원이 하나님의 선택적이며 단독적인 행동을 통해 이루어짐을 보여준다. 엡 2:8-9말씀처럼 “우리가 그 은혜를 인하여 믿음으로 말미암아 구원을 얻으며 이 것이 우리에게서 난 것이 아니요 하나님의 선물이다. 행위에서 난 것이 아니니 이는 누구든지 자랑치 못하게 함” 이다. 인간은 은혜의 선물처럼 믿음의 선물에 대해서도 전적으로 하나님께 의존적이다. 이로 볼 때 양자는 동전의 양면임을 알 수 있다. 따라서 하나님의 주권과 그의 예정은 우리가 그리스도 안에서 체험한 구원의 빛 안에서 이해될 뿐 하나님의 본성에 대한 인간의 사변적 기초로 이해되어서는 안 된다.[26] 인간은 단지 하나님의 은혜롭고 자비로우신 선택적 행동에 의해 구원을 받는다. 그는 전적으로 하나님에 의해 영원한 운명이 결정된다. 그러므로 예정 교리는 하나님의 은혜 교리와 범죄 타락한 인간의 원죄 교리와의 직접적인 연관 속에 있다. 인간은 그의 구원에 있어서 전적으로 하나님께 의존적이다.

그러나 전능하신 하나님에 대한 인간의 인식은 어떻게 가능한가? 이는 우리와 함께 계시는 임마누엘 하나님의 인격을 통해서이다. 이제 그를 아는 자들은 매일의 생활 속에서 그를 믿고 의지하는 실천적인 삶을 통해 폭넓게 증명되어야 한다. 즉 하나님을 아버지로 모신 그의 백성들은 조금도 염려함이 없이 믿음의 확신가운데 거해야 한다.[27] 그러면 신앙인들은 이제 시험과 의심의 순간을 초월하는 것인가? 그런 것이 아니다. 이것은 다만 우리의 구원이 우리의 감정에 의해서가 아니라 오직 복되신 주님의 희생적 죽음과 영광스러운 부활의 사실로 말미암은 것임을 강조하는 것이다.[28] 이 같은 이해와 함께 5개 신조 안에 담겨진 복음적 진리를 간략히 살펴보자.

(i) 전적부패(Total depravity): 이 말의 뜻은 인간이 어떤 선한 의지도 가지고 있지 않다는 것이 아니다. 또 이 말은 모든 생각과 행동이 전부 악하다는 것을 뜻하지도 않는다. 그 의미는 인간이 최선의 노력과 동기를 가졌다 해도 죄와 이기심으로 말미암아 불순한 것이 되어 버렸다는 것이다.[29] 인간은 두 얼굴을 가진 지킬

---

26) 폴 칼슨, 「장로교의 유래」, 오성종 역, (생명의 말씀사, 1984), 175.

27) 롬 8:14, 28-34 참조.

28) 롬 8:38-39 참조.

29) 시 51:5; 사 64:6; 롬 3:12.

박사와 하이드적 존재라는 것이다. 어느 정도 잠정적 선을 행할 수는 있으나 또한 엄청난 죄악을 범할 수 있는 도무지 믿을 수 없는 존재이다. 이 같은 예는 무수히 많으나 특별히 로마의 네로와 독일의 히틀러가 이를 잘 보여준다. 네로는 로마시가 불타고 있을 때 바이올린을 켜고 있었으며 독일의 히틀러는 수백 만 명이 가스실로 이끌려가고 있을 때 베토벤의 음악을 들었다. 이런 모습을 보면서 우리는 인간의 부패성과 잔인함을 처절하게 실감한다. 그러나 우리는 종종 인간은 선한 존재라고 주장하는 사람들을 만난다. 이럴 때 우리는 인간에게 실존적 바른 인식이 얼마나 중요한지를 깨달아야겠다.

실재로 인간은 우리의 생각보다 훨씬 부패한 매우 악한 존재이다. 바울이 롬 3:10-18에서 고백한 것처럼 "의인은 없나니 하나도 없으며 깨닫는 자도 없고 하나님을 찾는 자도 없으며 다 치우쳐 한 가지로 무익하게 되고 선을 행하는 자는 없나니 하나도 없다. 저희 목구멍은 열린 무덤이요 그 혀로는 속임을 베풀며 그 입술에는 독사의 독이 있고 그 입에는 저주와 악독이 가득하고 그 발은 피 흘리는데 빠르다. 파멸과 고생이 그 길에 있어 평강의 길을 알지 못하였고 저희 눈앞에 하나님을 두려워함이 없다." 인간은 종교적으로 지성적 및 감성적, 그리고 도덕적으로 완전히 부패하였다. 그러므로 이 땅에는 플라톤이 말한바 착하고 선한 이상적인 사람, 도덕적이며 이상적인 국가는 있을 수 없다. 인간은 모두 영적으로 죽어 어둠에 이끌리기 때문이다. 인간은 거듭나지 아니하면 완전히 살 소망을 상실하게 된다.

(ii) 무조건적 선택(unconditional election): 교회와 세상과의 차이는 무엇인가? 그것은 교회는 사람들이 구속함을 받을 수 있다고 믿으나 세상은 이 같은 확신이 전혀 없다는 점이다. 교회는 하나님을 믿는 신앙 안에서 항상 감사하며 살아간다. 그럼에도 불구하고 성도는 인간에 대한 절망을 잊지 않는다. 그러면 인간의 절망은 비기독교적인가? 전혀 그렇지 않다. 인간의 전적인 절망을 통해 하나님의 은혜를 느끼게 된다. 그러나 인간의 하나님에 대한 절망은 신성모독으로 용서받지 못한다. 이는 주로 무신론주의자들의 행태라 하겠다. 우리의 구원에 있어서 하나님은 우리의 조건을 보시고 선택치 않으셨다. 하나님은 그리스도 예수 안에 있는 구속으로 말미암아 거저 주시는바 그의 은혜(롬 3:24)로 우리를 구원하신다. 우리가 천국에 가면 타락하고 범죄 한 죄인들, 음난하고 비천한 남녀와 폭학한 죄인들이

정결하고 정숙한 신부로 변한 모습을 발견할 것이다. 그곳에는 정치적 지도자와 억압받던 자, 재판관과 강도, 부자와 세리처럼 멸시받은 가난한 자들이 있을 것이다. 그곳에는 왕자도 있고 절뚝발이와 병자도 있을 것이다. 하지만 꼭 있어야 할 사람이 없을 수도 있다. 스코틀랜드의 정통 장로교 목사였던 로버트 머레이 멕체인(Robert Murray McCheyne, 1813-1843))[30)]은 하나님의 사랑에 대하여 이렇게 노래하였다.

내 속에 있는 선함으로 택함받은 것 아니요
진노를 피하라고 깨워주시고

---

30) 1813년 5월 21일 스코틀랜드 에든버러 더블린 가에서 5남매 중 막내로 태어났다. 에든버러 대학교를 졸업한 후 23세에 목사 안수를 받고, 1835년부터 1836년까지 2년 동안 존 보나(John Bonar)의 조수로 섬겼다. 1837년부터 1843년 3월까지 7년 동안 던디의 성 베드로 교회를 섬기는 중에 건강이 열악했으나 타 교회 방문과 성경 공부, 기도와 명상, 저술 활동에 매진하다가 29세에 타계하였다. 당시 던디는 해변가 언덕에 위치한 도시로 약 4,000명이 거주했는데, 멕체인의 영향으로 3,000명이 교회에 출석했으며, 그들 중에 1200명이 성 베드로 교회를 출석하였다. 멕체인은 소위 '불간섭 운동'(Non-Intrusion movement: 교회에 대한 국가의 간섭을 배제하는 운동)의 일원으로 1843년 스코틀랜드 교회의 대붕괴, 1733년 스코틀랜드 국교에서 장로교회가 분리된 후 또 다시 국교에서 자유교회가 분리될 때 분리파와 함께 하였다. 붕괴 당시 474명의 목회자들이 탈퇴하여 스코틀랜드 자유교회를 결성하였다. 당시 교회의 분열은 국가가 지나칠 정도로 교회 정치와 교회 업무를 간섭했기 때문이다. 하지만 맥체인 목사는 선교 사역에 관심을 갖고, 1839년 유대인 선교를 위해 자신이 직접 유럽과 팔레스틴을 여행하였다. 아테네를 방문한 사도 바울이 그 도시가 예술품 보다는 오히려 미신으로 가득 차 있는 것을 보았듯이 맥체인 목사는 자신이 방문한 대 도시가 세속주의와 이교주의로 가득 차 있는 것을 보고 통탄하였다. 맥체인 목사는 자신의 꿈을 실현하지 못한 채 1843년 3월 29세에 사망하였다. 그의 친구들은 그의 죽음을 찬란한 빛이 타오르다가 갑자기 꺼져 버린 것을 안타깝게 생각하였다. 일찍이 멕체인은 자신의 친구가 죽자 "잃은 것이 아니라 먼저 간 것"이라고 말했는데, 그는 정말 아쉽게 앞서 갔다. 맥체인이 시무한 교회의 한 원로 사찰이 어느 날 한 방문자를 멕체인의 서재로 안내하였다. 방문자가 멕체인의 성공 비결을 묻자 사찰은 방문자에게 멕체인이 쓰던 책상 앞에 앉으라고 한 후, 그 책상 위에 손을 올려 놓고, 그 다음에는 얼굴을 그 손에 묻고 울라" 고 했다. 그 후 두 사람은 예배당으로 들어가 강단으로 올라갔다. 그 때 사찰이 이렇게 말했다. "강단에 기대십시오. 그리고 당신의 손을 쫙 펴고 우십시오." "자, 이제는 멕체인의 목회 비밀이 무엇인지 아실 것입니다." 맥체인은 가끔 주일 오후에 교우들 중에 임종이 가까운 사람들을 방문했다. 그 때 말하기를 '나는 설교하기 전에 지옥 언저리를 보고 도움을 얻는다'고 말했다. 그는 실로 '죽어가는 사람으로서 죽어가는 사람에게 설교한' 키더민스터(Kidder minster)의 청교도 목호자 리챠드 백스터(Richard Baxter)와 같았다. Andrew A. Bonar, *Memoir and Remains of the Rev. Robert Murray M'Cheyne: Minister of St. Peter's Church, Dundee*, (Edinburgh: Whyte ,

구주의 품 안에 숨겨주시고
성령으로 거룩함 받음일세. 받은 은혜 한없으니
오 주님, 어떤 사랑을 바치오리까?

(iii) 제한 속죄(limited atonement): 성경은 누구든지 주의 이름을 부르며 그에게 나오면 구원을 얻는다고 가르친다.[31] 칼빈은 이 초청이 모든 사람에게 주어진 것이나 효력있는 초청은 일부 사람들에게 미친다고 했다. 여기서 우리는 예정 교리가 인간의 자유라는 사상을 파괴시킨다는 비판자들의 주장을 접한다. 그러나 칼빈주의자들은 하나님께서 모든 사람들이 그의 주권에 복종하도록 인간을 창조하셨다고 믿는다. 인격적인 하나님은 로버트를 원치 않으신다. 하나님은 자신의 무조건적 사랑 때문에 그를 사랑하는 실제 인간을 원하신다.

내 영혼 어둡고 내 마음 무디어
들을 수 없고 느낄 수 없으니
소박한 믿음으로 구해야만 하리
예수여, 빛을 비추소서 생명을 주소서.

사람들은 성령 하나님의 깨우치시는 능력을 통해 감화를 받는다. 그러나 어떤 사람들은 감화를 받지 않을 수도 있다. 하나님의 은혜아래 살면서도 어떤 사람은 감사하며 어떤 사람은 경멸하게 된다. 그러나 성경은 선택된 하나님의 백성들을 "그의 양"(요 10:11, 15), "그의 교회"(행 20:28; 엡 5:25-27), "그의 백성"(마 1:21), "택함받은 자들"(롬 8:32-35)로 표현한다. 예수님은 요 17:9 기도에서 세상보다는 자기에게 주신 자들을 위해 기도하셨다.[32] 이것은 다음과 같은 이야기를

1892), 147.

31) 행 16:31.

32) 찰스 핫지는 제한 속죄에 대하여 말하기를, 만일 해변에 서있는 어떤 사람의 아내와 저녀들이 타고 있는 한 배가 파선되었다면, 그 사람은 아마도 보트를 집어타고서 부리나케 자기 가족들을 구출하려고 뛰어들 것이다. 그의 동기는 그의 가족에 대한 사랑이며 그의 목적은 그들을 구하는 것이다. 그러나 그가 준비한 보트가 배의 승객 모두를 다 받아들일 수 있을 만큼 큰 것일 수도 있을 것이다. 그 때 그가 그 승객들에게 살아날 수 있는 기회를 제공했다면 그것이 모순되는 일이겠는가? 그리고 만일 그 구원의 기회를 제공받은 사람들

통해 이해를 도울 수 있다. 만약 어떤 사람이 자기 친구를 위하여 잔치를 배설하였다고 하자. 그런데 차린 것이 많아 올 사람은 누구든지 다 오라고 했다. 초청은 모든 이에게 했으나 그 초청에 응한 자는 많지 않았다. 하나님께서 실제로 행하신 것은 바로 이러한 것이다. 자신의 백성들에 대한 특별한 사랑의 마음에서 그리고 그들의 구원을 확실하게 하시려는 계획을 따라 하나님은 구원을 베풀어 준 것을 받아들이기로 선택한 모든 사람을 위해 당신의 아들을 보내신 것이다. 그러므로 그리스도께서는 모든 사람을 위하여 죽으신 것이 아니라 양들을 위하여 당신의 생명을 내놓으셨다. 그는 그의 교회를 위하여 그 자신을 주셨다. 그러나 이 모든 것과 완전히 합치되게 그는 필요한 모든 것, 모든 사람들의 구원을 위하여 필요한 모든 것을 다 행하셨다. 그러므로 모두가 속죄의 결여나 불완전 때문에 멸망받는 사람은 아무도 없다. 하나님은 그의 미쁘신 뜻을 따라 당신의 사람들을 속죄하셨다.

(iv) 불가항력적 은혜(irresistible grace): 하나님은 자기가 선택한 자를 계속 추적하신다. 이에 어떤 자들은 요나 선지자처럼 잠시 하나님을 거역할 수도 있을 것이며 하나님의 주권적인 뜻에 맞서 반항할 수도 있을 것이다. 그러나 그들은 궁극적으로 신적인 사랑으로 하나님께 이끌리게 된다. 영국의 찬송가 작가 존 뉴톤(John Newton, 1725-1807)[33]은 노예 상인으로 방탕자였으나 하나님의 부르심에

모두가 또는 그 중 일부가 그것을 받아들이기를 거절했다면, 그들의 실책과 어리석음은 그 사람이 자기 가족을 돌아보려는 생각과 그 가족들을 구출하는 결과를 가져다 줄 어떤 특별한 목적을 전혀 가지고 있지 않았을 때의 경우와 똑같이 큰 것이 될 것이다. 폴 칼슨, 「장로교의 유래」, 오성종 역, (생명의 말씀사, 1984), 182.

33) 1725년 7월 24일 영국 런던에서 선장의 아들로 태어났다. 그의 모친이 뉴톤을 목사로 만들려 했으나 일곱 살에 폐병으로 세상을 떠났다. 모친의 죽음으로 뉴톤은 암흑 속에 빠져들었다. 11살 때부터 선원 생활을 하면서 온갖 부도덕한 생활을 하였다. 17살 때까지 항해 중에 그의 영혼은 더 이상 희망이 보이지 않았다. 한 때는 성경을 읽고 기도에 힘썼으나 죄에서 빠져 나올 수 없었다. 1743년 18세 때 뉴톤은 해군에 입대했다. 그러나 친구들을 잘 못 만나 탈영하다가 체포되어 아프리카 노예 선에 팔리었다. 1747년 2월 어느 날 15개월간의 처절한 노예생활에서 벗어나 선원으로, 마침내 21세에 노예선의 선장이 되었다. 노예무역을 끝내고 고향으로 돌아오는 길에 그가 탄 그레이하운드 호가 폭풍우를 만났다. 9시간 동안, 그는 선원들과 함께 배가 가라앉지 않도록 모든 수단을 다 동원하였다. 그러나 가망이 없었다. 마침내 그의 희망이 산산이 부서져 갈 때, 그는 소금물에 젖은 갑판 위에 몸을 던지며 이렇게 호소하였다. '더 이상 우리의 힘으로 어쩔 수 없다면 주여, 우리 모두에게 자비를

응답하였다. 그는 고백하기를

"나 같은 죄인 살리신 주 은혜 놀라와
잃었던 생명 찾았고 광명을 얻었다".

"큰 죄악에서 건지신 주 은혜 고마워
나 처음 믿은 그 시간 귀하고 귀하다"(찬송 405장).

창조의 새벽 이전, 태초에 저 멀리 뒤에 서서 새벽 별들이 함께 노래하고 하나님의 아들들이 기뻐 외치기 전에, 하나님은 우리에게 대한 한 사랑을 갖고 계셨다. 그가 우주를 위한 한 장소를 그의 손 안에서 찾으시기 전에, 그는 우리를 위한 한 장소를 이미 그의 마음 속에 찾아 두셨다. 예레미야서에서 "내가 무궁한 사랑으로 너를 사랑하는 고로 인자함으로 너를 인도하였다(렘 31:3; 시 139편 참조)고 말씀하는 것처럼 하나님은 우리를 위한 사랑의 마음을 지금도 변함없이 가지고 계신다. 하나님은 미리 정하신 그들을 또한 부르시고 부르신 그들을 또한 의롭다 하시고 의롭다 하신 그들을 또한 영화롭게 하신다(롬 8:30).

(v) 성도의 견인(the Perseverance of the saints) : 이 말은 때로 침례교도들 사이에서 성도의 영원한 보장으로 불린다. 그러나 장로교적인 이 표현이 훨씬 더 성경적이다. 그 이유는 지상의 성도들이 그 어느 날 천상의 성도가 될 것을 가르쳐 주기 때문이다. 사람이 한 번 구원을 받았으면 결코 버림을 받을 수 없다. 바울은 빌 1:6에서 "너희 속에 착한 일을 시작하신 이가 그리스도 예수의 날까지 이루실 줄을 우리가 확신하노라"고 말했다. 그러나 우리는 때로 신앙을 가지고 살면서도 두려움과 의심의 구름에 휩싸일 때가 있다. 어떤 경우에는 구원받은 것을 느끼지 못할 수도 있다. 그러나 우리가 경험하듯이 어둡고 캄캄한 순간에도 주님께서 친히 우리를 보호하고 위로를 베풀어 주신다. 주님께서 말씀하시기를 "내 양은 내 음성을 들으며 나는 저희를 알며 저희는 나를 따르느니라. 내가 저희에게 영생을 주노니 영원히 멸망치 아니할 터이요 또 저희를 내 손에서 빼앗을 자가 없느니라.

베푸소서.' 이렇듯 절망 중에 뉴톤은 자신의 죄 때문에 십자가에서 죽으신 예수님을 만났다. 조국으로 돌아온 뉴톤은 폭풍이 몰아치던 어느 날, 대서양에서 절망 중에 탄식하던 날, 자신에게 은혜를 베푸신 하나님의 사랑을 결코 잊을 수 없었다. 그리하여 그는 280여 곡의 찬송

저희를 주신 내 아버지는 만유보다 크시매 아무도 아버지 손에서 빼앗을 수 없느니라. 나와 아버지는 하나이니라"(요 10:27-30).

이것은 택함받은 자들이 다른 사람들보다 더 선하다는 것을 말하지 않는다. 그들도 탕자처럼 하나님의 은혜가 필요한 순전한 죄인임을 말한다. 그러나 그들이 비록 탕자처럼 먼 나라에서 타락하고 방탕했을 지라도 여전히 그의 아들이다. 그들은 하나님 아버지 안에서 사랑을 얻고 예수 그리스도를 위하여 지키심을 입은 자들이다(유 1:1). 우리는 지금까지 많은 위험과 고생과 유혹, 좌절과 절망을 지나 여기까지 왔다. 이것은 돌아보면 에벤에셀, 오직 하나님의 은혜, 전적인 하나님의 은혜이다. 이 하나님께서 우리를 영원한 본향으로 인도하실 것이다. 칼빈은 예정론에서 이것을 위로의 교리로 이해했다. 하나님의 사랑은 우리로 하여금 세상의 모든 질고를 잊고 영원한 안식에 거하게 한다.

6. 돌트 총회의 결산

이상과 같이 신조를 확정한 돌트 총회는 그 밖에 6개의 안건들을 결의하였다.[34] 그리고 총회는 항거자들을 교회로부터 축출하고 이 사상의 대표자 Van Oldenbamebelt를 사형에, Hugo Grotius을 종신형에 처하였다. 이로서 아르미니우스 소속 약 200여명의 목사들과 이를 신봉하는 평신도들에게 제재가 가해졌다. 한편 다른 종파의 교사들은 아르미니우스 신학을 가르치지 않겠다고 서약하였다. 결국 돌트 총회는 타락한 죄인의 구원에 있어서 하나님의 작정이 갖는 의미와 중요성을 통해 정통 신학의 원칙을 결정짓고 성경에 기초하여 하나님의 주권(계시)과

시를 지었는데, 그 중에서 가장 유명한 곡이 "나같은 죄인 살리신"(405장)이다.

34) (1) 성경 원문에 의한 새 번역 성경을 발간케 한다. 이 결의를 따라서 1626년 11월 13일 첫 모임을 가진 후 1637년 9월 17일 새 번역 성경이 출간되었다. (2) 모든 개혁교회는 주일 오후에 정규적으로 하이델베르크 요리문답에 의한 설교 실시를 의무화한다. (3) 교육을 위한 모든 교회의 모임은 교회의 목사와 장로, 교회가 인정한 선생에 의해 실시되어야 한다. 이는 그릇된 이단교리를 막고 체계적으로 교육하기 위함이었다. (4) 불신자 가정의 유아 세례는 소정의 신앙교육을 받은 후에 시행할 수 있다. (5) 신학생의 공예배 설교는 분명한 조건하에서만 허용될 수 있다. 그러나 성찬예식 집례는 허용되지 않는다. (6) 신학서적의 발간은 교단에서 인정하는 신분있는 자의 추천에 의해 이루어지고 이후 교회적으로 승인

인간 의지(이성)의 역학 관계를 바르게 규명하였다. 그리하여 돌트 총회는 칼빈주의적 개혁 교회와 정통주의를 확립하여 프랑스와 스위스 교회에 영향을 끼쳤다. 그리고 독일의 개혁파나 루터파와 함께 개신교 정통신학의 근간을 형성하였다. 이로서 아르미니우스주의자들은 화란에서 극소수로 전락했으나 그의 가르침은 다른 이웃 나라에 영향을 끼쳤다. 그 실례가 바로 17세기 영국에 확산된 윌리엄 라우드(William Laud, 1573-1645)[35]에 의한 반칼빈주의 운동이다. 이로서 영국 교회는 혼란에 빠졌으며, 18세기 존 웨슬리에 의해 아르미니우스주의의 감리교를 태동시켰다.

한편 정통주의 신학 논쟁은 여기서 끝나지 않고 계속적인 교리 논쟁으로 확산되었다. 이들은 하나님 중심으로 성경 교리를 균형 있게 이해하고 실천하려 했으나 교회는 침체에 빠졌다. 개혁주의 신학이 객관적 진리인 성경을 지나치게 절대적인 것으로 사수하다 보니 생활이 때로 경직되었다. 성경은 하나님의 온전한 말씀이고 신학은 그 온전한 말씀에 대한 불완전한 인간의 해석일 뿐이다. 이 땅에 완전한 신학은 없다. 이것이 바로 신학의 한계이다. 따라서 신학적 주장을 할 때는 누구든지 항상 시대적 상황과 해석자의 형편을 주의 깊게 고려해야 한다. 결국 이런 역사적 정황을 도외시한 교회는 이후 안으로 경건주의의 도전과 밖으로 계몽주의의 도전을 피하지 못하였다. 그리고 그 후 교회는 성경의 영감설을 포함하여 예정론과 기독론, 그 밖의 폭넓은 비판적 신학적 연구, 탈신화화 작업, 성경의 해석학적 문제, 예수에 대한 역사적 탐구 등으로 확대되어 세계 신학과 정신사의 새 장을 열었다.[36] 따라서 이전에 없었던 다양한 신학들이 대거 등장하고 이들에 대

되어야 한다 등이다.

35) 영국 왕 찰스 1세의 종교 고문으로 1633-1645년까지 캔터베리 대주교를 지냈으나 청교도와 그 외에 종교적 반대파들을 박해한 결과 하원에서 재판을 받고 처형되었다. 보다 자세한 것은 Yohahn Su, *The Contribution of Scottish Covenant Thought to the Discussions of the Westminster Assembly(1643-1648) and its Continuing Significance to the Marrow Controversy(1717-1723)*, (University of Glamorgan, Ph.D thesis, 1993), 136-187 참조.

36) 베른하르트 로제는 그의 「기독교 교리사」, (컨콜디아사, 1992), 239 에서 이점에 개척적인 인물로 프리드리히 다니엘 에른스트 슐라이어마허(Friedrich Daniel ernst Schleiermacher, 1768-1834)를 들었다. 슐라이어마허는 종교의 독립성과 아울러 기독교 계시의 독립성이 감정 속에 있음을 강조했다. 이 경우에 그는 감정을 하나의 단순한 느낌이 아

한 올바른 해석과 바른 적용이 새로운 과제로 부상하였다.[37)]

7. 결론

우리는 본 장을 통해서 종교개혁 이후 개신교회 내부에서 발생한 신학 논쟁을 크게 2가지로 정리하였다. 전장에서는 독일의 루터파 정통은 루터의 가르침을 둘러싸고 그의 친구와 제자들 사이에서 제기된 문제였다. 그 논쟁에서 우리는 구원과 칭의 문제를 둘러싼 6가지의 핵심적인 교리들[38)]을 살펴보았다. 한편 화란의 칼빈의 개혁파 내에서도 타락한 죄인의 구원에 있어서 하나님의 선택과 작정을 둘러싸고 이 같은 논쟁이 발생하였다. 이 논쟁은 마침내 법정으로 비화되었고 한쪽이 다른 한쪽을 정죄하는 결과를 낳았다. 물론 이 논쟁을 통해 칼빈의 개혁교회는 인간적 타협을 거부하고 철저히 말씀에 기초하여 보다 확실한 신학적 입장을 견지하였다. 그러나 결국 이 두 논쟁은 그리스도 안에 한 형제로서 주님을 섬기던 자들이었으나 신학의 정통성 문제로 인해 투쟁하던 중에 결국은 서로 결별하였다. 그 후 진리의 보루인 교회는 잠시도 평안할 날이 없이 끝없는 논쟁에 휘말리며 지금까지 숫한 격랑을 헤쳐 왔다.

이러한 역사적 사건들을 보면서 우리는 과연 이것은 누구의 책임인가, 누가 이토록 깊이 멍든 상처를 치유할 수 있는지를 되묻게 된다. 우리는 결국 이 모든 문제는 말씀과 신학의 상호 조화와 균형을 잃은 종교 지도자들의 주장에서 비롯되었음을 인식한다. 이로서 교회가 대혼란에 빠져 이로 인한 모든 상처는 이들이 또한 책임져야 할 것이다. 그러나 오늘 교회 지도자들은 무엇을 하고 있는가? 과연 이들은 이 모든 일을 마음깊이 통회하고 뉘우치며 자신의 소명에 충실한가? 이같이 첨례하게 대립된 신학논쟁을 보면서 우리는 신학을 왜 하는지, 그리고 신학의 참 기능은 무엇인지를 되묻지 않을 수 없다. 신학은 하나님을 바로 알고 믿고 섬

니라 직접적인 자의식으로 이해하고 그에 따라서 종교를 절대의존의 감정으로 이해했다. 그러나 그는 주관주의적 위험성을 완전히 배제하지는 못했다.

37) 보다 자세한 것은 서요한, “제 2장 교회사의 역사적 개관”, 「초대교회사」, (도서출판 그리심, 2010)을 참고하라.

38) 서요한, “제 5장 개신교 정통 신앙고백 시대 소고”, 「근현대교회사」, (도서출판 솔로몬, 2018) 참조.

기기 위한 학문적인 역할이 제대로 수행될 때 존재 가치가 있다. 때문에 신학은 지고하신 분의 뜻에 순종하여 성도들이 신앙생활을 잘 할 수 있도록 돕는 좋은 안내자 역할을 해야 한다. 그러나 자칫 지나치게 스콜라적으로 흘러 이지적이 되기 쉽다. 하지만 우리가 전적으로 신학논쟁을 불필요한 것으로 일축할 수는 없다. 왜냐하면, 그것이 전혀 무익한 것만은 아니기 때문이다. 건전한 논쟁을 통해 오히려 우리가 주님을 더 깊이 알고 바로 섬길 수 있다. 예를 들어, 신학 논쟁을 통해 비건전한 가르침과 자유주의 신학에 대응하여 성경의 진리를 밝힐 수 있기 때문이다. 그러나 논쟁이 논쟁으로 비화되면 오히려 신앙생활에 불이익과 교회에 폐해를 끼치게 된다. 따라서 우리는 불필요한 논쟁에 휘말리기 보다는 개혁주의 신학의 전통과 성경을 보다 적극적으로 깊이 연구하여 교회의 부흥과 하나님의 나라 확장을 위해 진력해야 할 것이다.

바른 신학이란 성도들의 바른 신앙생활과 분리해서 생각 할 수 없다. 이 말은 결국 신학은 바른 신앙을 위해 존재한다는 말이다. 따라서 성도들의 삶에 있어서 신학과 신앙은 분가분리의 관계에 있다. 여기서 바른 신앙의 성숙을 이룰 수가 있다. 이런 논리에 비추어 오늘 우리는 무언가 새로워 져야겠다는 강력한 마음속의 외침을 듣는다. 오늘 우리 교회는 그 어느 때 보다도 긴박하게 갱신이 요청되고 있다. 지금 세상은 하루가 다르게 변모해 가는데 왜 교회는 아직도 구태의연(舊態依然)한 자세를 벗어나지 못하는가? 보다 밝고 건전한 마음으로 항상 주님만을 사모하며 주를 아는 지식에서 자라가야겠다. 신학 때문에, 신학을 하고 있다는 것으로 우리의 영혼이 메마르지 않도록 힘쓰고, 오히려 그 신학 때문에 주님을 더 사랑하고 무엇보다도 주님 앞에서 우리 자신이 거듭날 수 있도록 해야겠다. 바른 신학은 바른 실천과 생활을 통해 위력을 발휘한다. 우리 모두 이 시대의 나팔수가 되어 바른 신학의 원리를 정립하고 바른 신학의 실천을 위해 우리의 남은 생애를 헌신해야겠다. 이 같은 결의와 결단이 없는 사역은 아무런 의미가 없다. 그러므로 우리는 부끄러운 일꾼이 되지 않기 위해서 그리스도의 형상을 본받는 자로서 보다 성숙한 삶을 추구하며 살아야 할 것이다.

제7장

경건주의(Pietism)의 형성과 전개과정

(16-17세기 네덜란드와 영국의 청교도를 중심으로)

1. 서론

16세기 종교 개혁자들에게 있어서 신학적 관심은 성경의 가르침을 따라 교리를 바르게 정립하고 실천하는 것이었다. 이것을 위해 개혁자들은 비성경적인 요인들을 용납지 않고, 그리스도를 위해 자신들의 생애를 바치는 것과 또한 교회를 새롭게 할 것을 요구하였다. 이들은 말씀을 통한 신앙과 헌신을 다른 형제들과 함께 나누기를 소망하였다. 그런데 종교개혁 이후 기독교는 본래의 의도와 달리 교리 중심의 신앙 형태로 급격히 변모하였다. 비록 성경을 하나님의 영감된 객관적 진리로 삼고 믿었으나 그것을 지나치게 강조한 나머지 경직되고 엄격하였으며 지적 순응을 요구하는 고정된 교리적 해석 체계에서 벗어나지 못하였다. 이들은 순수한 교리와 성례가 신앙생활의 필수 조건이라고 강조했다. 때문에 그리스도인들에게 당연히 강조되어야 할 칭의와 기도, 경건과 회심이 무시되었다.[1] 결국 개혁자 루터와 칼빈이 가르친 신자와 하나님 사이의 생동적 관계는 주로 교리를 수용하는데 필요한 신념으로 대치되었다. 뿐만 아니라, 교회생활은 단순히 의식적이고 형

1) Donald G. Bloesch, *The Crisis of Piety*, (Michigan: Grand Rapids: William B.Eerdmans Publishing Company, 1968), 9.

식적이었다. 정통교회가 지나치게 교리적인 논쟁에 빠지면서 그리고 교파 싸움에 휘말리면서 자연히 생명력을 상실, "죽은 정통"이 되었다. 이들의 생각에 정통주의는 종교개혁의 단지 타고 남은 재를 간직할 뿐, 그 불길을 유지하는 것으로 보지 않았다.[2] 이들은 스콜라적 영향으로 신앙을 지성적 유희로 변화시켰다. 이제 신앙은 더 이상 그리스도 안에 계시된 하나님의 자비에 스스로를 맡기는 행위가 아니라, 몇 몇 학자들이 정리한 일정한 교리적 진리를 인정하는 행위였다. 신자의 생활은 점차 그리스도와의 개인적 관계라기보다는 국가 교회의 일부로 형식화 되었다. 공 예배 출석과 정통교회의 성직자가 베푸는 성찬의 참여가 올바른 기독교인의 표식으로 수용되었으나 평신도들의 역할은 매우 수동적이고 제한적이었다.

이처럼 종교개혁이 퇴색해 가는 상황에서 네덜란드의 개혁파 교회와[3] 영국의 복음주의자들[4], 그리고 독일의 경건주의자들이[5] 정통교회에 각성을 촉구하며 새로운 개혁운동을 주도하였다. 이들은 루터와 칼빈의 신학 사상에 기초하여 더욱 신앙적 개혁과 실천에 힘을 쏟았다. 이들은 교리적 엄격주의보다는 개인의 신앙적 경건을 추구하고 영적인 일에 더욱 몰두하였다. 우리는 이들의 주장이 매우 건전하여 수용하기에 별다른 어려움이 없을 것으로 이해한다. 과거 역사가 보여 주듯

---

2) Gillian R. Evans/Alister E. McGrath/Allan D. Galloway, *The History of Christian Theology, Vol. 1: The Science of Theology*, ed. Paul Avis, (UK: Marshall Morgan & Scott Ltd., 1986), 169-170.

3) 예를 들면, 서부 독일을 포함하여 화란의 동쪽 국경에서부터 베저(Weser) 강까지, 북해(North Sea)로 부터 마인(Main) 강과 네카(Neckar)강 하류까지 걸쳐 있는 지대이다. 17세기 당시 네덜란드와 북해에 접해 있던 동부 프리슬란트(East Friesland)의 개혁교회는 그 지역의 소수 그룹이었다. 그리고 동부와 남동쪽에 있는 도시들이 포함되었는데 이 모든 도시들이 영토뿐만 아니라 신학적으로도 하나로 연합되어 있었다. 때문에 이들은 자유롭게 독일에서 네덜란드로, 혹은 네덜란드에서 독일로 이주할 수 있었다. 이들은 정치문제나 혹은 지리적인 영토문제는 영적인 일에 장애가 된다고 보고 순수히 영적인 경건에 관심을 가졌다. 이들 대부분은 1618년에 있었던 돌트 회의에 참석하기도 했다. 그들의 신학 교수진은 우트레흐트, 레이든, 프라네커의 영향력 아래 있었다. 에르테스트 슈투플러, 「경건주의 초기 역사」, (솔로몬, 1993), 188-189.

4) 브루스 셸리, 「현대인을 위한 교회사」, (크리스챤 다이제스트, 1993), 414.

5) 30년 전쟁이 끝날 무렵 독일교회는 정통주의를 내세워 경건생활의 무관심으로 영적인 침체 현상을 빚고 있었다. 종교개혁의 신학은 점차 지엽적인 신학논쟁으로 경쇄되어 가고 교회의 세속화는 신앙의 탄력을 잃어가고 있었다. 이런 현실에 대한 도전으로 교리보다 생활을 강조하며 신앙의 생활화 운동으로 경건주의 운동이 일어나게 되었다.

이 이들도 개혁자들처럼 한 시대를 주도한 영향력 있는 세력을 형성한바, 그러나 영적 갈망과 열심은 종종 감성적으로 혹은 신비적으로 치우칠 수 있는 위험성이 있다. 따라서 우리는 그들을 통해서 균형잡힌 신앙생활의 원리와 실천이 얼마나 소중한지를 배워야 할 것이다. 결국 경건주의 운동은 현대 복음주의의 원천으로 이후 절제와 경건, 즉 성결한 삶을 강조한 감리교회와 그 영향을 받은 부흥운동(revivalism)과 오순절 성령운동(Pentecostal movement), 그리고 은사주의, 즉 카리스마틱(Charismatic movement)을 낳았다. 하지만 이 운동은 또한 19세기 자유주의 신학과 1930-1940년대 독일 기독교인들이 나치 정권의 출현과 박해아래서 보여준 복종의 원인이었다.[6)]

분명한 것은 경건주의의 출현으로 초기에는 네덜란드와 독일교회, 후기에는 전 세계 기독교인의 삶에 커다란 영향을 미쳤고 향후 약 100여 년 동안 지속되면서 세계 기독교사에, 특별히 선교 역사에 새로운 전기를 마련하였다. 오늘 우리 한국교회는 뭔가 새로워 져야 한다는 갈망, 즉 성경적 절대 명령과 요구를 외면할 수 없는 상황에 직면해 있다. 따라서 오늘 우리는 격동하던 시대를 믿음으로 이겨낸 경건주의자들의 신앙적 원천, 개혁 의지와 영적 삶을 다시 한 번 되씹으며 이들의 가르침을 통해 새롭게 거듭났으면 하는 기대와 소망을 가져본다.

2. 경건주의에 대한 일반적인 이해

경건주의에 대한 그 동안의 연구와 학계의 관심은 대체로 부정과 긍정 두 가지 견해였다.

(1) 부정적 견해: 이는 이 운동 이전에 있었던 종교개혁이나 청교도 운동에 비해서 학문적 연구가 없었기 때문에 제기된 것으로 이러한 현상은 해외에서 뿐 아니라 국내에서도 마찬가지이다. 한국교회의 갱신을 논하면서 우리가 자주 경건주의적 각성을 촉구하게 되는바, 하지만 원리적인 면에서 이에 대한 연구가 많이 부족하였다. 그런데 문제는 이 같은 무관심 보다는 오히려 이들을 잘못된 단체나 이

---

6) 메익 피어스, 「이성의 시대: A.D. 1570-1789」, 박응규 역, (도서출판 그리심, 2014), 279.

단으로 이해하고 비난하는 것이다. 이러한 실례는 17세기 말 함부르크의 마이어(Mayer)나 미국의 몇몇 교파들의 주장을 통해 확인할 수 있다. 이들은 경건주의 운동이 펠라기우스주의나 교황주의, 소시니안주의, 퀘이커이즘, 그리고 아르미니안주의 같은 이단의 영향을 받았다고 하며 혹독하게 비난하였다.[7] 그 결과 경건주의 운동은 일반인들에게 상투적으로 잘못 이해 될 수밖에 없었다. 이러한 현상은 경건주의에 대한 관심을 축소하여 이제는 이 운동이 역사적 유산은 물론 기념과 전통에 감정적 자극을 주거나 혹은 하나의 향수에 지나지 않게 하였다.

경건주의가 이처럼 부정적인 오해를 촉발하게 된 원인은 (i) 경건주의가 본래 신학적 정의나 예배의식 형태에서 정확성을 기하기보다는 사람들의 실제적이며 헌신적 삶을 평화적으로 강조했기 때문이다. 실제로 이들은 중세의 신비적 전통을 따라 논증을 싫어하여 가능하면 그것을 회피했고 상대적으로 십자가를 지는 일, 소위 영적인 것에 가치를 더 두었다.[8] (ii) 그리고 경건주의가 갖고 있는 개혁적 특성과 경향 때문이다. 우리가 아는 대로 초기 경건주의는 지역 교회 안에서 자기 위치를 찾는 데 만족했으나 항상 그 교회에 대하여 비판적이었다. 예를 들면, 이들은 영국과 독일, 기타 여러 지역에서 발견 할 수 있는 교회중심주의, 신학중심주의, 사제 혹은 교황중심주의, 그리고 도덕적 및 영적으로 메마른 현상을 신랄하게 비판하였다. 이들은 곧 개신교 안에 또 다른 저항 세력으로서 교회가 항상 개혁 될 뿐 세상에 동화되어서는 안 된다고 본 것이다. 이들은 신학적 논쟁을 통한 공격보다는 실천적인 신앙의 덕을 가르치는 설교와 저술을 통하여 강력하게 비판하였다. 그 결과 전통적 교회와 경건주의 사이에 긴장과 대립이 고조되었다.[9]

---

7) 에르네스트 슈투플러, *op. cit.*, 19-20.

8) 이러한 입장은 영국의 경건주의적 청교도들에게서 찾아 볼 수가 있는데 이들은 기독교인이 정치적으로 사회문제에 개입하는 것을 싫어하였다. 이러한 입장에서 특별히 로버트 볼톤은 성도가 피해와 속임과 조롱 같은 어려운 일을 당할 때 이런 문제에서 항상 제어되도록 하고 그것들이 하나님으로부터 왔음을 인식하고 견디어 내야 한다고 했다. 결국 그는 수동적인 입장을 견지하여 이것이 역사에 좋지 않게 각인(刻印) 되게 된 것이다. Ibid., 21; 카터 린드버그(편), 「경건주의 신학과 신학자들」, 이은재 역, (기독교문서선교회, 2009), 24

9) 이와 관련해서 또 하나의 부정적인 견해는 그렇게 되게 한 사회 심리학적 및 경제적 요소가 있다. 이들은 어떤 경우에는 사회 참여에 소극적이었고 따라서 영적인 일에 좀 더 치우치는 경향이 있었다.

(2) 긍정적 견해: 이는 몇 몇 특정한 역사가들이나 몇몇 교단들의 부정적인 접근에도 불구하고 경건주의적 유산은 삶의 실천과 영적 경건을 통해 오늘 우리의 신앙생활 속에 깊숙이 내제하고 있다는 것이다.[10] 교회사의 대가인 라토렛 교수는 유럽 대륙의 기독교와 그것의 선교 활동에 경건주의의 공헌을 높이 평가하였다. 실제로 근대 선교 운동의 주역들은 바로 경건주의자들의 영향을 받은 자들이었고, 결국 이 운동은 19세기를 위대한 세기로 이끄는 계기였다. 이러한 점은 윌리스톤 워커(Williston Walker)의 「기독교회사」(*A History of the Christian Church*, 1985) 나 글로버(R. H. Glover)의 「세계 선교의 발전」(*The Progress of World Missions*, 1924) 에서 지적되었다. 그런데 특히 글로버는 근대 선교의 뿌리는 종교교혁까지 소급이 되나 실제로 그 영향력은 경건주의자들에 의해서 확산되었다고 주장했다. 결국 삶의 모범과 설교를 통해 교회에 보다 깊은 영적 삶을 각성시키고 교회가 갱신된 선교의 열정과 행동으로 나가게 한 것은 경건주의 운동에 그 공헌을 돌릴 수밖에 없다는 것이다.

뿐만 아니라 경건주의는 교회가 사회에 눈을 돌리게 하는데 적지 않게 기여했다는 것으로 그 한 예는 영국의 노예제도 철폐 운동이었다. 이 운동의 주역은 윌리암 윌버포스(William Wlberforce)인데 그는 경건주의의 영향을 입었고 주일학교 창시자인 로버트 레이크스(Robert Raikes)와 감옥 개량의 아버지로 불리는 존 하워드(John Howard)도 이 운동에 영향을 입었다. 그리고 성경이 대륙과 영국, 미국 등에서 대중의 책이 되게 한 것도 경건주의자들의 활동 때문이었다. 바로 이들에 의해 성서 협회가 태동하게 되었다. 경건주의의 긍정적인 면은 여기에 머물지 않고 평신도 운동에도 기여하였다. 이 운동은 교파적인 장벽을 넘어서 복음을 세계로 전파하는 데 주체가 되었다. 이들의 힘은 곧 교리보다는 경건의 실천(praxis pietatis)에 있었다. 경건주의는 결국 경직된 한 시대에서 각성을 촉구한 위대한 한 전통을 엮어냈다. 이런 변화는 이후 루터교와 칼빈주의적 교회에서 일어났고, 18세기 미국 교회에서 특별히 요나단 에드워드를 통해 새롭게 정착되었다.

---

10) 앞으로 함께 살펴보겠지만 예를 들면, 성경공부나 찬송드리는 습관, 기도모임 등이 그것이다.

3. 경건주의의 역사적 조망

3.1. 종교개혁 이전시기

교회 역사는 사도 시대 이후 성경에 기초한 건전한 신학 사상과 함께 경건주의적 전통을 보여준다. 이러한 균형잡힌 신앙적 전통은 중세기를 지나면서 점차로 기독교인들의 삶에서 수도원적이며 의식적이고 신비적인 접근으로 나타났다. 이러한 현상은 성직자들의 타락과 교회의 부패를 가져오게 한 근본적인 요인이었다. 이것은 마침내 금욕적인 절제 생활을 강조하는 성 프란시스나 베네딕트 같은 개혁자의 등장으로 강력한 저항 운동에 부닥쳤다. 그 후 종교 개혁시대에 개혁자들은 사도 시대처럼 균형잡힌 신앙의 조화를 추구했으나 지나친 교리화로 새로운 개혁을 외치며 경건주의자들이 체험을 강조하게 되었다. 이 경험적 전통은 사실 루터의 탑의 체험과 그가 저술한 그리스도인의 자유에 관하여 라는 책을 통해 깊숙이 체험되었고 칼빈의 경우는 그의 회심이나 성령의 역사에 대한 이해에서, 그리고 그의 전 생애를 통해 경험되었으며 스트라스부르그의 마틴 부처도 그의 성령의 신학을 통해 설명하였다. 특별히 칼빈과 츠빙글리는 경건한 종교 생활이 실제 가정과 교회, 그리고 사회생활을 중심으로 나타나야 한다고 보았다. 이들은 각자 다른 기관들이 서로의 이해관계에 얽매이는 것이 아니라 모두를 위해 힘쓰며 따라서 동등한 책임을 느껴야 한다고 믿었다. 즉 경건의 목적은 경건한 삶을 통해 열매 맺게 된다고 본 것이다. 이 사상은 성숙한 수준에서 민족적 일체감을 보였고 스코틀랜드와 미국, 그리고 남아공에서 정착되었다.

이러한 현상은 여기에 머물지 않고 내면적 체험과 건전하고 책임적인 삶을 강조한 재세례파들에게도 예외는 아니었다. 이들은 교회에서 성도간의 교제를 중점적으로 강조하고 영적 경건을 주장하였다. 결국 이러한 경험은 기독교 공동체라는 틀 안에서 볼 때 하나의 통일된 정신이었다. 모든 경험적 개신교 안에서 발견되는 이러한 사상과 감정 강조, 표현과 목적의 분명한 일치 때문에 이런 현상을 면밀히 연구한 대륙의 많은 학자들이[11] 1674년 필립 스페너(Philipp Jakop Spener, 1635-

11) M. Goebel, *Geschichte des christlichen Lebens*, 1852; W. Goeters, *Die Vorbereitung des Pietismus in der Reformierten Kirche der Niederlande,* 1911' W. Handorn, *Geschichte*

1705)의 추종자들에게 경건주의라는 이름을 붙였다. 당시 스페너는 스콜라적 방법론을 거부하고 개인적 및 영적 체험을 촉구하였다. 그러던 중 이 용어는 지리적으로 교회적으로 확장시켜 비슷한 유형의 기독교적 표현을 옹호하는 분리주의적 그룹뿐 아니라 루터교 전통과 개혁교회 전통의 체험을 중시하는 이들까지 포함하였다.

3.2. 종교개혁 이후시기

그러나 1517년 루터의 종교개혁 150년 후 유럽 교회는 새로운 상황에 직면하였다. 그것은 종교개혁 시대와는 전혀 다른 양상이었다. 종교개혁 당시에는 가톨릭 교회에 맞서 참 진리와 교리의 회복을 위해 싸웠다. 그러나 지금은 경건의 실천이 부재한 중에 메말라 가는 기성 교회를 바라보며 한 교회 내의 형제들이 교회의 개혁과 갱신을 부르짖었다. 종교개혁 제1세대와 제2세대는 모두 하나님과의 관계에 중심을 두는 교리적 신앙에 기초하였다. 랑(Lang)에 의하면 이러한 경향은 곧 영국의 청교도 윌리암 퍼킨스의 신학을 유럽의 경건주의와 연계하는 시도를 통해 발견된다.[12] 분명한 것은 종교 개혁의 제2세대들은 1세대들의 신학적 주장보다 신앙적 삶에 문제를 강도 높게 취급하였다. 그러나 16세기 중반을 넘으면서 순수한 교리를 지키려는 열정이 각 교파들 사이에서 강하게 대두되면서 서로 배타적 태도를 취하였다. 이른바 교파의 신앙고백을 절대시하는 교파 절대주의 시대가 도래한 것이다. 이에 따라 각 교파는 자기들의 교리를 체계적으로 신학화하였는바, 경건주의는 바로 이런 개신교 스콜라주의에 반발하여 일어난 개혁운동이었다. 그리하여 경건주의 사상은 복합적으로 다양하게 각 나라에 맞게 이식 되었다.[13]

---

des Pietismus in den Schweizerischen Reformierten Kirchen, 1901; H. Happe, *Kirche, namentlich der Niederlande*, 1879; A.Ritschl, *Geschichte der Pietismus*, 1880-1886.

12) A. Lang, *Puritanismus und Pietismus; Studien zu ihrer Entwickelung von M.Butzer bis zum Methodismus*, 1941.

13) 종교 개혁 이후 근대 교회사에서 우리는 크게 4-5개의 개념을 통해 서방교회를 설명하고 있다. 즉 영국교회의 전통, 스코틀랜드나 화란의 장로교를 중심으로 한 칼빈주의 전통, 독일의 루터교 전통, 스위스를 중심으로 한 재세례파의 전통, 그리고 로마 가톨릭 전통이 그것이다. 그런데 일반적으로 경건주의는 이러한 커다란 교회사적 흐름에서 그동안 소외

4. 경건주의의 정의와 태동 시기

(1) 정의: 경건주의는 성경에서 가르치는 데로 구원받은 그리스도인이 어떻게 생활해야 하는지에 대해 깊은 관심을 갖는다. 사실 성경은 실제적으로 매우 다양하게 그리스도인의 삶에 대하여 말씀하는데 그것들은 신앙생활을 위한 연습과 헌신, 영혼의 순례와 영적 복지, 경건한 회심을 통해 영성과 관련하여 설명된다. 이러한 원리를 기초로 개혁자 마틴 루터는 이신칭의 문제에 관심을 가졌고, 칼빈은 성도의 회심 경험과 은혜 안에서 자라가는 문제를 최우선적인 과제로 취급하였다. 그런데 경건주의자들은 이들과 달리 신앙 안에 성도들의 영적 및 도덕적 체험과 감정의 우월성을 주장하며 평신도들에게 기독교적 삶의 형성에 능동적으로 참여, 즉 하나님을 향한 실제적인 종교 체험을 강조하였다.[14] 그리고 세상에서 보다 엄격한 금욕생활[15]을 부르짖으며 성도들의 역동적인 삶과 성결을 강조하였다. 사실 종교개혁자들과 정통교회는 이런 가르침을 역설했으나 언제부터인지 그들의 가르침은 고백적인 그리고 교리화된 형식에 갇혔다. 따라서 경건주의는 개신교의 다양한 가족들에게 그들의 근본적인 삶의 문제를 꼬집으며 보다 생동감 있는 역동적인 삶의 개혁을 촉구하였다. 따라서 경건주의는 교리 보다는 기독교인의 영적 갱신과 경건한 삶을 강조한 사상으로 정의할 수 있다.

이 운동 초기에는 기존 교회와의 갱신을 통한 연합과 유대였으나 자주 마찰을 빗게 되었고 후에는 그들 스스로 자신들을 기독교 공동체에서 차별화하여 또 다른 분열을 야기하므로 종종 개혁자들과 정통주의자들과 마찰을 빚었다. 그럼에도 불구하고 사람들은 경건주의를 "새로운 종교개혁"(ein neue Reformation) 혹은 제2의 종교개혁 (Nadere Reformatie)으로 호칭하였다. 이들의 신앙 양태는 정통주의의 텅 빈 형식에 대한 살아 있는 신앙의 반동이었다. 따라서 이들은 성도들의 신앙적 삶의 개혁을 강조하며 경건의 모임(collegia pietatis)을 설립하였다. 19세기에 이 용어들은 신앙을 배양하기 위해 선한 일을 하는 것으로 이해되었다. 그러다 보니 종종 신비적으로 흐르거나 하나님 앞에서 일상적으로 하는 개인의 헌신으로

되어 왔었다.

14) 메익 피어스, 「이성의 시대: A.D. 1570-1789」, 박응규 역, (도서출판 그리심, 2014), 280.

이해되었다. 그러나 개혁교회는 참된 경건이란 자신의 죄를 고백하고 복음 안에서 죄의 용서와 은혜를 입는 것을 특징적으로 가르쳤다.

(2) 태동 시기: 경건주의는 학자들 사이에서 역사에 대한 차별성을 논의 하던 중에 그 중요성을 인정받고 역사의 정면에 부상하였다. 일반적으로 경건주의는 17세기 말엽에 독일의 루터교 안에서 태동한 것으로 이해되었으나[15] 사실은 그 전에 네덜란드에서 시작되었다.[16] 유럽에서 종교개혁이 한창이던 혼란기에 제2의 청교도 국가인 네덜란드는 영국과 스코틀랜드 등 주변 나라에서 망명 온 개혁자들의 신학훈련 장이었다. 이곳에서 훈련받은 독일의 개혁자들이 모국에 돌아가 그곳에 개혁파 교회를 태동하며 독일 경건주의를 탄생시켰다. 이 독일 경건주의는 1670년 독일 개신교 안에서 형성되어 당시 교회의 철저한 갱신을 주창하였다. 그런데 어떤 학자들은 개혁파 정통이 스위스 일치 신조를 만들어 낸 1675년에 경건주의가 탄생했다고 주장한다. 그 시기는 경건주의의 대부인 필립 스페너(Philip Jakop Spener)가 그의 책「경건한 소원」(*Pia desideria*)의 출판과 함께 시작되었다. 당시 루터파 정통주의 안에서는 아리스토텔레스주의적 스콜라 신학이 극성한 반면 성경연구는 소홀하였다. 1686년 어거스트 프랑케(August Hermann Franke, 1663-1727)와 폴 안톤(Paul Anton)이 라이프치히에서 성경을 사랑하는 모임에 가입하여 대학에서 경험하지 못한 일, 성경 강해를 실천하였다.

이 모임의 성공은 다른 지역에서도 동시에 이루어져 대학의 아리스토텔레스주의적 형이상학을 청강하는 학생들의 수를 격감시킴으로 신학 교수들이 나서서 이 모임을 억압하는 단계에 이르렀다. 그 핵심은 정통주의의 신학에 대한 방식과 형식이었다. 스페너와 경건주의자들은 교회의 교사들이 중생해야 하고, 살아 있는 신앙을 소유해야 한다고 하였다. 이들에게 진정한 신학은 신앙과 중생의 경험이었다. 왜냐하면, 스페너가「경건한 소원」에서 주장했듯이 신학이란 실천과학이기 때문이다. 그에게 기독교는 단순히 신앙에 대한 지식을 가지는 것만이 아니었다. 그 이유는 기독교는 실천적 신앙이기 때문이다.[17] 그 후 경건주의는 1675년 태동 이

15) Williston Walker, *A History of the Christian Church*, (New York: Scribner, 1985), 587.

16) 에르네스트 슈투플러, *op. cit.*, 28.

17) 에르네스트 슈투플러, *op. cit.*, 28.

후 1740년까지 약 65년 동안 절정에 이르렀는바, 당시 교회생활의 모든 분야와 예배의식에 대한 신학에서부터 각 개인의 경건의 실천과 완성에 이르기까지 영향을 끼쳤다. 이 운동은 17세기 영국에서 일어난 청교도주의, 그리고 화란 개혁교회에서 일어난 정확한 행동주의(Precisisms 혹은 엄정주의)[18]와 코케이우스주의(Cocceianisme)의 영향, 프랑스의 잔센주의(Jansenismus)[19], 그리고 정적주의(Quietismus)[20]와 동구 유대인의 차씨드주의(Chassidismus)와 함께, 특별히 신앙서적을 통해 영향을 끼쳤다.

5. 경건주의 태동의 역사적 및 정치적 배경

5.1. 네덜란드의 상황

종교 개혁기의 유럽은 정치 및 종교적으로 매우 복잡한 상황에 놓여 있었다.

---

18) Gillian R. Evans/Alister E. McGrath/Allan D. Galloway, *The History of Christian Theology, Vol. 1: The Science of Theology*, ed. Paul Avis, (UK: Marshall Morgan & Scott Ltd., 1986), 169-170.

18) 이는 심리학의 대상을 내면적인 의식이나 정서가 아닌 자극과 반응의 관계 속에서 발견되는 객관적 행동을 강조하는 견해이다.

19) 이들은 당시에 가톨릭을 강력하게 반대하였다. 코넬리우스 잔센 (Cornelius Jansen, 1585-1638)은 루벵 대학에서 수학하던 중에 죄와 은혜에 관한 어거스틴의 입장을 받아들였다. 그는 칼빈주의의 도전에 맞서 가톨릭교회를 수호할 수 있는 최선의 방책은 이 위대한 북 아프리카인의 교리로 다시 돌아가 가톨릭 성직자들의 해이해진 도덕률을 바로 잡고 예수회의 용이한 윤리 규범을 개선하는 것이라고 생각했다. 잔센은 루벵 대학의 성경학 교수로서 그리고 그 후에는 이프레스(Ypres) 주교로서 예수회에 대항하였다. 그는 1638년 임종 시까지 채 완성되지 못한 아우구스티누스(Augustinus)라는 방대한 논문을 남겼는데, 1640년 출판되어 프랑스의 잔센주의의 교과서가 되었다. 당시 잔센은 가톨릭교회의 오류를 시정하기 위하여 이 위대한 북 아프리카 출신의 신학자 어거스틴의 사상으로 돌아갔다. 따라서 그는 어거스틴처럼 하나님께서 이 세상의 기초를 놓으시기 전에 이미 그가 구원하실 남녀들을 예정하셨다고 주장했다. 인간의 선행은 하나님의 은혜 없이는 결코 인간을 구원할 수 없다. 왜냐하면 인간의 의지는 자유스럽지 않으며 그의 본성은 스스로를 구원 할 수 없을 정도로 오염되었기 때문이다. 오직 예수 그리스도를 통한 하나님의 은혜만이 인간들을 구원할 수 있다고 했다. 잔센은 예수회가 인간 이성을 너무 지나치게 높인 반면, 하나님만을 의존하고 신봉하는 신앙을 약화시켰다고 주장했다.

20) 이는 인간의 능동적인 의지를 최대로 억제하고 신의 힘에 전적으로 의지하려는

당시 유럽은 로마의 지배아래 스페인의 찰스 5세가 통치하였다. 그러나 종교개혁의 확장과 함께 루터교는 해외의 네덜란드 인구의 상당 부분을 루터교로 끌어 들였다. 그러나 루터교는 자체 내에서 보다 철저한 개혁을 부르짖으며 개혁 정책에 불만을 품은 과격한 하층민이 중심이 된 재세례파의 강력한 도전을 받았다. 거기다가 남부 지방에서는 존 칼빈의 영향을 받은 중류층 종파의 출현으로 유럽은 새로운 변화를 예고하였다.

찰스 황제의 사망 후 네덜란드에서 가톨릭의 강압에 대한 저항이 일어났다. 당시 네덜란드의 필립 2세는 1555년 정부의 통치를 이양 받고 국내의 정치적 혼란을 조장하는 기독교적 분열의 종식을 꾀하였다. 이를 위해 그는 그의 여동생 파르마의 마가렛(Margaret of Parma)을 섭정으로 아라스(Arras)의 주교 그란벨라(Granvella) 추기경을 고문으로 임명하였다. 하지만 스페인의 강압적 통치는 점차 네덜란드 국민들의 분노를 샀다.

당시 네덜란드의 대표적인 독립 투사들은 호른(Horn)의 백작들과 에그몬트(Egmont)의 백작들, 나사우의 윌리암(William of Nassau)과 오렌지 공(Prince of Orange)이었다. 1567년 스페인의 통치에 대한 반발을 통제하기 위해 필립 2세는 최악의 공포 정치를 실시하였다. 특별히 그는 고대 법령에 따른 권리와 자유헌장을 무시하고 과중한 세금과 상업규제, 병역의 강제 징발, 병사들의 강제 숙영 등등 강력한 규제를 부과하였다. 뿐만 아니라 네덜란드에서 개신교 이단을 근절시키고 가톨릭 교회의 트렌트 공의회가 새롭게 제정한 방대한 법령을 부과하기 위해서 악명 높은 스페인 종교재판(Spanish Inquisition)을 열어 수천 명의 칼빈주의자들과 다른 이교도들을 학살하고 이들의 사유지를 몰수하였다.[21] 그리고 악명 높은 알바 공이 거대한 군대를 이끌고 네덜란드를 침공하였다. 그러나 저항이 더욱 거세게 일어났다. 따라서 칼빈주의자들은 권력에 맞서 저항과 혁명의 원칙을 실천하며 수많은 설교와 팜플렛을 쏟아냈다. 이에 자극받은 네덜란드인들이 스페인의 압제에 맞서 투쟁하였다.

계속되는 투쟁 중에 이곳의 많은 칼빈주의자들이 동쪽으로 피난하여 독일에 정

수동적 사상이다. 역사적으로는 17세기 스페인의 몰리노스(Miguel de Molinos) 등이 주창한 가톨릭 내의 한 사조를 가르친다.

21) 존 위티 주니어, 「권리와 자유의 역사」, 정두메 역, (Ivp, 2015), 31.

착하였다. 1571년 그들은 엠덴에서 네덜란드 교회의 총회를 조직하였다. 이전에 이미 벨기에 신앙고백을 채택한 바 있는 그들은 이제 갈리아 신앙고백, 제네바 요리문답, 하이델베르크 교리문답 등을 승인하였다. 1572년 국내 정치 상황의 변화로 해외에 망명했던 칼빈주의자들이 귀국하였고, 이들은 알바의 박해 시 개신교인 1/10의 대량 학살로 다수를 확보하였다. 그 후 1578년 돌트에서 첫 국가 대회가 개초되었고, 1579년에 우트레흐트 연맹(Union of Utrecht)[22)]이 창설되었다. 이들은 이제 영국과 함께 곳곳에 식민지를 건설하고 대서양을 횡단하였다. 국내의 정치적 안정과 함께 세계의 무역 시장을 점차 확장해 갔다. 이런 상황에서 17세기 내내 영국은 시민전쟁, 즉 청교도 혁명으로 분열되었고, 당시 유럽의 여러 도시들이 30년 전쟁으로 황폐화되면서 인구가 감소한데 반해 네덜란드는 정치적으로 평화와 경제적으로 번영을 누렸다. 그 결과 네덜란드가 세계의 강국으로 부상하였다.

5.2. 독일의 형편

네덜란드와 달리 독일은 가톨릭과 개신교 사이에 심한 갈등이 고조되었다. 이로 써 1618년부터 1648년까지 30년 전쟁에 휘말렸다. 종교 개혁으로 독일의 루터교는 교황청의 주목을 받았으나 특별히 호전적으로 간주된 칼빈주의는 더욱 심한 핍박을 받았다. 팔츠의 주민은 거의 사라졌으며, 그 중에 헤세-카셀은 인구의 약 1.4이 감소하였다. 특별히 하이델베르크, 말부르크, 헤르본, 프랑크프르트 등과 같은 많은 개혁교회의 요람들이 심하게 훼손되어 목회자의 훈련과 양성이 어려웠다.23) 따라서 박해로 고통을 받던 몇몇 독일 지방과 네덜란드의 지역 사이에 언어적 유대 관계를 통한 공동체 의식이 생기게 되었다. 그러나 이 혼란기 동안 신학적인 분위기는 네덜란드가 주도하였다.

---

22) 이 연맹은 전쟁시 서로의 종교적 이익을 수호하기 위하여 헬더른(Gdldern), 추트펜(Zutphen), 홀란드(Holland), 제란드(Zeeland), 우트레히트Utrecht), 프리슬란트Friesland)와 옴멜란덴(Ommellanden)등이 결성한 것이었다. 이 지방은 견고한 개신교 국가를 탄생시킬 수 있는 칼빈주의자들이 다수를 이루었다. 오랜 신앙의 자유를 위한 투쟁에서 이들은 서서히 선두로 부상하기 시작하였다.

6. 경건주의 태동의 실제적 세 주장

6.1. 영국 청교도의 영향

1599년 영국의 브라운주의자들인 분리주의적 청교도들의 영향을 받아 화란의 니더라인에서 시작하여 인접한 독일의 라인강 하류지방에 번졌고 얼마 후 개혁파 지역 전체에 확산되었다. 그런데 초기의 개혁파 경건주의는 어떤 뚜렷한 형태를 지니며 발전한 것은 아니었다. 집단적인 운동의 성격을 지니기 보다는 개별적이고 국부적인 면이 강했다. 개혁파 내에 경건주의 성격을 지닌 초기의 인물은 청교도 운동의 영향을 받아 신학자가 된 윌리엄 테링크(William Teellinck, 1579-1629)를 들 수 있다. 그는 여러 차례 영국을 방문하여 영국인과 결혼하였고, 1612년 경건주의 운동의 중심지 미들버그(Middelburg)의 목사가 되었다. 중생의 경험과 삶 속에서 주 사랑의 실천을 강조한 그는 설교를 통하여 많은 감화를 끼쳤다. 그는 영국의 청교도 윌리엄 퍼킨스(William Perkins, 1558-1602)와 워쓸리(W.Wathely)의 저작들을 번역하여 보급하였다. 그리고 그의 두 아들과 딸은 영국의 청교도들과 긴밀히 관계를 유지했으나 그의 삶은 경건의 실천에서 신비주의로 기울었다. 그리고 테링크 외에 상당수의 네덜란드인들이 영국에서 공부하는 것을 커다란 특권으로 생각하고 실습에 몰두하였다.[24)]

이처럼 당시 네덜란드인들은 영국의 청교도들을 의존하게 되었고 실제로 경건훈련의 중심지로 간주하였다. 또한 이들은 윌리암 퍼킨스나 리차드 십스(Richard Sibbes, 1577-1635), 사무엘 볼톤(Samuel Bolton 1606-1654), 리챠드 백스터(Richard Baxter, 1615-1691), 토마스 굳윈(Tomas Goodwin, 1600-1680)같은 청교도들의 작품을 화란어로 번역하였다.

---

23) 에르네스트 슈투플러, *op. cit.*, 193.

24) 이들은 메지우스와 잘데누스, 그리고 가장 잘 알려진 로덴스테인이 있다. 그리고 독일의 경건주의 자들도 영국의 청교도들과 긴밀한 관련이 있었다. 예를 들면, 독일 개혁교회 경건주의자 중의 한 사람인 네테니우스는 볼톤과 백스터의 저작을 읽고 각성하였고 이 운동의 지도자 운데아익크는 상당기간 영국에 있었다.

6.2. 네덜란드의 자생적 출현

네덜란드의 자국적 전통을 주장하는 이 이론은 잔 반 루이스부르크(Jan van Ruysbroek, 1293-1381)[25)]와 게하르트 흐로테(Gerhard Groote, 1340-1384)[26)]에 의해서 이미 가르쳐 졌다. 플로렌티우스 라데윈(Florentius Radewyn, 1350-1400)이 신비적 경건의 실천 형태를 장려하여 공동생활 형제단을 창설한 곳도 바로 여기였다. 이 단체는 「그리스도를 본받아」의 배경과 출처였다. 재세례파 역시 여기에서 그들이 경건의 규범을 세웠다. 이들 중 얼마는 자신들의 열광적인 꿈을 꾸었

25) 루이스부르크의 저술들은 이후 요한 타울러, 게르하르트 흐루테, 그 밖의 다른 신비론자들에게 영향을 끼쳤다. 그는 브뤼셀 세인트 구둘레에서 신부직(1317-43)을 맡은 후, 그룬엔달에 아우구스티누스 수도원을 창설하여, 그곳에서 「하나님을 사랑하는 사람들의 나라」(*Van den Rike der Ghelieven*)와 「영혼의 결혼」(*Die Chierheit der gheesteliker Brulocht*, 1350)을 저술하였다. 후자는 삼위일체를 취급했는데, 사상의 많은 부분은 신 비론자 하데비치(Hadewijch)에게서 나온 것이다. 하데비치는 하나님에 대한 영혼의 관계를 사랑하는 사람과 사랑받는 사람의 관계와 같다고 하였다. 그러나 로이스브루크의 교훈과 신앙에 관한 체계적인 개요는, 마이스터 에크하르트 저작의 내성적인 성격과 대조된다. 15세기의 '데보티오 모테르나' 의 출현을 예고했는데, 그 운동을 대표하는 저술은 토마스 아 켐피스의 작품으로 알려진 「그리스도를 본받아」(Imitatio Christi)이다. 로이스부르크는 교황청이 1908년 복자로 추증하였고, 축일은 사망한 날에 실시된다.

26) 중세의 교육수도회인 공동생활형제회를 설립하여 중세 말 북유럽 교육의 대변혁을 가져왔다. 부유한 가정에서 태어난 그는 파리에서 성직자 교육을 받았다. 그 후 사절로 프랑스의 아비뇽에 있는 교황청에 파견되었고, 사절임무를 성공적으로 한 보상으로 쾰른 대성당의 수입 중 상당부분을 받게 되었다. 이 수입으로 그는 안락한 생활을 누릴 수 있었으나 1374년 심오한 영적 체험을 하면서 갑자기 진로를 바꾸었다. 그는 세속적 재화를 포기하고, 자신의 집을 하나님에게 봉사하기를 원하는 가난한 여성들에게 안식처를 제공하고 깊은 명상에 들어갔다. 1380년 고립된 생활을 정리한 후 성직자들의 탐욕과 악폐를 공격하면서 네덜란드 전역을 순회하였다. 곧 많은 추종자가 생겨났고, 페스트로 사망하기까지 전도 사업에 매진하였다. 그보다 앞선 1371년 흐로테는 플로렌티우스 라데우니우스(데벤테르에 있는 신트레부누스 교회 소속)와 함께 필사본을 정리하는 일을 생업으로 하는 빈곤한 학자들을 한 장소에 모았는데, 이 모임이 후에 공동생활형제회로 성장하였다. 공동생활형제회는 교황 그레고리 11세의 승인을 얻어 네덜란드와 독일 전역으로 급속히 확대되었다. 교육수도회의 성격의 이 단체는 인문학 연구와 라틴어 교육을 강조했고, 초등학교를 세우고 교과서를 직접 제작하였다. 이러한 활동은 전 유럽의 초중등 교육에 영향을 미쳤다. 중세 말 공동생활형제회에서 교육을 받은 많은 북유럽의 학자들 가운데 에라스무스가 포함되었다. 공동생활형제회는 인쇄술의 발명과 새로운 교육수도회 및 대학의 등장으로 쇠퇴하였고, 1811년에 문을 닫았다.

고 자신들의 유별난 신정 정치 체제를 수립하였다. 이 모든 운동의 진정한 목적은 이러한 경건을 실천하는 사람들에게 어떤 경건의 형식을 제공함으로서 이생과 내세의 약속을 지탱케 해주는 것이었다. 이들을 이어 예수회(Jesuit)의 신부로 있다가 1650년에 칼빈주의 자가 된 프랑스 출신 존 라바디(Jean de Labadie, 1610-1674)[27]는 1659년에 제네바의 설교자가 되어 활동하다 7년 후에 네덜란드의 미델브르그(Middelburg)에서 목회하였다. 그는 경건주의 운동을 시작한 인물 중에 하나였다. 본래 그는 프랑스 사람으로 예수회 소속 신부였는데 1650년 개혁파 신앙으로 개종하였다. 네덜란드의 개혁당 당수였던 히스베르트 보에티우스(Gisbert Voetius)는 제네바에서 존경받는 목회자 라바디를 젤란드 지방의 미델브르그로 불러들였다. 여기에서 라바디는 자신의 설교와 저술을 통하여 초대교회를 모델로 한 교회 개혁을 호소하였다. 세상에 속한 사람들로부터 하나님의 선택된 백성들의 분리를 목적으로 한 그의 경건성의 추구는 결국 자신의 추종자들을 별도의 모임으로 이끌게 되었다. 그 결과 그의 경건주의적 목회는 교회 안에 교회라는 비난을

---

27) 본시 로마 가톨릭에서 개신교로 개종했으며 경건주의 단체인 라바디파를 설립하였다. 그는 프랑스 보르도의 예수회 수도회에서 수련 수사로 있을 때 교회 개혁을 주장하였다. 하지만 1639년 심한 병에 걸린 상황에서 예수회에 대한 불만이 커져 그 수도회를 떠났다. 1644년 성도의 교제와 경건생활에 몰두하는 몇 개의 작은 모임을 만들고, 신의 뜻에 순종하는 훈련을 강조하여 경건파로 불린 이 단체는 그 후 독일의 경건파 운동 창시자 필립 J. 스페너(1635-1705)가 시작한 비슷한 단체에 영향을 끼쳤다. 행정 당국과 예수회의 반대가 점차 커졌기에 여러 차례 주거지를 옮겼다. 존 칼빈의 「기독교강요」(*Institutes of the Christian Religion*, 1536)를 읽고 난 뒤, 1650년 10월 몽토방에서 개혁교회에 대한 충성을 선언하고 같은 해 그곳의 신학교수가 되었다. 그 후 이단으로 몰려 쫓겨나 1657년 오랑주로 도피했다가 1659년 다시 제네바로 피신했는데, 거기서 슈페너가 그의 설교를 들었다. 1666년 영국 미들부르크의 프랑스 교회에서 목회직을 정지당한 뒤, 암스테르담으로 피신하여 경건파라는 분리주의자 집단을 만들었다. 1670년 개혁교회로부터 파문 당하자 자신의 단체와 함께 헤르포르트로 갔으며 2년 후 메노파의 성지인 알토나로 갔다. 당시 라바디파의 중심원리는 재산과 식사를 공동으로 하는 생활이었다. 교회는 성령에 의해 거듭난 사람들로만 구성되었다고 가르쳤으며 이들만이 성례에 참여할 수 있다고 주장했다. 말년에 그는 더욱 분리주의적 견해를 주장하였고 신도는 몇 백 명을 넘지 못하였다. 아메리카로 이주 한 사람들이 라바디파 단체를 만들었으나, 1730년 이후 소멸하였다. 유럽에서는 프리슬란트(지금의 네덜란드) 서부 비베르트에 라바디파가 남아 있다가 1732년 해체되었다. 그가 쓴 70편 이상의 저작들 중에는 「목사를 통한 교회의 개혁」(*La Réforme de l'église par le pastorat*, 1667)이 있다.

받으면서 분리주의자가 되었고 네덜란드 민족교회와 어려운 관계에 빠졌다. 그는 결국 개혁파 교회에서 출교되었고 곧 자신을 중심으로 한 단일교회를 암스테르담에 설립하였다.

6.3. 네덜란드 교회의 신학적 논쟁

종교개혁 이후 아직도 신학은 모든 학문의 여왕으로 취급되었다. 비록 시대가 바뀌었지만 네덜란드의 개혁 2세대들은 개혁의 제1세대, 종교개혁자들의 신학 전통을 바르게 전수하고 정착시키기 위해 다각적인 노력들을 기우렸다. 그런 가운데 혼란과 투쟁은 불가피하였다. 그 후 네덜란드는, 우리가 앞에서 고찰했듯이 오랜만에 정치적 평화와 경제적인 번영을 경험하였다. 일반적으로 당시 네덜란드 문화는 물질적인 일들에 역점을 두고 안락과 안전에 신경을 많이 쓰며 교양있는 사람들 사이에서는 지성적 추구를 중시하였다. 왜냐하면, 이때는 데카르트의 사변 철학과 소크라테스가 함께 예배를 드리며 복음서보다 타키투스(Tacitus)를 아는 것을 더 좋아한 호프트(Pieter Corneliszoon Hooft, 1581-1647)의 시대였다. 그러나 네덜란드는 칼빈주의적 기초위에 서 있었으므로 칼빈주의적 경건을 지향하였다. 따라서 대륙의 개혁교회가 초기부터 최소한 개신교의 경건이 그 안에 자리를 잡을 수 있었던 것은 바로 칼빈이 그 외형적 틀을 제공했기 때문이다.[28] 그러나 네덜란드는 곧 바로 아르미니우스 논쟁과 코케이우스 신학논쟁에 휘말리면서 또 다시 혼란에 빠졌다.

(1) 알미니안 논쟁: 처음에 아르미니우스 논쟁은 디리크 폴케르츠존 코른헤르

28) 이러한 칼빈주의적 토대는 돌트 총회에 의해서 지지되고 강화되었다. 돌트 총회는 설교자와 교사뿐만 아니라 신학 교수들도 벨기에 신앙고백과 하이델베르크 교리문답에 서명해야 한다고 명문화했다. 청중들은 설교자와 교사들의 신학이 건전한지 여부를 감시했고 반면에 교수들의 정통성 여부는 지방 교회회의의 감독을 받아야 했다. 또한 모든 신학 저술들은 이 기구에 의해 승인을 얻어야 했다. 설교자들은 일요일 오후에 교리문답식 설교를 하도록 지시받았고 세속 당국은 자기 지역에서 그러한 설교를 방해할 만한 오락 활동을 허용하지 않도록 권면받았다. 교회와 학교는 아이들에게 그것의 완전한 지식이 교회의 구성원의 조건이 되는 교리문답서의 내용을 잘 알려 주어야 했다. 게다가 설교자와 장로들은 교리문답서의 진리 안에서 성인들을 교육시킬 목적으로 성인들과 함께 매주 모임을 갖도록 강하게 권고받았다.

트(Diryck Volckertszoon Coornhert, 1522-1590)[29)]에 의해 시작되었다. 코른헤르트는 암스테르담에서 출생, 이후 클레브에서 감옥 생활과 수차례의 추방 생활을 포함하여 파란만장한 일생을 보냈다. 그는 역사와 철학, 미술과 문학 등 다방면에 업적을 쌓았을 뿐 아니라 신학에도 공헌하였다. 그는 모든 신학적 편협성과 종파적 논쟁에 대해 집요하리 만큼 적대적인 보수주의자였다. 그는 개신교도였으나 실제로 어떤 교회에 귀속되지 않고, 종교 개혁자들이 교회의 통일을 실추시킨 점을 지적하며 기독교적 사랑으로서의 참된 신앙을 주장하였다. 이러한 기초위에서 그는 양심의 자유와 종교의 관용을 주장했다. 따라는 그는 자신의 감수성에 맞지 않는 다는 이유로 이중 예정론이나 인간의 완전부패, 불가항력적 은혜 등의 교리들과 법정적 성격을 강조하는 그리스도의 사역의 개념, 예를 들면, 제한속죄 등을 신랄하게 공격하고 거부하였다.

이러한 상황에서 야코부스 아르미니우스(Jacobus Arminius, 1560-1609)가 등장하였다. 그는 남부 홀란드 출신으로 데로도레 베자에게서 배웠고 또한 레이든 대학에서 공부하였다. 그는 잠시 이탈리아를 여행한 후 1588년 안수받고 마침내 레이든 대학의 교수가 되었다. 얼마 후 그는 암스테르담의 시 의회 장로들에 의해 코른헤르트의 이단적 가르침을 반박할 것을 요청받았다. 따라서 그는 시 의회의 제안을 수락하고 코른헤르트의 저술을 연구하였다. 그러나 그는 연구를 통해 오히려 코른헤르트를 옹호하고 인간의 자유와 도덕적 책임의 여지를 확보하는 새로운

29) 네덜란드어를 사용해 '인문주의적' 가치관을 정착시킨 최초의 인물로, 그의 분명하고 과장되지 않은 산문체는 당대의 '수사학자들'과 대조를 이루며 17세기의 위대한 네덜란드 작가들의 귀감이 되었다. 그의 「노래책」(*Liedekens*, 1575)에는 내용을 위해 형식을 선택하고 형식을 위한 내용은 선택하지 않는다는 것이다. 한 때 스페인의 통치에 맏서 투쟁에 가담하였고, 1566년 오라녜의 빌렘의 성명서를 작성하였다. 헤이그에서 투옥 당했으나 클레베스로 도망갔다. 1572년 하를렘으로 다시 소환되었으나 전쟁을 극도로 싫어했기 때문에 클레베스로 돌아가 빌렘에서 일하였다. 키케로와 세네카, 보에티우스의 작품들을 네덜란드어로 번역하여 출판하였고, 「오디세이아」(Odyssey)를 번역한 *De dolinghe van Ulyss*(1561)는 네덜란드 문예부흥 초기의 최초로 훌륭한 작품이 되었다. 그의 모든 작품은 신에 대한 사랑과 믿음을 담고 있으며, 희곡들은 우화적이며 교훈적이다. 「이스라엘의 희극」(*Comedie van Israël*, 1575)에서는 당대의 세속적이며 위선적인 네덜란드인들을 공격했으며, 관용 편에 서서 이교도의 사형을 거부하였다. 가장 유명한 산문으로는 도덕주의적 논문 「처세의 지혜」(*De wellevenskunste,* 1586)가 있는데, 여기서 진실의 길은 오직 영적인 사랑을 통해서만 발견될 수 있다고 주장하였다.

신학의 대변자가 되었다. 정통 칼빈주의에 대한 그의 이러한 급진적인 수정은 곧바로 당시 정통주의 대표자 중에 한 사람인 프란시스 고마루스(Franciscus Gomarus, 1563-1641)의 도전에 직면하였다. 고마루스의 신학은 1610년 아르미니우스 측에서 헤이그 의회에 제출한 5조항의 항의서에 맞서 구체화되었다. 많은 논쟁 후에 항의서는 돌트 총회(Synod of Dort)에 의해 정죄되었고, 그 지지 자들은 일괄적으로 거짓말 장이와 기만자로 정죄되었다. 항의서를 반박한 소위 칼빈주의 5대 강령은 돌트 신조로 기록되었고[30] 항의자들(Remonstrants)은 이것에 서명하든지 아니면 추방당하든지 둘 중에 하나를 선택해야 하였다. 이렇게 하여 아르미니우스의 논쟁은 공식적으로 종결되었다. 그러나 이후 지금까지 교회는 자주 교파간의 신학적 논쟁으로 많은 상처와 분열을 피할 수 없게 되었다.

(2) 코케이우스 신학논쟁: 요하네스 코흐(Johannes Koch, 1603-1669)는 코케이우스(Coccejus)로 더 유명하다. 그런데 그는 17세기 정통 개혁교회의 신학자와 설교자들을 자극하였다. 그는 1603년 브레멘(Bremen)에서 태어나 1629년 그곳의 교수가 되었다. 후에 그는 프라네커에서 가르쳤고 1650년 레이든 대학에 초빙되어 그곳에서 생애를 마쳤다. 코케이우스의 신학은 계약 사상(Covenant Thought)으로 이미 츠빙글리(Zwingly)나 올레비아누스(Olevianus), 불링거(Bullinger)의 저술에서 구체적으로 표현되었다. 이 사상은 서부 독일과 네덜란드, 영국의 여러 신학자들에 의해 발전되었고, 마침내 웨스트민스터 신앙고백서에서 구체화되었다. 코케이우스는 어떤 새로운 신학을 창조하지 않았으나 독창적으로 계약신학을 수립하였다. 코케이우스는 개혁신학의 세세한 점뿐 아니라 그 정신면에서 엄격한 정통 신학자 보에티우스(Voetius)[31]와 차이가 있었다. 보에티우스는 성경에 계시된

---

30) 이 논쟁에서 아르미니우스는 모든 인간에게 구원의 가능성이 잠재해 있다고 주장했지만, 고마루스는 아담의 원죄 이전, 즉 타락 전 선택 자들만이 구원받는다는 엄격한 칼뱅주의 입장을 고수하였다.

31) 475년경 로마 귀족가문의 집정관의 아들로 태어난 보에티우스는 다양한 학문을 수학하고 명문가인 심마쿠스를 장인으로 로마정치에 영향력을 행사하며 부귀영화를 누리는 중에 반역죄 누명을 쓰고 티키눔에서 유배를 떠난 후 정식 재판도 없이 처형을 당하였다. 그의 역작 「철학의 위안」은 모든 부귀 영화를 잃고 티키눔에서 유배생활을 떠나 작성한 글로 처음에는 자신의 억울함을 소크라테스와 키케로와 동변상련을 느끼며 감정 이입하며 시로서 울분을 표현하다 철학의 여신을 만나 위안을 받고 마음의 상처를 치유 받은 것을 정리한 것이다. 총 5권으로 구성된 책 1권에서 보에티우스는 자신의 억울함과 비통함을 피력하다 철

하나님의 법을 준수하는 것으로 경건을 이해해야 한다고 주장한 엄격주의자였다.

코케이우스는 하나님의 주권과 예정 교리를 고마루스와 보에티우스처럼 철저히 강조하지 않았다. 그 이유는 당시 그의 인문주의적 교육의 결과였다. 결국 그는 선택교리에서 칼빈과 그의 계승자 데오도레 베자(Theodore Beza)와 프란치스쿠스 고마루스((Franciscus Gomarus), 피터 마터(Peter Martyr)와 지로라모 잔키우스(Girolamo Zanchius), 자카리아스 우르시누스(Zacharias Ursinus)와 윌리엄 퍼킨스(William Perkins), 윌리엄 트위세(William Twisse), 자코부스 트리글란트(Jacobus Trigland)와 히스베르투스 보에티우스(Gisbertus Voetius), 페트루스 부르만누스(Petrus Burmannus), 코므리(Comrie)의 타락 전 예정론을 거부하고 타락 후 예정론을 주장하였다. 여기서 우리는 기독교 신학사에서 발견되는 칼빈 신학의 핵심 중에 하나인 예정론을 타락전과 타락 후로 구분하여 보다 명확히 이해해야 할 것이다.

먼저 알아야 할 것은 예정(론)은 조직신학 구원론의 중심으로 선택과 유기로 구분된다. 그 중에 선택은 범죄 타락한 인류 중 얼마를 그리스도 예수 안에서 구원하시려는 하나님의 영원한 목적이다. 따라서 선택은 인간의 구원과 관련하여 죄가 전제되었다. 이 이론에 따르면 하나님께서 일부는 죄에서 은혜를 입혀 구원에 이르게 하시고 일부는 죄과를 따라 유기, 즉 버리시므로 당신의 공의를 만족시켜 창조 목적을 성취함으로 스스로 영광을 받으시는 것이다. 때문에 보편 구원을 주장하는 만인 구원론은 성경과 배치되므로 비성경적이다.[32] 한편 유기는 하나님의

학의 여신을 만나 대화를 나누며 자신의 병에 대한 진단을 들으며 작은 희망을 갖게 된다. 2권에서는 그가 누렸던 부와 명예에 대한 미련을 버려야 할 것을 문답을 통해 설명한다. 3권에서는 진정한 행복을 얻기 위한 글로서 그가 믿었던 가톨릭 교리와 철학에서 추구하는 온전한 선에 대한 것이다. 가장 중요한 4권에서는 신의 섭리가 비이성적이라는 보에티우스에 대해 철학의 여신은 '섭리'와 '운명' 간의 관계를 설명하며 신의 통치에 대해 모든 것을 신의 섭리로 받아들여 신이 정의롭게 인간사회를 정의롭게 다스린다고 강조한다. 5권에서는 대화를 통해 정신적 자유를 도달하는 해탈의 경지에서 세상을 바라볼 수 있도록 유도한다. 이 책의 각장은 산문과 시가 혼합되어 철학의 여신과 대화를 쉽게 이해할 수 있게 해 준다.

32) 여기서 이스라엘의 선택이나 특별한 직무와 특별한 봉사를 위한 인물의 선택, 개개인의 선택은 다 구원과 봉사에로 선택하셨다. 그런데 이스라엘의 선택은 봉사에 더 강조가 있다. 하나님이 이스라엘을 선택하신 것은 세계를 구원하시기 위한 그분의 작정 때문이다. 반면 신약에서 개개인의 선택은 개인의 구원과 봉사에로 선택되었다.

은혜의 특별한 작정 속에서 어떤 사람을 간과 하시고 그들의 죄과를 따라 징벌하시는 그분의 영원한 목적이다. 죄에 대한 그분의 공의가 바로 집행되게 하시려고 일부를 은혜 베푸심에서 간과하심이 유기이다. 그러므로 유기는 구원의 은총을 베푸심에 있어 어떤 사람을 간과하시고 그들의 죄를 따라 그들에게 벌하시려는 이중적인 목적이 있다. 결국 선택과 유기에는 죄가 전제되어 일부를 지나가시고 죄에 따라 공의롭게 심판을 집행하신다는 것이다. 우리 중에 어떤 이들이 종종 예정교리를 하나님으로 하여금 불공평한 책임을 지는 것이라고 말하지만 이것은 잘못된 것이다. 그 이유는 피조물인 인간, 그 어느 누구도 하나님을 향해 왜 어떤 사람은 선택하시고 나머지는 버리셨느냐고 묻거나 요청할 권리가 없기 때문이다. 기실 만일 하나님께서 한 사람도 구원치 않으신다고 해도 그분께는 절대적으로 공평하신 것이다. 왜냐하면, 모든 사람이 죄를 범하여(롬 3:10) 죄 아래 있기 때문에, 누구도 하나님의 영광에 이를 수 없기 때문이다(롬 3:23). 그런데 개혁자 칼빈의 신학에서 예정론의 쟁점은 인간의 타락이 신적 작정 속에 포함되어 있는지 아닌지에 관한 것이다. 이 논점에 근거하여 인간의 타락을 가져온 인간의 첫 범죄가 예정되어 있었는가 하는 타락 전 선택설과, 그렇지 않으면 이것은 단순한 신적 예지의 대상이었는가를 주장하는 타락 후 선택설이 나오게 되었다. 따라서 필자는 이 두 이론을 둘러싸고 제기된 신학적인 문제들을 둘로 구분하여 정리하였다.

(3) 신학적 쟁점: (i) 하나님의 예정에서 그분의 작정을 논할 때 제기된 문제는 먼저 시간적인 순서에 관한 입장 차이에서 비롯되었다. 이 두 이론 모두 하나님의 작정 그 자체와 이 작정이 하나님의 예정의 전 부분에서 똑같이 영원하기 때문에 이것을 가지고 논하는 것은 인간 편에서 볼 때 한계와 어려움이 있다. (ii) 이 두 이론은 루이스 벌코프 교수의 지적처럼 타락이 신적 작정에 포함되어 있으며, 이에 대한 간과가 하나님의 주권적인 행동으로 나타난다는 사실을 강조한다. 그러나 여기서 타락이 작정되지 않고 하나님에 의하여 예지되었다고 주장하는 자들은 아르미니우스적 노선을 추종하는 위험을 갖게 된다. (iii) 죄와 관련된 작정이 허용적인가의 문제와 관련하여 서로 어떤 본질적인 차이가 있다는 데서 비롯되었다. 타락 전 선택론 자들은 거의 다 죄에 관한 작정이 허용 적이라는 사실을 인정하지만, 이것은 또한 죄가 세상에 들어온 것을 확실하게 한다는 사실을 신속하게 덧붙인다. 반면 타락 후 선택론 자들은 죄가 하나님의 작정에 포함되어 있음을 인정하

나 작정이 죄에 관계되는 한 그것이 적극적이기 보다는 허용적이라는 사실을 덧붙인다. 전자는 가끔 죄에 관한 작정에서의 적극적인 요소를 지나치게 강조함으로서 그들이 하나님을 죄의 조성자로 만들었다는 비난을 자초한다. 한편 후자는 때때로 작정의 허용적인 성격을 지나치게 강조함으로 작정을 단순한 허용으로 축소하여 아르미니우스적인 비난을 초래한다. 하지만 대체로 타락 전 선택론 자들은 하나님을 죄의 조성자로 만드는 모든 작정에 관한 해석을 강하게 거부하며, 타락 후 선택론 자들은 죄에 관련된 하나님의 허용적인 작정이 죄를 분명히 미래적으로 만들고 있음을 주의 깊게 지적한다. (iv) 유기의 작정이 죄를 고려하는가의 문제에 관한 차이에서 발생하였다. 때때로 하나님은 사람들의 죄를 고려하지 않고 단순히 그의 주권적인 의지의 행동에 의하여 그들을 영원한 파멸로 운명지으신 것처럼 묘사된다. 이것은 마치 폭군과 같이 하나님이 순전히 자신의 영광스러운 덕성을 나타내기 위하여 그의 이성적 피조물들 가운데서 많은 수를 파멸시키기로 작정하신 것처럼 묘사된다. 하지만 타락 전 선택론자들은 폭군적인 하나님 개념을 혐오하며, 적어도 그들 중 어떤 이들은 간과가 하나님의 주권적인 의지의 행동이지만 유기의 이차적인 요소 즉 정죄는 공의의 행동이며, 분명히 죄를 고려하고 있다는 사실을 주장한다. 이것은 논리적으로 간과가 창조하고 타락을 허용하는 작정보다 선행하고, 정죄는 이것에 뒤따른다는 전제에서 출발하고 있다. 이러한 논리는 타락전 선택론 자들이 하나님이 유기의 작정에서 죄를 고려하고 있다는 것을 가르쳐 준다.

(4) 적극적으로는 세 개의 다른 견해를 통해 예정이 표현된다. (i) 먼저 예정의 범위로서 타락 전 예정론 자들은 예정의 작정 속에 창조하고 타락을 허용하는 작정을 포함시킨다. 즉 창조에 대한 작정보다 선택과 유기에 대한 작정이 선행한다. 때문에 타락의 원인을 하나님께 돌리는 문제가 제기된다. 반면 타락 후 선택론 자들은 그것을 하나님의 일반적인 작정에 속한 것으로 보며, 예정의 특별한 작정에서 제외시킨다. 전자에 따르면, 인간은 예정의 작정에서 창조되고 타락된 자가 아니라 창조되고 타락될 자로 묘사된다. 그러나 후자는 예정의 작정에서 이미 창조되고 타락된 자로 나타난다.

(ii) 작정의 논리적인 순서 문제는 창조하고 타락을 허용하는 작정들이 구속의 작정에 대한 수단들인가에 관한 것이다. 타락 전 선택론자들은 이성적인 정신이

계획을 할 때 목적에서 수단으로 역행하여 움직이므로 계획에서는 처음인 것이 성취에서는 마지막이라는 가정에서 논리를 전개한다. 이렇게 해서 그들은 다음의 순서를 결정한다. 즉 (a) 어떤 이성적인 피조물들의 구원과 하나님의 마음속에 단지 가능성으로서만 존재하는 여타의 이성적 피조물들의 멸망에서 자신을 영화롭게 하려는 하나님의 작정, 특히 그의 은혜와 공의를 찬미케 하려는 하나님의 작정, (b) 이렇게 해서 선택되고 유기된 사람들을 창조하려는 작정, (c) 그들의 타락을 허용하려는 작정, (d) 선택 자를 의롭다 하고 비 선택자 를 정죄하려는 작정이다. 반면에 타락 후 선택론 자들은 보다 역사적인 순서를 제안한다. 즉 (a) 인간을 거룩하고 복되게 창조하려는 작정, (b) 인간의 자기 의지의 자기 결정에 의하여 인간의 타락을 허용하려는 작정, (c) 이 범죄한 무리로부터 일정수를 구원하려는 작정, (d) 나머지를 그들의 죄에 대한 그들의 결정에 내버려 두며, 그들을 죄에 해당하는 공의로운 형벌에 처하시려는 작정이다.

(iii) 예정의 인격적 요소를 창조하고 죄를 허용하려는 작정까지 확대하는 것에서 보여진다. 타락 전 선택론 자들에 따르면 하나님은 창조하고 죄를 허용하려는 작정에서 조차도 선택 자들을 개인적으로 주목하기 때문에 그들에게 하나님의 사랑받는 자들로서 그와의 특별한 관계를 떠나 있는 순간이 한 순간도 존재하지 않는다. 반면에 타락 후 선택론 자들은 이러한 인격적인 요소가 창조하고 타락을 허용하려는 작정 이후에 작정에서 나타난다고 주장한다. 이러한 작정에서 선택 자들은 전체 인간 속에 포함되어 있을 뿐, 하나님의 사랑의 특별한 대상으로는 나타나지 않는다.

(5) 타락 전 선택설의 입장: 이것은 (i) 선택과 유기 교리가 모든 것에 선행되며 하나님의 절대적인 주권을 강조한다. 즉 하나님이 먼저 어떤 사람을 구원하시고 또 어떤 사람을 멸망하도록 내버려 둠으로서 자신을 영광스럽게 하시려고 작정하신 것을 말한다. 하나님은 자신이 세우신 계획의 완성을 위해 인간에게 타락을 허용키로 하셨다. 이것은 죄와 관련하여 하나님의 주권성을 강조하는 시 115:3; 잠 16:4; 사 10:15; 45:9; 렘 18:6; 마 11:25-26; 20:15; 롬 9:17, 19-21 같은 말씀이 보여 준다. 특별히 토기장이의 비유에 강조점이 주어지는데, 이 비유는 하나님의 일반적인 주권성과 창조성을 강조할 뿐 아니라, 좀 더 특별히 창조 시에 어떤 용도에 필요한 질그릇들의 성질을 결정하시고 그것들에 맞는 성격을 부여하는 그분

의 주권성을 강조한다. (ii) 동시에 성경의 어떤 구절들이 자연이나 창조의 일반적인 사역이 잘 정돈되어 구속 사역의 예증들을 이미 포함하고 있다는 사실을 암시한다. 예수님은 종종 영적인 일들의 설명을 위한 예시들을 자연으로부터 이끌어 내셨는데 우리는 마 13:35에서 "내가 창세부터 감추인 것들을 드러내리라"는 말씀의 성취였다. 엡 3:9에서도 세상의 창조에서 하나님의 계획이 신약에서 구속 사역으로 나타날 그의 지혜로운 개념적 표현이었다.

(iii) 타락 전 선택론 자들에 의해 용인되는 작정 순서는 둘 중에서 더욱 이상적이고 논리적이며 통일된 것으로 간주된다. 그것은 궁극적인 목적과 중간적인 방편들 사이에 존재하는 합리적인 순서를 명확히 보여준다. 따라서 타락 전 선택론 자들은 타락 후 선택론 자들이 할 수 없는 답변, 즉 왜 하나님이 세상을 창조하시고 타락을 허용하시도록 작정하셨는가의 문제에 대하여 구체적인 답변을 할 수 있다. 그들은 하나님의 주권을 충분히 공정하게 다루고, 하나님을 인간의 안목에서 정당화하려는 모든 헛된 시도들을 삼가는 반면 타락 후 선택론 자들은 하나님의 행동의 공정함을 입증하려고 시도했으나, 궁극적으로는 타락 전 선택론 자들과 같은 결론, 즉 최종적으로 타락을 허용하려는 작정은 단지 하나님의 주권적인 선하신 기뻐하심에서만 설명된다는 결론에 이르렀다.

(iv) 동시에 천사들의 예정에 관한 유추는 타락 전 선택설의 입장을 지지하는 바, 이는 그것이 타락 전 선택설로서만 인식될 수 있기 때문이다. 하나님은 당신의 충분한 이유로 어떤 천사들에게는 견인의 은혜를 허용하시고, 다른 천사들에게는 이것을 거두시기로 작정하셨으며, 또한 이것을 의롭게 영광의 상태에서 전자의 확정과 후자의 영원한 멸망과의 연결을 작정하셨다. 따라서 이것은 천사들의 타락에 관한 작정이 그들의 예정의 한 부분을 형성하고 있음을 가르친다. 그러나 이에 대한 반대 입장도 다음과 같이 몇 가지로 정리된다.

(a) 타락 전 선택설은 죄 문제를 효과적으로 해결하지 못하고 오히려 하나님을 죄의 작성자와 원인자로 설명하기 때문이다. 그러나 이들은 하나님이 죄의 작성자가 되는 식으로는 해석되기를 원치 않는다. (b) 이 견해에 따르면 인간은 신적 작정에서 우선 창조되고 타락될 자로 나타난다. 때문에 하나님의 선택과 유기 이후에 그들을 창조하고 타락을 허용하려는 작정이 뒤따라야 하며 이것은 창조와 타락이 이제 명확히 결정된 사람들에게 또 다른 작정이 동반되어야 하는 것이 문제

이다. (c) 타락 전 선택설은 유기자의 영원한 형벌을 선택자의 영원한 구원과 동일한 의미와 양식에서 신적인 의지의 대상으로 삼는다. 또한 영원한 파멸로 인도하는 죄를 그리스도 안에서의 구속이 구원으로 이르는 수단이 되는 동일한 양식과 의미에서 이러한 영원한 파멸에 이르는 수단으로 삼는다. 그런데 문제는 만약 이것이 일관성 있게 실행된다면 하나님을 죄의 조성자로 만들게 된다. 이들은 그리스도 안에서 하나님의 은혜로의 예정에 관하여 말하고 죄로의 예정에 관해서는 말하지는 않는다고 한다. (d) 유기의 작정은 선택의 작정과 같이 아주 절대적인 것으로 만드는 것은 옳지 않다. 이 이유는 하나님은 유기도 선택과 같이 순전히 당신의 주권적인 선하신 행동에 따라서 실천하기 때문에 이것을 인과응보 차원에서 이해해서는 안 된다는 것이다. 이점은 곧 죄가 유기의 작정에서 고려되지 않기 때문이다. (e) 하지만 반대자들은 타락 전 선택론자의 체계에 기초하여 은혜와 중보자의 언약에 대한 훌륭한 교리를 해석하는 일은 불가능하다고 한다. 왜냐하면, 언약과 언약의 중보자는 둘 다 타락 전 선택론으로 생각 될 수 있기 때문이다. 사실 논리적으로 중보자는 죄의 개입 이후에야 비로소 신적인 작정에서 나타나며, 이것은 은혜 언약이 해석될 수 있는 유일한 관점이다.

(6) 타락 후 선택설: 이 이론은 (i) 먼저 하나님의 작정에 있어서 창조가 그 어떤 것보다 선행한다. 그리고 인간의 타락을 허용키로 하셨다. 이것은 선택의 대상들이 타락 혹은 죄의 상태 가운데 있고 그리스도와의 긴밀한 연합 가운데 있다. 또한 하나님의 자비와 은혜의 대상으로 나타나는 마 11:25-26; 요 15:19; 롬 8:28, 30; 9:15-16; 엡 1: -12; 딤후 1:9 같은 말씀에 의존한다. 이 구절들은 하나님의 생각 속에서 인간의 타락이 어떤 이들의 구원상의 선택보다 앞선다는 것을 암시하기 때문이다. (ii) 타락 후 선택설은 자연적인데서 역사적인 조화를 이룬다. 이러한 순서는 하나님의 영원하신 경륜 속에서의 순서를 반영하는 것이다. 실행에서 마찬가지로 작정에서도 인과적인 순서가 존재하기 때문이다. (iii) 조직신학자 뎁리는 타락 전 선택설은 그 체계에 있어서 선택과 간과의 작정을 하나님의 마음속에서조차 단순한 가능성으로 밖에 존재하지 않는 비 실체들과, 아직 신적인 작정에서 존재하지 않기 때문에 창조된 것으로 생각되지 않고 단지 창조될 것으로만 생각되는 사람들을 언급하는 점에서 타락 후 선택설보다 덜 논리적이라고 하였다. 특별히 이들은 타락 전 선택설의 구성은 그것이 필연적으로 유기에서의 두 요소들,

즉 간과를 타락 이전에, 정죄를 타락 이후에 놓음으로서 그것들을 분리한다는 점에서 비논리적이라고 주장한다. (iv) 개혁 교회는 타락 후 선택설을 지지하는바, 대표적으로 돌트 신조와 웨스트민스터 신앙고백서이다. 이 두 신조의 구성원들은 모두 타락 전 선택론 자들이었으나 양 총회는 타락 후 선택설을 채택하였다.

이 주장의 반대자들은 (a) 상기한 주장들이 죄의 문제를 해결하지 못하며 그렇다고 그렇게 할 수 있다고 주장하지도 않는다는 것이다. 이 주장은 타락 전 선택설에서도 마찬가지이다. (b) 그들은 하나님이 죄를 의도하셨다는 진술에 반대하며 그 대신에 하나님이 그것을 허용하셨다고 주장한다. 그러나 그 때 이 진술의 정확한 의미에 의문이 제기된다. 그것은 곧 하나님이 죄가 세상에 들어오는 것을 전혀 막지 않으시고 단순히 인식만 함으로써 타락이 실제로 그의 계획의 좌절이 되었다는 것을 의미하는지, 만약 그렇다면 아르미니누스 주의로 빠지게 되는 위험이 있을 뿐이다. 그러면 이들은 왜 하나님이 죄를 허용하시기로 작정하셨으며 또한 그것을 분명히 하셨느냐라고 질문한다면 그들은 신적인 선하신 기뻐하심만, 즉 당신의 뜻으로 라고 말할 수 있다. 그러므로 이 주장은 결국 타락 전 선택론 자들과 완전히 일치하게 된다. (c) 타락 후 선택설은 유기를 하나님의 공의의 행동으로 설명하고 싶어 한다. 그러나 자칫 잘못하면 유기가 하나님의 단순한 선하시고 기뻐하시는 행동이라는 사실을 부인하려는 우려를 낳게 된다. 그렇게 되면 역시 아르미니아누스로 빠질 위험에 처한다. (d) 본 주장은 신적 작정의 통일성을 정당하게 평가하지 않으며 그것의 상이한 요소들을 연결하지 않는 부분들을 보여준다.

(7) 예정론의 요약: 우리가 앞에서 살펴본 두 신학적 주제는 약간의 차이에도 불구하고 절대적인 반대 명제로서 간주할 수 없는 문제이다. 이 이론들은 서로 다른 견해들로부터 동일한 신비를 고려하는데, 한 견해는 관념론적 혹은 목적론적인 순서에 주목하고 다른 견해는 역사적인 작정들의 순서에 주목하고 있기 때문이다. 분명한 것은 이 주장들이 모두 성경에 지지를 받기 때문에 교회 교육에서 서로 병행되어야 하는 것이다. 선택과 유기와 관련하여 타락 전 선택설은 타락과 유기와 관련하여 하나님의 주권을 강조하는 말씀에 기초하고, 타락 후 선택설은 창조를 선행하시고 실행하시는 하나님의 자비와 공의를 강조하는 말씀에서 지지를 받는다. 즉 전자는 하나님을 정당화하려는 대신에 단순히 하나님의 주권적이고 거룩한 선하신 기뻐하심 속에 거하며, 후자는 좀 더 온건하고 부드럽게 타락한 자들 중에

서 일부를 영생 얻도록 선택하시고 다른 사람들은 죄 때문에 간과하셔서 정죄 받게 하시는 실제적인 삶의 요구와 필요들을 고려한다.

결국 이 두 주장은 죄의 허용을 하나님의 작정과 관련하여 어떻게 취급하고 해석하느냐의 해결할 수 없는 어려움을 제공한다. 타락 전 선택설의 요점은 하나님의 작정은 통일적이며 하나님은 하나의 최종적인 목적을 갖고 계셨다. 이 원리에 기초하여 그분은 어쩌면 죄를 의도하셨고 또 창조의 사역이 하나님의 재창조 사역에 즉각적으로 채택되게 하셨다. 타락 후 선택설은 하나님의 작정들에 어떤 다양성이 존재한다는 것과 창조와 타락이 단순히 목적에 이르는 수단으로서만 간주될 수 없다고 주장한다. 오히려 이것은 독립적인 의미를 가지고 있으므로 죄는 진행의 요소로 간주될 수 없다. 그렇다고 타락 후 선택설은 타락 전 선택설을 정죄하지 않는다. 우리는 이 예정론을 통해서 하나님의 능력과 주권 및 자기 사람들을 끝까지 사랑하시는 그 분의 지혜를 보며, 왜 나 같은 사람을 버리지 않고 선택해 주셨는지에 대한 구원의 비밀과 신비를 느끼게 된다. 따라서 그분의 은총에 감사할 뿐이다.

(8) 지금까지 우리는 예정론을 둘러싸고 제기 된 화란 개혁자들의 신학적 문제들을 살펴보았다. 그런데 코케이우스의 신학은 예정론뿐 아니라 성경론에 있어서도 정통주의와 달랐다. 그는 율법 이후의 경륜을 그 전 시대의 성취로 보았기 때문이다. 따라서 그는 보에티우스와 달리 구약성경을 중시하지 않고 단지 그 안에 언급된 미래적 그리스도에 대한 기대 속에서 의미를 찾았다. 이러한 사상은 은총의 계약이 하나님의 영원한 약속에 기초한다는 사상과 관련하여 그리스도의 사역이 완성되었다고 함으로서 그 이전 칼빈주의의 엄격한 율법주의적 기초를 허물고, 그 대신 기독론 영역에서 그리스도 중심성의 원리를 주장하였다. 그는 모든 성경 말씀은 각각 기록된 상황 안에서 그리고 그리스도와의 관련 속에서 해석되어야 한다고 믿고, 신학을 단지 성경의 구절을 증거 본문으로 삼아 잘 짜 맞춘 논리적 체계로 여기는 데 익숙한 정통적 접근 방법에 일격을 가하였다. 그는 엄격한 조직신학 체계보다는 구원의 은총을 계약적 관점에서 해석하여 성경 신학에 기여하였다.

이처럼 신학이 일부 맹목적인 상황에서 발전되던 시대에 코케이우스는 선풍적인 열기를 일으켰다. 이것은 정통주의자들이 개혁교회 전통의 정통성을 주장하는 데 반하여 코케이우스의 가르침은 아주 새롭고 혁신적인 것으로 취급했기 때문이다. 이러한 배경에는 권위 문제가 내재한바, 이것이 사태를 더 악화시키는 요인이었다. 이것은 곧 개신교 신자가 개인적으로 성경해석을 함에 있어서 어느 정도까지 교회의 공인된 신학적 규범에 의해 제약을 받는지가 문제였다. 결국 두 진영의 논쟁은 격렬하고 신랄했으며 다음 세대까지 계속되었다. 코케이우스 반대자들은 그를 성서주의자, 천년왕국론자, 펠라기우스주의자, 소시니아안주의자, 유대인, 심지어 에비온파로 낙인찍었다. 그러나 그의 탁월한 통찰력은 정통 보수주의자들 보다 오히려 인간적이고 덜 엄격한 수정된 칼빈주의[33]로 구체화 되었다.

이와 같이 정치적으로 평화롭고 경제적으로 번영한 시기에 신학 논쟁이 그렇게 광범위한 부분을 차지하게 된 것은 곧 지성 중심주의에 우선순위를 둔 당시 교회의 분위기 때문이었다. 사실 이 지역의 루터교 뿐만 아니라 당시 개혁교회도 스콜라주의 일색이었다. 이성이 존중된 반면에 감정은 거의 전적으로 무시되었다. 올바른 믿음, 즉 사려 깊게 사유된 명제들 안에 설명된 신앙적 진리에 강조점이 놓였기 때문이다. 이것은 믿음이 무지가 아니라 지식 안에 있는 것이라는 칼빈의 가르침을 왜곡한 것이다. 칼빈은 처음에 로마 가톨릭 교회의 권위에 대한 맹목적 수용을 반대하였다. 그는 성경 안에 있는 최종적인 하나님의 계시와 성령의 내적 증거에 대한 강조를 통하여 신앙의 지식적 성격에 균형을 맞추었다. 그런데 고마루스와 그의 후계자들은 이러한 칼빈의 주장과 균형을 망각하고 오히려 스콜라적 사상 체계 안으로 끌어들였다.

이러한 방향 전환의 결과 당시 개혁교회는 영적으로 윤리적으로 메마르게 되었고, 당시 경건주의자들은 이것을 비통하게 생각하였다. 개혁교회가 네덜란드와 다른 개혁교회 지역에서 우세한 지위를 차지한다는 사실이 이 상황을 더 악화시켰다. 개혁교회는 사실상 국가교회가 아니라 오히려 민중교회가 되었다. 사실 이런 교회에서는 교회의 메시지가 유행하는 문화와 거의 동일화되어 사회의 지배적인

---

33) 이것은 보통 돌트 5대 신조 중에서 제한 속죄를 개조하여 모든 사람을 구원하는 것은 하나님의 뜻이라는 것이다. 그러므로 그리스도는 예외 없이 모든 인류를 위해 죽으셨고 그들을 구원할 수 있는 위치에 두셨다는 것이다. 그들은 믿음을 조건으로 모든 사람이 구원을 받을 수 있다고 주장한다. 그러나 문제는 전적 타락으로 믿을 수 있는 인간이 하나도 없기 때문에 하나님께서는 긍휼과 은혜를 베푸사 구원 받을 사람들을 주권적으로 선택하기로 결정하신 것이다.

가치를 밋밋하게 반복하는 경향이 있다. 사실 당시 설교는 신학적으로 정확하게 이해하는 중산층이 어떻게 살아야 하는가의 덕목을 설명하는 정도로 인위적인 색체가 가미되었다. 신약성경의 영성과 윤리적 방향 추구는 곧 엄격주의로 혹평되었다. 그러나 이들은 신자들의 생활에서 일반화된 방종적 요소를 추방하고 개혁교회 안에 활력있는 경건을 회복시키기 위해 노력해야 한다고 믿었다. 그렇게 함으로서 개혁교회의 돌트 신조와 그 권위를 회복할 수 있다고 믿었다. 그렇기 때문에 개혁교회의 경건주의자들은 기존 교회로부터 분리 대신 잔류하며 개혁을 추구하는 그룹을 택하였다. 결국 이것은 정통신학자 보에티우스의 지지를 얻게 되었다.

7. 경건주의의 구분

지금까지 알려진 바에 의하면 경건주의 운동은 일반적으로 독일에서 태동, 발전된 것으로 이해되었다. 그러나 앞에서 본 것처럼 경건주의의 뿌리는 영국으로, 청교도가 본산지였다. 그런데 이 운동이 네덜란드에서 경건주의 화 되었다. 그러므로 네덜란드의 경건주의는 영국의 청교도들의 도움을 결정적으로 받았음을 알 수 있다. 그런데 화란의 경건주의는 이후 개혁주의적으로 독일로 확산되었다. 그 후 독일의 루터파 경건주의자들이 교리적인 전통과 교세를 바탕으로 경건 운동에 동참하였다. 때문에 우리는 경건주의를 고찰함에 있어서 영국과 네덜란드, 독일 세 나라의 경건주의 운동을 복합적으로 고찰해야 할 것이다. 16세기 말 영국에서는 윌리암 퍼킨스와 윌리암 에임스, 이후 네덜란드에서, 그리고 1665년경 개혁파 교회는 운데어아익 목사를 중심으로 독일의 뮐하임에서, 계속해서 브레멘에서 그 절정을 이루었다. 1675년경 마침내 독일 루터파 교회는 스페너를 중심으로 프랑크푸르트에서 꽃을 피웠다. 그런데 필자는 본 장에서 초기 개혁파 경건주의 지도자들의 생애와 사상 및 후기 개혁파 지도자로 구분해서 살필 것이다.

7.1. 개혁파 경건주의

7.1.1. 초기 경건주의자

7.1.1.1. 다이크 코른헤르트((Diryck Volckertszoon Coornhert, 1522-1590)

(1) 생애: 실천적 형태의 신비주의와 경건주의를 연결시킨 사람으로 코른헤르트는 에라스무스와 인문주의자와 유사하였다. 때문에 그는 키케로와 세네카, 보에티우스와 호머의 저술 중 일부를 그의 모국어로 번역하였다. 그는 스페인과 포르투갈을 두루 여행한 후에 폭군적 경향으로 흐르거나 혹은 열광주의자들의 괴팍한 행동을 비판하였다. 그러나 코른헤르트는 인문주의자일 뿐 아니라 한스 뎅크(Hans Denck, 1495-1527)[34]와 세바스찬 프랑크(Sebastian Franck, 1499-1542)[35]의 전통

34) 남부 독일의 바바리아(Bavaria)에서 출생한 그는 잉골슈타트(Ingolstadt) 대학에 수학했으며, 졸업 후 헬라어 사전 편집에 참여할 만큼 인문주의적 소양이 높았다. 한 때 그는 바젤의 인쇄소에서 일하던 중에 종교개혁 사상을 접했으며, 외콜람파디우스의 추천으로 성 제발두스(St. Sebaldus) 학교에서 교장으로 봉직하였다. 뮌처와 칼슈타트를 만나 급진주의의 영향을 받은 그는 성찬 참여자의 신앙의 중요성을 강조한 것으로 시에서 추방되었고, 그와 가족들의 재산은 몰수되었다. 그는 "나는 여호와라 나 외에 다른 이가 없나니 나 밖에 신이 없느니라. 나는 빛도 짓고 어둠도 창조하며 나는 평안도 짓고 환난도 창조하나니"를 해석하면서 어떤 율법사들은 이 말씀을 마치 하나님이 죄를 시작한 원인자인 것처럼 해석한다. 그래서 그들은 하나님이 모든 피조물 가운데 있으므로 그들 안에서 행과 죄를 일으킨다고 말한다. 하나님이 아무것도 창조하지 않았다면 죄가 결코 생기기 않았을 것이다. 그러나 그 결과 하나님 자신이 악을 창조했다는 것은 추론되지 않는다. 오히려 하나님은 선하시기 때문에 참 선 이외에 어떤 것도 창조할 수 없다. 그러므로 모든 피조물은 하나님에 의해 선하게 만들어졌다. 사람들이 죄를 지음으로써 이를 넘어서는 것은 그들이 하나님의 뜻에 역행하는 것이다. 만약 하나님이 그렇게 하셨다면 사람은 자신이 저지르지 않은 일에 대해 형벌을 받음으로써 부당한 취급을 당하게 될 것이다. 사실 뎅크는 온유한 심령을 가진 재세례파 지도자였다. 그는 결코 광신주의자나 과격파가 아니었다. 종교적 관용과 사랑의 실천을 역설한 그는 마지막까지 재세례파, 즉 근원적 종교개혁자들과 주요 개혁가들 사이의 중재자였다. 따라서 그는 양 진영의 비판을 받았으나, 분명한 소속을 거부한 채 독자적으로 사상을 전개하며, 제자도와 도덕성 회복을 강조하였다. 뎅크의 일부 견해는 보편 구원론과 신비주의로 오해될 가능성이 보인다. 그 이유는 뎅크 자신이 익명의 「독일 신학」(*German Theology*) 책을 통해 중세 신비주의의 영향을, 일부는 칼슈타트와 뮌쩌의 영향을 받았기 때문이다. 이러한 것 때문에 그는 하나님께서 성경만이 아니라 자신에게 직관적이며 비이성적인 방법으로 영적인 계시를 주신다고 믿었다. 그는 성령에 의해 도움을 받지 않고 성경 자체만을 강조하는 것은 죽은 율법주의로 인도하기 때문에, 성경 자체만이 하나님의 계시라고 보는 루터식의 믿음을 거부하였다. 뎅크는 성경을 기록한 사람에게 영감을 주신 그 성령께서 성경을 읽는 사람에게도 동일한 영감을 주신다고 믿었다. 뎅크는 영적인 삶과 내면의 세계에 깊은 관심을 가졌다. George H. Williams & Angel M. Mergal, ed., *Spiritual and Anabaptists Writers*, 남병두 · 홍지훈 역, 「기독교 고전총서 20: 성령주의와 아나뱁티스트 종교개혁자들」, (서울: 두란노아카데미, 2011), 106-107; Cornelius J. Dyck, *An Introduction to Mennonite History*, 김복기 역, 「아나뱁티스트 역사(메노나이트를 중심으로)」, (대전: 대장간, 2013), 91.

35) 본래 로마 가톨릭에서 루터교로 개종했으나, 결국에는 루터의 견해에서 벗어나

을 이어받은 실천적 신비주의자였다. 그는 본래 내면적이고 영적인 종교의 열렬한 주창자로 참된 종교는 항상 내면적이고 영적이다. 직접 영혼 안에서 촉발되고 형식과 문자에 무관하며 오직 영원하고 보이지 않는 것에 관심을 둔다. 그리고 그리스도 안에 계시된 하나님의 성품과 같은 본성을 사람 안에 생성시킴으로서 스스로를 증명한다는 점에서 모든 종교의 거짓되고 저급한 형태와 구별된다고 주장하였다.

(2) 사상: 그의 생각에 참된 종교는 사람 안에 악을 죽이는 것과 참된 회개자의 인격에 하나님의 선한 생명을 소생시키는 것이다. 이것이 그에게는 중생의 결과였다. 그에 따르면 그것은 이성이나 신학적 공식의 수용 혹은 죽은 성경의 문자에 대한 몰두를 통해서 이루어지지 않는다. 오히려 그것은 하나님이 우리를 찾고 있고 우리를 자신과 연합시키기를 원하시며 우리가 믿음과 신뢰 속에서 그의 선물

교리적인 신앙 대신에 신비주의적인 입장을 취하였다. 하이델베르크대학교에서 종교개혁자 마르틴 부처에게 배웠고, 1516년 직후 로마가톨릭 아우크스부르크 교구 보좌신부로 섬겼다. 1525년경 종교개혁파 설교자가 되기 위해 사임하고 뉘른베르크 루터 교회에 가입하였다. 그러나 1529년 반 성직주의와 반 루터교 견해를 강렬히 표현한 시몬 피시의 소책자 「거지들의 탄원」(*Supplycacyon of the Beggars*)을 출간하였다. 이것은 그가 루터교에서 벗어나는 작업의 일환이었다. 뉘른베르크에서 재세례파 한스 뎅크의 제자들과 접촉했으나 곧 재세례파를 독단적이고 편협하다고 비판하였다. 당시 재세례파는 성인 세례만을 주장하여 평판이 좋지 않았으나, 프랑크는 이들을 무력으로 진압하는 데는 반대하였다. 대체로 교리 중심의 루터교 교리와 제도적인 교회에 갈수록 반감을 느껴 1529년 당시 프로테스탄트의 영적 운동 중심지인 스트라스부르로 이사하였고, 이곳에서 종교개혁자이며 신비주의자인 카스파르 슈벵크펠트와 교제했는데, 그는 프랑크를 격렬한 반교리주의로 발전시켰다. 그의 주요 저서로는 「연대기: 연대표와 역사적인 성서」(*Chronica: Zeitbuch und Geschichtsbibel*, 1531)는 반가톨릭 입장에서 이단설과 이단자를 폭넓게 연구한 책이다. 그런데 프랑크는 자신의 견해 때문에 잠시 투옥 된 뒤 시 당국자들에 의해 스트라부르크에서 추방되었으며, 처음에는 에슬링겐에 거주하였고, 1533년 울름으로 옮겨 인쇄공으로 일하며서 자신의 저서들을 출간하였다. 이때 출판한 책 「황금 법궤」(*Die goldene Arche*, 1538)에서 그는 기독교인들이 십계명과 사도신경 외에는 교리도 알 필요가 없다는 극단적인 반 교리 사상을 주장하였다. 성경을 참되고 영원한 메시지를 은폐시키는 모순으로 가득 찬 책으로 간주했고, 교리 논쟁을 의미 없는 일로, 성례전을 아직 성령에게 참되게 인도받지 못한 초기 교회의 노리개로 취급하였다. 루터는 프랑크를 신앙과 서약 모두를 거부하는 사람으로 간주하였고, 1539년 울름에 사는 루터교도들이 그를 추방하였다. 바젤로 이사한 후 평화론을 옹호하는 「작은 전쟁서」(Kriegsb?chlein)를 저술하였다. 신앙 문제로 흔들렸기에 당대 사람들에게 비난을 받았으나, 그가 누려온 저술가와 철학자로서의 명성은 오늘날 비평가들에 의해 재확인되었다.

을 받을 수 있게 해주는 높은 수준의 지식을 우리에게 나누어 주실 것이라는 사실이 보여준다. 결국 모든 참된 종교의 마지막 목표인 구원은 하나님이 일으키시는 구원의 행동이고 인간이 기꺼이 감사하는 마음으로 받아들이는 것이다. 그것은 모든 영적 생명의 근원이신 그리스도 안에 있고 그를 통하여 의롭게 살 수 있는 능력이, 믿음으로 의롭게 된 영혼에게 제공된다. 따라서 코른헤르트에서 구원은 스콜라적 칼빈주의의 교리, 즉 믿음만으로 받아들여지는 단순한 그리스도의 의의 전가 그 이상이었다. 그는 다른 이들과 연대하여 이것에 맞서 격렬히 투쟁하였다. 그는 구원이란 기본적으로 신적 생명의 분여이고 하나님의 뜻에 계속 더 완전하게 일치시키는 방향으로 옛 본성이 점진적으로 중생하는 것이라는 것을 절실히 깨달았다.

코른헤르트 사상의 이러한 측면은 특별히 그의 마음의 거울에서 명료하게 나타난다. 그것은 우리의 모든 삶은 행하는 것 아니면 행하지 않는 것으로 구성되었다. 이것을 설명하면서 그는 사람은 선이나 악을 행동으로 옮기거나 그대로 둔다는 말로 시작한다. 다음에 그는 계속해서 모든 사람은 죄인 아니면 성자이며, 모든 죄인은 불경스럽든지 회개하든지 둘 중의 하나라고 지적하였다. 그런데 회개하는 죄인은 일단 어느 정도 하나님께 향한 것이고, 이제 그는 경외하는 종이거나 아니면 이득만을 챙기려는 삯군이 된다. 혼자서 성경을 제대로 이해할 수 있는 삶은 두려움이나 이익 때문이 아니고 사랑의 동기로 선을 행하고 싶어 하는 성자이며 하나님의 자녀이다. 이 하나님의 자녀들은 다시 세 부류로 분류되는바, 강인한 힘이 부족한 어린 아이, 하나님의 뜻을 행할 만한 이러한 힘을 가진 성인, 다시 자녀를 낳을 정도로 그리스도에 대한 깨달음이 있는 부모이다. 그런데 그 중에 하나님의 자녀들은 성경을 이해 할 뿐만 아니라 그대로 말씀을 실천할 것이다. 그러므로 하나님은 그의 뜻을 이해하고 그것을 계속 행하는 모든 사람들이 선할 것을 원하신다고 하였다.

그의 요점은 하나님이 그의 자녀들에게 요구하는 삶의 변화는 훈련을 통해 성취된다는 것이다. 이를 위해 그분의 자녀들은 그것을 원하고 하나님에게 힘을 달라고 간구하기만 하면 된다. 이것은 그리스도께서 우리가 우선 안에 있는 것을 깨끗하게 함으로서 바깥의 것도 깨끗해지기를 바라신다는 것이다. 사람은 자신의 이해력의 결핍을 시인한 후 자신의 잘못된 판단을 포기하고 더 이상 이것이나 저것을 선택하지 않으며 자신의 의지를 꺾고 또한 낮이나 밤이나 하나님을 부르면서 오직 그렇게 자신을 부정하는 것과 인내로 자기 십자가를 지는 것과 그리스도를 따라 걷는 것을 통하여 점점 더 하나님께 순종할 것 밖에는 아무 것도 추구하지도 바라지도 의도하지도 않을 때 사람은 내면적으로 자신을 깨끗하게 하는 것이고 그는 점점 더 하나님께 순종할 것이다. 코른헤르트의 이 견해는 당시의 여러 견해와 비교해 볼 때 일부 과격하게 보인다. 코른헤르트는 구원에 있어서 하나님의 주도적 개입을 시인했지만 또한 개혁교회 정통주의의 수호자들의 감정을 상하게 하는 방식으로 인간 역할의 중요성을 인정하였다. 이것을 통해서 그는 당시 개혁교회 안에서 볼 수 없었던 신비적 측면과 윤리적 측면 전체의 경건 훈련을 강조하였다. 그리고 그는 개혁교회의 교제와 교리와 훈련을 거부하였다. 바로 그의 이러한 정신은 당대의 몇몇 유명한 설교자들에게 확산되었다. 결국 이들은 인문주의적 교육과 반 교파적 영성 형태로 개혁교회에 맞서 의식적으로 적대적인 태도를 보였고, 마침내 신비적 경향의 경건주의의 출현에 기여하였다.

7.1.1.2. 쟝 드 타펭(Jean de Taffin, 1529-1602)

(1) 생애: 개혁교회 내에서 경건 훈련을 역설하며 다른 설교자들과 구별되게 진실성을 강조한 타펭은 초기에 개혁교회에 속하였다. 그는 칼빈처럼 하나님께서 아버지가 되어 주신 모든 사람은 교회를 그들의 어머니로 시인해야 한다고 주장하였다. 이를 근거로 그는 개혁 신앙을 가진 다양한 지역 교회들이 얼마나 친밀하게 정서적으로 묶여 있는지를 잘 보여주었다. 그는 도르닉(Doornik)에서 출생하여 안트웨프(Antwerp)와 메츠(Metz), 한 때 하이델베르크에서 설교자로 봉직하였다. 그 후 오렌지 공의 궁정 목사가 되었고, 1590년 암스테르담의 프랑스인 교회를 사망 시까지 맡아서 봉사하였다. 그가 설교에서 경건을 강조한 것은 격렬해진 아르미니우스 논쟁으로 온통 논증으로 가득 찬 상황을 극복하기 위함이었다. 그는 오렌지 공 윌리암이 살해된 후 매우 소란한 전쟁과 파괴의 시기에 출간한 「하나님의 자녀의 표지들」(*The Marks of the Children of God*)에서 위로를 취급하였다. 여기에는 그 자신의 경건에 관한 탁월한 통찰력이 잘 표현되었다.

(2) 사상: 타펭 사후 1590년 런던에서 출판된 책은 진정으로 존경스럽고 덕망

있는 숙녀, 워윅(Warwick) 백작 부인께 사람들을 권고하고 깨우치고 위로하기 위함이었다. 두 번째 서문에서 저자 자신이 저지대 국가의 신도들에게 그가 이 책을 독일 여행 중에 그의 독자들이 하나님께서 그의 말씀 안에 자신의 자녀들에게 제시하신 말 할 수 없는 위로에의 참여자가 되도록 하기 위하여 저술했다고 하였다. 그리고 책 본문에서 하나님이 약속하신 놀랍고 무한한 지복의 상태를 자세히 묘사하였다. 이러한 지복의 상태는 세 가지 단계에서 얻는 바, 첫째 단계는 하나님의 자녀들이 지상에서 갖게 되는 성령 안에서의 양심의 평안과 기쁨으로 구성되었다. 다음 단계는 낙원에서 예수 그리스도와 함께 있으나 몸과 분리된 영혼의 단계이다. 지복의 궁극적 상태는 모든 이의 부활 뒤에 있다. 이때는 영혼과 부활한 육체가 하나님과 교제를 누리기 위하여 다시 한 번 연합한다. 이것이 진정한 목적이다. 그러나 이것을 확신하기 위해 그는 자신이 하나님의 자녀라는 것을 알아야 한다. 이러한 지식은 자기 안에서 일어나는 외형적 및 내면적 표지들을 관찰함으로 얻어진다. 외형적 표지들은 순전히 선포된 하나님의 말씀을 들으려는 것과 순전하게 베풀어진 성례들을 기꺼이 받아들이는 것이다. 그런데 내면적 표지들은 우리들 마음속의 성령의 증거와 그리고 믿음으로 의롭게 된 것을 깨달은 후 하나님 앞에서 느끼는 우리의 양심의 평화와 평온이다. 이를 위해서는 하나님과 이웃에 대한 사랑과 삶의 변화, 하나님에 대한 경외와 순종 속에서 살려는 계속적인 갈망이 있어야 한다. 따라서 그리스도인이 만일 성령의 증거를 느낌으로서 자신의 양자됨을 확신한다면, 그는 의심의 유혹과 고난이라는 두 개의 적과 대결할 준비가 되어 있다고 하였다. 여기에는 특별히 여섯 개의 의심이 언급된바, 그 중에 (i) 하나님의 평화와 기쁨을 느끼지 못하는 것과 관계가 있다. 그러한 경우 그리스도인은 그러한 느낌을 가지려는 갈망이 본질상 그의 양자됨의 표시라는 것을 기억해야 한다. (ii) 의심의 유혹은 자신의 선행이 부족하다는 그리스도인의 자각에 근거하고 있다. 이것 역시 나머지 다른 의심의 유혹들과 마찬가지로 성령에 의하여 그리스도인 안에 조성된 그러한 감정과 갈망들에 대한 내면의 자각에서 이루어지는 보장에 의존함으로서 극복될 수 있다.

타펭은 저서에서 그가 처한 시대적 상황에 부딪쳐야 했던 대적과 고난에 대하여 언급하면서 특별히 그리스도인들에게 고난을 허락하시는 하나님을 기억할 것을 충고하였다. 그 이유는 고난이 그리스도인의 삶에 좋은 열매를 맺게 하고, 또한 고난을 통해서 하나님을 바라보며 그분을 더욱 의지하게 된다. 이것이 바로 그리스도인이 누릴 수 있는 특권이기 때문이다. 타펭은 청교도들이 말씀으로부터 수집된 사유는 그에게 궁극적인 확실성의 원천이 될 수 없다고 거부했다. 또한 신학적 근거에 바탕을 둔 죄인들에게 그리스도의 의를 전가시킨 하나님의 행위에 대한 신뢰도 마찬가지였다. 그는 오직 거룩한 감정과 갈망의 체험 위에서 성령이 거하신다는 것과 그에 따라 우리도 역시 믿음을 가지고 있다는 것을 의심하지 말아야 한다고 했다.[36] 이와 함께 그는 성 버나드와 다른 신비주의자들을 인용하면서 성경을 기초로 그의 진술을 뒷받침하려고 하였다. 이로써 우리는 그에게서 순수한 주관주의적 느낌의 강조를 발견하게 된다. 물론 그는 항상 성경을 그의 안내자로 삼고자 힘을 썼다. 타펭은 그 시대의 다른 개혁교회 설교자와 신학자들처럼 성경을 중시하고 교리의 필요성을 옹호하였다. 그러나 그는 그런 교리들이 그리스도인의 신앙의 일상적 체험의 증거에 종속적인 것이라는 확신을 가진 점에서 그들과는 달랐다. 분명히 그의 주된 관심은 내면적으로 체험되는 경건이었으며, 그러한 관심은 당시 개혁교회 설교자들 사이에서는 예외적이었다.

7.1.1.3. 고트프리드 코넬리우스 우데만스(Gottfried Cornelius Udemans, 1580-1649)

고트프리드 코넬리우스 우데만스(Gottfried Cornelius Udemans, 1580-1649)는 타펭과 동시대 사람으로 개혁파 경건주의의 지도자 중에 하나였다. 타펭이 내면성과 기도, 영적 고양의 느낌 혹은 행복감을 강조한 개혁파 경건주의 형태를 시작했다면, 우데만스는 경건의 실천이 주로 성경에 계시된 하나님의 법, 말씀의 준수에 있다고 믿은 엄격주의자였다. 우데만스는 함스테데(Haamstede)와 치릭제(Zierikzee)의 설교자로 많은 교회의 선교적 사명을 위탁받았다. 그는 한때 돌트 총회에 참석하고 자신이 한 주간 동안 명상한 것들과 적절한 기도를 편집한 것을 1608년 출판함으로 명성을 얻었다. 그는 이 책에서 상당수의 양심과 관계되는 사례를 다루고 다양한 계층의 독자들의 특별한 의무를 규정하였다. 이 책의 인기에

36) *Ibid*., 210-211.

편승하여 그는 야곱의 사닥다리라는 두 번째 책을 펴냈다. 그는 이 책에서 그리스도인의 삶이 어떻게 발전되어 가는지를 여러 단계를 통해 기술하였다. 즉 겸손과 회개, 그리스도에 대한 지식, 그리스도를 통한 하나님에 대한 참된 믿음, 신앙의 참된 고백, 축복받는 경건한 삶, 그리스도인의 인내, 그리스도를 통한 영적 기쁨 그리고 성도의 인내 등이다.

그러나 우데만스의 대표 저술은 「훈련」(*Practice*)이다. 이것은 제목처럼 그리스도인들로 하여금 기본적인 신앙인의 덕목들, 즉 믿음과 소망과 사랑을 훈련하도록 결단하게 하기 위함이었다. 책의 목적은 저자의 말처럼 3가지로 (1) 모든 그리스도인 특별히 모든 설교자는 최선을 다해 사람들에게 우리의 거룩한 신앙을 가르쳐, 그들이 믿음의 핵심 즉 선행을 잊지 않도록 해야 한다는 것이다. 그 이유는 영혼 없는 육체가 죽은 것과 같이 행함 없는 신앙도 죽은 것이기 때문이다. 항상 이 진리를 명심한다면 우리는 이 세상에서 경건은 더 많이 그리고 싸움은 더 적게 하게 될 것이다. 모든 진실한 그리스도인들에게 믿음과 소망과 사랑의 훈련에 대한 그의 명상을 전달하도록 한 이유 중의 하나는 많은 이들을 싸움으로 이끄는 뜨거운 피를 이러한 근본적인 하지만 가장 숭고한 기독교 덕목의 훈련에 쏟게 하려는 것이었다. (2) 뿐만 아니라 이 책은 진정한 기독교인의 자기 검증의 계기로 사용할 수 있게 하였다. 진정한 그리스도인은 그 내용에 따라서 자신의 삶에 믿음과 소망과 사랑의 모습이 있는지 없는지를 결정할 수 있고, 따라서 그리스도가 진정으로 자신 안에 거하고 있는지 아닌지를 알 수 있게 되었다. (3) 모든 육적인 가짜 그리스도인들에게 그들 안에 이러한 표식들이 없으면 앞으로 그들에게 저주가 임할 것이라고 경고하였다. 이처럼 3가지 덕목을 규정한 후에 어떻게 이 덕목들을 훈련할 지를 상세히 기록하였다. 그 가르침 안에는 사도신경과 주의 기도, 그리고 십계명이 적재적소에 삽입되었다. 청교도적 스타일은 주해가 있으면 다음에 보통 특별한 진리의 사용에 대한 강화와 성도들이 거기서 얻을 수 있는 위로가 이어진다. 우데만스는 한 가정의 가장은 매일 가족과 하인들을 모아 기도와 함께 권면을 해야 한다고 강조하였다. 더불어 금식과 거룩한 맹세가 요청되었고, 주일은 경건 훈련에 온전히 바쳐져야 하였다. 기도서는 어린 아이들이 사용할 수 있지만 성숙한 성도라면 자유롭게 해야 하였다.

우데만스의 공헌은 선원들에게 경건문학을 공급하는데서 꽃피웠다. 그는 네덜란드가 그 시대의 선도적 해상 국가로 발전했다는 것과 또한 기독교 선원들이 긴 항해 중에 필요한 신앙 서적을 제공하는 일을 개신교가 거의 감당하지 못했다는 것을 깨닫게 되었다. 이것을 위해 그는 세편의 글을 썼는데 그 중에 「상선의 영적 노」(*Spiritual Oar of the Merchant's Ship*)였다. 외로운 선원들의 주머니 안에서 세계의 대양을 항해한 이 책은 특별히 그들이 이러한 항해에서 부딪히는 문제를 담았고, 이 특별한 상황에서 하나님이 그들을 통해 역사하시는 일이 무엇인지를 가르쳐 준다.

7.1.2. 중간기 경건주의 지도자들

7.1.2.1. 윌리암 테링크(William Teellinck, 1579-1629)

(1) 생애: 네덜란드의 경건주의 운동의 원조[37]로 불리는 테링크는 행정관리였던 요스트 테링크의 막내 아들로 태어났다. 그는 신학 공부가 꿈이었으나 가정 형편상 법률을 공부하였다. 1600년 그는 한때 영국에 머물렀고 스코틀랜드에 체류하였다. 이 과정에서 그는 영국의 도드(John Dod)와 힐더샘(Arthur Hildersam) 같은 청교도들과 접촉하였다. 특별히 그는 경건한 한 청교도 집에 유숙했는데 이때 이곳에서 생(生)의 강력한 인상을 받았다. 그는 그의 한 일기(Housebook)에서 성경 읽기와 기도로 시작하여 자기 성찰과 기도로 끝나는 이 청교도 가정의 하루의 일과와 예배를 아주 상세히 묘사하였다. 또한 청교도적 안식일에 대한 관심과 경건주의적 청교도 가정의 모든 식구의 영적 상태를 위한 일반적 관심을 서술하는데, 예를 들면, 자기의 직업상의 의무를 묵묵히 수행하는 것, 가난한 자를 위한 자선 행위, 병자 방문, 근심 있는 자를 위로 하는 것, 무지한 자를 가르치는 것, 잘못을 범한 자를 징계하는 것, 마음 상한 자를 위로하는 것 등이다. 청교도들의 영향을 받은 테링크는 결국 신학 공부를 결심하고 마침내 영국을 떠나 레이든의 루카스 트렐카티우스(Lucas Trelcatius) 문하에서 공부하였다. 1606년 그는 함스테데의 설교자로 초청받았고 1612년에는 미들부르크로 옮겨 평생을 그곳에서 봉사하였

37) *Ibid*., 216.

다. 그의 핵심 주제는 그리스도 안에서 새로운 생활로의 부름, 자기 부인, 하나님을 아는 지복이었다. 그는 중생의 필요성과 근본적인 성격을 강조하는 돌트 신조가 교회의 도덕적 개혁을 수행하는데 유익하다고 믿었다.[38)]

(2) 설교론: 테링크는 매우 힘 있는 설교자로 진지했고 영적 역동성을 갖고 있었다. 그는 설교를 통해 자존심이 강하고 완고한 자들에게 도전하여 그것을 무너뜨렸고 구차한 변명들은 설 자리를 잃게 했다. 그는 당시 교회에 팽배한 일반적인 영적 태만과 천박성으로 인하여 영혼의 아픔과 계속되는 그의 영혼의 고통을 품고 있었기 때문에 그가 영향을 줄 수 있는 한 진정한 개혁을 일으키는 데 그의 막대한 에너지와 위대한 은사들을 집중하였다. 그의 개혁을 위한 노력들은 설교뿐아니라 영국 청교도 목사들의 유형을 따르는 부지런한 목회 사역에 기인하였다. 그는 개혁교회의 신앙인들을 위하여 경건서적을 저술하는데 헌신하였다.

당시 칼빈주의적 스콜라주의와 아르미니우스 신학은 자신들의 신앙이 영원한 하나님의 진리를 보전하는데 절대적이라고 믿고 이것의 사수를 소명으로 확신했기 때문에 격렬한 싸움에서 벗어날 수 없었다. 이러한 상황에서 테링크는 경건주의 사상을 강력히 주장하고 건전한 교리위에 진정한 그리스도인의 행위에서 표현되는 경건의 능력이 추가 되어야 한다고 주장했다. 그 결과 정통주의자들은 그를 의심의 눈초리로 바라보았고 알미니안들은 그를 정통주의의 핵심 중의 하나로 간주하였다. 그러나 테링크는 경건의 훈련과 진정한 정통주의는 결과적으로 새로운 삶을 가능케 한다는 사실을 강조하면서 용기와 확신을 가지고 달려갈 길을 달려갔다. 그는 때때로 자신의 저서에서 교회의 영적 죽음과 교회와 국가의 도덕적 삶의 결점들과 그리스도인 개개인들의 윤리적 무감각성을 신랄하게 비판하였다. 그러나 그의 기본적인 관심은 개개인들을 회개로 부르고 그들을 신앙 안에 세워주며, 단순한 교리와 정치 형태상의 개혁보다는 삶의 개혁 쪽으로 교회를 움직이는 것이었다.

(3) 저작활동: 이 목적을 달성하기 위해 그는 성직자나 평신도 모두에게 안내자 역할을 할 수 있는 대중적 서적을 저술하였다. 「복수의 칼」(*Sword of Revenge*)

---

38) F. Ernest Stoeffler, *The Rise of Evangelical Pietism*, (Leiden: Brill, 1965, p. 116; W. Robert Godfrey, "Calvin and Calvinism in the Netherlands", John Calvin, *His Influence in the Western World*, ed. W. Stanford Reid,)(Michigan: Zondervan, 1982), 110.

에서 그는 그의 민족과 백성들이 하나님께로 돌아서지 않으면 그들에게 닥칠 하나님의 심판을 경고하였다. 「시온의 나팔」(*Trumpet of Zion*)에서 그는 그 지역의 국회의원들에게 도덕적 영적 개혁이 없으면 그들의 조국이 구원 받지 못할 것이라고 말했다. 또 「시온의 상처를 위한 길르앗의 향유」(*Balm of Gilead for Zion' Wound*)에서 그는 당시 정치 지도자들에게 그들이 하나님께 순종하지 않으면 백성들을 섬길 수 없을 것이라고 권면하였다. 「필요한 보고서」(*Necessary Report*)는 지역과 주와 국가에서 주어진 경고의 요약이었다. 그러나 그의 저술 대부분은 개인과 가족의 경건 생활의 증진을 위한 것이었다. 그래서 그는 「스바냐의 경고」(*Zephania's Warning*)에서 모든 그리스도인들에게 그들 각자가 그리스도를 어떻게 생각하는지, 그가 하나님의 명령을 지키고 있는지 여부를 확인하기 위하여 정직하게 자신을 성찰하라고 요청하였다. 그는 옷의 사치와 지나친 방종과 향연에 반대한 설교문을 출판했고 고통 중의 위로와 격려, 기도에 대한 권면, 기도문, 가족 예배를 위한 안내, 선교의 중요성을 강조하는 글들을 표현하였다. 이러한 여러 상황으로 볼 때 그는 교회의 선교적 사명을 분명히 바라본 개신교인 중에 하나였다.

(4) 신학사상: 테링크는 타펭과 같이 신앙고백적 명제로 확립된 개혁 교회의 신앙에 아주 철저하였다. 보통의 정통적 칼빈주의자들과 마찬가지로 그도 이러한 신앙고백의 조명아래 해석된 성서는 신앙과 삶에 대한 절대적이고 최종적인 권위였다. 그의 성례론은 전형적인 개혁교회의 성례론이었다. 그는 심지어 성찬에 참여할 자격이 없다는 이유로 성찬 받는 것을 포기 했던 완전주의적 성향의 교인들을 비판하였다. 예정론에 있어서 그는 완전히 칼빈주의적 궤도 안에서 움직였다. 그는 자신의 노력으로 죄인의 회개를 일으키는 자들을 비판했다. 그에 의하면 예정론은 인간이 구원의 감격에 대해서 하나님께 영광을 돌리는 교리이며 당연히 그러해야 할 교리이다. 그러나 칼빈 자신과 같이 그도 이 교리가 책임 있게 다루어야 할 성질이며 성숙한 그리스도인 만이 제대로 이해되는 것이라는 것을 깨달았다.

하나님이 신앙을 일으키신다는 그의 사상도 근본적으로는 역시 개혁 신학과 일치한다. 그러나 바로 여기서 그의 경건주의가 본 모습을 보이기 시작한다. 그에게 있어서 신앙이란 그리스도의 속죄 사역의 공로에 대해 신뢰하는 것 이상이었다. 그것은 날마다 점진적으로 그리스도인의 인격적 삶을 새롭게 하는 분이신 살아

있는 그리스도에 대한 헌신이다. 그는 또한 하나님과 인간에 대한 사랑이 진정한 신앙에 필연적으로 수반되는 것이라는 것을 강조하였다. 따라서 신앙은 수동적인 것보다는 능동적인 것이며 신앙의 능동적인 측면은 사랑 안에서 표현되었다. 물론 이러한 사고는 신비주의를 연상시킨다. 그는 경건의 요소가 발견되는 곳마다 경건에 대해 불타는 사랑을 보였다. 대부분의 경건주의가 그렇듯이 테링크는 두 가지 상태의 교리를 강하게 주장하였다. 그는 말과 행위에서만 그리스도인인 자연적 인간을 죄 자체에 대해서 죽고 그리스도 안에서 다시 살아난 영적인 인간과 대조하였다. 이러한 상황에서 기대되는 것은 이처럼 새로운 상태로 들어가는 문으로서 회개와 변화가 많이 강조되었다. 그러나 테링크가 가장 많이 언급한 일반적 주제는 그리스도 안에서의 새로운 삶이다. 그는 이러한 새로운 삶이 성령의 역사를 수용하는 사람 안에서 온전히 거하는 성령에 의하여 가능하다고 가르쳤다. 한편 새로운 삶은 저자가 거듭 언급하는 완전한 자기 부인에 있다. 그는 주로 이 무시무시한 괴물, 즉 그들의 타락한 본성의 욕망을 성취하려는 사람들을 비난하였다. 따라서 진실한 그리스도인이 해야 하는 것은 바로 가장 위험한 괴물, 즉 타락한 육체에 맞서 자신을 정립하는 것이다.

그는 이러한 자기 부정이 모든 자연적 욕망에서 벗어나는 것, 혹은 적어도 그들을 제어하는 것을 포함한다고 믿었다. 그리고 또한 자기 부정은 나쁜 습관을 열심히 제거하는 것과 고통과 슬픔, 아픔과 박해 그리고 모든 종류의 역경과 같은 방법들을 겸손히 받아들이는 것을 포함한다고 믿었다. 이것은 일반적으로 내주하는 성령이 절대적인 주인이고 몸은 그 종이라는 것을 의미한다. 게다가 새로운 삶은 다음에 논의할 헌신의 개념을 포함한다. 그것은 개인의 매일의 삶을 성경의 윤리적 가르침에 따라 조심스럽게 정돈하는 것이 포함된다. 특별히 철저한 안식일 엄수와 지나친 향연과 화려한 옷차림의 금지이다. 사실상 그것은 청교도들이 지금까지 경건을 일상의 삶 속에서 표현하는 것에 관하여 말해온 모든 것을 가르친다. 그러나 이러한 것들은 참된 경건이 엄격히 강조되지만 외적인 것에 국한되는 것은 아니다. 왜냐하면, 법을 지키는 것은 그 자체가 목적이 아니라 더 높은 목적, 즉 시간 안에서와 영원에서 행복을 얻기 위한 수단이기 때문이다. 여기서 우리는 테링크의 신비적 측면을 발견하게 된다. 경건의 노력은 이 수단을 주신 하나님과 하나님의 은총에 의해서 이 수단을 받아들인 인간 간의 협력으로 이 경건한 노력의 궁극적 목적은 전 존재를 포괄하며 정서적으로는 행복으로 경험되는 조화로운 그리스도와의 하나 됨이다. 그는 예수와 마리아 사이의 대화 형태로 구성된 새 예루살렘에서 경건을 구체적으로 말한다.[39)]

테링크의 가장 거대한 포괄적인 작품은 「헌신의 거울」이라는 책이다. 이 책은 800페이지 모두 6권으로 구성되었다. 이 책은 아굴라(Aquilla), 브리스길라(Priscilla), 아폴로(Apollos)와 아펠레스(Apelles), 그리고 다른 인물들 사이의 대화 형식으로 구성되었다. 테링크는 서문에서 경건이란 그리스도 안에서 하나님에게 완전히 맡기는 것이라고 하였다. 이것이 인간에 대한 최고의 부르심이다. 이 책 제1권은 그리스도의 교제와 그리스도에 대한 사랑을 다루었다. 무엇보다 그리스도인은 그리스도와의 교제와 사랑 속에서 성장해야 한다. 그리스도인의 주 예수에 대한 관심과 열망은 다음에 아주 강력하게 그의 마음으로부터 다른 모든 욕정과 욕망들을 제거할 것이다. 그런 사람은 겸손하게 살 것이고 기꺼이 기독교적 삶을 감수할 것이다. 그는 주님만을 섬기고 스스로 기독교를 감당하며 장차 올 세상을 생각하고 그리스도의 임재를 체험할 것이다. 제 2권은 자기 부정을 조목조목 다루며 특별히 8장은 그리스도인의 자기 부정의 중요성을 취급하였다.

제 3권은 우리가 모든 영적 수단을 어떻게 이용해야 하며 특별히 우리 자신을 진정으로 부정하고 그리스도와 하나 되기 위하여 어떻게 성령의 움직임에 유의해야 하는지를 보여주기 위해 저술되었다. 제 4권은 하나님의 은총의 선물을 받는 수단을 사용함에 있어서 반드시 살펴보아야 할 겸손과 자기 비하를 다룬다. 제5권은 그 시대의 많은 잘못들을 분별하는 것과 관계가 있다. 이것은 진정한 정서적 신앙에 충실할 때 가능한 것이다. 특별히 성경에 대한 그의 입장은 문자적인 것이

39) "주 예수여, 당신은 가장 귀한 나의 영혼의 신랑입니다. 오, 가장 사랑스러운 연인이신 당신이시여, 누가 모든 피조물을 다스렸고, 누가 나에게 내가 당신에게로 피하여 쉴 수 있도록 진정한 자유의 날개를 주었습니까? 아, 내가 자유롭고 걱정 없이 그리고 나의 온 마음을 다해 즐길 수 있는 특권을 받을 때, 나의 주 하나님 당신은 얼마나 달콤한지요. 내가 내 자신을 완전히 당신과 연합시킬 때, 그래서 사랑이 넘쳐 흐름으로써 나는 내 자신을 발견하지도 느끼지도 못한 채, 오로지 내 안의 당신만을 발견하고 느끼게 됩니다". 개인적이든 교회적이든 모든 그리스도인들의 노력의 목적은 이러한 행복이다. 이것만이 교회가 말하고 행하는 모든 것과 사실상 모든 인간의 삶에 의미를 부여한다. 창조자가 의도한 것은 바로 이러한 궁극적 상태이다. 독실한 그리스도인은 시간 안에서 이것을 미리 맛보며 영원에서는 완전히 알게 될 것이다.

아니라 영적인 것이다. 그가 말하는 영적인 것이란 숨겨져 있는 어떤 고차원적 성경의 뜻을 의미하는 것이 아니라, 우리의 심령에 와 닿아 성경의 진정한 문자적 의미를 정직하게 받아들이고 묵상하도록 인도하는 그러한 성경의 문자적 의미에 대한 이해를 말한다. 따라서 그는 그의 시대의 일부 열광주의자들의 신 영지주의적 사변을 철저히 반대하였다. 제6권은 의미심장하게도 인간보다 하나님의 은혜에 관하여 말함으로서 책을 끝맺는다. 여기서는 하나님의 깨우치는 은혜의 역사가 없으면 그리스도인의 삶은 성장뿐만 아니라 애초의 시작도 불가능한 것이라고 하였다.

지금까지 우리가 살펴본 것처럼 테링크는 타펭의 행복에 대한 강조와 우데만스의 규칙성에 대한 신념을 하나의 통일적 구조 속에 결합시켰다. 그의 지역 공동체와 주와 국가의 생활에 대한 계속적인 참여, 다른 나라에서 고생하는 사람들을 향한 그의 자비로운 손길과 선교 의식이 전혀 없을 당시의 그의 선교적 관심 등은 경건주의자들이 당시 시대 문화에 대해 품고 있던 심오한 관심을 웅변적으로 증거하는 사례였다.

7.1.2.2. 야코부스 판 로덴스테인(Jacobus van Lodensteyn, 1620-1677)

(1) 생애: 보다 엄격한 규칙을 강조한 로덴스테인은 화란의 델프트 시장의 아들로 태어났다. 그가 신학을 공부하게 된것은 신학을 너무 좋아했기 때문이다. 그는 당대의 석학 우트레흐트와 보에티우스, 프라네커와 코케이우스 같은 스승 밑에서 공부하였다. 1644년 주테머(Zoetemer)의 교회에 초청을 받고 그곳에서 6년 일했으며 마지막에는 신학 교육의 중심지인 우트레흐트에서 공부했다. 로덴스테인은 공부하는 동안 훌륭한 교수들과 영향력 있는 친구들을 많이 사귀었으며 목회에 헌신하였다. 그는 평생을 독신으로 이른 아침부터 밤늦도록 일에 몰두하였다. 한가한 시간에는 시를 써서 개신교 찬송가 작업에 공헌하였다. 그는 신학적 사변에는 흥미가 없었고 오로지 그의 힘을 교회 개혁에 쏟았다. 그래서 그는 일요일뿐만 아니라 주 중에도 설교하였고, 성인들과 학생들을 위해 정기적인 모임을 열었다. 이 모임에서는 주로 기독교의 다양한 체험을 나누었으나 신학적인 주제들은 의도적으로 피했다. 그는 학생들을 위하여 특수 대학을 만들어 실천신학을 강의 하였

고, 이 기관은 개혁 교회에 크게 영향을 미치며 유명해졌다. 그는 자신의 많은 시간을 성도들의 가정 방문과 곤경에 처한 사람들을 도우면서 보냈다.

(2) 설교적 자질: 로덴스테인은 설교에 특별히 은사를 받은 사람으로 무려 4반세기 동안 그와 견줄 사람이 없었다. 그의 원숙한 목소리는 당시 대 교회에서나 들을 수가 있었는데 청교도들처럼 언어의 인위적인 수식을 싫어하였다. 왜냐하면, 말씀의 힘과 능력이 하나님이 의도하신 효과를 내는 데 충분하다고 믿었기 때문이다. 따라서 그의 설교는 어떤 화려함도 없었으나 투박한 단순성과 고요한 품위와 설득력 있는 진지함으로 대단히 효과적이었다. 그는 개혁교회에 헌신했으나 개혁교회의 협소한 종교성으로 인해 적지 않게 당황하였다. 그래서 그의 설교는 주로 회개의 개념에 관한 것이었다. 그가 반복적으로 내세운 주제는 종교개혁의 완성이었다. 그의 소망은 16세기의 교리적 개혁의 뒤를 이어 반드시 이루어 져야 할 교회의 삶의 개혁이었다. 그는 테링크보다 훨씬 더 교회의 선교적 사명을 강조하였다. 그는 교회가 유대인과 이방인과 로마주의자들의 영적 문제에 관심을 갖지 못하는 것은 좌절감을 줄 정도로 교회가 피상적이기 때문이라고 지적하였다.

(3) 목회적 자질: 그는 유능한 설교자일 뿐 아니라 또한 부지런한 목회자였다. 그는 인쇄된 말씀을 통하여 대중들의 경건이 장려되어야 한다는 청교도들과 테링크의 주장을 받아들였다. 그래서 그는 대중들의 언어로 건덕 문학의 글들을 저술하였다. 이러한 경건의 관심은 그가 속한 개혁교회와의 관계에서 찾아볼 수 있다. 그는 그가 속한 개혁교회가 세상에 별다른 기여를 하지 못함을 보고 비판하였다. 그는 말하기를 오늘날 개혁교회 안에서 우리는 참된 교회의 모습을 발견할 수 없다. 개혁교회의 사람들은 다른 사람들에게 모범이 되어야 함에도 불구하고 실제로는 부끄럽게도 미신적인 교황주의자들의 비난을 듣고 있다고 하였다.[40] 그래서 그는 설교뿐만 아니라 바람직한 방향으로 교회를 움직이는 개혁파의 모든 노력에 동참하였다. 그의 특별한 관심은 교회 사역이 특히 정치적 관심을 가진 이들에 의해 방해받지 않도록 하기 위해 자기 시대의 교회의 법적 및 재정적 자율성을 수호하였다. 사실상 그는 회중교회의 유형을 따라 지역교회의 삶의 형태를 형성하려고 시도하였다. 그리하여 그는 교회의 제도를 개혁하는 데까지 나갔다.

40) Ibid., 241.

그는 교회 예배에서 의식을 다소 기계적으로 행하는 것과 신조를 감동없이 암송하는 것과 가정에서 기도서를 사용하는 것을 반대하였다. 또한 그는 부모가 신앙이 없는 아이들에게 세례주는 것을 반대하였다. 그는 분명히 그리스도인에게 어울리지 않는 삶을 사는 사람들에게 성찬을 주는 것을 주저하였다. 따라서 그는 개혁교회에서 규율, 다시 말하면 진정한 성도의 공동체가 되는 방향으로 교회를 이끄는 규율의 재확립에 지속적인 노력을 기울였다. 그의 목회적 관심은 목회자와 선교사들을 올바로 교육하는데 있었다. 그는 법적으로 교회의 재산은 교회를 위하여 회수되어야 하며 젊은이들이 기독교의 교역을 위해 훈련받는 기관에 주어져야 한다고 하였다. 그는 또한 신학 훈련을 일반 대학으로부터 분리시켜 신학교 안에 두어야 한다고 주장했다. 이것은 오늘 미국의 각 교파들이 거의 실시하고 있다. 개혁교회의 실제적 개혁에 대한 열심에서 로덴스테인이 개혁교회의 성만찬을 비판하였다. 그 이유는 개혁교회가 매일의 미사와 저녁 예배, 금식과 심지어 수도원 같은 중세적 제도들을 개혁했다기 보다는 폐지시켰기 때문이다. 그는 비록 옛 전통이라고 해도 바르게 정화, 개혁 될 수 있다면 경건에 도움이 된다고 주장하였다.

(4) 신학 사상-교회와 국가: 그는 당시 경건주의자들이 은둔 내지 회피한 이 문제에 대해 깊은 관심을 갖고 적극적으로 대처하였다. 따라서 대부분의 교회가 국가와의 문제를 원만히 해결하기 위하여 적극 동참하였다. 그러나 그는 교회나 국가에서 지배적으로 전개되는 경건은 반드시 개인들의 경건이어야 한다고 했다. 따라서 그는 항상 개인들에게 좁은 길을 보이고 좁은 길로 인도하는 데 그의 노력을 집중시켰다. 그는 대부분의 경건주의자들처럼 자연적 상태의 사람과 은총의 상태의 사람 사이의 차이를 믿었다. 그 결과 그는 회심을 크게 강조하였다. 그런데 그는 회심을 주로 성령에 의한 지성의 조명을 포함하는 것으로 간주하였다. 이 점에서 그는 주로 의지의 중생을 강조한 영국의 청교도 위리암 에임스와 달랐다. 그는 오히려 보에티우스 같이 성령의 조명을 통하여 신앙인은 성경을 이해할 능력을 얻는다고 가르쳤다. 신앙인은 또한 하나님의 속성에 대한 명상에 몰두해야 하며, 나아가 자신의 무가치함과 피조물로부터 하나님께 전적으로 돌아설 필요성을 깨달아야 한다. 그는 이 하나님의 뜻과 완전히 하나 되는 것을 열망하였다. 이러한 현상은 곧 사람들에게 하나님의 사랑을 불러 넣으며 이 하나님의 사랑이 완전한 자기 부정의 삶과 하나님과 하나님의 의도에 대해 전적으로 헌신된 삶을 살도록

한다고 하였다. 그러나 이러한 모든 일은 인간의 일이 아닌 하나님의 일로 간주되어야 하였다.

로덴스테인은 개혁교회의 신앙고백에 동의 했지만 이것이 매우 거치장 스럽다고 생각했다. 그러나 그가 개인적으로 필요하다고 여긴 것은 구원의 주관적인 수용을 다루는 신학이었다. 그는 이러한 강조를 신령파들 사이에서 발견하였다. 이들을 통해 그는 구원에 이를 만한 믿음과 깨끗한 사랑을 가져온다고 믿었다. 이것은 그의 설교의 다양한 주제였는데, 설교의 목적은 완전에 이르는 것이었다. 그는 주님이 우리 마음에 당신의 빛을 비추시면 사람이 마음을 돌이킨다. 그 사람이 완전하기 때문이 아니라 그가 완전을 열망하고 그가 또 자신의 불완전함으로 인하여 변명할 수 없다는 것을 깨닫고 있기 때문이다. 이러한 목적을 향해 계속 나가는 것이 그리스도인의 최고의 의무이다. 행복감은 주어진 삶의 영역에서 그 목적을 수용한 결과일 수 있으나 행복의 느낌 자체는 중요한 것이 아니다. 행복을 추구하는 것은 자기중심적인 사고일 뿐이다.

(5) 경건의 훈련: 로덴스테인은 경건의 훈련은 성경에 계시된 대로 하나님의 뜻을 행하는 것이라고 믿었다. 그는 그리스도인이 규칙에 맞게 사는 것, 즉 인간이 허락하는 한도 안에서 절대적으로 하나님의 뜻을 행하는 것에 전 생을 바쳐야 한다고 생각했다. 그는 신자의 불완전에 대한 종교개혁 교리가 죄로 물든 삶에 대한 변명으로 해석될 수는 없다고 믿었다. 오히려 그리스도인의 일상의 목표는 경건의 실천으로 곧 경건한 삶이 습관화 되어야 하는 것이다. 로덴스테인에게 그리스도인의 삶의 본질은 자기 부정이다. 칼빈은 인간의 가중 중요한 목적은 하나님의 영광에 있다는 사실에서 자기 부인과 부정의 교리를 정당화 시켰다. 그러나 로덴스테인은 하나님은 모든 것이고 피조물은 아무것도 아니라는 확신에 기초하였다. 그리하여 그에게 자기 부정의 요구는 칼빈보다 더 극단적이었다. 그는 자기 부정이 결여되어 있는 기독교를 상정한 후 영적 각성을 외치는 자는 죽었고 생명이 없다는[41] 것을 자신의 저서를 통해서 설파하였다. 이 책은 레이든 대학의 트리글란디우스(J. Triglanddisu)와 비트시우스(H. Witsius)가 인정했는데, 호프트(Van

41) 이 원 제목은 Spiritual Awakener, *Meant for a Christendom which Lacks in Self-Denial, is Dead and Spiritless*이다. 1740.

der Hooft)는 그의 서문에서 그의 생애와 설교, 그의 가르침을 요약하였다. 그리고 본론은 10개의 다양한 설교 제목으로 구성되었다. 그중 첫 3편은 자기 부정에 관한 것이다. 설교의 요점은 모든 자연적 욕망과 자기중심적으로 움직이는 모든 의지의 작용을 포함하여 절대적으로 자신을 죽이는 것이다. 그리스도인의 목적은 언제나 어떤 관계에서나 하나님의 뜻이 하늘에서 이루어지듯이 하나님의 뜻을 행하는 것이다. 이러한 자기 부정은 "나의 멍에를 메고 나에게 배우"라는 말씀이 잘 가르쳐 준다.

네 번째 설교는 겔 37:7-8을 본문으로 심령의 죽음을 다루되, 특히 뼈 안에 생기가 없었다는 부분을 취급한다. 그리고 이 본문을 바벨론으로부터 빠져나온 교회에 해당한다고 하며 종교개혁을 그의 교회에 적용하였다. 즉 "겉으로 신앙을 고백하는 사람은 많으나 생명은 없다. 우리 안에서 이전에 우리를 지배한 죄의 힘을 틀림없이 제거하신 그리스도 안에서 생동하는 성령이 결여되었다". 그 후 그는 계속적으로 교리 개혁을 통해 뼈 위에 근육과 살이 놓이는바, 이 교리 개혁이 사실 어떻게 일어나는지를 서술하였다. 그는 여기서 개혁교회는 교리 개혁에 그쳤을 뿐 삶에는 변화가 없었다고 하며 "우리는 이제 정체되어 있다. 교리 안에 성령이 없다. 죽은 것은 문자에 의해 살아날 수 없다(고후 3:6)". 그 결과 우리 중에 많은 이들이 교황주의자들보다 훨씬 더 죽었다고 애통했다.[42)]

그 후 로덴스테인은 계속해서 새로운 출생의 주제인 진정한 회심을 토론하였다. 여기서 그는 자기 사랑의 동기로 부터 혹은 단순히 천국에 가려는 욕구로부터 도덕적 생활로 돌아서는 것은 진정한 회심이 아니라는 독특한 견해를 다루었다. 그는 "우리는 더 이상 자기 자신의 뜻과 이익을 구하지 않고 전적으로 천국을 바라고 싶지 않을 정도로 그리스도를 위해 살 때에 비로소 회심한" 것이라고 믿었다. 일곱 부터 아 홉 번째 이르는 설교는 각각 게으른 신부, 그리스도를 사랑하는 신부 그리고 골방의 신부에 대해 논한다. 여기서는 교회의 현 상황이 교회의 바람직한 모습과 생생하게 대조된다. 여기서 골방이란 주로 그리스도와 가장 친밀한 영혼의 교제를 가리킨다. 보이는 교회가 바람직한 모습이라면 그것은 그러한 교제를 체험하는 영혼들로 구성된다. 이 일련의 설교는 하나님의 부르심과 인간의 응

42) *op. cit.*, 246.

답에 관하여 사무엘의 부르심을 통해 끝맺는다.

로덴스테인은 그가 존경하는 영국의 청교도들과 함께 모든 그리스도인의 행동이 구석구석까지 하나님의 말씀에 의해 이루어지는 것을 지지하였다. 그러나 그가 이들과 다른 것은 (i) 구약보다 신약, 그중에서도 특히 예수 그리스도의 말씀과 모범에 크게 의존하였다. (ii) 신앙생활의 행동 규칙을 설명하면서는 청교도들보다 논리성이 많이 부족하다는 것이다. 청교도들은 성경 말씀이 철저히 추론된 사유를 통하여 가정을 다스린다고 믿었다. 그러나 그는 하나님의 말씀을 그대로 순수하게 말하는 것을 더 좋아하였다. 이점에 있어서 그는 청교도들보다 덜 율법적이었다. 그는 느낌으로 오는 그리스도의 사랑이 경건에 상당한 생기를 부여하기 때문에 경건을 위한 합법적인 부산물로 인정하였다. 하지만 결국 로덴스테인은 많은 추종자들을 얻게 되고 후에 경건주의의 지도자로 인정되었으며 로덴스테인주의자라고 불리었다. 호트트에 따르면 "이들은 완전하지는 않으나 완전하게 되기를 바라며, 더 높은 힘에 순종하고 오락의 반대자로서 그들의 시간을 경건의 훈련에 쓰고, 신중하고 규모있게 살고자 하며, 불굴의 인내를 가지고 세상의 불경건과 사악한 길에서 자신들을 분리시켰다. 따라서 육체적인 교인들에게 거침돌이 되어 그들로 부터 죄인의 길에 있는 사람들보다 더 미움을 당하는 자들이라고[43] 규정하였다.

7.1.2.3. 테오도르 브라켈(Theodore Gerardi a Brakel, 1608-1669)

(1) 생애: 브라켈은 테링크와 로덴스테인의 후계자로 경건주의의 차세대를 이끄렀다. 그는 특별히 그의 선배들과 달리 감정에 중점을 둔 경건주의 설교자였다. 그는 1608년 홀란드에서 태어났으나 어린 나이에 어머니를 여의고 외조모에 의해 양육 받았다. 그는 소년 시절 대부분의 시간을 성경과 경건문학을 읽으며 보냈고 그 결과 일찍부터 경건주의의 영향을 받았다. 그는 10살 때 그 어느 것도 하나님의 집에 있는 것만큼 만족을 주지 못한다고 생각했다. 그 무렵 그는 고후 6장의 "믿지 않는 자와 멍에를 같이 메지 말라"는 말씀을 읽고 가능한 한 모든 사회적 접촉을 피한 채 기도와 명상에 전념하였다. 그 결과 그는 영적 체험을 경험하였

43) *Ibid*., 247-248.

다.[44] 소년 시절의 이러한 경험은 때때로 그로 하여금 완전히 하나님의 사랑에 의하여 삼킨바 되고 매료된 것처럼 느끼는 교제의 삶을 살게 하였다. 이러한 경험은 16세까지 계속되었다.

그는 한때 프라네커에서 공부했는데 1638년 프리슬란트의 베르스(Beers)에서 회중들을 섬기도록 요청받았다. 그는 텍셀의 부르크에서 목회자로 1년을 보낸 것 외에 평생을 프리슬란트의 막쿰(Makkum)에서 봉사하였다. 그는 처음에 개혁교회의 신조에 충실했으나 신비적 형태를 띠었다. 그에게 은총의 상태는 그에게는 영혼의 눈으로 하나님을 보는 것, 믿음과 사랑 안에서 하나님을 신봉하는 것, 그의 임재를 느끼는 것, 날마다 그와 동행하는 데서 오는 만족을 누리는 것을 의미했다. 그는 시간과 영원 내에서 인생의 최고 목적을 주저 없이 끝없는 행복감이라고 말했다.

(2) 저술: 그는 「그리스도인의 삶의 단계들」(*Steps of the Christian Life*)에서 사람이 어떻게 살아야 하는지에 대한 규칙을 세우기보다는 단순히 경건한 삶의 이유와 수단과 함께 위로와 영감을 주었다. 첫째 부분은 행복의 상태와 진정한 경건의 훈련에 대하여 다루고 있다. 두 번째 부분은 경건의 세 정도인 어린아이와 젊은이, 아버지를 설명하였다. 여기에서 경건은 그리스도 안에서 하나님과의 교제로 규정하였다. 이 교제는 그리스도에 의하여 우리에게 가능하게 되었고 외적으로는 말씀을 통하여 내적으로는 성령을 통하여 우리에게 중개되었다. 그리스도인은 믿음을 통하여 이 교제를 누리고 이 교제의 열매는 거룩과 사랑과 순종이라고 하였다.

이러한 서론적 논의를 기초로 저자는 그리스도인의 세 가지 가능한 상태에 관해 서술하였다. (i) 성령이 없는 그리스도 안에서 어린 아이들의 상태이다. 그들은 오직 희미하게 하나님을 알 뿐이며, 그들 안에는 육체가 아직도 상당한 힘을 행사하고 있다. (ii) 비록 아버지만큼, 은총 안에서 나가지 못하지만 어린 아이를 넘어

44) 그는 다음과 같이 말한다. "그렇게 특별한 방법으로 기도하고 하나님의 약속에 근거하여 간구한 결과 나는 마침내 그러한 기쁨의 상태에 이르렀고, 나의 생각이 그렇게 고양된 결과 나의 영혼의 눈으로 하나님을 보고 그의 하나가 되는 것을 느꼈다. 나는 나 자신이 하나님의 존재 안으로 빠져드는 것을 느꼈고 동시에 말로 표현할 수 없을 정도로 기쁨과 평강과 감미로움이 넘쳐 흘렀다. 나의 영혼은 이틀 혹은 사흘 동안 완전히 하늘에 머물러 있었다. *Ibid.*, 249.

은총과 새로운 출생 안에서 계속 성장하는 젊은이의 상태이다. (iii) 가장 성숙한 그리스도인은 그리스도 안에서 하나님과 특별하고 사랑스런 교제를 갖는 특징의 아버지들이다. 저자는 삶의 근원이고 지고의 선이며 모든 기쁨의 샘인 그리스도 안에서 충만하신 하나님과 영혼이 하나 되는 것을 묘사할 할 때 거의 말문이 막힌다. 그는 그의 구속 주이신 하나님과의 충만한 사랑의 교제 속에서 그렇게 하나가 된 영혼을 마음 속 깊이 마치 하나님의 은혜로운 돌봄과 보호의 불기둥과 구름 기둥 아래에 있는 것같이 길을 간다. 그런데 이와 대조되는 삶을 사는 자들은 영광스런 삶을 상실한 채 비참한 상태에 머물 뿐이다. 따라서 여기에서 벗어나기 위해서는 참된 회개와 그리스도의 고난에 대한 명상, 믿음과 기도를 통한 그리스도의 은혜를 수용해야 하였다.

인격적 기독교의 본질은 성도 각 개인이 하나님과의 교제를 통한 체험인데 진실 된 성도라 할지라도 이런 생활에 방해를 받는다. 그러나 이것은 하나님의 뜻이고 때로는 인간의 행함의 결과이며 때로는 하나님과 인간의 공동의 행위의 결과이기도 하다. 결국 이것은 어떻게 영적인 상태가 유지될 수 있는지에 대하여 논한 것이다. 이것은 마치 주일과 관련된 특별한 의무들뿐만 아니라 가족의 매일의 삶을 신중히 규정하여 하나님의 법을 지키는 것을 포함한다. 주일 성수는 엄격히 준수되되, 모든 사고파는 일과 불필요한 일이 금지 되었다. 성도가 하루를 영적으로 잘 훈련하기 위해서는 아침과 오후, 밤에 해야 할 것들이 비교적 상세히 설명되었다. 왜냐하면, 이들은 훈련이 영혼에 어떤 영향을 미친다고 생각했기 때문이다. 이 주장에서 우리는 경건주의자들이 영국의 청교도들의 사상과 결합되어 있음을 보게 된다.

7.1.2.4. 요한 테링크(-1663)

윌리암 테링크의 아들인 요한 테링크는 네덜란드와 여러 개혁교회와 미들부르크의 영어 사용자들을 위해 섬겼다. 부친처럼 그는 규칙적인 생활을 통해 균형 잡힌 경건에 힘쓰면서 때로 율법주의적 경향을 강하게 비판하였다. 그의 사상은 「열매를 맺게 하는 포도나무이신, 그리스도」(*The Fruit Producing Vine, Christ*)에 잘 기록되었다. 이 작은 책은 모두 세부분으로 구성되어 있는데 첫 부분은 그리스도 안에 거하는 그리스도인, 다음 부분은 그리스도인 안에 거하는 그리스도, 마지막은 그리스도로부터 열매를 얻는 그리스도인이다. 이 책의 주된 주제는 이 세상에서 선행 안에서 진정한 열매를 맺는 것이 중요하지만 동시에 이것은 대부분의 사람들에 의하여 쉽게 무시된다는 것이다. 그에 따르면 성도들의 진정한 열매는 생명의 유일한 근원이신 그리스도와의 교제의 체험에 의존하고 있으므로 그와 교제를 해야 한다. 그리스도인은 그의 행위가 더 이상 그의 것이 아니라 그의 안에 있는 그리스도의 행위라는 것을 아는 데까지 이르러야 한다. 여기에는 성도가 지나치게 율법적인 규정에 매일 필요가 없고 중요한 것은 그리스도 안에 거하고 그의 안에 거하는 것이다. 그리스도인의 무기는 기도하는 것이다. 이 영적 무기를 통해서 그리스도와 계속해서 교제를 갖게 된다. 이처럼 경건을 강조하면서도 테링크는 교리를 삶에 적용하려고 힘을 썼다.

8. 경건주의와 청교도운동의 상호 비교

경건주의자들과 청교도들은 공히 성경의 정통 교리에 이의를 제기하지 않았다. 하지만 이들은 성경이 말하는 살아 있는 신앙의 실천, 특별히 경건주의자들은 실제적, 즉 내적 경험을 강조하였다.[45] 그러나 이들 사이에 일부 차이점이 발견된다.

(1) 예배에서 경건주의 자들은 일정한 형식이 없는 형태를 취한 반면 청교도들은 더욱 철저한 개혁, 성경적 원리와 가르침을 따랐다. 그런데 경건주의자들은 단

---

45) 이에 대하여 루터파 정통주의자들은 신학에 대한 이러한 접근 방법을 혐오하였다. 대표적으로 콘라드 딜펠드(Conrad Dilfeld)는 성령의 깨달음과 중생을 추구해야 한다는 스페너의 주장은 불필요하고 모욕적인 것이라고 하였다. 모든 이들은 이미 세례를 통해 중생하였으며 이때 유일회적으로 성령의 은사를 받았기 때문이다. 또한 이러한 중생의 결여가 개인의 구원에는 장애가 될지 모르나 이것이 학문적인 신학자를 만드는데 장애가 되는 것은 전혀 아니라고 생각하였다. 그럼에도 불구하고 당시 경건주의는 과학적 신학에 누가 신학을 합당하게 수행할 수 있는지에 의문을 갖게 되었다. 중세와 종교개혁 초기에 모든 사람들은 그 세례로 인하여 신자가 되는바 필요한 지적 능력을 갖춘 이들은 누구나 신학을 수행할 수 있다고 믿었다. 그러나 17세기 중엽에 이르러 이러한 전제가 더 이상 통용되지 못하면서 경건주의자들의 질문은 불가피하였다. Gillian R. Evans/Alister E. McGrath ·Allan D. Galloway, *The History of Christian Theology, Vol. 1: The Science of Theology*, ed. Paul Avis, UK: Marshall Morgan & Scott Ltd., 1986, 169-170.

지 성경의 권위를 인정하는 것이나 혹은 성경의 내용을 아는 형태의 지식을 죽은 신앙, 역사적 신앙만을 일으키는 것으로 간주하였다. 그리고 성경이 가르치는 바의 진리를 개인적으로 경험하고 체험하는 것이 은혜와 구원의 능력을 인정하는 이상으로 중요하다고 하였다. (2) 경건주의는 청교도들 보다 정치에 더 무관심 하였다. 하지만 청교도들은 국가적 및 교회적 혼란기에 정치에 깊은 관심을 갖고 개혁을 주도하였다.[46] (3) 경건주의자들은 성도의 내적 생활에 강조점을 둔 반면 청교도들은 성도들의 전 생활을 하나님의 통치아래 두는 거룩한 연합 공동체를 추구하였다.[47] 정통주의가 주로 믿음의 객관적인 내용(*fides quae creditur*)에 관심을 가진 반면 경건주의는 체험적인 개인의 신앙(*fides qua creditur*)을 강조하였다.[48]

이런 경건주의적 경향은 18세기 영국과 미국에서 일어난 복음주의 운동에서 재현되었다. 결국 웨슬리는 루터교처럼 공로에 의해 믿음의 칭의를 얻을 수 있다는 이론을 태동시켰다. 웨슬리는 항상 우리가 죄인으로 의롭게 되었다는 확신 속에 종교개혁의 진리를 붙잡았다. 동시에 그는 우리가 죄를 깨끗이 씻음 받기 까지는 구원받지 못 한다고 했다. 그는 죄의 용서가 있어야 구원받는다고 믿었다. 스페너처럼 복음적 순종과 인격적 성결을 분리하지 않았다. 그럼에도 불구하고 그는 금식과 기도, 형제가 서로 죄를 고백함, 경건서적의 독서와 같은 영적 훈련의 필요를 말했다.[49] 하지만 웨슬리는 구원은 오직 하나님의 은혜이며 우리가 훈련을 통해서 결코 구원 받을 수 없다는 사실을 알지 못했다. 우리의 행실은 칭의적 구원과 다른 것을 인식치 못한 것이다. 칭의는 우리의 행위로 말미암지 않는다. 전적인 하나님의 은혜이다. 심지어 믿음의 행실과 순종의 사랑도 하나님의 은혜를 배출하지 못한다. 오직 하나님의 은혜만이 우리의 삶 속에서 이 모든 일을 가능하게 한다. 우리가 두려움과 떨림으로 구원을 이루지 않으면 하나님의 은혜를 받을

---

46) 서요한, 「청교도 유산」, (도서출판 그리심, 2016), 183-215.

47) Donald G. Bloesch, *The Crisis of Piety*, Michigan: Grand Rapids, Eerdmans, 1968, 65; 경건주의 초기 역사, 60.

48) Gillian R. Evans/Alister E. McGrath/Allan D. Galloway, 170.

49) Donald G. Bloesch, *op. cit.*, 65.

수 없다. 청결한 마음의 거룩 없이는 누구도 주님을 볼 수 없다(히 12:14).

9. 결론

지금까지 우리는 경건주의 태동과 발전, 그리고 몇 몇 지도자들을 살펴보았다. 한 마디로 경건주의자들은 종교 개혁의 성취 과정에서 교리 논쟁으로 상실된 경건한 삶, 즉 실천적 삶의 회복을 주창하였다. 영국에서는 청교도 운동을 통해 새로운 형태의 신앙전통이 확립되었다. 그 중심에 윌리암 퍼킨스와 윌리암 에임스의 사상이 크게 영향을 끼쳤다. 청교도 운동의 전개 과정에 많은 고난과 시련이 있었으나, 1688년 명예혁명으로 개혁주의 전통이 재확립되었다. 같은 시기에 화란과 독일 신학자들이 영국 청교도들의 저술을 통해 경건주의 운동이 태동되었다. 이들은 단순하게 행함이 없는 믿음은 죽은 것으로 간주하였다. 그런데 경건주의 운동 초기에는 비교적 교리적이었으나 시간이 지나면서 점차 신비주의로 흘렀다. 그럼에도 불구하고 이들은 혼란한 시대에 기성 교회를 깨우는 촉매제 역할을 하였다.

오늘 우리는 급속히 다변화되는 혼란한 시대를 살고 있다. 이 영향은 교회 생활에 크게 영향을 끼치고 있다. 많은 변화 속에서 전통적인 교회, 한국 교회, 특별히 일부 보수/장로교회는 여전히 교리적 전통에 묶여 있다. 성경관에 대한 전폭적인 신뢰, 즉 축자영감과 완전 영감이 그것이다. 이것은 역사적 기독교를 사수하는데 매우 중요한, 재림의 그 날까지 교회가 붙들어야 할 전통이다. 그러나 성경에 대한 신뢰, 교리적 강조는 경건의 실천에서 볼 때 매우 취약한 것이 현실이다. 성경의 사랑, 말씀에 대한 신뢰만큼, 생활이 뒤따르지 못하는 것이다. 단적인 예로 보수주의자들은 원수를 사랑하라고 강단에서 선포하면서도 실제로 원수를 사랑하지 않는다. 한번 원수는 영원한 원수이기 때문이다. 따라서 오늘 우리는 경건주의자들이 주장한 신앙의 경건을 회복하는 것이 필요하다. 우리는 살았으나 실상은 죽은 것과 같은, 회칠한 무덤, 지금 머물고 있는 자리에서 일어나야 할 것이다. 참된 신앙은 경건의 실천을 통해 성숙되기 때문이다.

제8장

영국의 복음주의 운동 소고(小考)

-존과 찰스 웨슬리 형제와 조지 휘필드를 중심으로-

1. 서론

16세기 종교개혁 이후 계속된 영국 내의 종교적 박해와 긴장은 17세기 말에 이르러 평화와 안정(1688년 명예혁명)을 제공하였다. 그러나 종교가 오래 동안 누리지 못한 평화를 찾고 회복하는 데는 많은 시간이 필요하였다. 이 같은 상황에서 당시 영국의 종교적 기후는 개혁을 둘러싸고 극적인 변화를 겪으며 새로운 문제를 제기하였다. 존 후퍼(John Hooper, 1495-1555)[1]와 휴 라티머(Hugh Latimer,

1) 1549년 5월, 에드워드 6세가 즉위하자 후퍼는 고국으로 돌아왔다. 능력 있는 설교자였던 그는 금세 크랜머 대주교와 새로운 왕의 지지와 후원을 받으며 명성을 얻었다. 그리고 그는 급진적인 개신교적 신앙으로 "영국의 츠빙글리"로 불렸다. 1550년 4월, 후퍼는 글로스터의 주교직을 제안 받았으나 거절했다. 성인들에게 맹세하고 중세의 가톨릭적 예복을 입어야 했기 때문이다. 후퍼는 그것을 미신적이고 적그리스도적인 행위라고 묘사하였다. 많은 사람들이 후퍼에게 관점을 바꾸라고 설득했지만 실패하였다. 결국 후퍼는 플리트 감옥의 외로운 독방에 18개월 간 감금되었다. 이후 후퍼는 주교직을 박탈당하고 사형 선고를 받았다. 1555년 2월 9일, 토요일 아침, 성모 마리아의 언덕으로 불리는 화형장에서 기도하였다. 집행인들은 후퍼의 다리 사이와 양팔 겨드랑이에 1파운드 가량의 화약가루를 넣은 주머니를 묶었다. 후퍼는 양 팔에 갈대 다발을 끼운 채 화형 주에 묶였다. 그 때 그는 "주 예수여, 제게 자비를 베푸소서! 주여 내 영혼을 받으소서!" 입술이 타들어갈 때까지 순교자는 하나님께 부르짖었다.

1485-1555)[2], 리차드 백스터(Richard Baxter, 1615-1691)[3] 같은 초기 청교도들의 순교적 신앙 전통이 급속히 쇠퇴하여 기독교에 대한 기대가 사라진 것이다.[4] 설상가상 그리스도의 신성을 부인하는 유니테리아니즘[5]의 등장으로 교회는 매우 혼란하였다.

사실 당시 교회 강단에서는 전통적인 신앙과 도덕이 강조되었으나 성도들의 실제적 삶은 세속적 물결에 유린되었다. 특별히 18세기에 들어오면서 기독교 신학과

---

2) 그는 헨리 8세가 아라곤의 캐서린과 이혼할 당시 그를 지지하는 연설을 하여 왕의 호감을 사 1531년 윌트셔 웨스트 킹턴 성직록을 받았다. 얼마 후 당시 점차 두각을 나타낸 개혁자 토머스 크롬웰과 캔터베리 대주교 토머스 크랜머와 친분을 쌓았다. 하지만 그들은 라티머가 이단설에 휘말렸을 때 그를 두둔하지 못하였다. 1532년 1월 라티머는 종교재판관들 앞에서 연옥의 존재와 성인숭배의 필요성 등 특정 신조들을 거부하여 파문과 투옥을 당했다. 그 후 1532년 4월에 풀려났다. 이러한 역경에도 불구하고 토마스 크롬웰 덕분에 1535년 우스터 주교가 되었다. 1536년경에는 종교개혁 지도자들 가운데 한 사람으로 인정을 받게 되었다. 라티머는 헨리의 남은 재위기간 동안 그늘에서 살았다. 그러던 중에 1547년 1월 에드워드 6세가 즉위하면서 급속히 신교 쪽으로 기우는 바람에 재능을 발휘하게 되었다. 그는 두려움이나 인기에 개의치 않고 자유롭게 설교하고 싶었기 때문에 옛 주교직을 거절하였다. 그의 설교는 군중을 사로잡았으며 때로는 왕실의 후원을 받았다. 하지만 에드워드 6세의 사후 가톨릭교도 메리 튜더가 왕위에 오르면서 종교개혁을 확산시킨 인물로 찍혀, 1553년 반역죄로 체포되었으며 옥스퍼드에서 재판받은 뒤, 1555년 10월 16일 개혁자 니콜라스 리들리와 함께 화형을 당하였다. 래티머는 화형 중에 함께 죽어가는 리들리에게 "오늘 우리는 하나님의 은혜로 영국에서 영원히 꺼지지 않을 촛불을 켜게 될 걸세"라고 격려하였다.

3) 리차드 백스터는 충돌하는 신교 교파들을 통일시키려고 노력한 중재자로서 당시 영국에서 일어난 거의 모든 논쟁에서 중심 역할을 하였다. 1638년 신학 수업 후 영국 국교회에서 사제 서품을 받았다. 그러나 2년이 못 되어 영국 국교회의 주교 제도를 반대하고 청교도가 되었다. 백스터는 제한된 군주제를 지지해 청교도 혁명 당시 영국 내전 때에는 개량자의 역할을 했으며, 의회 군에서 잠시 종군 사제로 일했으나 1660년 왕의 복위를 도왔다. 왕정이 수립된 후에는 영국 국교회 안에서 온건한 비국교도들에 대해 관용정책을 펼쳤다. 강직한 신념으로 20년 이상 핍박을 받았으나 제임스 2세를 폐위시키고 1688년 명예혁명으로 윌리엄과 메리를 영국 국왕으로 옹립하였다. 이후 국왕의 관용령선포와 함께 백스터는 과거의 제재로부터 해방되었다.

4) J. C. Ryle, *Christian Leaders of the 18th Century*, (Edinburgh: The Banner of Truth Trust, 1978), 14.

5) 이 사상은 18세기 이신론의 영향을 받은 반삼위일체론 계통의 기독교 단체이다. 이들에 의하면 신은 하나라는 유일신 신앙 즉, 단일신론(Unitheolism)을 주장하여 성자 예수를 성부 하나님과 동일한 분이며 권능과 영광이 동일한 것을 믿지 않는다. 따라서 삼위일체 신앙을 갖고 있는 주류 기독교와는 교리적으로 큰 차이가 있다.

신앙에 대한 철학적 도전이 현저하였다. 이런 갑작스런 변화 속에서 기독교 공동체는 어떤 입장과 태도를 취했는가? 당시 교회의 갱신을 부르짖으며 교회 안에서 일어난 기류는 어떠했는가? 이 시대는 거세게 불어 닥친 과학혁명[6]과 철학혁명,[7] 산업혁명[8]으로 일대 큰 시련에 직면하였다.

특별히 여러 계층 간의 신분과 일부 지적 수준이 높은 사람들은 종교 생활이 과거의 교리적 인식과 실천으로 충분하다고 믿었다. 사실 이들은 언제부터인지 청교도적 취향을 경멸하였다. 이런 현상에 편승하여 국교의 타락과 세속화 현상은 그대로 반영되어 가치 기준을 상실한 무질서한 사회였다. 한편 하류 계층들은 상류 계층 사이에 퍼진 정신적 태도와 관행에 영향을 받지 않았으나 무지하고 교양 없이 태만하였다. 사회적 통제 수단인 법 집행이 가혹했으나 안전에는 역부족이었고, 감옥은 도덕적으로 부패 소굴이었다.[9] 이러한 현상은 일찍이 어느 기독교 국가에서도 찾을 수 없을 정도였다. 참으로 영국 사회는 어두웠고 설상가상 온갖 질병이 만연하였다. 사실 국가적으로는 새롭게 일어난 여러 혁명으로 미래를 기약했으나, 이와 달리 교회와 사회는 전통적인 신앙과 정체성을 상실한 채 표류하였다.

---

6) 예를 들면, 존 뉴톤의 우주관이다. 뉴톤은 이 세계가 제 1원인에 의해 창조되어 기계적으로 질서있게 움직이는 자연 법칙의 세계라고 주장한다.

7) 존 로크의 진리의 표준으로 상식에 일치하는 의미의 합리성이었다. 그는 도덕성을 종교의 주요 내용으로 보았다. 그의 사상적 배경은 종교적 합리주의를 발전시킨 강력한 힘은 종교 전쟁의 광기와 잔인함에 대한 도덕적 반발이었다. 이러한 모든 영향력으로 인하여 영국의 종교적 사고에서 합리주의가 태동하게 되었다. 그 온건한 유형은 초자연적 합리주의로서 나타났으나 주로 완전한 기독교 이신론의 형태였다. 반면에 그 과격한 좌파는 기성 종교에 반대하는 반기독교 이신론으로 발전하였다.

8) 18세기 후반 영국에서 시작된 기술상의 혁신과 이에 수반하여 일어난 사회 및 경제 구조상의 변혁이다. 당시 영국에서 일어난 방적 기계의 개량을 발단으로 1760-1840년에 유럽 여러 나라에서 지속적으로 전개되었다. 수공업 형태와 전통 작업장이 기계 설비에 의한 큰 공장으로 급속히 전환되어 이후 자본주의 경제가 전 세계적으로 확립되었다. 이에 맞서 칼 막스와 프리드리히 앵겔스는 자본주의 체제의 문제점, 즉 사유 재산 제도를 부정하고 만인이 평등한 사회 즉 공동 생산과 공동 분배를 바탕으로 한 사회주의, 즉 공산주의를 태동시켰다. 이후 이 사상은 노동 운동과 사회주의 운동에 많은 영향을 끼쳤다.

9) John Wesley Bready, *England: Before and After Wesley*, (London: the Religious Book Club, 1939), 15-66; 윌리스턴 워커, 「기독교 신앙 위인전」, (크리스챤 다이제스트, 1994), 235-236. 당시 도덕적 타락은 결투나 음란행위, 미혼녀와의 간통, 욕설과 놀음, 안식일 파괴와 술취함 등에서 일반화 되었다.

이처럼 급변한 상황에서 하나님은 죄인에 대한 구령 열망을 당신의 사람들을 통해 보여 주셨다. 18세기 영국과 미국에서 태동한 복음주의 운동과 대각성 운동은 바로 하나님께서 이루신 놀라운 역사였다.

격동의 18세기 영국의 복음주의 운동은 몇 몇 사람들의 지도아래 향후 50년간 현저히 발전되었으나 영국 국교회와 뗄 수 없는 관계였다. 처음에 이 운동은 영국 국교 내의 한 단체로 출발했으나 시간이 흐르면서 국교와의 단절 속에서 (1) 웨슬리 형제의 감리교 창설, (2) 조지 휘필드의 칼빈주의적 감리교 창시, (3) 그리고 영국 국교회 내의 복음주의자들의 운동으로 발전하였다. 따라서 필자는 본장에서 영국의 복음주의 운동을 고찰하면서 먼저 당시 사회와 경제, 정치와 문화 그리고 철학과 종교의 관계를 살펴보고, 아울러 영국 복음주의 운동의 태동 배경과 동기 및 발전, 끝으로 영국 복음주의 운동을 평가할 것이다.

2. 18세기의 시대적 형편

2.1. 경제와 정치 및 사회적 형편

변화로 특징되는 이 시기는 사상과 과학의 일대 전환이 맹위를 떨쳤다. 경제적으로 1694-1695년 어간에 영국의 국립은행(Bank of England)이 설립되어 무역과 통상에 큰 변화가 일어났다. 문화적으로는 1702년 일간 신문 데일리 쿠란트(The Daily Courant)가 창간되었다.[10] 이처럼 경제와 언론의 급속한 변화에 편승

---

10) 뉴스의 집합체인 신문은 고대 로마에서 시작되었고, 최초의 신문은 손으로 기록하여 사람들 간에 오간 소식지 형태의 보고서였다. B.C. 59년 로마에서 일간지 형태의 아크타 디우르나가 발간되었는데, 필사본인 초기 신문은 로마의 주요 지역에 보내져 지역 주민들에게 행정 방침을 알리는 역할을 하였다. 그러나 선언문, 포고문, 원로원의 정치적 결정 사항 등은 별도로 제작된 아크타 세나투스를 통해 보도되었다. 아크타 디우르나는 내용 면에서 근대적 형태를 취했지만, 관보의 일종으로 권력자들이 자의로 뉴스를 취사선택하였다. 아크타 디우르나에는 검투 경기, 점성술, 저명 인사의 사망, 공직 인사, 재판 등이 게재되었으며, 국민 투표 결과가 보도되어 오늘날 신문의 운세, 사망란, 스포츠란의 기원이 되었다. 하지만 현재의 형태, 즉 독자를 위한 다양한 정보를 제공하는 일간지는 17세기에 '뉴스 레터'라는 이름으로 18세기에 크게 유행하였다. 17세기 초 네덜란드에서 발행된 코란토는 뉴스 레터의 기원이었으며 외국 잡지에서 뉴스거리를 뽑아 1면으로 발행하였다. 한편 미국의 최초 신문은

하여 사회는 세속주의와 물질주의를 동반하였다. 그러나 대다수 국민들은 빈곤 중에 생활은 매우 저급하였다. 그리하여 수많은 범죄로 이들을 징벌하고 처형하는 것이 일상이었다. 당시 감옥은 더욱 참혹하였다. 젊은이와 노인, 초범자와 중범자가 공존하였고, 또한 매춘부와 살인범들이 아기 엄마와 함께 투옥되었다. 이들 중 특히 아기 엄마들은 부족한 음식을 충족하기 위해 난투극을 벌였다.[11] 그러나 아직 이 시기에 구리나 실크, 수자원 및 석탄과 철 같은 지하자원의 개발이 부재하였다. 따라서 철도와 가스, 전파 매체와 우편 대체 시스템, 그리고 자유무역도 구체적으로 실행되지 않았다.

정치적으로는 1688년 명예혁명 이후 국민들에게 자유가 주어졌으나 여전히 스튜어트 왕가의 복고 희망이 잔류하였다. 이러한 시기에 1745년 스코틀랜드의 프리텐더(Pretender)와 고지대(Highland) 주둔의 스코틀랜드 군대가 남하하여 영국의 더비(Derby)를 점령하였다. 당시 영국 정부의 고위층의 부패와 경영부실은 그 어느 때보다 엄격한 규칙과 순결이 요청되었다. 사회 전반적인 현상에 대한 국가와 종교의 무능력은 극에 달하였고 이와 함께 의회 중심의 통치가 강화되었다. 따라서 국왕은 전과같이 국민들을 전횡적으로 다스리지 못하였고, 그 과정에서 정치 정당인 토리당과 휘그당, 현재의 보수당과 노동당(초기에는 노동당 대신 사회당)이 출현하였다. 그 과정에서 국민들의 정치의식이 급상승하면서 대중의 여론이 중시되었고, 소수 특권층의 귀족 정치가 보편화 되었다. 이 시기에 영국이 인도를 식민지화 했으나 호주와 뉴질랜드는 아직 식민 국가가 아니었다.[12] 사회적으로 당시 인구는 배가하였고(1700년 대 영국 인구는 500만) 교육과 보건이 보강되었으며 무역이 증가하였다. 사학의 명문 옥스포드(Oxford)[13]와 케임브리지

1704년 창간된 보스턴 뉴스 레터였다. 이 신문은 영국령 미국 식민지 주에서 처음으로 발행되었다.

11) 윙키 프래트니, 「기독교 부흥운동사」, (나침반, 1997), 72-73.

12) J. C. Ryle, *Christian Leaders of the 18th Century*, (Edinburgh: The Banner of Truth Trust,1978), 12.

13) 1096년부터 교육을 시작했으나 실제로는 1167년 파리대학교가 영국 학생들의 입학을 불허하자 자국 학생들이 귀국하여 런던 근처의 상공 도시 옥스퍼드에 정착하면서 형성되었다. 결국 파리 대학이 옥스퍼드 대학을 출범시킨 원형으로 런던 북서쪽 템스 강 상류의 옥스퍼드 시에 산재한 학교들을 통합한 것이다. 파리 대학을 모델로 처음에 신학부, 법학

(Cambridge),[14] 그리고 이튼 칼리지(Eton College)[15]는 전통적인 귀족 성향을 나타냈고, 이에 맞선 일단의 노동자 그룹이 소수 엘리트 그룹을 대변한 기존의 두 대학에 맞서 1826년 영국 수도에 런던대학교[16]를 설립하였다. 그 후 영국 정부의

부, 의학부, 인문학부가 개설되었다. 이후 영국에서 가장 많은 역대 수상들을 배출한 영국 지성의 뿌리요 근간을 이루었다. 대학교의 운영은 독립적으로 현재 38개의 단과대학과 6개의 permanent private hall로 구성되었다. 각 단과대학과 대학본부 간의 관계는 마치 미국의 연방제도와 매우 유사하다. 대학 최초의 유니버시티 칼리지는 1249년, 1263년 베일리얼 칼리지, 1264년 머튼 칼리지가 설립되었다. 옥스퍼드대학교의 명물은 본 대학의 상징인 보들리언 도서관과 애슈몰린 미술고고학 박물관이다. 그리고 1479년 설립된 본 대학 출판사는 세계에서 가장 규모가 크고 권위 있는 출판사이다. 옥스퍼드대학교 출신 위인들로는 존 웨슬리에서부터 카디널 울시, 오스카 와일드, 리처드 버턴 경, 세실 로즈, 월터 롤리 경이 있으며, 천문학자 에드먼드 헬리와 물리학자 로버트 보일리 등이 있다. 그리고 이 대학에서 공부한 영국 총리들은 대(大)윌리엄 피트, 조지 캐닝, 로버트 필 경, 윌리엄 글래드스톤, 로드 샐리스버리, H. H. 애스퀴드, 클레멘트 애틀리, 앤소니 이든, 해럴드 맥밀런, 에드워드 하트, 해럴드 윌슨 경, 마거릿 대처, 토니 블레어 등이 있다.

14) 1209년 옥스퍼드 대학교의 학생 일부가 케임브리지로 이주하면서 출범하였다. 그 후 케임브리지는 옥스퍼드대학교와 함께 영국을 대표하는 세계적인 사학 명문이다. 31개의 칼리지 집합체로 구성되었으며 런던 북쪽 80km 떨어진 캠 강가에 소재하였다. 케임브리지 대학교는 1502년에 대학 최초로 신학 교수직을 제정한 후 명성을 얻기 시작하였다. 1511년 D. 에라스무스가 케임브리지 대학교에 르네상스 시대의 신학문을 정착시켰다. 1546년 헨리 8세가 트리니티 칼리지를 설립했으며, 이 후 칼리지는 이 대학교 소속 칼리지 중에서 가장 큰 규모이다. 케임브리지 대학교는 옥스퍼드대학교와 파리대학교에 의해 확립된 유형으로 1571년에 공식적으로 법인화되었다. 겸손과 미덕, 명예를 교육 이념으로 설립 후 지금까지 800년 동안 세계 최고의 인재를 배출하였다. 수많은 인재 중에는 라지브 간디 인도 총리를 비롯한 해외 국가원수들, 특별히 전 세계 물리학계에 크게 기여한 과학자 아이작 뉴턴과 찰스 다윈, 스티븐 호킹을 배출하였다. 2018년 3월 14일 76세로 타계한 영국의 물리학자 스티븐 호킹 박사의 유해가 6월 15일 영국 런던의 웨스트민스터 사원에 안치되었다. 호킹 박사의 유해는 천재 물리학자 아이작 뉴턴과 진화론의 창시자 찰스 다윈의 묘 사이에 묻혔다.

15) 1440년 영국의 헨리 6세가 설립한 후 지금까지 자국에서 가장 규모가 크고 유명한 사립 중등학교로 남학생만 입학하는 학교이다. 이후 지금까지 20여 명의 총리와 그 밖에 많은 영국의 정치와 문화계의 명사를 배출하였다. 특징은 12-18세 사이의 소년 약 1,200명이 기숙사에서 공동생활을 하면서 공부한다. 다양한 교과를 가르치며, 학생 개개인에게 담당 교수를 배정하여 수업 외의 학습을 지도한다.

16) 런던대학교는 1826년 유니버시티 칼리지로부터 시작되었다. 유니버시티 칼리지는 당시 영국의 국교인 성공회와 대립한 비국교도들이 세운 학교였기에 왕의 승인을 받지 못하였다. 그 후 1829년 성공회의 후원으로 킹스 칼리지가 설립되자 비국교도들은 킹스 칼리지가 왕의 인가를 받지 못하게 하였다. 왕의 승인은 학위 수여와 관련되었기에 두 대학간

세계화 전략과 교육의 평준화 정책에 따라서 전국 각지에 대학교가 설립되었다.

2.2. 합리주의의 등장

16세기 유럽의 종교개혁 이후 서구 교회는 편협한 교리의 정통성 문제로 막상 그들이 힘쓰고 추구해야 할 실천적 삶, 성결과 생동력을 상실하였다. 그동안 영국의 국교 성공회는 개혁자들의 신학적 입장과 무엇보다도 교회 정치체제를 둘러싼 이견과 대립으로 분열하였다. 1688년의 명예혁명과 함께 당시 스튜어트 왕가의 마지막 왕 제임스 7세의 재 가톨릭화가 무산되었고, 이듬 해 관용령을 통하여 프로테스탄트 비국교들에게 종교와 양심의 자유, 그리고 화해를 용인했으나 결국 교회는 분열하였다.[17] 이러한 현상은 18세기 교리 논쟁으로 확산되었다. 그런데 17세기 말에서 18세기로 들어오면서 몇 몇 철학자들의 사상적 혼란으로 사회 전반에 새로운 종교적 분위기를 형성하였다. 그 첫 시기와 쟁점은 바로 이성의 시대였다. 이 시기에 신학적 차이로 야기된 논쟁과 오랜 종교전쟁에 시달린 지식인들이 종교를 합리적이며 인간적인 태도로 이해하려는 움직임이 일어났다.

첫 번째 단계는 인간의 합리성에 기초하여 개인의 양심으로 종교적 진리를 결정하고 궁극적인 규범으로 이해하려는 합리주의 철학이 출현하였다. 이 이론에 따르면, 양심이 종교적 진리에 도달하는 과정에서 이성이 주체가 되었다. 혹 인간이

의 갈등은 깊어졌다. 이 문제를 해결하기 위하여 1836년 실제로 수업은 하지 않지만 학생들에게 시험을 치르게 하고 학위를 수여하는 행정상의 실체로 런던대학교가 왕립 인가를 받아 설립되었다. 2015년 기준 런던대학교 배출 노벨상 수상자는 32명이며 필즈상 수상자도 3명이다. 이 대학교를 졸업한 인물로는 마하트마 간디, 라빈드라나트 타고르, 토머스 헉슬리, 넬슨 만델라, 알렉산더 그레이엄 벨, 크리스토퍼 놀란, 엘튼 존, 이토 히로부미, 고이즈미 준이치로 등이다.

17) 1659년 크롬웰 사후 영국 의회는 의회를 해산하고 선거를 통해 새 의회를 구성한 후 찰스 2세를 1660년 왕위에 복귀시켰다. 당시 찰스2세는 내전으로 네델란드에 피신해 지냈다. 1661년 사보이 회의에서 성공회 주교 12명, 장로회 12명, 그리고 기타 관계자들이 기도서 개정을 위한 의회를 소집하여 청교도와 성공회 간의 기도서 개정을 시도했지만 장로교회의 거부로 마무리 되었다. 하여 찰스 2세는 1662년 기도서 사용에 관한 통일령을 선포하여 당시 의회가 장로교 중심이었음에도 불구하고 성공회로 복귀하였다. 이에 반대하는 장로교 성직자들이 타 직업으로 전환하고 외국으로 망명하였다. 이때 청교도 성직자 2,000여명이 성직에서 면직되었다.

종교적 진리에 도달하기 위해서는 끊임없는 연구 활동이 요청된다. 하지만 이들은 이성적 인간이 성경을 읽을 때 둘이 일치하는 것으로 간주하였다.[18] 이들은 신의 존재를 부정하지 않지만 인간의 삶에 역사하시는 하나님은 제거하였다. 뿐만 아니라 하늘과 땅을 연결하는 계시, 황금 다리를 파괴하고 성경의 권위를 거부하였다. 따라서 이들은 인간을 하나님의 형상으로 간주하기보다는 단지 이성을 통해서 기독교를 이해하려고 하였다. 결국 이들은 이성을 초월한 모든 것은 사실 증거 없는 믿음이라고 주장하고 기독교의 기적과 계시 또는 초자연성을 부인하였다. 이때 기독교 신앙의 이성화를 강조하는 라티투디나리안스(Latitudinarians)[19]가 등장하여 기독교의 초자연성을 변호했으나 사람들을 설득하지 못하였다.

두 번째 단계는 이성의 의존성이 심화로 특징지어지는 단계이다. 이들에 따르면 세계종교는 다양함 속에서 자신의 종교적 본능을 표현해 왔으나, 하지만 각 종교는 이성에 근거한 신념들을 지녀 왔다는 것이다. 이런 관점에서 볼 때 기독교는 세계 종교 중에 하나인바 다른 종교들과 같이 합리성에 근거해야 한다는 것이다. 그러나 기독교가 다른 종교와 구별된다면 그것은 기독교가 하늘의 계시에 따라서 체계화된 자체 예배와 믿음의 형태를 갖고 있다. 그런데 정말 기독교가 이성적인 종교라면 기독교의 모든 요소들은 이성의 판단을 받아야 한다는 것이다. 그 이유는 기적과 예언 같은 성경적 요소들을 합리적으로 설명을 할 수 없기 때문이다. 그러므로 이런 요소들은 이성적 인간의 신임을 받을 수 없다는 것이다. 나아가 이

---

18) 예를 들면, 그리스도가 구약성경의 예언을 성취하신 기사와 그리스도가 기적을 행하고 예언하신 기사를 열린 마음으로 읽을 때 그리스도가 신성을 가졌다고 하는 주장이 설득력 있게 이해되어 진다는 것이다. 이것이 바로 기독교의 합리성, 나아가 기독교의 진리의 합리성에 대한 증거라고 주장하였다.

19) Latitudinarians, or latitude men were initially a group of 17th-century English theologians-clerics and academics-from the University of Cambridge in Cambridge, England, who were moderate Anglicans(members of the Church of England, which was Protestant) In particular, they believed that adhering to very specific doctrines, liturgical practices, and church organizational forms, as did the Puritans, was not necessary and could be harmful: "The sense that one had special instructions from God made individuals less amenable to moderation and compromise, or to reason itself." Thus, the latitudinarians supported a broad-based Protestantism. They were later referred to as Broad Church. Ned Landsman, From Colonials to Provincials, American Thought and Culture 1680 & endash; 1760. (Ithaca: Cornell University Press, 1997), 64.

성주의는 또한 감정주의를 전혀 용납하지 않았다. 감정주의는 오히려 이성이 진리를 찾는 활동을 방해하기 때문이다. 이 이성 중심의 철학사상은 초기에는 기대 밖에 충분히 성숙하지 못하였다. 그러나 이들은 성경이 인간의 산물이므로 이성의 검증을 받아야 한다고 주장하고 신앙의 절대주의를 거부하였다. 따라서 합리주의로 가는 길에서 인간은 마침내 하나님의 말씀보다는 인간의 이성을 절대화 하였다. 그 결과 18세기 초의 합리주의는 종교적 무차별주의(religious in-efferentism)가 주도하는 경지에 이르렀다. 모든 종교는 이성적이므로 특별히 어느 한 종교를, 굳이 기독교를 선택할 이유가 없다고 하였다.

2.3. 이신론(Deism, 자연신론)

이런 합리주의와 함께 등장한 또 하나의 사상은 과학적 이신론의 발전이었다. 아이삭 뉴톤(Isaac Newton, 1642-1727)의 자연과학의 발견은 인간의 세계관에 엄청난 변화를 초래하였다. 뉴톤의 과학적 발견들은 세계를 전지전능하신 창조주의 작품으로 인정했으나 그 창조주는 계시와 섭리를 따라 세계를 다스리지 않고 모든 것이 법칙에 의해 지배된다는 것이다.[20] 그에 따르면 우주는 각 부분이 정확하고 불변하는 법칙들에 따라 상호 연결되어 마치 거대한 기계와 같이 동작한다. 그러므로 어떤 간섭 없이도 그 자체적으로 설명될 수 있다는 것이다. 과거 17세기 이전에는 하나님이 세계와 인간의 일에 섭리적으로 보호를 베푸시는 절대자로서 우주 안 밖을 다스리시는 분으로 이해되었으나 이제 인류는 하나님을 하늘에서 시계를 만드신 분으로만 이해하였다. 이는 마치 시계공이 시계를 만들 듯이 세계를 창조하셨고, 일단 움직이기 시작한 우주는 더 이상의 신의 간섭을 필요로 하지 않은 채 그 자체의 법칙에 따라서 움직인다는 것이다.

이와 같은 새로운 과학적 세계관을 가진 인간에게 하나님은 멀리 떨어져 계시고 세상일에는 관여치 않는 신으로 다른 일을 관여하는 분이었다. 더 이상 하나님

---

20) 이 이론은 프란시스 베이컨(Francis Bacon, 1564-1626)의 경험과 요하네스 케플러(Johannes Kepler, 1571-1630)의 과학이론에 기초하여 발전시킨 것이다. 그런데 이와 같은 자연과학적 시도는 100년 전에 니콜라우스 코페르니쿠스(Nicolaus Copernicus, 1473-1543)의 지동설에서 이미 시도되었다.

은 세상일과 전혀 관계가 없는 분이 된 것이다. 이제 인간이 자신의 문제들을 해결하려면 신의 간섭과 도움 보다는 오히려 자연 법칙을 잘 배워야 했다. 이렇듯 이신론자들에게 하나님은 비인격적인 존재이거나 최소한 인간과 그의 세계에는 관여하지 않은 채 멀리 떨어져 있는 존재였다. 하나님이 인간의 일에 간섭한다는 의미에서 하나님의 섭리는 더욱더 불필요한 것으로 간주되었다. 이신론자들은 이성적 과학의 기초 위에서 관찰과 실험 분석에 의하여 자연법칙이 우주를 움직인다고 주장하였다. 동시에 이들은 인간의 자아 속에 선험적으로 타고난 사고(idea)가 있어서 세계는 이 idea에 의해 지배를 받는다고 했다.[21] 많은 사람들은 종교를 본질상 근거 없는 미신으로 간주하였고 지식인들은 개인적으로 그것을 얼마든지 배척할 수 있다고 생각하였다. 다시 말하면 성경에서 가르치는 기독교의 이적과 표적을 도무지 불가능한 것으로 취급하였다.

이들의 사상을 다시 세 가지로 정리하면, (1) 인간의 이성으로 기독교를 이해하려는 신학사상이다. (2) 신의 존재는 인정하지만 우주가 하나님의 섭리나 계시에 따라서 움직이기 보다는 하나님이 세우신 자연법칙에 따라서 움직인다는 것이다. (3) 자연은 신의 완전한 창조이므로 특별계시가 필요 없으며 인간은 하나님께서 주신 양심대로 살면 된다는 것이다. 때문에 이들은 동정녀 탄생을 비롯하여 오병이어 같은 기적은 있을 수 없다고 부인하였다. 이 사상의 영향으로 교회는 이신론에 빠졌으며, 그 결과 형식화된 신앙이 급속히 확산되었다.

---

21) 르네 데카르트(Ren? Descartes, 1596-1650)는 객관적 경험세계에 대해 회의를 갖고 모든 인식의 출발은 외부세계가 아닌 인간의 자아 속에, 선험적인 범주 속에 있다고 했다. 그는 이것을 생각하는 주체라고 부르는데 바로 이 선험적인 개념에 의해 물질세계에 대한 경험이 가능하다고 역설했다. 그러므로 어떤 대상을 이해함에 있어서도 객관적 법칙성에 의해서 이해하는 것이 아니라 선험적 개념으로 하기 때문에 자연과학적 지식도 알 수 있다고 했다. 데카르트의 이런 사상은 인간 밖에 존재하는 사물들을 인간의 내적 실존에 둠으로써 철학의 대 혁명을 가져오게 하였다. 인신의 궁극적 근거는 인간에게 있다고 하고 이 인식론에 근거해서 세계를 보았다. 이것을 코페르니쿠스적 전환이라고 부른다. 이와 관련해서 나타난 것은 허버트 체버리(Herbert Cherbury, 1583-1648)경의 이론이었다. 그는 종래의 계시종교는 인간 속에 자연종교가 나타난 것이라고 하고 초자연적인 기독교의 계시종교를 자연종교라고 명명했다. 그는 신의 존재를 인정했으나 행위에 대한 상벌, 후회 등은 이미 인간 안에 있다고 주장했다. 즉 내 스스로 결정을 내리게 된다는 것이다.

3. 영국 교회의 형편

이러한 시대적 변화 속에서 영국의 교회는 타협이냐 아니면 전통적 신앙의 고수냐의 기로에서 시련을 맞이하였다. 이 시기에 교회는 자신의 정체를 확고히 하여 세상의 조류에 맞서야 함에도 불구하고 도덕성의 급격한 저하로 오히려 세속화의 길로 나갔다. 뿐만 아니라 당시 교회의 교사들과 성직자들은 교부시대에 이단으로 정죄 된 아리우스주의(Arianism)와 소시니안니즘(Soxinianism)을 공공연히 가르쳤다. 이것은 당시 지성인들 사이에서 만연하였다. 사실 당시 영국교회는 16세기 종교개혁 이래 전통적으로 신앙고백서와 예배 의식서, 그리고 교구제도와 주일 예배를 드리는 일에 예비 된 약 1,000여 명의 성직자들로 외적으로는 전혀 문제가 없었다. 동시에 아직도 영적 자유를 누리지 못하고 따라서 설교도 마음대로 할 수 없는 처지에 있었으나 당시 비국교파들의 조직체도 있었다. 이처럼 국교도들과 비국교도들이 엄연히 존재했으나 말씀 선포는 무기력하였다. 따라서 사회적인 분위기가 오히려 종교생활을 제대로 할 수 없게 방해하였다. 이러한 말씀의 무력화 현상은 강단에서 선포되는 말씀이 고대 로마의 정치가요 웅변가인 마르쿠스 T. 키케로((Marcus Tullius Cicero, B.C. 106-B.C. 43년)[22]의 작품을 넘지 못한데

22) 마르쿠스 T. 키케로(Marcus Tullius Cicero, B.C. 106-43)는 고대 그리스 철학의 원조 소크라테스(B.C. 469-399), 플라톤(B.C. 427-347), 크세노폰(B.C. 430-354경), 아리스토텔레스(B.C. 384-322)와 더불어 서양 고대 철학의 형성과 발전에 크게 기여한 사상가이다. 키케로는 플라톤이 사람들의 실제적인 삶과 습관에 적합하지 않은 이상국가의 제시를 비판했으며, 아리스토텔레스는 다양한 국가 형태를 비교하는 것에 그칠 뿐, 자신이 로마 공화국을 이상 국가로 제시하는 것처럼, 특정 국가를 이상적인 모델로 제시하지 못한 점을 비판하였다. 키케로의 공헌은 로마인의 실제적 삶과 습관이 현실적으로 반영되는 로마 공화국의 역사에서, 이상적인 국가의 실례나 모델을 찾고자 한 실천적 노력은 고대 정치철학의 지평을 확대한 것이다. 키케로는 카이사르와 폼페이우스, 크라수스의 삼두 정치 시기에 정치적 입지가 좋지 않았다. 그러나 그는 이 때 정치적 작품을 저술하였다. B.C.43년 제2차 삼두 정치를 주도한 옥타비아누스와 안토니우스, 레피두스는 키케로가 부정 축재했다는 이유로 처벌 대상이 되자 처벌을 피해 도피 중에 그 해 12월 7일 안토니우스의 병사에 살해되었다. 키게로의 작품은 크게 두 가지 범주로 구분 되는바, 첫째, 수사학에 관련된 작품으로 「웅변가에 관하여」, 「브루투스」, 「웅변가」가 포함된다. 둘째, 철학에 관련된 작품으로는 「국가에 관하여」, 「법률에 관하여」, 「호르텐시우스」, 「최고선과 최고악」, 「투스쿨룸에서의 대화」, 「신들의 본성에 관하여」, 「예언에 관하여」, 「운명에 관하여」, 「노년에 관하여」, 「우정에 관하여」, 「의무에 관하여」가 포함된다. 키케로는 정치가라면 수사학을 활용할 줄 알아야 한다고 보았다.

서 기인하였다. 사실 교인들은 사상적인 강의보다 하나님의 직접적인 말씀을 통해 영적 힘을 공급받기를 원했으나 성직자들은 그들의 욕구를 충족시키지 못하고 오히려 자연신학에 관심을 쏟았다.

이와 같은 혼미한 상황에서 성도들은 그들의 신앙전통을 일순간에 흔들어 버린 산업화로[23] 또 한 차례 치명타를 맞았다. 갑작스런 산업화의 등장으로 신흥 계급들이 생겨나고 동시에 신도시들이 출현하면서 이농현상과 도시집중 현상이 나타났다. 따라서 전과 달리 갑작스런 산업화 현상으로 계급들 간의 간격이 넓어지고, 점차 서민들이 가난과 빈곤으로 절망에 처하여 부익부 빈익빈이 가중된바, 대다수 사람들이 동물처럼 생활하였다. 이런 상황에서 교회는 설상가상 합리주의와 이신론의 도전으로 고뇌하였으나 아무것도 할 수 없었다. 영국의 J. C. 라일 목사의 지적처럼 당시 대부분의 성직자들은 자신들의 지위에 적합하지 않은 사람들로 세상 사람들과 다름이 없었다.[24] 사실 성직자들은 그리스도와 그의 십자가에 못 박힌 사실 외에는 그 어떤 것도 알지 아니하기로 결단한 자들이었다. 그러나 이들은 조지 휘필드가 복음 전도를 통해 놀랍게 도전하고 영향력을 행사하자 그가 성공회 주교임을 거부하였다.

이런 신앙적, 사상적 및 산업적 전환기에 개선과 갱신을 열망하는 사람과 운동이 없었던 것은 아니었다. 윌리엄 로우(William Law)는 이신론의 열렬한 반대자였고, 회중교회의 찬송가 작가 아이삭 와츠(Isasc Watts, 1674-1748)는 자신의 찬송을 통하여 신앙생활의 경건을 촉구하며 신앙의 일치를 부르짖었다.[25] 더욱이 열

23) 18세기 말 농업국가에서 기계의 발명, 교통과 통신 기관의 발달, 그리고 기술의 혁신에 의해 시작된 산업상의 큰 변화와 이에 따른 사회, 경제적 변화를 가리킨다. 1769년 와트(James Watt, 1736-1819)는 최초로 고성능 증기기관을, 1770년 하그리브스(James Hargreaves, -1778)는 방적기를, 1768년 아크라이트(Richard Arkwright, 1732-1792)는 방적기를, 1784년 카트라이트(Edmund Cartwright, 1743-1823)는 동력 직조기를 발명하고 고안했다. 1762년 이후 웨지우드(Joshia Wedgwood, 1730-1795)는 스태포드셔(Staffordshire) 도자기 제품 공장을 가동했다.

24) J. C. Ryle, op. cit., 14, 16. 조셉 버틀러는 무기력한 기독교에 대하여 조소하면서 기독교는 더 이상 사람들에게 요구되는 구원의 종교가 아니라 단지 신비적인 수수께기와 같은 것일 뿐이라고 했다.

25) John T. McNeill, *The History and Character of Calvinism,* (New York/Oxford University Press, 1954), 370-371.

정적인 신앙생활을 위해 그리스도인이 힘을 합쳐 무엇인가 의미있는 일을 하려는 노력도 나타났다. 그 중에 소위 신앙 단체(religious societies)라는 모임이 있었는데, 1678년 일단의 런던 젊은이들이 기도와 성경 읽기, 신앙생활의 함양과 빈번한 교제, 빈민 구제와 군인, 선원과 죄수들 돕기 그리고 설교 권장 등의 목적으로 최초의 신앙 단체를 세웠다.

이런 단체들이 급속히 확산되어 1730년경에 런던에 약 100개가 있었고 영국의 타 지역과 아일랜드에도 있었다.[26] 존 웨슬리의 부친 사무엘 웨슬리가 1702년 엡워쓰(Epworth)에 설립한 것도 이런 단체 중에 하나였다. 뿐만 아니라 1699년에 S.P.C.K가 기독교 문서를 제작하기 위해 설립되었다. 1728년 감옥에 대한 한 보고서가 국회에 제출되었다. 그 결과 1736년과 1743년에 죄수들을 팔기로 가결하였다. 이에 부도덕하고 모독적인 사회 관습의 개혁을 위한 위원회가 구성되었고 또한 자선학교(Charity school)가 설립되었으나 지원은 거의 없었다. 어떻든, 이러한 긍정적인 변화가 시도되었음에도 불구하고 당시 교회는 크게 두 가지 우를 범하였다. (1) 교회는 새 시대 사람들의 요구를 더 이상 충족시킬 수 없는 낡은 중세적 교구 체제를 보유하였고, 일반 서민 대신에 신사층(Gentry)과 결탁하였다. 따라서 어려움에 처한 사람들에게 교회는 전혀 위로가 되지 못하고 오히려 합리주의에 빠졌다. 예배는 경직된 채 더욱 형식화 되었다. 설교 가들은 성경 강론 보다는 도덕적 덕목에 호소하였고 교회 밖의 전도 사역은 전무하였다. 성직자들 역시 대 지주들과 상인층과 결탁하여 이들과 많은 시간을 보냈고, 교구일과 일반 교구민의 요구를 충족하는 데 소홀하였다. 그 결과 영국 교회는 사람들에게 감동을 주지 못하였다. (2) 교회는 부지불식간에 이성주의의 지도 세력과 결탁하였다. 따라서 이 시대 사람들은 조직화된 종교 체제는 물론 더욱이 교회의 정체성과 세속화 현상에 의구

---

26) 이때 스코틀랜드에서는 두 형제 에벤에젤 어스킨(Ebenezer Erskinem 1680-1754)과 그의 아우 랄프 어스킨(Ralph Esrkine, 1685-1752)의 지도 아래 복음주의 운동이 일어났다. 1714년 에벤에젤은 청중이 너무 많아 교회 근처 야외에서 설교하였다. 3년 후 1717년 열정적인 대중 설교가 에트릭의 토마스 보스톤(Thomas Boston of Ettrick, 1677-1732)은 17세기 청교도인 에드워드 피셔(Edward Fisher)의 작품인 현대신학의 정수(*The Marrow of Modern Divinity*)를 출판했다. 그리고 웨일즈에서는 1735년경 하월 해리스(Howel Harris, 1714-1773)와 다니엘 로우랜즈(Daniel Rowlands, 1713-1790)가 부흥 운동을 지도했다.

심을 갖게 되었다. 또한 영국의 대중은 영적 무기력에 빠져있는바, 그리스도에 대한 충성과 그를 통한 구원, 그리고 변화시키는 믿음에 전혀 감동을 주지 못했다.

철학자 볼테르에 의하면 당시 영국 교회의 설교는 논리적이기는 하나 설교자들이 음성의 변화나 제스추어도 전혀 없이 그저 낭독하는 논문 발표 형태였다.[27] 즉 감화력이 없고 생명력을 상실한 설교였다. 성직자들은 인간의 죄 성을 강조하는 전통적 교리를 무시하고 청중들의 호기심을 자극하였다. 그러나 청중들은 분별있는 사고와 냉정한 논리적 논증보다는 오히려 생생한 영적 열정에 호소하는 것이 요청되었다.[28] 이러한 때에 각성운동을 위한 운동들이 다각적으로 전개되었다.

4. 영국의 복음주의 운동의 기원

정확하게 언제 복음주의 운동이 시작되었는가? 하는 문제는 학자들 간에 관심의 대상이다. 어떤 학자들은 이 운동이 청교도의 영향으로 태동되었다고 한다. 그리고 어떤 사람들은 웨일즈와 북미 식민지역에서의 부흥운동 혹은 독일의 진센돌프의 영향으로 시작되었다고 한다. 그러나 대다수 학자들은 이 운동이 1738년 웨슬리의 회심과 함께 시작되었다고 한다. 그렇다면 우리는 이러한 견해에 대하여 특별히 1735년 조지 휘필드의 회심과 그가 회심 이후 많은 사람들에게 설교한 것은 어떻게 보아야 하는가? 웨일즈에서는 1738년 이전에 많은 사건들이 발생했는데 그것은 또한 어떻게 보아야하는가? 특별히 하웰 헤리스(Howell Harris)와 다니엘 롤란드(Daniel Rowland)가 1735년에 회심을 했고, 그 후 부흥 운동은 고난당하는 사람들에게 영향을 미쳤다. 어떤 경우에는 독립적으로 발생했으며 많은 사람들이 감리교의 운동과 상관없이 회심하였다. 이로 볼 때 부흥운동이 언제 발생했다고 정확히 말할 수 없어도 우리는 1730년대에 태동되었음을 알 수 있다. 필자는 아래에서 이 운동의 기원에 관한 몇 가지 견해를 3가지로 정리하였다.

4.1. 성공회 안에서의 태동 견해

27) 셀리, *op. cit.*, 422.

28) Williston Walker, *A History of the Christian Church*, (New York: Scribner, 1985), 236.

복음주의 운동이 태동한 당시 영국은 사도적 질서와 권위의 연속성을 주장하였다. 이들은 세례는 곧 사람들을 하나님의 은혜언약으로 인도하는 것으로 믿고 가르쳤으며 사도적 교회의 규례와 예식들을 주장하였다. 이런 상황에서 웨슬리 같은 사람들은 중생의 강조 대신 오히려 율법화 되어버린 고교회의 영적 결함에 맞서 성령의 재 임재를 강조하였다. 이들은 교회의 규례와 죽은 전통, 그리고 성공회의 가톨릭적 연대감의 오류를 발견하고 이런 교회의 가르침들이 불충분하다고 믿고 인간의 삶 속에 계시는 하나님의 간섭을 새롭게 강조하였다. 이때 고 교회(High Church)에서는 도덕적인 설교가 판을 쳤다. 이런 설교는 당시 사람들의 요구를 전혀 채워주지 못하였다. 이들의 도덕적 설교는 당시 상황에서 어떤 변화도 주지 못하였다.

옥스퍼드대학 내의 성결모임 소속 고교회 사람들은 무거운 짐에 억눌린 사람들을 방문하였고 그들이 처한 상황에 깊이 관심을 가졌다. 이들은 문제의 해결을 위해서는 오직 하나님께 돌아가는 길 밖에 다른 길이 없음을 인식하였다. 그러나 이 고교회적 경건은 그들의 열망을 채워주지 못했다. 이때 웨슬리는 반쪽의 기독교인이 되는 것은 전적으로 불가능하다고 믿고, 이 일을 해결하기 위해서 윌리암 로우의 「엄숙한 소명」을 읽을 것을 권장하였다. 그들은 자신들의 필요가 무엇인지 인식하였으나, 하지만 그 해결방안은 찾지 못하였다. 마음과 생명을 위한 실제적 성결을 기다리던 당시 사람들은 천국과 지옥을 신중하게 생각하였다. 1738년 모라비안들이 열정으로 이들을 복음주의적 체널(Channels)로 인도하였다. 이들은 어떤 유익이나 결과가 없는 죄에 맞서 싸웠다. 그리고 영적 각성에 의하여 그들이 놀랍게 변화되었다.

부흥운동의 태동 동기는 무엇보다도 합리주의에 대한 반동이었다. 정통교회 교인들은 이신론(자연신교)에 대한 관심이 고조되었고 일반 백성들은 그것이 정말 사실이냐? 그렇다면 기독교의 가르침이 옳은 것이냐 라고 질문하였다. 사람들은 도덕성에 자신들의 의를 인식했으나 실제 생활은 전혀 없었다. 믿음은 단지 인식론적 용어로 전락하여 인격적이지 못했다. 합리주의자들은 하나님 중심의 신앙으로부터 인간 이성을 중시하며 역사적 기독교의 가르침을 오히려 의심하였다. 이들은 성경의 역사적 정확성을 공격하며 기존 신도들의 신앙을 뒤흔들었다. 부흥운동은 이러한 합리주의에 대한 강력한 반동으로 발생하였다. 이때 윌리암 로우가 신비주의로 귀의하였으나 복음주의자들은 성경의 권위를 주장하며, 동시에 성령의 증거를 강조하였다. 이러한 운동이 따뜻함을 가짐으로 실제 생활에서 죽은 정통에 일격을 가하였다. 이것은 결국 우리가 끝까지 힘써 붙잡아야 할 진리임을 보여준다. 그리하여 비로소 참된 진리가 머리에서 마음으로 이동하였다. 그렇게 하기 위해서는 건전한 기독교의 변증뿐 아니라 성령의 내적 확신이 요청되었다.

4.2. 영국 청교도 운동의 영향

부흥운동은 17세기 영국 교회 안에서 태동한 청교도 운동으로 촉발되었다는 것이다. 이들은 대개 청교도 전기 작가들과 그들의 작품이 이 운동에 결정적 영향을 미쳤다고 생각한다. 청교도들의 신학은 언약 신학으로 요약할 수 있는데 이들의 신학은 곧 그들의 문학 작품에 다양하게 나타났고 이 작품들을 통해 영향을 미쳤다는 것이다. 어떤 청교도들은 퀘이커교도가 주장한 직접 계시에 의문을 가졌다. 따라서 이들은 복음주의 신학이 태동하기 전에 복음주의적 경험이 선행되어야 한다고 믿었다. 그 중에 조셉 홀(Hall)과 레이톤(Leighton)같은 주교들은 성공회 내에 칼빈의 신학을 계속 정착시켜야 한다고 주장하였다.

사실 독일의 모라비안들이 영국의 감리교 형성에 중요한 역할을 하였다. 또한 몇몇 프랑스의 위그노들과 스코틀랜드 장로교도들의 영향도 예외는 아니었다. 결정적이지는 않으나 필립 도드리지(Philip Doddridge)같은 비국교도들의 영향을 입기도 하였다. 그러나 그 누구보다도 영국의 청교도들의 영향은 지대하였다. 예를 들면, 알레인(Alleine)의 「경고」(*Alarm*)와 존 번연의 「풍성한 은혜」(*Grace Abounding*), 그리고 토마스 부룩스의 「존귀한 치유」(*Precious Remedies*) 등 이었다. 웨슬리는 이런 책들을 읽는것을 자신이 좋아하였고, 사람들이 토마스 굳윈(Thomas Goodwin), 리차드 십스(Richard Sibbes), 존 프래블(John Flavel), 리차드 백스터(Richard Baxter), 토마스 만톤(Thomas Manton), 사무엘 루터포드(Samuel Rutherford)의 책 등이다. 17세기의 청교도들은 설교자이자 교사요, 무엇보다도 목회적 상담을 통해 사람들을 치료하는 영혼의 의사였다. 16세기 종교 개혁은 설교와 가르침에 강조점이 있다면 18세기 목회자들의 특징은 교제의 중시였다.

감리교도들은 청교도들의 이념을 추구하고 발전하기를 갈망하였다. 그것을 다음과 같이 몇 가지로 정리할 수 있다. (1) 그리스도인의 성장이다. 청교도들은 성숙한 그리스도인을 위해 힘쓰는데 관심을 가졌다. 사람들은 하나님 앞에서 진실하게 은혜를 받기 위해서 준비하고 회심해야 할 것을 가르쳤다. 이러한 진지함은 18세기에도 계속되었다. (2) 성결한 삶을 사는 것이다. 이를 위해서 죄의 동기에 대해서 깊이 탐구하고 열매 맺는 그리스도인의 삶을 강조했다. (3) 양심 훈련을 통해 사람들은 자신들이 직면하는 문제에 적절히 대응할 수 있었다. (4) 기도의 중요성을 강조하였다. 그들은 기도란 하나님과 교제하는 것일 뿐 아니라 하나님을 응시하며 항상 그분의 임재 속에서 몸을 녹이는 것으로 인식하였다. 이는 곧 하나님에 대한 명상과 교제를 가르친다. 이것을 실천한 사람들은 항상 하나님 앞에서 잠잠하였다.

4.3. 모라비안들의 영향

1722년 6월 8일, 약 10명의 피난민들이 진센돌프의 삭소니에 도착하였다. 진센돌프는 그의 숙소에서 약 200명의 사람들을 위해 천막을 건축하였다. 이들 중에 어떤 이는 존 후스의 보헤미아에서 왔다. 그들은 자신들을 보헤미아 형제단(Unitas Fratrum)으로 간주 했고 이어 하나님의 문지기라는 헤른후트 공동체를 구성하였다. 이들이 그곳에 도착했을 때 진셀돌프는 단지 22세였다. 그런데 진센돌프는 그가 할레대학에서 공부하는 동안 경건주의자들의 영향을 받았다. 그는 이전에 스콜라적 루터교 신학의 터전인 위텐베르그 대학에서 법학을 공부했다. 이때 진센돌프는 요한 로테(Johanne Rothe)를 베르텔스도르프(Berthelsdorf)에 소재한 공동체의 목사로 임명하고 그곳의 지역 공동체와 자신이 경영하는 모라비안 피난민들의 연합에 관심을 가졌다. 그러나 거기에는 여러 갈래의 신학적 및 또 다른 문제들로 서로 조화를 이루지 못하였다. 그러던 중에 어느 날 로테의 설교에 놀라운 능력이 나타나, 그곳에 모인 공동체가 축복을 받았다. 이때 진센돌프는 요리문답 공부를 직접 실시하였다. 또 다른 사람은 찬송을 부르는 일을 격려하였다. 그리고 어떤 사람은 경건한 삶에 도전하였다. 이로서 자연스럽게 공동체 안에 실제적인 강력한 연합이 이루어졌다. 위의 4가지 현상으로 하나님은 영적 각성운동을 준비하셨다.

1727년 진센돌프는 그곳 숙소에서 전문 사역자가 되었다. 로테의 설교를 도우며 그는 주로 요리문답을 가르쳤다. 이들은 아우구스부르크 신앙 고백서에 동의하고 진센돌프가 작성한 소위 "자애(self-love)의 부정"에 관한 몇 가지 규칙들을 실천하였다. 진셀돌프는 그리스도의 상처와 희생을 통한 사역을 강조하였다. 전체 모임이 개최되었고 4-5명으로 구성된 작은 모임에서는 서로 맹세하였다. 이 모임에서는 기도에 대한 관심이 고조되었고, 8월 13일 성찬식이 거행되었다. 이때 이들은 주님의 임재를 실제로 경험하였다. 주님의 놀라운 그리고 계속적인 임재 경험은 그곳에 모인 남녀노소 모두 함께 느꼈다.

이 각성으로 (1) 전부터 믿어온 교리들이 보다 실제적이 되었다. 그들은 진리는 느껴지고 인식되어야 한다고 믿었다. (2) 1727년 11월과 12월 진센돌프는 예나(Jena) 대학을 방문하고 그들에게 도전하였다. 이때 도전 받은 사람이 스팡겐베르그(Spangenberg)와 보엘러(Boehler)였다. (3) 1735년 웨슬리 형제는 미국 조지아로 가는 도중 선상에서 모라비안들을 만났다. 강한 태풍 속에서 이들의 진지함과 겸손함에 강한 인상을 받았다. 그리고 미국에서 존 웨슬리는 스팡겐베르그를 만났다. 이때 웨슬리 형제는 각각 확신이 부족함을 인식하였다. 1738년 웨슬리는 신앙이란 지적 확신 이상이며, 하나님을 확실히 의지하고 인격적으로 확신하는 것이라고 말한 볼러(Bohler)를 만났다.

1738년 이전에 웨슬리 형제는 그리스도께서 그들을 위해 죽으셨다는 확신이 없었고 그리스도 안에서만 의롭게 된다는 것을 믿지 못했다. 사실 이전에 웨슬리는 자신의 의로 의롭게 될 수 있다고 믿었는데, 이때 모라비안들이 신앙의 완전한 확신은 가능하다고 말했다. 1738년 귀국 후 웨슬리는 헤른허트(Herrnhut)를 개인적으로 방문하였다. 가서 보았더니 모라비안들이 감정을 지나치게 강조하였다. 그러나 웨슬리는 이때 그리스도의 경험적이며 인격적인 지식이 자신에게 주어졌음을 깨달았다.

헤른허트에서는 1727년부터 100년이 넘게 낮과 밤으로 기도가 계속되었다. 4-7명으로 구성된 90개의 맹약 그룹이 일주일에 2-3회 모임을 가졌다. 새로운 느낌의 교제가 계속 유지되었다. 이런 현상은 웨슬리에게 커다란 영향을 미쳤다. 따라서 사회를 향한 새로운 열망을 웨슬리는 인식하였다. 그는 바로 이 일에서 위대한 가치를 발견하였다. 웨슬리는 귀국 후 그가 그곳에서 경험한 것들을 적용하였다. 1739년 1월 초에 페터 레인(Fetter Lane)에서 웨슬리는 사랑의 잔치(Love-feasts)를 시작했는데 이것은 모라비안의 전통에 근거하였다.

4.4. 모라비안들의 부흥운동의 결과

진센돌프 모라비안들의 영향으로 새로운 분위기가 조성되었다. (1) 공 예배 시에 많은 찬양이 불려졌다. 특히 부흥 운동은 감사로 감격 중에 그리스도 중심적이었다. 진센돌프와 스팡겐베르그, 그리고 센니크(Cennick)는 그들의 경험적인 찬송을 작곡하였다. 이것은 두 웨슬리 형제에게 크게 영향을 미쳤다.

(2) 모라비안 교회의 갱신을 낳았다. 진센돌프는 "하나님을 인식하지 않고 어떻게 당신은 하나님과 함께 평화를 가질 수 있는가?" 라로 물었다. 이전 사람들의 신앙은 너무 지적이었다. 이런 모라비안 교회의 신앙은 사실 루터파 보다도 역사가 더 오래되었다. 그러나 모라비안의 교회 갱신과 정착은 선교적 관심으로 연결되었다.

(3) 놀라운 선교 사역의 확산으로, 성령의 은총에 힘입어 많은 사람들이 선교사가 되었다. 이들은 그리스도의 산 증인으로, 그리스도를 증거해야 하는 명령에 이끌림 받았다. 그들은 그리스도와 함께 살기를 소원하고 그리스도를 이야기하기를 열망하였다. 그들은 사람들에게 지혜롭고, 예의바르며, 정열적으로 관심을 가졌다. 1727년 첫 선교사가 헝가리와 덴마크로 파송되었다. 1728년에 터키(Turkey)와 라프랜드(Lapland), 그리고 그린랜드(Greenland)에 복음을 증거하였다. 서 인도에서는 노예들에게 기독교가 증거되었다. 결국 이들은 진센돌프의 본을 받아 실재로 영적 삶에 잠겼고 사람들의 심령에 십자가에 못 박히신 예수님을 증거하였다.

5. 영국 복음주의 운동의 발전

지금까지 우리가 상고한 영국의 복음주의는 국내적으로는 청교도들의 신학사상을 국외적으로는 독일의 경건주의적 삶의 실제를 수용하여 발전시킨 것이다. 따라서 존 웨슬리 같은 지도자들은 그들이 처한 절박한 신앙적 및 사상적 혼란기에 그들이 발견하고 직접 체험한 신앙을 실제 삶 속에서 실현시키며, 표류하던 영국 교회를 갱신하였다. 이것을 위해서 웨슬리는 당시 소외 된 많은 노동자들에게 새로운 삶의 지표를 제시함으로 부흥운동을 일으켰다. 이 시기에 아직은 영국 교회에 주일학교나 성경연구 위원회, 혹은 시티 선교회나 목회 협력 위원회, 특별히 이

방민족을 위한 선교회가 결성되지 않았다. 그런데 웨슬리의 부흥운동이 전 영국으로 확산되었고 결국 이러한 갱신운동은 영국에서 100여 년 전에 발생한 청교도 운동과 함께 세계 기독교사에 기록될 또 하나의 사건을 창출하였다. 따라서 우리가 이 복음주의 운동을 고찰하면서 주목할 것은 존과 함께 그의 동생 찰스 웨슬리와 친구 조지 휘필드를 기억하고, 어떻게 이들이 이런 위대한 부흥운동을 전개했는가를 바로 이해해야 할 것이다. 그러면 영국의 복음주의 운동에 기여한 존과 찰스 웨슬리, 그리고 조지 휘필드의 생애와 그들의 사역과 신학적 특징을 간략히 고찰할 것이다.

6. 요한 웨슬리(John Wesley)의 생애

웨슬리는 1703년 비국교파 목사의[29] 아들로 태어나 옥스포드 대학교에서 공부하고, 한동안 구원에 대한 개인적 확신 없이 종교적 율법주의에 깊이 빠져 있었다. 그리고 미국에서 선교사 사역을 하는 중에 모라비아 교도를 통해 하나님의 임재와 능력을 체험하고 그의 생애를 주님께 헌신한 영국 복음주의 운동의 대부이다. 그는 88년의 생애를 통해 영국인들이(특히 하층 계급 출신) 종교적 신앙과 실천을 그들 생활의 중심으로 삼을 정도로 영향력 있는 하나의 종교운동을 잉태하였다. 그는 실로 복잡한 변화에 적극적으로 맞설 계획으로 행동하지 않았지만 그의 "성서적 성결 운동을 온 땅에 충만케 하는"(to spread Scriptural holiness over the whole land) 사역을 통해 당시 철학이 조성한 종교적 무차별 주의에 효과적인 답변을 제공하였다.

웨슬리의 생애는 편의상 3시기로 살펴 볼 수 있는데, 제1기는 준비기로 어린 시절, 옥스포드에 머물며 개인적인 완전에 도달하기 위해 노력한 모습이다. 특별

---

29) 웨슬리의 할아버지는 1662년의 왕정복고로 목사직에서 쫓겨났고, 그의 부친 사무엘 웨슬리(Samuel Wesley, 1662-1735)는 비국교파(a Nonconforming clergyman) 사제였다. 사무엘 웨슬리는 국교의 성직을 선호하여 1696년 부터 죽을 때까지 거친 시골 엡워드의 교구 목사로 봉직했다. 그의 아내 수산나(Susanna)는 열렬한 국교회 신자였고, 그녀와의 사이에 19명의 자녀를 낳았는데 그중 8명은 유아기에 사망했다. 수산나는 대가족에 대한 질서 있는 규율을 만들어서 연장자들이 어린 동생들을 돌보게 하였고 엄한 규칙과 순종을 강력히 요구했다. 존은 15번째였고 찰스는 18번째였다.

히 1709년 그의 집, 목사관이 불났을 때 그는 동생 찰스와 함께 구사일생으로 목숨을 건졌다. 이것을 계기로 웨슬리는 자신을 "불에서 꺼낸 그슬린 나무"(슥 3:2)라고 불렀다. 웨슬리의 이런 생각은 옥스포드 시절에 더욱 확고히 자리 잡았고, 많은 독서[30)]를 통해 여러 언어를 통달하였다. 지적 능력이 뛰어난 존은 1726년 링컨 대학의 특별 연구원과 평의원으로 선출되었고, 그 후 존 웨슬리는 사제로(1728.10.22.)서 부친의 교구 일을 돕기 위해 대학의 평의원 직을 정리하였다.

존이 잠시 옥스포드를 떠나있는 동안 찰스는 대학 내 이신론의 팽창에 충격을 받고 옥스포드 대학(Christ Church)에서 다른 두 동료와 함께(1729)[31)] 서로 공부를 돕고, 유익한 책을 읽으며, 자주 성례전에 참여하기 위한 구락부를 조직하였다. 이들은 모두 하나님을 바르게 섬기는 방법을 찾는데 온 힘을 기울였다. 이들은 완전을 추구하는 노력이 체계적으로 이루어져야 한다고 확신하였다. 따라서 이들은 완전한 삶을 위한 체계적인 생활 계획을 세웠다.[32)] 그리고 1729년 11월 존 웨슬리가 옥스포드에 돌아와서 그 모임의 지도자가 되었고, 그의 지도아래 윌리엄 로우(William Law)의 "경건하게 헌신된 이상"을 실현하였다. 이 모임은 많은 관심속에 안정감이 부족했어도 25명이 참여하였다. 그러던 중 1735년 초 조지 휘필드의 가입은 이들에게 용기를 주는 계기가 되었다. 존은 후에 이 모임을 거룩한 형

---

30) 특별히 그가 좋아한 책들은 토마스 아 켐피스(Thomas a Kempis)의 「그리스도를 본받아」, 제레미 테일러(Jeremy Taylor)의 「성결한 삶」(*Holy Living*), 그리고 윌리암 스크로기(Henry Scougal)의 *Life of God in the soul of Man, Sprinkle*(1989)과 윌리암 로우(William Law)의 「경건한 삶으로의 진지한 부름」 등이다. 웨슬리는 그의 회고록에서 "이들은 나에게 반조각의 기독교 신자가 돈다는 것은 전혀 불가능한 것임을 확신시켜 주었다. 나는 그의 은혜를 통하여 전체 다 하나님께 바치기로 결심하였다." 라고 하였다. Kenneth Scott Latourettc, *A History of Christianity*, (New York: Harper & Row Publ., Inc., 1953), Vol. 3., 92-93; 셀리, *op. cit*., 424.

31) 그의 동료는 로버트 커크햄(Robert Kirkham)과 모건(William Morgan)이었다.

32) 이것의 실천을 위해 매일의 생활 계획표를 작성하였다. 기도와 독서, 매주일 여러 차례의 금식 (단식), 매일 저녁 함께 모여 서로를 격려하고 자신들의 말씀의 내용을 서로 토론하는 것이 이들의 생활 계획이었다. 이런 생활계획에다 구체적인 자선 행위를 추가했는데 그 예를 들면, 자선, 옥중에 있는 사람들 방문, 가난한 어린이들을 가르치는 일등이었다. 후년에 가서 웨슬리가 온 영국 땅을 누비며 설교를 하기 시작했을 때 그의 메시지를 듣고 기독교적인 생활을 위한 그의 자세한 계획을 추종한 사람들을 메도디스트 (Methodist)라 불렀다.

태의 감리교의 모태, 발상으로 간주하였다.[33)]

제2기는 한 개척자가 실패와 좌절로 생을 엮어가는 1735-1738년까지의 선교 활동 기간이다. 존은 그의 동생 찰스와 함께 그의 조지아의 친구 존 버튼(John Burton) 박사의 청빙을 받았는데, 청빙 내용은 제임스 오글토프(James Orglethorpe) 장군이 이끄는 새 식민지에서 하나님을 섬기는 것이 어떻겠는가였다. 그리하여 찰스는 장군의 비서로 존은 식민지 담당 목사로 일하였다. 따라서 이들은 1735년 10월 당시 해외 지역 복음 전파 협회 (the Society for Propagation of the Gospel in Foreign Parts)의 선교사로 심몬즈(Simmonds)호를 타고 조지아 (Georgia)[34)]로 떠났다.

이 기간 동안 웨슬리는 2가지의 중요한 경험을 하였다. (1) 미국으로 가는 위험한 항해에 그는 니취만(David Nitschmann) 감독이 인솔하는 26명의 모라비안(Moravians)들과 동선하였다. 이때 그는 모라비안들의 신앙의 깊이와 견고성을 몸소 목격하고 일생 동안 그의 마음에 간직하였다.[35)] 웨슬리는 이들을 통해 자신의 신앙이 이지적임을 발견하였고, 모라비안들이 갖고 있던 영력이 자신에게는 부족함을 깨달았다. (2) 그 후 그는 식민지에서 인디안을 위해 선교사역에 참여했으나 결과는 실패였다. 찰스는 병이 들어 1736년에 영국으로 돌아갔다. 이 경험은 좌절과 당황의 시기를 가져다주었고 웨슬리는 자신감을 잃고 사역에 회의감에[36)]

---

33) Kenneth Scott Latourette, *op. cit.*, 93. 이 모임은 엄격한 규율로 인해 거룩한 모임 (the Holy Club) 대신 17세기에 사용했던 낱말인 "형식주의자", "격식주의자", "열광주의자", 혹은 "방법론자" (Methodist)라는 별명을 얻게 되었다. 사람들은 그들을 놀리는 식으로 신성 클럽이라 불렀다. 처음에 이들의 모습은 감리교보다는 앵글로-카토릭 운동에 더 유사했다. 그러다가 이운동이 전 세계로 확산되면서 이 운동의 공식 명칭이 되었다. 라토렛 교수에 의하면 이런 사상은 당시에 케임브리지대학 출신이었던 윌리암 로우(William Law)의 이념적 영향을 받았다고 한다.

34) 이때의 조지아는 채무자들을 피하기 위한 독일의 핍박받는 개신교들의 피난처로 2년 전에 박애주의자인 제임스 오글또오프 (James Oglethorpe)가 개설한 지역이었다.

35) 웨슬리는 이때 모라비안 지도자인 스판겐베르그(Spangenberg)를 만났는데, 이 사람은 존에게 날카롭게 "당신은 예수 그리스도를 알고 있습니까?" 라고 물었다. 이때 존은 "나는 그가 세상의 구주인 줄 알고 있습니다" 라고 대답하였다. 이에 스판겐베르그는 "그것은 사실입니다. 그러나 당신은 그가 당신을 구원하셨다는 것을 알고 있습니까?" 라고 반문 하였다. 웨슬리에게는 모라비안들이 갖고 있었던 구원의 내적인 확신이 없었다.

36) 웨슬리는 그때의 심적 상태를 그의 일기에서 이렇게 묘사한다. 9월 월요일

사로잡혀 영적으로 심각한 갈등에 빠졌다. 그러던 중에 1736년 진지한 그리스도인의 한 무리를 보고 용기를 냈으나 역부족이었다. 설상가상 이때 존은 불행한 연애 사건을 경험하였다. 존은 자신이 사랑한 애인 소피 홉키(Sophie Hopkey, 당시 18세)에 대한 구애 부족으로 그녀가 다른 남자와 결혼하였다. 그 후 존이 그 여인에게 수찬을 정지하가 논란이 일어났고, 마침내 그 여인의 남편이 자신의 아내에 대한 명예 훼손으로 소송을 제기하였다. 재판이 장기화 되자 견디지 못한 존은 6개월 후 낙담 중에 영국으로 도주하였다.

제3기는 확신과 헌신기이다(1738-1791). 존이 미국에서 런던 귀향 후 얼마 되지 않아서 그가 속한 교회에 나가 모라비아 설교가인 피터 볼러(Peter Bohler)를 만나 그의 조언을 받았다. 볼러는 그때 존과 찰스에게 완전한 자기포기(self-surrender), 즉각적인 회심(instantaneous conversion)과 의식적 구원이 주는 환희(joy in conscious salvation)에 관하여 말하였다.[37] 볼러는 이신칭의가 단지 교리가 아니라 하나님의 용서를 개인적으로 경험하는 것이라고 하였다. 그러나 웨슬리는 어떻게 순간적으로 주어질 수 있느냐고 반문하였다. 그러던 중 1738년 5월 24일[38], 존이 성 바울 성당의 저녁 기도에 참석한 후 그곳에서 가까운 올더스게이트가(Aldersgate Street)에서 회동한인 모라비안 집회에 참석하였다. 그때 교회에서 누군가 루터의 로마서 주석 서문을 읽는 것을 듣던 중에 그의 마음이 뜨거워졌

(1738년 1월)과 그 다음 몇날 동안 나는 헛된 욕망에 관하여 많은 반성을 하였다. 이 헛된 욕망은 기독교인이 되기 위하여 고독하게 보낸 수많은 세월 동안 나를 따라 다녔다. 나는 이제 고독은 충분히 겪었다고 생각한다. 그러나 그렇다고 내가 기독교인에 좀 더 가까이 다가서 있는가? 예수 그리스도께서 기독교의 모델이시라면 그 대답은 부정적이다. 24일 화요일... 나는 인디언들을 개종시키기 위하여 미국으로 건너갔다. 그러나 아! 나는 누가 개종시켜 줄 것인가? 나를 불신앙의 이 악한 마음으로부터 구해줄 사람은 누군가, 이떤 분인가? *The Journal of John Wesley as abridged by Nehemiah Curnock*, (New York: G. P. Putnam's Sons, 1963), 34-35.

37) 피터 뵐러는 웨슬리에게 실제로 신앙이 생길 때까지 이를 설교하라. 신앙이 일단 생기게 되면, 이 때문에 더욱 설교하게 되리라"고 하며 명목상의 신앙을 벗어날 것을 말했다. 셀리, *op. cit*., 428.

38) 찰스는 1738년 5월 21일 형 존보다 3일 먼저 루터의 갈라디아서 주해를 읽고 나서 영적 뜨거움을 느꼈다. "나는 이제 하나님과 평화롭게 있는 나 자신을 발견하였다. 그리고 사랑하시는 그리스도인에 대한 소망으로 기뻐했다"라고 했다. 다음날 아침 그는 시편 107편을 묵상하고 나서 그의 회개하는 찬송을 작곡하였다.

다.[39] 웨슬리는 하나님께서 주님을 통해서 자신의 죄를 용서해 주셨다고 확신하였다. 이때 그는 그리스도가 자신의 구세주이심을 고백하고 새롭게 눈이 뜨는 체험을 하였다. 그의 영적 갈망은 회심 후 3주일이 되기 전에 독일로 건너가 진센돌프(Zinzendorf)를 만나고 헤른후트(Herrunhut)에서 2주를 보냈다. 그의 경험은 마치 바울의 다메섹 체험처럼 평생 동안 그의 마음에 자리하였다. 제2기 때의 경험이 그의 영적 절망의 몸부림이었다면 제3기는 그의 영적 환희의 체험이었다. 이때의 경험은 이후 50년 동안 그의 사역을 지배하였고, 마침내 전 생애를 복음전도에 헌신하게 되었다. 그 후 웨슬리는 평생 동안 하나님에 대한 의식과 그의 경험을 설교로 역설하였다. 따라서 그의 설교는 감동적이었고 듣는 무리가 놀랍게 변화되는 역사가 일어났다. 그리하여 웨슬리는 복음 전하는 성공적인 설교가로 후대에 알려졌다. 그런데 웨슬리가 이처럼 성공한 데는 설교만큼 탁월한 천재적인 그의 행정능력이 자리하였다.[40]

하지만 당시 그가 속한 성공회는 웨슬리를 강하게 비판하였다. 그 중에 하나는 당시 급속히 확산된 이신론과 또한 국왕 조지의 통치아래 성례 중심적으로 매우 보수적이었다. 따라서 당시 교회는 그가 열심주의, 즉 성령충만 한 그리스도인 또는 열심주의자들을 만들어 낸다는 이유로 비난하였다. 특별히 열심주의는 신앙을 머리가 아닌 마음으로 간주했기에 불신되었다. 이성주의는 이러한 열심주의를 관대히 보지 않았다. 또 다른 이유는 주로 가난한 사람들과의 접촉이었다. 권력과 명성을 강조하던 시대에 소수의 성공회 사제들이 비록 번영에 관심이 없는 것은 아니었지만 웨슬리는 정치적으로 경제적으로 무력하고 비천한 부류의 사람들과

---

39) 웨슬리는 그의 일기에서 말하기를 "약 9시 15분 전 쯤에 루터가 그리스도에 대한 신앙을 통해 하나님께서 마음속에 가져다 주시는 변화를 묘사하고 있었을 때, 나는 내 마음이 이상하게 뜨거워지는 것을 느끼게 되었다. 나는 내가 구원받기 위해 그리스도, 오직 그리스도만을 의지한다고 느낄 수 있게 되었다. 그리고 그가 내 죄를 없이 하고 죄와 사망의 법에서 나를 구원 하셨다는 것을 확신하게 되었다" 라고 고백했다. 이런 그의 영적 경험에서 감리교가 태동케 되었다. *Ibid.*, 95; 합리주의자인 렉키(W.E.H.Lecky)는 웨슬리의 올더스게이트가의 사건은 영국 역사에 신기원을 이루었다고 했다. 이 사건은 웨슬리 형제의 생애에 있어서 일대 전환점이 되었다. Cf. 김선영, "존 웨슬리의 루터 수용과 비판 I", 「교회사학」, (한국기독교회사학회, 2009, 제9권 제1호), 297.

40) 윌리엄 A. 스코트, 「개신교 신학 사상사」, (대한 기독교 출판사, 1993), 141. 웨슬리 자신도 그의 조직력이 "특수한 달란트"(his peculiar talent) 임을 알고 있었다.

함께하였다. 가난한 도시의 대중들과 접촉하기 위해서는 교구 제도를 어겨야 하고, 완전히 새로운 형태의 선교를 개척해야 하였다. 이렇게 빈곤자를 대상으로 한 선교 활동을 기존 교회는 못마땅하게 생각하였다. 이렇게 웨슬리는 이성적 신앙의 시대에 반문화적 운동을 펼쳤다.

7. 웨슬리의 부흥운동과 신학사상의 특징[41)]

7.1. 야외 전도와 평신도 운동

18세기 영국은 사회적, 문화적, 산업적으로 급변하였다. 따라서 웨슬리는 새로운 도심지에서 다수의 비기독교인들에게 전도를 해야 할 필요성을 절감하였다. 이러한 상황에서 웨슬리는 실용주의적 전통주의(pragmatic traditionalism)를 개척하였다. 이 방식은 현행 예배 방식을 유지하되 또한 유사한 상황에서 발생하는 예배의식들의 보편적 전통을 찾았다.[42)] 따라서 웨슬리는 처음에는 망설였으나 길거리 전도를 펼쳤다. 이는 사도적이며 성격적이었기 때문이다. 또한 그는 애찬(love feast)을 옹호하고, 이는 고대의 아가페적 전통으로 간주하고 실천하였다. 그 밖에 제야집회, 즉 철야집회를 개척하고 또한 기도회를 장려하였다. 그리고 찬송가를 성경의 전례, 교부들과 루터교의 관습에 근거하여 정당화시켰다. 그는 철저히 영국의 국교회 신봉자였으나 자유롭게 현실을 실제적으로 개혁하였다.

한편 거리 전도에 나선 웨슬리는 성도들이 성결한 삶에 힘쓸 것을 선포하였다. 이것을 위해 그는 다양한 방법들을 동원하고, 특별히 휘필드의 권면으로[43)] 야외

---

41) Anthony Armstrong, *The Church of England, the Methodists and Society, 1700-1850,* (University of London Ltd., 1973), 7-217; J. Wesley Bready, *England: Before and After Wesley*, (London: Hodder and Stoughton Ltd., 1939), 19-451; H. F. Mathews, *Methodism and the Education of the People,* (London: The Epworth Press, 1949), 9-202; Arthur Warne, *Church and Society in Eighteenth-Century Devon*, (David & Charles: Newton Abbot, 1969), 87-165.

42) 제임스 F. 화이트, 「개신교 예배」, (기독교문서선교회, 1997), 258.

43) Williston Walker, *A History of the Christian Church,* (New York: Scribner, 1985), 601.

설교를 시작하였다. 이유 중에 하나는 당시 영국의 대다수 교회, 기존의 성공회가 그에게 설교할 기회를 통제했기 때문이다.[44)]

그러나 수많은 사람들이 그의 설교를 듣기 위해 몰려들었고, 횟수가 더하면서 점차 마음의 여유를 갖게 되었다. 이후 웨슬리는 언제 어디서나 하루에 보통 3-5 차례 설교하였다. 그의 특징은 하나님과 이웃에 대한 사랑으로, 이것을 실천함으로 죄악에서 해방될 수 있다고 하였다. 웨슬리는 새벽에 일하러 집을 나서는 노동자들을 위하여 일찍 일어났으며 늦은 오후와 저녁 시간에 그들과 교제하였다. 그리고 자신과 함께 일할 사람들을 선발하여 훈련시키고 영국의 변화를 위하여 성직자와 평신도를 중심으로 전도단(a corps of preachers)을 구성하여 훈련시켰다. 그는 초보적인 설교자들을 위하여 경험자들이 잘 지도하게 하였다. 그런데 이 운동이 점차 확대되어 평신도들의 참여가 높았다. 이것은 이후 감리교가 채택한 기독교 선교의 한 특징이었다.

이러한 신도회 내에서 속회(Class)가 교회 발전을 위한 기초 모임이었는데 지도자 한사람과 11명의 신도로 구성되었다. 이들은 매주 회원 모임을 갖고 자선활동에 기부할 후원금을 모았다. 그리고 대개는 즉흥적으로 이루어지는 기도회와 함께 성경 공부를 병행하였다. 이들은 모임 시에 회원 상호 간의 나눔과 교제를 통해서 자신들의 삶 속에서 역사하신 하나님의 능력과 축복들을 나누었다. 그런데 속회 보다 한 단계 높은 기구가 밴드(band)였다. 이 모임은 속회 보다 숫자가 적었으나 성결한 삶과 경건을 열정적으로 추구하였다. 신약의 아가페를 모방한 애찬이 도입되었고 참석한 회원들은 빵 한 조각과 물 한 컵을 함께 나누었다. 공동식사 후에는 하나님의 선하심을 증거하는 순서와 찬양이 진행되었다. 신년 제야 예배 때는 하나님과 새롭게 결단하였다.

이런 활동들 이 외에도 매일의 기도와 매주 일회의 금식이 메도디스트에게 권장되었다. 웨슬리는 철저히 훈련된 회원들을 동원하여 전도하였다. 이들은 가는 곳 혹은 모이는 곳, 그 어디서든지 끊임없이 찬양하였다. 찬송가는 주로 찰스가 작곡한 것들로, 다양하고 심도 있는 찬송을 보급하였다. 이런 분위기는 메도디스트의 특징이었다.

---

44) J. H. 니콜스, 「현대교회사」, (기독교문서선교회, 1995), 103-104.

7.2. 웨슬리의 신학적 특징

웨슬리와 그의 동료 전도인들의 설교는 인쇄된 것은 아니었다. 당시 웨슬리의 전도운동에 가담한 사람들은 거의 영국 국교도였고, 사실 웨슬리 자신도 그 교회에서 서품을 받은 목회자였다. 따라서 웨슬리와 그의 추종자들은 계속 국교에 남기를 바랐기 때문에 영국 교회의 예배에 참석하고 영국 교회의 성찬에 참여하며, 성공회 예배가 거행되는 시간에는 자체 모임을 갖지 않았다. 이들은 영국 국교의 신앙고백서인 39개 신조와 공동 기도문을 받아들였다. 이들은 또한 성경의 권위와 구원신앙의 필요성, 구원 과정에서의 하나님의 절대성에 대한 기본적인 신앙을 믿었다.

그러나 이들의 교리적인 특징은 신학적 혹은 교리적이라기보다는 자신들이 구원을 받았는가의 실제적인 확신문제에 두었고 이런 확신에 따라서 평생을 헌신하였다. 다른 말로하면 그의 신학은 생활 중심으로 발전했기 때문에 그의 가르침은 기본적으로 단순하였다.[45] 그럼에도 불구하고 메도디즘은 몇 가지 특징적인 주제들을 가지고 있다.[46] 이것을 크게 두 분야로 요약하면, 첫째는 긍정적인 교리로

45) 예를 들면, 웨슬리는 모든 것을 포함하는 그의 주요한 교리들은 회개와 믿음과 성결이다. 이들 가운데 첫째는 종교의 현관이 되는 회개이고 둘째는 주의 말씀을 받아들이는 믿음 (방문)이며, 세째는 종교 그자체인 성결이다라고 했다. Quoted by E. H. Sugden in *Standard Sermons of John Wesley,* (London: The Epworth Press, 1921), vol. I., 20; Ernst. Troeltsch, *The Social Teaching of the Christian Churches*, (First Hupper Torchbook edition published, 1960), 722.

46) Rupert E. Davies, *Methodism*, (Baltimore: Penguin Books, 1963), 1-2. (i) 역사적 신경들 속에 표현되어진 기독교 신앙의 주요한 교리들을 수용했으나 그 교리들이 신자들의 신앙생활 속에서 실천되지 않는 것들은 무가치 하다고 했다. (ii) 기독교의 핵심은 인간과 주님과의 인격적 관계에 있다. 주님은 인간을 구원하시고 인간의 죄를 용서하셨으며 인간 속에 살아 계셔서 인간의 성품을 바꾸어 놓으실 것이라는 것이다. (iii) 삼위일체의 한 위격이신 성령의 교리를 믿고 이 성령이 없이는 주님의 계명의 성취도 기독교 공동체의 공동생활도 막연한 꿈에 불과하게 된다고 했다. (iv) 그리스도 안에서의 생활을 개인적이고 사회적인 성결 속에서 구체적으로 실천하려는 진지하고도 끈질긴 노력을 강조한다. 그리고 이와 같은 목적을 달성하기 위하여 서로를 격려하고 바로잡아 주고 가르치고 교화하고 뒷받침해 줄 열성적인 신앙인들의 작은 모임을 구성하는 일이다. (v) 복음과 그 무엇보다도 각 죄인들에게 베푸시는 하나님의 사랑과 연민은 가능한 한 설득력 있는 말로 가능한 한 가장 넓은 지역에 알리려는 열정을 보여준다. (vi) 보잘 것 없는 사람들(the underprivileged)의 영적인 행복뿐

확신과 완전(성화) 교리로, 중생과 사랑의 교리이고 둘째는 부정적인 것으로 유기설(Reprobation)과 신앙 지상주의를 거부한 것이다. 위의 교리들은 웨슬리의 중요한 가르침으로 칼빈과 개혁주의적 신학사상을 정면으로 거부하고 인간의 자유의지를 앞세운 아르미니우스 신학을 그 특징으로 한다. 결국 이런 신학적 이견은 이후 기독교 역사 속에 많은 논쟁을 야기하였다.

7.2.1. 확신 교리

웨슬리의 기독교 신앙은 명확한 자신의 회심 경험, 그리스도를 통하여 하나님으로부터 죄의 용서와 구원을 받았다는 내적 확신과 느낌에서 출발하였다. 이 경험을 장려하려는 것이 웨슬리의 관심사였고 그리하여 설교는 구원받았다는 느낌을 일깨우는 노력으로 나타났다. 이 목적을 위해 설교의 기술을 개발하고 선택되어야 한다고 했다. 웨슬리에게 설교란 두려움과 뉘우침을 자아 내야하고 죄인임을 철저히 경험하는 것이다. 웨슬리는 죄와 구원을 대치시키므로 구원의 은총을 더욱 부각시켰다.

웨슬리는 구원의 확신을 오직 극소수의 기독교인들만이 하나님으로부터 영원한 구원을 받았다는 것을 보여준다고 하였다. 이것은 사도들이 규정한 것으로 웨슬리는 이것이 하나님의 특별한 사랑과 은총에 존재한다고 믿었다. 이러한 인식은 하나님을 두려워하고 의를 행하는 신앙인들의 일반적인 특징이었다. 그러나 성도들이 이러한 원칙에 따라 살아도 종종 슬퍼할 수 있다. 그 이유는 육체의 질병이나 복음의 약속들을 알지 못하기 때문이며, 하지만 웨슬리는 확신의식이 곧 신앙의 만병통치약은 아니라고 하였다. 웨슬리는 설교 시 청중들에게 하나님의 현존의식(awareness of the Divine Presence)을 진지하고 끊임없이 추구해야 할 것을 역설하였다. 그는 회심 이후에 성도의 삶이 지속적으로 성장하고 성결한 상태에 머물러야 하는데 관심을 가졌다. 웨슬리의 이런 영적 경험과 체험은 완전에 이르는 가르침으로 곧 성화론을 의미한다. 이것은 메도디즘이 종교적 경험을 중시하며 지

만 아니라 물질적 행복에 대해서도 폭넓은 관심을 가진다. (vii) 평신도가 목회자처럼 동등한 기능을 갖고서 함께 일하는 교회를 세운다. 평신도는 목회자들과 함께 복음을 전파하고 기독교인들을 돌보고 교회의 일들을 치리한다.

속적으로 추구하는 것으로, 갑자기 일어난 어떤 사건일지라도 신성한 것으로 간주되어야 한다는 것이다.[47)]

7.2.2. 웨슬리의 성화론

위에서 살펴본 바와 같이 웨슬리의 확신 교리와 밀접히 연련된, 또 그 결과로 나온 것이 그의 완전 성화론이다. 그에게 믿음의 확신 교리가 의식적으로 내향적이라면 사랑의 완전 교리는 외향적으로 규정할 수 있다. 웨슬리는 그의 성화론에서 하나님의 사랑을 확신하는 경험을 거친 사람은 지금 여기서 하나님의 뜻을 실현할 수 있으며 결국 그는 그리스도에게 전적으로 헌신하게 된다고 주장하였다. 이런 확신을 가진 사람은 그리스도를 본받는 삶, 즉 완전을 이루기 위한 끝없는 노력을 하게 된다. 때문에 인간은 이생에서 죄 없는 완전한 상태에 도달할 수 있다. 그에 따르면 회심한 사람은 하나님의 사랑과 용서를 확신하기 때문이다. 이 하나님에게 온전히 회심한 사람은 그의 삶을 돌이켜, 새롭게 얻은 그리스도의 사랑과 은혜, 지혜와 능력을 생활 속에서 한층 성숙한 상태로 변화한다는 것이다. 그에게 신앙은 종교의 문이고 성결과 거룩은 종교 그 자체였다.[48)] 때문에 진실로 회심한 사람은 그리스도처럼 완전하게 될 수 있다고 믿었다.

웨슬리의 이 성화론은 기독교인의 삶과 관련된 완전 교리로써 기독교의 "이상주의"와 "현실주의"가 혼합된 것이다. 웨슬리의 견해가 이상주의적인 까닭은 인간의 본성이 성결의 성과를 이룰 수 있다는 것으로, 이것은 곧 하나님의 말씀 속에 있다고 믿었기 때문이다. 즉 웨슬리는 인간이 인간 속에 역사하시는 그리스도의 변화시키시는 능력과 협력함으로 성결 면에서 더욱 성장할 능력을 갖고 있음을 가리킨다. 따라서 웨슬리는 진정으로 죄를 용서 받은 사람은 결코 죄를 짓지 않는다고 생각하였다. 죄를 짓지 않는 다는 것은 하나님의 법을 실제로, 그리고 고의적으로 범하지 않음을 의미한다. 웨슬리는 인간이 이생에서 "완전한 성화"(Entire Sanctification)에 도달 할 수 있다고 믿고 그의 청중들에게 완전한 성화를

47) Francis J. McConnell, *John Wesley*, (Nashville: Abingdon Press, 1939), 201.

48) 윌리엄 A. 스코트, *op. cit.,* 148.

이룩하기 위해 힘쓰고 그것에 도달할 것을 기대하라고 촉구하였다.[49] 한편 웨슬리의 견해는 또한 현실주의적이었다. 웨슬리는 확신 자에게 그가 하는 대로 내버려 두어야 한다고 믿고, 그에게 성장할 수 있는 충분한 기회를 제공하기 위한 목적으로 여러 구체적인 활동을 제공하였다. 웨슬리에게 결국 완전은 "그리스도의 온 전한 마음"(All the mind of Christ)을 옷 입는 것이었다. 성령의 증거와 성화의 역사, 이것이 그의 과제였다. 웨슬리는 이 과제를 달성하기 위해 모든 노력을 기울였다.

7.2.3. 유기설 (the doctrine of reprobation)의 거부

웨슬리의 가르침 속에 부정적인 강조점들은 완전에 관한 그의 긍정적인 가르침을 뒷받침해 주는 경향을 보여준다. 무엇보다도 웨슬리는 하나님이 인간에게 바라시는 존재로 실제로 될 수 있는 충분한 가능성을 보존하는 데 관심을 가졌다. 이러한 이유로 그는 칼빈의 유기설을 거부하였다. 유기설이란 칼빈이 주장한 예정론의 두 학설중 하나로 선택과 달리 어떤 사람은 하나님이 미리 정해 놓으신 예정안에서 버림을 받았다고 가르치는 교리이다. 유기설에 의하면 인간의 자유로운 선택이 하나님의 결정에 영향을 받아서는 안 된다는 것이다. 그러나 칼빈은 절대 주권을 믿었기 때문에 하나님의 뜻을 거역한다는 것은 전혀 생각 할 수 없는 문제였다.

웨슬리에 의하면 유기설은 (1) 하나님의 말씀을 증거할 때 그 말씀을 오히려 무익 혹은 무력하게 한다는 것이다. 그는 이 사실을 도무지 이해하지 못하였다. 선택을 받았든 혹 버림을 받았든 그 사람, 당사자에게 성경의 메시지는 행동에 있어서 동기유발을 제한 한다는 것이다. 따라서 웨슬리는 교리 신관이 기독교의 신관을 심각하게 왜곡시킨다고 이해하였다. 웨슬리는 어떻게 이런 교리가 하나님의 의나 자비와 부합할 수가 있는가? 따라서 웨슬리는 하나님이 죄와 불의의 주인으로 우리가 하나님의 본성과 완전에 대해 갖고 있는 가장 명확한 사상과 모순된다고 보았다. (2) 그러나 무엇보다도 웨슬리가 유기설을 완강히 반대한 이유는 이 교리가 인간의 자유를 명백히 거부하기 때문이다. 웨슬리는 인간의 최종적 결과는 인간의 행동 여하에 따라 영향을 받게 되었다. 적어도 어떤 의미에서 궁극적으로

49) J. H. 니콜스, *op. cit.*, 106.

그 결과를 결정하는 것은 인간의 행동이다. 바로 여기서 웨슬리는 구원의 과정에 미치는 인간의 영향력에 대한 자신의 독자적인 견해를 발전시켰다. 웨슬리는 하나님 편에서는 보편적인 구원의 의지를 갖고 계시며 모든 인간이 구원 받기를 원하신다고 믿었다. 그런데 이 의지를 실천하는 과정에서 이 세상에 사는 모든 인간에게 충분한 구원의 은총이 베풀어진다. 그러므로 인간이 고의적으로 사랑과 은혜를 거부하지 않는 한 구원받을 것이다. 웨슬리는 이 선행을 현존하는 모든 사람 속에서 작용하는 구속의 첫 표지, 증거로, 하나님이 개개인에게 구속을 베푸시는 첫 단계로 간주하였다. 그럼에도 불구하고 웨슬리는 현실적인 인간은 하나님의 은총을 받지 않고는 구원을 받을 수 없는, 전적으로 결여된 존재라고 하였다. 왜냐하면, 인간의 본성은 원죄의 결과로 본질적으로 악하기 때문이다. 그러나 단순히 본성적 상태로 존재하는 사람은 하나도 없고 또한 하나님의 은총을 전적으로 결여한 사람도 하나도 없다. 그는 하나님께서 모든 인류에게 주신 자연적 양심을 결려한 사람은 없다고 주장하고, 소위 이 자연적 양심을 예방의 은총으로 규정하였다.[50] 모든 인간은 크든 작든 어느 정도 이것을 갖고 있으며 이것은 인간을 계발시키고 스스로 의를 얻도록 한다는 것이다. 그러므로 태어나는 인간은 자연적인 인간이 아니다. 그는 구속받은 인간이며, 구속받은 인간으로서 그는 하나님의 선행을 행할 수 있는 은총을 소유한다.

웨슬리에게 하나님의 선행 은총은 두 가지 방식으로 나타난다. (i) 인간은 진정한 자유의지를 갖는다는 것이다. 모든 사람에게 어느 정도의 자유의지는 초월적으로 회복 될 수 있다. 따라서 인간은 자의적이 아닌 하나님으로 인하여 그분을 선택할 수 있는 능력을 갖고, 이로써 하나님의 선행적 사랑에 응답할 수 있는 능력을 갖게 된다는 것이다. (ii) 인간은 예방적인 양심을 갖는다는 것이다. 하나님은 자유의지에 추가하여 인간에게 인간이 이와 같은 선택의 자유를 갖고 있음을 인식할 수 있는 능력을 주셨다는 것이다. 따라서 인간이 자유를 의식하고 이 자유의 사용이 자신의 운명에 영향을 미친다는 것을 확신하게 되는 것이다. 이 두 가지 능력을 가진 인간은 그의 구원을 성취하기 위해 노력할 수 있다. 이것을 위해서

---

50) *The History of American Methodism*, 3 vols, vol.I., Chap.1., David C. Shipley, "The European Heritate", (New York & Nashville: Abingdon Press, 1964), 35.

그리스도를 인식해야 하며, 이러한 인식아래서 자신의 삶을 그리스도의 역사에 적극적으로 개방해야 한다는 것이다. 기독교인이 자신 속에서 역사하는 하나님의 이런 구원의 의지를 인식할 때 감사의 마음이 생기게 된다. 기독교인의 이런 감사의 마음은 개인적인 성결을 이루려는 노력으로 나타나며, 하나님과 이웃을 섬기는 사랑의 사역을 통해 열매 맺는다. 때문에 인간은 자신의 구원을 위해 하나님과 협동하게 된다는 것이다.

7.2.4. 신앙지상주의 거부

웨슬리의 유기설과 달리 반율법주의(antinomianism, 신앙지상주의)는 구원의 확신 속에서 자신이 택할 수 있는 삶을 절대화시키는 것이다. 즉 이 이론은 구원받은 자는 선한 행동에 대하여 더 이상 고민할 필요가 없다는 것이다. 소위 나의 구원의 결과는 이미 정해진 것이라고 믿기 때문이다. 이에 대해 웨슬리는 그의 이중적인 의인교리, 첫 번째 의인과 두 번째 최종적 의인론을 통해서 전통적인 입장을 반박하였다. 웨슬리에 따르면 회심을 하는 경우 자신이 구원을 받았다는 것이 의인의 첫 시작이다. 여기서 출발한 구원은 최종적으로 의인에까지 이르도록 하는, 다시 말하면 일생을 통하여 진행되는 하나의 과정이다. 의인은 구원의 경험으로부터 시작되어 성화과정 속에서 계속된다. 그에 따르면 성화란 인간이 자신의 삶에 대하여 확실한 책임을 지고 있다는 것을 의미한다. 이 과정에서 요구되는 것이 바로 그리스도에 대한 신앙이며 이 신앙은 하나님 사랑과 이웃사랑을 통하여 구체적으로 표현된다. 이 회심의 경험과 죽음 사이에 어떤 행동을 하느냐가 첫 번째 의인이 어떻게 최종적 의인이 되느냐의 결과를 최종적으로 결정하게 된다. 최종적 의인만이 인간의 영원한 운명을 궁극적으로 결정하게 된다는 것이다.

7.3. 웨슬리의 행정수완

웨슬리는 대단히 실천적이며 유능한 조직가요 행정가였다. 그는 남의 제의를 적극적으로 수용하고 좋은 방안을 채택하여 자신의 부족을 수정함으로 천재적인 능력을 발휘하였다. 그는 이것이 그가 갖고 있는 탁월한 은사임을 잘 알았다. 웨슬리는 이런 은사들을 여러 모임을 통해 실습했고, 그가 영적 체험을 했던 때와 모라비안 교도들의 모임을 통해서 학습한 것들을 토대로 협회(societies)를 조직하여 개종자들을 배속시켰다. 웨슬리는 또한 모라비안의 모범을 따라 협회를 단(bands)으로 나누어 회원들의 신앙적 생활과 육성을 돕게 하였다. 이 밖에도 그는 여러 속회를 두고 속회 안에 속장을 두었다.[51)]

웨슬리는 또 다른 모임으로 철야 예배(watch-night services) 및 언약 예배(covenant services)를 실시하고, 협회의 재산 관리를 위해 집사(stewards)를 두었다. 웨슬리는 이런 저런 포괄적인 조직체를 갖추었으며, 1791년 사망 직전까지 참여한 회원은 영국에서만 71,668명이었다. 조직 초기에 웨슬리가 협회를 방문하며 관리했으나 숫자의 증가에 따라 년 회를 소집했으며, 후에는 순회 구역을 설정하여 자신의 보좌역으로 각 순회 구역을 책임질 감리사를 배치하였다. 그리고 자신은 모든 것을 총괄하였다. 웨슬리는 끊임없이 말을 타고 여행했으며 일주일에 약 15회를 설교하였다. 그는 영국 뿐 아니라 아일랜드와 웨일즈, 스코틀랜드에서 전도하였다. 웨슬리는 끝까지 영국 교회의 잔류를 원하며 자신의 협회와 유대를 희망하였다. 그러나 그는 신약에서 주교는 장로와 같다는 사실을 발견한 후 국교와 결별하였다.

웨슬리는 1784년 80대의 고령에도 불구하고 "선포증서"(a Deed of Declaration)를 통해 100명의 목사를 지명하여 한 단체를 구성하고, 그의 사후 전 재산을 보유하며 그가 시작한 운동의 진로를 결정할 것을 의탁함으로 이 조직체의 연속성을 보장하였다. 1791년 그의 사망 후에는 웨슬리의 감리교회가 정식으로 설립되었다. 이처럼 웨슬리는 영적으로 거듭난 이후 마지막 임종 시까지 끊임없이 주의 일에 몰두한 부흥 운동가였다.

7.4. 웨슬리의 복음주의운동 평가

웨슬리가 살았던 시대는 한마디로 격변의 시기였다. 이런 시대적 상황 속에서 웨슬리는 가난하고 병들어 실의에 찬 수많은 사람들에게 평화의 메시지를 던졌고,

---

51) J. H. 니콜스, *op. cit.*, 105-106; Williston Walker, *A History of the Christian Church*, (New York: Scribner, 1985), 602-603.

기존 종교인들의 비 종교성에 맞서 종교의 뜨거움과 기쁨을 회복시키며 갱신운동을 주도하였다. 특별히 하나님에 대한 개인적인 체험이 없이 단지 종교적으로 살아가는 형식적인 영국 교회를 향하여 그들에게 요구되는 것이 무엇인지를 지적하며 자신의 삶을 통해 본을 보였다. 이런 열정은 그의 사후 단순히 영국에 머무르지 않고 전 세계로 급속히 확산되었다. 그는 생전에 세계 복음화를 위해 "전 세계는 나의 교구다"라는 명제를 남겼으며, 이 짤막한 구절은 이후 감리교의 구호가 되었다. 웨슬리의 영향을 받은 많은 사람들은 적극적으로 사회의 변혁과 교회의 갱신을 위해 노력하였다. 이 일을 위해서 웨슬리가 끼친 영향은 실로 막대하였다. 그러면 웨슬리의 생애에 나타난 사역들을 몇 가지로 평가해 보자.

(1) 웨슬리는 성경의 권위와 이신칭의, 그리고 만인 제사장론을 믿었다. 그는 전통적인 신앙에 따라서 그의 신학을 세웠다. 그 중에 하나는 모든 신앙인은 하나님 앞에서 평등하다는 것이다. 그가 하나님의 사랑과 이웃 사랑을 힘주어 설교한 배경도 철저히 성경을 믿고 모든 영적인 힘이 말씀에 기인했기 때문이다. 그러나 완전 성화론과 예정론은 많은 논란의 대상이었다.[52] 웨슬리는 예정론이 하나님을 스스로 악한 존재로 만든다고 생각하고, 그분은 모든 인류를 다 구원하시기를 뜻하셨다고 주장했다. 그리고 그는 인간에게는 하나님의 은혜를 받아들이거나 거부하기에 충분한 자유 의지가 있다고 생각하였다. 이런 그의 신학적 입장 때문에 웨슬리와 휘필드는 1740년과 1741년에 격렬한 논쟁을 벌였다. 휘필드는 하나님의 전적인 주권을 확신하고, 이 주권에 의하여 설교하고 웨슬리의 아르미니우스주의는 죄의식을 약화시킨다고 믿었다. 즉 전능하신 하나님의 관념을 약화시킴으로써 인간을 나태하게 만든다는 것이다. 결국 웨슬리의 신학적 입장 때문에 휘필드는 그와 결별하였다.

(2) 합리주의와 이신론에 대한 그의 기독교 변호이다. 웨슬리는 당시 합리주의와 이신론이 제기한 기독교의 의혹과 불신에 대하여 이성의 종교가 아닌 개인적으로 깊이 느끼는 체험과 경험을 강조했다. 즉 개인적 종교 체험과 그리스도를 통한 탄생과 그에 대한 헌신과 성육신과 십자가와 부활을 통해 하나님께서 그리스도로 말미암아 이루신 사실들을 중시하였다. 합리주의자들은 인간은 자신의 이성

52) *Ibid.*, 669.

에만 의존해야 한다고 주장했으나 웨슬리는 이성을 통해 하나님을 알 수 있지만 무엇보다도 결정적인 것은 하나님을 체험하는 것이라고 하였다. 그는 이성은 하나님을 이 세상 밖으로 추방하는 것으로 이성으로는 결코 하나님을 체험할 수 없다. 그는 이 영적 경험을 통해 얻어지는 것이 참된 깨달음이라고 하였다.

(3) 웨슬리의 사회개혁과 사회참여 문제이다. 앞에서 지적했듯이 웨슬리는 당시의 비참한 사회 조건들을 바로 직시하고 사회변혁을 위해 노력하였다. 그는 인간의 존엄성과 기본적 가치를 인식하고 이것을 기독교 포교 활동에 하나의 원리로 사용하였다. 이 일을 위하여 자신의 생애를 헌신하였고, 기독교인들의 사회봉사에 기초를 놓았다. 이처럼 웨슬리는 사회의 변화에 헌신했으나 주된 관심은 사람의 변화였다. 그러므로 웨슬리는 당시 영국 교회와 사회에 긴급히 요청된 것에 민첩하게 반응하였다.[53] 그 중에 하나가 교육의 가치를 부여한 것이다. 그는 그의 민중들을 교육하키 위해 학교를 세웠으며 많은 저술을 남겼다. 또한 보건에 대한 관심은 가난하고 병든 사람들을 위하여 약국을 세웠다. 보다 중대한 사회적 쟁점에 대해 웨슬리는 감옥의 개선을 촉구했고, 밀무역을 반대했으며, 프랑스인 전쟁포로들에게 관심을 보였고, 노예제도는 "종교와 영국과 인간사의 수치인 저주받을 악행"이라고 규정하고 적극적으로 항거하였다. 그리스도인이 복음을 효과적으로 전하기 위해서는 말씀과 함께 실천하는 삶이 나타나야 한다는 것이다.

(4) 그러나 무엇보다도 웨슬리의 주요한 사회적 관심은 영국 국민을 영적으로 돌보는 것이었다. 이것의 성취를 위해서 그는 부흥 운동가로써 전국을 순회(순회전도자로써)하며 말씀을 증거하였다. 그는 죄수들과 선원들에게, 여행객들과 가난한 사람들에게 언제 어디서나 말씀을 전파했다.[54] 당시 그는 말을 타고 이동했으나 점차 숙달되어 마상에서 설교를 준비하고 책을 읽었다. 그리고 병행하여 예수님의 지상명령을 실천하기 위하여 선교운동을 펼쳤다. 그리하여 세계의 모든 사람들이 복음을 받아들이도록 촉구하였다. 이 같은 웨슬리의 사역은 당시 교파나 국

53) *op. cit.*, 202.

54) 콘월(Cornwell)에서는 한번에 30,000명에게 설교를 하였으며, 엡워스에서는 교회 입장을 거부당하자 교회 뜰에 모인 수백 명의 군중들에게 아버지의 묘비위에 서서 설교하였다. 1774년 6월 28일의 일기에 의하면 그는 일 년에 평균 4,500마일을 여행했다. 이는 그가 평생 250,000마일을 순회했다는 말인데, 이는 지구를 열 바퀴나 되는 거리이다. 셀리, *op. cit.*, 428.

경을 초월하여 수많은 사람들이 이 일에 헌신하였다.

(5) 웨슬리의 신학적 문제점은 인간이 하나님께 접근하는 문제를 감정적인 면으로 접근한 것이다. 그의 이 같은 경향은 당시 지성인들의 비판 대상이었다. 이들이 비판한 이유는 지성에 호소하지 않고 감정에 호소했기 때문이다. 이러한 비난 중에도 웨슬리는 설교하는 일을 게을리 하지 않고 자신의 목적을 수행하였다. 그런데 웨슬리는 우리의 구원이 전적으로 하나님에게 의존하지 않고 우리 자신들의 의지에 의존한다는 신인협력설로(인간의 의지가 하나님의 의지에 감동되어 협력하는 것으로) 구원에 있어서 하나님의 능력과 그분의 주권을 약화시켰다.[55] 이 이론은 결국 인간에게 주어진 구원이 단지 구원의 가능성일 뿐이라는 사실이다. 그는 구원에 있어서 인간의 노력과 의지를 중시한 것이다. 하지만 그의 주장은 정통 칼빈주의, 돌트 신조와 정면 배치되었다.

(6) 웨슬리의 탁월한 조직력과 행정력에 대한 긍정적 평가이다. 그는 가는 곳마다 영국과 아일랜드, 웨일즈 등에 감리회를 조직하였다. 웨슬리는 이들에게 예배와 성례를 위해 교구 교회에 충실히 참석토록 종용하였다. 초기에 웨슬리는 영국국교에 머물면서 이 운동을 펼쳤으나 결국은 새로운 교파를 출범시켰다. 요즘 감리교의 신학적 입장은 초기의 입장과 달리 신학적으로는 자유주의적인 색채를 띠며, 범 사회운동에 적극적으로 참여한다. 종교적으로는 혼합주의 내지 종교다원주의의 에큐메니칼 운동에 참여하고 있다(WCC).[56]

8. 찰스 웨슬리(1707-1788)

찰스와 그의 형 존 웨슬리는 남다른 형제의식을 불러일으키며 어떻게 주님을 섬길 수 있는가를 보여준 본보기였다. 형 존은 행동하기 전에 생각하는 사람이었으나 찰스는 직관적인 사람이었다. 찰스는 옥스포드 대학교에서 성결 모임(the Holy Club)을 시작하고 다른 사람들이 그 모임을 떠났을 때도 끝까지 그 모임을

---

55) Cornelius Van Til, *The Defense of the Faith*, (CLC, 1985), 281; 존 A. 매카이, 「에큐메닉스」, 민경배 역, (대한기독교서회, 1966, 236.

56) 보다 자세한 것은 한국기독교WCC반대대책위원회(편), 「WCC 무엇이 문제인가?」, (대한예수교장로회 총회출판국, 2010), 25-192.

지켰다. 그는 형을 도와 감리교를 설립한 일등 공신이었다.

8.1. 찰스의 배경

찰스는 형 존과 같이 경건한 청교도의 가정에서 태어났다. 그런데 당시 교구의 많은 사람들이 이들을 적대시 하였다. 그러나 그의 가정은 경건한 신앙으로 가득했고 분위기는 따뜻했으며 상호 밀접하게 교제하였다. 찰스는 집 근교에 있는 웨스트민스터 학교에 입학하여 졸업과 함께 옥스포드대학교에 진학하여 학위를 받고 거기에서 강의하였다. 1735년에 형과 함께 미국의 조지아(Georgia)에서 그곳 주지사의 개인 비서가 되었다. 그러나 그곳에서 선교사역의 실패와 더불어 건강이 악화되어 귀국하였다. 그 후 1738년, 찰스는 가까운 교회의 한 집회에 참여하여 존보다 3일 먼저 회심한 후 믿음을 강조하였다. 그러나 후에는 그리스도께서 완성하신 믿음에 의한 의(justification by faith)를 이해하고 이것을 강조하였다. 그런데 당시 여러 교구 목사들은 그와 존에게 설교 할 기회를 주지 않았다. 그러던 중 찰스가 아이슬링턴(Islington)의 목사가 되었을 때 존이 야외 설교를 하였다. 이때 찰스는 찬양과 목회적 편지들을 통해 새로운 사회의 건설을 위해 격려하였다. 이때 침묵(명상-stillness)과 구원의 범위(the extent of the atonement)에 대하여 모라비안과 칼빈주의 자들과 논쟁하였다.

찰스는 영국교회와의 새로운 관계를 위해 일하고 싶었다. 그러던 중에 그는 1749년 4월 당시 20세 된 후배와 결혼하였다. 그러나 그는 많은 시간을 가정을 떠나 복음을 전도하였다. 그 후 찰스와 조지 휘필드는 존 웨슬리의 그레이스 머레이와의 의도적인 결혼을 반대하였다. 존은 찰스의 영국 교회적 경향에 동의하고 이들의 메도디스트 운동이 영국국교 안에서 이루어지기를 갈망하였다. 따라서 두 사람은 영국의 성공회에 충성하였다. 그러나 1750년 이후 찰스는 브리스톨에 있는 그들의 공동체의 목회자가 되었고 후에는 런던의 목사가 되었다. 이때 찰스는 존이 미국에서 헌신된 사람들에게 목사안수를 주는 것을 보고 실망하였다. 그때 그는 이 안수가 영국교회로부터의 분리를 가져온다고 생각했고 존의 안수를 옳지 않다고 하였다. 그러나 존은 훈련된 목회자가 없는 상황에서 안수는 불가피 하다고 주장했다. 결국 이들은 영국 성공회를 떠나 감리교를 창설하였다.

8.2. 찬송가 작가로서의 찰스

찰스 웨슬리의 찬송가 공헌인데, 그는 생전에 약 7,000개의 찬송가를 작곡하였다.[57] 역사가들은 찰스의 찬송가는 부흥운동이 남긴 가장 큰 유산이라고 평가한다. 이것은 곧 찰스가 얼마나 적극적인 사람이며 행동가였는가를 보여주는 단적인 예이다. 이런 그의 성격은 그가 집중적으로 찬송가를 작곡하고 좋은 찬송을 만들 수 있게 하였다. 그는 항상 무엇을 쓰고 그가 마음에 느끼고 경험한 것들을 어떻게 표현해야 할지를 알았다. 그의 찬송의 독특성은 통일성으로, 대 주제는 그리스도의 사랑이었다. 이 주제는 그의 생애를 다하는 동안 생생하게 살아있었다. 특별히 그는 명사보다 동사를 중시하였다. 때때로 그는 자신이 작사 작곡한 것을 낭독함으로서 자신의 감정을 표현하였다. 그러면서 그는 하나님의 살아계심을 인식하였다. 그리고 찬송을 저작할 때 항상 그는 성경을 인용하였다. 이런 헌신된 찬송에 대한 정열은 그의 구속적 경험에 기초하였다. 그러면서 자신의 죄 아래서의 속박을 묘사하고 주님으로 인한 자유를 노래하였다. 때문에 그의 찬송들은 "내 영혼을 사랑하시는 예수님" 같이 예수님의 찬양을 강조하였다.

뿐만 아니라 십자가에 못 박히신 승리의 주님을 능동적으로, 승리와 정복이 강조되었다. 그는 인간의 이성은 의혹이 많은 것으로 이것은 결코 인간을 만족시킬 수 없다고 믿었다. 그러면서 찰스는 장차 도래할 하늘나라의 구속을 바라보았다. 그는 다른 찬송가 작가들이 갖지 못한 어떤 독특한 영감을 갖고 있었다. 이런 그의 영감성은 그의 찬송이 단지 그 자신의 경험이라기보다 차라리 신학적이기 때문이다. 다른 말로하면 그의 형 존이 지적했듯이 "경험적 신학의 표현"이었다. 따라서 여기서 강조하는 점은 성령의 역할이었다. 성령께서는 거듭남처럼 사람의 마음을 새롭게 하시며 확증하시고 새롭게 하신다. 동시에 찰스는 그리스도 중심의 만찬을 노래하였다. 그러면서 주님을 더 깊이 알고 교제하기를 열망하였다. 그는 어쩌면 찬송을 통해서 주님을 더 알려고 영적 투쟁을 했는지도 모른다. 찰스는 하나님의 사랑의 깊이를 실제로 알기를 매 순간 사모하며 기다렸다. 찬송가 작가로서 찰스는 무엇보다도 교회의 연합을 위해 힘썼고 그리스도의 선포를 갈망하였다.

---

57) 제임스 F. 화이트, 「개신교 예배」, (기독교문서선교회, 1997), 260.

이런 그의 찬송에는 아르미니우스적인 냄새를 찾아볼 수가 없다. 오히려 하나님의 영적 임재를 느끼게 된다.

9. 조지 휘필드(George Whitefield, 1714-1770)

한때 웨슬리 형제와 더불어 영국 교회 부흥운동을 주도한 휘필드는 1714년 12월 16일 글로스터(Glochester)의 가난한 여관 주인의 아들로 태어났다. 그는 소년 시절 빈곤 속에 성장하며 1733년 18세에 옥스포드 대학교에 진학하였다. 1735년 봄 중병을 통해 종교 체험을 한 후 신앙심이 급속히 증가하였다. 이로써 그는 하나님과 함께 평화와 환희를 경험하였다. 이때 그는 리차드 백스터의 「비회심자의 소명」(*Call to unconverted*)와 알레인스의 「비 회심자에 대한 경고」(*Alarm to unconverted*), 윌리암 로우(William Law)과 헨리 스코우갈(Henry Scougal), 그리고 신비주의적 작가들의 작품을 읽었다. 독서를 통해서 그는 하나님의 자유로운 은혜의 교리를 깨달았다.

1736년 6월 휘필드는 소원하던 안수를 받았고, 곧바로 비록 젊지만 명성있는 설교가로 부상하였다. 처음에 그는 교파의식이 없이 어느 곳 어느 강단에서나 기꺼이 설교하여 많은 감동을 주었다. 그의 메시지는 하나님의 용서의 은총과 믿음으로 주님을 영접할 때 오는 평화의 복음과 그에 따른 즐거운 헌신 등이었다. 그의 음성은 명확하고 우렁찼으며, 극적인 감각과 표현력은 마치 눈에 보이는 듯 한 묘사로써 청중들에게 죄의 고통과 지옥의 공포를 선포하였다. 그는 탁월한 설득력으로 양 대륙, 영국과 미국의 청중들을 감동시켰다. 그의 열정적인 설교는 거친 광부들의 강팍한 심정을 감동으로 “시커먼 얼굴에 하얀 도랑물처럼” 눈물이 흘러넘치게 했다. 휘필드의 핵심적인 메시지는 “여러분들은 거듭나야만 합니다.” 였다.

1738년 휘필드는 미국 조지아의 초청을 수락하고 1년 간 그곳에서 체류하며 사역하였다. 그는 그곳에서 중생을 설교하였다. 이듬해 귀국했을 때 국내의 성공회 동료 목사들이 그를 배척하며 강단 설교를 거부하였다. 따라서 그는 야외설교로 돌입하였다. 1739년 킹스우드(Kingswood)에 모인 광부들에게 원고 없이 설교하였다. 이때 수천 명의 청중들이 몰려들었다. 사람의 마음을 사로잡는 열정적인 설교는 런던과 브리스톨에서 절정에 이르렀다. 특별히 런던의 켄닝톤(kennington)

과 무어필드(Moorfields), 그리고 하크니(Hackney)에 모인 수많은 군중들에게 설교하였다. 휘필드는 1740년에 다시 뉴잉글랜드에서 설교했는데, 이때 미증유의 영적 지각변동이 일어났다. 이후 그의 사역의 대부분은 미국에서 이루어졌다. 1744년에서 1748년 사이 다시 미국에 갔고 1751년부터 1752년, 1754년, 그리고 1755년에도 미국을 방문하였다. 1763년부터 1765년까지는 일곱 번째 방문이었다. 1769년 마지막 설교 여행을 했으며, 1770년 9월 30일 매사추세츠의 뉴베리포트에서 비교적 젊은 나이인 56세에 타계하였다.

1739년부터 1770년 사망 때까지 그는 설교할 수 있는 모든 곳에서 복음을 증거하였다. 그는 총 18,000번 설교했으며 스코틀랜드 14회 방문, 그리고 미국을 7회 방문하여 전국을 순회했다. 전도여행 동안 그는 한 주에 평균 40시간 씩 설교하였다.[58] 휘필드는 미국 개신교 교회를 위해 아낌없이 헌신했고 교회 안팎에서 기회가 주어지는 대로 설교하였다. 이런 그의 열정은 약해지지 않고 주님의 품으로 갈 때까지 계속되었다. 그는 결혼했으나 무자하였다. 그는 웨슬리와 교리 문제로 결별했는데, 그 이유는 웨슬리가 아르미니우스 자였고 휘필드는 칼빈주의자였기 때문이다. 이들은 신랄하게 서로를 비방하였고, 이들의 입장을 좁히기 위한 화해가 시도되었으나 끝끝내 각자의 길은 갔다. 휘필드는 헌팅톤 백작 부인(Countess of Huntington, 1707-1791)인 셀리나 (Selina)[59]의 후원을 얻어 후에 웨일즈 칼빈주의적 감리교를 창설하였다.

9.1. 휘필드의 설교특징

(1) 휘필드의 설교는 야외설교로 특징되는데, 그는 22세 때부터 56세 사망 시

---

58) 더윗. 홀란드, 「설교의 전통」, 홍성흔 역, (도서출판 소망사, 1987), 71.

59) 당시 셀리나는 30대 후반의 과부였는데 성격이 매우 강인했다. 그녀의 남편이 죽기 전에 셀리나는 페터가 감리교(the Methodist Society of Fetter Lane)의 초대 회원이었다. 그러나 셀리나는 알미니안주의 자라기 보다는 오히려 칼빈주의자였다. 이 여인은 처음에는 헌팅톤 백작 부인 종파로써 그리고 후에는 칼빈주의적 감리교단을 설립했다. 그후 그녀는 예배처를 건축하고 자기가 전도 목사로 지명한 사람들을 그 예배 처소에 임명했다. 조지 휘필드도 그 중에 한사람 이었다. 1779년에는 셀리나는 자신과 관련된 사람들과 함께 영국 국교를 탈퇴하게 되었다. 그 결과 독자적인 단체인 웨일즈 칼빈주의적 감리교단이 설립되었다. John T. McNeill, *The History and Character of Calvinism*, (New York/Oxford University Press, 1954), 371.

까지 계속되었다. 1736년 그는 문학사(B.A.)를 받고 성공회 목사직에 임명되었다. 그는 소년 시절에 다니던 교회에서 최초로 설교했는데 어찌 열심히 설교를 했던지 주교에게 보내는 보고서에서 그가 15명을 미치게 만들었다고 기록하였다. 그는 즉시 여러 교회에서 초빙을 받았고 교회를 가득 메운 군중들이 그의 설교를 듣기 위해 몰려들었다. 그 후 그는 영국 남부에 소재한 브리스톨(Bristol) 사역을 시작으로 그의 생애를 오직 부흥 운동에 바쳤다. 그는 이 사역을 위해 영국의 거의 모든 주와 웨일즈, 그리고 스코틀랜드[60]와 아일랜드를 오갔다. 특별히 미국에서의 사역은 기적을 창조했고 미국의 대각성운동의 기폭제가 되었다. 휘필드는 가는 곳에 군중들을 몰고 다녔다. 군중들은 그의 설교를 듣기 위해 몰려들었고 영적 상담을 받으려는 사람들이 그의 숙소로 쇄도했으며, 심지어 그가 길을 지날 때 옷자락이라도 만져보려고 하였다. 그는 설교가로 항상 어려운 이웃들과 같이 했고 그들에게 복음으로 새롭게 하려고 정열을 쏟아 부었다. 존 뉴톤은 휘필드가 허무하게 설교하지 않았다고 했다. 웨슬리도 그의 장례식에서 수많은 사람들이 그의 사역을 통하여 회심했다고 했다.

(2) 휘필드의 설교 대상은 주로 주님을 만나지 못한 불신 하류층 탄광 광부들이었고 이들은 그의 설교를 통해 철저한 회개운동이 일어났다. 휘필드는 특히 잘 배우지 못한 사람들이 말씀을 이해할 수 있도록 감동적으로 설교했고, 기회가 허락되면 어디서든지 서슴치 않고 설교하였다. 교회에서 기회가 주어지면 교회에서, 그렇지 않을 때는 길가의 돌담이나 승마대, 혹 건초더미에서 설교하였다. 그에게는 모든 것이 강단이었고 그의 열정적인 설교에 사람들이 모여들었다. 그는 통상적으로 어디든지 그가 머무는 집안의 그 누구에게라도 설교함으로 하루를 마감하였고, 10시까지는 잠자리에 들도록 노력하였다. 그리고 새벽 4시에 일어나 한 시간 동안 말씀을 묵상하고 5시에 설교하였다. 새벽에도 수백 명이 그의 설교를 듣기 위해 모여들었다.[61] 그는 다른 목사들에게 야외 설교를 권유했는데 그 중에 특

---

60) 특이한 사건은 그가 1741년경 스코틀랜드의 캠버스랭(Cambusland)을 방문하게 되었는데 여기서 두번에 걸친 굉장한 성찬식이 있었다. 이때 그중 한번은 2만 명이 참석하였는데 수많은 청중들에게 성령의 능력이 나타났다.

61) 존 뉴톤은 이 시간이 되면 무어필드(Moorfield)가 제등으로 덮이는 것을 보았는데, 마치 오페라가 열리는 밤의 극장가에 횃불로 가득차 있는 것 같았다." 라고 진술하였다.

별한 사람들이 친구 존과 찰스 웨슬리였다.

휘필드는 회심자들에게 관심을 가졌으나 무엇보다 교회 밖의 사람들에게 더 많은 관심을 가졌다. 그는 참으로 복음을 부끄러워하지 않고 어디서나 증거하였다. 그의 설교의 주된 관심은 회심이었다. 때문에 그는 믿지 않는 사람들의 입장을 이해하려고 힘쓰고 그들을 하나님께 인도하는데 주력하였다. 그는 실제적인 복음증거자로 단지 선포만하는 사람이 아니었다. 함께 울고 함께 고민하는 전도자였다. 그러면서 항상 성경적으로 생각하고자 하였다. 그는 그의 청중들이 지성인들이라고 생각하지 않고 먼저 구원받아야할 하나님 앞에 죄인임을 생각했다. 휘필드는 사람들의 지성에 호소하였을 뿐만 아니라 그가 느끼는 데로 설교했고 이런 그의 감정은 많은 사람들을 주님으로 인도하였다. 그는 참된 진리는 불꽃이어야 한다고 믿었다. 사무엘 데이빗은 말하기를 휘필드의 "설교 내용은 일반적이었다. 그러나 성령의 임재는 놀라울 정도였다" 고 했다.[62] 여기의 열쇠는 하나님의 능력이다. 그리스도를 개인적으로 아는 것이 최우선적 과제이다.

(3) 휘필드의 설교 태도는 진리를 분명하고도 간결하게 그의 탁월한 예화를 통하여 지성과 감정과 의지에 호소하는 것이었다. 그는 단지 사람들에게 설교자의 임무를 수행한 것이 아니고 사람들에게 하나님의 말씀을 증거하였다. 그는 적용을 결론에서만 내리지 않고 전 설교를 통해 강조하였다. 그의 설교는 생동감이 넘쳤다. 그는 그의 설교를 마치 그림을 보듯이 그려냈다. 그는 위대한 웅변가는 사람들의 관심을 귀에서 눈으로 되돌리는 것이라고 믿었다. 이런 그의 열정은 그의 설교를 통해서 절정에 이르렀다. 그는 설교자로서 확고한 신학을 갖고 그 신학이 설교를 통해서 선포되어야 한다고 믿었다. 그는 말하기를 설교는 하나님으로부터 임하는 말씀을 증거하는 것이지 단순히 성경 말씀을 강해하는 것이 아니라고 하였다. 휘필드의 설교를 들은 사람들은 더욱 말씀을 사모하였고, 이들의 진지한 기대는 그를 더욱 열정적이게 했다. 진리의 명확한 전달은 인간의 조건을 적 나라 하게 들어냈다. 휘필드의 청중가운데 가장 관심이 많은 미국 인 중에 한 사람이 당시 미국 대통령 벤자민 프랭클린(Benjamin Franklin)이었다. 때때로 프랭클린은 휘필드가 자신을 그리스도께 인도하려는 노력에 저항하였다. 그러나 이들은 둘도

62) "His content was ordinary, but unction was extraordinary".

없는 가까운 친구였다.

9.2. 휘필드의 사회적 공헌

휘필드의 사회적 공헌은 고아원(조지아)을 통해서 입증되었다. 그는 미국이나 영국이나 이 사역을 확장하였다. 그리고 1743년 칼빈주의적 감리교를(the Calvinistic Methodist Association)을 결성하였다. 그러나 후에 이 교단의 지도자 역할을 그만두었다. (1) 이유는 시간의 절반을 미국에서 보내야할 필요 때문이었고, (2) 그가 수장(prime position)의 위치에 있는 한 웨슬리와 지속적으로 대립하게 될 것을 알았기 때문이다. 그의 추종자들이 그 자리에 그대로 남아있기를 권유하자, 그는 "휘필드의 이름은 소멸시키고 그리스도만을 영화롭게 하시오!"라고 대답하였다. 이 시점으로 그는 남은 생애를 모든 사람의 종으로 살았다.

휘필드는 교파에 얽매이지 않고 어떤 복음주의 운동이라도 도왔다. 이런 그의 사역은 교회 연합운동으로 특징지어졌다. 그는 성공회 내에 복음운동을 촉진시켰고, 그의 영향력아래서 크게 부흥하였다. 그는 장로교도들과 회중교회파들, 그리고 침례교도들을 도왔으며 때때로 웨슬리를 지원하였다. 그러나 휘필드는 노예제도를 지지하므로 하나의 오점을 남겼다. 그는 고아원에서 노예들을 사용하였다.

9.3. 인간 휘필드

그는 겸손한 사람으로 항상 자신을 종으로 간주하였다. 그는 무엇보다도 구주이신 주님을 사랑하기를 소원하였다. 때문에 언제 어디서도 그분에 관하여 말하기를 좋아하였다. 그는 지도자가 되려면 5가지를 갖추어야 한다고 믿었다. (i) 비젼(Vision), (ii) 적용성(Application), (iii) 견인(Perserverance), (iv) 봉사 혹은 섬김(Service), (v) 기도(Prayer)였다. 그런데 그는 이 5가지 특징을 모두 갖추었다. 그는 주님을 위해서 살려는 마음으로 초지일관하였다. 휘필드를 사랑한 한 미국 여성은 그는 굉장히 상냥한 사람이었고 그의 이런 성품은 나를 크리스챤이 되도록 시험했다고 했다. 끝으로 조지 휘필드에 대하여 제임스 스티븐경(Lord James Steven)은 이렇게 묘사하였다.

"만일 전 인류를 포옹하는 보편적인 박애정신이 인간의 마음속에 불타오른다면 그것은 조지 휘필드의 마음 속에서였을 것이다. 그는 편애 없이 무지한 자들과 궁핍한 자들과 가난한 자들을 위하였다. 그들을 위한 운동을 하면서 그는 어떤 고난도 두려워하지 않고 모욕이나 반대를 마다하지 않았다. 그러한 잘못들에 맞서 오히려 그는 모든 것을 견디는 온유함과 거부할 수 없는 사랑으로 승리하였다. 그의 자비의 샘은 마르지 않고 끊임없이 흘러내렸다".

10. 영국 국교내의 복음주의 운동

(1) 영국 국교회의 복음주의자들은 웨슬리가 주장하는 회심과 확신의 믿음, 그리고 다른 사람을 위한 실천에서 표현된 신앙생활에 동의하였다. 그러나 이들은 웨슬리의 특이한 신학사상을 취하지 않았으나 휘필드의 칼빈주의 신학을 따랐다.[63] 이들은 회심과 엄격한 도덕생활, 남에 대한 적극적인 봉사생활, 그리고 단순한 예배를 강조했다. 이들의 이름은 다음과 같다. 존 뉴톤(John Newton, 1725-1807), 토마스 스콧트(Thomas Scott, 1747-1821), 시인 윌리암 쿠퍼(William Cooper, 1731-1800), 윌리암 윌버포스(William Wilberforce, 1759-1833), 찰스 시므온(Charles Simeon, 1759-1836), 헨리 벤(Henry Venn, 1725-1797) 등이다. 이들은 영국 국교도로서 대개 복음주의적 견해를 가진 비국교도들과 협조하였다.[64] 그리고 어거스틴의 선택교리를 철저히 믿고 웨슬리의 아르미니우스주의를 신랄하게 비판했으며, 찬송가 만세 반석을 작곡한 어거스트 톱레이디(Augustus Montageu Toplady, 1740-1778)가 있다

(2) 영국의 국교파 목사와 함께 복음주의적 평신도로 활동한 로버트 레이크스(Robert Raikes, 1735-1811)가 있다. 1780년 그는 자신의 고향 글로스터(Gloucester)에서 주일학교를 시작하였다. 어린이를 사랑한 그는 극빈자들의 대다수가 일을 쉬는 주간의 어떤 날에 도덕적이고 종교적인 교육을 위하여 학교를 시작하였다.

---

63) Williston Walker, *A History of the Christian Church,* (New York: Scribner, 1985), 603-604.

64) 예를 들면 새로운 교구가 설치되면 거기에 필요한 시설을 위해 예배처를 설립하고 그곳에 비 국교파 목사들을 세웠다. 또한 재직자(在職者)들을 훈련하기 위해 학교를 지원했다.

1785년 대영제국 전 영토에 이 운동을 확산시키기 위한 주일학교 협회(Sunday School Society)가 런던에서 발족되었다.

(3) 그리고 런던 교외의 클라팜(Clapham)에서 몇몇 부유한 복음주의자들이 정착하였다. 종종 클라팜 패거리(Clapham Sect)라고 조소적으로 불리던 이들은 서로 연합하여 개별적으로 다양한 종교적 및 박애적 사업을 추진하였다.[65] 이들 가운데 그랜빌 샤프(Granville Sharp)와 역사가 매콜리 경(Lord Macaulay, 1768-1838)의 아버지인 재커리 매콜리(Zachary Macaulay)는 노예제의 타도에 적극적으로 힘을 썼다.[66] 또 다른 노예 해방운동의 주역으로는 윌리암 윌버포스(William Wilberforce, 1759-1833)가 있다. 그는 부유하고 명망 있는 국회의원으로써 의회를 중심으로 이 운동을 전개하였다. 1787년 시작된 노예 투쟁운동은 평생에 걸쳐 진행되었는바, 1807년 대영제국 내에서 노예 매매를 금지시키는 법통과를 주도했으며, 1833년 영국의 모든 지역에서 노예 제도의 폐기를 확인하였다.

11. 영국 복음주의 운동의 역사적 의의와 평가

11.1. 역사적 의의와 평가

앞에서 살펴본 바와 같이 영국의 복음주의 운동은 당시 사회의 혼란과 교회의 영적 침체가 고조되는 중에 하나님께서 일으키신 부흥운동이었다. 이 운동으로 영국교회는 다가오는 미래를 준비할 수 있었고 새로운 역사의 장을 창출하였다. 이런 의미에서 복음주의 운동의 역사적 의의는 자못 크다 할 것이다.

그런데 우리는 영국의 복음주의 운동은 갑자기 돌발적으로 우연히 태동한 것이 아니라 독일에서 일어난 경건주의 운동과 연관되었으며, 독일의 경건주의 운동은 영국의 청교도 운동과 관련되었음을 알아야 할 것이다. 이로써 영국의 복음주의 운동은 기본적인 교리와 그것의 실천적인 면에서 청교도의 신학 전통을 이어 받

---

65) Ernest Marshall Howse, *Saints in Politics: the Clapham Sect and the growth of freedom,* (London: George Allen & Unwin, 1952) 참조.

66) John T. McNeill, *The History and Character of Calvinism*, (New York/Oxford University Press, 195)4, 371.

은 것이 분명하다. 예를 들면, 인간의 본질적 죄성, 그리스도의 대속적 죽음, 하나님의 값없이 주시는 은혜, 진정한 신자의 구원 등이다. 이 교리들은 모두 청교도로부터 나온 것이다.[67] 그런데 영국의 복음주의 자들과 청교도들의 다른 점은 청교도들은 교리 외에도 정치문제에 관심이 많았다. 이들은 영국과 미국에 거룩한 국가 사회, 진정한 성경적 사회를 건설하고자 하였다. 물론 복음주의자들이 정치에 전혀 무관심한 것은 아니다. 이 점에서 경건주의자들과 다르다. 이들의 주된 관심사는 불신자들을 개종시키는 것이었다. 이들은 교회의 개혁보다는 형식적인 신자들과 복음을 비웃는 자들, 그리고 이교도들에게 복음을 전파하는데 큰 관심을 가졌다.

복음주의 운동이 세계 교회에 끼친 공헌은 긍정적이든 부정적이든 실로 막대하였다. 그것들을 다음과 같이 정리할 수 있다. (i) 새로운 교파탄생에 촉매제였으며, (ii) 기존 교회에 자극을 주어 각성시켰다(특히 루터파, 개혁주의파, 영국의 국교와 자유교회들에게 자극을 주었다). (iii) 평신도의 참여도를 높이고 또한 기독교 선교단체[68]를 활성화시켰다(예를 들면, 성경 배포와 성서공회, 주일학교 연합회). 그리하여 지금까지 유럽에 국한된 기독교를 전 세계로 전파하였다. (iv) 기독교의 기본원리인 구원론에 관심을 가졌으며, (v) 칼빈주의와 아르미니우스 신학을 함께 융

---

67) 셀리, *op. cit.*, 421.

68) 예를 들면, 윌리암 케리(William Carey, 1761-1834)를 통한 선교사역이다. 케리는 자신의 사상을 이방인을 회심시키기 위한 수단을 사용할 기독교인의 의무에 대한 연구에서 보여주었다. 케리는 이책과 사 54: 2절을 주제로 한 케리의 설교에 영향을 받아 침례교 이교도 복음전도협회(Baptise Society for Propagating the Gospel among the Heathen)가 결성되었다. 케리는 이 선교기관의 최초의 선교사였으며 그의 인도에서의 편지는 다른 선교 활동에 강력한 자극을 주었다. 1795년 런던선교협회(London Missionary Society)가 초교파적 사업으로 설립되었다. 주 공헌자는 가스포트의 회중교회 목사 보그(David Bogue, 1750-1825)와 알드윙클의 복음주의파 교구 목사 하웨이스(Thomas Haweis, 1734-1820) 등이었다. 그 기관 최초의 선교사들은 1796년 타히티(Tahiti)로 파송되었다. 1799년에 국교회 복음주의파를 대표하여 교회선교협회(Church Missionary Society)가 창설되었다. 주 공헌자는 클라팜 교구 목사인 존 벤과 가정 성경의 편집자 토마스 스코트였다. 1817-1818년에는 영국 웨슬리파 감리교 선교협회가 설립되었다. 스코틀랜드에서는 이미 1796년에 소규모의 국제적 선교 활동이 시작되었고 1825년에는 스코틀랜드교회 선교국이 설립되었다. 그리고 19세기 초 미국과 유럽 대륙에서는 광범위한 교파적 초교파적 선교회가 설립되었다. Williston Walker, *A History of the Christian* Church, (New York: Scribner, 1985), 605-606.

화시켰다. (vi) 그리고 합리주의와 이신론을 거부하였고, (vii) 이런 새로운 운동을 통해 기독교의 일체감을 나타냈다. (viii) 끝으로 이 운동은 독일-영국-미국-세계선교-복음의 한국 전래까지 약 200년 동안 전성기를 맞았다.

11.2. 우리의 자세

우리는 지금까지 영국 복음주의 운동의 발단과 전개 과정을 살펴보았다. 또한 정치적 및 사회적으로 그리고 종교적으로 암울했던 시대에 존과 찰스 웨슬리 형제, 그리고 그들의 친구 조지 휘필드는 복음으로 사회와 교회를 변혁시키는 놀라운 일을 성취하였다. 이들은 한때 영적 번민에 빠져 방황했으나 주님을 인격적으로 체험 한 후 복음을 위해 그들의 전 생애를 바쳤다. 이들은 각자의 입장과 받은 은사가 달랐지만 오직 그리스도와 그분의 십자가에 못 박히심을 증거 한 후 주님의 부르심을 받았다. 그리하여 그들은 장차 승리자로 오실 주님과 함께 영원히 이 땅에서 누릴 수 없는 하늘의 평화를 누리게 되었다.

오늘 우리는 그토록 복음 증거를 위해서 자신들의 정열을 받힌 이들을 머리에 되 올리며 각오를 새롭게 해야 할 것이다. 우리는 그 어느 시대보다도 축복된 시대로, 무엇이든지 얻고 누리며, 결심하면 이룰 수 있는 시대를 살고 있다. 그러나 우리는 풍족한 만큼 위기 시대를 살아가고 있다. 그러므로 우리는 항상 깨어 기도하되, 하나님 앞에서 정말 부끄러움이 없는 일꾼으로 우리 몸을 주의 제단에 산 제물로 드려야 할 것이다. 바라기는 우리의 생명 다하는 날까지 그분과 동행하는 삶이기를 간절히 소원한다. 주님의 은총과 축복을 기원한다.

제9장

조나단 에드워드의 생애와 신학사상

1. 서론

역사적 기독교는 하나님의 주권적 섭리와 간섭, 성취와 완성을 믿는다. 왜냐하면, 창조주 하나님은 모든 역사에 개입하셔서 아들을 통해 죄인들을 구원하시고 이 땅에 그의 나라를 이루어 친히 영광 받으시기를 원하기 때문이다. 따라서 하나님은 각 시대마다 당신의 종들을 세우셔서 이 일을 성취하셨고 앞으로도 계속 성취하실 것이다. 중세 말 교회가 타락하고 부패하여 절망적인 상황에서 하나님은 마틴 루터와 존 칼빈, 헐드리히 츠빙글리 그리고 존 낙스를 통해 종교개혁을 이루셨다. 당시 개혁자들은 절대적 권위의 상징인 철옹성 같은 교황권에 맞서 성경 말씀과 예수 그리스도의 참된 권위로 개혁을 이루었다. 공로사상, 즉 행위 구원에 맞서 오직 구원은 하나님의 은혜로 얻는다고 주장했다. 이런 개혁자들의 외침은 교회로 하여금 오랜 종교적 제도와 규례, 의식과 전통에서 벗어나 새로운 활력을 불러일으키며 성도들에게 새로운 영적 힘을 공급하였다. 종교개혁은 마침내 새로운 질서를 창조하고 영적으로 사망 중에 있는 중세인들에게 새 소망과 새 생명을 약속하였다. 하나님은 종교개혁을 통해 새로운 구원의 역사를 창출하셨다. 이 하나님은 지금도 당신의 목적을 이루기 위하여 오늘도 당신의 종들을 세우셔서 일하게 하신다.

본장에서는 지금으로부터 270년 전 격동하던 시대에 미국교회를 새롭게 하기 위해 주님의 소명을 받아 평생을 주의 나라와 복음을 위해 살다간 요나단 에드워드의 생애와 신학사상을 고찰할 것이다. 역사적으로 에드워드의 시대는 종교개혁과 약 220년을 사이 두고 있지만(1517년 기준) 두 운동 모두 하나님께서 주도하신 운동이었다. 1759년 사무엘 데이비스는 "에드워드는 미국이 배출한 가장 심오한 사상가이며 가장 위대한 신학자이다". 1822년 아사헬 그린은 "에드워드는 사도 시대 이후로 세상이 알았던 가장 거룩하고 겸손하며, 하늘 의식으로 충만한 사람 가운데 하나였다". 같은 시기에 스코틀랜드 자유교회의 신학자 토마스 찰머스는 "위대한 능력과 위대한 경건이 에드워드보다 더 행복하게 결합된 사람은 일찍이 없었다". 벤자민 워필드는 조나단 에드워드는 "성자요 철학자, 부흥사요 신학자로서 식민지 미국의 지적 삶에서 실제적으로 위대하다고 부를 수 있는 유일한 인물이다" 라고 하였다.[1] 그리고 20세기 영국의 위대한 설교자 Dr. 마틴 로이드-존스는 "루터와 칼빈을 히말라야 산맥에 비유한다면 조나단 에드워드는 에베레스트에 비유하고 싶다"고 하였다.[2] 실로 조나단 에드워드는 근대 기독교 역사, 특히 미국 기독교의 부흥과 발전에 크게 영향을 끼친 대부였다. 그는 자부심 강한 청교도의 후예로 한 평생 복음과 함께 고난받으며 영혼 구원과 복음전파에 주력하였다. 미국의 역사가 패리 밀러는 에드워드는 당시 가장 현대적인 지성인으로 감히 그 누구도 따라 잡을 수 없는 자연과학과 심리학의 사람이었다[3]고 하였다. 하지만 에드워드는 지배적인 관념을 넘어 초자연적인 하나님 중심적 성향으로 전환하였다. 그런 면에서 에드워드는 역사적 칼빈주의자로 타협을 거부한 영광스런 비현대인으로 인격적이고 초자연적인 하나님의 실제와 주권을 평생의 과제로 삼고 헌신하였다.

2. 역사적 배경: 18세기의 동향

17세기 초 영국은 종교적으로 유럽에서 급속히 확산된 개혁으로 혼란에 빠졌

1) Iain Murray, *Jonathan Edwards: A New Biography*, (Edinburgh: The Banner of Truth Trust, 1987), xv-xvii. Cf. 존 파이퍼, 「하나님의 영광을 위한 하나님의 열심」, 백금산 역, (부흥과 개혁사, 2003), 126.

2) 양낙홍, 「조나단 에드워즈의 생애와 사상」, (부흥과 개혁사, 2003), 11.

3) 존 파이퍼, *op. cit.*, 76.

다. 당시 절대군주 제임스 1세는 자신의 정치적 야망을 위해 청교도들을 박해하였다. 이로서 왕의 명령에 불복한 일단의 청교도들이 메이플라워호를 타고 미국에 건너가 새로운 국가를 건설하였다. 이후 청교도들은 신대륙 미국을 하나님이 허락하신 국가로 믿고 개척자적 정신으로 이곳에 정착하였다. 이들은 오염되지 않는 신대륙에서 원대한 꿈을 갖고 자신들의 뜻을 펼쳐 나갔다. 특별히 고국에서 이루지 못한 꿈을 펼치기 위해 온갖 노력을 다 기울였다. 무엇보다도 복음에 기초한 나라를 건설하려는 열망으로 이곳에 복음이 급속히 확산되었다. 이들은 특별히 개혁자 칼빈의 신학에 기초하여 새로운 교회의 전통 수립에 모든 노력을 기울였다.

요나단 에드워드의 출생 당시 미국은 이미 청교도들의 정착으로 복음이 뿌리를 내렸다. 그러나 경제적 안정으로 1세대와 달리 2세대들은 옛 선배들의 신앙을 저버리고 세속주의와 무신론주의에 빠졌다. 16세기 영국에서 시작된 청교도 운동은 18세기 미국에서 활발히 전개되었으나 개혁의 분야와 정도를 둘러싸고 대립하였다. 그 중에 특히 예배의식과 조직, 그리고 교회의 회원 자격이 핵심이었다. 특별히 미국은 초기 청교도들이 세상을 떠난 후 신학적 및 신앙적 전통이 급변하면서 중도적 입장을 수용하였다. 이들은 예수 그리스도에 대한 신앙고백 없이 성찬에 참여하고 교회의 회원이 될 수 있다고 주장하였다. 그렇게 온 힘을 기울여, 열정을 쏟아 건설한 교회는 신학적 좌경화와 교파간의 분쟁, 영적 고갈로 교인들이 급감하였다. 그런데 같은 시기 독일에서는 스페너와 진센돌프 중심의 경건주의, 영국에서는 존과 찰스 웨슬리 형제, 그리고 조지 휫필드의 복음주의 운동이 확산되었다. 이러한 변화 속에 미국 교회는 부흥이냐 쇠퇴냐의 새로운 도전에 직면하였다.[4)]

이런 상황에서 하나님께서는 미국을 통한 세계 복음화의 열망을 성취하기 위하여 신학적 기초와 말씀의 능력을 갖춘 준비된 지도자 요나단 에드워드를 사용하셨다. 그리하여 에드워드는 신대륙에 이주한 청교도의 후예로 전인미답의 대 역사를 창조하였다. 그는 단순히 미국 교회뿐 아니라 세계 기독교 역사에 크게 기여하였다. 이것이 바로 1734-1735년 사이에 그의 주도하에 미국에서 일어난 대각성 운동(The Great Awakening Movement)이다. 이 운동으로 미국 교회에 회개의 역

4) 한편 당시 재세례파들은 교리를 엄격히 자신들에게 적용하였다. 그리고 그들은 자신들의 교회만이 순결하며 그 밖의 교회는 완전하지 않다고 비판하였다.

사와 중생 체험이 일어났고 이로서 신본주의에 입각한 민주주의의 정착과 미국 독립의 정신적 기초가 되었다.

3. 요나단 에드워드의 생애

미국이 낳은 마지막 청교도요 복음주의의 아버지 조나단 에드워드(Jonathan Edwards, 1703-1758)는 1734-1735년 발생한 제1차 대각성 운동의 주역이다. 그는 당시 꺼져가던 미국 교회의 신앙 전통을 굳게 하여 복음의 기치를 바로 세웠다. 각성운동 동안에 그는 미국 교회의 헝클어진 신앙과 질서를 위해 말씀을 들고 전국을 순회하며 교회를 새롭게 하였다. 사역기 동안 그는 친히 부흥 설교가요 기독교 변증가, 혹은 목회자와 신학자로서 교회의 부흥과 갱신을 위해 혼신을 다하였다. 미국의 사상가 페리 밀러의 지적처럼 에드워드의 사후 지금까지 그는 미국을 빛낸 가장 위대한 철학자요 신학이다.[5] 당시 미국의 대통령 벤자민 플랭클린도 그를 열렬히 지지하였다. 본장에서 필자는 요나단 에드워드의 이해를 위해 그의 생애를 편의상 3시기로 나누어, (1) 1703-1727년, 출생과 학문연구, 결혼과 목회 준비이며, (2) 1727-1750년, 목사 취임과 23년의 목회사역, 대각성 운동을 위한 헌신과 봉사, (3) 1750-1758년, 목회지에서 해고 된 후 인디안 선교사로 활동하던 중에 프린스턴 대학교 총장 취임과 임종이다.

(1) 제 1기: 1703-1727년: 출생과 학문연구, 결혼과 목회준비 기간이다. 요나단 에드워드는 1703년 10월 5일 커네티컷 주의 윈서(Windsor, Connecticut)에서 11남매의 외아들로 태어났다. 3대째 성직을 계승한 그의 고조부는 영국에서 목회했으며 사망 후 그의 아내가 1640년 신앙의 자유를 찾아 미국에 정착하였다. 에드워드의 조부 리차드는 부호였으나 이혼하였으며, 명석한 그의 부친 디모데는 하버드 대학을 우등으로 졸업하였다. 그리고 에드워드의 출생 시 한 회중교회의 목사로 63년을 시무한 성실한 성직자였다. 에드워드는 성실한 아버지의 성품과 훌륭한 어머니의 교육을 통해서 신앙을 확립하였다. 특히 어머니 에스더는 아들을 훈련시켜 후계자로 삼은 스토다드의 목사의 딸로 신앙 교육을 잘 받았다. 그리하여 에드

5) 「교회사대사전 II」, (기독지혜사, 1994), 554.

워드를 주의 종으로 양육하는데 크게 영향을 끼쳤다.

에드워드는 아버지가 섬기는 교회에서 신앙 체험을 하며 자신의 영혼 구원과 사회적 책임에 대하여 고뇌하였다. 어려서부터 기도에 힘쓰며 매일 이웃 소년들과 신앙적 담화로 시간을 보냈다. 그리고 학문적 자질을 갖고 장차 성직자로서 훈련을 쌓아갔다.[6] 그는 성장과정에서 복음을 깨닫고 친구들과 막연히 어울려 노는 것 보다는 진지하게 배우며 탐구하고 싶은 열망에 사로잡혔다.[7] 이로서 에드워드는 점차 하나님과 그리스도, 구원과 영생, 그리고 성령의 인도하시는 삶에 빠져 들었다. 이것은 후에 그의 신학 사상을 형성하고 체계화하는 중요한 경험이었다. 그는 항상 경건에 힘쓰고 또한 부모님의 도움아래 가정은 영적인 교회요 쉼터, 학문의 상아탑이었다.[8] 부모 슬하에서 경건과 학문에 관한 예비과정을 마친 에드워드는 1716년 13세 때 교육을 위해 예일대학에 입학하였다. 당시 예일대는 설립 15년으로 안정적 발전을 꾀하던 상황이었다. 그는 이 때 자연에 관심을 갖고 무지개에 관한 글을 썼다. 이것은 그가 아이삭 뉴톤의 광학을 연구한 것으로 이 후 사람들은 그가 자연과학 계통의 대가가 될 것을 기대하였다.[9] 14세 때는 영혼은 물질이 아니라는 사실을 증명하여 영적 세계에 관심을 보였다.[10] 예일대학에서 공부하는 동안 그는 키케로와 버질, 로크 등의 철학과 지구과학, 천문학과 수학, 헬라어 신약과 히브리어 시편 등을 배웠으며,[11] 특히 로크의 「인간 오성론」을[12] 읽고 감동을 받았다. 그는 이 책을 통하여 한 탐욕적인 광부가 새로 발견한 어떤 보물단

---

6) 에드워드는 가정교육을 통해 6세에 라틴어를, 13세가 되어서는 희랍어와 히브리어를 통달하여 원어성경을 읽었다. 동시에 그는 일기 쓰기와 자료 정리, 문학적 훈련을 받았다.

7) Ralph. G Turnbull, *Jonathan Edwards the Preacher*, (Michigan: Baker Book House, 1958), 13.

8) *Ibid*., 13.

9) 기독교문사편, (기독교대백과사전, 서울, 1985), vol. 11, 169. 이때 그는 벌써 자연생물과 유물론에 관한 글을 쓰기도 했다. 그중 몇가지를 들면 거미에 관하여, 곤충에 관하여, 무지개에 관하여가 있으며 이 외에도 그는 아이삭 뉴톤의 이론에도 일가견이 있었다. Arthur C.McGiffert, Jr, *Jonathan Edwards*, (New York & London: Harper & Brothers Pub., 1932), 8.

10) 그는 이때 누나에게 보낸 한 편지에서 하나님의 영의 임재(Pouring out of the Spirit of God)에 관한 글을 쓰기도 했다.

11) Arthur C.McGiffert, Jr., *op.cit*., 7.

지에서 금과 은을 획득하는 것보다 더 많은 즐거움을 얻었다.[13] 에드워드는 이때 자신의 잠재된 지성과 마음의 능력을 쏟아 낼 사고력을 구축하였다. 그리하여 그는 손에 연필을 들고 더욱 학문에 심취하였다. 에드워드는 이러한 습관을 초기부터 지속적으로 실천하였다. 그리고 평생 동안 그의 모든 연구 활동에 이 습관을 견지하였다. 에드워드는 정확하게 사고하고, 종합적으로 사고하고, 언제나 습관적으로 사고하였다. 이는 실로 그의 놀라운 인내력과 집중력의 결과였다. 1720년 예일대 졸업 전체 수석 에드워드는 라틴어로 대표 연설을 하였다. 그 후 그는 목회자가 되기 위해 그곳에서 2년을 더 공부하고, 19세 때 설교 자격증을 얻었다. 그 후 1722년 8월부터 1723년 4월까지 8개월 간 뉴욕 소재 스코틀랜드 장로교회에서 목회하였다. 이 기간 동안 에드워드는 딤후 2:4, "군사로 다니는 자는 자기 생활에 얽매이는 자가 하나도 없나니 이는 군사로 모집한 자를 기쁘게 하려 함이라"는 말씀에 기초하여 결심문을[14] 작성하였다. 그리고 그는 평생 동안 하나님 중심

---

12) 존 로크의 「인간 오성론」(*An Essay Concerning Human Understanding*, 1690)은 인간의 오성(悟性), 즉 깨달음은 공백의 칠판과 같은 것으로, 관념은 타고나기 보다는 외적 경험으로서의 감각과 내적 경험으로서의 내성으로 얻어진다고 주장하였다. 여기서 그는 지식의 기원과 확실성, 범위를 자각적인 주제로 선정하여 근대 인식론을 체계화 하였다. 이러한 사고는 그가 젊었을 때부터 도덕과 종교 문제에 관심을 가지고 추구하는 과정에서 인간의 인식 능력에 봉착하여, 1671년 친구와의 토론을 통해서 영감을 얻은 것이다. 당시 로크는 사람들이 종교와 도덕 문제를 둘러싸고 서로 대립하는 것을 보고, 그것이 어디에서 기원하는지를 추구하고, 관념과 언어, 지식이 어떻게 얻어지는지를 밝히면 모든 사람이 인정하는 보편적인 명제가 확립될 것이라고 믿었다. 그리하여 지식은 경험을 바탕으로 만들어지는 관념의 결합이며, 이 결합을 이룩하는 것은 이성의 직관 능력이다. 사람들 간의 선천적인 신념과 인식의 대립은 없으며, 관념과 언어의 의미를 명백히 하면 이론적으로 혹은 실천적으로 보편타당한 인식이 얻어질 것이라고 하였다. 이 책은 총 4권으로 구성된 바, 제1권은 지식과 관념은 인간이 천성적으로 가지고 있는 것이 아니다. 제2권은 관념이 경험에 의해서 생기며, 제3권에서는 언어의 문제, 제4권에서 지식의 문제를 취급하였다.

13) 존 파이퍼, 「하나님의 영광을 위한 하나님의 열심」, 백금산 역, (부흥과 개혁사, 2003), 79.

14) 이것은 에드워드 자신의 하나님께 대한 자신의 결심이다. 대표적으로 44번은 "다른 목적도 아닌 신앙만이 나의 행동에 영향을 미치도록 하자. 신앙적인 목적이 아니라면 어떤 환경 속에서도 행동하지 말자". 결심문 61번은 "핑계가 무엇이든지 간에 신앙에 온전하게 집중하지 못하도록 내 생각을 흐트러뜨리고 풀어지게 하는 게으름에 빠지지 않는 것이 최선이다" 라고 되어 있다. Sereno Dwight, *Memoirs of Jonathan Edwards, in the Works of Jonathan Edwards*, (Edinburgh: Banner of Truth Trust, 1974), vol. 1., xvii.

적인 신앙에 초점을 맞추어 내적 생활과 경건에 정진하였다. 그에게 신앙은 기독교적 사고와 삶으로 통합된 개혁주의 신학에 근거하였다.[15)]

1723년 여름 다시 예일대로 돌아온 에드워드는 당시 13살의 사라 피아퐁(Sarah Pierrepont)과 사랑에 빠졌다. 그는 자신의 헬라어 문법책 표지에 기록한 송가(頌歌)에서 세상을 만드시고 다스리시는 위대한 분을 사랑하는 사라를 칭송하였다. 그에 의하면 하나님은 이 소녀에게 오셔서 그녀의 마음을 달콤한 즐거움으로 가득 채우셨다. 그래서 그녀는 하나님을 묵상하는 것 외에 다른 것을 할 수 없다. 특히 하나님께서 자신을 그녀에게 나타내신 후 이 소녀는 달콤한 경외감과 고요함, 관대한 마음을 지니게 되었다. 그녀는 때때로 이곳저곳을 다니면서 찬양을 부르며 언제나 기쁨과 즐거움에 충만하였다고 하였다.[16)] 그 후 에드워드는 자신이 메사추세츠의 노햄프턴 회중 교회의 목사로 취임한 1727년 7월 28일 그녀와 결혼하였다.[17)] 이때 에드워드는 24살 피아퐁은 18세였다. 이후 이들은 결혼 23년 동안 슬하에 총 11명의 자녀(8명의 딸과 3명의 아들)를 두었다.

(2) 제2기: 1727-1750년: 목사 취임과 23년의 목회사역, 대각성 운동을 위한 헌신과 봉사 기간이다. 에드워드는 메사추세츠의 한 회중교회에서 23년간 목회하는 동안 대각성 운동의 지도자로 활동하였다. 그런데 이 교회에서는 1672년부터 봉직해온 할아버지 솔로몬 스토다드가 성찬식을 회심의 한 수단으로 가르쳤다. 특

---

15) 그는 한때 히 5:12의 너희는 선생이 되어야 마땅하다 라는 말씀으로 설교하였다. 이 설교에서 그는 삼위일체이신 하나님 자신은 신학의 최고 대상이며, 그 다음은 신인이며 중보자이신 예수 그리스도와 역사상 최고의 영광스러운 사역인 예수 그리스도의 영광스러운 구속 사역이다. 그 다음은 천국의 위대한 일들, 즉 예수 그리스도에 의해 구속되고 복음 안에 약속된 영광스럽고 영원한 기업들, 사람들의 마음 안에서 역사하는 하나님의 성령의 사역, 하나님께 대한 우리의 의무, 하나님을 닮아야 하는 삶의 방식 등이다. 이 모든 것이 신학의 대상이라고 하였다. "Christian Knowledge: or The Importance and Advantage of a Thorough Knowledge of Divine Truth", in *The Works of Jonathan Edwards*, (Edinburgh: The Banner of Truth Trust, 1974), vol. 2., 159.

16) *Memoirs*, xxxix.

17) Arther C.McGiffert, Jr., *op. cit.*, 79. 당시 그의 아내 사라는 18세였으나 감정과 사고, 교양과 참된 경건을 갖춘 여인이었다. 결혼 후 에드워드는 예일대학에서 처음에는 자연과학에 깊은 관심을 가졌으나 형이상학과 순수철학을 접하면서 철학 세계에 심취하였다. 그러나 그는 성직자에 대한 소망을 버리지 않고 자연과학에서 철학으로, 철학에서 신학으로 더욱 성숙하였다.

히 1707년 스토다드는 중생하지 않은 자도 성찬에 참여하고 교회의 회원이 될 수 있다고 가르쳤다. 1729년 2월 22일 스토다드의 사망 후 에드워드가 부임하여 23년 동안 이 교회에서 목회하였다. 그런데 에드워드의 부임 당시 이 교회는 아주 태만하고 영적으로 침체되었다. 가정교육의 실패로 신앙심이 매우 결여된 채 안식일은 지켜지지 않았다. 젊은이들이 방탕과 방종에 빠지면서 교회 생활의 규범과 질서가 파괴되었다. 뿐만 아니라 마을마저 둘로 나뉘어 서로 시기하며 질투하고 크고 작은 문제로 서로 반목하였다. 사실 당시 그 교회는 규모로 볼 때 그렇게 작은 교회가 아니었다.[18] 이런 상황에서 에드워드는 매주 2번 2시간씩 설교하였다. 그리고 어린이들에게 요리문답을 가르치며 서재에서 상담하였다.

당시 에드워드는 종종 이웃 마을이나 사적 모임에서 설교했지만 정규적으로 각 가정을 심방하지는 않았다. 대신 에드워드는 자신의 서재에서 하루에 13-14 시간 성경 연구에 몰두하였다.[19] 그는 성경에 관한 어떤 체계나 주석보다는 성경을 묵상하며 신학을 연구하였다.[20] 왜냐하면, 그에게 성경은 모든 신학 지식의 원천이기에 이 보물을 소중히 간직해야 했기 때문이다. 이것은 하나는 얻고 다른 하나는 잃는 일로, 지혜로운 것은 아닐 지라도 목회자들이 자신의 은사와 환경을 잘 살려야 한다고 믿었기 때문이다. 에드워드에게 심방은 사역의 특징과 형편에 따라서 조절할 수 있는 문제였다. 그러므로 에드워드는 자신은 설교하고 서재에서 글을 읽고 쓰는 신앙적 분위기 속에서 성도들을 만나고 상담함으로 그들의 영혼을 섬기며 주님께 영광을 돌릴 수 있다고 보았다.[21] 에드워드는 벧후 3:18, "오직 우리 주 곧 구주 예수 그리스도의 은혜와 저를 아는 지식에서 자라가라"는 말씀을 붙잡고 성경을 지속적으로 연구하였다. 따라서 그는 성경 자체를 연구하는데 열정적으로 헌신하였다.

그 과정에서 에드워드는 마침내 1734-1735년 대각성 운동, 수많은 사람들의 회심과 중생을 경험하였다.[22] 에드워드는 복음 증거자로 말씀과 학문적 연구에 몰

---

18) 1735년의 기록에 의하면 회중 교회 소속의 이 교회의 당시 등록 교인은 620명이었다. *Edwards' Works*, vol. 1., 350.

19) Ralph G.Turnbull, *op. cit*., 19.

20) *Memoirs*, xxxvii.

21) *Memoirs*, xxxix.

두하며 말씀을 증거하는 영혼의 목자로 온 힘을 기울였다. 그는 설교에서 당시 그 시대가 당면한 복잡한 문제들에 깊이 파고들며 준비된 설교를 통해 성도들의 가슴을 파고들었다.[23] 목회자로서 그는 또한 많은 책들을 섭렵하여 예수 그리스도의 최고의 진리인 계시에 관해 새로운 통찰력을 일깨웠다. 결국 그의 연구는 영적 지식을 위해 바쳐져 다가오는 한 시대를 위해 준비하였다. 그는 사색적 설교가로 성경 연구를 통해 주석 설교와 주해 설교를 했으며, 명상으로 많은 영적 문제들을 해결하였다. 그의 설교는 항상 하나님의 주권과 인간의 전적 타락, 그리고 불가항력적인 은혜에 붙잡힌 칼빈의 신학에 바탕을 두었다. 그리하여 교회 내에 놀라운 부흥이 일어났으며, 또한 1740년부터 조지 화이트필드의 사역으로 뉴잉글랜드에 부흥 운동이 일어났다.

하지만 이 같은 교회의 성장과 부흥에도 불구하고 에드워드와 그의 회중과의 관계는 만족할 정도가 아니었다. 그는 하나님의 법이 인간에게 요구되는 한, 하나님의 법을 지키지 못하게 하는 불완전한 법은 지상에 존재하지 않는다고 믿고 자신의 회중들에게 완전한 삶을 요청하였다. 때문에 그는 위선적인 사고나 무분별한 생활을 용납하지 않고 또한 회중들의 비신앙적 삶을 용납하지 않았다. 특별히 그는 당시에 만연된 형식적 신앙을 엄격히 규제하고 확실한 회심 증거가 없는 사람은 성찬에 참여할 수 없게 하였다. 그러나 당시 교회는 그의 조부가 허용한 교회 회원 자격이 느슨해져 회심의 체험 없이도 성찬에 참여하였다. 따라서 에드워드는 교회의 질서를 바로 잡기 위해서 가부간에 결단을 내려야 하는 중에 갑자기 해고 되었다.[24] 그 후 그와 그의 가족은 고백처럼 많은 어려움을 겪었다.

(3) 제3기: 1750-1758년: 목회지에서 해고 된 후 인디안 선교사로 활동하던 중에 프린스턴 대학교 총장 취임과 임종이다. 에드워드의 뜻밖의 해고는 1744년에 불온서적을 읽은 젊은이들을 징계한 것 때문이었다. 당시 비록 에드워드가 교회의 승인을 얻어 위원회를 소집한 후 징계 자를 발표했으나 강력한 저항에 직면하였

22) 사라는 11자녀의 어머니로서 남편의 많은 일을 덜어주고 그가 학문에 전념할 수 있게 하였다.

23) Arthur C.McGiffert, Jr., *op. cit.*, 102.

24) J.D.Douglas & Philip W.Comfort(eds), *Who's Who in Christian History*, (Tyndale House Publishers, Inc., Wheaton, Illinois, 1992), 224.

다.[25] 이런 상황에서 1749년 성찬식이 회심의 수단이 될 수 있느냐 없느냐를 두고 논쟁이 발생하였다. 마침내 그 문제는 목사들과 평신도 대표로 구성된 위원회로 이양되었다. 에드워드는 이때 발표한 「겸허한 질의」(*A Humble Inquiry*) 논문에서[26] 아무나 성찬에 참여함으로 가시적 교회의 정식회원이 될 수는 없다. 자격을 얻기 위해서는 반드시 신앙고백과 또한 교회에 의해서 경건의 실천이 증명되어야 했다.[27] 그러나 에드워드의 주장은 수용되지 않은 채 일방적으로 해고되었다.[28]

에드워드는 위원회의 결정에 따라서 1750년 6월 22일 해고 9일 후인 7월 1일 고별 설교를 하였다. 설교에서 그는 "이제 나는 여러분을 떠나며 여러분 모두에게 작별을 고합니다. 하지만 나는 여러분이 잘 되기를 바라며 기도합니다. 이제 나는 산 자와 죽은 자의 심판 주 이신 분 앞에서 여러분을 다시 만날 것을 기대하며, 여러분의 영혼을 이전에 나에게 위임했던 분에게 맡깁니다. 나는 오랫동안 나의 특별한 부담이었던 여러분을 결코 잊지 않을 것이며 또한 여러분이 잘되기를 끊임없이 기도할 것입니다. 하나님께서 여러분에게 좋은 지성과 의지력을 통해서 죄인들을 철저히 경고하며, 신앙고백자들을 지혜롭게 분별하고, 여러분들을 영원한 길로 인도해 줄 신실한 목사를 보내 주시기를 기도합니다. 여러분이 이 촛대처럼 빛을 소유하고 잠시가 아니라 오랜 기간, 남은 생애 동안 이 빛에 즐거이 거주하기를 빕니다. 그리고 성찬 문제에 관해서는 어떤 견해와 입장을 가졌든지 간에 고요한 심령과 평화롭고 신실한 마음을 가진 모든 하나님의 백성들의 기도 안에서 내가 기억되기를 바랍니다. 또한 우리 모두 완전하여 오류가 없는 날, 영원하고 변경이 없는 심판의 날, 우리 주님의 큰 날, 재림 때 만나게 될 우리의 엄숙한 미

25) *Memoirs*, cxv.

26) Works, vol. 1., 436.

27) 역사적으로 초대교회의 도나투스 같은 이단과 분파들이 교회를 어지럽게 하였다. 이들은 사도적 전통과 교회의 일치를 무너뜨림으로 교회에서 추방되었다. 하지만 박해가 끝나고 기독교가 공인되었을 때 누가 진정한 회원인가로, 즉 가견적 교회인가 불가견적 교회인가로 대립하였다. 전자는 눈에 보이는 교회요 후자는 그리스도 안에서 예정된 자들이었다. 비록 가견적 교회가 완전할 수는 없지만 신앙이 없는 자들은 회개로서 새로워져야 했다. 그러므로 교회의 회원을 제도적으로 제한하였다.

28) 콘라드 체리, 「조나단 에드워즈의 신학」, 주도홍 역, (도서출판 이레서원, 2000), 16, 41.

래를 기억하고 결코 서로를 잊지 맙시다".[29)]

설교에서 보듯이 에드워드는 자기 자신 보다는 교회의 유익을 추구하였다. 이때 그의 나이는 46세, 9명의 자녀와 함께 해고되었다. 해고 일주일 후에 남긴 한 편지에서 에드워드는 자신의 위기감을 토로하였다.[30)] 그 편지에 의하면, "나는 지금 한때 아주 깊게 연합된 사람들과 분리되었다. 이 문제에 대한 하나님의 섭리는 놀랍다. 이 사건으로 인해서 우리는 거의 모든 것이 불안정하고 불확실한 상태에 빠지게 되었다. 하늘의 섭리는 참으로 여러 가지 면에서 두려우며, 진지한 숙고가 나와 회중들에게 요구된다. 원근각지에 있는 대적들은 이제 승리를 거둘 것이다. 그러나 하나님은 자신의 영광을 위해 모든 것을 통치하신다. 내가 미래에 무엇을 할 수 있을지 또는 가족들의 생계를 어떻게 꾸려갈지 전혀 대책이 없다. 그러나 우리에게는 의지할 하나님이 계신다. 나는 하나님께 복종하고 겸손히 그 앞에서 행하며 전적으로 그만 신뢰하기를 바란다.[31)]

그 후 교회는 에드워드의 가족에게 몇 달간 생계를 지원하고 종종 설교도 부탁하였다. 그런데 1750년 12월 초에 노햄프턴 서쪽 약 40마일 떨어진 메사추세츠주 스톡부릿지의 한 교회가 그를 청빙하였다. 동시에 뉴잉글랜드와 인접 지역의 복음전파를 목적으로 하는 런던선교회가 에드워드에게 스톡브릿지에 있는 인디언들에게 복음을 전해 줄 것을 요청하였다. 1751년 1월 에드워드는 스톡브릿지에 머물렀는데, 7월에 청빙을 수락하였다. 그리하여 그의 가족들이 8월 그와 합류하였고 에드워드는 식민지인들과 인디언으로 구성된 작은 교회의 목사로 활동하였다. 하지만 당시 스톡브릿지 교회는 많은 문제에 직면하였다.[32)] 그 중에는 사택

---

29) *Memoirs*, ccvii.

30) 그는 이때 "나는 지금 세계의 넓은 바닷가 한 가운데 내던져져서 나와 나의 많은 가족들은 어떻게 될지 알지 못한다"고 고백하였다. Arthur C.McGiffert, Jr., *op*. *cit*., 139.

31) *Memoirs*, cxxii.

32) 이때 그는 교회와 정부 그리고 영국선교부에서 받기는 했으나 그것으로는 충분치 못했다. 그는 집도 없었고 셋째 딸의 결혼비용도 마련하지 못했다. 그의 자녀들은 자수와 바느질로 그리고 부채를 만들어서 돈을 벌게 되었다. 그리고 에드워드는 설교 원고를 구하지 못해서 폐지, 의사의 처방용지, 결혼예식 순서지, 기도 의뢰문, 어린이들의 복사지, 증명서 용지, 선전지, 심지어는 부채를 만들다가 남은 마분지를 사용하기도 했다. 설상가상으로 그의 아내의 건강과 5살난 딸, 다른 식구들의 건강이 좋지 못했다. 결국은 에드워드 자신도 외부

건축과 함께 설교 준비, 복음 전파, 특히 인디안 회심자들에 대한 관심과 분열된 집단들을 화해시켜야 하였다. 더욱이 인디언들의 선교활동 중에 아메리카 인디언들이 개척의 명목 하에 백인들에게 잘못된 대우를 받음을 처절히 목격하였다. 그리하여 그는 아메리카 인디언들의 대변자로서 백인들의 착취 행위에 강하게 항거하였다. 그러나 그로 인해 백인들의 혹독한 비판을 피할 수 없었으나 끝까지 굽히지 않았으며 인디언들을 추방하기 위해 영국 본토에서 군대를 파견하겠다는 정책을 어리석다고 비난하였다. 이처럼 에드워드는 개인의 영혼을 위해서 복음을 증거하고 연구하는 학자만이 아니라 억울하게 고통당하는 약자들을 보호하며 부도덕한 사회 질서를 바로 잡기 위해 복음을 전파하는 선지자였다. 그는 부도덕한 음란 행위와 도박을 포함한 모든 악에 항의하며 철저히 개혁하였다.

그리고 선교 헌금의 효과적인 사용도 해결해야 하였다. 에드워드는 신실하게 이 모든 업무들을 지혜롭게 처리하였다. 이곳 사역 7년 동안 에드워드는 4권의 책, 「의지의 자유」(*Freedom of the Will*),[33] 「하나님의 천지 창조의 목적」1755, 「참된 도덕의 본질」, 1755, 그리고 「원죄에 대한 위대한 기독교 교리」(*Original Sin*, 1757)등을 집필하였다. 폴 람지는 이 책들은 그리스도의 교회가 소유한 가장 능력 있고, 가장 가치 있는 것이라고 평가하였다.[34] 에드워드는 목회적이고 선교적인 상황에서 기독교를 철학적으로 변호하였다. 그러므로 그를 단순히 청교도적인 배경에서 취급하는 것은 옳지 않다 할 것이다. 왜냐하면, 에드워드의 사색의 범위는 단지 목회 사역의 관심을 넘어서 대학에서 다루어지는 수준 이상의 형이상학과 윤리학 분야까지 걸쳐 있기 때문이다.

4권의 책 완성 4개월 후 에드워드의 사위이자 프린스턴 대학의 초대 총장 아론 버(Aaron Burr)가 1757년 9월 24일 사망하였다. 2일 후 대학 이사회는 아론의 후

에서는 죽었다고 소문 날 정도로 심한 병으로 6개월 이상을 앓게 되었다. Arthur C.McGiffert, Jr., *op. cit.*, 140-144.

33) 에드워드의 전집을 편집했던 예일대의 폴 람지는 이 책이 에드워드를 가장 위대한 미국의 철학자요 신학자라 부르게 한 탁월한 학문적 성취였다고 하였다. 그러나 100년 후 전도자 찰스 피니는 칼빈주의적 견해, 특히 에드워드의 저격수로 등장했으나 뜻을 이루지 못하였다. 만약 그리스도인들이 이 책을 읽고 그 진리를 받아들인다면, 우리는 현재와는 다른 그리고 더 나은 복음주의를 이룩하게 될 것이다. 존 파이퍼, 133-134.

34) *Freedom of the Will*, 8.

임으로 에드워드를 신임 총장에 임명하였다. 그 이유는 아론의 아내 에스더가 에드워드의 딸로 결혼 5년차 였기 때문이다.[35] 그러나 1757년 10월 19일 에드워드는 위원회에 보낸 편지에서 자신의 총장직은 적합하지 않다고 하였다.[36] 여러 이유 중에 자신은 말하는 것보다 글 쓰는 일에 재능이 있다고 믿고, 남은 여생을 연구에 투자하고 싶었기 때문이었다. 그러나 에드워드는 이 문제를 신중히 고려해 보겠다고 약속하였다. 1758년 1월 4일 열린 자문 위원회는 에드워드가 총장직을 수락해야 한다고 일방적으로 결정하였다. 이 소식을 들은 에드워드는 위원회가 자신의 주장을 무시했다며 울음을 터뜨렸으나 결국은 수용하였다.

그리고 1758년 2월 13일 에드워드의 총장직 수락 일주일 후에 천연두 예방접종을 받았다. 그런데 이것이 부작용을 일으켜 의도와 정반대의 결과를 낳았다. 에드워드의 목에 염증이 발생하여 더 이상 물을 마실 수 없게 된 것이다. 에드워드는 이 때 자신의 임종을 직감하고 프린스턴에 있는 딸 루키에게 유언하였다. 유언에서 에드워드는 자신의 저술에 대한 꿈을 완성하지 못한 채, 생의 절정에서 하나님의 주권을 신뢰하며 그의 부르심을 받아들였다. 그리고 그는 가족들에게 다음과 같이 위로의 말을 남겼다. "사랑하는 루키야, 조만간 너를 떠나야만 하는 것이 하나님의 뜻인 것 같구나. 그래서 내 사랑하는 아내에게 따뜻한 사랑의 마음과 우리 사이에 오랫동안 있었던 비범한 연합은 영적이었으며, 그래서 영원히 지속될 것임을 전해다오. 또한 너의 엄마가 이러한 큰 시련 앞에서 잘 견디며, 기쁘게 하나님의 뜻에 순복하게 되기를 바란다. 또한, 이제 아버지 없이 남게 될 내 자녀들

---

35) 에스더는 남편이 사망한 2주 후, 자신의 어머니에게 다음과 같이 편지하였다. "저는 하나님의 이름의 영광을 위해 말할 수 있습니다. 그는 비범할 정도로 모든 선함의 충만한 원천이 되시는 완전히 풍성하신 하나님을 발견했다고 생각합니다. 비록 모든 시냇물이 말라버렸지만, 원천은 충만히 남아 있습니다. 나는 마음속에서 세상이 줄 수도 없고, 빼앗아 갈 수도 없는 큰 평안과 고요함을 발견했습니다. 간절히 주님을 찾기 위해 나를 내버려 두시기를 부탁드립니다. 저는 결코 하나님이 주신 시련을 가볍게 여기지도 않을 것이며, 하나님의 이러한 심판 채찍에 낙심하지도 않을 것입니다". *Memoirs*, clxxiv.

36) 답장에서 에드워드는 자신의 좋지 못한 성격에 대하여 말했다. 즉 나약하고, 활기차지 않으며, 융통성이 부족하고, 쾌활하지 못하며, 때로 어린애처럼 약하고, 말이나 풍채와 품행이 보잘 것 없다. 또한 둔하고 융통성이 없어서 대화를 잘 이끌지 못하므로 대학 행정에는 적합하지 않다. 또한 학문의 몇 가지 분야 특히 대수학, 고급수학, 헬라 고전의 실력이 부족하다. 주로 그의 헬라어 지식은 신약성경에 한정되었다고 하였다. *Memoirs*, clxxiv.

에게는 너희 모두 결코 너희를 버리지 않으실 하나님을 추구하도록 권면하고 싶구나".[37)]

1758년 3월 22일 결국 에드워드는 총장 취임 5주 만에 54세로 사망하였다. 그의 사망 당시 그를 치료한 의사는 아직 스톡브릿지에 있는 부인에게 편지하였다. 이때 에드워드의 아내는 병중이었다. 4월 3일, 에드워드의 부인은 자신의 딸 에스더에게 다음과 같이 편지하였다. "무슨 말을 할 수 있겠니! 거룩하고 선하신 하나님이 우리에게 검은 구름을 덮어 주셨구나! 오, 우리는 그 막대기에 입 맞추며, 우리 손으로 우리의 입을 막을 수밖에 없구나! 그는 우리 곁을 떠났다. 이 일은 주님이 하신 것이며, 나는 이 모든 일에 있어 그의 선하심을 찬양한다. 그러나 나의 하나님은 살아 계신다. 그리고 하나님은 내 마음을 소유하고 계신다. 오, 내 남편이요, 너의 아버지가 우리에게 무엇을 남겨놓았는고! 우리 모두는 하나님께 맡겨졌다. 그리고 나는 하나님 안에 있고, 하나님 안에 있기를 사랑한다. 언제나 너를 사랑하는 엄마, 사라 에드워드".[38)] 이로써 격동하던 한 시대를 복음으로 새롭게 하고자 평생을 주께 헌신한 설교자요 목회자, 신학자요 선교사, 무엇보다도 부흥운동가인 에드워드는 이 땅의 모든 슬픔을 뒤로하고 하나님의 품에 안겼다.

4. 에드워드의 신학과 사상 체계

에드워드는 칼빈주의자로서 청교도적 전통신학에 굳게 서서 말씀을 널리 전파하였다. 그는 교회의 갱신과 부흥을 위해 모든 에너지와 힘을 다 쏟았으며 그릇된 신학을 지체 없이 비판하였다. 그는 성도들의 형식적 신앙생활을 질타하며 바른 가르침으로 일관하였다. 하나님은 잘 준비된 그의 설교와 말씀으로 수많은 사람들의 영혼을 각성시켰다. 그는 쇠퇴해 가던 미국교회에 새로운 활력과 이정표를 제시한 신학자요 사상가, 무엇보다도 영혼을 사랑하며 교회를 교회되게 하기 위해 몸부림친 목회자요 전천후 설교자였다.

4.1. 바른 신학

37) *Memoirs*, clxxvii.

38) *Memoirs*, clxxxix.

철저히 성경에 기초한 에드워드의 신학은 인간의 사고나 전통 또는 관습을 배격하는데서 출발하였다. 이러한 그의 신학적 사고는 당시 교회 내에 고착된 의식의 비판을 통해서 나타났다. 특별히 당시 그의 교회에는 교인의 자격문제가 중요한 이슈였다. 사실 1620년대 박해로 인해 영국의 청교도들이 미국에 건너가 이곳에 정착한 후 약 100년 동안 이들의 신앙은 보수적이었다. 그러나 100년 후 그들의 후예들은 이제 기독교 신앙을 단순한 유산으로 생각할 뿐 자신들의 자발적인 신앙의 행위와 스스로 가져야 할 체험적 신앙을 외면한 채 형식화 되었다. 이들은 이제 자신들의 영적 타락과 도덕적 무질서를 그대로 방치하고 타협하며, 단지 선조들의 신앙을 지켜 주기 위해서 형식적이고 방관적이며 피동적 형태를 띠었다. 이에 대하여 에드워드는 신앙생활에서 종교적 체험이 없는 교인은 정상적인 교인이 될 수 없다고 선언하고 신앙이란 오직 체험과 신앙의 유무(有無)로 확증할 수 있다고 주장하였다.[39)]

따라서 그는 회심하지 않는 자들의 교회 회원자격을 반대하고 소위 반쪽언약(Half-Way Covenant)을 거부하였다. 그리하여 그는 체험적 신앙을 소유하지 못한 사람들에게 교회의 출석은 허락할 수 있으나 성례전의 참여는 수용할 할 수 없다는 입장을 견지하였다.[40)] 이것은 곧 그가 말씀에 기초하여 바른 신학을 확립하고 기독교 변증에 진력하였음을 보여주는 좋은 실례이다. 그리하여 그는 교회 안에 들어온 세속주의와 자유주의에 맞서 성경의 원리를 제시하였다.

에드워드는 1731년 행한 "하나님은 인간의 의존적 신앙을 통해 영광을 받으신다"(God glorified in Man's Dependence)라는 설교에서 자유주의적 죄와 구원관에 대하여 논박하며 초기 아르미니우스주의의 파괴적 발전에 일격을 가하였다. 그에 따르면 죄는 하나님을 거역하는 본래적 반항이며 구원은 전대적인 하나님의 주권을 전적으로 의지하는 마음의 급진적 변화이다.[41)] 결국 에드워드는 아르미니우스주의에 맞서 강력한 칼빈주의 신학을 견지하였다. 이에 관하여 에드워드는 1754년 저술한 「기독교의 원죄론의 변호」(*The Christian Doctrine of Original Sin*

---

39) Perry Miller, *Jonathan Edwards,* (Cleveland & New York, The World Publighing Co., 1964), 35-40.

40) Ralph G. Turnbull, *op. cit*., 23.

41) J. D. Douglas & Philip W.Comfort(eds), Who's Who, *op. cit*., 224-225.

Defended)와 「의지의 자유」(*Freedom of the will*)에서 아르미니우스주의를 반박하였다. 이 설교에서 에드워드는 매우 제한된 의미에서 의지의 자유를 용인하였다. 즉 의지의 자유란 우리가 선택한 행동에서 자유롭다. 하지만 우리가 선택한다는 것이란 우리 앞에 가로놓인 가장 강력한 동기들로 외견상 가장 중대한 선에 의해 결정된다. 타락한 사람은 도덕적인 면에서 무기력한 자이다. 즉 그에게 없는 것은 선을 행할 능력이 아니라 단지 의지 또는 소원일 뿐이다. 따라서 그는 인간의 선택은 내적으로 완전할 수 없으며 원죄의 속박에서 벗어날 수 없다. 죄는 인간을 무능력하게 하며 전적으로 하나님의 은혜를 입어야 한다. 그는 하나님의 거듭나게 하시는 행동이나, 혹은 새로운 동기, 혹은 마음의 느낌에 의하여 인간의 의지는 하나님께 직접 인도되어 그 영혼에 이식된다. 한편 중생하지 못한 자는 하나님의 중생행위를 통해서 오는 이 새로운 느낌을 갖지 못한다. 이것들은 하나님의 사랑에 근거하지 않고 오히려 자기 사랑에 근거한다. 그는 주권적 은혜로 말미암는 구원을 강조하며 미국의 전통적 신앙을 파괴하는 아르미니우스주의와 소시니안주의에 대하여 분개하였다.

칭의와 구원에 대해서 그는 하나님의 전적인 주권을 믿고 여기에 기초하여 설교하였다. 그 중에 특별히 행한 롬 4:5 설교에서 그는 우리는 그리스도 안에 있는 믿음으로만 의롭게 되며 어떠한 인간의 선행이나 덕행에 의해 의롭게 될 수 없다. 의인은 주님의 은혜로 죄와 형벌로부터 해방되며 영생을 주시는 그분께 속한 자이다.[42] 여기서 그는 의롭게 하는 믿음에는 어떤 인간의 행위가 절대시 될 수 없고 오히려 참된 회개가 따라야 함을 가르친다. 그리고 구원은 전적으로 인간적 행위보다는 그리스도의 공로에 의지한다. 이렇게 구속받아 의롭게 된 자는 이제 이 세상에 속하지 않고 하나님에게 속한다. 따라서 의인은 자기를 부정하며 그리스도를 따르고 하나님을 의존하게 된다. 하나님은 이런 사람들을 자녀로 인정하시며 그를 수납한다. 그러므로 우리가 의롭게 되기 위해서는 하나님의 뜻에 순종해야 한다. 그는 믿음을 제외한 어떤 인간의 노력도 하나님의 호의를 살수가 없으며 하나님의 은혜가 아니면 그를 믿을 수 없다고 하였다.

한 걸음 더 나아가 에드워드는 롬 9:18 "하나님의 주권"이라는 설교에서 인간

---

42) Ralph G. Turnbull, *op. cit.,* 123.

은 영원한 구원을 위해 하나님께 의존해야 한다고 주장했다. 그는 말하기를 생각해 보라! 하나님의 은총은 충만하지만 그가 주권을 잡으시고 여러분의 구원 문제를 그의 섭리 가운데 두시고 있는 것을, 기억해 보라! 하나님은 여러분에게 조금의 편견도 없이 여러분에게 자비를 베풀 수 있다는 사실을. 여러분이 무슨 죄를 범했다 할지라도 하나님은 자신이 섭리하시기만 하면 자신을 영화롭게 하실 수가 있다는 것을...[43] 여기서 그는 하나님은 자신의 영광을 위해 자신의 능력에 따라 그의 구원 경륜을 이루어 가심을 말한다. 그에 의하면 이 하나님의 구원 선포는 전적으로 하나님의 절대 주권에 달려있다. 따라서 하나님은 당신이 원하는 자는 구원하시고 원치 않는 자를 진노하신다. 그러나 에드워드는 하나님의 권능이 인간의 구원에만 머물지 않고 자연의 변화, 예를 들면 천둥과 번재 속에서도 하나님의 권능과 임재를 느꼈다. 하나님은 자신의 창조목적을 이루기 위해 당신의 주권을 강조하였다. 이렇듯 에드워드의 설교에서 하나님의 주권이 중요하지만 그는 여기에만 머물지 않고 인간의 타락, 구속의 은혜에 대해서도 말한다. 앞에서도 보았듯이 구원이란 오직 복음 안에서 계시 되어진 하나님의 절대적인 주권 안에서만 하나님을 볼 수 있다. 타락한 인간은 전적인 부패로 인해 그 어떤 행위로도 영광을 받을 수 없고 오직 믿음으로 그리스도를 의지할 때만 얻게 된다. 구원받지 못한 인간은 무가치하며 불행하다. 따라서 인간은 자신의 의지적 자유를 통해 그리스도를 바라보고 그를 의지함으로서 선을 행해야 한다. 그러므로 인간은 선한 행동을 위해 항상 하나님의 주권을 의지하며 그 자신의 책임을 다 해야 하였다.

4.2. 목회실제

(1) 부흥의 열망: 에드워드의 바른 신학은 곧바로 그의 체험적 신앙으로 발전, 참된 부흥의 열망으로 꽃을 피웠다. 에드워드는 1733년 행한 자신의 "신적이며 초자연적 빛"(Divine and Supernatural Light)이라는 설교에서 종교 경험의 참된 본질을 역설하였다. 그에 따르면 구원이란 단순히 하나님의 합리적 이해와 성경적 진리를 포함하지 않고 오히려 하나님에 의하여 하나님의 말씀 안에서 계시된 신

43) *Ibid*., 88.

적 탁월함에 대한 참된 느낌의 수여이다. 이것은 근본적으로 마음을 감동시키며 자연적 수단에 의해 얻을 수 없는 즉 하나님의 일들을 새롭게 느끼는 중생적 경험이다.[44] 그는 주장하기를 참 종교란 근본적으로 마음의 문제이지 지성의 문제는 아니다. 그는 항상 경건에 힘쓰며 주 예수 그리스도께 내 영혼 전체를 드리고 그분을 신뢰하며 내 전체를 그분께 구별해 드릴 결단을 하며 살았다.[45]

특별히 1734-1735년 사이에 일어났던 대각성 운동은 그로 하여금 더욱 말씀의 사람이 되게 하였다. 따라는 그는 말씀에 사로잡혀 말씀을 연구하고 복음이 널리 확장되게 했다. 1741년 하나님의 "성령 사역의 놀라운 증거"(The Distinguishing Marks of a Work of the Spirit of God)라는 설교에서 참과 거짓 부흥에 참된 증거를 구분하며 부흥운동에 대하여 신학적으로 변호하였다. 그리고 1743년 "최근의 부흥에 관한 몇 가지 의견"(Some Thoughts Concerning the Present Revival)에서 부흥운동의 정당성을 말하였다. 그는 기도와 묵상으로 말씀을 준비하여 복음으로 수많은 영혼에 도전하였다. 그리하여 불신하고 거스르는 세대에 불이며 놀라운 부흥운동을 일으켰다. 그의 부흥에 대한 열망은 곧 바른 교회를 이룩하는데 그 목적이 있었다. 따라서 그는 비록 그가 24년 간 섬겨온 정든 목회현장을 떠날지라도 전혀 타협하지 않고 말씀에 굳게 섰다. 그는 특별히 "진노하시는 하나님의 장중에 있는 죄인들"(Sinners in the Hands of an Angry God)이라는 설교에서 하나님의 말씀에서 떠나면 하나님의 진노를 피할 수 없다고 역설하였다.

에드워드는 하나님의 말씀을 받고도 불신 중에 거하며 세상과 타협하고 거스르는 동족에게 경고의 메시지를 보냈다. 그는 말하기를 "그분의 진노는 불처럼 타오르고 있으며, 그분은 여러분을 무가치한 존재로 여겨 불 가운데로 던져져야 할 그런 존재로 바라보시며, 또한 우리는 그분의 순전한 눈앞에 서게 될 것입니다. 최고로 증오에 찬 독을 품은 독사의 눈과 우리 눈이 마주칠 때 받는 것 이상으로 여러분 자신들이 하나님의 시선 앞에서 수만 번도 족히 혐오감 받을 만한 존재였다는 것입니다. 여러분은 어떤 완고한 반역자가 그의 임금께 범했던 과오 이상으로 그분께 무한히도 과오를 범했던 존재들입니다. 그런데도 매순간 불 가운데로 빠져드는 데서 여러분을 붙들어 주시는 그분의 손길만은 아직도 변함이 없으십니

---

44) *Ibid.*, 224.

45) 「교회사대사전 II」, (기독지혜사, 1994), 555.

다".[46] 에드워드의 설교에서 보듯이 그는 하나님 앞에서 인간의 실상을 바로 보여주며 동시에 하나님이 멸망 받을 인간을 지극히 사랑하신다는 사실을 역설하였다. 결국 그의 설교는 열렬히 영혼을 사랑하는 불타는 마음을 보여준다. 또한 에드워드는 각성운동 발생 여러 해 뒤인 1747년 출판한 "영혼을 사랑하여 종교적 성질에 관한 논문"(*A Treatise Concerning Relisious Affections*)에서 종교적 현상을 3가지로 구분하여 (i) 종교적 경험의 본질은 근본적으로 마음의 문제이다. 그런데 참된 종교는 종종 감정이나 혹은 감정적 기울림으로 표출된다. (ii) 하지만 이 같은 표시는 참된 종교의 증거가 아니다. (iii) 그리하여 그는 참된 종교적 회심에서 나타나는 12개의 증거를 제시하였다. 그에 따르면 참된 종교란 기독교인의 실천에 있어서 표시된 본질적으로 변화된 마음이다. 그는 부흥운동이 주는 유익한 영향들과 해로운 영향들을 구분하고 성령으로 마음이 새로워지고 하나님께 속한 것들을 사심없이 사랑하고 그리스도인으로서 다른 사람들 앞에서 바르게 행동하려는 뜨거운 소원이 생기게 하는 기질의 두드러진 변화를 이루지 못하는 것은 종교라는 칭호를 받을 자격이 없다고 주장하였다. 하지만 이것은 그의 목회를 통해 충돌을 일으켜 정든 교회를 떠나는 결과를 낳았다. 그러나 그는 결코 타협하지 않고 기독교 신앙의 참된 원리를 주장하였다.

(2) 복음전도와 대각성 운동: 에드워드의 노햄프턴 교회 사역 15년인 1730년대부터 1740년대 중반까지 대각성 운동이 절정에 이르렀다. 당시 그곳의 교회에서 약 300여명이 회심하였다. 갑작스런 일로 교회는 새 신자들을 수용할 수 없었다. 에드워드는 죄의 자각으로 위로를 받기 위에 구하며 괴로워하는 사람들에게 둘어싸였다. 그의 강력한 메시지는 급속히 전국으로 확산되었다. 이때 에드워드는 「노스햄프턴과 이웃 여러 읍과 마을에서 많은 영혼들을 개종시킨 하나님의 놀라운 역사에 관한 진실한 이야기」를 출판하였다.[47] 에드워드는 부흥을 점화한 후 그 과정을 분석하고 변호하며, 또한 재평가하면서 각성 운동의 중심에 있었다. 그는 부

---

46) *Tony Lane, Christian Thought*, 302-303.

47) 이 책의 출판은 뉴잉글랜드의 반 열광 성직자들(anti-enthusiasm clergymen)과의 계속적인 논쟁의 불씨가 되었다. 당시 부흥운동의 반대자는 보스턴 제일교회의 진보성향의 목사 찰스 촌시(Charles Chauncy, 1705-1787)였다. 더윌 홀란드 「설교의 전통」 홍성훈 역, (도서출판 소망사, 1987), 70.

흥운동을 위해 뉴잉글랜드 전역을 순회하며 설교하였다. 예를 들면, 1741년 7월 8일 코네티컷의 앤필드에서 "진노하시는 하나님의 손아래 있는 죄인들"이란 제목으로 설교하였다. 그런데 이 설교가 역사적인 부흥운동의 직접적인 원인이었다.[48] 그리고 1742년과 1743년의 설교가 1746년 「전인적 신앙에 대한 논문」(*Treatise Concerning the Religious Affections*)으로 출간되었다.[49] 1743년 3월 에드워드는 뜻밖에 뉴 헤이븐에서 데이비드 브레이너드를 만났다. 당시 젊은 인디안 선교사 브레이너드는 결핵으로 죽어가고 있었는데, 에드워드와 가족의 보호 속에 회복되었다. 에드워드의 17세 된 딸 제루사는 브레이너드를 간호하였다.

하지만 브레이너드는 1747년 10월 9일, 29세에 사망하였다. 간호의 영향으로 제루사가 5개월 후, 1748년 1월 14일에 죽었다. 에드워드는 딸의 제안을 받아들여 1749년 「데이비드 브레이너드의 생애」(*The Life of David Brainderd)*를 저술하였다. 그는 서문에서 하나님께서 당신의 종을 사용하시는 방법은 두 가지이다. 하나는 교리적이며 다른 하나는 사례와 모범이라고 규정한 후, 브레이너드는 성결한 삶을 통해서 하나님의 선하심을 나타내 주었다고 하였다. 그 후 세계 선교가 확장되는 곳에서 이 책은 놀랍게 빛을 발하였다. 출판 즉시 이 책은 하나님의 위대한 모험가들에게 도전하였다. 에드워드가 후원한 선교사 중의 한 사람인 기드온 호월리(Gideon Hawley)는 자기 가방에 성경책 외에 이 책을 항상 지니고 다녔다.[50] 존 웨슬리는 에드워드의 사후 10년 되는 해인 1768년 에드워드의 브레이너드의 삶에 대한 축약 본을 발간하였다. 이 책에서 웨슬리는 에드워드와 브레이너드를 칼빈주의자로 인정하지 않았으나 브레이너드의 정신과 열정을 소유한 설교자들은 불굴의 사람으로 규정하였다.[51] 그리하여 현대 개신교 선교 운동은 에드워드와 브레이너드로부터 영감을 받았다. 대표적으로 1800년대 초 인도선교사로 활

---

48) *Memoirs*, li.

49) 이 책은 에드워드의 부흥에 대한 성숙하고 균형 잡힌 것들을 내용으로 한다. 특히 대각성 기간 동안 발생한 그리스도인의 참된 경험과 거짓된 경험 사이의 차이점을 심오하게 분석하였다. 하나님이 인간을 구원하시고 거룩하게 하시는 데 있어서 그분의 일하시는 방식이 가장 잘 탐구된 연구서이다.

50) Iain Murray, *Jonathan Edwards*, 470.

51) 존 파이퍼, 「하나님의 영광을 위한 하나님의 열심」, 백금산 역, (부흥과 개혁사, 2003), 93.

동한 윌리엄 케리는[52] 자신의 선교회 언약을 작성하면서, 종종 브레이너드를 바라보자고 하였다. 이후 약 250년 동안 브레이너드는 세계 선교에 크게 영향을 끼쳤다.

4.3. 설교자의 자질과 모범

(1) 성실한 연구: 무엇보다도 에드워드는 좋은 설교자가 되기 위해 어려서부터 철저히 교육을 받았다. 그는 여러 성경 언어를 배웠으며 그 외 다양한 분야의 글을 썼다. 그의 생애에서 본 것처럼 그는 예일대학교에서 학문에 정진하고 마침내 수석으로 졸업했다. 그럼에도 불구하고 그는 계속 연구하며 책과 씨름하였다. 그의 사상의 폭은 깊고 넓어져 갔으며 그 결과 그는 시대의 예언자로서 성숙해 갔다. 그는 말씀을 통해 사회를 바로 통찰하며 혹독하게 비판했으며, 그는 항상 설교 준비에 많은 시간을 투자하였다. 또한 그는 사회의 부도덕성과 비윤리적 타락상을 직시하며 말씀을 선포했다. 그의 메시지는 능력이 있었고 영혼을 사랑하는 애끓는 애정과 함께 그의 불을 토하는 듯한 메시지를 듣기 위해서 많은 사람들이 몰려들었다. 따라서 그의 강력한 설교와 선포로 미국 교회는 잃었던 옛 신앙을 회복하고 다시 한번 도약할 수 있게 되었다. 에드워드는 말씀연구 뿐만 아니라 학문적 열의 또한 뛰어났다. 그는 대학자로 당시 거세게 도전해오는 자유주의적 신학에 맞서 기독교 신학을 놀랍게 변증하였다. 결국 그의 하나님의 말씀과 보수적 신앙에 대한 열정은 대각성 운동을 통해 꽃을 피우게 되었고 그의 간절한 열망은 열매를 맺게 되었다.

(2) 지도자로서의 영적 고뇌: 에드워드는 교회의 성직자들이 말씀을 바로 증거하지 못하고 기독교가 쇠퇴해 가며 청교도의 신앙은 회심과 개인적 재생에 별다른 도움이 되지 않자 회중들은 더욱 영적으로 무감각하게 되었다. 이때 에드워드는 애타는 마음으로 하나님께 결단하며 설교했다. 그는 히브리서 설교에서 여러분은 돌아보아 하나님의 은혜에 이르지 못하는 자가 있는가 두려워하고 쓴 뿌리가 나서 많은 사람들이 음행하는 자와 같이 더러움을 입을까 우려워하며 한 그릇 팥

52) 이 책은 케리 외에도 프란시스 애즈베리, 토머스 쿡, 윌리엄 캐리, 헨리 마틴, 로버트 모리슨, 사무엘 밀스, 프리드릭 쉬바르츠, 로버트 맥체인, 데이비드 리빙스턴, 앤드류 머리 등에게 영향을 미쳤다. *Ibid.*, 94.

죽을 위하여 장자의 명분을 팔아먹은 에서와 같이 망령된 자가 있을까 두려워하라고 했다.[53] 그는 성도들의 불신앙적이며 비도덕적 삶을 말씀을 통해 혹독히 책망하였다. 그는 양심으로 하여금 부끄럽지 않게 하라고 했다. 그는 십계명을 철저히 믿고 그것을 당시 회중들과 그 상황에 적응시키려 힘썼다. 신앙만이 그의 주된 업무였고 의무가 필요한 것만큼 이웃과 직업과 가정에 대한 도덕적 의무를 철저히 강조했다. 이러한 설교에서 그는 개인 구원에 절대적 관심을 기울였으며 회개의 필연성과 회개운동에 주안점을 두었다. 영혼을 사랑하는 그의 설교는 애절한 호소였고 때로는 예언적 경고를 포함하였다. 그의 설교는 자신의 회중 뿐만 아니라 영국과 미국 전역을 향하여 울려 퍼졌다. 그의 이 설교는 1741년 "분노하신 하나님 손에 있는 죄인들"(*Sinners in the Hands of An Angry God*)로 대각성 운동에 불을 붙였다. 이 설교는 때마침 영국에서 힘있게 사역해온 휫필드의 방문과 함께 곳곳에서 자생적으로 나타나는 부흥집회를 통해 신속하게 전 미국으로 확산되었다. 그러나 그의 이 같은 목회적 열망을 이해하지 못한 전임 목사들은 단순한 위로 설교와 목양적 활동만을 요구하였다. 그리고 회개를 외치면서 교인의 자격에 대하여 지나치게 엄격간 청교도적 자세를 삼갈 것을 요구하였다. 이때 에드워드는 지옥에 관한 설교를 했는데 그 후 한 젊은이가 자살하였다. 그러자 주위의 동역자들은 그를 냉소적으로 비판하며 그를 괴롭혔다. 그러나 그는 타협을 거부하고 외할아버지를 이어 24년 간 섬겼던 교회를 사임하였다.

에드워드가 노스햄턴 교회를 사임하게 된 직접적인 원인은 교회회원 자격에 대한 이견 때문이었다. 당시 교회의 회원권과 정치적 특권은 함께 맞물렸는데 시민권은 계승될 수 있었지만 교회의 회원 자격은 계승될 수가 없었다. 식민지의 2-3 세대들은 시민권을 주장하였지만 전통적인 신앙은 경건은 없었다. 수십 년 동안 교회와 국가 간에는 이 문제가 초점이 되었다. 이 문제를 해결하기 위한 타협안으로 반쪽언약(Half-Way Covenant)이 도입되어 뉴 잉글런드의 준회원 자격과 동등하게 되었다. 그래서 그들은 종교적인 체험이나 회심을 하지 않았어도 성만찬의 참여와 교회에서의 선거권을 제외하고는 유아세례를 받을 수 있는 중요한 권리를 포함하여 회원으로서 모든 특권을 부여 받았다.[54] 이 반쪽언약이 1662년 메사츄

---

53) Ralph G.Turnbull, *op. cit.*, 22.

세츠주의 대법원에서 채택되었다. 그러나 에드워드는 회심을 체험하지 않은 부모의 자녀들에게 세례를 주는 것이나 교회 회원으로 인정하는 것을 찬성할 수가 없었다. 그리하여 노스햄턴을 떠나게 되었다. 그는 송별설교에서 가장 감동적으로 설교했으나 그의 미래는 불확실했다.

4.4. 실천적 삶의 원리

(1) 자기성찰: 에드워드는 20세 때 평생의 지침으로 70가지 결심문(resolutions)을 작성하였다. 그리고 그는 매일 일기를 쓰는 것과 함께 매일 결심문을 읽고 자신의 신앙을 성찰하였다. 그는 결심문 37에서 매일 밤 잠 자리에 들기 전에 자신이 어떤 점에 게을렀으며 죄를 범했는지, 신앙의 어느 부분에서 자신을 부인했는지 자문을 결심하였다. 이 같은 자문은 매주, 매월, 그리고 매년 실천할 것을 결심하였다. 1723년 5월 19일의 일기에서 에드워드는 하루를 시작할 때 자신이 사람들의 유익을 위해 무엇을 할 수 있는지, 하루를 마칠 때는 그들의 유익을 위해 그가 무엇을 했는지를 자신의 질문에 추가하였다. 그리고 결심문 64에서 "말할 수 없는 탄식"과 시편 119:20의 말씀 "주의 규례를 항상 사모하는 마음이 내 안에 있는 것을 발견하게 되면, 있는 힘을 다하여 이것들을 향상시키도록 하자. 또한 나의 소원을 아뢰기 위해 간절히 노력하는 것이 약해지지 않도록 그리고 그러한 열심을 반복적으로 내는 것이 약해지지 않도록 하자"고[55] 하였다. 뿐만 아니라 결심문 30에서, "지난 주 보다 더 나은 신앙과 은혜를 실천하는 삶을 살 것을 매주 노력하자"고 하였다. 그리고 결심문 6에서는 "내가 살아 있는 동안 힘껏 살자"고 하였다.

이렇듯 에드워드는 하나님의 말씀, 진리뿐 아니라 더 풍성한 은혜를 체험하기 위하여 있는 힘을 다하였다. 이러한 그의 자기 성찰은 종종 성도들에게 다음과 같이 권고되었다. 그는 "박수갈채를 받거나 다른 사람과의 논쟁 능력을 위해 지식의 성장을 추구하지 마시오. 여러분의 영혼의 유익과 실천을 위해서도 하지 마시고, 단지 가진 지식에 맞게 실천하도록 하시오"라고 하였다. 시 119:100처럼 주의 법

54) Arthur, C.McGiffert, Jr., *op. cit.*, 118.
55) Memoirs, xxii.

도를 지키는 것이 지식을 얻는 방법이기 때문이다. 에드워드에게 모든 공부, 신학의 목적은 하나님을 추구하며, 거룩을 추구하는 것이었다. 이것은 단순히 의무감으로 하는 순종이 아니라 자발적인 지식과 순종으로 하나님을 기뻐하는 것이다. "하나님은 자신의 영광을 피조물에게 전달해 주고, 피조물이 자신의 영광을 받게 하기 위해 세상을 창조하셨다. 그러므로 하나님의 영광은 우리의 지성과 마음에 의해 수용될 수 있다. 하나님의 영광에 대한 생각을 가진 사람은 그를 인정하고 즐기는 만큼 그분을 영화롭게 한다. 그러므로 우리는 계속적으로 우리의 존재를 더 깊이 알기 위해 노력해야 한다. 왜냐하면 주의 인자가 생명보다 낫기 때문이다(시 63:3). 결국 하나님을 즐거워하는 것이 우리 영혼이 만족할 수 있는 유일한 행복이다. 이 세상의 모든 것들은 그림자이다. 오직 하나님만이 실체이시다. 이 모든 것들은 단지 빛살이며 하나님만이 태양이시다. 이 모든 것들은 단지 시냇물이지만 그러나 하나님은 바다요 대양이시다.

(2) 음식과 건강: 설교가로서 에드워드는 건강관리에 엄격하였다. 그는 키가 183cm(6피트 1인치)였는데, 키에 비해 건강은 그렇게 좋지 않았다. 하지만 그는 어떤 상황에서도 자신의 정신적 혹은 감정적인 불안정을 보이지 않았다. 엄격한 음식 조절과 운동을 통하여 자신을 철저히 훈련하였다. 그는 다양한 음식들을 관찰하고 자신에게 가장 잘 맞는 음식을 섭취하였다. 그리하여 에드워드는 자신을 병들게 하거나 졸리게 하는 음식들을 절제하였다.[56] 특별히 그는 건강관리에 신경을 쓰고, 겨울에는 하루에 30분씩 장작을 팼고, 여름에는 들판에서 말을 타거나 걸었다. 에드워드는 매우 합리적인 사람으로 건강과 낭만을 즐기는 비밀스런 사람이었다.

(3) 자연과 가족사랑: 에드워드는 날씨 좋은 날 신앙적인 연구보다는 자연의 아름다움과 영광스러운 모습을 탐구하였다. 그리하여 그는 가능한 한 하나님의 지혜와 능력, 그분의 거룩한 신비를 아름답게 표현하고자 하였다. 에드워드는 시 19:1 말씀처럼 실제로 하늘이 하나님의 영광을 선포한다고 믿었다. 1737년 어느

---

56) 에드워드는 21살 때 쓴 일기에서, 음식을 적게 먹고 체중 조절을 하며, 가능한 한 가볍고 소화하기 쉬운 음식을 먹게 되면 틀림없이 생각을 더 또렷하게 할 수 있고 다음과 같이 시간을 벌 수 있을 것이다. (i) 자신의 수명이 길어지며, (ii) 식사 후에 소화시키는 시간이 줄어들 것이다. (iii) 건강에 지장이 없이 더 철저히 공부할 수 있으며, (iv) 수면 시간을 줄일 수 있을 것이다. (v) 도통으로 고생할 필요도 없을 것이라 하였다. 그러므로 에드워드는 결심문 20번에서 먹고 마시는 것을 염격하게 절제하며 살자고 하였다. *Memoirs*, xxxv.

날의 일기에서 그는 "나는 건강을 위해 말을 타고 숲 속으로 갔다. 한 휴식 장소에 도착하여 평소처럼 말에서 내려 걸으면서 하나님을 묵상하였다. 그때 나는 하나님의 아들의 영광을 보았다. 즉 그분의 하나님과 사람 사이의 중보자 되심과 그분의 놀랍고 위대하며, 충만하고 순수하며 달콤한 은혜와 사랑뿐 아니라 또한 그분의 온유와 겸손하심을 보았다. 이 은혜는 아주 조용하고 달콤하게 내 영혼에 임하였다. 그것은 하늘보다 크게 임하였다. 그 때 그리스도의 인격은 말로 표현할 수 없을 정도로 탁월하였다. 그리스도의 탁월함은 모든 생각과 사고를 삼킬 만큼 충분하였다. 이 체험은 약 한 시간가량 계속되었는데, 이 때 나는 눈물을 흘리며 큰 소리로 울었다[57]고 하였다.

에드워드는 엄격한 신학자였음에도 불구하고 이렇게 자연을 사랑하였다. 또한 에드워드는 자신의 가족과 함께하는 시간을 소중히 여겼다. 특히 아내 사라와의 관계는 11명의 자녀에서 보듯이 균형잡힌 것이었다. 부드럽고 온유한 한 아내의 남편이자 자녀들에게 사랑받은 아버지였다. 에드워드의 아내 사라의 신앙은 어둡거나 부정적인 것이 전혀 없었다. 그러므로 이들의 가정생활은 하나님의 은혜에 대한 주목할 만한 증거로 에드워드 가문의 신학적 뿌리요 열쇠였다.[58] 그는 자신의 시간을 최대한 절약하며 가족과 함께 그리고 모든 것을 오직 자신의 효과적인 연구에 몰두하였다.[59] 한편 에드워드의 증손자 세레노 드와이트는 에드워드는 보통 저녁에 가족과 함께 휴식했다고 하였다. 그런데 성경을 읽고 묵상할 때 혹은 영적인 주제들을 연구할 때는 마칠 때까지 집중하였다.[60]

---

57) *Memoirs*, xlvii.

58) 에드워드의 사망 150년 후에 그의 가문은 주크 가문과를 비교한 윈십(A.E. Winship)이 잘 보여준다. 에드워드의 가문에서는 13명의 대학총장, 65명의 교수, 100명의 변호사, 법률학교 학장, 30명의 판사, 66명의 의사, 80명의 공직자가 배출되었다. 보다 자세한 것은 Elizabeth Dodds, *Marriage to a Difficult Man*, (Philadelphia: The Westminster Press, 1971), 37-39.

59) 이러한 생활은 그의 결심문 5번, "한 순간의 시간도 절대로 낭비하지 말고 그 시간을 가능한 한 최대한 유익하게 사용하자". 그리고 6번, "내가 살아있는 동안 힘껏 살자"에서 보여 진다. *Memoirs*, xxxvi, xxxviii 참조.

60) *Memoirs*, xxxxiii.

5. 결론: 유산과 평가

5.1. 유산

(1) 체험적 신앙: 에드워드의 내외적 능력, 저력 중에 하나는 관찰력과 신비체험이다. 실로 신앙생활에서 중요한 것은 하나님의 탁월하심을 그분의 무한한 은총과 주권적인 사랑으로 이해하는 것이다. 에드워드는 16세 때 절대주권이란 내가 하나님께 돌리기 좋아하는 바로 그것이다 라고 기록하였다. 20세 때 그는 회심에 관해 우리의 옛날 신학자들을 부지런히 탐구할 것을 결심하였다.[61] 이것은 바로 일관된 그의 목회와 설교의 전형적인 주제였다. 17세에 예일대 졸업 후 뉴욕에서 잠시 장로교회를 섬기다가, 2년 동안 강사로 지낸 후, 매사츄세츠 노탬프턴에서 자기 조부인 솔로몬 스타다드(Solomon Stoddard)의 동역자요 후계자가 되었다. 그는 그 때 하나님의 사랑 뿐 아니라 진노와 노여움도 설교하였다. 그는 칼빈주의에 인간적인 요소를 첨가하여 지옥을 구체적으로 설교하였다. 개혁자 칼빈에게 지옥은 별다른 관심이었으나 에드워즈에게는 실질적인 물리적인 고통이었다. 하지만 그는 본질적으로 사랑이신 하나님의 성품에 대한 깊은 이해를 잃지 않고 그분의 은총을 설파하였다. 가장 무서운 경고조차 동정심을 가지고 모든 설교에 있어 그의 목표는 죄인들을 은혜로 이끌었다.[62]

(ii) 저술: 그의 저서 중에 종교적 감정들에 관하여, 의지의 자유에 관하여, 원죄론 그리고 진정한 덕은 자신이 케임브리지의 플라톤주의자들, 뉴톤, 로크 및 다른 자자들에게 배운 것에 비추어 아르미니우스주의에 맞서 칼빈주의 교리를 자유롭게 취급하였다. 그에게 죄는 츠빙글리에게 있어서 자기 사랑에 기초하였다. 인간은 자신이 기뻐하는 바를 행할 도덕적 자유가 있으나 그가 기뻐하는 바는 자기가 주관할 수 없는 동기에 의해 결정된다고 믿었다. 진정한 경건은 하나님에 대한 사랑과 함께 인간에 대한 사랑에 있다고 주장하였다.

---

61) John T. McNeill, *The History and Character of Calvinism*, (New York.Oxford University Press, 1954), 362.

62) John T. McNeill, 362.

(iii) 선교: 그는 데이비드 브레이너드의 일기를 편집하였다. 후에 에드워드는 선교사가 되었다. 특별히 행위와 교회 멤버쉽에 관한 그의 엄격한 규칙으로 1750년 목회를 사임하고 스톡브리지(Scockbridge)의 후새토닉(Housatonic) 인디언들에게 갔다. 그곳의 뉴저지 대학의 학장으로 1758년 봄 취임 1개월 만에 천연두 예방접종의 희생자가 되었다. 9자녀를 두었는데 그들은 사회에서 두각을 나타냈다. 그는 뉴잉글랜드의 영혼과 정신을 각성시켰으며 신교에 영적 유산을 남겼다.[63)]

5.2. 평가

"하나님과 사랑에 빠진 지성인"[64)] 조나단 에드워드는 존 드 위트(John De Witt)의 지적처럼 지배적이고, 마음에 철저하게 스며들며, 지성을 계발시켜 준 영적으로 가장 위대한 사람이었다.[65)] 그는 성패가 달린 것이 무엇인지 알았고, 단순히 관념적이고 이성적인 하나님에 대한 지식은 자신의 영혼을 구원할 수도, 교회에 복이 될 수도 없다는 사실을 알았다. 그러므로 그는 아주 강렬하게 하나님의 주권을 추구하였다. 그의 모든 에너지는 모든 것의 참된 목적 즉 영적인 시각과 하나님의 영광을 즐기는 것 안에서 하나님의 영광의 나타남에 집중되었다. 그는 마 5:8 설교에서, "하나님의 영광에 대한 참된 감각은 사색적인 이성으로는 결코 획득될 수 없다. 만일 하나님이 거룩하시다는 것을 논증으로 확신한다 해도 그것이 하나님의 사랑스럽고 영광스러운 거룩함을 맛보게 할 수는 없다. 만일 하나님이 아주 자비로운 분이라고 논증한다 할지라도 그것이 하나님의 영광스러운 은혜와 자비를 맛보게 할 수는 없다. 마음으로 하여금 하나님의 탁월함과 아름다움을 실제적으로 맛보게 해 주는 것은 틀림없이 더욱 직접적이고 감각적인 발견이다"라고[66)] 역설했다. 에드워드에게 신앙은 단순히 하나님이 거룩하시며 자비로우시다는 것을 믿는 것이 아니라, 이를 직접 맛보고 즐거워하는 것이었다. 그렇지 않으

---

63) John T. McNeill, 363.

64) 존 파이퍼, 「하나님의 영광을 위한 하나님의 열심」, 백금산 역, (부흥과 개혁사, 2003), 115.

65) 존 파이퍼, *Ibid.*, 78.

66) *Works,* vol. 2., 906.

면 그 지식은 마귀의 것과 아무런 차이가 없을 것이다. 이 같은 에드워드의 위대함은 그의 영혼의 위대함이었으며, 그의 영혼이 위대했던 이유는 하나님의 충만으로 가득 찼기 때문이다.

A History of
Morden Christian Church

제 3 부

현대 기독교의 갈등과 대립

제10장

현대교회사의 구분과 역사적 발전

1. 서론

독일의 역사학자 필립 샤프의 지적처럼 19세기는 발견과 발명, 탐구와 진보의 시대였다.[1] 사실 19세기는 지난 기독교 역사 1900년 동안 가장 급속한 변화를 겪으며 다양한 운동과 사조를 잉태하였다. 이는 역사, 특별히 서구 유럽에서 지적, 종교적, 정치적, 경제적인 분야에서 다양하게 표출되었다. 미국의 독립전쟁과 프랑스의 혁명, 영국의 산업혁명은 이 변화의 주체였다. 여기에 정치적으로는 자유주의와 민족주의가 합세하여 유럽의 19세기 근대역사를 주도하였다. 서구 제국주의의 식민지화는 약탈과 함께 고조되었으나 이에 못지않게 약소국가들의 독립 투쟁 또한 활발히 전개되었다. 사상적으로는 과학과 철학의 발전, 그리고 물질문화가 합세하여 합리주의적 사상을 구축하였다. 자연히 전통적인 기독교의 신앙과 이성, 계시와 역사에 관한 논쟁이 뒤따랐고 기독교는 전통주의와 이성주의로 양분되었다. 이것이 영국에서는 자연신론, 프랑스에서는 유물론, 독일에서는 합리주의로 나타났다.[2] 여기에 기초하여 기독교의 자유주의 신앙과 신학이 발아하여 19-20세기

1) 필립 샤프, 「독일종교개혁」, (크리스챤 다이제스트, 2004), 16.

2) 이 외에도 과학적 실증주의를 주창한 미국의 어거스트 콩트와 영국 다윈에 의한 진화론, 카를 마르크스의 마르크시즘, 그리고 미국에서 크게 확산된 사회복음주의가 등장하였다.

의 급변하던 신학 사조에 엄청난 영향을 미쳤다. 결국 이것은 급속히 세속화되어 가는 사회 속에서 교회의 참된 역할과 사역이 무엇인지를 묻는 계기가 되었다.

이 같은 변화의 시기에 기독교는 그동안 서구 문화를 잠식해 온 유럽 문명과 뒤엉켜 외적으로는 그 특징을 전혀 분간할 수 없게 되었다. 이러한 외적 일치는 기독교 신앙과 서구 문명의 가능성에 내재한 활력에 기인하여 서구 유럽의 문명을 계승한 각 시대마다 되살아나면서 강력히 성장하였다. 그러나 여기에는 긍정적인 평가만큼 냉혹한 비판이 불가피할 것이다. 이러한 상황에서 현대 교회의 상황을 명확히 이해하는 것은 그리 쉬운 일이 아니다. 여기에는 구체적인 분석과 연구가 뒤따라야 할 것이다. 확실한 것은 과거의 기독교 역사와 달리 현대는 자유와 행복, 인류 평화를 위한 노력이 보편화되고 있으며 모든 것이 극으로 치닫고 있다는 것이다. 이것은 현재 한국 교회에 나타난 다양한 현상이 잘 보여준다. 사람들은 무엇인가 영적이며 고상한 삶을 추구하듯 하지만 형식화 되어가며, 종교적 내면성은 퇴색한 채 급속히 세속화되고 있다. 그들의 삶의 중심에는 결국 불신앙이 자리하는바, 이것이 바로 현대기독교의 전반적이 특징이라 할 것이다.

2. 현대교회사의 구분

일반적으로 세계 역사에서 현대의 구분은 매우 다양하여 그 시점을 어디에서 찾아야 할 것인지는 그렇게 간단하지 않다. 1902년 출판된 어느 책에서는 로마제국의 성립기인 악티움 해전에서부터 19세기 말까지를 근대사로 취급하고 프랑스 혁명 이후의 시기를 현대라고 하였다. 이와 대조적으로 1950년대의 어느 저술은 프랑스 혁명까지를 중세로 잡고 그 이후를 근대로 구분하였다. 약 반세기를 사이에 둔 이 두 책들은 그 만큼 큰 역사 감각과 이해의 차이를 보여준다. 그런데 최근까지의 역사구분 방법에 따르면 1830년대를 현대의 시작으로 보고 있다. 그 전

이로서 19세기는 전통적인 신앙에서 이탈하여 인간의 무한한 가능성을 주장하며 현실주의적 유물주의로 기울었다. 이 이면에는 기독교적인 영향이 지대하였다. 그러나 기독교의 인간 타락과 구원에 관한 교리가 약화되면서 이같은 주장들이 점차 인기를 얻게 되었다. 결국 이들은 인간 본성의 결함과 내세적 삶을 거부하고 대신 하나님의 도성을 인위적인 지상낙원으로 바꾸었다. G. D. Henderson,「스코틀랜드 교회사」, 홍치모/이은선 역, (한국로고스연구원, 1991), 228; 로미 스완스트롬,「역사란 무엇인가」, 홍치모 역, (성광문화사, 1993), 92-95.

형적인 예로 미국의 헤이즈는 독일과 같은 근대국가가 출현한 1830년대를 현대 유럽의 시초라고 보았다.[3] 그러나 근래 미국의 각 대학에서 사용하고 있는 역사 교제들은 대개 1914년 이후를 현대로 규정하였다. 이들은 1914년 이후의 역사를 전면전쟁과 혁명의 시대로 호칭하고, 오늘날 우리가 살고 있는 시대의 두드러진 특징의 대부분이 제1차 대전 기간인 1914-1918년으로 소급하기 때문이다.[4] 그런데 이와 달리 팔머 같은 역사학자는 현대를 제2차 세계 대전이 종식된 1945년 이후에서 찾는다. 그에 의하면 제2차 대전 이후의 동구와 중국에서의 공산주의의 팽창, 아시아와 아프리카의 신생국가, 동서 간의 냉전과 긴장 등을 놀랄 만한 격변으로 보고, 이를 근거로 현대로 취급하였다.[5] 이와 같은 현대사의 구분과 달리 필자는 세계 현대 민주주의의 획을 그은 프랑스 혁명 이후를 현대사로 취급할 것이다. 그것은 이 혁명이 현대 정치와 사회, 경제와 문화에 획기적인 영향을 미쳤기 때문이다. 본장에서는 이해를 위해서 현대 교회사를 셋으로 구분하였다.

2.1. 제1기: 프랑스 혁명에서 공화정 몰락까지

대체로 이 시기의 유럽은 대부분 절대왕정의 팽창기였다. 그런데 이 같은 정치적 흐름은 1789년 7월 나폴레옹에 의해 시작된 프랑스 혁명을 통해 새로운 전환기를 맞았다. 나폴레옹은 기존의 봉건주의적인 왕권신수설의 독점적 사회 국가 통제 체제를 완전히 뒤흔들어 자유와 평등, 박애라는 슬로건과 함께 근대 정치사에 큰 변화를 제공하였다.[6] 이는 사회주의적 체제나 재산에 관한 혁명이 아니라 특권

---

3) Carlton J. H. Hayes, *A Political and Cultural History of Modern Europe*, 2 vols, (1932).

4) Edwsrd McNall Burns, *Western Civilization*, (1941).

5) R. R. Palmer & Joel Colton, *A History of Modern World*, (1950).

6) 프랑스의 루이 16세는 당시 국내 재정문제의 악화로 어려움을 겪게 되자 1614년 이후 최초로 1789년 삼부회를 소집하였다. 삼부회란 일종의 의회로서 제1신분인 성직자 계급(가톨릭 교회)과 제 2신분인 귀족계급, 제3신분인 평민계급 혹은 시민계급과 농민으로 각기 300명의 대표로 구성되었다. 그러나 이것은 절대다수를 형성하고 있는 제3계급에게는 불리한 관례였으므로 이들은 대표수를 배로 늘리도록 요구하여 이를 관철시켰다. 그리하여 의회는 제 1신분 300명, 제2신분 300명, 제3신분 600명의 대표로 삼부회를 구성하게 되었다. 그러나 제 3신분은 여기에

계급 그리고 권위에 관한 민주혁명이었다. 프랑스 혁명은 그동안 지배해온 왕정주의자들의 특권을 폐기하고 모든 인간들을 각자의 주인으로 만들었다. 뿐만 아니라 권위를 배격함으로서 교회와 국가 양편 모두의 신정적 기초를 뒤흔들었다. 동시에 낭만주의자들 사이에서는 신세계를 위한 소망과 새로운 환상들을 불러 일으켰다. 이러한 변화의 시기에 영국은 산업혁명이 고조되었고 미국에서는 13개의 식민지 독립운동이 활발히 전개되었다. 혁명 당시 프랑스 왕실은 재정적자로 어려움을 겪고 있었는데, 그럼에도 불구하고 미국의 독립전쟁을 지원하였다. 프랑스 정부는 미 국민의 독립 요구와 새로운 국가 형성에 있어서 이곳의 급진파 신교의 탁월한 인물들에 민주주의 사상을 심어 주었고, 거기에 청교도적 영향을 받은 존 록크의 사회계약설이 이를 더욱 고무시켰다.

당시 프랑스의 대표적인 사상가 볼테르(Voltaire, 1694-1778)는 합법적인 군주를 옹호하였고 이에 다른 사람들도 그의 사상을 지지하였다. 그런 가운데 1789년 인권선언과 함께 혁명이 진행되면서 왕과 귀족들의 왕정파가 분쇄되었으며 지도자들은 국외로 탈출하였다. 그리하여 프랑스에 공화정치가 시작되었다. 이제 교회의 많은 재산과 소작은 일반 사람들에게 넘겨지고 국유화되었으며, 일부는 정부의 지폐 발행 자금으로 사용되었다. 그 결과 당시 주교들의 위상은 전과 달리 정치적 경계자로 인식되었고 많은 수도원과 종교조합이 해체되었다. 수도사의 맹서는 더 이상 구속력이 없게 되었다. 프랑스 혁명은 보수와 진보로 나뉘어 논쟁을 통해 발전했으며, 그동안 특권을 누리며 궁정에서 시간을 보낸 프랑스 귀족출신 주교들은 혁명과 함께 결국 사회적 경제적인 도전을 피하지 못하였다. 그들과 교구 성직자

만족하지 않고 머리수에 의한 투표를 요구하였고 귀족 계급은 신분별 투표를 요구했다. 결국 양자의 의견이 대립된 가운데 루이 16세는 제3신분 대표들을 삼부회에서 축출하여 사태는 더욱 악화 되었다. 축출 당한 제3신분 대표들은 1789년 6월 17일 국민의회를 구성하고 이에 제 1신분 구성원이었던 200명의 하위성직자들도 참여하였다. 루이 16세는 처음에 국민의회를 인정하지 않았으나 이를 강제 해산시키기는 어렵다고 판단하고 남아있던 제 1신분과 2신분이 국민의회에 참여케 하였다. 그 결과 삼부회의는 해체되고 그 대신 국민의회가 대체되게 되었다. 그 후 곧바로 루이 16세는 1789년 7월초 병력을 파리로 집결시켜 국민의회를 해산시키려 하자 프랑스 시민들은 7월 14일 바스티유감옥을 습격하여 혁명을 성공시켰다. 이에 국민의회는 8월 4일 새로운 법을 공포하여 농민을 각종 봉건적 억압에서 해방시키는 한편 성직자, 귀족계급도 재산에 비례하여 세금을 징수토록 하였다. 그리고 8월 26일 인권선언을 통해 혁명의 3대 표어인 자유, 평등, 박애를 선언하게 되었다.

의 사이를 갈라놓는 결과를 낳았다. 이런 현상으로 마침내 구교와 신교가 등을 돌렸고 새로운 군주들이 등장하여 교회를 관할하였다. 이 같은 상황에서 당시 수많은 지식인들은 교회의 타락을 비판하고 이제 기독교는 시대에 뒤떨어진 것으로 곧 소멸해 버릴 것이라고 생각하였다.

혁명이 정착되는 시기에 교황은 인권선언의 폐기명령을 요구하였다. 그럼에도 불구하고 혁명 공화정은 1790년 성직자에 대한 민사법에 따라 가톨릭교회를 재편성하도록 하였다. 이로서 혁명정부와 가톨릭교회는 정면으로 충돌하였는데 이때 당시 교황 피우스 6세는 프랑스의 포로로 사망하였다. 급진적인 혁명이 최고조에 달했을 때, 파리의 노틀담 사원에서는 한 젊은 여성에게 이성의 왕관을 씌워주었다. 혁명의 핵심인 나폴레옹 나파르트는 혁명의 발전을 소원하였다. 그는 당시 형식상 가톨릭이었지만 실제로는 정치적 편의상 교회를 자기의 목적을 위해 이용하였고 주교의 임명제를 주장하였다. 나폴레옹은 황제 대관식을 위해 교황 피우스 7세를 파리로 모셔와 자신과 왕후의 머리에 왕관을 씌우게 하였다. 그리고 그는 교황의 영지를 자신의 국토에 합병시키도록 요구하였다. 그러나 피우스 7세가 합병 주창자들을 파문하자 나폴레옹이 교황의 체포를 명령하였다. 국가는 교회를 지배했으나 교회와 완전히 분리되었다.

나폴레옹이 통치한 1795-1821년 사이에 교황이 프랑스와 로마 그리고 다른 지역을 다스릴 수 있는 통치 권한이 있는지에 대한 논쟁을 야기한 절대왕정주의자들이 일어났다. 이들은 투쟁적으로 신앙과 실천 문제에서 절대적 권위로서 교황에게 충성을 다짐했다. 이런 조짐은 1682년 이후 민족적 기질이 강한 프랑스주의자들에 의해 강력한 반대에 부딪혔다. 이들은 프랑스 군주가 잠정적으로 프랑스의 세속적인 일을 절대적으로 총괄할 수 있다고 주장했고 동시에 교황을 통제하는 일반교회 위원회와 프랑스 국민의 사무들에 교황의 영향력을 거부할 수 있다고 주장했다. 결과적으로 이 같은 두개의 강력한 권력의 바람은 로마 가톨릭교회 안에서 발전했고, 19세기 내내 프랑스 교회 안에서도 투쟁이 계속되었다. 그런 동안에 로마 가톨릭은 프랑스 혁명의 정치적 영향을 최소화 하려고 몸부림을 쳤으며 신교주의는 논쟁적인 신학적 도전에 직면하였다. 교의 및 성경 신학은 민족주의 이론과 기독교 신앙의 합리주의적 감축으로 위협을 받았다.

나폴레옹이 권력을 잡은 이 시기에 독일과 스위스에서도 유사한 상황이 발생하여 가톨릭교회의 구조와 왕족 대감독들이 오랫동안 유지해온 그들의 지위를 상실하였다. 1848년 프랑스와 독일, 이탈리아에 또 다른 혁명 운동이 발생하였다. 1852년 프랑스에서 나폴레옹 2세가 자신을 황제로 선언했을 때 공화주의의 종언을 가져왔다. 이탈리아에서는 교황이 점차 정치적인 힘을 상실하였다. 따라서 그는 그의 영적 힘을 확산하려고 힘썼다. 1853년 피우스 9세는 무언의 신(Ineffablilis Deus)이란 교황의 교서를 발표하였다. 이것은 동정녀 마리아의 무염수태 교리로 그녀가 첫 임신 때부터 원죄로부터 전적으로 자유로웠다는 것이다. 이것은 마리아의 존엄성을 위한 확고한 기초를 불러 일으켰고 동시에 피우스 교황의 영적 권위를 더욱 강화하였다. 1869-1870년 사이에 제1차 바티칸 회의가 개최되었고, 이 회의를 통해 교황의 절대권력 당이 우위를 차지하였다. 그리고 로마 가톨릭주의는 자체의 권위를 단언했다. 제1차 바티칸 회의는 제일 먼저 로마 교회 안에서 교황권의 권위를 확보하였다. 그러나 현대 사상의 발전으로 야기된 손실을 회복할 수는 없었다. 교황은 또한 계속해서 약했던 정치력을 회복하였다. 한편 영국은 산업혁명을 일으켰으나 영적인 놀라운 각성의 부재로 특별한 변화는 없었다.

2.2. 제2기: 공화정의 몰락에서 1914년 제 1차 세계 대전까지

이 시기는 서구 제국주의와 식민지주의의 전성기로 특징된다. 그 이유는 (1) 먼저 산업주의 성장과 기술의 혁신, 서구인들에게 세계의 수많은 천연자원을 지배할 수 있게 해준 혁명의 시대이기 때문이다. 이 시기에 손바닥만 한 영국과 스페인, 프랑스가 세계를 지배한 소위 식민 시대였다. (2) 이 시대는 1861-1865년에 있었던 미국의 남북 전쟁과 1848-1865년 중국의 태평천국의 난이 있었다. 유럽에서는 1854-1856년의 크리미아 전쟁이 있었고, 1899-1902의 보어전쟁과 1904-1905년의 노일전쟁은 제국주의 확장으로 인한 전쟁이었다. 재미있는 것은 뒤의 두 전쟁은 유럽에 위협적인 도전이 되었고 대부분 유럽의 영향과 침략 속에 지배를 받았다. 유럽은 1914년 제1차 대전이 발발하기까지 세계의 대부분을 지배하였다.

이러한 지배는 부분적으로 대규모의 이민에 의해 이루어졌다. 즉 유럽으로부터 양 대륙으로의 이민에 의해 북미는 캐나다와 미합중국의 서부 이동에 의해, 오스트레일리아와 뉴질랜드는 영국 도서지방에서 이주해온 자들에 의해, 남아프리카는 아프리카너 족들이 북동쪽으로 이주함에 따라서 그리고 시베리아는 러시아인들이 끊임없이 동쪽으로 전진함에 따라 유럽인들의 세계지배가 이루어졌다. 이 지배는 또한 남태평양의 섬들과 이집트와 마다가스카르에서처럼 비교적 평화적인 점령으로 이루어졌으며 또한 영국이 인도와 버마, 실론을, 프랑스가 남아프리카와 인도지나 반도를, 러시아가 중앙아시아와 카스피 해 지역을, 네덜란드가 인도네시아를 지배한 것처럼 공공연한 전쟁으로 이루어 진 곳도 있으며, 남부 아프리카 사하라의 경우처럼 탐험으로 시작하여 평화적인 지역 분할로 점령하기도 했으나 대개는 1880년대에 종결되었다. 1914년까지 서방 국가로부터 정치적으로 독립한 곳으로는 터키제국과 아덴에서부터 침략이 시작된 아라비아와 산악 요세에서 불안정한 상태의 에티오피아와 일부 러시아 세력, 영국의 영향력 밑에 있던 페르시아와 영국과 러시아 제국 사이의 산악 완충지에 있던 아프가니스탄 같은 나라가 있었으나 불안정한 상태였다. 대부분의 열강들이 독립을 허락했으나 실제로는 이들 국가에 관세제도를 통해 상납하고 치외법권을 행사하였다.

서구 유럽 국가의 정치적 통치는 산업혁명을 타고 이제는 경제적 지배를 수반하였다. 식민지주의와 제국주의에 있어서 대영제국은 그 선봉이었다. 영국은 소위 해가 지지 않는 나라라는 이름에 걸맞게 지구상의 각 대륙의 크고 작은 여러 지역과 섬들을 포함하였다. 그리고 중앙아시아와 북부 아시아를 점령한 러시아와 북미까지 영토를 확장하고 영국의 문화전통을 이어받은 미국이 세계를 지배하였다. 결국 세계의 식민통치로 인해 영국은 막대한 수익을 거두었다. 영국 해군이 바다를 지배했으며 영국의 무역과 통상이 도처에서 행해졌다. 1914년 직전까지 영국은 심각한 도전을 받지 않고 이 영광과 특권을 누렸다. 이 영광를 누릴 수 있었던 것은 국내적으로 발달한 산업혁명으로 모든 기계를 확보, 독점하였기 때문이다. 거기다가 프랑스 나폴레옹의 패배는 이것을 도왔다. 영국은 세계 역사에 없는 막강한 부와 정치적인 권력을 이룩한 세계의 제국이었다.

그런데 이런 식민주의와 제국주의의 통치 시대는 19-20세기를 지나면서 급격한 변화에 직면하였다. 소위 비 유럽계 민족들이 식민통치를 통해 서구문명에 대한 적대감과 혁명이 고조되었다. 무엇보다도 서구 문명의 혁명은 자체 내에서 혁명으로 나타났는데 1815-1914년 사이에 더욱 확연히 나타났다. 예를 들면, 미국과 프랑스의 정치적 혁명은 그때까지 계승된 군주제도를 무너뜨리고 그 대신 국민의 투표에 의해 채택된 법률과 행정기구로 대체된 민주주의를 향한 움직임이 형성되었다. 1815년 이후 얼마 동안 나폴레옹을 굴복 시킨 인물이 잠시 왕정을 복구했으나 루이 16세를 단두대로 보냈고 1830년대에 제2의 공화정을 수립하여 많은 호응을 얻었다. 이 시기에 민족주의가 활발하게 움직였다. 이것은 프랑스 혁명에 고무되어 그에 대한 저항을 통해 고조되었다. 이런 혁명적 운동은 1830년에 벨지움의 독립 원인이었다. 1848년의 독일의 통일과 1870년의 이탈리아 통일도 그것이다. 민족주의는 또한 부패해 가는 오스만제국으로부터 그리스와 시베리아, 루마니아와 불가리아가 독립하는 원인이었다.

산업혁명은 영국에서 시작하여 유럽대륙과 미합중국으로 확산되었다. 이것은 여러 가지 기술혁신을 통해서 가능하였다. 이런 기술은 처음에는 직물기계에서 탄광과 광산 및 수많은 산업 제조에 쓰이는 기계에 수력과 증기를 응용시켰다. 그리고 증기선과 증기 기관차, 전신과 전보, 전등과 전화, 전철 등을 발명하였고, 1914년에는 자동차와 무선전신, 최초의 비행기가 발명되었다. 결국 산업혁명은 새로운 도시를 만들고 기존의 도시들은 급격히 성장하였다. 기술의 혁신은 과학의 발달과 우주에 대한 인간 지식의 급격한 확대로 한층 더 촉진되었다. 이러한 발명은 또한 이러한 지식을 얻게 해 준 과학적 접근방식을 존중하는 성품과 지적 활동과 연관되었다. 결국 프랑스 나폴레옹의 사망과 함께 그 모든 영예는 이제 영국으로 이양되었다.

2.3. 제3기: 1914년-1918년의 제1차 세계대전 이후 현재까지

이 시기의 특징은 (1) 먼저 기독교가 유럽에서 전 세계로 확산되었다는 것이다. 사실 18세기 윌리암 케리 이후 복음은 몇몇 특정 지역에 국한된바, 이것은 서구제국주의의 식민정책의 팽창과 함께 확대되었다. 예를 들면, 영국은 빅토리아 여왕 당시 전 세계를 식민지화 하면서 기독교를 전파하였고, 그 외에 스페인과 독일, 네덜란드와 미국 같은 나라들도 예외가 아니었다. 이들은 제3세계를 침략 점거하고 빵과 함께 종교를 이식하였다.

(2) 그런데 이 시기는 국제정세의 갑작스런 변화와 함께 동서진영 둘로 분리되

었으며, 그 결과 이념과 사상의 대 혼란으로 냉전의 긴장에 빠져들었다. 특히 과거의 전쟁과 달리 이 시기의 양차 대전은 전 인류를 비탄에 빠뜨렸으나, 공교롭게 두 전쟁의 발생 무대는 모두 유럽이었다. 첫 번째는 유고슬라비아와 독일, 러시아가 국익과 관련하여, 두 번째는 일본의 중국 침략이 발단이었지만(1931) 사실은 1939년 독일의 유럽에서 일어났다. 제2차 대전은 제1차 대전보다 기간이 길었으며 훨씬 더 파괴적인 소모전이었다. 이 두 전쟁 외에도 크고 작은 전쟁들이 여러 곳에서 발발했는데 이들 대부분이 내전으로 혁명을 통해 나타난 자유 세력에서 발단하였다. 특히 1930년대의 스페인 내란과 1950년대의 한국동란, 1950년대와 1960년대의 이른바 인도차이나 지역의 장기간 전쟁이 그러했다. 이 모든 전쟁의 배후에는 핵전쟁의 위협으로 전 세계는 공포에 사로잡혔다. 1960년대 후반의 월남 전쟁과 이스라엘과 아랍 간의 6일 전쟁이 있었고, 1970년대는 아프가니스탄, 1980년대는 포클랜드전쟁, 1990년대는 중동전쟁과 함께 동구권 국가의 몰락, 냉전체제의 붕괴를 가져왔다.

(3) 공산 전체주의의 등장이었다. 스탈린과 그 후계자들이 이끄는 공산당과 모택동의 중국 공산당, 히틀러의 독일 나치당, 무솔리니의 이탈리아 파시스트와 프랑코의 스페인 팔랑게(Falange) 당의 출현이 현저하였다. 그 결과 세계는 더욱 민족주의적으로 발전하였고 몇몇 특정 지도자에 의해 세계는 분할 통제되었다. (4) 이런 가운데 세속주의의 급속한 팽창이 현저하였다. 산업화로 인한 갑작스런 부의 팽배로 세속주의는 기독교뿐 아니라 모든 종교를 잠식하는 위협이었다. 특별히 당시의 과학적 발전과 여러 철학 사상이 기독교에 도전하였다. 물질적 풍요와 함께 사람들은 육체적 안락과 미적 가치 같은 인생의 행복을 탐닉하였다. (5) 서구 제국주의와 식민지주의에 대한 반발 경향은 독립운동으로 확산되었다. 이것은 민족주의의 결과였으며 어쩌면 서구인들의 노략에 대한 불가피한 결과였다. 1960년대에 이르러 세계 대부분의 국가들이 독립하였다. 그리하여 제국주의와 식민지주의에 대한 반발로 민족 간의 투쟁이 야기되었다. 특히 미국에서는 노예제도에 대한 논쟁이 정치문제로 비화되었다. (6) 산업혁명과 기술혁명, 과학 혁명은 역사상 유래가 없는 부를 창출하였다. 이제 사람들은 가난과 질병을 근절시킬 수 있을 것처럼 당당했으며, 지구를 떠나 태양계의 다른 항성에 도달할 수 있기를 열망하였다. 모든 국가마다 과학과 도구를 갖추려고 애썼다. 라디오와 텔레비전, 자동차와 비

행기에 의해 세계는 하루가 다르게 변하였고 시간개념은 일일 권으로 단축되었다. 1960년대 이후 최근에는 컴퓨터와 스마트 폰 소위 IT계의 혁명으로 세계는 지금 새로운 전쟁 국면을 맞고 있다.

1914년 이후 일어난 이러한 변화들은 결국 기독교에 치명타를 가하였다. 그 중에 공산주의와 독재 혹은 전체주의적 사상적 변화가 가장 큰 것이었다. 전쟁으로 엄청난 사람들이 죽었고 그 결과 인간의 존엄성이 상실되는 잔인함이 증가되었다. 독재자들은 대량으로 인명을 학살했는데 스탈린은 수많은 사람들을 처형했으며, 공산주의 통치자들은 고의적인 방치로 러시아에서 수백만 명을 아사(餓死)시켰다. 중국에서는 공산당의 토지개혁으로 수 만 명을 학살하고 수만 명이 강제노동으로 사실상 노예가 되었다. 특히 독일에서는 나치의 등장으로 600만 명의 유태인이 학살되었다. 이들 지도자들은 기독교적 가정에서 교육을 받았는데 기독교적 틀을 통해 발전시켰다. 서구 제국주의와 식민지주의에 대한 비유럽 민족들 간의 저항은 기독교를 거부하는 경향을 고조시켰다. 독일과 일본에 의해 시작된 제2차 세계대전은 유럽과 아시아를 2분화하여 통치하려는 의도에서 발발하였다. 제1차 대전과 같이 제2차 대전은 현대인의 마음에 씻을 수 없는 또 하나의 커다란 상처를 남겼다.

이후 유엔은 세계 평화를 위해 백방으로 노력했으나 극단의 이념주의는 이런 끝없는 갈망을 무산시키며, 동서로 양분된 국제 정치는 오히려 긴장과 냉전 체제를 가속화하였다. 이 기간 동안에 소련의 아프가니스탄 침공, 베트남전쟁, 1950년 북한의 남침 및 1960년대에 발생한 중동전쟁으로 세계는 긴장하였다. 그러나 전후 새롭게 부상한 산업과 기술, 그리고 정보화는 현대인의 삶을 변모시켰으나 한편 세계 모든 지역에서 물질주의와 세속주의, 혼합주의를 증대시켰다. 이러한 상황에서 기독교는 선교사역에 힘을 쏟게 되었고 세계 복음화에 활로를 확장하였다. 그동안 복음을 전혀 듣지 못한 소수민족과 국가에 복음이 전파되었으며 따라서 교회는 새로운 부흥을 맞이하였다. 최근에 교인의 숫자가 급격히 감소하는 중에 사람들의 기독교 신앙에 대한 확신이 소수에게 국한되었다. 때문에 교회는 물론 신학교의 지원자 수와 성직자의 수도 감소되고 있다. 그런 가운데 위기 탈출을 위한 방안으로 오순절 성령운동과 교회 일치 운동이 일어났다.

3. 역사적 발전과 사상적 변천

현대 역사발전에서 특이한 현상이 많지만 그중에 중요한 요소는 전통적인 하나님 중심의 신앙을 거부하고 인간의 이성과 합리성을 내세우며 다양하게 나타난 사상 혁명이다. 이 사상적 혁명의 이해를 위해서는 당시 교회가 직면한 문제로 돌아가야 하는바, 이때까지 유럽인들의 일반적인 경향은 기독교 신앙을 통해서만 진리에 도달할 수 있다는 것이었다. 이성의 역할을 인정하는 사람들이 없지는 않았으나 계시가 이성보다 우선한다는 생각이 지배적이었다. 그러나 사조는 급변하여 점차 이탈리아의 르네상스는 창조적 에너지를 발휘하였고, 반면 종교개혁은 보편교회의 힘과 전통의 권위를 약화시켰다.

그런데 당시 이 같은 서구의 전체적인 특징은 갑자가 부상한 사상적 변화로 인하여 사람들은 계시보다 이성을 더 중시하였다. 그것은 새로운 배움에 대한 갈망이 곳곳에 확산되어 갔기 때문이다. 이때부터 사람들은 진리에 도달하기 위해서는 반드시 이성을 활용해야 하며 신앙적 진리라 하더라도 이성의 빛에 의해 한번쯤 검증을 받아야 한다고 믿었다. 이 같은 경향은 곧 서구교회가 교리 싸움에 휘말려 교파적으로 분열한 것이 원인이었다. 따라서 이 같은 사조의 변화는 신속하게 화란과 독일, 영국에서 확산되어 후대에 막대한 영향을 끼치었다.

결국 16세기에 태동한 신학적 혁명은 18세기에 와서 일반화 되었고 19세기에는 더욱 보편화 되었다. 종교개혁 이래 계속된 역사와 사상, 특별히 교회의 신학적 변천을 확실히 이해하기 위해서는 이 시기에 발생한 다양한 사조들을 살펴야 할 것이다. 따라서 필자는 이 시대의 전체적인 이해를 위해 (i) 편의상 화란의 합리주의, 영국의 이신론과 회의주의, 경험론, 계몽주의를 함께 묶어 사상적 혁명아래 상술하고, (ii) 철학적 공격에는 칸트와 레싱, 피히테와 쉘링, 헤겔과 키에르케골, 포이에르바하와 칼 막스, 니체와 공리주의를 포함시켰다. (iii) 과학적 도전에서는 꽁트와 스펜서, 다윈과 샤르뎅 (iv) 성경과 역사 비평적 도전에서는 바우어나 스트라우스 같은 성경비평학자들에 대한 주장을 서술할 것이며, 결론에서는 근대 사상이 기독교에 끼친 영향을 긍정과 부정의 두 측면에서 취급할 것이다.

3.1. 사상적 혁명

3.1.1. 화란의 합리주의(Rationalism)

(1) 르네 데카르트(Rene Descartes, 1596-1650): 17-18세기 합리주의의 대부인 프랑스 출신 데카르트는 그의 조국에 사상과 학문의 자유가 없는 것에 실망하고, 1628년 화란으로 망명하여 그곳에서 1649년까지 20년을 체류하며 합리주의를 발전시켰다.[7] 그는 역작 「방법서설」에서 자신이 참이라고 명확히 깨닫기 전에는 그 어떤 것도 참으로 인정하지 않고 기하학자들의 정확한 과학적 방법을 통해 합리적인 이성적 진리에 이르려고 하였다. 그에 따르면 우주는 합리적이기 때문에 우리는 생각할 수 있고 그것을 이해할 수 있다. 데카르트는 경험적 지식을 발견해 내는데 회의가 필요하다고 믿고 그곳으로부터 서서히 절대적인 진리로 나아갔다. 결국 그의 모든 사상은 회의론으로 이것은 자연관에서 출발한다. 그에 따르면 자연은 물질 그 자체이며 물질은 기계적 운동을 그 본성으로 한다. 이 운동은 창조된 것도 아니고 소멸되는 것도 아니다. 그러나 이 운동에 의해 태양과 항성, 혹성과 위성들의 형태와 그 밖의 모든 자연현상이 합리적으로 설명될 수 있다. 때문에 동물도 일종의 자동기계이며 인간도 또한 사고하는 정신을 갖춘 자동기계로 설명될 수 있다고 하였다.

한 걸음 더 나아가 그는 학교에서 가르치는 사변철학이 아닌 기계론적 유물론의 실천 철학을 주장하고 모든 것을 의심하였다. 그렇게 함으로서 수공업자들이 익힌 기능을 우리가 알게 되듯이 우리는 불과 물, 공기와 천체, 우주와 그 밖에 우리를 둘러싸고 있는 모든 물체에 내포된 힘의 움직임을 정확히 파악할 수 있다고 믿었다. 이것은 마치 우리가 수공업자의 기능을 이용하는 것과 마찬가지로 나름대로의 적당한 용도에 맞춰 이용할 수 있고 이렇게 하여 우리 자신을 자연계의 주인이자 소유자로 만들 수 있다고 보았다. 그는 이성만을 강조하는 현대주의자들과 달리 모든 개념은 정확히 증명되기까지 의심하고 그 의심에 의한 합당한 증명은

7) 그는 이곳에서 지내는 동안 3권의 명작을 저술한바, 「방법서설」(*Discours de la methode*, 1637), 「제1철학에 관한 명상」(*Meditatines de prima philosophia*, 1641), 「철학원리」(*Principia philiosophiae*, 1644)가 있다.

수학과 같이 명확성을 가져야 한다고 했다. 따라서 데카르트는 자연 전체를 하나의 거대한 기계로 취급하고 이와 동일하게 인간의 신체도 일종의 기계와 같은 것으로 이해하는 우주론과 인간론을 완성시켰다.[8] 때문에 그에게는 하나님에 관한 신앙적 관념들과, 세계의 가치, 모든 물리적인 사물들, 혹은 지식 때문에 지나친 수많은 견해들은 기존의 교회와 국가에 위협이었다. 여기에 근거하여 그는 인과론적 신 존재 증명과 존재론적 신 존재 증명을 시도하였다.[9] 결국 이 같은 그의 자연 인식은 아리스토텔레스의 목적론적인 사고방식을 완전히 뿌리 채 흔들어 버렸다. 데카르트는 우주의 구조를 탐색하면서 의심의 고삐를 자유롭게 발전시켜 나갔다. 그는 그의 마음속에 있는 모든 것이 한 갓 꿈이요 환상일지라도 모른다는 사실의 가능성을 인정하였다. 그렇다면 그는 이 세상이 존재한다는 것을 어떻게 확신할 수 있을까? 그의 대답은 세 가지 주요 단계를 밟는다.

(i) 그는 그가 다른 모든 것은 의심할 수 있다 하더라도 그가 의심하고 있다는 사실은 의심할 수 없다는 인식에 도달하였다. 자신이 즉 무엇인가 의심하고 있다는 사실, 의심하고 있는 그 대상은 이미 있기 때문에 의심할 수 있는 것이다. 그렇기 때문에 의심하는 그 대상은 더 이상 의심할 필요가 없게 된다. 데카르트는 그의 「방법서설」(*Discourse on Method*)에서 우리는 감각을 통해 우리 자신을 인식하나 우리가 우리 자신을 인식함으로서 존재하는 것은 아무 것도 없다고 했다. 그러나 분명한 것은 그가 회의하고 있다는 사실에 대해서는 의심할 수가 없는데 여기서 제기된 것이 바로 그 유명한 "나는 생각한다. 그러므로 나는 존재한다" (Cogito ergo sum)는 철학적 명제였다. 그는 말하기를 확실한 지식에 도달하기 위해서는 우선 일체를 의심하지 않으면 안 된다. 그리고 일체를 의심한 후 더 이상 의심할 수 없는 것만을 확실한 출발점으로 해야 한다. 그러한 것이 존재하는가? 존재한다. 그것은 하나만 존재한다. 그것은 나의 정신이 실재한다는 것이다. 감각

---

8) 그는 인간은 유한한 인간 속에 선천적으로 무한하시며 완전하신 하나님에 관한 관념이 있는 것은 유한하고 불완전한 인간에게서는 나올 수 없고 오직 하나님 자신에게서만 나올 수 있다고 했다. 한편 존재론적 신존재 증명은 켄터베리 대 주교였던 안셀무스의 방법과 유사한 것으로 완전한 존재자에 관한 관념을 필연적으로 완전한 존재자의 존재를 함의하는 것이라고 설명한다.

9) 「철학과 세계관의 역사」, (지양사, 1986), 95-97. 여기에 기초하여 그는 갈릴레오의 지동설을 지지하고 만약 지동설이 잘못되었다면 나의 철학도 전부 잘못되었다고 했다.

이 보여주는 것은 어떠한 것도 의심할 수 있다. 감각의 증언은 사람에 따라 혹은 때에 따라 달라지는 불확실한 것이며 어떠한 것이 우리에게 마법을 씌워 엉뚱한 환상을 보여주고 있을 지도 모른다고 의심할 수 있다. 그러나 그러한 형태로 우리가 의심하는 바로 그 자체와 그와 같이 의심하고 있는 내가 존재하고 있다는 사실, 이것은 의심 할래야 할 수 없다. 나는 생각한다. 그러므로 나는 존재한다. 그리고 그 나란 사고하는 정신이다. 정신이라는 실체가 실재한다는 사실, 이것이 확실한 출발점이다" 고 하였다.[10)]

이 같은 회의의 전제와 명제를 통해 그는 (ii) 다음 단계로 하나님의 존재와 물리적인 우주를 연역하였다. 그렇게 하기 위해 다른 전제들이 세워졌고, 주된 전제 중에 하나는 수학에서 무엇이든지 분명하고 명확하게 인식되어질 수 있는 것과 같이 논리적으로 유대를 이루고 있는 전제 가운데 일부도 참이라는 인식에 이를 수 있음을 깨달았다. 이러한 전제를 기초로 데카르트는 하나님의 존재를 증명하였다. 그는 유일한 존재로서 자신에 대한 개념이 무한한 존재가 존재함을 알게 된다고 보았다. 결국 데카르트의 전제대로 사고하는 자아가 외견상으로는 하나의 사상 자체라는 것이며, 이것은 하나님이 존재하시며, 하나님이 그에 대한 우리 사고의 원인이 되신다는 가정을 근거로 설명될 수 있었다. (iii) 마지막 세 번째 단계는 하나님께서는 완벽하시기 때문에 우리를 기만하지 않으신다고 주장하였다. 분명하고 명확한 우리의 개념이 진실이 아닐 때 하나님께서는 우리가 그것을 진실로 생각지 않도록 하신다. 이리하여 우리는 실체에 관한 우리들의 모든 논리적인 추론이 근거 있는 것이라고 안심할 수 있다. 결국 데카르트는 자신의 평안함을 위해 마음과 사물이 그들의 출처를 가지고 있으며 하나님 안에서 일치가 되었다고 믿고 하나님께서 사물을 움직여서 확장과 함께 자리를 잡게 하신다고 주장하였다.

데카르트가 본 인간 세계는 주로 하나님에 의해 움직이는 기계적인 우주이며, 하나님의 마음과 유사한 인간의 마음은 그들의 수학적인 질서와 규칙 안에서 모든 본체를 주관하는 법칙들을 발견할 수 있다. 그러므로 "나는 존재한다" 라는 분명한 출발점과 함께 이성은 이러한 질서로서 이해 가능한 우주의 신비를 해명할 수 있었다. 그에게 중요성은 인간의 회의이며 우주의 심오한 신비를 해결하기 위

---

10) *Ibid*., 97.

해 조심스러우면서도 논리적인 규명이 요구되었다. 그러나 실제로 그의 철학적 세부사항에 있어서는 오히려 설명이 없다. 그에게 유토피아는 인간들이 이해할 수 없는 것이 아닌 듯 보였다. 그의 원리는 그가 어떤 사실이 그렇다고 이해하지 않고는 어떤 것도 존재하지 않는다고 믿고 결코 진리로 받아들이지 않았다. 그러나 어느 누구도 그것이 환상이 아닌 이상 어떤 것이 진리인지 확신할 수 없었다. 그는 이 문제를 우리가 의심하고 있다는 것을 우리가 의심하지 않는다고 말함으로 대답했다. 그러므로 그는 나는 생각한다 그러므로 나는 존재한다고 했는데 결국 그의 의심의 존재는 단지 의심의 존재만을 입증할 뿐이라는 약점이 있다. 그는 세계 안에 내재하고 있는 문제들을 긍정적으로 보지 않고 부정적으로 취급한 것이 문제이다. 우리는 환경 속에 살고 이 환경은 다른 사람과 사물 그리고 하나님으로 구성되어 있다. 그러므로 절대자를 포함한 만물을 자아 중심적 의심에서 보는 것은 매우 위험한 것이다. 그러나 데카르트는 모든 문제의 해결 방식을 의심함으로서 자신의 존재를 재확인하였다.

지금까지 살펴본 데카르트의 사상은 이미 교부철학이나 스콜라철학 안에 내재한 것으로 결코 새로운 것이 아니다. 처음에 데카르트는 스콜라 철학으로부터 탈피를 지향했으나 역설적으로 여기에 빠졌다.[11] 그가 본래 지향한 목표는 어디까지나 이성의 입장을 강화시키는 합리주의였지만 그는 이성을 감각으로부터 분리하여 이성만을 참으로 신뢰할 수 있는 것으로 보았다. 중세 철학자들과 같이 그는 형이상학에 깊은 관심을 갖고 하나님을 위한 것이 아닌 이 세상을 위한 이성적 하나님에 흥미를 가졌다. 그에게 하나님은 이 세상에 대한 우리의 생각을 보증하는 일종의 절박한 해결책이었다. 이 하나님은 영원히 무대 옆에서 인간을 위해 대기하고 계신다. 이 논법에 의해 데카르트는 세계는 정신과 물질 두개의 실체로 구성된 이원론적 체계를 쌓아 올렸다. 여기서 그는 사유실체(思惟實體)와 연장실체(延長實體)를 구별하여 육신적이고 물질적인 것이 법칙성의 영역에 정위시키고 정신

11) 홉스는 데카르트의 사고한다라는 명제로 부터 나는 사고이다라는 결론이 내려졌다면 나는 산보한다라는 것으로부터 나는 산보이다라는 결론도 있을 수 있다고 보고 그를 통렬히 비판했다. 사고가 사고한다라는 것은 산보가 산보한다라는 것과 동일한 스콜라적 어법이다. 이러한 표현은 모두 불명료하고 부적당하여 데카르트가 갖고 있는 명쾌함과 전혀 부합되지 않는다. 주체로서의 나는 물질적인 존재이다. 따라서 그러한 사고 방식이 어떻게 합리적이라 할 수 있는가라고 가상디로 비판을 했다. *Ibid.*, 98.

적인 것은 자유의 영역에 정위시킴으로써 근대인으로 하여금 주관과 객관의 도식을 통해 세계를 자기 자신의 의지를 실현시키는 장소로 생각하게 하는 사상적 기반을 제공하였다. 그러나 물질과 정신은 아무런 공통점도 없는 독립적인 실체로 파악되어 후에는 유물론과 관념론 중 어느 하나에 귀속되어야만 했다. 그리하여 그의 학파는 막스주의와 칸트주의로 양분되었다. 데카르트는 유물론을 포기하고 관념론과 타협하였다.

(2) 베네딕트 스피노자(Benedict de Spinoza, 1632-1677): 본시 포르투갈 출신의 유대계 아들 스피노자는 가톨릭의 압력에 종교의 자유를 찾아 네덜란드로 피난 온 철학자였다. 당시 네덜란드는 스페인의 지배에서 벗어나 독립한 후 17세기에는 이미 전형적인 자본주의 국가였다. 물론 당시 종교적 상황은 가톨릭으로부터 벗어난 개신교적 보수 전통을 견지하였으나 사상적으로는 자유로웠다. 이런 가운데 스피노자는 초월적인 존재를 전혀 상징할 필요가 없는 사상 체계를 만들고 세계에는 오직 하나의 실체가 존재할 뿐이라는 일원론을 확립하였다. 그는 데카르트와 달리 하나님과 인간 그리고 세계 사이에 본질적인 차이가 없다고 생각했다. 그리고 자연은 하나님과 함께 하나의 실체를 이루므로 이 세계에 실체는 하나밖에 없다. 이 실체는 하나님이거나 자연이기도 한데 자기 자신의 원인이며 자기 자신을 산출하는 산출적 자연임과 동시에 그 산출의 결과인 소산적 자연이기도 하다. 이러한 실체로서 존재하는 유일의 것, 그것이야말로 신 곧 자연이다. 결국 그에게 존재하는 것은 모두 하나님 안에 있고 하나님 없이는 아무것도 존재할 수 없다.

여기서 스피노자는 전통적인 성경관, 즉 일관성에 의심을 갖고 자신의 독특한 주장을 제시하였다. 그에 따르면 하나님은 기독교적 가르침과 달리 자연밖에 존재하며 거기에 계시는 것이 아니라 자연 안에 계신다. 그에게 하나님은 모든 사물 안에 계시며 만물의 일시적 근원이 아니다. 우리가 하나님을 말하든지 자연을 말하든지 간에 결국은 똑같은 이야기일 뿐이다. 그 차이는 어느 쪽을 강조하느냐에 달려 있다. 하나님을 이야기하는 것은 근원에 주의를 기울이는 것이고 자연에 관해 이야기하는 것은 말하자면 완성품을 가리키는 것이다. 사실 데카르트는 정신과 물질이라는 서로 독립된 두개의 실체를 인정하여 정신의 속성은 사고이며 물질의 속성은 연장이라 했다. 그러나 스피노자는 사고와 연장은 유일의 실체인 신이 지니고 있는 무수한 속성 중에 우리 인간이 인식하는 두개의 성질에 불과한 것으로 신과 자연이 동일한 관계에 있는 것으로 설정하였다. 때문에 그에게는 존재하는 것은 모두 신속에 있다. 그리고 어떠한 것도 신 없이는 존재할 수 없으며 또한 사고도 할 수 없다고 했다. 이 같은 그의 주장은 결국 순수한 신 일원론이자로 범신론일 뿐이다.

그러나 그가 말한 신을 바로 자연이라고 함으로서 이 자연으로서의 신에는 보통 신에게 귀속되어 있는 어떠한 인격적 속성도 찾아 볼 수 없기 때문에 이 신 일원론은 단적으로 말해 자연 일원론이며 따라서 유물론적인 속성을 갖고 있다고 할 수 있다. 자기 원인으로서의 자연을 이해하는 방법 속에는 변증법적인 자연관의 뿌리 깊은 요소가 포함되었다. 자연을 해석하는 방법은 오로지 자연의 역사를 총괄하는 것에 있다고 한 그의 말은 바로 유물론적이며 변증법적인 자연관이 아주 명료하게 포함되었다. 그 자연은 동시에 신이며 사고를 본질적 속성의 하나로 하는 것이기에 사고라는 말을 의식 일반이라는 넓은 의미로 사용해도 이것은 어떠한 의미에서 자연물을 살아 있는 것으로 파악하는 애니미즘적인 면에 서게 된다. 그러나 이때 그의 입장이 유물론적이라 해도 그것은 결국 신비주의적인 유물론이라 할 수 있다. 따라서 스피노자의 철학은 감각이 모든 인식의 유일한 원천이라는 유물론의 대전제에 서지 않고 데카르트적인 사유론에 입각하였다. 스피노자는 그의 「기하학적인 방법으로 논증된 윤리학」이라는 책에서 유클리드 기하학을 모델로 약간의 기본개념에 대한 정의, 즉 자명한 진리로 생각되는 약간의 공리를 출발점으로 하여 그것으로부터 세계의 본성을 비롯한 정신의 본성 및 기원, 감정의 기원 및 본성, 감정의 힘과 지성의 능력 등을 논리적으로 도출하였다.

그러므로 그는 데카르트와 달리 하나님과 인간 그리고 세계 사이에 본질적 차이가 없다고 믿은 일원론주의자였다. 즉 그는 인간은 자연이라고 불리우는 세계의 일부이다. 그리고 자연은 하나님과 함께 하나의 실체를 이룬다. 따라서 이 세계에 실체는 하나밖에 없으며 이 실체는 하나님이기도 하고 자연이기도 하다.[12] 스피노자에 의하면 인간은 결코 자연에 대립적인 존재가 아니다. 인간은 이미 자연 안에 살고 있으며 그러므로 또한 하나님 안에 살고 있다. 이 사실을 인식하고 자연 곧

---

12) 이와 같이 피노사(1632-1637)도 이 세상에는 하나님이든지 아니면 자연으로서 간주할 수 있는 단지 하나의 본질만이 있다고 주장한 범신론자였다. 하나님은 그 원인을 말하며 자연은 그 결과이다. 그는 자유의지를 부정했다. 이런 그의 전제의 신빙성은 결코 입증되지 않았다.

하나님을 사랑하는 것이 인간의 지고선이다. 그는 성경에 제시된 하나님의 말씀의 요체는 그리스도께서 가르쳐 주신 사랑의 이중계명에 있다고 보았다. 그러나 그의 주장에도 불구하고 그는 결국 무신론자의 거두로 취급되었고, 그의 사망 후 친구들이 출판한 저작들은 네덜란드 정부가 종교를 모멸하는 무신론적 교설을 포함하고 있다는 이유로 판금되었다. 그럼에도 불구하고 스피노자는 국가를 인간의 눈으로 고찰하고 신학으로부터가 아니라 이성과 경험으로부터 국가의 자연적 제 법칙을 전개하기 시작한 최초의 이론가였다. 그는 사상과 언론의 자유를 열렬히 옹호한 사람이며 공화제야말로 사상과 언론의 자유를 가장 잘 보호해 줄 수 있으며 그리고 인간의 본성에 제일 적합한 국가형태라고 생각했다. 그는 또한 종교적 권위로부터 자유를 주장하여 종교의 본질과 정치적 역할에도 예리한 비판을 가하여 성경에 대한 과학적, 비판적 연구의 기초를 세웠다. 그는 인간이 그릇된 신앙에 의해 예배해 온 일체는 공상의 산물, 슬픈 마음, 두려워하는 마음의 환영 이외의 아무것도 아니라고 했는데 결국 그는 자신이 위험한 무신론자였음을 보여준다.

(3) 고트프리트 W. 라이프니츠(Gottfried Wilhelm Leibniz, 1646-1716): 독일의 수학자요 역사학자, 정치가요 또한 철학자인 라이프니츠는 가톨릭과 개신교의 재통합을 위해 진지하게 노력하였다. 당시 독일은 30년 종교전쟁으로 정치적, 경제적, 문화적, 교회적으로 황폐하였다. 이런 상황에서 독일의 외적인 평화가 확고하게 수립되도록 또 모든 분쟁이 이성에 의해 해결되도록 기여하는데 관심을 지닌 지성인들과 신앙인들이 나타났다. 그 중에 대표적인 사람이 라이프니츠였다. 라이프니츠는 인생의 마지막 40년을 하노버에서 사서로 지내면서 우주 안에서 하나의 실체만을 본 스피노자와 달리 실체들이 무수히 많다고 보았다. 그에게 각 실체는 나뉠 수 없는 힘의 중심인 단자(monad)이다. 비록 서로 다른 단자들 안에는 의식의 정도가 실제 무의식에서부터 최상의 행위에 이르기까지 다양하지만 각각의 단자는 우주를 반영하고 있다. 그에 따르면 그 의식이 더 크고 명확할수록 그 단자는 신적인 것에 더 가까이 접근한다. 신은 원초적인 단자이며 신의 지각에서는 만물은 명백하다. 모든 관념은 단자 안에 싸여 있고 생득적이며 명확하게 드러날 필요가 있다. 그러나 어떠한 단자도 다른 단자에 영향을 주지 않는다. 마치 서로 영향을 주는 것으로 보이는 모든 것은 마치 똑같은 시간을 가리키는 완벽한 시계와 같이 예정된 조화에 의한 것이다. 각 단자는 수학적인 점과 같고 단자들의

집합체는 시간과 공간 아래 인식되므로 시간과 공간은 이에 필요한 단순한 외양들이다. 신은 세계를 창조하여 그의 완전성을 들어냈다. 결국 신은 가능한 한 최선의 세계를 선택했다고 믿고 악으로 보이는 것은 불완전, 신체적 고통과 한계이며 그렇지 않으면 도덕적 잘못이다. 그럼에도 불구하고 그것은 신이 이보다 더 나은 세계를 만들 수 없었을 것이라는 의미에서 필요한 것이다. 라이프니츠의 해답은 인간은 곧 자신의 타고난 생득적 관념을 해명함으로서 인식한다는 것이었다. 라이프니츠의 이 같은 이론은 신의 존재가 이성에 의해서 실제로 증명될 수 있다고 하였다. 그가 말하는 신은 최고의 원자(단자)로서 모든 원자의 창조자이다. 그에게 예수 그리스도는 하나의 위대한 예언자요 하나의 자연 종교였다. 다시 말해서 라이프니츠의 단자론은 하나님이 중심 단자로서 예수님과 성령, 그리고 모든 피조물이 모두 하나님으로부터 나온 피조물이고 하나님보다 작다. 그러므로 이것은 기독교의 삼위일체론을 궁극적으로 부정하는 것이다. 이러한 방법으로 하나님을 증명해 보고자 한 라이프니츠의 이론은 계시를 무시한 절대적 이성에 기초한 방법이었다.

3.1.2. 영국의 이신론

17세기 기성 교회 내에서 발생한 정통 신앙에 관한 논쟁은 일단의 그룹들의 편협적인 성경 인용과 해석을 통해 지나친 교권주의로 흘렀다. 혹 어떤 경우에는 정치적 권력을 등에 업고 한편에서는 타협과 다른 한편에서는 전통적인 신앙에서 이탈하여 폭거를 일삼았다. 여기에 대하여 일부 교회는 신앙으로부터 이성적 신앙으로, 계시적 신앙으로부터 자연적 신앙으로 탈바꿈 하였다. 이들의 목적은 교회가 일부 층에 국한되어 있는 것을 모든 사람이 인정할 수 있는 교회로 탈바꿈 하는 것이었다. 그들은 당시 교회가 교리적인 신앙이 크게 형성되어 있음을 인식하고 새로운 형태의 경험론적 감각주의를 채택하였다. 그리고 이성주의는 도덕주의로 기울었고 마침내 기독교의 초자연주의를 비판하였다. 결국 이 사상은 합리적인 우주관과 인간관에 기초한 자연종교 즉 이신론을 태동시켰다. 그런데 본래 이신론은 계몽주의적 종교를 가리키는 말로 모든 계시 종교보다 우선하는 자연종교가 존재하며 이 자연종교는 인간이 그 행복을 이룰 수 있는 객관적인 조건들을 인간에게 선언하고 이러한 조건들을 만족시킬 때 구원을 이룰 수 있다는 것이다. 따라서 이들은 신은 존재하며 그 신이 우주를 창조했고, 우주는 그 자체 구조에 내재해 있는 법칙에 의해 지배된다고 믿었다. 이 법칙은 기적이나 기독교의 계시와 달리 자연 법칙에서 벗어나는 것을 용납지 않는다. 또한 이들은 세계를 창조한 신은 세계 안에 내재하지 않고 초월해 있어서 세계는 자연적으로 운행토록 하셨다는 것이다. 그러나 그들은 신을 경외하며 선행과 경건은 참된 예배의 기본이고, 사람은 자기 죄를 회개해야 하며 현세의 행위에 대해 내세의 상벌을 받데 된다고 믿었다. 이신론자 중에 일부 열성파들은 계시 종교를 이기적인 사제들의 산물로 취급하였다.

(1) 아이삭 뉴톤(Issac Newton, 1642-1727): 뉴톤은 이신론의 대표로 코페르니쿠스와 케플러, 베이컨과 갈릴레오 등과 같이 명성이 높은 중농(中農) 출신에서 기사 작위까지 받은 사람이었다. 그는 과학의 가장 기본적인 개념들과 방법들을 남겼는데, 명성과 신분의 상승에도 불구하고 비교적 조용한 삶을 살았으며 수학과 연금술, 물리학과 성경연대 작성에 생애를 바쳤다. 라이프리찌와 더불어 미적분을 발전시켜 신임을 얻었고 기본적으로 운동과 중력의 법칙에 대한 연구에 공헌하였다. 1687년 뉴톤은 라틴어로 된 자연철학의 수학적 원리를 발간했는데 이것이 바로 뉴톤의 일반적인 원리이다. 그는 이 책에서 어떻게 하늘의 운동이 설명될 수 있으며 중력은 그들의 질량과 비례하고 역으로 그들 사이에 멀리 떨어진 사각의 면과 비례하는 힘으로 서로 다르게 사물의 질점으로 끄는 힘이라고 하였다. 그는 또한 그의 유명한 4대 증명법칙을 수립했는데 이것은 이후 과학적 탐구를 위한 모델이었다.

인간이 규칙적인 인과법칙이 작용하는 우주에서 생존한다는 전제는 뉴톤의 4대 법칙들에 근거하였다. 제1법칙은 자연 사물들의 모양을 설명하는 것이 진리이자 효과적인데 반하여 자연사물의 원인들은 그렇지 못하다. 제2법칙은 동일한 자연적 결과라는 것이 동일한 원인을 나타낸다. 제3의 법칙은 우리의 경험으로 감지할 수 있는 신체의 질들은 무엇이나 모든 신체의 보편적인 질들을 존중해야 한다는 것이다. 제4법칙은 경험철학에서 우리는 매우 근사한 진리나 정교함과 같이 현상으로부터 보편적인 연역에 의해 모아진 명제들을 직시하는데, 그럼에도 불구하고 다른 현상이 일어날 때까지 어떤 반대되는 가설이 그들이 보다 정교하게 만들었거나 이의를 제기하는데 용이하도록 함으로 묘사되었다. 그의 법칙들과 이론들은 즉시 대중화되었다. 뉴톤은 과학적인 현상 이외의 길을 여는데 성공하여 하나님께서 필경 세상을 창조했으며 고정된 법칙에 의해 세상을 움직이시고 계신다는 신적인 기계적 우주관을 주장하였다. 그리하여 이성이 인간의 영광스러운 안내자로 추앙받으며 기존의 옛 권위를 침몰시켰다.

당시 교황 알렉산더는 자연과 자연의 법칙이 어두움에 숨겨져 있다. 하나님이 말씀하시기를 뉴톤이 있으라! 그러자 모든 세계가 밝아졌다 라고 기록하였다. 종교적 계시의 수호자들은 모든 이성적인 인간들이 소유한 분명하고 구별이 되며 진정한 이성에 대한 주장을 그들의 종교적인 진리에 대한 증거보다 우월하게 여겼다. 즉 자연적인 이성은 관용, 일반화된 윤리적 이신론, 초자연적인 주장과 기적에 대한 회의주의로 향하도록 하는 경향이었다. 대립되는 상대방 교리에 대한 견해 차이로 발생되는 종교적인 분쟁은 시대착오적인 듯 했다. 결국 자연의 조직적인 탐구는 인간의 상상에 획기적인 전환을 마련했으며 그 여운은 참으로 인간문화의 모든 구석에서 느낄 수 있었다. 발견들은 이 세계가 인간의 능력으로 밝혀질 수 있다는 것과 인간은 단지 우주를 알고 통제하기 위해 그의 이성을 적용시키기면 된다는 논쟁점들을 입증하였다. 이성은 만병통치약 처럼 우상화되었으며 숭배의 대상이 될 정도였다.

만원경은 천체학자들로 하여금 달과 행성, 별들의 정기적인 운행을 관찰할 수 있도록 했는데 뉴톤에게 영향을 끼쳤다. 그 결과 그는 해와 행성들, 혜성들의 가장 아름다운 조직은 지적이고 강력한 존재의 통제에 의해서만 계속 유지될 수 있다고 하였다. 현미경은 세포조직과 식물들의 성별을 밝혔으며 피의 순환을 증명했다. 기압계와 온도계는 인간이 공기의 중량을 측정할 수 있도록 하였고 새로운 공기펌프로 진공상태의 공기를 축적할 정도로 과학적인 측정을 명확하게 했다. 대수와 계산은 복잡하고 난해한 수학문제를 간단히 해결케 하였다. 지층에 있는 화석들은 지질학적 연대를 알 수 있게 하였다. 그리하여 지구의 구성요소가 25개로 되어 있다고 공표하였다. 칼 리네우스는 1735년에 쓴 「자연의 구조」에서 미네랄과 채소, 동물들과 같이 모든 것을 분류했으며 강, 목, 속, 종의 정렬을 소개하였다. 과학학술원이 이탈리아와 영국, 프랑스와 아일랜드, 오스트리아와 러시아, 스웨덴과 덴마크에 설립되었다. 이것은 마치 인간이 우주의 신비스러운 문을 열 수 있는 열쇠를 최종적으로 발견한 것이었다. 이 같은 이성의 승리는 성 피에르(St.Pierre)의 「보편적 이성의 계속적인 진보에 대한 관찰」(*Observations on Continual Progress of Universal Reason*)이 발표된 1737년과 1751-1765년까지 프랑스 백과사전인 「만물사전」(*Pictionnaire universel*)과 1795년에 마르쿠스 데 콘돌케의 「인간심성의 진보」(*Progress of the Human Mind*)가 발표되면서 더욱 구체화 되었다.

(2) 체버리의 허버트 경(Herbert of Cherbury, 1583-1648): 허버트 경은 참된 종교의 요건은 보편성에 있다고 보고 타종교에 대한 연구들로 하여금 계시를 부인케 하였다. 그는 보편적 이성종교의 성립 가능성을 증명하기 위하여 우선 객관적인 인식의 가능성을 긍정하였다. 그런데 그는 객관적으로 인식이 가능한 것은 우주를 지배하고 있는 객관적 이성이 인간의 이성과 일치하기 때문이라고 생각했다. 그에 따르면 인간의 이성은 천부적인 자연적 본능의 인도를 받는바 객관적인 인식을 위해 경험이나 관찰을 필요로 하지 않는다. 인간의 이성에는 만인공통의 기본 진리 혹은 공유지식이 선천적으로 부여되어 있으며 바로 이 때문에 인간은 하나님의 형상이라고 불린다. 그러므로 인간의 이성은 각 사람에게 어떠한 계시가 분여 되든지 그것을 판단할 수 있는 능력을 가진다. 그리고 그는 종교의 상호 비교를 통해 모든 종교들의 본질적인 부분들이 발견될 수 있다고 주장했다. 즉 어떤 종족이든지 모든 인간에게는 공통된 종교적 개념이 있다는 것이다. 여기서 종교의 본질을 발견하며 참된 종교의 근거는 자연적 본능, 즉 직관적으로 지각되는 진리에 있다고 했다. 1624년 허버트경은 모든 종교에 공통되는 진리를 5가지로 천명하고, (i) 하나님은 존재하고, (ii) 그는 경배를 받으셔야만 하며, (iii) 선은 경배의 한 부분이며, (iv) 악행을 회개하고 그것을 버릴 의무, (v) 그리고 현세와 내세의 신적 보응이라고 주장했다. 그는 여기서 모든 사람이 각자 신봉하는 종교에 상관없이 도달할 수 있기 때문에 여기에는 보편적 합의가 가능하다고 보았다. 그는 곧 이성의 종교를 인간의 본능에서 찾고 또한 주관적 이성을 종교적 진리의 원리로 제시하였다. 그러나 이 땅에 종교 상호간의 분쟁이 계속 발생하는 이유는 사람들이 이성의 가르침과 그 책임을 무시하고 또 사제들이 사람들을 속이는데 있다고 했다. 그에게 기독교는 본래 자연종교와 일치했으나 세월이 흐르면서 원래적 모습을 상실하였다고 주장하였다.

(3) 존 톨랜드(John Toland, 1670-1722): 아일래드 출신의 톨랜드는 본래 가

톨릭 신자였으나 16세 때 신교로 개종했다. 개종 후 1696년 옥스포드에서 신비롭지 않은 기독교라는 변증서를 썼다. 한때 투옥을 피하기 위해 도망 했는데 그로 인해서 정부 당국의 맹렬한 분노를 일으켰다. 그는 그의 기독교는 신비적이지 않다는 변증서에서 복음서가 이성과 반대되지도 이성에서 벗어나지 않는다는 것과 기독교 교리를 명확하게 신비적이라고 할 수 없다는 것을 보였다. 그는 하나님일찌라도 이성의 포괄성에서 벗어나지는 않으며 반대되는 논쟁들이 불합리하게 보일 수 있다. 사람은 이성과 반대되거나 이성 이상의 어떠한 사상도 가질 수 없는 이성적인 존재이다. 그는 그들 스스로의 특권과 권력을 얻기 위해서 기독교로 자기본위인 신비성을 도입했다 하였다. 톨랜드가 본 그런 신비들은 세례와 주의 만찬이었다. 그는 합리적인 것을 위하여 그것을 버리게 하였다. 그는 그리스도 안에 어떠한 권위가 있었기 때문이 아니라 그가 그리스도께서 말씀하신 것에 대해 분명한 개념을 형성하였기 때문에 그리스도를 믿었다. 결국 이성이 그리스도를 대신했다. 이러한 그의 주장은 이성을 최상의 위치에 놓고 그동안 교회의 신앙적 전통에 위협을 가했다. 톨랜드는 곧 이성이 계시와 진리로 간주될 수 있느냐에 대한 절대적인 판단 기준이라고 주장하고 성경과 전통을 이성에 종속시키고 종교의 마지막 소산인 합당한 윤리를 강조하였다. 이신론은 17세기 영국에서 기존 교회의 신자들인 평신도에 의해 처음으로 형성되었으나 18세기 중엽에는 영국에서 그 영향력이 쇠퇴하였다. 그러나 이신론은 대륙에서 새로운 반응을 일으키며, 볼테르는 이 사상을 확장시키는 주역이었다. 결국 이러한 이신론의 발전은 하나님과 성경, 계시 의존을 시대착오적인 것으로 만들었다.

3.1.3. 영국의 회의주의

회의론자들은 이신론에 맞서 이성이 종교의 진리를 발견할 수 없다고 비판했다. 그리하여 기독교를 옹호했으나 그렇다고 신 존재를 확실히 믿은 것은 아니었다. 결국 이들은 회의주의로 빠지며 신 존재를 부정하였다.

(1) 조지 버클리(George Berkeley, 1685-1753): 그는 아주 관대한 사람으로 버뮤다에 미국 인디안의 복음화를 위해 선교 대학을 설립하였고 얼마 동안 로드 아일랜드에서 살았으며 1734년 아일랜드의 클로인의 주교를 지냈다. 버클리에 의

하면 마음과 관념 이 외에 참으로 존재하는 것은 없다. 소위 물질에 대한 지식은 우리 마음 속의 인상 이외의 다른 어떤 것이 아니다. 오직 같은 것만이 같은 것에 영향을 줄 수 있으므로 우리의 마음은 반드시 다른 마음에 의해서만 영향을 받게 된다. 관념은 보편적이고 항구적이기 때문에 보편적이고 영원하고 쉬임없이 일하는 마음을 우리의 마음 안에 만들어 놓아야 한다. 그러한 마음이 하나님이고 우리의 모든 관념은 그에게서 온다. 그러나 관념은 우리의 마음 안에 주관적으로만 존재하는 것은 아니다. 어떤 의미에서 소위 자연이라는 것은 분명하고 영속적인 질서로 우리 마음에 인상지워진 하나님의 마음 안에 있는 일련의 관념들이다. 그 관념들은 우리의 마음속에 지각함으로서만 존재한다. 이처럼 버클리는 마음과 관념을 강조함으로 전지하신 조물주가 단번에 만들어 놓으시고 이제는 관여하지 않는다고 주장한 이신론을 공격했다. 그리하여 그는 물질의 실재를 부정하고 세계를 거대한 시계로 보는 메카니즘을 파괴하였다. 그는 이것 대신에 신의 보편적이고 항구적인 영적 활동을 내세웠다. 이러한 버클리의 개념은 항상 철학적으로 존경을 받았지만 너무 정교하고 상식에 반함으로 사람들이 쉽게 이해할 수 없었다.

(2) 조셉 버틀러(Joseph Butler, 1692-1752): 장로교인으로 태어나 일찍 영국국교회에 입문한 버틀러는 1738년에 브리스톨, 1750년에는 덜함의 주교가 되었다. 그의 종교의 유추는 공평하고 주도면밀한 노작으로 이신론자와 그들의 반대자들이 다 같이 주장하는 하나님이 존재하시고 자연은 일정한 길로 움직이고 인간의 지식은 제한되어 있다는 전제에서 출발하였다. 그에 따르면 하나님은 명백히 자연을 만드신 분이다. 그러나 계시처럼 자연의 코스에 대해서 해명이 곤란한 난점이 제기된다면 분명히 양자는 동일한 이가 만들었을 가능성이 크며 불멸의 가능성이 아주 높다. 현재의 행복과 불행이 행위에 의존하듯이 미래의 운명도 그럴 것이다. 버틀러에 의하면 모든 사람은 지금 이생을 어떻게 활용하는지 시험 보는 상태에 있다. 또한 각자 미래의 운명에 대해서 시험 보고 있을 것이다. 자연에 대한 우리의 지식은 제한되었기 때문에 계시가 일어날 법하지 않다고 말할 수 없다. 실제 계시가 있었는지의 여부는 기적과 예언의 성취에 의해서 증명되어야 할 역사적 질문이라고 하였다.

(3) 데이비드 흄: 흄(David Hume, 1711-1776)은 스코틀랜드의 에딘버러 출신으로 한때 프랑스에서 살았으며 공직생활과 경제학자로 명성을 얻었다. 그는 보수

적인 관점에서 영국의 역사를 저술했는데 고향에서 타계하였다. 그는 로크의 이론 위에서 종교적 회의주의로 일관하여 경험이 우리에게 모든 지식을 제공하나 우리는 그것을 각각의 고립된 인상과 관념으로 받아들인다. 그는 자연종교와 신에 대한 믿음은 이성으로 가능하다는 이신론의 기본 신념에 도전하였다. 흄은 그의 불가지론에서 이성에 맞서 우리의 모든 지식은 감각기관에서 생기는 인상과 그것으로부터 형성되는 관념으로 되어 있기에 우리가 알 수 있는 것은 어디까지나 인상과 관념뿐이다. 그곳에서 빠져 나올 수는 없다. 우리는 결국 인상에 대해 말할 수 있을 뿐이며 그곳에 있는 사물에 대해 말할 수는 없다. 그것이 의식 밖에 있는 무엇인가를 올바르게 묘사하고 있는지 어떤지는 알 수 없으며 도대체 그러한 무엇인가가 의식 밖에 실재하는지 어떤지 알 수 없다. 그런데 인상과 관념, 단지 그것뿐이다 라는 이 논의를 깊이 생각해보면 물질뿐만 아니라 모든 실체를 인정할 수 없게 된다는 것이 확실하다.

즉 그의 이론에 의하면 내가 평생 나라고 부르는 실체는 단지 환상일 뿐이지 결코 실재할 수 없다. 내가 알고 있는 사실은 단지 인상과 관념의 연속에 지나지 않는 것이다. 동일한 종류인 이 인상과 관념은 아무런 편견없이 발생하기 때문에 복잡하게 분규를 일으킨다. 이러한 무질서를 통일하는 경계에 도달하기 위해서는 수련이 필요하다. 따라서 마음은 별개의 실체가 아니다. 또한 그에게 인과 관념도 습관의 산물에 지나지 않는다. 그에 따르면 나는 여기서 갑이라는 인상을 받는다. 다음에는 을이라는 인상을 받는다. 이리하여 갑을이라는 인상을 아무런 편견 없이 동일한 순서를 경험하는 과정 중에는 갑의 인상을 받든 받지 안 든 습관의 결과에 의해 스스로 을의 인상을 기대하게 되는 것이 자연스런 일이다. 결국 인과 관념은 습관에서 생기므로 이것을 응용하려면 그 습관을 구성하는 경험의 범위 내에 한정할 수밖에 없을 것이다. 경험적으로 획득한 이미 알고 있는 사실에서 출발하여 경험의 영역 밖으로 함부로 일탈하면서 쓸데없이 초월적인 논의로 옮겨가는 것은 분명히 일종의 불법적인 것이다. 따라서 그에게 신이나 영원불멸을 입 밖에 내는 것은 불법이었다.

무엇보다도 흄이 제기한 가장 큰 충격은 당시 계시와 기독교를 방어하는 주요 수단인 기적을 비판한 것이다. 그의 비판적 논지는 이중적으로 경험은 모든 우리의 지식의 근원이다. 우리의 경험에 의하면 자연의 불변성이 인간의 무오류보다 더 강력하다. 따라서 기적이 오류와 실수, 기만에 의해 보고될 가능성이 아주 커서, 자연의 일정한 행로가 실제 방해받을 가능성보다 더 큰 것이다. 그러나 증거에 의해 특별한 사건의 발생이 증명된다 해도 그 사건들이 신에 의해 특별한 목적을 위해 일어났다는 것이 증명되지 않는 한 그 사건들이 무엇을 확정한다는 것은 증명될 수 없다. 이 주장은 마침내 효과를 미쳐 이제 기적을 기독교의 최고의 증거로 보지 않게 되었다. 오히려 계시가 기적 안에 신앙을 가져다 주는 것이지, 기적을 지지하는 것이 아니라고 생각되었다. 기적을 인정하는 이들은 이제 주로 계시를 초자연적이고 신적인 것으로 여겼고 그 결과 기적을 계시와 함께 일어나는 것으로 생각했다. 그로부터 소위 회의론이 대두되었다. 그는 이 회의론에 근거하여 록크의 사회계약설을 반대하고 군주제를 가장 우수한 것으로 보는 보수적인 정치 신조를 주장했다. 그리고 이것을 영국의 자본주의 발전기에 시민 사회적 자유주의가 제기하는 요구들과 화해시키려 하였다.

3.1.4. 영국의 경험론

문예부흥과 함께 시작된 근대적 세계관은 이탈리아를 중심으로 태동했으나 종교 개혁과 함께 그 무대는 다른 곳으로 이동하였다. 왜냐하면, 15세기 이후 세계 시민 혁명이 북이탈리아를 전복시켰고 그와 동시에 아메리카의 발견, 아프리카의 항해는 신흥 시민계급들에게 새로운 기대감을 제공하였다. 동인도와 중국의 시장, 아메리카의 식민지화, 그리고 식민지와의 교역, 교환수단과 상품일반의 증가, 이런 것들은 상업과 항해, 공업에 획기적인 비약을 제공하였다. 따라서 중세 봉건사회는 영국을 무대로 새롭게 도약을 모색하였다. 그리하여 이제 자본주의적인 농업경영이 대두하고 동인도 회사를 필두로 많은 무역상사가 아시아와 아프리카, 아메리카 등으로 진출하였으며, 모직물을 중심으로 한 공장제 수공업 경영이 급속도로 전개되면서 제철과 야금, 석탄 등의 광공업에 눈부신 발전을 이루었다. 이같이 갑작스런 자본주의의 확대와 국가적 번영에 직면하여 영국은 이제 근대적인 세계화와 학문적 대혁신의 요구가 강력히 요청되었다. 이런 시대적인 요청 속에 모든 편견을 버리고 자연을 관찰하여 자연을 통역하라. 자연은 복종함으로서만 정복된다. 그리고 아는 것이 힘이다. 진리에 도달하기 위해서는 무엇보다도 먼저 경험을 중시해야 한다는 사상이 등장하였다.

(1) 프란시스 베이컨(Francis Bacon, 1561-1626): 대륙의 연역적인 방법보다 귀납법적인 방법을 중시한 베이컨은 4개의 우상론으로 유명한 사상가이다. 그는 우상론에서 인류가 4가지 선입견 때문에 자연을 있는 그대로 이해하지 못한다고 경고했다. 그가 말한 첫째 우상은 종족의 우상으로 인간이라는 제약 속에서 자연을 이해하는 경향을 말한다. 둘째는 동굴의 우상으로 개인의 성격과 취미와 전문적 지식에 편승한 동굴 속에서 좁은 시야로 사물을 관찰하는 경향, 셋째는 시장의 우상으로 세간에 퍼져있는 상식적인 관념과 표현을 무비판적으로 따르는 경향, 그리고 마지막은 극장의 우상으로 이것은 학계라는 온상 속에서 학자들이 연출해 온 상상화를 그대로 받아들이기 좋아하는 경향을 말한다. 베이컨은 우리가 이러한 우상에 빠지는 경향을 경계하고 감각기관이 알려주는 것에 성실히 귀를 기울여라. 그것만이 지식의 원천이다. 단지 수동적으로 자연에 접근하지 말고 한 발 앞서서 실험하라. 실험이란 자연을 고문하여 죄상을 자백 받는 일이다. 과학은 감각에 의해 주어진 사실에 합리적인 방법을 부여함으로서 성립된다. 관찰, 실험, 비교, 분석, 귀납 등은 합리적인 방법의 주요 요건이며 그것에 의해 우리는 자연으로 육박하여 자연에 담겨있는 진리를 밝히 드러낼 수 있다고 보았다.

이 같은 그의 자연 사상은 곧 유물론적으로 규정된다. 그에 의하면 물질이란 죽은 것이 아니고 살아 있는 것, 즉 운동을 본성으로 하는 것이다. 따라서 그는 그러한 운동이 단순히 기계적인 운동이 아니라 물질 그 자체 내부에서 치밀어 올라 내부로부터 물질을 움직이게 하여 천차만별한 물질을 풍부하게 생성케 하는 본질적인 제력(諸力)으로 이해하였다. 베이컨은 이러한 물질의 무한한 가능성을 개화시킴으로서 과학과 기술, 산업에 무한한 신뢰를 주어 그것이 인류에게 어떠한 행복을 가져다 줄 것인가를 유고로 남긴 신 아틀란티스에서 유토피아로 묘사했다. 결국 이것을 성취하기 위해서 베이컨은 그가 정치적으로 직면한 당시 절대왕정의 틀 속에서 그 힘을 의존해야만 과학과 기술, 산업의 발전이 가능하다고 보았다. 베이컨은 자연과학의 발전과 성취를 위해서는 구체적인 사물들을 감각적 경험에 기초하여 발전시켜야 한다고 확신했다. 때문에 그는 믿을 만한 진리의 발견 방법을 탐구하면서 어떤 원리나 가설이 실제적인 경험과 일치되지 않으면 그러한 일반적인 원리로부터의 연역은 있을 수 없다고 했다. 따라서 그는 모든 사고가 귀납적으로 도달된 경험 위에 세워져야 한다고 주장했다.

바로 이 원리에 근거하여 베이컨은 아담의 타락으로 상실된 인간의 자연 지배권을 회복하고 이 땅 위에 하나님의 나라를 건설하기 위해서는 인간의 학문적 노력이 요구된다고 보았다. 이 목적을 성취하기 위해서는 하나님께서 인간에게 주신 이성을 올바로 사용해야 한다는 것이다. 그런데 베이컨이 인간의 이성을 올바로 사용하는 방법으로 제시한 발견법은 자신이 우상이라고 지칭한 모든 허상과 선입견으로부터 벗어나 하나님께서 창조하신 만물의 참된 내용을 파악해야 한다. 그리기 위해서는 관찰과 실험의 기반 위에서 사유를 통해서 자연의 모든 영역을 탐구하고 나아가 기술의 개발과 적용을 통해 자연을 지배해야 하였다. 베이컨은 이를 위해 모든 종류의 지식, 곧 학문이 필요했다. 베이컨에 의하면 지식, 곧 학문이야말로 인간의 자연에 대한 권세의 위대한 회복을 가능케 하기 때문에 지식이 힘이 된다. 결국 그는 근대적인 세계관, 근대적인 실험과학의 문을 열어 놓았다.

(2) 존 로크(John Locke, 1632-1704): 1661년 왕정복고 이래 계속된 정치적 혼란과 정치적 안정을 되찾은 명예 혁명기에 활동한 로크는 정치와 철학, 종교분야에 심오한 영향을 끼친 영국의 경험주의 철학자였다. 그의 인간 자유에 대한 사상은 명예혁명과 관용조례에 의해 반영되어 영국이 입헌군주국이 되게 하는데 크게 기여하였다. 정치가로서 록크는 열정적으로 관용을 옹호하였으며 그의 종교에 대한 사상은 자연종교인 이신론과의 가교역할을 하였다. 그는 국교회를 신봉했고 그가 죽을 때까지 영국교회와 완만한 교제를 유지했으나 국교회의 신조가 다른 견해를 가진 종파들을 포용해야 한다고 주장하였다. 동시에 기독교는 강압으로 전파되어서는 안 된다고 믿었다. 처음에 목사가 되기 위해 신학을 공부한 록크는 과학과 정치학으로 전공을 바꾸고 여생을 종교에 관한 저술을 하면서 보냈다. 1667년 그는 세이프스버리(Shaftesbury)경의 보좌관이 되었고, 찰스 2세와 제임스 2세의 반대 정책에 깊이 관여하였다. 1683년 화란으로 도피했으나 1689년에 유명인사로 귀국하였다. 1690년 작성된 시민통치론에 관한 두 논문에서 로크는 제한된 의회정부 제도를 찬성하였다. 그는 사회계약설에서 왕권신수설을 부인했으며 인류는 생존과 자유, 부 등 빼앗길 수 없는 권리들을 가지고 있으며 정부의 최우선 의무는 이러한 권리를 수호하는데 있다고 주장했다. 인류는 이러한 권리들을 파괴하려는 독재자들을 전복시키고 저항할 수 있는 의무가 있다고 보았다. 그런 사상들

은 합리주의와 칼빈주의적 저항이론을 합치한 것이다. 1689-1692년 사이에 편찬된 「관용에 대한 서한들」(*Letters Concerning Toleration*)에서 그는 자유관용주의자들의 실천들을 허용했는데 사람들이 하나님을 믿고 그에게 복종하며 상벌의 그날을 기대하는 한에서였다. 그는 그러한 신앙들이 사회조직을 단단히 묶고 있음을 감지했다. 그러나 그는 무신론자들에게까지 관용을 베풀지는 않았다. 로마 가톨릭이 비관용하고 외국의 강력한 힘에 비굴하게 추종하기 때문에 관용할 수 없다고 생각했다.

록크는 1690년 발간된 「인간 이해에 대한 이야기」(*Essay of Human Understanding*)에서 사물의 일차적 속성과 이차적 속성을 구별하였다. 전자는 어떤 사물이 가지고 있는 속성 중에 우리의 지각과 상관없이 존재하는 것을 의미하며 후자는 지각하는 자에게만 존재하는 속성으로 오관을 통해 인식되는 것이다. 로크는 여기서 자신이 외면적 경험이라고 부른 감각적 경험만을 경험으로 생각하지 않고 그가 내면적 경험이라고 부른 이성적 경험도 경험으로 생각했다. 그리고 이성적 경험의 대상 속에 우리 자신과 하나님도 포함시켰다. 그는 인간이 증거할 수 있는 신의 준비없이 논리적으로 증거된 진리를 유도할 수 있는 능력을 인간의 마음이 가지고 있다고 묘사했다. 그리하여 로크는 우리가 우리 자신이 있다고 경험할 수 있는 것은 우리 외부에 우리 자신이 있다는 것을 말해 주는 이성적 존재가 있기 때문에 가능하며 바로 이 존재가 하나님이라고 말함으로서 하나님이 계시다는 것을 철학적으로 증명하였다.

그에 따르면 인간은 태어날 때부터 하얀 종이상태였으며 이 위에다 감각들이 지식으로 조직된 표현들을 남겨놓는다. 감각들을 통한 그런 지식은 결코 절대적이거나 최종적이지 않으며 합리적이며 개연적이다. 록크는 우리는 우리의 느낌으로 신을 인식할 수 있다고 했으나 예수님의 기적은 예수가 진실하다는 것과 하나님의 아들임을 말해준다고 말했다. 이것은 논리적으로 반박될 수 없기 때문에 인간들은 개연적인 이성으로 그런 지식에 가까이 갈 수 있다. 이러한 방법으로 록크는 인과론으로부터 하나님의 존재를 증명하는 증거로 삼았으며 도덕성을 증명하였고 기독교의 합리성을 말했다. 로크가 이처럼 신 존재 증명을 시도한 것은 그가 하나님이 계시다는 것을 믿었기 때문이다. 결국 그는 계시를 믿었으나 계시라고 해서 아무 계시나 믿어서는 안 된다고 했다. 그는 계시라고 불리는 주관적이고 환상적인 경험을 계시 속에 포함시켜서는 안 된다고 주장했다. 그에 의하면 참된 계시는 이성에 어그러질 수 없다. 계시는 초이성적일 수는 있어도 반이성적일 수는 없기 때문이다. 그러므로 그는 계시가 이성의 감정을 받아야 한다고 주장했다.

로크는 기독교 외에 다른 종교에 대해서도 많은 관심을 가졌다. 왜냐하면, 다른 종교들 사이에는 종교 간의 통일성보다도 다양성이 지배하고 있기 때문이다. 따라서 로크는 역사적 종교보다 자연종교를 중시하였다. 1695년 「기독교의 합리성」(*Reasonablemess of Christianity as Delievered in the Scriptures*)에서 기독교는 처음부터 믿기지 않았거나 개연적이지 않았던 것이 전혀 없었다고 주장하였다. 그는 말하기를 계시종교인 기독교가 모든 역사적 종교 중에서 가장 우월한 이유는 그것이 자연종교에 가장 일치하기 때문이다. 그리하여 그는 기독교와 자연종교의 차이를 분명히 보여주었다. 그는 자연종교는 계시가 아니라 이성에 의존하며 영혼불멸이나 내세 같은 문제에는 관심이 없다. 그러나 기독교는 하나님의 계시에 의존하며 영혼불멸이나 내세의 문제에 관심이 많다. 하지만 기독교가 자연종교에 가장 일치하는 종교라는 것은 예수 그리스도의 가르침에서 잘 알 수 있다. 예수의 가르침은 계시이자 동시에 이성적인 진리라고 보았다. 그는 예수님의 행하신 기적은 역사적 사실이며 예수님의 가르침이 하나님의 계시라는 사실을 증거해 주는 증거라고 생각했다. 그는 예수님의 가르침을 통해 나타난 하나님의 가장 중요한 계시는 (i) 황금율(마 7:12)에서 보여진 이웃사랑, (ii) 산상수훈에 나타난 원수 사랑으로 이것을 자연법보다 한 단계 높은 것으로 간주했다. (iii) 고후 5:16에 나타난 화해의 신앙이었다.

이처럼 그는 신약을 깊이 연구하고 기독교가 산뜻하고 단순하며, 또한 조화를 이루며, 인간들이 믿고 행할 것을 요구한다는 면에서 합당하다고 했다. 그에게 기독교의 윤리적 명령, 메시아이신 그리스도의 계시, 기적들은 이성과의 조화가 필수적이다. 그럼에도 불구하고 로크는 기독교와 종교개혁의 주된 교리인 삼위일체론과 예수님의 양성교리, 그리고 칭의교리를 부인했으며, 신양성경도 복음서와 사도행전만을 인정하고 바울 서신 등 사도들의 서신을 부정하였다. 그러나 그는 바울의 화해론을 받아들였는데 이것은 그가 오랜 국가적 혁명과 혼란기에 수많은 종교전쟁으로 겪은 개인적 체험에서 태동한 것이다. 때문에 그는 영국정부에 종교적 관용정책을 요구하고 모든 종교의 자유가 보장되어야 한다고 생각했다. 그 이유는 계시로부터 파생된 지식은 개연성만 있을 뿐 절대적인 확실성이 부재하기 때문이다. 로크는 예수님이 하나님의 계시의 담지자라고 믿었고 예수님이 행하신 기적의 역사성과 역사에 대한 하나님의 간섭을 믿었다. 그러나 그는 교리가 증명될 수 없다는 것을 인정하였다.

3.1.5. 프랑스의 계몽주의

유럽의 합리주의와 함께 프랑스에서 뿌리내린 계몽주의는 30년 전쟁이 끝나는 1648년부터 1789년 프랑스 혁명이 발생하기까지 유럽의 역사를 특징지운 철학사상이다. 사상의 영역에서 계몽주의는 프란시스 베이컨의 감각적 경험으로부터 칸트의 순수이성비판까지의 현대사를 일컬어 사용되었다. 그런데 계몽주의는 일반적으로 역사에 있어서는 17세기의 자연신론과 합리주의를 기초로 독일의 루터란 교파에서 형성된 기독교 운동으로 일반적으로 이해한다. 그런데 이 시대는 르네상스의 인본주의적 정신과 17세기의 과학혁명이 어울려 만들어졌다. 이 운동은 모든 초자연적인 종교를 반대하고 인간 이성의 중요성을 강조하며 이 땅에서의 인간의 삶의 행복을 극대화 시키려는 시대적 사조였다. 이 사상이 맹위를 떨치던 기간에 나타난 주된 정책은 종교적 관용으로 이성과의 조화 속에서 하나님과 초자연에 대한 의존, 외적 권위에 대한 순종, 인간의 자유와 영생에 대한 신앙을 보존하였다. 그러나 이 정책은 기독교 교리와 가톨릭, 개신교 정통주의를 거부했는데 그것은 이들이 인간에게서 합리주의적 기능을 빼앗아 가는 영적인 어둠의 세력으로 간주했기 때문이다. 또한 계몽사상은 인간 본성의 선함과 계몽된 이성의 원리에 대한 근본적인 확신 때문에 낙관론적인 견해를 갖고 있었으며 인간 사회의 진보와 완전성을 절대적으로 확신하였다.

계몽주의 정신이 독일 개신교에 깊이 침투하여 성경의 권위에 대한 신앙을 파괴시키고 한편 성경비평학을 다른 한편 감상적 경건주의를 조장하였다. 결국 종교개혁의 핵심적 신학 원리였던 계시 의존적 개념은 경험 의존의 실용주의적인 노선으로 이동하였다. 고대 철학은 객체에서 출발했으나 계몽주의는 주체에서 출발하였다. 그리하여 객관적인 철학은 실용적이고 실제적인 형태로 대치되었다. 이제 자의식과 내적 경험이 중요 관심사가 된 것이다. 철학이 신학의 시녀라는 개념이 사라지고 신학의 의존에서 벗어나 경험에 대한 관찰과 합리적인 원칙들 위에 기초를 두었다. 학자들은 각 학문 분야에 기계적이며 수학적인 방법론을 도입하였다. 인간과 그의 가능성에 대한 순박한 믿음에서 계몽주의의 특징을 찾아볼 수 있다. 그 대표적인 철학자들을 간략히 정리하였다.

(1) 매튜 틴달(Matthew Tindal, 1655-1733): 틴달은 1730년 「창조만큼 오래된 기독교」(*Christianity as Old as the Creation*)에서 인간이 필요로 하고 하나님이 모든 인간에게 자연을 파악할 능력을 주신 모든 것이 자연종교라고 주장했다. 완전하고 우주적이며 불변하신 하나님은 자연종교와 계시종교의 원천이 되시며 하나님이 주신 것은 완벽하며 가감할 수 없다. 자연종교는 인간에게 준 하나님의 근원적인 선물이며 그것은 완전하다. 성경은 자연종교의 대변이며, 예수는 모든 인간이 어떻게 하면 하나님의 뜻에 순종하며 실행할 수 있는가의 모범자로서만 존귀히 되는 분이다. 그에 따르면 인류의 최악의 원수는 사람들을 미신의 속박에 묶는 자들이고 그 주요한 예는 모든 종류의 사제들이다. 진정한 기독교는 새롭지 않으며 기독교는 창조만큼이나 오래되었으며, 그 이유는 하나님께서 세계의 창조 가운데서 자신을 완전하게 계시하시기 때문이다. 자연법은 계시법에 선행하며 하나님께서 완전하시고 불변하시기 때문에 계시법에 선행하며 하나님께서 완전하시고 불변하시기 때문에 계시법은 자연법에 아무 것도 첨가할 수 없다. 인간은 자연에서 하나님이 요구하시는 모든 것과 요구하시는 바를 행함에 대해 알 수 있다. 분별하는 법을 위해 인간에게 준 하나님의 선물은 이성이며, 만일 하나의 사물이 이성과 위배된다면 그 사물은 시대에 뒤떨어진 미신의 소산이라고 기록하였다. 이것을 기초로 틴달은 합리적인 이해와 상반되는 미신으로 취급된 성경의 기적을 무시했다. 기이한 계시관에서 야기된 미신과 완전히 배치되는 그리고 죄 때문에라도 그렇게 무기력하게 되지 않은 이성은 인간을 인도하는 역할을 한다. 이것이 자연신교였다. 하나님이 질서정연한 우주를 세우셨고 하나님께서 인간에게 그들의 행동에 따른 삶과 분별력을 가능하게 한 이성을 주셨다. 그러나 그 이상의 계시는 제정하지 않았다고 믿었다.

(2) 크리스챤 볼프(Christian Wolf, 1679-1754): 라이프니쯔의 이론을 체계화시킨 볼프는 1706년 할레대학의 교수로 일했으나 1723년 경건주의자 프랑케와의 경건주의의 논쟁에 패하여 교수직을 상실하고 말부르크 대학으로 옮겼다. 그러나

1740년 프리디리히 대왕이 프러시아의 왕위에 오르면서 다시 할레대학에 복귀하였다. 볼프는 18세기에 들어와 서구를 풍미한 반교회적, 반기독교적 경향에 반대하고 신학과 철학, 계시와 이성, 교회와 사회 사이의 균열을 최소화하기 위해 힘을 쏟았다. 그가 제시한 자연종교의 개념은 바로 이러한 그의 노력의 결정체였다. 그가 말한 자연종교의 개념은 신존재증명, 영혼불멸설, 그리고 도덕적 완전성을 지향하는 윤리학에 기반을 둔 이성의 종교 의미였다. 그는 현세와 내세의 행복을 가져오는 실제적이고 현실적인 도덕성의 필요를 역설하고 이성을 초월하는 기독교회의 계시는 자연종교와 조화되어야 하며 그렇게 될 때 참 의미가 있다고 했다. 그리하여 볼프는 계시종교인 기독교를 자연종교의 극치라고 판단하고 양자의 절충을 시도하였다. 그러나 볼프는 계시의 가능성을 판단하는 기준은 이성이라고 말함으로써 계시보다 이성을 더 높은 지위에 올려놓았다. 그의 의하면 계시는 철학적 인식방법으로서는 도달할 수 없는 일에만 관여하며 계시가 이성에 모순되는 일이 있어서는 안 된다고 믿었다. 그리고 계시는 이성에 일치하지 않는 어떤 것도 포함될 수 없다고 선언했다. 그럴 것 같지는 않지만 기적은 가능하며 기적은 자연 질서의 중단과 사건 후의 자연 질서로의 복귀라는 두 단계에 각각 동등한 힘이 작용하여 일어날 것이라고 생각했다. 그의 인간관은 낙천적으로 인간은 개인적이나 사회적으로 더욱 원대한 충족을 향해 계속 진행한다. 볼프는 이전의 정통주의 신학과 경건주의 신학 모두를 거부하고 포괄적인 논리적 증명을 당대에 소개하였다. 볼프가 보기에 종교적으로 관심을 기울여야 할 대상은 신과 자연종교, 본유적 도덕성, 개인과 인류의 완전을 향한 진보, 초자연적이지 않은 구원 등이었다. 볼프는 계몽주의 시대에 독일의 철학과 신학에 지대한 영향을 미쳤다.

(3) 프랑수아 마리 아루에 볼테르(Francois Marie Arouet de Voltaire, 1694-1778): 프랑스인 볼테르는 영국의 이신론에 기초하여 자연신교의 사상을 자신의 날카로운 기지와 신랄한 문체로 널리 보급한 사상가였다. 그는 철학서간과 철학사전 등 직접 철학을 주제로 저술한 외에 시와 희곡, 소설과 역사, 평론 각 분야에 걸쳐 많은 작품을 남겼다. 그는 이성주의에 기초하여 기독교에 맞선 핵심적인 인물이다. 그는 한때 1726-1729년까지 영국에 체류하는 동안 영국의 자연신론에 감염되어 여기에 기초하여 기독교를 단순한 도덕성과 이성적인 형이상학으로 전락시켰다. 그리고 그는 매우 혹독한 표현을 통해 기독교를 맹비난하였다. 그의 생각

에 기독교는 다른 이방 종교와 다른 점이 없으며 오히려 유대교와 기독교보다도 이방종교가 더 포괄적이었다. 동시에 기독교의 역사는 짧은데 반하여 이방종교의 역사는 오래다는 것이다. 그의 독설은 여기에 머물지 않았는데, 그는 말하기를 모세는 기민한 정치가였고 예언자들은 힌두교의 탁발승과 같은 광신자들이거나 그렇지 않으면 간질병자들이라고 했다.[13] 그리고 예수 그리스도는 한 선한 사람이었으나 자기만족적이자 광신적이었다. 그리고 그의 제자들은 예수 그리스도에게 기만당한 자들이요, 거짓 증거하는 자들이며, 속이는 자들이라고 악평했다.[14] 정치적으로 그는 수치심을 모르는 사람은 매장하라고 외쳤는데, 왜냐하면, 당시 교회 지도자들이 권력과 부합하여 사람들의 이성의 눈을 현혹시키면서 개인의 욕심을 채웠기 때문이다.

이 같은 영향아래서 1751-1780년까지 30년 동안에 걸친 대 투쟁 속에 엮어진 17권의 백과사전은 당시 이신론자나 혹은 무신론자들이 주도하였고, 주된 사상은 곧 인간의 타락을 주장하는 인간관을 배격하고 그들은 경험을 통해서 또 이성을 사용하여 인간이 완벽한 사회를 이룰 수 있다는 것이다. 이성을 강조한 것은 독일과 스칸디나비아에도 널리 퍼졌으며 러시아와 귀족계급에게 인기가 폭발하였다. 이신론은 독일의 대학가에 침투되어 성경에 의문을 제기하고 비판적으로 보았으며, 이전의 경건파 학교인 할레 대학에도 영향을 끼쳤다. 미국에서는 벤자민 프랭클린과 토마스 제퍼슨이 이 사상의 대표자였다. 이러한 상황에서 유럽 교회의 경향은 신교와 구교가 모두 이성과 이성에 토대를 둔 윤리를 강조하였다. 그 결과 이들은 종교적 체험과 그 표현을 열광주의로 치부하였다. 그리고 철학 분야에 한층 더 큰 영향을 끼친 칸트(Emmanuel Kant, 1724-1804)는 신은 마땅히 존재해야 하고 예수 그리스도는 신의 의지에 가장 일치한 최고의 모범으로 영혼불멸을 주장했다. 그러나 순수이성비판에서 그는 이신론자들이 신의 존재와 성격을 입증하려는 근거는 인식론적으로 방어할 수 없는 주장이라고 반박했다.

이 밖에 4가지의 다른 운동이 있었다. 그 중에 하나가 프랑스에서 일어난 정적주의 운동이다. 이들은 하나님이 그들에게 다가오도록 수동적으로 기다려야 한다

---

13) 박영관, 「역사신학강의」, (기독교문서선교회, 1994), 215.

14) *Ibid.*, 215.

고 했다. 그리고 잊지 않기 위해서 열심히 일하고 그러나 독립적인 모든 기능을 할 수 있는 능력을 잃을 수 있다고 했다. 이것은 일종의 신비주의였다. 여기의 문제는 사람이 스스로 어떤 문제를 망각하고자 하면 그 자신의 의식이 될 수 있다고 했다. 그리고 쟌센주의자들은 은혜는 결코 거부할 수 없으므로 우리 모두의 행동은 본질적이든 은혜이든 간에 결정되어야 한다고 하였다. 그리고 사람의 생각 속에 이러한 회의주의와 의심의 철학이 깊이 영향을 미쳤다. 예를 들면, 칸트나 진화론의 철학, 그리고 성경 비평학 등이다. 그러므로 지난 세기는 혼합주의의 시대였다. 이 시대에 사람들은 철학적 전제와 비 전제의 빛 아래서 기독교 신앙을 재해석하였다.

3.2. 철학적 공격: 독일의 합리주의

철학적 공격은 독일에서 일어난 합리주의를 통해 전 세계로 파급되었다. 독일의 합리주의는 이성과 계시의 올바른 관계를 신학적으로 시도한 것이 그 특징이다. 이성과 계시의 관계는 기독교 역사에서 항상 논쟁이 되어온 주제이다. 그런데 이 주제는 독일의 합리주의 철학자들에게는 매우 흥미있는 일로 성경이 진리 자체이지만 성경의 가르침이 무엇이냐는 데 관해서는 이성이 가장 중요한 안내자라는 것을 강조하였다. 이들은 이성에 의하여 신은 증명될 수 있다고 믿었다. 이성을 초월한 기독교 계시는 자연종교와 조화되어야 하며 그렇게 될 때 참된 의미가 있다고 했다. 이들은 기독교의 역사적 사건과 계시를 비판하는 일을 서슴지 않았다. 결국 독일의 합리주의는 초자연주의를 침식하고 기독교회에 결정적 피해를 끼쳤다.

(1) 임마누엘 칸트(Immanuel Kant, 1724-1804): 계몽주의의 이성적 도덕주의에 익숙한 칸트는 철학사에 새로운 지적 출발을 촉발시킨 대 사상가였다. 칸트는 흄의 철학적 회의론을 이어받아 이성의 인식 능력을 규정하고 이성으로 과연 궁극적 진리에 도달할 수 있는가의 문제를 추구하였다. 칸트는 그의 선험적 감성론에서 시간과 공간을 직관 형식으로 설명하였다. 그에 의하면 지식은 우리들의 감각이 수용하는 현상계에 제한되어 있을 뿐만 아니라 공간과 시간과 같은 현상계의 구조 자체가 우리들의 감각활동에 의하여 제한된다. 사물 그 자체는 하나님의 존재에 관한 전통적인 토마스주의의 이론에 대한 비판에서 증명하듯이 영원히 우

리들의 지적인 파악을 초월하여 존재한다고 보았다. 때문에 그는 계몽사상의 3대 이념인 영혼 불멸, 자유, 하나님의 존재를 경험적 인식을 통해 도달할 수 없다고 생각했다. 그러나 칸트는 이 같은 존재들의 불멸성의 기본적 신조들을 인증하는 새로운 길을 발견하였다. 즉 칸트는 실천이성비판에서 자유가 없으면 도덕법이 불가능함을 들어 자유의 개념을 요청하고 선악의 행위에 대한 책임을 사후에라도 질수 있기 위해서는 영혼 불멸의 개념이 불가피 하다고 하였다. 따라서 하나님의 존재도 전통적인 형이상학의 방법으로 증명될 수 있지만 도덕론적 입장에서 최고선이고 심판자이신 하나님을 요청할 수밖에 없다고 주장했다.

이러한 철학적 윤리적 입장에서 칸트는 종교를 마음의 순수성의 문제로 다루었다. 그래서 칸트는 사변적 신학을 배격하고 제도적 교회에 별로 큰 의의를 부여하지 않았다. 칸트가 순수이성의 능력에 관하여 회의적이었으나 과연 그의 의무가 무엇인가에 관하여는 확실성을 소유하였다. 칸트는 의무를 하나님의 계명처럼 여기고 의무를 지키는 일이 종교적 자세라고 보았다. 비록 내세와 신의 존재를 인정했으나 이 신앙의 의미와 힘이 도덕적 노력을 계속 하는데 있다. 내세와 하나님에 대한 지식 이 외에는 종교가 더 이상의 교리를 가질 필요가 없다. 칸트의 종교관은 완전한 도덕에 기초하였다. 그는 교회를 도덕 교육의 학당으로 생각했으며 예수님을 구체적인 모범으로 제시하였다. 그에 따르면 기도는 우리들의 도덕적 이상에 초점을 맞추기 위한 방도로 필요하다. 그러나 도덕적인 진보에 따라서 이러한 방법들이 점차 불필요하게 된다. 진정 선한 인간은 단지 그의 양심의 법칙을 준수하면서 이러한 보조도구 없이 생활할 수 있어야 한다. 하지만 이 같은 칸트의 사상은 그의 제자들이 부정하였다. 결국 그는 의무의 위대한 철학자, 가장 엄격한 종류의 스토아학파 학자가 되었다. 그리고 바로 그러한 점에서 그는 독일의 공공생활, 특히 군부의 생활을 통솔하는 법규를 형성하는 데 영향을 끼쳤다. 이러한 당위의 일차적 확실성으로부터 칸트는 인간의 자유, 의무적 행동의 성공을 보장하는 하나님, 도덕적 완성을 향한 계속적인 성장을 허용하는 죽음 이후의 한계없는 생명을 자명한 사실로서 간주하였다. 그리하여 칸트는 현상계 배후에 있는 사물들, 인간적이고 신적인 자유 행위자들에 접근하였다. 그러나 그의 후계자들 중에 이러한 하나님과 인간에 대한 우리들의 지식에 만족한 이들은 거의 없었다. 이들은 그 감각 의식의 법칙들을 현실의 객관적 형상에 대한 관건으로 삼고 여기에서 출발하는 것이 보통이었다.

(2) 레싱(G. E. Lessing, 1729-1781): 레싱은 그의 대표적인「지혜자 나단」(*Nathan the Wise*, 1779)과「인간교육」(*The Education of the Humen Race*, 1780)에서 합리주의 사상을 보여주었다. 전자는 도덕적 완전성에 대한 상이한 길과 같이 여러 종교를 고려하고 절대적인 종교의 우월성을 배제한 믿기지 않을 정도로 관용한 계몽된 유대인들에 대하여 다룬 하나의 드라마였다. 그는 복음에 대한 어떤 역사적 증거도 거부하고 우주적 종교는 단지 그 자체의 방식이 있을 뿐이다. 그러므로 참된 지혜가 요구된다고 주장했다. 그는 인간교육에서 인간의 성장 발달을 3단계로 구분하고 인간을 3단계에 놓았다. 그에 따르면 유아시기의 단계는 상벌의 약속으로 인도되던 구약적 단계이다. 청년단계는 자기보호와 희생의 사상이 함축된 신약적 단계이다. 현재 성인의 단계는 이성의 요구와 책임에 끼워 맞춰진 단계이다. 그러므로 레싱은 성경을 경시하면 성경의 지도가 유치하고 상대적으로 이성을 높이면 이성의 지도는 성숙하다고 주장했다.

(3) 요한 고트리브 피히데(Johann Gottlieb Fichte, 1762-1814): 칸트는 인간 이성의 창조적이고 입법적인 능력을 강조하며 세계를 객관적인 물자체의 세계와 인간의식에 내재하는 주관적인 세계로 이분하였다. 피히테는 칸트의 사상을 보다 더 강조하고 주관적 정신이 가장 지고한 것이라고 믿었다. 그에 따르면 우리들은 우리 자신의 세계를 창조하고 발상시킨다. 그는 자아야 말로 진정 유일한 실재이고 이른바 객관적인 세계는 자아의 표현 세계에 불과하다고 하였다. 이 자아란 피히테에 의하면 이성임과 동시에 의지이고 행위를 그 본성으로 한다. 이 자아에 의한 세계 창조의 과정은 부단히 자신의 대립물을 만들어 내어 그것을 지양하는 것에 의해 자신을 발전시키는 변증법적인 과정이다. 그런데 이 자아는 자아독존적 괴물로서 스스로가 자신을 생각하고 의지하며 자신 안에서 스스로를 만들어 가기 때문에 스스로가 자신을 요리하고 음미하는 기괴한 요리사와 같다. 그러나 이것은 진정한 객관성이 발견될 수 있는 도덕질서의 범위 안에서만 그렇게 된다. 그리하여 그는 실질적으로 하나님과 도덕질서를 하나로 동일시하였다. 그는 이것이 유일한 실재라고 규정하였다. 피히테의 이 같은 급진주의적 자아철학은 프랑스 혁명 당시 무신론자로 고발되어 정부와 충돌하여 예나 대학을 떠나게 되었다. 그러나 그는 후에 베를린 대학 초대 관선 총장에 올랐다.

(4) 빌헬름 요세프 폰 쉘링(Friedrich Wilhelm Joseph von Schelling, 1775-1814): 쉘링은 헤겔과 같이 튜빙겐에서 교육받은 스와비아인으로 원래는 이상주의자였다. 그러나 쉘링은 1806년경에 헤겔의 주지주의에 반발하였다. 한편 그는 피히테의 주관적 정신을 궁극적 실체라고 파악한 자아 개념에 맞서 자연을 강조하였다. 조숙한 천재 쉘링은 처음에 피히테의 철학에서 출발했지만 20대 전반에 피히테의 자아를 자연으로 바꾸어 독자적인 체계를 구축하였다. 그가 말하는 자연이란 르네상스 시대의 자연철학자들의 자연과 스피노자의 신 곧 자연의 자연과 유사한 것이다. 그에 따르면 자연은 그 자체의 생명이 있는데 그 가운데 우리들은 일부분이다. 자연은 객관적 정신이다. 이는 무기질에서 유기질로, 유기질에서 의식으로, 의식에서 도덕적이고 미적 깨달음으로 이전되어가는 살아 있는 체계이다. 이것은 피히테의 초개인적 혹은 세계적인 자아와 완전히 대치되는 것이다. 그리고 객관적 관념론으로서의 자각을 명확히 하고 그런 한계에서 피히테 철학의 주관주의를 극복하여 뒤집힌 형태로서 유물론을 향해 접근하였다. 그리하여 피히테에 있어서 자아에 의한 세계 창조의 원리로서 취급된 변증법은 신비화된 형태로 재정립되었으며 자연의 자기운동, 자기발전의 원리로서 재취급 되었다. 즉 쉘링의 자연철학에 있어서는 대립물의 통일과 투쟁이 모호하면서도 양극성의 원리 형태로 취급되어지고 자연의 모든 발전의 원동력이 되었다.

쉘링은 자신의 자연철학과 피히테의 자아의 철학을 모두 일면적인 것으로 보고 이들의 일면성을 극복하여 양자를 통일시키기 위해 자연과 정신의 근저에 존재하는 절대자를 상정하여 이 절대자에 있어서는 모든 것이 동일하다는 동일철학을 주장하였다. 그리하여 변증법을 비합리주의로 전환시키는 방향으로 나아갔다. 그의 자연은 눈에 보이는 정신, 정신은 눈에 보이지 않는 자연이고, 우리 안에 있는 정신과 우리 밖에 있는 자연과는 절대적 동일성으로 받아져야 한다고 생각했다. 따라서 그는 논리적이거나 혹은 이성적일 수 없는 현실의 측면들에 관하여 깊은 관심을 가졌다. 그는 우주를 동태적 창조성의 과정으로 파악했으며 그 중에서 특히 개성이 진정한 자유와 비합리성의 전달자라고 생각하였다. 그리하여 그는 유한한 존재에 관해 보다 더 현실적인 관점을 시도하였으며 이 같은 쉘링의 후기 형이상학은 흔히 실존적 변증법이라는 명칭으로 불렸다. 쉘링의 철학은 그 구체적인 신학적 측면에 있어서 역사적 종교들과 계시를 단지 영원한 이상주의적 개념들로 축소하지 않고 확고히 파악하고자 하였다. 여기서는 신화와 전설들이 대중들의 심성 속에 자리잡고 있던 신적 임재의 표현이라는 헤르더의 관념을 기반으로 더욱 발전시켜갔다. 당시 세계의 모든 뛰어난 형이상학자들 가운데 그는 신학을 위하여 가장 유용하고 밀접한 관련을 가지고 활동한 학자였다.

(5) 게오르그 헤겔(Georg Wilhelm Friedrich Hegel, 1770-1831): 헤겔은 이상주의 철학자로서 칸트의 사상적 발전과 함께 치밀하고 일관성있는 새로운 영향력을 통해 변증법적인 체계를 완성하였다. 그리고 쉘링이 헤메던 이론을 관념론의 테두리 내에서 보다 견실한 방향으로 되돌리며 쉘링을 뛰어 넘었다. 사실 헤겔은 쉘링보다 5살 연상이었으나 그의 가르침을 받았다. 쉘링이 조숙한 천재라면 헤겔은 소같이 완고한 타입으로 대조적이었다. 그러나 후에 헤겔의 철학 체제는 대학교에서 실질적으로 공식적인 철학 과목이 되었으며, 많은 이들은 그가 철학을 완성하였다고 생각하였다. 그가 철학의 완성자였다는 이해는 아마도 헤겔 자신의 역사적 자의식과 관계되었다. 그의 사상체계는 자연적, 역사적, 정신적 세계 전체가 하나의 과정으로서 부단히 운동하고 변화하고 생성되어 발전하는 것으로 나타났다. 그리고 이 운동과 발전의 내적인 연관을 명확히 하는 시도가 구체적으로 이루어졌다. 그의 사상의 특색 중에 하나는 존재에 관한 일종의 신플라톤적인 사다리와 달리 존재에 대한 파악의 단계가 시간적이었으며 진화론적인 진보의 체제 속에서 이루어진 역사적 과정을 포함하였다. 때문에 그는 역사 안에서 발생하는 모든 드라마를 그대로 수용하였다.

그리고 그는 생명의 근원적인 가치는 물질적이기 보다는 차라리 정신적이라고 보았다. 그리고 정신 현상학에서 감각적 지각의 변증법적 논의로부터 사상을 전개하였다. 그에 따르면 물리적 세계는 법칙에 따라 상호 작용하는 힘으로 구성되지만 정신은 물질보다 더 확실하다고 하였다. 피히테는 "나" 라는 존재는 곧 이 세상에 그 어떤 존재보다도 소중한 자유나 지식 자체라고 보고 다른 모든 것은 이것을 감소시킨다고 했다. 쉘링은 유일한 존재로서의 무한의 절대 자아를 믿었다. 그는 이것이 곧 보편 세계의 정신이라고 했다. 그런데 헤겔은 이것을 극도로 확대하여 모든 실제는 인간의 지성을 통해서 사고되어지는 그런 사상으로 정신의 외적인 작용이라고 했다. 세상이나 인간성 같은 것은 의식화 되어지는 인간의 정신의 일부분이며 이에 대한 인간의 인식은 지그자그로 되어진다. 예상에 어긋난 것을 되풀이하고 또한 필사적으로 저항하면서 돌고 돌아 진리에 접근해 간다. 진리라는 것은 이것을 거부하는 것이 아니라 오히려 이것을 포섭하는 것이다. 이것이 보편적인 성격을 가지게 되는 하나의 객관적인 법칙성이다. 그런데 그는 예수 안에서 이러한 인간 존재의 정신이 주도적으로 작용하는 것을 보게 된다고 했다. 이 같은 그의 주장은 이전의 어떤 형이상학도 구체적인 역사를 이처럼 심각하게 취급한 적은 없었다.

헤겔은 혼란에 가득 찬 인간역사 가운데 형이상학적인 필요성으로 연결된 일련의 의미를 내포하고 있는 최소한의 특정한 중요 사건들과 단계들을 분리시키는데 성공하였다. 기타 헤겔 사상의 창조물들과 마찬가지로 이러한 필요성의 양식은 추론과 추리의 동태성, 정의 대조, 신 테에제의 끝없는 과정들이다. 모든 존재의 근본적인 역사적 혹은 여타 구조는 비록 비이성적인 우발적인 사건들에 의하여 혼란을 겪을 수 있다 해도 결국은 이성적인 것이다. 객관적 이성의 역사적 과정의 목표는 인류 가운데서 자의식의 승화이다. 이 목표는 자유로 묘사될 수 있는데, 이 자유는 그 존재를 결정하는 필요성을 의식하고 받아들이는 인간지성의 자유이다. 헤겔은 이러한 필요성들을 그의 시대의 프러시아 교회와 사회에서 매우 구체적으로 보았다. 과연 어떻게 모든 인간의 노력과 시도들이 필요한 단계를 통하여 이러한 절정에 이르게 되는가를 설명한 그의 역사철학은 또한 그 자체가 최후의 철학이 되어야 한다고 생각했다. 소위 그의 역사철학이란 세계사라는 드라마의 감상이라고 표현했는데 이것은 무대를 벗어난 곳에 관객석이 따로 있는 것이 아니라 이 감상 자체가 당연히 드라마의 일환으로서 무대 위에서 행해지는 것이다. 그런데 이 드라마의 계획은 드라마 밖에서 누군가에 의해 주어진 것이 아니라 드라마의 전개 속에서 모르는 사이에 기록된 것이다. 그러면 어떤 힘이 그것을 기록했는가? 그것은 역사를 창조하는 개개의 주인공들이 자신들의 행동을 결합하여 표출하게 되었다. 그런데 그들의 의식을 뛰어 넘는 큰 힘, 즉 역사에 내재하는 어떤 힘에 의해 쓰여진 것을 말한다. 이것을 가리켜 그는 세계정신 또는 절대정신이라고 명명했다. 세계역사는 절대정신의 자기실현의 과정이며 철학의 역사는 그 절대정신의 자기인식 과정이라고 하였다.

이러한 헤겔의 역사철학은 사회과학의 원칙적 관점의 출발점을 시사한다. 사실 역사란 항상 개인의지들의 충돌로부터 최후의 결과가 나오는 양식으로 전개된다.

그리고 개인의지의 각각은 대체로 특수한 생활조건에 의해 현재와 같은 형태로 만들어진다. 따라서 거기에는 서로 뒤얽힌 무수한 힘, 힘의 평행 사변형의 무수한 그룹이 있으며, 그 중에서 하나의 합성력이 잉태되는 것이다. 그리고 이 합성력 자체는 전체적으로 무의식 또는 무의지에 작용하는 어떤 힘의 소산이다. 바로 이 힘을 그는 세계정신 또는 절대정신이라 불렀는데 학자들은 이것을 역사의 객관적 법칙성이라고 한다. 헤겔은 이 같은 역사적 견해를 자연과 사회, 인간정신의 모든 사물에 관철시키려 했다. 그리고 이들 드라마의 보편적인 법칙성을 그는 변증법이라고 하였다. 그러므로 헤겔에게 인간은 본질적으로 역사적인 것으로 받아 들여지는 바, 불변의 인간성이란 그에게 공허한 말이다.

이처럼 역사의 궁극적인 의미들은 역사적 투쟁의 흐름으로부터 파악되어야 한다는 확신을 가지고 헤겔은 이전의 이성주의 철학자들보다 더 가깝게 유대교와 기독교의 역사적 개별성에 접근하였다. 그리고 전 시대의 중요성을 신학적인 관점에서 판독함으로서 헤겔은 문화와 일상생활의 모든 측면에 대한 종교의 관계에 대한 의식을 자극하였다. 이는 종교를 따로 구분하여 칸을 막아버린 경향의 경건주의와는 대조되었다. 이러한 관념은 정치뿐 아니라 종교생활의 집단적 성격이라는 의식을 형성하였다. 비록 헤겔은 역사의 과정에서 그 전기를 이룩한 위대한 인물들을 강조했으나 이들 각자의 중요성은 배제하였다. 그리하여 헤겔주의자들은 종교의 공동체인 교회를 다른 경건주의자들이나 혹은 이성주의자들보다 더 중요하게 생각하였다. 그러나 그가 기독교의 사회적 역사적 성격을 새롭게 파악했음에도 불구하고 헤겔은 어쩔 수 없이 감각과 정서보다는 지성을 중요시하는 주지주의(主知主義, Intellectualism)적이었다. 그에게 신학은 단지 철학적 진리들을 원시적이고 비조직적이며 신화적으로 진술하는 하나의 방법에 불과하였다. 또한 그 지적인 내용을 따로 구별하여 고립시켜 놓은 후에는 무용한 존재였다. 그런데 헤겔은 자신이 이러한 작업을 이루었다고 믿었다. 그는 시적인 언어로 감추어진 진리를 다시 진술함으로써 신앙을 수호한다고 생각하였다. 예를 들면, 타락의 사건은 인간 속에 있는 도덕적인 자유의 의식을 대변하는바, 예수는 인간 속의 절대자의 성육신을 대변하며 구속은 이들의 화해를 표현한다. 결국 이러한 모습으로 신학적 교리들이 일반적이고 필요한 철학적 진술들로 축소되었으며 신학은 종교철학으로 대체되었다. 많은 신학자들이 기독교 신앙의 역사적인 주장을 했다. 따라서 관념

(이상)주의는 궁극적으로 합리주의를 제공한 것처럼 보인다. 그런데 문제는 우리가 어떻게 이상주의를 입증할 수 있는가 이다. 따라서 몇몇 사람들이 이상주의에 대하여 저항하였다.

(6) 소렌 키에르케골(Søren (Aabye) Kierkegaard, 1813-1855): 키에르케골은 헤겔의 주지주의와 문화적 혼합절충주의에 보다 철저한 비판을 가한 사람이었다. 그는 당시 사람들에게 널리 알려지지 않은 덴마크어를 사용하며 매우 특이하게 사고를 전개하였으므로 거의 2세대 동안 알려 지지 않았다. 그러던 중에 20세기에 들어와 철학자들과 신학자들이 그를 실존주의의 예언자로 인식하였다. 그는 중요한 진리란 개인적인 결단으로서의 인간의 전체 존재를 다 망라하는 것이며, 이러한 결단으로 형성된 세계는 이성적이거나 혹은 조화를 이루는 우주가 아니라 위험과 기회로 가득한 계산할 수 없는 소용돌이라고 했다. 특히 종교생활은 믿음의 생활을 의미한다. 이는 이성과 안전을 뛰어넘어 활동하는 모험이다. 이처럼 종교에서의 개인적인 결단의 중요성을 강조함으로서 키에르케골은 이상주의에서 거의 무시된 요소를 회복하였다. 그리고 그는 이상주의에 대하여 진리는 인격적이기 때문에 그것은 비진리이며 비 실제라고 비판했다. 하나님은 그의 존재와 인식에 있어서 다른 수준이다. 때문에 인간은 고통스런 마음의 수고를 통해서 하나님을 알 수 있다고 했다. 역사적 요구의 결과들은 항상 비확실하며 신앙의 입술이 요구된다. 어떤 것에 위임하는 것은 전적으로 인간의 선택에 달려있다. 이성과 신앙은 서로 반대되며 그 증거는 상관이 없다. 말콤 머거리쥐는 여기에다 역사적 사실은 진보와 상관이 없다는 중생을 적용했다. 여기의 문제는 어떻게 우리가 경험이 진실이라고 할 수 있느냐였다. 여기는 단지 우리의 감정이 선한지 혹은 세상이 선한지에 의해서 알 수 있다. 그러나 그는 실질적으로 교회의 의미라든지 혹은 역사 속에서의 하나님의 사역을 무시하였다. 결국 이 주장은 무신론과 불가지론을 낳았다.

(7) 포이에르바하와 마르크스: 포이에르바하(Ludwig (Andreas) Feuerbach, 1804-1872)는 베를린에서 한때 헤겔의 제자였는데 후에 그는 에를랑겐 대학에서 철학을 강의하였다. 그는 헤겔의 절대정신이란 결국 어떤 측면에 있어서는 인간본질의 가정화 혹은 인격화에 불과하다고 생각했다. 따라서 이는 어떤 독자적이고 독립적인 존재를 소유하지 못하는 것으로 이해하고 정신은 자연 이상의 어떤 존

재도 아니라고 했다. 그는 사상이 현실을 산출하는 것이 아니라 현실에 의해 사상이 산출되는 것이라고 주장했다. 즉 사유와 존재, 정신과 물질, 인간과 자연의 통일을 유효하게 만들기 위해서 그 출발점은 이념이 아니라 구체적인 감각적 현실 즉 자연과 인간이어야 한다는 것이다. 물질이 정신 속에서 자신의 위치를 구하는 것이 아니라 정신이 자신의 위치를 물질 속에서 구해야 한다는 것이다. 그리하여 포이에르바하는 유물론적인 세계관을 발전시켰다. 그에게 자연은 인간의 기초였다. 그는 여기에 기초하여 모든 종교적 관념들에 관해서 동일한 말을 할 수 있다고 확신했다. 그리하여 그는 인간을 종교로부터 해방하기 위해 종교적 환상은 폐기 되어야 한다고 하였다. 그는 종교란 인간이 그의 본질적인 자질을 신속으로 추방하는 허상이라고 생각하고 종교적 경험은 단지 인간 자신의 심리적인 결과라고 보았다. 그는 이것이 인류가 성숙해 가는 데 있어서 반드시 필요한 단계라고 생각하였다. 이런 면에서 기독교는 모든 종교 가운데, 최악이자 최선의 형태로 인식되었다. 기독교는 그 성육신의 이론에서 인간과 신의 진실한 일치를 이룩하였다. 그러나 이는 동시에 스스로부터의 유리된 인간의 가장 궁극적인 모습을 보여주기도 한다. 이는 전적타락 교리에 잘 표현되었다. 그에게는 모든 인간일 수 있다는 신은 또한 아무 것도 아니어야만 한다. 그러므로 그는 신학이란 실제적인 인간학이라고 주장한 무신론자였다. 때문에 그는 마르크스와 마찬가지로 고대 로마의 시인 루크레티우스와 같은 열정으로 종교를 반대하였다.

당시 포이에르바하는 국가-교회제도에 깊은 배신감을 갖고 사제들과 신학자들은 모두 인간이 진정 이루어야 할 과업들로부터 그 에너지를 다른 데로 뽑아 가는 아편을 매매하는 장사꾼이라고 간주했다. 그의 눈에는 그곳의 조직된 종교들이 시급한 개혁을 필요로 하던 기성 사회제도를 지지하였다. 개혁을 위해 정작 요구된 대중들의 에너지를 다른 곳으로 우회시켜 보내는 안전관과 같은 역할을 하였다. 이러한 상황에서 포이에르바하 처럼 마르크스(Karl Marx, 1818-1883)는 이해관계가 서로 대립되는 사회계급들의 갈등을 통하여 그의 사상을 체계화하였다. 이것은 마르크스가 포이에르바하에게서 빌려온 것으로 마치 철학에서 흄이 그 자리를 차지하듯이 신학의 고전적 회의론자의 위치를 점하였다. 마르크스는 인간 소외를 극복하는 길은 세계를 해석하는 것이 아니라 변화시키는 것이라고 생각했다. 이러한 소외를 일으키는 것은 인간의 객관적, 경제적 그리고 사회적 상황이기 때문이다.

따라서 소외를 극복하기 위해서는 바로 이러한 점들을 변화시켜야 한다고 믿었다. 그런데 이처럼 혁명적 과업을 수행하는 데 있어서 종교란 방해물에 지나지 않았다.[15] 따라서 마르크스는 소외를 벗어나기 위해 계급투쟁은 불가피하다고 보았는데 이것은 기독교적 구속원리와 결합되었다. 즉 원래 무죄와 형제애의 상태로부터 사유재산과 착취라는 죄가 야기한 내부적인 사회 갈등으로 변화했다는 역사적 철학관을 성립하였다. 그리고 이러한 갈등을 통하여 프롤레타리아 계급의 승리와 계급투쟁의 종식을 따라서 평화와 조화의 세계가 실현된다고 믿었다. 결국 마르크스는 물질의 진실성을 강조하며 헤겔로부터 이동한 좌파 헬겔주의자였다. 그는 종교를 인간의 양심으로 규정했다. 종교는 아편이며 이것은 인간의 발로 스스로 찾을 수 없는 데서 기인한다고 했다. 일단 인간이 그의 발로 서면 그는 더 이상 종교가 불필요하며 그에게 하나님을 위한 공간은 없다.

(8) 프리드리히 니체(Friedrich Nietzsche, 1844-1900): 니체는 1848년 혁명 직전 베를린으로 이주하여 그곳에서 루터파에 맞서 교회연합을 주장하였다. 그는 신은 죽었고 신앙은 하나님 안에 있다고 말했다. 그는 오직 한 가지가 존재하는바, 그것은 인간이다. 인간은 그 자신의 가치를 창조해야 한다. 결정과 승리의 효과를 통해 유약한 것을 추방해야 한다. 수많은 사람들이 그의 영향을 받았다. 그는 생애 마지막 11년 동안 정신적 어둠가운데 생을 보냈다. 니체는 사회개혁, 의회 정부, 보통 선거제를 비난하고 과학에 의한 진보라는 당대의 풍조를 조롱하며, 기독교 도덕을 매도하는가 하면 인간의 본성이 선하고 도덕적이라는 자유주의 사상을 비웃었다. 니체는 당대를 다음과 같이 진단하였다. "오늘날 부르주아 사회는 퇴폐적이고 연약하다. 의지와 본능을 희생하며 합리성을 지나치게 발전시켜 탄생한 희생물이 부르주아 사회이다. 본능적인 욕구는 생명의 참된 동력이다. 이 어둡고 신비스런 세계에 대하여 충분히 인식해야만 한다. 지나친 지식으로 의지가 질식당하면 삶의 창조력이 파괴되고 인간의 가능성이 제약받는다.

이러한 니체의 주장은 전통 서구의 사상흐름을 빗겨간 이단 사상으로 인간의 숨겨진 본능의 개발을 강조하였다. 그는 특히 기독교 윤리가 금지, 억제, 절제, 순종 등 소극적이고 부정적인 면을 부각시켜 본능의 자유로운 활동을 방해하는 원

15) 「기독교 사상사」, (기독교문서선교회, 1995), 341.

흉이라고 비판하였다. 니체는 기독교의 윤리란 연약한 노예에게 유용할 뿐이라고 조롱하며 고대 세계에서 기독교의 승리란 강자로부터 용기를 빼앗은 약자의 혁명이라고 평가하였다. 또한 기독교에서 강조하는 내세는 현세를 다스리려는 인간의지를 좀먹는다고 비난하며 기독교가 인간 본성과 정반대되는 금욕주의를 덕으로 키운다고 몰아세웠다. 계몽철학자들이 기독교 체계는 비판하되 기독교 윤리는 받아들인 것과 달랐다. 그러나 니체는 기독교가 이성과 어긋난다는 점에서 비판한 것이 아니라, 기독교의 윤리가 굴종의 정신을 전파한다고 거부하였다. 니체의 유명한 선언 '신은 죽었다.'는 니체의 신에 대한 생각을 잘 드러내는바, 그는 신이 인간에 의하여 창조된 허상이라고 믿었기 때문이다. 결코 죽음 이후의 세계는 존재하지 않으며 신과 기독교의 윤리를 없앰으로써 인간은 자유로울 수 있다고 생각하였다. 이는 인간으로 하여금 신의 지위를 차지하도록 만드는 시도였다.

니체는 인간은 허무를 극복하고, 새로운 가치를 창조하여 인간 자신의 주인이 됨으로써 지금껏 상상할 수 없는 새로운 세계를 만들 능력이 내재되어 있다고 주장하였다. 그의 외침은 현실에서는 실현 불가능했지만 사상의 세계에서는 새로운 질서를 마련하였다. 현대 문명이 내세우는 민주주의나 사회주의라는 평범한 세계를 없애고 초인과 영웅이 나타나 새로운 세계를 만들어야 한다고 하였다. 결국 니체는 유럽의 구원은 초인의 등장으로 가능하리라고 믿었다. 평등사상을 중시하는 노예적 사고에서 벗어난 초인은 열등한 인간들이 만든 민주주의나 사회주의를 파멸시키고 그 자신의 도덕을 세워 열등한 인간을 이끌며 초인의 의지대로 새로운 세계를 다스릴 것이라고 믿었다. 또한 전통적인 가치로부터 완전히 자유로운 새로운 가치도 만들 것을 기대하였다. 니체의 철학은 젊은이들에게 특히 인기를 얻었다. 현대 서구 문명의 본질적인 폐단을 날카롭게 드러낸 니체의 초인 철학은 그 공과에 대하여 아직도 논쟁이 있다. 그러나 모든 사회복지정책을 무시하고, 전통 유럽의 제도와 가치관을 부정하면서 야성의 본능과 초인의 의지를 내세운 나치 집단의 대두에 도움을 주었다. 니체는 독일의 군국주의, 반유대주의, 폐쇄적 민족주의를 거부하고 히틀러를 증오하였다. 하지만 그의 서구 문명 전통에 대한 비판은 새로운 유럽 건설을 자처한 히틀러가 유리한 입장에 서게 하였다. 대중 문화에 기반을 둔 나치가 열등하고 비겁한 대중문화를 거부한 니체를 공식 이데올로기로 이용한 것은 아이러니가 아닐 수 없다.

(9) 공리주의(Utilitarianism): 이 사상은 현대 정치사상의 기초철학으로 바른 행동은 최대의 행복을 통해 최대의 사람들에게 행복을 주는 것이다. 역사적으로 19세기 중반 영국에서 형성된 사상으로 가치 판단의 기준을 효용과 행복의 증진에 두어 '최대 다수의 최대 행복' 실현을 윤리적 행위의 목적으로 간주하였다. 문자 그대로 공리주의(utilitarianism)는 공리성(utility)을 가치 판단의 기준으로 하는 바, 이는 어떤 행위의 옳고 그름은 그 행위가 인간의 이익과 행복을 늘리는 데 얼마나 기여하는가 하는 유용성과 결과에 따라 결정된다는 것이다. 넓은 의미에서 공리주의는 효용과 행복 등의 쾌락에 최대의 가치를 두는 철학적 사상이다. 여기에 벤담(Bentham), 힐(Hill), 세취윅(Sedgewick)이 있다. 오늘날의 사형제도와 낙태문제는 여기서 기인하였다. 만약 선택에 무엇을 선택해야 하느냐의 갈등이 있을 때 무엇을 택할 것인가? 어떤 행동이 옳고 어떤 행동이 나쁘다면 어떻게 해야 하느냐? 이런 문제들이 하나님의 법에서 기인한 것이냐 물었다.

3.3. 과학적 도전

과학적 도전은 실증주의자들과 진화론자들에 의해서 가속화 속에 나타났다. 본래 실증주의란 지식을 수학과 자연과학의 영역에 한정시키고 사실과 사실에 대한 관찰과 실험을 통해서 획득되는 지식만이 참 지식이라고 주장하는 일단의 철학자들과 과학자들을 가리키는 말이다.[16] 이 같은 원리를 대표하는 사람이 프랑스 철학자 아우구스트 콩트(1798-1857)이다. 콩트는 종교와 도덕성의 문제에 대한 사회학적 접근을 채택하였다. 실제로 처음 사회학이라는 단어를 사용한 사람이 바로 콩트였다. 그는 인류의 지성적, 문화적 발전에서 인간 사상사를 3단계로 구분하여 첫 단계는 신학적 시대로 사실적인 단계이다. 여기서는 하나님이 창조주로서 하나님이다. 둘째 단계는 형이상학적 단계로 이미 지나갔으며 단지 현상 이후에 추상적인 힘을 본다. 셋째 단계는 오늘 인류가 살고 있는 시대로서 과학적이며 적극적인 상태로 하나님은 하나의 미신으로 남는다. 즉 신학과 형이상학은 인간의 뇌리에서 사라진 지가 오래 되었다고 단언했다. 따라서 하나님이 존재한다는 말은 옛

---

16) *Baker's dictionary of Theology*, (Baker Book House, Grand Rapids, Michigan, 1960), 410.

향수일 뿐이다. 그러나 콩트는 현대 과학시대의 시작이 종교의 종말이라고는 생각지 않았으나 종교가 그 최종적 단계인 과학적 단계에서는 사회학적으로 이해될 것이며 이를 통하여 인류의 종교가 될 것이라 믿었다. 그는 그 전체로서의 인류를 가리켜 위대한 존재(The Great Being)라고 불렀다. 그는 이 집합적인 위대한 존재가 예배의 대상이 될 종교적 유토피아를 이상적인 사회로 전망했다.

콩트 이후 실증주의는 영국의 존 스튜어트 밀(John S.Mill, 1806-1873)과 허버트 스펜서(Herbert Spencer, 1820-1903), 그리고 이 시기에 가장 영향력 있는 인물은 진화론 철학자 다윈이다. 다윈이 1859년 「종의 기원」을 발표했을 때 모든 문제가 발생했다. 생물은 미생물에서 진화하며 생존을 위해 자연도태와 적자생존을 주장했다. 그의 영향을 받은 토마스 헉슬리와 그의 손자 줄리안 헉슬리는 다윈보다도 더욱 철저하고 열광적으로 진화론을 주장하였다. 그는 진화론적 전제에서 인간이 생물학적 진화과정상의 존재일 뿐만 아니라 그 자신의 진화를 주도함으로서 자신을 완성시킬 수 있는 존재라고 했다. 그에게 하나님은 존재하지 않으며 하나님이란 인간의 마음의 소산이며 기독교 신학에서 거론되는 바와 같은 영원 자존자로서 이 우주와 인류의 문제들 속에 개입하는 하나님의 존재는 도저히 받아들일 수 없다고 하였다. 그리고 최근 신학자로는 프랑스의 신부 데이아르 드 샤르댕(Teihard de Chardin, 1881-1955)이 있는데, 그는 기독교 과학자이며 신학자로서 기독교를 진화론적으로 해석하고 하나님을 진화하는 우주와 동일시하여 생명의 진화과정 그 자체를 하나님인 듯 선전하였다.

샤르댕은 세계적으로 이름난 지질학자요 고고학자로서 우주진화의 역사를 약 100억 년으로 잡고 물질이 원소와 미립자로부터 시작해서 원자, 미분자를 거쳐 산세포가 되고 다세포 유기체로 진화했다고 주장했다. 그리고 여기에 전제하여 생명이 소위 지질권과 생물권을 거쳐 정신권에 돌입한 것은 비교적 최근의 현상이라고 했다. 샤르댕은 인간현상은 약 100만 년의 역사를 갖고 있으나 의식의 사회화는 3만 년 전부터 시작되었으므로 정신권은 이때 시작되었다고 보는 것이 타당하다고 생각했다. 그리고 오늘날 정신권에 존재하는 인류는 우주진화의 오메가-포인트(Omege- point)이며 정신권의 완성이라고 생각할 수 있는 그리스도권에 도달하기 위해서 안간힘을 쓰고 있다고 보았다. 이는 예수 그리스도의 능력을 주는 능력 속에서 예상되었다. 때문에 이 같은 샤르댕의 진화론적 신학 혹은 진화신학이 기독교가 믿는바 하나님의 존재가 허용되는가를 물어야 한다. 그는 물질과 정신의 생물학적 연속성을 강조하고 그리스도권의 물질사적 유래를 보여주며, 또한 우주 진화의 과정 자체를 신격 시 했다는 점을 미루어 볼 때 그는 기독교적 삼위일체의 하나님의 존재를 믿지 않고 거부했음을 알 수 있다.[17] 결국 다윈의 진화론에 기초하여 파생된 과학적 도전은 기독교에 치명적인 타격을 주었다.

3.4. 성경의 비평적 도전

세계 역사에 등장한 이 같은 다양한 주장과 통찰력은 교회 내의 성경학 분야에서도 예외는 아니었다. 비평이란 정통적 그리스도인들에게는 성경을 조각내는 것으로 이해했으나 처음에 이것은 성경의 의미를 보다 정확히 찾아보고자 하는데서 시작되었다. 하지만 그들은 교회의 교리를 받아들이기 보다는 오히려 자신들의 결론을 위해서 이성적이고 과학적인 이유들을 찾으려고 했다. 그러나 이것은 계몽주의의 영향으로 성경의 비판과[18] 하나님의 초자연 계시를 완전히 무시하는 경향에서 극대화되었다. 이것은 특히 독일의 튀빙겐 대학을 중심으로 급속히 확장되었다. 그리하여 역사비평학과 편집가설주의자들에 의해 모세의 5경 비판이 등장하고 문

---

17) 간하배, 「현대신학서설」, (영음사, 1973) 참조.

18) 성경비평에는 저등비평과 고등비평의 두 형태가 있다. 이 말들은 순수하게 기술적인 것들이지 어떤 가치 판단을 내포하고 있는 것은 아니다. 먼저 저등비평은 원본 문제를 취급하며 가장 오래되고 믿을 만한 성경원본을 찾기 위해서 지금까지 발견된 성경의 많은 사본들의 가치를 부여한다. 현대에 새로웠던 저등비평은 보다 정확한 고대사본들의 연대를 산정하며 더 정확하게 읽고 지금까지 발견된 고대사본보다 더 많은 것을 찾는 것이다. 한편 고등비평은 저등비평과 달리 원본의 정확성에는 관심이 없고 말의 뜻에 관심을 갖는다. 그들은 성경 구절의 뜻을 잘 알아서 사건들이 일어났던 그대로 본문을 알고자 한다. 그렇게 하기 위해 고등비평가들은 성경의 각 절들이 언제 기록되었으며 누가 기록했고 그리고 누구에게 왜 기록했는지를 찾아낸다. 이들은 이같은 종류의 배경에 비추어 볼 때만이 성경을 참으로 이해할 수 있다고 믿는다. 학계에서 고등비평은 저등비평보다 더 현대적인 발견에 속하나 역사적인 비평방법이 새롭게 도입되면서 정통교회를 괴롭혔다. 고등비평가들은 (1) 성경의 첫 다섯권을 모세가 기록하지 않았으며 이것은 적어도 네 사람의 저자에 의해 기록되었다. 이들은 창세기의 두 가지 다른 창조 설화를 강조한다. (2) 또한 요한복음은 사도요한의 저술이 아니므로 믿을만한 것이 못된다고 했다. 한편 공관복음은 요한복음 보다 일찍 기록되었으므로 믿을 만한 책이라 했다. 결국 이들은 성경을 무오한 권위있는 책으로 인정하지 않았다. 여기서 역사적 예수에 대한 탐구가 활발히 전개되었다.

학적 비판이 벨하우젠에 의해 확대되었으며, 여기에 구전은 편집사학파에 대한 비판 등으로 확대되었다. 이들은 역사적 예수와 복음서에 묘사된 내용과는 다르다고 주장했다. 비평가들은 복음서를 숙독하고 예수가 실제로 어떤 사람이었나를 알아보려고 노력했다. 그들은 초대교회와 복음서 기자들이 성경의 기사에 많은 것을 첨가하였으며, 그래서 문제는 후에 첨가된 것으로부터 믿을 만한 예수의 말씀과 행위를 채로 쳐내는 것이었다. 결국 이들은 성경에 기록된 예수의 생애와 이적을 공격함에 있어서 역사적 비평적 방법을 통해 전통적인 신앙에 회의를 품고 성경에 나타난 모든 기록을 의심하였다. 마이어는 이것을 통해 기독교 내에 보편화된 질병이 유발되었다고 지적했다.[19] 그들은 성경의 초자연성을 부인하기 때문에 성경의 이적에 관심을 갖고 그 타당성 여부를 연구하고 마침내 이적을 부인하였다. 예수는 초대교회에 의해서 날조된 신비적 인물로 규정되었다. 이와 함께 성경의 다른 기록들도 동일하게 연구되는바, 하나님의 말씀은 그 위치를 상실하였고, 성경해석에서 역사적 비평적 방법을 분리시키기 보다는 오히려 역사적 이해의 한 분야로 생각하였다. 이들의 요점은 곧 역사가의 자율성에 있다.

(1) 페르디난드 C. 바우어(Ferdinand Christian Baur, 1792-1860): 1826년부터 1860년까지 튜빙겐 대학에 역사신학을 교수하였고 19세기 후반에 가장 영향력 있는 학자라는 평을 받았다. 튜빙겐 학파란 바로 그와 그의 주위에 학자들을 통해 신약 연구에 혁명적인 변화를 가져왔던 그룹을 지칭한다. 그런데 그는 헤겔의 법칙을 이용하여 신약에 나타난 초대 기독교를 조직적으로 이해하였다. 따라서 그는 복음서의 기록들을 영원한 진리들을 내포하는 신화와 전설로 해석하였다. 사실 당시의 일반적인 경향은 복음서의 기록들은 이를 직접 목격한 이들의 증언으로 받아들였다. 그에 따르면 신약에는 역사적으로 믿을 수 없는 부분이 상당히 포함되었다. 이러한 요소들을 평가하기 위해서는 이들이 작성한 상황들과 아울러 성경의 여러 기록들을 보다 면밀히 조사하는 것이 필요하였다. 이것을 위해 바우어는 새로운 방법을 개척하였다. 그는 복잡한 복음서의 역사적 문제에 뛰어드는 대신에 신약에서 가장 명료하다고 생각된 일단의 저술들, 즉 바울서신들을 분석하고, 이들로부터 복음서가 기록된 기독교 공동체의 성격을 파악고자 하였다. 그는 바울의

---

19) Gerhard Maier, *The End of the Historical-Critical Method*, (St. Louis: Concordia Publishing House, 1977), 11.

목회서신들은 사실 실제 바울이 기록한 것이 아니며 단지 제2세기 교회의 영지주의에 대항한 투쟁을 반영하는 것이라고 하였다. 반면 바울의 저술들은 베드로로 대표되는 유대주의자들과의 갈등과 투쟁을 반영하는 것으로 규정하였다. 바우어는 사도행전은 이 거대한 내부 투쟁을 극소화하고 호도하기 위한 시도의 산물이라고 하였다. 또한 요한복음은 다른 세 공관복음과 전혀 다른 성격을 지니고 있음을 지적하며 이는 일종의 기독교적 영지주의로서 후기에 저술된 것이라고 하였다. 이는 전통적으로 요한의 저술로서 알려진 계시록과는 전혀 다른 사상적 세계를 보여주고 있다고 주장하였다. 그러나 바우어는 다른 공관복음들의 비평에서 별 성과를 거두지 못하였다.

(2) 헤르만 S. 라이마루스(Hermann Samuel Reimarus, 1694-1768): 독일 함부르크 출신의 라이마루스는 한때 위텐베르그의 철학교수로 발탁되어 철학을 강의하고 임종시까지 비스마르의 시영학교에서 동양학을 가르쳤다. 그런데 그는 본래 자연종교 신봉자였으며 처음으로 자연신론적 합리주의의 입장에서 복음서 비평을 시도하였다. 그는 그의 제자 레싱에게 (i) 기독교 기원의 역사성과 기독교 종교의 진리를 분리시키는 문제에서 기독교 종교의 진리성에서부터 비진리를 분리하는 것과 (ii) 예수님의 설교와 초대 교회의 설교를 비교 연구하여 그 차이점에 관심을 갖고 복음서를 초대교회가 채색한 것으로 생각하는 소위 복음서의 자료를 연구하는데 영향을 끼쳤다. 레싱은 라이마루스의 사후 1827년 자신의 스승의 책들을 모두 출판하였다. 이 책에서 라이마루스는 과연 하나님께서 그 숫자가 얼마 되지 않는 이스라엘 민족들을 위하여 자기에 대한 계시를 보류하셨다는 것은 있을 수 없는 일이라고 믿었다. 또한 기독교 역시 인류 전체와 비교해 볼 때 그 숫자가 미미한 것이라고 주장하였다. 그리하여 초자연적인 계시 사상은 포기되었으며 그 대신 인간들이 보다 더 확실하게 납득할 수 있고 윤리적으로 받아들이기 쉬운 자연종교가 주장되었다. 그에 어떤 역사적 사건도 엄밀한 의미에서 증명될 수 없기 때문에 계시는 역사적으로 증명될 수 없다. 그뿐 아니라 역사의 우연한 사건들을 근거로 계시에 의존한다는 것은 더욱이 우스꽝스런 것이라고 주장하였다. 때문에 그는 예수의 교훈을 정확하게 역사적으로 이해하기 위해서 기독교의 교의적인 전제들을 탈피해야 한다. 이러한 작업을 완수하면 비로소 그리스도가 새로운 종교를 창시하려 한 것이 아니라 단지 전통적인 도덕적 요구들을 보다 명료하게

강조하고 있음을 보게 된다. 따라서 그에게 부활 같은 교리들은 예수의 설교의 도덕적 시급성을 흐리게 하는 발명으로 예수님의 수많은 기적과 육체 부활을 믿지 않았다.

그가 예수님의 부활을 불신한 것은 복음서와 사도행전을 비교했을 때 복음서와 달리 사도행전은 예수님의 구체적인 부활에 대한 설명이 없다는 것이다. 단지 사도행전은 우리는 보고 들을 것을 말하지 아니할 수 없다(행 4:20), 우리는 이 일에 증인이요 하나님이 자기를 순종하는 사람들에게 주신 성령도 그러하니라(행 5:32)와 같은 주관적인 진술뿐이라는 것이다. 이와 함께 그는 복음서의 부활에 대한 기록이 서로 일치하지 않으므로 역사적 신빙도가 없다고 비판했다. 또한 예수님의 기적에 관해서는 그의 죽음과 사도들이 복음서를 기록한 시기까지 시간적인 간격이 있었다는 것이다. 제자들이 이적 사건을 기록하면서 당시 유대인이 모르는 언어로 기술했다는 것이다. 때문에 제자들은 순종을 구실로 이적을 조작하여 이렇게 하는 것이 유익하다고 생각하여 저술했다는 것이다. 결국 기독교는 그 초기부터 선한 동기로 사람들을 속여 사기를 쳤다고 주장했다. 그리고 예수님에게는 전혀 창조적인 것이 없는 실패자라고 했다. 이러한 주장을 보면서 우리는 성경의 무지가 주는 죄악이 어떤 것인가를 보게 된다. 그런데 이 같은 주장이 파울루스의 신학 사상에서 나타난다.[20)]

(3) 스트라우스(D. F. Strauss,1808-1874): 스트라우스는 한때 바우어에 매료되어 그의 문하에서 신학을 연구하고 후에 바우어와 함께 튜빙겐에 갔다. 그는 그곳

---

20) 그는 라이마루스 보다 더욱 철저한 합리주의자로 예수님의 이적을 부인하였다. 그리고 그는 예수님의 인격에 관심을 갖고 예수님이 이적을 꾸민 것으로 생각하였다. 결국 파울루스는 우리의 경험의 범주 내에서 증명할 수 없는 이적들을 부인하였다. 그리고 복음서에 나타나는 이적들을 자신의 생각대로 마구 해석하였다. 예를 들면 병고치는 이적(막 6:13; 마 17:14-20)은 병자들의 신경조직에 작용시켜 그들의 병을 고쳤고 이때 예수님은 자기만이 아는 의약품을 사용하였다. 자연이적(마 14:22-33; 막 6:47-52; 요 6:16-21)은 제자들이 환각에 사로 잡혔며 5,000명을 먹인 사건은 선한 구제 사업으로, 변화산 사건(눅 9:31)은 제자들이 졸고 있다가 깨어나서 초자연적으로 말했다고 주장하며 부활의 이적은 완전히 죽지 않은 상태에서 흔히 있는 일이라는 것이다. 예수님 자신의 부활은 예수가 죽은 상태에서 무덤에 묻힌 것이 아니라 산채로 묻혔기 때문이며 유다의 배반은 예수님의 체포를 통해 많은 사람들이 자기편에 서게 하려는 의도였는데(요 7:3-5) 이것이 여의치 않자 그는 스스로 목숨을 끊었다. 박형용, 「복음비평사」, (성광문화사, 1992), 52-55.

에서 낭만주의, 신비주의, 자연철학의 영향을 받았다. 그는 베를린에서 헤겔과 슐라이어마허의 강의를 들으려 했으나 갑자기 헤겔이 사망하자 그곳에 체류하며 헤겔을 연구하였다. 그리고 1832년 다시 튜빙겐에 돌아와서 조교로 강의하였다. 이곳에서 강의하는 동안 스트라우스는 교회의 역사를 단지 인간적인 기관으로 취급하고 일반적으로 사회생활과 동일한 양식으로 발전하는 대상으로 성경적 자료들을 적용한바, 이것이 바로 고등비평의 전형이 되었다. 특별히 그는 1835년 27세에 「예수의 생애」를 저술하여 복음서들의 역사성을 날카롭게 비판하여 교회 안에 공포감을 조성하였다. 스트라우스는 일반적으로 받아들여지고 있던 초자연적인 사건들의 역사적 실제성을 부인하고 동시에 전통적 해석방법이 일관성을 결여하고 있으며 이를 증명할 수도 없다고 주장함으로써 신앙의 기초를 위협하였다. 결국 그는 튀빙겐에서 면직당하였다.

예수의 생애에 나타난 그의 의도와 방법은 중립적인 방법으로 복음서의 기록을 연구하였다. 그는 이것을 위해 복음서 기록의 역사적 신빙성에 질문을 던지고 복음서의 기록들이 잘못 된 것은 아니지만 여기에 기록된 사건들이 전혀 역사 속에서 발생하지 않은 것으로 취급했다. 그리하여 그는 복음서를 신화로 간주하고 이것이 복음서의 종교적 본질이며 진리를 전달하는 수단이다. 신약에 나타난 신화들은 단순히 미신적인 소설들은 아니며 오히려 이들이야 말로 신약의 가장 중요한 요소라고 하였다. 그러나 그에게 이 신화의 중심인물은 역사적 개인으로서의 예수가 아니었다. 예수의 탄생, 초자연적 능력, 부활 그리고 그의 승천 신화들 속에서 표현되고 있는 보편적 진리란 곧 하나님과 인간 사이의 본질적인 연합으로 대 주제는 전체 인류였다. 헤겔의 주장처럼 그 가운데 인류라는 관념을 붙임으로서 개인은 인류 전체의 신적인 인간의 생활에 참여하게 된다. 그는 이것들이 야비한 동기에서 만들어진 것은 아니나 무의식중에 장기간에 걸쳐 공동체에 의해 창안되었다고 주장했다. 그에게 복음적 신화는 초대교회 단체의 산물로서 당시 신앙의 공동체가 받은 후대의 제자들이 기록한 것이다. 따라서 무의식 중에 공동체의 인정을 받게 된 것이다. 그는 이 같은 방법으로 예수님의 생애를 적응설, 사기설 그리고 신화설로 구분하여 성경의 축자영감을 부정하였다.[21]

---

21) 성서 비평학자들의 일반적 특징은 (1) 하나님의 이름을 사용하고 (2) 이중 설화를 사용하며 (3) 문체와 단어를 사용하여 성경의 권위를 거부하였다.

(4) 이 같은 사상은 4복음서를 비평적으로 연구하는 비판주의자들의 작업에서 보다 구체화 되었다. 이들은 요한복음을 역사보다는 신학적 해석으로 간주하고 복음서의 역사적 비평을 위해 맨 먼저 마가복음 가설을 제창하였다. 이들은 세 공관복음서의 본문을 서로 비교하고 연구한 결과 마가복음이 의심할 바 없이 최초의 작품이며 누가와 마태는 상당 부분 이를 복사하였다고 했다. 이 같은 방법을 마태와 누가는 사용했으나 마가는 사용하지 않은 예수의 말을 기록한 또 다른 근원적 문서가 존재했다는 이론이 확립되었다. 그런데 이 원천적 역할을 한 문서는 더 이상 존재하지 않는다고 결론짓고 그 후 이것을 Q라는[22] 이름으로 명명하였다. 마가복음 가설은 자유주의자들에 의해 정설로 받아졌으며 Q문서가설 또한 그러하였다. 그러나 최근 마가복음도 그 내용과 동기와 의도가 철저히 신학적이라는 것이 분명히 취급되었다. 이는 결단코 단순한 역사나 전기가 아니라는 것이다. 이는 이야기 형식으로 기록된 신학으로, 그리하여 "Q문서"의 의미와 내용은 더욱 격렬한 논쟁의 대상이 되었다.

한마디로 이들은 기존교회가 신약에 나타난 그리스도의 묘사에 초자연적 요소들을 오해하여 이 모든 것을 문화적 선입관에 기인한 것으로 취급하였다. 따라서 이들은 이 같은 것들을 제거하고 보다 받아들이기 쉬운 자연적인 요소들로서 대체해야 한다고 주장했다. 그리하여 그리스도는 죽음으로부터 부활한 것이 아니라 단지 죽지 않은 채 매장되었다가 다시 깨어났다는 식으로 설명하였다. 이들은 기독교의 메시지가 몇몇 독선적인 가설들에 의하여 왜곡되고 불명확하게 정립되었기 때문이다. 그러므로 신학의 임무는 곧 비평적, 역사적 방법들을 적용하여 이러한 왜곡된 요소들을 다 제거해 버리고 진정한 예수의 가르침이 현실에 맞도록 해야 한다고 주장했다. 그 요소의 제거를 위해 신약을 그 대상으로 선정하여 비판하였다.

(5) 빌헬름 브레데(Wilhelm Wrede, 1859-1906)와 요한네스 바이스(Johannes Weiss, 1863-1914): 브레데는 마가복음 가설에 의하여 고양된 소망에 찬물을 끼얹었다. 그는 마가의 기록에 수많은 모순들과 위치가 그에게 부여되었음을 인정하는 수밖에 없다고 했다. 한편 바이스는 예수가 살던 당시의 유대교는 하나님의 왕

22) "Q"라는 이름은 본래 근원 혹은 원천을 의미하는 독일어 쿠엘레(Quelle)에서 유래되었다

국을 갑작스럽고 폭발적인 하나님의 간섭작용으로 일관성 있게 주장하여 왔음을 주장했다. 그는 예수가 바로 이러한 전통을 받아들였다고 주장하였다. 그러나 그의 생전, 혹은 죽음 직후에 하나님의 왕국이 결국 이루어지지 못했을 때에 이와는 다른 가르침이 그의 것으로 부여되었다고 주장하였다.

(6) 알버트 슈바이처(Albert Schweitzer, 1875-1965): 슈바이처는[23] 라이마루스에서 브레데까지의 연구를 통해 역사적 예수와 윤리문제를 발전시켰다. 그에 따르면 역사적 예수는 성경의 저자들의 묘사와 다르다. 슈바이처는 「역사적 예수의 탐구」(*The Quest of the Historical Jesus*)에서 예수가 생전에 이 세상을 개조하기 위해 하나님의 왕국이 도래할 것을 믿었으나 결국에는 심각한 절망을 맛보았다고 결론지었다. 그러나 슈바이처는 예수를 단순히 잘못된 신앙을 가졌던 광신자로 표현하지는 않았다. 슈바이처는 하나님의 왕국에의 도덕적 헌신의식으로서 자기 인생을 십자가에서 희생한 예수를 감동적으로 묘사하였다. 예수가 가르친 윤리는 다만 그가 새로운 시대로 안내하기 위해서 구름을 타고 돌아오기 전의 짧은 기간의 사람을 위한 윤리로 예수는 자신의 죽음으로 천국을 더 빨리 임하게 할 수 있다는 감상적 착각에서 시대의 수레바퀴에 깔려 숨진 인물이다. 그러나 그의 정신은 아직도 살아서 우리들 가운데 살아 있다. 그는 아직도 함께 있는 영원한 예수는 우리들의 역사적 지식과는 전혀 별개의 인물이며 아직도 이 세상에서 살아 움직이는 그의 정신과 접촉할 때에만 그를 진정으로 이해할 수 있다고 했다. 그러나 그의 이 같은 주장은 성립될 수 없는바, 그 이유는 그가 그리스도의 영적이며 신학적인 면을 제거하고 단지 역사적이며 도덕적인 완전한 분으로 묘사했기 때문이다.

4. 결론: 근대 사상이 기독교에 끼친 영향

지금까지 우리가 함께 살펴본 바와 같이 종교개혁 이후 세계의 사조는 급변하

---

23) 아프리카의 박애의 사도로 알려진 슈바이처 박사는 스위스의 바젤에서 태어났다. 이곳 바젤은 하이덱거와 야스퍼스, 신학자 바르트, 그리고 슈바이쳐 같은 금세기의 4명의 사상가와 신학자를 배출했다. 슈바이쳐는 이 4명 중에 가장 나이가 연로(年老)하였으나 신약 성경의 종말론적 특성에 관한 주장을 발표하기도 했다. 바르트는 이 주장을 자신의 위대한 업적의 출발점으로 받아들였고 불트만은 원시 기독교의 임박한 종말의 기대와 희망, 역사를 통한 그 기대의 좌절이 자명한 것으로 받아들였다.

였다. 이후 교회는 제 사명을 다 하지 못한 채 구습과 전통에 얽매였을 때 엄청난 시련에 직면하였다. 우리는 여기서 근대 사상이 기독교에 끼친 영향을 부정적인 면과 긍정적인 면으로 구분하여 간단히 정리해 본다.

4.1. 부정적 평가

(1) 유럽의 합리주의와 이신론, 경험론과 계몽주의 사상은 그동안의 전통을 파기하고 이성의 순수성과 경험을 강조하였다.[24] 결국 이 사상들은 기독교의 역사적 발전에 실제적 검증과 사실에 대한 감각 없이 주장된 이론이었으나 사람들의 압도적인 지지를 받았다. 주창자들은 이성이란 항구적이고 불변하며 우주적으로 공평하게 배분되어 있는 도덕적 영적 실체라고 믿었다. 그들이 말하는 그 하나님은 멀리 떨어져 있는 존재, 즉 단번에 어떤 종교적 원칙들, 주로 도덕 법칙들을 확립해 놓고 이렇게 놀랍게 설계된 기계적 구조의 세계를 작동시키신 후에는 상관하지 않으시는 존재였다. 이런 다양하고 급진적인 사상의 팽창으로 서구 교회는 심각한 위기에 직면하였다.

(2) 합리주의자들은 이성의 힘을 빌려 역사적인 기독교의 전통을 비판하고 새로운 전통을 새워 나가고자 하였다. 이것은 특히 성경 해석에서 현저히 나타났다. 합리주의가 발흥하기 이전에는 개혁자들의 전통에 따라 성경을 문자적으로 해석하였으나 합리주의 철학자인 스피노자는 성경은 문자적으로만 해석해서는 안 되

---

24) 여기서 자율적인 인간의 이성을 강조한 이성주의는 3단계를 통해 발전하였다. (i) 우선 기독교가 신봉하는 점들은 이성적으로 수호하고 변증할 수 있다는 주장이 나왔다. 그리하여 이성은 기독교 변증학의 동맹자라는 관념이 생기게 되었다. (ii) 기독교란 결국 이성과 부응하거나 적어도 조화를 이루는 것이므로, 기독교는 이성을 통하여 알 수 있는 것을 재생산하는 데 불과하다. 이것은 기독교 계시의 진정성을 부인하는 것은 아니었으나 기독교의 반대자들은 이러한 관념을 기독교의 내용이 불필요함을 증명하는 증거로서 내세우게 되었다. (iii) 기독교 계시의 전체 내용을 이성의 빛에 비추어 재정리해야 한다는 생각을 낳게 되었다. 그리하여 결국 이성과 합치될 수 없는 기독교의 측면들을 제거하는 방편으로 이용되었다. 모든 기독교 교리들은 이성의 법정에서 재판을 받는 과정을 거쳐야 한다는 주장이 일게 되었다. 이러한 접근 방법은 결국 원죄와 같은 교리들은 이성과 도덕성에 배치된다는 결론으로 유도되었다. 한편 데이빗 흄과 칸트는 그러한 이성에 관한 전제에 근본적인 의문을 제기하였다. 그 결과 이성의 확신은 인간의 경험적 지성의 등장으로 자신감을 잃게 되었다.

며 역사적인 비판이 요구된다고 했다. 그리하여 성경 해석에 있어서 인간의 이성에 맞지 않는 초자연적인 기적의 사건, 특히 예수 그리스도의 성육신 사건이나 부활 사건은 거짓이라고 못 박았다. 그리고 합리주의적인 성경 해석에 있어서 문헌비평 방법이 도입되어 성경의 기록들을 성령의 영감으로 주어진 하나님의 말씀이 아닌 다른 고대 문헌들처럼 단순한 인간들의 역사적 기록들로 간주하였다.

(3) 또한 이들은 전통적인 교리에 대한 비판을 가함으로써 교리의 힘을 약화시키고 하나님을 인간의 이성으로 증명하고자 하여 하나님을 한낮 인간과 같이 취급하였다. 그리고 하나님을 역사와는 관계가 없는 하나님으로 취급하여 인간과 하나님과의 사이를 멀어지게 했다. 이제 사람들은 절대 신앙이 아닌 이성으로 모든 것을 결정하는 주체가 되었다. 이제는 전통적인 신앙이나 신학도, 신앙행위도 모두 불필요한 것이 되었고, 모든 것은 나의 경험과 느낌, 이성과 자율에 의해 판단되었다. 즉 절대적 신앙은 주관주의적 신념과 이상으로 대체되었다. 그리하여 교회는 절망적인 상황을 피할 수 없게 되었다.

4.2. 긍정적 평가

(1) 이 같은 합리주의의 사조에 맞서 영국의 윌리암 로오는 이성의 진상을 통해 이성이 종교의 진리를 발견할 수 없을 뿐 아니라 오히려 우리 감정의 혼란과 마음의 타락의 원인이라고 주장했다. 그는 하나님은 인간의 이해력을 초월하신다. 그분의 뜻은 지혜이고 지혜는 그분의 뜻이다. 그의 선은 그분 뜻대로 행하는 것이다. 이런 사상적 흐름을 통해 교회는 19세기에 들어오면서 복음주의의 등장, 성공회 내의 고교회 운동, 선교회의 조직, 사회개혁의 확장, 선교와 부흥운동을 통해 적극적으로 맞섰다.

(2) 또한 합리주의의 발흥으로 인류의 역사는 사상적, 과학적, 의학적으로 괄목할 만한 발전을 가져왔으나 기독교에는 매우 심각한 도전과 악영향을 끼쳤다. 그러나 합리주의의 등장으로 단순히 과거에 안주하고 있던 기독교에 경각심을 주었다. 특별히 성경 해석에 대한 진보는 현저하였다. 그리하여 성경 말씀의 영감을 강조하며 하나님의 말씀이 하나님의 말씀이 되도록 하는데 기여하였다. 비록 지나친 점이 없지 않지만 19세기 말에 등장한 근본주의는 좋은 사례라 할 것이다.

4.3. 우리의 과제

우리는 이 시간 그처럼 길고 긴 세월동안 이교 사상과 세속 문화의 거센 도전을 받으면서도 전혀 타협하지 않고 오직 신앙으로 극복하며 몸부림 친 신앙 선배들을 머리에 떠올려 본다. 무엇이 그들을 그토록 존경받는 신앙인이 되게 했는가?

(1) 교회 공동체의 사명과 책임을 다하는 것이다. 주님의 은혜에 대한 인식과 책임있는 신앙인으로서의 역할을 성취해야겠다. 주님께서 우리에게 맡기신 복음증거와 세계선교를 위해 보다 더 헌신된 우리의 각오와 결단이 요구된다. 홍수처럼 밀려오는 세속문화의 도전 속에서 주님의 말씀을 사수하고 어둠과 죄악 세력을 파괴하기 위해서 항상 깨어 근신하며 성령에 붙잡혀야 할 것이다. 이를 위해서는 항상 주의 말씀에 귀를 기울여야겠다. 골 2:8에 "누가 철학과 헛된 속임수로 너희를 노략할까 주의하라. 이것이 사람의 유전과 세상의 초등 학문을 좇음이요 그리스도를 좇음이 아니니라"고 했다. 또한 딤전 1:4에 "신화와 끝없는 족보에 착념치 말게 하려 함이라. 이런 것은 믿음 안에 있는 하나님의 경륜을 이룸보다 도리어 변론을 내는 것이라" 하셨다. 주님의 말씀에 더욱 착념하는 주의 일꾼이 되어야 할 것이다.

(2) 순교적인 삶의 자세이다. 복음이 가는 곳에 고난과 시련, 핍박과 박해는 당연한 것이다. 이것은 초대 교회 이후 지금까지 기독교 2,000년의 역사가 보여준다. 2018년 8월 현재, 오늘 우리가 사는 시대는 역사적으로 가장 축복받은 시대이다. 과거 어느 시대가 오늘 우리가 누리는 축복과 특권을 누렸는가? 그럼에도 불구하고 현대는 역사상 가장 암울한 시대로, 온갖 어둠과 죄악, 불안과 공포가 우리를 둘러싸고 있다. 깨어 근신하지 않으면 그 누구도 순식간에 넘어질 수밖에 없다. 그러므로 항상 겸손으로 허리를 동이고 주님의 말씀에 착념해야 할 것이다. 욥 23:10, "나의 가는 길을 오직 그가 아시나니 그가 나를 단련하신 후에는 내가 정금 같이 나오리라". 롬 8:28, "우리가 알거니와 하나님을 사랑하는 자들 곧 그분의 목적에 따라 부르심을 받은 자들에게는 모든 것이 합력하여 선을 이루느니라".

제11장

현대 기독교사상(신학)의 역사적 전개(1)

-자유주의 신학에서 현대 가톨릭 신학의 형성과 발전을 중심으로-

1. 서론

16세기 종교개혁 이후 기독교 역사는 신앙적.신학적 전통을 확립하는 과정에서 크고 작은 교단으로 분리된 채 발전하였다. 여기에는 사상적, 문화적, 정치적, 특별히 신학적 요인들이 크게 영향을 끼쳤다. 대표적으로 기존의 교단과 교파의 전통에 맞서, 예를 들면 청교도 운동, 경건주의 운동, 복음주의 운동, 대각성운동이 형성되었다. 이러한 운동들은 시대적 소명에 응답하면서 각각 국가적 내지 국민적 소명에 놀랍게 적응하였다. 이와 더불어 도처에서 일어난 회개운동으로 교회가 설립되었다. 바야흐로 세계는 복음 전도와 구령 열정에 박차를 가하였다. 그 과정에서 19세기는 현대 선교의 아버지 윌리암 케리(William Carey, 1761-1834)[1]의 지

1) 1792년에 영국의 침례교 선교협회를 창설하여 인도 선교사요 교육자로 헌신하였다. 한 마디로 그는 현대 선교 역사의 입지 전적인 모델이다. 그는 사역을 통해서 벵골어의 문법을 세우고 사전을 만들었으며, 또한 번역을 통해 벵골어 발전에 기여, '벵골어의 아버지' 로 불린다. 1783년 그는 초기에 침례교 목사로 활동했으며 또한 그곳 학교에서 가르치면서 구두 제화공으로 일하였다. 1789년 레스터 침례교회로 사역지를 옮기고 3년 후「이교도 개종을 위한 방법들을 사용해야 하는 그리스도교도들의 의무 탐구」(An Enquiry into the Obligations of Christians to Use Means for the Conversion of the Heathens)라는 책자를 발행하였다. 이 책자를 계기로 다른 목사 12명과 함께 영국 침례교 선교협회를 창설하였다. 1793년 이

적처럼 위대한 선교 시대로 복음의 세계화를 이룩하였다. 그 중심에 당시 대영제국 빅토리아 여왕의 통치와 번영이 자리한다. 당시 영국은 정치, 경제, 사회, 문화, 종교적으로 세계의 1/3을 지배한 해가 지지 않는 나라였다. 정당성에 관한 논쟁에도 불구하고 하나님은 당신의 약속, 행 1:8, 예루살렘과 유다와 사마리아, 땅 끝까지 복음 전파를 실현하기 위해 영국을 사용하셨다.

한편 이 시기 독일을 중심으로 기독교 신학에 혁명이 일어났다. 튀빙겐 대학교[2]를 거점으로 성서비평학 분야에 저등비평과 고등비평, 편집사학이 출현하였으며, 찰스 다윈의 진화론과 프로이드의 꿈의 해몽, 헤겔과 엥겔스, 막스의 공산주의로 과학과 심리학, 정치와 경제분야의 도전에 기독교는 심각한 위기에 직면하였다. 이러한 여파는 사회복음주의, 바우어와 스트라우스의 역사적 예수와 그리스도,[3]

협회의 첫 선교사로 캐리는 의사 존 토머스와 함께 캘커타(지금의 콜카타)로 갔다. 이듬 해 캐리는 벵골 무드나바티의 인디고 물감 공장 감독관이 되어 협회의 재정지원을 받지 않았다. 그곳에서 그는 설교하고 가르치며 성경을 번역하였다. 한 때 영국령 인도에서 강제로 추방당한 그는 가족을 데리고 캘커타(지금의 콜카타) 근처로 이사하여 지내는 중에 1801년 포트 윌리엄 대학에서 벵골어 · 산스크리트 · 마라티어를 가르쳤다. 그리고 성경을 벵골어 · 오리야어 · 마라티어 · 힌두어 · 아삼어 · 산스크리트로 번역하였다. 또한 성경 일부를 29개의 다른 언어와 방언으로 번역하였다. 마슈먼과 함께 보티아어 문법책을 편집했으며 6개 언어의 문법책을 작성하였다. 그리고 벵골어 · 산스크리트 · 마라티어 사전들뿐 아니라 3권의 힌두어 서사시 「라마야나 Rāmāyana」를 번역하였다. 그 밖에 케리는 출판사를 세우고 원예 관련 책을 발행했으며, 폭넓은 사회사업을 전재하였다. 그 중에 하나는 정부로 하여금 유아 살해, 미망인 분사(힌두교에서 남자가 죽으면 부인이 시체와 함께 장작더미 위에 올라가 불에 타 죽는 관습) 같은 관습의 청산에 힘을 썼다. 1820년에는 인도 농업조합을 설립에 기여하였다.

2) 본명은 에버하르트 카를 튀빙겐 대학교(Eberhard Karls Universität Tübingen)이다. 1477년에 뷔르템베르크 공 에버하르트에 의해 유럽에서 약 50번째 설립된 대학교로, 독일에서 역사가 깊은 대학교 중에 하나이다. 대학의 명칭은 그와 함께 뷔르템베르크의 공작 카를 오이겐의 이름을 따서 지어졌으며, 현재 7개의 학부에 약 30개의 학과가 있으며, 그 중에 신학부는 자유주의 신학의 본산으로 유명하다.

3) M. R. 랑흘레이, 「복음이냐 혁명이냐」, 이동영 역, (한국로고스연구원, 1994), 24. 이들은 역사의 예수를 신앙의 그리스도와 분리시키는 자들이다. 당시 네덜란드의 흐룬 반 프린스터러와 아브라함 카이퍼는 성경의 그리스도는 시간과 공간 속에 현존하신 역사적 실재임을 주장하였다. 1873년 출간한 자서전적 저서 「확신 속에서」(*In Confidence*)에서 그의 삶의 목적은 교회와 국가 안에 존재하는 불신앙의 공격으로부터 기독교 신앙을 방어하는 것이었다. 이를 위해 개혁파의 사상적 기반 위에서 총체적인 기독교적 대안을 현실화하기로 결심하였다. 그에게 방어와 증언과 대안은 결코 분리되지 않았다.

자유주의, 신정통주의, 역사주의 신학, 보수주의 운동, 오순절 운동, 사신신학, 세속화 신학, 해방신학, 민중신학, 여성신학, 세계교회협의회(WCC), 포스트모더니즘과 뉴에이지를 잉태하였다. 그리고 진화론적 관점에서 성경을 해석하는 과정신학, 현대의 포스트모더니즘 철학을 바탕으로 한 종교다원주의와 혼합주의가 태동하였다. 이는 통칭 인본주의 신학으로 규정되는바, 매우 다양한 모습으로 자유주의에서 출발하여 정통교회의 신학을 공격하는 경우가 발생하였다. 하지만 이처럼 혼란한 시기에 하나님은 몸 된 교회의 순수성과 신학적 전통을 사수하기 위해 근본주의와 보수주의, 정통주의 내지 복음주의자들을 통해 "인본주의 신학" 혹은 범 자유주의 내지 혼합주의, 세속주의에 맞서게 하셨다. 이제 교회는 급변하는 신학의 홍수 시대에 새롭게 활로를 모색해야 하는 과제를 안게 되었다. 본 강의는 19세기 말엽 출현한 통칭 현대주의의 발전과 이에 맞선 근본.정통주의의 신학적 특징을 고찰하는 것이다.

2. 역사적 배경

18세기 유럽에서 형성된 계몽사상은 역사적으로 14세기 르네상스 인문주의와 16세기 소시누스 운동,[4] 근대 합리주의 철학의 아버지 르네 데카르트(Descartes, ?-1650), 그리고 17-18세기 과학 혁명의 영향을 받았다.[5] 사상적 주창자들은 스스로 성인임을 자처하며 기존의 기독교 사상과 전통을 거부하고 스스로의 신념에 사로잡혀, 이성의 시대로 현대 인본주의를 태동시켰다. 사상적 목표와 핵심은 인간성의 해방으로 인간 자율을 통한 인간화, 즉 종교화의 모색이었다. 따라서 이들은 과학 시대에 기독교를 포함한 여타 종교를 비합리적이며 부적절한 것으로 치

4) 이탈리아 출신의 법률가요 신학자로 소시누스(Faustus Socinus 1539-1604)가 주도한 운동이다. 이는 16세기 후반과 17세기 초 폴란드에서 꽃 피웠고, 그 후 유럽의 저지대와 영국에 전파되었다. 이 운동은 유니테리언주의처럼 삼위일체, 그리스도의 선재와 원죄, 구속의 만족설 교리를 부인하며 대신 합리적이고 윤리적인 점들을 강조하였다. 이들은 교리가 인간의 판단과 사고를 제한함에 맞서 인간의 자율성과 해방을 주장하고, 오늘 날 유럽의 계몽주의와 자유주의를 태동시키는 역하를 하였다.

5) 노르만 L. 가이슬러, 「성경무오: 도전과 응전」, 권성수 역, (도서출판 엠마오, 1988), 13-14.

부하였다. 교회 중심 문화에서 현대 세속주의 문화로 서구인의 관심을 바꾸었다.[6] 그리고 사회를 통치하고 다스리는 이성적인 법으로 인간적 제도들을 특별히 탐구하였다. 그 선봉에 프랑스 사상가 볼테르(Voltaire, 1694-1778)[7]와 장 자크 루소(Jean Jacques Rousseau, 1712-1778)[8], 데니스 디드롯(Denis Diderot, 1713-1784),[9] 그리고 데이비드 흄(David Hume, 1711-1776) 등이 있었다.[10] 이들은 공

---

6) 노르만 L. 가이슬러, 「성경무오: 도전과 응전」, 11-12.

7) 프랑스 파리 출생의 계몽사상가요 작가로 18세기 유럽의 전제 정치와 종교적 맹신에 저항하며 진보의 이상을 고취하였다. 그는 예수회 계통의 명문 루이 르 그랑에서 공부하던 시절, 부친의 뜻을 거부하고 문학분야에서 재능을 나타냈다. 예를 들면, 1717년 그는 섭정 오를레앙 공을 야유한 풍자문을 쓴 죄목으로 투옥되었다. 그는 옥중에서 저술한 비극 「에디프」(*Edipe*, 1718)의 성공 이후 필명을 바꾸고 얻은 자금으로 사업에도 투자하였다. 그 무렵 한 귀족과 언쟁으로 재 투옥되었다. 그는 특권계급만 우대받는 당시 프랑스 사회를 단념하고, 1726년 영국으로 건너가 그곳에 2년 7개월 머물렀다. 그 사이에 W. 셰익스피어 작품을 직접 관람하고 그 무렵의 영국 작가 H. 볼링브로크, A. 포프, J. 스위프트 등과 교류하였다. 또 영국으로 건너간 목적의 하나였던 서사시 「앙리아드」(1728)를 출판하였다. 그는 프랑스 혁명기에 비판과 재치 및 풍자로 프랑스 정서 특유의 자질들을 구현한 수많은 작품과 활동으로 유럽 문명에 크게 영향을 끼쳤다.

8) 스위스 제네바에서 태어난 프랑스의 사회계약론자이자 직접민주주의자, 공화주의자, 계몽주의 철학자로 프랑스 혁명의 아버지이다. 그는 대표적으로 사회계약론과 신 엘로이즈, 에밀을 저술하였다. 사상적 특색은 18세기적인 사회 윤리를 가장 독창적으로 탐구하였고, 근본 사상은 "자연은 인간을 선량, 자유, 행복하게 만들었다. 그런데 사회가 인간을 사악, 노예, 불행으로 몰아넣었다"라는 명제로 정리된다. 그의 모든 저작들은 이 원리에 기초하여 개인과 사회를 회복하는 방법을 나타내었다. 그의 영향은 철학, 정치, 교육, 문학 전반에 미쳤으며, 특별히 그의 문학적 지위는 프랑스 낭만주의 문학자 볼테르와 함께 19세기의 대표적 작가 겸 계몽 사상가이다.

9) 프랑스 백과전서파의 거장으로 달랑베르와 함께 백과전서를 편찬, 간행하였다. 이 책은 총 160여명의 집필자들에 의해 총 33권으로 구성되었다. 내용은 권력과 철학자들의 간의 투쟁의 역사를 철학정신사 쪽에서 인류사회의 진보에 대한 신뢰, 반종교적 반전제적 정신의 결집, 인간지식의 발달에 이론적인 전망, 그리고 낡은 편견과 인습의 타파와 민중의 사고방식의 변혁을 조명하였다.

10) 스코틀랜드 출신의 철학자이자 경제학자이며 역사가로 서양 철학과 스코틀랜드 계몽운동에 기여하였다. 일부 역사가들은 흄의 철학을 회의론으로 평가하는바, 다른 한편 많은 학자들이 자연주의적 요소가 강하다고 하였다. 전자를 강조하는 사람들은 Greene Reid 같은 부류나 논리실증주의론자들, 후자는 Don Garrett, Norman Kemp Smith, Kerri Skinner, Barry Stroud, 그리고 Galen Strawson같은 사람들이다. 흄은 존 로크와 조지 버클리 같은 경험주의자들, 그리고 Pierre Bayle같은 프랑스 출신 작가들, 또는 아이작 뉴턴, 새

히 기존의 모든 이념을 비판적.회의적으로 보았다. 교회, 법, 정부를 포함하여 사회의 모든 것은 그들의 비판에서 자유롭지 못하였다. 실제로 이들은 예외 없이, 어떤 개인의 감정과 상관없이 모든 것을 검사하고 토론하며 조사하였다. 뿐만 아니라 이들은 종교로부터 유래된 절대적이며 보편적인 진리를 모두 의심하였다.

대표적으로 스코틀랜드 철학자 데이비드 흄은 하나님의 존재를 공격하였다. 그는 기독교적 기적을 공격하는 대신 이성적 확신을 거부한 무신론 사상의 전형이 되었다. 이 시기에 임마누엘 칸트(Immuel Kant, 1724-1804)[11]도 사람은 경험적으로 혹은 이성적으로 하나님의 존재를 확인할 길이 없다고 하였다. 그런데 프랑스의 프란시스 베이컨(Francis Bacon)[12]과 영국의 사상가 존 로크(John Locke,

---

뮤얼 클라크(Samuel Clarke), 프랜시스 헛체슨(Francis Hutcheson), 그리고 조셉 버틀러(Joseph Butler)같은 영국 지식인들의 영향을 받았다. Gillian R. Evans/Alister E. McGrath/Allan D. Galloway, *The History of Christian Theology, Vol. 1: The Science of Theology*, ed. Paul Avis, (UK: Marshall Morgan & Scott Ltd., 1986), 206-212; 스텐리 그렌츠, 「조직신학」, 신옥수 역, (크리스챤 다이제스트, 2003), 87-100.

11) 2,000년 역사 속에 가장 위대한 철학자 중 한 사람으로 르네 데카르트에서 시작된 합리론과 프랜시스 베이컨에서 시작된 경험론을 종합하여 철학적 사유의 새로운 시대를 열었다. 그리하여 근대 계몽주의를 정점에 올려놓고 독일의 관념철학의 기초를 놓았다. 칸트는 21세기의 철학에도 크게 영향을 끼친 매우 폭 넓은 철학적 사유를 창조하였다. 그의 탁월한 저서 중 하나인 「순수이성 비판」은 이성 자체가 지닌 구조와 한계를 연구한 바, 전통적인 형이상학과 인식론을 공격하고, 자신이 그 분야에 공헌자임을 부각시켰다. 그가 만년에 출간한 다른 주요 저서에서는 윤리학을 다룬 「실천이성 비판」과 미학과 목적론을 연구한 「판단력 비판」이 있다. 그는 순수이성비판에서 종래의 경험론과 독단론의 극복을 위해 비판철학을 수립하였다. 인식 및 실천의 객관적 기준을 선험적 형식에서 찾고, 사유가 존재를, 방법이 대상을 규정한다고 하였다. 한편 도덕의 근거를 인과율이 지배하지 않는 선험적 자유에서 찾고, 완전히 자유로운 도덕적 인격의 자기 입법을 도덕률로 삼았다. 이렇듯 그는 도덕적 인격을 목표로 하되 자의적인 '한 사람의 의욕과 다른 사람의 의욕이 자유의 보편원칙에 따라 합치될 수 있는 여러 조건' 을 법으로 규정하였다. 칸트에게 내적 자유의 실현 수단인 법은 외적 자유를 제한하는 강제를 본질로 한다는 점에서 도덕과 구별되었다. 한편 칸트는 국가에 대해서는 계약론의 입장을 취했는데, 그는 국가계약을 역사적 사실처럼 생각한 계몽기의 사상을 발전시켜서 이것을 국민주권을 위한 이론적 요청으로 생각하였다. 또한 국가 간의 전쟁을 하지 않는, 영구 평화를 어떻게 실현할 수 있을지에 대해서도 저술하였다. 그는 전쟁으로 인해 생긴 문제점을 전쟁이 끝난 뒤에 조정하여 해소하는 제도가 필요하다고 생각했고, 그 제도의 내용은 국제법의 개념에 근거한 국제 연맹이어야 한다고 제안하였다.

12) 서양 근대사상의 선구자 프랜시스 베이컨은 우리에게 '아는 것이 힘이다' 와 '네가지 우상' 으로 잘 알려져 있다. 그는 르네상스 후의 근대철학, 특히 영국의 고전경험론

1632-1704)[13]는 계몽주의적 특징으로 경험주의를 구체화하였다. 특히 로크는 인간은 본래 선악이나 타고난 진실에 대한 어떤 감각도 없이 태어났다. 인간 두뇌의 합리적 작용이 만물 척도의 표준이다. 이성으로 정당화되지 않는 것은 그 어떤 것도 진리로 용인할 수 없었다. 이성의 시대에는 심지어 하나님 자신도 이성이 납득

의 창시자로 유명한데, 매우 냉정하면서도 유연한 지성을 가진 현실파 인물이었다. 1561년 1월 22일 영국 런던 요크하우스에서 태어나 엘리자베스 1세 여왕 치하에서 국회의원으로 활동하였고, 제임스 1세 치하에서는 사법장관과 기타 요직을 지냈다. 그 후에도 권세가 높았나, 수뢰 사건으로 의회의 탄핵을 받아 관직과 지위를 박탈당하고 정계에서 실각된 후 여생을 실의 속에 보내는 중에 연구와 저술에 전념하였다. 그는 아리스토텔레스의 논리학이 새로운 발명을 추동하기 보다는 기존의 진리를 다시 찍어냄으로 판에 박은 대답만 되풀이하게 한다고 비판하였다. 그의 대표작 「신기관」(*Novum Organum*)은 유럽의 고대와 중세를 지배한 아리스토텔레스의 「기관」(*Organum*)의 논리학을 의식해 붙인 제목이다. 베이컨이 새로 고안한 '기관' 은 경험의 종합으로 거기서 새로운 가설을 유출하고, 이를 다시 경험 속에서 확인하는 방식의 '귀납법' 이었다. 그는 이 새로운 기관을 통해 새로운 발견과 발명이 가능하다고 믿었다. 그는 우리가 귀납법을 채택한다고 해서 자연의 진리가 저절로 발견되는 것은 아니라고 하였다. 이를 위해서는 무엇보다도 인간이 갖고 있는 우상을 제거해야 한다. 그가 지적한 인간의 올바른 인식을 가로막는 네 가지 우상은 종족의 우상, 동굴의 우상, 시장의 우상, 극장의 우상이다. (i) 종족의 우상은 인간이 종족 그 자체에 뿌리박고 있는 편견을 가르친다. (ii) 동굴의 우상은 각 개인이 가지고 있는 편견이다. 각 개인은 "표면이 고르지 못한 거울"처럼 자연을 그대로 비추지 못한다. (iii) 시장의 우상은 사람들이 서로 교류하고 접촉함으로 발생하는 편견이다. (iv) 극장의 우상은 "철학의 다양한 학설과 그릇된 증명방법 때문에 사람의 마음에 생기게 된 우상"이다. 베이컨은 기존의 철학체계들이 극장에서 상연하는 각본과 같은 것이라고 생각하였다. 이러한 사고는 인간의 자연에 대한 태도의 근본적인 전환을 의미하며, 르네상스적 마술이 근대 과학의 공학적 기술로 변화되려 한 전환점이었다. 이렇든 그는 과학의 진보에 장대한 꿈을 싣고 과학연구의 방법을 제창했으나 그 방법을 이루는데는 성공하지 못하였다. 그는 1626년 3월 기관지염에 걸려 4월 9일 애런들 백작 저택 근처에서 사망하였다.

13) 영국과 프랑스의 계몽주의 선구자로서 철학자요 정치사상가로서 미국 헌법에 정신적 기초를 제공하였다. 그는 특히 경험론 철학자로 알려져 있지만, 사회계약론에도 매우 중요한 역할을 하였다. 그의 사상은 인식론과 더불어 정치철학에 매우 크게 영향을 끼쳤는데, 볼테르와 루소에게 영향을 주었으며, 미국 혁명 뿐 아니라 여러 스코틀랜드 계몽주의 사상가들에게도 영향을 미쳤다. 무엇보다도 그의 영향은 미국의 독립 선언문에 반영되었다. 평화 · 선의 · 상호부조가 있는 낙원적 자연 상태에서 노동에 의한 자기 재산을 보유하는 자연권의 안전 보장을 위하여 사회 계약에 의해서 국가가 발생되었다고 주장하였다. 따라서 국가는 이 최소한의 안전보장의 임무를 잘 수행하는데 있다. 그것을 위한 권력으로서 국민은 계약에 의하여 국가에 그것을 신탁했다고 주장하여, 소위 국민 주권의 기초를 강조하였다. 1688년 명예혁명 후에는 영국의 부르주아 국가를 변호함으로 영국 민주주의의 기초를 놓았

할 만한 신임장을 제시해야 하였다.[14] 이후 많은 계몽사상가들은 기독교를 포함한 모든 종교를 미신으로 간주하였다. 칸트는 계몽사조를 인간이 자발적 미숙의 단계를 넘어선 인간 전진이다. 여기 미숙은 다른 사람의 지도 없이는 스스로 머리를 쓸 줄 모르는 무능이었다. 따라서 감히 사고하라. 즉 너 자신의 머리를 사용하는 용기를 가져라. 이것이 계몽사조의 슬로건이었다. 결국 이들의 사상적 기반은 현대 인본주의의 형성에 토대가 되었다. 이들은 각각 종교, 특히 기독교가 과학 시대에 존재할 이유가 없다는 것을 강조하였다. 이들은 종교를 진보에 대한 적으로 간주하고, 성경적 기독교를 혐오하였다. 이들의 영향으로 현대 사상의 3부류, 과학적, 정치.경제적, 심리학적 공격이 기독교를 향해 급속히 전개되었다.

(1) 과학적 공격: 찰스 다윈(Charles Darwin, 1809-1882): 영국의 생물학자 찰스 다윈은 본래 목사의 아들이었다. 그는 연구 중에 남반구 에콰도르의 갈라파고스[15]를 탐사하여 수집한 화석 및 생물을 통해 생물의 진화를 역설하고, 1859년에 자연선택에 의하여 새로운 종이 기원한다는 자연선택설을 발표하였다. 그는 「종의 기원」(*On the Origin of Species, by Means of Natural Selection, the Preservation of Favoured Races in the Struggle for Life*)에서 성경의 창조론의 권위와 전통을 무참히 파괴하였다. 사실 이전까지 서구의 대다수는 물질계에서 관찰한 설계는 모두가 신의 존재를 증명한다고 믿었다. 그리고 모든 것이 정해진 질서나 장소를 가졌다고 믿었다. 각각의 종은 신의 특별한 능력으로 창조되었고, 그

다. 그는 정신을 "빈 서판"(백지 상태, 즉 "타불라 라사")로 간주했는데, 데카르트나 기독교 철학과 달리 사람은 선천적 관념을 갖지 않고 태어난다고 하였다. 그의 저술 중에는 근대과학을 포함한 인식의 문제를 취급한 「인간 오성론」이 있으며, 평소 사교모임을 통해서 합리성과 인간의 오성에 대한 토론을 즐겼다.

14) Roland N. Stromberg, *Religious Liberalism in Eighteenth Century England*, (London: Oxford University, 1954), 12.

15) 에콰도르 본토에서 서쪽으로 1,000km 떨어진 곳의 해상 20여 개의 섬과 암초로 구성되었다. 제도의 이름은 갈라파고스 황소거북에서 유래되었다. 주민들은 대개 에콰도르인이며 주된 경제활동은 관광업과 어업, 농업이며 농어 · 커피 · 소 등을 수출한다. 1535년 발견된 이후 한동안 해적의 은신처로 이용되었으며, 19세기 초에는 고래잡이와 물 범 잡이의 근거지였다. 1832년 에콰도르가 자체 영유권을 선언했으며, 이곳에서 생물학자 찰스 다윈은 자연도태설의 기초를 놓았다. 갈라파고스 동물들은 고유종의 비율이 높고 대륙에서는 멸종된 동물이 잔존생물로 남아 있다는 점 등에서 과학적으로 큰 관심을 받고 있는 곳이다.

분의 의도 안에서 구체적인 목적을 소유하였다. 하지만 다윈은 「종의 기원」에서 이러한 가정들을 무참히 짓밟았다. 그에 의하면 생존을 위한 투쟁이 자연세계의 특징이다. 그 결과 환경의 변화와 역동성에 적응하는 유기체가 되었다. 즉 적자생존의 법칙이 도래한 것이다. 따라서 비우호적인 다양성과 그것을 소유하고 있는 종들은 자연도태에 의해 제거된다. 이 과정은 광대한 세월이 흐르는 동안 어떻게 다른 종들이 진화하는지를 설명해 준다고 하였다.

그리고 그는 성경의 창조론을 부정하고 (i) 성경의 창 1장에 대한 문자적인 해석을 의심하였다. 하루 24시간에 의문을 제기하고 하나님의 창조에 대한 자연도태설을 주장하였다. 이로써 많은 사람들이 성경의 권위에 의문을 제기하였다. (ii) 자연도태는 자연에 계시된 신의 목적과 계획, 섭리를 우연으로 대체하였다. (iii) 항구적 질서와 불변성을 의심하였다. 그에게 자연은 도태를 거쳐 유입과 변화를 경험하게 된다. 그의 변화는 항구불변이 아니었다. (iv) 그의 가설은 기독교 신학, 특별히 유일신 사상에 치명적인 결과를 가져왔다. 다윈에게 인간은 시간과 우연의 산물인 진화론적 존재였다. 따라서 그는 하나님의 형상과 같은 핵심 교리, 또 타락으로 인류에게 죄가 들어온 것과 구세주의 필요성 같은 핵심 교리를 모두 의심하였다. 다윈은 기독교에 적대적이었으나 무신론에 대해서는 관대하였다.

(2) 정치와 경제적 공격: 칼 막스(Karl Marx, 1813-1883)[16]와 프리드리히 엥겔스(Friedrich Engels, 1820-1895): 두 사람은 2,000년 세계 역사상 가장 탁월한 동지로 사회주의 이론의 중심인 공산주의를 체계화하였다. 칼 막스는 이상주의적 사회주의, 공산주의를 창시하고 모든 종교, 특별히 기독교를 가장 혐오하였다. 그는 종교를 아편과 유사하며 사람을 중독시킨다고 하였다. 종교가 천국에 너무나 집착하기 때문에, 그의 관점에서 그것은 노동계급을 억압하고 부자들이 그들을 이

16) 독일의 경제학자, 정치학자, 철학자로 공상적 사회주의 및 고전 경제학을 비판하여 과학적 사회주의를 창시하였다. 헤겔의 영향을 받아 급진적인 부르주아 반정부 기관지 「라인 신문」의 주필을 지냈다. 그러나 신문의 폐간으로 파리로 망명하여 사적 유물론 사상을 확립하였다. 그리고 1848년 엥겔스와 함께 「공산당 선언」을 집필하였다. 1849년 이후에는 런던에서 빈곤과 싸우며 경제학 연구에 전념하고 「자본론」저술에 몰두하였다. 이는 역사의 유물 변증법적 해석으로 프롤레타리아의 역할을 인식하고 해방을 추구하여 계급투쟁의 이론을 수립한 것으로 평가받고 있다. 국제 공산주의 조직인 '인터내셔널' 을 만들었으며, 저서에 「신성 가족」, 「경제학 비판」, 「프랑스의 내란」, 「철학의 빈곤」, 「자본론」, 「고타 강령 비판」이 있다.

용하는 핑계였다. 막스에게는 노동계급(프롤레타리아)에 의해 발생한 혁명만이 그가 역사의 끝에 출현을 기대한 그 완벽한 공동사회를 만드는 것이었다. 그는 혁명만이 자본주의적 악을 제거하고 깨끗한 사회를 만드는, 소위 역사를 그 종말로 초래할 계급 없는 사회를 만드는 것이라고 믿었다. 막스의 중심 사상은 「자본론」에 서술된 대로 (i) '유물론'으로 정리된다. 이는 한 마디로 "모든 역사는 이념에 의해서가 아니라 경제적 요인에 의해 특징지어진다"는 것이다. 그는 애국심과 종교, 예술 등은 단순히 껍데기일 뿐이며, 역사의 발전 방향을 결정짓고 앞으로 나가게 하는 것은 오직 경제적 요인이라고 하였다. (ii) '변증법적 역사관' 이다. 그는 역사의 발전을 사회 계급 간의 투쟁 과정으로 설명하였다. 그는 산업혁명 이후 형성된 부르주아 계급과 프롤레타리아 계급 간의 투쟁을 지배 계급과 피지배 계급 간의 투쟁으로 간주하고 프롤레타리아는 부르주아에게 대항하기 위해 단결해야 한다고 주장하였다. (iii) '잉여가치설' 이다. 막스는 노동만이 새로운 경제적 가치를 창출해낼 힘이 있다고 믿었다. 그러나 자본주의는 이런 노동자들의 노력에 온전한 보상을 해주지 못하며, 자본주의하에서 노동자들은 더욱 착취당하고 점점 더 빈곤해질 뿐이라고 하였다. (iv) 프롤레타리아가 봉기하여 부르주아 계급을 타도함으로써 계급 없는 사회를 실현해야 한다고 주장하였다. 그리고 사유재산과 계급의 개념이 사라지면 지상의 낙원이 도래할 것이라고 하였다. 즉, 인류 역사의 완성은 교육이나 이념이 아닌 오직 충돌과 투쟁에 의해서만 완성된다는 것이다. 이러한 진보적 사상은 사회를 인식하고 변혁하는 무기로 이용되었다. 그리고 혁명적 노동운동과 현실 사회주의의 건설로 이어졌으며, 블라디미르 레닌(Vladimir Ilich Lenin, 1870-1924)[17]에 의해 더욱 발전되어 전 세계 공산당과 노동자 정당의 이론적 토대가 되었다.

한편 엥겔스는 젊은 시절 노동자들이 자본가들의 착취와 법과 결탁한 계급 투쟁 탄압으로 고통받는 현실을 보고, '도이칠란트 통신' 에 지배 계급을 비판하는

17) 러시아 공산당을 창설하여 혁명을 지도했고 소련 최초의 국가원수를 지냈다. 제3인터내셔널 (코민테른)을 창설했으며, 마르크스 이후 가장 위대한 혁명사상가인 동시에 역사상 가장 뛰어난 혁명지도자로 인정받았다. 그는 17세부터 마르크스의 「자본론」등 혁명서적을 탐독하고, 1889년 1월 마르크스주의자가 되었다. 그 후 사회민주노동당을 이끄는 주역이 되었으며, 1917년 러시아혁명 후 열린 러시아 소비에트 대회에서 의장에 올랐다. 레닌은 1924년 1월 21일 저녁 고리키에서 뇌동맥경화증으로 사망하였다.

수많은 글을 실었다. 그러던 중에 1841년 베를린의 지원병으로 포병 연대에 들어가 베를린대학교에서 철학을 청강하며 헤겔의 추종자가 되었다. 군 복무 후 그는 영국의 맨체스터로 건너가 영국 노동 계급의 비참한 삶을 연구하며 차티스트 운동자들과 연계하였다. 그리고 여러 출판물의 투고와 비판을 통해서 마르크스의 이상적 사회주의의 비현실적인 약점을 극복하고 과학적 사회주의를 형성하는데 기여하였다. 그러던 중에 1844년, 마르크스를 만난 후 마르크스의 열성적인 동지이자 후원자로 활동하였다. 그리고 1847년 마르크스와 함께 의인동맹, 즉 런던 소재 독일계 이민 수공업자들의 모임에 가입 한 후 명칭을 공산주의 동맹으로 바꾸고 1848년 2월 공산당 선언(Manifest der Kommunistischen Partei, 1848)을 하였다. 엥겔스는 마르크스 사후 그의 유작 자본론의 2권과 3권을 정리하여 출판하고 제2 인터내셔널을 설립하여 국제공산주의 운동에 기여하였다.[18] 생의 말년인 1890년대 엥겔스는 독일 사회민주당의 의회주의 전략을 적극 지지한바, 이는 대중민주주의 시대에 걸맞은 정치 전략의 수정이었다. 엥겔스는 말년에 "의식 있는 소수가 의식 없는 대중을 끌고 가는 혁명의 시대는 지났다"고 선언했으며. 만약 의회와 투표를 통해 집권할 수 있다면 그런 방법을 적극 구사해야 한다고 하였다. 이 시기에 엥겔스는 초기 기독교 역사를 통하여 프롤레타리아 운동의 한 원형을 발견하였다. 그에 의하면 "노동계급 운동과 마찬가지로 기독교도 원래는 억압받는 자들의 운동이었다. 둘 다 박해당하고 괴롭힘을 당하였다. 그런데 모든 박해에도 불

---

18) 엥겔스는 말년에 독일의 중심 정당인 사회민주당을 적극 후원하였다. 1895년 8월 5일 식도암으로 사망했으며, 그의 유해는 화장되어 유지에 따라 바다에 가라앉혀졌다. 엥겔스의 사망 시 후배 빌헬름 리프크네히트는 "친구요 조언자요 지도자요 전사"였던 "정신의 거인"을 잃었다고 추도하였다. 저서로는 「자연변증법」(Dialektik der natur) 등이 있다. 특별히 본서에서 엥겔스는 변증법적 유물론의 입장에서 철학의 근본문제를 확정하고, 인식론의 발전에 기여하였다. 또한 사적 유물론의 기계적 이해를 비판하고 경제적 조건의 결정적 역할과 함께, 상부구조, 그 속의 이데올로기의 의의, 나아가 역사에 있어 개인이 지니는 의의를 강론하였다. 하지만 엥겔스는 유복한 자본가로 살면서 자본주의 타도 운동을 지도한 역설적인 사람이다. 그는 독일의 한 비방에서 방적공장을 운영하는 산업 자본가 집안의 장남으로 태어나, 한 때 아버지가 영국 맨체스터에 동업자와 함께 세운 공장을 맡아 운영하였다. 엥겔스는 당시에 상류층의 스포츠인 여우사냥을 다니며 최고급 포도주를 즐겨 마시고 매력적인 여성들과 어울리며 인생의 온갖 즐거움을 탐한 전형적인 부르주아였다. 하지만 그는 부르주아적 결혼제도를 거부했으나 실제 그의 사생활은 아일랜드 노동자계급 출신의 메리 번스와 20여 년을 동거했으며, 그녀의 사후 여동생 리지 번스와 다시 15년을 함께 하였다.

구하고, 아니, 오히려 거기서 자극을 받아 멈추지 않는 승리의 행진을 계속" 하였다고 하였다.

(3) 심리(철학)적 공격: 오스트리아의 심리학자요 신경과 의사였던 지그문트 프로이드(Sigmund Freud, 1856-1936)는 정신 분석학의 창시자이다. 그는 정신 분석의 방법, 즉 잠재의식을 바탕으로 한 심층 심리학을 수립하였다. 그는 「꿈의 해석」, 「정신 분석학 입문」을 통해 종교에 관해 무자비한 심리학적 공격을 주도하였다. 그리고 자유연상법을 통하여 무의식 속의 내용과 실상을 밝히려고 하였다. 자칭 무신론자임을 공헌한 프로이드는 종교를 단지 심리적 투영이라고 하였다. 이는 마치 어린아이가 어려울 때 보호받기 위해 아버지에게 달려가듯이, 인간도 힘들 때 그들의 육신의 아버지를 천국으로 투영하여 그에게 달려간다고 하였다. 프로이드는 종교적 가르침이 진리에 근거를 두지 않았다는 것과 종교가 참으로 노이로제(신경증)의 표상이라고 믿었다. 잠재의식 아래까지 탐색한 그의 정신분석학적 방법만이 종교적 신조에 예속된 사람들을 자유롭게, 그들의 꿈을 이룰 수 있게 도와줄 것이라고 믿었다.

프로이드는 인간성격의 구성요소를 이드(id)와 자아(ego) 그리고 초자아(superego)로 범주화 하고 그들 사이의 관계를 밝혔다. 그에 의하면 (i) 이드는 유아기 때의 만족을 추구하는 가장 원시적인 충동으로서 흥분의 방출과 에너지의 집중을 통해 쾌락을 얻고자 하는 욕망에 의해 지배되는 충동이며, 본능을 직접적으로 표현하는 1차적 과정에 의해 지배된다. 그리고 (ii) 2차적 과정의 결과로 자아가 성장하는데, 이는 현실 원리를 따르는 것으로 이드에 의해 지배되는 쾌락원리와 구별된다. 다시 말하면 성장 과정에서 자기보존을 위한 욕망의 만족도를 스스로 조절할 필요성을 점차 배우면서 충족되지 못한 욕망으로 갈등이 생기는데, 자아는 이러한 갈등을 처리하기 위하여 방어 메커니즘을 발달시킨다. 방어 메커니즘 중 가장 기본적인 것은 억제이지만 그 외에 반동형성과 분리, 취소와 부정, 전이와 합리화 등이 형성된다. (iii) 3번째 구성요소는 초자아로 오이디푸스 콤플렉스가 해소되는 동안에 부모의 명령을 동일화함으로써 사회의 도덕적 규범을 내면화하는 것으로부터 발달된다. 초자아는 부분적으로만 의식적이며 이드로부터 자아로 향하는 특정한 공격적인 요소를 빌려와서 죄책감을 들게 한다. 이를 간략히 정리하면 이드는 유아기의 원시적인 충동으로 쾌락을 얻고자 하는 욕망에 의해 지배된다. 하지만 자아가 성장하면 현실원리를 따르며, 초자아는 사회의 도덕규범을 내면화하면서 발달된다고 하였다. 그는 저작 「환영과 모세와 단일신론의 미래」(*The Future of an Illusion and Moses and Monotheism*)에서 종교적 가르침을 통렬히 비판하였다.

결국, 우리가 위에서 상고한 다윈과 마르크스, 프로이드의 과학적, 정치적.경제적, 심리학적 공격은 인본주의자들의 종교에 기여했으나, 성경적인 기독교에게는 혐오감을 조장하였다. 대부분의 사람들이 인식하듯이 현재 세계 기독교는 이들의 공격아래 지금까지 비틀거리고 있다.[19]

3. 사회복음주의 운동

19세기 후반 미국의 급속한 산업화와 도시화는 많은 사회적 변화를 가져왔다. 경제 발전으로 물질적인 풍요와 안정을 누리게 되었다. 그러나 부의 불균형, 기회균등의 상실, 계급 간 갈등, 실업과 빈민층의 증가 등 수많은 부작용도 함께 나타났다. 특히 대도시의 경우 빈민가의 증가, 가난과 범죄, 무지, 정치적 부패, 도시교회의 침체 등으로 세속주의가 더욱 심화되었다. 이런 상황에서 20세기 초 미국의 개신교 지식인들을 중심으로 형성된 신학운동이 사회 복음주의(The Social Gospel movement)이다. 사회 복음 운동의 동기를 제공한 것은 1898년 찰스 셀던(Charles Sheldon) 목사의 소설 「주님의 발자취를 따라서」(*In His Steps*)였다. 이 소설은 자신의 안락한 지위를 버리고 시카고 빈민들을 위해 헌신한 한 젊은 목사의 이야기로 당시 약 2,000만부가 팔렸다. 이 소설에서 셀던 목사는 "예수님이라

---

19) 그 대표적인 증거로, 1933년 34명의 미국의 자유주의적 인본주의자들이 「인본주의자 선언 I」(*The Humanist Manifesto I*)을 발표하였다. 이 문서는 이성과 과학과 민주주의에 충성하되 전통적인 종교 교리를 거부하고 종교의 목적과 수단에 대한 새로운 성명을 지지한다고 선언하였다. 그리고 1973년에 「인본주의자 선언 II」(*The Humanist Manifesto II*)를 발표하였다. 이 문서는 1933년의 내용을 재확인하고 또한 시민의 자유와 평등, 인간의 생존, 세계 경제의 성장, 인구와 환경, 전쟁과 평화, 그리고 세계 공동체의 건설 등에 대한 문제를 제기하였다. 이 두 문서는 전통적인 종교와 인습적인 윤리를 경멸한다. 그것은 신에 대한 어떤 믿음도 거부하고 대신 인류에 대한 독단적이고 낙관적인 믿음을 역설한다. 그리고 세계의 문제들, 예를 들면 인종 차별, 군국주의, 전쟁, 기아에 대해 인간이 성실히 일함으로 모든 문제를 해결할 수 있다고 믿는다.

면 과연 어떻게 하셨을까?" 라는 질문과 함께 여러 사회 문제에 대한 윤리와 종교적인 해결을 강조하였다.

셀던 목사의 사회 개혁적인 문학에 영향을 받은 많은 목사와 신도들이 개인의 영혼 구원과 사회 봉사라는 슬로건 아래 도시 빈민의 구제와 선교 활동에 적극 가담하였다. 사회 복음주의자들은 개인의 영혼을 구원하기 위해서는 먼저 개인이 속한 사회부터 구원할 필요가 있다고 생각하였다. 그리하여 당시 교회는 범죄, 빈곤, 도박, 아동 노동, 나태, 전쟁 등의 사회적 주제에 관심을 기울였다. 그 구체적인 행동이 구세군, 자선 교회, 사회 복지관 건립으로 발전하였다.[20] 그 중심에 리처드 엘리(Richard T. Ely)와 워싱턴 글래든(Washington Gladden), 월터 라우센부쉬(Walter Rauschenbusch)[21]와 찰스 먼로 셀던이 있었다. 이 후 이 운동은 1960년대 제3세계 민권운동에 영향을 끼쳤다.특히 구세군은 도시 속 빈민들의 복음화를 위한 도구로서 거리고 나가 다양한 봉사 활동을 전개하였다. 엄격한 군대 규율에 따라 조직된 구세군은 취주 악단(Brass band)과 탬버린으로 군중을 모아 가두 설교를 하며, 도시 빈민들을 위한 구호와 재활 사업에 많은 노력을 기울였다. 구세군은 고통받는 도시 빈민들에게는 최소한 3가지 즉 밤을 지내기 위한 숙소, 주린 배를 채우기 위한 음식, 그리고 빵과 옥수수를 얻을 수 있는 일자리를 제공하였다.

---

20) 손영호, 「다시 읽는 미국사」, (교보문고, 2010), 33.

21) 하르낙은 하나님 나라의 이상을 정치적 사안에 적용하는 데는 이르지 못하였다. 하지만 월터 라우센부시는 이와 달리 신학자로서 그가 가진 거의 대부분의 에너지를 여기에 쏟아 부었다. 라우센부시는 독일의 루터교 목사의 아들로 부친을 따라서 미국으로 이민 온 후 침례교 목사가 되었다. 1891년 라우센부시는 독일에서 몇 개월 간 신약학을 공부하는 중에 그곳에서 윤리적 하나님의 나라가 복음의 핵심이라고 강조하는 리츨 학파의 영향을 받았다. 1897년 그는 로체스터신학교의 교회사 교수가 되었고, 그의 저술과 강의들을 통하여 1918년 사망 시까지 미국의 정치적 및 경제적 개혁을 촉진시켰다. 그의 역작은 1907년 출간된 「기독교와 사회적 위기」(*Christianity and Social Crisis*)이다. 그는 본서에서 그리스도인의 본질적인 과업은 술취함이나 간통과 같은 죄악을 없애는 것이기 보다는 "모든 인간 관계를 새롭게 바꾸고 하나님의 뜻에 따라 화해시킴으로써 인간 사회를 하나님의 나라로 변혁시키는 것" 이라고 하였다. 1912년 라우센부시는 그의 두 번째 주요 저서 「사회 질서의 기독교화」(*Christanizing the Social Order*)를 펴냈다. 여기서 그는 구원을 '영혼의 자발적인 사회화' 로 정의하고, 미국의 사회 복음 운동을 고전적 자유주의 신학으로, 가장 실천적으로 그리고 구체적으로 보여주었다. 1914년 제1차 세계 대전 후 새로운 형태의 개신교 신학인 신정통주의(neo-orthodoxy)가 지배하였다.

구세군은 이 밖에에도 사회에서 버림받고 잊혀진 사람들을 위한 다양한 활동을 전개하였다. 빈민층을 위한 법률 구조 기관과 탁아소를 세우고 윤락녀와 노숙자들의 재활을 위해 갱생원을 설립하였다. 이러한 사회 복음 운동 정신은 오늘날에도 박애주의적인 사회 봉사와 함께 더불어 사는 공동체 의식으로 계승되었다.[22]

4. 자유주의 신학

앞에서 고찰했듯이 자유주의 신학은 18세기 근대 계몽주의의 영향을 많이 받았다. 계몽주의는 중세와 종교개혁기, 오랫동안 종교전쟁을 거치며 신본주의에 대한 혐오와 반동으로 형성되었다. 따라서 계몽주의는 신 보다는 인간의 이성을 강조하고, 역사관은 사람에 대한 지속적인 계몽을 통해 이상사회 건설을 낙관적으로 추구하였다. 이런 관념을 적극적으로 수용하여 형성된 신학이 자유주의 신학이다. 그러므로 이 신학은 정통교회와는 판이하게 다른 것으로, 기존의 정통신앙을 전면적으로 부정하였다. 대표적인 학자는 근대 개신교 신학의 원조인 독일의 철학자요 신학자인 프리드리히 D. E. 슐라이어마허(Friedrich Daniel Ernst Schleiermacher 1768-1834)[23], 알버트 리츨(Albert Ritschl, 1822-1889)[24], 아돌프 본 하르낙

---

22) 김준철, 「한국 구세군 100년사」, (구세군출판부, 2008) 참조.

23) F. Schleiermacher, *The Christian Faith*, ed. H. R. Mackintosh and J. S. Stewart, (EdinburghL T & T Clark, 1928), ch. 4; Jurgen Moltmann, "Theologia Reformata et Semper Reformanda", *Toward the Future of Reformed Theology*, eds. David Willis/Michael Welker, (Michigan: William B. Eerdmans Publishing Company, 1999), 129-130; Allexander McKelway, "The Logic of Faith", *Ibid*., 214-217. 본래 슐라이어마허의 사상적 기초는 모라비안 경건주의였다. 개혁교회 설교자였던 부친의 개혁주의 신학의 근본 요소들과 교회의 규례를 그는 자신이 창안한 문화신학으로 변형시켰다. 그는 탁월하게 절대의존의 감정으로 종교를 묘사하였다.

24) 리츨은 성경과 프로테스탄트 종교개혁의 가르침을 현대 지식의 여러 측면들과 종합하여, 기독교 신앙의 종교적 및 윤리적 의미를 보여준 학자이다. 그의 학문적 업적은 3권으로 출판된 「의인과 화해에 대한 그리스도교 교리」(*Die christliche Lehre von der Rechtfertigung und Versöhnung*, 1870~74)에 종합되었다. 그는 1822년 베를린에서 부친과 조부의 루터교 성직자 집안에서 출생하였다. 리츨이 신교의 종교개혁에 평생 관심을 쏟은 것은 이러한 가정적 배경 때문이었다. 고등학교 교육과 대학교 신학 수업을 우수한 성적으로 마쳤고, 지적인 면과 기질적인 면에서 그리고 그가 받은 교육에 힘입어 학자적 소양을 잘 갖추었다. 리츨은 본 대학(1839-1841)과 할레대학(1841-1843)에서 신학과 철학을 공부하던 중

(Adolf von Harnack, 1851-1930)이 포함되었다.[25] 이들은 주로 실존적 주관주의, 체험주의 신학을 주장했는데, 신학적 특징은 다음과 같다.

(1) 성경의 영감 거부: 성경을 단지 인간의 종교적 경험을 기록한 문서로 간주한다. 따라서 이들에게 성경은 인간이 하나님에 대해 기록한 책이다. 그러므로 성경은 오류가 있을 수 있다. 그러나 폐기는 하지 않고 나름대로 다른 경전처럼 귀하게 취급한다. 그 이유는 성경은 인간이 하나님을 아는 데 반드시 필요한 매체이기 때문이다. (2) 이성에 대한 신뢰: 이들은 성경의 내용 중에 인간의 이성에 배치되는 내용은 모두 거부하였다. 성경을 자기들의 관점에 따라 마음대로 제단하고 마음대로 해석하는 태도이다. (3) 예수의 인성과 윤리강조: 자유주의자들은 예수 그리스도를 완전한 인간이자 도덕적인 이상향으로 생각한다. 이들은 역사적 예수에 초점을 맞추기보다 도덕적 이상향으로서의 예수를 중시한다. 따라서 자유주의

에 보수적이고 전통적인 신학 입장에서 점차 자유주의자로 변신하였다. 이러한 변화는 G. W. F. 헤겔의 철학이 리츨에게 끼친 영향 때문이었다. 리츨은 학창시절에 고전신학 과목들을 공부했으며, 예수 그리스도의 구원교리, 보다 구체적으로는 속죄론(그리스도가 사람의 죄를 위해 죽었다는 교리)에 특별한 관심을 기울였다. 그는 헤겔뿐아니라 임마누엘 칸트(1724-1804)와 프로테스탄트 자유주의 신학의 창시자 프리드리히 슐라이어마허(1768-1834) 같은 독일 철학자들에게서도 영향을 받았다. 1843년 박사학위 취득 후, 기독교의 기원 및 초기 교회의 역사와 신학을 재구성하는 튀빙겐학파에 참여하였다.

25) 리츨 학파의 한 사람으로 동시대 독일계 미국인 교수 월터 라우셴부시와 쌍벽을 이루었다. 아돌프 하르낙은 20세기 초 개신교적 자유주의 신학의 가장 뛰어난 대중적 대변자이다. 그는 1888년부터 퇴직한 1921년까지 베를린대학교에서 교회사를 가르쳤다. 제1차 세계대전의 시작을 독일 국민에게 선포하는 빌헬름의 대국민 포고문을 쓴 하르낙은, 황제의 전쟁 정책을 강력히 지지하였다. 하르낙이 폭넓게 영향을 끼친 것은 1899년부터 1900년까지 베를린대학교에서 행한 일련의 강연이 출간되었기 때문이다. 1901년 이 강의는 미국에서 「기독교는 무엇인가?」(*What is Christianity?*)라는 제목으로 출판되었다. 열여섯 번 강의에서 하르낙은 진정한 기독교의 중심적 알맹이가 무엇인지를 확인하였다. 그는 이것을 '복음' 이라고 명명하고, 신약 성경과 기독교 세계의 역사적 전통 안에서 그것이 전달될 때 문화적 껍데기에 싸여 전해졌다고 보고 그 껍데기로부터 그것을 분리해 내려고 하였다. 그는 교회사 전체를 통하여, 교회는 헬라적 개념인 로고스를 그리스도와 동일 시 하는 등의 낯선 철학적 개념과 같은 껍데기로 씌어져 있었다고 평가하였다. Hugh Ross Mackintosh, *Types of Modern Theology*, (London: Nisbet and Co. Ltd., 1937), 1-313; Allan D. Galloway, "Nineteenth and Twntieth Century Theology", *The Science of Theology*, (Basingstoke: Marshall Pickering, 1986), 233-352; 루이스 벌코프, 「조직신학」, (크리스챤 다이제스트, 2003), 93-98.

자들은 대속교리를 거부한다. 단지 예수를 닮는다는 의미에서 윤리를 중시한다. 노벨평화상을 수상한 독일의 슈바이처(A. Schweitzer, 1875-1965)[26)]가 대표적이다. (4) 역사발전에 대한 낙관론: 자유주의 신학은 인간 이성을 신뢰함으로, 낙관론적 역사 발전론을 전개한다. 곧 인류가 점차적으로 진보하게 되면 정통주의처럼 신앙생활을 하지 않아도 지상천국 곧 유토피아를 누릴 수 있게 되리라 여기는 것이다. 하지만 이러한 기대는 세계 양차 대전으로 꺾이었다. (5) 하나님의 교회에 대한 애정의 결핍: 교회사가 보여주듯이 초대 교회의 신앙의 선진들은 교회의 전통을 사수하고 유익을 주기 위해 신학과 변증을 전개하였다. 그러나 자유주의 신학자들은 교회보다는 각자의 학문적 합리성을 중시한다. 그리하여 자기들의 사변적인 주장들이 교회에 얼마나 해악을 끼칠지에 대해서는 관심이 없다. 물론 그들은 그것이 교회와 회중을 위함이라고 여기지만 그런 신학의 영향으로 서구 교회는 급속히 침체되었다.

5. 근본주의 신학

근본주의는 19세기 말부터 20세기 초엽에 결성된 복음주의의 보수적 경향을 가리킨다. 19세기 말경 지속적으로 밀어 닥친 자유주의 신학과 진화론적 과학주의의 영향으로 미국교회는 혼란에 빠졌다. 이런 분위기의 대처를 위하여 보수적인 신학자들 사이에서 결코 타협할 수 없는 기독교의 근본교리를 수호해야 한다는 분위기가 고조되었다. 마침내 1910년 미국 북장로교단은 다름과 같은 5대 기본교리를 선정하였다. (i) 성경의 무오성, (ii) 예수 그리스도의 동정녀 탄생, (iii) 예수 그리스도의 대속적 죽음, (iv) 예수 그리스도의 육체적 부활과 기적들, (v) 예수 그리스도의 육체적 재림 등이다. 상기한 5개조의 신앙을 수용하면 근본주의자로 간

---

26) 적도 아프리카에 파견된 평신도 의사 선교사로 활략했으며, 1952년 '인류의 형제애' 를 위한 노력으로 노벨 평화상을 받았다. 루터교 목사의 맏아들로 태어나 스트라스부르에서 철학과 신학을 공부했으며, 이곳에서 1899년 철학박사 학위를, 이듬해 신학박사 학위를 받았다. 1893년 스트라스부르에서 오르간 연주자로 활동하며 능숙한 음악가가 되었다. 1905년 박애사업을 위해 선교 의사가 되겠다고 결심한 후, 1913년 의학박사가 되었다. 그를 돕기 위해 간호사 훈련을 받은 아내 헬레네 브레슬라우와 함께 프랑스령 적도 아프리카의 가봉 랑바레네로 출발, 평생을 그곳에서 사역하였다.

주되었다. 이 5개 신조는 정통신학의 근간이었으나 당시 미국 신학계는 매우 고루한 옛 이야기로 치부하였다.

6. 신정통주의 신학

신정통주의는 하나님과 인간의 대조를 강조하는 변증학적 신학 혹은 위기 상황을 통해 인간이 하나님을 경험하게 됨으로 위기 신학으로 불린다.[27] 이 명칭은 약 2세기에 걸친 자유주의적 방황을 종식하고 정통 기독교 신앙으로 회귀했음을 의미한다. 그러나 명칭과 달리 신정통주의는 성경을 진지하게 취급했으나 옛 자유주의적 전통과 틀을 그대로 유지하였다. 즉 이들은 성경을 중요시 했으나 무오성에 대해서는 회의적이었다. 그리고 예수 그리스도의 부활에 대한 불명확한 역사성의 부여, 기타 정통신학과 상충되는 몇 몇 미묘한 부분들은 소극적이었다.

신앙적 내용과 영역이 매우 다양한 신정통주의는 세계 1차 세계대전 직후에 태동하였다. 그 근거는 1919년 칼 바르트는 로마서를 주석하였다. 당시 바르트는 독일에서 자유주의 신학자들의 가르침을 받았다. 그런데 당시 나라는 전쟁으로 상처투성이었다. 자유주의 메시지는 별다른 도움이 되지 못하였다. 이런 상황에서 바르트는 성경을 연구하였다. 그의 주석은 자유주의자들에게 핵폭탄이었다. 이후 자유주의신학은 급속히 퇴락하였다. 한편 정통신학자들은 바르트에 대하여 많은 찬사를 쏟아냈다. 대표적으로 미국 칼빈신학교 교의학 교수 클루스터(F. Klooster)는 바르트가 특별히 자유주의 신학을 넘어뜨리고, 성경에 대한 새로운 관심을 촉발하였다. 그리고 종교 개혁 신학과 존 칼빈의 사상에 대한 새로운 관심을 집중시켰다고 하였다. 이 시기에 에밀 브루너도 저술과 강의 활동을 시작하였다. 두 사람은 차이가 있지만, 유럽과 미국에서 신정통주의를 이끌었다. 이들과 함께 라인홀드 니버, 폴 틸리히, 존 로빈슨 등이 활략하였다.[28]

---

27) Hugh Ross Mackintosh, *Types of Modern Theology,* (London: Nisbet and Co. Ltd., 1937), 272-313; 루이스 벌코프, 「조직신학」, (크리스챤 다이제스트, 2003), 132-135; 간하배, 「현대신학해설」, (개혁주의신행협회, 1973), 1-199; 박아론, 「현대신학연구」, (기독교문서선교회, 1989), 9-414; 나용화, 「현대신학평가」, (기독교문서선교회, 1991), 9-493; 김영한, 「바르트에서 몰트만까지」, (대한기독교출판사, 1982), 5-401.

28) Geoffrey Bromiley, "The Influence of Barth after World War II", *Reckoning*

6.1. 소렌 키에르케고르(Søren Kierkegaard, 1813-1855)

(1) 생애: 덴마크의 신학자로 신정통주의 신학의 기초를 놓은 실존주의를 창시하였다. 여기 실존주의는 신앙적 행위로서 인격적 헌신을 나타내기 위해 신정통주의자들이 사용하는 용어이다. 실존적 신앙은 내적 열정으로 믿는 것으로, 이는 자아와 믿음의 대상간의 관계에 주안점을 두며, 도덕적 자유를 지키는 범의 내에서 선택을 한다. 그의 성장 배경은 그의 신학에 지대한 영향을 끼쳤다. 부친을 닮아 우울한 성격의 소유자였으며, 성령을 거역한다는 죄책감에 사로잡혔다. 이런 상황에서 키에르케고르는 많은 개인적 문제를 안고 있었다. 육체적으로 등과 팔 다리가 굽는 질병을 앓고 있었으며, 정신적으로는 우울증에 빠졌다. 한때 약혼했으나 짐을 지우기 싫어 헤어졌다. 키에르케고르는 저술활동에 전념했으나 출판사로부터 외면과 조소를 당하였다. 1930년 전까지 그의 저서는 별다른 관심을 받지 못하였다. 우울한 성격으로 다른 사람들과 사귀지 못하였다. 코펜하겐 대학교에서 신학을 공부했으나 자유 때문에 안수를 받지 않았다.

(2) 신학: 자유주의의 신적 내재성과 달리 그는 초월성과 불가지성을 강조하였다. 따라서 그는 이성적 변론을 통해 하나님을 알 수 있다는 관념을 배척하였다. 그에 의하면 하나님은 절대적인 분으로, 실제적 존재에 관한 지식과는 별도로 오직 절대적 순종을 통해서만 하나님을 발견할 수 있다. 하나님과의 만남은 신앙의 도약을 요구한다. 절망 중에서 하나님은 인간을 만나 주신다. 그러므로 그의 신학은 절망의 신학이다. 하나님과의 주관적 만남을 통해 키에르케고르는 헤겔의 객관적 지식론을 반박하였다. 자유주의자들이 예수님을 윤리 종교의 창시자요 선생으로 보는 대신 그는 그리스도를 아는 것이 과거 역사의 한 인물을 연구하는 것 이상이라고 하였다. 그리스도는 진리의 화신으로 사람들에게 도전하신다. 그는 사람들과 현재 만나시며, 역사를 통해 설명될 수 없다. 그와 지금 만나기 위해서는 그리스도를 만났던 제자들처럼 믿음의 도약을 해야 한다. 키에르케고르는 구습화 된 덴마크 국가 교회의 형식주의를 맹렬히 비난하였다. 당시 덴마크는 대부분 그리스도인이었으나 국민들의 영적 생활은 변변치 못하였다. 이러한 정통주의에 맞서 키

---

with Barth, ed. Nigel Biggar, (London & Oxford: Mowbray, 1988), 9-23.

에르케고르는 구원의 주관적 성격을 강조하였다. 그는 구원을 얻는데 교리적 지식보다는 체험의 중요성을 강조하였다. 그에게 믿음은 삶을 바치는 것이었다. 구원이란 마음이나 이성이 도달할 수 없는 믿음의 도약이다. 그것은 막막한 어둠 중에 하나님이 계실 것을 기대하고 그 안으로 나가는 것이다. 이는 삶을 진지하게 사는 것을 의미하는 바, 절망 중에서 하나님을 만나는 것이다. 구원이란 사람은 결코 그리스도인이 될 수 없다. 단지 노력할 뿐이다.[29]

정리하면 키에르케고르에게 그리스도와 성경 사건들은 별로 중요하지 않다. 그는 그리스도와의 주관적인 만남을 강조한 만큼 역사적 사건들, 즉 객관적 진리는 무시하였다. 그러나 그리스도와의 만남은 그리스도 사건의 역사성과 직접적인 관련을 맺고 있다. 하지만 그 사건이 역사적인 사실이 아니면 그 어떤 체험도 수용할 수 없다. 그러나 그의 주장과 달리 성경은 그리스도와의 역사적 사건들이 진실임을 증거한다. 그러므로 믿음이란 어두운 도약이나 미지의 것도 아니다. 기독교는 역사적 사실에 기초하기 때문이다. 그가 비록 기존의 정통주의를 배격했지만, 신앙은 외적인 면뿐 아니라 내적인, 즉 교리적 진술도 필요하다. 그리스도에 관한 지식은 객관적이며 동시에 주관적이다. 전자는 지식의 역사적 사건을 말하며 후자는 신자의 내적으로 체험을 말한다.

6.2. 칼 바르트(Karl Barth, 1886-1965)

(1) 생애: 1886년 5월 10일, 스위스 바젤에서 개혁파 목사의 아들로 태어났다. 18세에 독일의 여러 대학, 베른, 베를린, 튀빙겐, 마르부르크에서 아돌프 하르낙과 빌헬름 헤르만 같은 자유주의자들 밑에서 신학을 공부하였다. 부친의 반대에도 불구하고 하르낙의 가르침에 끌렸으며, 슐라이어마허의 경험 신학에 관심을 가졌다. 1909년 스위스에서 목회를 시작하였으며, 1911년부터 1921년까지 자펜빌(Safenwil)의 개혁파 교회에서 사역하였다. 이 시기에 그는 자유주의적 훈련이 이성과 경험에 맞는 설교를 하는데는 도움이 되었으나 하나님의 말씀에 근거하지 않다는 것을

29) Allexander McKelway, "The Logic of Faith", *Toward the Future of Reformed Theology*, eds. David Willis/Michael Welker, (Michigan: William B. Eerdmans Publishing Company, 1999), 217.

깨달았다. 이 때 발발한 세계1차 대전은 그로 하여금 자유주의가 역경에 처한 사람들을 도울 수 없음을 인식하였다. 따라서 그는 성경을 포함하여 칼빈의 「기독교강요」, 그밖에 개혁자들의 저서를 탐독하였다. 특별히 로마서를 집중적으로 연구한 그는 1919년 주석서를 출간하였다. 그 효과는 폭발적이었다. 여기서 그는 인간이 아닌 하나님에게 초점을 맞추었다. 그는 인간의 모든 자기 의와 자만심을 몰아내고 그리스도 안에 나타난 하나님의 은혜를 강조하였다. 그는 자신의 신학을 인간이 아닌 하나님 중심의 신학으로 만들었다. 자유주의자들은 그의 혁신적 주석서를 거부했으나 에밀 브루너와 몇 몇 동료로부터 극찬을 받았다. 1921년 괴팅겐대학교의 개혁신학 교수로 청빙되었다. 그곳에서 개혁주의 전통과 성경 주해에 주력하였다. 1925년부터 1930년까지 뮌스터에서 강의하면서 12권의 교회 교의학을 저술하였다. 1930년부터 1935년까지 본(Bonn)에서 강의했으나 히틀러의 맹세를 거부함으로 독일에서 피신하였다. 바젤로 돌아온 그는 바젤대학교에서 신학부 학장을 맡았으나 1962년 은퇴하였다.

(2) 신학: 바르트는 자유주의에 맞서 성경을 연구했으나 성경과 하나님의 말씀을 구분하였다. 그는 기록된 말씀의 영감과 무오성을 부인하고 이를 "종이교황" 으로 명명하였다. 그에게 성경은 하나님의 객관적 말씀이 아니라 말씀에 대한 증언이었다. 성경의 기자들은 하나님의 계시에 관한 자신들의 경험을 단순히 언급한 것뿐이다. 그들의 기록을 읽으면서 다른 사람도 하나님의 계시를 경험할 수 있다. 그 순간 성경은 그 사람에게 하나님의 말씀이 된다. 따라서 바르트는 하나님의 말씀을 세 영역으로 구분하였다. (i) 기록된 말씀은 인간에 의해 계시가 보관된 것이다. 이 성경은 하나님의 말씀과 다르며, (ii) 계시된 말씀으로 사도와 예언자들에게 하나님이 친히 계시하신 말씀-예수 그리스도, (iii) 선포된 말씀은 말씀의 직접 선포, 설교이다. 성경 말씀이 하나님의 은혜로 개인에게 전달 될 때, 성경은 비로소 하나님의 말씀이 된다. 그는 개인이 성경을 하나님의 말씀으로 체험하기 전까지는 더 이상 하나님의 말씀이 아니라고 하였다. 그는 성경의 주관적 접근과 이해를 강조하였다.[30)]

---

30) Allexander McKelway, *Ibid.*, 218.-223; 루이스 벌코프, 「조직신학」, (크리스챤다이제스트, 2003), 132-135; 김영한, 「기독교신앙개설」, (형설출판사, 1982), 127-129.

바르트는 자유주의자들의 철학을 거부하고 성경의 중요성에 따라 진지하게 취급하였다. 그러나 그는 자유주의자들의 고등비평을 수용하고 진리가 교리적 명제들로 표현됨을 거부하였다. 그에게 진리란 그리스도 안에 나타난 하나님의 자기 계시를 통해 직면한다. 바르트는 자연을 통한 일반 계시의 적법성을 부인하였다. 그는 시 19:1-6과 롬 1:18-21의 일반 계시는 하나님을 계시할 수 없다고 거부하였다. 삼위일체 하나님이 계시의 통괄적 주제시지만 계시 사건의 중심을 예수 그리스도로 이해하였다. 성부 하나님은 영원하신 작정을 통해 예수 그리스도 안에서 자신을 계시하기로 작정하였다. 성자는 그 작정을 실행하였다. 성령은 사람으로 하여금, 이를 깨닫게 함으로 하나님의 계시를 완성하셨다. 계시를 인간에게 내리시는 하나님의 말씀에서 볼 때 오늘도 계시는 계속되고 있다. 하나님은 그 계시 안에서 인간에게 오신다. 뿐만 아니라 계시는 인간에 의해 받아들여지고 인식될 때, 비로소 진정한 계시가 된다. 바르트는 점진적 계시 개념을 전적으로 배척하였다. 계시는 그리스도 안에서 화목을 통해서만 가능하며 혹시 그리스도 안에서 하나님의 계시가 일회적으로 주어졌다 해도 개개인이 계시된 하나님의 말씀을 체험할 때 계시는 계속된다.[31)]

바르트는 여러 개혁자들, 특히 칼빈의 영향을 많이 받았다. 따라서 그는 하나님의 초월성과 그의 주권 사상을 특별히 강조하였다. 그에게 하나님은 전적인 타자로 인간은 하나님의 계시를 통하지 않고는 결코 그를 알 수 없다. 그는 칼빈의 용어를 사용했으나 내용은 판이하게 달랐다. 예를 들면 선택에 대하여 바르트는 인간의 선택보다는 그리스도의 선택을 강조하였다. 예수 그리스도는 선택을 행하시는 주체이지만 동시에 선택 받으시는 객체이시다. 바르트는 그리스도 안에서 모든 사람이 선택을 받았다고 하면서도 보편주의는 배격하였다. 하나님은 그의 은혜 안에서 그리스도를 선택하셨으며, 다시 그리스도를 통하여 인간을 선택하셔서 화목을 이루셨다. 여기에는 그리스도를 믿지 않지만 그의 말씀을 듣고 믿으려는 사람도 포함되었다. 바르트에게 그리스도는 신학의 중심이었다. 그리스도는 신학의 출발점이요 중심이며, 그가 없이는 계시도 불가능하다. 복음은 영원한 작정, 곧 예수

---

31) Jurgen Moltmann, "Theologia Reformata et Semper Reformanda", *Toward the Future of Reformed Theology*, eds. David Willis/Michael Welker, (Michigan: William B. Eerdmans Publishing Company, 1999), 131-132.

그리스도의 선택으로 시작된다. 바르트는 예정이 예수 그리스도의 선택이라고 가르쳤다. 그리스도는 선택하시는 하나님이신 동시에 선택된 인간이다. 그리스도의 선택은 그 공동체의 선택을 의미한다. 선택을 논의하는 중에 바르트는 하나님과 그리스도가 죄인들이 받아야 할 죄과를 지심으로 스스로 유기되셨다고 가르쳤다. 그와 동시에 인간은 선택받아 구원을 얻으며 하나님의 영광에 참여하게 된다. 바르트는 선택받은 공동체를 이스라엘과 교회로 구분하였다. 전자는 선택에 저항하였고 후자는 선택의 근거였다. 끝으로 바르트는 개인의 선택을 취급하면서 다른 자들에서 제외되는 사람은 아무도 없다고 하였다. 이 말은 곧 선택된 자와 비선택된 자의 근본적인 차이는 없다. 따라서 그는 본인의 의도와 달리 보편 구원자였다. 보편구원론이란 모든 인류가 궁극적으로 구원을 얻는 다는 신학이다. 그리스도께서 모든 인류의 죄를 담당하셨기 때문에 누구도 더 이상 배척받을 이유가 없다. 바르트는 자신의 선택 교리가 보편주의임을 부정하지 않았다. 따라서 그는 가룟 유다도 선택되었다고 주장하였다.

6.3. 에밀 브루너(Emil Brunner, 1889-1966)

(1) 생애: 에밀 브루너는 칼 바르트와 루돌프 불트만과 함께 신정통주의의 3인방이다. 그는 스위스 취리히 근교에서 출생하여 그곳에서 공부하고, 베를린과 미국의 유니온 신학교에 유학하였다. 1924년 취리히에서 신학을 강의하며 396권의 책과 수많은 논문을 남겼다. 그 중에 23권이 영어로 번역되었다. 그는 매우 인기 있는 신학자로 유럽은 물론 영국, 미국, 일본에서 강의하였다. 그는 자유주의뿐 아니라 정통주의도 거부하고 바르트처럼 변증법적 신학자로 키에르케고르의 방법론 위에 자신의 신학을 정립하였다.

(2) 신학: 브루너는 바르트와 달리 일반 계시를 인정하였다. 그에게 계시는 역사와 경험 안에 계속되는 바, 브루너는 이것을 성경, 교회의 신앙, 성령의 내적 증거 등으로 기술하였다. 여기서 하나님의 계시는 계속적으로 사람들과 직면하고 있다. 브루너는 하나님이 성경에 객관적으로 자신을 계시하지 않고 그리스도와의 주관적 만남 안에 계시하신다는 면에서 바르트와 동일하였다. 그러나 그는 하나님과의 교통을 위해서는 주관적인 것과 객관적인 것이 모두 필요하다고 선언하였다.

이러한 면에서 그는 나와 너(I-Thou)의 유대 신학자 마틴 부버(Martin Buber, 1878-1965)의 견해를 따랐다. 브루너는 근본주의나 가톨릭에서 가르치듯이 하나님을 교리 형태로 객관화할 수 없으며 오직 주관적이며 인격적인 만남, 즉 나와 너의 만남을 통해서만 알 수 있다고 하였다. 이 교통에서 하나님은 자신을 진리나 명제의 형태로 계시하지 않고 인격의 형태로 계시하신다.

브루너는 인간과 죄를 매우 심각하게 취급하였다. 그 이유는 죄는 인간이 하나님과 사회와 맺는 관계성에 영향을 미치기 때문이다. 브루너는 인간의 전적 타락, 유전된 죄의 본성, 창 3장의 역사성을 부인하였다. 그에게 아담은 역사적 인물이 아니므로 인류는 창 3장에서 자신의 모습을 재발견해야 한다. 브루너에게 인간의 죄는 유전된 죄의 본성이 아니라 각 개인이 죄를 선택하기 때문이다. 인간은 하나님뿐 아니라 다른 사람들과 화목하게 살도록 부르심을 받았다. 그러나 그렇지 못한 것은 자기중심적인 죄의 결과이다. 이 죄는 오직 그리스도와의 인격적 만남을 통해서만 극복될 수 있다. 그는 그리스도론에서 예수님의 참인성과 참신성을 선언한 칼케돈 신조를 언급하였다. 그리고 그리스도의 성육신과 부활을 강조하였다. 그는 하나님이 인간에게 그리스도 안에 계시된 하나님의 은혜에 응답할 수 있는 자유를 주셨다고 믿었다. 하지만 브루너는 자유주의의 그릇된 그리스도관, 인간의 선을 믿는 믿음, 천년 왕국을 거부하였다. 대신에 그는 성경을 통하여 인간의 죄악성, 믿음의 필요성, 그리스도인의 책임있는 행위를 역설하였다. 그는 전통적인 그리스도의 성육신과 부활에 초점을 맞추었다. 그러나 그는 그리스도의 동정녀 탄생과 성경의 축자영감설을 거부하고 아담을 포함하여 창 3의 역사성과 지옥의 실재성을 부인하였다.

6.4. 라인홀드 니버(Karl Paul Reinhold Niebuhr, 1892-1971)

(1) 생애: 독일에서 이민 온 부친, 루터파 소속의 아들로 미국의 미주리(Missouri)에서 출생하였다. 니버는 교단에서 운영하는 루터신학교 재학 후, 예일신학교(Yale Divinity School)에서 공부하였다. 이론 신학에 실증을 느낀 그는 생활과 신학의 실제적 관련성에 관심을 기울였다. 이러한 열망은 그에게 새로운 방향을 제공하였다. 그는 1915년부터 1928년까지 디트로이트에서 목회를 하였다.

목회는 그의 신학 형성에 결정적인 역할을 하였다. 목회 중에 그는 노동 계층의 사회적 부조리를 목격하고 노사 분쟁에 직접 연루되었다. 그는 노동자들의 가난과 열악한 노동 조건을 보고 공개적으로 헨리 포드의 정책을 비난하였다. 그가 보기에 당시 헨리 포드는 억압적인 자본주의 체제의 대표였다. 스위스에서 칼 바르트가 겪은 것처럼 이러한 모순을 통해 자유주의 신학을 포기하였다. 그는 자유주의가 가르치는 바, 인간이 근본적으로 선하며 유토피아적 국가가 자연히 이루어질 것이라는 주장에 회의를 가졌다. 인간은 기술적으로 진보했지만 동시에 기술에 의해 착취되었다. 따라서 그는 해결책으로 사회적 삶을 위해서는 사회주의와 평화주의를 채택하고 신학을 위해서는 새로운 기독교 현실주의를 채택하는 것이었다. 세계 제 2차 대전의 발발로 사회문제에 참여했으나 평화주의와 사회주의를 저버렸다. 1928년부터 1960년까지 그는 뉴욕의 유니온 신학교에서 기독교 윤리학 교수로 봉직하며, 여러 정치적 사회적 문제에 관심을 기울였다.

(2) 신학: 그의 신학은 디트로이트의 목회 경험을 통해 형성되었다. 그의 관심은 사회 정의와 인간의 유익에 집중되었다. 다른 교리들은 인간의 필요성과 사회적 정의에 연관될 때만 중시되었다. 따라서 니버는 죄를 영적인 차원보다 사회적 차원에서 이해하며, 복음적 호소는 개인보다 우선 사회를 개혁시키는 것이었다. 사회는 자본주의적 탐욕에서 벗어나야 한다. 그에게 산상수훈은 오늘 날 기업 활동을 위한 법전이어야 하였다. 그는 사회문제 및 불의와 관련하여 죄를 언급하며 성경을 인용했으나 창조 기록과 타락은 신화로 간주하였다. 그에게 죄는 변화와 쇠퇴, 죽음에 대한 인간의 두려움이다. 두려움은 달래기 위해, 인간은 과학과 기술로 표현되는 힘을 통해 안전을 추구한다. 그 힘을 오용하여 다른 사람을 파괴할 때 죄가 잉태된다. 전통적 신학은 현대인의 필요를 충족시킬 때에만 유용하다. 니버는 죄에 관한 전통적 관념을 거부하였다. 그는 원죄를 각 인간의 행동 안에 있는 그릇된 성향으로 간주하였다. 결국 자유주의 낙관론을 반대하고, 죄에 뿌리를 둔 사회 불의를 고발하였으나, 원죄와 아담의 역사성 및 타락을 거부하였다.

6.5. 폴 틸리히(Paul Johannes Tillich, 1886-1965)

(1) 생애: 보통 신학자 중의 신학자로 불리는 틸리히는 독일에서는 자유주의자

로 간주되었으나 미국에서는 신정통주의자로 불렸다. 그의 신학은 변증법적으로 불린다. 그 자신은 자유주의와 신정통주의의 접경에 있다고 하였다. 신정통주의로 분류하면 그는 급진파이며 칼 바르트는 온건파라 할 것이다. 틸리히는 프러시아의 한 루터파 목사의 아들로 전통적 신앙 아래서 양육을 받았다. 그러나 모친의 개방적인 교육과 전원을 배경으로 자연에 대한 사랑을 가지고 평생을 살았다. 청년 시절 가족을 따라 베를린으로 이사하여, 베를린, 튀빙겐, 할레 등지에서 공부한 후, 브레슬라우에서 철학박사 학위를 받았다. 1912년 루터파 목사로 안수 받았으며, 세계1차 대전 동안 종군 목사로 봉직하였다. 1924년 그는 마르부르크에서 신학을 가르치며 그곳에서 마틴 하이데거의 실존주의의 영향을 받았다. 1930년대 히틀러에게 공공연히 반대한 틸리히는 1933년 프랑크푸르트 대학교 교수직에서 해임되었다. 미국으로 이민 간 후 뉴욕의 유니온 신학교와 하버드대학교, 시카고대학교에서 강의하였다. 여러 권의 책을 썼으나 대표작은 3권의 조직신학이다.

(2) 신학: 틸리히는 신학보다는 철학적으로 하나님을 이해하고자 하였다. 그에게 하나님과 같은 전통적 용어들은 단순히 종교적 상징일 뿐이다. 하나님을 인격적 존재로 보지 않고 존재 그 자체로 보았다. 하나님은 존재의 근거 혹은 능력이다. 하나님은 유한한 모든 존재 위에 계신다. 모든 유한한 것들은 존재한다. 그러나 하나님은 단순히 계신다. 그러므로 하나님의 존재를 단언하는 것은 그의 존재를 부정하는 것으로 무신론적이다. 하나님은 하나의 존재가 아니라 존재 그 자체이다. 틸리히에게 죄는 참 자아와 우리 존재의 근거로부터의 소외이다. 타락은 역사적 사건이 아니다. 이는 실존의 본질로부터 이탈하는 비시간적 사건이다. 그에게 죄는 하나님과의 본질적 연합의 파기이다. 실존 중에 인간은 그의 존재의 근거로부터 또한 다른 존재로부터, 그리고 자신으로부터의 소외이다. 틸리히는 구원을 그리스도가 사셨던 종류의 삶에 대한 궁극적 관심을 지닌 새로운 존재가 되는 것이다. 그리스도는 실질적 관심을 증거로 보여 주셨다. 궁극적 관심이란 다른 어느 것 보다 우선적으로 관심을 갖는 것이다. 구원의 주체이신 그리스도는 더 이상 역사적인 존재가 아니다. 단지 새로운 존재적 상징일 뿐이다. 그리스도는 인간과 하나님의 연합을 깨뜨리는 대상으로, 그리스도의 성육신과 부활을 거부하였다.

틸리히는 신학보다는 철학에 깊은 관심을 기울였다. 따라서 그는 성경의 역사적 사건들을 개념 혹은 사상적으로 취급하였다. 그는 이성의 능력을 전적으로 신뢰하며, 성경 해석을 알레고리적으로 하였다. 그는 하나님을 존재의 궁극적 존재라고 함으로 그분의 인격성을 부인하였다. 에덴의 역사적 타락은 물론 인격적 죄와 하나님께 대한 불순종도 인정하지 않았다. 인간의 죄는 단지 관심의 결핍이다. 구원은 그리스도 안에 있으나 역사적 인격체가 아니라 상징일 뿐이다. 따라서 그는 결국 성경에 기록된 그리스도의 역사성을 부정하였다. 구원은 죄의 대속 보다는 궁극적 관심을 통해 성취된다. 그는 전통적인 성경해석과 기독교 신앙을 거부하였다.

6.6. 존 로빈슨(John Robinson, 1919-)

영국 울위치(Woolwich) 주교 존 A. T. 로빈슨은 폴 틸리히의 신학을 대중에게 널리 알린 사람이다. 폴 틸리히의 매우 난해한 신학을 대중화 하는데 기여하였다. 로빈슨은 「신에게 솔직히」(*Honest to God*)에서 자신의 사상을 전파하였다. 로빈슨은 루돌프 불트만처럼 저 위에 계신 하나님 사상을 거부하고, 한편 지역화 된 하나님의 개념은 과학 시대에 타당하지 않다고 역설하며, 또한 하나님에 관한 전통적 언어도 배격하였다. 로빈슨은 하나님의 존재에 대한 전통적 논증과 하나님의 주권 개념을 거부하고 궁극적 실체를 발견하려고 하였다. 따라서 그는 자존자로서의 하나님 개념을 거부하고 하나님이란 용어와 우주라는 용어를 상호 교환적으로 사용하였다. 그는 하나님의 초월성과 자존성도 부인하였다. 로빈슨은 세 신학자의 사상을 종합한 것으로, 먼저 현대인의 구미를 맞추기 위해 불트만의 비신화화 개념의 도입하였고, 디트리히 본회퍼의 종교없는 기독교 개념, 틸리히의 하나님, 즉 우리 존재의 근거로 보고 인간을 궁극적 관심을 지닌 객관적 존재로 보는 개념을 차용하였다. 덧붙여 그는 범신론적 하나님 개념을 피력함으로 과정 신학의 영향도 암암리에 보여준다. 하나님의 존재는 전체 우주를 포함하며 전체 우주에 침투하여 있다. 그러므로 우주의 모든 부분은 하나님 안에 존재한다. 그러나 범신론과 달리 그의 존재는 우주 이상이며, 우주는 하나님을 전부 포함할 수 없다.

로빈슨의 하나님 개념은 폴 틸리히의 개념과 매우 유사하다. 로빈슨은 초월적 하나님 뿐 아니라 인격적 하나님 개념도 거부하였다. 그리고 하나님을 우주와 동일시하였다. 기독교의 세속화를 촉구한 로빈슨은 옛 용어들을 현대 사상에 맞추었다. 그리하여 기도를 거부하고 사회 참여를 역설하였다. 그는 성육신을 거부하며 예수님이 결코 하나님으로 자처한 적이 없다고 하였다. 그에게 구원은 다른 사람을 위한 삶이요 사랑이다. 이를 통하여 우리는 우리 존재의 근원과 온전히 하나 될 수 있다. 그의 급진 신학은 전통적 기독교 신앙과 거의 연관이 없다. 그의 신학은 용어들의 정상적 의미와 해석학의 전통적 원칙들을 위반하였다.

6.7. 루돌프 불트만(Rudolf Karl Bultmann, 1884-1976)

(1) 생애: 복음주의적인 루터파 목사의 아들로 태어나 튀빙겐과 베를린, 마르부르크 등에서 신학을 공부하였다. 1921년 마르부르크 대학교의 신약학 교수가 되어, 1951년까지 봉직하였다. 그가 변증법적 신학에 관심을 가진 것은 마르부르크에서 헤르만 궁켈(Hermann Gunkel)과 아돌프 하르낙 같은 자유주의 신학자 밑에서 공부를 하였다. 그러나 그는 칼 바르트처럼 쇠렌 키에르케고르의 영향을 받아 변증법적 신학으로 기울었다. 특히 1922년부터 1928년까지 마르부르크에서 교수생활을 한 철학자 마틴 하이데거의 영향을 받았다. 불트만은 하이데거의 철학을 신약학에 적용함으로 급진적 본문 비평이 출현하였다. 그의 방식은 양식 비평으로 성경의 저자가 사용한 자료와 그 문학적 형식을 찾아내는데 주력하였다. 볼트만은 복음서 기록이 실제 역사적 사실보다는 인간의 실존에 관한 진리를 묘사하는 신화들의 모음집이라고 하였다. 그러므로 신약 문헌을 제대로 이해하려면 비신화화해야 할 것이라고 하였다.

(2) 사상: 앞에서 지적했듯이 불트만의 핵심 사상은 양식비평이다. 불트만은 신약의 문헌들이 각 저자들의 완전한 저작임을 부인하였다. 비록 복음서가 초대 교회의 작품으로, 그리스도의 생애에 관한 원래 기록에 여러 가지 장식을 첨가해 만들었다고 하였다. 그러므로 복음서 기자들은 진정한 저자가 아니라 단편적 기록들을 수집하고 그 조작들을 한데 엮은 편집자라고 하였다. 따라서 신약 문헌의 원래 형태를 찾아내는 일은 비평가들의 손에 달려 있다. 성경은 초자연적 문헌이 아니라 다른 책들과 동일한 것이다. 예수님 자신의 언급을 찾아내는 과정은 성경의 비신화화 작업이다. 이는 초대 교회에 의해 편집된 장식들을 벗겨내는 일이다. 예를 들면 초대교회는 우주가 하늘, 땅, 지옥의 세 개의 영역으로 구성되었다고 보았다.

각각의 실존 계층마다 초자연적 존재들이 거하는 바, 하나님과 천사와 사탄과 귀신들이이다. 그러나 이러한 이야기는 모두 신화일 뿐이다. 각 단어들은 상징으로 모두 재해석이 요청된다.

불트만은 신약이 신화로 뒤덮여 있으나 그럼에도 신화적 사고 체계 뒤에 감추어진 성경 저자의 참된 의도를 표현하는 복음의 선포, 케리그마가 있다고 보았다. 따라서 그는 신정통주의처럼 선포된 말씀을 통해 하나님과 만나게 된다고 하였다. 그러나 그의 주장은 결국 회의주의를 낳았다. 그에 의하면 현재 우리가 예수의 생애와 인격에 관하여 거의 아무것도 알 수 없다고 생각한다. 왜냐하면 초기 기독교 자료들은 그런 면에 거의 관심을 갖고 있지 않았고, 게다가 단편적이고 전설적이기 때문이다. 예수에 관한 다른 자료들은 존재하지 않는다. 결국 불트만의 양식비평은 성경을 일반 저서들과 동일하게 취급하고 분석하는 주관적 방법론이다. 그는 성경의 영감을 부인하고 신화로 가득한, 현대의 과학적 사고와 부합하지 않음으로 폐기해야 한다고 하였다. 그러나 역사적 타당성 없이 혹은 예수님을 발견하지 못한다면 복음전파가 무슨 유익이 있겠는가? 참된 기독교 신앙은 역사에 근거한다. 예수 그리스도는 역사의 실존적 인물로 성경을 통해 메시아이심과 죄인의 구주임을 발견할 수 있다. 이 밖에 다른 방법은 없다.

6.8. 디트리히 본회퍼(Dietrich Bonhoeffer, 1906-1945)

(1) 생애: 세속적 기독교를 주창한 본회퍼는 독일 베를린의 한 신경의학자의 아들로 태어나 튀빙겐과 베를린대학교에서 공부하였다. 21세 때 베를린대학교에서 신학박사를 받은 천재였다. 1930년 두 번째 학위 논문을 마친 후, 뉴욕의 유니온 신학교에서 1년 연구하였다. 귀국후 본회퍼는 칼 바르트의 강연을 통해 큰 감명을 받았다. 1931년 한 고등학교 교목으로 봉사하였고, 후에 베를린대학교 강사가 되었다. 1933년 아돌프 히틀러가 독일 수상에 오르자, 나치즘과 아리안(게르만) 민족의 우월주의에 반대하였다. 이때 그의 쌍둥이 누이는 유대인 남편을 맞았다. 그리고 그 해 잠시 영국을 방문한 후 고국의 고백 교회를 담임하며 신학교를 운영하였다. 그러나 그 신학교는 1937년 폐교되었다. 본회퍼 자신에게 연설과 습작이 금지되었다. 1938년 히틀러 제거 계획에 가담하였으며, 1939년 잠시 미국 유니온

신학교에서 교편을 잡았으나 귀국하여 나치에 대항하였다. 1941년 그의 책은 출판이 금지되었고, 1943년 체포되어 수감되었다. 이때 그는 옥중서신(Letters and Papers from Prison)을 출간하였다. 1944년 히틀러 암살 폭탄 계획에 가담하여 이듬해 교수형을 당하였다.

(2) 신학: 독창적인 신학자였으나 칼 바르트의 영향을 많이 받았다. 그는 종교를 거부하되 예수 그리스도와의 인격적 만남을 주장하였다. 그에게 예수는 다른 사람을 위해 존재하는 자요 동시에 그의 말씀 안에서 가질 수 있고 파악할 수 있는 분이었다. 이는 다른 말로 그리스도는 세속적 삶 속에서 활동하신다. 그리스도는 우리의 비종교적 세상에 존재하신다. 인간과 대면하시되 회개, 믿음, 중생, 성화와가 아니라 불경한 태도를 통해 만나신다. 본회퍼는 옥중서신에서 희생과 훈련을 강조하였다. 교회란 다른 사람을 위해 존재할 때만 교회가 된다. 처음 시작될 때, 교회는 모든 재산을 궁핍한 자들에게 다 나누어 주었다. 목회자는 회중이 자발적으로 드리는 헌금에만 의지해 살 수 있고, 아니면 세상의 다른 직업에 종사할 수도 있다. 교회는 일상적 인간 생활의 세속적 문제에 참여하되, 주장보다는 섬기는 자세로 해야 한다.

본회퍼에게 종교는 종교 없는 기독교였다. 이를 둘러싸고 혹자는 궁극적 실체로서의 하나님을 모시고 세상에서 삶을 책임 있게 살아가는 제자의 도를 나타낸다고 하였다. 그러므로 종교 없는 기독교란 이 세상에서 그리스도의 제자다운 훈련된 삶을 사는 것이다. 이는 다른 말로 성숙한 인간은 하나님 없이 사는 법을 배워야 한다고 하였다. 본회퍼는 신성과 세속 개념을 거부하고 전자만이 아니라 후자에서도 그리스도를 섬겨야 한다고 하였다. 나아가 과학과 더불어 인간은 예전에 하나님께 의존할 수밖에 없던 문제들을 이제는 스스로의 힘으로 해결할 수 있게 되었다고 하였다. 하나님께 대한 인간의 독립을 보면서, 본회퍼는 인간은 하나님이라 불리는 작용 가설에 의존하지 않고 스스로 중요한 문제들을 해결하는 법을 배웠다.

본회퍼의 신학은 미완의 상태로 끝났다. 그가 남긴 말들은 수수께끼이다. 그는 칼 바르트로부터 변증법적 신학을 추종하였다. 이러한 사실은 본회퍼의 글에서 보는 모순적 언급에서 발견된다. 이후 사신신학자들은 본회퍼로부터 인간이 하나님으로부터 독립을 영감받았다. 결국 인간의 성숙과 하나님으로부터의 독립을 강조하다보니 믿음으로 하나님께 돌아오라는 성경의 부르심(고후 12:9-10)을 거역하였다.

7. 사신 신학

신은 죽었다고 말한 프리드리히 니체(Friedrich Nietzsche, 1844-1900)에 의해 시작되었다. 시간이 흐르면서 다양한 형태로 발전했는바, 대체로 칸트와 리츨의 철학에 기초하였다. 상기한 두 학자는 공히 하나님의 존재 증명을 부인하였다. 토마스 알타이저(Thomas Altizer, 1927-)는 니체처럼 모든 실체는 불가항력적이며 지속적인 변증론에 의해 끊임없이 파괴와 재창조를 겪고 있다. 그리하여 모든 형태의 전통적 존재론은 성립될 수 없으며, 주권적이며 무조건적인 절대 존재도 있을 수 없다고 하였다. 어느 한 순간에 신이 된 자는 변증론에 의해 곧 자신의 자멸을 원하게 된다. 사신 신학자들은 루돌프 불트만과 디트리히 본회퍼로부터 사상을 빌려왔다. 불트만으로부터 그들은 성경의 신화에 기초하여 인간은 하나님 없이 사는 법을 배워야 한다고 하였다. 그리하여 이들은 성경에 기록된 하나님과 예수 그리스도, 세상에 관한 선포, 특히 죄와 구원을 무시하였다. 그 결과 기독교는 세속화와 함께 하나님에서 인간으로 대체되었다.

(1) 가브리엘 바하니안(Gabriel Vahanian)의 신학: 소르본느와 프린스턴에서 공부한 후, 프린스턴과 시라큐스에서 신학을 가르쳤다. 그의 저서 중에 「신의 죽음: 기독교 이후 시대의 문화」(*The Death of God: The Culture of Our Post-Christian Era*)이다. 바하니안은 우리의 사회를 기독교 이후의 시대로 규정하였다. 즉 기독교는 현대의 과학 시대에 들어와 세력을 잃었다. 하나님은 더 이상 불필요하다. 그는 오늘날 부적합하다. 그는 죽었다. 그리고 그는 다른 학자들처럼 비초월적 신 개념을 담은 기독교 문화를 제시하였다. 그것은 하나님의 개념이 인간과 융합된 문화이다. 바하니안은 하나님의 이름을 표현하는 용어로 항해사라 하였다. 그는 세속적 형태의 기독교를 주장하였다.

(2) 폴 반 뷰렌(1924-): 미국 텍사스 주 오스틴의 에피스 코팔 신학교(Episcopal Theological Seminary)와 필라델피아의 템플대학교(Temple University) 교수로 봉직하였다. 그는 종교가 종교적 상황이 아닌 세속적 상황에서 야기시키는 문제를 좀더 명확히 하기 위함이었다. 그는 디트리히 본회퍼의 사상에 기초하여, 우리는

마치 하나님이 안 계신 듯이 이 세상을 살아야 한다는 점을 솔직히 시인해야 한다. 우리는 하나님의 가설 없이도 우리가 세상에 살 수 있도록 하시는 하나님 앞에 계속 서 있는 것이다. 그밖에 니체를 인용하기도 하였다. 그는「복음의 세속적 의미」(*The Secular Meaning of the Gospel*)와「신의 죽음 이후」(*Post Mortem Dei*)를 저술하였다. 여기서 그는 성경이 신화이므로 하나님에 관해 말하는 것은 불가능하며 무의미하다. 하지만 세속적 인간은 예수와 부활절 사건에서 의미를 찾아야 한다. 그의 부활은 몸이 다시 사는 것보다는 사랑의 자유가 전염적으로 확산됨을 뜻한다.

(3) 윌리엄 해밀턴(1924-): 침례교 목사로 뉴욕 로체스터의 콜게이트 로체스터 신학교에서 조직신학을 가르쳤다. 그는「그리스도인」(*The Christian Man*),「기독교의 새 본질」(*The New Essence of Christianity*),「급진 신학과 신의 죽음」(*Radical Theology and the Death of God*) 등이 있다. 해밀턴은 전통적인 신론을 부정하고 신의 죽음이 지난 두 세기 동안 일어나고 있는 문화적 현상이라고 하였다. 그러므로 인간은 하나님으로부터 어떤 도움도 기대하지 말고 신의 죽음에 적절히 대처해야 한다. 생활의 문제점은 세속 세상에서 해결해야 한다. 왜냐하면 인간을 불안과 절망과 자기 의로부터 구원하는 데 있어 신은 더 이상 불필요하다. 실제로 신은 존재하지 않기 때문이라 하였다. 그에 의하면 인간이 신 없이 살 수 있는 이유는 현대 과학의 발전 때문이다. 기독교의 남은 것은 나사렛 예수의 윤리뿐인데, 그로 인하여 하나님은 거기서 제외된다. 따라서 그리스도인들은 전통적 신학과 종교에서 돌아서서 모두 세상으로 나가야 한다고 하였다.

(4) 토마스 알타이저(Thomas J. J. Altizer, 1927-): 아틀란타의 애모리 신학교에서 교수하였다. 그는 급진적인 여러 저술을, 대표적으로「기독교적 무신론의 복음」(*The Gospel of Christian Atheism*)을 출간하였다. 그 또한 다른 신학자들처럼 전통적인 기독교를 배척하였다. 그는 빌 2:6-8을 근거로 그리스도가 십자가 상에서 죽으실 때 하나님도 역사 안에서 죽었다. 그리고 니체의 신의 죽음에 관한 명제에 따라서 우리는 신의 죽음을 하나의 역사적 사건으로 이해해야 한다. 하나님은 우리의 시간 속에서, 우리의 역사 속에서, 우리의 실존 속에서 이미 죽으셨다고 하였다. 알타이저는 난해한 특유의 시적이며 변증법적 언어를 통해 그리스도의 죽으심과 하나님의 초월성을 서술하였다. 그리스도가 죽었을 때 초월자로서 하나님

도 죽었다. 그러므로 하나님이 세상과 역사 속에서 온전히 내재하시도록 하려면 하나님의 계속적인 죽음을 유도해야 한다. 이를 위해 그는 신과 인간의 연합을 바라본다.

8. 과정 신학(Process Theology)

(1) 역사적 발전: 하나님을 어떻게 사람들에게 가르칠 것인가? 세속화 신학에서는 이것을 세속적 형태로 성취된다고 하였다. 그런데 그 세속화 과정이 과정신학을 통해 계속되었다. 그런데 이들 세 신학, 사신과 세속화, 과정 신학은 모두 하나님의 연구를 성경보다 철학적 관점에 기초하였다. 이들에게 특별계시는 고려 대상이 아니다. 과정 신학은 우주가 불완전하여 항상 변화한다는 헤겔의 주장을 받아들였다. 실체는 항상 정반합의 변증법적 과정을 통해 발전하기 때문이다. 헤겔의 과정적 체계에서 종합은 창조적 신화의 단계이다. 그러나 최종적이며 정체적인 불변의 완전은 성취되지 않는다. 이 전제 아래서 과정 신학이 전개된다.

(2) 알프레드 화이트헤드(Alfred North Whitehead, 1861-1947): 실체란 정체되지 않고 항상 역동적이며, 항상 발전적 과정에 있다. 여기에는 하나님도 포함된다. 과정신학에 의하면 하나님은 변화하는 활동으로 구성되었다. 화이트헤드의 과정적 하나님 개념은 그의 수학적 연구에 기초하였다. 이 연구를 통해 화이트헤드는 세상에 일반적인 유동 현상이 있음을 발견하였다. 그는 과정이 세상의 규칙이라 하였다. 모든 실재하는 것은 다른 무엇으로 되어지는 끊임없는 과정, 즉 사슬에 놓여있다. 이 변이의 과정에 하나님은 더 이상 절대자가 아니며 단지 되어지는 과정에 있을 뿐이다. 그에게 하나님은 두 측면으로 하나는 원천적 본성으로 오직 영원한 대상들과 관계된다. 다른 하나는 그의 후천적 본성의 내재성은 세상과 관련된다. 후천적 본성 중에 하나님은 계속 세상에 대한 구원과 보전 역사를 이루지만 그 과정은 결코 완결되지 않는다. 그리하여 화이트헤드는 하나님이 영원과 시간, 무한과 유한, 추상적 개념과 실제 세상에서의 구체적 물질화가 통합된 양극적 존재로 규정하였다. 이는 결국 하나님이 진화를 주관하고 자연을 변화시키는 비인격적 힘이다. 하나님은 전능자도 아니요, 인간과 함께 미래를 형성해 나가는 공동 창조자도 아니다. 하나님은 활동적 실체로 세상을 자기 안에 포함하고 있으며, 그

와 또 세상이 갖고 있는 창조력을 통해 세상과 함께 고통당하며 함께 자라간다.

(3) 찰스 하르츠혼(Charles Hartshorne, 1896-): 하이트헤드처럼 하르츠혼도 전통적인 신적 개념을 거부하였다. 하나님은 오직 세상의 감독자로 세상과 함께 협동하며 서로 의존한다. 합리주의적이며 논리적인 입장에서 하르츠혼은 필요적 존재의 필요성을 역설하였다. 그에게 하나님은 비인격적 존재로, 세상의 존재 원인이신 일련의 실체일 뿐이다. 화이트헤드처럼 하르츠혼은 하나님이 불변적 본질을 갖고 계시지 않고 계속 발전하며, 자신의 체험을 증가시키고 우주의 과정에 참여하며, 인간의 삶과 고통에 동참함으로 자신을 완성시켜 나가신다. 이는 초자연주의를 거부하는 자연신학적 신 개념에 근거한 것이다.

(4) 존 코브(John Cobb, 1925-): 과정신학자로서 화이트헤드와 달리 양극적 신론을 거부하였다. 코브는 하나님을 활동적 실체로 보다 하나의 통일체요 살아 있는 인격체로 보았다. 그러나 그는 하나님에 대한 적절한 이해를 위해 자연 신학으로 돌아가야 할 것을 강조하였다. 하나님은 세상 안에 계시고 세상은 하나님으로부터 나와 하나님 안에 존재한다는 만인 재신론(panentheism) 즉, 범신론을 주장하였다. 이는 유신론과 범신론의 통합적 견해이다. 세상의 악은 창 3장보다는 진화론적으로 적용하였다. 생명과 가치를 통해 자유와 자의식, 이성이 발전하고, 그 과정에서 악이 생겨났다고 보았다. 결국 코브는 인간에 대한 낙관주의로 흐르며, 구 자유주의로 기울었다.

(5) 넬슨 파이크(Nelson Pike): 과정신학자 파이크는 특별히 토마스 아퀴나스의 하나님의 무시간성에 반론을 제기하였다. 그에 의하면 무시간성은 하나님의 예지를 도말시킨다. 무시간적 하나님은 과거는 물론 미래도 있을 수 없다. 세상은 시간 속에 창조되었지만, 하나님은 시간 속에서 행동할 수 없고 오직 영원 속에서만 행동하신다. 무시간성은 하나님의 인격성도 도말시킨다. 왜냐하면 인격성은 응답을 요구하기 때문이다. 만약 하나님이 무시간적이시라면, 그는 변화하실 수 없기 때문에 응답도 하실 수 없다. 사람이 예배와 기도를 드리는 이유는 이를 통해 하나님을 움직이기 위함이다. 그런데 만약 하나님이 무시간적이라면 그는 움직일 수 없다. 무시간은 성육신도 무효화시키고 말 것이다. 왜냐하면 성육신은 변화를 요구하기 때문이다.

(6) 슈베르트 오그덴(Schubert M. Orgen, 1928-): 오그덴은 불트만의 관점에서 과정적 하나님의 필요성을 역설하였다. 즉 인간은 세상에서 자신의 실존을 이해해야 한다는 것이다. 오그덴은 찰스 하르츠혼의 양극적 하나님 견해에 기초하여 자신의 신학을 펼쳤다. 그에게 하나님은 상대적이다. 이는 마치 나라는 존재가 각자의 육체와 관련되었듯이, 하나님은 세상과 관계되어 계신다. 세상은 하나님의 육체이다. 그러므로 하나님은 공감적 참여를 통하여 세상에 참여하신다. 하나님은 모든 만물 안에 포함되어 계시며 우주의 모든 실체와 연관되어 계신다는 면에서 절대적이다. 이러한 관계성 안에서 하나님은 끊임없이 변화를 겪으신다.

(7) 노만 피텐저(Norman Pittenger, 1905-): 피텐저는 기독론에 과정신학을 적용하였다. 그는 그리스도의 신성을 언급했으나 본질을 보다는 그리스도 안에 성취되는 하나님의 신적 활동을 언급하였다. 그리스도의 신성은 그리스도 안에서 이루어지는 하나님의 활동이다. 그리스도는 인간 중에서 성취되는 하나님의 활동이시다. 피텐저는 만유재신론을 주장한다는 면에서 과정신학이다. 그에 의하면 하나님의 존재는 온 우주를 포함하고 온 우주에 침투되어 있다. 그러므로 우주의 모든 부분은 하나님 안에 존재한다. 그러나 범신론과 달리 하나님의 존재는 우주 이상이며 우주에 다 포함되지 않는다. 하나님은 세상에서 활동하시면서 각 피조물들이 자기 실현을 하도록 도와주신다. 하나님이 세상에서 활동하고 계시므로, 모든 사건은 하나님의 성육신이다.

결국 과정신학의 하나님 개념은 성경의 계시가 아니라 알프레드 화이트헤드의 과학과 수학의 가설과 찰스 하르츠혼의 합리적 사변에서 유출한 것이다. 하나님의 인격성과 주권성이 부인되며, 단지 하나의 힘일 뿐이다. 그러므로 이들에게 하나님은 시시때때로 변하는 존재이다. 과정신학은 초자연적인 것과 기적을 부인한다. 칼 헨리(Carl F. H. Henry)는 과정신학은 창조가 진화로, 구속은 관계로, 부활은 갱신으로 이해된다. 초자연적인 것이 거부되며 기적은 사라진다. 성경의 살아 계신 하나님은 내재적 주제들 안에 잠겨 버린다. 과정 신학은 계시보다는 칸트의 합리주의에 기초를 두고 있다. 과정 신학은 하나님의 불변성을 해친다(말 3:6; 약 1:17). 그것은 하나님 자신이 변화를 겪으신다고 주장하기 때문이다. 성경의 죄와 구속의 개념은 언급되지 않는다.

9. 역사주의 신학

역사주의는 하나님의 계시로서 성경적 역사를 특별히 강조한다. 그 중심에 오스카 쿨만과 볼프하르트 판넨베르크가 있다.

(1) 오스카 쿨만(Oscar Cullmann, 1902-1999): 스트라스부르크대학교에서 수학하고 후에 그곳에서 헬라어와 고대 교회사를 강의하였다. 바젤 대학교로 초청된 그는 신약 및 교회사 교수로 봉직하면서 대학의 명성과 학문을 더욱 앙양하였다. 그러나 그는 그곳에서 칼 바르트의 영향으로 신약에 대한 그리스도론적 접근법을 발전시켰다. 쿨만의 보수성은 그가 급진적인 불트만의 양식 비평과 비신화화를 거부하였다는 데서 발견된다. 그리고 그는 실존주의에 의존하지 않고 독자적인 해석학을 강조하였다. 쿨만의 공헌은 신학을 구원사 혹은 구별(성별)된 역사로 하일스게쉬히테(Heilsgeschichte)를 도입해 사용한데 있다. 역사적으로 이 용어의 최초 사용자는 폰 호프만인데, 쿨만이 그 용어를 더욱 발전시켰다. 하일스게쉬히테는 종교적 철학에 초점을 맞추기 보다는 역사 중에서 하나님이 이루시는 구원 활동의 역사적 사건을 중요시한다. 그러나 구원사는 성경에 대한 비판적 접근을 용인하고, 그 방식은 옛 자유주의자들이 사용하였으며, 최근에는 신정통주의자들이 채택하였다. 구원사 신학자들은 성경을 역사적인 하나님의 구원 행위에 대한 기록으로 보지만, 성경의 무오성을 거부하며, 성경적 신학 체계에 무관심하였다. 이들에게 성경의 중요성은 다만 그것이 하나님의 역사적 활동에 대한 기록이라는 것이다. 신정통주의 영향으로 구원사 학파에서는 하나님의 구원 행위의 혜택은 그리스도를 믿는 믿음을 통해 개인적으로 주어진다고 보았다.

구원사 신학의 특징은 (i) 역사적 사건에 나타나는 하나님의 계시에 많은 강조이다. 따라서 쿨만은 교회가 성경에 신화적 옷을 입혀 놓았다는 불트만의 주장을 거부한다. 그에 의하면 성경의 사건들은 시간 내에서 일어난 역사적 사건들이다. 그러나 성경 그 자체는 무오하지 않다. 성경은 단지 거룩한 역사의 하나님 사건들을 설명하는 도구일 뿐이다. (ii) 성경의 중요한 요소는 성경의 단어가 아니라 거룩한, 성별된 역사이다. 구원사의 절정은 예수께서 메시아로 오신 사건이다. (iii) 종말 시대는 그리스도의 성육신과 함께 시작되었으나, 그 성취는 아직 이루어지지 않았다. 그는 모든 신약 사건들과 교회사의 사건들을 종말적인 것으로 규정하였다. 신정통주의 신학자들처럼 그를 포함한 구원사 신학자들은 계시의 의미를 알려면 주관적 만남이 필요하다고 주장한다. (iv) 쿨만의 구원사 신학은 긍정적으로, 성경 사건의 역사성을 기독교 메시지에서 결정적으로 중요함을 강조하였다. 그에 의하면 누구든지 그리스도가 친히 메시아임을 밝히신 역사적 사실들을 믿지 않으면 참다운 신자가 될 수 없다. 이것이 기독교의 중심적 진리이다. 쿨만은 또한 예수 그리스도의 중심성과 역사성을 강조하였다. 하지만 그는 오직 입증될 수 있는 기록들만 역사적인 것으로 인정하였다. 그러므로 그에게 아담의 설화나 종말론적 사건들은 신화일 뿐이다. 이러한 입장은 결국 그가 불트만의 양식 비평을 취하였기 때문이다. 그는 자신에게 적합다다고 판단되면 성경을 난도질하여 취사선택하였다. 동시에 칼 바르트의 영향으로 계시를 주관적 체험을 수용하였다. 구원사 학파는 영적 만남을 계시의 초점으로 간주한다.

(2) 볼프하르트 판넨베르크(Wolfhart Pannenberg, 1928-): 뮌헨대학의 조직신학 교수로 독일 신학의 새로운 전환을 불러일으켰다. 불트만의 실존주의적 경향과의 단절을 시도한 판넨베르크는 자신의 신학적 뿌리를 역사 속에서, 특별히 예수 그리스도의 부활 속에서 찾았다. 그는 그리스도의 부활을 기독교의 중심으로 간주하였다. 따라서 판넨베르크의 신학은 역사의 신학 혹은 부활의 신학으로 불린다. 판넨베르크에 의하면 올바른 신앙을 위해서는 성경 사건들의 역사성을 인정해야 한다. 이를 위해서 그는 역사를 히스토리와 게쉬히테로 구분한 칼 바르트의 이분법을 거부하였다. 그 이유는 역사에 뿌리를 두지 않고 복음을 선포하는 것은 불가능하기 때문이다. 그는 모든 역사를 계시로 이해하였다. 계시는 하나님으로부터 수직적으로 오는 것이 아니라 역사적 사건을 통해 수평적으로 온다. 따라서 그는 그리스도의 생애를 하나님으로부터 오신 직접적 계시로서가 아니라 하나의 역사적 사건으로 연구하였다. 역사를 통한 계시는 성경이나 하나님으로부터만 오는 것이 아니라 모든 역사적 사건들로부터 온다. 자연 계시와 특수 계시에 대한 구별이 사라진다. 누구든 믿음으로 나오기만 하면 역사를 통한 계시를 이해할 수 있다. 영적 맹목성은 고려하지 않는다. 그러므로 그는 원죄를 문제 삼지 않았다. 계시의 절정은 과거에, 즉 그리스도의 부활 때였다. 불트만과 달리 판넨베르크는 부활을 신화가 아닌 하나의 역사적 사건으로 이해하였다.

판넨베르크는 그리스도의 부활의 역사성을 강조했으나, 인간을 하나님의 은혜가 필요한 타락한 존재로 보지 않았다. 역사에 나타난 하나님의 계시를 단지 이해할 수 있는 중립적 존재로 간주하였다. 이러한 논지에 따라 기독교 진리는 오직 은혜의 기적을 통해 그리스도인들의 마음에 들어간다고 선포한 바르트의 주장을 거부하였다. 하지만 그는 바르트처럼 성경과 계시를 동일시하지 않았다. 그는 그리스도의 동정녀 탄생을 신화로 간주하여 역사 비평학의 논지를 따랐다. 그는 성경의 오류 가능성을 주장하고 부활 기록에도 부정확한 점, 예를 들면 예수님이 자신의 부활에 관해 잘못 생각하였다는 것, 즉 예수님은 세상 끝과 모든 신자들이 일반적 부활이 일치될 것으로 생각하셨다는 것이다. 판넨베르크는 성경보다 역사를 더 권위 있게 보았다. 그러므로 각 개인은 성경보다 역사 해석가의 말을 더 청종해야 한다고 하였다. 역사에 대한 강조에도 불구하고 판넨베르크는 역사적 정통주의에서 이탈하였다. 그것은 성경이 하나님의 계시임을 부인하고, 성경보다 역사를 더 강조하였기 때문이다.

10. 사회주의 신학

사회주의 신학에는 최근 발전된 혁명 신학으로 소망의 신학과 해방신학이 있다.

(1) 위르겐 몰트만(Jurgen Moltmann, 1926-): 몰트만은 1960년대 두각을 나타낸 독일 출신 학자이다. 몰트만은 튀빙겐 대학에서 마르크스 철학자 에른스트 블로흐(Ernst Bloch)를 만났다. 블로흐는 몰트만의 신학 발전에 지대한 영향을 끼쳤다. 몰트만은 1967년 출간된 「소망의 신학」(*Theology of Hope*)에서 그리스도인의 미래를 언급하였다. 이후 그의 사상은 1969년 「종교, 혁명, 미래」(*Religion, Revolution, and the Future*)에서 더욱 구체화되었다. 몰트만의 사상은 종말론적 해석학으로 소망이 성경의 대주제이다. 그러나 몰트만은 교회가 미래를 구체화하며 사회 활동을 통해 사회의 가난한 자들의 소망을 마련해 준다. 그러나 그의 신학에서 하나님은 시간 과정의 일부로 미래를 향해 움직인다. 그러므로 하나님은 절대적인 분이 아니다. 하나님은 미래로 나아가는 도중에 계시는데, 그의 약속은 미래에 성취될 것이다. 미래는 하나님의 핵심적 본성이기 때문이다. 역사적 사건으로서의 그리스도의 부활은 별로 중요하지 않으며 종말론적이다. 그러므로 부활은 미래적 관점에서 보아야 한다. 그 이유는 부활이 장래에 있을 일반적 부활의 소망이기 때문이다. 빈 무덤에서부터 부활을 보기보다는 미래를 향하여 보아야 한

다고 하였다. 그에게 부활은 미래가 정당화시켜 준다.

한편 인간도 미래의 관점에서 보아야 하는 바, 오직 하나님의 미래와 관련하여 끊임없이 펼쳐지는 역사의 관점에서만 이해될 수 있다. 해결책은 인간이 하나님과 연관을 맺는 것인데, 하나님은 인간성이 멸시받고 상처받는 곳이면 어디든지 모습을 드러내신다. 몰트만은 이를 십자가의 신학이라고 호칭하였다. 이 십자가의 신학에서 인간은 삶의 도전을 현재에 대한 미래의 침투로 받아들임으로써 십자가의 일익을 담당한다. 인간은 변화를 이루기 위하여 사회에 적극적으로 참여해야 한다. 그 과정에서 종족, 계급, 지위, 국가 교회 등은 도말되어야 한다. 교회는 미래를 구체화할 힘을 갖고 있으며, 사회에서 그러한 변화를 이루기 위해 적극 전파해야 한다. 교회는 개인적 구원의 차원을 넘어 상이한 백성들 간에 놓인 모든 장벽과 장애물을 헐기 위해 노력해야 한다. 교회는 부자와 가난한 자, 혹은 각 민족 간에 가로놓인 인위적 장벽을 헐고 화해를 이루는데 쓰임 받는 하나님의 도구이다. 혁명은 교회가 변화를 이루기 위해 사용할 수 있는 수단 중의 하나이다.

결국 몰트만은 미래만을 강조함으로 역사에 대한 정상적인 이해를 거부하였다. 그는 그리스도의 부활이 지니는 역사적 의미를 인정하지 않는다. 역사를 종말론과 연결함으로 그는 역사 및 역사적 사건들의 침의미를 간과해 버렸다. 하나님 개념에서는 하나님의 불변성(말 3:6)을 부인하며, 하나님이 절대적인 분이 아니라 미래로 움직여 나가는 분일뿐이다. 한편 그의 사회 변혁 개념은 마르크스와 에른스트 블로흐의 기독교-마르크스주의의 영향이었다. 의심 없이 혁명 및 사회 변혁을 주장하는 대부분의 해방신학자들은 몰트만의 신학에 기초하였다. 그러한 변혁은 개인의 구원을 통해 성취될 수 없고, 오직 사회 불의에 과감히 맞서는 교회를 통해 이루어진다. 그런데 몰트만의 미래에 대한 소망은 헤겔의 철학의 낙관적 인본주의와 연계되었다. 몰트만은 과거를 정(正), 즉 혼돈으로, 미래를 반(反), 즉 소망으로 보았다. 그 결과 필연적으로 변화를 일으키는 현재, 즉 합(合)이 제공된다고 하였다. 그는 성경보다 마르크스에 근거하여 신학을 체계화하였다.

(2) 해방신학과 신학자들: 해방신학은 가난한 자와 억눌린 자의 사회적.경제적 관심을 신학에 접목시킨 운동으로 중남미에서 발달하였다. 이는 종종 흑인신학으로 불리며 여성 신학ㅇ들 포함한다. 해방신학의 역사적 태동에 4가지 요소가 있다. 첫째는 임마누엘 칸트(계시보다 이성 강조)와 게오르그 헤겔(사회 변혁에 정반

합의 원리 적용), 특히 칼 마르크스의 철학(계급적 구분과 장벽 타파로 사회 변혁 성취)에 기초하였다. 라틴아메리카는 로마 가톨릭이 주도하지만 대다수 국민들은 심한 압제로 어려움을 겪었다. 이러한 상황에서 마르크스적 사회주의가 침투하면서 혁명신학을 태동시켰다. 둘째로 몰트만의 소망의 신학의 영향으로 미래의 소망을 성취하는 방법으로 수용되었다. 그런데 몰트만 자신도 마르크스의 사상에 기초하였다. 셋째로 라틴 아메리카의 가톨릭에 의해 주도되었다. 특별히 제2차 바티칸 공의회 이후, 많은 사제들이 라틴 아메리카의 문제 해결책으로 해방신학을 지지하였다. 넷째로 대부분의 국민들이 부유한 지주들과 독재자들에 의해 억압 받는 라틴 아메리카에서 일어났다. 이곳의 빈부 차는 현격하였다. 신학자들은 중남미가 식민지화된 그 날 이후 국민들에 대한 억압이 시작되었다고 주장한다. 중남미에서 해방신학은 주로 정치와 연관되었다. 해방신학자들의 메시지는 대부분 유사하다. 일부 신학자들은 성경을 어느 정도 신뢰하지만 주로 정치적이며, 억압받는 사람들을 물리적 착취 상태에서 구출하는 것이 목표이다. 대표적인 해방신학자 5인으로는 제임스 콘과 구스타보 구티에레즈, 호세 미구에즈 보니노, 후안 루이스 세군도, 호세 포르타리오 미란다가 있다.

(i) 제임스 콘(James H. Conn, 1938-): 그는 현재 가장 널리 알려진 흑인 해방 신학자이다. 그는 「흑인 해방 신학」(*A Black Theology of Liberation*)에서 기독교 신학과 해방 신학을 동일시하였다. 그에 의하면 신학은 억압받는 공동체의 실존적 상황에 입각하여 세상에서 하나님의 존재를 이성적으로 연구하는 학문이다. 즉 해방의 힘을 복음의 핵심, 즉 예수 그리스도와 연관 짓는 것이다. 콘은 해방과 그리스도의 복음을 동일시하였다. 그에게 복음은 억눌린 자들을 돕는 것이다. 콘은 구약의 이스라엘의 행위에 근거하여 자신의 해방 신학을 전개한다. 그는 이스라엘 예언자들이 한 결 같이 부르짖은 주제는 가난하고 사회에서 소외된 자들의 사회적, 경제적 결핍과 정치적 정의에 대한 하나님의 관심이었다. 히브리 예언자들에 의하면 하나님은 가난한 자들에 대한 불의를 용납지 않으시며, 그의 행위를 통해 가난한 자들은 신원을 받게 된다. 하나님은 억압받는 자들을 위한 해방의 하나님으로 자신을 계시하신다. 콘은 예수님의 도래는 영적 해방이 아니라 억압받는 자들을 해방하기 위함이었다. 그리스도의 부활은 모든 억눌린 자들이 그의 백성이 되었음을 의미한다. 부활사건은 하나님의 해방 사역이 이스라엘 집만을 위한 것이

아니라 정사와 권세에 의해 얽매인 모든 사람을 위한 것임을 나타내 준다. 미래의 부활 소망을 가진 사람은 현재의 불법을 용납하거나 불의한 모순도 묵과하지 못한다.

(ii) 구스타보 구티에레츠(Gustavo Gutierrez, 1929-): 페루 리마의 한 신학교 교수로 해방신학: 역사, 정치, 구원(A Theology of Liberation: History, Politics and Salvation)은 해방 신학의 대헌장, 마그나 카르타이다. 그는 신학을 무시간적인 진리의 체계화로 보지 않고, 다른 해방 신학자들과 같이 지식과 인간과 역사에 대한 현대적 통찰력을 포함하는 역동적이며 지속적인 탐구 활동으로 규정하였다. 그에게 신학은 새로운 사회주의 사회를 만들기 위해 라틴 아메리카 계급 투쟁에 개인적으로 참여함을 통해서 현재 주어진 역사 상황에서부터 신학적 진리를 발견하고 체계화시키는 것을 의미한다. 한편 그에게 해방신학은 압제받고 착취당하는 라틴 아메리카에서 해방 운동에 참여한 남녀들이 겪는 체험과 복음에 기초하였다. 해방 신학은 현재의 불의한 상황을 타파하고 좀 더 자유롭고 좀 더 인간적인 사회를 건설하기 위해 함께 노력하면서 얻은 체험을 바탕으로 한 신학적 성찰이다. 그 목표를 성취하는 방법은 개개인이 압제자와의 싸움에 참여하는 것이다. 여기서 그리스도는 그들을 해방하기 위한 하나님의 선물이다.

(iii) 호세 미구에즈 보니노(Jose Miguez Bonino): 아르헨티나 부에노스 아이레스의 한 감리교 신학교 교수로「혁명적 상황에서 신학 한다는 것」(*Doing Theology in a Revolutionary Situation*)이란 책에서 마르크스적 사회주의가 세계를 변화시키는 가장 적절한 방법임을 강조하였다. 그에 의하면 계급투쟁은 엄연한 사실이며, 그리스도인들은 압박받는 자의 편에 서서 계급투쟁에 참여해야 한다고 하였다. 하지만 보니노는 신학적 좌파와 우파를 모두 비판하며 자신을 중도로 분리하였다. 그리고 그는 근본주의자들이 사회 참여에 소극적이며, 자유주의자들은 신앙과 회심의 메시지를 결여하였다고 비판하였다. 그리고 그는 결론으로 첫째, 그리스도인들은 정부에 대해 책임을 갖고 있다. 그러므로 그리스도인은 사람들이 복음을 좀 더 잘 받아들일 수 있는 상황을 만들기 위해 노력해야 한다. 거기에는 비참과 억압을 창출하는 장애들을 제거하는 일도 포함된다. 둘째, 교회는 사랑을 통해 문제 많은 세상 일에 참여해야 한다. 셋째, 평화와 질서, 정의와 자유, 위엄과 공동체를 창출함으로 그리스도의 사역에 참여해야 한다.

(iv) 후안 루이스 세군도(Juan Luis Segundo, 1925-): 우르과이의 예수회 사제인 세군도는 많은 책의 저술가로 주로 피에르 테이야르 드 샤르뎅(Pierre Teihard de Chardin)의 신학을 추종하였다. 그는 해방신학에서 그리스도인들이 자기네 신앙에 대한 급진적 재해석을 하가 시작하였는데 개인적으로뿐 아니라 교회적 차원에서 그리하기 시작했다. 그리하여 샤르뎅의 견해에 따라 신학을 하나의 학문으로 보지 않고 세계를 변화시키려고 노력하는 혁명적 정신으로 이해해야 한다고 하였다. 그는 사전에 정치적으로 뚜렷한 입장을 갖고 있지 않으며 복음의 메시지를 해석할 수도 없고 기독교 신학을 할 수도 없다. 오직 정치적 견해만이 신학을 가능하게 해준다고 하였다. 해방 신학에는 세군도의 해석학적 방법론도 개괄적으로 제시되어 있는데, 거기서 세군도는 사회가 변화함에 따라 성경 해석 방법도 끊임없이 변해야 한다고 주장하였다. 실제로 사람들은 현재 유행하고 있는 성경 해석에 대해 의심해야 한다. 각자의 사상이 성경 해석에서 결정적인 역할을 하기 때문이다. 이것은 어떤 사상에 빠지지 않으면 성경을 체계적으로 해석할 수 없기 때문이다. 따라서 그는 기독교 같은 종교와 마르크스주의 같은 사상 사이에 강한 유사성을 발견하였다.

(v) 호세 포르티리오 미란다(Jose Portirio Miranda): 이전 예수회의 제자 미란다는「마르크스와 성경: 압제 철학에 대한 비판」(*Marx and the Bible: A Critique of the Philosophy of Oppression*)이라는 책을 저술하였다. 여기서 그는 다른 해방신학자들에 의존하지 않고 독자적으로 연구하였다. 심지어 위르겐 몰트만도 의존하지 않았으나 결론은 매우 유사하였다. 미란다는 멕시코의 가난한 자들 가운데서 그리스도인의 사회적 행위를 찾고자 하였다. 마르크스의 저서들을 연구한 후 그는 결론으로 지금까지 우리 그리스도인들과 교회는 성경 메시지의 핵심적 의미를 파악하지 못하였다. 그런데 성경 특히 출애굽기와 예언서들은 초월적 하나님에 대한 계시로, 억압받는 자들을 위해 압박자들과 싸우시는 해방자로 묘사하였다.

이러한 주장은 압제적 정부에 대한 저항을 촉구할 때 해방 신학자들이 출애굽기를 인용하는 것과 기본적으로 일치한다. 한편 미란다는 성경의 중심되는 주제를 사회적 정의, 곧 가난한 자의 구원으로 보았다. 그에 의하면 하나님의 소원 한 가지는 인간들 사이의 정의이다. 마르크스의 연구 결과 미란다는 마르크스와 사도 바울의 연관성을 발견하였다. 미란다는 이들 두 사람은 모두 인간이 예전의 이기심과 무자비와 욕심을 버리고 이웃을 온전히 사랑할 수 있게 될 것을 믿었다. 그러나 어떤 비평가는 마르크스를 성경에 나타나는 예언자 주의 하나로 취급하였다.

(iv) 요약: 해방신학은 좌익적인 견해로 종종 보수주의자들에 의해 비판을 받는다. 첫째, 이들은 성경의 일상적 의미 대신 이차적 의미를 더 중요시하기 때문이다. 예를 들면 콘이 주장했듯이 그리스도의 부활은 모든 사람의 해방, 즉 육체적 압제로부터의 구원과 연계하였다. 고전 15장, 죄로부터의 구원과 육체적 죽음으로부터의 부활을 무시하였다. 둘째, 인간의 죄성과 죄로부터 인간을 구원할 영적 구세주의 필요성을 무시한다. 죄로부터의 해방은 전혀 고려되지 않는다. 그들이 말하는 해방의 본질은 정치적인 것이다. 실제로 해방 신학자들은 자신들이 불의한 압제자들을 몰아냄으로서 죄로부터 그 압제자들을 구원해 준다고 여긴다. 그들에게 있어서 가장 큰 죄는 하나님의 표준에 대한 위반이 아니라 사회적 불의이다. 셋째, 그들의 소망은 성경에 나타난 예수 그리스도를 통한 영생 개념에 기초하지 않았다. 그 소망은 위르겐 몰트만과 같이 종종 혁명적 수단으로, 현재의 추진적 노력을 통해 미래의 소망을 실현하는 것이다. 넷째, 구티에레츠처럼 신학은 전통적 견해, 즉 정언적 진리로 주어진 하나님의 객관적 계시가 아니라 유동적이며 계속 변화하는 것으로 사회적 변화와 연관을 맺고 있다. 해방 신학은 마르크스적 사회주의에 기독교의 껍질을 덮은 것이다. 다섯째, 롬 13장에 개괄적으로 언급된 성경의 명령, 곧 세상 정부에 복종하라는 명령을 거스리는 것이다. 여섯째, 이들의 성경 해석 방법론은 후안 루이스 세군도처럼 성경의 귀납적 연구에 따르지 않고 자신의 정치적 사상에 기초하였다. 일곱째, 이들은 사람들이 좀 더 풍요로운 환경에 살면 복음에 좀 더 잘 응답할 것이라 하지만, 피터 와그너의 지적처럼 그것은 잘못된 가설이다. 호프 포르티리오 미란다는 칼 마르크스와 사도 바울을 연관시키면서 마르크스주의의 원칙이 사람들로 하여금 서로 사랑하게 만들 것이라고 주장하였다. 그러나 미란다는 죄와 그리스도를 통한 구원을 전혀 인정하지 않았다. 결국 해방 신학은 정통적, 성경적 관점에서 하나님, 그리스도, 인간, 죄, 구원 보다는 현재의 정치적 상황 속에서 모든 개념을 재해석한다.

11. 가톨릭 신학의 전개

현대 로마 가톨릭의 전통은 제2차 바티칸 공의회, 1962년 교황 요한 23세(John XXIII)에 의해 소집되어 1965년 바오로 6세(Paul VI) 때의 종결로 다양하게 변화되었다. 그리하여 제1차 바티칸 공의회의 많은 강조점들을 철회함으로 가톨릭 교회의 방향을 극적으로 전환시켰다. 제2차 바티칸 공의회는 가톨릭 신앙의 개인화를 추구하고, 일반인들의 언어를 사용하였다. 이로써 그들을 동참시킴으로 신앙을 좀 더 의미있게 하였다. 성경에 대한 강조로 기도모임, 성경 공부, 복음주의, 카리스마 운동이 일어났다. 하지만 이전부터 다양한 변화가 일어났으나, 공의회를 통해 더욱 확대되었다. 당시 공의회의 의제 중에 하나는 교회의 권위였다. 한스 큉(Hans Kung)과 에드워드 쉴레비크스(Edward Schillebeeckx), 찰스 큐란(Charles Curran)은 로마 교회의 가르침이 무오하다는 전통적 가르침에 반기를 들었다. 그러나 이것은 전혀 새로운 것은 아니었다. 왜냐하면 19세기 로마 가톨릭 학자들이 교회와 국가의 분리를 요구하기 시작했기 때문이다. 교황 피우스 9세는 이들을 혹독히 징벌하였다. 20세기 초 알프레드 로이지(Alfred Loisy)는 영감을 둘러싸고 교회와 정면으로 대립하여 교수직을 박탈당했다. 1910년 교황 피우스 10세는 그의 회람 칙령에서 가톨릭 자유주의자들과 반대론자들을 공격했으나, 시대의 조류를 막지 못하였다. 이러한 사전 움직임들이 제2차 바티칸 공의회의 개최를 촉발하였다. 이 공의회는 새로운 세기와 더불어 가톨릭 신앙의 현대화를 촉진하였다. 하지만 1963년 가톨릭 교인들의 출석률이 70%에서 1974년 50%로 추락하였다.

11.1. 급진 신학자

(i) 한스 큉(Hans Küng, 1928-): 그는 한 때 튀빙겐대학교 교수로 영향력 있는 로마 교회의 비평가 중 한 사람이었다. 그는 제2차 바티칸 공의회에서 제시되는 것 보다 훨씬 더 많은 변화를 추구하였다. 예를 들면 그는 가톨릭 교회와 칼빈 교회의 칭의 관념이 별 차이가 없다고 하였다. 1968년 사도적 계승(*Apostolic Succession*)의 저술에서, 거기서 그는 예언자와 교사를 비롯하여 여러 은사 받은

개인들은 사도와 마찬가지로 계승을 주장할 수 있다고 하였다. 또한 교황의 권위의 무오성에 관하여 의문을 제기하였다. 그 결과 공직을 박탈당하였다. 실제로 큉은 단순히 전통적 가톨릭에서 벗어난 정도가 아니라 근대 자유주의와 흡사한 경향을 띠고 있다. 예를 들면, 그는 성경의 무오류성을 부인하고, 일부 성경 기록들은 신뢰할 수 없는 역사 비평학으로 간주하였다. 그의 그리스도론도 전통적 견해와 판이하다. 그는 예수님이 어떠한 메시아 칭호도 스스로 취하지 않으셨으며, 그러한 칭호들은 후대에 교회가 붙인 것이다. 하나님의 아들은 예수님의 인격성과 아무 상관이 없다고 하였다.

(ii) 칼 라너(Karl Rahner, 1904-1984): 독일 출신 저명 신학자로 제 2차 바티칸 공의회와 관련하여 유명하다. 그는 한 때 인스부룩(Innsbruck)과 뮌스터에서 교수하였다. 그는 초월적 토마스주의를 발전시키며, 인간의 타락과 죄의 상태를 무시하였다. 그에 의하면 하나님의 절대적 존재는 인간의 지식을 초월하므로 인간에게는 본성적으로 하나님에 대한 지식이 미리 주어져 있다. 하나님은 모든 인간에게 하나님의 은혜 곧 초자연적 실존을 받을 수 있는 잠재력을 주셨다. 하나님의 음성을 들을 수 있다는 것이 다른 동물과 다른 인간의 특성이다. 여기에는 무신론자와 타 종교인들까지도 다 포함한다. 이 가르침에 함축된 의미는 인간은 외적으로 교회를 통하지 않고도 내적으로 하나님과 교통할 수 있다는 것이다. 그러므로 인간은 굳이 교회와 연관을 맺을 필요가 없다. 이러한 이해는 그리스도론에서 제시되었다. 그는 그리스도를 높이 치하하지만 단지 인간으로서의 순종의 가치 때문이었다. 그리스도는 그의 순종을 통해 인간의 잠재력을 충만케 하셨다는 것이다. 그에게 그리스도의 양성은 무의미하지만 인간 진화의 절정으로 취급하였다.

(iii) 에드워드 쉴레비크스(1919-): 네덜란드 로마 가톨릭 신학자로 기존의 가톨릭 교리를 이탈하는 주장으로 경악시켰다. 특별히 계시 문제에서, 쉴레비크스는 계시가 말씀뿐 아니라 실제적 일들을 통해서도 이루어진다고 하였다. 예를 들면 성찬식 때 참예자는 말씀의 계시와 접하게 되지만 동시에 실제적 계시와 접한다. 실제적 참예는 오직 성령의 깨우침, 즉 믿음의 빛을 통해서 가능하다. 그리하여 교리의 발전은 성령의 내적 증거 안에서 최종적 의미를 갖는다. 쉴레비크스는 또한 역사적 예수를 연구하였다. 역사 비평적 방법론을 통해 그는 인간 예수를 조명하였다. 그에게 예수님의 사역은 하나님과 맺고 있던 특이한 관계로 이해되었다.

따라서 그가 언급하는 그리스도와 삼위일체는 단순히 인간의 역할로 전통 교리와 상치하였다. 그도 라너처럼 그리스도의 두 본성, 신성과 인성의 결합을 부인하였다.

11.2. 제2차 바티칸 공의회

제21차 공의회는 1962년 10월 교황 요한 23세에 의해 소집되어 1963년 9월부터 교황 바오로 6세에 의해 여러 차례 재소집되었다가 1965년 폐회되었다.[32] 이 공의회는 기술 산업 시대의 도래로 물질주의가 팽배해지고 상대적으로 영적 가치가 약화되는 경향에 맞서기 위해 소집되었다. 로마 가톨릭 교회는 자체 쇄신과 함께 부의 불공평한 분배로 고통당하는 세계 빈민에게 자비의 사역을 펼치기 위함이었다. 또한 개신교와 동장 정교회를 포함하여 모든 기독교인들의 연합을 모색하였다. 공의회는 추상적인 교리보다는 성경에 기초한 결의에 집중하였다.

(i) 계시: 제2차 바티칸 공의회는 오랫동안 갈등을 겪어 온 성경과 전통의 권위의 문제를 해결코자 하였다. 하나님의 계시와 관련하여 공의회는 성경과 전통이 모두 하나님의 계시이며 그 둘이 결코 모순이 아니라고 선포하였다. 그것은 그 둘이 모두 성령에 의해 주어졌기 때문이다. 성경과 전통은 함께 하나의 거룩한 하나님 말씀의 저장소이다. 양자의 조화를 확실히 보장하기 위해 해석은 성경과 전통이 함께 제시하는 계시에 집중되었다. 제 2차 바티칸 공의회는 계시가 단순히 교리의 집합체가 아니고 하나의 신적 인격 안에 있는 것이다. 이것은 쇠렌 키에르케고르와 신정통주의자들의 영향을 받았기 때문이다.

(ii) 무오성: 공의회는 성경은 하나님께서 우리의 구원을 위해 거룩한 문서 안에 넣기 원하신 모든 진리를 확실하고 신실하며 무오하게 가르치고 있다. 이 정의에서 새로운 가톨릭주의는 핵심적 메시지에 영향을 미치지 않는 성경내의 오류, 혹은 우발적 실언들을 용납한다는 점에서 신교파 자유주의자들과 같다.

(iii) 일치운동: 칙령을 통해 명시된 운동은 하나의 가시적인 하나님의 교회, 곧 전 세계로 보내심을 받는 진정한 보편적 교회의 설립을 기대하며 비 가톨릭 그리

---

32) www.kclc.or.kr/bbs/board.php?bo_table=clc03&wr_id=1058&page=1; www.standrewkimchicago.org/xe/catechism/30141;blog.naver. com/kimeli77/221245532771; cafe.daum.net/HalasVeritas/OOuK/19.

스도인들에게 손을 펼쳤다. 참된 교회인 로마 가톨릭으로 돌아오라는 요구보다는 비 가톨릭 기독교인들을 합법적 기독교 공동체로 인정하였다. 비 가톨릭 기독교인들은 이제 분리된 형제로 취급되었고, 가톨릭 교인들이 개신교 신자들과 함께 공공 예배의 참석이 허용되었다. 그리고 공의회는 종교개혁의 분리는 개신교와 가톨릭 모두의 책임이라고 하였다. 타협적 어투로 비 가톨릭 신자들과의 연합을 모색하였다. 이를 위하여 기독교인 연합 촉진 사무국을 설치로 구체화되었다.

(iv) 교황권: 1869-1870년의 제1차 바티칸 공의회는 교황이 권좌(ex cathedra)로부터 말할 때, 즉 사도 베드로의 후계자로서 그에게 주어진 권위에 따라 모든 기독교인의 목자로서 말할 때는 무오하다고 선언하였다. 제2차 공의회는 이 교리를 재천명했으나 교황의 후원을 받는 주교의 권위도 인정함으로 교황 절대주의를 다수 수용하였다. 동료성의 원칙에 의해 주교들은 동료 주교인 교황과 함께 교회에 대한 권위를 행사할 수 있다고 선포하였다. 이러한 권위의 분산은 교회 내에 산적한 문제를 무마하는 효과를 낳았다.

(v) 마리아: 공의회는 마리아가 교회의 한 동료 일원일 뿐 교회 위에 군림하는 반신적 존재가 아님을 강조하였다. 그러나 마리아는 하나님의 어머니요 교회의 어머니라는 위엄으로 모든 성자들보다 더 높임 받아야 한다고 가르쳤다. 또한 이 공의회는 마리아가 온전히 성결하며 수태될 때부터 죄가 없다고 선언하였다. 그리스도가 살아 계실 동안, 마리아는 그 곁에 서서 함께 동역하며 사람들의 영혼에 생명을 회복시키는 일을 하였다. 하늘로 승천한 후에도 마리아는 그 일을 계속하였다. 공의회는 또한 하나님의 어머니인 마리아에게 경배 드릴 것을 권장한다.

(vi) 성례전: 공의회는 7성례에 특별한 변화를 예시하였다. 예전에는 사제가 회중을 등지고 제단을 향해 집례를 했으나 이제는 회중을 향해 집례를 하였다. 그리고 라틴어 대신 회중들의 모국어로 미사를 집행하였다. 평신도들도 사제를 보좌할 수 있게 되었으며, 여자들도 미사 대 예식문을 낭독할 수 있게 되었다. 그 목표는 예식서를 보다 간결하고 좀 더 참여할 수 있으며, 알기 쉽고 역동적으로 만드는 것이었다. 반복과 절, 키스, 십자가 성호, 무릎 꿇기 등을 생략하였다. 사람들이 응답하는 부분을 많이 넣어 참여적 분위기를 높였으며, 무엇보다도 예식서를 본토어로 바꿈으로 사람들이 예식의 내용을 이해할 수 있게 하였다. 먼저 세례는 더욱 강조되었으며 교인들이 그리스도와 연합하여 그의 죽으심과 부활에 참예하는 의

미를 부각시켰다. 세례 청원자들을 교육하고 시험을 치르는 예비 제도가 부활되었다. 견진은 중세 때 독립적으로 생겨나 별개의 성례전으로 자리를 잡았다. 현대는 종종 세례의 일부로 간주되어 두 예식을 동시에 집행한다. 성찬은 순서에 평신도의 참여를 허락하였다. 사람들은 예문 봉독과 제물 분배에 참여하게 되었다. 좀 더 많은 성경 구절이 낭송되었다. 가톨릭 신자들은 이제 개신교 신자들과 함께 기도하며 예배하게 되었다. 교인들이 사제들에게 고백을 잘 하지 않게 되자, 고해성사 제도를 재정비하였다. 그리하여 일반 고백과 일반 사면을 포함시켰다.

개별적 고해성사 때는 사제가 좀 더 융통성 있고 덜 율법적이며 참회자에게 하나님의 사랑을 상기시키는 태도를 권장하였다. 도유는 종부 대신 환자를 위한 도유(anointing the sick)로 대체되었다. 이는 그 예식을 예전에는 주로 세상을 떠나 영원으로 들어가는 영혼을 돕는 교회의 마지막 행위로 보았으나 이제는 사람의 몸과 영혼을 강화시키고 치유하는 수단으로 보게 되었다. 제2차 바티칸 공의회의 개혁을 통하여 이 성례전은 개인의 참여를 강조하였다. 임종 직전의 환자에게 기름을 붓는 대신, 이제는 환자가 직접 예문을 읽고 기도하는 순서가 삽입되었다. 혼인은 전통적으로 자녀 생산과 교육을 위해 필요한 것이었다. 사랑의 표현은 혼인의 2차적 이유에 불과하였다. 공의회는 이제 그 구분을 철회하고, 혼인에 있어 사랑을 더욱 강조하였다. 또한 가톨릭 교인이 세례받은 개신교 교인과 결혼할 때는 혼인식 때 성찬식을 행할 수 있게 하였다. 신품은 제2차 바티칸 공의회 이전에는 사역이 전적으로 성직자들의 일로 간주되었다. 그런데 공의회는 평신도들을 교육하여 그들의 은사를 깨닫고 이를 사용케 함으로 평신도들이 사역에 동참하는 길을 열었다. 사제는 이제 형제들 중의 형제로 이해되었다. 모든 신자들은 동등하기 때문이다. 평신도들도 이제는 교회 사역에서 적극적 역할을 감당할 수 있게 되었다.

11.3. 카리스마적/복음주의 가톨릭주의

이 운동은 로마 가톨릭을 포함하여 수많은 교파에 영향을 끼쳤다. 혹자에 의하면 가톨릭이 이 운동에 개입한 것은 쿠르실로(cursillo)부터였다. 쿠르실로란 스페인 계통의 가톨릭 신자들이 주말에 모여 벌인 강력한 감정주의적 기도운동이었다. 피츠버그의 두케스네 대학교(Duquesne University)에서 예전 개신교 오순절 모임과 쿠르실로 모임에 참석한 적이 있는 두 명의 교수가 1967년 2월, 주말 수양회를 개최하였다. 거기서 사람들은 오순절 체험을 하였다. 이와 유사한 사건이 노트르담과 미시간 주립대학교에서 일어났다. 1969년 교회는 조심스럽게 이를 승인하였다. 이후 이 운동은 급속히 확산되었고, 1973년까지 미국과 캐나다에 약 50,000명의 가톨릭 오순절주의자들이 출현하였다. 1984년경에는 미국에 5,700여 개의 기도 모임이 존재하였고, 250,000명이 매주 카리스마적 기도모임에 참여하였다. 사제들도 이 운동에 끌려들었으나 대체로 평신도들이 주도하였다. 이 운동 본부는 별도로 인디애나 주 사우스 벤드에 있으며, 출판사를 운영하고 잡지도 발간한다. 매년 총회도 노트르담대학교에서 소집된다.

복음주의적 가톨릭 운동은 가톨릭 내에서 카리스마적 운동과 함께 일어났다. 개인적이며 체험적 종교를 강조하는 몇 몇 가톨릭 신자들이 성경 공부와 기도를 위해 모임을 갖기 시작하였다. 그들은 자신들의 신앙에 관해 대외적으로 간증을 하였고, 함께 그리스도 안에서 분별된 생활을 하며, 서로의 재정적 부담을 나누는 공동체 생활을 하였다. 그러던 중에 많은 치유가 일어났는데, 주로 흑인 가톨릭교회에서 유행하였다. 이 운동으로 로마 가톨릭 교회 내에서 성경과 신앙의 개인화 운동이 확산되었다.

위에서 고찰한 제2차 바티칸 공의회는 로마 가톨릭 교회 내에 새로운 방향을 제공하였다. 이후 사제와 일반인 간의 구분이 어느 정도 허물어지고 평신도들의 참여 폭이 증가하였다. 그리하여 계시는 성경과 로마 가톨릭 전통 뿐 아니라 사람들의 종교적 인식을 통해 중재된다고 여겨졌다. 일부 직위는 성직 계급에서 제거되었다. 왜냐하면 그 자리에 평신도가 들어가 책임을 수행했기 때문이다. 가톨릭 교회 내에서 자치와 자율 운동이 널리 확산되었다. 하지만 1960년 이후 가톨릭교회는 급속히 세속화되었다. 그 이유는 기존의 제도를 버리고 세속적 생활과 문화에 적극적으로 참여했기 때문이다. 따라서 이들은 한편에 다원화된 사회에 적응을 다른 한편에 부패한 사회를 전복하기 위해 폭력 사용을 옹호하였다. 여기에 실존주의 영향으로 예전의 합리주의에서 벗어나게 이끌었다. 인간이 실존적 만남을 통해 그리스도에게 나아간다는 것은 신정통주의의 경향을 보여준다. 이러한 견해는 성례전에 적용되었다. 인간은 성례전을 통해 하나님을 만날 수 있다. 제2차 바티칸 공의회 이후 가톨릭은 개신교를 분리된 형제로 간주하였다. 그리고 성경도 예전과 같이 닫혀진 책으로 보지 않았다. 신학적 관심도 하나님 혹은 하나님 관점에서 인간에서 세상적 체험으로 이동하였다.

12. 결론

교회의 설립 이후 지금까지 2,000년 역사적 기독교는 크게 3시기로 (i) 사도적 교회의 신앙과 일치, 정통신학의 유지를 위해 한편 제국 권력에 맞서고 다른 한편 이단과의 투쟁 전개, (ii) 중세 가톨릭 교리와 전통, 교권주의에 맞선 종교 개혁자들의 투쟁, (iii) 근대 이 후 인간의 이성과 경험 중심의 자유주의, 혼합주의, 세속주의와의 투쟁의 역사였다. 그 투쟁은, 특별히 19세기 이후, 고찰한 바와 같이 다양한 신학 운동의 출현으로 점화되었다. 이처럼 혼란한 상황에서 교회는 어떻게 활로를 모색할 것인가? 놀랍게도 하나님은 당신의 특별한 방법으로 위기를 극복할 방안을 제공하셨다.

(1) 선교사 파송: 신학적 갈등은 위대한 세기, 선교의 시대와 함께 고조되었다. 미국의 교회 사가 라토렛의 지적처럼 19세기는 위대한 선교의 세기였다. 그 중심에 영국의 침례교 목사, 윌리암 케리가 있다. 케리의 인도 선교를 필두로 전 세계, 아프리카와 아시아 등 오지에 선교의 붐이 일어났다. 그 중에 특별히 미국의 언더우드와 아펜젤러가 선교 차 한국에 입국하였다. 학자들의 지적처럼 한국 교회는 1885년 4월 해외 선교 125년 만에 경이적인 성장과 부흥을 경험하였다. 최근 통계에 의하면 한국 교회는 세계 선교 두 번째 국가이다.[33] 이제 한국교회는 과거의

---

33) 2008년 12월 10일(수) 국민일보 창간 20주년 특집 기사, 1-7면 미션과 특별히 2009년 1월 13일(화) 미션라이프(25면)에 소개된 한국세계선교협의회(KWMA)의 제19차 정기총회 보고문에 의하면 한국교회는 당년 3월로 1907년 한국 교회가 제주도에 이기풍 선교사를 파송한 이후, 일부 국가 편중에도 불구하고 102년 만에 해외 파송 국가 168개국, 선교사 2만 명 시대를 열 것으로 예상하였다. 현재까지 파송 교단별로는 예장 합동 총회세계선교회가 98개국 2005명, 통합 83개국 1102명, 기독교대한감리회본부선교국 69개국 907명, 기독교대한하나님의 성회 71개국 834명, 기독교한국침례회 54개국 612명이며, 선교단체별로는 대학생성경읽기선교회(UBF) 79개국 1567명, 국제대학선교협의회(CMI) 38개국 628명, 순복음선교회 55개국 598명, 한국국제기아대책기구 58개국 508명, 전문인국제협력단 31개국 460명이었다. 국가별로는 총 232개국 중에 168개국에서 한국 선교사들이 활동하고 있으며, 그 중에 AX(선교사 안전을 위해 국명을 밝힐 수 없는 나라)가 3348명, 미국 1678명, 필리핀

받는 나라에서 주는 나라고 위상이 바뀌었다. 주님 오실 날이 가까워지는 때에 더욱 힘차게 정진해야 할 것이다.

(2) 그루터기의 보존: 하나님은 당신의 교회를, 마지막 그루터기를 보존하신다. 고찰한 바와 같이 갑자기 부상한 자유주의 신학의 범람으로 정통 기독교는 최대의 위기에 직면하였다. 그러나 하나님은 이때를 위하여 화란과 미국의 여러 개혁. 장로파 신학자들을 예비하셨다. 그들은 화란의 흐룬 반 프린스터러, 아브라함 카이퍼, 헤르만 바빙크, 게할더스 보스, 헤르만 도이베르트, 코넬리우스 반틸로, 미국의 B. B. 워필드, 찰스. A. A 핫지 부자, 스트롱, 루이스 벌코프, 영국의 도날드 거스리, 스코틀랜드의 싱클레어 퍼거슨, 도날드 멕클라우드, 호주의 레온 모리스 등이다. 그리고 한국의 신학자들로 예장 합동의 박형룡, 박윤선, 명신홍, 김의환, 최의원, 정규오, 이진태, 고신의 한상동, 오병세, 이근삼, 대신의 김치선 박사가 기여하였다. 이들은 공히 자유주의 신학의 무차별적인 도전에 맞서, 성경의 권위와 그리스도인의 사회적 책임을 주장하며 종교개혁적 신앙전통을 사수하였다. 학교를 세우고 청교도적 전통에 따라 건전한 신학 서적을, 예를 들면 조직신학, 성경 신학, 성경 주석, 기독교 변증학 등을 출간하였다.[34)]

(3) 교회 정책의 다양화: 21세기 교회는 한편 성경과 더불어 다른 한편 급변하는 사회 이슈에 민첩히 대처해야 할 상황에 직면하였다. 특별히 요즘같이 하루가 다르게 변모하는 상황에 맞서, 더욱 하나님께 가까이, 더욱 영육 간에 강건하여 헌신함으로 주님의 소명을 이루어야 할 것이다. 그 중심에 교단별 성경 교제와 연구 지침, 제자훈련과 관련된 경건서적의 출간이 한 몫을 하였다. 하지만 컴퓨터의 발명과 최첨단 과학과 정보화 시대에 교회의 보다 구체적인 대안과 정책이 요청된다 할 것이다.

1145명, 인도 631명이었다. 이후 한국 교회의 선교사 파송 상황에 대한 추가적인 정보는 국민일보, 미션라이프 2010년 1월 12일(화) 29면 참조.

34) 보다 자세한 것은 필자의 "20세기 기독교 사상-신학의 역사적 발전, 화란 개혁주의 신학자를 중심으로"를 참고하라.

제12장

현대 기독교사상(신학)의 역사적 전개(II)

-보수주의에서 포스트모더니즘까지의 형성과 발전을 중심으로-

1. 서론

주지하듯이 현재는 과거 20-30년과 달리 동시 다발적으로 급속한 변화를 겪고 있다. 그야말로 정신 차리지 않으면 살아갈 수 없는 시대이다. 이는 도처에서 제기되는 정치적, 경제적, 종교적 대립과 갈등, 특별히 급속한 과학적 발전에서 발견된다. 이러한 상황에서 교회는 외적으로 재래 종교와의 이념적 차이로 갈등하며 대립하지만, 내적으로는 다양한 신학적 도전에 고심하고 있다. 그러나 이러한 현상은 비단 어제 오늘 만의 문제는 아니다. 그것은 2,000년 역사 속에 항상 있어 왔고 앞으로도 그럴 것이다. 그 과정에서 가장 중심적인 문제는 기독교의 경전, 성경을 어떻게 종교적 진리의 표준으로 규명할 수 있는가이다. 이와 관련하여 교회 밖에서 제기된 문제는 차치하고, 안으로도 많은 문제가 제기되었다. 예를 들면, 성경은 언제, 어디서, 누가, 무엇을, 어떻게, 왜 기록했는지에 대한 질문이 끝임 없이 제기되었다.

과연 오늘 날에도 성경은 하나님의 말씀으로 인류에게 구원을 얻기에 필요한 책인가? 그렇다면 성경은 과연 어떤 책인가? 결국 이 모든 것은 성경관에 따라 결정된다 할 것이다.

2. 역사적 배경

앞에서 보았듯이 기독교 신앙은 하나님의 말씀, 성경을 어떻게 이해하고 적용하느냐에 달려있다. 이것은 다른 말로 성경의 계시와 영감을 오류 없는 완전한 하나님의 말씀으로 믿느냐 아니냐이다. 하나님은 당신의 계획을 성취하기 위해 특별히 선택된 이들에게 말씀을 주셨다. 오늘 날 많은 기독교인들이 있지만 그들의 신앙은 성경관으로 표명되는 것으로 신앙생활과 직결되는 중요한 문제이다. 성경을 어떻게 보느냐에 대해 다양한 견해가 있어왔다. 그것을 주제에 따라 다음과 같이 정리하였다.

3. 보수주의 운동

오늘 날 성경적 기독교는 보수주의와 복음주의, 근본주의 등 세 용어로 정리된다. 이 용어들은 사람에 따라 다양하게 이해되지만 공히 18세기 계몽주의와 더불어 제기된 자유주의적 기독교에 맞서 전통적 기독교 신앙과 신학을 주창한 그룹이다. 이 중에 특히 보수주의 운동은 복음주의와 보수주의, 혹은 근본주의로 구분된다. 이 전통은 때로 상호 교차적으로 사용되지만, 신학적으로 좀 더 명확한 이해가 요청된다.

3.1. 복음주의

복음주의(evangelicalism)는 헬라어 유앙겔리온(euangelion)에서 유래한바 좋은 소식을 의미한다. 따라서 복음주의자는 예수 그리스도의 좋은 소식을 전하는 사람을 가리킨다. 하지만 이 용어는 지역에 따라 매우 다양하게 이해되었다. 예를 들면, 유럽의 복음주의자는 반드시 보수적 교리를 주장하는 사람을 지칭하지 않는다. 그 이유는 유럽에서 이 용어가 프로테스탄트와 동의어로 사용되기 때문이다. 그러나 미국에서는 전통적 신앙 교리를 주장하는 사람들에게 적용된다. 따라서 미국에서는 복음주의가 근본주의라는 용어보다 더 폭넓게 사용된다.[1] 그 이유는 후자가

---

1) J. I. Packer에 의하면 사람들은 근본주의보다는 복음주의를 선호한다. 그 이유는

종종 분리주의나 율법주의와 동일시되기 때문이다. 그러나 복음주의는 좀 저 평화적 혹은 안정적 느낌을 제공한다. 1970년대와 80년대 미국의 복음주의자들은 약 5,000만 이었고, 그 중에 근본주의자들은 10%였다.

(1) 역사: 복음주의는 교회사의 발전 과정에서 꾸준히 전개되었다. 예를 들면 초대 교회 설립 이후, 예수님의 지상 명령을 준행하는 과정에서 정통 기독교는 많은 시련과 도전에 직면하였다. 대표적으로 이방 사상가들과 종교들, 이단들, 심지어 교회 내 분파들로 어려움을 겪었다. 그럼에도 불구하고 정통 기독교는 시대에 따른 신앙 고백서를 채택하여 올바른 방향을 설정하였다. 그 과정에서 복음주의는 16세기 종교개혁과 17세기 경건주의와 18세기 영미 복음적 대 각성운동과 더불어 만개하였다. 하지만 19세기와 20세기에 들어 복음주의는 자유주의에 둘러싸여 큰 타격을 입었다. 그러나 하나님의 크신 은혜로 복음주의는 다양한 활동을 통해, 예를 들면 대학과 신학원, 저술과 방송 매체로 세력을 확대하였다.

미국의 역사가 조지 말스덴(George Marsden)은 복음주의를 4단계로 정리하였다. (i) 1870년대부터 제1차 세계대전 말까지이다. 이 기간에 복음주의 교단 내에서 신학적 자유주의자들이 등장하였다. 그리고 이 기간 중에 오순절파와 부흥 운동파, 전천년주의적 종말론자들이 일어났다. (ii) 1919년부터 1926년까지로 제1차 세계 대전 이후 교단 내 현대주의자들이 복음주의의 발흥으로 공격을 받았다. (iii) 1926년부터 1940년까지 복음주의자들이 교단 밖에 독자적인 신학교를 설립하였다. 그리고 독자적인 선교 활동을 전개하면서 분파주의로 낙인되었다. 이 기간에 복음주의 운동은 미국 북부에서 남부로 이동하였다. (iv) 1940년대 이후 지금까지 근본주의에 기초한 복음주의 운동이 전개되었다. 이들 중에 복음주의자들은 보수적 신학을 유지하면서도 자신들을 근본주의자로 불리는 것을 꺼려하였다. 복음주의의 대변인들로 여러 단체들이 일어났다. 1941년에 결성된 전국 복음주의 협회(National Association of Evangelical)는 자유주의에 맞서 정통주의를 옹호할 목적으로 형성되었다. 이 복음주의자들은 근본주의자들의 결성체인 미국 기독교 교회협의회(Americal Council of Christian Churches)와 같이 반발적이고 부정적인

복음주의가 성경적인 용어이기 때문이다. 그러나 근본주의는 부정적 의미를 함축하고 있기 때문이다. J. I. Packer, *"Fundamentalism" and the Word of God*, (London: InterVarsity Press, 1958) 참조.

단체로 인식되는 것을 거부하였다. 1949년 복음주의 내에서 학문을 증진하기 위해 복음주의 신학협회(Evangelical Theological Society)가 결성되었다. 이 복음주의자들을 하나로 묶는 핵심 교리는 성경의 무오성이다.

(2) 신학: 복음주의자들의 교리적 기초는 성경의 무오성이다.[2] 이를 증명하는 복음주의 신학 협회의 선언에, 오직 성경만이 하나님의 기록된 말씀이다. 그러므로 이들은 원본 성경은 무오하며, 개념적 영감설 혹은 기계적 영감설 대신 완전 축자영감설(마 5:18)을 믿었다. 이 기초 위에 복음주의자들은 삼위일체, 즉 성부와 성자, 성령의 주권적 통치를 믿는다. 특별히 성자의 신성과 성령의 인격성을 믿는다. 인간은 본래 무죄 상태에서 태어났으나(골 3:10) 아담의 범죄로 멸망에 이르게 되었다. 이것은 후손들에게 전가되었는바(롬 5:12), 타락으로 완전히 부패하였으며, 구원을 위해 하나님의 은혜가 요구되었다. 그런데 예수 그리스도께서 온전하신 대속자로 인류를 위해 충분한 구원의 대가를 치르셨다(마 20:28; 고후 5:21; 딤전 2:6). 대속적 죽음으로 예수님은 거룩하신 하나님의 공의를 충족시키셨으며, 이로써 인간과 하나님 사이의 화목을 이루셨다(고후 5:19). 구속의 진실성을 증거하기 위해 예수님은 약속대로 무덤에서 3일 만에 육체로 부활하셨다(마 28:6). 예수님은 당신을 믿는 성도들에게 복된 소식, 전령이 되셨다(고전 15:20-23). 예수님은 감람산에서 많은 무리가 보는 중에 구름타고 승천하셨으며(행 1:9), 때가 되어 육체적으로 다시 이 땅에 오실 것이다(행 1:11).

하지만 복음주의자들의 종말론은 3견해로 나뉘었다.[3] 먼저 전천년주의자들은 그리스도의 재림이 천년 왕국 이전에 성취된다고 주장하였다. 재림 이전에 배교와 전쟁과 기근, 지진, 적그리스도의 출현, 7년 대환란이 나타난다는 것이다. 그 후 재림으로 놀라운 역사가 전개되는바, 이 때 유대인들이 회개하고 돌아올 것이다. 천년 왕국 기간 동안 악의 세력이 그리스도에게 감금되었다가 마지막에 반란을 일으킬 것이다. 예수와 더불어 죽었던 자들이 육체적으로 부활하고 산 자들은 변

---

2) 이와 관련하여 서요한, "개혁주의 성경관과 한국기독교", 「신학지남」, (2012년 봄호/통권310호), 190-228; "성경통독과 개혁원리: 우리시대 개혁을 위한 정신과 상상력", 「땅에쓴글씨」, (2005) 참조.

3) 루이스 벌코프,「조직신학」, (크리스챤 다이제스트, 2000), 982-994; 밀라드 J. 에릭슨,「복음주의 조직신학(하)」, (크리스챤 다이제스트, 1995), 411-424; 고든 J. 스파이크만, 「개혁주의 신학」, 류호준/심재승 역, (기독교문서선교회, 2002), 627-640.

화하여 하늘로 올라가 예수를 영접한 후 내려와 그와 함께 천년을 통치한다. 그리고 그 이후에는 불신자들이 부활하여 심판을 받으며 그 후 영원한 나라가 전개된다. 이와 관련하여 세대주의적 전천년설은 존 다비(J. N. Darby)와 스코필드(C. I. Scofield)의 주장으로 지상 교회는 참되지 않다는 것이다. 참된 교회는 지상의 부패와 무관하며, 이스라엘과 교회는 마치 율법과 복음처럼 다르다고 하였다. 이들에 의하면 하나님은 각 시대마다 다르게, 특별히 7단계를 통해 당신을 계시하셨다. 무죄시대-에덴동산 활동기, 양심시대-타락에서 노아 홍수, 인간통치시대-노아 홍수에서 아브라함, 약속 시대-아브라함에서 모세시대, 율법시대-모세에서 예수님의 초림, 은혜시대-예수님의 초림에서 재림까지, 왕국시대-천년왕국 신국시대로 구분하였다. 이들은 재림 이전 7년 대환란 시기에 성도들이 비밀 휴거하고 예수께서 재림하신다고 주장하였다.

무천년주의자들은 그리스도의 통치를 영적, 혹은 관념적으로 이해한다. 따라서 이들은 문자적인 천년 왕국 대신에 영원무궁한 천국의 도래를 믿는다. 이들은 문자적인 천년 왕국을 영적으로 해석한다. 이들은 특별히 계 20장의 첫째 부활을 영적으로 해석하고, 사탄의 결박을 그리스도의 전 구속 사역을 통해 성취되는(마 12:29) 것으로 이해한다. 그리하여 문자적인 천년왕국을 영적으로 대체하여 교회시대로 해석하였다. 이들에게 천년왕국은 지상이 아니라 그리스도와 더불어 천상에서 이루어지며, 초림과 재림 기간이 곧 천년 기간이라고 주장한다. 한편 후천년주의자들은 그리스도께서 천년 왕국 건설 이후에 재림하실 것이라고 믿었다. 이들은 예수님의 재림 전에 천년의 황금시대가 있으며, 이때 복음이 전 세계로 전파된다. 이들은 하나님의 나라가 복음전파와 성령의 사역을 통해 세계로 확산되어 그리스도의 우주적 통치가 완성된다고 생각하였다. 그리하여 주기도문의, 하나님의 뜻이 하늘에서 이루어진 것처럼 땅에서 이루어진다. 그리고 정의와 평화가 하수같이 흘러 악과 불의는 소멸된다. 그리스도의 재림은 의와 평화 이후에 전개된다. 그리스도의 재림에 이어 부활과 대 심판, 지옥과 천국이 오며, 통치는 혁명적 과정을 통해 평화롭게 도래할 것이다. 간단히 정리하면 복음주의는 행위가 아니라 믿음을 통해 은혜로 구원받는 교리를 가르친다(엡 2:8-9). 오직 믿음을 통해 신자는 의롭다 칭함을 받으며(롬 5:1) 하나님과 화목을 이룬다(고후 5:19). 복음주의는 좋은 소식의 전파를 안심함으로 믿음과 은혜의 메시지의 전파를 강조한다(마 28:18-20;

눅 24:47; 행 1:8).

3.2. 근본.보수주의

이 용어는 1920년 「파수꾼-감시자」(*Watchman-Examiner*)라는 책에서 당시 침례교 편집자 커티스 로스(Curtis Lee Laws)가 현대 종교적 자유주의자들의 성경의 영감과 그리스도의 신성, 기적의 진실성을 거부하는데 맞서 전통적 기독교 신앙을 굳게 지키는 자들에게 사용되었다. 주지하듯이 19세기 말 자유주의 신학과 진화론의 영향으로 세계 교회, 특히 미국 교회는 대 혼란에 빠졌다. 이에 보수 신학자들, 특별히 워필드, 핫지, 반틸 등 화란 출신 학자들이 일어나 기독교 신앙의 기본 교리를 수호해야 할 사명을 인식하였다. 말스덴은 근본주의를 3가지 (i) 복음주의적 프로테스탄트, (ii) 반 현대주의, 즉 초자연적이며 성경적인 전통적 기독교를 수호하는 자, (iii) 현대주의에 저항하거나 세속적 측면을 거부하는 자로 정리하였다. 따라서 근본주의자란 현대주의에 강력히 대항하는 복음주의를 가리킨다.[4)]한국기독교 장로회의 연규홍은 현대 미국 장로교회의 근본주의를 3가지 흐름으로 정리하였다.[5)]

(1) 역사: 근본주의는 1910년 미국 북장로교 총회에서 채택한 5가지 기본 교리, (i) 그리스도의 기적, (ii) 그리스도의 동정녀 탄생, (iii) 그리스도의 대속, (iv) 그리스도의 육체적 부활, (v) 성경의 영감성을 수용하는 자들을 지칭하는 용어였

---

4) 버나드 램은 근본주의를 보다 과격히 4가지로 정의하였다. (1) 태도에 관하여: 근본주의는 정통주의적 확신에 넘쳐 반 지성적이며 반 학문적이며 반 문화적인 호전성을 갖고 있다. (2) 분리에 관하여: 근본주의자들은 전통적 교단들의 지도력이 자유주의 내지는 신정통주의 사상을 지닌 사람들 손에 넘어갔다고 간주한다. 그리하여 그들은 그 지도자들에게 강력히 저항해야 한다고 주장한다. 교리적 순수성을 지키기 위해서는 그러한 교단과의 관계를 끊고 분리해 나와야 한다는 것이다. (3) 성경에 관하여: 근본주의자는 계시와 성경 말씀을 동일시하며, 성경의 축자영감성과 무오성을 받아들인다. 이 말은 신구약에 대한 고등 비평학을 거부한다는 것이다. 이처럼 근본주의자는 맹목적으로 성경의 축자 영감설과 무오설을 주장한다. (4) 종말론에 관하여: 근본주의자는 본질적으로 스코필드의 세대주의적 종말론과 전천년설에 동의하는 사람들이라고 정의하였다. Bernard Ramm, *A Handbook of Contemporary Theology*, (Grand Rapids: Eerdmans, 1966), 53-54.

5) 연규홍, 「한국장로교회와 칼빈신학사상」, (한빛, 1996), 40-54 참조.

다.[6] 당시 교회는 상기한 5가지 교리를 수용하는 자들을 근본주의자들(The Fundermentals)로 간주하고 전집을 출간하였다.[7] 내용은 자유주의의 고등비평학에 대한 반박, 진화론의 부정, 오경의 모세 저작성에 대한 옹호, 이사야서의 통일성, 성경의 영감성, 그리스도의 동정녀 탄생, 신성과 속죄의 옹호 등이다. 저자들 중에는 보수주의의 대가들로, 예를 들면 그리피스 토마스(W. H. Griffith Thomas), James Orr, A. C. 게벨레인, B. B. Warfield, C. I. Scofield, H. C. G. 마울, A. T. 피어슨, C. R. 어드만 등이다. 하지만 당시 미국의 신학계는 상기한 5가지 교리를 고루한 옛 이야기로 치부하였다. 더욱이 20세기 초 미국 보수신학의 상징인 북장로교의 프린스턴 신학교가 자유주의화 되었다. 당시 북장로교 소속 약 1300여명의 목회자들이 5대 근본교리를 본질이 아니라 이론적인 것으로 총회와 신학교가 공히 용인하였다. 이를 기점으로 전 미국의 각 교단과 신학교 내에서 자유주의자들과 근본주의자들 간의 대결이 첨예화 되었다.

논쟁과 분리의 와중에 근본주의자들은 전통적 기독교 신앙 교리를 열렬히 옹호하였다. 그들 중에 당시 미국의 대표적인 보수신학자 메첸(J. G. Machen, 1881-1937)이 포함되었다. 메첸(1881-1937)은 「현대 기독교 신앙」(*The Christian Faith in the Modern World*)과 「기독교와 자유주의」(*Christianity and Liberalism*)에서 강력히 대응하였다. 메첸은 초기 근본주의 학자로 봉직하던 프린스턴 신학교의 자유주의적 변화에 맞서 1929년 일부 프린스턴 신학교 교수들을 이끌고 웨스트민스터 신학교를 설립하였다. 이후 웨스트민스터 신학교는 전통적 보수 신학을 저버린 프린스턴 신학교에 대응하는 보수주의적 목회자 양성 교육 기관이 되었다. 1936년 메첸은 칼 매킨타이어(Carl McIntyre)와 올리버 부스웰과 더불어 미국 장로교회를 설립하였다. 이 시기 메첸을 비롯한 몇 몇 지도자들이 독립적 선교부를 설립했다는 이유로 교단에서 축출되었다. 그런데 이때 저명한 설교가 클라렌스 매카트

---

6) C. T. McIntire, "Fundamentalism" in Walter A. Elwell, ed., *Evangelical Dictionary of Theology*, 433; Wells and Woodbridge, eds., *The Evangelicals*, 30; Louis Gasper, *The Fundamentalist Movement 1930-1956*, (Grand Rapids: Baker, 1963). 한편 체인스는 그리스도의 기적 대신에 육체적 재림을 포함하였다. Earle E. Cairns, *Christianity Through the Centuries*, (Grand Rapids: Zondervan, 1954), 481.

7) 총 12권의 소책자로 구성된 이 전집은 토리(R. A. Torrey)와 딕슨(A. C. Dixon)에 의해 처음 편집되어 300만 권 이상이 목사와 다른 사람들에게 보급되었다.

니(Clarence Macartney)가 메첸과 손을 잡았다. 후에 칼 매킨타이어는 전천년설과 관련하여 따로 성경 장로교회를 조직하고 페이스 신학교(Faith Theological Seminary)를 설립하였다. 1930년 미국 독립 근본주의 교회(Independent Fundamental Churches of America, 독립 교회들의 친교 모임)가 조직되었다.

이런 상황에서 미국의 가장 큰 교단인 침례교회가 자유주의 투쟁에 동참하였다. 그 결과 새로운 침례 교파들이 일어났다. 대표적으로 1932년 정규 침례교 총연합회가 조직되었고, 1947년 미국 보수 침례교 연합회가 태동하였다. 1919년에는 미네아폴리스의 노스웨스턴 칼리지의 설립자 윌리엄 라일리(William B. Riley)의 주도 아래, 전천년설과 그리스도의 재림을 강조하는 세계 기독교 근본주의 협회(World's Christian Fundamentals Association)가 설립되었다. 그 사이에 캐나다 토론토의 쟈비스 스트리트 침례 교회(Jarvis Street Baptist Church) 목사 쉴즈(T. T. Shields)는 토론토 침례회 신학교를 설립하였다. 남부에서는 포트 워스(Fort Worth) 제일 침례 교회 목사인 J. 프랭크 노리스(J. Frank Norris)가 침례회 성경 신학교를 건립하였다. 그리고 이들은 함께 힘을 모아 독립된 성경 침례교 연합회(Bible Baptist Union)를 결성하였다. 감사하게도 이처럼 보수적인 교단들이 선교회를 결성하여 해외 선교를 활발히 전개하였으며, 한국과 중국에 건전한 보수적 복음주의 신학을 전파하였다.

(2) 신학: 근본주의 신학은 5가지로 (i) 성경의 무오성, 특별히 성경의 완전 축자 영감설을 믿는다(딤후 3:16; 벧후 1:21). 이 신학의 근저에는 19세기에 출현한 자유주의 신학자들의 도전, 예를 들면 모세 오경의 문서설, 제2, 혹은 3의 이사야설, 다니엘의 후기 기록설, 고등 비평학, 그밖에 최근의 진보적 학설, 특별히 그리스도의 동정녀 탄생에 대한 거부(사 7:14; 마 1:18-25; 눅 1:35)에 맞서기 위함이었다. (ii) 근본주의자들은 성경에 기록된 그리스도의 기적들을 문자 그대로 실제 사실로 믿었다. 예를 들면 그리스도께서 직접 물 위를 걸으시고, 폭풍을 잠잠케 하셨으며, 귀신을 쫓아내시고, 소경의 눈을 뜨게 하시고 죽은 자를 살리셨다. (iii) 아울러 그리스도의 대속 사건은(막 10:45; 갈 3:13) 단순히 모범적 죽음 혹은 순교가 아니라 죄 없는 의인으로 죄인을 대신하여 십자가에서 죽으셨다(고후 5:21; 벧전 2:24). (iv) 또한 그리스도가 죽은 자 중에서 육체로 부활하셨음을 믿는다. 그리스도가 다시 사셨다는 말은 그의 가르침이나 그의 영이 살아났다는 뜻이 아니

라 그가 죽었다가 3일 만에 무덤에서 육체로 살아나셨다는 것이다. 그 증거는 부활 후 그가 음식을 잡수셨고(요 21:9-12), 사람들이 만졌으며(요 20:27-28) 직접 보았음에(눅 24:24; 고전 15:3-8) 잘 보여진다. (v) 이 예수 그리스도는 문자 그대로 하늘로 가신 대로 구름을 타고 재림하실 것이다(슥 14:4: 마 25:31; 행 1:9-10). 한편 그리스도의 신성도 핵심 신학(요 1:1; 골 2:9; 히 1:8-10)이다. 이에 덧붙여 근본주의자들은 인간의 기원에서 하나님이 인간을 포함하여 모든 생물의 종을 개별적으로 창조하셨음을 믿고(창 1:12, 24 등등) 어떤 진화론적 주장과 형태도 거부하였다. 그리고 지옥의 실재성(눅 16:19-31), 사탄과 귀신의 실재성, 구원을 얻기 위한 믿음의 당위성(행 16:31), 사회 복음의 부당성, 죄와 세속적인 것에서 뿐 아니라 기독교 신앙의 근본 교리들을 부인하는 각종 자유주의자들로부터 분리되었다.

(3) 요약: 근본주의자들은 자유주의의 도전에 맞서 정통신학을 사수하는데 주력하였다. 이 일로 분리주의자 혹은 폐쇄주의자라는 다소 부정적인 시각으로 매도되었다. 실제로 일부 과격한 가르침은 많은 사람들을 자극하여 복음전파에 일부 악영향을 끼치기도 하였다. 그러나 사상적으로 매우 혼란했던 시대에 이들의 강력한 대응은 정통 신학의 사수와 유지에 크게 기여하였다. 이는 포로기에 하나님이 이스라엘 민족 중에 남은 자들로 당신의 뜻을 이루셨듯이, 이 시대 복음화를 위한 특별하신 섭리요 전략일 것이다.

3.3. 신복음주의

(1) 역사: 이 용어(neo-evangelicalism)는 1948년 보스턴의 파크 스트리트 회중교회(the Park Street Congregational Church) 목사인 해럴드 오켄가(Harold John Ockenga) 박사가 캘리포니아의 풀러 신학교에서 행한 강의에서 처음 사용하였다. 그에 의하면 신복음주의는 3개의 복합적인 운동과 더불어 태동하였다. (i) 신정통주의에 대한 반작용으로 성경의 권위 수용, (ii) 현대주의에 맞서 정통적 교리 체계를 온전히 수용, (iii) 근본주의의 개인 구원에 맞서 성경의 가르침과 윤리를 사회의 필요에 적절히 적용해야 할 것을 주장하며 태동하였다. 따라서 신복음주의자들은 미국의 근본주의자들 중에서 신정통주의 및 자유주의 신학과 타협하려는 자

들을 지칭하였다. 신복음주의자들은 근본주의의 패쇄적 태도에 실망하여 그 반작용으로 새로운 운동을 전개하였다. 이 운동가들이 1942년 미국 복음주의자 협회(N. A. E., National Association of Evangelicals)를 조직하였다. 미국의 저명한 복음주의 신학자요 크리스챠니티 투데이(Christianity Today)의 창설자인 칼 헨리(1913-)는 근본주의가 신학으로 고전적 근본주의로부터 부정적 반동 정신으로 변질되었다. 그리고 근본주의가 편협된 사고 방식을 통하여 성경적 기독교를 잘 못 제시하였다. 뿐만 아니라 성경 메시지의 일부만을 지나치게 강조하며, 학문성이 결여되었으며 현대주의와 싸우는 일에 너무 집착하고 있다. 거칠고 무정하고 전투적인 정신으로 가득 차 있다고 주장하며 사회적 책임을 강조하였다. 그런데 다른 사상처럼 신복음주의자들도 다양한 견해가 존재한다. 하지만 대체로 자유주의에 대해 매우 관용적이다. 근본주의자들은 자유주의자들을 이단이라 부르지만 신복음주의자들은 외곽의 동료로 호칭한다. 신복음주의의 옹호자들로는 해럴드 오켄가, 칼 헨리, 에드워드 카넬(E. J. Carnell), 빌리 그레이엄, 버나드 램(Bernard Ramm) 등이다. 풀러 신학교는 이 운동의 산실이었으며 크리스챤니티 투데이는 이들의 대변지였다.

(2) 신학: 신복음주의의 신학은 근본주의와 자유주의의 완충적 역할을 제공한다. 전자에 대해서는 포용과 관용을, 후자에 대해서는 복음적 신앙의 수용을 요청하였다. (i) 사회적 책임: 신복음주의자들은 개인 구원과 함께 사회적 책임을 강조하며 근본주의자들의 소극적 내지 간과를 비판하였다. 그리고 그들 스스로 사회문제에 적극적으로 응답하였다. 그들은 근본주의자들이 인간의 죄악성과 그리스도의 임박한 재림을 지나치게 강조하여, 죄로부터의 개인적 구원에만 사로잡힌다고 하였다. 그러나 상대적으로 신복음주의자들에게는 각자의 구원에 개인적 거듭남이 요구된다. 이들의 근본주의 비판은 그들의 주장처럼 성경에 그리스도인이 불신자들에게 사회적 책임을 져야 한다는 가르침은 없다. 갈 6:10이 일부 연결되었으나 이차적일 뿐이다. (ii) 분리: 이 문제는 프린스턴 신학교의 그레샴 메첸까지 올라가는바, 당시 메첸은 좌경화 된 미국 장로교회를 떠나 새로이 웨스트민스터 신학교를 설립하였다. 그리하여 신복음주의자들은 자유주의로 교회와 교단, 선교회를 떠난 메첸을 분리주의자로 치부하였으며, 심지어 종교개혁자들도 비판하였다. 그리고 이들은 열린 마음으로 교회간의 연합운동을 추구하며, 심지어 자유주의적인 교

회도 문제가 없다고 하였다. 그 중에 카넬은 메첸의 분리주의로 인하여 복음이 부끄러움을 당했다고 비판하였다.[8] 그러나 이들은 분리에 대한 성경의 가르침을 무시하였다. 그 이유는 성경이 많은 부분에서 분리를 언급하기 때문이다. 예를 들면, 롬 12:2; 16:17; 고후 6:14-18; 딛 3:10; 약 4:4; 요이 9-11 등이다. 상기한 구절들을 분리에 적용할 수는 없으나, 많은 경우 분리의 필요성을 역설하였다. 적어도 참된 기독교인들은 그리스도의 신성과 인성, 대속을 거부하는 자들과 함께 할 수 없음을 결단해야 할 것이다. 당시 메첸은 자유주의자들에 대한 신복음주의의 포용주의는 종교 혼합을 가져올 것이므로 오히려 종교개혁 당시의 로마 가톨릭보다 더 위험하다고 하였다.

(iii) 무오성: 현대의 많은 보수주의 자들이 과연 성경의 무오성이나 영감의 신적 요소를 희생하지 않고 역사 비평이나 자료 비평, 양식 비평, 편집 비평을 적용할 수 있느냐이다. 신복음주의자들은 성경의 무오성과 비평적 방법론에 관해 의견의 통일을 보지 못하였다. 리처드 퀴베듀스(Richard Quebedeaux)는 신복음주의가 역사 비평학을 받아들인다고 주장한다. 그 이유는 신복음주의에서는 성경이 다만 하나님만의 작품이 아니라 인간의 산물이기도 하기 때문이다. 내쉬는 성경 원본이 무오하다는 주장을 거부하고, 이것은 다만 가설이라고 하였다. 사실 성경은 오랜 시간에 기록되면서 다양한 문화적 흔적을 담고 있다. 하지만 무오성에 관한 과거의 개념은 적절히 재해석되어야 한다. 오늘 날 많은 복음주의 신학자들은 본문 그 자체, 특별히 신앙과 실천 문제에서 무오한 것이 아니라 성경의 가르침이 무오하다고 말한다. 그러나 신복음주의자들 중에는 성경의 무오성을 인정하는 자가 있으나 부인하는 사람도 있음을 주목해야 한다. 해럴드 오켄가도 무오성을 부인하는 신복음주의자 중의 한 사람이다. 그러나 성경이 하나님의 숨결, 성령의 감동으로 기록된 것이라면(딤후 3:16), 어떻게 오류가 있을 수 있겠는가!

(iv) 과학: 현대 과학과 성경의 관계는 신복음주의와 근본주의를 구분한 중요한 기준이다. 이들은 학문 연구의 자유를 인정했으나, 문제는 과학이 항상 시대를 따

---

8) 한편 내쉬(Ronald H. Nash)는 3가지 이유로 분리주의를 비판하였다. (i) 정통교회 내에서도 분파적 태도를 낳을 위험이 있다. (ii) 사소한 교리를 엉뚱하게 부각시켜 이를 사귐의 시금석으로 삼는다. (iii) 자신들과 의견을 달리하는 사람들과 의사 소통을 거부하며 하지도 못한다고 하였다.

라 유동적 입장을 취했다는 것이다. 수 십 년 전에 과학적으로 옳다고 믿었던 것이 오늘날에는 부인되었다. 만약 성경이 과학의 관점에서 재해석된다면 결국 과학이 성경 위에 군림하는 것이 된다. 여기에 점진적 창조론이나 국한된 홍수설이 있다. 헨리 모리스(Henry M. Morris)는 성경적 관점에서 만이 아니라 과학적 관점에서 진화의 불가능성을 광범위하게 변증하였다. 창세기 기록에 관해 근본주의자들은 전통적으로 간격 이론이나 혹은 최근 창조설을 주장해 왔다. 전자는 과학에서 제시하는 만큼의 오랜 시간적 간격이 창 1:1과 1:2 사이에 발생했다는 학설이다. 과학에 관한 신복음주의의 관점은 버나드 램(Bernard Ramm)의 「과학과 성경에 관한 기독교적 관점」(*The Christian View of Science and Scripture*)에 잘 나타났다. 이 책에서 램은 현대 과학과 성경이 잘 조화를 이룬다고 주장하였다. 그는 우주의 연대를 40억 내지 50억 년으로 추산하며, 자신을 점진적 창조론자로 지칭하고 진화론을 반 기독교적이 아니라고 하였다. 일부 개신교 학자들과 가톨릭 학자들이 진화론을 믿고 있는 사실을 지적하면서, 램은 이것은 진화론이 기독교와 형이상학적으로 공존할 수 없다는 데 대한 강력한 반증이라고 선포하였다. 카넬은 발달적 진화를 주장하였는데, 이는 본래 하나님에 의해 창조된 종 안에서의 광범위하고 다양한 변화를 허용하는 것이다.

3.4. 신근본주의

(1) 역사: 전통적 근본주의는 배교로부터의 분리를 강조하였다. 그러나 후기의 근본주의는 신복음주의에 대항하여 보다 그 교리적인 부분을 강화하여 일어난 분리주의 운동으로, 이차적 분리, 즉 자유주의자들과 유대를 맺고 있는 다른 보수주의자들과의 분리를 주장하였다. 그 중심 인물이 칼 메킨타이어(Carl Mcintire, 1906-2002) 박사이다. 이 운동은 신복음주의자들이 주도한 세계교회협의회(WCC)의 결성을 보고, 그것을 배교 행위로 간주하는 위기의식에서 시작되었다. 따라서 근본주의 신학을 바탕으로 1948년 네덜란드의 암스테르담(Amsterdam)에서 WCC 결성에 대항하여 29개국의 대표가 회동하여 국제기독교회협의회(ICCC, International Council of Christian Churches)를 결성하였다. ICCC 헌법 서문은 현대를 이교적 현대주의의 물결이 범람하는 배교의 어두운 시대로 규정하였다. 그

리고 그의 백성에게 모든 불신앙과 부패로부터 분리하라는 하나님의 명령들은 분명하고 적극적이라고 명시하였다. 그리고 제 2조에 교리적 선언이 포함되었다.[9]

(2) 신학: 신근본주의자들의 특징은 칼빈주의적 전통, 즉 근본주의의 성경관을 견지하였다. 따라서 이들은 전통적 기독교 교리를 굳게 붙잡고 이를 강단과 교단에서 힘차게 옹호하였다. 전통적 근본주의자로 로버트 딕 윌슨(Robert Dick Wilson), W. H. 그리피스 토마스, J. C. 라일(J. C. Ryle) 주교, J. 그레샴 메첸 등이 활략했으나 신근본주의는 지성주의와 신학교 교육을 거부하였다. 이러한 반 지성주의는 지나치게 분리주의적 태도를 지향하며 결국 정통에서 이탈하였다. 이들은 불신자, 이단자, 범죄자, 불순종자들과의 교제를 일절 중단하였다. 이를 통해 교회의 순결을 유지할뿐 아니라 악에 오염되지 않고 하나님께 영광을 돌리고자 하였다. 이러한 태도는 결국 세상에 대한 고립과 폐쇄성을 초래하였다. 그리고 오직 킹 제임스 영어 성경만을 영감받은 성경으로 보는, 소위 흠정역 유일 운동가였다. 초기의 근본주의자들이 성경 원본의 영감성을 주장했으나 신근본주의자들은 흠정역 성경 영감설을 주장하여 그들의 신조에 삽입시켰다. 그리고 행위에 관한 명백한 언급을 교리에 포함시킴으로 율법주의로 나아갔다. 이러한 정황에서 신근본주의자들은 엄격한 기준을 따르지 않는 그리스도인들을 기피케하여 이차적 분리를 이끌었다. 신근본주의의 이러한 태도는 교회의 분열을 유발시키며 진정한 기독교인들 가운데 위화감을 조성하였다. 그러나 1970년대 이후 신근본주의는 사회적 요구에 능동적으로 대처하며, 기독교인이 심지어 이단이나 부도덕한 자들과 싸울 때, 사랑의 태도를 잃지 말아야 할 것을 주장하였다.

그럼에도 불구하고 이들은 신복음주의자인 빌리 그레이엄을 부담스러워 한다. 이는 그가 자유주의자들과 대화를 하기 때문이다. 빌리 그레이엄은 그의 포용주의

---

9) 모두 12항목의 선언으로 (1) 성경의 완전한 영감, 무오성, 최종적 권위, (2) 하나님의 삼위일체, (3) 예수 그리스도의 참되고 영원하신 신성과 그의 참되시고 죄 없으신 인성, (4) 예수 그리스도의 동정녀 탄생, (5) 예수 그리스도의 대리적, 속죄적 죽음, (6) 예수 그리스도의 육체적 부활, (7) 동일하신 예수 그리스도의 영광스런 재림, (8) 사람의 타락과 전적 부패, (9) 성령으로 말미암은 중생과 하나님의 은혜로, 믿음으로 얻는 구원, (10) 구원받은 자들의 영원한 복과 잃어버린 자들의 영원한 형벌, (11) 그의 보혈로 구속받은 모든 자들의 영적 일체성, (12) 하나님의 말씀대로 교리와 생활에 있어서 교회의 순결성 보존의 필요성 등이다.

정신으로 성경적인 대중 전도를 훼손시키고 있다고 비난 받았다. 따라서 사람들과 학교와 기관 등에 붙여진 신근본주의 딱지는 절교와 단절을 의미하였다. 이들은 빌리 그레이엄의 전도 행군에 동참하지 않으며, 크리스차니티 투데이도 거부하였다. 또한 무디 성경 학교나 달라스 신학교 등이 특정한 복음주의 연사들을 초청했다는 이유로 맹렬히 비난하였다. 이들 중에 일부는 제리 파웰, 팀 하레이(Tim LaHaye), 할 린세이(Ha Lindsey), 팻 로버트슨(Pat Robertson) 같은 근본주의 지도자들을 신근본주의에 포함시켰다. 그런데 이들은 미국에서 가장 심각한 사회적, 경제적, 도덕적, 종교적 위기라고 생각하는 문제에 대해 명확한 답변을 제공한다. 그들은 세속적 인본주의를 더욱 고약한 새로운 대적으로 간주하였다. 이로 인해 교회와 학교와 대학과 정부, 무엇보다도 가정이 무너지고 있다고 보았다. 그들은 세속적 인본주의의 산물에 맞서 싸움을 벌였는바, 예를 들면 진화론, 정치적 자유주의와 세속적 자유주의, 느슨해진 개인의 도덕성, 성적 타락, 사회주의, 공산주의, 그리고 절대적이며 무오한 성경의 권위를 약화시키는 행위 등이다.

3.5. 요약

복음주의와 근본주의 운동 결과 (1) 성경에 나타난 전통적 기독교 교리의 옹호가 강조되었다. 이는 조직신학 전반에 보수성이 증명해 준다. (2) 상호 견제와 대립으로 두 교파 간의 강력한 선교 운동이 전개되었다. 대표적으로 빌리 그레이엄을 통해 복음 전도 캠페인이 성경학교, 기독교 대학, 신학교, 출판계로 확산되었다.

4. 오순절 운동(Pentecostal Movement)

이 운동은 1850-1900년대 초기 미국의 제3차 대각성 운동의 여파로 출현하였다. 오순절 교회는 크게 두 주류로 아주사 거리에서 태동한 하나님의 성회(Assembly of God)와 테네시주의 클리블랜드시(Cleveland, Tennessee)에서 시작된 하나님의 교회(Church of God)이다. 전자는 찰스 파함(Charles F. Parham, 1873-1929)이 설립한 성경학교에서 초대교회의 신유와 은사가 현 시대에도 나타날 수 있다고 가르치던 중에 1901년 한 여학생에게 방언이 터지면서 시작되었다.

그 후 흑인 윌리엄 세이모어(William Seymour, -1923)가 L.A의 아주사(Azusa Street) 거리에 아주사거리선교회(Azusa Street Apostolic Faith Movement)를 조직하면서 큰 부흥이 일어났다. 한국의 순복음교회가 이 하나님의 성회 소속이다.

한편 1886년 이후 테네시주의 클리블랜드시의 한 마을에서 8명의 사람들이 모임을 가진 후 성령을 체험하였다. 그들이 1903년 A. J. 톰린슨(A. J. Tomlinson)을 영입한 이후 크게 성장하였는데, 이 교단이 하나님의 교회이다. 그런데 오순절 운동은 다음과 같은 특징을 가진다. (1) 개인의 체험적 신앙을 중시한다. 초대교회에서 있었던 것과 동일한 방언, 신유, 여러 가지 성령의 은사 체험을 추구하며 예배가 열광적이다. (2) 미국의 주류 백인들이 아닌 흑인과 빈민층으로부터 출발하였기에 유색인종들과 빈민들로부터 환영을 받으며 급속히 확산되었다. 오늘날 남미와 아시아에서 급속히 퍼져나가고 있다. (3) 방언이 성령 세례의 첫 증거라는 주장은 보수적인 신학자들로부터 비판 받는 부분이다. 그러나 성령에 대한 새로운 인식과 관심을 불러 일으키는데 공헌하였다. (4) 오늘날 오순절 교회의 대표적인 한국의 순복음교회는 중생, 성령 충만, 축복, 신유, 재림의 5중복음을 강조한다.

5. WCC, 세계교회협의회와 교회일치운동(Ecumenical Movement)

18세기 말엽 경건주의와 복음주의 운동의 확산으로 교회의 부흥이 급속히 확산되었다. 그 즈음 1790년 영국의 윌리엄 케리의 근대 선교와 함께 위대한 세기가 전개되었다. 선교의 확대 과정에서 아직 전통이 없거나 열악한 선교지의 선교사들 간에 연합이 강력히 요청되었다. 그 결과 교파를 초월한 다양한 선교회들이 설립되어, 초기 한국 교회에서 보듯이 선교사들이 연합된 교회를 세우기도 하였다. 선교사들이 전하는 복음, 예수 그리스도와 회개, 중생, 영생과 믿음의 실천 등의 교리는 대부분의 교회들이 갖는 신앙적 특징이었다. 효과적인 선교를 위한 다양한 노력 속에 1910년 에든버러에서 첫 모임이 창립되었다.[10] 당시 총회는 선교를 위한 교회 내의 연합 운동으로 국제선교대회로 발족되었다. 총회는 각 교파의 신앙

10) 레슬리 뉴비긴, 「오픈 시크릿: 마침내 드러난 하나님의 비밀 선교」, 홍병룡 역, (복있는 사람, 2014), 18-31.

고백과 교리는 뒤로한 채 선교를 공통주제로 채택하였다. 이 모임이 회기를 더하면서 에큐메니칼 운동으로 발전하였다. 특별히 선교 단체의 연합을 위한 전환기적 모색은 1948년 암스테르담의 제1회 WCC 총회였다. 당시 총회에 44개국 대표의 회동을 시작으로 매 7년 마다 소집되어 왔다. 당 총회는 초대 교회의 공의회에 기초하여 세계교회회의를 에큐메니칼 회의로 지칭하였다. 이 운동은 하나님께서 세우신 모든 교회의 일치를 주창하는 것으로 사실 매우 의미있는 일이다. 그러나 이 운동에 포함되는 대상을 두고 논쟁이 발생하였다. 현재 WCC의 에큐메니칼 운동은 신앙인들을 포함하여 자유주의와 이단은 물론 그리스 정교와 로마 가톨릭 교회가 포함되었다. 20세기에 들어 자유주의 경향의 신앙인들이 크게 증가하며 교회 연합을 주도하였다. 당시 자유주의적인 사람들은 성경을 하나님의 말씀으로 순전한 마음으로 믿고 받아들이지 않으며, 전통적인 신앙고백을 받아들이지 않는다. 나사렛 예수가 그리스도임을 부인하며, 예수 그리스도는 참 하나님이요 참 사람임을 고백하지도 않는다. 이들은 단지 기독교의 종교적 가치는 인정하고 윤리적 교훈을 중시하였다. 따라서 보수적인 복음교회들은 대안으로 ICCC를 결성하고 WCC를 마귀적인 것으로 치부하였다.

한국에서는 WCC 설립 이전인 1924년 9월 한국기독교협의회가 결성되었다. 1930년대 일제의 신사참배 강요기에는 기능이 약화되었으나, 1946년 10월 9일 제1회 한국기독교연합총회(KNCC)와 더불어 활성화되었다. KNCC는 1948년 암스테르담에서 열린 세계기독교연합회 창립 총회에 장로교회 대표로 김관석 목사, 엄요섭 목사, 감리교회의 변홍규 목사를 파견하였다. 당시 진보적인 기장측은 WCC에 적극 참여하여, 아직 관망하던 대다수 사람들을 통합하며 KNCC가 주도적으로 활동하였다. 그러나 당시 교회는 WCC를 관망할 뿐 특별한 관심을 보이지

---

11) 박윤선 교수에 의하면 우리 장로교회는 세계기독교연합회에 참가하고 있다. 그런데 이 회의 참가는 장로교 교리에 대한 위반이다. 그 이유는 세계기독교연합회가 전통적인 정통주의가 아니기 때문이다. 세계기독교연합회에는 신신학자, 위기신학자, 사회복음주의자 등이 중심이다. 그 회의 목적은 세계 교회의 사교라기 보다는 세계 교회의 진로를 교화하는 것이다. 그들은 처음부터 각 교파의 교리를 그들의 그릇된 주장으로 통합하려는 행동은 하지 않는다. 그러나 세계적으로 교회 실권을 잡으려 하고 있다. 그렇게 되면 결국 세계 교회의 각 교파는 성경과 교리에 의해 행동하지 못하고 오히려 그들의 실권에 포로가 될 것이라고 경고 하였다.

않았다. 1950년 당시 고려신학교에 재직하던 박윤선 교수는 "한국 교회는 어디로?" 라는 소책자에서 WCC 반대 견해를 피력하였다.[11] 8년 후인 1958년 초, 박형룡 박사는 신학지남에 기고한 "에큐메니칼 운동의 교리와 목적"에서 당시 WCC 정체를 관망하던 자들에게 분별력을 제공하였다. 결론에서 박 교수는 우리 교회는 결코 자유주의자들이 주도하는 에큐메니칼 운동에 순응할 수 없으며 교회 합동과 단일 교회를 바라보는 목적에 찬동할 수 없다[12]고 하였다.

1948년 제1회 WCC 총회의 창립과 더불어 사회 문제에 관심을 갖고 교회는 정치적 및 사회적인 이념을 초월할 것을 주장하며 공산주의를 용인하였다. 그리고 교회 연합에 불필요한 신앙고백은 덮어 두었다. 제2차 총회도 일치된 선교의 공동체를 위하여 각 교파와 교회의 전통과 특성을 부인하는 결단을 촉구하였다. 선교도 사람을 교회 안으로 끌어들이는 선교보다는 교회가 세상 속으로 들어가 세상을 변화시키는 역할을 해야 한다고 강조하였다. 1961년 제3차 뉴델리 총회에 러시아의 그리스 정교회 대표들과 루마니아, 불가리아, 폴란드 대표들이 참가하였다. 그리고 타종교와의 대화로 우주적 그리스도, 혹은 익명의 그리스도가 제안되었다. 1968년 제4차 총회는 "하나님의 선교"(missio Dei)와 더불어 교회의 사회 참여가 부각되었다. 마르크스주의 등 사회학적인 통찰을 기독교 신학에 적극 수용하였으며, 불의에 대항하는 폭력을 정당한 것으로 수용함고 비폭력적 혁명을 교회가 도와야 한다고 하였다. 해방신학의 탄생과 같은 시기였다. 1969년 3월 WCC 주최로 제네바 근처의 까르티니(Cartigny)에서 22명의 회교도와 기독신자들이 모임을 가졌으며, 1970년부터 본격적으로 타종교와의 대화를 효과적으로 추진하기

---

12) 우리 대한예수교 장로회는 1948년 암스테르담에서 열린 WCC 총회에 남한 총회의 대표가 가서 참여하고 그 후 WCC의 지부인 대한기독교연합회(NCC)의 일원이 되어 오므로 이 에큐메니칼 운동에 참여하고 있다. 그러나 우리 교회는 칼빈주의 개혁파 장로교회의 전통적 복음주의 신앙을 충분히 보수하여 오는 입장이다. 그러므로 이 WCC 에큐메니칼 운동에 방심하고 무조건 참여할 수 없다. 우리 교회는 결코 이 에큐메니칼 운동의 자유주의 지도에 순응할 수 없으며 교회합동 단일 교회를 바라는 목적에 찬동할 수 없다고 하였다. 1957년 제42회 총회는 에큐메니칼 연구위원회 보고에서 우리 교회는 이 운동의 교회 친선과 사업협동에만 참여하고 교파 합동에는 반대한다고 결의하였다. 이것은 상기한 대책에 적응하는 결의로, 우리 교회는 세계적 교회 친선의 중요함을 생각하여 이 운동에 참여하나 교리상 경계와 비타협의 태도를 취할 것이다. 장차 어떤 날 교파 합동의 계획이 구체화할 때 이 운동으로부터 단연 탈퇴할 것이다.

위해 기독교와 타종교의 대화국을 신설하고 본격적으로 대화의 신학을 발전시켰다. 1975년 제5차 나이로비 총회에는 90개국의 대표들이 참석하였다. 로마 가톨릭, 불교, 힌두교, 이슬람, 유대교 등이 옵서버로 참석하였다. 당시 영성 문제를 둘러싸고 각 문화의 전통적 경건과 극단적 성령 운동의 체험, 동양의 신비주의 등 다양한 종교 요소를 인정하고 받아들이는 혼합 종교가 부각되었다. 1991년 제7차 총회가 호주의 캔버라에서 소집되었다. 이 때 주제는 오소서 성령이여, 만물을 새롭게 하소서였다. 온 지구를 구원하는데 성령의 임재의 중요성 혹은 영성의 중요성이 강조되었다. 당시 한국인 대표로 참가한 정현경은 성령의 강림을 부르기 위해 무당의 강신굿을 행하였다. 창립에서 지금까지 역사적 발전을 보았듯이, WCC는 자체의 노력에도 불구하고 부정할 수 없는 문제를 낳았다.

(1) 선교적 측면: WCC는 창립시의 정강에서 보듯이 세계연합과 선교에 지속적인 관심을 보였다. 사실 세계 여러 민족, 지역이나 문화권 선교를 위한 의도는 매우 고무적이었다. 하지만 그 목적을 집행하는 과정에서 WCC는 자신의 정체성을 상실하고, 극도로 비종교화 내지 세속화되는 결과를 낳았다. 실제로 WCC는 창립 당시 가졌던 경고와 우려보다도 훨씬 더 진보적이었다. 그것은 이들의 탈기독교적인 종교다원주의, 용공주의, 혼합주의 때문이었다. 그리하여 이들은 형식적으로 기독교 연합운동을 주창했으나, 실제로는 하나님과 복음, 내세와 재림이 상실된 세속적, 내용 없는 임의 단체로 전락하였다. 그 결과 1960년대 토착화 신학의 주창자들이 1990년대에 종교다원주의로 전환하였다. 이것은 토착화 신학의 한계를 극복하고 새로운 시대에 부응하기 위한 전환이었다. 중요한 것은 종교다원주의는 역사적 예수 그리스도의 유일성을 부정한다는 것이다. 이들에게 고대 신조, 예를 들면 칼케돈 신조는 무의미하다. 그 이유는 이들이 철저히 자유주의 신학을 옹호하기 때문이다. 이들의 사회 참여와 봉사는 철저히 자유주의 신학적 관점에서 추진된다. 그러므로 전통적 신앙과 신학을 수호하는 보수교회의 참여는 무리일 수 밖에 없다.

(2) 신학적 측면: (i) 종교다원주의: 상기한 대로 WCC의 위협은 종교다원주의이다. 1991년 2월 호주 켄버라에 소집된 제7차 총회에서 정현경은 온 지구를 구원하는데 성령 현존의 중요성과 영성의 중요성을 언급하였다. 당시 한국 대표로 참가하여 성령의 강림을 부르는 과정에서 무당굿을 하였다. 그는 총회에서 행한

무당굿을 해방신학에 초점을 맞추어 「초혼문」을 낭독하였다. "오소서, 우리들의 신앙의 조상 아브라함과 사라에 의하여 이용당하고 버림받은 검둥이 여종, 이집트 여인 하갈의 영이여, 오소서 렁렁렁" 으로 시작하여 다윗에게 죽임을 당한 우리아의 영, 입다의 딸의 영, 헤롯의 군사들에 살해당한 남자 아이들의 영, 잔 다르크의 영, 마녀사냥으로 불타 죽은 중세 여인들의 영, 십자군 전쟁 때 희생된 사람들의 영, 기독교가 식민주의 시대와 이교도 세계에 대한 우월의식을 가지고 선교하던 시대에 학살된 토착민들의 영을 차례로 불러들였다. 그리고 KNCC의 홈페이지 기도자료실에 올라있는 기독교대학(숭실대)의 겸임 교수이며 서울복음교회 교육 목사인 구미정이 작성한 "생명의 강 살릴 종교 여성 공동기도문" 에는 혼합종교의 단면이 게제되었다. "오, 하느님, 부처님! 살려 달라 매달려야 하는 것 우리 자신인데, 거꾸로 당신이 우리를 행해 애원하시다니요? 무력한 당신, 한없이 작은 당신, 아직도 십자가에서 내려오지 못하신 당신, 한 중생이라도 더 구제하기 위하여 극락 언저리를 서성대는 당신. 땅 바닥에 납작 엎드려 아래로 아래로 오랜 세월 흐르는 강물은 바로 당신의 눈물입니다. 사랑이고 자비입니다....하늘에 계신 하느님, 부처님, 성모 마리아님과 소태산 대조사님의 마음에 연하여 오늘 4대 종단의 종교여성이 일심으로 간구하오니, 부디 이 땅에서 죽임의 굿판 대신에 신명나는 살림의 굿판이 벌어지도록 인도해 주십시오....나무아미타불, 아멘!. 그리고 2009년 6월 18일, 노무현 대통령이 사망한 시점의 한 시국 성명에 "부엉이 바위에 묻여 있는 핏자국에서 우리의 죄를 대신 짊어진 예수의 죽음을 봅니다" 라고 하였다. 여기에 1024명의 진보적 목사들이 서명하였다.[13)]

---

13) 크리스챤 투데이, (2009.06.18) 참조. 여기에 한국기독교교회협의회 회장 김삼환 목사와 총무 권오성 목사가 포함되었다. 한편 시인 박민식은 누가 노무현을 죽게 했는가? 라는 추모 시에서 "5공 청문회 때 난 그의 패기를 환호했다. 3당 합당 때 난 그의 용단을 사랑했다. 대통령 선거 때 난 그의 담백함을 좋아했다. 개혁과 사정의 칼을 빼 들었을 때 난 그의 정신을 흠모했다. 전대미문의 대통령 탄핵 때 난 그의 정면돌파를 찬양했다. 퇴임 후 고향으로 돌아갔을 때 난 그의 순박함을 애틋해 했다. 내가 인간적으로 사랑한 사람, 노무현! 숱한 실수조차 미워하되 싫어할 수 없었던 허점 투성이의 노무현! 아, 비통하다! 장자연 리스트가 조선일보 대가리를 압박하자, 정부와 조중동은 박연차 게이트를 터뜨려 전직 대통령 가족을 궁지에 몰아넣었다. 더러운 것들의 전형적인 짓거리, 장자연 사건은 하루아침에 묻혀 버렸다. 아, 원통하다! 누가 노무현을 죽게 했는가? 누가 그의 온화한 미소를 더 이상 보지 못하게 만들었는가? 주변을 보호하고자 혼자 끌어안고 내던진 핏자국 위에 온 세상 부엉이들

(3) 요약: WCC는 지금까지 9차례 총회를 통해 세계 대부분의 개신교회 교단들과 정교회 연합을 이끌었다. 긍정적은 점은 오랫동안 교류하지 못했던 동방교회와의 대화이다. 하지만 아직 로마 가톨릭과 기독교 이단들이 불참하고 있다. 그 중에 로마 가톨릭은 교황 중심의 제도적 전통이 매우 강력함으로 다른 크고 작은 종파나 교파를 수용해도 별다른 충격이 없을 것이다. 그러나 개신교회는 교단의 특성상 조직 체계가 약하여 지나치게 확대될 경우 분열과 혼란을 피할 수 없다. 따라서 가장 우려되는 부분은 종교개혁의 전통성과 정체성의 상실일 것이다. 진보 그룹에서는 하나님을 섬기는 믿음의 교회들이 대화를 통해 일치점을 찾을 수 있다는 낙관론을 펼친다. 그러나 자유주의 신학뿐만 아니라 로마가톨릭과 일치를 추구하는 행위는 자칫 종교개혁의 전통과 정신마저 변질시켜, 교회의 순수성을 잃을 것이다. 따라서 오늘 한국 교회는 2013년 제10차 WCC 부산 총회 개최 문제를 둘러싸고 보수와 진보 간에 날 세게 대립하고 있다.

6. 포스트모더니즘 운동

14세기 이탈리아 북부와 북유럽에서 발흥한 르네상스는 18세기에 정점에 달하였다. 밀라드 에릭슨(Millard Erickson)에 따르면 현실주의는 현실에 대한 초월개념을 버리고 초자연주의를 자연주의로, 휴머니즘과 개인주의를 옹호하며, 인간의 지식을 과학적인 방법으로 확실하고 객관적인 선으로 파악할 수 있다고 보았다. 근대 정신이란 인간의 지식은 확실하고 이성적이며 객관적이고 감정에 지배되지 않으며 선하고 낙관적이다. 이들에게 인간의 이성은 보편적 진리와 보편적 도덕성이다. 그러나 1950년대 이후 출현한 포스트모더니즘은 매우 복잡하여 개념 파악이 쉽지 않다.[14] 이들의 세계관은 5가지로 정리된다.

이 몰려와 핏빛 울음을 울 것이다. 전직 대통령을 죽음으로 몰아간 주역들과 꼭두각시들은 오늘 밤 내내 잠을 이루지 못할 것이다. 아니 두고두고 편한 잠을 청하지도 못할 것이다. 밤마다 부엉이들은 고통스런 곡(哭)을 할테니까. 아, 애통하다! 이제 어디에서 그의 모습을 만날 수 있으며, 이제 어디에서 그의 목소리를 들을 수 있단 말인가? 오늘은 한민족 모두가 부끄럽고 수치스러운 날, 난 오늘을 국치일(國恥日)이라 명명하리라. 아픔이 사무쳐 그리움 되는 날, 나도 몰래 부엉이 바위를 찾아갈지 그 누가 알랴! 라고 하였다.

14) 신국원, 「포스트모더니즘」, 「니고데모의 안경」 참조; 이정석, 「세속화시대의 기

(1) 급진적 해석학: 2차 세계 대전 이후 해체주의 운동에 뿌리를 둔 것으로 포스트모던 해석학은 언어를 매우 중시한다. 그 이유는 언어가 사람을 조작하고 통제하기 때문이다. 이러한 새로운 해석학은 의사소통에 있어서 언어는 궁극적인 의미나 참다운 의미가 없다. 그러므로 읽는 사람이 주권자로 저자의 의도는 상관이 없으며 독자가 텍스트의 의미를 결정하게 된다. 따라서 모든 해석은 동등하게 효력을 갖거나 동등하게 무의미하다. 성경적 기독교의 관점에서 이것은 많은 문제가 있다. 왜냐하면 작가의 의도는 포스트 모더니스트에게는 알 수도 없고 아무 상관도 없다. 하나님의 말씀으로서 성경을 토론하는 것은 지각없는 일이기 때문이다. 이들은 그런 진술을 불쾌한 것으로 간주하며 통제하며 조작하려는 것으로 본다. 이들에게 모든 진리는 우위점이 없다. 모두가 다 동일하다.

(2) 극단적 상대주의: 이들은 공동체에서 살아가는 자율적인 자아가 중심점이다. 이들에게 자아는 곧 현실이기 때문이다. 그러므로 이들에게 행위의 경계가 없으며, 더 중요한 권위자도 없다. 2000년 5월 7일자 뉴욕 타임지 매거진(*The New York Times Magazine*)에 의하면 자율은 문화와 모든 양상들, 예를 들면 오락, 사업, 법, 여가 그리고 종교에 영향을 준다. 나 곧 자아는 현실의 모든 양상을 의미한다. 나를 정의할 수 있는 현실 이편에 아무 것도 없다. 즉 나는 자율적이다. 성경의 표현으로 삿 17:6, 21:25에 "사람마다 자기 소견에 옳은 대로 행하였더"라 하였다. 미국에 뿌리 내린 개인의 자율이 자유와 권리에 대한 공약과 혼합될 때, 성과 윤리 그리고 도덕성의 영역에서 이러한 생각은 치명적인 결과를 가져 왔다. 어떠한 경계나 절대성이 없고, 그 대신 개인의 권리가 절대적이다. 이러한 신념은 오늘 날 낙태, 동성애, 혼전동거, 유전자 조작과 복제기술, 그리고 존엄사에서 대두되고 있다. 성경이 말하는 사람마다 자기의 소견에 옳은 대로 행한다는 자유와 권리의 한계를 초월한 것이다.

(3) 극단적 다원주의: 이들은 어떤 세계관도 진리에 대해서는 절대적 중심이 없는, 종교적 선택의 잡동사니를 수반한다. 많은 진리가 있어도 그것들에 확실성이 없기 때문에 어떤 것을 가어도 문제가 되지 않는다. 그러므로 포스트모더니즘은 극단적 다원주의와 보편주의를 지지한다. 이들의 생각에 모든 종교는 사회적 구성물이 동일하므로 특정 종교가 여타 종교에 우월하다고 할 수 없다. 모든 종교는 동등하게 효력을 갖고 모든 길은 신에게로 인도된다. 이들에게 종교는 외부의 어

떤 것에 기반한 것이 아니라 내적인 필요와 주관적 개인의 경험에 그 뿌리를 두고 있다. 종교를 믿는 자들은 그래서 진리를 인식하는 것이 아니라 오히려 그들 자신의 진리들의 원천을 인식하고 있다고 한다. 어떤 것이 나를 위한 진리라면 그 어떤 것이 바로 진리이다. 흔히 우리가 쓰는 다양성, 수용, 문화다원주의는 절대적 진리가 없으며 누구도 진리를 주장할 수 없다는 것을 나타낸다. 모두의 의견이 동등하게 유효하고 가치가 있다. 따라서 예수만이 길이요 진리요 생명(요 14:6)이라는 믿음은 온 천하에 사람은 오직 예수의 이름에 의해서만 구원받는다(행 4:12)는 주장은 편견일 뿐이다. 그러므로 예수 안에 구현된 진리는 배타적일 뿐이다.

(4) 극단적 도덕주의: 이들에게 도덕적이고 윤리적인 해위는 하나님 같은 궁극의 실재에게 기인하지 않는다. 그보다는 도덕이란 사회적인 요구에서 비롯된 것이다. 모든 문화는 그 자신만의 고유한 도덕이 있고, 어떠한 문화도 타 문화의 가치체계를 판단할 권리는 갖고 있지 않다. 진정한 윤리란 궁극적 진리가 아니라 순간의 필요성에 근거한다. 예를 들면 유대인의 600만 명 학살에 대하여, 잘 알고 있지만, 그것의 오류에 대해서는 말하지 않았다. 단지 일부의 비판은 개인적인 선택이나 기호일 뿐이다. 극단적 도덕주의의 목표는 관용이다. 이 관점에서 다른 사람들의 특색과 신념을 존중해야 한다. 유일한 잘못된 신념은 다른 사람들의 신념이 잘못되었다고 말하는 것이다. 포스트모더니즘은 진리의 윤리를 관용의 윤리로 대체시켰다. 관용은 생활양식의 문제와 습관들까지 뻗쳐있다. 동성애자의 생활양식에 대해 비난하는 것을 고집스럽고 증오로 가득 차 있는 것으로 분류하는 것은 이상하지 않다. 낙태에 대해 비난하는 것을 여성의 권리를 위협하는 것으로 보는 것 역시 이상하지 않다. 환자의 자살을 도와주는 행위를 위험스러운 행위로 볼 수도 없는 것이다.

(5) 극단적 실용주의: 어떠한 절대성은 없고 모든 결정은 순간의 필요에 근거한 것이므로 유용한 것은 무엇이든지 새로운 진리가 될 수 있다. 따라서 실용주의의 승리는 포스트모더니즘의 특생이다. 미국의 대통령이 비도덕적이라도 경제 성장을 이루었다면 문제가 되지 않는다. 주가 후원하는 사행산업이 파괴적이고 중독적인 해위여도, 그 이익이 교육과 노인들을 돌보는데 사용된다면 문제가 되지 않는다. 이미 동성 결혼이 어른 들 사이에 수용되고 있다. 만약 당사자에게 유용하다면 그것으로 좋다. 누구도 이와 같은 행위에 해를 입히지 않기 때문이다. 실용

주의는 진리를 위한 하나의 유효한 시험이 아니다. 왜냐하면 그것은 끝이 수단을 정당화하는 윤리를 도출할 수 있기 때문이다. 이러한 포스트모던 실용주의의 신조에 의하면 줄기 세포의 원료가 되는 태아의 파괴나 혈우병을 막기 위한 아이의 성별 선택도 정당화될 수 있다. 이러한 행위들로 결국 부모들은 자동차나 집을 선택하듯이 자식들을 고를 수 있는 권력을 갖게 된다. 성경은 진리의 추구를 위한 시작점이요 결단의 마지막이다.[15] 실용적인 윤리도 아니며 끝이 수단을 정당화하는 윤리도 아니다.

7. 결론

역사에서 보듯이, 복음이 가는 곳에는 항상 갈등과 대립이 있었다. 이는 말씀의 심오함에 대한 해석과 적용의 차이에서 비롯되었다. 바울이 빌립보 교회에 보낸 편지에서 언급했듯이, 이러나 저러나 전파되는 것은 그리스도이다. 하지만 잘못된 가르침으로 인하여, 교회가 받는 피해는 말로 할 수 없다. 교회가 사건에 이를 알아 대처한다면, 그만큼 복음의 확장도 용이할 것이다. 그 중심에 말씀에 기초한 신앙, 예수 그리스도의 구원의 완성, 경건의 실천과 세계 복음화, 즉 하나님을 향한 헌신으로 정리된다. 역사 속에 수많은 기독교단과 단체들은, 이단들의 도전에도

독교」, (이레서원, 2000), 5-85.

15) 골 2:8, "헛된 말과 거짓 철학에 속아 잘못된 길로 가지 않도록 주의하십시오. 그것들은 모두 사람의 생각에서 비롯되었으며 아무 가치도 없습니다. 결코 그리스도로부터 나온 것이 아니므로 멀리하시기 바랍니다". 그러므로 기독교인에게 세계관은 매우 중요하다. 요 17:13-18, 주님의 기도처럼 우리는 세상에 있되 세상에 속하지 않았기 때문이다. 실재로 행 17:22-31의 바울의 설교처럼, 우리는 이 땅의 시민들과 공통점을 찾아 교감해야 한다. 포스트모더니즘이 모두 부정적인 것만은 아니다. 이들에게 때로는 모더니즘 시대의 조롱거리였던 초월적인 실재나 영적인 경험들을 용인한다. 그러면 기독교인의 세계관은 무엇인가? 그것은 우리가 어떻게 여기에 있는지(창조와 우주), 어디로 가는지(역사의 의미), 실재적 본질은 무엇인지(물질적 혹은 영적), 신 혹은 초월적인 실재의 본질은 무엇인지, 진리의 본질은 무엇인지(주관적인지 객관적인지), 인간의 본질은 무엇인지, 사망 시에 무엇이 일어나는지, 인간 행위의 지침은 무엇인지(윤리)를 심도있게 고찰해야 할 것이다. 그리고 보다 적극적으로 이들에게 벧전 3:15에 근거하여, 그리스도를 당신의 마음에 주님으로서 거룩하게 하라, 항상 준비가 되어 있으라, 그리고 구체적으로 방어막을 만들고, 질문하는 모든 이들에게 관대함과 공손함으로 우리 속에 있는 소망을 설명해야 할 것이다.

불구하고 각각의 위치에서 받은바 사명을 다양한 방식으로 완수하였다. 따라서 그 어느 때 보다 연합이 요청되는 때에 그리스도를 주로 고백하는 교회나 교단, 단체의 협력이 요구된다 할 것이다. 따라서 이 시대 우리에게 요청되는 교회 일치를 위한 방안은 무엇인지 간략히 정리하였다.

(1) 시대적 안목 확립: 마 28:19-20, 예수님의 지상 명령을 준행하는 과정에서 중요한 것은 성경만큼 우리의 안목과 비전이 확장되어야 한다는 것이다. 그런데 시대적 안목과 비전은 말씀에 대한 확신에 기초한다. 역사적 도전에 직면하여 우리는 말씀을 부정하는 어떤 세력과 더불어 결연히 맞서며, 온전히 하나님의 뜻을 이 땅에 실현해야 할 것이다.

(2) 사회적 책임 중시: 시대적 안목은 사회적 책임으로 성취되어야 할 것이다. 지상 교회는 항상 사회로부터 빛과 소금의 역할을 요청 받아 왔다. 중요한 것은 자기 부정이요 실천적 삶이다. 이를 대외적으로 실현하기 위해서는 (i) 복음주의 교회의 연합과 세계화 시대에 걸맞게 보수적인 교회 일치 운동이 요청되고 있다. 하지만 종교 혼합 내지 인위적인 종교 통일은, 교회의 순결과 질서 유지 차원에서 깊이 숙고해야 할 것이다. (ii) 지상 명령의 완수를 위해 말씀 선포, 영혼의 구령 사역에 진력, (iii) 명분 없는 분열과 분리 타계, (iv) 하나님의 나라를 지속적으로 추구해야 할 것이다.

제13장

아브라함 카이퍼의 생애와 신학사상

-카이퍼의 문화관, 일반은총론과 그리스도의 왕권문제를 중심으로-

1. 서론

2,000년 기독교 역사 속에 시대를 따라서 뛰어난 목회자와 평신도, 저술가와 예술가, 신학자와 정치가가 많지만 그 중에 아브라함 카이퍼(Abraham Kuyper, 1837-1920)는 그 누구보다도 다재다능한 천재로 특별히 칼빈주의 문화관 확립에 크게 기여하였다. 카이퍼는 존 칼빈의 신학적 이론에 기초하여 문화를 정의하고, 일평생 그 사상을 삶의 현장에서 몸소 실천하였다. 그는 열심을 품고 주되신 그리스도의 왕권과 확립을 위해 헌신하였다. 무엇보다 카이퍼는 칼빈주의 원리를 교리와 신학, 즉 이론적 한계를 넘어 생활의 전 영역으로 확대, 적용하였다. 사실 종교개혁 이후 전통적 칼빈주의는 돌트 총의에서 결정된 5대 교리[1]를 중심으로 인식

---

1) 이 교리는 아르미니우스의 주장에 맞서 정립한 5가지 교리로 전적타락, 무조건적 선택, 제한 속죄, 불가항력적 은혜 그리고 성도의 견인를 가르친다. 이 다섯 교리는 '하나님께서 죄인들을 구원하신다.' 는 교리에서 시작되었다. 이를 쉽게 기억하기 위하여 영어의 첫 글자를 따서 튤립(TULIP), 즉 네덜란드의 국화로 표현되었다. (i) 전적타락(전적타락과 무능력, Total depravity, 롬 5:12-21), (2) 무조건적 선택(Unconditional election, 롬 4:4-8), (3) 제한적 구속(제한 속죄, Limited atonement, 제한적이며 특별한 속죄, 엡 1:4; 마 1:21), (4) 불가항력적 은혜(Irresistible grace, 요 6:37-40; 롬 8:18-39), (5) 성도의 견인(굳게 참고 견딤, Perseverance of the saints, 벧전 5:10) 등이다.

되었다. 그러나 18세기 유럽의 반기독교적 계몽주의(enlightenment)[2] 운동에 직면한 개혁교회는 계몽주의가 단순히 종교와 신학의 범위를 넘어 전 영역으로 공격을 감행함에 따라서 칼빈주의 원리를 정치와 경제, 사회와 문화 전반에 적용하는 새로운 칼빈주의 체계를 요청하였다. 이 같은 상황에서 카이퍼는 반기독교적 계몽주의에 맞서 정치는 정치로, 경제는 경제로, 세계관은 세계관으로, 인생관은 인생관으로, 학문은 학문으로, 교육은 교육으로, 예술은 예술로, 문화는 문화로, 그리고 종교는 종교로 대응해야 한다는 생각으로 '삶의 모든 영역에 하나님의 주권과 통치가 임하게 하자' 는 "*Coram Deo*", 즉 "하나님 앞에서" 슬로건과 함께 신 칼빈주의 운동을 전개하였다.

고찰한 대로 카이퍼는 다재다능한 천재로 목회자요 신학 교수인 동시에 탁월한 정치가로 한 국가의 수상을 지냈다. 뿐만 아니라 그는 유명 강사로 청년들을 일깨우며, 그들이 정치적 및 사회적 의무에 충실하도록 가르쳤다. 실로 카이퍼는 생전에 교육가, 언론인, 저술가, 웅변가, 예술 애호가로 폭넓게 사역하였다.[3] 무엇보다 자칭 칼빈의 충실한 제자로 간주하고 칼빈의 주 사상인 오직 하나님의 말씀과 그 분께 영광을, 그리스도의 왕직과 하나님의 주권에 대한 신앙고백에 충실하였다. 그의 고백은 1880년 10월 20일 그가 네덜란드의 수도 암스테르담에 자유대학교를 설립한 취임 연설에 잘 표현되었다. 연설에서 그는 만물의 주권자이신 그리스도에게 속한 인간의 존재, 그의 전 영역에서 이것은 내 것이다, 즉 이 세상에 주님의 것이 아닌 것이 없다고 천명하였다. 그러므로 모든 그리스도인은 이 말씀에 기초하여 주님의 지상 명령을 이루기 위해 세상에서 적극적으로 살아야 할 것을 강조하였다. 이렇듯 카이퍼는 철저히 칼빈을 추종하되 단순히 기계적 혹은 맹목적으로 추종하지는 않았다. 카이퍼는 칼빈주의 대변자로 그리스도의 주권, 특별히 문화영역에서 주님의 영적 통치를 천명한 문화신학자였다.[4]

---

2) 프랑스어로 Siècle des Lumières, '빛의 세기'를 의미하며, 17, 18세기에 유럽과 미국을 휩쓴 정치, 사회, 철학, 과학 이론 등에 광범하게 일어난 운동으로, 신과 이성, 자연과 인간 등의 개념을 하나의 세계관으로 통합하였다. 이 후 이 사상은 오늘 날 자본주의의 근간을 이루었으며 중심 내용은 지식수준이 낮거나 의식이 덜 깬 사람들을 깨우쳐 인류의 보편적 진보를 꾀하려 한 사상이다. 따라서 이성의 힘과 인류의 무한한 진보를 믿으며 현존 질서를 타파하고 사회를 개혁하려는 데 목적을 두었다.

3) Henry R. Van Til, 「칼빈주의 문화관」, 이근삼 역, (성암사 1972), 167.

2. 아브라함 카이퍼(Abraham Kuyper, 1837-1920)의 생애

(1) 출생에서 박사학위 취득: "열 개의 머리와 백 개의 손을 가진 사람" 아브라함 카이퍼는 1837년 10월 29일, 화란 개혁교회 목사의 장남으로 네덜란드의 항구도시 마슬루이스(Maasluis)에서 태어났다. 그의 서거(逝去) 시 당시 전 세계 120여개 신문들은 제 2의 칼빈이 잠들었다고 논평하였다. 그리고 그는 일생을 하나님의 주권과 그분의 왕권을 위해서(Pro Rege) 헌신한 위대한 신학자요 교회 개혁자, 정치가요 국회의원, 한 국가의 수상과 신학자, 교육가이자 영향력 있는 기독교 언론인 이었다고 평가하였다. 그가 성장한 19세기 중엽은 급속한 사회적 변화와 함께 16-17세기 네덜란드의 칼빈주의자들이 세운 6개 대학 중 세 개가 자유주의 신학을 추종하였다. 이 같은 상황에서 카이퍼는 부친의 가르침과 시대적 흐름에 순응한 국가교회의 목사로, 정통 칼빈주의 자가 아닌 다소 완화된 개혁주의 목회자였다.

1855년 18세 때 카이퍼는 레이든(Leiden) 대학교에 입학하여 문학과 신학을 배웠다. 당시는 근대 사상의 영향으로 성경 말씀, 즉 기록된 하나님의 계시보다 인간의 이성을 존중하였다. 이것은 당시의 일반적인 경향으로 카이퍼도 자연스럽게 거기에 함몰되었다. 이미 정통 신학은 내리 막 길로 자유주의 신학이 주도한 것이다. 레이든 대학교 역시 라우벤호프, 퀴에넌, 스콜턴 같은 자유주의 신학의 대변자들이 활략하였다. 카이퍼는 어쩔 수 없는 환경에서 자유주의 신학을 학습하였다. 그의 나이 25세 때, 카이퍼는 신학부 스콜턴 교수의 권유로 "존 칼빈과 존 알 라스코의 교회관"에 관한 연구로 신학 박사 학위를 받았다. 그리고 이듬해 결혼 후 첫 목회지 베이스트 교회에 부임하여 청년 목회를 하였다. 이때까지 그는 여전히

---

4) 참고로 전 국제신학대학원대학교 부총장 이정석 교수는 한국의 신 칼빈주의 운동은 네덜란드 자유대학교에서 철학박사학위를 받고 1972년 귀국한 손봉호 박사에 의해 시작되었다고 하였다. 그에 의하면 손봉호 박사는 기독교윤리실천운동을 창설하고 앞장서서 전개함으로 일반 은총에 근거하여 윤리적인 한국 사회의 건설과 기독교 문화 정착을 위해 노력하였으며, 정치 참여와 사회 계몽을 통하여 하나님의 뜻이 실현되는 한국 사회를 지속적으로 도모하였다. 그의 사역을 돕기 위해서 2018년 8월 현재 문화운동과 세계관 운동을 활발히 참여하는 대표적인 분들로는 총신대학교의 신국원 교수와 합동신학대학원대학교의 이승구 교수가 있다.

자유주의의 신봉자로 결코 개혁자들에게 호의적이지 않았다. 그러던 중에 그 교회의 신실한 여신도 발투스의 충고로 자유주의 신학에 회의를 품고, 정통 칼빈주의 신학과 신앙으로 회귀하였다. 카이퍼는 이 여성의 창조주 하나님의 신적 주권에 대한 성경적이고 신앙 고백적인 도전에 개혁주의로 돌아 온 것이다. 후에 그는 베이스트 교회를 떠나면서 "그리스도에게 온전히 헌신하지 못한 채 목사가 되었고, 그런 자가 교회에 부임한 것을 회개하며 하나님께 용서를 빈다." 고 하였다.

(2) 생의 전환, 프린스터와의 만남: 1864년 20대 중반, 카이퍼는 사상적 스승이자 칼빈주의적 정치 운동에 동기를 부여한 흐룬 봔 프린스터(G. Groen Van Prinsterer, 1801-1870)[5]를 만났다. 당시 프린스터는 역사가요 교육자요 법률가로 19세기 네덜란드의 칼빈주의 운동의 선봉장이었다. 당시 유럽의 정치적 상황은 전쟁과 혁명으로 얼룩져 있던 바, 이러한 상황은 프린스터에게 영향을 주었다. 프린스터는 이러한 파멸과 불행이 계몽주의와 프랑스 혁명으로부터 전해져온 자유주의의 유토

---

5) 프룬 반 프린스터는 레이든 대학에서 고전철학과 법학을 공부한 후 정치와 역사 연구 분야에서 활동하면서 평생을 자신의 '반혁명이론' 을 방어하고 옹호하는데 주력하였다. 그의 관심은 "프랑스 혁명 이후에 기독교가 서구 문명의 방향을 결정하는데 여전히 소금 역할을 할 수 있는가?" 라는 문제와 긴밀하게 연결되었다. 19세기 당시 화란 교회의 권위는 프랑스 혁명을 통해 유럽에 소개된 계몽주의 이념으로 크게 위협을 받고 있었다. 그는 19세기 유럽 문명의 위기는 자유주의적 불신앙 때문이며, 그 대안은 하나님의 말씀을 역사와 인생에 비추는 것이라고 보았다. 흐룬의 반혁명 운동은 3가리로 정리되는 바, (i) 그리스도인들은 정치를 포함한 삶의 모든 영역에서 성경이 가르치는 규범에 입각하여 살아야하며, (ii) 그리스도인은 어떤 지역이든 고립된 문제를 가지고 싸울 것이 아니라 근본적인 사회적 정치적 문제들을 분석하고 그에 대한 비판과 대안을 제시하는 데 관심을 가져야 하며, (iii) 그리스도인은 성경이 가르치는 사회 정의를 위하여 투쟁하며 복음의 전 포괄성을 증거하기 위해 노력해야 한다고 하였다. 여기서 프린스터는 그리스도인의 삶의 모든 영역에서 하나님의 주권을 드러내는 영역주권 사상을 말하였다. 이는 칼빈의 사상을 좀 더 구체적으로 발전시킨 것으로, 정치적인 영역도 예외가 아님을 보여주었다. 프린스터는 "복음과 혁명" 에서 현대 세속 문화 속에서 기독교 신앙을 방어하기 위한 중요한 단면은 인간의 죄와 하나님의 은총, 이 양자가 활동하고 있는 일반 은총의 영역으로서 교회에 대한 이해, 그리고 최종적으로 이 모든 것에 대한 그리스도의 주 되심에 기초한 기독교 세계관을 발전시켜나가는 것이다." 라고 하였다. 한편 그의 사상은 후계자 아브라함 카이퍼에게 계승되었다. 카이퍼는 화란 역사상 최초의 기독교 정당인 반혁명당(ARP)을 조직하고 칼빈주의의 이념에 기초하여 사회문제에 대한 기독교적인 대안을 제시하며 영향력을 발휘하였다. 또 흐룬의 교육 정신을 계승하여 1880년 기독교 대학 자유대학(Vrije Universiteit)을 설립하였다. 그리고 철학자 헤르만 도이벨트는 그들의 정신을 계승하여 더욱 정교하게 발전시켰다.

피아적 이상주의에 기인한 것이라고 생각했다. 그의 사상은 프랑스 혁명의 근본정신을 해부한 「불신앙과 혁명」(*Unbelief and Revolution*)에 잘 정리되었다. 그는 논문에서 프랑스 혁명을 종교적 관점에서 해석하고, "인간성의 신격화가 민주주의의 영적 열정이다. 인간성의 신격화는 프랑스 혁명의 숨결 그 자체이다. 따라서 혁명은 곧 인간성의 숭배라는 하나의 종교를 태동시킨 것이다."라고 평가하였다. 프린스터는 그의 책 「불신앙과 혁명」결론에서, (i) 그리스도인들은 정치를 포함한 삶의 모든 영역에서 성경이 가르치는 규범을 중심으로 살아야하며, (ii) 그리스도인은 어느 지역이든 고립된 문제를 가지고 다투기 보다는 근본적으로 사회적, 정치적인 문제들을 심도 있게 분석하여 그에 대한 비판과 대안을 제시하는 데 관심을 가져야 하며, (iii) 그리스도인은 성경이 가르치는 사회 정의를 위하여 투쟁하며 복음의 전 포괄성을 증거하기 위해 힘써야 한다고 하였다.

그리고 프린스터는 그리스도인은 삶의 모든 영역에서 하나님의 주권을 드러내야 하는 영역주권사상을 말하였다. 이는 칼빈의 사상을 구체적으로 규명한 것으로, 다른 영역처럼 정치도 예외가 아니라고 하였다. 그는 "복음과 혁명"이란 현대의 세속 문화 속에서 기독교 신앙을 방어하기 위해서는 타락한 인간의 죄와 하나님의 은총, 이 양자가 활동하고 있는 삶의 영역, 즉 일반 은총의 영역으로서 교회에 대한 이해, 그리고 최종적으로 이 모든 것에 대한 그리스도의 주되심에 기초한 기독교 세계관을 발전시켜나가는 것이라고 하였다. 이 같은 프린스터의 사상은 당대에는 별다른 영향을 끼치지 못했으나 이를 계승한 개혁자들, 대표적으로 카이퍼와 바빙크 그리고 스킬더, 메이첸, 반틸, 쉐퍼, 로크마커 등에게 영향을 끼쳤다. 이러한 프린스터의 사상은 마침내 걸출한 사상가요 학자이며, 목사인 아브라함 카이퍼에 이르러 영향력이 증대되었다. 프린스터를 만난 후 우트레흐트 대 교회의 목사로 청빙 받은 카이퍼는 이전 목회와는 다른 개혁주의자로 출발하였다. 프린스터의 제자 카이퍼는 「신앙과 혁명」을 통해 칼빈주의적 세계관과 삶의 모든 영역에서 기독교인의 활동을 주창하였다. 프린스터는 카이퍼에게 그리스도인의 증거는 교회, 국가, 학문 그 밖의 삶의 모든 분야에서 모든 가능한 형태로 세속적 인본주의에 맞서야 한다고 하였다. 그리고 생애 말년에 프린스터는 교회와 국가에서 개혁주의 신앙의 정통성 사수를 위한 지도자로 아브라함 카이퍼를 지명하였다.

(3) 정당 총재와 총리 수반: 역사적으로 기독교 정당 네덜란드의 반혁명당

(Antirevolutionary Party)은 흐룬 반 프린스터가 칼빈주의의 이념을 토대로 창설한 것으로 사회문제에 대한 기독교적인 대안과 함께 영향력을 발휘하였다. 그는 특히 불란서 혁명이 하나님 없는 무신론적 사상에 기초하였음을 지적하고 하나님의 주권을 높이는 정당정책을 펼쳤다. 반혁명당(A.R.P.)은 초기에 대중의 지지와 관심을 받지 못했으나 아브라함 카이퍼가 총재를 맡은 후에 중산층을 위한 정당이자 대중의 정당이 되었다. 카이퍼는 기독교 언론인으로, 1872년 A.R.P. 정당 소속의 일간지 스텐다드지(De Standaard)를 창간, 주필로 활동하였다. 그리고 기독교 주간지 더 헤타우트지의 편집인으로 약 50년간 필봉을 휘둘렀다. 1878년에 카이퍼는 네덜란드 최초로 기독교 반혁명당을 창당하고 총재로 활략하였다. 1880년에는 국공립 대학의 무신론적, 반 기독교적 도전에 맞서 성경적인 기독교 사립대학의 계승을 목적으로 자유대학을 설립하였다. 그리고 그는 평생의 신학적 아이콘 영역 주권 사상[6]을 제창하였다. 뿐만 아니라 1886년 네덜란드 개혁교회(Hervormde Kerk)가 지나치게 귀족적이라고 판단하고 탈퇴한 후, 1892년 새로 개혁교회단(Geaormeerde Kerken)을 창설하였다. 1888년에는 자신의 기독교 반혁명당과 헤르마누스 스하프만이 이끄는 가톨릭 조직과 연합하여 권력을 장악하고, 자유당의 통치를 종식하였다. 1889년에 그의 연립 내각은 크고 작은 여러 종파 학교들에게 최초로 국가보조금 지급을 규정한 교육 법안을 통과시켰다. 카이퍼는 1874년에 이어 1894년 국회의원이 되었으며, 1897년 3개 '종파' 조직, 즉 가톨릭당, 반혁명당, 기독교 역사당을 통합하였고, 1901년 그의 나이 64세에 총리 겸 내무장관으로 봉직하며, 1899-1902년 영보 전쟁 중에 중재역할을 수행하였다. 그리고 1908-

---

6) 아브라함 카이퍼는 "Pro Rege, 왕을 위하여"라는 말을 즐겨 사용하였다. 이 Pro Rege 주제는 예수 그리스도의 세계적, 나아가서 그의 우주적 통치를 드높이는 것이다. 이 주제는 환란 중에 있는 모든 나라와 모든 방언이 그의 왕권에 순종하도록 하는 것이다. 물론 이 사상은 스승 흐룬 반 프린스터로부터 유래했으나 배워 발전시키고 구체적으로 적용하였다. 영역주권이란 한 마디로 우주의 모든 주권은 하나님의 소유이며 하나님께서 그 주권을 땅에 행사 할 때는 한 사람 또는 한 기관에 독자적으로 행사 할 수 없고 삶의 여러 영역들에 분산되어 사용된다는 것이다. 다른 말로 정리하면 인간의 삶의 모든 영역에는 어떤 영역이든지 하나님이 거기에 주권을 가지고 그리스도의 왕권을 인정해야 한다는 것이다. 카이퍼는 복음이 인간의 전 생애를 변화시켜야 한다고 믿었다. 개인적으로 그리스도를 믿고 순종의 삶을 사는 것은 중요하다. 그러나 그러한 신앙의 삶이 구체적인 삶 가운데 명백히 나타나야 한다고 믿었다.

1912년까지 상원의원, 이 후 1920년 사망 시까지 하원의원을 지냈다.

(4) 신학자와 저술가: 이렇듯 카이퍼는 교수와 총장, 정치가요 언론인으로, 또한 기독교 사업가로 헌신하였다. 그는 모든 종류의 자유주의와 혼합주의와 싸우며, 소위 그들의 모순적 면모를 털고 일신하는 반위(Antithesis), 정통신학의 원칙을 세웠다. 평소 카이퍼는 하나님의 주권은 삶의 전 영역으로, 미치지 아니한 곳이 없다고 믿었다. 그러나 카이퍼의 사역은 여기에 머물지 않았다. 그에 의하면 모든 삶은 2체계로, 하나는 비기독교인이요 다른 하나는 중생한 사람들이 세우는 체계이다. 카이퍼는 일평생 동안 후자의 편, 중생한 기독교인들의 마음에서 출발하는 칼빈주의적 체계를 세우려고 노력하였다. 기독교의 삶의 전 영역을 포함하는 사상체계, 즉 세계관으로서 칼빈주의를 강력하게 주장하였다. 이것이 바로 1898년 미국 프린스톤 대학에서 그가 강의한 유명한 「칼빈주의」였다. 카이퍼는 생애 동안 신학과 과학 뿐 아니라 기독교인들의 매일 매일의 삶도 하나님 중심으로 개혁되기를 원했다. 기독교인은 삶 전체를 하나님 앞에서 살아야 할 것을 주장했으며, 이 세상에는 예수님이 말씀한바 내 땅이 아니라고 할 땅은 한 치도 없다는 유명한 말을 남겼다.

고찰한 대로 카이퍼는 존경 받는 설교자요 교회의 개혁자, 신학자요 정치가, 그리고 교육가요 언론인으로 지칠 줄 모르는 정열로 일생을 그리스도의 왕권을 위해 헌신한 칼빈주의자였다. 그리고 평생에 2백 23권의 책을 저술한 다작가로서 어느 분야에 손대지 않은 곳이 없었다. 그의 많은 저서들은 대표적으로 설교집과 명상록, 수필집과 시, 특별히 다양한 논문 등은 당시 그가 게재한 일간지와 주간지의 글을 모은 것이다. 일부 비평가들은 그의 신학 방법론에 스콜라적인 요소와 19세기의 이상주의, 낭만주의 사상의 잔재를 지적하지만, 그럼에도 불구하고 일관되게 하나님의 영광과 주권을 강조한 칼빈주의를 빛낸 찬란한 별이었다. 그의 삶은 이상과 현실 사이에서 고민하는 현대 한국의 기독교인들에게 새로운 이정표가 될 것이다.

3. 일반은총론의 일반적 이해와 역할

역사적으로 일반은총론은 오랫동안 자연계시를 선호한 중세 로마 가톨릭에 맞서 후대의 개혁주의자들이 선호한 신학 이론으로,[7] 주로 조직신학에서 창조론과 구원론, 특별 은총과의 관계 속에서 취급된다. 그러면 일반은총이란 무엇인가? 그것은 하나님께서 천지창조, 즉 자연을 통해 공급하시는 은총으로, 예를 들면 인류가 생존할 수 있는 지구, 즉 땅과 공기, 물, 즉 비의 공급과 습기 조절, 하늘 나는 온갖 새와 짐승들, 바다의 어류들, 사시사철, 계절의 변화와 만물의 성장과 유지, 이 모든 경이롭고 오묘한 은총을 가르친다. 이는 선지자 이사야가 말한바, 55:10-11, "비와 눈이 하늘에서 내려서는 다시 그리로 가지 않고 토지를 적시어서 싹이 나게 하며 열매가 맺게 하여 파종하는 자에게 종자를 주며 먹는 자에게 양식을 줌과 같이 내입에서 나가는 말도 헛되이 내게로 돌아오지 아니하고 나의 뜻을 이루며 나의 명하여 보낸 일에 형통하리라"와 같다.

(1) 일반은총의 이해: 지금까지 일반은총에 대한 학계의 입장은 특별 은총에 비해 매우 제한적으로, 무엇보다도 하나님의 구원사역과 관련하여 열등하거나 미흡한 것으로 취급하였다. 그렇다고 해서 결코 우리는 일반계시를 과소평가해서는 안 될 것이다. 왜냐하면, 일반계시는 모든 지적인 피조물, 특별히 하나님의 형상대로 지음받은 인간에게 전달되므로, 비록 죄의 결과로 그것을 더 이상 올바로 읽고 해석할 수 없어도 모든 인간이 받을 수 있기 때문이다. 사도 요한은 요 1:9에서 각 사람에게 비취는 빛에 대하여 말하며, 사도 바울은 롬 1:20-21에서 "곧 그의 영원하신 능력과 신성이 창세로부터 그 만드신 만물에 분명히 보여 알게 되나니 그러므로 저희가 핑계치 못할지니라"고 하였다. 또한 이방인들에 대하여 "하나님을 안다"고 말하였다. 그리고 2:15에서는 "이런 이들은 그 양심이 증거가 되어 그 생각들이 서로 혹은 송사하며 혹은 변명하여 그 마음에 새긴 율법의 행위를 나타내느니라"고 하였다. 그러므로 하나님의 일반계시는 특별계시의 우월성에도 불구하고 하나님이 자신을 계시하셨다는 사실 때문에 매우 중요하며, 누구도 핑계할

7) 일반은총은 보통 자연계시와 특별 계시 중에 전자의 다른 표현으로 이해되는 바, 구분의 의도는 계시의 이중적 기원을 보여주기 위함이 아니다. 하나님의 계시는 하나님으로부터 나오는 바, 기원 상 모두 초자연적이다. 하지만 이렇게 구분하는 것은 계시의 두 양태와 특징을 보여주기 위함이다. 자연계시, 즉 일반계시가 자연 현상을 통해 전달되는 반면 초자연 계시는 하나님이 사건들의 자연적 혹은 일반적인 과정에 개입하신다는 것을 내포하는 것으로, 그 기원에 있어서 뿐 아니라 양태에 있어서도 초자연적이라는 것이다. 루이스 벌코프, 「조직신학」, (크리스챤 다이제스트, 2000), 139.

수 없게, 모든 자연인들도 그것을 느끼게 하셨다.[8] 한편 특별 계시는 재창조를 위해 죄인된 인간을 구속할 목적으로 오직 영적인 사람들만 올바로 이해할 수 있다.

(2) 유기자에 대한 일반은총의 역할: 조직신학자 루이스 벌코프는 하나님의 모든 계시는 초자연적이라고 하였다. 그 이유는 창조주 하나님은 자연의 생명과 확연히 구별된 생명의 수여자로 모든 것이 그분으로부터 나와 그분을 계시하기 때문이다. 일반적으로 "성경은 자연 현상들을 그 제이차적 원인까지만 추적하는 것이 아니라 제일차적 원인, 곧 하나님 또는 하나님의 뜻까지 추적" 한다.[9] 하나님의 생각은 자연 현상들 속에, 인간의 의식 속에, 그리고 경험 및 역사의 사실에 나타나 있다. 이렇듯 성경은 어떤 학문, 심지어 신학보다 폭 넓게 하나님의 창조사역과 구원의 관계 속에서 일반은총을 역설한다.

그러면 성경은 일반은총론을 어떻게 언급하는가? 이를 위해서는 과연 하나님의 백성이 아닌 자들의 삶도 하나님이 직접 죄를 억제하시는지를 살펴야 할 것이다. 창세기에는 아브라함과 사라 그리고 아비멜렉에 관한 이야기가 기록되었다. 창 20:6, "하나님이 꿈에 또 그에게 이르시되 네가 온전한 마음으로 이렇게 한 줄을 나도 알았으므로 너를 막아 내게 범죄하지 않게 하였나니 여인에게 가까이 못하게 함이 이 까닭이니라". 이 말씀에 의하면 하나님은 아비멜렉이 사라를 범하지 않도록 그를 제어하사 죄를 짓지 못하게 막으셨다. 한편 신약에서 사도 바울은 롬 13:3-4, "관원들은 선한 일에 대하여 두려움이 되지 않고 악한 일에 대하여 되나니 네가 권세를 두려워하지 아니하려느냐 선을 행하라 그리하면 그에게 칭찬을 받으리라. 그는 하나님의 사자가 되어 네게 선을 이루는 자니라. 그러나 네가 악을 행하거든 두려워하라 그가 공연히 칼을 가지지 아니하였으니 곧 하나님의 사자가 되어 악을 행하는 자에게 진노하심을 위하여 보응하는 자니라". 바울은 여기서 땅의 모든 권세 자들을 하나님의 사자라고 말했다. 즉 하나님은 이 땅의 권세 자들을 통해 죄를 억제하시고 계신다는 것을 보여준다. 권세 자들은 다양한 제조를 통해서 예를 들면, 형벌, 즉 벌금과 옥고형, 사형 등을 통해서 인간 사회의 죄악들을 억제시킨다. 베드로도 벧전 2:13-14, "인간에게 세운 모든 제도를 주를 위하여 순

---

8) 루이스 벌코프, 「조직신학」, (크리스챤 다이제스트, 2000), 141.

9) 루이스 벌코프, 137.

복하되 혹은 위에 있는 왕이나 혹은 악행 하는 자를 징벌하고 선행하는 자를 포장하기 위하여 그의 보낸 방백에게 하라". 베드로는 성도들에게 주를 위하여 정부의 권력에 순복하라고 하였다. 하나님은 민족과 나라를 따라서 각각 권세 자들을 세웠고, 그들을 통해서 죄를 억제하시고 계신다는 것을 말씀한다.

4. 역사적 일반은총론

하나님은 당신의 형상을 따라서 사람을 창조하셨다. 그러나 첫 사람 아담의 불순종으로 범죄한 인간은 하나님의 형상을 잃어버렸다. 그 후 모든 인류는 예외 없이 하나님의 진노아래 놓이게 되었다.[10] 그러나 우리가 살고 있는 세상에는 여전히 좋은 사람들, 형제와 이웃들이 많다. 우리는 죄악된 세상에 살고 있지만 여전히 교회 밖에 하나님을 믿지 않는 신실한 경영인과 의사, 변호인과 학자, 그밖에 다양한 사람들을 만나게 된다. 그리고 아름다운 활동과 작품을 만들어 내는 수많은 체육인들과 예술가들이 있다. 이들은 비록 하나님을 믿지 않지만, 공히 인류의 아름다움과 진리, 선과 의를 추구한다. 죄악으로 가득 한 세상에서 이들의 존재를 어떻게 설명할 수 있을까?

이에 대하여 초대교회의 교부 어거스틴은 매우 단호히 이러한 사람들의 행동은 하나님의 영광을 위해 사용하기 보다는 자기애와 인간의 자랑을 위해 행동하기 때문에 '화려한 악' 으로 규정하였다. 한편 개혁자 칼빈은 기본적으로 어거스틴의 주장을 따르되 이 문제를 보다 심도있게 접근하였다. 칼빈에 의하면 타락한 인간은 그 누구도 죄성과 부패를 피할 수 없다. 그러나 비록 타락한 인간과 세상일지라도 그 안에는 진리와 선, 미와 덕, 다양한 문명과 문화, 법과 질서가 존재하며, 이 모든 것들은 하나님의 크신 은총이라고 주장하였다. 즉 타락한 인간으로 비록

---

10) 롬 3:10, 의인은 없나니 하나도 없다고 말씀하시며, 롬 3:23, 모든 사람이 죄를 범하였음에 하나님의 영광에 이르지 못하였다고 하였다. 에스겔 선지자는 겔 18:4, 범 죄한 영혼은 반드시 죽을 것이라고 하였다. 그러나 범죄한 우리가 아직 죽지 않고 살아있는 것은 하나님의 크신 은혜요 사랑이다. 이렇듯 엡 2:8-9, 하나님의 은혜로 주 예수 그리스도를 믿고 회개한 자에게는 구원의 은총과 축복이 임하는 것이다. 하나님은 당신의 말씀을 순종한 백성들을 통해서 하나님의 나라를 완성할 것이다. 문제는 아담의 타락 후 인간이 살고 있는 세상은 죄악이 가득 한 지옥이어야 한다.

인간의 죄성을 제거하지 않아도 죄를 억제하는 기능과 역할이 다양하게 나타나는 바, 이 모든 것이 하나님의 은혜라고 하였다. 하지만 칼빈은 이 은총을 그리스도를 믿는 믿음과 회개, 구속의 은혜와 구별하였다. 그런데 칼빈 사후, 그의 신학을 계승한 개혁주의 신학자들이 이를 일반은총(Common Grace)으로 규정하였다. 벌코프에 의하면 일반계시는 단순히 자연적이라기보다는 초자연적인 요소들을 담고 있으며, 특별 계시 역시 전적으로 자연적인 성격만을 갖는 요소도 포함하고 있다고 하였다. 사실 타락 이전의 행위 언약의 계시는 초자연적인 동시에 일반적인 것이었다. 또 특별 계시의 영역이 이스라엘로 제한되었을 때 하나님께서는 비 이스라엘 사람들에게 초자연적 계시를 거듭 보여 주셨다. 이는 곧 특별 계시의 영역 밖에 있는 것으로 하나님의 자기 백성을 위한 경고와 징계였다. 한편 이에 반해 하나님께서 이스라엘의 역사에서, 그 옛 족속의 섭리적인 흥망에서, 또 장막 및 성전에서의 의식적인 예배에서 자신을 계시하셨을 때 자연적인 형태의 특별 계시를 나타내신 것이다.[11)]

칼빈은 기독교 강요에서 다음과 같이 일반 은총을 설명한 바, "...인간의 본성적 타락에도 불구하고 하나님의 은혜 즉 악한 본성을 깨끗케 하는 은혜가 아니라 내적으로 그것을 억제하는 은혜가 있을 여지는 얼마든지 있다는 사실을 우리 마음에 떠 올려야 마땅하다. 그러기에 하나님은 그의 섭리로 본성의 강퍅함을 제어하사 그것이 행위로 나타나지 못하게 하신다. 그러나 그 본성의 악함을 내적으로 깨끗케 하지는 안는다."[12)] 또한 칼빈은 "학예와 공예를 생각해 보라. 우리 모두가 어떤 재능을 갖고 있기에 이런 것들을 배움에 있어도 인간의 예리한 능력이 나타난다. 그런 연유에서 우리는 각 예술 방면에서 초보단계의 재능과 재질은 인간본성에 내재해 있다고 고백하지 않을 수 없는 것이다. 그러므로 이 증거들이 분명히 사람들 속에 천성적으로 심겨진 사고와 이해의 보편적인 능력을 나타내 주는 것이다. 그러나 이러한 미덕은 너무도 보편적으로 퍼져 있기에 모든 사람은 이 미덕 중에서도 하나님의 특별하신 은총을 인지할 수 있어야 한다."[13)] "우리가 세속적인 자가들 속에서 학문과 예술에 대한 귀중한 공헌들을 접할 때 그들 속에서 번쩍

---

11) 루이스 벌코프, 「조직신학」, (크리스챤 다이제스트, 2000), 138-139.

12) John Calvin, *Institute of Christian Religion,* vol. 2., 3.3.

13) John Calvin, *Institute of Christian Religion*, vol. 2., 2.14.

이는 진리의 빛을 통해 인간의 마음이 비록 완전으로부터 타락하여 변질되었다 하더라도, 그럼에도 불구하고 하나님의 뛰어난 은총으로 옷 입혀져 장식되어 있음을 배워야 한다"[14]고 하였다. 이러한 칼빈의 주장은 다음과 같이 정리될 수 있는바, (i) 비신자들도 그들 속에 반짝이는 진리의 빛을 가지고 있다. (ii) 그들도 하나님의 위대한 은총들로 옷 입혀져 있다. (iii) 셋째로 모든 진리는 하나님의 영으로부터 나온다. (iv) 그 진리가 비신자들에 의해서 표현될 때도 그 진리를 거부하고 경멸한다는 것은 하나님의 성령을 모욕하는 것이다. 또한 칼빈은 "나는 비신자들 가운데서 나타나는 모든 저명한 천부의 재능들이 하나님의 은총임을 부인하지 않는다. 주님께서 사람 가운데서 덕을 신장해 나가는 사람들 위에 현 생애의 많은 축복들을 부여하시고 계신다. 이렇게 모든 덕행들은 하나님의 은총들이다. 이는 찬사를 받을 만한 것 중에 어느 것도 하나님께로부터 오지 않은 것이 없기 때문이다."[15] 이것을 정리하면 칼빈은 하나님의 일반 은총이 인간의 죄성을 제하지는 않지만, 인간 삶에서 죄의 출현을 억제하며 비신자들로 하여금 많은 진리를 발하도록 하시며 많은 좋은 문화적 소산들을 산출케 한다고 가르친다.

한편 헤르만 바빙크는 일반 은총론이 성경에 기초하는바, 개혁자 칼빈이 최초로 가르쳤고 이 후 여전히 매우 중요한 가치를 갖는다고 하였다. 그에 의하면 "우리 인간은 타락한 존재임에도 불구하고 이 일반은총으로부터 여전히 참되고 좋은 많은 것들을 얻는다. 이는 마치 불빛이 어둠 속에서 여전히 빛나고 있는 것과 같다. 하나님의 영은 당신이 창조하신 모든 것, 만물 중에 계시며 그 가운데 역사 하신다. 인간 속에는 여전히 하나님의 형상의 흔적들이 남아있고 지성과 이성이 존재한다. 인간은 여전히 신성, 즉 하나님에 대한 감각을 소유하고 있으며 또한 신앙 즉 종교의 씨앗을 갖고 있다. 그 과정에서 이성은 하나님이 주신 귀중한 선물이요 철학은 물론 음악 또한 하나님의 존귀한 선물이다. 그러므로 모든 예술과 학문은 가치 있고 유익하며 선한 것이다. 한편 국가는 하나님이 제정하신 기관이며, 사람에게는 진리와 덕에 대한 염원이 있고 부모 자식 간에는 천부의 사랑에 대한 염원이 있다"고 하였다.[16] 그러나 만약 죄가 방치될 경우에는 모든 것이 황폐케

14) John Calvin, *Institute of Christian Religion*, vol. 2., 2.15.

15) John Calvin, *Institute of Christian Religion*, vol. 2., 14.2.

16) 하르만 바빙크, 「일반은총론」, (총신대학출판부, 1979), 참조.

되며 파괴될 것이다. 하지만 일반 은총을 통해서 하나님은 죄의 파괴적이고 파멸적인 세력을 제어하신다. 그러나 이러한 은총은 구원을 얻기에는 불충분하다. 이 일반 은총은 죄의 세력을 진정시키지만 변화시키지는 못하며, 억제하지만 하나 죄를 정복하지는 못한다.

5. 일반은총의 역할과 가치

일반적으로 일반은총의 역할은 인간의 이성과 의지가 죄를 억제하는 수단으로 취급되었다. 또한 이성이 죄를 억제하기도 하지만 너무나 자주 죄의 도구가 된다. 하나님이 죄를 억제하는 첫 번째 수단은 인간의 양심에 새겨진 일반계시이다. 롬 2:14-15, "율법 없는 이방인이 본성으로 율법의 일을 행할 때는 이 사람은 율법이 없어도 자기가 자기에게 율법이 되나니 이런 이들은 그 양심이 증거가 되어 그 생각들이 서로 혹은 송사하며 혹은 변명하여 그 마음에 새긴 율법의 행위를 나타내느니라". 즉, 이방인들도 그들의 양심에 새겨진 하나님의 일반계시로 인해 본성상 하나님의 법에 대한 외적인 복종을 할 수 있다. 두 번째는 국가가 죄를 억제하는 수단으로 법을 만들고 법을 집행한다. 형벌, 행동강령, 법령 등을 통해 국가는 강제적인 조치를 통해서 죄를 억제한다. 세 번째로 인간의 사회적 연관관계는 인간의 죄를 억제한다. 때로 우리의 잘못된 행동이 부모나, 자녀들 그리고 동료들에게 불이익을 제공할 수 있다. 이러한 인간 사회 속의 연관 관계는 죄를 억제하는 역할을 한다. 하지만, 이러한 연관 관계가 항상 우리로 하여금 죄를 짓지 못하게 하지는 않는다. 우리 사회와 우리의 관계도 완벽하지 못하며 죄 아래 놓여 있기 때문이다. 한편 일반 은총의 가치는 일부 사람들에 의해 오용되기도 하지만, 다음과 같은 몇 가지 가치가 있다. (i) 일반 은총은 죄의 파괴적 능력을 강조한다. 일반은총은 인간의 죄와 타락, 그리고 그 결과를 전제로 하고 있다. (ii) 일반 은총은 우리가 사람에게서 볼 수 있는 재능들이 하나님께로부터 온 선물임을 인정한다. (iii) 인간의 타락한 상태에도 불구하고 이 땅 위에 세워질 수 있는 문화와 문명의 가능성을 설명해 준다. (iv) 우리가 계속해서 보다 더 좋은 세상을 위해 기도해야 한다는 것이다.

6. 아브라함 카이퍼의 일반은총론

카이퍼는 일반은총론이 개혁주의 교리에 절대 없어서는 안 될 중요한 부분이라고 주장하였다. 또한 이 교리가 타락의 정도를 상대화시키기 위해 생겨난 것이 아니라 죄의 치명적인 성격을 고백하는 것으로부터 생겨난다고 하였다. 그리고 은혜가 죄 속에 내재해 있는 파멸을 억제코자 심지어 타락한 인간 속에서도 역사 한다고 주장했다. 카이퍼에 의하면 문화는 하나님의 천지 창조 후 우주의 발전과 그 유지를 위한 인간의 모든 노력과 그 노력의 결과를 포함한다. 그에 의하면 모든 문화는 하나님의 일반은총 없이는 무의미 하다. 세계는 첫 사람 아담의 범죄와 타락으로 하나님의 일반 은총이 지속적으로 유지되거나 저지되지 않으면 사멸할 것이다. 창조물에 대한 하나님의 위대하신 법칙이 일반 은총을 통해 성취되기 때문에 일반 은총은 인간 문화의 근본이다. 비록 일반은총이 영적이거나 재 창조적이지 않지만 물질적이며 시간적이다. 선택 받은 교회뿐 아니라 지음 받은 전 세계가 하나님께 영광을 돌려야하기 때문에 일반 은총은 하나님의 절대권을 고백하는 신앙위에 서 있고 거기에서 흘러나온다. 그러므로 세계는 믿던 믿지 않던, 선하든 악하든 하나님께 영광을 돌리기 위해 일반은총을 받았다. 따라서 카이퍼는 문화 영역에서 기독교의 주된 권리를 주장하며 모든 인류에게 보람이 있기를 촉구하였다. 비록 일반 은총이 구원의 힘이 없고 이 세상의 삶에 국한되지만, 그 근원은 세상의 중보자 되시는 그리스도이시다. 그 이유는 만물은 육신이 되신 영원한 말씀으로 창조되었기 때문이다. 그러므로 일반은총의 출발점은 피조물과 자연의 영역이다. 그러나 동시에 하나님의 오래 참으시는 은총이 함께 하기 때문에 특수 은총이며, 어두움 가운데 비취는 작은 광채이다.

이를 기초로 카이퍼는 좀 더 구체적으로 피조세계를 발전시키고 역사와 문화를 가능케 하는 독자적인 역할이 일반 은총이라고 규정하였다. 이것은 하나님의 제약 아래 있으나 인간 생활에 존재하는 가능한 일의 실재를 인정한 것이다. 그 이유는 인간이 일반 은총의 활동을 통해 죄와 죄의 무서운 결과가 저지되고 제어되기 때문이다. 이 일반은총은 인간의 행위나 반동에 구애됨이 없이 언제나 동일하게 계속적으로 활동한다. 롬 8:18-25, 기록처럼 타락에도 불구하고 고통 중에 소멸하지 않고 하나님의 아들들의 도래를 간절히 기다린다. 그리하여 하나님의 저주가 종말의 때까지 연기되고 지연된다. 그러나 역사의 연장은 결국 지옥으로 인도된다. 비록 천국을 기다리며 사모하는 성도들이 종종 이 세상 밖에서의 특별 은총을 말하지만, 필연적으로 이 세상을 통과해야 하는 순례자로, 하나님이 정하신 창조 질서에 순종하면서 구원받은 기쁨을 감사하는 생활을 마음에 되새기면서 살아가는 것이다. 그러므로 일반 은총은 특수 은총을 떠나서는 아무 소용이 없다. 결국 이 세상에서 우리의 삶은 그리스도에게 속하며, 그리스도의 것이기 때문에 그분을 위해 존재, 그분께 영광 돌려야 하는 것이다(롬 11:36).

이에 대하여 그의 제자 크라스 스킬더(Klaas Schilder, 1890-1952)[17]는 일반은총의 용어 자체를 반대하였다. 그에 의하면 타락 후 인간의 역사가 지속된 것은 극단적으로 하나님의 은혜에 기인한 것이 아니다. 그리고 비중생자들 속에 죄를 억제하거나 통제하는 형태의 하나님의 은혜는 없다. 오히려 일반 은총교리는 인간의 타락을 가르치는 성경의 교훈을 약화시키며 그 결과 두 영역의 개념, 대립적인 이원론으로 인도하는 경향이 있다. 즉 타락된 세계와 병립하여 일종의 중립적인 영역을 형성하여 결국 그 안에서 신앙과 불신앙 사이에 존재하는 반립(antithesis)을 거부하게 된다. 무엇보다도 엡 2:2-3, "세상 사람들은 본질적으로 죄와 사탄의 노예이며 하나님의 진노의 자녀"라는 말씀을 부정하게 된다.

7. 카이퍼의 중생론과 왕권론

(1) 중생론: 카이퍼에게 중생은 인간 존재의 단순한 변화가 아니라 인간 전체를 근본적으로 변혁케 하는 가장 심오한 종교심의 변화이다. 그러므로 그에게 재창조

17) 스킬더는 카이퍼 이래 화란 최대의 문화신학자로 문화의 근거가 일반은총에 있다는 카이퍼의 주장을 부정하며 인간은 처음부터 창조 명령(창 1:26-28)에 의해 문화적 본능을 부여받았으므로 문화의 근거는 일반은총이 아니라 창조명령에 있다고 하였다. 스킬더가 주창한 창조명령 혹은 일반명령은 오늘날 문화명령으로 널리 수용되었다. 또한 스킬더는 성경이 문화를 가르치는 것은 카이퍼가 주장하는 문화적 낙관론이나 경건주의자들의 문화적 금욕주의가 아니라 종말론적으로 만물이 새롭게 바뀌는 "문화적 종말론"이라고 설명하였다. 스킬더에게 문화는 태초의 에덴동산에서부터 아담에게 부여된 사명이며, 예수님께서 죄를 제어하고 자연과 문화를 본래의 목적으로 회복시킴으로 아담에게 주신 문화적 사명을 대신 성취하셨다고 하였다. 그러므로 그에게 그리스도는 문화의 열쇠이며 문화를 완성하는 분이다.

는 피조물의 근본적인 회복을 의미한다. 일반 은총이 소극적으로 그리고 계속적으로 인간과 우주에 대하여 죄와 죄의 결과를 제약하지만, 적극적으로 종종 전진하는 면도 있다. 그것은 문화의 형성자로 역사에서 작용하는 힘의 기능을 갖기 때문이다. 인간은 역사 형성에 있어서 하나님의 기구이자 동사자이다. 인간의 역사는 하나님의 영원하신 작정에 따라 하나님의 자기 영광을 위하여 걷는 것이다. 여기서 일반 은총은 하나님의 영원한 작정 가운데 포함된다. 이것이 없는 역사의 과정, 발전은 무의미하다. 왜냐하면, 구원으로 이르게 하는 특별 은총은 그것이 작용할 기초, 일반은총이 있어야 하기 때문이다. 공허한 곳, 진공 상태에서 특별은총은 작용하지 못한다.[18] 이는 마치 세상이 계속 되어야 하며, 그 과정에서 인간은 출생되어야 하고 역사는 진보해야 하기 때문이다. 이 모든 일들의 성취를 위해서는 일반은총이 필요하며, 그로 인해 우주 안에 잠재해 있는 창조의 힘이 열매를 맺게 되고, 그 고도의 과정과 발전은 궁극적으로 하나님께 영광을 돌린다. 참된 의미에서 문명과 개화, 발전과 진보는 사탄이 아니라 하나님으로부터 온 것이기 때문이다. 하지만 지나친 일반은총의 강조는 이 은총이 특별은총에 선행한다는 위험을 야기하였다.

이렇듯 인류의 출현과 동시에 시작된 문화는 창조와 함께 자연 속에 뿌리박은 하나님의 일반 은총의 선물이다. 이 은총은 믿는 사람과 믿지 않는 사람에게 다 같이 주어진 공통의 은총이요 축복이다. 하나님의 자비를 누릴 수 없는 자나 혹은 오용하는 자에게 공히 주어지는 은사이다. 신불신을 떠나서 문화의 주체 자가 하나님의 의식과 도덕률을 간직하는 것은 이 일반은총의 덕택이다. 하지만 롬 1장에 기초하여 카이퍼는 인간의 자연적 신의식과 도덕률은 일반 은총을 희미하게 하므로 점차 사라진다고 보았다. 비록 자연인이 어떤 영적 선을 행할 수 없어도 인간은 하나님이 베푸신 일반 은총으로 시민으로서의 정의와 도덕적 선을 수행할 수 있다. 하나님은 이러한 방법으로 타락한 인간에게 은혜를 베푸신다. 일상에서 우리가 경험하듯이 의학과 법학을 통해서 도덕적 자연적 선이 성취되는 것과 같다. 여기서 인간은 하나님의 손에 잡힌 기구로서 그리고 동역자로서 나타난다. 카이퍼는 인간의 타락으로 아담의 후손은 문화의 기초가 되는 자연을 다스리는 능력을

---

18) Henry R. Van Til, 「칼빈주의 문화관」, 이근삼 역, (성암사 1972), 172.

상실하였으나 일반 은총을 통해 과학이 발전함으로 자연을 지배하는 능력이 회복되지만 그러나 자주적인 혹은 자립적인 결과는 사라졌다. 그럼에도 불구하고 하나님의 형상의 영광이 모든 피조물 속에서 지속적으로 나타나며, 그 나타난 열매는 하나님의 나라에서 영원히 보존될 것이다.

그럼에도 불구하고 카이퍼는 문화의 대상이나 사물이 실제로 땅 위에서 보다 높은 형태로 나타나지는 않는다고 하였다. 그 이유는 땅의 것은 계절을 따라 한정적으로 종말을 향해 나가기 때문이다. 계 21:26, 사람들이 만국의 영광과 존귀를 가지고 새 예루살렘에 들어간다. 따라서 카이퍼는 보편적인 인간의 발달은 확실히 영원까지 지속되며 죄의 결과를 축소한다고 하였다. 마 5:6, 마음이 온유한 자는 땅을 차지할 것이다. 그러나 이 땅은 분명 인간의 문화적 업적이 전혀 없는 황무지를 뜻하지 않는다. 수 십 세기에 걸쳐 이룩된 역사적 문화재는 하나님의 은총의 결과이다. 단적으로 우리가 이룩한 문화적 업적은 좋든 싫든, 선하든 악하든 우리의 것이다. 이것은 계 14:13, 저희의 행한 일이 따른다는 말씀처럼 새 땅에서도 상실되지 않고 영원할 것이다. 결국 우리의 행한 일이란 일반 은총과 특별 은총에서 우리가 이룩한 수고의 결과를 가르친다. 달란트 비유는 우리가 이 땅에서 얻은 것은 영원히 얻을 것임을 가르친다. 이 모든 사실은 모든 피조물이 멸하지 않고 영광스럽게 되어야 함을 전제한다. 이 세상의 모양, 처음 것은 지나가고 사라지지만 그 본질은 남는 것이다. 이는 다른 말로 기본적인 죄에 엉킨 갖가지 문화적 요소는 소멸되지만 그 정수와 본질, 의미는 새 하늘 새 땅에서 계속 보존되는 바, 결국 문화는 영원한 미래를 보장한다는 것을 가르친다.[19)]

(2) 일반 은총의 효능: 효능 중에 하나는 그것이 특별 은총으로 활동할 수 있는 기초를 제공한다는 것이다. 이것은 개인과 사회에서 죄의 억제와 자연에 대한 저주를 멈추게 하는 것이 증거한다. 또한 하나님의 아들이 다양한 활동, 즉 성육을 위해 때가 차게 하는 적극적인 의미의 문화 현상에서 더욱 분명해 진다. 세상이 존속하는 동안 사람이 그 세상에 사는 것은 성령으로 거듭나기 위해서이다. 하지만 일반 은총 역시 필요한 환경을 조성함으로 성령이 모든 육체에 부은바 되고, 교회로 하여금 선교 사역에 돌진하게 한다. 이로써 이방세계와 불신세계가 공히

---

19) Henry R. Van Til, 174.

문화적 활동을 통해 간접적으로 교회에 이바지한다. 사실 교회는 평화로이 전도 사명을 완수하기 위하여 정부와 통치자를 필요로 한다. 이 세상에서 나타나는 그리스도와 사탄의 나라 간에 내재하는 대립 가능성은 하나님의 일반은총에서 기인된다. 비록 일반은총이 특별 은총의 길을 촉진하지만 때로 신앙의 원수로 방해되거나 심지어 불신앙을 조장하는바, 적 그리스도의 출현은 바로 세속 문화의 최고 정점이기 때문이다. 일반은총은 대게 두 가지 수준의 문화적 발전을 가져오는 바, 하나는 기술적이고 지적인 것이며 다른 하나는 윤리적이며 영적인 것이다. 전자가 발전하는 경우 후자는 점차 퇴보한다. 그러므로 역사가 진행됨에 따라서 그리스도의 왕국에 대한 반대 의식이 점차 명확해 진다. 이것은 하나님을 미워하고 멀리하는 자들이 일반 은총을 오용하는 현상이다.

(3) 특별은총과 문화의 관계: 특별은총은 선택된 죄인에 대한 하나님의 자비로 우신 호의로, 갈보리에서 그리스도가 대속 제물로 화목을 이루신 것을 가르친다. 결국 그리스도의 모든 자비는 그의 자비로운 주권적 은총을 통해 선택 된 죄인에게 수여된다. 구속의 계획과 진행은 성령의 역사를 통하여 중생과 성화, 보존으로 성도들의 생활에서 효과적으로 이루어진다. 이 특별은총의 역사로 죄인들은 성령을 통해 새로워지며 그리스도의 영체와 결합됨으로, 주와 왕으로서의 그리스도에게 속하게 되며, 새로운 사랑의 힘의 지배를 받게 된다. 그리하여 새 피조물은 그리스도께 속하게 된다. 특별 은총이 어떻게 일반 은총에 작용하는지는 하나님의 피조세계를 개발하고 유지함으로 문화를 발전시키는 것이다. 특별 은총은 일반 은총에 대하여 직간접으로 영향을 끼친다.

(i) 간접적으로 기독교 신앙은 생을 번영케 한다. 말씀과 교회의 출현은 일반 생활을 강화하며 풍요하게 하며 고상하게 한다. 교회는 그 영향력을 통하여 역사를 우주적인 것으로 만들었으며 인간의 정신을 확대시켰다. 신자와 같이 불신자도 그 열매를 따 먹고 있다. 예를 들면, 정치적으로 유럽의 문화, 기독교 문화와 미국의 청교도 문화를 들 수 있다. 교회는 모든 사람이 바라보는 언덕위에 세워진 도시가 된 것이다. 그리하여 특별 은총은 일반 은총에 세례를 준다. 말하자면 그 축복으로 그의 영역을 기독교화 하는 것이다. 그러므로 기독교 문화에 뿌리를 둔 문화만이 참된 문명이다. 일반 은총의 능력에 자유를 주고, 죄와 악마의 사슬에서 풀어 주며, 노예에서 해방시켜 주는 것은 기독교 신앙뿐이다. 지금까지 기독교 역

사는 이에 대한 산 증거이다. 대체로 기독교 국가에서 발견되는 이러한 보편적인 인간 문화는 기독교인들이 주도한다. 이처럼 일반 은총의 영역이 특별은총을 통해 기독교화 할 때 이것은 마침내 기독교 가족과 기독교 사회, 기독교 국가로 규정할 수 있다.

(ii) 한편 직접적으로 특별 은총이 일반 은총에 미치는 영향은 중생자가 문화 활동을 통해, 영적 및 윤리적 성격이 거듭남으로 마음의 변화를 받아 새 피조물이 되는 것이다. 어떤 학자는 이를 첫째 탄생과 둘째 탄생으로, 전자를 정상자(Normalists) 후자를 비정상자(Abnormalists)로 명명하였다. 여기서 전자는 우주를 정상적인 것으로 간주하며, 이 우주는 영원한 진화에 의한 힘에서 이념으로 옮겨진다. 한편 후자는 과거에 어떠한 혼란이 일어났어도 다만 중생의 힘만이 우주의 궁극적 목적을 달성할 수 있다고 주장한다. 카이퍼는 새 인간성은 성령의 인도를 받아 그리스도에게 복종하며, 일반 은총의 영역에서 하나님의 창조 섭리를 수행할 수 있도록 작용하는 유기체로서 교회를 가르친다. 특별은총은 영적인 기원과 목표를 지향하되 인간 전체에 침투하며 역사한다. 여기서 중생자는 마음뿐 아니라 정치, 교육, 결혼, 산업 등 모든 영역을 포함한 전 사회적 생활에서 변화를 받는다. 따라서 천국은 다만 말세론 적으로 대 심판에만 나타나는 것이 아니라 지금 여기서도 나타난다. 그러므로 일반은총 영역에서 왕을 위하여 공통의 문화를 성취하는 것은 개인 또는 조직화된 통일체인 유기체로서의 교회의 기능이다. 이는 교회가 말씀을 전하고 복음화를 전개해야 하는 기독교의 전투적 본질을 나타낸다.

물론 광의적인 의미에서 건축이나 의술 같은 것들은 특별은총의 영향 밖에 일반은총에 속한다. 특별은총은 인간에게 이 같은 기술적인 문제를 제공하지 않으며, 어떤 기술에 대하여 지식이나 재능을 더하지 않는다. 그럼에도 불구하고 간과할 수 없는 것은 과학이 과학자의 주관에 따라 주도되는 것이 아니라 죄로 더럽혀진 상태의, 참과 거짓 사이의 대립 관계, 즉 죄에서 시작된 것임을 기억해야 할 것이다. 대표적인 예가 바로 영국 케임브리지 대학교 물리학 교수 스티븐 호킹의 경우이다. 그는 죄와 죄의 결과를 인식하지 못한 채, 교만에 빠져 인간의 전적 무능과 하나님의 진리를 증오하며 부정한다. 문제는 호킹의 주장과 달리 참 신앙이 모든 과학의 전제라는 사실이다. 카이퍼에게 신앙은 인간의 모든 의식 활동의 근본으로 영적 생명의 기능양식이다. 신앙은 경험적 또는 논리적 증명이 필요치 않는 행위의 출발점이다. 모든 합리적 논증은 신앙에 의하여 수리되는 미증명의 원리에서 출발한다. 믿든 믿지 않든 사실 모든 생명은 신앙에서 나온다. 인격의 모든 표현은 과학적 확신처럼 신앙에서 출발한다. 물질세계가 과학 탐구의 대상이듯이 신앙은 우리로 하여금 감상과 현상에 대한 실재를 믿게 하고, 제시하는 논리와 공리를 믿게 하는 역할을 한다. 종교적으로 참인 것은 과학적으로 진리여야 하는 것이다.

8. 문화 속에 그리스도의 왕권 확립

(1) 문화의 대립관계 극복: 문화의 대립관계가 역사 속에 선명하게 드러나지 않는 것은 동일한 사건과 논리, 그리고 동일한 사물을 비교할 때처럼 동일한 방법을 사용하여 자신의 생각을 표현하기 때문이다. 비록 중생을 통한 의식의 변화라 해도 모든 것이 단번에 완전해 지지는 않는다. 그러나 중생 자들은 자신의 인격 성숙과 변화를 통하여 최선을 다해 교회와 이웃에게 봉사해야 한다. 이 세상은 대체로 세속 과학자들이 지배하는바, 기독교인들이 보다 적극적으로 이에 맞서야 한다. 대표적인 예로, 지식 분야에서 하나님과 사탄 간의 적대관계를 극복하기 위해서 카이퍼는 신자 스스로 과학에 맞서 연구소를 설립하여 성격적 과학관을 수립해야 한다고 주장하였다. 1880년 카이퍼는 그 일환으로 자유대학교를 설립하였다. 세속 과학자들은 죄의식과 믿음의 확실성, 그리고 성령의 증거를 거부하고 자기들의 의식을 마치 신앙처럼 마음의 절대적인 권위로 받아들이고 다른 사람에게 강요한다. 이 같은 상황에서 카이퍼는 칼빈주의가 기독교 신앙의 순수한 표명으로서 과학에 지대한 공헌을 했다고 주장하였다. 예를 들면, 윌리암 오랜지 공이 레이든 대학교를 설립한 것이나 예정론으로 칼빈주의가 과학적 탐구를 활발히 함으로 과학에 애착을 갖게했다는 것이다. 무엇보다도 칼빈주의는 사람들로 하여금 우주의 속죄자로서 친히 십자가에서 죽은 그리스도를 선포하도록 촉구하였다. 이는 만물이 그리스도로 말미암아 지음을 받았으며, 그를 위하여 만물이 존재하기 때문이다. 롬 8:17-25에 의하면 말 못하는 피조물도 신음하며 고통 중에 그의 영광에 참여하기 위해 하나님의 아들의 양자됨을 기다리고 있다.

또한 과학 활동에 자유를 제공해 준 것도 칼빈주의였다. 그러나 그 자유는 하나님을 부정하고 인간의 영광을 구하는 방종적인 자유가 아니고, 중세 동안 신음해 온 교회의 속박에서 벗어나게 하는 자유였다. 이러한 자유는 과학이 일반 은총의 영역에서 그 자체의 합법적인 방법에 따라 발전하기 위해서 요청되는 불가피한 자유이다. 칼빈주의는 교회로 하여금 특별은총의 영역으로 돌아가게 하고, 또한 국가는 과학자들에게 자유의 피난처가 되었다. 또한 카이퍼는 예술은 하나님께 영광돌리는 방편이라고 규정하였다. 그는 칼빈주의와 예술에서 예술은 하나님이 인간에게 주신 선물이라고 하였다. 예술은 피조물의 수준에서 하나님의 형상을 지닌 인간이 창조주의 영광과 권세를 반사하는 것이다. 하나님은 실재를 창조하시고 우리는 비실재적인 것을 창작한다. 즉 우리가 유일한 방법에서 실재의 한 측면을 감상적인 형태로 재생할 때 그것은 하나님을 모방하는 것이다. 예를 들면 우리는 건축물에서 일종의 우주를 창조하며 조각에서 자연의 모습을 장식하며, 회화에서 선과 색조로 대상을 생생하게 함으로 생을 재생한다. 그리고 시와 음악에서 신비의 세계를 전달한다. 미가 인간의 마음에 속한 것이 아니고 피조물에 숨어 있는 하나님의 완전성의 표현이다. 그러므로 예술은 죄 많은 세상에서 주어진 실재보다 더 고상한 실재를 우리에게 제공한다. 예술은 창작 과정에서 잃어버린 미와 앞으로 올 완전한 광채에 대한 기대를 우리의 마음에 일깨워주는 신비한 역할을 한다.

칼빈주의는 교회의 속박, 즉 중세의 교황적 내지 미신적 통제로부터 예술을 자유롭게 하기 위해 온갖 힘을 기울였다. 다시 말하면 중세의 화려한 의식과 규례, 전통의 화려한 예배에 맞서 말씀 중심으로 신령과 진정으로 하나님을 예배하였다. 이 때문에 가톨릭으로부터 강력히 비난을 받았다. 주지하듯이 고대의 만신전과 아덴의 여신전, 그리고 중세의 베드로 대사원 같은 위대한 건축물들은 왕이나 제사장들이 백성들에게 강요한 종교양식이었다. 그러나 종교개혁은 하나님 앞에 모든 성도들이 직접 나간다는 복음적 가르침과 교리에 따라서 이러한 종교적 전통과 외형적 부담의 멍에를 벗어 버리고 교회를 영적인 영역에 예술은 세속적인 영역에 예속시켰다. 따라서 민주화된 예술은 구약적 제사장이나 왕에게 국한되지 않고 또한 이교의 동물적 생명력이나 욕정이 아닌 영혼의 도구로서 육체를 예술의 영역에 포함시켰다. 이는 영과 육이 다 같이 신실하신 구주 하나님께 속함을 고백하기 때문이다. 그 이유는 하나님은 우리의 머리털까지 세신바 되시기 때문이다. 하나님은 사람을 차별하지 않으신다. 그럼에도 불구하고 예술가의 영감은 모두 동일하게 나타날 수는 없다. 그러나 시대적으로 예술의 권위와 자유, 혹은 천국 사상은 건축에 구체적으로 묘사되었다. 따라서 예술은 어떤 형태든, 예를 들면, 이교적이든 비 기독교적이든 교회만을 섬겨야 하는 것은 아니다. 그러나 기독교 예술은 자연과 인간에 대한 헬라적 개념을 거부하고 그리스도의 성육과 죽음을 통하여 구원받는 성경적 인생관을 강조하였다. 기독교 예술은 그리스도의 부활과 승천으로 열려지는 새로운 세계, 놀라운 광경을 바라봄으로 격조높은 영감을 투영해야 하는 것이다. 롬 11:36, "만물이 주에게서 나오고 주로 말미암고 주에게로 돌아감이라. 영광이 그에게 세세에 있으리로다".

(2) 정치 개혁과 정당조직: 카이퍼는 적극적인 정치참여를 그리스도, 왕을 위한(Pro Rege) 결단에 근거하였다. 카이퍼에 의하면 중생자는 모든 문화 활동과 사회관계, 공동조직체에 있어서 주님을 위해야 한다. 결혼과 가정, 교육기관과 국가, 그리고 사회 전반은 기독교적 원리에 따라 조직되어야 한다. 이것은 창조를 적극 활용하되, 하나님을 위하여 그의 위대하신 창조의 본래 목적에 이바지할 수 있도록 피조물의 회복을 가르친다. 흔히 경험하듯이 하나님 나라에 대한 반대는 이 세상, 즉 일반은총 영역에서 자주 나타난다. 오늘 날 이 세상 나라들, 불교와 유교를 신봉하는 세속 국가들, 무엇보다 이슬람 국가와 최근의 IS 국가[20]가 전개하는 일들이 여기에 속한다. 그러므로 카이퍼는 우리가 믿음의 선한 싸움을 위해 힘으로 세상과 대결해야 한다고 하였다. 가족이나 국민들 간에 불신자들과 교류를 하지 않는 것은 불가능하다. 그 이유는 모두가 원하든 원하지 않든 이러한 사회와 단체의 한 구성원이기 때문이다. 그러나 칼빈주의자들은 사회 내에 자유로운 조직을

---

20) 2011년 12월 이라크 전쟁이 끝났다. 당시 미군 전투병력을 이라크에서 철수시키면서 오바마 미국 대통령은 부시 전 대통령이 일으킨 '테러와의 전쟁'을 조용히 종식하였다. 당초 부시 전 대통령이 전쟁의 이유로 들었던 대량살상무기는 찾지 못했으나 2003년 사담 후세인 정권은 무너졌고 9.11테러의 배후로 지목된 알카에다 지도자 오사마 빈 라덴은 2011년 사살되었다. 당시 이라크 종전을 내걸고 당선된 미국의 오바마 대통령의 공약은 그의 전쟁 종료 선언(2011.12.15)으로 완료되었다. 하지만 테러는 끊이지 않았다. 오히려 알카에다보다 더 강하고, 더 잔혹한 수니파 이슬람 극단주의 무장단체 IS(Islamic State)가 등장했다. 이 단체는 수니파 이슬람 극단주의 무장단체로 아부 바르크 알바그다디가 이끄는 조직이다. 이 단체는 알카에다 이라크 지부에서 출발해 시리아와 이라크 일부 지역을 점령하고 '이슬람국가(Islami State, IS)'를 자처하며, 현재 언론에서 보듯이 인질 살해, 특히 자살폭탄과 세계 문화유산을 폭파하는 등 잔혹한 범죄를 저지르고 있다. 이러한 장면을 인터넷에 공개해 선전책으로 이용하고 있다. 이들이 장악한 지역에 미군의 공습이 이뤄지고 있으며 이라크 정부군 등과 교전 중이다.

통하여 노동과 산업, 교육과 과학, 예술과 정치 등 각 영역에서 반 기독교적 정신을 가진 조직체에 맞서는 조직체를 구성해야 한다. 카이퍼는 세상 조직과 구별되는 조직이 없이는 기독인이 사회에서 성공적으로 활동할 수 없다고 보았다. 그는 이것을 위해 교회와 학교 다음으로 사회적 주도권을 행사하기 위해 정치일선에 나섰고, 마침내 국가수반으로 활동하였다. 그리하여 그는 바울이 고린도 교회를 통해 믿지 않는 자와 멍에를 같이 하지 말라고 경고한 사실에 기초하여 기독교 정당 조직을 정당화하였다(고전 6:4; 고후 6:14). 그에게 기독인은 세상 안에 있으나 세상의 것이 아니라는 이중적 관계를 의식한 결과였다. 카이퍼에 의하면 기독인은 사회 속에서 삼중적인 사명을 갖는다. (i) 조직화된 예수 그리스도의 교회의 구성원으로 생활하는 것, (ii) 그리스도의 지체의 한 부분으로서 사회 안에서 생활하는 것, 즉 세상에 맞서 그리스도의 왕국을 위해 다른 신자들과 함께 생활하는 것, (iii) 국민 전체의 복지를 위해 불신자들과 운동경기, 민간 방위, 그밖에 여러 행사에 함께 참여 하는 것이다. 죄가 인간의 모든 생활 영역을 부패시켰으나 우리는 그것이 하나님의 좋은 선물을 합법적으로 사용할 수 없게 했다고 생각할 수는 없다. 그러므로 우리는 다양한 은사를 통해 직업을 갖고 살아갈 수 있는 것이다.

비록 이 세상 사람들이 살아가는 것은 생존을 위한 그러나 어쩔 수 없는 죄의 결과이지만 동시에 그것은 하나님의 창조 명령에 기초한다. 인간은 영적인 노동을 위해 에덴에서 하나님의 소명을 받았다. 그러나 이것은 아담이 하나님께로부터 받은 사명의 일부이다. 따라서 카이퍼는 돈이 목적이거나 재물이 걸린 놀이를 엄히 경계하고 금하였다. 하지만 그는 놀이에서 세상 사람과 맞서기 위해, 특별히 젊은 이들을 세상의 악한 영향으로부터 구원하기 위하여 조직체의 필요성을 인식하였다. 그리하여 그는 칼빈처럼 아주 강한 사회의식의 소유자로 개혁을 갈망하고, 이를 실현하기 위하여 정부는 대중의 유익을 담보로 재벌들이나 특정 소유권자들의 권한을 제한할 필요가 있다고 보았다. 무엇보다 고용주의 횡포를 막고 제한하기 위해서 경제법과 같은 노동법 제정의 필요를 역설하였다. 카이퍼는 1875년 제정한 법을 통해 정부의 권한을 명시하였다. 대표적으로 벨직 신앙고백서 제 37조는 하나님이 정부를 세우실 때, 인간의 죄를 제약하고 만사를 질서있게 유지하기 위하여 그렇게 하였다. 정부는 그 자체의 독자적인 조직을 통해 사회의 정의를 유지한다. 이를 위해 형벌과 함께 민법과 경제법을 포함한 여러 법률이 제정되었다.

9. 결론: 정리 및 평가

9.1. 정리

역사적으로 19세기 카이퍼 이전까지는 16세기 종교개혁자들의 전통을 따라 하나님께서 주신 특별은총인 성경이 교회와 전통보다 앞서며 훨씬 중요함을 가르쳤다. 개혁자들은 성경만을 참 계시로 간주하고 그 밖에 교회의 전통과 관습을 거부하였다. 사실 하나님은 당신의 계시를 옛 선지자들과 사도들에게 직접 주셨지 교회를 통해 주시지 않았다. 이는 가톨릭의 전통적 관점, 즉 교회의 권위와 전통은 성경에 우선한다는 것을 거부한 것이다. 그러나 로마 가톨릭은 누가 성경을 정경으로 채택했느냐고 물으며, 그것은 교회, 즉 공의회였음을 강조하였다. 미국의 전 웨스트민스터 신학교 교수 코넬리우스 반틸은 삼위일체 하나님께서 오직 성경을 통해서 교회로 하여금 교회되게 한다고 하였다. 삼위일체 하나님께서 성경을 염두에 두고 교회되게 하셨다는 것이다. 그렇다. 삼위일체 하나님은 성경을 통해 성경 안에서 일하신다. 특별히 381년 콘스탄티누스 공의회는 성령론을 확정하고, 그 성령께서 오직 성경을 통해서 교회로 하여금 교회되게 한다. 따라서 개혁교회는 교회 이전에 성경이 먼저 있고, 나중에 교회가 세워졌다고 주장하였다.

(1) 성경과 교회의 관계: 그러면 실제로 성경이 먼저 있고 교회가 있었는가? 그렇다면 맨 처음 인간이 하나님의 계시를 받지 않았을 때, 그때 사람들은 무엇을 보고 하나님을 믿었는가? 이에 대하여 카이퍼는 일반은총을 주장하였다. 즉 성경의 기록 이전에 일반은총이 있었고, 그 다음 하나님의 계시가 꿈으로, 선지자를 통해 나타나고 그것이 모아져 특별 은총이 되었다. 그리고 특별 은총의 예언에 의해 만들어진 것이 교회라고 하였다. 다시 말하면 카이퍼는 성경만이 전부가 아니고 그 전에 일반 은총이 먼저 있었다고 보았다. 카이퍼에 의하면 하나님께서 아담이 선악과를 따 먹었을 때 죽으리라고 했으나 죽지 않았다. 오히려 열심히 일하면 빵이 생기게 하셨다고 하였다. 이것이 바로 일반은총의 결과라는 것이다. 따라서 일부 학자들은 카이퍼가 칼빈주의에서 벗어났다. 칼빈은 그렇게 말하지 않았다고 맞섰다.

혹 세상 사람들이 일반 은총, 즉 일반계시를 따라 하나님의 뜻을 어렴풋이 알아도 명확히 아는 것은 특별 계시이다. 거울에 김이 서리면 얼굴이 잘 안보이듯이 희미하게나마 하나님을 아는데 롬 1:21, 너희가 하나님을 알되 영화롭게 하지 못한다고 하였다. 하나님의 존재를 아는데 그가 어떤 분인지 모르기에 하나님께서 특별계시를 주셨다는 것이다. 구약의 선지자를 통해서, 아브라함을 통해서, 언약을 통해서 우리에게 주신 것이다. 칼빈은 이방인들아 구약 이스라엘 역사를 보거라 선지자의 말을 들어라 그러면 또렷하게 하나님의 뜻을 알 것이라고 하였다. 그런데 카이퍼는 일반은총과 특별은총 둘 다 알아야 한다고 역설하였다. 칼빈에 의하면 일반은총이 특별은총에 흡수 통합된다. 이에 대해 카이퍼는 그렇게 되면 일반은총의 가치가 없어진다. 그러면, 19세기 말, 당시 사회복음주의의 주장[21]에 대하여 근본주의의 5대 교리로서는 아무것도 못한다. 문화적으로 과학 발전에 아무것도 못한다. 그 자체 5대 교리, 삼위일체 하나님으로는 교회에 영향력을 끼칠 수 없다고 보았다. 즉 교회란 세상의 중심으로 영향을 끼치지 못하는 것은 신학적으로 문제가 있다는 것이다. 따라서 카이퍼는 이것을 수정해야 한다고 주장하였다. 이는 아브라함 카이퍼 당시 급속히 확산된 성경비평학으로 성경의 권위가 무참히 파괴되었다. 이 같은 상황에서 교회가 사회에 대해 무엇을 해야 하는지가 요청되었다.

(2) 시대적 도전과 응전: 이처럼 절박한 때 진화론을 따라 화석으로 신생대 고생대, 심지어 지구 연대를 46억년으로 추정하는 과학적 도전의 심화, 더욱이 최근에는 빅뱅이론을 근거로 우주의 연대를 138 억년으로 추정하였다. 그런데 교회는 지금까지 창 1장의 7 일간의 창조론을 주장해 왔으나 이제는 쌍방 간의 타협으로 진화론의 일부 이론에 따라서 창 1장은 과학, 2-3장은 역사적인 계시로 이해되었다. 그리하여 성경은 하나님의 권위가 아닌 여론의 추이에 따라 변화되었다. 이런

---

21) 이들은 이웃 사랑으로 착한일 하는 것, 단정하고 바르게 사는 것, 모범적으로 사는 것, 빛과 소금이 되는 것, 민주주의 옹호하고. 다른 사람 구제하는 것이 복음적 삶이라고 하였다. 대표적인 사람이 테레사 수녀이다. 그런 일을 하면 칭송과 존경을 받고, 돈이 생기면 교회 기부해 착한일 계속하고, 후원금도 많이 줄 수 있는 그런 입장에 있다는 것이다. 그렇게 할 때 교회가 사회에서 존재 가치를 인정받고, 그러면 인류역사 발전과 과학발전, 모든 기계가 발전하고, 모든 사회가 발전하고, 인간 절대 군주가 없는, 인간 위에 인간 없고 인간 밑에 인간 없다는 민주주의 사회가 발전된 다고 보았다. 이렇게 되면 물론 교회도 가치 있는 기관이 되는 것이다.

상황에서 카이퍼는 일반은총론을 주장하고 당시 부각된 진화론의 주장을 일부 수용하였다. 그러나 칼빈은 일반은총이 희미한, 기능이 떨어진 계시이기 때문에 특별은총을 통해서 해석되어야 한다고 하였다. 칼빈이 일반은총론 자들에게 오직 예수님을 믿어 특별은총을 받으라 했다면, 카이퍼는 대신에 우리 그리스도인들이 일반적인 모든 방법에서도 이처럼 뛰어 나고 하나님의 복된 것을 보여주고 증명해 주어야 할 것이라고 역설하였다. 즉 모든 부분에서, 예를 들면, 복음을 전하기 위해 발라드 풍의 노래를 부르는 것이 옳은가 그른가라는 논쟁과 같이, 혹은 우리가 즐겨 부르는 당신은 사랑받기 위해 태어난 사람과 같이 복음 증거를 위해서 유행가 풍으로 가사를 바꾸어 불러도 되는가 안 되는가의 문제이다. 찬송가만 부르면 학생들에게 전혀 복음이 먹히지 않기 때문에 그러니까 새로운 방법이 요청된다는 것이다. 그러므로 예수 믿는 사람들이 더욱 더 많이 고민하고 연구하여, 특정 분야에 매이거나 국한되지 않고 예를 들면, 배아줄기 세포를 포함하여 노래를 하든, 유행가를 하든 모든 분야에서 하나님께 영광을 돌려야 한다는 것이다. 모든 문화 자체를 하나님의 문화로 변혁시켜야 될 사명을 기독교인들이 갖고 있다는 것이다.

대부분의 문화는 카이퍼 이전까지는 수동적인 방어체제였으나 이후에는 공격적으로 하나님의 은총과 능력으로 정복해야 하였다. 교회가 교회 안에 머물지 않고 나아가 문화적 활동을 적극적으로 펼치는 것이 하나님이 원하시는 바라는 것이다. 그리하여 카이퍼는 전 역사를 일반은총의 역사로 보고, 그 역사를 하나님의 형상의 회복을 위한 역사로 규정하였다. 예수님 당시에 제자들이 기적을 베풀지 못한 것은 그들이 믿음이 없어서였다. 따라서 믿음이 있으면 예수님처럼 기적을 일으킬 수 있다고 본 것이다. 마찬가지로 오늘날 우리가 그런 믿음만 있으면 예수님이 일으킨 기적을 우리도 일으킬 수 있다고 보았다. 물위를 걷고, 오천 명을 먹이는 일 등, 중요한 것은 믿음의 문제라는 것이다. 따라서 카이퍼는 기독교적 신앙으로 적극적인 사회참여와 포용을 강조하였다.

9.2. 평가

(1) 문제점: 그러면 아브라함 카이퍼의 문제점은 무엇인가? 그것은 창 3장에 나타나는 바, 아담과 하와가 범죄 후 죽지 않고 오래 장수한 이유는, 그전까지 카

이퍼에 의하면, 특별계시가 오기 전에 하나님께서 일반 은총을 주셨기 때문이다. 그에게 일반은총은 특별계시보다 더 오래 되었다. 카이퍼의 제자 헤르만 바빙크 (Herman Bavinck, 1854-1921)[22]는 그의 계시론에서 카이퍼의 계시론과 동일하게 역설하였다. 성경보다 계시가 광범위하고 더 넓다고 보았다. 이에 대하여 칼빈은 성경 자체가 곧 계시이고, 계시가 곧 성경이라고 하였다. 그러면 무엇이 문제인가? 과연 아담이 죽지 않고 오래 산 것이, 아담이 계시를 받기 전의 하나님의 일반 은총이었을까? 아니다. 아담이 죽지 않고 산 것은 창 3:15, 하나님의 약속을 이루기 위한 배경이었다. 성경이 가르치는 죽음이란 십자가를 통해서 올바로 의미가 부각된다. 단순히 목숨이 끊어지는 것이 죽음이 아니라 영원한 저주, 사망이 진짜 죽음인 것이다.[23] 여기서 카이퍼는 하나님의 약속, 언약의 입장에서 모두 약속을 구현하기 위해서 인류역사를 이끈다는 사실을, 다시 말해서 여자의 후손과 뱀의 후손의 그 관계성을 나타내기 위해서 역사가 역사로 흘러가고 있다는 사실을 간과하였다. 그는 단지 교회가 이런 저런 이유로 인기와 관심이 없으니, 소위 사람들에게 설득할 수 있는 그리고 호감을 끌 수 있는, 인기를 끌 수 있는 상품권을 계발한 것이다. 교회가 조직체로서 그 사회에 영향력을 행세하여 교회다운 교회로 존속하는 것이 옳다고 본 것이다. 그런데 성경에서 교회란 그리스도의 몸으로서 교회의

---

22) 바빙크는 네덜란드의 호헤베인(Hoogeveen) 작은 동네에서 태어났다. 깜펜에서 첫 신학교를 다녔고, 이후 레이던에서 더 깊이 공부하였다. 그와 동시대 신학자로는 아브라함 카이퍼(Abraham Kuyper)와 벤저민 워필드 (B. B. Warfield)가 있다. 바빙크는 1890년 레이든 대학을 졸업하고 츠빙글리 윤리에 관한 논문을 썼다(De ethiek van Ulrich Zwingli) 1년 후 깜펜의 Protestant Theological University의 교의학 교수로 부름을 받았으며 이후, 암스테르담에서 많은 저술을 남겼다. 그는 저술에서 정통 칼빈주의 신학자의 면모를 유감없이 보여 주며 특별히 성경의 유기적 영감설(organic inspiration)을 설파하였다. 1921년에 작고했으나 그의 신학적 영향력은 지대하였다. 예를 들면, 코닐리어스 밴틸과 루이스 벌코프(Louis Berkhof) 등은 바빙크에게 많은 신학적 빚을 졌다.

23) 성경은 인간의 죽음을 두 가지 첫째 사망과 둘째 사망으로 말씀한다. 계 20장 첫째 사망은 살아 있을 때 예수님을 믿지 않는 것이며, 둘째 사망은 예수님을 믿지 않는 사람이 영원히 지옥에 가는 것이다. 한편 첫째 부활과 둘째 부활은 이 땅에서 예수님을 믿으면 첫째 부활이다. 그 부활은 이미 죽었으나 살았다는 것이다. 마리아와 마르다의 오빠 나사로는 죽었는가 살았는가. 예수님은 살았다고 보았으나 저들은 죽었다고 보았다. 그래서 예수님은 울면서 나사로를 죽음에서 끌어내시며, 나를 믿는 자는 죽어도 살겠고 살아서 믿는 자는 영원히 죽지 아니 하리라고 하였다. 이 말씀은 예수님의 부활의 관점에서 볼 때 이해되고 믿어진다.

소속은 주님의 소관이다. 초대 교회의 일곱 교회가 다 사라졌어도 일곱 교회는 지금도 여전히 살아 있다. 로마서에 나오는 가이오의 집에 몇 명이 있었는가? 하지만 그것이 교회이다. 주님께서는 두 세 사람이 내 이름으로 모인 곳에는 내가 그들과 함께 있느니라 말씀하셨다. 참 교회는 여러 군데 여기저기 있는 것이 아니라 오직 하나 밖에 없다. 왜냐하면, 머리이신 그리스도가 하나요 성령도 하나이기 때문이다. 이 세상에 흔한 단체와 달리 교회는 여러 개가 아니다. 따라서 에큐메니칼 할 필요가 없다. 교회는 원래 하나이다. 그리고 그 교회의 머리되시는 주님이 한분이시기에 머리도 하나고 몸도 하나이다.[24)]

(2) 평가: 카이퍼는 헤겔의 일원론적 정신철학과 자연주의의 진화론적 물질주의에 맞서 문화철학을 수립하였다. 그는 역사를 가능하게 하고 인간의 문화적 산출을 가능하게 하는 것은 일반은총이라고 규정하였다. 그에게 일반은총은 특별은총의 전제이며, 칼빈주의 문화가 발전할 수 있는 환경과 조직의 근거였다. 이처럼 일반은총의 기여와 중요성에도 불구하고 특별은총은 궁극적으로 일반은총을 지배한다. 다른 말로하면 특별은총이 일반은총, 즉 천지창조에 선행한다는 것이다. 따라서 우리는 일반은총의 교리를 불신자의 중립적 문화관을 무비판적으로 숭상하는 근거로 이용해서는 안 된다. 그 이유는 일반은총을 그리스도의 왕권 아래 두었기 때문이다. 카이퍼에게 일반은총은 중생받은 성도들이 그리스도를 위하여 문화적 활동을 할 수 있게 하는 환경이었다. 그리스도의 지체로서의 교회는 역사의 중심무대를 점령하고 있으며 말세에서 뿐만 아니라 현세에 있어서도 그리스도는 구속자이기 때문이다. 한 마디로 그리스도의 왕권은 현존하는 실체이다. 카이퍼는 건전한 문화 활동을 위해서는 중생된 마음, 즉 거듭남이 요청된다고 하였다.

이 세상은 특별 은혜의 영역과 현세적이며 육안으로 볼 수 있는 일반은총의 영역 간에 일종의 극단적인 이원론이 자리한다. 이 때문에 카이퍼는 일반은총을 창조의 중보자로 그리스도 안에서 기원하였으며, 특별은총을 구속의 중보자로서의 그리스도께 돌려야 한다고 하였다. 양자는 상호 보완적으로 그에게 반드시 필요한

24) 엡 4:4-6, "몸이 하나이요 성령이 하나이니 이와 같이 너희가 부르심의 한 소망 안에서 부르심을 입었느니라. 주도 하나이요 믿음도 하나이요 세례도 하나이요 하나님도 하나이시니 곧 만유의 아버지시라 만유 위에 계시고 만유를 통일하시고 만유 가운데 계시도다".

것이었다. 찰스 하지는 모든 은총은 그리스도 안에 기초한다고 하였다. 카이퍼의 제자 헤르만 도예베르트((Herman Dooyeweerd, 1894-1977)[25]는 일반은총은 그리스도를 통하여 상실된 세상에 내리시는 하나님의 특별은총의 일부라고 하였다. 한편 헤르만 리델보스는 속죄를 강조하고 기독교 문화가 성화에서보다는 칭의에서 발전된다고 강조하였다. 그리스도는 중보자란 의미에서 일반은총의 원천이다. 세속주의와 혼합주의, 종교다원주의의 무차별적인 도전, 다문화와 정보화 시대의 급속한 변화 속에서 역사적 기독교의 균형잡힌 신학, 개혁주의적 이해가 지혜롭게 요청된다 할 것이다.

---

25) 한 때 헤이그 소재 카이퍼 연구소의 소장으로 재직한 헤르만 도여베르트는 카이퍼가 시작한 기독교 세계관 운동을 더욱 발전시키고 체계화하였다. 성경에 기초한 그의 구조적 체계는 "창조와 타락, 구속과 완성" 으로 내용은 다음과 같다. 그에 의하면 세계와 인간은 태초의 창조로부터 시작되었고, 창조 7일에 모든 것은 완전하였다. 그 때 우주 만물에는 온전한 "창조질서(Creation Order)"가 수행되었다. 그러나 타락으로 하나님과 인간의 관계는 단절되었고 창조세계는 인간에 의해 반역적으로 도용되었다. 그러자 하나님은 자신의 영광을 위하여 창조질서의 구조가 깨지지 않도록 일반은총을 허락하사 피조세계를 붙들어 주셨다. 타락에 대하여 도여베르트는 죄가 창조구조 자체를 왜곡시킨 것이 아니고 창조의 방향을 왜곡시켰으며 인간의 마음 상태와 방향을 왜곡시켰다고 주장하였다. 그는 타락에도 불구하고 일반은총을 허락하신 하나님의 은혜로 창조질서와 구조가 유지되었으며, 그 결과 인간과 자연은 시간의 역사를 통해 계속적으로 문화를 발전시키게 되었다. 그리하여 마침내 그리스도의 구원에 의해 하나님과 인간의 관계가 다시 회복될 때 전 피조물은 다시 창조 본연의 질서로 돌아가게 된다고 하였다. 이처럼 도여베르트는 '창조질서' 를 키워드로 창조를 설명하며, 타락에도 불구하고 인간의 문화가 발전하는 근거를 일반은총에서 찾았다. 그리고 일반은총에 기초하여 구원이 역사하고 그 구원은 다시 창조질서를 회복함으로써 창조와 구원이 상호보완적 관계에 있음을 말하였다. 그는 이 같은 "창조와 타락, 구속과 완성" 의 틀을 성경이 말하는 세계관의 틀로 제시하며 이 흐름, 즉 언약신학적 관점에서 성경의 내용을 체계화하였다.

제14장

19세기 영국의 옥스퍼드 운동 소고

1. 서론

16세기 유럽의 종교개혁이 급속히 확산되어 가는 중에 로마 가톨릭은 트랜트(1545-1563) 종교회의를 통해 반동종교개혁을 주도하였다. 그 회의의 주된 목적은 기존의 가톨릭 교회의 이탈을 막고 종교개혁으로 초래된 위기를 극복하기 위하여 자체 개혁과 갱신으로 자신들의 전통을 더욱 확고히 하고자 함이었다. 이 종교 회의는 중세 신학의 발전 과정에서 제기된 몇 몇 교리적 전통과 의식적 특성에 보다 명확한 한계를 설정하였고, 이후 가톨릭 교회의 안정에 크게 기여하였다. 이 같은 경향은 1869-1870년 개최된 제 1차 바티칸 공의회[1]에서 재확인되었다. 그런데 이

1) 19세기 중엽 기독교는 보수 세력의 복권과 함께 과거로의 복귀를 갈망하던 시기였다. 그러나 당시 상황은 이성중심의 합리주의와 계몽주의의 활발한 전개 상황에서 설상가상 자연과학의 발달로 찰스 다윈(Charles Robert Darwin, 1809-1882)의 진화론이 대두되었다. 또한 1848-49년 어간에 유럽 전역에서 진행된 시민혁명 이후, 자본주의 사회로의 급속한 전환이 전개되면서 노동자 계급의 등장으로 사회주의의 확대가 주목받았다. 이러한 현상은 기독교에 매우 불리하게 작용하였다. 이런 와중에 신생국 이탈리아 왕국의 탄생으로, 1417년 시스마 종결 이후 교황의 오랜 거처요 가톨릭교회의 중심지였던 바티칸 시국(市國)을 둘러싼 분쟁이 이어졌다. 당시 교황 비오 9세(Pius Ⅸ, 재위 1846-1878)는 1548년 트리엔트 공의회 이후 300년 만에 공의회(제1차 바티칸 공의회: 1869-1870)를 개최하여 그가 1854년에 선포한 "성모 마리아의 동정"과 "교황의 무오류성"을 재확인하였다. 또한 그는 현대사회에 만

즈음 영국교회는 갑자기 부상한 4개의 새로운 운동으로 어려움을 겪었다. 이 운동들은 영국국교회 내부에서 일어난 옥스포드(the Oxford Movement) 운동과 클라팜 섹트(Clapham Sect), 플라톤 철학과 기독교간의 종합을 특징으로 한 철학적 전통의 회복 운동,[2] 그리고 성경을 둘러싼 역사 비평의 등장이었다. 그 중에 옥스포드 운동은 옥스포드 대학교 소속의 몇 몇 신학자들이 주도하였다. 이들은 한 마디로 기존 교회의 전통에 대한 교회 밖의 도전에 맞서 일어난 복고주의 운동이었다. 무엇보다도 이 운동은 내부 개혁을 추구한 트랜트 종교 회의와 달리 세속 정치의 종교개입에 대한 비타협적인 입장을 강력히 견지하면서 자신들의 신앙 전통인 고교회주의로 회귀하였다. 다시 말하면 당시 세속화된 국가의 개혁적 이상에 의지하여 교회의 독립과 신학적 독특성을 위협한 자유주의적 의회 정치를 신랄하게 비판함으로 신앙적 옛 전통을 고수하고자 하였다. 그 결과 이들은 신학적으로 초대

연되고 있는 합리주의와 과학적 도전에 대한 오류를 지적하고 가톨릭교회의 단결을 공표하였다. 그러나 제1차 바티칸 공의회는 교황의 무오류권에 대한 논란과 분열로 이른바 '문화투쟁' 으로 이어졌고, 1870년 보불(이탈리아와 프랑스)전쟁의 발발로 공의회가 중도 폐막되었다. 그리하여 교회는 일시적으로 난관에 봉착했으나 가톨릭 교회의 단합으로 문제를 봉합하였다.

2) 이 사상의 주창자 벤자민 윗치코트는 타락한 인간의 능력에 대한 청교도들의 비관적 견해에 반발하여 신학에서 이성을 보다 더 충분하게 사용해야 할 필요성을 강조하였다. 그에 따르면 이성이 없이는 아무 것도 주장해서는 안 된다. 그리고 이성에 반한 것은 아무것도 믿어서도 안 된다. 이성이란 단순히 인간의 합리적인 능력이 아니라 인간의 영혼을 신적 이성에 포함시키는 인간 영혼의 조명을 의미한다. 그는 이성을 주님의 촛불 혹은 인간 속에서 빛나는 하나님의 촛불이라는 조명주의였다. 이러한 이성에 대한 관념은 당시 영국 사상계를 특징지우기 시작했던 경험론이나 혹은 개혁파 정통주의와 청교도주의의 특징과는 큰 차이가 있었다. 이같은 성공회주의의 이성에 대한 강조점은 (1) 타락한 인간의 지성적 능력에 대한 청교도들의 비관주의적 견해와 이로부터 비롯되었던 것으로 알려진 이중예정론 같은 교리에 대한 반작용이었다. (2) 새로운 철학의 성공적 발전은 자연의 비밀을 이제 계시의 도움을 필요로 하지 않는 이성의 힘으로 풀어낼 수 있다는 생각을 가져 왔다. 이러한 자연신학에 대한 새로운 흥미는 택정에 나타난 하나님의 주권이 아니라 창조에 나타난 하나님의 지혜를 보다 강조하는 현상을 낳게 되었다. 이성과 종교자유를 강조하였던 케임브리지 플라톤주의자들의 강조점은 교리의 문제, 교회정체나 예배의식들을 별로 중시하지 않던 성공회내의 자유주의자들에 의해 계승되었다. 자유주의자들은 종교란 인간에 내재한 합리성으로 말미암아 인간들에게 호소할 수 있다는 생각을 가지고 있었다. 따라서 이제 종교가 과학과 동일한 기반으로 스스로를 수립하지 않는 한 사람들에게 심각한 고려의 대상이 될 수 없는 가능성이 농후했다. 「기독교 사상사」, (기독교문서선교회, 1995), 250-251.

교회의 신학과 16세기 및 17세기의 고전적인 성공회 신학으로 복귀하였고[3] 특별히 교부들에 관한 연구를 새롭게 정립하였다.

고찰하겠지만 이 운동은 16세기 종교개혁자들이나 17세기 영국의 청교도들과 달리 영국의 국교 성공회의 전통 확립을 재확인한 신앙 운동이었다. 브루스 셸리는 이 운동을 단지 지성뿐이 아닌 전인적인 움직임으로 규명했으나[4] 그 결과는 영국 사회와 교회에 좋은 인상을 남기지 못하였다. 이들은 정부의 개혁을 영국 교회의 성결성에 대한 위협으로 간주하고 교회에 대한 세속 정치의 침입을 철저히 거부하였다. 그러나 그들의 계획과 달리 자체 내의 논쟁으로, 그들 중에 일부는 뜻하지 않게 성공회로부터 가톨릭적 전통으로 회귀하였다.

2. 시대적 배경

2.1. 사회 경제적 상황

19세기 영국은 18세기의 대 변혁과 함께 또 하나의 시대를 창출하며 많은 변화를 이끌었다. 당시 영국의 개신교도들은 격변하는 사회 속에서 분별력을 상실한 채 혼란을 겪었다. 그럼에도 불구하고 19세기는 영국이 주도한바,[5] 그 이유는 이미 18세기에 시작된 산업화와 공업화, 그리고 과학화와 함께 세계 최대의 도시와 금융가의 중심지로 부상했기 때문이다. 영국의 함대가 오대양을 휩쓸었고 그 상선들은 세계의 주요 항구들을 석권하였다. 역사상 그 어느 국가나 민족이 누리지 못한 소위 "해가지지 않는 나라"라는 신화를 창조하며 1914년 제 1차 세계 대전까지 최대의 영토와 인구를 자랑하는 제국을 이룩하였다. 그러나 이러한 산업과 상업적 발전은 국가적 영애와 달리 많은 영국인들을 피곤하고 숨 막히게 하였다.

---

3) 그들의 이상 중에 하나는 17세기 중엽(1633-1645년) 영국 왕 찰스 1세의 종교 고문으로 캔터베리 대주교를 지낸 윌리엄 라우드(당시 청교도와 그 외에 종교적 반대파들을 박해한 결과 하원에서 재판을 받고 처형됨)의 명예를 회복시키려 했으나 실패하였다. 19세기에 들어오면서 역사가 새뮤얼 로슨 가드너는 윌리엄 라우드를 매우 유능하고 정직한 사람이었다고 평가했으나 그가 시행한 권위주의적 정책들은 '불운'으로 간주하였다.

4) 브루스 셸리, 「현대인을 위한 교회사」, (크리스챤 다이제스트, 1993), 468.

5) *Ibid.*, 463.

특별히 이성을 중시하는 합리주의의 영향으로 사회는 매우 혼란하였다. 따라서 한편에서는 급속한 국가적 번영을 누리던 기존의 지배층들과 기관들은 자신들의 사회적 기반 약화를 우려하였다. 그러나 다른 한편에서는 이러한 변화에 망설이지 않고 찬사를 보낸 진보적인 다수의 대중들이 존재하였다. 사실 영국은 이미 18세기 중엽에 해외에 거대한 식민지 제국을 건설하였고, 동 세기 말에는 본격적으로 산업혁명이 진행되었다. 그리고 국내적으로는 1828년 반대자들의 압력에도 불구하고 시험법(Test Act)을 폐지하고 비국교도 의회를 비롯한 신도들에게 공공 관직을 임용을 허용하였다. 그리고 1829년에는 가톨릭 교도들에게도 해방령(Catholic Emancipation Act)을 통하여 시민의 자유와 권리를 부여하였다. 그리하여 교회와 국가의 연합을 둘러싸고 고교회파의 오랜 전통이 위기를 맞게 되었다. 결국 이 시기는 희망과 공포, 기대와 불안이 공존한 시기였다.

2.2. 정치적 상황

19세기 초에 유럽 대륙은 프랑스 혁명의 과격성와 테러에 대한 반동과 혁명의 소용돌이 속에 휘말려 있었다. 기본적으로 폭정에 영웅적으로 맞섰던 프랑스 혁명에 매료된 많은 대학들과 낭만주의자들이 급진적인 공화제에 회의를 갖게 되었다. 이러한 상황과 달리 당시 영국은 안정된 정치를 바탕으로 착실히 점진적으로 개혁을 이루어 갔다. 그러나 정치적으로 안정을 꾀한 보수파에(토리당) 대하여 소도시와 시골의 유능한 사람들이 대거 등장하면서 쌍방에 긴장이 고조되었다. 사실 영국 의회는 1688년 명예혁명 이래 그동안 아무런 변화도 없이 여전히 지주층인 귀족들과 약간의 자유직업인 및 대상인과 금융가로 구성되었으며, 유권자의 수는 성년 남자의 1.6이었다. 기존의 기득권자들은 편파적으로 자신들의 권리를 주장하였고, 그 결과 사회계층은 극심하게 2원화되었다. 그러나 산업혁명의 진행에 따라 중산계급의 힘이 강화되면서 새로이 신흥 자본가와 노동자 계급이 형성되었고, 신흥 공업도시의 출현과 더불어 농촌 인구의 도시로의 이동 현상이 현저해졌다. 이러한 사회 경제적 변화는 의회 구성과 선거법의 모순을 들어내었고 이의 개혁을 거의 불가피하게 만들었다.[6] 이처럼 정치적으로 혼란이 거듭되던 시기에 영국은 자유당과 보수당으로 정치가 재편되는 중에 개혁이 고조되었다.

그런데 1830년대에 들어서면서 영국의 가장 중요한 문제로 부각된 것은 정치 문제로서 의회의 개혁이었다. 진보 정당인 휘그당과 비국교도들과 해방된 가톨릭 교도들은 정권 장악 2년 만에 개혁 법안을 통과 시키는 중대한 실책을 범하였다. 그 결과 교회는 인간의 능력에 속수무책이었다. 예를 들면, 1833년에 휘그당 행정부는 교회 재산 소유법(Church Temporalities Bill)을 의회에 상정하였다. 그 조치를 통해 행정부는 주교직의 수를 감축하고 비대한 교회 재산을 재분배함으로써 아일랜드 교회를 개혁하려 하였다. 이는 바로 산업혁명의 진행에 따른 인구 이동과 사회구조의 변화에서 제기되었던 것이다. 아일랜드 교회는 오랫동안 재조직을 필요로 했지만 보수적인 주교들이 변화를 강력히 거부하였다. 1833년 휘그당의 아일랜드 교회 재산 소유법은 사실상 적절하고 합법적인 조치였다.[7] 그럼에도 불구하고 개혁 법안이 통과된 이후에 그것은 교회가 세속 권력의 밀려오는 조류와의 투쟁에서 결정적인 패배로 해석되었다. 다시 말하면 영국의 고교회파 사람들은 이런 개혁 법안이 자신들의 권력을 약화시키는 것으로 생각한 국가 만능론이 팽창하였고, 교회를 세속국가의 의무적인 종으로 생각하는 변화가 팽배하였다. 따라서 옥스포드 운동은 니콜스가 지적했듯이 교회와 국가에 있어서 자유주의의 개혁적 경향에 대한 보수적 반동으로[8] 태동한 정치적 자유주의의 흥기에 대한 정치적 반동이었다. 이 운동의 지지자들은 벤담주의와 점증하는 과학적 실용주의였다.

2.3. 종교적 형편

이처럼 정치적으로 혼란한 시기에 교회의 종교 또한 혼란을 거듭하였다.[9] 사실

---

6) 예를 들면, 1831년에 인구 300만을 좀 넘는 남부 10주가 의회에서 236석을 차지하고 있는 반면, 400만에 가까운 북부 6주는 불과 68명의 의원을 선출할 뿐이었다. 이보다 더 심한 모순은 이른바 부패선거구(rotten boroughs)였다. 이는 그동안 인구이동이나 지형의 변화로 거의 유권자가 없어진 선거구로서, 이를 테면 50명 미만의 유권자가 2명의 의원을 선출하는 경우가 있는가 하면, 단윅(Danwick)의 선거구는 그 대부분이 바다에 매몰되어 선박 위에서 투표를 하는 형편이었다. 그 반면 맨체스터나 리버풀과 같은 신흥공업도시는 독립된 선거구를 구성하지 못하고 있었다. 민석홍, 「서양사개론」, (삼영사, 1984), 529.

7) 제임스 C. 리빙스톤(김귀탁 역), 「현대 기독교 사상사」, (은성, 1993), 206.

8) J. H. Nichols, *Romanticism in American Theology,* (Chicago, 1961), 78.

이 시기에 신앙인들은 일반적으로 하나님은 그의 자녀들에게 그들이 지켜야할 책임을 부여하셨다고 믿었다. 그중에 중요한 것은 하나님의 자녀들이 이 세상을 살아가면서 어떤 의식을 가지고 살아가느냐였다. 사실 하나님은 그의 백성들을 이 세상에 보내시고 그의 구원을 선포하게 하시며 필요한 자들을 섬기도록 명령하셨다. 그러나 동시에 그는 택하신 백성들을 이 세상으로부터 불러내어 그를 예배하고 경배하며 배우게 하셨다. 그러므로 예배 없는 사역은 봉사를 공허하게 하며, 사역 없는 예배는 무의미하다. 그리하여 이 세상에서 교회는 항상 이 둘을 의식하는 책임감으로 긴장 속에 살아야 하는 것이다.

이런 신앙적 가르침과 전통에 대하여 영국교회는 그 자체 내부에서 형성된 두 개의 신앙 운동으로 절정에 이르렀다. 이 운동들은 정치와 사회 및 문화에 기독교인의 적극적인 책임과 역할을 주장한 클라팜 그룹(Clapham Sect)과 신앙적으로 사도적 전통성을 주장한 옥스포드 운동(Oxford Movemant)이다. 이 두 운동을 통해서 우리 신자들이 교회와 사회에서 어떻게 살아야 하는지를 가르쳐 준다. 이들은 신앙인으로서 단지 교회에 만 머물기를 원치 않고 범 사회적으로 영향을 미치며 도전하였다. 본고에서는 두 운동 중에 19세기 영국에 형성된 옥스포드 운동의 태동 배경과 기원 및 발전을 살펴보고 간략히 평가할 것이다.

3. 옥스포드 운동의 배경, 기원과 발전 및 목적

3.1. 배경

앞에서 살펴본 대로 여러 시기와 세대를 거치면서 영국 국교, 즉 성공회의 근간을 이룬 계층은 의회를 장악해온 지주 귀족들이었다. 그런데 산업 혁명의 발생으로 맨체스터(Manchester)와 버밍험(Birmingham) 같은 신흥 도시들이 급성장하며 새로운 사회적 개편이 요청되었다. 그러나 이들 산업 도시들은 기존의 제도적 전통과 관습에 막혀 그들이 갖고 있던 변화들을 의회를 통해 대변하지 못하였다.

---

9) 이 시기에 스코틀랜드와 영국에서는 새로운 신앙운동이 싹트게 되었다. 스코틀랜드에서는 토마스 찰머스를 대표하는 사회 개혁운동이 1830년대에 태동했고, 영국에서는 이 시기에 새로운 신앙의 복고운동이 발생하였다.

때문에 사회 전반에 걸쳐 개혁을 요구하는 목소리가 고조되었다. 그러던 중에 1832년의 개혁법(Reform Act)은 기존 지주들의 세력 기반을 중산층에게 이양함으로 균형을 꾀하였다. 그러나 이 법안은 많은 일반 백성들에게 지나치게 민감한 분위기를 형성하였다. 이로서 새로운 의회 구성원들이 영국 국교도가 아니면서 영국 국교회에 막대한 영향력을 행사하게 되었다. 이로서 기존의 기득권층이 신흥계급의 위협을 받게 되었다. 따라서 몇 몇 국교회 내의 경건한 성직자들이 이러한 급박한 변화에 두려움과 공포심을 감추지 못했다. 이들은 과연 세속에 오염된 일반 정치인들이 하나님의 거룩한 일에 관여할 수 있는지 질문하였다.

3.2. 기원과 발전

이처럼 긴박한 상황에서 영국의 국교도들이 가톨릭으로 귀화할지 모른다는 두려움이 고조되었다. 물론 후에 이러한 경향이 나타났으나 본래는 그러한 목표나 의도로 시작된 운동은 아니었다. 본래는 편만한 영적 갱신 운동의 일환이었다. 따라서 이는 조직화된 운동으로 발전하지는 못했으나 옥스포드 대학교를 중심으로 많은 영향을 끼쳤다. 이 운동 참여자들의 공동 관심사는 영국 성공회 내의 영적생활을 보다 더 심오하게 발전시키는 일이었다. 이러한 목적을 달성하기 위하여 그들은 전체 기독교 교리의 기반 위에서 복음주의적 열정을 한데 묶어 통합하는 것이었다. 그러므로 어떤 편견이나 극단의 편협한 부흥주의의 신학적 기반을 고집하지 않았다. 그들은 교회의 연합, 전체성을 강조하고 객관적인 은혜의 통로로서의 성례들을 보다 적극적으로 실행할 것을 주장하였다. 이 운동의 주도적인 지도자는 존 헨리 뉴만(John Henry Newman, 1801-1890)과 에드워드 푸지(E. B. Pusey, 1800-82), 그리고 존 케블(John Keble, 1792-1866)이었는데, 그 중에 뉴만이 이 운동의 핵심이었다.[10)]

전통적인 복음주의적 배경에서 자라난 존 헨리 뉴만은 1820년대 젊은 나이에 복음주의적 잡지에 기고하면서 그의 재능을 선 보였다. 그는 한때 고교회인 옥스포드의 성 마리아 교회에서 교구목사로 영향력을 행사했으나 매우 급진적이었다.

---

10) 각주 23 참조.

그는 성공회에서 종교의 실습은 가톨릭적 이론에 근거하여 실시되어야 한다고 주장했다. 그가 저술한 책들은 대부분 중세적 전통에 따라 주로 영성문제를 취급한 바, 프로이드가 출간했으며 신교(Protestant)라는 용어를 좋아하지 않았다. 이러한 배경과 관점에서 볼 때 옥스포드 운동은 반 개신교적이며 오히려 로마 가톨릭으로 회귀하자는 일종의 복고운동이었다. 모리스 주교는 뉴만이 옥스포드를 잠시 떠나 있는 동안 성 마리아 교회에서 로마 가톨릭교회의 미사 교리를 강론하고 영국 국교는 초대교회의 속사도시대로 돌아가야 한다고 주장하였다. 그 이유는 영국교회가 가견적 교회의 연합과 통합을 꾀하는 것은 더 이상 참된 교회가 아니라고 주장하며 로마 가톨릭교회와 비교하였다. 그리고 뉴만은 39개 신조를 고대 전통의 빛 아래서 재해석하고 자신의 소책자 90을 옹호하였다. 뉴만의 소책자 90은 복음주의자들의 환영을 받았는데 옥스포드의 주교들은 출판을 금지하였다.

1841년 영국 정부는 예루살렘의 개신교 주교에게 제재를 가하며, 뉴만이 유럽의 개신교와 연합을 꾀한 것을 실례로 반대하였다. 이때 뉴만은 1843년 성 마리아 교회를 사임하고 로마교회에 귀의를 고심하였다. 뉴만은 단지 조용히 살고 싶었기 때문이다. 그에 의하면 로마 가톨릭 교회는 오늘 날 영국교회의 역사적 근거요 동력으로 비록 핵심 교리와 가르침은 달라도 신앙의 어머니라고 생각하였다. 따라서 뉴만이 주도한 이 운동은 점점 더 반 개신교적이자 반종교 개혁적이었다. 뉴만은 옥스퍼드 운동과 자신의 신학을 발전시키는 과정에서 가톨릭교회 만이 초대교회의 유기적 발전의 결과임을 인식하고, 1845년 마침내 영국 국교회, 성공회를 떠나 로마교회로 귀의하였다. 그 후 소책자 운동은 급속히 소멸하였다. 결국 이 운동은 의식을 강조하되 점차 세속화 되어버린 교회를 새롭게 하려고 했다. 이것을 위해 그는 로마 가톨릭처럼 웅장하고 신비한 교회 건축을 강조하였으며, 나아가 교회에서 촛대를 사용하는 것과 예배 시에 합창단의 봉사를 수용하였다.

이러한 상황에서 이 운동에 대한 일부 동정적인 변호와 옹호가 있었으나 대다수의 성공회 소속 주교들은 이런 의식의 실습과 복고에 거세게 반발하였다. 당시 보수파들은 이 운동에 참여한 자들을 매우 회의적으로 간주하였다. 그것은 1843년 당시 스코틀랜드의 대 붕괴처럼 되지 않을까 우려했기 때문이다. 따라서 이들은 영국 정부가 종교문제에 있어서는 중립적이도록 영향력을 행사하였다. 그는 말년에 "산다는 것은 되어 간다는 것, 완전하다는 것은 자주 변화했다는 것이다"라

는 말을 남겼다.[11)]

3.3. 이 운동의 구분

우리는 이 운동의 이해를 위해서 편의상 3단계로 구분하여 살펴볼 수 있다.

(1) 제 1단계: 이 운동의 기원과 태동, 그리고 발전기로서 존 케블의 설교와 존 헨리 뉴만을 중심으로 한 소책자 운동이었다. 당시에 옥스포드 대학교의 일단의 유능하며 신앙심이 깊은 교수들은 즉각적으로 이에 대해 강력히 반감을 표하였다. 이 반감은 당시 오리엘(Oriel College) 대학의 연구원 존 케블(John Keble)이 황제의 순회 재판관 앞에서 1833년 7월 14일 성 마리아(St.Mary)대학 교회에서 행한 "국가적 배교"(National Apostasy)라는 설교를 통해 표면화되었다. 케블은 당시에 아일랜드 내 앵글리칸 교회의 합당한 의회주의적 개혁을 위한 재조직을 이처럼 배교로서 평가하고 의회가 주교직을 억압 한다고 생각하였다.[12)] 케블이 설교하게

---

11) 마더 테레사 수녀는 뉴만의 기도문 "사랑하는 주님"을 매우 사랑하였다. 다음은 그녀가 사랑한 기도문 전문이다. "사랑하는 주님! 내가 가는 곳마다 당신의 향기를, 뿌릴 수 있도록, 내 영혼을 당신의 정신과 생명으로, 흘러넘치게 하소서. 나를 통하여 빛나시어, 내가 만나는 사람들이 내 영혼에, 당신이 사신다는 것을 느낄 수 있게 해주소서. 나를 보되 나를 보지 않고, 오직 당신만을 보게 하소서. 오 주님! 나와 함께 머무소서, 그러면 당신이 빛나듯이 나도 빛날 것입니다. 다른 사람들에게 빛이 될 것입니다. 오 주님! 그 빛은 나를 통해서 비추는 당신입니다. 모두 당신으로부터 오는 것이지, 나에게서 나오는 것은 하나도 없습니다. 당신이 가장 사랑하는 방법으로, 당신을 찬양하게 하소서. 당신을 설교하되 설교하지 않고, 말이 아니라 행동으로, 내가 하는 일에 공감하는 영향력으로, 당신을 향한 충만한 사랑으로, 당신을 전하게 하소서. 아멘!" 다음은 영어 원문이다. "Dear Lord, Help me to spread your fragrance wherever I go. Flood my soul with your spirit and life. Penetrate and possess my whole being so utterly that all my life may only be a radiance of yours. Shine through me, and be so in me that every soul I come in contact with may feel your presence I my soul. Let them look up and see no longer me, but only you, O lord. Stay with me, then, I shall begin to shine as you do; so to shine as to be a light to others. The light, O lord, will be all from you; none of it will be mine; it will be you shining on others through me. Let me thus praise you in the way you love best, by shining on those around me. Let me preach you without preaching, not by words but by my example, by the catching force, the sympathetic influence of what I do, the evidence fullness of the love may heart bears to you. Amen." http://blog.naver.com/white1642/220430341789에서 인용.

12. 이때 영국의 고교회 성직자들과 많은 각 지교회 성도들은 재빠르게 이 운동을

된 직접적인 원인은 교회 재산 소유법의 제정과 교회의 의견을 무시한 10개의 아일랜드 주교직의 박탈에 있었다. 이것이 케블과 다른 사람들을 격동시킨 까닭은 국가가 교회의 동의 없이 주교직의 권위, 심지어는 주교직의 존속 여부까지 결정해 버리는 막강한 권력을 갖게 되었다는 사실이다. 케블은 그 설교의 제목을 국가적 배교라고 했다. 그는 그의 설교에서 한 국가가 사도들의 계승자인 주교들을 더 이상 존경하지 않고, 대중들의 인기 혹은 능률성에만 기초한 이성만을 중요시할 때 이러한 국가는 하나님의 주권을 거부하는 죄를 범하는 것이라고 비난하였다.[13)]

케블은 이런 행동을 신적 권위의 영역에 대한 독단적 침범으로 규정하였다. 케블은 교인들에게 이러한 침범에 대하여 어떤 학정(虐政)을 다루듯이 하라고 촉구하였다. 즉 이것을 탄원하고 비난하고 부당성을 지적하라고 요청하였다. 이러한 상황은 종교의 초자연적 실재에 대한 사람들의 점증하는 무관심이 그 원인이 되어 관용의 허울로 위장되었다. 케블은 이런 상황을 배교라고 규정지었다.[14)] 케블

지지하고 나섰다. 그러나 동시에 이에 맞서서 영국 성공회의 모든 신도들은 그들의 결속을 위해 전통적인 39개 신조를 받아들이도록 강요하였고 그 결과 정상적인 신학수업을 받지 않고도 성직자가 되도록 문호가 개방되었으며 목회사역을 위한 실제적인 가르침이 필요없게 되었다.

13) 케블은 영국과 아일랜드의 입법부(심지어는 속죄에 대한 신앙 고백을 필요로 하지 않는 구성원들)는 결국 전체적으로나 부분적으로 영적인 문제들에 관해 교회법을 제정하는 데 있어서 우리 구세주를 한 마음으로 신뢰하는 성도들의 위임을 무시하였다. 또한 입법부는 이 원칙, 곧 이 범주 안에 있는 사도적 교회는 국가의 눈으로 볼 때 지금까지 다양한 집단 가운데 한 분파로 서있고, 그럼으로써 교회가 아직 보유하고 있는 것처럼 보이는 모든 고유성은 단지 국가 안에 강력한 한 당파로서 가지는 사건에 의존한다고 하는 원칙을 기꺼이 비준하였다라고 설교하였다. *The Oxford Movement*, ed. Eugene R. fairweather, (New York: Library of Protestant Thought, 1964), 5.

14) 케블은 다음과 같이 말하였다. 우리는 자비와 관용의 허울 아래 신앙의 문제에 대한 무관심이 공공 생활에서나 가정 생활에서 우리의 인정과 신뢰가 박탈하는 지점에 이르게 되었다. 사람들이 그들의 창조주, 구속주 그리고 숭배자에게 헌신하는 것을 불가능하게 하는 원리를 견지하지 않는 것과 같은 미묘하고 중요한 문제들을 진지한 탐구도 없이 무조건적으로 신뢰하는 것을 해마다 보다 통상적으로 실천하고 있음을 우리 자신으로부터 감출 수 있는가? 가장 냉철한 평가에 따르면 실제로 고려되어야 할 요점은, 이 세대에 인기있는 해방은 유대인들을 스스로 우상 숭배하는 이방인들의 수준으로 전락하도록 이끈 똑같은 기질에 얼마나 귀속되지 않는지의 여부이다. 그리고 만약 입법부가 여론의 압력 때문에 이러한 조치를 취하는 것이 사실이라면 배교란 말은 그 국민의 기질을 묘사하기에는 너무 난감한 단어라고 할 수는 없지 않을까? 라고 했다.

은 그의 설교를 통해 교회가 세속주의를 묵인하는 것에 대해 분노하고 곤혹스러워하는 많은 젊은 교인들의 감정적 생동을 촉구하였다. 이런 긴박한 상황에서 1833년 7월 25일부터 29일 사이에 당시 상황을 논의하기 위한 작은 모임이 해들리에 있는 제임스 로즈의 목사관에서 있었다. 이 모임에 참석한 사람들은 허렐 프로이드, 아더 퍼스발, 윌리암 팔머와 같은 옥스포드 운동가들이었다. 이때 이들은 교회 우호협회(Association of Friends of Church)를 구성하여 켄터베리 대주교와 다른 성직자들에게 탄원서를 제출해야 하고 성명서를 보내야 한다는데 동의하였고 결국 「시대를 위한 소책」(*Tracts for the Times*)이라는 논문집을 출간하였다.

이 소책자 시리즈는 1833년 초가을 존 헨리 뉴만에 의해 작은 책자로 쓰였다. 그 제목은 "삼가 성직자에게 보내는 목회 사명에 관한 사상"이었다. 제목이 시사하듯이 긴박성과 신빙성이 그 책자의 핵심이었고 주제는 사도적 계승이었다. 뉴만에 따르면 성직자는 사도들의 권위를 추구해야 한다. 뉴만은 만약 국가가 세상에서의 교회의 유익을 박탈한다면 성직자는 그 권위를 어디에 두어야 하느냐고 장구히 질문하였다.[15] 그런데 뉴만의 질문은 국가는 교회의 재산을 압수함으로써 성직들의 권력을 박탈할 수 있다는 개념을 유포시켰고 결국 제사장직의 신적 위임

---

15) 만약 정부와 국가가 교회로부터 교회의 세상에서의 권리와 본질을 박탈해 버리기 위해 교회를 무시해 버릴 만큼 그들의 신을 망각한다면 여러분이 여러분의 신도들에 관해 가지는 존경과 관심에 대한 주장을 어디에서 찾습니까? 지금껏 여러분은 여러분의 출생, 교육, 부, 연고 등에 의지했습니다. 그런데 이러한 세상적 이점이 박탈된다면 국가가 우리를 무시할 때 그리스도의 사역자들은 어디에 의존해야 하고...우리는 어디에서 우리의 권위를 찾아야 할까요? 그리스도는 인간에 관한 관심에 대해 교회 자신의 주장을 그의 교회에 위임하셨습니다. 확실히 그렇습니다. 그분은 우리에게 세상을 대적하라고 명하신 강퍅한 주인일 수 없습니다. 그분은 우리에게 세상을 대적하라고 명하신 강퍅한 주인일 수 없습니다. 그분은 우리에게 그렇게 행하라는 신임장을 주신 적이 결코 없습니다. 자신의 신적 사명을 자신의 보증없는 가정에 의존하는 사람들이 있습니다. 어떤 사람들은 자기의 인기에 의존하고 또 어떤 사람들은 자신의 탁월성에 의존합니다. 여기서 아마 마지막 경우는 우리 자신도 크게 의존하는 것일 것입니다. 나는 우리가 우리의 권위의 참된 근거인 사도적 유산을 무시하였다는데 대해 두려움을 느낍니다. 우리는 혈통으로나 육정으로나 사람의 뜻으로 나지 아니하고 오직 하나님께로 난 자들입니다(요 1:13) 주 예수 그리스도는 성령을 사도들에게 주셨습니다(요 20:22) 사도들은 자기들을 계승해야 할 사람들에게 안수했습니다. 이 일은 계속 다른 사람들에게 이어집니다. 그렇게 함으로써 그 신령한 은사는 오늘날 우리 주교들에게까지 이어졌습니다. 그러므로 우리는 사도들의 보조자, 어떤 의미에서는 대표자로 지정을 받은 것입니다. *Ibid.*, 55-56.

과 교회의 세속적 능력 사이에 혼란이 초래되었다. 뉴만은 성직자들에게 그들의 성도들에게 이점을 강조하라고 촉구하고 다음과 같이 도전하였다.

> "만약 내가 주제에 대해 여러분에게 제시한 견해를 여러분이 채택하지 않는다면, 그렇게 의심 하지 말고, 그러나 어쨌든 기꺼이 여러분의 태도를 선택하십시오. 오랫동안 중립적인 입장을 취하는 것 자체도 어느 한 편에 서있는 것입니다. 여러분의 입장을 선택하십시오. 여러분은 이편이든 저편이든 한 편을 선택해야 합니다. 아무 명분이 없다고 해도 자신의 입장을 선택하십시오. 자신의 입장을 우연한 상황에 따라 결정하는 사람이 되는 것을 두려워하십시오. 그리고 세속 정치를 멀리하는 생각을 하는 동안 우연히 그리스도의 원수가 되는 것을 염려하십시오. 이러한 절제는 혼탁한 시대에는 불가능한 것입니다. "나와 함께 아니 하는 자는 나를 반대하는 자요 나와 함께 모으지 아니하는 자는 헤치는 자니라"(마 12:30).[16]

초기의 소책자들과[17] 뉴만의 영향으로 많은 사람들이 이 운동에 가담하였다. 그중에 옥스포드 대학의 히브리어 담당 교수로서 그 대학에서 가장 영향력있던 에드워드 푸지(Edward B. Pusey)가 가입하였다. 푸지는 1837년 자신의 이름의 머릿 글자를 제목으로 금식에 관한 소책자를 출판하였다. 그는 고도의 학적인 연구의 결과로서 영국 가톨릭 교회의 신학과 정신을 종합하였다. 뉴만은 푸지가 그의 책에서 전 보다 더 큰 절제, 더 큰 진지성, 더 큰 수고, 더 큰 책임감이 있어야 한다고 지적했다고 했다. 이것은 곧 이 운동의 전환점이 되었다.[18]

그 후 이 운동은 1835년에 주목할 만한 세력으로 확산되었으며, 동시에 여러 차례 차질도 있었다. 1836년 후렐 프로이드(Hurrell Froude)가 사망하였고, 2년 후 그의 서신들과 논문들이 뉴만과 케블에 의해 출판되었다. 그의 논문들 속에 담겨 있는 반개신교적 감정들은 많은 사람들을 격앙시켰고, 다른 사람들의 경건성을 침

---

16. *Ibid.,* 59.

17. 헨리 채드윅은 이 소책자운동에 대하여 다음과 같이 논평하였다. (1) 서로의 분리로 말미암아 영국국교는 정치적인 영향력을 위약하게 했다. (2) 교회의 존경심이 사라지게 되었고 평신도들이 성직자들에 대하여 의구심을 갖게 되었다. (3) 잘 준비된 소수의 사람들에 의하여 소개된 이 운동은 결국 영국국교의 정신을 강하에 하였다.

18. John Henry Newman, *Apologia pro Vita Sua,* (London, 1965), 142-143.

해하였다. 프로이드는 말하기를 실제로 나는 종교 개혁을 혐오하였고 개혁자들은 더욱 혐오하였다. 종교 개혁은 극히 불구적인 운동으로서 올바른 것이 되기 위해서는 다시 한 번 파괴되어야 한다고 했다.[19] 1839년에는 프로이드의 논문에 제기된 의혹들이 아이작 윌리암스(Issac Williams)가 저술한 「종교적 지식의 소통에 있어서 억제에 관해」란 제목의 소책자 80에서 더욱 심화되었다. 윌리암스는 복음주의자들이 무분별하게 사용하는 경건한 말을 거부하고, 속죄론에 집중하고 있는 복음주의적 실천에 대한 교정책으로서 교회의 전반적인 전통에 호소하였다. 이런 호소는 많은 도전을 받게 되었으나 1836년과 1838년 사이에 이 운동은 전성기를 맞이하였다. 이 시기에 전통적 신앙에 대한 적극적인 주장이 제창되었고 이 제창은 오히려 개혁에 대한 부정적인 양상을 보여주었다.

(2) 제 2단계: 1840-1845년까지로 뉴만이 가톨릭으로 개종한 시기로서 의심과 분열로 특징 지워지며 동시에 푸지의 적극적인 참여의 시기이다. 이런 국면은 부분적으로는 가톨릭 지향적인 경향의 새롭고 때로는 극단적인 사람들의 등장을 야기하였다. 그것은 이 운동의 주역으로서 당시 학계에서 이미 그 재능을 인정받고 있던 존 헨리 뉴만이 케블의 의견에 전적으로 동의함으로 야기되었다. 1838년 8월에 옥스포드의 대주교는 성직을 감당하는 데 있어서 가톨릭적 관습을 지향하는 소책자 운동가를 비난하였다. 이에 뉴만은 충격을 받았고 자신이 갖고 있던 감독 권위의 우월성에 순복해야 한다는 원칙 때문에 괴로워했다. 그러던 중 뉴만은 1841년에 출판한 그의 유명한 소책자 90을 통해 영국 국교의 39개 신조에 반대하여 그들의 입장이 앵글로-가톨릭적임을 천명하였다. 그것은 1841년 존 헨리 뉴만이 그의 트랙 제 90호인 "39개 신조문의 일부 구절들에 대한 언급"이라는 글에서 39개 신조가 반드시 프로테스탄트적 신앙고백이라고 할 수 없고 오히려 로마 가톨릭적으로 이해할 수 있다고 주장하였다.[20] 뉴만은 그 신조가 가톨릭적 교회의 정신에 따라 해석될 수도 있다고 했다. 결국 뉴만의 발언에 대한 빗발치는 비난이 확산되었고 옥스포드 주교들은 뉴만의 또 다른 소책자의 발간을 금지시켰다. 이들은 또한 「교회의 발전에 관한 에세이」(*Essay on Development*)에서 원시교회의 형

19. 「현대 기독교 사상사」, *op. cit.*, 212.

20. R. W. Church, *The Oxford Movement 1833-1845*, (London, 1892), 264-265.

태들 가운데 일부를 시대의 상황에 맞추어 변경하고 적응시키는 행위는 합법적이라는 결론에 도달함으로 로마 가톨릭 교회의 입장을 온전히 받아들일 수 없게 하였다.

옥스포드 주교단이 뉴만을 치리하려고 하자[21] 그는 영국 국교를 멀리하다가 1843년에 목사직을 사임하고 1845년에 로마 가톨릭으로 개종하였다. 뉴만은 영국 교회가 사도적인 전승을 보유하고 있다는 소위 가톨릭 앵글리칸 이론은 단지 지면상의 이론에 불과하다고 주장하였다. 뉴만은 진정 가톨릭이 되기 위해서는 실제로 로마 가톨릭 교회에 가입하는 수밖에 없다고 생각하였다. 따라서 이 운동은 가톨릭적으로 기울게 되었고 뉴만의 발언으로 인해 의심과 분열이 뒤따랐다. 그러나 이때 많은 추종자들이 뉴만의 뒤를 따랐으며 더러는 뉴질랜드로 갔다. 그러나 대부분은 영국 국교회 내에 머물면서 계속하여 운동을 전개하였다.

뉴만의 개종 후 6년간 수 백 명의 성직자들이 그를 따랐으며 5명의 미국 주교가 가톨릭에 가입하였다. 뉴만은 그 후 더블린에 세워진 가톨릭 대학교 학장이 되었으며 1877년에는 로마 교회의 추기경에 올랐다. 그 후 계속하여 고교회파 영국교회의 일부 신자들이 로마 교회로 유입되는 모습을 보였으며, 이런 이유로 영국국교회는 가톨릭의 요람으로 인식되었다. 그러나 이런 상황에서 푸지는 뉴만과 함께 가톨릭으로 가지 않고 영국국교에 머물면서 이 운동을 주도하였고 그와 함께 한 앵글리칸의 대부분의 성직자들이 계속 그들의 교파를 고수하였으며, 자기들이 주장해온 사도적 전승 이론을 계속 지지하고 옹호하였다. 동시에 푸지는 성찬이 제물로서의 희생적 성격을 지닌다고 주장하고 성경 이외에 교부들의 권위도 인정하였다. 푸지(Pusey)는 성직자들의 제복, 예배당의 화려한 조명, 장려한 장식 그리고 예배의식들에 별로 관심을 갖지 않았으며 가톨릭적 전통인 성상숭배와 마리아숭배, 화체설과 성직자의 결혼금지, 연옥설과 교황의 절대권을 부인하며 가톨릭과

---

21) 이와 같은 개방과 강경한 대처에도 불구하고 영국교회는 로마 가톨릭으로 기울기 시작했고 교회 내에 의심과 분열이 뒤따랐다. 그 주된 원인 중에 하나는 옥스포드 운동의 지도자들이 기존의 보수파에 의해 심한 패배를 맛보게 되었다는 것이다. 1838년 8월 옥스포드의 감독은 로마 가톨릭의 관습을 따르는 옥스포드 운동의 지도자들을 실랄하게 비난하였다. 또한 대학의 자유파와 감독들이 이들을 공격하였다. 이때의 초기 공격자들은 T. Arnold, R. Whately 과 R. D. Hamden이다.

거리를 두었다. 결국 뉴만이 로마 가톨릭으로 망명한 이 후 옥스포드는 신학논쟁을 회피하는 경향을 보였고, 그 후 일 세대는 과학이나 혹은 존 스튜어트 밀의 실용주의 철학에 보다 큰 흥미를 보였다.

(3) 제 3단계: 1850년대의 가톨릭적 의식에 관한 대 변천 기간이었다. 특별히, 공 예배는 옥스포드인들에게 가장 중요한 요소가 되었다. 이들은 로마 가톨릭교회의 의식을 영국교회 내에 도입해야 한다고 주장했다. 제단을 향한다든지, 무릎을 꿇는다든지, 십자가를 고양시킨다든지 하는 상징적 행위들을 중시하였다. 이들은 하나님에 대한 예배는 인간으로부터 전심의 반응을 요구한다고 하였다. 그러므로 의식은 인간의 감각에 호소해야 한다고 주장했다. 따라서 이들은 성직자들의 예복, 제단의 향불, 훈련된 전문 성악가들의 음악 등이 교회 안에서 실천되어야 한다고 강조했다. 이렇게 함으로서 이들은 전통적인 성공회의 고교회파 이상을 실현하고자 하였고 이것은 곧 로마 가톨릭 교회로의 전환을 의미했다. 이런 변화로 인해서 영국교회는 앵글로-가톨릭처럼 되면서 개신교적인 요소들을 상당부분 상실하였다. 예를 들면 향, 성수, 고해성사 등이 그것이다. 때문에 영국의 중하층계급 사람들과 상층계급의 사람들은 심한 반발을 하게 되었다. 이것들은 자체 내에서도 비판이 일어났으며 외부에서는 복음주의자들이 강력하게 문제를 제기하기도 하였다. 결국 1896년 교황 레오 13세(Leo XIII., 1810; 재위 1878-1903)가 영국교회에서 행해진 성직 임명은 무효라고 선언한 후 이 운동은 소멸하였다.[22]

이 시기에 일어난 또 다른 변화는 영국교회의 건축양식이 고딕양식을 많이 취하게 되고 교회 음악에서도 파이프 오르간이 사용되었다. 그리고 교회 미술에서는 중세의 라파엘의 미술이 각광을 받았다. 동시에 이 운동은 영국교회가 사회개량운동에 관심을 가지게 함으로서 교회와 노동운동이 유럽 대륙에서처럼 상호 배타적이지 않도록 하였다. 뿐만 아니라, 전과 달리 비국교파들도 옥스포드와 케임브리지에 입학하여 학위를 받을 수 있게 허락되었다. 한편 앵글로-가톨릭들은 실천목회와 교구에서의 직접 사역들에 열심이 종사하였다. 영국 국교 내에도 수녀 단들이 조직되어 루터파 교회에서 플라이드너(Fleidner)의 여 집사들이 담당한 사역들을 수행하였다. 그리고 일단의 빈민굴 신부들(slum-priests)은 앵글로-가톨릭주의

22. 김광채, 「근세.현대 교회사」, (한국기독교문서 선교회, 1994), 271.

의 예배의식주의적인 모습을 과시하였다. 그러나 이제 보다 가톨릭적인 의식과 예식들을 선호하는 동향적 입장(Eastward position)을 취하는 이들이 나타났으며, 이들은 제단의 조명, 꽃 장식, 제복을 걸친 성가대, 향불, 십자가 장식 그리고 고딕식 의식들을 교회 안으로 도입하였다. 아마도 당시 가장 중요한 논란의 대상이 된 문제는 성찬전의 성례적 신앙고백이었다.

특히 로우더(Lowder)와 맥코노치(Mackonochie) 등 빈밀굴 신부들이 끝없는 논쟁들을 불러일으켰다. 교회 안에서 볼 상 사나운 난동들이 발생하였으며, 이미 실질적으로 폐지되다시피 한 교회 법정에는 많은 소송사건이 회부되었다. 일반적인 여론은 새로운 예배의식을 반대하는 경향이었으나, 성직자들 사이에 많은 추종자들이 발생하였다. 그리고 이처럼 본격적인 예식 중심주의를 떠나서도, 앵글리칸-가톨릭운동을 통하여 예배의식의 일반적인 분위기, 성직에 대한 관념, 그리고 성례에 대한 존경심들이 매우 고양되었다. 그러나 반면에, 복음주의 주류와 이러한 앵글리칸-가톨릭 경향이 충돌하면서, 영국 국교회와 자유 교회들 간의 간격은 더 확장되었다. 뉴만을 계승한 옥스포드 대학의 E. B. Pusey(1800-1882) 교수는 성례론에서 감독의 사도직 계승과 성찬의 제사적 성격을 말하였다. 그러나 로마 가톨릭의 오류, 즉 성상숭배, 마리아 숭배, 수도사제도, 화체설, 제사장적 직능, 정화, 7성례, 교황의 수장권(supremacy of the Pope)을 거부하였다.

케블과 함께 시작된 이 운동은 뉴만과 당시에 나이가 연로한 히브리어 교수 에드워드 푸지가 합류하였다. 이들 영향력 있는 세 사람은 설교와 소책자를 통해 자신들의 저항을 하나의 운동으로 변화시켰다. 일단의 동료들은 이미 5, 6년 전에 프랑스 주교들이 라메네이스(Lamennais)가 보인 결론에 도달하였다. 즉 교회의 독립은 기존 체제의 가치들보다 더 중요하다는 것이다. 바로 이러한 주장을 폈기 때문에 이전의 청교도들은 앵글리칸 지도자들로부터 그토록 준엄한 비판과 박해를 받았다. 이들 옥스포드인들은 영국 국교의 권위가 국가가 부여해준 권위에 의지하는 것이 아님을 확실히 공표해야 한다고 생각하였다. 교회의 권위는 하나님으로 부터 직접 부여된 것이기 때문이다. 사실 교회의 주교들은 사회적 위치 때문이 아니라 사도로부터 계승된 권위와 권세를 소유하고 있기 때문이다. 설혹 교회가 국가로부터 완전히 분리된다고 해도, 영국 교회는 영국민들의 충성을 받아야 했다. 왜냐하면 신적 권위 위에 존재하고 있기 때문이다. 결국 이 운동은 과거의 전통을 회복함으로 당시의 침체된 교회를 회복하고 또한 자유주의 신학으로 인한 교회에 대한 부정적 요소들을 재건하려 하였다. 일반적으로 소책자 운동으로 알려져 있는 이 운동은 1833-1845년 사이에 옥스포드 대학의 교수들을 중심으로 절정에 이르렀다.[23)]

3.4. 목적

앞에서 살펴본 바와 같이 이 운동의 주된 목적은 영국국교가 하나님의 거룩한 제도임을 변호하고 사도적 계승 교리를 변호하는 것이었다. 이런 목적은 뉴만에 의해 시작된 소책자 운동으로 실현되었다. 이들은 이 「시대를 위한 트랙」(*Tracts for the Times*)이라는 일련의 소책자들을 발간하여 반 에라스티안들에게 자신들의 입장을 앵글리칸 성직자들 앞에 제시하였다. 그리하여 이들을 가리켜 속칭 「소책자파」(*Tractarians*)라고 명명하였다. 이 글들 속에서 이들은 자신들의 확신을 "유일하고 신성하며 보편적이요 사도적인 교회"라는 한 구절의 신조로 표현하였다. 이들은 역사상에 나타난 주교들의 사도적 전승과 진리를 가르치고 인간 생활을 통솔할 수 있는 하나님으로부터 받은 교회의 권위를 강조하였다. 이들은 성례의 위치를 고양시켜 그 성례가 실제로 인간을 구원할 수 있는 권위를 부여하였다. 이들은 영국 국교의 이상적인 모습으로서 기독교 사상 첫 다섯 세기 동안의 교회의 모습을 제시하였다. 바로 이때에 교회는 원래의 모습대로 진정 보편 통일된 상태가 될 것이라고 했다.

다시 말하면 이들은 철저히 성직자 중심적인 기반 위에서 그 주장을 폈는데, 즉 교회의 권위는 사도들의 시대부터 주교들의 임명을 통하여 계승된 역사적 전통 속에 제한되어 있다는 것이다. 오직 이처럼 합법적인 권위가 동반할 때만이 성례들이 유효하고 교회의 치리는 합법적인 것이라고 하였다. 또한 이들은 자신들을 가톨릭이라고 명명했는데 이는 초기의 보편 교회와의 연계를 의미한 것이었다. 그리고 교회의 분열을 시사하는 프로테스탄트 명칭을 회피하였다.

---

23) 이 운동의 지도자들은 모두 8명으로 John Keble, John Henry Newman, E. B. Pusey, R. H. Froude, R. W. Church, R. I. Wilberforce, C. Marriott 그리고 I. Williams였다.

4. 옥스포드 운동의 신학사상

4.1. 기독교 신학일반

이들에게 있어서 우리의 감각 경험과 사상은 단지 영적 진리들의 미약한 표현들이다. 그러나 그리스도인은 이러한 가시적인 영역, 그 이상을 넘어설 수 있다. 왜냐하면, 그는 이 세상의 초월성을 이해하기 때문이다. 또한 이들은 합리적으로 설명될 수 없는 영역의 것을 인정하였다. 예를 들면, 사실 이성적으로 설명될 수 없는 성육신과 삼위일체는 신앙의 최고의 신비이기 때문이다. 하나님이 인간이 되셨다. 말씀이 육신이 되셔서 여자에게서 잉태되셨다. 이것은 인간의 언어로는 설명할 수 없는 커다란 신비인 것이다.

4.2. 교회의 권위와 전통

옥스퍼드 운동은 교회의 권위의 위치를 고대의 전통과 교회의 공동의 가르침 속에서 찾았다. 왜 옥스포드인들이 교회의 전통을 고대에서 찾았는지 그 이유는 여러 가지이다. 이에 대하여 스코트(scott)와 다른 이들의 소설은 과거를 낭만주의적으로 표현하였다. 그러나 진보적 개인주의에 대항할 필요성을 절감한 것은 또 다른 이유였다. 그럼에도 불구하고 오직 성경으로라는 개혁자들의 표제는 성경과 전통으로 수정되었다. 이들에게 사도적 계승은 중요한 주제가 된 것이다. 사도직 계승은 교회의 권위를 높이기 위해서 뿐만은 아니다. 고대의 단일한 교회, 특별히 교부들의 전통은 상당히 중요하였다. 물론 교부들에 대한 전통이 옥스포드 운동의 지도자들에게 새로운 것은 아니었다. 이런 현상은 고교회와 로마 가톨릭 안에서 일어난 운동이다. 그러나 옥스포드 운동의 지도자들에게서 두드러지게 찾아 볼 수 있는 현상이었다. 모든 옥스포드 지도자들에게 전통은 성경을 해석하는데 상당히 중요하다. 교회는 개인이 성경을 적절히 읽도록 길을 제시해 주기 때문이다.

4.3. 신앙관

옥스포드 운동의 신앙관은 또 하나의 중요한 요소이다. 이것은 그들의 권위에 대한 이해와 신앙관과 상호 밀접히 관련되었다. 이들은 하나님의 계시에 대한 인식을 각각 저변에 담고 있기 때문이다. 즉 진리는 은혜의 선물이며 도덕적인 순종을 요구한다는 것이다. 그럼에도 불구하고 그들의 작품에는 강한 형이상학적 회의주의가 깊이 내포되었다. 그들에게 이성은 중요하다. 그러나 이성이 절대적인 것은 아니다. 그들에게 이성은 단지 증명 혹은 입증을 의미할 뿐이다. Coleridge는 이성을 이해 혹은 육체의 지성이라고 불렀다. 그러한 이성은 인간의 삶에 중요한 역할을 하지만 유일한 안내자나 법칙은 아니다. 특별히 이성은 합리주의자들이 고수하는 바, 신앙의 뿌리나 마지막 보루는 아니라는 점이다. 뉴만에 따르면 종교적인 신앙과 진리는 종종 이성에 의하여 정당화 될 수 있지만 이성은 결코 신앙을 생산하지는 못한다. 종교적인 지식은 의에 주리고 굶주린 자가 의롭다함을 받은 후 도덕적인 순종을 통해 얻는다. 신앙은 본질적으로 도덕적 원리라는 것이다.

푸지는 다음과 같이 말했다. 성경은 우리에게 진리에 도달할 수 있는 오직 한 가지 법칙, 한 가지 테스트, 한길을 제시한다. 우리가 하나님의 명령을 지키느냐 않느냐 혹은 우리가 이 세상을 따르느냐 아니면 우리의 마음을 새롭게 함으로 변화를 받아 그의 형상을 본받느냐 그렇지 않느냐이다. 신앙의 확신으로부터 이성적인 증거들을 구분해 주는 것은 오늘날 우리가 실존적인 요소라고 부르는바 옥스포드인들은 이것을 도덕의식(morla sence)이라고 불렀다. 삶속에서 그를 따르느냐 않느냐하는 것은 우리의 실존 속에서 결정되어져야 할 문제였다. 거기에는 선택의 여지가 없다. 그리스도인이라면 그의 삶은 그리스도의 삶을 살아야 한다는 것이다. 그리스도인은 자신의 신앙에 대한 책임을 져야한다고 본 것이다.

4.4. 신앙과 성화의 관계

그들에게 신앙은 성화로 연결되었다. 때문에 루터와 칼빈을 포함한 종교개혁자들이 선포한 의는 단순히 선포된 의이며 이것은 거룩한 삶 혹은 성화의 삶과 구분되는 것으로 이해하였다. 칭의에 대한 강조는 훌륭한 것이지만 이것은 인간의 행위를 무시하거나 과소평가하기 쉽기 때문에 자칫 잘못하면 율법폐기주의에 빠져 종교생활을 위협한다고 보았다. 때문에 옥스포드인들에게 칭의와 성화는 떨어질 수 없는 불가분리의 관계였다. 이것은 옥스포드 지도자들의 최고의 걸작으로 꼽히는 뉴만의 「칭의론 강의」(Lectures on Justification, 1838)에 잘 반영되었다. 뉴만이 볼 때 개신교의 오직 믿음으로 말미암는 의나 가톨릭의 순종으로 말미암는 의는 모두 결점을 지니고 있다. 뉴만의 의하면 그리스도인에게 의의 양면성이 요구된다. 그에 따르면 칭의란 단지 의를 계수하는 것만이 아니라 초자연적이 은혜의 질적 영혼에 까지 영향을 미치듯이 의를 실제로 만드는 것을 말한다. 이것은 곧 실제로 하나님의 내주를 의미한다. 그러므로 그에게 구원은 우리의 죄가 용서함을 받은 것만 아니라 거룩한 삶을 사는 것으로 이루어진다. 의는 순종의 행위를 동반하여 만일 순종의 행위를 동반하지 않을 경우에는 의인이라고 할 수 없다. 진실된 신앙은 하나님이 우리 안에 거하시는 삶이다. 하나님이 우리의 삶에 거하신다면 우리의 삶은 행위가 동반된 그런 삶을 살지 않을 수 없는 것이다.

4.5. 성례관

따라서 자연히 그들의 성례관도 전통적인 가톨릭 성례관을 넘어갔다. 옥스포드인들의 성례관은 푸시의 성경적 세례관에 잘 반영되었다. 이들은 유아세례를 인정하였는데 그것은 부모의 신앙이나 어린아이의 신앙에 근거했다기보다는 아이들이 교회의 신앙에 의하여 하나님의 은혜를 받는다고 했다. 또한 이들은 성찬을 영적인 음식으로 광야의 삶을 살고 있는 이들이 영혼을 지탱하고 세상에 물들지 않게 해주는 것이라고 보았다. 때문에 이들은 성찬식을 하늘의 만찬(heavenly feast), 영의 양식(spiritual food)으로 불렀다. 그리고 성찬을 받지 않는 것을 영혼의 기아와 죽음과 동일시했다. 결국 이들은 로마 가톨릭의 화체설과 츠빙글리의 상징적 기념설을 모두 배격하였다. 성례는 그들에게 성화의 삶을 사는데 필수적인 은혜의 수단이었다.

우리는 옥스포드 운동에서 그들의 권위관, 신앙관, 성화관, 성례관 모두가 상호 일관성 있는 관계를 갖고 있음을 발견한다. 그럼에도 불구하고 그들이 결코 조직적인 신학체계를 세워 절대화하려는 조직 신학자들은 아니었다. 그들이 강조한 것은 단순히 기독교인의 실천적 삶이었다. 신앙과 삶은 불가분리의 관계를 맺고 있다는 것이 그들의 가르침의 핵심이었다. 1830년대에 시작하여 1845년까지 진행된 옥스포드 운동은 말기에 접어들면서 이미 영국교회의 영역을 넘어 지대한 영향을 미쳤다. 초기에 케블과 푸시에 의해 주도된 이 운동은 곧 형성된 앵글로-가톨릭시즘으로 정체되지 않고 성장하면서 자신의 입장을 수정하고 변화하며 발전되었다. 그러므로 옥스포드 운동의 후기의 발전들은 케블이나 푸시 그리고 뉴만 없이는 결코 이해할 수 없다 할 것이다.

5. 이 운동의 영향과 결과

5.1. 문화, 사회, 경제적인 면

옥스퍼드 운동이 전 영국 국교도를 사로잡지는 못했지만 귀족층과 노동자층을 파고드는 데 성공하였다. 희생정신을 발휘하여 병원과 고아원, 선교 및 교육기관을 설립하였으며, 런던의 빈민지역에 주일학교를 비롯하여 시민도서관, 서민 금고를 세웠다. 이러한 사회적 활동으로 교회와 노동운동이 구주 대륙과 달리 영국에서는 친근한 것으로 부각되었다. 앵글로-가톨릭 운동은 복고풍의 교회 건축양식, 오르간을 사용하는 음악, 미술에 영향을 미쳤다. 처음 개신교에서 시작한 영국국교가 개신교에서 상당히 멀어진 요소들을 담고있는 것은 바로 이런 전통적인 배경 때문이다.

한편 사회, 경제적인 분야에서 트랙타리안들이나 복음주의자들은 모두 별로 중요한 지도적 입장을 제시하지 못하였다. 오히려 비국교도들이 영국의 산업에 많은 공헌을 하였다.[24] 특별히 이들은 자연과학과 자본주의 그리고 다른 한편으로 노동조합과 긴밀한 관계를 맺게 되었다. 그러나 푸지(Pusey)는 경건한 복음주의자들과 마찬가지로 개인적으로 자선과 구제 기관들에 상당한 헌금을 하였으나 전체 옥스포드 집단은 원칙상정치적으로 반동적 입장을 취하였으며, 사회적으로는 신사계급과 깊이 연계되었다. 한편 복음주의자들도 주로 토리당이었으며, 영국과 미국에서 노예제도의 폐지 이후에는 어떤 중요한 사회적 문제를 지도하고 이끌지 못하였다. 후에 샤프츠버리 백작이 된 애쉴리 경(Lord Ashley)이 윌버포스를 이어 대표적인 복음주의 개혁가가 되었다. 그는 1830-1840년대에 열 시간 노동제를 위하여 적극

24) J. A. 니콜스, 「현대교회사」, (한국기독교문서 선교회, 1994), 210.

적인 운동을 벌였으며, 정신병자들의 보호, 굴뚝 청소의 위생문제, 그리고 공공보건을 위하여 노력하였다.

그러나 그는 또한 노동조합이나 공립교육을 반대하는 입장을 취하였다. 또한 복음주의자들 중에서도 그의 입법개혁적인 노력을 지지하고 찬성하는 성직자들은 거의 찾아볼 수 없었다. 당시 사회의 일반적인 생각은 각 개인들이 각자의 이익을 추구하고 열심히 노력하면, 전체적인 모습을 무시한다 해도, 모든 것이 제대로 조화를 이루고 움직여 가리라는 것이었다. 즉 각 부속품들이 각각 최선을 다할 때에 가장 효율적으로 움직이는 기계와 사회는 동일하다는 것이 지배적인 사회적, 정치적 사상이었다. 윌버포스는 이 사상을 그의 「실천적 견해」(*Practical view*)에서 다음과 같이 표현하였다. "따라서 만약 모든 개인들이 자기가 처한 상황과 위치 속에서 맡은 임무와 책임을 성실히 수행한다면...문명생활이라는 기계 전체가 아무런 방해나 무질서 없이 제대로 작동하게 될 것이다. 그리하여 그 운동의 과정과 방향은 마치 천체의 질서있고 조화스러운 운행과 동일한 것이다" 라고 하였다.

5.2. 종교적인 면

옥스포드 운동이 얼마나 지속적인 영향을 미쳤는지에 대해서는 학자들마다 견해가 다양하다. 그럼에도 불구하고 그들의 영향은 오늘날도 성공회 내에서 찾아볼 수 있다. 단적인 예로 도덕적 판단에 근거한 옥스포드인들의 신앙관이 현대 종교철학 운동에 적지 않은 영향을 미쳤기 때문이다. 또한 이들의 영향은 성경연구 분야에서도 찾아 볼 수 있다. 해석학 이론과 성경의 권위의 발달에서 전통의 역할을 과소평가할 사람은 없을 것이다. 그들이 위기 상황에서도 하나의 교회를 형성한 것은 초대교회에서 자신들의 정체성을 발견하려 했기 때문이고, 이것은 곧 현대 교회관에 참신한 도전을 주었다. 그 결과 현대 에큐메니컬 운도의 태동은 결코 이들과 무관하지 않다. 따라서 1828년에 영국은 비국교도들에게 종교의 자유를 허락하였다. 그 후 신종의 새로운 교파들이 생겨났고 이때 스코틀랜드 부흥사 에드워드 어빙(Edward Irving, -1834)[25]과 그의 추종자들이 사도적 가톨릭교회를 설

25) 사후 그의 가르침은 어빙주의라는 소위 종교운동의 기초가 되었으며, 이것은 훗날 '가톨릭 사도교회' (Catholic Apostolic Church)로 불리었다. 그는 처음에 수학 교사로 재

립하였다. 또 하나의 교단은 성공회 목사인 존 N. 다비(J. N. Darby)를 따르는 이들이 중심이 된 플리머스 형제단(Plymouth-brethren) 또는 다비주의자들이 만들었다. 이들은 교회의 조직이나 기구를 전적으로 부정하고 예수 그리스도의 재림을 바라는 형제들끼리 모였다. 또한 구세군이 군대의 조직을 따라 교회를 조직하고 전도와 구제를 통하여 대도시에서 활동하기 위하여 감리교 설교가 윌리엄 부스(William Booth, 1829-1912)의 노력으로 조직되었다.

6. 결론: 평가

지금까지 고찰한 바와 같이 옥스포드 운동은 19세기의 혼란했던 영국 교회에 커다란 충격을 제공하며 별다른 성과 없이 막을 내렸다. 그럼에도 불구하고 우리는 이 운동의 특징들을 몇 가지로 정리해 볼 수 있다.

(1) 먼저 이 운동은 옛 전통의 복고가 특징적이다. 이 운동은 당시의 이성주의와 세속주의에 대한 강력한 도전에 대응함으로 가속화 되었다. 따라서 복고주의자들은 그들의 낭만주의적이며 동시에 포괄적인 영적 및 문화적 운동을 통해 이성만이 절대적인 진리라는 주장자들을 혐오하였다. 이들은 사적 판단은 얄팍한 역

직 중에 틈틈이 신학을 공부한 뒤 1822년 런던 캘리도니언 채플의 설교자가 되었다. 그런데, 교인들이 갑자기 증가하면서 1827년에 리젠트 광장에 큰 교회를 건축하였다. 그러나 1864년 예수 그리스도의 재림을 예언하는(1825) 등 묵시사상과 종말론을 지나치게 강조하여 교인들의 수가 급감하였다. 1826년부터 어빙은 '예언자 학파'의 중심으로 1829-33년에 주기적으로 「새벽 파수」(Morning Watch) 또는 「계간 예언」(*Quarterly Journal of Prophecy*)을 간행하였다. 1828년 펴낸 「열려진 성육신 교리」(*Doctrine of the Incarnation Opened*)는 그리스도의 본성 가운데 인성을 훼손했다는 이유로 반박을 받았고, 1830년 이와 비슷한 내용의 책을 펴낸 뒤 "그리스도의 인성에 죄가 있다"고 주장하여 교회법원에 고소되었다. 자기가 오해를 받았다고 항변했으나 런던 노회에서 출교 된 뒤, 1833년 스코틀랜드 교회로부터 목사직을 박탈당했다. 그때까지 방언 같은 오순절 현상을 굳게 믿고 있던 어빙은 영국 전역을 돌아다니며 설교했고, 런던으로 돌아와 '가톨릭 사도교회'의 모체가 된 교회에서 하위성직을 맡았다. 그가 죽은 직후 몇몇 제자들과 동료들이 형성한 가톨릭 사도교회라는 종파는 모든 그리스도교인들이 하나의 보편 교회에 연합해야 한다는 것과 그리스도의 재림을 준비할 것을 강조했다. 훗날 이 교회 구성원들은 '어빙주의자들'로 불리는 것에 반대했지만 19세기말까지 번성했다. 토머스 칼라일, 찰스 램, 새뮤얼 테일러 콜리지 등 영국의 작가들과 친했던 어빙은 글래스고 성당 지하묘지에 묻히는 영광을 얻었다.

사의식의 잔재요 정치적, 종교적 분열의 증거라고 간주하였다. 그리고 그들은 고대에 대한 깊고도 무비판적인 예찬론을 폈고, 상상적 동경심에 젖어 초대 교회 순교자들의 고행적 순결성과 중세 시대의 통일 기독교의 영광을 우러러 보았다. 그들은 신비를 사랑했고 때로는 그들의 역설 속에서 비지성적 경향을 보여주었다. 그렇게 함으로서 그들은 외부 사람들과 담을 쌓게 되었다. James C. Livingston의 지적처럼 옥스포드 운동은 가톨릭 경건의 복고이며 따라서 그 지도자들은 스스로를 고대의 신앙과 관습의 회복자들로 간주되었다. 그들은 혁신자들이 되는 것도 귀족종교를 만드는 것도 모두 거부하였다. 이들에게 자유주의적 변천은 하나의 배도인 것처럼 보였기 때문이다.

옥스포드 운동은 교부들의 신앙을 부활하려 했지만 단순히 복사하지 않고 당시의 시대적 감각 속에서 재 진술하려고 하였다. 이런 관점에서 볼때 19세기는 20세기의 신정통주의와 매유 유사하다 할 것이다. 리빙스톤이 지적했듯이 이들 지도자들의 작품은 낭만주의적 모습을 포함한다. 즉 이성의 시대에 대한 일종의 반동이라고 볼 수 있다. 초자연적 신비에 대한 진정한 감정, 그들의 인간성 보존, 자기부정의 순종은 옥스포드 운동의 지도자들을 이해하는 중요한 요소들이다. 특별히 초자연과 불가시적인 하늘의 천사들과 영의 세계의 실재에 대한 확신은 이들 지도자들의 일관된 모습이었다. 이것은 특별히 뉴만과 푸시에서 두드러지게 발견된다.

(2) 그 다음 특징은 이 운동이 단순히 종교 사상의 운동만은 아니었다는 것이다. 무엇보다도 이 운동은 비록 가톨릭적 복고주의에서 벗어나지 못한 보수성이 발견되지만 종교적 헌신과 훈련이 접목된 운동이었다. 결국 이 운동은 보다 수준 높은 가톨릭 교회의 경건의 부흥을 고대 사상과 실천에 대한 역사적, 신학적 탐구에 의해 이루어 졌음을 인식하고 이 탐구는 곧 교회의 종교적 부흥에 신학적 보증과 재정립을 제시하였다. 특별히 이 운동의 3지도자들인 케블과 뉴만, 푸지는 소책자 운동을 통해 그들의 영향력을 영국 교회뿐 아니라 비 가톨릭계를 자극하여 종교 개혁의 풍부한 유산들을 자각하게 하였다. 그러나 그 결과는 그들이 기대한 것처럼 좋은 결과를 가져오지는 못하였다. 왜냐하면, 이들의 이 운동으로 영국 국교회 자체 내에서 주교를 중심으로 반발이 야기되었기 때문이다. 그러나 이 운동은 동 시대의 유럽과 미국에서 영향을 미쳤음을 인식해야 할 것이다. 이들이 미친 영향은 확실히 외관상 영적 분야와 예배 의식의 영역에서 확인해 볼 수 있는 것들

이다.

(3) 이 운동을 통해서 우리는 우리의 신학, 개혁주의 신학을 재정립하는 도전과 성찰로 보아야 할 것이다. 단순히 입술로만 개혁주의자 내지 보수주의자로 자처하기 보다는 진리를 위한 구체적인 노력을 행동으로 보여야 할 것이다. 그렇지 않으면 우리는 단지 죽은 정통일 뿐이기 때문이다. 따라서 필자는 교회 안 밖에서 일어나는 종류를 알 수 없는 제 신학에 주목하고 바른 신학의 정립을 위하여 분명한 학문적 의식과 체계 정립에 주력해야 할 것이다. 19세기 영국 국교 내에서 발생한 일련의 신학적 경향에 맞서 이들이 분연히 일어나 교회의 신앙 전통과 복고를 위해 투쟁한바, 오늘 우리는 우리의 정통신학을 위해 무엇하고 있는지, 주님께서 우리를 당신의 도구로서 사용하시도록 그분께 간구해야 할 것이다. 주의 날이 가까워 올수록 게으르지 말고 더욱 열심을 품고 주를 섬겨야 할 것이다. 개혁주의 신학은 정체된 신학이 아니라 계속 새롭게 하는 역동적으로 발전하는, 세상을 변화시키는 신학이기 때문이다.

A History of
Morden Christian Church

제 4 부

자유주의의 도전과 교회의 역할

제15장

20세기 양차 대전과 역사 변동

1. 서론: 역사적 배경

지난 2,000년 역사 중에 격동과 혼란이 가장 격심했던 20세기는 19세기 이성주의와 낭만주의를 뒤로하고 1914년의 제1차 세계 대전과 함께 시작되었다. 갑작이 발생한 전쟁에 많은 국가들이 참전하면서 세계는 전면 전쟁의 위기에 직면하였다. 결국 유엔의 노력으로 종전 되었으나 승자 패자 없이 모두 엄청난 손실을 입게 되었다. 이 후 곧바로 세계는 정치적 불안정과 경제적 피폐로 새로운 삶의 문제에 고심하였다. 이런 긴박한 상황에서 블라드미르 일리치 레닌(Vladimir Ilich Lenin, 1870-1924)[1)]은 1917년 러시아 혁명을 통해 정권을 탈취하고 그 후 20세기의 2/3 약 70년을 지내는 동안 세계의 방향을 완전히 바꾸어 놓았다. 역사학자들의 지적처럼 러시아의 혁명은 자국뿐 아니라 국외의 수많은 국가들에게 엄청난 파장을 미치며 현대 역사의 한 획을 그었다. 그러나 역사적 혼란은 여기에 멈추지 않고 제1차 대전 후 20여년이 지난 1939년, 소련이 사회 경제를 실현시키며 과거

1) 러시아의 혁명가 겸 정치가로 본명은 블라디미르 일리치 울리야노프(Vladimir Il'ich Ul'yanov)이다. 마르크스주의의 이론의 혁명적 실천가인 그는 1917년 러시아 혁명을 일으켜 소비에트 사회주의 연방공화국을 건설하여 소련 최초의 국가원수가 되었다. 마르크스주의를 러시아에 적용한 공산주의 이론 레닌주의(Lenin主義)를 창시하였다.

볼세비키의 잔재를 숙청하여 철저한 독재체제를 구축하였다. 이 시기 이탈리아에서는 무솔리니를 중심으로, 독일에서는 히틀러를 중심으로 한 파시즘적 군국주의 독재체제가 출현하였다. 그리하여 대전 후 1939년까지 약 25년 동안 세계 역사는 러시아 공산주의와 이탈리아와 독일의 파시즘적 전체주의의 확립으로 특징지어졌다. 이 당시 경제체제는 섬세하고 상호관련이 복잡한 메카니즘적 자본주의로 어떤 특정 부분이 붕괴되면 그 결과가 전체에 파급되어 어려움을 겪는 체제였다. 기본 물자의 가격은 세계 시장의 수요와 공급이 자유로운 작용에 의해 결정되었고, 당시 생산은 대체로 지역적이거나 국제적 인 규모로 거의 신용거래에 의존하였다. 이러한 제도는 농업과 산업 등 모든 생산 분야에서 일종의 연쇄과정에 따라 운영되었다. 그런데 1929년 미국에서 촉발된 세계적 경제 불황은 연쇄반응을 일으키며 1940년대를 지배하며 사람들의 생활 기반을 처참히 짓밟았다.

이 같은 경제 공항에서 전후 독일과 이탈리아, 러시아 등이 경제적 안정을 회복하지 못하였다. 서방의 민주주의 국가들도 경제 불황에 허덕이면서 정치체제에 대한 새로운 반성이 고조되었다. 그런 가운데 좌익의 러시아 공산주의, 우익의 독일과 이탈리아의 두 파시즘(fascism), 즉 극단적 독재주의 혹은 민족주의, 국수주의적 국가들[2])이 국제 침략을 감행하면서 세계는 긴장에 빠져 들었다. 이 같은 점은 1931-1939년까지 일본의 만주 침략을 필두로, 독일은 새로운 독재체제 아래서 차례로 변방 국가를 침략하였다. 그리하여 안으로는 군국주의로 자국민을 통제하고 밖으로는 제국주의로 이웃나라를 위협하였다. 이 때 영국과 프랑스는 히틀러가 1939년 자국을 침략 대상에 포함시킨 것을 안후 응전하였고 1941년 생존을 위한 세계대전은 소련과 미국의 참전으로 확대되었다. 이로써 대규모의 살상과 엄청난 재산피해가 났으며, 마침내 1945년 제2차 세계 대전은 독일과 일본의 항복과 함께 연

2) 이 운동은 1922-1943년 이탈리아, 1933-1945년 독일, 1939-1975년 스페인 정계를 지배했으며, 그밖에 몇몇 나라들을 지배했다. 일반적으로 이 용어는 모든 국가주의적 전체주의 운동이나 그런 정부를 가리킬 때 사용된다. 베니토 무솔리니는 1919년 이탈리아 파시즘 운동의 표상으로 가장 중요한 특징은 국가의 절대 우위이며 다른 특징들은 모두 여기서 유래되었다. 개인은 국가가 명령한 대로 국민의 통합된 뜻에 따르며, 국가를 상징하는 카리스마적인 지도자에게 완전히 복종하였다. 또한 군사적 가치관과 전투 및 정복을 찬양했으나 자유주의적 민주주의와 합리주의 및 부르주아적 가치관은 저 평가하였다. 무솔리니는 이를 통해서 옛 로마 제국의 '부활'을 꿈꾸며 국가와 민족을 신성한 것으로 받아들였다.

합국의 일방적인 승리로 종식되었다.

전후 서방의 전승국은 제1차 대전과 같이 세계 질서의 재건을 위한 막중한 책임을 지게 되었다. 그중에 하나는 이들이 고도의 산업화와 공업화에 주력하여 엄청난 발전을 가져왔다. 그러나 20세기 세계 인류는 전쟁과 핵의 공포에서 벗어날 수 없었다. 그런 가운데 고 기술로 새로 개발된 무기를 앞세워 1950년 한국동란과 1960년대의 월남전, 1967년 이스라엘과 이집트 간의 6일 전쟁, 1990년 중동전쟁을 겪으면서 숨 가쁘게 전개되었다. 1991년 12월 25일 고르바초프의 소련 사회주의 공화국의 해체 선언과 독일을 포함한 동구권 공산주의의 붕괴로 냉전체제는 종식되었다. 그러나 세계는 전혀 예상치 못한 테러리즘으로 팔레스타인 해방기구(Palestine Liberfation Organization: PLO)[3]의 결성과 알 카에다(Al-Qaeda)[4]의 출현과 이라크 전쟁, 그리고 최근에는 튀니지와 리비아, 이집트와 시리아 등 중동의 몇 몇 이슬람 국가에서 민주화운동이 발발하면서 세계는 또 다른 긴장에 휘말렸다.

최근에는 대규모 이민자의 유입에 따른 위기의식의 확산으로 2016년 6월 23일 영국이 국민투표를 통해 유럽연합(EU)에서 탈퇴(Brexit, 브렉시트)하였다. 그 후 9개월 만에 영국의 테레사 메이(Theresa May) 총리가 2017년 3월 28일 영국의 유럽연합(EU) 탈퇴(브렉시트)를 선언하는 서한에 서명하였고, 이튿날 29일 주 EU 영국대사 팀 바로우(Tim Barrow)가 EU 정상회의 상임의장 도날드 투스크(Donald Tusk)에게 해당 서한을 전달함으로 리스본 조약 제50조[5]가 공식 발동되

3) 팔레스타인 해방 기구는 1964년 이스라엘로부터 팔레스타인을 되찾으려는 아랍 국가들에 의해 창설되었다. 1969년 자치정부 수반 야세르 아라파트(Yasser Arafat, 1929-2004)는 팔레스타인 해방 기구를 총괄하며 국제무대에서 지도력을 발휘하였고, 1994년 이스라엘과의 평화 협정을 체결하여 노벨 평화상을 받았다.

4) 알 카에다는 극단적 이슬람 성향의 국제적 테러리스트 조직망이다. 그 구성원들은 서방세계의 영향을 받지 않으며 엄격한 종교법의 단일 이슬람교도의 국가 건설을 열망하였다. 이들의 지도자는 사우디 아라비아(Saudi Arabia) 출신 오사마 빈 라덴(Osama bin Laden)이다. 1990년대 아프가니스탄(Afghanistan)의 탈레반(Taliban) 체제는 알 카에다를 지지했고 그들의 테러리스트 훈련캠프 건설을 승인하였다. “지하드(jihad)”는 “종교적 투쟁”을 일컫는 이슬람 사상으로 일부 테러리스트들이 이것을 “성전”으로 사용하였다.

5) EU 회원국의 탈퇴 권한을 명시한 조항으로 2009년 포르투갈 리스본에서 발효되었다. 회원국이 유럽 이사회에 탈퇴를 통보하면 EU는 리스본 조약 제50조에 의거하여 협상을 거쳐 탈퇴 협정을 체결하며, 그 협정은 유럽의회의 동의아래 회원국 정상들의 협의체인

었다. 이 같은 상황에서 2016년 11월 전문가들의 예상을 깨고 미국의 도널드 트럼프(Donald John Trump, 1945-)가 45대 대통령에 당선되면서(2017년 1월 20일 취임) 세계 정치는 또 다시 격동하고 있다. 소위 세계 정치 질서의 재편 속에 우주 탐험과 핵 실험, 컴퓨터 전자기술의 발달, 특별히 서구 열강들의 자국보호무역주의의 확대로 기대와 함께 변화와 위험이 고조되고 있다. 그 와중에 국내적으로는 2016년 10월 26일 K스포츠와 미르재단의 중심에 최순실이 있다는 보도와 함께 최순실 게이트[6]가 폭로되었고, 연 이은 비선실세와 대기업 뇌물 의혹 등으로 박근혜 대통령이 헌법을 유린한 범죄 사유로 2016년 12월 9일 대한민국 국회에서 야당(더불어 민주당, 국민의당, 정의당)과 무소속 의원들이 탄핵 소추를 발의하였다. 그리고 2017년 3월 10일 헌법재판소 재판관 전원일치로 소추안이 인용되어 대통령직에서 파면되었다. 그리고 2017년 2월 14일 비운의 황태자 북한 김정남이 말레이시아 쿠알라품푸르 공항에서 북한 남성 4명과 2명의 동남아 여성에 의해 피살되었다.[7] 그런데 뜻 밖에 2018년 4월 27일 제3차, 5월 26일 제4차 남북한 정상회담이 열렸다.[8] 그리고 6월 12일 북미 정상 회담이 싱가포르에서 열렸다.

이 같은 국제 정치와 경제 상황의 급속한 변화 속에서 오늘 우리는 기독교의 사명과 역할이 실로 막중함을 새삼 느끼게 된다. 사람들은 전쟁과 핵으로 인한 공

유럽 이사회에서 체결한다. 탈퇴 협정은 2가지 기준을 충족해야 하는 바, 역내 인구 65% 이상이 찬성하고 28개 회원국 중 16개국 이상이 찬성해야 하며 또한 탈퇴국을 뺀 나머지 27개국이 각기 의회에서 동의를 받아야 한다.

6) http://blog.naver.com/leesr2006/220874573754

7) karinoa.tistory.com/123; skyhighyerin.tistory.com/121.

8) 역사적인 남한의 김대중 대통령과 북한 최고 지도자 김정은 국무위원장 간의 회담을 가리킨다. 제1차 남북정상회담은 2,000년 김대중 대통령과 김정일 북한 국방위원장, 제2차는 2007년 노무현 대통령과 김정일 국방위원장 사이에 개최되었다. 각각 '6 · 15 공동선언' 과 '10 · 4 공동선언' 의 성과가 있었지만, 이 선언들이 지속적으로 이어지지 못하였다. 2018년 4월27일 문재인 대통령과 김정은 북한 국무위원장 간에 제3차 남북정상회담이 열렸다. 정상회담 결과 문재인 대통령과 김정은 북한 국무위원장은 한반도의 완전한 비핵화를 공동 목표로 '한반도의 평화와 번영, 통일을 위한 판문점 선언' 을 공동으로 발표하였다. 또한, 남북은 연내 종전을 선언하고 정전협정을 평화협정으로 전환하기 위한 남 · 북 · 미 3자 또는 남 · 북 · 미 · 중 4자회담의 개최와 경제 협력을 위한 사업 추진 에 합의하였다. 동년 5월 26일 문재인 대통령과 김정은 국무위원장 사이에 실무형 정상회담이 진행되었으며, 6월 12일에는 북미 정상회담이 싱가포르에서 열렸다.

포심리의 증폭과 인간 경시현상의 증대, 갑작스런 부의 증가로 전통적 종교생활에서 벗어나 자유를 열망하였다. 여기에 사람들은 점차적으로 현실주의적이며 더욱 물질주의적이 되고 있다. 사람들의 이 같은 의식적 삶의 변화는 교회로 하여금 새 시대를 위해 새로운 지표를 설정해야 하는 요청을 받고 있다. 이처럼 20세기는 처음부터 2018년 8월 현재까지 엄청난 변화를 겪으며 발전해 왔는데, 이처럼 급변하는 세계 속에서 교회의 역할은 무엇인지를 살피는 것은 매우 뜻있는 일이다. 본장에서 필자는 먼저 20세기를 바꾼 양차대전과, 이로 인해서 발생한 신학운동들을 고찰 할 것이다.

2. 양차 대전의 특징과 결과

(1) 특징: 제1차 대전은 유럽 열강의 제국주의적인 이해관계에 대립으로 시작되었다. 그러나 제2차 대전은 독일, 이탈리아, 일본의 군국주의적 팽창주의로 영토 확장을 위해 인접 국가를 침략한데서 발발하였다. 이들은 유럽과 아시아를 양분하여 상호 묵인 속에 자행하였다. 제1차 대전의 성격은 제국주의 국가들의 대립으로 게르만 민족과 기타 민족 간의 대립이었다. 제2차 대전은 전체주의 독재 국가와 민주주의 국가들의 대립이었다. 양차 대전의 공통점은 제국주의와 전체주의의 팽창 욕이었고 두 대전에서 미국을 축으로 한 연합군은 모두 인민의 자유와 민주주의를 수호하였다. 결국 연합국의 일방적인 승리로 종전되었으나 그 피해는 상상을 초월할 정도로 막대하였다.[9] 전쟁 이후 낙관론은 무참히 파괴되고 사회는 더욱 부도덕하고 세속화 되었다.

양차 대전 이후 전후 처리문제는 첨예의 관심거리였다. 따라서 파리강화회의가 소집되어 이탈리아와 헝가리, 루마니아와 불가리아 등 추축국 편의 국가들과 연합국 사이에 강화조약이 체결되었다. 독일은 미국과 영국, 프랑스와 소련 4개 국이 분할 통치하고, 베를린도 4개국 공동관리 하였다. 그 후 미국과 영국, 프랑스 3국의 점령지역은 합하여 독일 연방 공화국이 수립되고 소련의 점령 지역은 독일 민주 공화국이 수립되었다. 일본은 미국 점령 하에 1951년 샌프란시스코 회의를 통

9) 차하순, 「서양사총론」, (탐구당, 1976), 662; 자크 바전, 「새벽에서 황혼까지, 1500-2000 II」, 이희재 역, (민음사, 2006), 381, 395, 405-447.

해 연합국과 강화조약을 맺고 독립하였다. 오스트리아는 미국, 영국, 프랑스, 소련의 관리 하에 있다가 1955년 중립을 조건으로 주권을 회복하였다. 그 밖의 추축국이나 연합국의 지배하에 있던 아시아, 아프리카의 여러 약소국이 독립하였다.

(2) 결과: 당시 교황 베네틱트 15세는 전쟁을 문명화된 유럽의 자살행위라고 지적 했는데 전쟁이 남긴 상처는 그 무엇으로도 치유할 수 없었다. 결국 전쟁의 결과는 긍정과 부정적인 두 측면으로 나타났는데 (i) 긍정적인 면은 양차대전을 통해 자유 민주주의의 승리를 재 확인시켜주는 계기였다. 이것은 독일의 나치즘과 이탈리아의 파시즘을 물리친 민주주의 체제의 승리였다. 입헌정치와 의회제가 부활되었으며 시민적 자유는 강화되고 프랑스와 이탈리아에서 부녀참여권이 인정되었다. (ii) 전쟁 이전부터 추구되어온 복지국가의 이념은 현실적 정책을 통해 구체화되었다. 민주주의 국가들은 국민의 정치적 권리의 보장뿐 아니라 경제적 불안정을 방지하는 책임을 지고 서로 도왔다. 그러나 제2차 대전 후 세계는 공산주의의 확장으로 새로운 국면을 맞았다. 세계는 동서로 양분되어 이념 논쟁에 빠지며 계속되는 긴장 속에 전쟁의 위협을 느꼈다. (iii) 한편 아프리카와 아시아에서는 민족주의가 강력하게 대두되었고 이들 중 많은 국가가 자주독립 국가로서 국제연합에 가입하였다. 그리고 비동맹국가 연합체를 결성하여 제3세계의 상호 협력을 도모하였다. 결국 전후 세계는 자연과학과 산업의 발달, 국가의 주권을 목표로 나갔다.

부정적인 면은 (i) 전쟁으로 인해 이상주의적인 기대는 사라지고 세계 도처에서 굶주림과 공포, 폐허와 절망과 비참, 반목과 폭력이 가득찼다. 결국 모든 국가의 국민들이 희망한 종전 후의 평화와 안전은 현실과는 거리가 멀었다. 힘의 정치는 다시 시작되고 핵무기와 화생방전에 의한 새로운 전쟁이 일어날 것 같다는 일반적인 공포는 오히려 전쟁전인 1930년대를 회상할 정도였다. (ii) 사람들의 비도덕화 현상과 이의 급속한 팽창을 들수 있다. 전쟁으로 선과 악의 기준이 무너졌고 때문에 인명 경시현상이 팽배해졌다. 당시 상류층의 자녀들은 전쟁 중 휴가가 주어졌을 때 피임약을 사전에 배급받기에 바빴다고 한다. 그 시대의 일반적인 조류는 젊은이들에게 좋은 시간을 주라는 것이었다. 여기에 술 마시는 것과 섹스가 포함되었다. 극장에 입장하기 위해 줄을 서듯 수많은 창녀들이 집문에 줄을 서서 기다리고 있었다.[10] 레마르크(E.M.Remarque)가 저술한 「서부전선 이상없다」(*Quiet on the Western Front*)는 이제 완전한 넋두리였다. 모든 사회체제는 무너지고 오직 전우애밖에 남은 것은 없었다. (iii) 가족생활이 송두리 채 파괴되었고 교회생활도 예외 없이 타격을 입었다. 남성이 전쟁터에 나가자 여자와 아이들이 농장이나 공장을 지켰고 주말이나 주일에도 쉬는 날이 없었다. 절도와 폭력이 횡행했고 상하의 질서가 깨어졌다. 바빙크에 의하면 1920년 이 전쟁 때문에 불쌍한 사람들이 수 없이 생기게 되었고 이루 헤아릴 수 없이 많은 사람들이 회의주의, 물질주의와 무신론에 빠지게 되었다. 전쟁은 곧 사회의 부패를 가져왔고 무질서를 남겼다.[11] (iv) 전쟁은 종식되었으나 사람들의 마음은 강퍅해지고 회개는 전혀 나타나지 않았다. 베르사이유 조약과 국제연맹의 선언도 진정한 평화를 가져다주지 못했다. 휴전이 되자 미국에서는 대단한 흥분과 기쁨 속에 젖어들었고 뉴욕과 할렘의 흑인지역에 춤판이 벌어졌고 술집들은 붐볐다. 종전 이후에 젊은이들은 이같이 거리로 표류하였다. 이런 상황 속에서 1917년 러시아에서 혁명이 시작되었고 독일에서는 11월에 혁명이 발생하여 이 일로 인해 황제와 모든 황태자들은 그들의 왕관을 잃었다. 1919년에 체결된 바이마르 조약은 각 종교단체의 정비와 행정은 법적인 범위 안에서 그들 자신들이 처리한다고 기록되었다. 꿈 많던 유럽인들의 이상은 완전히 파괴되고 낙관적인 세계관은 그들에게 부도덕성과 무질서를 남겼다. 결국 전혀 예상하지 않은 전쟁은 이처럼 엄청난 상처를 남기고 지나갔다.[12]

3. 제2차 세계대전 이후의 세계의 동향

(1) 동서 양진영의 냉전과 데탕트 시대: 제2차 대전을 통해 전례없는 전쟁을 경험한 인류는 핵무기의 출현에 놀랐고 이제 다시는 이 같은 참극이 일어나지 않는 자유를 갈망하였다. 그리하여 국제 연맹을 강화하여 국제 연합을 탄생시켰다. 그러나 전후 세계는 이러한 인류의 염원과 달리 이질적인 공산주의의 출현으로 어려움을 겪었다. 사실 전후 세계는 과거 자유주의와 전체주의와의 대립이었는데 이제는 자유주의와 공산주의와의 대립 양상으로 변모하였다. 전후 소련은 그 세력을 급속도로 팽창시키고 나아가 전 세계의 공산화를 노리며 침략적인 태도를 취

10) 자크 바전, 450-504.
11) 자크 바전, 483-493.
12) 자크 바전,503-505.

하였다.[13] 이에 미국 중심의 자유세계는 서로의 결속을 다지며 공산세계의 침략을 방지하지 않으면 안 되었다. 따라서 세계는 미국 중심의 자유주의와 소련 중심의 공산주의의 첨예한 대립 상황에서 전쟁 직전의 그야말로 긴장의 연속이었다. 제2차 대전 직후 소련은 독일과 한국, 베트남을 양분하였고 동부 유럽을 공산화하였다. 그 후 쿠바가 공산화하여 미국을 위협하면서 대립상은 보다 심각하였다. 소련의 코민포름 형성과 베를린 봉쇄, 바르샤바 조약 기구 형성, 한국 전쟁 등 위기가 계속되면서 자유세계에서는 마샬 계획으로 유럽을 지키고 유엔 원조로 한국을 지켰다. 한편 나토군을 조직하여 유럽을 방위하였다. 1962년 소련의 쿠바에 대한 핵무기 원조로 발생한 쿠바 사태는 세계를 전쟁의 위험과 공포로 이끄는 사건이었으나 존 F. 케네디의 폭파 위협으로 소련의 굴복으로 극복되었다.

그 후 동서 양 진영의 긴장과 냉전체제는 핵전쟁에 대한 공포와 화해의 움직임, 제3세력의 뚜렷한 진출, 중공과 소련의 대립, 양극 체제의 해체와 다극화 현상으로 1960년대에 이르면서 완화되었다. 소련은 스탈린의 사후 평화 공존을 표방하였으며 공산권 내부에서도 변화가 일어나 동유럽 여러 나라의 자유화 운동과 중소분쟁이 야기되었다. 한편 미국의 대공산권 외교 전략도 신축성을 띠며, 70년대 이후 국제 긴장 완화에 기여하였다. 현재 아랍세계와 이스라엘 간에도 긴장이 완화되어 국교를 정상화하고 평화공존의 입장을 견지하였다. 동서 쌍방은 지난 60-80년 대 만해도 핵무기를 포함한 신무기 개발과 또한 인공위성에 경쟁적으로 참여하였다. 동시에 인류의 평화와 안녕을 위한 끝없는 데탕트의 모색으로 세계의 긴장을 완화하려고 노력하였다. 그러던 중 1985년 소련 공산당 서기장 고르바조프의 등장으로 인류 공동의 평화운동은 마침내 1990년에 그 빛을 보았다. 이로서 약 70여 년 간의 이념적 대립관계는 종언을 고하고 냉전체제는 무너졌으며 지금은 탈 이데올로기적 자본주의의 경제체제로 세계는 강한자만이 살아남는 새로운 시대를 맞이하였다. 세계는 바야흐로 제3차 경제를 둘러싼 전면전에 뛰어들었다.

(2) 소식민지 국가들의 독립과 성장: 그동안 제국주의에 의해 지배된 아시아와 아프리카의 피지배 국가들은 우선적으로 독립을 추진하였다. 추축국의 지배를 받은 나라들은 모두 종전과 함께 독립하였고 연합국의 지배를 받은 나라들도 독립

13) 자크 바전, 505-518; 차하순, 「서양사총론」, (탐구당, 1976), 663.

하였다. 우리나라를 비롯하여 말레이지아, 베트남, 필리핀, 인도네시아, 인도, 미얀마, 파키스탄, 그리고 중동 지방의 아랍 지역 여러 국가가 독립하였다. 한편 아프리카에서도 리비아, 튀니지, 수단, 모로코, 나이제리아 등 대부분이 독립하였고, 알제리도 프랑스로부터 1962년 독립을 쟁취하였다. 그리하여 신생국가들은 자신의 세력을 확고히 하기 위해 제3세계 협력체를 구성하였다. 한편 이제 막 신생 독립한 국가들은 정치, 경제, 사회적으로 커다란 진통을 겪으며 놀라운 경제 성장을 이룩하였다. 특히 한국을 비롯하여 대만, 홍콩, 싱가포르 같은 나라들은 짧은 기간에 놀라운 경제 성장을 보여 세계의 주목을 받고 있다.

(3) 국제연합의 태동: 양차 대전을 겪으면서 현대인들은 전쟁의 위험과 핵의 공포에서 벗어날 수 없게 되었다. 전승국은 먼저 새로운 국제관계를 위해 패전국에 대한 전후 처리 문제를 심각하게 고려하였다. 그리하여 1947년 파리에서 열린 강화회의에서는 이탈리아, 헝가리, 루마니아, 불가리아와 조약이 체결되었고 일본은 미국의 점령하에 있다가 1951년 샌프란시스코에서 52개국이 모인 가운데 조약을 체결하였다. 1955년 미, 영, 불, 소 4개국은 오스트리아를 중립국 조건으로 주권을 회복시키고 독일은 동서로 분리하여 동독을 소련이 서독을 미, 영, 불이 점령하고 베를린을 4개국 관리 하에 두었다. 그 후 서독에는 1949년 본을 수도로 민주적인 연방공화국이 수립되었고, 같은 해 동독에는 공산정권이 세워졌으며 동서베를린 사이에는 장벽이 세워졌다. 대전 중에 발표된 대서양헌장에서 전후의 국제협조체제에 대한 구상이 발표된 바 있으나 1944년 가을(8-10) 워싱톤 교외의 덤버튼-오크스에서 있은 미, 영, 소 3개국 회의에서 다시 초안이 잡혀지고 대전 후 1945년 10월 51개국이 참가한 샌프란시스코회의에서 국제연합 UN이 탄생하였다.

유엔의 주된 목적은 국제연맹과 같이 국제협조와 세계평화의 유지였다. 그러나 국제연맹의 실패를 감안하여 미, 영, 불, 중, 소 5개국을 상임이사국으로 한 안전보장이사회를 두어 필요 시 유엔군 병력을 사용할 수 있는 강력한 제재수단과 권한을 부여하였다.[14] 그리고 처음부터 주요 강대국이 참가하여 유엔은 평화유지를

14) 유엔의 안보이사회의 상임이사국인 소련은 냉전시대에 번번이 거부권으로 실력을 행사하여 큰 지장을 받았다. 60-70년대에 접어들면서 아시아, 아프리카의 신생국가들이 대거 회원국으로 가입하여 유엔은 많은 변화가 일어났고 1971년에는 자유중국대신 중공이 안보이사회의 상임이사국으로 참가하였다.

위하여 국제연맹보다 훨씬 효과적이었다. 유엔은 한국전쟁이나 이스라엘과 이집트의 분쟁을 비롯한 중동 분쟁에 그 기능을 발휘하였다. 그 외에 보조기관으로 문화면에서는 유네스코(UNESCO)가 세계문화의 자유로운 교류를 목표로 활동하였다. 그리고 노동문제는 미국과 영국 같은 자유주의 국가가 결성한 국제자유노동조합(ICFTU)을 두었다.

(4) 전후 냉전시대의 발전: 그러나 인명피해가 2,000만 명을 넘고 미화 2조불이라는 천문학적 전비가 소요된 제2차 대전은 침략적인 전체주의 국가의 완전한 패배로 끝났다. 전쟁결과 인류가 갈망한 항구적인 세계평화는 오지 않았다. 오히려 제3차 대전을 예감케 하는 국제적 긴장과 대립의 지속은 60-80년대를 지나며 냉전을 야기하였다.[15] 소련 중심의 공산주의는 파시즘과 나찌즘과 달리 전제적 독재에 있어서는 한층 더 강력하고 억압적이었고 자유주의와 대립하였다. 처음 소련이 전쟁에 개입한 것은 독일과의 조약으로 독일이 폴란드와 프랑스를 침략했을 때 묵인하였다. 그러나 독일과 소련의 전쟁으로 소련은 태도를 바꾸었고 마침내 전승국이 되어 유럽과 아시아에서 막대한 영토를 확장시켰을 뿐만 아니라 폴란드, 체코슬로바키아, 루마니아, 헝가리 및 알바니아에 공산정권을 세워 위성국으로 만들었다. 그리고 동독과 동베를린을 점령함으로 거대한 세력을 형성하고 철의 장막(Iron Curtain)을 쳤다.

이런 갑작스런 소련의 팽창은 인접 국가는 물론 각국의 공산당과 그 추종세력을 동원하여 전 세계의 공산화를 목표로 끊임없는 세력팽창 계획 속에 침략을 감행하였다. 이에 미국 중심의 자유진영은 소련의 이 같은 작태를 보고만 있을 수 없게 되자 서로 결속하여 대항하게 되었다. 따라서 국제적 긴장은 냉전으로 치달았다. 이 같은 상황은 서방 국가 내에서 일어난 공산분자의 반란을 진압하는 과정에서 미국이 적극 개입하고 많은 원조를 하는데서 구체화되었다. 이에 공산진영은 이에 맞서 코민포름을 통해 공산당 상호간의 정보교환기구를 마련하고 체코슬로바키아에서 반란을 일으켜 공산정권을 수립하였다. 같은 해 소련은 베를린봉쇄를 감행하여 서독과 베를린간의 교통을 차단하고 미국을 비롯한 자유진영은 필수품의 공중수송으로 맞섰다. 이러한 소련의 도발에 보다 효과적으로 맞서기 위하여

15) 자크 바전, 「새벽에서 황혼까지, 1500-2000 II」, 이희재 역, (민음사, 2006), 537.

1949년 서방진영에서는 영,불,벨,화,룩,이,오.포.노.덴,아이슬란드 등 12개국으로 구성된 나토를 결성하였다. 그리고 후에 터어키, 그리스, 서독이 참여하였다. 이에 소련은 동독에 공산정권을 수립하여 동구의 공산국가간의 상호경제원조회의를 1949년 창설하여 소련을 중심으로 1955년 바르샤바조약기구(WTO)를 설립하였다.

한편 아시아에서는 중국본토가 모택동의 공산당 지배하에 넘어가고 자유중국정부는 대만으로 이동하는 변화가 일어났다. 그리고 1950년에는 북괴의 불법남침이 자행되어 많은 피해를 입었으나 자유진영의 결속과 반공의식이 촉진되었다. 미국은 이를 계기로 국방력을 강화하는 한편 공산세계에 대한 적극적인 반격정책으로 전환하였다. 그리하여 나토산하의 유럽 통합군을 창설하고 서독을 재무장시켜 이에 참가시켰다. 뿐만 아니라 미국은 아시아에서는 소련의 반대를 무릅쓰고 1951년 대일강화조약을 체결하여 일본을 자유진영으로 끌어들이고 오스트레일리아, 뉴질랜드, 필리핀 그리고 우리나라와 개별적으로 상호방위조약을 체결하고 1954년에는 동남아시아조약기구(SEATO)를 결성하였다.

이 같은 냉전 분위기는 한국동란을 고비로 자유진영의 결속과 방위태세의 강화로 약간 누그러지는 듯 했으나 스탈린의 사후 소련의 후루시초프는 형식적으로나마 평화공존을 내걸었다. 그러나 1959년 베를린에서 다시 양 진영 간의 위기가 조성되어 1961년 동독은 동서베를린 경계선에 견고한 장벽을 구축하였다. 특히 카스트로가 정권을 잡고 공산화된 쿠바에 1962년 소련의 미사일기지 설치를 계기로 미소 간에 위기가 고조되었다. 그러나 소련이 미사일 기지를 철수함으로써 위기가 해소되고 양국 간에 핵전쟁을 회피하기 위한 협력관계가 조성되었다. 이 같은 냉전의 해빙 분위기는 60년 대 말로부터 70년대를 걸치며 일어났는데 그것은 냉전으로 사람들이 지치고 또한 유고와(1948) 폴란드, 헝가리(1956)같은 국가들이 소련의 지배에 불만을 느껴 반란을 일으키는 등의 이 같은 공산 진영 안에서 내부의 변화와 미국의 외교정책의 전환에 따른 세계정세의 변화가 중요한 역할을 하였다.[16)]

16) 1969년 대통령으로 취임한 닉슨은 이른바 닉슨 독트린을 발표하여 미국의 외교정책의 일대 전환을 시도하였다. 그 내용은 (1) 지금까지 미국이 전담하다시피한 자유와 평화수호의 임무를 다른 자유국가와 분담해야 한다. (2) 국지적인 분쟁에는 미국이 지상군의

이러한 새로운 외교정책에 따라 미국이 베트남에서 철수를 시작하고 중공의 국제연합가입을 승인하였으며, 1971년 초에는 닉슨이 중공을 방문하여 세계를 놀라게 했다. 또한 1963년에는 미영소 3개국이 대기권 및 수중핵실험 방지조약을 맺고 미국과 소련 사이에 핵무기를 중심으로 한 전략무기의 제한에 관한 협의를 진행하였다. 이리하여 70년대의 세계는 오랜 냉전으로부터 화해의 데탕트가 잘 전개되었다. 그러나 공산진영의 위협과 세력 확대 야망은 완전히 사라지지 않았다. 소련의 공산진영은 베트남과 라오스, 캄보디아를 공산화 하여 동남아에서 세력을 크게 증가하였고 또한 아프카니스탄을 침략하여 세계에 분노를 샀다. 그러나 이 같은 끈질긴 침략 행위와 약탈에도 불구하고 결국 공산주의는 자유에 대한 인류의 야망을 제어하지 못하는 중에 마침내 1990년 동서독의 통일을 필두로 동구라파의 공산주의가 몰락하였다.

4. 전후 세계의 변화

전후 서유럽은 엄청난 피해를 입었으나 각국의 노력으로 점차 경제부흥을 달성하였고 사회도 전반적으로 안정되었다. 이에 따라 전후의 혼란과 경제적 궁핍으로 한때 급격한 세력 확대를 추구한 공산당도 이제 그 기세가 꺾이었다. 대전 전만해도 전승국이나 패전국 모두 아시아와 아프리카에 많은 식민지를 두었으나 전후 그 지역들이 거의 모두 독립하여 특수 권익을 잃었다. 그들 국가들은 오히려 대전 전보다도 국제적 위상이 현저히 저하 되었다. 반면 미국 의존도가 높아졌고 이로서 국제정치의 양극화 현상을 낳았다. 유럽은 이제 나토를 결성하여 군사적으로 협력하고 경제적으로는 유럽을 경제적으로 통합하려는 움직임 속에서 1959년 유럽공동시장 EEC가 성립되었다. 유럽공동시장은 다시 유럽공동체 EC로 발전하였고 1973년에는 영국, 에이레, 덴마크가 추가로 가입하였다. 이처럼 유럽은 서로 공동체의식을 가지고 서로 협력적인 체제를 구축하였다.

(1) 영국: 전후 영국은 정치적 불안정을 가져와 보수당과 노동당의 정권교체가 빈번하여 경제발전이 답보상태였다. 대부분의 식민지와 자치령이 독립하고 중동지

파견과 같은 직접적인 개입을 회피한다. (3) 공산국가에 대해서도 강경책만이 아니라 융통성 있게 대처한다는 것이다.

역에서는 석유이권을 상실하였으며 1956년 이집트가 수에즈운하를 국유화하자 군사개입으로 이를 저지하려 했으나 국제여론의 압력으로 포기하였다. 낡은 산업 구조와 강한 노조의 힘은 새로운 기술과 산업구조의 혁신을 저지하는 방향으로 작용하여 해외시장의 상실과 만성적인 경제 침체에서 벗어나지 못했다. 현재 영국의 경제는 그때와 별로 달라진 것이 없으나 전후 정착된 의료보험을 포함한 사회보장제도는 세계의 최상이다.

(2) 프랑스: 대전 중 독일의 점령 하에 놓였던 프랑스는 물질적으로 정신적으로 큰 타격을 입었다. 대전 중 영국에 망명정부를 이끌고 독일에 항전한 드골장군이 귀국하여 재건에 착수했으나 곧 사임하고 1946년 제4공화제의 헌법이 제정되었다. 그러나 국내의 정국불안정과 인도차이나와 알제리아에서의 반란은 프랑스 재정에 큰 부담을 주었고 이러한 사태는 끝내 제 4공화제를 붕괴시키고 1958년 드골장군이 이끄는 제5공화제를 탄생시켰다. 드골은 새로운 헌법에서 행정부의 권한을 강화하여 정국을 안정시키고 알제리아의 독립을 승인하는 한편, 경제발전과 독자적인 외교노선으로 위대한 프랑스 재건에 노력하였다. 1995년 미테랑 대통령의 후임으로 취임한 시라크는 바로 신드골주의자로서 위대한 프랑스 재건을 슬로건으로 대통령에 당선되었다. 최근에는(1995. 9. 6) 남태평양에서 수중 핵실험으로 많은 물의를 빚었다.

(3) 서독: 한편 1949년 연방공화국으로 새 출발한 서독은 20년에 걸친 기독교민주당의 아데나워와 에르하르트의 영도 하에 라인강의 기적을 창출하여 놀라운 경제발전을 이룩하였다. 그리하여 서유럽에서 가장 번영된 나라가 되었고 지금은 세계 경제 선진국의 선두주자가 되었다. 1969년 기민당을 대신하여 사회민주당이 정권을 담당하여 동독 및 소련과도 관계를 개선하면서 계속 정국의 안정과 경제발전의 지속에 노력하고 있다. 전후 패전으로 독일은 엄청난 시련에 직면하였으나 듬직한 콜 수상의 집권과 정치적 수완으로 1990년 베를린 장벽이 붕괴되어 마침내 동서독이 통일하였다. 이들은 1995년 5월 영국 런던에서 있은 전승 50주년 기념행사에서 자신들의 실수를 시인했고 유태인들에 대한 보상도 적극적으로 하겠다는 태도를 보였다. 한편 이탈리아는 1946년 왕정이 폐지되고 다음해에 공화제 헌법이 제정되었다. 이탈리아는 프랑스처럼 전쟁 직후 공산당 세력이 팽창하였으나 기민당을 중심으로 정국이 안정되고 경제적으로 부흥하였다. 그러나 1960년대

에 들어오면서 정치적 안정이 흔들리기 시작하고 경제발전이 침체하는 경향을 보이고 1970년대 후반에는 과격분자의 테러행위가 횡행하는 등 어려운 상황을 보이고 있다. 현재 이탈리아는 높은 실업사태로 매우 어려운 상황이지만 이곳의 프로축구는 세계의 스타들을 총 집결시켜 축구 강국의 열풍을 일으키고 있다.

(4) 미국: 대전후 미국은 명실공히 자유민주세력을 대표하는 세계적인 국가로 제1차 대전 때와 달리 적극적으로 대처하였다. 민주당의 트루만, 공화당의 아이젠하워, 다시 민주당의 케네디, 존슨, 그리고 공화당의 닉슨을 거치는 동안 미국은 전례 없는 번영과 거대한 생산력을 자랑하였다.[17] 그리하여 미국은 방대한 경제력을 이용하여 자유세력의 부흥과 후진국가의 발전을 도왔다. 그러나 미국은 1960년대 후반에 발발한 베트남전쟁으로 많은 인명과 재산피해를 가져왔고 존슨의 후임인 닉슨은 닉슨 독트린을 통해 자유의 십자군이라는 외교정책을 발표하여 지금까지의 독자적인 외교정책의 역할을 자유선진 국가가 함께 분담해야 한다고 주장했다.

전후 미국에서 가장 어려운 문제 중에 하나는 흑백 간의 인종문제였다. 1968년 흑인 운동가 마틴 루터 킹 목사가 암살되었고 1963년에는 젊고 유능한 케네디 대통령이 암살되어 미국인들은 경악을 금치 못했다. 그 후 1968년 그의 동생 로버트가 대통령 선거유세 도중에 암살되었다. 이 같은 미국 사회의 혼란은 기존의 사회규범을 무시하려는 히피족의 출현과 관계가 있으며 재선을 노린 공화당의 닉슨이 민주당 당사에 도청장치를 설치한 워터게이트 사건이 폭로되어 대통령직에서 물러났다. 그 후 민주당의 카터, 공화당의 레이건과 부시는 세계 지도국가로서의 강력한 미국의 부활을 위해 노력했다. 그러나 12년간 계속된 공화당의 장기집권은 공산국가와 이슬람 국가에 맞서며 지나치게 해외국가 안정에 많은 투자를 하였고 상대적으로 국내 경제는 퇴락하여 높은 실업률을 헤어나지 못했다. 따라서 미국인들은 1993년 민주당의 빌 클린턴(Bill Clinton, 1946-)을 전후 세대의 새 백악관의 주인으로 선택하였다. 현재 미국은 세계 경제의 주도권을 장악하고 지나치게 자국의 이익만을 추구하여 유럽과 기타 많은 나라들의 비난을 받고 있다. 2018년 8월

---

17) 자크 바전, 「새벽에서 황혼까지, 1500-2000 II」, 이희재 역, (민음사, 2006), 551-571.

현재, 그 중심에 제45대 도날드 트럼프(Donald Trump,1946) 대통령이 자리한다.[18)]

(5) 소련과 동유럽: 소련은 미국과 달리 재전 중 독일군의 공격으로 심한 피해를 입었으나 제4, 5차 5개년 계획으로 계속적인 경제계획으로 경제부흥에 전력을 기울였다. 그리하여 동유럽과 발칸 방면에 많은 공산정권을 위성국가로 만들어 공산진영를 지도하다. 전후에도 무자비한 독재와 강압정치를 일삼던 스탈린이 사망하자 말렌코프에 이어 불가닌이 흐루시초프와 함께 집단지도 체제를 이루었으나 얼마 후 흐루시초프가 단독정권을 수립하였다. 그러나 1964년 흐루시초프가 실각하고 브레즈네프와 코시킨이 정권을 장악하였다. 흐루시초프는 대외적으로 종래의 강경책을 완화하여 평화공존을 구호로 내걸고 대내적으로도 스탈린의 개인숭배를 배격하는 등 소련의 정치에 변화를 예고했다. 그러나 낙후된 소련의 경제와 문화와 사상통제로 많은 반체제 인사들이 수용소에 수감되거나 솔제니친 같은 사람은 자유세계로 망명하는 사례가 빈번하였다. 한편 동유럽 소련의 위성국가들은 점차 소련의 억압적인 지배에서 벗어나려고 힘을 썼다. 따라서 유고와 1956년에는 폴란드와 헝거리는 소련 지배에 반대하여 반란을 일으켰다. 또한 중공이 소련에 도전하여 공산세계의 다원화 현상을 보였으며, 최근 폴란드에서는 바웬사를 중심으

---

18) 도널드 존 트럼프(Donald John Trump, 1946년 6월 14일-)는 미국의 기업인 출신 제45대 대통령으로 부동산 개발 등 다양한 사업을 하는 트럼프 기업의 대표이사 회장이다. 그는 트럼프 엔터테인먼트 리조트를 설립하여 전 세계에 호텔과 고급 콘도미니엄 사업을 진행하였다. 대한민국에서는 대우 트럼프 월드마크가 트럼프 기업의 투자를 받아 진행한 것이다. 리얼리티 TV쇼 어프렌티스를 진행한 경력이 있으며, WWE 명예의 전당에도 입성하였다, 2018년 8월 현재 추정 재산은 약 37억 달러(5조 원) 정도이다. 2015년 7월 2016년 미국 대통령 선거 공화당 후보 경선에 출마한 후, 2016년 7월 공화당 전당대회에서 역대 가장 많은 득표로 공화당 대선 주자가 되었으며, 이후 2016년 11월 8일 실시된 대통령 선거에서 민주당의 힐러리 클린턴 후보를 꺾고 대통령에 당선되었다. 그는 선거에서 62,979,879표를 얻었는데, 이는 공화당 대통령 후보 역사상 가장 많은 득표로 당선된 것이다. 정책으로는 이민 문제, 인종 문제, 종교 문제 등에서 극우파에 가까운 입장이지만, 최근 9년 동안 민주당에서 활동하며 자금을 기부하였으며, 한 때 성소수자(LGBT) 권리를 지지하고 공화당의 주류 이념에 반대하기도 하였다. 즉, 그의 성향은 극우적인 면이 있지만, 진보나 보수 보다는 포퓰리즘에 가깝게 행동하였다. 그 동안 민주당원이었던 그가 공화당을 접수하고 이념도 정통 보수와는 괴리가 있자, 기존 공화당 정치인들이 이에 반발하였다. 따라서 그는 민주당과 공화당, 그리고 언론 모두에게 지지를 받지 못한 아웃사이더이다. 2016년 '타임'은 그를 "양당(민주당, 공화당)을 모두 공격하며 규칙을 부수고, 미래의 정치 문화를 제시했다"고 평가하며 '올해의 인물'에 선정하였다.

로한 자유노조 운동이 확대되어 결국 자유를 쟁취하였다.

(6) 아랍국가들과 아프리카 및 제3세계: 아랍국가 지역은 이슬람과 그 문화가 자리한 지역으로 아랍어를 사용하며 석유라는 중요한 자원을 풍부하게 가진 곳이다. 특히 이 지역은 수에즈운하의 개통으로 성서교통의 요충지대이다. 때문에 19세기 이래 영국과 프랑스 등 유럽의 열강들이 진출하였고 석유가 중요한 에너지원과 공업원료로서 각광을 받자 이 지역의 중요성은 더욱 빛을 보였다. 구미 선진국이 깊은 관심을 갖자 이 곳의 토착민들은 아랍민족주의를 결성했고 제2차 대전 후 이스라엘의 독립으로 중동은 매우 복잡하게 얽히었다. 그 후 프랑스의 위임통치령 아랍의 시리아와 레바논, 영국으로부터 요르단이 독립하여 이집트, 사우디아라비아, 이라크와 함께 1945년 아랍연맹을 결성했고 그후 리비아, 수단, 튀니지아와 모로코, 쿠웨이트, 알제리아가 참여했다. 1952년 이집트의 유능한 지도자 낫세르는 왕정을 파기하고 수에즈 운하를 국유화하였다. 1967년에는 아랍 국가들과 이스라엘 국가 간에 중동전쟁이 발생하여 이스라엘의 선제공격으로 전쟁은 6일만에 끝났다. 1970년에 팔레스타인 해방기구가 결성되고(PLO) 1973년 아라파트가 지도자가 되었다.

이집트는 사다트 대통령의 취임으로 소련 의존정책을 버리고 미국에 접근하였고 1979년에는 미국의 조정으로 이스라엘과 평화조약을 맺었다. 그 후 다른 아랍국가들은 이집트와의 관계를 단절하고 1980년 사다트는 과격분자에 의해 암살되었다. 한편 터키는 전후 미국에 접근하여 유일하게 나토에 가입하였으며, 이란에서는 1979년 혁명이 발생하여 왕정이 무너지고 극렬한 이슬함 지도자 호메이니가 집권함으로서 미국과의 관계가 극도로 악화되었다. 그 후 그는 이라크와 전쟁을 시작하여 아랍권 내부에서 전쟁이 발생하였다. 그러나 최근에 이스라엘과 팔레스타인 난민, 요르단, 시리아가 평화조약을 맺으므로 중동은 새로운 국면에 접어들었다.

한편 제2차 대전 이후 1950년대에 아프리카는 반제국주의 혹은 반식민지주의의 거센 바람이 불어 점차로 유럽열강의 식민지로부터 약 30개 국가가 독립하였다. 갑작스런 독립운동으로 이제 아프리카는 원주민들이 통치하였다. 그러나 지도자가 없는 가운데 여러 국가들은 유혈 구테타가 곳곳에서 발생하여 혼란과 무정부상태에 직면하였다. 지금은 많은 국가들이 안정을 찾고 있으며 흑백간의 인종차별로 비난을 받아온 남아공화국이 최근 흑인 지도자 넬슨 만델라에게 정권을 이양하면서 새로운 정치상황을 보였다. 아프리카에서 보여준 것처럼 제3세계 국가들 역시 반제국주의와 반식민지주의를 배격하고 사로 독립하였다. 그 결과 전후 20년간 아시아에서 20개국, 아프리카에서 33개국, 모두 53개국이 신생독립을 했으며, 70년대에는 그 수가 60개국을 넘었다. 이들 국가들의 공통점은 모두 빈곤한 개발도상국가들로서 모두 비동맹을 내걸고 있으므로 비동맹국가혹은 제3세계라고 부른다. 이같이 제3세계의 등장으로 국제연합에서 세력분포는 국제정치에 많은 영향을 미치었다.

5. 현대 사상과 문화의 특징

19세기에 유럽은 이성에 기초하여 성숙한 근대사회의 형성으로 새로운 발전과 탐색을 모색하였다. 그런데 20세기에 들어와 양차대전을 겪으면서 19세기에 누렸던 희망적인 대망과 인류의 꿈은 무참히 사라지고 유럽에는 현대문명의 위기가 거론되었다. 이제 유럽은 황혼에 지는 태양처럼 서구의 몰락을 예언하는 사람들이 출현하였다.[19] 이러한 위기의식은 제1차 대전 이후 30년대에 접어들면서 더욱더 심화되었다. 사람들은 전혀 예상치 못한 대 전쟁을 경험하면서 낭만적 생활양상이 급격하게 변하고 사회경제적인 면에서도 세계 공항을 통해 경제의 뿌리가 흔들리었다. 정치체제에서는 파시즘과 전체주의의 등장으로 서구 민주주의에서 보지 못한 역사적 상황으로 두려움을 갖게 되었다. 이러한 변화는 곧 한 시대가 지나고 새로운 시대가 도래하는 전환기적 징조였다.

이 시기에 하나의 뚜렷한 변화는 서구 열강들에 의해 무참히 짓밟힌 아시아와 아프리카 제3세계의 각성과 대두였다. 그 내적 상황은 나라에 따라 저마다 다르고 당면한 문제도 다양했다. 그러나 저마다 거대한 시련과 전환기에 처한 점은 공통적이었다. 이들은 대부분 민족적 독립에 박차를 가하였고 따라서 자연스럽게 민족문화와 전통문화가 점차로 주체의식을 갖고 자리매김 하였으며 새로운 역사 창조발전에 노력하였다. 그러나 이 시기에 일반적인 변화는 매우 다양하게 나타났다.

19) 자크 바전, 「새벽에서 황혼까지, 1500-2000 II」, 이희재 역, (민음사, 2006), 11-605 참조.

(1) 자연과학의 발전: 20세기에 들어와서 자연과학과 기술의 발달은 획기적이고 문자 그대로 경이적이었다. 20세기 초에 아인쉬타인이 발표한 상대성원리는 아이삭 뉴톤이래 우주관을 크게 변화시켰으며 핵물리학의 발달은 핵분열 때 발생하는 거대한 에너지를 이용하여 원자탄과 같은 가공할 핵무기의 제조와 발달을 가져왔다. 그런데 이 같은 원자력의 무서운 힘을 이용해 대신 발전과 동력으로서 평화산업에 이용하려는 연구가 전개되어 원자력 발전소가 건설되었다. 1903년 미국의 라이트 형제에 의해 발명된 비행기는 제트엔진의 발달로 음속을 넘는 제트기로 발달했고 세계의 거리는 1일 권으로 들어왔다. 로케트의 발달은 유도탄 미사일을 발달시켜 대륙 간 미사일을 낳았고 인공위성과 달 로케트의 발사를 성공시켰다. 1990년의 걸프전[20]에서 서방측이 선보인 신무기들은 가공할 힘을 보여주었다. 미국과 소련이 서로 경쟁적으로 이 방면에 힘을 기울인 결과 유인우주선이 달에 착륙하는데 성공하고 각종 탐색과 실험을 위한 인공위성과 우주선이 지구 밖의 광대한 세계를 향하여 날아갔다.

화학공학의 발달은 나일론을 비롯한 합성섬유의 발명과 생산을 가능케 하여 일상생활에 혁명을 가져왔고 생물학, 생화학, 의학 등의 발달은 페니실린, 마이신 계통의 항생제의 발명을 초래하여 종래 난치병으로 알려진 질병의 치료를 가능케 하였다. 이것은 인간의 보건위생과 관련하여 인간 수명연장에 크게 공헌하였으며 최근에는 유전공학의 발달로 수정관 아기나 기타 에이즈 같은 난치병 치료를 위한 의학이 연구 발표되었다. 자연과학의 발달은 전기와 전자공학의 발달에서 더욱 분명하게 보여졌는데, 레이더 같은 전파 탐지기가 출현하고 라디오, 텔레비젼 등이 발명되었으며 최근에는 컴퓨터나 전자계산기의 발명으로 산업과 연구에 활용되고 있다. 이에 따라 인간생활의 급격한 변화가 예상되고 있다. 특별히 통신위성은 통신의 혁명을 초례하여 생방송을 통해 세계 어디서나 행해지는 것을 안방에서 볼 수 있게 되었다. 이러한 과학 기술의 발달은 대량산업을 촉진시키고 사회를 산업사회에서 후기산업사회로 발전시키는 한편 컴퓨터 같은 인조두뇌의 일상생활에의 응용, 인간노동을 대신하는 인조인간의 출현 등은 인간생활의 기계화와 생산

20) 이라크의 쿠웨이트 침탈이 계기가 되어, 1991년 1월 17일-2월 28일, 미국과 영국, 프랑스 등33개의 다국적군이 이라크를 상대로 이라크와 쿠웨이트를 무대로 전쟁을 실시하였다.

의 자동화를 촉진시켰다. 이러한 과학 기술의 발달은 인간생활을 위해 도움을 주고 풍요롭게 할 수 있지만 한편 구 소련의 체노빌 원전 유출이나 1990년의 이라크 전쟁에서 보여준 것처럼 대기 오염과 각종 공해문제를 야기하여 전 인류를 멸망시킬 위험성과 인간을 기계의 노예로 만들 가능성도 엿보인다. 이처럼 극도로 과학화 되어가는 20세기 말을 살면서 우리는 세계평화의 확립과 참된 인간성 회복이 더욱 절실하게 요청됨을 인식하게 된다.

(2) 사회과학과 철학사상: 20세기 사상의 발전에 있어서 주목되는 점은 인간의 비합리성 강조와 반지성적인 경향이라는 것이다. 이 같은 조류는 대체로 양차 대전을 통한 사람들의 허무감과 비관, 혼란을 그대로 반영하는 것이다. 제1차 대전으로 사람들의 낭만적 꿈은 무참히 파괴되어 최초로 무시무시한 살육 전이 벌어지고 거기에 경제공항까지 겹쳤으며 전체주의국가가 출현하여 인류 문명을 회복할 길이 보이지 않았다. 따라서 사람들은 이 같은 허무와 절망을 극복하기 위해 흔히 초자연적인 힘의 도움을 기대하고 있었다. 그 대표적인 예는 바로 정신분석학을 주창한 프로이드(1856-1939)와 조건반사설을 주장한 러시아의 파블로프였다. 조건반사설은 인간은 일정한 조건과 상황에 대하여 일정한 반응을 보인다는 견해이며 프로이드의 정신분석은 인간의 깊은 의식 속에 감추어져 있는 잠재의식 내지 무의식의 세계까지 파고들어 인간의식과 심리의 새로운 영역을 개척하였으며 사회과학과 인간연구와 정신요법에도 큰 영향을 미쳤다.

경제학에서는 영국의 케인즈(1883-1946)의 완전고용이론 등이 주목되며 제2차 세계대전 후에는 개발도상국의 경제발전을 중심으로 근대화론과 경제성장론이 나타났으며, 한편 제3세계의 등장과 더불어 종속이론이 주목을 끌었다. 사회학에서는 막스 베버(1864-1920)가 사실을 분석하는 데 추상적인 이념형을 이용하는 방법론을 제시하였다. 이와 달리 20세기의 철학과 일반사조는 비관과 실의에 물 들었으며 그러한 가운데 새로운 인간성의 탐구와 회복의 모색이 이루어졌다. 그토록 확신에 찬 서구 지성인들은 자기 손으로 전쟁을 일으켜 인류 역사상 가장 많은 사람을 죽이고 그 손으로 이룩한 문명을 파괴함으로 마침내 자기모순에 직면하였다. 그 결과 인간의 합리적 논리와 영원한 진리, 그리고 진보 발전에 신뢰를 받은 그들의 사고가 파괴 되면서 낭만적인 인간 외부에 대한 관심을 인간 내부의 세계로 돌려 인간 실존의 연구에 몰두하였다. 따라서 실존주의가 급속히 확산되어 인간의 기본이 무엇인가? 혹은 인간이란 무엇인가?의 질문이 쇄도하였다. 이들은 인간의 본질은 지성인데 이 지성은 실용적인 것이 아니고 진리 자체를 탐구하는 것이다 라고 했다.

1938년 프랑스의 사르트르에 의해 시작된 이 철학은 이미 19세기 중엽 덴마크 신학자 키에르케고르의 기독교적 실존주의에 기초하여 하나의 자유로운 개인으로서의 인간의 실존이 인생의 기본사실이고 주장하였다. 그에 따르면 인간은 바로 자유로운 존재라는 사실 때문에 고뇌와 공포를 느끼며 결국 신에 대한 믿음도 사라진다. 실존철학에 의하면 인간이 절망으로부터의 유일한 도피의 길은 관련을 갖는 것 즉 인간사에 대한 적극적 참여를 통해서이다. 사르트르와 같이 하이데거와 야스퍼스도 많은 철학자와 다른 작가들에게 영향을 미쳤다. 그는 현실의 모순과 부조리 속에서 절망과 좌절을 극복하고 삶의 참뜻을 찾으려고 했다.

이 같은 철학사상의 인간과 세계에 대한 비판론은 종교에 대한 비판론에서도 예외는 아니었다. 스위스의 칼 바르트나 에밀 브룬너 등은 이러한 사상에 기초하여 기독교를 재정립하였다. 이것은 소위 칼 바르트의 신정통주의로 위기신학으로 불리며, 가톨릭에서는 신스콜라주의를 통해 이 같은 경향을 보였다. 스위스의 바르트와 미국의 라인홀드 니버는 전능한 신이 세계를 지배하며 자신의 목적에 따라 사물을 다룬다고 믿었다. 그러나 그들은 인간이 신의 이미지를 본떠 만들어진 도덕적인 존재이며 자유로운 존재라고 생각하였다. 그러나 인간본성은 자만과 자애에 의해 부패했으며 그것이 전쟁과 폭력, 착취의 근원이었다. 니버가 신교에서 과도한 자유가 부여된 것을 한탄한 반면 신스콜라주의를 대변하는 자크스 마리땡은 권위에 너무 의존하려는 가톨릭적 경향을 비판하였다. 신스콜라주의에 의하면 세계의 구제는 토마스 아퀴나스의 예지에 바탕을 둔 기독교문화를 발전시키는가의 여부에 달려있다는 것이다. 그러나 신정통주의와 신스콜라주의는 모두 현대의 혼돈과 비관을 극복하기 위한 기독교의 역할을 강조하였다.

반지성주의가 20세기의 한 특징이지만 그러나 합리주의나 지성존중의 경향이 사라진 것은 아니었다. 유럽인들의 의식 저변에는 이런 사상이 넓게 깔려있다. 본래 영국출신으로 후에 미국의 하바드대학 교수를 지낸 화이트헤드는 현대사상에 있어서 과학적 발견의 역할을 재평가하였다. 그는 플라톤과 칸트. 아인슈타인의 영향을 받고 이성과 함께 직관을 타당한 지식의 수단이라고 인정하였다. 정치철학과 사회이론에서 자유주의적 입장을 취한 그는 인간사회의 진보를 확실성을 믿었으며 신을 전지전능의 신이 아닌 인간을 도와 완성케 하는 사랑의 신으로 보았다. 1918년 이전에 실용주의 철학으로 유명했던 존 듀이는 1920년 출판한 「철학의 재건」에서 철학이 궁극적인 추상적인 실재를 다루지 말고 인류를 움직이는 도덕적 힘을 개발해야 한다고 주장하였다. 그는 대부분의 현대의 철학자들과 달리 인간은 지식을 활용한다면 초자연적인 도움 없이 자신의 문제를 해결할 수 있다고 하였다. 듀이는 1930년대의 전체주의적 압제가 심화되었을 때 인간의 자유가 얼마나 중요한지를 역설하였다. 그는 자유와 평등 및 경험과 교육에 의해 인도되는 현명한 판단을 형성하는 능력은 민주주의의 본질이라고 역설했다. 그리하여 그는 비관주의에 맞섰다.

(3) 문학과 예술: 1920년대의 문학사조는 냉소주의와 비극적 운명에 대한 선입관을 갖은 이른바 잃어버린 세대로서 깨어진 이상을 갖고 전쟁을 끝내고 돌아온 당시의 젊은이들을 대변하였다. 이러한 잃어버린 세대를 대표한 문인들은 진지하게 새로운 인간성을 모색하고 사회나 정치문제에도 관심을 보였다. 이들 중에는 소설가 헤밍웨이와 시인 엘리오트, 극작가 오닐 등이 있다. 헤밍웨이는 「무기여 잘있거라」(*A Farewell to Arms*, 1929)에서 전쟁의 어리석음과 야비함을 표현하고, 엘리오트는 「황무지」(*The Waste Land*, 1922)에서 절망에 가까운 사상을 제시하였다. 오닐의 비관론은 사회의 결함에서 온 것이 아니라 차라리 비정상적인 인간본성에서 유래하였다. 그리고 에릭 레마르크는 1929년의 「서부전선 이상없다」에서 헤밍웨이보다 오히려 더 적절히 전쟁의 잔인성과 무의미함을 묘사하였다. 토마스 만은 1924년에 저술한 「마의 산」에서 인위적이며 퇴폐적인 사회에 의해 가치가 전도되고 환상을 일으키는 과정을 심리적으로 분석하였다. 그 외에도 로망 롤랑, 앙드레 지드가 있고 실존주의 작가들인 사르트르, 까뮈 등은 부조리 속의 인간과 그것을 극복하려는 인간상을 그렸다. 그리고 카프카 또한 매우 중요한 작품을 썼다.

1930-1950년대의 현대문학은 대공항을 맞으면서 새로운 국면에 들어섰다. 경제적 붕괴와 파시즘, 전쟁의 위험 속에서 문인들은 창작활동을 통해 무엇인가 적극적이며 건설적인 의미를 발견하였다. 여기에 사회고발적 성격을 보편적인 것으로 승화시킨 존 스타인백의 「분노의 포도」(*The Grapes of Wrath*)가 대표적인데

그는 당시의 역경 속에 있는 빈곤한 농부들의 모습을 묘사하였다. 말로는 「인간의 희망」에서 스페인 파시즘과의 싸움에서 영웅들의 사심없는 충성을 그렸다. 헤밍웨이는 또한 「누구를 위하여 종은 울리는가」에서 많은 사람들의 대의명분을 위해 스스로를 위해 희생하는 것이 개인의 인생의 의미와 존엄을 찾는 것임을 시사하였다. 제임스 존스의 「지상에서 영원으로」는 군대생활의 조잡함과 모순을 사실적으로 묘사하였다. 1960년대 이후 문학은 약자와 불행한 자에 대한 정당치 않은 대우와 사회부정의에 대한 일반적인 항의를 보여준다. 동시에 현대 생활에 있어서의 개인의 말살 또는 무의미해지는 것을 고발하는 작품이 나왔는데 러시아의 파스테르나크의 의사 지바고가 바로 그것이다. 개인과 집단, 개인과 사회 또는 기성체제와의 충돌에서 개인의 입장을 두둔하려는 작품은 미국의 비트세대와 영국의 노한 젊은이들에서 대변되었다.

금세기의 특징은 또한 미술을 통해 표현되었는데 인간 내부 생명의 표현을 목표로 하는 주관적인 표현주의와 대담한 화풍을 전개하는 야수파, 환상적인 세계를 묘사하는 초현실주의, 기하학적 구성과 색채를 사용하는 추상파 등 매우 다양하다. 그들의 공통된 특징은 전통적인 미의 개념을 배척하고 새로운 미를 탐구하고 창조하려는 점이며 여기에는 마티스, 피카소, 루오, 브라크 등이 있다. 현대음악 또한 미술과 마찬가지로 전통적인 음악에 대한 도전을 그 특징으로 삼고 있으며 불협화음의 사용 등 새로운 수법을 도입하고 종래와는 다른 음악 세계를 모색하고 있다. 스트라빈스키, 쇤베르크, 바르토크 등이 그 대표이며, 시벨리우스, 쇼스타코비치 등은 고전적인 전통을 바탕으로 독자적인 음악세계를 개척하였다. 그리고 최근에 발달한 현대 음악에는 전자 컴퓨터의 등장으로 전자음악이 활개를 치며 복잡하고 어지러운 이 같은 무수한 소음 속에서 인간의 한 광란의 모습을 발견한다.

6. 역사학자들의 역사평가

이 시기에 세계의 각 분야에서 많은 변화가 있었는데 이런 세계 속에서 역사학자들은 어떤 입장을 견지했는가? 우리가 이미 앞에서 살펴보았듯이 20세기는 양차대전을 겪으면서 역사학에도 많은 변화를 제공하였다. 이들은 그 시대를 매우 비판적으로 보았는데 그것은 양차 대전으로 인해 파괴된 인간의 낭만적 꿈에 대한 회한으로 표출되었다. 그들은 이 양차대전으로 그동안 인류가 쌓아온 위대한 사상들을 완전히 파괴해 버렸다고 주장했다. 그러나 이 같은 비판은 역사학자들뿐 아니라 철학과 과학, 심지어 신학분야에서도 매우 거세게 일어났다. 이것을 한 마디로 위기에 직면한 현대의 모습이라고 할 수 있다. 그러나 본 장에서 필자는 20세기가 낳은 4명의 역사가들을 통하여 금세기를 간단히 조명하였다.

(1) 슈펭글러(Oswald Spengler, 1880-1936): 1914년부터 이미 대표작을 저술해 온 슈펭글러는 1918년 「서구의 몰락」(*The Decline of the West*)을 출판하여 8년 동안 무려 10만권이 팔리는 대 기록을 남겼다. 슈펭글러는 전쟁 동안에 독일의 승리를 바라고 민주주의의 불가능성을 주장하며 유럽문명의 위기를 경고하여 그 시대의 비관주의를 표현했다. 슈펭글러는 이 책에서 독일과 서구 문명에 실제로 지금 무엇이 일어나고 있는가를 통해 서구 세계가 피할 수 없는 몰락으로 가고 있다는 사실을 입증하였다. 그는 이 책에서 세계 여러 다른 민족들의 상호 관계에 관한 역사, 그리고 고대로부터 중세, 중세로부터 현대로 이어지는 역사의 기술과 같은 역사기술 방식을 거부했다. 그는 민족과 국민성, 종족에 대한 논의 보다는 한 문화 후에 소멸하는 문화를 논하였다. 그에 따르면 각 문화는 인간이나 생물체의 생명과 같이 문화의 고유한 생명을 영위한다. 먼저 봄이 있으며, 여름과 가을, 그리고 마침내 피할 수 없는 겨울의 죽음이 있다는 것이다.

슈펭글러의 이런 관점은 매우 포괄적으로 중국과 멕시코, 그리고 고대 그리스와 로마, 음악과 노래 그리고 예술의 신으로 고대 희랍의 아폴리나리안 문화에 포함시켰고, 바빌로니아와 아라비아 및 유대 문화를 아라비안 문화에, 그리고 대략 10세기 이래로 서구 문화를 괴테의 파우스트에서 묘사된 자유와 행복을 추구하는 파우스티안 문화에 포함 시켰다. 그는 이 같은 구별을 통해 전통적인 역사 서술의 방법을 배척하고 그의 독특한 직관, 통찰력 및 조명의 빛에 의한 은사를 강조하였다. 그는 이러한 은사를 도구로 예언을 설계했으며 문화의 예언자적 역할을 수행하였다. 그의 운명의 시계 바늘은 분명히 전 서구 세계의 파우스티안 문화(자유와 행복)의 종말을 지적하였다. 슈펭글러는 영구불변의 한 역사적 법칙을 발견했는데 그 법칙이란 완전히 성숙한 문화는 문명으로 바뀌며 이것은 가을에서 겨울로의 변천과 같다고 했다. 문명적으로 바뀌는 것은 문화의 피할 수 없는 운명이라고 주장했다.

그는 이 사실을 폭풍에 의해 뿌리 채 뽑혀 말라버린 나무에 이것을 비유하였다. 파멸의 길에 접어든 문화가 바로 문명에 대한 그의 관점이었다. 외부로는 여전히 생명의 흔적과 화려함이 보이지만 그것은 무기력하고 수척하여 몰락하는 것이다. 결국 슈펭글러는 문화는 창조적이라고 확신했고 그에게 그것은 항상 새로운 전망을 향해 열려있었다. 반면 문명은 황폐한 것으로 가까운 장래에 발견할 것을 분석하며 번영을 위하여 온갖 대가를 치루더라도 그것을 유지시키기를 원한다. 문화가 전원에서 번영하는 한편 문명은 문명의 중심으로서의 대도시의 타락을 볼 수 있다. 문화는 예술 형태의 감각으로 표현되지만 문명은 형태와 조직의 몰락으로 특징된다. 문화는 봄의 싱싱함과 여름의 아름다움을 지니지만 문명은 가을의 퇴색한 색조를 보여준다. 혼란이 비참한 질서와 함께 나타나는데 바로 유럽은 힘의 균형의 끊임없는 이동이 요구되고 있다는 것이다. 그는 이제 지구상에서 백인의 지배는 종말에 근접했다고 보았다. 그는 옛 로마 제국의 몰락을 저질 극장, 표현주의 권투시합, 노예들의 춤, 도박과 각종 경기 때문이었다고 지적했는데 오늘 서구는 다시 로마로 돌아가는 것을 발견할 수 있다고 했다.[21] 그러므로 그에게 모든 것은 운명의 지배를 받는다. 이 같은 그의 사상은 결국 독일의 국가 사회주의의 발생을 촉진지키며, 히틀러를 영웅이 아닌 영웅적인 가수 혹은 배우라고 불렀다. 그러나 그의 후작들은 나찌의 서적처럼 편견에 차있음이 밝혀졌다. 예를 들면, 1933년 출판된「결정의 시각」에서 그는 민주주의, 평화론, 국제협력, 하층계급, 유색인종에 대하여 맹렬히 비난하였다. 그는 지배자로 태어나서 또 그렇게 불리는 사람들을 격찬하고 본능, 인종, 소유욕과 집권욕 등을 찬미하였다.

(2) 아놀드 토인비(Arnold (Joseph) Toynbee, 1889-1975): 1889년 영국에서 태어난 토인비는 슈펭글러와 아주 다른 역사적 체계를 갖진 대 학자였다. 그는 10권으로 된 불후의 역작「역사의 연구」에서 모두 21개의 연속적인 문명을 언급하며 역사철학적 문명론을 전개했다. 토인비는 여기서 각 문명이 몰락에 포함되어 있는 도전과 도전에 대하여 응전할 수 있는 가능성을 강조했다. 토인비는 자신이 새로운 세계종교의 동트는 새벽이 밝아 오고 있다고 믿고 세계의 4대 종교인 기독교, 힌두교, 이슬람교, 불교는 진리의 요소를 포함하고 있다고 보았다. 토인비는

21) 서요한, "제1장 기독교의 역사 개관(1)",「초대교회사」, (도서출판 그리심, 2010), 39-42.

자신이 기독교인이라 했으면서도 다분히 혼합주의적 이었다. 그는 자신의 시대가 안고 있는 서구 세계의 위기에 관심을 갖고, 이 위기는 약 400년 전인 1500년경에 이미 몰락의 징조가 도처에서 발견되기 시작되었다고 보았다. 왜냐하면 새로운 문화의 주기는 옛 것을 계승하려하기 때문인데 서구 주기에 보편적 국가의 종말이 도달했다는 것이 바로 토인비의 신념이었다. 따라서 그는 1939년 제2차 세계대전이 발발하였을 때 승리자는 새로운 보편적 국가의 건설 자가 되어야 할 것이라고 가정했다.[22] 그의 사후 역사가들은 그의 사상을 비판했으면서도 그를 권위 있는 사상가로 생각했다. 그것은 그가 사건과 역사의 문화적 발전에 대한 뛰어난 관점을 제시했던 훌륭한 사상가였기 때문이다.

(3) 요한 하이징가(Johan Huizinga, 1872-1945): 슈펭글러와 토인비 이후에 또다시 역사에 등장한 사람이 하이징가이다. 하이징가는 레이든 대학에서 매우 명성있고 인정받은 역사가였다. 그의 마지막 두 작품「내일의 그늘 아래서」와「상처받은 사회」에서 그는 자기 시대의 문화 안에 있는 멸망의 징조에 관한 명백한 예상을 피력했다. 1935년에 출판된 책에서 하이징가는 직접적으로 슈펭글러를 지지하여 그의 작품을 전 세계에 살고 있는 수많은 사람들을 위한 경종의 신호라고 일컬었다. 하지만 그는 슈펭글러가 인간은 동물의 먹이이며 그러므로 고등생물의 일종으로 분류되어야 한다고 언급한 것을 비판했다. 하이징가는 그 시대의 많은 병폐 중에서 그가 유치주의와 같다고 말한 계속적인 미성숙을 지적한다. 그는 또한 미신과 불성실을 언급하기도 한다. 미신에 관해 말할 때 하이징가는 우선 별들이 무엇을 예언하고 있다 또는 이와 유사한 것들로 부터 발견되는 실례를 언급한다. 그러나 그는 현대 무기에 대한 인간의 신임을 거듭 강조한다. 즉 전쟁의 효과에 대한 끊임없는 신임은 글자 그대로 거의가 과거부터 내려온 미신의 찌꺼기라고 하면서 현대 세계에서도 그것의 힘과 수단의 사용을 아직은 제어할 수 있다고 했다. [23] 그는 영토확장을 위한 전쟁을 비난하고 기독교의 가치에 대해서도 문제를 제기했다. 그에 따르면 앞으로 다가올 시기에 보통 평범한 지성인들이 십자가, 부활, 예정, 심판과 같은 개념을 가지고 살게될 것을 바라는 것은 단지 선한 의지를 가진 사람 내부에서 저속하지 않은 참된 휴머니즘을 바라는 것이었다.

22) 서요한, 39-42.
23) 서요한, 39-42.

(4) 솔로킨: 러시아인인 솔로킨은 1889년에 서구문명의 위기를 규정했는데 그 후 1923년 고향을 떠나 1930년 미국 시민이 되었고, 곧바로 하바드 대학에서 사회학 교수로 명성을 떨쳤다. 그는 「우리 시대의 위기에서」(*The Crisis of Our Age*)에서 B.C. 500년부터 A.D. 1925년 사이에 일어난 약 967의 전쟁으로 인한 파괴를 비교하였다. 그에 따르면 그 전쟁 중에서 가장 평화로웠던 때가 A.D. 1세기였으며 B.C. 3세기의 이탈리아의 상황을 제외하면 20세기 최초 25년간은 그 어떠한 전 세기보다도 더욱 파괴적인 전쟁 기간이었다고 결론지었다. 그리고 그 다음의 25년간을 B.C. 3세기가 더욱 평화로웠다고 했다. 솔로킨은 그의 시대의 가장 심각한 현상중의 하나로 가정생활의 붕괴를 언급했다. 청소년 범죄의 증가와 평범한 살인범에서부터 독재자의 경호 결과는 청소년 범죄의 증가와 평범한 살인범에서부터 독재자의 경호원들에 이르기까지 아무런 도덕적 순결도 없이 많은 범죄를 저지르는 죄수들이 자꾸만 늘어갔다. 자살률이 증가하고 온갖 정신질환 그리고 외교가들의 허위성을 지적했다.

7. 격동기 교회의 역할과 사명

전쟁과 기독교 박해, 현대과학의 발전과 세속화와 물질주의, 기독교 교회의 쇠퇴 등으로 정리될 20세기는 우리에게 격동기에 교회가 이룩한 몇 가지 교훈을 제공한다.

7.1. 연합운동 전개와 기독교의 박해

세계 역사의 변화과정 속에서 한편 교회는 어떤 상황에 처해 있었는가? 그것은 교회가 20세기에 들어오면서 교회 연합운동을 활발하게 전개했다는 점이다. 소위 에큐메니칼이라는 용어는 같은 시기에 태동한 세계 교회 협의회와 직접적으로 관련이 깊다. WCC, 세계종교협의회는 1948년 8월 23일 암스테르담에서 대단한 환호성과 함께 시작되었다. 44개국을 대표하여 147개의 교회에서 대표자들이 모였다. 세계교회 협의회는 우리 주 예수 그리스도를 하나님과 구세주로 받아들이는 교회들의 교제이다를 기본 전제로 했다. 그러나 이 기본적인 전제는 신앙고백의 기준으로 해석되거나 적용될 수는 없고 단지 WCC가 교회라는 것 이외의 다른 의미가 없다고 주장했다. WCC의 중심사상은 근본적으로 교회의 일치이다. 때문에 이들은 교회의 불일치는 죄이며 우리는 이 죄를 단 하루 아니 한 시간 동안이라도 묵인해서는 안 된다. 그러므로 모든 교회들 사이의 연합은 모든 가능한 방법을 다 동원해서 이루어져야 한다. 따라서 이들은 요 17:21에 나오는 그리스도의 기도를 인용하였다. 그리스도인의 연합을 파괴하는 어떤 신앙고백이나 교리를 용납하지 않았다. 바로 이런 추세에 반대하여 1941년 미국에서 복음주의 협회와 1948년 화란의 암스테르담에서 국제 기독교회협의회가 설립되었다. 1961년 이후 러시아 정교회가 WCC의 회원이 되고 이들은 가톨릭과 서로 공통적인 입장을 취하였다.

7.2. 교회의 박해와 기독교 선교

이 같은 교회 연합운동과 함께 20세기에 들어와서 교회의 박해 사건이 대조적으로 발생하였다. 이 박해는 많은 다른 시대와 같이 어떤 특별한 기독교 단체에 대하여 행하여진 것은 아니었다. 오히려 박해는 기독교 일반에 대한 것으로 로마 가톨릭과 개신교, 그리고 동방정교의 신자들을 괴롭혔다. 그중에 빼놓을 수 없는 것은 독일 나치군의 이스라엘 학살과 러시아의 전체주의자들의 기독교 박해이다. 이들은 그 진행 과정에서부터 기독교를 목 졸라 질식시킴으로서 모든 삶과 삶의 모든 표현들까지 지배하려고 했다. 러시아군은 폴란드를 무력으로 삼켰고 결국 어두운 그림자가 발칸 반도와 동부, 중아 유럽의 모든 공산국가들에 걸쳐 드리워졌다.

8. 결론: 종합적 이해와 평가

8.1. 종합적 이해

지금까지 앞에서 살펴본 바와 같이 20세기는 제국주의의 팽창으로 인한 양차 대전과 그 후 태동한 동서 간의 냉전 체제로 인류가 그동안 지향한 낭만주의적 낙관론을 무참히 파괴하고 엄청난 희생과 길고 긴 인고의 세월을 우리에게 가져다

주었다. 인류는 자유와 행복을 원했으나 정작 그들이 받은 보상은 전혀 상상도 할 수 없는 가난과 압제, 살상과 죽음, 국가와 민족의 분단 등으로 역사를 수 놓았다. 결국 인간이 그토록 집요하게 추구하던 이상주의는 어디로 가고 이처럼 씁쓸한 상처만 남게 되었는가? 이 같은 인류의 낭만주의적 낙관론의 상실과 전쟁의 공포에 대하여 일찌기 슈펭글러나 토인비, 하이징가나 솔로킨은 당시의 역사를 다양하게 재해석했으나 결국 그들의 논리로는 그 원인을 규명할 수는 없는 문제였다. 과거 초대교회와 중세, 종교개혁시대, 혹은 근대 교회사가 보여 주듯이 여기에는 신학적인 재해석이 뒤따라야만 그 과거 역사를 제대로 이해할 수 있을 것이다.

8.2. 평가

따라서 필자는 본고를 마무리 하면서 몇 가지로 현대교회사를 평가하였다.

(1) 먼저 현대교회사는 우리에게 부패한 인간의 참된 모습이 어떠한지를 역설한다. 그동안의 역사가 보여준 교훈은 부패한 인간의 교만과 오만이 어느 정도인가를 극명하게 보여준다. 인간은 자신의 분복에 만족하지 않고 끝없이 더 많은 자유와 행복을 추구하는 아담의 지극히 이기적 및 타락적인 실상을 발견한다. 때문에 인간은 더 많은 것을 얻고 소유하기 위해서 전쟁을 도발하고 인권을 유린하며 약육강식의 파렴치한 행동을 저질렀다. 인간은 하나님 중심적 신앙을 버리고 자기중심적 삶을 추구한다. 그럼에도 불구하고 인간은 자신의 잘못을 뉘우치거나 사죄를 구하는 성숙한 행동을 전혀 보여주지 않았다.

(2) 금세기의 역사는 인간의 교만을 꺾으신 하나님의 섭리를 입체적으로 보여준다. 이것은 마치 창 11:에 나오는 시날 평지에 바벨탑을 쌓은 노아의 후손들처럼 하나님을 섬기지 않고 교만에 빠져 이 세상의 향락과 문화 건설에 온 힘을 기울인 인류에 대한 죄와 죄악에 대한 심판이었다. 결국 죄악은 사람들의 마음을 삐뚤어지게 하고 그 결과는 박해와 학살, 전쟁과 살상으로 엄청난 인명을 빼앗았다. 하나님은 언제나 죄악이 관영할 때 심판을 내리셨는데 자유주의 신학과 교회내의 혼합주의 현상은 결국 이 같은 무서운 심판을 초래하는 원인을 제공하였다. 범죄한 인간이 이 세상을 떠나 어디서 안식처를 찾을 수 있겠는가? 결국 그는 하나님의 낯을 피할 수 없고 그의 심판을 받게 될 것이다. 죄에 대한 하나님의 심판은

매우 자연스럽다. 그분의 심판은 그의 사랑의 한 표현이기 때문이다.

(3) 현대 교회사는 우리에게 인간은 겸손히 하나님께 나아가 무릎을 꿇고 그를 경배해야 할 것을 가르친다. 우리가 죄악 중에 살아도 하나님은 우리에게 아직도 회개의 때를 허락하시며 많은 사람들이 회개하고 주께 돌아오기를 기다리고 계신다. 왜 하나님은 강팍한 우리에게 이런 은혜를 베푸시는가? 그것은 우리로 하여금 아름다운 공동체 건설을 위해 일하도록 하기 위함이다. 세상은 생존을 위해서는 한 치의 양보도 없다. 우리는 세상적인 약육강식의 풍속도에서 벗어나 새로운 삶의 형태를 추구하고 더불어 함께 사는 사회를 이룩해야 겠다. 이것은 성경에 보니까 부름받은 그의 자녀와 교회를 통한 성취외에 다른 방도가 없다. 즉 하나님의 자녀들이 서로 화목하고 용서하며 사랑하는 일이 긴박하게 요청된다는 것이다. 특별히 이상적 기독교 공동체 건설을 위하여 우리는 각자 주님 앞에서 진실하게 각자 맡은바 일에 최선을 다해야겠다. 그러기 위해서는 시급하게 요청되는 것이 윤리의식의 고취이다. 세속문화에 도취되지 말고 오히려 영성문화에 관심을 갖고 이것을 위해 더욱 힘써야 할 것이다.

(4) 현대 교회사는 현실보다는 미래에 소망을 두고 살아야 할 것을 보여준다. 결국 역사의 교훈은 우리 모두가 종말을 향해 그 걸음을 내딛고 있다는 것을 보여준다. 언젠가 심판의 날이 도래할 때에 우리가 이룩한 문명은 무참히 파멸할 것이며 그때 이 세상 것들이 얼마나 허무한가를 목격하게 될 것이다. 결국 20세기 초 인류가 추구해온 그 이상주의는 허무하게 무너졌다. 그러나 주님이 세우시는 미래의 세계는 그분과 함께 영원토록 설 것이다. 우리는 믿음의 눈으로 앞으로 도래할 하나님의 나라를 바라보며 주께로 한걸음 더 나가게 되며 동시에 우리에게 맡겨진 사명을 잘 감당해야 겠다는 결심을 갖게 된다. 눈물을 흘리며 씨를 뿌리는 자는 기쁨으로 거두리로다. 울며 씨를 뿌리러 나가는 자는 기쁨으로 그 단을 가지고 돌아오게 될 것이다. 우리가 앞으로 살아갈 미래의 세계는 그만큼 우리에게 확실한 믿음을 요구한다.

앞으로 우리는 우리의 생애를 통해 얼마나 많은 어려움과 역경을 당할지 모른다. 어쩌면 그 어려움은 우리가 이미 경험한 그것보다도 더 험란하고 때로 견디기 힘든 것일지도 모른다. 그러나 인생의 어려운 고비 때 마다 기도하며 그분께서 주시는 은혜를 통해 큰 위로를 받고 모두 승리하는 여러분이 되기를 바란다. 지난 3

년간의 학교 생활을 돌아보며 어려운 고비마다 힘과 용기를 돗우신 주님께 감사하고, 주께서 나와 우리 모두에게 베푸신 은혜를 헤아려 보며 더욱 믿음위에 강건하기를 바란다. 계속되는 목회사역에 좋은 교제와 승리의 소식을 기다린다. 때로 기억날 때 기도속에 부족한 저를 기억하고 무엇보다도 학교의 장래를 위해 관심을 갖기를 바란다. 여러분 모두에게 주님의 축복을 기원한다. 항상 건강하며 모두 승리하는 목회자가 되기를 바란다.

제16장

현대 기독교 자유주의 신학 소고

-급진적 자유주의 신학과 신학자들의 계보-

1. 서론: 일반적 특징

역사적으로 급변하던 18세기의 유산을 이어받은 19세기는 더욱 진보된 산업과 자연과학의 발달로 기대에 부풀어 있었다.[1)] 당시 서구의 선진국들은 많은 신무기

1) 미래학자 엘빈 토플러에 따르면 세계는 18세기 이후 놀라운 변화를 겪으며 급속도로 발전해 왔다. 그는 산업 혁명 이후의 역사를 4단계로 구분하여 설명한다. 그에 따르면 제1차 혁명은 18세기 후반인 1760년에 시작하여 1920년대까지 오랫동안 주로 철강과 석탄 산업에 치중하며 세계 산업을 주도했다. 그리고 제2차 혁명은 1920대부터 1980년대까지로 석유경제체제를 도입한 산업화의 확립이다. 그리고 제3차 혁명은 1980년대 이후 지금까지로 하루가 다르게 급변하는 최 점단 기술 산업 시대라 규정했다. 특별히 최근에 와서 우리는 우주과학과 놀라운 향상과 인간복제를 포함한 생물과학의 발전을 목도하면서 끝없이 발전해가는 신과학 문명에 아연실색(啞然失色)하고 유구무언(有口無言)일 뿐이다. 그런데 토플러 박사는 마지막 단계로 21세기는 해양산업시대가 될 것이라 주장했다. 이에 대하여 세계적인 해양학자인 엘리자베스 보기스 교수도 그의 저서 「해양의 미래」에서 21세기 해양산업시대를 구체적으로 기술하고 이를 해양혁명으로 명명하였다. 사실 해양은 점점 소멸해 가는 지상 자원의 고갈로 볼 때 앞으로 무한한 광물(鑛物)에너지와 식량자원의 보고일 뿐만 아니라 무역과 안보, 수송과 육상생산시스템과도 밀접히 연관되어 있다. 이제 해양 이용은 선직국이나 개도국, 연안국이나 내륙국 할 것 없이 모든 국가의 관심과 이해가 얽혀 있다. 인류문명이 육상에서의 성장 한계를 극복하기 위해서도 해양 산업의 개발 육성은 이제 필수적이다. 따라서 21세기는 지난 과거의 산업적 발전과 달리 누가 얼마나 해양권을 확보하느냐에 따라 국가의 운명이 좌우될 상황에 이르게 될 것이다. 끝없이 전개될 치열한 생존경쟁의 미래를 앞

들을 개발하여 식민지 정복에 박차를 가하게 되었고 이들의 통치 영역은 전 세계로 확대되었다. 정치 경제적으로 세계는 미국과 영국, 프랑스 같은 서구 제국주의 강대국과 아시아나 아프리카와 같은 피지배 약소국가로 구분되며 빈부의 격차는 더욱 심화되었다. 한편 사상적으로는 진화론 같은 무한한 진보의 가능성을 믿는 학설들이 난무하면서 새로운 변화와 지적 추구를 일삼게 되었다. 사람들은 이성을 축으로 만능사상을 창출하며 불가능은 없다는 확신에 차 있었다. 이런 과정에서 하나님 중심의 전통적인 종교 신앙이나 지식보다 인간적 감정의 중요성을 강조하며 자연으로 돌아가자는 낭만주의가 등장하게 되었다. 한마디로 서구인들은 자연과학의 활용으로 자연을 정복하고 무력으로 많은 통치 영역들을 확대하자 그들 스스로의 이상으로 무한한 가능성을 개발하고 발전하면 인간이 꿈꾸던 유토피아적 이상세계를 이룰 수 있다고 믿었다. 때문에 교회는 이처럼 거세게 몰아 닥친 세속적 사조(思潮)에 휘말리며 개혁적 전통과 신앙을 사수해야 하는 기로에 서게 되었다.

특히 라우센부쉬의[2] 사회복음주의 제창으로 급속하게 확산된 기독교의 사랑 정신이 전 미국의 생활영역을 깊숙히 침투하며 종교뿐만 아니라 정치와 경제영역에 기독교의 사랑의 정신을 이루면 이 땅은 완전한 하나님 나라가 될 수 있다고 믿었다. 이들은 매우 낙관적으로 미국이 점차로 기독교 정신에 의해서 잘 확립되고 있다고 확신하였다. 그러나 라인홀드 니버는 이 사회복음주의가 오히려 기독교 정신을 파괴하여 마침내 하나님 나라를 깨트린다고 주장했다. 그에 따르면 인간은 개인적으로는 도덕적이고 윤리적이지만 사회적으로 단체에 들어가면 윤리적 표준

에 놓고 우리는 엄숙한 마음으로 이에 대처해야겠다.

2) 1861-1918년까지 57년의 생애 동안 기독교 사회운동에 적극적으로 참여한 사람이었다. 그는 독일에서 이주해온 미국의 침례교 목사로 어린 시절 독일에서 교육을 받았고 1884년 로체스터대학교와 1886년 신학교를 졸업했다. 뉴욕의 독일 제2침례교회에서 1886-1887년까지 약 2년간 목회하는 동안 이민자들과 사회 경제적으로 불이익을 당하는 모든 계층의 사람들의 어려움을 알게 되었다. 그는 모교에서 신약과 교회사를 강의했는데 사회 변혁에 대한 의견으로 유명해졌다. 그는 기독교적 사회주의로 교조적인 마르크스주의와 구분하여 정치와 경제에 이상론을 폈다. 죄에 대한 그의 신학적 견해는 매우 온건했으나 사회적 기독교에 헌신하여 결국 미국 사회복음의 아버지가 되었다. 그는 사회적 각성을 위한 기도와 사회질서의 기독교화, 사회복음을 위한 신학 등이 있다. 「교회사대전」, (기독지혜사, 1994), 1권, 523-524..

에 따라 일하지 못하고 단체의 유익과 노동조합의 지도자들을 위해서 일하기 때문에 인간의 이상세계 건설은 불가능하다고 주장했다. 이 같은 현상은 구조적 사회 속에서 더욱 극명하게 나타난다. 개인적으로 아무리 의롭게 살고자 해도 어떤 집단에 구속되게 되면 원하든 원치 않든 제한적인 삶을 살 수밖에 없다.

한편 서구 제국주의의 팽창주의가 한창 번영하던 시기에 세계 선교는 이를 배경으로 폭넓게 확대되었고 그 결과 세계의 사회, 문화, 경제 및 정치에 엄청난 변화를 예고하였다. 이들은 억압과 굶주림에 허덕이는 여러 민족들에게 외형적으로는 구조적 손길을 폈으나 내면적으로는 자국의 영토 확장을 위한 정책을 지속해 나갔다. 이 목적 달성을 위해 그들은 선교적 차원에서 빵과 복음을 앞세워 헐벗는 민족들에게 계속 선심공세를 펼쳤다. 그러나 이들은 그곳으로부터 막대한 재정 탈취와 수탈을 일삼았고 또한 무차별적으로 인권과 국권을 유린하며 농락하였다. 그러나 놀랍게도 이 같은 시기에 미증유(未曾有)의 선교확장이 이루어져 복음이 전세계로 전파되었으며 도처에서 놀라운 부흥운동이 발생하였다. 따라서 사람들은 사랑의 종교인 기독교가 전 세계 인류를 포용할 수 있다고 믿고 이것의 실천을 위해 힘을 썼다.

그러나 이 시대는 종교개혁 이후 기성 교회에 정착된 신학적 전통과 전승에 일대 의문을 제기하고 옛 신앙과 미신, 악폐의 일소와 권위의 배제 등을 외치며 무차별적으로 도전했다. 언제부터인지 사람들의 의식속에는 탈 기독교적 운동이 깊이 뿌리 박히게 되었다. 이 시대의 사상적 발전은 무엇보다도 학문적 연구가 활발하게 나타나며 수많은 업적을 이룩해 낸데 있었다. 그 중에 칸트와 헤겔을 중심으로 발전한 철학적 공헌은 이 시기에 커다란 흐름이었고, 그 외에 신학분야에 있어서도 새로운 인물들의 등장으로 급속도로 변모하게 되었다. 이 같은 변화는 주로 독일을 중심으로 태동 발전했는데 종교 개혁이래 창조적이지는 않았지만 지적 발전에 있어서는 엄청난 변화를 가져오게 하였다. 이것은 라이프니츠의 철학사상에서 유래하여 이후 독일은 철학뿐만 아니라 역사와 예술분야에서 프랑스적 흉내내기에서 탈피하며 새로운 사상체계를 만들었다. 이들은 서구인들의 종교적 및 정신사에 중심적 역할을 하였고 경건주의나 도덕주의 혹은 신비주의 등을 통해 절충적 혼합주의로 발전하였다. 그리하여 기독교적 전통을 집단적 신앙과 교리들로부터 분리해야 한다는 목소리가 높아지게 되었다. 사실 독일의 역사가들과 신학자들은 이미 오랫동안 독일인의 삶속에 내재하고 있던 오직 신앙만의 종교적 이상주의로부터 인간 중심적 성질을 분리시키고자 하였다.

그러나 이 작업은 모두 엄청난 노력이 요구되는 것이었다. 결국 독일인의 철학적인 기반은 이상주의를 기초로 발전하였고 마침내 전 유럽의 신학 사상은 바로 이것을 통해서 이해할 수 있게 되었다. 특히 자연과학에 보다 치중했던 인식론 위주의 앵글로-아메리칸적 경향에 비교하여 볼때 독일 철학은 인간의식의 본질을 파악하고자 하는 내면적인 성찰의 발견들로부터 출발했고 보다 인문과학들의 영향을 더 강하게 받았다. 이 시기에 독일은 무수한 신학자들과 사상가들을 배출하며 자유주의 신학을 꽃피웠는데 그중 특별히 슐라이어마허와 리츨은 이 운동의 주역들이다. 그러나 먼저 필자는 자유주의 신학의 기원과 구분 및 발전에 대하여 살펴보고 그 후 19세기 독일을 중심으로 한 세계 신학계의 거두 몇 사람과 영국과 미국의 개신교 지도자들을 살펴봄으로서 우리 시대에 요구되는 신학은 무엇인가를 고찰하고자 한다.

2. 자유주의 신학의 기원과 특징

(1) 기원: 자유주의는 19세기 말부터 20세기 초에 근본주의와 함께 개신교 안에서 주도적으로 사용된 용어이다. 그러나 이 용어는 제1차 세계 대전과 함께 종언을 고하고, 그 후 다양한 새로운 신학으로 대체 되었다. 최근에 자유주의는 일반적으로 보수신학과 대조적으로 사용한다. 그러나 본래 자유주의는 미국의 정치적 단체들이 사용하던 용어였다. 경제적 및 정치적 자유주의는 가능한 한 국가의 개입이 거의 없는 자유기업과 자유경쟁으로 이상적 경제 질서에 의한 전 세계에 번영을 가져오리라고 믿은 자들의 입장이었다. 그러나 이 용어는 점차 정신과학에서 사용되고 후에 신학적 용어로 채용되었다.

(2) 특징: 이처럼 자유주의는 다양한 그룹들에 의해 폭넓게 사용되었는데 신학적 자유주의는 정치적, 경제적 자유주의의 대칭적 표현이다. 그러나 양자는 엘리트가 나머지 대중들을 위해 무엇이 최선인가를 알고 있으며 사회의 활동과 복음의 의미에 대한 더 분명한 이해를 가지고 있다는데 일치한다. 한때 이 자유주의는 전통적 신학에서 잊혀져 왔던 성경의 근본적 주제들을 재발견하여 타락한 세상에

서 초대 기독교인들처럼 완전하고 철저한 변화와 급속한 전복의 사회 복음운동을 외치기도 했다. 그리하여 그들은 현재 지배하는 자들에게서부터 현재 고통받고 억압받는 자들에게로의 절대적인 권력의 이전을 희망했다. 따라서 이들은 혁명을 통한 개혁을 주창하였다. 그리고 성경 비평을 통해 역사적 예수가 복음서의 내용과 다르다는 사실을 규명하고 예수가 실제 어떤 사람인가를 알아보는데 몰두하였다. 이들은 대체로 예수를 윤리와 도덕적으로 모범이신 분으로 취급한다. 그리하여 신적 존재로서의 예수를 거부하고 십자가에서 죽은 참 모범자 인간 예수를 재발견하는데 총력을 기울였다.

3. 자유주의 신학의 구분과 발전

(1) 구분: 자유주의 신학은 광의적이며 협의적인 의미 둘로 구분할 수 있다. 먼저 전자는 인간의 윤리가 인류와 사회를 구원할 수 있다고 보는 19세기 독일의 슐라이어마허나 리츌 등의 구자유주의 신학을 말한다. 후자의 의미로는 실존주의의 영향을 받아서 성경 연구에 주관적인 이성과 고등비평방법을 사용하는 바르트나 불트만의 신정통주의를 말한다. 이들의 공통점은 모두가 인본주의를 기초로 한다. 그러나 신학에서 자유주의는 대체로 성경의 무오성과 예수의 대신 죽으심, 동정녀 탄생과 육체적인 예수 부활, 그의 임박한 재림 등 성경에 기초한 기독교의 기본 교리를 거부한다. 이들은 역사적 예수의 계시성이나 삼위일체 교리, 인간의 전적 타락을 부인하며 신앙의 절대성을 상대화하고 신학적 관용주의의 추구를 그 원리로 한다. 이에 개신교 신학 내의 근본주의자들은 강한 불만을 표시하고 1895년 나이아가라 폭포에 모여 성경에 기초한 다섯 가지 근본 교리를 발표하였다.

(2) 발전: 이처럼 자유주의는 19세기 낭만주의적 이성에 근거한 낙관론과 자신감의 요소로 급격한 사회적 문화적 발전이 이루어지고 있던 시대에 등장했다. 이는 현대과학, 현대 역사학 그리고 무엇보다도 인류의 해방감과 사회적 민주주의가 편만해 있던 상황에서 신학이 적응해야만 했다. 따라서 그 시대와 신학은 어떤 교의적 접근보다는 다양한 형태의 실험적 접근들을 요구하고 있었다. 여기서 자유주의 신학은 기존의 사회와 교회체제의 변혁을 요구하며 인간 중심의 신학을 확대해 갔다. 그러나 1914년 제1차 세계 대전으로 인하여 그 같은 낙관론과 자신감은

상실되었다. 월남 전쟁은 이 같은 자유주의적 요소들에 치명타를 가하였다. 하지만 이 신학이 횡행했던 당시에 그 시대의 상황에 기독교를 재해석하고 표현함으로 상당한 영향력을 발휘하였다. 그런데 이 자유주의 신학의 내용으로 정확하게 무엇들이 포함되어 있는지는 그리 간단하지가 않다. 그것은 각기 다른 많은 신학 이론을 갖고 있는 학자들에 의해 광범하게 적용되기 때문이다. 더욱 현대는 이 신학이 매우 포괄적으로 표현됨으로 한두 마디로 규명하기가 쉽지 않다. 그러나 본 장에서 필자는 자유주의 신학자들의 사상적 이해를 위해 몇 몇 학자들을 간략히 정리하였다.

4. 슐라이어마허(Friedrich Daniel Ernst Schleiermacher, 1768-1834)

4.1. 슐라이어마허의 생애

슐라이어마허는 19세기 독일 낭만주의가 낳은 최대의 신학자 중에 하나로 전통적인 신학을 완전히 180도 회전시킨 사람이다. 그는 종교개혁 이후 계속된 종교적 주제로 전통적 교리나[3] 혹은 철학적 윤리적 관념을[4] 거부하고 인간의 감정 문제를 절대시하였다.[5] 때문에 학자들은 그를 루터 이후 가장 큰 영향을 끼친 신학

---

3) 예를 들면, 신적 주권과 하나님의 예정, 인간의 범죄와 용서, 구원과 자유, 심판과 재림, 세례와 성찬, 교회 정치와 구조 등을 말한다.

4) 이것은 독일의 관념철학자 임마누엘 칸드의 이론을 말한다. 당시 칸트는 「순수이성 비판」(*The Critique of Pure Reason*, 1781), 「실천이성 비판」(*The Critique of Practical Reason*, 1788), 「판단력 비판」(*The Critique of Judgement*, 1781) 등 3개의 유명한 비평서를 통해 종교철학에 엄청난 영향을 미쳤다. 이중 첫 번째 책에서 칸트는 감각 경험을 초월해 있는 대상들에 대한 이론적인 지식을 갖는 것이 가능하다는 관념을 반박하였다. 칸트는 그동안 전통적으로 이해되어온 종교에 대한 어떤 실제적인 지식이나 인식 근거의 가능성을 제거하고 오히려 종교는 실천 이성의 대상이라 확신했다. 그는 하나님과 규범들, 그리고 불멸하는 생명은 도덕이 작용하기 위해 없어서는 안될 전제로서 필요한 것이다. 따라서 그에게 종교는 감각적인 것이 아니라 윤리학의 문제였다. 이것은 종교를 도덕적 판단의 문제라 주장한 알브레히트 리츨에 의해 곧바로 기독교 신학에 적용되었다. 밀라드 J. 에릭슨, 「복음주의 조직신학」, (크리스챤 다이제스트, 1995), 25-26.

5) 에릭슨 교수에 의하면 이 견해는 는 루돌프 오토(Rudolf Otto)와 같은 사상가들의 현상학적인 분석에 의해 발전되었다. 그는 본질적인 것, 즉 거룩한 것의 인식에 대하여

자로 혹은 "신학적 천재"로[6] 꼽았다. 이 같은 입장은 그를 가장 신랄하게 비판했던 에밀 브루너가 그를 19세기의 위대한 신학자라고 한 것과 리차드 니버가 19세기는 슐라이어마허에 양도해 주어야 한다고[7] 한 말에서 발견된다. 슐라이어마허는 인간의 상황 해석을 위해 정신을 재발견 한 지도자였다. 그러나 그는 오랫동안 사람들에게서 잊혀졌었으나 "한 시대를 창조할"[8] 정도로 막대한 영향력을 끼쳤다. 그가 태어날 당시 서구의 투쟁은 인간의 합리주의적 정통주의의 비판적인 파멸과 이신론의 열정이 냉각되는 여파 속에서 종교개혁의 인격적인 신앙과 종교공동체의 진정한 뿌리에 대한 확고하고도 명백한 의미를 다시 한 번 확립하려는 노력의 형태를 띠고 있었다. 이것을 위해 그는 적극적으로 살며 자신의 천부적인 재능의 힘을 발휘하였다.

그는 프러시아의 한 개혁교회 군목의 아들로 태어나 한때 고전을 연구하던 중에 종교문제와 씨름하였다. 그는 그리스도의 고난과 구원받을 자들이 받을 형벌 사이의 정확한 평형을 찾기 위해 밤을 새우기도 하였다. 그러던 중 1783년 바비(Barby) 소재 모라비안파의 학교에서 교육을 받았다. 그렇게 하여 그는 유년 시절부터 마음의 종교, 즉 경건주의를 보조하던 전통 속에서 자라게 되었다. 그리하여 그는 언제나 기질 상으로 모라비안교도로 남아 있기를 좋아하였다. 그러나 그의 스승들이 유럽의 새로운 지적인 삶의 숨통을 가로막고 있다고 인식하고 일시적으로 가족들로부터 이탈하여 당시 독일의 근본주의 사상의 중심지인 할레 대학과 베를린 대학에서 공부하였다. 그는 그곳에서 볼프와 제믈러의 사상에 심취했으며 플라톤, 스피노자, 칸트 그리고 낭만주의에 큰 감명을 받았다. 1790년 신학 시험에 합격하여 개혁 교회 목사가 된 이후 귀족집의 가정 교사로 있으면서 1796년에 당시 계몽 운동의 중심지였던 베를린의 한 자선병원의 원목이 되었다. 곧 이어 그는 낭만주의 저술가와 시인의 모임인 유명한 단체의 회원이 되었다. 그 단체에서는 계몽주의의 합리적 입장을 배격하고 그 대신 신비와 상상력, 그리고 감정의 역

말하였다. 이것은 논리적인 범주들과 합리주의에 대하여 반발하면서 20세기 종교 사상의 많은 부분들에서 계속되었다. *Ibid*., 25.

6) 김광식,「 기독교 사상」, (종로서적, 1991), 95.

7) 마틴 마티, 「기독교 신학자 핸드북」, (크리스챤 다이제스트, 1994), 15.

8) Colin Brown, *Philosophy and the Christian Faith*, (Tyndale Press, 1969), 108.

할을 강조하였다. 그러나 우울했던 그의 베를린 생활은 다른 목사의 부인이었던 엘레오노레 그루노푸와 사랑에 빠짐으로 회복되었다.

낭만주의자로서 그는 이혼의 도덕적 정당성을 옹호하였으나 결국 가족에게 끼칠 상처를 두려워하여 이 일을 예방하고 자기 교회와 이웃을 위해 자기의 직분을 사임하고 교구 목사가 되었다. 1799년 그는 그곳에서 종교를 멸시하는 지식 계층을 상대로 「종교론: 종교에 대한 교양 있는 경멸자들에 대한 강론들」(*On Religion: Speeches to its Cultured Despisers*, 1799)을 출판하여 종교철학자의 자리를 굳혔다. 그는 이 책에서 낭만주의 조류에 영향을 받은 자신의 근본적인 종교 사상을 설명하였다. 그 후 1804-1807년 사이 독일 할레 대학의 교수로 재직하며 자신의 삶을 대학과 교회에 바쳤다. 그는 철학적 윤리학과 해석학, 해석의 원리와 교의신학, 그리고 바울의 갈라디아서를 강의하였다. 그러나 나폴레옹 전쟁으로 베를린으로 이주한 뒤 삼위일체 교회(Trinity Church)의 목사가 되어 정기적으로 설교를 하며 명성을 쌓았다. 그는 나폴레옹이 개신교주의와 독일 정신 두 가지를 다 멸절시킬 의도가 있음을 경고하였다.

1809년 40세의 슐라이어마허는 절친한 친구의 젊은 과부와 결혼하였다. 그 후 그는 자신이 국가의 교육부의 일원으로 대학을 설립하는 일에 활동하던 중, 1810년 베를린 대학의 설립을 돕고, 그 후 신학 주임 교수로 초빙 받아 소천 할 때까지 봉직하였다. 생전에 아내와 자녀들에게 보낸 그의 편지들은 헌신적이고 온화한 가장으로서 그의 모습을 보여준다. 그는 이곳에서 재직하는 동안 신학만이 아니라 해석학, 철학적 윤리학과 변증학, 역사철학, 심리학, 정치학에도 많은 공헌을 하였다. 당시 그와 인접한 철학부의 동료교수는 헤겔이었다. 특별히 이때 그가 번역한 몇 권의 철학서 중 플라톤의 저서는 오랫동안 독일어 표준판이 되었다. 슐라이어마허에 대한 독일어 유고집은 30여권으로 당시 그를 추종하던 학생들의 강의 내용을 적은 것을 묶은 것들이다. 여기에는 설교집과 신학적 저술들, 그리고 철학적 저술들이 포함되었다. 1821-1822년 사이 그는 복음주의 교회 원리에 따른 기독교 신앙을 통해 그의 원숙한 사상을 설명하였고 1830년 제2판이 나왔다. 그의 작품 중에 예수의 생애와 기독교에 대한 새로운 접근을 체계화한 기독교 신앙이[9] 있다.

---

9) 이 책의 원 제목은 *The Christian Faith, Presented in Its Inner Connections according to the Fundamentals of the Evangelical Church*이다. 이 책은 1821년과 1822년

4.2. 신학사상

슐라이어마허는 18세기를 지배했던 이성주의가 19세기에 들어와 낭만주의로 대치된 것을 발견하였다. 전에는 냉정한 이성이 인간의 최고 연구 과업이었던 곳에 감정과 느낌이 들어가 그 중요한 자리를 차지하게 되었다. 이러한 배경을 통해 슐라이어마허는 18세기 동안에 주로 지성인들이 버렸던 종교를 회복하여 그의 낭만주의적 친구들에게 인간 정신의 완전한 발전을 통해 문화를 긍정하는 경건의 특성과 종교적인 자의식의 완전한 자리를 보여 주고자했다. 때문에 그의 사상은 그 이전의 사조를 자신의 체계에 흡수하여 새로운 신학 기초를 마련하고 당시에 거의 무시된 그리스도의 인격에 의미를 부여하였다. 그는 하나님에 대한 증거, 성경의 권위, 이적, 그밖에 이와 비슷한 것들은 모두 종교 밖에 있는 것이라고 주장했다. 그는 합리주의적 전통위에서 모든 종교를 지적 체계와 외적인 행동 원리를 수용하는 것으로 만들었다. 그는 정통주의자의 종교는 계시의 진리에 대한 동의와 하나님의 뜻에 대한 복종에 근거하고 합리론자들의 종교는 자연신학 및 이성으로 확인된 보편적 도덕을 수용하는 것으로 이해했다. 18세기의 정통 신앙과 합리주의는 모두 종교와 도덕성을 행복한 영생을 얻기 위한 최고의 수단으로 간주했다. 그에게 종교의 중심은 감정에 있고 이성적인 증거나 토론에 있지 않다.

(i) 종교의 정의: 슐라이어마허에 따르면 종교는 어떤 특정한 종류의 형이상학적 철학을 신봉하는 문제가 아니라 살아있는 생령으로의 인간 문제이다. 따라서 그에게 종교는 그 정수에서 종교 배후에 있는 인간의 특별한 감각적 기능이다. 그는 이성주의적 이신론자들에 맞서 이같이 주장하고 종교는 지적 증명이 불가능하므로 단지 감각을 통한 인식과 느낌이며 신의 세계는 바로 그 느낌에서 온다고 하였다. 그는 또한 당시 주류를 이루었던 정통주의에 대항하여 교리적 공리들을 받아들이는 것이 종교가 아니라고 했고 칸트주의자들에 맞서 종교가 단지 도덕성으로 축소될 수도 없다고 했다. 종교란 그에게 그 자체 이하로 축소시킬 수는 없었다. 종교적 인간에게 하나님은 살아있는 실제로서의 경험이므로 그의 종교는 감정이나 직관에 기초하였다. 인간은 종교를 인식할 수 없으나 자기 자신의 한계를 의

두 부분으로 출간되었고 1830년에 다시 개정된 형태로 출판되었다.

식하는 데서 종교가 성립되었다.

그는 이 감정을 우주를 의존한다는 말로 분석하고 모든 사람이 그의 존재의 근원인 우주와 회해해야 한다고 지적한다. 때문에 인간은 자신의 모든 교만을 버리고 무한자를 감각하고 맛보아야 하며 우주의 가슴에 안겨 자신 속에서 맥박 치는 우주의 무제약적 삶과 창조적 능력을 느껴야 한다. 그에게 종교는 단순한 지식의 영역인 생각이나 의지적 행동, 경건이 아니라 주관적인 자의식의 절대 감정이다. 예를 들어 백묵을 안다고 할 때 백묵인지 아닌지는 눈으로 보고 손으로 만져보고 안다. 그렇지만 만질 수 없고 볼 수 없는 것은 느낌으로 알게 된다. 결국 그의 종교란 인격적 존재라기보다는 절대 의존의 감정이다. 그런데 이 종교가 인간 공동체를 통해 나타나며 인격적 만남에 대한 자의식으로 표현된다. 이것은 역사가 보여준 바와 같이 이전의 공동체로부터 나타나며 인간적인 본성과 자의식 속에 근거한다. 따라서 그는 헤르더처럼 도덕적이고 관념적인 종교는 그 본질을 파악하지 못하는 것이라고 생각하였다.

오히려 그는 문화적으로 기독교를 경멸하는 자들에게 주는 종교에 관한 담화들에서 무한자와의 교제로서의 종교의 탐미적이고 낭만적인 이해를 개진하였다. 그리하여 그는 종교는 신학과 교의 이전에 이미 존재한다고 보았다. 이것은 그에게 무한한 다양성의 제1차적인 경험이었다. 때문에 아무도 절대자에 대한 계시를 다 소유하고 있다고는 말할 수 없다. 기독교나 또 다른 어떤 종교도 절대적인 위치를 차지할 수 없다. 단지 종교는 심리적인 능력으로 거의 무수한 숫자의 구체적인 종교들을 통하여 표현될 수 있는 것이다. 이처럼 매우 개인주의적인 관념에 입각하여 서로 유사한 사상들을 가진 이들의 유동적이요 단명한 모임들이야 말로 가장 적당한 사회적인 조직들이 될 것이다. 따라서 그는 정통적 종교나 국교 체제는 생명이 없는 조직체로 간주하여 거부하였다. 그는 그들이 종교와 신조를 동일시했고 그들 중 신조를 받아들일 수 없었던 사람들이 종교와의 관계를 끊었다고 생각했다.

(ii) 종교의 본질: 그는 1799년 출간된 「종교론」(*On Religion, Speeches to its Cultured Despisers*)에서 종교의 본질을 행위나 지식 혹은 특정한 종류의 도덕이 아니라고 정의하고 무한자를 향한 의식과 윤리적 체험으로 정의했다.[10] 왜냐하면

---

10) *Ibid.*, 111.

인간이 우주에 대한 그의 의존을 깨닫게 될 그는 곧 그들의 존재의 근원에 함께 예속된 다른 사람과의 관계를 깨닫기 때문이다. 모든 종교에서 이와 같은 인간의 근본적인 경험을 볼 수 있으며 이것은 다양한 교리들과 형태들로 표현된다. 따라서 종교란 단순한 감정이 아니라 무한을 향한 감각, 취향, 직관을 의미하는 느낌이다. 여기서 그는 감각의 등급을 설명하고 감정이 특정한 기독교인의 의식에서 어떤 효과를 미치는 지에 대해 논하였다. 그리고 비록 신앙과 행위가 종교에서 나오는 것이 사실이나 종교 그 자체는 계시나 이성으로 확인되는 교리도 아니며 행위의 체계도 아니다. 그에게 종교는 모든 종류의 일들을 포함하며 보편성과 유한성 사의의 심연에 가교를 설치하여 인간을 하나님과 조화시키는데 목적이 있다. 이 목적의 성취에 따라 모든 종교의 가치가 평가된다. 따라서 종교적 계기는 신비적인 몰두나 주체성의 상실이 아니라 주체성이 수용되고 인정되는 때이다. 그러므로 종교는 참과 거짓의 구분보다는 그 적합성의 상대적 정도에 따라 구분해야 하였다.

슐라이어마허는 종교의 형식도 매우 다양할 수 있음을 암시했다. 예배에 참석하고 선을 행하는 것과 같은 종교적 행위도 있으며 또한 신학의 일반 항목으로 분류될 수 있는 지식이라는 요소도 있다. 역사상 종교의 모든 발전은 참된 의미의 계시이고 내재하는 하나님이 인간 의식에 더욱 완전하게 드러난다. 때문에 그는 절대 종교란 있을 수 없으며 모든 종교들은 다 그 종교적 느낌의 표현으로서 타당성을 지니고 있다. 그러나 그는 지금까지 인간에게 알려진 모든 종교 중에서 기독교가 최고라고 생각했다. 왜냐하면 모든 종교의 목적을 가장 완전히 충족하기 때문이다. 슐라이어마허의 이러한 생각은 종교적 경험에 대한 일종의 공통분모가 되고 또한 다른 모든 기독교 가르침을 재는 척도가 되었다.

결국 그는 자신의 중생 경험을 통해 하나님을 만나려 하여 중생을 많이 강조하였다. 그러나 그의 종교 이해는 일종의 삶의 방식이고 처신이며 양식이었다. 여기에 하나님에 대한 의존성이나 사랑, 성취 같은 어떤 감정은 제외된다. 때문에 기독교인들의 신앙생활은 반드시 성경적으로 되지 않아도 된다. 그의 신학은 초월하시고 객관적으로 계시는 하나님으로부터 시작되지 않는다. 그래서 그는 자신의 내재신학을 정당화하기 위해 중생 체험에서 접촉점을 찾아 기독교로 들어온다. 이때 기독교인들은 예수의 가르침을 실천하게 된다. 말하자면 사변적인 데서 경험적이 된다. 그러나 그는 이 종교적 경험이 사람마다 다르기 때문에 표준을 정할 수가 없음을 명심해야 하였다. 한국교회에 기도원이 많고 성령 체험을 강조하는 부흥회가 난무하며 오순절 운동이 지지를 받는 이유는 바로 이런 이유 때문이다. 그렇다고 개혁신학과 신앙이 감정을 부인하는 의미는 아니다. 오히려 성령으로 중생하면 영의 사람의 감정으로 순화되어 성령의 인도를 따라 사랑과 희락과 화평을 이룬다. 특히 오순절 운동에 가담한 사람들은 체험해 보았는냐고 반문한다. 체험된 신앙을 통해서 신앙을 평가해야 한다는 것이다.

(iii) 신 인식문제: 신 인식에 관하여 전통적으로 두 가지 주장이 있어왔다. 하나는 학문의 바탕을 성경에 둔 개혁자들의 입장과 다른 하나는 세계의 본질에 관한 다양한 논리적 추론에 바탕을 둔 자연신학을 수립하려던 철학자들의 견해이다. 그런데 이 두 가지 다른 이론은 토마스 아퀴나스이래 접근을 통합하려는 시도들이 있어왔다. 그리고 이 양자는 서로를 부정하려 함으로 함께 설수 없다고 주장하는 칸트 같은 철학자들도 있었다. 이들은 자연신학은 그 기반이 부실하기 때문에 기독교 신학의 상부 구조를 감당할 능력이 없다는 것이다. 그러나 칸트는 참되고 생동적인 종교의 요소가 결여되었다. 때문에 슐라이어마허는 바로 이 양자 간의 중도적 과정을 취함으로 이 두 계통의 난점을 극복하기 위해 종종 실증신학(positive theology)이라고 지칭되는 신학을 전개하였다. 여기서 슐라이어마허는 성경을 신적인 간섭에 대한 기사나 신적 언어의 집합체로서 더 이상 취급할 수 없다고 생각했다. 대신 성경은 종교적 경험을 기록한 것이기 때문에 이 종교적 경험이 모든 문제를 해결하는 열쇠가 되었다. 즉 종교적 경험이 모든 신학적인 문제를 풀 수 있는 능력이라고 했다.

슐라이어마허에게 하나님은 지식의 대상이 아니다. 그는 하나님의 존재를 증명하기 위한 노력을 했으나 그 결과는 허무했다. 그는 신자나 불신자를 막론하고 공통적으로 가지고 있는 근거에 인간 경험을 도입하여 기독교 변증학에 새로운 지평을 개척한 것이다. 이렇게 하여 그는 종교적 경험을 분석하고 그 종교적 경험으로부터 종교의 본질을 추출하려고 했다. 이 원리 위에서 현대인이 수용할 수 있는 기독교 신앙을 재해석하였다. 이것을 위해 슐라이어마허는 스피노자, 라이프니츠, 칸트 같은 철학자들에게서 많은 것을 받아들였다. 그는 경험상 우리는 통일과 영구성의 원리에 대한 다양하고 가변적인 것의 반립을 인식한다. 이 반립들로 인해 우리는 절대자, 영원자 하나님과 세계를 알게 된다. 하나님이 존재하지 않는다면 만유가 혼란에 빠질 것이고 세계가 존재하지 않는다면 만유가 공허할 것이다. 절대자는 모든 만유에 존재한다. 그러므로 하나님은 세계에 내재한다. 라이프니츠와 같이 인간은 그 자체로 우주를 반영하는 소우주이다. 보편적, 절대적, 영원적인 것과는 대조적으로 그는 자신을 유한하고, 제한되고, 일시적인 것으로 한 마디고 의존적인 것으로 느낀다. 이러한 의존의 느낌이 모든 종교의 기초이다.

그는 성경은 종교적 경험을 기록하고 종교성을 지닌 사람들이 그들의 하나님에 대한 기록을 갖고 있는 책이라고 생각했다. 그는 이 같은 근본적인 경험은 하나의 느낌이며 이것은 영원에 대한 일종의 맛이며 전적으로 하나님에 의존하는 것이라고 했다. 이 말은 성경은 하나님에 대하여 어떤 것도 말씀하지 않는 다른 것이다. 오히려 하나님에 대한 우리의 경험을 말하고 있다고 했다. 그는 죄란 하나님의 상실 같은 어떤 것이며 동시에 하나님으로부터 자유롭게 되려는 것이라 했다. 슐라이어마허는 여기서 종교개혁적 신앙으로 부터 멀어지게 했고 결국 존재론적 사상으로 발전했다.[11]

(iv) 죄와 은혜: 그는 기독교적인 형태의 절대적 의존의 느낌은 죄와 은혜의 두 면을 다 가지고 있다. 그는 기독교의 문제는 죄와 용서, 분리와 화해 등 모든 종교에게 해당되는 근본적인 것들로 보았다. 그에 따르면 죄란 인간이 우주와 이웃을 떠나서 홀로 살려고 할 때 일어난다. 그는 육욕적인 기능이 영적인 확정적 능력을

11) 알란 갤로웨이 교수가 19세기와 20세기 신학이라는 글에서 지적했듯이 종교론의 공헌을 몇 가지로 정리하면 (i) 그는 신앙을 과학과 철학으로부터 독립시킴으로써 신앙과 과학, 철학의 관계에 관한 문제를 해결했고, (ii) 외부에 존재하는 초월적 하나님의 문제에 관한 해결책을 제시했다. 그는 신성과 직접적인 느낌이 아닌 하나님에 대한 말들은 어떤 진정한 종교적 중요성도 지니지 못한다고 부정함으로서 이를 극복했다. (iii) 그는 성스러운 것과 세속적인 것 사이의 관계 문제를 새롭게 해결하였다. 그는 경험의 모든 측면들이 이러한 신성에 대한 느껴진 관련으로 젖어있다고 인정하고 모든 유한한 것들은 다 무한과의 느껴진 관계 속에서 경험된다고 보았다. 그리하여 그는 만물이 모두 성스러운 영역 속에 참여한다고 하면 결국 세속의 특수한 영역은 존재하지 않게 된다. 마찬가지로 만약 세속의 특수한 독자적 영역이 존재하지 않는다고 하면, 성스러운 특수 영역 역시 존재하지는 못하게 된다. 결국 그는 양자를 포용하여 현대 기독교 세속화 운동의 길을 열었다. (iv) 그는 신학의 관념적 기본구조를 우주론적인 기반으로부터 인류학적인 기반으로 이동시켰다. 우주의 신적 원인과 통솔자를 탐구하는 대신에, 이제 신학은 인간 경험의 신학적 해석을 추구하게 되었다. 상기한 4가지는 현대신학의 특징들로 남게 되었다. 「기독교 사상사」, (기독교문서선교회, 1995), 320.

붙잡아 두는 것으로서 인간이 의존적 존재임에도 불구하고 자유롭기를 원하는 인간의 저급한 본성이다. 즉 인간의 절대 의존의식이 파괴되어 우리가 하나님과 합일되어야 하는 것으로 부터 벗어나려는 욕망이다. 이것을 그는 원죄라 정의했는데 이것은 하나님 상실 또는 하나님을 잊어버림이다. 그는 죄를 의식의 불완전함과 미완성 상태로 보고 기독교 신앙의 고통을 후회라기보다는 우울 즉 거룩한 슬픔으로 묘사한다. 때문에 아담과 이브의 타락 이야기는 최초의 남자와 여자의 전기가 아니다. 이는 인간 경험 가운데 있는 우주적 요소의 상징적인 기록이다. 결국 그는 죄의 객관적 실재성을 부인하고 주관적인 존재로서 우리 의식 내면에 있는 것으로 보았다. 그에게 원죄란 단순히 점진적으로 형성되는 후천적 습관이며 그것은 결국은 현재 모든 본죄의 원천이 된다. 그러나 우리 자신들이 독력으로 우리들을 위한 존재를 성립시키고자 하는 불안한 노력을 뛰어 넘어서, 우리들은 또한 우리의 존재 가운데서 신뢰적이고 축복받은 경험을 하게 된다. 이것이 바로 은혜 교리이다. 인간 존재의 이 두 기본적 요소들에 대한 보다 민감한 의식과 기독교 내에서 죄를 극복하는 은혜의 승리는 온전히 예수 그리스도로부터 나오는 것이다.

(v) 구속관: 따라서 죄로부터의 구속은 죄에 대한 형벌적 속죄를 거부하고 하나님의 절대의존 의식의 회복으로 해석한다. 그리스도의 성육신은 속죄의 중심으로 취급했으나 범신론적으로 기울었다. 슐라이어마허는 그리스도를 완전한 모본인 원형적 인간으로 보고 그리스도가 자신의 완전함으로 변함없으신 하나님과의 연합의식을 소유하였다. 또한 그의 무죄 완전한 성격으로 인간의 운명을 만족히 실현하였다고 하는 사실에서 그리스도의 특수성을 찾았다. 그는 제 1아담이 참사람이었던 것과 같이 제2 아담이었으나 좀더 유리한 환경에 처하여서 완전 무죄하게 순종하였다. 그는 온 인류의 고상한 생활에 생명을 넣어주며 또 지탱해 줄 수 있었던 인류의 영적 머리이다. 동시에 그는 완전한 종교적 인간이며 참 종교의 원천으로 사람들은 그에 대한 산 신앙을 통하여 완전히 종교적으로 될 수 있다. 때문에 죄인 구속을 위한 기독교적 경험은 이 절대의존을 그리스도의 인격과 관련시킬 때 성취된다. 인간의 신의식은 인간 본성 속에 있는 하나님의 존재가 되는 예수 그리스도를 통해 이룩된다. 때문에 그는 기독교의 중심 요소는 그리스도의 인격이라고 주장했다. 구속자는 마지막 아담, 인자, 인류의 총괄 갱신자와 완성자로서 나타난다.

그리스도는 역사에서 무죄한 인간성, 즉 하나님이 단절 없이 완전하게 거하시는 인간성으로서 나타나는데 의식에 의하여 완전히 지배되고 조절되었다는 것을 의미한다. 다시 말하면 그리스도는 그와의 관계와 그를 향한 의존을 통하여 유한한 보편, 시간과 영원의 화해 즉 하나님과 인간을 연합시킨다. 그에게 그리스도는 이 화해를 다른 사람들에게 중재하는 유일한 중보자이다. 이런 점에서 볼 때 슐라이어마허는 대단히 그리스도 중심적이다. 그리하여 그는 시간과 영원, 즉 인간과 하나님을 연합하는 삶은 이제 불멸의 관계에 있다고 믿었다. 영원한 불멸 즉 영생은 큰 소망이다. 그러나 진정한 불멸이란 지속성의 문제이기보다는 오히려 삶의 질이다. 결국 그가 말한 그리스도인이란 자기의 의식이 예수 그리스도에 의해서 역사적으로 매개되고 죄와 은총이라는 대립 명제에 의하여 구성되는 인간이다. 그는 고통과 기쁨의 흐름에 사로잡혀 있다.

상술한 주장을 위해 슐라이어마허는 희랍의 형이상학적 사변을 강하게 보이는 초대교회의 신조들의 견지에서 그리스도를 생각해서는 안 된다고 주장한다. 이렇게 되면 구속주는 인간의 본성과 일치된다는 면에서 본질적으로 모든 인간들과 다름이 없다. 그는 신교의 정통적 교리를 따라 화해를 가르쳤다. 그는 변화된 인간의 하나님과의 관계로 간주되는 그리스도와의 살아있는 교제로 들어가는 것이 칭의요 회심이란 변화된 삶의 모습을 가리킨다고 주장했다.[12] 이러한 그의 속죄론은 철저하게 주관적인 신비적 속죄론이라 불린다. 여기에는 죄 책이 보이지 않고 다만 인간이 어떻게 죄의 오염으로부터 벗어나는지를 설명할 뿐이다.

(vi) 삼위일체와 예수: 슐라이어마허는 삼위일체론은 기독교 교리의 최후의 보루라고 말한다. 그러나 그는 본질의 통일성과 인격의 삼위관을 이원론적으로 말하는 것을 피해야만 한다고 말해 삼위일체의 문제를 벗어났다. 그는 최고의 존재에 대한 영원한 구분을 하는 것이 종교적 의식에 관한 언급 속에 있지 아니함을 인정한다. 결국 그의 삼위일체론의 이해는 유니태리안적이었다. 그는 하나님은 우리가 의존을 느끼는 분이기 때문에 하나님을 믿는다. 예수란 단지 이 같은 느낌을 최고의 상태에서 맛본 인간일 뿐이요 성령은 실제로 교회 안에서 하나님에 대한 경험을 우리들에게 묘사하는 하나의 참된 방법이다. 예수는 자신의 지속적인 하나님의

---

12) *Christian Faith*, 478.

의식의 능력에 따라 다른 모든 인간들과 구별되는 것이요, 바로 그 하나님이 그 안에 있는 하나님의 참된 존재가 되는 것이다. 환언하면 우리는 예수를 기독교 정통주의에서 말하는 신인, 곧 스스로 인간성을 취하신 거룩하신 말씀으로 생각해서는 안 된다는 것이다. 결국 예수는 인간 수준 이상으로 보아서는 안 된다.

예수의 인격의 독특성은 그가 하나님과 연합한 완전하고도 지속적인 의식을 가졌다는 것과 또 그의 무죄하며 온전한 성격으로 인간 운명의 완전을 실현하신다는 사실에 있다. 예수는 너무 하나님과 가깝게 지내셨기 때문에 하나님이 예수 안에 거하셨다고 말할 수 있다는 것이다. 그는 제2 아담으로서 제1 아담과 꼭 같은 사람이지만 보다 좋은 환경에 처하여 무죄하게 지냈으며 또 순종하셨다는 것이다. 그는 온 인류의 초월적 영적 지도자로서 인류의 보다 나은 생활을 위해 용기를 주고 보다나은 생활을 계속해 갈 수 있도록 하신다. 때문에 예수의 구속사역은 자신과 같은 하나님 의식의 능력을 갖도록 신자들을 고무하는 것이었고 그것은 신자들의 죄를 위한 것이 아니고 자신의 동기적 원리를 신자들의 원리가 되도록 사람들을 움직이는 것이었다. 그는 완전한 종교적 인물이며 모든 참 종교의 원천이시다. 모든 사람은 그에 대한 산 신앙을 통하여 완전히 종교적인 인간이 될 수 있다. 예수의 인격은 인성을 이상적인 완전의 수준에까지 올린 창조적 행위로 되어 있다고 보고 예수의 동정녀 탄생은 거부했다.

그럼에도 불구하고 슐라이어마허는 그리스도 중심적이고자 힘썼다. 그는 세월이 흐르는 동안에 종교의 사회적 성격에 관하여 많은 연구를 하였으며 이제는 기독교를 가리켜 종교라는 속에서 가장 뛰어난 종(種)이라고 생각했다. 그런 가운데 그 의존적 자각은 구주로서의 예수 그리스도를 향한 신앙으로 정의된다고 했다. 그는 구원이란 반란으로부터의 회복이 아니라 우리들의 하나님에 대한 자각을 모호하게 하는 감각-의식 속의 침잠으로부터의 회복이라고 했다. 그에 따르면 예수님은 바로 이러한 일체의 영적, 정신적인 모호성 없이 완전하게 하나님의 의식 속에서 사셨던 분이셨다. 결국 이것은 도덕적 영향에 의한 예수님의 대속론이 된다. 그는 성령에 대하여는 삼위일체의 삼위로서가 아니라 단지 고양된 신-의식으로서의 기독교 공동체의 정신으로 이해했다. 여기에서 슐라이어마허는 그가 교회를 단지 조직체가 아니라 서로에게 봉사하고 섬기는 살아있는 공동체로서의 신자의 교제로서 깊이 파악한 것이다. 그 결과 그리스도와 교회에 대한 이해에서 차세대 신학자들에게 많은 영향을 끼쳤다. 그의 이 같은 주장은 20세기에 들어와서 그가 그리스도 안에 있는 궁극적이고 절대적인 진리를 제대로 파악하지 못했다는 비판을 받게 되었다.

(vii) 그리스도와 교회: 슐라이어마허의 교회론은 그리스도와 분리 될 수 없는 교리로서 종교 개혁의 전통을 따라서 교회의 기원과 사명이 설교와 말씀의 선포에 있다고 했다. 그는 기독교인의 종교적 경험이란 절대로 개인에게만 속한 사적인 경험이 아니라고 믿었다. 예수는 오직 기독교 공동체가 함께 나눈 종교적 의식을 통해서만 그리스도로서 알려진다. 신약은 바로 이처럼 함께 나누어진 영적 교제의 시초의 기록으로서 읽혀져야 한다고 생각했다. 예수는 새롭고도 온전한 형태의 인간-자의식을 시작하였다는 점에서 하나님의 계시가 된다. 우리들은 그 가운데서 완전한 하나님 의식을 발견하게 된다. 그는 우리들을 그 자신의 완전한 하나님과의 관계로 인도하신다. 그리하여 그는 스스로가 우리들에게 하나님의 임재가 된다. 우리들은 또한 그리스도 속에서 인간성의 완전을 발견하게 된다. 그 가운데의 신적 내재의 완전과 그의 인간성의 완전은 동일한 것이다. 바로 이러한 의미에서 그가 진정한 하나님이시자 진정한 인간이라는 신앙고백적 인정은 신빙성 있는 진리가 된다.

따라서 그 일차적인 진리는 기독 신자의 종교의식 속에서 느껴진 그 무엇으로 교회라는 공동체 속에서 함께 나누어진 의식이다. 그에 따르면 교회에서 선포된 말씀은 삶의 그릇이며 교회는 예수 자신의 비유와 강론과 행동의 자기 나누어 줌에서 파생한 역사적 공동체이다. 때문에 교회의 삶은 그 자기 나누어 줌이 전용된 것으로 이해 하였다. 또한 이것은 기독교인의 의식을 그리스도의 마음으로 그 백성들을 그리스도의 몸으로 만들어주는 설교와 경청, 성례전과 교제를 통한 대화의 새로운 제정이다. 결국 그는 그리스도의 사역은 인격 형성이며 그리스도의 교회는 자신들을 그리스도를 통해 있는 사람들로 인식하는 백성이다. 때문에 그리스도의 위격은 별로 중요하지 않다. 오히려 그는 신인으로서의 그리스도의 기독론을 이교적인 것이라고 했다. 예수 그리스도 안에서의 신과 인간의 연합은 종교적 교제이다. 그러나 이 연합은 너무나 밀접한 것이기 때문에 여기에 그의 속에서 하나님의 진정한 존재가 있다. 우리들은 하나님의 아들과 같은 칭호들을 이러한 측면에서 해석해야 한다. 바로 여기서 예수의 인성중심적 기독론이 출현하였다.

(viii) 기독교 교리: 슐라이어마허는 고전적인 기독교 신학의 용어와 내용을 가지고 있는데 그것이 바로 교리이다. 그는 교리란 종교적 감정을 언어로 설명한 것으로 기본적 종교 경험에 대한 정의와 해석으로 보았다. 특별히 그는 교리를 기독교적 의식을 표현한 것으로 종교적 경험의 직접성을 주장했다. 이 교리는 신학자 개인에 의해서가 아니라 교회나 교회와 노선을 같이 하는 단체에 의해 구성되어 발전되고 변경되어 왔다. 슐라이어마허는 이 교리가 실제적으로 신교에서 기원했다고 말하지 않고 다만 앞으로 그 교의들이 존재하게 될 것이라고 했다. 그는 옛 교의들을 낡아 빠진 것으로 간주했는데 그 이유는 그 교의들이 너무 지적이어서 교회생활에 적절한 표현을 주지 못한다는 것이다. 단지 교리는 영속하는 진리가 때때로 자신을 표현하는 방식에 불과하다고 지적했다. 그리고 그는 종교적 공동체의 생활에 영향을 주는 새로운 교의가 요청된다고 보았다. 한마디로 기독교 교리들은 말씀 속에 나타난 기독교인들의 종교적 애정의 기록이다.

한편 도덕이란 각 인간 존재가 가정, 사회, 국가, 세계 등의 일부인 것을 타당하게 이해한 결과이다. 인간이 이러한 관계에 참여하고 있다는 견해를 확장하면 이기심과 자기중심을 몰아낼 것이다. 그는 도덕은 종교가 아니며 종교가 도덕도 아니라고 했다. 그러나 종교는 없어서는 안될 도덕의 친구요 옹호자이다. 종교는 그리스도인의 의식에 비추어 무엇이 있어야 하는가를 계속 묻는다.

(ix) 결론: 평가와 비판: (a) 전통신학 수용: 슐라이어마허는 어거스틴적이고 개혁신학적인 정신을 통해 하나님에 대한 지식과 인간에 대한 두 부분의 지식을 강조하였다. 그는 사람들이 오랫동안 자연의 법칙들과 자연의 하나님에 관하여 말해왔던 계몽주의 시대 말경에 종교를 인간의 감정에 호소하며 역사의 전면에 등장하였다. 그는 모든 기독교 사상의 범주들이 인간의 반응에 집중된 새로운 낭만주의적인 의미를 부각시켰다.

(b) 절대의존 사상: 그의 이 사상 체계는 영적인 것과 신적인 것에 대한 인간적 경험과 하나님에 대한 절대의존의 느낌과 이해로 그의 사상을 요약된다. 즉 하나님은 세상을 초월해 계시며 그 스스로 본래 완전하시다. 그는 또한 만물의 창조주요 인도자이시며 세상안에 계시면서 모든 것에 활동적으로 관여하시면서도 이 세상과는 독립되어 있는 분이다. 절대자는 알 길이 없으므로 있는 것처럼 자신을 내어 맡기는 절대의존의 감정 종교이다. 이런 경향은 폴 틸리히와 존 로빈슨의 하

나님은 우리가 그로부터 소외되고 있는 궁극적 관심의 대상 또는 존재의 심연이나 근거로 설명함으로서 현대 인간들에게 하나님에 대한 의미성을 제시에서 하였다.

(c) 성경신학과 그리스도: 이 원리에 기초하여 그는 종교적 경험의 분석을 통해 성경신학을 배격한다. 그리고 전통적 종교 개념을 재해석하고 의존의 관념을 사용하였다. 결국 그는 신약성경에서 제시되고 있는 그리스도를 회의적으로 받아들인다. 예수의 신-인되심에 대해서는 무관심하며 혹 언급하되 하나님 의식의 지속적인 능력자로서 묘사한다. 그에게 그리스도는 인간을 위해 죄로 부터의 형벌을 제거하셨다는데 있지 않고 하나님에 대한 독특한 자각을 하고 있기 때문에 그는 그것을 사람들에게 중보할 수 있는 타인을 위한 인간으로 설명된다. 우리가 하나님을 만나는 것은 주께서 베푸시는 은혜에 따라 중생의 경험을 통해서이다. 그러나 슐라이어마허는 이것은 감정의 일이므로 참된 인식이 될수 없다고 했다. 그는 감정으로 모든 것을 결정해 버렸다. 이러한 경향은 그가 모라비안들과의 접촉을 했고 느낌을 강조하는 낭만주의 시인들, 문인들, 그리고 철학자들과 많이 어울렸기 때문이다.

(d) 신학 방법론: 또한 슐라이어마허는 기독교의 메시지를 현대인에게 맞도록 적용하기 위해 종교적 경험을 분석하는 것에 호의를 갖고 추상적 사고 대신 경험적 접근법을 시도하였다. 그러나 문제는 그가 지나치게 경험적이었다는데 있지 않고 충분히 경험적이지 못했다는 데 있다. 그는 신약에서 말하는 하나님, 그리스도, 죄, 그리고 구원에 대해서는 별로 귀를 기울이지 않는다. 그 이유는 그가 17세기의 합리론적 관념을 견지하는 선입관 때문이었다. 이것은 결국 신학적인 방법론상의 중요한 문제를 초래한다. 슐라이어마허는 어떤 고정된 해석의 원리를 자신의 일반적 세계관에 투영시켜 기독교 신앙을 포착하고 있다. 이와 달리 개신교와 가톨릭의 기독교 정통주의는 상이한 방법을 채택해 왔다. 이들은 그 당시의 세계관을 기초적인 가설로 기꺼이 수용했으나 과학적 방법처럼 신학적 방법을 선험적인 것으로 규정될 수 없다고 주장했다. 여기서 신학적 방법이란 그것이 다루고 있는 증거에 의해 규정되어야 한다. 슐라이어마허는 관념을 선택한 대신 전통적인 가르침을 포기하였다.

5. 알브레이트 리출(Albrecht Ritschl, 1822-1889)

5.1. 생애

리출은 19세기 후반 독일이 낳은 자유주의 신학자로 자유주의의 개척자, 종교와 도덕의 가치 판단의 신학자이다. 뿐만 아니라 그는 근대적 루터 연구의 선구자로 알려져 온 신학과 역사 분야에서 두각을 나타냈다. 당시 그가 처한 상황은 급속한 변화들로 사회적 격변이 확대되었고 경제는 산업화 되었으며 인구는 도시화 되었다. 나폴레옹의 프랑스가 종말을 고함으로서 유럽 통일의 꿈은 사라졌다. 그 결과 민족주의 국가들의 자치권이 더욱 증가되었다. 그리고 사회는 자연적인 증가 대신 중앙에서 통제하고 관리해야 한다는 의견들이 나타났다. 이 같은 격동의 시대에 리출은 한 경건한 루터교회의 설교자이자 주교의 아들로서 1822년 베를린에서 출생하였다. 그는 어려서부터 교회 사역에 헌신하겠다는 서약과 더불어 성장하였다. 그는 이때 기독교 영성의 깊은 의미와 종교개혁의 생활, 이상에 대한 통찰력을 형성하였다. 그리고 광범위한 역사공부와 함께 하나님의 섭리와 신뢰, 겸손과 인내, 체계적이고 지적인 삶의 방법을 추구해 나갔다. 가장 고귀하고 높은 존재를 이해하려는 그의 열망은 1839년 그가 신학을 위해 대학생활을 시작하게 하였다. 그는 본이나 할레, 혹은 하이델베르그 대학에서 연구하였다. 그러나 그가 비록 역사적이고 성경적이며 조직적인 주제들을 깊이 파고들어 갔지만 그곳에서 기독교의 진리인 화해 개념을 올바로 이해할 수 없었다.

그러던 중 튀빙겐에서 그는 헤겔의 변증법적 관점을 통해 약간의 만족을 얻었고 이후 바우르 학파의 첫 제자로서 활동하였다. 그러나 리출은 튀빙겐에서 신약신학과 역사신학에 대한 강의 자료를 독립적으로 재 집필함으로서 바우르와 결별하였다. 1851년 공관복음서 비판의 정황에 관한 논문에서 그는 누가복음에 대한 초기 입장을 뒤집었고 마가복음의 우선권에 대하여 바우르에게 반기를 들었다. 이 결별은 1857년 고대 카토릭 교회의 기원 제2판을 내면서 구체화되었다. 이 논문에서 리출은 초대교회의 역사는 원시 유대 기독교와 이방 기독교의 논리적인 종합이 아니라고 주장하였다. 반대로 그 모든 다양성에 있어 신약 성경은 그리스도 예수에 대한 통일 운동에 적응시키고 헬라 세계는 교회적 형태들로의 변천을 매개하는 데 있어 특히 바울을 속사도적인 저자들과 비교함으로서 본래의 의미를 희석시켰다.

그는 당시 헤겔에 대한 연구열이 식었을 때 기독교 신앙과 과학과 역사 연구에서 제공된 새로운 지식 사이에 새로운 변증적 종합의 기틀을 마련했다. 다시 말하면 그는 바우르가 헤겔의 체계를 적용한 베드로적 정립과 바울적 반정립은 초기 교회 성장에 대한 적절한 설명이 될 수 없다고 주장했다. 리츨은 원시 기독교 공동체와 역사적 예수를 이해하기 위해 역사 비평 기구의 충분한 사용을 옹호했다. 그는 예수의 중심성과 첫 1세기 교회의 본질을 강조하였는데 유럽뿐만 아니라 미국에서도 개신교 학자의 대규모 지지를 얻었다. 1864년 좀더 학문적 자유를 소망하며 괴팅겐대학으로 옮겼다. 거기서 그는 남은 25년 동안 가르치면서 신약성서를 계속 강의했고 점차로 조직신학에 주목하게 되었다. 이 절정기에 리츨은 칭의와 화해의 교리 집중했고 여기에 기초하여 그 밖의 다른 모든 것들의 전제가 되거나 결론이 되는 핵심적인 기독교의 가르침을 보게 되었다. 1870년 그의 대작인 「칭의와 화해의 기독교 교리」가 출판되었다.[13] 제1권은 역사적, 제2권은 성경적 그리고 제3권은 조직신학이다. 그런데 이 가운데 제3권은 한 세대 이상 기독교 신학을 변화시켰다.

이 책을 통해 마침내 그는 세계적인 학자로 부각되었고 19세기 후반 신학계를 거의 완전히 장악하고 빌헬름 헤르만, 율리우스 카프탄, 아돌프 하르낙과 같이 신학계에 막강한 영향력을 행사하였다. 그러나 세계 제1차 대전으로 독일에서의 그의 위치는 유럽 대륙을 휩쓸었던 절망감 속에서 결정적으로 약화되었다. 제2차 대전 후에는 모든 신뢰를 상실하였다. 리츨은 비교적 건강하게 평생을 살았으나 1889년 심장병으로 고생하다 타개하였다. 그의 인내와 겸손한 믿음의 실천적 신앙은 그의 작품에 잘 표현되었다.

5.2. 신학사상

(i) 사상적 뿌리와 중요성: 리츨은 학문적 방법과 관련하여 슐라이어마허는 그

13) 본서의 원 제목은 *The Christian Doctrine of Justification and Reconciliation*, 3 vols, (1870-1874) 이다. 제1권은 교리사를 다루고있고 제2권은 교리의 성경적 문제에 관한 작품이다. 그리고 제 3권은 교리에 관한 적극적인 발전을 제공해 준다.

의 선배라고 했다. 그러나 리츨은 슐라이어마허의 공식적인 과정을 벗어나 신학적인 동기와 기독교 신앙의 긍정적인 개념에까지 이른다. 또한 신학적인 과제를 그 범위에 있어서 현대 세계에 대하여 신앙을 책임적으로 받아들이는 과제로 받아들였다. 그는 실천적 확실성의 근거로서 도덕적 감정을 주장했으며 절대적 지적 지식을 부정한 칸트와 확신의 토대로서 종교적 의식을 확인한 슐라이어마허의 영향을 크게 받았다. 그러나 그의 생각에 슐라이어마허가 종교적 의식을 표준적 가치로 주장한 것은 너무 개인적인 것으로 보고 그는 진정한 의식은 개인적인 것이 아니라 기독교적 공동체 즉 교회라고 주장했다. 즉 진정한 의식은 추상적이고 사변적인 지식의 출처가 아니라는 것이다. 그것은 오히려 하나님과 종교 공동체, 죄와 구원의 관계처럼 월등하게 실천적이며 인격적 관계를 가져야 한다. 다시 말하면 그는 슐라이어마허처럼 신학의 종교적 중심으로 돌아가고자 했으나 그의 감상적인 경건주의를 거부하였다. 그리하여 그는 종교의 핵심은 느낌도 지성도 아니라 결단적 의지에 달려 있다고 했다. 이는 결국 가치판단을 말한다.

(ii) 종교의 정의: 리츨은 실용주의적 학자로 유대-기독교 전통의 선지적 측면을 강조하였다. 그는 종교가 이론이 되어서는 안 된다고 주장하고 종교는 나는 구원받기 위해서 무엇을 해야 하나라는 질문에서 시작해야 한다. 그러나 만약 그 질문 내가 죽을 때 천국에 어떻게 갈 수 있는가라고 하면 그것은 이론적 질문이다. 그에게 구원을 받는 다는 것은 새생활을 하는 것과 죄와 이기주의와 공포, 범죄에서 구원받는 것을 의미한다. 리츨은 실제적인 결과가 없는 것같이 보이는 형이상학이나 신학적 토론은 참을 수 없었다. 따라서 그는 어거스틴의 원죄설을 거부했다. 왜냐하면 그에게 그것은 어떤 사람이 다른 사람보다 죄가 많다는 사실에 근거하기 때문이다. 실제적이 되기 위해 기독교는 사실 위에 세워져야 한다. 그래서 그는 역사적 예수의 탐구를 주장했다. 그는 기독교의 위대한 사실은 여러 세기를 통하여 예수가 교회에 준 영향이다. 때문에 하나님은 자연에서 발견되지 않는다. 그 대신 우리는 삶을 뜻있게 하는 가치에 헌신하려는 운동이 일어나고 있는 역사 속에서 하나님을 발견한다. 신학의 과업은 인간을 예수에게로 다시 향하게 하고 그를 따라가는 것이 무엇을 의미하는 가를 새롭게 상기시킨다. 그에게 종교는 가치판단에 기초를 두며 과학과는 뚜렷이 분리된다.

(iii) 계시와 복음: 따라서 자연적이고 철학적인 신학은 무가치하다. 그는 자연

신학적 요소를 배격하고 오직 그리스도의 계시에 근거를 둔 신론만을 지지한다. 그의 명제는 하나님은 사랑이시다 이다. 이 하나님은 세상을 사랑하시는데 이 세상은 곧 인류를 의미한다. 한편 자연의 세계는 인류의 윤리적 통일체를 위한 활동 영역이다. 이 자연 세계에서 실제적 인격적 계시는 오직 그리스도를 통해 우리에게 주어졌다. 자기 안에 계신 하나님은 예수 그리스도 안에서 사람과 함께 있으며 사람을 위하시는 하나님이다. 그리스도를 통해 계시된 목적은 구원론적 이상의 의미가 있다. 그것은 계약의 개념과 가장 분명하게는 하나님의 나라의 개념 속에서 주어진 것으로서 형태상으로 인격적인 자유와 내용상으로는 정의로운 사랑인 보편적인 공동체를 목표로 한다. 그 계시는 초대 사도의 의식을 통해 우리에게 중개되었다. 그러므로 초대 사도들의 종교적 배경을 계시하는 구약과 특히 그리스도와 복음에 관한 초대 사도들의 인식에 대한 기록인 신약은 지고한 가치를 가진다. 구약과 신약에 기록된 종교적 의식을 규명하기 위해서 어떠한 영감론도 불필요하다. 오직 정규적인 역사학적 연구만이 필요하며 오직 그리스도 안에 계신 하나님의 의지에 헌신함으로서만 진정한 자유가 얻어질 수 있다.

(iv) 칭의와 죄: 그의 칭의론은 루터에 기초했는데 이것을 신 칸트 학파의 철학적 입장에서 해석하고자 했다. 그에 따르면 칭의는 죄의 용서이다. 그러나 그가 생각한 죄의 용서는 인간이 하나님께 대하여 가지고 있는 죄의식을 없애 버리는 것을 의미한다. 여기서 죄라고 하는 것은 인간의 자유로운 자기 규정에 의하여 범한 행위를 말한다. 죄의식이라 함은 죄의 깊은 표현이며 동시에 죄의 벌이다. 그 죄의식 속에는 하나님께 대한 불신이 들어 있고 하나님으로부터의 분리가 나타나 있다. 즉 죄의식은 죄가 단순히 그냥 일어날 수 있는 것이 아니라 하나님에 대한 불신이 없어지는 것이고 하나님과 인간 사이의 완전한 상호 일치인 화해이다. 그러나 이것은 인간이 꾸며낸 환상적인 경험이 아니라 하나님의 창조적 의지 작용이다. 하나님은 하나님과 떨어져 멀리 떠난 인간을 다시 그분과 사귀도록 만드신다. 이러한 관점에서 리츨은 칭의를 종합 판단으로 보아야 한다고 주장한다. 종합판단이란 칸트식 용어로 하나님이 죄인을 의롭다고 판단하시는 것을 말한다. 죄인과 의는 각각 상이한 개념이지만 하나님께서는 의와 죄를 종합하여 판단하심으로서 죄인의 칭의가 가능해졌다는 것이다. 이와 달리 분석판단은 죄인은 악하다고 판단하고 의인은 의롭다고 판단하는 것으로 인과 응보적인 공로 사상이다. 리츨은 가

톨릭과 경건주의는 분석판단으로서 칭의를 주장한다고 했다.

(v) 원죄론: 리출에게 죄란 이 세상의 요소들에게 어떤 정신적인 주장 없이 굴종시킨다. 그리고 이것은 인간의 자유를 제한하고 이를 왜곡시킨다. 그는 헤겔처럼 죄를 일종의 무지로 보았으나 인간의 도덕적 발전에 필요한 필연적 과정으로 보았다. 그러나 죄는 도덕적인 자유에 뿌리박고 있기 때문에 완전히 설명될 수 없다. 그리고 그는 일반적 죄와 달리 전통적 원죄 교리는 율법적인 응보 사상을 포함함으로 오히려 더 나쁜 것으로 간주하였다. 왜냐하면 원죄 교리는 아담의 힘을 과장함으로서 첫 번째의 죄를 더욱 더 불가해한 것으로 만들기 때문이며, 또한 이후에 이어지는 죄들을 첫 번째의 죄에 전가시킴으로서 그 죄들에 대한 현재의 책임을 모호하게 하기 때문이다. 더구나 원죄 교리는 실제 생활에서는 진지하게 받아들여질 수 없는 총괄적인 묘사로서 성경적 근거도 없고 단지 신학적 사변일 뿐이며 필수적인 도덕적 차별성의 분야를 궁지에 몰아넣는다고 보았다. 그는 이 교리의 기능은 인간적인 장점을 뒤집어엎은 후 구속을 위한 필요성을 지시한다고 했다. 따라서 그는 모든 죄가 무지에 의하여 규정되어 최종적인 하나님에 대한 부인으로 굳어지지 않는 한 용서받을 수 있다. 그러나 그는 슐라이어마허처럼 인간은 단지 종교적 의식을 통하여서만 죄를 알 수 있다고 주장했다. 그에 따르면 인간은 하나님의 나라를 최고선으로 찾아야 하나 그 완전한 선을 알지 못함으로 오히려 그 반대가 된다.

이처럼 리출은 원죄를 거부하고 본죄만을 유일한 죄로 인정했으나 이것 때문에 죄인이 하나님의 나라에 갈 수 없다고 했다. 이상적인 지식이 많아질수록 죄의식도 증가되는데 이 죄의식이 인간을 죄인으로 만든다. 그러나 이 행위에 따르는 죄책은 죄인이 하나님으로부터 분리시킬 때 죄인의 의식 속에 생기는 감정에 불과하다. 그리고 복음에 나타난 하나님의 부성적인 사랑의 계시는 이 모든 것을 이기게 한다. 죄의 용서란 인간이 하나님께 대하여 가지고 있는 죄의식을 없애버리는 것을 의미한다. 하나님은 우리가 무지 속에 살고 있기 때문에 죄를 벌하지 않으시며 하나님께서 죄인에게 노하신다고 생각하는 것은 단지 우리의 상상에 지나지 않을 뿐이다. 그에게 하나님의 사랑은 강요하지만 그것이 인간의 의지를 강제하도록 허용하지는 않을 것이다. 덧붙여서 죄와 구분되는 악은 우리의 활동에서 도덕적으로 가능한 금지 항목들의 전체적 한계를 의미한다. 악은 일반적으로 의식적인 죄를 전제하는 형벌로서 간주될 수 있다. 다른 한편으로 기독교인들은 악을 훈련으로서 혹은 선한 목적을 위하여 하나님이 보내신 것으로서 회고적이며 현재적인 것으로 간주한다. 그리고 그는 우리가 모든 불행에 대한 이유를 찾는 것을 기대해서는 안 된다고 주장한다. 우리가 주장할 수 있는 것은 섭리에 대한 신뢰이며 만사에 하나님이 그를 사랑하는 사람들을 위하여 선으로 역사 하신다는 것을 확신하는 것이다.

(vi) 그리스도론: 리츨은 현대 신학, 특히 기독론에 있어서 막대한 영향을 미쳤다. 그는 그의 기독론의 출발점을 그리스도의 인격에 두지 않고 사역에 두었다. 그에 따르면 그리스도의 사역은 그의 인격의 위엄을 결정한다. 리츨은 그리스도는 우리를 위하여 하나님의 가치를 소유하였던 한 인간이었으며 또한 그의 사역으로 인하여 그에게 신격이 주어졌다고 믿었다. 그는 대리속죄와 그 가능성을 부정하고 화육은 전적으로 하나님에 대한 죄인의 태도 변화에서 생겨진다고 하였다. 그리고 구속의 사역은 먼저 한 집단에 관계되었고 제 2차적으로 죄인들이 구속받은 자의 단체의 회원이 되어 그 이익에 참여하는 한 그 개인들에게 관계된다고 주장했다. 그에 의하면 그리스도는 하나님의 완전 최종적인 계시의 특별한 참여자로서 하나님의 왕국 같은 그리스도인의 단체의 창설자요 유지자로서 구속을 이루어 놓으셨다. 그리스도는 완전한 신뢰와 순종의 생활을 했고 소명에 충실하여 수난과 죽음까지 당함으로 완전한 생활을 보이셔서 교회를 창설하셨다. 그러나 이 죽음은 죄를 속하는 데는 아무런 의의가 없다고 주장했다. 왜냐하면 그 죽음의 가치는 그것이 하나님의 사랑에 대한 확고한 신앙과 죽도록 순종하는 정신과 또 세상을 승리하는 의식을 계속하여 일으켜 주는 능력이라고 보았기 때문이다.

하나님은 왕국 건설과 혹은 왕국을 위하여 일하신 그리스도의 사역을 기초로 하여 죄를 용서하신다. 그는 죄의 객관적 사죄를 근거를 가정하여 그리스도를 단순한 모범인으로 취급하였다. 이처럼 리츨은 멜랑톤과 같이 그리스도에 대한 형이상학적인 교리를 아는 것보다는 그리스도의 생애에 나타난 선행과 업적을 통해 그리스도를 인식할 수 있다고 했다. 때문에 그는 예수가 일관성 있게 하나님의 아들로서 사랑에 찬 헌신을 그의 죽음을 통해 보여주었다고 믿었다. 왜냐하면 바로 거기에 그분의 은혜와 진실이 계시되어 있기 때문이다. 단지 그리스도는 은혜와 진리와 구속의 능력으로 하나님을 계시함으로서 우리에게 하나님의 가치를 보여

주셨다. 결국 그는 자신의 업적을 놀랍게 성취하여 신적 존영을 받게 되었다. 여기서 리츨은 모든 자연 신학적 요소를 배격하고 오직 그리스도 계시만의 교리를 지지하였다. 그러나 리츨은 그리스도의 선재와 성육신과 동정녀 탄생은 기독교도들의 신앙적 체험과 아무런 관련이 없다고 했다. 전통적인 삼중직의 도식 속에서 리츨은 예수는 하나님의 화해적이고 하나님의 나라를 형성하시는 의지를 계시하시는 예언자로 표현한다. 그에 따르면 예수는 하나님의 중개인이라는 자신의 독특한 소명에 따라서 용서의 공동체를 세우심에 있어 우리들을 위하여 고통당하신다는 점에서 제자장이다. 그의 왕직은 처음의 두 직무를 통하여 확립되는 것으로서 특별히 인내와 겸손하고 섬기시는 사랑 속에서 표현된다. 그러나 그의 사상에는 예수가 구속 공동체의 구속자요 설립자라는 종교적이고 역사적인 의식이 결여되어 있다.

(vii) 속죄론: 리츨은 2가지 방식으로 설정된 속죄론을 주장하였다. 첫째로 예수는 구속받은 공동체를 위해 사시고 고통당하시며 죽으신 행동 속에서 자신을 우리를 위한 희생으로 주었다. 그의 능동적이고 수동적인 복종의 행동들은 하나님과의 화해를 위하여 단번에 이룩된 교량을 연결하였다. 그리하여 우리 안에 구체적인 변화의 방편을 제공함으로서 역사 내에서 우리를 위하여 존재했다. 둘째로는 예수의 사역 속에서 더욱 더 순수한 객관적 표현을 인식하기를 바랐다. 하나님 나라를 형성하는 예수의 인격적 삶은 하나님이 세계를 창조하시고 통치하시는데 목적이 있다. 그러므로 이러한 삶의 현실 속에는 신적인 결의에 대한 세계의 화해가 존재한다. 말하자면 예수는 역사적이고 인간적인 모험의 칭의를 통하여 하나님께 되돌려 드렸다. 하나님은 세계와 구속받은 공동체를 그리스도를 통하여 그 분 안에서 보신다. 이러한 리츨의 속죄론은 루터가 말한 그럼에도 불구하고에 대한 열정에서 온 것이었다. 그의 속죄론은 복된 소식을 통해 죄인들이 아직 죄 가운데 있음에도 불구하고 의롭다함을 받고 용납된다. 반면 그의 칭의론은 화해와 분리할 수는 없으나 화해와 동일시 될 수는 없다. 그에게 칭의와 화해는 단일한 교리이지만 이중적인 교리이다. 그의 이신칭의와 선행들 사이에는 긴장이 존재한다. 왜냐하면 그는 의인이자 죄인이라는 개념을 받아들였으나 야고보서에 대하여 불공평 했다는 이유로 루터를 비난하였다.

(viii) 교회와 기독교 공동체: 앞에서 보았듯이 리츨의 신학은 루터의 칭의론에

근거했다. 리츨은 기독교 전체가 선택되었기 때문에 칭의와 선택은 서로 관련이 된다. 이 칭의의 신적 의도는 그에게는 개인에게만 관계된 것이 아니라 오히려 교회에 관계된 것이다. 그에게 교회는 신자의 어머니이다. 때문에 각 개인은 교회 안에서만 용서받고 또 하나님과 사귄다. 리츨은 기독교 공동체 안에서 그리스도와 접촉한 사람에게 있어서 그리스도는 진정 사랑의 하나님의 계시, 고통스런 사랑의 희생을 통해 죄 많은 인간을 하나님과 화해시킨 화해자, 세계에 대한 영적 지배권의 실례, 그리고 하나님 나라의 설립자였다고 주장했다. 그러나 기독교라는 것은 과학적인 지식과 문화적 기능들과는 분리된 것이기는 하지만 인간적인 명령으로 나타낼 수 있어야 한다. 창조와 구속, 세계의 최종적 목표에서 하나님은 도덕적이고 영적인 인격으로서 인간의 자발성을 계획하신다. 필연적 방편이자 그 형태로서의 기독교는 인간성 자체의 목적과 자기 성취와 조화를 이룬다.

결국 그는 복음적인 교회의 기본 원리로서 기독교 교리는 성경으로부터만 얻어져야 한다는 이론을 거부하였다. 그에게 관심은 칭의로 이것에 의해서 윤리적인 공동체로서의 하나님의 나라를 실현시킬 수 있다고 믿었다. 이것이 신적인 세계 계획의 궁극 목적인 동시에 인간의 궁극 목적이다. 하나님이 죄인을 의롭다고 하시는 칭의로 말미암아 죄의식과 죄가 제거되었기 때문에 인간의 윤리적 행위가 가능하다고 했다. 신국은 하나님의 사랑에 의하여 성취된다고 하였다. 따라서 신국에서는 이웃 사랑이 이웃의 자기목적을 인식하는 것으로서 지배하는 것이라야 한다. 이웃 사랑은 신국의 표시이고 도덕법의 최고의 성취이다.

(ix) 신앙: 성도의 신앙의 원천은 성경과 교회를 통하여 매개된 역사적 예수 그리스도이시다. 그에 따르면 신앙은 스스로 조금도 증명할 수 없지만 무형적인 것이 아니라 주체성 속에 있는 만큼 지성 속에도 있다. 즉 신앙의 본질적인 지적 구조는 신앙의 본질적 속성인 주체적인 감정 운동과 의지와 분리될 수 없다. 믿어지는 신앙은 그리스도 안에서 계시된 하나님께 대한 믿음의 반응으로서 완전하게 일치된다. 하지만 그의 신앙은 상황에 의해서 규정된다. 때문에 그는 역사와 신앙을 동시에 붙잡아야 한다고 주장했다. 그는 객관적 사실을 패기하고 예수의 원 모습을 벗김으로서 역사적 인물과 사도적 증언을 통해 신앙을 규정코자 하였다. 예수에 관한 사실을 단지 객관적인 근거들 만으로 최종적으로 평가될 수가 없다는 것이다.

다른 한편으로 그는 과학적인 비판과 그 결과들을 엄격히 채택 할 것을 권고하였고 그것을 위해 노력하였다. 때문에 그에게 신앙은 특별한 이론적 요구사항이나 특별한 정서적 기질과는 독립된 궁극적이고 실제적인 관심을 전제한다. 이것은 그리스도가 그에게 응답하시는 단순히 한 엘리트의 요구 사항이 아니라 우리의 최종적인 의미와 존재에 관한 보편적이고 인격적인 질문이다. 따라서 이 질문은 유한성과 죄라고 하는 두 가지 혼합된 요소들에 의해서 제기된다. 죄는 하나님과의 관계를 끊음으로서 타협하고 고통을 준다. 결국 죄의 해결책은 유한성처럼 다루어야 한다. 이것은 인간의 궁극적이고 인격적인 의미와 가치의 보증을 통해 전체적인 요소로서 칭의를 포함하여야 한다. 그는 어거스틴, 루터, 칼빈의 2중 예정론은 그 합법성에 전혀 근거 없는 과도함이 있다고 비판했다. 그리스도 안에서 선택에 대한 의식은 어떤 개인들은 간과되었고 다른 이들은 일련의 중립적인 역사 이전의 영혼들로부터 선택되었다는 사실을 배제하였다. 그는 개인의 운명의 변덕스러움은 자연적이고 역사적인 우연성 속에 뿌리박고 있기 때문에 인류의 강요되지 않은 도덕적이고 영적인 발전의 목적에 의해서 통제 받을 수도 있다. 분명한 것은 사랑과 도덕적 가치를 경험한 생명은 영속적인 의미를 갖는다. 그러나 리출은 어떤 괜찮은 균형이라도 부분적으로 알려진 신적인 계획과 실제적인 역사의 과정 사이에서 깨어질 수 있다고는 보지 않는다. 적어도 비기독교적인 역사는 하나님의 저주 아래 놓여 있지 않고 이방인들은 영원한 형벌로 위협받지도 않는다. 그는 인간이 가진 의미가 스스로 자신들에게 충분하다고 생각했다.

그리스도를 아는 것은 그의 은혜들을 아는 것이며 그의 본성의 연합에 관하여 숙고하는 것이 아니다. 그러나 인격이 사역 속에서 평가되는 한 사역 자체는 완전한 신뢰와 사랑의 아들 됨과 하나님께 대한 헌신과 소명에 일치한다. 이러한 특징들은 삶을 충만케 하며 십자가에서의 교훈이나 고통과 같은 하나의 측면이나 계기로 분리될 수 없다. 신앙은 이 하나의 생애를 그 자신의 존재의 본보기와 능력으로 이해하면서 예수가 하나님의 유일한 아들이요 최종적인 계지자라고 단언한다. 그는 그리스도의 신성을 우리의 구원을 충족시키는 그 분의 인간적인 공적들을 드러내기 위한 가치라고 단언했다. 리출은 그리스도의 인간성을 강조하지만 두 가지 방식으로 신성을 주장하는데 형식적으로는 하나님과 그리스도의 의지와 목적의 통일성 속에서, 효능적으로는 빌 2:13에서 진술한 은총의 역설에 따라 주장하였다. 이렇게 해서 그리스도의 인간적 의지와 목적 속에서 하나님은 우리들을 만나시고 우리도 또한 이 유일하고도 명쾌한 인간성의 신비에 대하여 하나님께 감사하는 것이다.

(x) 실현된 종말론: 리츨 신학의 중심 개념은 실현된 하나님의 왕국개념이다. 리츨은 공관복음 이후 처음으로 하나님의 왕국이라는 개념을 중요한 신학적 주제로서 회복시켜 놓았다. 그는 하나님의 왕국에 대한 성경적 교훈을 해석할 수 있는 세 가지 길을 제시했다. (i) 묵시론적 요소들을 문자 그대로 해석하는 것이다. 이는 신의 대변혁적 간섭으로서의 하나님의 왕국의 도래를 기다리고 있다. (ii) 하나님의 왕국에 관한 이야기를 이 세상에 속하지 않은 하늘나라 영역의 상징으로서 해석하는 것이다. (iii) 하나님이 왕국의 역사적 시간 가운데서 점진적으로 성장하는 도덕적, 문화적 업적들이다. 리츨은 첫 번째는 원시적이고 환상적이어서 더 이상 믿을 수 없는 해석이라고 일축했다. 두 번째는 헬라의 형이상학적 오염과 왜곡의 결과라고 부인했다. 세번째 해석은 예수의 도덕적 가르침으로 가장 정확한 것이라 했다. 그는 예수 그리스도의 십자가에서 죽으심으로 이것이 성취되었다고 믿었다. 이 같은 리츨의 하나님 나라 교리는 향후 50년 이상동안 기독교 영성과 행동의 기반이 되었다. 그런데 그가 이해한 하나님 나라는 마치 두 개의 초점을 가지고 있는 타원과 같다. 한 초점은 종교적이고 다른 한 초점은 윤리적이다. 그 종교적 관계에서 하나님은 능동적이며 우리들은 수동적이다. 우리들은 예수 그리스도의 죽음과 고난을 통하여 중보된 하나님의 사랑과 용서를 받아들이는 수혜자들이다. 그러나 이를 받아들이는 신앙은 우리들의 긍정적이고 헌신적인 반응과 분리할 수 없다. 우리들은 하나님의 사랑 가운데서 그의 목적과 동일하게 되어서 인류의 축복을 그의 자아 목적으로 채용하게 된다. 따라서 기독교 신자들은 능동적으로 그 기능과 역할을 이루어야 하는데 결국 이 세상은 기독교 신자들의 행동반경이기 때문이다.

(xi) 결론: 평가와 비판: 리츨의 신학은 총체적으로 역사적 신앙의 모든 현상들을 포함하지 못한다. 특별히 기독교의 신비와 하나님의 경이로운 거룩성에 대한 감각은 너무 희미하게 기록되고 있다. 개혁교회에서 신학에 중심이 되는 십자가와 부활은 그에게 있어서는 그들 자체의 전통적인 중심성을 유지하지 못한다. 또한 기독교인의 하나님과의 친교는 부적절하게 묘사되고 있다. 우리가 살펴 본 바와

같이 그는 형이상학적 접근을 거부하고 윤리학적인 방식으로 종교를 취급하였음을 볼 수 있다. 더욱이 그는 또 자연신학과 계시신학을 다 거부하고 기독교적 경험으로 부터 기독교의 본질을 추상해 내려고 했다. 인간들 속에서 천국을 발견하고 그리하여 인간들에 대한 하나님의 윤리적 주권을 갖고 계신 분으로 자신을 드러내는 것이 바로 예수의 사명이었다. 결국 그리스도의 죽음은 속죄와는 무관한 죽음이요 그리스도의 죽음은 그리스도의 사명에 대한 최고의 시험이었다고 믿었다. 그는 그리스도의 도덕성에 신뢰를 두고 사실판단에 관심을 집중시켰다.

6. 아돌프 폰 하르낙(Adolf Von Harnack, 1851-1930)

(1) 생애: "자유주의신학의 왕자"[14] 하르낙은 러시아의 영토인 발트 해 연안의 도르팟에서 1851년 5월 태어났다. 그의 조부는 독일에서 이주해온 동프러시아 출신으로 도르팟 대학의 교수였고 그의 부친은 경건주의적 성향의 엄격한 루터파 교인으로 도르팟과 에어랑겐 두 대학에서 평생을 실천신학과 조직신학교수를 지냈다. 아돌프 하르낙은 그의 3형제들과 함께 이곳의 두 대학에서 교육을 받았으며 1872년 10월에는 라이프찌히 대학으로 옮겨 학문을 했다. 1873년에 그는 초기 영지주의 문서에 관한 박사 학위 논문을 작성하여 출판하고 그 이후 라이프찌히와 기센, 말부르크와 베를린 대학에서 교수했으나 그가 베를린 대학의 교수로 임명되기 까지는 많은 고비가 있었다.[15]

그러나 하르낙은 평생 동안 성경과 교회의 교부들, 그리고 종교개혁과 개신교에 관한 크고 작은 1,600권의 교회사 저술들을 통해 그의 학문적 역량을 제공하였다. 그 중에 기독교란 무엇인가와 그의 교리사는 이미 학계에서 고전처럼 취급하고 있고, 초기 3세기 동안의 기독교의 선교와 확장, 고대기독교 문학사, 그리고

---

14) 「기독교 사상사」, (기독교문서선교회, 1995), 388.

15) 그 이유는 그의 주저인 교리사에서 (i) 제4복음서와 에베소서, 그리고 베드로전서 저자에 관한 전통적 견해들을 의심하였다는 것이고 (ii) 기적들에 대하여 비판적이었으며, 특히 그리스도의 동정녀 탄생과 부활과 승천에 대한 전통적 해석을 받아들이지 않았다는 것이며, (iii) 예수에 의한 세례의 성례전의 제정을 부인하였다는 것이다. 이 같은 하르낙의 전통적 교회의 비판은 그의 학문적 입장에 어두운 그림자를 남겼다.

기독교의 본질은 엄청난 반향을 일으켰다.[16] 하르낙의 학문적 능력은 그가 1873년에 영지주의에 관한 학위논문을 필두로 1930년 노바티안의 이름에 관한 논문으로 끝맺을 때까지 57년간 계속되었다. 역사가로서 능력을 인정받은 하르낙은 1890년 베를린에 있는 프러시아 학술회원으로 선출되었다. 그는 곧 이 학술원의 위원장이 되었고 200주년 기념 축하와 관련하여 계획된 학술회의 역사를 준비하는데 3권으로 된 책을 저술하였다. 이 같은 그의 능력은 20세기 초에 이르면서 절정에 이르렀는데 중요한 연설자로, 또한 베를린의 교구 목사로 그리고 유명한 저술가와 학자로 활동했고 특별히 1906년에 그는 베를린 왕립도서관의 관장직 임명을 받게 되었다.

하르낙의 능력은 학구력 뿐만 아니라 탁월한 조직가요 행정가로서도 인정 받았다는 것이다. 따라서 1911년에 그가 키이저 빌헬름 재단의 회장 자리를 수락하였다. 이 제단은 베를린 대학의 백주년 기념행사 때 독일 황제의 후원으로 창립된 것이다. 이것은 학자들이 가르치는 일과 전문적인 훈련을 위한 일차적 책임으로 인해서 대학에서 도저히 거기에 종사할 만한 여유를 갖지 못했던 일종의 순수응용 분야의 연구를 추진할 학문연구 기관들을 시작하려는 목적으로 조직된 재단이었다. 하르낙은 1930년 봄까지 이 단체의 회장으로 있으면서 세계 제 1차 대전시기와 독일의 패배로 조성된 혼란과 연속되는 기간의 통화 팽창과 경제의 불경기의 와중에서 한 시대를 살았다. 그리고 그는 같은해 6월 10일 사별하였다.

(2) 학문성: 학자로서 하르낙은 집중된 탐구심과 지칠 줄 모르는 근면성, 자료를 정돈하고 형성하는 능력, 종합적인 기억력, 비판적인 기민성, 분명하고 사려 깊은 판단, 그리고 이 모든 것에 직관과 조합의 놀라운 재능, 동시에 놀라운 호소력이었다. 또한 이 모든 것 외에 새로운 어떤 것을 찾고 발견하는 통찰력, 모든 주제와 연구 분야에 대하여 빛과 온기, 생명과 의미를 공급해 주었다. 그리고 그는 강의를 위해서 철저한 준비를 했고 전 강의는 준비한 노트를 통해 솔직하게 차분하게 했다. 그는 웅변적으로 그가 원하는 주제를 매우 설득력 있게 강의하였다. 그는

16) 이 책은 1899-1900년 사이의 겨울 학기에 전체 학부 학생들을 대상으로 강의했던 내용인데 당시 강의 내용을 한 학생이 속기한 사본이다. 어네스트 트뢸취는 이것이 역사적 사고에 기반 한 모든 신학 저작 가운데 대표작이라고 평가했다. 「기독교 신학자 핸드북」, (크리스챤 다이제스트, 1994), 90.

현재를 통하여 과거를 살아 있게 만들었고 현재가 과거를 설명하게 하였다. 그는 교사로서 역사가였고 역사가로서 교사였다. 역사가로서 그는 3가지 단계, 즉 자료 비평과 설명과 반성위에서 작업을 했고 반성을 통해서 편안함을 느꼈다. 그러나 무엇보다도 그는 모든 자료들을 객관적으로 묘사하고 해석하려고 노력했다.

(3) 교리사: 그는 교리사에서 중요한 것은 그리스도와 그분의 성육신하신 하나님의 인격과 사역에 관한 것이라고 했다. 그런데 이 교회의 교리를 서술함에 있어서 하르낙은 (i) 본성상 교회주의와 권위적인 법령들이나 교리들과는 아무런 공통점도 없는 예수 그리스도의 복음이 어떻게 제의 위계 구조적인 관례들, 특별히 교회의 교리적 제도들 속에 구현되었는가를 보여주고자 했다. (ii) 역사 분석을 통하여 복음이 오늘날 그것의 생생한 능력을 유지하고 있다면 교리와의 동일시로부터 그것이 분명히 해방되었다는 명제를 위한 증거를 제공하기를 원했다. 그에 따르면 교회가 헬라적인 세계관의 개념들 속에서 복음이 이해될 수 있게 하려는 고대 기독교인들의 노력 속에서 기원하였고 따라서 그들이 그 교리를 헬라 철학과 학문의 사상 형태들로서 표현하였다는 것이 그의 주된 관점이었다.

그 후 하르낙은 교리가 교회의 교리적 권위주의를 통하여 여러 세기 동안 주장되어 온 이후에 다양한 기독교 교회와 집단들이 그 교리를 취급하게 되어 왔던 방식 속에서 종국에 이르게 되었다고 결론을 냈다. 그에 따르면 동방 정교회에서 교리는 예배와 예전 속에서만 살아 있는 하나의 이해할 수 없는 유물이 되었고 로마 가톨릭에서는 교황의 절대 권위에서 정점에 이르는 교회의 위계 구조적-성례전적인 질서 속에 함몰되었으며 종교개혁은 복음의 재발견과 모든 기독교 사상과 생활 속에서의 복음의 우선성을 주장함으로서 원칙상 교리를 무효화해 버렸다. 하지만 종교 개혁자들은 이 재발견의 전반적인 혁명적 의미를 인식하지 못하였고 그것이 그들의 목적이라고 말하면서 모든 기독교 사상 속에 복음만을 위한 자리를 만들어 주는 대신에, 그들이 믿는바 보편성의 관점에서 복음에 기초한 교회의 종교개혁을 교리의 보존과 연결하고 말았다. 이렇게 해서 종교개혁적인 신앙을 가지고 있는 루터교, 칼빈주의, 영국 국교회는 질서와 관례에서 권위적인 교권의 맥락 가운에서 그리스도의 용서의 복음을 믿는 개인적인 신앙의 종교를 보여주게 되었다. 그들은 언제나 교리에 대한 신봉을 유지해야 할 의무를 지닌 목회자와 교회적 직무의 권위에 대하여 충실한 순종의 복종을 요구하였다. 그리고 그의 종교사에서 하르낙은 종교개혁은 계속 되어야 한다고 믿고 기독교는 세대에서 세대로 전수된 교리의 총합 이상의 어떤 것이라고 했다.

(4) 기독교의 본질: 기독교의 본질에서 하르낙은 교리는 무오한 교훈으로서 유지될 수가 없고 단지 교리는 신앙에만 관련이 되어있다고 주장했다. 그리하여 그는 기독교 사상에서 오랜 기간 채택되었던 교의학적 방법을 역사적 방법으로 대치하였다. 그는 기독교의 본질을 복음이나 복음의 영향력과 동일시함으로 이러한 이해를 성취하려고 했다. 따라서 그는 우선 예수 그리스도의 복음을 다루었고 다음으로 예수 자신과 그의 복음이 제자들의 제1세대에 미친 충격을 다루었으며 마지막으로 기독교 종교가 상이한 인간적 상황과 대면하면서 경험한 변화들로 부터 발전한 기독교 종교의 주요한 형태들을 다룬다. 그는 여기서 기독교를 단순화하여 예수의 이적들을 부정하고 예수는 그 자신이 메시아나 신성이심을 요구하지 않았다고 주장했다. 예수의 단순한 복음을 복잡한 신학으로 그릇되게 한 것은 바울과 후기 희랍사상이었다. 그러므로 그는 예수의 종교로 돌아가야지 예수에 관한 종교로 돌아가서는 안 된다고 했다.

따라서 그는 기독교의 어떠한 역사적 형태도 절대화하거나 규범적인 것으로 간주하지 않았다. 그는 오히려 기독교의 복음은 (i) 하나님의 왕국의 도래, (ii) 성부 하나님과 인간 영혼의 무한한 가치, (iii) 율법을 초월하면서도 이를 파괴하지 않는 사랑의 보다 높은 공의 있다고 믿었다. 따라서 하르낙은 예수의 교훈과 그의 생애 가운데 나타난 그 정신과 원칙들을 복음에 포함시켰다. 여기서 하르낙은 복음이 인간의 양심에 전달되는 종교적-도덕적인 선포이며 또한 인간으로 하여금 복음을 찬성하거나 반대하도록 결단하게 하고 따라서 그의 내적인 성향을 변경시킨다는 사실을 확인하고 싶어 했다. 하르낙은 예수가 복음의 요소들 중의 한 요소로서 복음에 속하지는 않는다고 역설적으로 주장했는데 그것은 그가 예수를 도덕적으로 높이 평가했기 때문이다.

예를 들면, 예수는 복음의 인격적인 구체화요 능력이었고 우리는 여전히 그를 그런 분으로서 이해한다. 이것은 그가 아버지를 알았던 식으로 아버지를 알았던 사람이 지금까지 아무도 없었고 또한 그가 이 지식을 다른 사람들에게 주었고 그렇게 해서 많은 사람들에게 필적될 수 없는 봉사를 제공했기 때문이다. 그는 말로서 뿐만 아니라 더 많은 비중으로 그의 인격과 사역에 의하여 마지막으로는 그의 고통에 의하여 사람들을 하나님께로 인도했다. 바로 이런 의미에서 그는 수고하고 무거운 짐진 사람들은 다 내게로 오라. 내가 너희를 쉬게 하리라고 말했으며 인자가 온것은 섬김을 받으려 함이 아니라 도리어 섬기려 하고 자기 목숨을 많은 사람의 대속물로 주려 함이라고 했다. 그는 예수 그리스도는 역사가 보여주듯이 그의 복음이 인간 본연의 능력에 부합되기 때문에 기독교가 진정한 참 종교이며 유일한 종교라고 했다.

하르낙은 무엇이 복음과 기독교가 아닌가에서 기독교는 고결하고 단순한 어떤 것이며 오직 한가지, 하나님의 능력과 임재를 통하여 시간의 한 가운데에 있는 영생에 관해서만 관심을 갖는다. 이것은 모든 종류의 사물들을 보존하거나 혹은 개선하기 위한 윤리적 혹은 사회적인 비밀이 아니다. 기독교가 인류의 문화적인 진보에 공헌했는가에 관한 단순한 질문조차도 기독교 종교의 정신에 해가 된다. 그러므로 복음을 직접적으로 세속적인 일들에 적용하거나 그것으로부터 세속적인 일들에 관한 세세한 처방이나 규칙들을 연역해 내는 일은 오류라 보았다. 그에 따르면 이것은 종교적인 어떤 것이며 종교 그 자체이고 그 자체로서 영과 진리로 예배함으로서 표명되는 마음의 기질이다. 따라서 복음은 법과 규칙들로서 혹은 표적이나 예전적 의식이나 우상을 통한 숭배로서는 표현될 수 없다고 보았다. 복음의 참된 본성은 복음이 신앙이나 질서, 교리와 예전, 법과 위계 구조의 권위적 형태들과 연결되거나 한정된다면 안 되었다. 그는 교회가 교리로 인해 복음에 무거운 짐을 지워 주어서는 안 된다고 생각하고 교리적 전통에서 벗어날 것을 주장했다.

(5) 신학 평가: 하르낙은 자신이 처한 상황에서 지난날의 기독교적 전통을 재해석하고자 했다. 특별히 교회사에서 보여지는 가톨릭적 권위주의와 교리적 사고를 역사적인 사고로 대치되기를 바랐다. 그러나 그는 이것이 얼마나 어려운 것인가를 깨달았다. 가톨릭교회가 긴 역사를 통하여 자기들의 보수주의를 보존하는 데 성공해 왔기 때문에 이런 제도와 전통에서 해방시키기 위해 종교 개혁가들이 등장하고 결국 순수한 교리적 권위 위에서 하나님의 왕국을 건설할 수 있었다. 때문에 개혁자들은 교황권이 무오한 권위라는 관념과 그것이 역사적 산물임을 지적하고 수용을 거부하였다. 그런데 여기서 하르낙의 사고는 철저히 역사 감각에 의해 결정되었다고 볼 수는 없다. 때문에 그는 성경을 역사적 산물로 인식할 수 없었으나 고대 교회의 공의회가 공표한 교리가 하나님의 말씀과 일치하는 한 유효하다

고 했다.

끝으로 하르낙은 현대의 역사 신학은 종교개혁이 시작한 일을 완수해야 한다고 생각했다. 그는 기독교 종교의 모든 부분들과 단계들에 대한 역사적 사고의 적용은 예수 그리스도의 복음이 세계 내에서 자유롭고 방해받지 않는 과정을 달리는 일을 가능하게 할 것이라고 믿었다. 그러기 위해서는 교회에서 사용하는 신조들을 솔직히 평가해야 하며 예배시에 억지로 고백하라고 강요받아서는 안 된다고 했다. 그는 전통 교리적인 기독교가 비교리적인 기독교로 대치될 때가 오리라고 희망했다. 이와 관련해서 그가 관심있게 취급한 것들은 (i) 구약성경의 경전적 권위문제로 취급하는 전통을 깨뜨려야 한다고 주장했다. 그런데 종교 개혁자들이 아직 구약성경을 경전적인 책으로 보존한 것은 종교와 교회가 무기력한 결과였다고 했다. 그는 역사적 관점에서 구약 성경을 신약과 연결하여 재해석하고자 했다. 그러나 그는 실제로 신약 성경만이 기본적인 기독교의 책이며 이것만이 거룩한 성경으로 간주되어야 한다고 확신했다.

(ii) 기독론을 통해서 하르낙은 현대기독교인들이 예수의 인격에 관한 교리의 부담에서 스스로를 자유롭게 해야 한다는 소망이 있었다. 그는 옛 교리적 전통으로부터 벗어나기 위해서 부단히 노력하였다. 그는 신앙이나 지식에 근거하여 누구라도 그리스도의 본성과 특히 그의 신적 본성에 관한 어떠한 유효한 진술도 할 수 없다고 확신하였다. 기독교인들은 신약성경에만 만족해야 하며 초대 기독교인들이 그리스도의 주되심에 관한 이해와 이것과 관련해서 보여 주었던 것과 같은 사상과 언어의 다양성을 인정할 수 있어야 한다고 했다.

(iii) 전기독교계의 통일이라는 주제에서는 기독교가 사람들을 서로서로 화해시키는 가장 큰 힘이라고 믿었다. 그는 교회 일치운동의 각성을 경험했으므로 그것에 대한 큰 기대를 품고 있었다. 그러나 그는 교리주의와 권위주의에 관한 모든 무관용이 교회의 삶에서부터 추방될 때에만 이러한 통일성을 성취할 수 있을 것이라고 했다. 결국 하르낙은 기독교를 교리적인 면보다는 역사적인 측면에서 해석하고 구약성경의 권위를 부정하게 되었다. 그에게 복음의 힘은 화해의 메시지였고 복음은 신약으로 곧 예수 그리스도를 의미했다. 때문에 그의 사상은 제자였던 칼 바르트에 의해 역사적 접근에서 신학적 접근으로 대치되고 이제 하르낙은 도무지 바르트를 따라갈 수 없게 되었다. 바르트는 계시와 더불어 그의 신학 해석을 시작

하였으며 하나님의 계시는 시종일관 그의 주제로 남아 있었다. 이와 달리 하르낙은 인간의 영역에 속하는 그 밖의 모든 것과 더불어 기독교도 역시 역사적인 어떤 것, 즉 모든 세대가 미래와 마찬가지로 과거에 관해서 다루어야 하는 하나의 유산이라는 전제에서 출발하였다.

7. 19세기 영국 자유주의와 개신교

7.1. 영국의 자유주의

영국의 자유주의는 그 영감에 있어서는 근본적으로 기독교적이었으나 그 습관과 동기에 있어서는 이성주의적 경향을 띠었다. 이들은 이신론에 맞서 하나님을 다시 영적 우주의 중심으로 복귀시키려는 작업을 계승하려고 했다. 한편 이들은 보수 기독교의 초자연주의에 깊은 실망감을 갖고 있었다. 그리하여 이들은 인간의 생활과 자연과학에서의 새로운 발견에 대한 해석에 깊은 관심을 가지고 있었다.

(1) 토마스 카알라일(Thomas Carlyle, 1795-1881): 그는 전통적인 교회는 더 이상 구제의 가능성이 없다고 생각하고 교회에 대하여 다음과 같이 논평했다. “대뇌가 벌써 삼백 년 이상이나 제대로 기능을 발휘하지 않고 있었다면 차라리 죽어 버리는 것이 보다 나은 것이라는 생각을 금할 길 없다”. 그러나 그는 프랑스 혁명의 비인간성은 종교 없는 이성주의는 종교보다 더 악한 존재임을 사람들에게 가르쳐 주었다. 그리하여 그는 인간생활의 진정한 질은 어떤 한 전통에 의하여 충분하게 대변될 수 없는 종교적 기반을 가지고 있다고 확신하게 되었다. 그는 이러한 기반이 없으면 우리들의 우주는 거대한 죽은 기계가 되어 그 둔감한 무관심으로 나를 갈갈이 찢어버리게 될 것이다라고 했다.

(2) 매튜 아놀드(Matthew Arnold, 1822-1888): 그는 전통적 기독교에 대하여 기본적으로 공감하면서도 점차 지성적으로 불안한 마음을 금치 못했던 사람들의 정서를 대변하였다. 그는 기독교에는 두 가지 확실한 것이 있다고 했다. 하나는 인간은 기독교 없이는 살 수 없다는 것이며 다른 하나는 지금 현재의 기독교 상태로는 만족할 수 없다는 것이다. 그에게 있어서 기독교의 교의적인 상부구조와 신화적인 하부구조는 모두가 현대인들이 그대로 받아들일 수 없는 수치스런 모습이

었다. 그는 종교를 가리켜 감정에 의하여 접촉된 도덕성이라고 표현하고 성경은 다른 문학작품들과 다름없이 읽어야 한다고 생각했다. 그는 당시 신자들의 여러 가지 태도, 특별히 증명할 수 없는 가정들에 의존하거나 이성을 무시하는 경향들을 비판하였다.

그에게 성경이 지니고 있는 권위는 그 사상과 표현력에 달려 있다. 성경은 그 초자연적 기원에 관하여 도그마에 의지할 필요는 없다. 종교의 일반적이고 영속적인 가치 그리고 특히 기독교의 가치는 그 도덕적 능력에 달려있는 것이다. 기독교의 교의들과 그 이야기들의 가치는 도덕적 가치들을 수호할 수 있는 기능에 있다. 그러나 그는 완전한 축소주의자는 아니었다. 그는 공의로 하여금 공의되게 하는 영속적인 힘은 우리들로부터 비롯된 것이 아니다는 것을 믿었고 이러한 힘이 실재한다는 것을 인정하였다. 그는 예수 가운데서 이 실재의 뛰어난 대변자를 발견하였다. 그는 문화를 사람에게 가장 필요한 것으로 보았고 성경숭배를 과학 정신과 동떨어진 것이라고 하여 개탄하였으며 기적을 부정하였다.

7.2. 영국의 복음적 개신교

19세기 영국은 다양한 종교 현상 중에도 원죄와 전적 타락, 예정론같은 비교적 전통적 신앙원리를 수용하였다. 이 같은 경향은 대속의 주관적 측면을 강조했던 감리교에도 영향을 미쳤다. 그러나 당시의 일반적인 교회의 특징은 서구의 합리주의와 성서비평학의 등장으로 성경과 전통적인 신앙에 대한 자유스런 해석이 팽배해 갔다. 이로서 자유주의적 광교회 운동이 확산되었다. 이 운동은 특정 신학의 공식화에 대한 불만에서 기인했다. 당시 영국의 국교회에서 이탈한 교회들은 편협한 신학적 논의를 지적 기초로 삼았다. 신학은 지적 증명이나 권위적 계시 혹은 그 둘을 결합한 체계와 같은 동일한 합리주의적 유형안에서 연구되었다. 이때 영국에서는 낭만주의적 시문학이 찬란히 개화하고 월터 스코트 같은 소설가의 등장으로 새로운 분위기를 형성했다. 그 결과 감리교에서는 인도주의가 발전하였고 지속적인 개혁운동이 확산되며 신학적 사고와 종교 관념에 뚜렷한 영향을 미쳤다.

그중 현저한 것은 사람들의 신앙심이 해이해 졌다는 점이다. 이 같은 경향은 보다 철저하게 칼빈신학을 유지했던 스코틀랜드 교회에도 갈등을 야기시켰다. 그

동안 스코틀랜드 교회는 칼빈의 하나님의 주권과 인간의 타락, 하나님의 은혜를 가르쳐 왔으나 이같은 전통은 새롭게 취급되었다. 칼빈은 그의 기독교 강요에서 하나님의 인식을 통한 인간의 자기 통찰을 말했다. 그리고 하나님의 신비를 표현하기 위해 언어가 사용될 때는 그 맥락에 알맞는 방법으로 해석되어야 한다고 했다. 그러나 급진적 칼빈주의자들은 하나님의 초월성을 일방적으로 강조하여 그를 세상과의 외부적 관계로 취급했다. 따라서 그의 은혜와 섭리는 보다 조작적으로 인식되었으며 예정론은 복권추첨으로 대치되었고 대속은 법률적 거래처럼 표현되었다. 결국 전통적 신앙은 세속적 도전에 영향을 받지 않을 수 없게 되었다. 당시의 스코틀랜드 교회의 지도자들로는 모리스와 어스틴, 그리고 19세기의 신학자요 목회자로인 캄벨과 어빙이 있다. 이들은 스코틀랜드 장로교회에 많은 영향을 미쳤는데 특별히 캄벨은 그의 구원론을 통해 만인구원론을, 에드워드 어빙은 카리스마틱 운동을 주창하였다.

(1) 프레드릭 D. 모리스(F.D. Maurice, 1805-1872): 새로운 자유주의 운동의 하나인 광교회(broad-church)주의자 모리스는 유니테리언 교회 목사의 아들이었으나 성공회로 귀화하여 1834년 안수를 받았다. 그는 주로 사회윤리를 가르쳤으나 후에 신학의 본질적 문제에 많은 관심을 가졌다. 그는 그리스도가 온 인류의 머리임으로 누구도 하나님의 저주 아래 있지 않다고 생각하고 모든 사람들은 하나님의 자녀로서 하나님의 부권 인정이나 인식 이외에는 다른 화해가 필요 없으며 그러한 인식을 가지면 자연히 자식의 사랑과 봉사를 하게 된다고 보았다. 결국 모두가 하나님에게 분명히 인식될 것이며 아무도 영원히 버림 받지는 않는다. 그는 기독교의 핵심적인 신학들이 모두 외부적이고 조작적인 관계로 보고 기독교를 갱신하고자 했다.

이 같은 모리스의 사상은 인류의 사회적 통일을 하나님의 부성의 기능이라고 생각한데서 구체화 되었다. 그에 따르면 이 하나님은 그 자신 안에 사회적 구조를 가지고 계신다. 하나님은 그 안에서 관계된 위격들이 핵심적인 통일을 이루는 존재이다. 바로 이것이 피조사회의 기반이다. 성부, 성자, 성령의 위격들은 그 자체의 차이와 그 정수의 통일성에서 모든 공동체의 모범과 기반이 된다. 따라서 그는 삼위일체를 거부하였다. 그리고 인간은 하나님의 형상으로 만들어 졌으나 죄로 타락하였다. 이 죄는 자기중심성으로 우리 자신 가운데서 무엇인가를 이루고자 하는 시도이다. 그러나 타락한 인간이라 할지라도 그의 진정하고 핵심적인 존재를 완전히 상실한 것은 아니다. 즉 그는 하나님의 형상대로 지음 받은 하나님의 자녀이다. 그러나 그가 진실을 무시하고 거짓과 허위 가운데서 살고 있다. 그리스도는 그의 구속 가운데서 우리들이 죄로 인하여 상실하였던 인간성의 핵심중 일부를 다시 복원시키는 수술을 행하는 것이 아니다. 그보다는 우리들이 진정한 자아들을 바라볼 수 있도록 우리들의 시야를 개안시키는 것이다. 즉 대속은 그리스도의 덕목이 일부 독선적으로 선택된 죄인들에게 덧입혀지는데 있는 것이 아니다. 그리스도의 대속사역은 인간에 관한 진리를 드러내 보여준다. 따라서 구속에서 그리스도의 신.인성의 기능은 인류의 고귀함과 동포애를 포함하고 있었다.

(2) 토마스 어스킨(Thomas Erskine of Linlathen, 1788-1870): 한때 평신도이면서도 많은 영향을 미친 어스틴은 만약 어떤 계시된 진리가 영혼 속으로 포용되어야 한다고 하면 이는 지성적으로 합리적일 뿐만 아니라 또한 양심을 밝히는 것이어야 한다고 주장했다. 그는 1828년에 저술한 "복음의 무조건적 자유"(The Unconditional Freedom of the Gospel)에서 대속이 무엇보다도 용서에 관한 것임을 강조하였다. 하나님의 사랑은 우주적인 것이다. 따라서 어떤 점에서든 그의 용서는 우주적이어야 한다. 우리들은 재판정에 서 있는 것이 아니다고 했다.

(3) 존 맥클라우드 캄벨(John Mcleod Campbell): 전통적 신앙에 대한 가장 강력한 항의자 캄벨은 어스틴의 영향을 받아 그의 대속에 관한 해석을 수용하고 이를 더욱 발전시켰다. 그는 대속은 그 자체의 빛으로서 이해되어야 한다고 했다. 특별히 그는 하나님의 부성을 가장 기본적으로 생각하였다. 공의로운 아버지로서 그는 죄를 혐오하실 수밖에 없다. 그러나 사랑스런 아버지로서 그는 죄를 용서하신다. 하나님의 공의로우신 분노와 사랑에 찬 용서의 도덕적 화해는 그리스도께서 우리들을 대신하여 분노에 찬 처벌을 담당하시고 그의 의로우심이 우리들에게 덧입혀지는 가식적인 사법적 거래를 통해서는 실현될 수 없다. 만약에 그 결과가 용서라고 한다면 여기에 요구되는 것은 만족이 아니라 완전한 회개이다. 그러나 죄인인 인간에게는 이러한 완전한 육신을 입고 오셔서 인류를 위한 완전한 회개를

드리고자 하셨다. 우리들이 신앙으로 이를 인정함으로써 우리들은 죄와 죄악으로부터 소추(訴追)하여 놓여날 수 있다. 따라서 우리들은 무한한 도덕적 영적 갱신의 새로운 생애로 들어갈 소망을 가지게 된다.

여기서 그는 그리스도의 고난을 형사상의 형벌로서 생각하지 않고 진정으로 의로운 이는 고통으로서 이 세상의 악을 경험하고 담당한다고 보았다. 이는 하나님께서 붓는 죄에 당면하는 고통이다. 이러한 모습으로 그리스도의 죽음은 그의 생애의 빛 가운데서 해석되어 진다. 누군가는 처벌을 대신하여 받는다는 개념보다 대신하여 회개한다는 개념이 어떻게 더 나을 것이 있느냐이다. 그는 추상적인 전통적 개념에서 벗어나 개인적 관계로 해석하였다. 그리하여 이때로부터 개인적 존재의 중요성의 빛에서 모든 교리들을 해석하고자 하는 압력이 더욱 더 가중되기 시작했다. 그의 신학 사상의 핵심은 속죄론으로 대리 회개설로 불려 지는바 청교도인 존 오웬과 요나단 에드워드의 이론을 통해 정립하였다. 그는 이들의 속죄관이 너무 율법적이어서 하나님의 사랑을 충분히 반영하지 못하는 결함이 있다고 했다. 만일 사람이 회개를 할 수만 있다면 그 완전한 회개가 속죄를 이루었을 것이라는 에드워드의 견해에서 참된 속죄론을 제시하였다. 그는 그리스도가 인류를 위하여 필요한 회개를 하나님께 드림으로 속죄의 조건을 다 이루었다고 주장했다. 그리스도의 사역은 참으로 인간을 위하여 죄를 대신 고백함으로 이루어 졌다.

그러면 어떻게 그리스도의 죽음이 이 대리고백과 관계가 있는지가 문제가 된다. 이에 대하여 그는 그리스도는 수난과 죽음을 당함으로서 동정적으로 성부의 정죄를 받으시고 죄의 흉악성을 보이셨으며 죄를 저주하셨다. 이것은 성부에게 우리 죄의 완전한 고백으로 보여졌다. 이렇게 죄를 저주하는 것은 하나님께서 죄악한 인간성에서 요구한 그 거룩함을 인간 안에서 산출하는 것이라고 인정되었다. 그러나 캄벨의 이 이론은 무죄한 존재 안에서 대리회개를 찾는 것은 어려운 일이다. 특별히 죄의 중요성을 충분히 인식하지 못했다.

(4) 에드워드 어빙(Edward Irving): 한때 토마스 찰머스의 제자였던 어빙은 뛰어난 언변을 갖춘 런던의 스코틀랜드 장로교 목사였다. 그는 매우 신비적인 성향을 보여 많은 청중들을 회집하기도 했으나 사도 시대의 은사가 믿음이 충분하다면 회복된다는 확신으로 문제를 야기시켰다. 그는 당시 이 같은 은사를 받은 사람이 없음에도 불구하고 어떤 다른 사람이 받았다고 주장하여 1830년 장로교 목

사직을 박탈당하였다. 그 후 추종자들은 예언대로 그가 여섯 사도를 지명했다고 믿었고 1835년에 그 수는 12로 채워졌다. 이 분파는 가톨릭 사도교회라고 명명했다. 1842년에는 정교한 의식을 채택했고 사도들을 성령의 기관으로 간주했다. 어빙은 그리스도는 타락후의 아담과 같은 인성 즉, 타고난 부패와 도덕적 악의 성벽을 가진 인성을 입으셨다. 그러나 그는 성령과 그의 신성의 권능을 통하여 이 부패한 인성을 어떤 본죄나 혹은 인격적 죄로 나타나지 못하게 하였고 수난을 통하여 그것을 점진적으로 정화하였으며 죽음으로서 원시적 패괴를 완전히 근절시키어 그것을 하나님과 재연합할 수 있게 하였다. 예수 그리스도의 품위 안에서의 이 인성의 정화는 그의 속죄를 이루었다. 결국 인간이 구원을 받는 것은 어떤 객관적 대속에 의하여 되는 것이 아니고 믿음으로 그리스도의 새 인간성을 분여받는 자가 됨으로서 이루어진다.

8. 미국의 자유주의와 사회복음

19세기 미국은 자유주의의 활기찬 중심지가 되었다. 그러나 본래 미국은 영국 청교도들의 정착으로 칼빈주의적 전통사상에 확고히 뿌리를 내렸었다. 그러나 요나단 에드워드이래 정통주의 신학에 대한 의문이 등장하기 시작하였다. 그러던 것이 19세기 구미의 자유주의자들의 영향으로 혼란에 빠지게 되었다.

(1) 랄프 왈도 에머슨(Ralph Waldo Emerson, 1802-1883): 유니테리언 교회에 소속한 에머슨은 미국 신학자라는 자의식을 갖은 최초의 인물로 인간의 원죄의식을 철저히 배격했다. 그에 따르면 인간은 그 영혼 가운데서 계속하여 신성을 간직하고 있는 인물이다. 그리스도는 우리들 가운데 하나이며 형제들 가운데 가장 앞선 인물이다. 그가 우리들에게 가르치는 진리는 모든 종교와 모든 자연들 가운데 포함되어 있다. 그리고 그는 인간이 본질적으로 선하다는 믿음과 구원은 인간의 이성에 대한 발견으로 가능하다고 했다. 그는 또한 예수의 신성을 거부하고 삼위일체 교리를 부정했다. 후에 그는 그가 속한 교단을 사임하였다.

(2) 윌리암 엘러리 체닝(William Ellery Channing, 1780-1842): 그는 볼티모어에서 행한 유니테리언 기독교는 이 교파의 신경처럼 받아졌다. 이것은 일종의 설교였는데 여기서 그는 예수 그리스도의 특수한 중요성을 부인하지 않았다. 그는

신적 계시의 실재를 인정하였으나 동시에 이는 그 시대의 지식과 이성적인 판단의 빛 아래서 해석되어야 한다고 주장하였다. 그는 그리스도 안에서의 대속 사역을 인정하였다. 그러나 이는 도덕적 통찰력에 일치되도록 해석되어야만 한다고 주장했다.

(3) 또한 조합교회의 교인인 부쉬넬: 그는 속죄에 대한 정통적 교리를 비평하고 성장에 대한 개념을 기독교 안으로 보급시켰다. 그는 원죄를 거부하고 인생이 어떤 지점에서 영혼에 감동을 받고 그리스도인이 되며 어려서부터 훈련을 받으므로 그리스도인이 될 수 있다. 어린이는 선천적으로 선하게 태어났다. 적절히 자라기만 한다면 그 상태를 지속시킬 수 있을 것이다. 결국 자유주의의 팽창으로 미국 개신교는 창조성을 상실하였다.

(4) 미국에서의 사회복음: 1776년 독립 선언 이후 미국은 계속하여 활기찬 신세계를 건설하겠다는 정신이 계속되었다. 미국에서는 급격한 사회적 문화적 변화가 강렬하게 일어나 기독교의 사회적 의식에 대한 새로운 강조가 시작된 것이다. 이같은 현상은 아돌프 하르낙의 영향을 받은 에머슨, 체닝, 부쉬넬에 의해 발전하여 19세기에는 하나님의 왕국을 강조하는 사회복음으로 번창하였다. 사회복음은 일반적으로 사람들이 오해했던 것처럼 순진한 낙관론을 기반으로 한 것은 아니나 희망을 주제로 했다. 이 운동의 대표자는 월터 라우쉔부시(Walter Rauschenbusch, 1861-1918)이다. 그는 예수를 주로 사회적, 도덕적 그리고 종교적 개혁자로서 파악하였다. 그러나 그에게 예수는 보통의 개혁가가 아니었다. 그는 보다 깊은 통찰력과 고상한 신앙인으로서 일반적 소망을 더욱 더 높이고 변화시켰다. 라우쉔부시는 예수의 가르침 가운데 나타난 심판의 요소를 보다 약화시켰다. 그는 신적 심판의 재난을 먼 훗날로 연기하고 현재 진행되고 있는 새로운 생명의 성숙을 강조하였다. 반면에 그는 또한 현대 사회 문화가 매우 심각한 위기에 처해 있음을 인식하고 그 이유를 인간의 중심에 있는 죄악의 상황과 인간의 경제적 사회적 조직체에서 찾았다. 라우쉔부시는 예수 그리스도안에 있는 신적 계시의 능력으로 인간이 회심해야만 할 필요성을 인정했다. 그러나 그는 동시에 조직체들의 개혁의 필요성을 인정하였다. 이를 위해 교회가 압박받는 노동계급과 연대해야 한다고 주장했다. 그는 당대의 어떤 신학자들 보다도 먼저 현대적인 혁명의 신학을 예견하였다.

(5) 라인홀드 니버(Reinhold Niebuhr, 1892-1971): 이 시기에 미국에서 가장

영향력을 행사한 사람가운데 하나로 그는 13년 동안 디트로이트의 산업지구에서 목회를 하면서 다른 어떤 사회복음 운동가 못지않게 사회문제에 대한 관심을 쏟았다. 그러나 그는 동시에 산업계와 정치계의 처절한 현실은 선의와 고상한 프로그램들로써만은 고쳐질 수 없다는 것을 깨달았다. 그의 성경독서와 산업적, 정치적 현실 파악은 서로를 상호 조명하는 역할을 했다. 그는 드디어 개인들뿐만 아니라 사회와 문화 자체가 타락하여 죄에 메어 있음을 깨닫게 되었다. 그가 1931년 출판한 「부도덕한 사회 속에서의 도덕적 인간」(*Moral Man in Immoral Society*) 이란 책은 현대신학에서 중요한 위치를 갖게 되었다.

니버는 기독교 사회를 이룩하기 위한 정당한 기반으로서 자유방임적 자본주의와 아울러 교조적 사회주의를 반대한다. 그는 우선 가장 시급한 것은 타락한 인간을 제대로 파악하기 위해서는 도덕적 타락과 영적 파산 상태에 관한 어거스틴, 개혁주의적 교리를 시급하게 재확립하는 것이라 했다. 이러한 자각과 신앙고백의 기초 위에서만 사회는 은혜와 공동체적인 갱신을 이룰 수 있다는 것이다. 바로 이것이 그가 1941-1943년 사이에 기포드 강의에서 행한 「인간의 본성과 운명」(*The Nature and Destiby of Man*)의 주제였다. 그에게 가장 강한 영향을 미쳤던 것은 키에르케골의 사회적 기독교에 대한 비판과 유럽의 변증법적 신학이었다. 그러나 니버는 평생 기독교 신학의 통찰력을 사회문제들에 적용하는데 대한 이해와 관심을 상실하지 않았다. 그는 말기에 역사의 신학과 정치권력에 대한 신학적 비판에 힘을 쓰고 사회복음 운동에 반대하였다.

9. 결론

지금까지 우리는 독일과 영국을 중심으로 한 19세기의 신학적 동향과 특징을 살펴보았다. 결국 17세기 정통주의는 자유주의의 등장으로 압박을 받아 분열하게 되었다. 서구인들은 영토 확장과 문화 발전의 지속적 연구에 힘을 쏟았으며 이것은 성경 비판으로 이어져 영적 권위를 상실하게 되었다. 이로써 교회는 새로운 시련에 직면하였고 이것은 1914년, 제1차 세계 대전까지 계속되었다. 사상적 도전과 철학 사상의 공격, 과학적 도전과 역사 비평적 도전은 교회가 주님의 은총이 없이는 감내하기에는 벅찬 것들 이었다. 그런데 교회 내에서는 이 같은 사상과 합세하여 태동한 자유주의 신학의 도전은 교회가 추구해야할 방향을 더욱 혼미케 하기에 충분했다. 독일의 슐라이어마허, 알버트 리츨, 아돌프 하르낙, 그리고 영국의 칼벨과 어빙은 신율적 신학체계와 전통적 교회의 신앙에 인본적 신학을 이식하였다. 결국 하나님의 은총과 구원에 대한 해석과 적용은 인간의 실존과 노력에 의해서 효과를 보게되고 그많큼 이성의 역할이 증대되었다.

이제 교회는 보수와 자유로 양분된 채 세계 교회는 급속히 발전하였다. 그러나 이 같은 복잡한 상황에서 분명하게 인식할 수 있는 것은 역사는 흘러가고 사상은 변해도 복음의 진리는 변하지 않는 다는 것이다. 하루가 바쁘게 변모하는 다원화 시대, 언어의 홍수시대를 살면서 우리는 복음에는 한 의가 나타나서 믿음에서 믿음에 이르게 하고 그를 믿는 자가 영생을 얻게 된다는 진리를 더욱 강하게 붙잡아야 할 것이다. 오늘 격동하는 시대에 주님의 소명을 받은 우리는 세상 유혹을 거스리며 십자가를 지고 갈보리로 오르셨던 주님을 바라보며 바른 신학의 전통을 사수하는 일에 더욱 진력해야겠다. 개혁자들의 신앙과 신학적 전통을 사수하고 보다 적극적으로 전파하는 일보다 더 중요한 과제가 무엇인가?

결론적으로 19세기는 인간의 벅찬 기대와 소망으로 꿈과 낭만이 절정에 올랐으나 그 종말은 전혀 예측할 수 없는 허무와 비극으로 빠져들었다. 20세기 초엽에 발생한 양차 대전은 바로 그 허무와 비참함이 절정에 오르는 상황을 실감 있게 보여준다. 이것은 우리가 지난 20세기 역사의 정점을 살아오면서 함께 느낀 긴장과 공포, 두려움과 불안한 삶이 보여준다. 이것은 20세기를 지나 21세기를 살아가는 지금도 느끼기는 마찬가지로, 이 같은 상황에서 누가 우리의 미래를 긍정적으로 예측할 수 있겠는가? 분명한 것은 역사는 흐르고 시대는 바뀌어도 변하지 않는 주님을 바라보면서 우리는 소망을 갖게 된다. 우리가 어디서 사역을 하고 주님을 섬기든지 항상 겸손한 자세로 말씀에 순종하는 종들이 되어야겠다. 주님의 은총이 여러분 모두에게 넘치기를 기원한다.

제17장

복음주의의 형성과 신학적 특징[1)]

1. 서론

19세기 세계 선교가 급속히 확장되면서, 세기 말 근본주의와 자유주의 간에 논쟁이 발생하였다. 그런데 이 시기에 문서 비평이 강력히 제기되면서 전통적인 기독교 신앙은 위기에 직면하였다. 따라서 근본주의자들은 자유주의의 도전에 맞서 구원을 위해 예수 그리스도의 동정녀 탄생, 그리스도의 십자가 죽음과 부활, 승천을 기본 교리로 주창하였다. 이러한 대립과 갈등적 상황에서 보수와 자유의 중재자로 복음주의자들이 등장하였다. 따라서 이들은 개인구원과 교회 중심적 삶을 강조하였다. 교회는 개인의 영혼을 회심시키고 복음을 수용하게 하여 한 일원이 되게 하는 것으로 판단했기 때문이다. 교회를 중심으로 예배와 기도, 봉사, 각종 프로그램에 참여가 요구되었다. 하지만 그 결과 교회간의 연합보다는 개 교회 중심적 신앙이 형성되었다. 뿐만 아니라 영혼구원에 대한 편향적인 강조는 사회 변역에 대한 무관심을 낳았다. 특별히 1920년 이후 제기된 복음주의의 종말론은 후천년설 대신 전천년설을 지지함으로 세상에 대한 변화를 주님의 재림 이후로 추정

1) 본장은 필자의 스승 김명혁, 「현대교회의 동향」, (성광문화사, 1991)에 많은 도움을 받았음을 밝힌다. 아울러 20세기의 복음주의 신학자들에 대한 연구는 Walter A. Elwell &D. J. Weaver(편), 「20세기 복음주의 성경 신학자들」, (이레서원, 2001), 11-724을 참조하라.

하였다. 따라서 이들의 최우선 과업은 주님이 오시기 이전에 한 영혼, 한 생명이라도 복음을 전파하여 교회로 인도하는 것이었다.

그런데 일제 강점기의 한국 교회는 몇 몇 신비주의자들의 내세적 종말론으로 혼란에 직면하였다. 이들은 고난을 극복할 대안으로 신앙인의 시대적 사명과 역할을 무시하거나 극단적으로 체제 유지에 앞장을 섰다. 한편 해방 후 자유당 정권아래서는 이를 비호하였고 군사정권 아래 어용적 이었다. 개교회주의와 더불어 제기된 교회 성장주의, 체제 유지주의는 기독교적 가치관을 배제한 채 세상과 타협하였다. 자본주의적 사고로 교회는 호화로운 건물과 삶의 양식을 즐기었고, 반면 가난한 이웃들의 외침을 외면하는 등 귀족화되었다. 무엇보다도 성도들은 가난하고 어려운데 교회의 지도자들은 지나치게 부유한 생활을 하였다. 덧붙여 일부 복음주의자들은 성경을 절대화 내지 우상시하였다. 자유 내지 인본주의적 성경 해석을 통제하였고, 대신 성경 무오와 축자영감설을 주장하였다. 그 결과 바리새적인 분파주의를 낳았다.

2. 복음주의의 정의

복음주의는 다른 신학적 주제와 같이 다양한 교파적 배경의 학자들에 따라 정의될 수 있다. 그러나 대체로 복음주의는 그리스도의 대속에 의한 구원의 복음, 즉 말씀과 회개, 구원을 중심으로 삼는 기독교이다. 이 원리에 근거하여 복음주의는 하나님의 초월성과 절대주권, 성경의 영감과 절대권위, 인간의 전적 타락, 예수 그리스도의 신성과 대속적 죽음, 은혜와 믿음으로 말미암는 구원의 체험, 성화와 경건된 삶, 복음화와 선교의 사명, 사랑의 봉사와 균형 잡힌 사회참여, 그리스도의 재림과 최후의 심판, 하나님 나라의 종말론적 완성 등을 강조한다. 이는 개혁주의가 강조하는 전통적인 성경관의 옹호, 회심체험의 강조, 예수님의 복음과 복음전파와 연관되었다. 그러나 복음주의 교회는 개혁주의의 신앙고백서를 포함한 신학적 주제에는 무관심하다. 오히려 교회와 세상간의 긴장이 약화되었고 초교파주의와 개교회주의적이다. 결국 이들은 개혁주의의 오직 성경, 오직 예수, 오직 믿음과는 거리가 있다.[2] 단지 죄로 말미암아 죽을 수밖에 없는 인간을 구원하기 위하여 하나님께서 은혜로 독생자 예수 그리스도를 세상에 보내어 십자가 위에서 대속의 죽음을 믿음으로 받아들일 때, 무조건 구원을 얻는다는 것, 즉 복된 소식을 천명하는 입장을 견지한다. 역사적으로 복음주의 운동이 힘 있게 발전했을 때는 교회가 부흥하며 사회에 영향을 끼쳤다. 그 시대의 문화와 윤리 생활을 개선하고 향상시켰다. 뿐만 아니라 선교 운동도 활발히 전개하였다.

3. 복음주의의 태동과 형성

역사적으로 복음주의는 16세기 마틴 루터와 존 칼빈 등, 종교개혁자들에 의해 시작되었다. 그 후 영국의 청교도 운동과 독일의 경건주의 운동, 18-19세기 부흥과 대각성 운동으로 강화되었다. 그리고 20세기 후반, 특별히 1952년 재 강화 된 세계복음주의 협의회(WEF)와 각 대륙 산하의 여러 단체를[3] 통해 크게 확장되었다. 그런데 복음주의는 1974년 로잔 세계복음화 위원회와 더불어 많은 변화를 겪었다.[4]

(1) WCC의 태동과 발전: 그것은 WCC의 급진적인 정책에 맞서 복음화와 사회참여를 강조하였다. 사실 이전에는 개인에게 관심을 가졌으나 사회 전반으로 바뀌었다. 그런데 복음주의 신학은 1948년 조직된 제1회 세계교회협의회, 즉 WCC와 1961년 뉴델리 제3차 WCC 선교대회, 1966년 WCC 제네바 협의회와 1968년 제4차 웁살라 WCC 총회, 1973년 방콕 WCC의 CWME 선교대회, 1975년 제5차 WCC나이로비 총회는 설립 이후 전통적인 신학적 입장을 거부하였다. 이러한 변화는 1961년 뉴델리 총회를 필두로 매우 적극적이며 과격한 형태의 사회참여를 주장하였다. 당시 여러 분과 중에 제2분과는 봉사의 본질과 형태를 취급하고, 교회는 과격한 형태의 정치, 사회참여를 통해 봉사를 수행해야 한다[5]고 하였다. 이

---

2) 김재성, "현대 칭의론과 칼빈의 구원론"『주는 영이시라』(합동신학대학원, 2009), 328-329.

3) 예를 들면, 아시아 복음주의 협의회, 아프리카 복음주의 협의회, 남미 복음주의 협의회, 그리고 복음주의 신학협의회, 아시아 복음주의 신학협의회, 아프리카 복음주의 협의회, 남미 복음주의 협의회 등이다.

4) 김명혁,「현대교회의 동향」, (성광문화사, 1991), 208.

5) "교회는 인종의 평등과 정의를 위해 적극적으로 투쟁하도록 부르심을 받았다. 그리스도인들은 한 가지 형태의 행동을 취할 것이 아니라 여러 가지 형태의 창의적인 방법들

러한 관심은 이후 제네바에서 개최된 교회와 사회에 대한 협의회와 1968년 웁살라 총회에서 더욱 발전하였다. 당시 총회는 교회의 선교적 사명이 전도, 개종, 교회설립, 예배를 수행하는 것 보다는 오히려 사회정의, 인권, 교육, 인간복지, 기근문제 등에 집중하였다. 특별히 세계경제 및 사회적 발전이라는 보고서에서는 교회가 세계적 정의사회 건설을 위해 투쟁해야 한다[6]고 하였다. 1973년 방콕 대회는 "오늘의 구원"이라는 주제아래 보다 급진적인 경제, 정치, 사회 및 개인의 참여를 강조하였다. 이 중에 4번째는 경시하고 처음 3분야를 강조하였다. 대회 마지막 날 에밀리오 카스트로(Emilio Castro)는 우리는 지금 복음주의 선교 시대의 마지막 석양에 서 있으며, 동시에 세계 선교의 새로운 여명에 있다고 하였다. 그러므로 사회 혁명을 위해서는 도전하는 일들이 세계선교의 새 시대를 향한 첫 출발점이라고 하였다.[7]

그 후 1975년 나이로비 총회는 사회, 정치, 경제 참여에 큰 관심을 가졌다. 당시 총무 필립 포터(Philip Potter)는 개회 강연에서 인간 생존을 위협하는 문제들을 분석하고, 인간 환경의 오염을 포함하여 기아와 기근, 인종차별, 세계 인구팽창, 전쟁 무기 증가 등 정치, 사회, 경제적, 구조 악을 지적하였다. 그리고 1980년 호주의 멜버른에서 회집된 WCC의 CWME에 의해 준비된 제 8차 세계선교대회는 "나라이 임하소서"라는 주제로 모였다. 이 모임은 가난한 자들, 굶주린 자들 및 억압받는 자들의 외침에 귀 기울이고 그들의 해방을 위한 투쟁에 두었다. 교회가 수행해야 할 가난한 자들이 이미 시작한 자기 해방의 투쟁을 지원하는 일이며 가난은 자본주의적 경제구조의 결과로 나타났기 때문에 결국 자본주의적 경제구조

즉 화해, 조종, 입법화, 중재, 반항, 경제적 제재, 비폭력적 행동 및 세속적 단체들과의 협력의 방법들을 사용해야 한다. 교회는 억압과 멸시와 차별대우가 존재하는 곳에서 정의의 성취를 위해 싸우고 있는 억압받는 인종과 자신을 동일시해야 한다. 교회는 이와 같은 투쟁을 인도해야 한다". *The New Delhi Report 1961* (New York: Association Press, 1962), 103.

6) "하나님께서 그리스도 안에서 세상의 모든 구조 속에 들어오셔서 세상의 주관자들과 세력들을 파해서 승리하셨다. 그의 왕국은 심판과 자비로 임하신다...그러므로 그리스도인들은 지역적이고 협소한 연대의식을 극복하고 모든 사람에게 정의가 주어지는 책임있는 세계 사회에 참여하도록 앞장서서 투쟁해야 한다". *The Uppsala Report 1968* (Geneva: WCC, 1968), 45.

7) *The Ecumenical Press Service,* (Bangkok, Jan., 1973)

를 거부해야 한다고 하였다. 1983년 제6차 캐나다 뱅쿠버 WCC 총회에서는 자본주의와 군국주의를 비난하고 정죄하는 반제국주의, 반전 성토대회였다. 당시 총회의 내용은 육체적 생명과 땅의 보존을 강조하는 땅의 신학을 강조하였다.

(2) 복음주의의 태동과 발전: 기존의 WCC의 급진 정책에 맞서 1974년 태동한 로잔복음주의 대회는 종교개혁과 부흥 운동의 전통에 따라 성경의 절대 권위와 복음 전파, 선교와 교육에 치중했으나 사회 참여는 소극적이었다.[8] 20세기 중엽에 등장한 빌리 그래함은 교회의 사회, 정치 참여를 부정하며 개인 전도와 회심, 윤리적 삶에 집중하였다. 그러나 1970년대부터 복음주의자들 중에 개인주의 대신에 사회적 관심이 고조되었다. 특별히 론 사이더(Ron Sider)와 칼 헨리(Carl Henry)는 1969년과 1971년 복음주의자들이 복음화냐 또는 사회적 관심이냐를 구분하던 이분법을 극복하였다. 그러나 이보다 구체적인 운동은 1973년 시카고 선언[9], 1974년 존 스타트가 주도한 로잔 세계복음화 국제대회 선언문, 로잔 언약에 잘 나타났다. 로잔 언약은 복음화의 우선권 인정과 복음화와 사회참여의 불가분적 연합과 동반자 성을 강조하였다. 그리하여 복음주의 신학이 사회참여에 적극적인 관심을 표명하는 획기적인 전환점을 이룩하였다.[10]

이러한 변화는 20세기 후반에 들면서 사회, 경제, 정치 문화를 간과할 수 없게 되었다. 그리고 WCC 에큐메니칼 선교신학이 사회, 경제, 정치 문제를 최우선으로 교회가 취급해야 한다. 따라서 복음주의자들은 성경이 부과하는 책임적 활동으로

8) 그 이유는 19-20세기 초에 사회복음주의 신학이 등장하였기 때문이다. 이들 중 일부는 하나님이 나라를 일반 기독교 문명 특히 사회민주주의와 동일시하며 사회적 프로그램에 의해 지상에 하나님의 나라를 건설할 수 있다는 비성경적 유토피아의 이상을 주장하였다. Bok Soo Lee, *The Social Gospel's view of mission and its impact on the ecumenical movement and liberation theology*, Th. D. thesis, (PU for CHE), 74-188.

9) 론 사이더의 주도로 1973년 11월 시카고에 모인 50여 명의 복음주의 지도자들에 의해 작성된 선언문으로 하나님의 절대주권과 아울러 크리스챤의 사회, 경제, 정치 참여의 자를 빛냈다.

10) 로잔 언약은 제5항 크리스챤의 사회적 책임에서 20세기의 서구 복음주의 전통이 사회복음주의에 대한 반발로 크리스챤의 사회적 책임을 등한히 하고 복음화와 사회적 관심을 상호 배타적인 것으로 간주해 온 것을 참회한다고 하였다. 그리고 복음화와 사회, 정치적 참여가 크리스챤의 의무임을 천명하였다. 보다 자세한 것은 김명혁,「현대교회의 동향」, (성광문화사, 1991), 381-383.

사회 참여와 복음을 왜곡시키는 자유주의적 사회 복음 또는 정치 복음이 주창하는 인본주의적 사회참여를 구분하며 복음화의 지상적 과업과 아울러 이와 동반하는 사회참여를 바로 수행해야 했다.[11] 대표적으로 1976년 WEF 바젤(스위스) 신학 위원회는 로잔 언약에 기초하여 복음화와 사회, 정치 참여와의 관계를 정립하였다. 특별히 국가주의 혹은 민족주의적 정치 불의를 교회가 어떻게 대처해야 하는지를 취급하였다. 당시 "교회와 나라"를 주제로 소집된 바젤 신학위원회는 "바젤 서신"을 채택하였다. 서신에 의하면 죄악 세력이 개인의 삶 속 만이 아니라 정치적 생활 속에도 적잖게 작용함을 지적하고, 정치적 불의에 맞서야 한다[12]고 하였다. 1979년 WEF 리벤젤(독일) 선교 위원회도 복음화와 사회, 정치 참여의 시급성을 강조하였다. WEF 총무 월드론 스코트(Waldron Scott)는 강연에서 현대의 가장 시급한 것은 세계적 불의의 문제이다. 그것은 수많은 인류가 억압당하고 있는 것을 보고도 주님의 분노를 품지 못하는 복음주의 기독교인들 자신에 대해 탄식하는 것이다.[13] 독일의 비징거(Wiesinger)는 선교 과제로 복음화와 더불어 사회

---

11) "우리는 하나님께서 정의를 요구하심을 인정한다. 그러나 우리는 하나님의 공의를 불의한 사회를 향해 선포하지도 않았고 표명하지도 않았다. 주님은 우리로 하여금 가난하고 억눌린 자의 사회, 경제적 권리를 변호하라고 부르셨지만 우리는 그저 침묵을 지켜왔을 뿐이다. 우리는 미국의 교회가 역사적으로 인종 차별에 관여해 온 것을 탄식한다. 그러므로 우리는 우리 복음주의 크리스챤 형제들이 회개를 표명하여 우리 나라의 사회, 정치적 불의와 맞서야 할 것을 촉구한다. 우리가 이 선언을 함으로 어떤 정치적 이데올로기나 정당을 지지하는 것은 아니다. 이 나라의 지도자들과 백성이 나라를 높이는 의를 추구하기를 촉구하는 것 뿐이다. 우리는 그리스도께서 오셔서 그의 나라를 완성하실 것이라는 성경적 소망을 가지고 이 선언을 하는 바이다". *The Chicago Declaration*, (Carol Stream: Creation House, 1974)

12) "이와 같은 악한 주관자들과 세력은 개인의 생활 속에서만 작용할 뿐 아니라 문화, 국가, 정치적 생활 속에서도 작용한다. 정치적 지도자들도 다른 사람들과 같이 마귀의 영향을 받아 불의와 마귀적 행동을 자행할 수 있다. 그것은 국가가 그 주장과 가치를 절대화하고 그 자체의 영광을 추구하며 하나님이 부여하신 질서의 영역을 침범할 때 분명하게 나타난다....그러므로 우리는 교회를 국가의 종교적 도구로 만들려는 교회에 대한 국가의 압력에 대항해야 한다. 우리는 복음을 어떠한 정치, 경제, 문화 및 민족적 이데올로기와 혼동하여 복음과 타협하는 것을 용납해서는 안 된다". *Church and Nationhood*, (New Delhi: WCF, 1978), 7-8.

13) Theodore Williams, *Building Bridges or Barriers* (Bangalore: Evangelical Literature Service, 1979), 5.

참여의 필연성을 강조하며, 말씀과 행위에 관심을 가져야 한다[14]고 하였다. 푸에토리코의 올란도 코스타스(Orlando Costas)는 제3세계 선교전략에서 하나님의 왕국을 사회, 경제, 정치적 차원에서 실현할 것을 강조하였다.[15]

1980년 영국의 허드슨(Huddeson)에서 개최된 복음주의 검소생활 국제대회(The International Consultation on Simple Lifestyle)는 세계 27개국에서 85명이 참여하였다. 이들은 세계의 불의를 목격하고 괴로움을 느끼며 불의의 희생자들에 대한 관심을 가지고 이에 대한 죄과를 뉘우친다고 선언하였다. 그들은 스스로 검소생활을 약속하였고 가난하고 억눌린 자를 도와 정치, 사회, 경제 문제에 적극 참여를 다짐하였다.[16] 1982년 로잔. WEF 그랜드래피드 신학 위원회는 1974년 로잔에서 표명된 복음화와 사회참여와의 관계 대한 입장을, 그 이후 논의되고 표명된 여러 견해들에 비추어 재분석하고 재천명하기 위해, 1982년 미국 그랜드래피드에서 로잔과 WEF 공동주최로 "복음화와 사회적 책임" 주제로 회동하였다. 1974년 이후 복음주의자들은 사회참여 문제로 좌우파로 나뉘어 갈등하였다. 우파

---

14) "그러므로 기독교적 개발봉사에 있어서 설교와 봉사라는 중요한 문제는 상호역동적인 관계에 놓여 있다. 복음의 증거와 능력없는 우리의 의학적, 사회적 및 교육적 사역이 사람들을 비참의 원인들로부터 자유롭게 할 수 없는 것이 사실이다...우리가 모든 사람에게 예수 그리스도를 통한 구원의 메시지를 전해야 하는 것처럼, 우리는 가난한 자에게 빵을 주어야 하며 병든 자에게 약을 주어야 하며 장애자들에게 보호를 제공해야 한다". *Bredges or Barriers*, 45.

15) "제3세계 선교의 궁극적 목적은 왕국의 최종적 계시여야 하는바, 그것은 예수 그리스도와 성령의 능력에 의해 역사를 변혁시키는 것을 의미한다. 그것은 창조세계의 구속을 의미하는데, 악과 혼돈과 부패를 제거하고 사랑과 평화와 공의의 세계를 탄생시키는 것을 뜻한다". *Bredges or Barriers*, 36.

16) "우리는 오늘의 사회 불의가 하나님을 미워하시는 것이므로 상당한 개혁이 필요하다고 확신한다. 그러므로 기독교 교회는 불가피하게 정치에 참여하게 된다. 그리스도의 종들은 주님을 섬기는 삶을 정치, 사회, 경제생활의 헌신에도 나타내야 한다. 우리는 첫째, 평화와 정의를 위해서 기도해야 한다. 둘째, 윤리적이고 정치적인 문제와 관련된 그리스도인들을 교육하며 분명한 환상과 기대를 갖게 해야 한다. 셋째, 우리는 행동을 취해야 한다. 어떤 그리스도인들은 정부에서, 경제계에서 또는 개발분야에서 특수한 과업을 수행하도록 부름받았다. 그러므로 모든 그리스도인들은 공의롭게 책임있는 사회를 건설하기 위한 적극적인 투쟁에 참여해야 한다. 어떤 경우에는 하나님께 순종하는 것이 불의한 기존 질서에 대한 저항을 요구하기도 한다. 넷째, 우리는 고난을 당할 각오를 해야 한다". "An Evangelical Commitment to Simple Lifestyle", 1982.

경향 사람들은 "로잔 언약"의 복음화와 사회적 책임간의 동반자적 관계의 수용을 주저하였다. 그 이유는 그것이 그들에게 복음의 중심성과 기독교 선교의 역사적 이해를 부인하는 것처럼 보였기 때문이다. 좌파 경향은 "로잔 언약"이 표명한 복음화의 우선권 수용을 주저하였다. 왜냐하면 그것이 그들에게는 사랑의 선행과 분리할 수 없는 연결을 부인하는 것처럼 보였기 때문이다.

그러므로 이러한 두 경향간의 갈등을 극복하고 복음화와 사회적 책임간의 관계에 대해 복음주의자들이 분열하는 것을 방지하고 보다 포괄적이고 통일된 복음주의적 입장 모색을 위해 모인 모임이었다. 그랜드래피드 모임은 "로잔 언약"을 기초한 존 스타트를 중심으로 "복음화와 사회적 책임에 대한 복음주의적 확약"이라는 선언문을 채택하였다. 여기서 복음주의자들은 복음화와 사회적 활동은 동전의 양면처럼 분리 분리의 관계임을 천명하였다.[17] 이는 그리스도의 사역에 기초한 것으로 개인구원과 창조 세계의 궁극적 회복을 포함하였다.[18] 이 선언문은 양자의 동반자적 관계를 강조하면서도 여전히 복음화의 논리적 우선권을 인정하였다. 그 이유는 복음화가 사람들의 영원한 운명과 관계되기 때문이다.[19] 계속해서 선언문은 복음화와 사회적 행동의 원리와 내용을 구원과 하나님의 나라와 종말론적 관점에서 분석, 이해하며, 끝으로 사회적 봉사와 사회적 활동을 구분하였다. 전자는 자선활동을 통해 인간의 필요를 감소시키는 것이고 후자는 정치, 경제적 활동과 구조의 변혁을 통해 인간의 필요의 원인을 제거하는 것이라[20]고 하였다. 그리고

---

17) *Evangelism and Social Responsibility* (Exeter: Peternoster, 1982)

18) "사회활동은 복음화의 결과와 목표로서 복음화를 뒤따르고, 또 복음화의 다리로서 복음화를 선행할 뿐 아니라, 또한 복음화의 동반자(partner)로서 복음화와 동반한다. 그것은 가위의 두 날이나 새의 두 날개와 같아. 이 동반관계는 복음을 선포하셨을 뿐 아니라 또한 주린 자들을 먹이시고 병든 자들을 고치셨던 예수님의 공적 사역 가운데 분명히 나타났다. 그의 사역 가운데 선포와 봉사는 병행되었다. 그는 또한 우리를 선포하고 봉사하도록 세상으로 내 보내신다... 이것은 그것들이 서로 동일시 되어야 한다고 말하는 것은 아니다. 왜냐하면 복음전도는 사회적 책임이 아니며, 또 사회적 책임이 복음전도는 아니기 때문이다. 하지만 각각은 상대방을 포함한다. 「복음전도와 사회적 책임」(두란노 서원, 1986), 33.

19) "우리는 모든 인간의 최고 및 궁극적 필요가 예수 그리스도의 구원의 은혜이며 그러므로 한 인간의 영원한 영적 구원이 그의 일시적이고 물질적인 복지보다 훨씬 더 중요하다고 말해야 한다". 「복음전도와 사회적 책임」, (두란노 서원, 1986), 35.

20) "사회적 책임의 다른 종류는 사회적 활동을 추구하는 것이다. 그것은 개인을 넘

결론에서 복음화와 사회봉사의 대리자가 그리스도인 개인과 교회가 되어야 한다는 데는 이론의 여지가 없지만 복음화와 사회활동의 대리자가 개인과 그룹이 되어야 하는지 또는 교회가 되어야 하는지에 대해서는 상이한 견해가 존재한다고 하였다.[21]

이 후 복음주의는 1982년 8월 27일부터 9월 5일까지 제3세계 서울 신학자 대회를 통하여 아시아와 아프리카, 남미의 복음주의 신학이 성경의 권위와 더불어 복음전파의 중요성을 강조하였다.[22] 주제는 "오늘의 상황에서의 신학과 성경"이었다. 이 대회는 아시아와 아프리카, 라틴아메리카 신학협의회가 조직하였는데, 대체로 개발 국가 교회의 공통 과제인 복음전도와 교회 성장과 밀접히 관련된 신학적 문제들을 취급하였다. 그리고 교제와 협력을 위해 상호간의 정보를 교환하고, 특별히 급성장한 한국 교회를 배우는 것이 목적이었다.[23] 그러나 각 지역의 전통과 역사적 상황에 따라 그 신학적 기질이 상이함을 발견하였다. 대회에서 취급된 중요한 이슈는 신학적 전통과 역사적 교회였다. 그런데 아시아 신학자 대회는 신학의 상황화 또는 성경의 상황화의 필요성을 제기하였다. 특별히 인도의 대표는 성경 자체가 문화적으로 제한되었기 때문에 오늘날 복음을 제시할 때도 상황에 맞게 문화적으로 제시해야 한다고 주장하였다. 신학이 상황화 되지 않을 때, 신학은 교회와의 접촉점을 잃어버리게 된다는 것이다. 이에 한국 대표들이 강하게 반대하였다. 왜냐하면 복음의 의미를 잃어버리는 주된 원인은 복음을 상황화하지 않는데 있기 보다는 오히려 복음을 상황화[24] 하므로 복음의 본질적 능력을 상실한

어 구조를, 수감자의 재활을 넘어 감옥제도의 개혁을, 공장조건을 개선하는 것을 넘어 노동자들을 위한 보다 참여적인 역할을 보장하는 것을, 가난한 자들을 돌보는 것을 넘어 경제제도와 정치제도를 개선하는 것을 바라보는 것이다." 「복음전도와 사회적 책임」, (두란노 서원, 1986), 58.

21) 「복음전도와 사회적 책임」, (두란노 서원, 1986), 59.

22) 김명혁, 「현대교회의 동향」, (성광문화사, 1991), 215, 242.

23) 김명혁, 「현대교회의 동향」, 216-221 참조.

24) 여기 상황화(contextualization)는 긍정과 부정 두 측면을 보여 주었다. 그것은 토착화라는 말보다 더 광의적인 신학적 관심으로 가난, 경제 및 정치적 억압, 폭력과 전쟁, 인종차별주의, 성차별주의, 계급제도 등 다양한 사회 정치문제를 취급하였다. 그 결과 복음선포를 통한 심판과 사죄의 은총 대신 인간적 자유와 평등이 강조되었다. 김명혁, 「현대교회의 동향」, 210-211.

데 있다고 보았다.[25] 결국 인도 대표의 주장이 철회되고 복음 선포와 변혁이 강조되었다.

1983년 WEF에 의해 "교회의 본질과 사명"이란 주제로 휫튼 선언을 채택하였다. 그 중 제3부인 "사회적 변혁: 인간의 필요에 응답하는 교회"에서 그랜드래피드의 입장을 재천명하며 적극적인 사회참여의 필요성을 강조하였다.[26] 1986년 WEF 싱가폴 신학위원회는 6월 27일부터 7월 2일까지 싱가폴에서 "우리는 구속자이며 해방자이신 예수 그리스도"란 주제로 사회와 정치 참여에 적극적인 관심을 드러냈다. 당시 WEF 신학분과 위원회 총무 브루스 니콜스(Bruce Nichols)는 주제 강연에서 "오늘날 세계적으로 격증하고 있는 불의와 폭력과 억압의 상황과 가난과 착취와 폭력과 죽음으로부터의 자유와 해방을 부르짖는 부르짖음에 귀를 기울여야 하며 오늘의 어두운 상황을 기도와 말씀에 비추어 깊이 성찰하고, 고난당하는 자와 우리 자신을 동일시하며, 구원과 해방을 가져오는 대리자의 역할을 비폭력적인 십자가의 방법으로 수행해 나아가야 한다고 하였다. 그러나 오늘의 교회는 평화와 공의를 위해 자신을 바쳐 노력을 경주해야 하되 하나님의 주권을 의지하며 기도에 자신을 바침으로 이를 수행해야 한다"[27]고 덧붙였다.

이를 수행하는 과정에서 필리핀 문제가 집중 논의되었다. 당시 필리핀의 복음주의 교회는 신학은 좋지만 정치적 독재와 불의에 항거하는 데는 오히려 가톨릭에 비해 너무 소극적이었다. 따라서 복음주의 신학의 약점을 인정하고 미미한 점은 보완해야 한다는 것이다. 그리고 정치참여와 정치개혁을 주요 과업으로 삼는 가톨릭 교회가 전부 옳다 인정할 수는 없고 복음주의 신학은 보다 중요한 하나님

---

25) 김명혁, 208-210.

26) "우리가 함께 모여 발견할 수 있었던 것은 가난이 필요악이 아니라 많은 경우에 불의와 착취와 억압으로 나타나는 사회, 경제, 정치 및 종교적 제도의 결과라는 사실이다...악은 인간의 마음에만 있지 않고 사회적 구조 속에도 존재한다. 하나님께 공의롭고 자비로우시며, 악을 미워하시고 의를 사랑하시므로 그리스도인들은 오늘의 상황에서 자선의 활동과 정의추구를 위해 자신들을 헌신하는 것이 시급히 요청된다. 교회의 사명은 복음을 선포하고 그것을 제시하는 것이다. 그러므로 우리는 복음을 전해야 하며 인간의 필요에 응답해야 하며 사회적 변혁을 추구해야 한다". "Social Transformation: The Church in Response to Human Need", *Transformation* 1:1(Jan./Mar. 1984), 25.

27) "Jesus Christ our Redeemer and Liberator", Keynote Address.

나라 선포의 과업을 고귀하게 여겨야 한다는 주장이 제기되었다. 1973년부터 사회참여의 필요성을 역설해 온 론 사이더(Ron Sider)는 "평화성취의 공동체와 정의의 대리자로서의 교회"에서 오늘의 교회는 평화와 공의의 하나님 나라를 실현하는 하나님 나라의 대리자로서 땅 위에 사회, 정치적 평화와 공의를 실현하는데 적극적으로 참여해야 한다고 주장하였다.28) 평화와 공의의 나라가 도래하리라는 유대인의 메시아 왕국에 대한 기대가 예수 그리스도에 와서 성취되었다. 그런데 이 나라는 현재적인 동시에 미래적이다. 예수의 메시아 왕국은 하나님과 인간간의 올바른 관계와 형성을 통해 이루어지는데, 이는 구체적으로 예수의 제자들로 구성된 가시적 사회질서를 이룩하는 것을 뜻한다. 그것은 남편과 아내와의 올바른 관계를 이룩하는 것이다. 그런데 교회는 평화와 공의의 왕국의 도래로 나타난 하나의 새로운 사회질서이다.

교회는 예수의 새로운 메시아 공동체로, 복음의 한 부분으로 현세의 질서에 도전하며 살아간다. 이 새로운 사회 질서는 지금 경제사회, 정치적 평화와 공의를 제시하며 살아간다. 그러면 교회가 어떻게 평화와 공의를 실현할 것인가? 첫째, 교회는 교회로 존재해야 한다. 그것은 복음전파를 통해 평화와 정의를 실현할 수 있다. 둘째, 구제와 더불어 개발과 구조변화를 시도함으로 평화와 정의를 실현할 수 있다. 그러나 추구한대로 이 세상에서 모든 노력이 실현 되지는 않는다. 다소 고통과 억압과 폭력이 감소할 뿐이다. 하지만 교회는 창조와 재림의 교리에 따라서 평화와 공의의 실현을 위해 적극적으로 참여해야 한다. 하나님은 모든 인류가 지상에서 물질적 및 사회적 온전함을 즐기도록 창조하셨고 섭리하며 또 종말의 때에 평화와 공의의 왕국이 완성될 것을 보여 주셨으므로 지금도 평화와 공의의 성취를 간절히 추구한다. 그러므로 개인이나 단체, 혹은 교회가 분명한 정치적 입장을 취하는 것은 결코 잘못된 것이 아니다.

1986년 6월 30일 싱가폴 WEF 신학회에서 발표한 논문에서 한국의 복음주의자들은 정의와 자유에 대해 말하기를 주저하는 것 같다고 지적되었다. 당시 사이더의 지적은 대체로 명확한 지적이었다. 당시 한국의 복음주의 교회는 대체로 세대주의적 근본주의 경향의 서구 각성운동의 복음주의 전통에 따라 사회, 정치적

---

28) "The Churches as Peace Making Communities and Agents of Justice".

문제보다는 종교적 신앙에 관심을 기울였다. 그것은 한국 복음주의 교회의 약점인 동시에 강점이었다. 한국 복음주의 교회는 오늘날 세계 교회들 중 거의 유일하게 성경말씀의 절대적 권위에 굳게 서서 기도의 능력에 대한 체험적 확신을 귀하게 여기며 복음전파의 사명을 가장 영광스럽게 강조하는 살아있는 교회였다. 그러나 한국 복음주의 교회는 이러한 보수주의적 복음주의의 특성을 그대로 유지하면서 포괄적인 개혁주의 신학에 비추어 자신을 성찰하며, 점차 사회, 정치 참여에 관심을 기울였다. 1970년부터 한국 복음주의 신학자들도 사회, 정치적 모순에 맞서 비판하였으며, 사회 봉사 및 사회 참여의 중요성을 강조하였다. 1970년 8월호 『기독교 사상』지에서 한철하는 "정치 부재를 극복하는 길"에서 정치적 모순을 신랄히 비판하였다. 1974년 12월 『신학지남』에 기고한 "선교와 사회정의"에서 "로잔 언약"의 사회참여 입장을 전적으로 지지하였다. 그리고 그는 1975년 3월『신학지남』에 기고한 "생존환경 문제와 기독교"에서 기독교의 광범위한 관심과 참여를 촉구하였다. 김명혁은 1977년 학도군사훈열을 주일에 실시하는 정부정책을 비판하다가 남산에 불려갔다. 그러나 그는 12월 『신학지남』에 "주일성수에 대한 교회사적 고찰"을 기도하였다. 그리고 1978년 9월 『총신대보』에 "영혼구원과 사회봉사"의 양자의 불가분적 관계를 역설하였다.[29)]

5. 복음주의의 신학적 경향

1970년대 이후 복음주의는 영적 및 개인주의적 차원에서 그리스도의 주권적 신앙을 사회 전반으로 실현하려는 과정이었다. 그 과정은 지나치게 영적 차원을 강조한 나머지 사회적 신앙을 소홀히 하였으나, 자기 성찰과 재정립의 몸부림의 과정이었다. 악의 세력이 개인의 생활 뿐 아니라 사회, 정치구조 전반에 작용함을 직시하였다. 그리고 교회의 사명이 복음화와 아울러 사회, 정치적 모순을 비판하고 개혁하는 사회, 정치참여임을 새롭게 강조하였다. 이를 실현하는 과정에는 항상 찬반 혹은 긍.부정의 두 측면이 존재하였다.

---

29) 그밖에 한국의 복음주의자들의 활동은 김명혁, 「현대교회의 동향」, (성광문화사, 1991), 393-394 참조.

5.1. 긍정적 경향

(1) 창조적 세계관: 주지하듯이 20세기 후반의 일반적 신학 경향은 성속, 구속과 창조, 교회와 세상을 구분하던 이원론적 세계관을 극복하고 창조세계와 모든 존재의 구조가 하나님의 포괄적인 창조와 섭리 아래 있음이 대두되었다. 이는 소위 포괄적 세계관으로 하나님이 교회와 신자 개인들만이 아니라 전 창조세계와 모든 존재의 구조를 다스리고 섭리하심을 긍정적으로 수용하였다. 따라서 하나님의 사랑과 공의의 통치가 교회와 개인들의 사생활의 영역만이 아니라 세상과 모든 사회구조의 영역 안에도 실현되어야 함을 긍정적으로 받아들였다. 또한 하나님이 세계와 인류사회를 창조하실 때 원칙적으로 인간이 그것을 선하게 다스리며 즐기도록 창조하셨다. 그러므로 그리스도인들은 지금도 원칙적으로 창조세계와 인류사회에 적극적으로 책임있는 자세를 취해야 할 것이다.

(2) 사회 변혁과 하나님의 나라의 실현: 20세기 후반의 사회, 정치적 변화 속에서 그리스도인들은 양극화를 극복하고, 이 세상에 하나님의 나라를 실현하기 위해 노력하였다. 성경적 신앙으로 개인의 구원만이 아니라 죄악 세상, 특별히 사회의 구조적인 문화 변혁, 예를 들면 사회, 정치, 경제 분야를 새롭게 하는데 앞장서야 하였다. 그리하여 복음주의는 그리스도 중심적 하나님 나라의 실현을 추구하였다. 그리스도의 십자가의 승리 사건과 그 사건으로 인해 도래한 하나님 나라의 역사적 실재성을 강조하였다. 그리스도의 십자가의 죽음과 부활 사건으로 세계와 인류를 지배하던 죄와 죽음과 마귀의 세력이 원칙적으로 파멸되고 하나님의 나라와 통치가 원칙적으로 역사 안에서 회복되고 실현된 것을 강조하였다. 물론 하나님의 나라의 완성은 궁극적으로 종말론적이지만, 그 우주의 변혁에 대한 확신과 기대는 오늘의 그리스도인들로 하여금 현재 여기서부터 죄악 세력을 거부하고 사랑과 의의 통치를 실현하는 사회, 정치적 구조 변혁의 과업에도 적극적으로 참여하게 되었다.

(3) 교회의 사명과 종말론적 완성: 그리스도의 십자가 사건에 기초한 공동체적 교회는 하나님 나라의 모형이다. 그는 자신의 구속을 통해 하나님 나라의 모형을 제시하였다. 그 나라는 사랑과 공의로 통치된다. 이 나라는 장차 그리스도의 재림으로 완성될 것인바, 새 하늘과 새 땅의 도래에 대한 기대감을 제공한다. 그러므로

그리스도인들은 그분의 소명에 따라 개인적으로 구원을 이루며, 교회적으로 땅 끝까지 복음을 전파함으로 사명을 잘 감당해야 할 것이다.

5.2. 부정적 경향

(1) 성경의 이원론적 적용: 성경은 궁극적으로 하나님께서 만세전에 예정하신 뜻, 곧 당신의 나라를 이 땅에 실현하는 것이다. 하나님의 나라는 의와 거룩과 평화가 다스리는 나라이다. 그런데 그 과정, 구약과 신약의 관계는 일치나 반복이나 재연이 아니라 예표적 성취 또는 본질적인 변혁이다. 따라서 구약에 묘사된 물질적 번영과 사회적 공의가 신약에 와서도 물질적, 국가적 및 사회적 차원에서 동일하게 실현되어야 한다는 것은 성경의 원리를 잘못 이해하지 못한 결과이다. 신약에서 성취된 하나님의 나라는 물질적, 국가적 및 사회적 차원을 포함하면서 동시에 그것을 극복하는 초물질, 국가, 사회적 또는 영적 나라이다. 또한 사회 참여에 대한 적극적인 자세가 해방신학에서 보듯이 지금 부분적으로 성취되 있는 하나님의 나라의 표현으로 나타나는 사회, 정치적인 현상의 특징을 종말론적으로 완성될 하나님 나라의 특징과 동일시하려는 잘못을 범할 수도 있다. 그 결과 종말론적 기대를 약화시킬 수도 있다. 현세와 종말과의 관계는 일치나 반복이나 재연이 아니라 예표적 성취 또는 본질적인 변혁이라 할 것이다. 따라서 사회정의 성취를 위한 현세적 인간의 노력에 근본적인 한계를 인정해야 할 것이다. 그리고 종말론적 성취를 바라보며 실재론적으로 사회참여를 해야 할 것이다.

(2) 복음화의 현실적 문제: 사회참여를 적극적으로 강조하면 결국 복음화의 우선권이 약화되어, 성경적 복음보다는 사회, 경제, 정치적 삶의 상황에 지나치게 집착할 수 있다는 것이다. 이것은 곧 WCC 에큐메니칼 신학이 주장하는 것처럼 인본주의적 혹은 사회주의적 행동신학의 신학적 오류를 간과한 채 오히려 동조하는 심각한 오류를 범할 수 있다. 이러한 경향은 결국 복음화의 열정을 냉각시키며, 성경적 복음신앙을 변질시킬 위험성을 내포하고 있다. 그 이유는 일부 인사들, 예를 들면 행동주의적 복음주의 신학의 대변자 르네 파딜라의 주장처럼 성경의 무오성 같은 전통적, 서구적인 교리를 소홀히 하고 우리가 당면한 상황에서 행동해야 한다고 주장하기 때문이다.[30] 그러므로 복음주의 신학은 사회참여의 과업을 적

극적으로 수행하되 어디까지나 성경의 절대권위와 복음화의 우선권을 명확히 견지해야 할 것이다.

그러기 위해서는 무엇보다도 그리스도인이 정체성을 확립하는 것이 필요하다. 예를 들면 성직자는 성직자대로, 일반 평신도는 평신도대로 기독인 각자가 각기 분야에서, 사회, 경제, 정치의 각 분야에서 최고의 위치를 확보하는 것이다. 공동의 목표는 이 땅에 하나님의 나라를 실현하는 것이다. 그러기 위해서는 신앙적 및 윤리적 진단과 비판, 충고가 뒤따라야 할 것이다. 결국 복음화와 사회 참여의 균형이 요청된다.

6. 복음의주의 역사적 발전

(1) 초대교회: 복음주의의 최초의 사역은 막 1:14처럼, 예수님이 갈릴리에서 시작하셨고, 롬 1:1-17에서 사도 바울이 체계적으로 선포하였다. 예수님의 복음 선포는 죄에서 돌이켜 회개하고 복음을 믿으므로 하나님 나라에 들어가게 된다는 것이다. 한편 바울은 성경에 약속된 하나님의 아들 예수 그리스도를 믿음으로 죄에서 해방되어 구원을 얻으며, 하나님의 자녀가 된다고 역설하였다. 따라서 복음주의는 교리보다는 성경의 기본 가르침에 따라 복음 전파와 회개, 구원과 은혜로운 생활을 강조한다. 따라서 복음주의는 신학적으로 근본주의나 보수주의보다는 훨씬 광범위하다.

초대 교회 이후 복음주의 운동은 지속적으로 반복되었다. 그 과정에서 이단과 분파주의자들의 등장으로 혼란을 겪었으나 사도적 전통을 유지하며 놀랍게 확장되었다. 특별히 초대 교회는 외적으로 제국의 박해와 이방 종교, 이방사상가들의 도전, 내적으로 유대인을 포함한 여러 그룹들의 질시와 냉대를 받았다. 이들 중에 유대적 이단과 영지주의 이단은 그리스도의 신성과 인성을 부인하였다. 그리고 예수 그리스도의 성육신과 십자가의 대속적 죽음을 변질시켰다. 이때 이레니우스(Irenaeus)는 분명히 성경과 사도들의 전통에 서서 그리스도의 신성과 인성을 주

---

30) 김명혁, 「현대교회의 동향」, (성광문화사, 1991), 399. 그 외에 올란도 코스타스도 WCC 에큐메니칼 신학노선을 지지하였다.

장하며, 그리스도의 성육신과 십자가 위에서의 죽음으로 인류의 타락이 회복되고 인류에게 구원이 주어졌음을 천명하였다. 그 후 삼위일체 논쟁에서 아리우스는 그리스도의 신성과 하나님의 삼위일체를 구분하고 성육신과 십자가로 인한 구원의 복음을 변질시키려 하였다. 이 때 진리의 투사요 은혜의 체험자인 아타나시우스가 일어나 인간의 죄 성과 동시에 구속의 필요성을 역설하였다. 인간의 구주 이신 예수 그리스도는 참 하나님이시요 참 사람이셨다. 따라서 초대 교회는 복음의 변질을 막고 재천명을 위해 사도신경과 니케아 신조, 칼케돈 신조를 채택하였다. 성부와 성자와 성령은 본질적으로 동질이며 일체라는 복음의 본질을 천명하였다. 이 모든 신학적 주제는 어거스틴을 통해, 그의 은총의 신학으로 집대성되었다.[31] 어거스틴의 『고백록』에서 보듯이 철저히 자신의 죄성을 통감하며, 죽을 죄인을 구원하신 하나님의 사랑과 은혜를 기쁨으로 감사하였다. 그를 통해 북아프리카가 광범위하게 복음화되었다.

(2) 종교개혁: 어거스틴의 신학에 기초한 중세 교회는 교황권의 확립과 더불어 급속히 제도화 내지 세속화되었다. 그 결과 복음에 대한 열정이 사라지고, 초기의 순수성을 상실하였다. 신앙생활, 즉 구원.구도(求道)를 위한 다양한 프로그램, 대표적으로 면죄부를 포함하여 성물, 성화, 성인, 성지 순례 등이 개발되었다. 교회 안으로 수도원을 중심으로 프란체스코나 도미니쿠스의 실천적 개혁운동이 일어났고 밖으로는 이단적인 발도파와 카다리파가 등장하였다. 이러한 상황에서 존 위클리프와 존 후스는 말씀 중심의 개혁을 주창하였다. 그런데 16세기 종교개혁자들, 특별히 마틴 루터는 복음의 본질을 회복하는 구원론적 개혁운동을 전개하였다. 그는 자신의 경험을 기초로 가톨릭의 의식과 제도가 아닌 오직 믿음으로만 구원 얻는 다는 것을 역설하였다. 그에게 구원은 값없이 주시는 하나님의 선물이었다. 따라서 그는 시종일관 생존의 위험 속에서 교황권에 맞서 복음의 본질과 구원의 도리를 주장하였다. 한편 존 칼빈도 성경에 기초하여 오직 은혜로 구원받음을 역설하였다. 그는 역작 「기독교 강요」에서 참된 구원은 하나님을 아는 지식임을 설파하였다. 그리고 이 하나님이 당신의 영광을 위하여 믿는 자들을 사망에서 구원하셨다. 그러므로 인간은 그의 이름을 높이고, 그의 나라의 확장을 위해 헌신해야

31) 한철하, 「고대기독교사상」, (대한기독교서회, 1978), 277-283, 296-304.

한다. 그는 하나님의 주권과 영광을 자신의 신학 이념으로 채택하고 제네바 시 모든 곳에 진리의 복음이 메아리치게 하였다. 이후 그의 지도자적 영향은 제자들을 통해 계승되었으며, 유럽과 전 세계 기독교 문화 창달에 크게 기여하였다.[32)]

(3) 정통주의와 경건주의: 종교개혁 이후 1세기를 지나면서 교회는 합리주의의 대두로 급속한 변화에 직면하였다. 루터파는 루터파, 칼빈파는 칼빈파 대로 신앙. 신학적 노선을 둘러싸고 정통성 논쟁에 휘말렸다. 그 중에 네덜란드의 돌트 총회가 대표적인 사례라 할 것이다. 이런 가운데 복음의 본질을 회복하려는 복음주의 운동이 전개되었다. 예를 들면 17세기 독일의 필립 슈페너와 진센돌프의 경건주의, 18세기 영국의 웨슬리 형제와 조지 휘필드의 복음주의, 미국의 조나단 에드워드의 대각성운동 등이다. 이는 통칭 복음주의 운동으로 불린다. 먼저 독일의 슈페너는 그곳 교회의 불신앙과 비종교성을 통감하며 마 5:20-26에 기초하여 철저한 회개와 산 믿음의 필요성을 역설하였다. 주일과 수요일 집회에 많은 사람들이 참여하여 기도와 성경공부를 하였다. 1675년「피아 데시데리아」(*Pia Desideria*, 경건한 소원)을[33)] 출간하여 경건주의 운동이 전개되었다. 그는 여기서 교회의 영적 빈곤과 타락상을 지적하며 회개운동을 펼쳐 나갔다.

(4) 복음주의/대각성운동: 영국에서는 존과 찰스 웨슬리, 조지 휘필드를 통해 전개된 복음주의 운동은 옥스퍼드와 브리스톨, 런던을 시발로 전국으로, 휘필드를 통해 미국으로 확대되었다. 먼저 존 웨슬리는 영국의 복음주의 운동을 일으킨 주역이었다. 목사의 아들로 옥스퍼드를 졸업한 그는 한 때 미국으로 건너가 3년 동

---

32) Robert D. Knudsen, "Calvinism as a Cultural Force", 그리고 W. Stanford Reid, "The Transmission of Calvinism in the Sixteenth Century", John Calvin, *His Influence in the Western World*, ed. W. Stanford Reid, (Michigan: Zondervan, 1982), 13-29, 33-52; M. Weber, *The Protestant Ethics and the Spirit of Capitalism*, ed. T. Parsons and R. H. Tawney, (New York: Scribner, 1958), 1-98; C. Gregg Singer, *John Calvin: His Roots and Fruits, Greenville: Salisbury*, 1989, pp. 29-60; Alastair Duke, "Perspectives on international Calvinism", *Calvinism in Europe 1540-1620*, eds. Andrew Pettegree/Alastair Duke/Gillian Lewis, (Cambridge University Press, 1996), 1-20; Donald K. McKim, *Readings in Calvins's Theology*, (Michigan: Baker Book House, 1984), 9; K. S. 라토렛, 「기독교의 역사」, 허호익 역, (대한기독교출판부, 1994), 38.

33) Philip Jacob Spener, *Pia Desideria,* trans. Theodore G. Tappert, (Philadelphia: Fortress Press, 1964).

안 선교사로 헌신하였다. 그러나 별다른 성과 없이 1738년 귀국한 그는 어느 날 런던 시내의 알더스게이트의 한 교회에 참석하였다. 이때 인도자가 루터의 로마서 강해 서론을 읽었다. 그 때 갑자기 가슴이 뜨거워지는 경험을 하면서 삶에 변화가 일어났다. 이후 그는 영국 도처를 다니면서 옥내.옥외를 불문하고 전도집회를 가졌다. 전도집회를 통해 그는 하나님의 예정과 선택 대신, 하나님의 은혜에 대한 인간의 자발적인 응답을 주장하였다. 그리고 신자들은 구원을 체험한 후 2차적인 은혜를 체험해야 하는데, 그 체험을 통해 완전 성화될 수 있다고 하였다. 존의 전도 집회를 위하여 동생 찰스는 많은 찬송가를 작곡하여 도왔다. 이로써 형제간의 협력 전도와 사역의 모델이 되었다.

휘필드 또한 웨슬리 형제들처럼 옥스퍼드 출신으로 그곳 학생들의 신앙모임 "Holy Club", 거룩한 모임을 통해 은혜를 체험하였다. 그리고 하나님과의 친밀한 교제를 통해 대각성 운동을 전개하였다. 그는 글로스터에 돌아온 이후 하나님과 나눈 영적 교제의 경험을 "그리스도가 내 안에 계시고 내가 그 안에 있음을 얼마나 확실하게 느꼈던가! 그리고 날마다 성령의 위로 가운데 걸어가며 얼마나 큰 평안으로 은혜를 받았던가! 오 기도, 기도, 기도는 하나님과 사람을 하나로 묶는다. 기도는 사람을 하나님께로 끌어올리고 기도는 하나님으로 하여금 사람에게 내려오게 한다. 그러므로 믿는자들이여 하나님과 동행하기를 원하면 기도하고 쉬지말고 기도하라. 은밀한 기도를 힘쓰라. 소리내어 많이 기도하라"고 하였다. 그는 1739년과 1740년 미국의 필라델피아를 비롯하여 뉴욕과 뉴잉글랜드의 여러 지역을 방문하여 순회 전도집회를 인도했는데 놀라운 성과를 거두었다. 그는 에드워드의 대각성 운동을 더욱 활성화 시키며 자선과 봉사, 특별히 고아원 사업에 많은 시간과 정력을 투자하였다.

특별히 1734년 조나단 에드워드가 목회하던 메사추세츠 노스햄턴에서 일어났다. 그런데 이곳은 100여 년 전 청교도 운동이 일어났던 곳이었으나 당시 영적으로 매우 침체되었다. 따라서 에드워드는 침체를 통감하며 "오직 믿음으로 말미암는 칭의"를 설교하였다. 그 결과 놀라운 대각성운동이 일어났다. 많은 사람들이 눈물로 회개하며 성령의 은혜를 체험하였다. 이 운동은 약 2년 동안 1735년까지 강력히 전개되었다. 그 후 1741년에 다시 부흥운동이 일어났다. 당시 에드워드는 매사추세츠 엔필드에서 "진노하시는 하나님의 손 안에 있는 죄인들"이란 제목으로 설교하였다. 이때 다시 한 번 강력한 회개 운동이 일어나, 성도들은 가슴에 폭탄이 터지는 듯한 경험을 하였다. 에드워드의 각성운동은 영혼 구원을 포함하여 사회운동으로 확대되었다. 그는 말년에 인디언들에 대한 백인들의 착취를 공박하는 글을 썼으며 사업과 부도덕, 부정직을 공박하였다. 휘필드와 에드워드 두 사람은 칼빈주의적 청교도로 부흥운동에 기여하였다. 이렇듯 영미 복음주의 운동은 종교개혁의 신앙 전통에 따라서 오직 성경과 오직 은혜, 오직 믿음을 주창하였다. 그리고 개인적 신앙과 경건, 회심 체험과 경건한 삶, 교회의 갱신과 사회변혁 및 봉사와 전도, 선교를 강조하고 평신도의 참여를 독려하였다.

(5) 19세기 복음주의 운동: 18세기 말엽 태동한 자연신교가 영미 지역을 강타하였다. 당시 영국에서는 아이삭 뉴톤을 중심으로 기존의 신앙 전통에 타격을 가하였다. 그 영향은 미국에서 위세를 떨치는 중에 반삼위일체적 유니테리안주의가 등장하여 심각한 도전에 직면하였다. 유니테리안주의는 합리주의적 자유주의 신학운동으로 성경의 권위를 비롯하여 삼위일체, 그리스도의 신성, 인간의 타락과 속죄의 필요 등 전통적 복음주의 신앙을 부정하며 인간의 선한 성품과 자유의지를 강조하는 인본주의적 자유주의 신학운동이었다. 그 영향으로 불신앙과 불경건이 팽배해진 상황에서 미국의 중남미 지역에서 제2차 각성운동이 일어났다.

조나단 에드워드의 손자 예일대학교의 총장 디모데 드와이트(Timothy Dwight)가 1802년 예일대학교 학생들의 불신앙과 불경건을 통박하며 복음의 메시지를 전했을 때 학생들 중 1.3이 회심을 체험하였다. 1806년 윌리암스 대학교 안에서 5명의 학생들이 기도 모임을 통해 영적 각성운동과 함께 선교운동이 일어났다. 이렇듯 1800년을 전후로 미국의 중남부 개척지에서 제임스 멕그리디(James McGready) 천막집회를 통해 열광적인 회개와 부흥운동이 일어났다. 이렇게 시작된 제2차 대각성운동은 다시 2회에 걸쳐 진행되었다. 제1기의 부흥운동은 18세기 말엽부터 1812년까지 주로 칼빈주의 신학의 전통과 바탕위에서 전개되었으며, 1822년부터 1842년까지 제2기는 찰스 피니의 인간의 의지와 인위적 방법을 강조하는 웨슬리의 신학 전통과 기초 위에서 일어났다. 그 후 1857년과 1858년 뉴욕시의 기독 실업인들의 기도회를 통한 부흥운동이 미국과 캐나다로 확산되었다. 제2차 각성운동으로 강화된 19세기 전반기의 복음주의 운동은 개인의 회개와 구원 및 성결생활을 강조하는 복음화에 대한 정열과 아울러 노예제도 폐지, 인권향상 등 사회개혁에 적극적인 관심을 표명한 포괄적 복음주의 운동이었다.

5. 20세기 복음주의 운동

19세기 후반 영미 기독교는 대부분 복음주의 영향하에 있었다. 그러나 당시 두 나라의 복음주의 기독교는 다윈의 진화론과 프로이드의 심리학, 독일 자유주의 신학, 즉 문서설과 성경 비판학의 심각한 도전에 직면하였다. 과학적 진화론과 더불어 현대주의(Modernism)는 복음주의 신앙의 핵심인 성경의 권위를 부정하였다. 그 결과 미국의 기독교는 복음주의적 자유주의와 근본주의로 나뉘었다. 전자는 성경의 권위와 그리스도의 신성 등 전통적 복음주의 신앙을 견지하면서도 현대과학의 도전을 수용하였다. 후자는 복음주의적 근본주의의 응답으로 현대주의의 도전에 맞서 복음주의적 기독교 신앙의 근본요소들을 재확인하였다.

5.1. 성경비평학과 근본주의 운동

근본주의 운동은 19세기에 형성된 두 조류의 신학운동 프린스톤 신학과 세대주의 신학이 현대주의, 자유주의의 도전에 맞서 공동전선을 펼치며 일어난 보수주의 또는 복음주의 운동이다. 이 운동은 성경의 권위와 무오성, 그리스도의 신성과 대속적 죽음, 그리스도의 임박한 재림과 천년왕국의 건설 등을 재천명하였다. 당시 프린스톤의 B. B. Warfield 교수는 성경원본의 문자적 영감과 무오성을 강력히 변호하였다. D. L. Moody는 세대주의자들에 의해서 개최된 성경 및 예언 사경회에서 임박한 재림과 회개의 필요성을 역설하며 아울러 복음화와 선교의 필요성을 강조하였다. 근본주의자들은 1905년부터 1915년까지 근본요소들(Fundamentals)라는 12권의 소책자를 출판하여 근본주의적 복음주의 운동을 추진하였다. 이 일에 당시 B. B. Warfield를 포함한 개혁주의 신학자들과 다수의 세대주의 신학자들이 포함되었다. 12권에 포함된 근본요소들 중 1/3의 논문들은 성경의 문자적 영감과 무오성, 1/3은 그리스도의 신성, 처녀탄생, 대속적 죽음, 육체적 부활, 임박한 가시적 재림, 나머지 1/3은 선교와 복음화 및 과학과 기독교 신앙과의 관계를 다루었다. 1930년대 이후 근본주의 운동은 자유주의와의 첨예한 논쟁, 무엇보다도 근본주의 안에 내포된 이질적인 신학 요소들로 서로 갈등 중에 보다 배타적이고 편협하며 분파적인 입장을 취하였다. 그들 중에 일부는 전투적 자세와 반지성적 자세를 취하며 개신교 주류로부터 후퇴하였다. 사회참여는 복음전파의 열정을 약화시킨다고 생각하며 사회정의에 매우 소극적이었다. 이러한 경향은 제1, 2차 대전을 겪으면서 급속한 변화에 직면하였다.

5.2. 복음주의 운동의 확산

이러한 상황에서 자유주의적 복음의 상황화[34] 혹은 성경의 상황화가 강력히 요청되었다. 이들은 성경 자체가 문화적으로 제한되었으므로 오늘 날 복음을 제시할 때도 처지에 맞게 문화적으로 제시해야 한다는 것이다. 만약 그렇지 않으면 신학이 상황 속에 접촉점을 상실하여 결국 실패하고 만다는 것이다. 그러나 복음의 의미 상실은 상황화하지 않은 것 보다는 상황화 함으로 문제가 되었다. 따라서 서양에서는 합리화 내지 추상화, 동양에서는 민족주의 화 내지 문화화 하였다. 그 결과 교회의 성장은 침체되었으며, 이는 복음의 본질적, 영적 능력을 상실하였다. 복음으로 회개를 가르치지 않은 신학은 무의미함을 입증하였다. 모든 문제는 죄에서 비롯되기 때문이다. 그러나 자유주의자들과 달리 복음주의자들은 지속적으로 신학과 성경의 권위와 중요성을 강조하였다. 그리고 이들은 성경과 상황화의 바른 관계를 성육신 모델에서 찾았다. 1940년대 이후 근본주의자들은 사회 현상에 대한 소극적인 입장에서 보다 적극적으로 복음주의로 선회하였다. 분파적이고 배타적인 기질을 거부하고 전통적인 복음주의 신앙을 천명하며 복음화의 우선적 과업과 아울러 온건한 복음주의적 연합을 강조하였다.

(1) 온건한 복음주의 운동: 1910년 WCC 에든버러 선교대회 이후 세계 신학은 급격히 혼합주의화 되었다. 이에 1942년에 조직된 미국 복음주의 협의회(NAE)와 1952

---

34) 이 말은 긍정적인 이해와 더불어 부정적인 우려를 포함한다. 그것은 토착화란 말보다 더 넓은 신학적 관심의 지평을 가리키는 말로 가난, 경제 및 정치적 억압, 폭력과 전쟁, 인종차별주의, 성차별주의, 계급제도 등 다양한 사회 정치문제를 취급하였다. 일부 신학자들은 상황화를 극단적으로 적용하여 신학의 지평 뿐 아니라 신학의 도식과 일정을 구축하였다. 그리고 사회, 경제적인 분석이 인간의 처지와 필요를 해석하는 주요 관점이 되었다. 해방신학자들은 인간에 죄와 사죄 대신에 자유와 평등만을 고취하였다.

년 의 세계 복음주의 협의회(WEF)는 기성교단 안에 머물고 있는 온건한 보수주의자들을 규합하여 세계적인 복음주의운동을 전개하였다. 특히 1950년대부터 빌리 그래함(Billy Graham)은 세계 각처에 대규모 전도 집회를 개최하여 복음전파에 주력하였다. 빌리 그래함은 항상 복음주의 신앙의 근본 요소들인 성경의 권위와 함께 인간의 원죄 및 그리스도에 대한 신앙과 헌신의 필요성을 강조하였다. 그는 복음전파의 목적을 달성하기 위하여 교파들 간의 폭넓은 연합을 시도하였다. 그의 사역 중에 1974년 Expo 서울 여의도 집회는 경이적이었다. 한편 1968년 웁살라 총회 이후 WCC의 급진적 에큐메니칼 신학은 복음화 보다는 세계 여러 국가에서 사회 정치참여로 기울었다. 이에 맞서 성경의 권위와 복음화 및 사회 참여를 주창하는 로잔세계복음화 대회가 1974년 개최되었다. 강연에서 빌리 그래함은 30여 마일 떨어진 WCC 본부의 정책에 대한 정면 도전이라고 하였다. 로잔세계복음화 운동은 오늘 날 세계 복음주의협의회와 함께 현대 복음주의 운동의 특성과 방향을 대변하는 대표적 단체이다.

(2) 로잔 언약: 언약 제1항에서는 세계의 창조주되시며 주님이 되시는 삼위일체 하나님에 대한 신앙을 천명하였다. 제2항에서는 성경의 권위와 능력을 천명하고 제3항에서는 그리스도만이 죄인들을 구원하는 유일한 구속주이심을 천명하였다. 제4항에서는 복음화의 중요성을 천명하였다. 여기 복음화란 그리스도가 성경대로 우리 죄를 위해서 죽으셨고 죽음에서 부활하셨다는 것을 전파하는 것이며 제5항에서는 그리스도인의 사회적 책임과 균형잡힌 사회참여를 천명하였다. 로잔언약에 나타난 복음주의 특성은 성경의 권위, 인간의 죄성, 그리스도의 대속적 죽음으로 말미암는 구원과 아울러 복음화의 우선과 긴급성 및 복음화의 역할, 사랑의 봉사, 균형잡힌 사회참여 등이었다. 이후 세계복음주의 운동은 세계 도처에서 활발히 전개되었다. 복음주의 신학자들은 혼합주의의 위험을 방지하며 하나님의 말씀의 구원적 및 변혁적 능력을 나타내기 위해서는 (i) 성경이 주도적으로 문화가 수용한 모든 우상적, 세속적 요소들을 판단하게 하고, (ii) 성경이 하나님의 일반 계시와 상충되지 않는 문화적 요소들을 구원하고 변혁시키도록 해야 하며, (iii) 복음이 문화와 접촉할 때, 그리스도의 독특성을 강조해야 한다.

이와 관련하여 성경해석자는 (i) 하나님과의 바른 관계를 유지해야 한고, (ii) 메시지가 사람들의 참된 필요에 대해 말하도록 성령의 도움을 추구해야 하며, (iii)

하나님의 백성들 속으로 들어가야 한다. 결국 모든 비결은 사랑의 도전이 실제적으로 나타나야 한다. 고난 중에 있는 자들 혹은 잃어버린바 된 자들에게 사랑으로 접근하지 않고는 메시지를 선포할 수 없다. 한편 종족주의 신학은 대개의 경우 정치적인 동기에서 발생하는데 성경에 위배된다. 혼합주의 신학은 대개의 경우 성경의 진리를 문화적 변화에 뜯어 맞춘다. 해방신학의 일부는 우리가 무시할 수 없는 중요한 문제들을 제기한 것이 사실이다. 그러나 해방신학이 성경보다 실천적 현장에 우선권을 두는 것을 잘못된 것으로, 특별히 사회 경제적 분석을 성경해석의 열쇠로 삼는 것을 거부한다.

6. 복음주의의 신학적 특징

대체로 복음주의자들은 종교개혁자들의 전통에 따라서 오직 성경만, 은혜만, 믿음만, 하나님께만 영광을 주장하며 부흥운동과 복음주의 운동을 이끌었다. 이들의 신학은 하나님의 초월성과 절대 주권, 성경의 영감과 절대 권위, 인간의 전적 타락, 예수 그리스도의 신성과 대속적 죽음, 은혜와 믿음으로 말미암은 구원, 중생과 성화, 말씀 선포와 선교의 사명, 그리스도의 재림과 최후의 심판, 하나님 나라의 종말론적 완성을 주장한다.

(1) 성경관: 복음주의 성경관은 삼위일체 하나님, 성부에 의해 계획 섭리되고, 성자에 의해 구원이 성취되고, 성령에 의해 적용된 그리스도의 대속에 의한 구원의 메시지 수용, 선포이다. 그 근원과 관련하여 하나님의 계시인 성경의 영감과 권위를 높이는 것이다. 삼위일체적 경세 혹은 존재론적 이해, 그리스도 중심적 구원은 자연이나 문화 혹 인간 이성에서 추리하는 것이 아니고 오직 하나님의 계시인 성경에서 발견한다. 복음주의 신학은 그 신학의 근원과 최고권위를 하나님의 말씀인 성경에 두며, 그 삶의 활력을 살아계신 말씀을 받는 데서 찾는다. 성경이 가르치는 종교는 하나님의 말씀을 듣는데서 출발한다.

(2) 하나님의 초월성과 절대주권: 복음주의는 자연과 인성, 물질적인 세계에서 해결하려는 자유주의나 민중 신학과 달리 하나님의 초월성과 주권을 강조한다. 세계와 인간을 하나님으로부터의 유출로 보지 않고 무로부터 창조된 피조물로 본다. 따라서 복음주의 신학은 거룩하신 창조주 하나님이 범죄 한 피조세계와 인간으로

부터 본질적으로 분리되어 있음을 강조한다. 동시에 이 초월적인 하나님이 성육과 대속의 사건을 통해 자신을 낮추어 인간을 찾아오심으로 인간을 구원하신 사실을 강조하며, 인간의 경배와 교제의 대상이 되신 인격이심을 강조한다. 그리고 인간을 찾아오신 초월적인 하나님이 인간과 역사의 운명을 주장하시는 절대주권의 통치자임을 강조한다. 그러므로 복음주의 신학은 인류의 역사를 주장하시는 하나님의 절대주권에 모든 것을 맡기고 하나님의 면전에서 사는 경건생활을 중시한다.[35) 땅의 문제에 집중하는 자유주의 신학과 달리 창조주 하나님을 바라보며 그에게만 모든 영광을 돌리며, 기도와 예배와 봉사의 경건생활에 힘써야 할 것이다. 성경의 영감과 무오 한 하나님의 말씀에 따라, 예수 그리스도의 권위 아래, 성령의 조명을 통하여 세워나가야 한다. 그 밖에 다른 근원은 있을 수 없다. 신학적 과업을 수행하면서 다양한 접근 방법이 요구됨에도 불구하고, 우리는 전적으로 성경의 우월성을 인정한다. 그리고 동시에 성경의 역사적 및 문화적 상황을 진지하게 취급한다.

(3) 기독교 문화 창조: 복음주의 신학은 성경에 기초한 초월적 하나님과 하나님의 초자연적 계시를 믿는다. 성경의 절대 권위 신앙이 아니면 신학활동은 불가능한 것이다. 그러나 하나님은 그의 말씀과 성령의 역사를 통하여 다양한 역사적 상황 속에서 활동하신다. 그리하여 당신의 뜻과 목적을 성취하신다. 특별히 당신의 사람들을 통하여 삶의 구조를 변화시키며, 새로운 의미의 사회 및 문화질서를 창조하신다. 따라서 기독교는 다양한 문화와 사회 구조 속에서 부정과 불의에 맞서 비판하고 변혁하고, 보다 적극적으로 기독교적 문화를 창달해야 하는 것이다. 정치 운동과 경제 활동에 참여가 대표적인 경우이다. 예를 들면, 초기 기독교는 헬라와 로마 문화권 속에서 이교적 요소들을 비판하고 변혁하여 독창적인 서구 기독교 문화를 창출하였다. 그리고 신대륙의 인디안 문화와 만나 그 삶의 역사적 상황을 변혁하여 청교도적 기독교 문화를 이룩하였다. 이러한 현상은 1980년대 이후 기독교 세계관 운동을 통해 활성화되었다. 기독교인 개개인과 문화가 하나님의 말씀과 부딪힘으로 자기비판과 변혁을 일으켜 진리와 공의, 사랑이 삶의 구조 속에서 뿌리내리게 되었다.

한국의 현실 상황에서 볼 때 기독교인, 특별히 성직자가 신정정치 구현을 위해

---

35) 김명혁, 「현대교회의 동향」, (성광문화사, 1991), 245.

활동하기는 쉽지 않다. 그것은 나라가 기독교 국가가 아닌 다종교를 인정하기 때문이다. 그러므로 신정정치를 성급히 내세울 수 없고, 또 민족주의나 사회주의로 발전시킬 수도 없다. 그럼에도 불구하고 기독교 성직자들은 기독교적 삶의 이념을 사회 각 분야에서, 예를 들면 정치, 경제, 문화, 사회 현장에서 구현하도록 힘써야 할 것이다.[36] 한국 보수 교회는 1980년 대 민주화 과정에서 역할을 바로 하지 못하였다. 그러므로 자성하는 자세를 견지하고, 안으로 성직자와 교회 자체에 만연된 사치와 부정, 파벌, 비민주적 행태와 모순을 비판하고 시정하는 자세를 가져야 할 것이다. 동시에 교회는 이러한 자성과 함께 격려와 협력에 중심역할을 해야 할 것이다. 교회가 국가와 사회에 기여할 부분이 무엇인지 적극적으로 고려하고 초기의 한국 교회가 애족운동과 민족의 개화에 앞장 섰듯이 적극적으로 참여해야겠다.

(4) 전통 신학의 계승: 전통적 영성과 더불어 현대적 상황을 동시에 취급하는 신학의 필요성을 느낀다. 예수 그리스도를 통해 성취되고 역사 속에서 구체화된 하나님의 구속의 사역을 담대하게 선포한다. 여기에는 신학적 기초에 필요한 전제가 요구된다. (i) 교회가 성경을 해석하는 공동체가 되어야 하며 (ii) 성령의 증거가 하나님의 말씀을 이해하는 열쇠가 되어야 하며 (iii) 상황화가 복음을 다양한 역사적 처지에 전달하는 신약의 형태가 되어야 한다. 신학이 단순히 학문적인 훈련으로 끝나서는 안 될 것이다. 성경에 근거한 복음주의 신학은 건전한 주석에 기초하며, 그리스도의 몸을 자라게 해야 한다. 동시에 선교를 장려해야 한다. 성경신학은 하나님의 말씀이 현대적 상황에서 역사하도록 실제로 공동체 섬김을 통해 열매 맺어야 한다. 따라서 복음주의는 성경의 권위와 영감 그리고 전능하신 하나님의 인격과 사랑과 공의, 예수 그리스도의 독특성과 최종성, 성령의 중생과 능력, 인간의 죄성과 상실성, 회개와 신앙의 필요, 교회의 생활과 증거 및 예수 그리스도의 육체적 재림과 같은 신앙을 사수한다. 동시에 세계 속에서 하나님의 선교에 대한 일치와 헌신을 도모한다. 신학적 과업을 수행하면서 성경의 진리와 의미를 특수한 상황에서 나타내는데 진력하며, 특별히 하나님의 말씀에 충실할 것을 다짐한다. 믿음으로부터 오는 순종과 하나님의 영광을 위해 살 것을 맹세한다.[37] 결국

36) 김명혁, 247.
37) 김명혁, 220-221.

복음주의 신학이 사명을 감당하기 위해서는 합리주의와 개인주의에서 탈피해야 할 것이다. 그리고 하나님의 말씀이 능력있게 역사하도록 해야 할 것이다. 그러므로 우리에게는 비판적인 성찰과 신학적 갱신의 필요성을 요청하는 것이다.

4. 결론

복음주의는 성경의 우선권과 권위를 강조한다. 아는 것은 행하고 사랑하는 것은 순종하는 것이다. 따라서 복음주의 신학은 하나님의 말씀에 대한 순종의 삶에 뿌리를 박아야 하며 예수 그리스도의 주권에 순복하는데 뿌리를 박아야 한다. 신학적 과제는 성령의 계속적 사역에 의해 이루어져야 하며, 적절한 해석학적 방법에 의해 수행되어야 하며, 역사 가운데 계속적으로 활동하시는 하나님에 대한 민감성으로 이루어져야 한다. 지금까지, 특별히 20세기에 접어들어 기독교 안에는 다양한 운동들이 전개되었다. 그 중에 WCC와 복음주의를 주목할 것이다. 그런데 두 단체는 서로를 질시하며 혹독히 비난해 왔다. 예를 들면 전자는 후자를 고집불통, 소수적, 내지 앞뒤가 꽉 막힌 자, 후자는 전자를 해방주의, 신 맑스주의, 혁명 이데올로기 내지 자유주의자로 치부하였다. 하지만 이제 교회는 급변하는 시대, 세속적 도전에 맞서 상호 대립을 극복하고 협력을 창출해야 할 것이다. 이를 위해서는 성경으로 돌아가, 보다 겸손한 자세로 자신의 입장을 고수하며 서로의 입장을 이해하는 노력이 요구된다. 하여 급변하는 21세기에 신앙적.신학적 공통 분모를 모색하는 것이 중요하다. 이를 위해서는 객관적인 관점에서 그리스도의 위임명령, 이 땅에 하나님의 나라를 건설에 모든 역량을 모아야 할 것이다. 하나님의 선교의 참된 의미는 교회가 세상 안에(in the world), 하지만 세상에 속하지 않은(not of the world) 특수 공동체(엡 6:11-12)로 존재해야 한다. 그러면 WCC는 차치하고, 복음주의가 성취해야 할 과제는 무엇인가? 여러 요인 중에 가장 중요한 것은 모든 신앙과 삶의 원리, 권위를 성경에 두는 것이다. 이는 곧 "오직 그리고 전적으로 성경"(sola tota scriptura) 사상이다. 성경은 그리스도인의 신앙만이 아니라 모든 생활의 규범이다.[38] 따라서 성경 중심 사고는 아무리 강조해도 지나치지

38) 김은홍, "양극화된 선교사상에 대한 개혁주의적 대안", 「교회와 세상을 위한 신학」, (프로에클레시아, 2008), 504.

않다. 하나님 사랑은 곧 성경 사랑이며, 성경 사랑은 곧 개혁적 실천 성향을 잘 나타내 보여준다. 이의 실천적 과제를 다음과 같이 정리하였다.

(1) 이원론적 사고의 극복이다. 이것은 복음주의 교회들이 영과 육, 개인과 사회, 교회와 세상, 이 세상과 저 세상으로 구분 짓는 것이다. 따라서 전도를 사회책임과 대조적인 것으로 보거나 개인구원을 사회구원과 적대적인 양자택일로 간주하여 전도와 개인구원을 강조한다. 이처럼 영혼 구원을 개인구원에만 집중할 때, 인류의 사회적 책임에 소홀하며 더불어 자연 환경의 질서 회복에 무관심하게 된다. 이러한 경향은 폐쇄적이거나 권위주의적인 양태로 사회를 화해와 치유보다는 극단적인 이기주의를 낳게 된다.

(2) 이중적인 삶의 탈피이다. 이들은 원리상 성경의 가르침에 철저하면서도, 때로 설교가 율법적으로 혹독하면서도, 이를 실천하지 못하는 부분에 대해서는 뉘우침이 없거나 심각하게 생각하지 않는다. 세상을 악한 것으로 정죄하면서도 정작 자신의 가치관은 여기에 종속되어 있다. 결국 이러한 삶은 모든 것을 교회 중심적으로 이끈다. 즉 교회는 선하고 거룩하며 세상은 부패하고 죄악 되다는 것이다. 따라서 사회 참여에 부정적이다. 그러나 교회는 구원의 근거요 구원을 가르치고 나누어 주는 진리의 소유자이므로 세상으로부터 격리된 요새이자 방패이며 동시의 구원의 방주이다. 성경적 및 신앙적 삶의 원리를 회복하고 이웃과 세상에 대해 깊은 관심을 표명하는 것이 중요하다.

(3) 아울러 복음주의는 로잔대회 이후 복음전도와 사회적 책임을 상호 뗄 수 없는 관계로 인식해 왔으나, 전도에 대한 강조가 꾸준히 전제되었다. 그리고 교회간의 협력 문제도 교회보다는 선교단체에 치중하고 있다. 이는 공동체 보다는 개인 중심의 선교를 지향하기 때문이다. 실제로 교회의 선교 사역도 상호 교류가 없는 상황에서 불가피하게 지원도 중복으로 많은 낭비를 초래하고 있다. 물론 복음의 토착화에도 장애가 뒤따른다. 설상가상으로 선교현장에서 교단과 교회, 선교단체 간의 마찰은 어쩔 수 없는 결과이다.

제18장

WCC, 세계교회협의회의 역사신학적 평가

-에큐메니칼, 일치 운동의 역사의 전개과정-

1. 서론

주지하듯이 2,000년 전 유대 땅 마가의 다락방에서 성령 강림과 함께 태동한 기독교는 이후 지금까지 수많은 고난과 시련 중에 경이적인 발전을 이루었다. 그 과정에서 기독교는 한편 정통 신앙과 교리의 사수와 계승, 다른 한편 이단과 분파의 끝없는 도전에 직면하였다. 그 결과 논쟁과 분열은 피할 수 없는, 어쩌면 교회가 감수해야 할 운명적 대가였다. 역사적으로 초대교회는 태동 이 후 500년 동안 4차례 공의회를[1] 통해 갈등과 대립 속에서 정통 신학을 정립하였다. 하지만 교회 내의 갈등과 긴장이 공존한 중에 통합과 일치 운동이 지속적으로 전개되었다. 392년 기독교는 마침내 로마 제국의 국교가 되었다. 중세에 접어든 교회는 초대 교회의 말씀 중심 전통에서 벗어나 사제주의와 성례주의로 형식화 내지 의식화, 더욱 권위주의로 고착화 되었다. 그러던 중에 실천적 개혁을 주창하며 아시시의 프란체스코회와 도미니쿠스회가 출현하였다. 그 후 1305-1378년 교황의 바벨론 포로와 1378-1417년 교황청의 대분열은 중세 교회의 부패와 분열, 침체와 몰락을 낳았

1) 313년 기독교 공인 이후 제기된 신학적인 문제를 논의하기 위하여 콘스탄티누스 황제는 325년 재임기에 니케아 공의회를 개최하였고, 이후 381년 콘스탄티노플 공의회, 430년 에베소 공의회, 451년 칼케돈 공의회가 개최되었다.

다.[2] 이 같은 상황에서 개혁의 샛별 존 위클리프와 존 후스, 중세 말엽 마틴 루터가 등장하여 개혁을 주창하였다. 이렇게 시작된 16세기 종교개혁은 "개혁"의 공감대를 이루며 급속히 전 유럽으로 확산되었다. 하지만 이 운동은 또 다른 갈등과 대립을 잉태하며 몇 몇 크고 작은 종파로 분열하였다. 개혁자들은 한편 성경의 권위와 교회의 본질로 신권(神權)을 회복했으나 다른 한편 갈등과 분열로 일치와 통합을 파괴하였다.

그러나 개혁교회는 분열의 죄악성을 통감하며 지속적으로 일치를 위해 주님의 거룩하고 보편적이며 사도적인 교회의 신앙을 추구하였다.[3] 이러한 일치 운동은 역사학자 케네스 라토렛의 표현대로 "위대한 19세기"(the Great Century)와 함께 형성되었다.[4] 사실 19세기 선교는 18세기의 독일 경건주의와 영.미의 복음주의 운동과 대각성 운동에 기초하였다. 이후 수많은 선교 단체들이 모든 열방과 민족에게 복음을 전파하여 영혼을 구원하는 것을 지상 과제로 삼았다. 따라서 18-19세기는 선교사들이 교회와 선교단체로부터 파송받아 헌신했다면, 20세기는 다양한 연합 기구를 통해 조직적으로 운동에 참여하였다. 특별히 20세기는 러시아의 공산주의 혁명, 세계 경제의 대공항, 양차 대전과 미소 혹은 서구와 동구의 냉전 체제를 거치는 엄청난 변화 속에 더욱 활성화되었다. 종교는 물론 사회.정치적 이념에 집착하며 대립과 반목이 고조되었다. 이와 함께 제3세계 국가들이 몇 몇 서구 열강으로부터 독립하고 모든 억압과 구속에서 해방되었다. 그 과정에서 세상을 향한 하나님의 구속 역사는 그렇게 낙관적이지 만은 안았다. 많은 고난과 시련에 직면한 것이다.

이처럼 긴박한 상황에서 기독교 신학의 학문적 연구가 광범위하게 전개되고 동시에 전 세계 오지에 교회가 설립되는 등 전례 없이 호황을 맞이하였다. 이는 여타 운동들, 예를 들면, 근본주의 운동, 오순절 운동과 함께 현대 복음주의 운동, 에큐메니칼 운동 등이 보여주는 바, 20세기 초반에 형성된 세계교회협의회(WCC)

---

2) 보다 자세한 것은 서요한, "제7장 중세 교황권의 형성과 확립",「중세교회사」, (도서출판 그리심, 2010), 195-226.

3) 김명혁,「현대교회의 동향」, (성광문화사, 1991), 7-9.

4) Kenneth Scott Latourett, The Great Century in Europe and the U.S.A(New York: Harper & Brothers, 1941), vol. IV, 1-9 참조.

가 중심적인 역할을 하였다. WCC는 이후 다각적인 평가, 특별히 신학적 이해의 요청과 더불어 지금까지 지속적으로 일치운동을 펼쳐왔다. 그런데 2013년 제10차 WCC 총회의 부산 개최와 함께 이를 객관적으로 이해하고 평가하는 일은 매우 중요한 과제가 되었다. 이 후 2016년 2월 29-3월 5일까지 6일간 서울 중구 롯데호텔에서 한국기독교총연합회(한기총) 주최로 세계복음주의연맹세계지도자대회(World Evangelical Alliance International Leadership Forum=W.E.A.ILF)가 개최되었다.[5] 따라서 필자는 본장에서 예수님의 "일치 관련" 말씀에 주목하며, WCC에 대한 역사신학적 평가를 개괄적으로 취급할 것이다.

2. 에큐메니칼의 어원

에큐메니칼의 어원은 헬라어 "oikos"에서 기인한다. 이 말은 "한 집에 있는 방들"을 의미하여 "집 혹은 주거"를 뜻한다. 어떤 경우 이 용어는 "식구들 혹은 집안", 즉 "집에 사는 사람들"을 통칭한다. 그런데 "oikeo"는 "거처한다" 혹은 "산다"의 뜻이다. 이렇게 동사의 현재분사 수동태와 "ge" 즉 "땅이" 함께 통합되어 "oikoumene"가 나왔다. 이 말은 "사람들이 들어가 살고 있는 땅" 혹은 "사람이 사는 땅"이다. 에큐메니칼이란 말은 "oikoumenikos"에서 파생된 것으로 "사람 사는 땅에 관련된 것" 혹은 "사람 사는 땅만큼 넓은"의 뜻이다.[6] 로마인들도 동일한 의미로 "oikoumene"를 사용하였다. 당시 제국은 로마의 군대가 정복하고 로마법의 통제아래 있는 영역이었다.[7]

---

5) 당시 본 회의에 참석한 세계 교회 지도자 120여명(7명의 국제이사 포함)은 매년 1회 특정 국가에서 회집하여 지난 회기의 경과 및 사업을 평가하고 향후 방향성을 심도있게 논의하는 국제적인 심포지엄이다. 2016년 3월의 대회 주제는 '복음 안에서 동역' (빌 1:4-6)이었다. http://blog.naver.com/wmsfms/220858585516.

6) 여기 oikoumene란 말은 고대 헬라의 유수한 웅변가 데모스테네스의 연설문에 알렉산더 대제가 정복한 영향권의 지역을 뜻한다. 당시 야만인들은 oikoumene 건너편에 생활함으로 에큐메니칼로 인정 받지 못하였다. 이는 결국 인간의 대접을 받지 못했음을 말해준다.

7) 누가복음의 저자 누가는 예수 그리스도의 탄생을 묘사하면서 "이 때에 가이사 아우구스도가 영을 내려 천하로 다 호적하라 하셨으니(눅 2:1)라 할 때 사용한 말이 oikoumene였다. 당시 로마의 황제가 살고 있는 땅의 주, 주인이었기 때문이다. 당시 시저의

한편 20세기 중엽 제261대 로마 교황 요한 23세(1958.10월 28일-1963년 6월 3일 재위)는 일치의 의미를 새롭게 규정하였다. 그는 1962-1965년 소집된 제 2차 바티칸 공의회에서 교회의 일치를 에큐메니칼 회의라고 명명하였다. 교황은 1963년 4월 11일 최초로 가톨릭 신자뿐 아니라 선의의 모든 사람에게 보낸 회칙「지상의 평화」(Pacem in Terris)를 반포하였다. 이는 세계의 평화와 빈부격차 문제, 노동 문제 등 현대 인류 사회의 여러 가지 현안 문제의 해결에 기여하였다. 특히 그는 당시 미국과 소련 사이에 고조된 핵전쟁의 위험을 차단하며 분쟁을 조절하였다. 그 결과 1963년 교황으로는 최초로 타임지 올해의 인물로 선정되었다. 그러나 이 후 보다 명확히 어떤 신학적 주장이나 그 교회의 지리적 범위를 가진 의미로 에큐메니칼의 용어를 사용하지 못했으나 본래 헬라나 로마 문화가 지배하던 때 사용된 세속적인 의미가 포함되었다. 16세기 개혁기에 영국에서는 세속적 의미로 사용하였으나8) 급변하는 20세기에 와서 더욱 보편화되었다. 이는 근대 과학의 발달로 인류 사회는 문자 그대로 전례 없이 하나로 통합되었다. 이는 철학자 헬란 케이셀링 백작(Count Hermann Keyserling)의 지적처럼 지금 모든 사람은 에큐메니칼 시대에 살고 있으며 땅은 에큐메니칼 기관이 되었다.[9)]

3. 에큐메니칼의 전재조건과 필요성

(1) 성경해석의 일치: 에큐메니칼에서 가장 중요한 전제 조건은 일치된 성경해석이다.[10)] 이것이 없이는 현대 교회의 모든 논의, 특별히 선교와 전도, 대화와 구원, 회심과 성장은 무의미할 것이다. 그런데 어떻게 교파와 교회가 난립한 상황에서 일치된 성경해석을 도출할 수 있을까? 교회가 선교와 전도에 치중하는 복음

통치 밖에 사는 사람들, 예를 들면 인도나 중국, 소련, 스칸디나비아, 혹은 스코틀랜드의 켈틱 족은 그 안에 포함되지 않았다. 로마의 역사가 타키투스는 제국이 영국을 지배했을 때, 당시 야만족으로 불린 자들로 치마를 걸치고 사는 비에큐메니칼의 스코틀랜드 고지대인들에게 패퇴했다고 기록하였다. 존 A. 매카이,「에큐메닉스」, 민경배 역, (대한기독교서회, 1966), 38.

8) 영국에서는 16세기 일반적인 혹은 세계적인 뜻의 세속적 의미로 사용되었다.

9) 존 A. 매카이,「에큐메닉스」, 민경배 역, (대한기독교서회, 1966), 39-40.

10) 존 스타트,「현대기독교 선교」, 김명혁 역, (성광문화사, 1981), 8.

주의적 확신을 가졌음에도 불구하고 주변의 여러 상황, 예를 들면 다원화된 각각의 교회와 교단들을 하나로 통합할 수 있을까? 이것은 결코 쉬운 일이 아니다. 여기에는 크고 작은 신학적 차이와 때로는 정치적 갈등으로 도무지 통합할 수 없는 상황이 산적해 있다. 그러나 기독교인은 예수님의 명령, 요 17:21의 "하나 되는 교회"에 대하여, 문화적 배경과 신학적 입장의 차이에도 불구하고 언젠가는 교회와 세계와의 연합적 관계를 고려해야 할 것이다. 이 점은 세속주의와 혼합주의의 도전에 맞서 오늘 날 보수적인, 복음주의 교회가 극복해야 할 과제이다.

(2) 교회 선교의 사명: 복음이 전 세계로 전파되는 과정에서 교회는 각 시대를 따라서 다양한 형태로 분열하였다. 대표적으로 초대 교회는 동방과 서방 교회의 갈등과 대립, 중세교회는 1054년 동서방교회의 분열, 종교개혁은 1517년 루터의 95개 항의문과 함께 가톨릭과 결별하였다. 이후 개신교는 정통성 문제로 대립하던 중, 17세기 이후 지금까지 수많은 교파와 교단으로 분열하였다. 하지만 18세기 영국의 복음주의 운동과 미국의 대각성운동을 계기로 해외 선교가 활발히 전개되었다. 소위 제3세계 국가들, 아시아와 아프리카에 복음이 전파되어, 그들의 의식과 사고, 생활 문화 전체를 변혁하는 역사를 창출하였다.

4. 에큐메니칼 운동의 전개과정

(1) 초대와 중세교회: 기독교 역사에서 에큐메니칼 운동은 313년 콘스탄티누스 황제의 기독교 공인 이 후 교권.정치적 교회의 설립과 깊이 관련되었다. 당시 황제는 제국 내 종교적 혼란을 막고 정치적 안정을 꾀하기 위하여 공의회를 개최하였다. 그의 재임 기를 필두로 325년 니케아 공의회로부터 787년 제2차 니케아 공의회까지 7차에 걸친 초기 기독교 에큐메니칼 공의회[11]가 소집되었다. 그러나 제7차 니케아 공의회(화상논쟁)와 함께 에큐메니칼 회의가 분열하면서 기독교 통일이 와해되자, 동방 정교회는 콘스탄티노플을 총주교좌로 로마 교황에 맞섰다. 그리고 총대주교를 "Ho oikoumenikos", 즉 에큐메니칼한 자로 호칭하였다. 이후 모든 후

---

11) 보다 자세한 것은 서요한, "제6장 동방(동로마) 교회의 역사와 신학", 「중세교회사」, (도서출판 그리심, 2010), 167-168.

계자들은 이 사상을 계승하여 에큐메니칼 대 장로가 되었다. 한편 중세의 교회의 일치는 철저히 로마 가톨릭 중심으로 정치화 내지 교권화되었다.[12] 교회 내 지도층의 타락과 부패에 맞서 때때로 개혁의 외침이 있었으나 공허한 메아리였다. 철옹성의 교권, 교황권의 수호로 중세 교회의 타락과 몰락은 피할 수 없었다.

(2) 16세기 종교개혁: 종교개혁자들은 말씀에 기초한 사도적 전통 확립, 개혁과 일치를 위해 한편 로마 가톨릭과의 분열을 다른 한편 급진 과격주의자들을 경계하였다. 개혁이 진행되는 과정에 개혁자들 간에 신학적 및 목회적 갈등이 발생하였다. 특별히 루터와 츠빙글리는 성찬 문제로 대립했으나 칼빈은 연합에 주력하였다. 비록 뜻을 이루지 못했으나 교회의 일치와 연합의 중요성을 깨우쳤다. 이들은 사도신경과 니케아 신조, 아타나시우스 신조 등 초대 교회의 신조와 전통을 수호, 계승하며 일치와 통일을 강조하였다. 따라서 이들은 참된 교회는 외형상 보이는 가시적인 교회라기 보다는 내적으로 볼 수 없는 불가견적인 영적 교회였다. 그러나 불가견적 교회는 가견적 교회를 통해 그 본질을 성취해야 한다고 주장하였다. 이의 실현을 위해 칼빈은 말씀의 바른 선포, 성례의 바른 집행, 권징의 바른 실행을 강조하였다. 그러나 교회의 분리는 곧 하나님과 그리스도를 부인하는 것이라[13]고 규정하였다.

칼빈은 혹 교회 간에 비본질적인 문제로 의견이 다를 수 있으나 그것 때문에 분열은 안 되며,[14] 심지어 교회가 도덕적 오류가 있다 해도 분리할 수 없다[15]고 하였다. 따라서 그는 분리주의자들이 자칭 자신들을 완전하다고 믿는 것은 마귀의 생각이라[16]고 공격하고, 가견적 교회는 거룩과 순결을 날마다 성취해야 하므로 때로는 불완전해도 분리해서는 안 된다[17]고 하였다. 이러한 대립 상황에서 루터는 1520년「독일 귀족에게 보내는 편지」에서, 칼빈은 1537년부터 지속적으로 종교회

---

12) 서요한, "제7장 중세 교황권의 형성과 확립",「중세교회사」, (도서출판 그리심, 2010), 215-220.

13) John Calvin, *John Calvin, Institutes of the Christian Religion*, trans., by Henry Beveridge, (London: James Clarke & Co., Ltd, 1953, IV), 1, 9-10.

14) *Institutes*, IV, 1, 12.

15) *Institutes*, IV, 1, 15.

16) *Institutes,* IV, 1, 20.

17) *Institutes*, IV, 1, 19.

의를 통해 교회를 개혁하고 교회간의 분생을 종식시킬 필요성을 제기하였다. 특별히 칼빈은 1540년 불링거에게 보낸 편지에서, 교회 연합의 필요성을 제기했으며[18], 1549년 5월에는 성찬과 관련한 교리의 차이를 극복하기 위해 취리히에서 불링거와 만나 역사적인 「취리히 협약」(Consensus Tigurinus)을 체결하였다. 그 후 부처를 포함한 스위스 개혁자들이 이 협약을 수용함으로 스위스 개혁교회가 연합되었다. 그리하여 1566년 3월 12일 제2스위스 신앙고백서[19]가 공포되었다. 그러나 당시 개혁운동이 시대별, 지역별, 인물별, 그리고 정치적, 종교적 특성과 이해관계에 크게 영향을 받았기 때문에 노력만큼 결실을 보지 못했으나 연합의 목적과 필요성은 계속 제기되었다.[20]

(3) 17-18세기 경건/영미복음주의: 독일의 경건주의자 스페너와 더불어 시작된 연합운동은 제자 프랑케(August H. Francke, 1663-1727)와 진셀돌프로 계승되었다. 특별히 프랑케는 1700년부터 영국의 선교단체인 SPCK(Society for Promoting

---

18) "주님이 그의 교회 안에 책임을 맡기신 모든 사람이 참된 연합을 이루어야 하는 것은 우리 교회뿐 아니라 모든 기독교에 해당하는 일이다. 그러므로 우리는 그리스도의 사역자들 모두와의 연합과 교제를 의식적으로 그리고 조심스럽게 증진시켜야 할 것이다...나는 이 목적을 이루기 위해 항상 노력할 것이다". *Letter to Bullinger*, Ouoted by J. T. McNeill, "Ecumenical Idea and Efforts to Realize it, 1517-1618", in *A History of the Ecumenical Movement*, ed. by Ruth Rouse and S. C. Neill, (London: SPCK, 1967), 49.

19) 이 신앙고백서는 총 30장으로 구성되었으며 개혁파 신앙의 핵심을 보여준다. 출판 당시 이 신앙고백서의 제목은 "참된 기독교를 위한 바른 신앙과 보편타당한 교리(Confessio et expositio simplex orthodoxae fidei et dogmatum Catholicorum syncerae religionis Christianae)" 였으나 이후 "제2스위스 신앙고백(Confessio Helvetica posterior)" 으로 불렸다. 신앙고백서의 대부분은 취리히의 종교개혁자 하인리히 불링거가 저술하였다. 불링거는 하이델베르크 요리문답을 반포한 팔츠의 선제후 프리드리히 3세의 요청을 받고 자신이 개인적으로 그간에 정리한 신앙고백서를 전달하였다. 당시 황제 막시밀리안 2세는 팔츠지방에서 개혁파적 요소를 뿌리 뽑으려 하였고, 위기의식을 느낀 프리드리히는 불링거의 도움을 받아 제2스위스 신앙고백서를 토대로 자신의 신앙을 변호하였다. 그리하여 프리드리히는 위기에서 벗어났고, 그 결과 독일에서는 이 후 개혁교회를 '이상한 종파(Sekt)' 로 몰아치지 못하게 되었다. 이 신앙고백서는 바젤을 제외한 스위스의 모든 개혁교회가 받아들였다. 바젤은 당시 루터교회의 영향을 강하게 받고 있었기 때문이다. 그러나 1644년 바젤도 이 신앙고백서를 받아들였다.

20) 대표적으로 아우구스부르크 신앙고백서, VII과 제2헬배틱 고백서 XXII, 2이다. 보다 자세한 것은 Philip Schaff, *The Creeds of Christendom*, vol. III, (Grand Rapids: Baker Book House, 1990), 11, 272 참조.

Christian Knowledge)와 긴밀히 연락하였다. 그리고 할레(Halle)에 고아원과 대학을 설립하여 선교와 연합운동의 근거지로 삼았다. 한편 진센돌프(Count Nicolaus Ludwig von Zinzendorf, 1700-1760)에 의해 보다 구체적으로 계승되었다. 진셀돌프는 아우구스부르크 신조를 가장 우수한 에큐메니칼 신조로 간주하고 동시에 기독교인들은 다른 모든 교회와 교파로부터 장점들을 배워야 한다고 하였다.[21] 프랑케처럼 진센돌프는 선교 및 연합운동의 근거지 확보를 위해 지속적으로 노력한 끝에 헤른후트에 신학교를 설립하여 경건생활과 세계선교에 주력하였다. 헤른후트를 중심으로 전개된 선교운동은 유럽과 남미, 아프리카와 아시아로 확대되었다. 그 중에 하나는 웨슬리 형제가 독일의 모라비안 형제로부터 감동을 받아 전개한 부흥운동이다.

경건주의 운동은 18세기 중엽 영국의 존과 찰스 웨슬리 형제, 조지 휘필드를 통해 영국의 복음주의 각성 운동으로, 같은 시기에 미국에서는 조나단 에드워드(Jonathan Edwards, 1703-1758)를 통해 제 1, 2차 대 각성운동으로 전개되었다. 상기 운동을 통해 수구적인 자세에서 교파와 지역, 국경을 넘어 자발적인 운동으로 확산되었다. 도처에서 회개 운동, 중생 체험과 함께 구제와 복음 전도, 특별히 영적 각성운동이 급속히 확산되었다. 수많은 사람들이 교회로 몰려 영.미에서 놀라운 부흥의 역사가 일어났다. 미국의 교회사가 케네스 S. 라토렛(Kenneth Scott Latourette, 1884-1968) 교수는 윌리암 케리(William Carey, 1761-1834)의 선교 이후 1815년부터 1914년까지 99년 동안 기독교는 역사상 가장 광범위하게 확장된 위대한 세기라고 하였다.[22] 이 시기에 기독교는 남북미, 호주, 아프리카를 포함하여 태평양 군도, 아시아 각국으로 전파되었다. 그리고 접촉하는 민족과 나라의 관습을 바꾸며 각각 이념과 습관에 따라 독특한 문화를 형성하였다. 라토렛은 19세기가 남긴 역사적 공헌은 지난 1800년 동안 기독교가 끼친 영향보다 더 심대

21) 예를 들면 로마 가톨릭으로부터는 영혼의 청빈을, 칼빈주의자들로부터는 선택 교리를, 루터파로부터 하나님의 보편적 자비 및 성례를 통해 얻어지는 참된 위로의 교리를, 퀘이커파로부터는 개인 양심의 자유를 그리고 메노나이트로부터는 엄격한 윤리생활을 강조하였다. 교리의 차이는 신도들의 교육과 개발을 위해 하나님께서 허용하신 방편으로 하나님의 자녀들 간의 완전한 연합이 회복될 때까지 계속 존속될 것이라고 하였다.

22) Kenneth Scott Latourett, *The Great Century in Europe and the U.S.A* (New York: Harper & Row Publishers, 1975), vol. II, 1334-1345, 1349-1380.

(沈大)하다고 평가하였다.[23] 곳곳에서 놀라운 부흥과 선교 운동이 활화산처럼 타올랐다.

대표적으로 1806년 미국의 윌리암스 대학교(Williams College, 1791년 설립)[24]에서 복음주의 각성 운동이 일어났다. 당시 5명의 학생이 단풍나무 숲에 모여 항상 함께 기도하였다. 1806년 여름 어느 날 함께 기도하던 중 갑자기 소나기가 내려 비를 피하기 위해 건초더미 아래로 들어갔다. 그곳에서 기도하던 5명의 학생들은 선교에 열망에 사로잡혔다.[25] 건초더미 아래서 일어난 기도와 선교의 불길은 그 후 뉴잉글랜드의 여러 대학교, 예를 들면, 안도버(Andover), 프린스톤(Princeton), 워싱턴(Washington), 암허스트(Amherst) 등에서 복음의 각성과 선교운동을 일으켰다. 1797년 남부 켄터키주의 불량배들이 당시 스코틀랜드계 장로교 목사 맥그리디(James McGready)의 도전적인 설교에 회개하며 부흥운동이 일어났다. 1799년 같은 지역에서 또 다시 부흥운동이 일어났다. 1800년 도처에서 천막집회가 열렸다. 1801년 켄터키주 동북부 케인 릿지(Cane Ridge)의 대 부흥으로 최고 20,000명이 회집하였다.[26]

(4) 영국의 부흥운동: 이러한 영향은 영국에 영향을 끼쳤다. 그 중에 젊은 감리교인 휴 번(Hugh Bourne, 1772-1852)은 미국의 부흥운동 소식을 접한 후 감동되

---

23) 라토렛은 여러 원인으로 민족의 이동, 상업의 발달, 식민지 확장 등을 들었다. 이와 함께 기독교의 내적 활력과 생동력이 가세하였다.

24) 본래 윌리엄스타운 자유학교(Williamstown Free School)로 설립되었으나 1793년 메사추세츠 주의회의 동의를 얻어 현재의 대학으로 개명되었다. 포브스 선정 2010, 2011년 연속 미국 내 1위 대학, U.S. 뉴스 & 월드리포트 선정 2004년부터 2011년까지 8년 연속 미국 내 베스트 인문교양대학 1위, 워싱턴먼 슬리 조사결과 미국 내 7위를 기록하는 등 세계 최고의 대학으로 평가받고 있다.

25) 제임스 오르는 "이 건초더미 확약(Haystack Compact)으로부터 현대 미국의 선교운동이 태동했다고 지적하였다. James Edwin Orr, *The Light of the Nations: Evangelical Renewal and Advance in the Nineteenth Century*, (Paternoster Press, 1965), 22.

26) 당시에 회중 사이에 감정적인 흥분과 육체적 기적 현상이 동반되었다. 여기저기서 죄책으로 말미암은 신음과 비명소리 그리고 기쁨에 사무친 고함소리가 뒤범벅되었으며, 대부분의 사람들이 감정에 복받쳐 넘어지고 진동했으며, 어떤 사람들은 짖고 달리고 뛰고 때로는 무아지경에 빠졌다. Kenneth Scott Latourette, *A History of the Expansion of Christianity*, *vol. 4., The Great Century: Europe and the United States*, (New York: Harper & Row, 1941), 19.

어 1805년 천막 부흥집회를 인도하였다. 그리고 침례교 소속의 윌리암 케리(William Carey, 1761-1834)를 통해 그리스도의 지상 명령을 실천하는 계기가 되었다. 케리는 1792년 출간한 저서 「이방인 개종을 위해 기독교인들이 사용해야 할 방법에 관한 연구」(*An Enquiry into the Obligations of Christians to Use Means for the Heathens*)에서 모든 그리스도인에게 선교의 당위성을 역설하였다.27) 그의 선교적 헌신과 환상은 많은 사람들에게 도전을 주었다. 그 결과 1795년 초교파 형태의 영국 선교협회(London Missionary Society)가 조직되어[28], 기독교인들의 연합과 교제를 증진하였다. 특별히 그는 1806년 안드류 풀러(Andrew Fuller, 1754-1815)에게 보낸 편지에서 10년 마다 초교파 선교대회의 개최를 제안하였다. 풀러는 그 제안을 "마음이 들뜬 한 사람의 멋있는 꿈"(the pleasing dream of an enlarged mind)으로 치부하였다. 그러나 그의 꿈은 19세기의 위대한 선교 시대를 창출하였고, 1910년 약 100년 후 에든버러 세계선교대회(1910년 6월 14-23일)로 발전하였다.[29]

---

27) 케리는 1792년 침례교 선교 협회(Baptist Society for the Propagation of the Gospel amongst the Heathens)에서 사 44:2-3을 통해 하나님으로부터 위대한 일을 기대하고, 하나님을 위하여 위대한 일을 시도라고 설교하였다. 그의 설교에 도전 받은 목사들은 선교협회를 조직하고, 이듬해 그를 인도 선교사로 파송하였다.

28) 상기 협회의 설립 목적은 장로교회나 독립교회, 감독교회나 또는 어떤 다른 형태의 교회 조직과 체제를 전파하지 않고 오직 복된 하나님의 영광스런 복음을 이방인들에게 전하는 것이었다.

29) 근대선교운동의 아버지 윌리암 케리(William Carey)는 1792년 침례교선교회(Baptist Missionary Society, BMS)를 결성하고 인도로 파송 받은 후 교단 선교회와 선교단체가 기하급수적으로 증가하여 개신교 선교의 황금시대를 맞이하였다. 하지만 이 기간 동안 선교사들의 과다 경쟁과 사역 중복은 오히려 화근이 되어 큰 어려움을 겪고 있었다. 이때 감리교 평신도 존 모트(John R. Mott, 1865-1955)는 젊은 시절부터 학생자원선교운동(Student Volunteer Movement, SVM)과 기독교청년회(Young Men's Christian Association, YMCA)의 지도자로 활동하면서 세계여행 중에 세계선교의 흐름과 방향에 눈을 뜨게 되었고 연합과 일치만이 살길임을 깨달았다. 하여 존 모트는 에딘버러 선교사대회를 성사시키기 위해 280만 km를 여행한바, 그 거리는 지구를 68바퀴 돌 정도였다. 그는 모든 교회와 선교단체가 더 이상 경쟁하지 않고 상호 연합을 위해 직접 인도와 중국, 일본과 브라질, 남아공과 호주, 뉴질랜드 등지를 방문하였고, 한국도 두 번 방문하였다. 특별히 1907년 1월부터 4월까지 한국을 방문 중에 평양장대현교회에서 열린 평양대부흥운동을 경험하였다. 세계복음화를 위한 연합과 일치 정신은 마침내 1910년 6월 14일부터 23일까지 스코틀랜드 에딘버러에서 세계선교사대회가 열림으로 모트의 비전이 빛을 발하였다. 참석한 대의원은 1,200명, 선교회

이 시기 영국에서는 찰스 시므온(Charles Simeon, 1759-1836)이 미국에서는 찰스 피니(Charles G. Finney, 1792-1875)가 등장하여 크게 영향을 끼쳤다. 시므온은 격동하던 18세기 말에서 19세기 초를 지내며 어떻게 크리스챤이 혼탁한 세파(世波)를 헤치고 자신의 목회지에서 사명을 감당하며 승리할 수 있는가를 보여준다. 시므온은 분명한 목회관을 가지고 자신의 사역을 인내로 성취하였다. 그 시대에 교회가 요구한 진리의 파수꾼으로 평생을 주를 위해 산 만인의 스승이었다.[30] 동시에 그는 사회적 및 교회적으로 혼미하던 시대에 많은 성도들에게 큰 힘이 되었고 대학의 사상적 혼돈기에 학생운동과 세계선교를 주도하여 당시 젊은 지성들에게 사모되던 지도자였다.[31]

(5) 19세기 미국의 부흥운동: 한편 찰스 피니는 한 때 법률 공부를 마친 후 홀로 성경을 연구하던 29세에 중생을 체험하였다. 그리고 1824년부터 전도 집회를 인도하여 수많은 사람들을 회심시켰다.[32] 그는 개인의 자의적인 회개와 헌신을 강조하며 전도를 위해 수단 방법을 가리지 않고 실시하였다.[33] 그러던 중에 1857년과 1858년 뉴욕의 실업인들 사이에서 기도 운동이 일어났다. 이 운동에 감화를 받고 D. L. 무디(1837-1899)가 등장하여 크게 영향을 미쳤다. 그는 피니와 달리 구두 수선공이었으나 전도에 열정을 쏟았다. 1860년 외판원 직업을 포기하고 전도

나 선교단체도 무려 160개 참석하였다. 당시 한국대표도 15명이 참석하여 초기한국교회의 실상을 보고하였다. http://worldmission.tistory.com/20 [World Mission Trends.

30) William Carus, *Memoirs of the Life of the Rev. Charles Simeon*, (London; J. Hatchard & Son, 1847); Abner Brown, *Recollections of the Conversation Parties of the Rev. Charles Simeon*, (London, 1863); Hugh Evan Hopkins, *Charles Simeon of Cambridge*, (Hodder, 1977); Charles Simeon Preacher Extraordinary, *Grove Liturgical study*, No. 18., (1979); H. M. Preston, *Memoranda of the Rev.Charles Simeon*, (London, 1840); D. Webster, "Simeon's Pastoral Theology" in *Charles Simeon*(1759-1836), ed. A. Pollard and M. Hennell, (1959).

31) 보다 자세한 것은 서요한, "케임브리지의 사도, 찰스 시므온 소고", 「신학지남」을 참고하라.

32) 1792년 코네티컷주에서 태어나 뉴욕 서부로 이사하였다. 1824년 고향에서 시작된 부흥운동은 보스톤과 뉴욕, 필라델피아로 확산되었다. 1836년 오벌린(Oberlin)대학교 신학 교수가 되었고, 1851년 학장으로 여생을 보냈다.

33) J. Edwin Orr, *The Light of the Nations: Evangelical Renewal and Advance in the Nineteenth Century*, (Paternoster Press, 1965), 60.

운동에 헌신하며 YMCA에 적극 참여하였다. 1867년 영국의 스펄전과 조지 뮐러와 교분을 나누었고 이듬 해 무어하우스(Henry Moorhouse, 1840-1880)의 설교에 감동받아 설교자가 되었다. 1870년 쌩키(Ira Sankey, 1840-1908)를 만나 집회를 인도하였다. 1871년 뉴욕 집회에서 성령의 능력을 체험하였고, 1872-1875년까지 두 번째 영국을 방문하여 20주간 동안 런던 집회에 약 250만 명이 참여하였고 스코틀랜드에서도 가장 강력한 종교 세력이 되었다.[34] 귀국하여 여러 도시에서, 예를 들면, 필라델피아와 뉴욕, 보스톤에서 큰 성과를 거두었다. 1880-1881년 세 번째 영국과 스코틀랜드를 방문하여 부흥을 일으켰다. 1882년에는 케임브리지에서 스터드(C. T. Studd)를 비롯한 케임브리지 7(세븐)이 복음사역에 헌신하였다. 이들은 영미 학생운동에 기여하였다. 1893년 시카고 전도 집회에는 200여 만 명이 참석하였으며, 1899년 11월에는 미조리주 캔사스시에서 초교파적으로 집회를 한 후 타계하였다.[35] 피니와 무디의 부흥운동으로 영미에 대 각성운동이 일어나 수많은 전도자를 배출하였다. 이는 마치 13세기 가톨릭 교회의 개혁을 주창한 프란체스코회와 도미니쿠스회처럼 크게 영향을 끼쳤다.

(6) 20세기 일치 운동: 18세기부터 출현한 교회 내 선교단체는 피니와 무디의 영향아래 더욱 힘차게 기독교 확장에 기여하였다. 대표적으로 1786년 창립된 서인도를 위한 감리교 선교부(Methodist Mission to the West Indies)와 1795년 영국 런던에 창설된 선교위원회(London Missionary Society), 1824년 미국 주일학교 연합회(American Sunday School Union)와 1851년 설립된 YMCA를 포함하여 총 23개이다.[36] 상기한 단체들은 해외 선교를 수행하기 위한 복음주의적 동기에서 초교파적으로 조직되었다. 그러나 이후 선교회는 개 교단적 혹은 지역적 단위로 발전하였다. 그 과정에서 선교단체들 간의 연합이 대두되면서 1910년 에든

34) 한편 스코틀랜드에서는 6개월 동안에 가장 강력한 종교 세력이 되었다. 당시 에든버러 대학생들 중에 헨리 드루먼드(Henry Drummond)는 영미 학생운동에 기여하였다. 공산주의 창시자 엥겔스는 전도운동에 대하여 영국의 중산층 계급이 무산대중을 지배하기 위해 미국의 부흥운동을 수입한 음모라고 비난하였다. J. Edwin Orr, 192.

35) 당시 피로에 지친 무디는 40여 년 동안 설교를 해왔지만 이번처럼 힘들었던 적은 없었다고 고백한 후 소천하였다.

36) 보다 자세한 것은 김명혁, 「현대교회의 동향」, (성광문화사, 1991), 27-29을 참고하라.

버러 세계선교대회가 출범하였다.[37] 이 중에서 학생선교운동, 예를 들면, 1844년의 YMCA와 1873년 무디에 의해 태동한 영국의 학생 선교운동, 1886년의 범대학 자발 선교운동, 1895년의 세계학생 선교협회는 에든버러와 20세기 선교 및 교회 연합운동의 촉매제였다. 특별히 범대학 자발 선교 운동의 헐몬산 집회에 로버트와 와일더와 함께 참여한 존 모트(John Mott)는 세계를 자신의 선교 영역으로 선택하였다. 그리고 1889년 조직된 선교운동의 초대 회장이 되었다. 당시 모트는 "세계를 이 세대 안에 복음화하자"(The Evangelization of the World in this generation)를 기치로 복음화 운동에 주력하였다.

1895년부터 2년 동안 모트는 유럽의 각 대학을 비롯하여 근동의 여러 나라를 방문하며 전도 집회를 인도하였다. 그의 노력으로 세계 도처에 약 70여 개의 학생 선교 단체가 조직되었고, 1910년 6월 14일부터 23일까지 약 259개의 단체 대표 1200명이 스코틀랜드의 에든버러대학교 뉴칼리지에서 회집하였다. 당시 의장 존 모트는 탁월한 지도력을 보여 주었다. 이 대회의 특징은 (i) 이전 선교대회의 개인 자격과 달리 실제로 선교에 종사하는 단체 대표들이 회원으로 참석하였다. (ii) 이전 선교대회가 대중적 선교 였다면 에든버러는 8개 분과의 연구와 협의에 치중하였다. (iii) 다양한 국가와 인종, 공동체 선교와 연합이 강조되었고, 많은 신생 교회와 교파 대표가 참여하였다. (iv) 신앙과 직제(Faith and Order)를 창설하고, 이를 위해서 교리적 혹은 교회의 의식적 차이에 관한 토론을 금할 것을 규정하였다.[38] (v) 아직 영.미 중심으로, 가톨릭과 헬라 정교가 불참했으나 차기 대회를 기약하였고, 대회 종료 후 계속위원회가 업무를 진행하였다. 6월 23일 행한 연설에서 존 모트는 "대회의 마침은 정복의 시작이요 계획의 마침은 실천의 시작이다" 라고[39] 하였다. 결국 에든버러 세계선교대회는 선교와 연합을 위한 복음주의적 동기에서 결성되었다. 하지만 이후 선교대회는 점차 비복음주의적 내지 혼합주의로 기울었다.[40]

---

37) 각주 28번 참조.

38) 당시 필리핀에서 선교활동을 하던 찰스 브렌트(Charles Brent) 감독은 교리나 의식의 차이를 덮어둘 것이 아니라 차이점을 적극적으로 연구하여 불필요한 갈등과 분열의 원인을 제거해야 할 것이라고 하였다. 김명혁, 「현대교회의 동향」, 43.

39) 김명혁, 「현대교회의 동향」, 44.

4. 1910년 에든버러 선교대회와 WCC의 창설

앞에서 고찰한바와 같이 에큐메니컬 운동(Ecumenical movement, ecumenism)은 교단과 교파, 교리를 초월한 범세계적 기독교 일치운동이다. 이 운동은 요 17:21, "아버지여, 아버지께서 내안에, 내가 아버지 안에 있는 것 같이 그들도 다 하나가 되어 우리 안에 있게 하사 세상으로 아버지께서 나를 보내신 것을 믿게 하옵소서"와 골 1:20, "그의 십자가의 피로 화평을 이루사 만물 곧 땅에 있는 것들이나 하늘에 있는 것들을 그로 말미암아 자기와 화목 되기를 기뻐하심이라", 그리고 엡 1:10, "하늘에 있는 것이나 땅에 있는 것이 다 그리스도 안에서 통일되게 하려 하심이라"에 기초하였다. 1910년 세계선교를 위한 국제적인 회의는 1948년 WCC가 창설되기까지, 설립 목적대로 일치운동이었다. 하지만 1948년 WCC 창립 이후 일치운동은 범 세계적인 운동으로 확대되었다. 하지만 WCC는 교회가 아니며, 교회에 대해 명령하거나, 어떠한 지시도 내릴 권한을 갖고 있지 않은 비구속적 및 보편적 대화의 조직적 성격을 가질 뿐이다.

4.1. 1910년부터 1948년까지

(1) 1910년 에든버러 선교대회: 1910년 제1회 세계선교회의가 에든버러에서 개최되었다. 따라서 에든버러 선교대회는 세계 복음화를 효과적으로 성취하기 위하여 복음주의적 관점에서, 그리고 타종교에 대해서는 기독교 계시의 절대성과 우월성을 내세우며, 복음의 능력으로 세계 종교를 정복할 계획이었다. 이것은 에든버러 대회 제1분과위원회의 보고서에 명시된 대로 범세계적 선교의 사명이 포함

40) 여기의 외적 요인으로는 (1) 당시에 세계 교회에 크게 영향을 끼친 사회복음주의와 (2) 범종교주의적 자유주의 신학 (3) 평신도 지도자(존 모트)의 인도주의적 활동, 노벨평화상을 수상한 자로서 세계평화와 사회문제에 기여한 부분들의 역설적 영향 등이다. 그리고 내적으로는 자발주의가 선교 및 연합운동의 촉매제였음에도 불구하고 동시에 불가피하게 인본주의적으로 자유주의화 되었다. 그리고 당시 대회 참석자들은 대부분 교회보다 선교단체의 대표들이었으며, 대회가 의식적으로 교리문제를 무시하고 회집되었기 때문이다. 이후 진행은 집행부의 복음주의신학의 지향에도 불구하고 신학에서는 자유주의 내지 세속화로, 사회/정치로는 급진적 경향을 띠었다.

되었다. 이를 효과적으로 성취하기 위해 협동과 연합이 강조되었고, 1921년 국제선교협의회(international Missionary Council)가 창설되었다.

(2) 1921년 국제선교협의회(IMC): 당시 이 모임에 14개국, 17개 단체의 대표 61명이 참석하였다. 이 모임은 1910년 에든버러 대회처럼 모든 교회와 그리스도인은 전 인류에게 예수 그리스도의 복음을 전파해야 할 것을 천명하였다. 그리고 세계복음화를 위해 세계교회는 유기적 일체성을 견지하되, 교리적 및 교회론적 문제에 대해서는 어떤 논의나 결정을 하지 않기로 하였다. 또한 각국의 선교단체를 대신하여 어떤 선교정책을 세우는 행정적 기능 행사를 거부함으로 협의회의 기능을 규정하였다.[41)]

당시 초대 회장은 존 모트였으며, 당시 IMC(International Missionary Council) 임원들은 세계 각국을 방문하여 각국의 선교단체들과 긴밀한 연관을 맺으며 세계선교를 위한 연합전선을 펼쳐나갔다. 그런데 1920년대 미국의 장로교 안에서 성경의 영감과 무오성을 둘러싸고 교리 논쟁이 점화되었다. 이는 곧 선교 연합운동에 심각한 문제를 야기한바, 그 중에 중국내지 선교협회는 교리 문제에 명확한 입장을 보이지 않는 본 협의회를 탈퇴하였다. 그밖에 여러 선교단체들도 참여를 주저하였다. 그 이유는 교리적 일치 없이는 연합운동은 불가능하기 때문이었다. 따라서 1923년 옥스퍼드에 모인 IMC 위원회는 교리 문제를 주요 의제로 취급하였다. 그러나 위원회는 교리적 문제를 유보하고, 이에 저촉되지 않는, 예를 들면, 통계 수집과 마약제거 운동, 교육과 성경번역, 기독교서적 출판과 학교 및 병원 설립 등에 힘쓰기로 하였다.

1925년 미국 아틀란트 시에 모인 IMC 위원회도 국제선교협의회의 과업과 기능을 취급하였다. 그리고 선교와 밀접히 관련된 문제들, 예를 들면 종교의 자유, 인종문제, 토착교회, 기독교교육, 사회악의 문제를 분석하여 해결하기 위해 국가별

---

41) 예를 들면, 선교적 질문들에 대한 연구와 조사를 격려하는 일, 연구 및 조사 결과를 모든 선교부에 보고하는 일, 각국의 여러 선교단체들의 활동들을 통합 조정하는데 협력하는 일, 필요한 곳에 선교 연합전선을 수립하는 일, 양심과 종교의 자유 및 선교활동의 자유를 지원하는 통일된 기독교 여론을 일으키는 일, 국제문제와 인종관계의 정의추구에 있어 세계의 기독교 세력을 연합시키는 일, International Revies of Mission같은 선교 연구지를 계속 발간하여 선교 연구 분야에 공헌하는 일, 필요시에는 선교대회를 소집하는 일 등이다. 김명혁, 「현대교회의 동향」, (성광문화사, 1991), 48 재인용.

선교 단체들의 협력과 노력이 긴급히 요청됨을 재확인하였다. 그리고 IMC 위원회는 불교와 유교, 힌두교와 이슬람교 같은 타 종교에 어떻게 메시지를 전달해야 할지를 논의하였다. 존 모트는 기독교의 독특성을 결코 양보하거나 타협할 수 없다면서도 타종교 내의 장점을 발견하도록 힘써야 한다고 하였다. 따라서 독일과 핀란드, 스웨덴과 네덜란드 선교지도자들은 IMC의 입장이 지나치게 사회복음 내지 혼합주의적임을 비판하였다. 존 모트는 이러한 비판을 처리하기 위해 1928년 3월 카이로에서 특별 모임을 가졌다. 그런데 이 모임의 대표들은 예루살렘 대회의 입장과 정책이 매우 잘못되었다고 선언하였다.[42]

(3) 1928년 예루살렘 대회: 당 해 부활주일 감람산에서 개최된 제2차 IMC대회에 세계 50여 개국에서 대표 231명이 참석하였다. 그 중 1.4인 52명은 신생교회를 대표하였다. 당시 한국 대표는 김활란 박사였다. 1910년 에든버러 대회는 선교지를 지리적 관점에서 서방에서 동방으로 이해했으나 1928년 예루살렘 대회는 서방도 세속화 선교지로 간주하여 신생교회와 같은 동역자로 취급하였다. 본 대회의 관심은 선교사가 선포해야 할 기독교의 독특한 메시지였다. 메시지의 선포를 둘러싸고 두 그룹으로 나뉘어 대립하였다. 한편 유럽 교회의 대표자들로 기독교 복음의 배타성을 강조하며 개종자들은 이전의 종교적 신념과 관습들을 전적으로 포기해야 한다고 주장하였다. 다른 한편 앵글로 색슨계 지도자들로 비기독교적 종교 안에도 부분적 가치와 진리를 발견할 수 있다고 주장하면서 기독교는 타종교가 부분적으로 소유하고 있었던 진리를 완성한 것으로 보아야 한다는 것이다. 이러한 상황에서 윌리엄 템플(William Temple)은 로버트 스피어와 함께 작성한 기독교

42) 칼 하임(Karl Heim)은 "카이로 모임에서 우리 독일대표들은 놀라울 정도로 많은 공통점을 발견했음에도 불구하고, 우리들 대부분은 두려움과 염려를 안고 예루살렘 대회에 참석하였다. 그 두려움은 성경적 복음을 견지하는 우리들이 하나님의 왕국을 국제연맹이나 민주주의 이상의 것으로 간주하지 않는 대다수의 대표들에 의해 공격을 당하지나 않을까 하는 두려움이었다"고 하였다. "The Christian Message, Summary of the Meeting of Continental Delegates in Cairo on March 16, 1928, on the Subject of Religions" Quoted in Hogg, Ecumenical Foundations, 416.

43) 메시지에 의하면 "우리의 메시지는 예수 그리스도이다...그리스도는 우리의 동기이며 우리의 목적이다. 우리가 전해야 할 것은 그 이하도 그 이상도 아니다...그리스도의 메시지를 선포하는 자들은 그들의 생활과 사회적 기구 안에서 그 증거를 제시해야 한다". 김명혁, 「현대교회의 동향」, (성광문화사, 1991), 52 재인용.

메시지를 만장일치로 채택하였다.[43] 아울러 기독교 복음의 사회적 측면을 강조하였다.[44] 그리하여 1928년 예루살렘 선교대회 이후 구원의 진리는 여러 길이 있다는 종교보편주의와 종교혼합주의적 입장을 취하였다. 그 결과 이방 종교를 적극적인 자세로 수용하였다. 결국 유럽은 물론 영미의 보수주의 신학자들, 대표적으로 코펜하겐 대학 교수 프레드릭 톰(Frederik 쌔그)은 예루살렘 대회의 기독교 사회주의를 비판하였고, 화란의 신학자 헨드릭 크래머(Hendrik Kraemer)는 신학적 절충주의를 칼 바르트 신학의 변증법적 관점으로 현대주의와 혼합주의를 포용했다고 비판하였다.[45]

1928년 예루살렘 대회 이후 1938년까지 10년 동안 국제선교협의회와 세계선교 운동은 위기에 직면하였다. 그것은 갑자기 불어 닥친 경제공항과 전운, 그리고 칼 바르트의 위기신학이 낙관주의적 선교운동에 찬물을 끼얹었다. 그는 하나님의 초월성과 인간의 죄 성을 강조하며 선교의 동기와 방법을 비판하였다. 그리고 기독교 복음을 교육이나 의료봉사를 통해 합리적으로 만들 필요가 없으며 그렇다고 타종교의 완성으로 볼 수 없다고 하였다. 그 결과 선교 자금이 감소되면서 선교활동이 크게 타격을 입었다.[46] 이런 상황에서 하버드대 교수 윌리암 어네스트 학킹(William Ernest Hocking)은 기독교 선교의 과업을 타종교와 함께 진리를 공동으로 추구하는 것으로 간주하였다. 그는 전통적 선교개념을 완전히 뒤집고 기독교의 세계 정복이 선교라는 시대는 이미 지났다고 하였다.

(4) 1938년 인도의 탐바라: 인도의 마드라스 근교 탐바라에서 12월 개최된 제3차 IMC 대회는 세계 69개국에서 471명의 대표가 참석하였다. 이들 중 대부분이 신흥교회 출신이었다. 주제는 교회였고 신흥교회 강화가 주 관심이었다. 이 대회의 특징은 세계 제2차 대전 전운이 감도는 중에 약 470여명의 대표들이 세계 교회의 일치를 함께 나누었다. 본 대회는 교회가 복음화를 수행하는 최상의 기구로

---

44) "그리스도의 복음은 개인의 영혼을 위한 메시지를 포함할 뿐 아니라 개인들이 살고 있는 사회 기구와 경제 관계로 구성된 세계를 위한 메시지도 포함하고 있다...다라서 교회의 과제는 그리스도의 메시지를 개인 영혼에게 전해주는 일과 더불어 모든 인간이 완전한 영적 성장을 향해 나갈 수 있도록 기독교적 문명을 창조하는 일이다". 김명혁, 「현대교회의 동향」, (성광문화사, 1991), 52 재인용.

45) 김명혁, 53.

46) 김명혁, 53.

간주하고 효과적인 수행을 위해 일치가 요청된다고 하였다.[47] IMC 대표회는 헨드릭 크랜머에게 비기독교 세계에 대한 기독교 메시지의 본질과 방법에 대한 연구를 위촉하였다. 따라서 크랜머는 「비기독교 세계에 있어서 기독교적 메시지」(The Christian Message in a Non-Christian World)를 발표하였다. 크랜머는 이 논문에서 학킹의 「선교재고론」(Re-thinking Missions)에 나타난 절충주의를 비판하였다. 그는 세계 종교는 기독교 신앙에 아무런 접촉점을 제공하지 못한다며, 타종교와 기독교 계시 사이에는 필연적으로 불연속성의 존재를 강조하였다. 크랜머는 기독교 계시의 특수성과 초월성의 관점에서 자연신학을 부정하였다.[48] 또한 탐바라 대회는 세계 각국에서 제기되는 국가주의와 전통종교가 기독교에 심각한 위협이 되고 있음을 지적하며, 교회의 선교적 과업과 그리스도인의 복음증거를 강조하였다. 탐바라 모임 이후 존 모트와 조셉 올담, 완슈이스와 페이톤 등이 국제선교협의회 직책에서 물러남으로 IMC는 큰 변화에 직면하였다.

(5) 1947년 휫트비 IMC 대회: 1947년 7월 캐나다 온타리오의 근교 휫트비(Whitby)에서 소집된 IMC 대회는 세계 2차 대전 이후 처음으로 개최된 개신교 국제선교대회였다. 모임은 예루살렘과 탐바라보다 적었으나(40개국 112명의 대표 참석) 세계 복음화의 과업을 다짐하며 세계 교회의 연합의식을 고취하였다. 휫트비 대회는 그리스도인들이 천국시민이 되었다는 것은 곧 주저 없이 우리 자신을 우리의 국가와 동일시 할 수 없음을 뜻한다고 하였다. 그러므로 선교사들은 먼저 그리스도에게 충성을 바쳐야 하며, 세계 교회의 책임을 다해야 한다고 강조하였다. 당시 이 대회에 참석한 세계 교회 대표들은 인종과 국가를 초월하여, 선교국과 피선교국간의 구별을 지양하고 하나님의 뜻에 순종하는 교회의 일치감과 동역자 의식을 경험하였다. 또한 복음전도가 교회의 근본 과업임을 재확인하고, 자발적인 학생운동으로 이 세대가 지나기 전에 복음이 세계의 모든 족속에게 전파되어야 한다고 선언하였다. 복음전도와 교회의 부흥은 평신도의 적극적인 참여로 이루어지는 바, 성경의 메시지와 성경의 주님으로 돌아가는 일과 성령의 도움으로 성취될 수 있다고 강조하였다. 본 대회의 주된 관심은 기대에 찬 복음화였다.

---

47) "분열은 신도들에게는 거치는 돌이요 불신자들에게는 조롱거리이다. 세계 각 곳에 흩어진 성도의 열망은 가견적 교회의 연합이라고 하였다.

48) 김명혁, 130.

4.2. 1948년부터 2013년까지

(1) 1948년 WCC의 창립: IMC는 초기부터 1948년 WCC 세계교회협의회가 조직되기까지 세계 기독교 연합운동에 크게 기여하였다. IMC는 실제로 신생교회를 부흥시켜 서구의 교회들과 함께 동역의 자세를 가지고 세계 복음화의 과업을 잘 수행하였다. 1937년 옥스퍼드에서 열린 제2차 「생활과 봉사」(*Life and Work*) 협의회와 같은 때 에든버러에서 열린 제2차 「신앙과 직제」(*Faith and Order*) 협의회는 각기 두 운동을 통합하는데 합의를 보았다. 1938년 IMC와의 협의하에 세계교회협의회 임시위원회(Provisional Committee of the World Council of Churches)를 구성하였다. 임시위원회 회장에는 윌리암 템플, 부회장에는 존 모트, 총무에 비셔트 후프트(W. A. Wisser's Gooft), 부총무에 페이톤이 선출되었다. 1938년 탐바람에서 열린 IMC대회는 당시 조직 단계에 있던 세계교회협의회와 밀접한 우호관계를 원하면서 상호 별개의 기구로서 독자성과 독립성의 유지를 원하였다. 그리고 WCC 임시 위원회가 IMC의 총무 페이톤을 WCC 임시위원회의 부총무로 세운 것을 허락하여 WCC를 적극 협조하였다. 1939년에는 WCC임시위원회와 IMC계속위원회 간에 합동위원회를 조직하여 회장에 모트, 총무에 페이톤이 선출되었다. 따라서 전쟁 중에도 WCC와 IMC는 페이톤의 지도아래 긴밀한 협조관계를 유지하였다.

제2차 세계대전 후 1946년 2월 14-15일까지 제네바에서 WCC와 IMC의 합동위원회, 16-19일까지 IMC 계속위원회, 21-23일까지 WCC 임시위원회가 소집되었다. 합동위원회는 IMC와 WCC가 세계 복음화에 관심이 있음을 확인하였다. 그리고 어떤 관계를 유지해야 할지를 논의하였다. 당시 IMC는 초교파적 단체인데 반해 WCC는 교파 교회들의 협의회였다. 두 단체의 설립 취지와 목적에 따라 두 단체의 합동에 어려움을 예상하였다. 그러나 1947년 4월 펜실베니아주 Buck Hill Falls에서 모인 합동위원회는 양 기구의 특수한 기능과 업무를 고려하여 당분간 각각 독자성을 인정하였다. 그러나 양 기구의 상호협조를 긴밀히 유지하는 것을 다짐하였다. 양 기구는 명칭을 WCC와 관계를 유지하는 IMC, 그리고 IMC와 협의의 관계를 유지하는 WCC로 호칭하였다. 이러한 협의는 이미 1947년 휘트비 대회와 1948년 암스테르담 WCC 총회에서 승인되었다.[49] 따라서 W.C.C. 제1차 창립총회는 화란의 암스텔담(Amsterdam, Netherlands)에서 1948년 8월 22일 부터 9월 4일까지 44개국, 147개 회원 교단, 351명의 대표들이 모여서 산하 기구를 조직하고 "우리는 다 함께 머물기를 의도한다"는 모토(motto)와 "인간의 무질서와 하나님의 계획"(Man's Disorder and God's Design)이라는 주제 하에 소집되었다.[50] 같은 시기 여기에 맞서 미국의 근본주의 신학자 칼 매킨타이어(Dr. Carl McIntyre, 1906-2002)는 1948년 WCC가 네덜란드 암스테르담에서 창립된다는 소식을 듣고 암스테르담에서 국제기독교협의회(ICCC: International Council of Christian Churches)를 조직하였다. 이 조직의 성격은 "근본주의자들의 국제협의회"(Fundamentalist International Council)로, WCC를 반대하고 파괴하는 것이었다. 칼 매킨타이어는 보수적인 교회들과 단체들의 지원을 받아 WCC 총회가 열리는 곳마다 ICCC 집회를 개최하여 반대 효과를 높였다.

당시 WCC의 회원교회 다수는 유럽과 북미 교회들이었다. 단지 30개 교회들만이 아시아와 아프리카, 라틴 아메리카에서 온 교회들이었다. 이 지역의 대다수 교회들은 자치적인 독립 교회가 아니라 유럽과 영국과 북미 교회들의 영향아래 있었다. 유럽과 영국과 북미 교회들의 선교사들이 복음을 전하여 피선교지의 교회들을 키워 왔기 때문이다. 산하 교회들 중에는 성공회를 포함하여 침례교, 회중교, 루터교, 장로교, 감리교, 메노나잇, 퀘이커 교회, 모라비안 교회, 그리스도의 제자

49) 김은홍, "양극화된 선교사상에 대한 개혁주의적 대안", 「교회와 세상을 위한 신학」, (도서출판 Th&E, 2008), 487.

50) 설립 목적은 총 7가지로 (i) WCC는 그리스도 안에서 예배와 공동생활에서 표시된 한 신앙과 한 성찬의 교제로 유형적 연합(통일)의 목적을 달성한다. (ii) 교회들이 각처에서 그리고 모든 장소에서 교회의 공통된 증거를 촉진한다. (iii) 교회들의 전 세계적 선교와 복음화 사역을 지원한다. (iv) 인간 필요에 대한 봉사, 민족 간의 장벽 철폐, 정의와 평화 속에서 인간(가정)의 증진을 도모한다.(v) 연합 · 예배 · 선교 · 봉사 등에서 교회들의 갱신을 촉진한다. (vi) 전국교회협의회, 지역교회협의회, 세계적 기구 기타 연합기구들과의 관계를 수립한다. (vii) 신앙과 질서 운동, 생활과 봉사 운동, 국제 선교회 그리고 WCC 기독교 교육의 사역들을 수행한다. 이 총회의 주제는 칼 바르트(Karl Barth)와 다드(C. H. Dodd)가 제시하였다. 칼 바르트는 신정통(Neo-Orthodox)신학자요, 다드는 자유주의신학자요, WCC총회 대표자들 다수가 자유주의자들이었으므로 하나님의 계획보다는 정치적 무질서가 주관심사였다. 그들은 영혼구원보다 사회와 정치, 경제문제에 관심을 쏟았다. 물론 그때는 세계 제2차 대전의 종결 직후로 나치(Nazis) 독재가 패망하여 화란에서 철수한 후 처음으로 열리는 국제적인 자유주의 교회들의 모임이었으므로 전후재건의 기대감 속에 축제 분위기에서 개최되었다.

교회, 구 가톨릭, 구세군 등의 교회들이 참석하였다. 이들 중에 가장 오래된 교회들은 동양정교(Oriental Orthodox)의 4대 총교구 즉 알렉산드리아 교구, 안디옥 교구, 콘스탄티노플 교구, 예루살렘 교구와 동방정교(Eastern Orthodox)의 그리스 정교, 러시아 정교, 미국 정교 등이었다. 이 총회에서는 개신교들의 연합에 관한 열망을 품고 WCC의 헌장, 회원의 자격, 협의회의 성격(Constitution Conditions for membership, nature of the Council) 등에 관한 성명서를 채택하였다. 이 회의에 대한예수교장로회(통합)는 당시 한국기독교교회협의회(N.C.C.K.) 총무 김관석 목사와 청년 대표로 엄요섭을 참석케 하여 회원에 가입하였다.[51] 역사적으로 이때는 미국의 경제적 원조로 유럽이 전후 복구가 진행되던 때이다. 동시에 냉전(Cold War)이 구축되기 시작한 때였다. 바로 이 때 W.C.C. 총회는 이념적 및 정치적, 그리고 기독교 윤리적 측면에서 소련 중심의 동방 공산권 대 미국과 영국 중심의 서구 자본주의 논쟁이 심화되었다. 당시 W.C.C. 총회는 "공산주의와 자본주의 이데올로기(이념)를 모두 거절해야 한다"고 했음에도 불구하고 공산주의를 찬양하고, 자본주의를 정죄하는 비판적 성명서를 채택하여 공산주의에 편중하였다.

(2) 1952년 빌링겐 IMC대회: 독일에서 소집된 IMC 대회는 교회의 선교적 사명과 아울러 연합의 필요성을 재확인하였다. 특별히 신생 교회 대표들의 요청으로 다음과 같은 선언문을 채택하였다. "교회의 선교적 사명과 연합의 과업은 하나님 자신의 본성에서 비롯한다. 하나님은 한 피로 모든 국가들을 만드셨다. 교회의 사명은 하나님 안에서 한 가족이 되는 것과 말과 행위로 온 세상에 그의 복음을 알리는 것이다... 만약 교회가 생활과 설교를 통해서 복음을 제시하고자 한다면 먼저 모든 장벽을 무너뜨리는 하나님의 능력을 세상에 나타내야하며, 그리스도 안에서 교회의 연합을 이루어야 한다". 그리고 신생 교회 대표들은 이제 선교는 서구만이 아니라 교회가 있는 곳이면 어느 곳이나 다 될 수 있다고 하였다. 선교의 본질과

---

51) 당시 회의의 주제는 "인간의 무질서와 하나님의 계획으로 4개 분과 위원회에서 본질적이고 신학적인 주제들을 토의하고 보고서를 채택하고, 시행토록 권고하였다. 제1분과 신앙과 직제: 하나님의 계획안에 있는 우주적 보편적 교회(The Universal Church in God's Design), 제2분과 선교와 복음전도: 하나님의 계획에 대한 교회의 증거(The Church's witness to God's Design), 제3분과 생활과 봉사운동: 교회와 사회의 무질서(The Church and the Disorder of Society), 제4분과: 교회와 국제적 무질서(The Church and the International) 등이었다.

내용을 교회 중심적 관점에서 선교사들의 활동, 그리고 역사와 세속 세계 안에서 주권적으로 임재하시는 삼위 하나님의 활동을 선교로 보았다. 이로써 빌링겐 대회는 광의적으로 선교의 지역적 한계를 정의하였다. 따라서 선교는 하나님이 선교이자 교회의 본질 자체로 현대 선교에 크게 영향을 끼쳤다. 동시에 평신도 선교사의 역할을 강조하였다. 빌링겐(Willingen)에서 채용된 *Missio Dei* 개념은 1961년 뉴델리에서 모인 제3차 WCC대회와 1964년 보세이(Bossey)에서 모인 WCC 선교연구회(Missionary Structure of the Congregation)에서 하나님의 활동의 세속적 개념으로 구체화되었다.

(3) 1954년 제2차 에반스톤 WCC 총회: 이 총회는 IMC와 WCC의 통합을 적극적으로 취급하였다. 그리하여 합동위원회는 두 기구의 통합을 구체적으로 개진하였다. 1954년 장로교회 총회는 미국의 에반스턴에서 열리는 제2차 WCC 총회에 한경직 목사와 김현정 목사의 대표 파송을 결정하였다. 그러나 이승만 정부는 한경직 목사에게 여권을 발급해주지 않아서 그는 WCC 총회에 참석하지 못하였다. 그 대신 당시 미국에서 공부하던 명신홍 목사와 김현정 목사가 대표로 유호준 목사가 옵서버로 참석하였다. 김현정 목사는 에큐메니칼 지지파였고, 명신홍 목사는 복음주의협의회(NAE) 인물이었다. 그러나 같은 해 7월 고신 측 목사 네 명이 미국 필라델피아에서 개최된 제 2차 ICCC 대회에 참석할 때는 여권이 쉽게 발부되었다. 이때 칼 매킨타이어는 자신이 설립한 페이스 신학교(Faith Theological Seminary)에서 한상동 목사와 박윤선 목사에게 신학박사 학위를 수여하였다. 이 학위는 이후 한국교회 안에 ICCC의 영향력을 강화시키려는 것이었다. 그리고 1956년 발표된 제안에 의하면 선교의 강조점이 유지된다면 양 기구의 통합이 바람직하다고 보았다. 그것은 대부분의 선교 운동이 교회보다는 독립적으로 조직된 선교단체에 의해 시작되었기 때문이다. 1958년 가나에서 열린 IMC 대회는 통합을 우선 취급하였다. 일부 회원 단체들의 심각한 우려에도 불구하고 가나 대회는 통합 원칙을 수용하였다.

(4) 1961년 인도의 뉴델리(New Delhi) 제3차 대회: 이 대회는 IMC와 WCC 총회 두 기구 통합을 승인하였다. 지금까지 선교의 과업을 주로 복음을 통해서 말씀을 듣지 못한 나라에 가는 특수 사역으로 이해했으나, 이후로는 선교가 모든 교회가 수행해야 하는, 교회의 본질적 과업으로 이해되었다. 세계 선교의 본거지가

서구교회보다는 세계 전역이며, 선교지 역시 비서구세계 만이 아니라 전 세계에 미침을 강조하였다. 이것은 1963년 멕시코시(Mexico City)에서 개최된 세계선교 및 복음화 위원회에서 더욱 뚜렷이 나타났다. 또한 본 선교대회는 선교의 활동이 역사와 세속적 사건들 안에서 일하시는 하나님의 활동에 참여하는 것으로 이해하는 "Missio Dei" 개념과 선교의 세속적 개념으로 정리되었다. 이것은 "세속 세계 속에서 기독교의 선교 형태는 우리 시대의 진정한 요구를 채워주는 형태로 나타나야 한다. 선교는 대화의 형태를 취해야 하는바, 현대 언어와 사고방식을 사용하고 과학적이고 사회학적인 지식들을 배워야 하며, 사람들을 그들이 처한 상황에서 만나야 한다"고 하였다. 그러나 양 통합 기구는 초기의 세상의 복음화에서 사회봉사로 관심을 기울였다. 구원의 선포보다는 대화에, 개종보다는 진리의 공동 추구에 치중하였다.

(5) 1968년 스웨덴 웁살라 제4차 WCC 대회: 본 총회의 주제는 하나님의 선교로 인간화와 해방신학, 공산주의 마르크시즘의 수용과 폭력혁명의 정당화 등으로 극대화되었다.[52] 이들은 하나님이 이미 온 세상을 그리스도께서 완성한 구속사업 안에서 당신과 화해시켰다. 그러므로 복음을 비 기독교인들에게 전파하는 것을 선교 활동으로 보는 것은 잘못이다. 따라서 이들은 선교의 궁극적인 목적을 대화를 통한 새로운 인간화, 성숙한 인간화의 운동에 두었다. 성경은 선교의 목적을 개종 혹은 회개라 부르지만 이는 새 인간화, 성숙한 인간화를 의미하기 때문이다. 따라서 이들은 하나님 중심의 선교를 인간화로 대치하여 세속주의와 세계주의, 혼합주의, 반기독교적 내지 반 하나님적 운동을 낳았다.[53] 그러므로 진정한 "*Missio Dei*"는 "*Missio Christi*"에 기초해야 한다. 오직 구원은 그리스도를 통해서만 얻는다(요 17:3; 행 4:12)는 가르침이다.

---

52) 김명혁, *Ibid*., 111-112; 김은홍, "양극화된 선교사상에 대한 개혁주의적 대안", 「교회와 세상을 위한 신학」, (도서출판 Th&E, 2008), 484-507. 당시 "Missio Dei" 개념은 인간화 개념으로 다음과 같이 서술되었다. "그리스도 안에서 이루어진 하나님의 선교의 형태를 따라 우리도 적절한 형태의 제도를 채택하여 하지만, 동시에 제도화된 형태들을 포기하고 새것으로 대치함이 요구된다. 우리는 인간화를 선교의 목적으로 높이 주장한다. 왜냐하면 오늘의 역사 가운데서 어떤 다른 것들보다 인간화야말로 메시야적 목적의 뜻을 잘 전달하고 있기 때문이다. 오늘날 근본적인 문제는 참된 인간의 문제이고 선교하는 교회의 주요 관심사는 그리스도 안에서의 인간화를 선교의 목적으로 제시하는 일이어야 한다".

53) 김명혁, 「현대교회의 동향」, (성광문화사, 1991), 138.

해방신학은 대개 3개 노선의 온건파와 강경파, 급진 과격파로 분류된다. 온건파는 1968년 남미에서 개최된 제2차 종교회의의 입장을 따르며, 복음이 억압자들에게 저주의 메시지이나 동시에 위로의 메시지라고 하였다. 강경파는 주로 정치적인 문제를 이슈로 삼는데, 구티에레츠는 신학적인 성찰을 가하며, 후고 아스만은 과격한 혁명적 투쟁을 강조한다. 신학적 특징은 약 3000여 종의 문서와 프로그램을 통해 다양하게 나타난다. 그것은 3가지로 정리되는데, 주로 귀납적인 방법을 사용하여 오늘의 상황을 분석한다. 그 분석은 막스의 방법에 따라 계급투쟁을 모든 비참의 원인으로 규정하였다. 다음은 막스적 분석을 성경적, 조직신학적으로 정당화 하기 위해서 신학적 해석을 하며, 끝으로 실제적 행동, 전도를 위한 구체적인 방향을 제시한다.[54] 그러나 해방신학은 몰트만 조차 비판할 정도로 막스주의화 되었다.[55] 이러한 상황에서 세계복음주의교회가 WCC에 맞서 선언문을 발표하자 WCC 또한 맞대응하면서 혼란이 가중되었다.

1968년 웁살라에서 모인 WCC 제4차 총회는 "보라 내가 만물을 새롭게 하노라" 라는 주제아래 235개의 회원 교회에서 904명의 대표가 참석하였다. 6개의 분과 중에 4개가 급진적 사회 변화에 집중하면서 강력한 인본주의적 경향을 보였다. 4개의 분과의 주제는 인종차별, 평화, 사회정의, 제3세계의 발전이었다. 이로써 에

54) 김명혁, 452-455.

55) 좀 더 구체적으로 해방신학을 비판하면, (1) 해방신학은 해방을 신학의 중심으로 삼으나 기독교의 핵심이 아니다. 특히 사회 정치적인 차원에서의 해방의 복음은 복음의 핵심적 메시지가 될 수 없다. 이보다 성경은 사람의 본분은 하나님을 영화롭게 하는 것을 강조한다. (2) 악의 개념의 혼돈이다. 이들은 악을 인간이 불공평하게 억압을 받는 것으로 이해하였다. 악이 우리의 심장 깊이 뿌리박고 있음을 간과하였다. (3) 구원을 잘못 이해하였다. 예수님은 우리를 죄악 세력, 마귀의 세력, 하나님의 진노에서 해방시켰다. 이것을 사회, 정치적인 것으로 변질시켰다. (4) 신학적 이해의 결핍이다. 이들은 하나님의 계시보다는 이 시대 우리의 상황에 집중하여 말씀의 권위를 약화시켰다. (5) 결국 예수님의 모습을 바꾸었다. 예수는 구원자가 아니라 정치적인 왕국 건설을 위해 불의와 싸운 분이다. 그러나 예수님의 나라는 이 땅에 속하지 아니하였다. 그는 외세의 억압자들을 위해 오시지 않고 자기의 피로 우리를 죄에서 구속하기 위함이었다. (6) 내세관을 왜곡하였다. 해방신학자들은 복음의 메시지는 인간의 노력으로 이 땅 위에 자유의 왕국을 건설하는 것이다. 그러나 성경은 예수님의 재림으로 성취되는 하나님의 승리적 행위이다. 이들은 내세에 대한 성경의 예언을 세상적 유토피아 개념으로 대치하였다. 결국 이 신학은 하나님과 대항하여 싸우는 것으로 발전하였다. 김명혁, 「현대교회의 동향」, 457-458.

큐메니칼 운동은 그 어느 때보다 세속 관심을 표명하였다. 즉 창조 질서와 구속의 질서가 상호 대립되는 것으로 본 일부 기독교인들이 전체적 우주 질서의 회복에 관심을 갖는 세속적 선교개념을 주창하였다. 이들은 교회의 통일은 곧 인류의 통일을 가져오게 하는 증표라고 선언하였다. 이들에게 교회의 사명은 전도, 개종, 교회설립. 예배보다는 사회정의, 인권, 인종, 교육, 인간복지, 기근문제 등 세상적인 것이었다. 따라서 사회적 문제로 인하여 인간의 궁극적이고 영원한 구원의 문제가 정당하게 취급되지 못하였다. 하지만 인간사의 초점은 에큐메니칼 운동과 교회의 사역에 획기적인 전환을 이루었다.

이에 대해 영국의 존 스타트는 웁살라 총회가 기근, 가난, 부정 등의 문제에 몰두하는 바람에 오히려 수천만의 영적 기아상태에 동정이나 관심을 표명하지 못했다고 평가하였다. 그리고 독일 튀빙겐 대학교 선교학 교수 바이어하우스 박사도 인간과 인간적 상황에 초점을 둔 것은 매우 위험한 결과를 낳았다고 지적하였다. 이는 필연적으로 반기독교적인 증세를 조성하여 점차 반 하나님적인 방향으로 전향할 것이라고 비판하였다. 따라서 이를 묵과할 수 없다고 판단한 그는 1970년 3월 4일, 15명의 대학 교수들과 함께 프랑크프르트에 모여 에큐메니칼 선교신학의 방향을 비판하는 선언문을 검토한 후 만장일치로 채택하였다. 이 선언문은 기독교 선교의 7가지 근본 명제의 천명과 동시에 현대 에큐메니칼 선교 신학의 오류를 7가지로 비판하였다.[56] 선언문의 목적은 WCC 지도자들로 하여금 복음주의자들과

56) 비판 내용은 (1) 선교의 본질과 과업을 사회 정치적 분석의 관점에서 그리고 불신 세계의 요구에 응하여 규정하는 경향을 반대한다. (2) 선교가 하나님을 드러내기 보다는 인간을 드러내는 것과 모든 사회적 영역에 이 새 인간성을 확장하는 데 관심을 기울이는 주장을 반대한다. 그 이유는 인간화가 선교의 우선적 목적일 수 없기 때문이다. 오히려 그리스도 안에서 우리를 구원하시는 하나님의 역사로 이루어지는 중생의 산물이다. 선교의 관심을 인간과 인간사회로집중하는 일방적 정책은 결국 무신론으로 이끌어 갈 수 밖에 없다. (3) 그리스도가 세계 종교 속에서 역사적 변화와 혁명적 사건들 속에서 스스로 남모르게 자신을 나타내시므로 사람들이 복음의 소식을 직접 듣지 않고도 그를 만날 수 있고 구원을 얻을 수 있다고 하는 거짓된 구원을 반대한다. (4) 예수 그리스도의 십자가의 죽음과 부활로 말미암아 모든 인류가, 하나님의 구원의 역사적 사건에 대한 지식이나 믿음을 가든 말든, 이미 거듭났고 하나님과 화평을 이루었다는 보편적 구원의 개념을 반대한다. (5) 예수님과의 교제의 실체인 교회가 단지 이 세상의 일부라는 견해에 반대한다. (6) 그리스도인들이 다른 종교 신봉자들 가운데 임재하여 그들과 서로 대화를 나눔으로 복음 선포로 개종시키는 선교의 과업을 다 할 수 있다는 개념을 거부한다. (7) 메시아적 구원을 사회적 진보개발 및 변화와 동일

함께 진지한 대화를 나누도록 도전하는 것이었다. 그러나 결과는 매우 부정적이었다.

(6) 1973년 1월 방콕선교 대회: 제8차 WCC 선교대회가 태국의 방콕에서 개최되었다. 오늘의 구원이 주제였으나 내용은 매우 급진적이었다. 대회 마지막 날 카스트로(Emilio Castro) 박사는 대회를 정리하면서 "우리는 지금 하나의 선교시대의 마지막 석양에 있으며, 동시에 세계 선교의 새로운 여명에 서 있다"고 하였다. 그리하여 그는 이미 복음주의적 선교의 시대는 지나갔고 세속적 사회주의적 범 세계 종교적 선교시대가 도래했다고 하였다. 그리고 아프리카 문화를 긍정하는 일, 인도의 종교적 전통을 널리 보급하는 일, 그리고 사회 혁명을 이룩하기 위해 도전하는 일들이 세계 선교의 새 시대를 향한 출발점이다. 구라파에 있는 형제자매들이 도움을 구하는 부르짖음, 사회주의 국가에서 온 대표 회원들이 세계 선교에 대한 관심을 표명하는 일 등, 이 모든 일들은 우리들을 새 시대로 초대하고 있다고[57] 하였다. 이에 대하여 피터 바이어하우스 박사는 이러한 선교 개념은 소극적인 의미에서 선교사와 선교자금을 서방에서 제3세계로 보내는 것을 중단하는 것이며, 적극적인 의미에서 타종교 신봉자들과 함께 대화를 나누고 함께 일하는 것을 의미한다. 그리하여 구원 개념을 모택동의 문화 혁명의 관점에서, 아프리카와 남 아메리카에서 일어나는 친공적 해방운동에 적극 협조하는 일과 관련지어 평가하였다. 그런데 일부 복음주의자들이 에큐메니칼 선교신학과 복음주의적 선교신학의 문제를 충분히 인식하지 못하고 있다. 단지 선교와 봉사를 조화하거나, 개인 구원과 사회 구원을 잘 조절하면 될 것으로 간주한다. 그러나 심각한 문제는 에큐메니칼 운동이 현재 다른 예수, 다른 영, 다른 복음을 가졌다는 것이다. 그 이유는 "현대 신학의 영향으로 이들은 성경을 배제하고 현대인과의 대화를 중시하며, 비기독교적 이념들과 종교 간에 역사하는 사탄과 마귀의 세력과 야합했기 때문이다. 그리고 이미 방콕 대회에서 사용된 WCC의 전형적인 전략 그룹 다이나믹(group dynamics) 혹은 감성, 최면훈련(sensitivity training)을 활용하였다. 그리하여 총회에 참석한 회원들에게 큰 충격을 주어 사고의 전환을 꾀하였다"고 비판하

시함을 거부한다. 이런 생각은 필연적으로 사회적 개발을 위한 노력이나 혁명에의 참여 활동을 기독교 선교의 현대적 형태로 간주하게 하기 때문이다. 김명혁, 「현대교회의 동향」, (성광문화사, 1991), 405-435.

57) 김명혁, 131.

였다.[58)]

(i) 베를린 선언: 이러한 상황에서 1973년 부활 주일, 피터 바이어하우스는 유럽 각지에서 온 복음주의 교회 지도자들과 베를린(Berlin)에서 만나 에큐메니칼 선교 신학을 비판하며 참된 복음주의 선교 신학을 위한 선언문을 채택하였다. 이것이 소위 베를린 선언(Berlin Declaration)으로, 현대 기독교 신앙이 위험에 직면해 있음을 지적하였다. 그리고 선언문은 과학 지식과 경제력의 확대, 세계의 문화, 종교, 이념의 상호 융합으로 신 막스주의 내지 인본주의적 세계 종교가 나타났음을 선언하며, 적그리스도의 출현을 엄중 경고하였다.

(ii) 로잔 대회: 1974년 7월 16일부터 25일까지 스위스 로잔에서 세계복음화국제대회(International Cogress of World Evangelization)가 개최되었다. 당시 Time지는 1974년 8월 5일자에서 "복음주의자들로부터의 도전"(A Challenge from Evangelicals)라는 제하에서 로잔대회를 상세히 보도하였다. 보도에 의하면 당시 150여국의 회원에 2400여 개신교 복음주의자들은 "약 30마일 떨어진 곳에 위치한 에큐메니칼 본부에 정면 도전하였다고 평가하였다. 당시 빌리 그래함 박사는 타임지 기자 오스트링(Richard Ostling)과 나눈 대담에서 이러한 도전은 로잔 대회의 목적 중에 하나였다고 지적하였다. 사실 1948년 WCC는 위대한 비전을 가졌으나 점차 목적에서 떠나, 지금은 쌍방 간에 큰 장벽이 놓이게 되었다고 하였다. 그래함 박사는 계속하여 만약 제네바의 자유주의자들이 로잔의 메시지를 주의 깊게 경청하지 않으면 WCC와 대립하는 또 다른 기구가 창설될지도 모른다고 경고하였다.

(iii) 1975년 8월 31일 서울선언: 서울선언은 현대 에큐메니칼 운동의 인본주의적 사회참여 위주의 선교신학을 비판하고 동시에 복음의 사회적 실현이 타당성과 필연성을 강조하였다. 기독교 선교의 본질적인 과업은 사회의 구조를 변혁시킬 수 있는 그리스도의 복음의 구원의 능력을 선포하는 것으로 복음의 개인구원과 함께 사회구원을 가져오는 능력을 가르친다. 그리고 우리는 사회 정의와 억압, 착취 아래 있는 사람들을 위한 정치적 자유에 대하여 깊은 관심을 가지고 있음을 확언하였다. 뿐만 아니라 서울선언은 에큐메니칼 선교 신학의 범종교적 대화와 혼합주의

---

58) *The Challenge of Bangkok*, 2-3f.

를 비판하며, 우리는 대화가 다른 신앙의 사람들과도 동정적 접촉이나 이해를 위하여 사용할 만하다는 것과 또한 믿지 않는 자를 복음에로 인도하는 방편이 될 수 있다는 사실에 동의한다고 함으로 포괄적인 선교 전략을 제시하였다. 따라서 서울선언은 "하나님의 선교"(Missio Dei) 개념을 포함하여 "오늘의 구원의 개념"(salvation today), "범종교적 대화의 개념"(pan-religious dialogue), "사회적 정치적 이념"(socio-political ideologies)을 신랄히 비판 했으나, 무엇보다도 이제는 아시아 교회들이 주님의 지상명령이요 사도바울의 부탁인 세계 복음화의 선교 과업을 서둘러 이루어야겠다는 결의를 다진 것이었다.

그리고 서울선언은 "선교의 남은 과업"에서 세계 선교의 필요성과 시급성을 "아직도 소외된 많은 부족들과 감추어진 인간 골짜기들이 있다. 심지어 단 하나의 교회도 없는 지역에 사는 사람들이 있다. 그런데 우리는 현대 세계 속에 선교사의 입국이 허용되지 않는 나라들을 위하여 얼마나 기도하고 있는가? 우리는 아직도 복음이 미치지 못한 곳에 우리가 미칠 수 있는 방법들을 찾기 위하여 성령의 인도하심을 받을 수 있을 만큼 민감한 상태에 있는가?"를 물었다. 당시 미국의 풀러신학교는 1975년 12월 호, Today's Christian에서 "이제 아시아인들은 예수 그리스도를 알지 못하는 27억에게 복음을 전해야겠다는 과업의 거보를 내디뎠다. 비서구인들이 지금까지 주도한 세계선교수행을 위해 이제 아시아 선교협의회의가 창립되어 서울선언으로 감당하게 되었다고 평가하였다.[59] 한편 김명혁 교수는 서울선언이 한국과 아시아의 신자들을 많이 깨우쳐 시대의 징조를 읽을 때, 복음주의자들이 세계복음화의 거대한 공동과업을 잘 수행할 수 있을 것으로 전망하였다.[60]

---

59) 이에 대하여 피터 바이어하우스 박사는 하나의 주목할 만한 문서로 기독교 선교의 새 시대를 알리고 있다고 평가하였다. 8월 31일 서울선언 발표 후 행한 강연에서 바이어하우스는 그 의의를 다음과 같이 정리하였다. "이 선언은 지난날의 선교의 장단점을 평가하면서, 현실을 매우 분명히 분석하여 오늘날 복음이 어떻게 왜곡되고 있는지를 구체적으로 지적하였다. 또한 이 선언은 복음을 듣지 못한 사람들을 복음화 하는 남은 과업을 수행하여야 할 것을 호소하였다. 그리고 이 선언은 어떤 한 나라의 국가적 문서가 아니고 모든 나라의 그리스도의 사자들이 협력할 것을 호소하고 있다. 이 선언은 아시아인의 소리이다. 이 선언은 이전에 발표되었던 선언들의 전통을 잘 보존하고 있다. 이는 우리가 모두 하나인 것을 보여주고 있다. 그러므로 나는 이 서울선언의 전진명령과 함께 새로 조직된 아시아 선교협의회의 앞길에 하나님의 축복이 함께 하리라는 것을 확신한다".

60) 김명혁, 「현대교회의 동향」, (성광문화사, 1991), 105.

(7) 1975년 나이로비 총회: 제네바의 자유주의자들은 로잔의 선언문에 별다른 관심 없이 1975년 11월 23일부터 12월 10일까지 케냐의 수도 나이로비(Nairobi)에서 제5차 WCC 총회를 개최하였다. 주제는 "예수 그리스도는 자유케 하시며 하나되게 하신다"(Jesus Christ frees and unites)였다. 당시 나이로비 준비 교재에 의하면 여기 자유는 정치적 사회적 구조 악으로부터의 자유였다. "복음서는 육체의 질병을 대개 악령의 작용으로 보고 있다. 오늘날의 악령은 인간의 전 생활을 지배하고 있는 이데올로기라는 탈속에 있다. 그렇다면 교회는 이 구조적인 악으로부터 인간과 사회를 해방시키는 것을 오늘의 구원의 구체적 목표로 삼아야 할 것이다. 그리스도의 해방은 한 사회, 한 국가, 전 세계, 전 우주의 집단적인 해방을 말한다. 따라서 우리가 말하는 죄는 집단적이며 구조적이다. 예수 그리스도의 해방의 복음은 이 구조적 죄악, 사회부정의 압박으로부터의 인간을 해방시킨다는 것을 선포하였다". 그리고 총회는 각 문화의 전통적인 경건, 극단적 성령운동의 체험, 동양의 신비주의 등, 다양한 요소들을 인정하고 수용할 것을 정당화 하였다. 이와 같은 특성은 대회 기간 중에 예배, 노래, 기도, 고백에서 실천되었다. 동시에 총회는 복음적인 면을, 예를 들면 영적인 면, 즉 수직적인 면을 많이 강조하였다.[61] 그 이유는 1970년 프랑크프르트 선언, 1973년 베를린 선언, 1974년 로잔 세계 복음화국제대회를 통해 공격을 받았기 때문에, 어쩔 수 없이 타협한 것이다. 그러나 총회가 자연과 은혜의 연속성을 강조하고 특수 계시와 일반계시의 차이를 간과하는 것은 큰 문제였다. 이보다는 오히려 쌍방의 불연속성과 기독교 계시의 특수성과 권위, 복음 선포의 긴급성을 강조하는 개혁주의 신학적 접근이 요청된다.[62]

한편 당시 타임지는 1975년 11월 24일자에서 WCC 변천사를 간략히 약술하였다. "WCC는 1948년 세계의 기독교인들을 연합시키려는 목적아래 조직되어 신학적인 차이점들을 감소시키는데 주력해 왔다. 그러나 점차 사회 정치적 해방의 문제에 중점을 두었다. 이러한 WCC 정책은 그 가치가 무엇이든지 기독교인을 연합시켜온 만큼 또한 기독교인들을 갈라놓았다"고 지적하였다. 블레이크(Eugene Carson Blacke) 목사를 계승한 WCC 총무인 서 인도의 흑인 감리교 목사 필립

61) 김명혁, 116.
62) 김명혁, 131-132.

포터(Philip Potter)는 그 자신 행동주의자였다. WCC는 1968년 총회 후 인종차별 타파계획(program to combat racism)을 세워, 남아프리카의 흑인 해방군을 지원하였다. 그 흑인 해방군은 앙골라를 장악하기 위하여 투쟁하였다. 실제로 그는 "믿음과 희망과 사랑의 친교"라는 개회 강연에서 여전히 구조악 제거를 통한 사회구원과 인간회복을 강조하였다. 그리고 인간 생존을 위협하는 문제들, 예를 들면 인간 환경의 오염문제, 기아와 기근 문제, 인종차별 문제, 세계 인구 팽창 문제, 전쟁무기 증가 문제 등, 일종의 사회구조악과 더불어 무관심, 탐욕, 질시, 두려움, 권력욕 등의 인간성 상실을 지적하였다. 그러나 하나님으로부터 소외된 현대인의 영적 상태에 대해서는 언급하지 않았다. 오히려 해결책으로는 상호신뢰와 친교인바, 그것은 우리 보다는 그리스도 속에 나타내신 하나님의 역사로 성취된다고 하였다. 그는 십자가에 못 박히신 그분에게로 가까이 가면 우리는 서로에게 더 가까이 갈수 있으며, 그리스도의 죽음과 부활로 성취된다고 하였다. 하지만 그는 영적 구속적인 의미보다는 사회 심리학적 의미를 부여하였다. 그리스도의 죽음은 우리의 이기적인 존재를 십자가에 못 박음이며, 부활은 불가능한 것이 현존하는 것으로 사용되었다. 이러한 믿음은 교회와 사회의 구조의 근본적인 개혁을 요청한다고 지적하고, 십자가와 부활신앙에 대한 사회 심리학적 행동주의적 관점에서 해석하였다. 결국 그의 인간적 박애주의는 다른 믿음을 가진 사람들과의 대화를 통하여, 그리고 기도와 명상을 통하여 확장되며, 사람들 사이의 장벽을 무너뜨리고 정의와 평화 속에서 하나의 인간가족을 이루게 된다. 이 세계를 사랑과 기쁨과 평화의 왕국으로 변형시키기 위해 함께 투쟁하며 행동할 것을 호소하였다.

미국의 로버트 맥아피 브라운(Robert McAfee Brown) 박사는 "너희는 나를 누구라 하느냐?"의 강연에서 윤리적 참회를 주요 내용으로 인도주의를 표방하였다. 그는 자신이 인종주의, 성차별주의, 계급주의, 제국주의를 상징해온 장본인이고 주장하며 자신의 죄과를 부끄럽게 생각하며 뉘우친다[63]고 하였다. 그러나 그는 하나님께 대한 죄책감은 느끼지 않으며 따라서 하나님 앞에 함께 자복하며 기도하자는 말은 한 마디도 하지 않았다. 그리고 주제와 관련하여, 그를 아는 길은 여러가지 인간들의 응답들과 인간들의 이해에 귀를 기울이는 것이다. 이는 나이로비에

63) 김명혁, 「현대교회의 동향」, (성광문화사, 1991), 120.

서, 도쿄에서, 콘스탄티노플에서, 그리고 자카르타 등지에서 일어나는 그리스도에 대한 새로운 자각을 계속 채택하는 과정에서 이루어진다고 하였다. 그리고 시드니 대학교수 찰스 버어취(Charles Birch) 박사는 인간 생존을 위협하는 5가지 영역의 비관적 모습과 문제들, 예를 들면 인구폭발, 식량난, 연료난, 환경오염 및 전쟁을 제시하며 교회는 이런 위협을 해소, 변경하는 일에 적극 참여해야 할 것을 제안하였다. 한편 자마이카의 맨리(Manley) 수상은 새 국제경제질서를 강연하면서 현대 사회의 모든 부조리와 죄악은 자본주의의 소산이라는 막스주의의 입장을 설파하였다. 이에 대해 미 북장로교 총회장 키이섹커(Keesecker) 박사가 비판했으나 별 다른 반응은 없었다.

WCC 나이로비 에큐메니칼 총회의 특징은 (i) 혼합종교적 주장의 강화였다. 비록 제1분과 위원회에서 혼합종교의 인정을 반대했으나 타종교 안에서의 부분적인 계시와 대화의 필요성을 인정하였다. 인도 방갈로 연합신학대학의 교장 찬드란(Chandran)씨는 혼합종교의 정당성을 주장했으며, 중앙위원회 의장 토마스(M. M. Thomas) 박사는 그리스도 중심적 혼합주의를 강조하였다. 그리하여 결국 중도적 결의문이 채택되었다. (ii) 평신도의 주체운동이었다. 당시 총회의 참석자 중 40%가 평신도였고 20%가 여성, 10%가 30세 이하의 젊은이였다. 교회의 사역에서 평신도의 역할이 크지만, 그럼에도 불구하고 총회 같은 공적 사역에서 활동은 자제되어야 할 것이다. 이는 그동안의 기독교 지도체제가 구라파나 미국에서 비 구미 지역 중심으로, 성직자에서 평신도 중심으로 전환된 것을 보여주었다. (iii) 세계교회협의회는 특별한 주제 없이, 세계 도처에서 일어나고 있는 인본주의적 문화 조류에 따라 그 방향을 수시로 변경하며 표류하였다. 따라서 예배 의식도 그 지방의 고유한 문화전통에 맞게 변경되었다. 여기에 이들의 세계주의가 자리한다.

본래 에큐메니칼 운동은 예수 그리스도의 지체인 신자들의 친교와 연합이 목적이었다. 이러한 세계 종교와 이념을 기반으로 세계 공동체의 형성을 추구하였다. 세계 공동체를 위한 인류의 통일은 그리스도의 구속 사역의 궁극적인 목표이자 하나님 나라의 건설이 그리스도 사역의 중심과제였다. 하지만 주지할 것은 그리스도께서 이루신 인류 통일은 하나님의 백성을 의미한다. 그것의 완성은 새 하늘과 새 땅에서만 이루어지는 종말론적 신앙에 기초한다. 그러므로 행동주의자들이 지향하는 인류의 통일과 지상 평화왕국건설은 성경적 종말신앙을 결여한 것이다. 따라서 영국의 세계적인 복음주의 지도자 존 스타트는 나이로비 총회는 (i) 인간의 죄 상태에 대한 깊은 인식, (ii) 복음의 능력에 대한 확신, (iii) 그리스도만이 인류의 구주라는 확신, (iv) 복음전파의 시급성, (v) 예수 그리스도에 대한 개인적 체험을 강조했어야 했다고 지적하였다. 이러한 상황에서 복음주의 교회들의 회개와 연합이 요구된다. 죽어가는 인류 구원과 세계 복음화를 수행하기 위해 개인주의, 분파주의, 영웅주의를 극복하고 성령의 뜻에 따라 복음전파에 진력해야 할 것이다.

1983년 7월 12일부터 10일간 132개국 약 4000여명의 전도자들이 화란의 암스테르담 라이센터(Rai Congress Center)를 가득 매웠다. "전도자의 일을 다하라"라는 주제아래 명예회장 빌리 그래이함 박사는 개회 메시지를 통해 "하나님의 시간에 따라 결국 우리가 다 함께 모이게 되었다"고 선언하였다. 그는 우리는 지금 가장 위태로운 때를 살고 있으며 복음이 어느 때보다도 가장 절실히 요청되는 대에 살고 있다고 지적하였다. 본 대회는 3가지 목적으로 (i) 전도자들이 개인 생활에서 영적으로 새로워지는 일, (ii) 효과적인 복음전파에 대한 실제적인 기술의 습득, (iii) 모든 전도자들이 하나님으로부터 전도의 사역에 대한 새로운 비전을 받는 일이었다. 이를 위해 암스테르담 전도대회는 말씀의 권위와 복음전파의 성경적 의미, 전도자의 사적 및 성결한 생활은 성과 돈과 허영을 멀리하며, 교회의 중요성을 재확인하였다. 특별히 전도는 개교회를 중심으로 이루어져야 할 점이 강조되었다.

한편 남미의 해방신학은 소수의 독재자들이 가난한 대중의 억압에서 태동하였다. 신학자들은 정치 및 경제 구조를 변혁시키는 방법이 시간상 민주주의로는 어렵다고 보고 무력을 통한 극적인 혁명을 주장하였다. 그러나 복음으로 수백만의 생애를 변화시키지 않는 한 참된 성경적 기독교가 제공하는 윤리적 표준과 자유를 결코 쟁취하지 못할 것이다. 해방신학은 국가를 변화시키는 길이 오직 혁명만이라고 믿는다. 이것은 신학도 참된 자유도 아니다. 기독교 신학은 하나님의 계시인 성경 연구에서 출발한다. 하지만 해방신학은 인본주의적으로, 역사와 사회에 대한 막스주의적 해석에 기독교적 사상, 출애굽을 가미하였다. 이들에게는 죄와 구속과 중생 개념이 없다. 이들에게 죄는 곧 사회의 제도와 구조이다. 그러므로 이들 각자에게는 죄의 통렬한 뉘우침이 없다. 그러나 성경적 기독교는 죄가 사람의 가슴속에 있다. 이 죄는 그리스도의 십자가와 부활, 성령의 역사로 용서하여 변화시킬 수 있다고 가르친다. 사람이 악한 구조와 제도를 만든다. 따라서 문제는 제도가 아니라 사람이다. 진정한 변화는 구조와 제도의 변혁, 혁명이 아니라 십자가이다.

(8) 1983년 제 6차 총회가 캐나다의 밴쿠버(Vancouver)에서 "예수 그리스도는 세상의 생명"이라는 주제로 열렸다. 그러나 예수 그리스도가 우리의 죄를 위해 죽으셨다는 의미로 세상의 생명이라는 것이 아닌 범세계적 사회주의 질서를 위해 죽으셨다는 의미로 변질되었다. 친 공산주의적 성격뿐만 아니라 다른 종교들도 결국은 하나님께로 가는 길이라는 종교 다원주의를 인정한 총회였다. 이는 집회 장소에 캐나다계 원주민들의 우상을 내걸은 것이 잘 보여준다. 이러한 선교적 갈등과 대립 속에 1983년 미국 일리노이주 휘튼 대학의 빌리그래함 센터와 대학의 여러 건물 안에서 6월 20일부터 2주 동안 60여 개국 약 300여명의 복음주의자들이 "교회의 본질과 선교"에 대해 의견을 발표하였다. 당시 세계복음주의협의회, WEF(World Evangelical Fellowship)가 주최하고 세계 여러 복음주의 단체가 후원한 이 모임은 "내가 내 교회를 세우리니"라는 주제로 전체 회의와 함께 3개 분과로 각각 교회와 선교 및 사회 윤리 문제를 다루었다.[64] 1989년 마닐라의 제2차 로잔대회에서도 계속되었다. 특히 타종교와의 대화, 다원주의 종교관 등에서 더욱 차이를 들어냈다. 그러나 1989년 WCC 진영의 산 안토니오 CWME 대회와 복음주의 진영의 제 2차 로잔대회는 사회참여 면에서는 서로의 간격을 좁혔다. 이후 계속적으로 상호 보완 하며 접근해 왔으나 여전히 갈등이 내재되었다. 복음주의 진영은 교회의 일치와 연합을 통한 선교활동을 인식하지만 WCC 선교운동이 주장하는 교회와 세상을 동일시하는 것과 교회는 세상의 일부라는 것은 결코 수용하지 않았다. 그 이유는 선교의 우선순위를 사회 참여나 개혁 봉사보다는 개인 영혼의 구원에 두기 때문이다.

---

64) 당시 뱅쿠버의 복음주의자들은 공개 편지라는 선언문에서 에큐메니칼 운동의 지도자들이 복음의 핵심을 신봉하는 자들이며 '하나님께서 명백히 받으신' 자들이므로, 복음주의자들이 에큐메니칼 지도자들로부터 물러나지 말고 기쁘게 그들을 영접해야 한다고 주장하하였다. 그리고 그들은 그러므로 우리는 교회의 일치와 갱신을 추구하는 모든 노력들에 더 적극적으로 참여할 우리의 결심을 공적으로 선언할 책임을 통감하였다." 당시 이 공개 편지 서명자들은 풀러신학교의 선교학 교수이며 미국장로교회(PCA) 목사인 아더 글라서, 세계 복음주의 협의회(WEF)의 전 총무이었던 월드론 스카트, 세계 복음주의 협의회 간사인 로버트 영블러드, 고든-콘웰 신학교 교수인 리차드 러블레스, 개혁주의 에큐메니칼 협의회(REC)의 총무인 폴 슈로텐보어 등 200여명이었다.

(9) 1992년 2월 호주의 캔버라(Canberra)에서 개최된 제 7차 총회는 "성령이여 오소서, 만물을 새롭게 하소서" 라는 주제로 개최되었다. 당시 이화여대 정현경 교수가 초혼제와 풍물을 발표하며 착취당했다는 하갈과 광주 천안문에서 죽은 영혼들을 불러내는 초혼제를 하여 이를 성령의 강림으로 표현하였다. 그리하여 기독교와 토착종교와의 융합을 시도했으며 해방신학, 혁명신학만을 인정하는 총회로 소위 종교혼합주의에 빠져 들었다.

(10) 1998년 제8차 총회가 짐바부에의 하라레(Harare)에서 "하나님께로 돌아오라, 소망 중에 기뻐하자" 라는 주제로 열렸다. 이는 WCC 창립 50년 되는 희년 총회로서 에큐메니칼 운동을 강조하였다. 이를 위하여 타종교와의 일치와 대화, 협조를 최대 목표로 삼았다. 소위 WCC가 주장하는 에큐메니칼 운동이란 기독교 내의 수많은 교파들을 연합하여 한 세계적 단일교회를 만드는 것이다. 그리하여 신학적 교리는 무시하고 궁극적으로 로마 가톨릭과 이방종교가 하나 되는 것을 목표로 삼았다. 신학적으로는 자유주의 및 혼합주의를 추구한다. WCC내 많은 자유주의 교회지도자들은 성경의 영감성, 무오성 등을 믿지 않으며 예수그리스도의 동정녀 탄생, 죽음, 부활, 승천, 재림 등등을 믿지 않는다. 또한 가톨릭과 연합운동을 벌인다. 로마 가톨릭을 인정하며 교황의 절대 무오설이나 마리아 승천설을 모두 인정하였다.

(11) 2006년 제 9차 총회는 브라질의 포르토 알레그레(Porto Alegre)에서 "당신의 은혜를 통해 세상을 변화시키는 하나님"이라는 주제아래 소집되었다. 이 총회는 WCC 역사상 가장 많은 기관과 단체들이 모인 총회였다. 전 세계적으로 4천 단체와 348개의 회원 교파가 참여하였다. 무엇보다 이 총회에서는 "하나의 교회로 부르심"에 동의하고 무엇보다 우선적으로 통합된 세계 교회 및 세례와 기도를 강조하였다. 특히 WCC의 모든 결정은 다수에 의하기로 결정하고 이 결정에 따라 WCC의 회원 자격이 대폭 수정되었다. 특히30세 이하의 젊은 층들을 대거 영입하였다. 대회 중에 가장 주목되는 것은 유고슬라비아의 젊은 신학자 피터 쿠즈믹(Peter Kuzmic)이 발표한 "교회와 하나님의 왕국"이었다. 그는 먼저 교회가 무엇을 하기 전에 본질과 사명이 무엇인지 성경의 가르침을 파악하는 것이 필요하다고 지적하였다. 그에 의하면 행동은 존재의 자연적 성장의 결과여야 한다. 현재 기독교는 이슬람과 막스주의 및 자유주의의 공격을 받고 있지만, 오히려 교회의

본질과 사명을 올바로 인식하는 것이 중요하다. 교회란 하나님 나라와 관련하여 이해되는 바, (i) 그리스도의 오심으로 실현된 하나님의 나라, 그 결과로 설립되었으며, (ii) 현재 그리스도를 왕으로 고백하고 섬기며, 성령의 능력을 힘입어 그의 왕국에 참여하고 있으며, (iii) 역사의 종말에 완성될 하나님의 왕국의 도래를 기다리고 있다고 하였다. 그는 특별히 복음주의자들이 그리스도의 재림과 왕국의 종말을 강조하면서 천년왕국 논쟁과 같은 사변적 논쟁에 불필요하게 정력을 허비하며, 그의 백성으로서의 현재적 삶의 방식에는 무관심한 것을 비판하였다. 덧붙여서 그는 복음주의자들이 그리스도의 삶과 교훈을 사역의 현장에서 실천하지 못한 것을 구체적으로 회개해야 한다고 하였다.[65] 전체 대회는 왕국의 현재성과 아울러 복음의 사회적 책임이 많이 강조되었다.

(12) 2013년 제10차 부산 벡스코(BEXCO) 총회: 통칭 '기독교 올림픽' 으로 불리는 세계교회협의회(WCC)가 부산의 벡스코에서 열렸다. 이는 1961년 인도 뉴델리에서 열린 3차 총회 이후 아시아의 두 번째 총회이다. 1948년 이후 지금까지 진행된 세계교회협의회의 신앙 노선은 상대주의와 혼합주의, 그리고 인본주의에 기초한 통합운동(Ecumenical Movement)이었다. 이는 하나님의 절대적 진리인 성경을 부인하고 예수 그리스도의 피 묻은 십자가를 집어 던지는 배교 행위라 할 것이다. 이와 때를 같이 하여 한국기독교교회협의회(KNCC) 회장 김삼환 목사(예장통합 총회장)에 맞서 동 교단 전국장로회연합회(회장 황명호, 전장련)가 최근 한국기독교교회협의회의 신앙 및 신학방향에 이의를 제기하고 신앙선언을 하였다. 이들은 KNCC의 홈페이지에 올라있는 '생명의 강 살리기 종교여성 공동기도문' (구미정), '한국목회자 1,000인 시국 선언' 에서 문구를 발췌하여 KNCC의 신앙을 문제시 하였다. 예장통합은 KNCC 가입교단이지만 그들 중 일부는 KNCC의 신앙이 상식과 맞지 않음을 깨닫고 이슈화하였다.

특별히 '생명의 강 살리기 종교 여성 공동기도문' 에는 경악스러운 내용이 포함되었다.[66] 이는 실로 충격적인 바, 결국 KNCC는 WCC의 목적에 부화 내동하

---

65) 그는 여기서 교회와 선교 단체의 세속적인 운영, 자유주의와 이단에 대해 비판만 할 뿐 긍정적으로 수용하지 못한 부분, 부수적인 신학 문제로 정력을 소비하며 주님의 뜻을 저버린 점, 정통주의를 자랑하되 주님을 전적으로 의지 하지 못한 점, 그밖에 기독교 연합에 무관심한 점 등이다. 김명혁, 「현대교회의 동향」, (성광문화사, 1991), 146.

여 생명의 말씀, 성경의 가르침을 저버린 채, 기독교와 타 종교와의 대화를 빌미로 결집하여 로마 가톨릭 곧 큰 창녀의 집으로 만들었다. 계 17:5, "그녀의 이마에 한 이름이 기록되어 있는데 신비라, 큰 바빌론이라, 땅의 창녀들과 가증한 것들의 어미라."고 하였다. 그러나 우리는 행 4:12, "다른 이로써는 구원을 받을 수 없나니 천하 인간에 구원을 받을 만한 다른 이름을 우리에게 주신 일이 없음이라 하였더라". 요 14:6, "예수께서 이르시되 내가 곧 길이요 진리요 생명이니 나로 말미암지 않고는 아버지께로 올 자가 없느니라". 요 17:3, "영생은 곧 유일하신 참 하나님과 그가 보내신 자 예수 그리스도를 아는 것이니이다"라는 말씀을 굳게 믿고, 2,000년 기독교 전통을 파괴하고 무너뜨리려는 온갖 유혹과 도전, 음모와 공작, 특별히 예수 그리스도의 주되심을 부인하는 사탄적 배교 행위에 맞서 강력히 투쟁해야 할 것이다.

5. 복음주의협의회(National Association of Evangelicals)와 한국교회

1941년 데이비드와 에드윈 라이트는 시카고 무디성경학교에 회동하여 WCC에 맞설 복음주의 성격의 연합체를 구성하고, 1942년 미국 34개 교단, 147명의 복음주의자들이 중심이 되어 설립된 단체로 40여개의 교단과 독립종교단체들, 지역의 개별 교회들, 교회 단체들, 또한 개인적인 기독교인들이 가입되었다. 이 단체에 소

---

66) 다음은 그 기도문에서 일부를 발췌한 것이다. "오, 하느님, 부처님!" "종교는 달라도 진리의 뿌리는 하나, 만물이 한 배(胚)에서 나와 한 사랑을 먹고 사는 식구(食口)요 생구(生口)인 것을 믿습니다." "하늘에 계신 하느님, 부처님, 성모 마리아님과 소태산 대종사님의 마음에 연하여 오늘 4대 종단의 종교여성이 일심으로 간구하오니, 부디 이 땅에서 죽임의 굿판 대신에 신명나는 살림의 굿판이 벌어지도록 인도해 주십시오." "죽음의 굿판 대신…살림의 굿판이 벌어지도록 인도해 주십시오!" "이명박 정부와 함께 기독교는 참으로 씻기 어려운 상처를 입어가는 작금의 현실은 너무 부끄럽고 통탄스럽습니다." "부엉이 바위에 묻어있는 핏자국(노무현 전 대통령의 자살을 의미)에서 우리의 죄를 대신 짊어진 예수의 죽음을 봅니다. 하나님의 양떼를 돌보라는 하늘의 명령 앞에서 한 없이 게으르고 무능했던 우리의 죄악이 너무 큽니다". "이제 4대 종단의 종교여성들이 가부장적 개발의 망령에서 벗어나 사랑과 자비, 정의와 평화가 한 데 어우러지는 후천개벽의 새 세상을 열기로 결단하오니, 모쪼록 이 믿음의 싹이 아름다운 꽃으로 피어날 수 있도록 우리를 지키고 돌보아 주십시오." "받들어 비옵나니, 당신의 뜻이 이루어지이다. 나무아미타불, 아멘."

속된 모든 회원들은 성경을 "영감에 의한 유일무이, 절대무오, 절대권위의 하나님의 말씀으로 신앙할 것과, 근본주의적 기독교 교리가 규정하는 범주를 철저히 지킬 것"을 명백히 하는 "신앙진술서"(Statement of Faith)에 반드시 서명하였다. 이후 NAE는 복음전도와 교회부흥과 확장, 지역의 구제와 공공문제, 고등교육과 미션스쿨, 주일학교와 도서출판, 해외선교와 평신도 사역, 라디오 및 텔레비전 방송, 정부기관 기관목사와 국제관계 협력, 사회봉사활동과 청지기직, 영적 생활 및 신학적 관심 등 기독교 전 분야에서 선교회와 전도를 위한 부속기관을 활용하고 회원단체들의 유익에 선도적 역할을 하였다. 산하 단체인 "복음주의 해외선교협회"와 "전국 기독교 교육협회", "전국기독교방송인 협회" 등을 통하여 NAE의 활동을 보다 결속력 있게 하고 정치사회적으로도 영향력 있는 단체로 발전하였다.

1948년, 김재준 계열의 자유주의 신학에 반대한 조선신학교 51명과 여신학생 10명이 학교를 자퇴하고 신앙동지회를 결성하였다. 이들은 보수적 성경의 권위와 정통적 교리를 고수한다는 입장을 천명하며 그 세력을 규합하였다. 신앙동지회는 복음적 신앙을 가진 각 교파에 소속된 신도들이 서로 협동하여 주님 안에서 서로 교통하고 동일한 신앙고백에 찬동하는 각 교파의 사람들이 자유롭게 가입할 수 있는 자발적인 신앙협동단체로 규정하였다. 1950년, 6.25 당시 미국의 보수적 교회연합체인 미국복음주의협회(National Association of Evangelicals) 운동과 접촉함으로서 협력과 제휴를 모색하였다. 1952년 7월, 회장 정규오 목사를 중심으로 한국복음주의협회를 창립하고 박형룡 박사를 고문으로 추대하였다. 이들은 미국복음주의협회(NAE)와 세계복음주의협회(WEF)에 가입하여 1955년 정식회원단체가 되었다.

(1) WCC와 한국교회와 한경직 목사의 에큐메니칼 운동: 1949년, 한국교회는 네덜란드 암스테르담에서 개최된 WCC 총회에 김관식 목사를 옵저버 자격으로 파견하였다. 그 후 김관식 목사의 제안으로 한국교회협의회는 회원으로 가입하였다. 당시 한국장로교는 고신교단과 기독교장로회로 분열된 후 1954년 8월15일, 미국 일리노이주 에반스톤에서 "세계의 희망은 그리스도다"라는 주제로 개최된 제2차 WCC 세계총회에 명신홍과 김현정 2명의 대표를 파송하였다. 한국교회의 2차 총회 파송은 1차 총회 이후 WCC가 신자유주의 노선을 표방하며 범종교적인 색채로 전환에 대한 확인이었다. 장로교 외에 감리교와 한국기독교연합회와 YMCA

대표를 파송하였으며, 당시 김정준은 신문기자 자격으로 참석하였다. WCC 제2회 총회는 163개국 132개 기독교교단, 헬라정교회대표 1,242명, 499명의 방청객 등 2,400명이 참석한 가운데 에반스톤 노스웨스턴 대학에서 개최하였다. 김현정 목사는 WCC에 대하여 긍정적인 입장을 견지하였고, 명신홍 목사는 신학적 문제에 부정적인 입장을 보고하였다. 두 사람의 견해차는 한국교회가 바라보는 두 개의 시선을 그대로 반영하였다. 북장로교선교회와 호주선교회, 캐나다연합선교회 등 WCC 찬성자들은 한국교회가 세계 신학조류와 맥을 같이하고 이들과의 유대를 강조하며 적극적인 참여와 지지를 주장하였다. 반대로 교류를 거부한 남장로교선교회는 "교회의 일치"(Ecumenism,에큐메니칼)를 말하지만 "교회의 연합"을 위한 단체이며 이를 위해 정통적이고 보수적인 신학의 빗장을 열어 새로운 신학조류를 수용하고 공산주의를 지지하는 성향에 경악을 금하지 못하였다.

(2) 반 에큐메니칼 운동: 이 시기 한국교회에서 최초로 반에큐메니칼운동을 주도한 사람들은 1947년, 조선신학교 학생 "51인사건"의 주역 51인과 이들과 동일한 맥락에서 활동한 여신학생 10명이었다. 이들은 "신앙동지회"를 결성하고 1951년, NAE(National Association of Evangelicals) 복음주의협의회 구제위원회를 통해 1952년 7월24일, "한국NAE"를 조직하였다. NAE는 전통주의의 신앙계승과 함께 다양한 종말론을 수용하면서 사회적 영향력을 회복하며, 1942년 미국에서 결성되었고 한국에는 구호물자를 통해서 신앙동지회와 연결되었다. 1952년 7월24일-31일까지 전남에서 개최된 한국 NAE 창립총회에서 정규오 회장, 손치호, 박영창 부회장, 조동진 총무, 김덕수 서기, 신복윤 회계가 선출되었고 박형룡 박사가 고문으로 추대되었다. 한국 NAE는 문서, 신학, 교육, 전도, 음영, 농촌, 청년, 학생, 재건구제위원회 등 하위분과를 설치하여 활동을 구체화하였다. 한국NAE는 복음적 신앙과 일치된 신앙고백을 기본 이념으로 한 기독교 각 교파소속 신자들의 상호협동, 상호교통, 자발적 신앙협력단체의 성격을 갖게 되었다. 한국 NAE는 한국교회협의회(KNCC)와 세계교회협의회(WCC), ICCC와 에큐메니칼 운동을 반대하였다. 한국 NAE는 1955년 8월, 1951년 런던에서 설립된 "세계복음주의협회"(WEF(World Evangelical Fellowship))에 정식으로 가입하고 장로교와 감리교, 성결교, 침례교, 구세군에게 문호를 확대하였다. 이로서 목사 1,200명, 단체회원 15,000명, 개인회원 135,000명, 한국기독학생회(IVF), 복음주의방송국(HLKX)이

회원으로 가입하였다. 초대회장 정규오 목사 등 반 에큐메니칼 지도자들이 회장을 역임하였다. 1950년대 중반을 넘으면서 한국교회는 에큐메니칼 운동 지지 세력[67]과 반대세력간의 진영으로 재편되었고 장로교와 성결교의 2차 분열을 가져왔다.

(3) 한국 내 에큐메니칼 운동의 갈등: 그 갈등은 결국 예장 교단의 합동과 통합 교단의 분리였다. 1956년 9월, 제41회 예장 총회는 에큐메니칼 연구위원회를 발족하고 한경직, 전필순, 유호준, 안광국 등 4명의 찬성측과 박형룡, 박병훈, 황은균, 정규오 등 4명의 반대측 위원 총 8명의 전문가를 위촉하였다. 당시 한경직 목사는 WCC에 신신학, 단일교회, 용공사상, 범종교사상은 존재하지 않는다고 말하며 에큐메니칼 운동을 적극 지지하였다. WCC는 교회연합운동으로 하나의 교회를 세우려는 단일화 운동이 아니며, 특별한 교리 없이 "예수 그리스도를 하나님과 구주로 믿는 교파의 연합"이라고 주장하였고, 1957년 9월 제42회 총회에서 연구위원회는 그 동안의 조사내용을 보고하였다. "에큐메니칼 운동 지지자들은 단일교회 옹호론과 교회의 친선 및 연합 두 가지를 대변하였다. 그리고 친선과 협조만을 위한 에큐메니칼 운동은 앞으로도 계속 참석하지만 단일교회를 지향하는 운동에 대하여는 반대하기로 하였다. 또한 각 교회에 에큐메니칼 운동에 대한 바른 교육과 홍보를 위해 팜플릿 제작을 하였다. 더 나아가 인돈, 마삼락, 명신홍, 김형모 등 4명을 연구위원에 추가로 위촉하였니다." 그 후 제43회 총회에서는 수많은 논쟁에도 불구하고 연구위원들이 보고할 내용을 정리하지 못했다.

---

67) 한국 에큐메니칼 운동의 중심은 한경직 목사였다. 그는 당시 한국 교회를 대표하는 영락교회의 담임목사로 1954년, 숭실대학을 복원하여 학장에 취임하였으며 복음전파와 사회적 책임을 목회의 방향을 정하였다. 1955년 제40회 예장 총회장에 취임한 한경직 목사는 1956년 KNCC회장에 취임하며 에큐메니칼 운동을 적극적으로 추진하였다. 한경직 목사는 신학적으로는 보수적 복음주의였으나 연합운동은 에큐메니칼(교회일치), 교파주의는 중도적이었다. 한경직 목사는 영락교회에서 성서중심의 복음주의적 신앙과 폭넓은 에큐메니칼 정신을 강조하였다. 그가 교회에서 표방한 4대 이념은 "성서중심의 복음주의적 신앙, 경건한 청교도적 생활훈련, 에큐메니칼 정신으로 교회 상호간에 협력과 연합사업, 교회의 대 사회적 양심의 구현"으로 복음과 사회구현을 달성하는 것이었다. 한경직 목사는 뉴톤 블레어의 조사로 미국에 유학하여 엠포리아 대학과 프린스톤 신학교를 졸업했으나 구프린스톤보다는 진보적이었다. 그는 메이첸을 매우 보수적인 교수로 지명하였고, 그 밖에 다양한 분야를 망라하는 폭넓은 견해의 교수들을 옹호하였다. 한경직은 귀국 후 김재준과 함께 조선신학교 설립을 주도하였다. 그러나 두 사람이 천리교 경성제일교회 건물을 영락교회가 불하받음으로서 갈등이 발생하였고, 이것을 계기로 두 사람은 각각 다른 노선을 걷게 되었다.

그런데 갑자기 1957년 총회신학교의 "3천 만환 사건"은 에큐메니칼 운동 반대자들을 매우 위축시켰다. 1953년 8월, 캠블 선교사 후임으로 신학교 교장에 취임한 박형룡 박사는 당시 총회신학교가 문교부로부터 인가를 받지 못하고 교사도 없는 상황을 매우 안타까워하였다. 이 때 교사부지의 마련을 위해서 당시 신학교 박래승 총무과장이 숭의여자중학교 이신덕 교장으로부터 소개받은 "박호근"이 당시 이재학 국회부의장과 인태식 재무부장관과 친분관계가 있다는 말을 듣고 그에게 숭의학교 기지 불하를 의뢰하였다. 박형룡 교장은 미국의 북장로교와 특별비, 경상비로 지원받은 30,162,172환을 박호근에게 지급하고 일의 마무리를 요청했으나 이 모든 것은 박호근의 "사기극"이었다. 이것은 세상 물정을 알지 못한 박형룡 박사의 실수와 오판으로, 재정상 너무 큰 금액의 손실이었기에 책임을 지고 박형룡 박사가 교장직을 사임하였다. 이 사건은 결국 WCC 찬성자에게 빌미를 제공하며 반대자들을 공격하였다. 1958년, WCC를 둘러싸고 찬반의 대립이 더욱 격화되었다.[68] 그 과정에서 WCC 반대자들이 탈퇴건의서를 총회에 올렸으나 찬성자들의 반대에 의해 접수는 되었으나 안건으로 상정되지 못하였다. WCC 찬성자들은 반대자들의 건의서가 무식과 무지의 소치이며 바리새교적인 자들이라고 비판하고, "WCC는 로마 가톨릭으로 환원하는 운동이 아니며 극도로 형식화된 교파주의(Sectarianism)와 사상적 근본주의(Fundamentalism) 속에서 다시 그리스도를 찾아 내려는 세계교회의 공동의 노력이다. WCC에는 칼빈주의 세계장로교회, 개혁정통

---

68) WCC 찬성파들은 북장로교, 남장로교, 호주장로교 선교사들과 한경직, 전필순, 유호준, 김형모, 계일승, 안광국 등으로 개방적인 정책을 꾸준히 시도하였다. 그러나 반대파의 이대영, 박형룡, 명신홍, 이정노, 권연호, 이환수, 김윤찬, 황은균, 박찬목, 조동진, 양화석, 고성모, 정순모, 박종삼, 문재구, 정규오, 박병훈, 노진현 등은 "WCC 탈퇴건의서"를 총회에 제출하였다. WCC 반대자들은 건의서에서 "WCC가 동방정교, 로마 가톨릭과 삼위일체를 부인하는 유니테리안을 포함하여 장로교 기본교리를 위협하고 있다. WCC는 단일교회를 지향하지 않는다고 말하면서 모든 제도와 개편작업이 단일교회를 목표로 하고 있다. WCC는 에큐메니칼 정신으로 혼합된 새로운 보편교리와 초교회적 교회정치 제도를 선전하고, 이러한 정신을 가진 지도자 양성에 힘을 기울이고 있다. WCC의 에큐메니칼 운동은 인문주의적, 사회학적 방법에 의한 세력의 결집과 중세기적 교권을 확립하려고 한다. WCC는 특별히 성경의 권위를 인정하지 않는다. 1954년, 에반스톤 회의에서 "성경에 기초하여" 라는 문구를 삽입하려 하였으나 완전 부결되었고, 재림을 부인하며 그리스도의 신성과 동정녀 탄생을 부인한다. WCC는 공산주의에 이익이 되고 있다. 그들은 자유 신앙 성직자들을 투옥하고 공산주의를 지지" 한다고 하였다.

교회, 가장 보수적이라고 알려진 루터파교회, 장로교회, 침례교회가 참여하고 있다. WCC에 참여하는 단체들은 그리스도의 신성과 동정녀 탄생과 육신적 부활과 재림을 믿고 있다고 주장하였다. 그리고 반대자들은 자신의 신앙은 긍정하고 남의 신앙은 부정하는 배타적인 신앙관을 갖고 있다. 또한 자신들이 한 번도 만난 적 없는 사람들을 불신자로 매도하고 그들을 배격한다고 비판하였다.

(4) "경기노회 총대사건": 1959년 5월 14일, 경기노회 총대 문제로 총회 내 갈등이 재 점화되었다. 당시 총회 총대 선거에서 총대 28명 중에 NAE 소속이 18명 당선되자 에큐메니칼 지지측이 당황하였다. 하지만 개표 과정에서 80표를 얻은 황금천 목사가 총대 명단에서 누락된 정황이 밝혀지면서 에큐메니칼 지지측이 재투표를 요구하였다. 결국 1959년 6월 29일, NAE측이 불참한 임시노회를 개최하여 26명의 에큐메니칼 지지자 측 당선자가 선출되었다. 따라서 정기노회 측과 임시노회 측간의 대립이 확산되면서 쌍방 간에 적대감이 깊어졌다. 1959년 9월24일, 대전중앙교회에서 개최된 44회 총회(노진현 총회장)는 노회 총대 261명, 선교사 23명, 계 284명 가운데 251명이 참석하였다. 경기노회의 정기노회 측 총대와 임시노회 측 총대문제로 회의 시작과 동시에 상호 고성이 오갔다. 총회는 경기노회 총대권 문제를 총대 전체투표로 결정하기로 하고 임시 124, 정기 119, 기권 5표로 임시노회 측 총대를 받아들이려 했으나 26일, 법적 문제로 다시 원점으로 돌아갔다. 그리하여 결국 경기노회는 양측 모두 회원권을 상실하였고 이 일로 총회 속개가 어렵게 되었다.

따라서 노진현 총회장은 10월 24일까지 정회를 선포하고 경기노회 중재안을 마련하여 총회 상정을 결의하였다. 이 때 갑자기 WCC지지 측 안광국 목사가 단상에 올라가 총회장 불신임안을 낭독하고 일사천리로 가결하는 일이 발생하였다. 그 후 에큐메니칼 운동 지지자들은 연동 측 149명과 선교사들이 함께 대전 미락식당에 모여 증경총회장 전필순 목사를 준비회장으로, 김광현 목사를 서기로 총회 속회 준비 회를 구성하고 9월 29일, 연동교회에서 총회를 속회하였다. 그리고 44회 총회임원이 1명도 참석하지 않은 불법적인 총회를 개최하여 이창규 목사를 총회장에 선출하였다. 이에 노진현 총회장은 연동교회의 불법 총회를 강력히 규탄하였다. 9월 30일, 총회장과 임원회는 전국 교회에 보낸 선언문에서 연동속회의 불법성과 WCC 탈퇴 및 NAE 동시 탈퇴를 선언하였다. 하지만 연동 측(WCC 지지)과 승동 측(WCC 반대)의 상호 비방전, 선교사들의 가세로 더욱 혼란하였다.그리고 11월 24일, 승동 측은 27개의 노회 목사 105명, 장로 104명 등 209명의 총대가 참석한 가운데 44회 총회를 속회하고, 총회장 양화석, 부총회장 나덕환, 서기 박찬목, 회록서기 정규오를 선출하고 WCC 영구탈퇴, NAE관계 청산을 결의하였다. 그리고 총회신학교 계일승, 김윤국, 박창환 교수를 해임하고 박형룡, 김치선, 김홍전을 교수로 임명하였다. 총회는 남북장로교선교회와 호주장로교선교회에 중립을 지켜 줄 것을 촉구하는 경고문도 결의하였다. 결국 1954년 이후 대한예수교장로교에서 발생한 문제는 WCC였고, 이 문제는 1960년 2월 17일, 새문안교회에서 연동측이 회집한 이른바 "통합총회"를 통해서 정리되었다. 연동 측이 통합총회가 된 것은 제44회 임원중에 부회장 나덕환 목사와 부서기 김삼대 목사가 합류했기 때문이며, 승동교회의 승동 측 총회는 에큐메니칼 운동을 철저히 반대하며 고려파와의 합동으로 진정한 장로교회의 일치를 도모하겠다는 의지로 "합동총회"가 되었다.

6. 결론: 정리 및 평가

6.1. 정리

역사적으로 1910년 에든버러 세계선교대회부터 제시된 구령 사역, 즉 개인의 구원은 1960년대까지 복음전파로 수용되었다. 1948년 이후 WCC는 선교와 전도, 복음전도를 동일한 의미에서 교차적으로 사용하였다. 그러나 1961년 뉴델리 WCC 총회에서 IMC, 국제선교협의회와 WCC 세계교회협의회의 통합으로 이전의 고전적 선교 개념이 보다 광범위하게 적용되었다. 그 결과 에큐메니칼과 복음주의 사이에 보편적 개념들이 공유되었다. 그 후 1966년 제네바 선교 위원회, 1968년 WCC 웁살라 총회, 1973년 태국 방콕 WCC 총회를 거치면서 세계교회협의회는 더욱 광범위하게 확대되며 급속히 세속화되었다. 문제는 이후 전통적 복음주의와 혁명적 선교 신학이 서로 상충한다는 것이다. 혁명 신학의 선교는 비록 급진적 교회 지도자와 신학자들에 의해 제3세계에 영향을 끼쳤다. 이 과정에서 선포를 강조하는 복음주의자들은 사회봉사의 중요성을 인정하며 새로운 복음주의적 선교 개념을 모색하고 있다. 대표적으로 1966년의 휘튼 선언은 전통적인 복음전파의 우위성과 더불어 사회 정의와 인간구제 사업에 온 힘을 기울였다. 그리고 1970년 프랑크프르트 선언은 고전적 선교의 개념을 주장하며, 구원의 열매로 사회적 봉사를 강조하였다. 1974년 로잔 대회는 인류의 2/3 이상이 복음을 듣지 못하는 사실에 세계 선교의 긴급성을 강조하였다. 그리고 복음주의자들이 소홀히 해온 복음화와 사회정치, 참여 문제에 깊이 관여하였다.

현대 선교가 이렇게 어려운 이유는 (i) 서구 민족의 정책이 꾸준히 진행되는 중에 제1, 2차 세계 대전을 맞이하였다. 그 후 아프리카와 아시아에 독립 국가들이 일어나면서 민족주의적 반서구 감정이 고조되었다. (ii) 여기에 옛 종교들이 재발견되면서 기독교에로의 개종을 아시아 국가들이 법으로 금지하였다. (iii) 설상가상 서구 자유주의 신학의 흐름 속에 기독교 진리의 상대성을 주장하였다. 특별히 폴 틸리히의 자유주의 신학은 모든 종교는 존재의 근거를 공유한다. 따라서 기독교 선교는 타종교인을 개종시키려 하지 말고 피차간 친밀한 대화를 통해 서로를 이해해야 한다. 슐레테(Schlette)는 다른 종교들을 구원에 이르는 특별한 길이라고 단언하였다. (iv) 고가르텐(Gogarten), 루벤(Van Leeuwen), 콕스(Cox), 토마스(M. M. Thomas)는 세속화를 주장하며, 나아가 타종교와의 공존 내지는 혼합종교를 인정하였다. 이러한 상황에서 현대 선교는 역풍으로 최대의 위기를 맞으며 새로운 진로를 모색해야 하였다.

6.2. 비판적 평가

1948년 태동한 WCC는 일부 교회와 단체의 지지에도 불구하고 처음의 목적과 달리 성경과 역사적 기독교 전통에서 이탈하였다.

(1) 성경관. WCC는 성경을 전통 혹은 전통화의 산물로 간주한다. 성경은 교회와 개인의 경험을 기록한 책으로 상대적인 권위만 가질 뿐이며 그것을 절대시하지 않는다.? 그들은 성경의 원저자가 하나님이심을 인정하지 않는다. 그리고 성경 신구약66권을 정경으로 보지 않는다.? WCC의 성경관은 '신앙과 직제위원회' 가 1998년 출판한 보고서 '질그릇에 담긴 보배: 해석학에 관한 에큐메니칼 고찰을 위한 도구' 에 잘 기록되었다. 이 보고서에 의하면 성경은 첫째, 일부 문학적인 자료를 포함하고 있으므로 여타 문학적 자료 연구에 사용되는 방법과 동일한 방법

으로 연구되어야 한다. 따라서 문학 비평이 필수적이다. 둘째, 성경은 오랜 기간 동안 기록과 재기록, 그리고 해석의 과정을 통해 만들어진 역사적 산물이므로 역사비평이 필수적이다. 셋째, 성경은 서로 다른 내용들은 상호 보완하지만, 다양한 내용을 담고 있기에 때로는 서로 상충될 수도 있다. 이 때 무조건적인 조화보다는 모순되는 상태로 두어야 한다. 이처럼 WCC는 성경을 단지 인간의 저술로 취급하였다. 그러므로 성경의 의미를 분명히 하기 위해서는 문학적 및 역사적 비평이 필수적이다. 또한 WCC는 성경기록을 일종의 해석학적 작업으로 그리고 성경을 그 해석학적 작업의 산물로 간주한다. 그러므로 성경의 가치는 해석자의 수준과 체험을 넘어설 수 없다.? 이들은 해석자에 따라서 다양하게 해석되는 성경의 의미를 그들은 '전통'으로 명명하였다. 그들은 성경을 오직 전통 형태로 취급하였다. 이렇게 WCC는 성경을 전통 혹은 전통화로 간주하여 그 절대적 및 객관적 권위를 부정하였다. ?그들은 모든 성경이 하나님의 감동으로 기록된 하나님의 말씀이라는 사실을 부인한다. 또한 성경에 더하거나 뺄 수 없는 완전한 구원 교리가 있다는 사실을 인정하지 않는다. 이러한 WCC의 성경관은 성경의 절대적인 진리를 따라서 교회의 연합과 일치를 추구하는 진정한 에큐메니즘에 본질적으로 역행하였다.

(2) 성령론: 종교다원주의를 근거로 종교 간의 대화를 주장하는 WCC는 나아가 보편적인 성령을 강조한다. WCC에 의하면 성령의 역사는 온 우주에 미치는바, 사랑의 하나님께서 편향적으로 기독교에만 역사할 수는 없다는 것이다. 이는 사랑의 하나님께서는 성령의 빛을 모든 종교에게 비추시다는 것이다. 그러므로 이들은 각양 종교에 나타나는 영적 능력과 신비현상은 결국 동일한 성령의 역사이다. 이를 기초로 WCC는 이슬람의 '수니파'와 힌두교의 '쿤달리니' 집회에서 나타나는 신비 체험과 무당 행위를 모두 성령의 역사와 동일시하였다. 이는 범신론에 기초한 혼합주의 사상으로 기독교적 관점에서 볼 때 성경적 근거가 전혀 없는 이단사설일 뿐이다. 따라서 WCC의 성령론은 범신론에 기초한 종교 혼합주의이다. 그런데 역사적으로 1928년 예루살렘 대회는 소위 '확장된 선교' 개념을 통해서 종교혼합주의를 시작하였다. 1932년 대표적인 프리메이슨 가문인 록펠러 재단의 지원 하에 호킹(W. E. Hocking)은 지난 100년 동안의 선교를 조사하고, '선교의 재고' 라는 보고서를 통해 종교의 보편성과 혼합절충주의를 주장하였다. 그의 역설한 혼합절충주의는 1961년 뉴델리 총회에서 인도 신학자 데바난단(P. Devanandan)

이 거듭 강조하였다. 그는 타종교를 성령의 창조적인 사역으로 설명함으로써 타종교의 빛과 조명을 인정하였다. 이러한 사상이 웁살라 총회(1968)와 밴쿠버 총회(1983)를 거쳐 종교다원주의로 발전하였다. 그리고 캔버러 총회(1991)에서 보편적 성령의 강조를 통한 종교혼합주의로 발전하였다. 이 총회에서 이화여대 정현경 교수가 무속 신앙적 혼합주의의 형태를 띤 초혼예식(위령제)을 실시하였다.

(3) 구원론과 사회구원: WCC가 주장하는 구원론은 전통적인 기독교의 구원론과는 너무나 큰 차이가 있다. 기독교의 전통적 구원론은 하나님께 범죄한 인간은 오직 예수 그리스도를 주와 구주로, 구원자로 영접함으로써 죄 사함 받고 영생을 얻는 것을 가르친다. 그러나 WCC의 구원론은 세속화 신학과 해방신학에 근거한 소위 정치적인 해방과 경제적인 착취로부터의 해방, 그리고 구조적인 사회 악으로부터 해방을 가르친다. 즉, 구원은 하나님의 형상을 회복하는 영적 구원이 아니라 인간의 사회적 문제 해결을 가르친다. 그러므로 WCC는 선교의 목적을 '인간화' 라고 주장한다. 1975년 제5차 나이로비 총회는 '정의' 를 외치면서 궁극적으로는 구조적인 불의로부터 해방을 강조하였다. 따라서 영적 구원은 사회문제로 대치되었다. 이는 곧 예수님의 십자가 대속을 거부하는 대신 단지 사회악, 소위 불평등과 억압으로부터 자유와 해방을 강조하였다. 인간 스스로 책임감을 가지고 구조적인 악과 싸워 사회정의와 평화를 실현하는 것이 곧 구원이기 때문이다. 그리하여 WCC는 기독교 신앙의 핵심진리인 구원론의 본말을 전도하고 왜곡하였다.

기독교의 선교는 본래 불신자에게 복음을 전파하여 예수 그리스도의 보혈의 능력으로 죄 사함을 받고, 구원얻게 하는 것이다. 이러한 목표를 이루기 위해 때로는 사회복음과 전파를 동시에 필요로 한다. 하지만 사회복음이 결코 영적구원을 대신할 수는 없다. WCC는 복음전파, 인류의 구원 보다는 사회참여에 관심이 더 많다. 이러한 경향이 세속화 신학에서는 사회참여와 정의실현으로 해방신학에서는 구조적인 악으로부터 해방 및 경제적인 착취로부터의 해방, 그리고 인종 차별로부터 해방으로 나타났다. 이들에게 선교는 이러한 사회적 구원을 이루기 위한 구체적인 행동이다. 또한 인류의 평화를 위해 기독교의 정체성을 내려놓고 타종교와의 대화를 강조한다. 즉, 대화를 통해 이룩한 세계평화가 선교라는 것이다. 이처럼 WCC는 복음전파가 아닌 세상문제에 대한 인간적 해결에에 집중한다. 1973년의 방콕 대회에서는 '오늘의 구원' 을 다루면서 선교의 목표를 '인간화' 로 발표하였다. 그러므로 복음, 하나님의 죄인을 향한 사랑이 없는 WCC의 선교를 우리가 경계해야 한다.이는 공산주의자들이 즐겨 사용하는 전형적인 전술이기 때문이다.

공식적인 선교사 철수령은 20세기에 두 번이나 일어났다. 첫 번째 선교사 철수령은 하버드 대학의 호킹 교수가 주도하였다. 호킹의 보고서는 각지로부터 맹렬한 비판을 받았으나 그의 보고서를 받은 록펠러 재단은 선교사들을 부정적으로 평가했다. 결정적으로 이미 종교다원주의 사상에 심취한 상태에서 선교사의 필요성을 느끼지 못했다. 결국 록펠러 재단은 선교비 지원을 중단하였고, 이로 인해 많은 선교사들이 선교지에서 돌아오는 불상사가 벌어졌다. 두 번째 선교사 철수령은 WCC 방콕 대회 여파 때문이었다. WCC는 1971년 중남미의 바르바도스 섬에서 인종차별 투쟁사업 회의를 했다. 이 회의에서 선교사들은 종교적 가면을 쓰고서 인디언 문화를 배척하고, 인디언을 선교의 대상으로 굴복시키고 또 다른 식민주의를 자행했다고 비판했다. 결국 WCC에 의해 선교사 철수령이 또다시 선포되었다. 그리고 선교사들에게 돌아갈 선교자금은 마르크스 식 해방운동의 활동자금, 예를 들면, 무기 구입 등으로 전용되었다.

(4) 종교다원주의: WCC는 처음 설립 당시부터 일관되게 종교 간의 대화를 추구해 왔다. 문제는 대화 자체가 종교다원주의(religious pluralism)를 의미하지는 않는다. 하지만 종교 간의 대화를 통해 계시 종교인 기독교를 상대화하여 모든 종교와 대등한 것으로 간주하는 것이다. 그런데 기독교가 타종교와 대화하는 이유는 절대주의적인 배타주의와 상대주의적인 포괄주의 때문이다. 전자는 기독교만이 참된 종교라고 믿기 때문에 다른 종교는 모두 우상숭배로 간주한다. 후자는 기독교 외에 타종교에도 참된 신앙이 있다는 것을 인정한다. 문제는 전자든 후자든 모두 신은 하나라는 유일신론의 입장에 서 있다는 것이다. 그런데 여기서 후자인 포괄주의를 좀 더 세분하면 차등 포괄주의(distinctive inclusivism)와 동등 포괄주의(equivalent inclusivism)로 나눌 수 있는데, 전자는 어떤 면으로든 다른 종교보다 기독교가 상대적으로 우월하다는 입장이고 반대로 후자는 다른 모든 종교를 기독교와 본질적으로 다를 것이 없는 동등한 것으로 간주하는 입장이다. 따라서 종교다원주의는 종교적 포괄주의에 속한다. 그리고 기독교적인 다원주의는 역사적으로 차등 포괄주의 입장에서 동등 포괄주의의 입장으로 발전되었다.

대표적인 기독교 종교다원주의자 존 힉(John Hick)은 종교의 다원성(religious

plurality)에 대하여, "한 기독교 신자와 유대교 신자, 회교도와 시크교도, 힌두교인과 불교도, 혹은 마르크스주의자와 모택동주의자라는 사실은 거의 항상 그들이 세계의 어느 부분에서 출생하게 되었는가에 달려 있다. 신뢰할 만한 종교 신앙을 소유한 자라면 누구나 이 분명한 사실을 인식할 수 있어야 한다. 그리고 신뢰할 만한 기독교 신앙을 가진 자라면, 신이 지역적인 주관자가 아닌 우주적인 주관자(universal sovereignty)이며 한 인종의 아버지가 아니라 전 피조물의 아버지가 되신다는 점을 깨달아 이상의 사실과 관련시킴으로써 하나의 새로운 의미를 만들지 않으면 안 된다. 왜냐하면, 우리는 신이 전 인류의 창조주이시며, 인류에 대해서 무한한 사랑을 가지고, 기독교인과 그들의 구약 시대의 영적 조상들만을 구원하시는 것이 아니라 이 세상의 모든 인간 남녀를 구원하시려고 하는 사실을 믿기 때문이다. 고찰한대로 결국 종교다원주의의 출발점은 모든 종교의 공통분모인 "신"의 개념과 인류의 보편적 구원이라는 개념이다. 힉은 모든 종교 간의 상이성을 신에 대한 그들 각자의 고유한 사유 방식으로 간주하여 기독교를 상대화하고 종교의 다양성과 다원성의 근거를 마련하고자 하였다. 그래서 그는 "신의 우주적인 구속 역사를 믿는다면, 구원이 오로지 인간 역사의 한 특정한 부분에서 살아온 유대-기독교인에게만 존재한다고는 결코 주장할 수 없을 것"이라고 하였다. 힉의 이러한 종교다원주의는 단지 기독교 진리의 절대성만을 거부하는 것이 아니라 사실은 모든 종교가 가지고 있는 그들 각각의 고유성조차 거부하는 것이다. 따라서 힉의 종교다원주의는 기독교를 향하여 "그리스도만을 통한 구원"이라는 그리스도 중심의 진리 포기를 요구한다. 그리고 힉은 현대 기독교가 타종교에 대한 배타주의 입장에서 차등 포괄주의 입장으로 유의미한 발전을 도모해 왔다는 것을 인정하되, 여기에 머물러서는 안 된다. 그는 기독교를 과감하게 상대화하여 세상의 모든 종교 가운데 하나일 뿐임을 인정하는 종교다원주의, 즉 종교 상호 간의 동등 포괄주의야 말로 기독교 정신을 가장 종교적으로 반영한 형태라고 하였다. 따라서 힉은 기독교가 타종교에 대해 동등 포괄주의의 입장을 견지해야 한다고 하였다.

(5) 혼합주의 신학: WCC는 2차 총회이후 끊임없이 '타종교와의 대화' 라는 슬로건 아래 예수 그리스도 밖에 구원이 있을 가능성을 내비치면서 범종교적 단체 결성을 '교회 일치화' 로 선전하며, 온 세계의 종교를 하나로 묶어 교회라는 이름으로 귀결 지으려 하였다. 뉴델리 총회 때 개회설교를 맡은 우바민 목사는 '비기

독교적인 기성 사상 체계의 희생없이 받아 적용할 수 있는 포괄적 신학' 을 역설함으로서 WCC의 신학적 기초가 혼합주의적임을 입증했다. 벤쿠버 총회 기간 중 첫 주말에 캐나다 계 인디언들이 15m짜리 토템지주를 가져다가 제막식을 거행한 것 역시 동일한 증거이다. 또한 벤쿠버 총회기간에 있었던 성만찬 역시 유대교와 힌두교, 이슬람교와 불교, 시크교와 같이 시행했다는 점을 들 수 있다. 이것은 기독교가 이제껏 알려진 '큰 진리' 가운데 최고의 '더 큰 진리' 이므로 타 종교에도 한 자리를 줄 수 있다는 것이다. 한편 1995년 6월 19일 샌프란시스코에서 열린 '신앙의 축제' 는 불교와 힌두교, 유대교와 이슬람교, 그리고 WCC 주요 멤버들이 모두 참석하였다. 당시 사회는 WCC 국제문제 분과위원장던 놀드 박사(O. Frederick Nolde)가 맡았다. 이러한 혼합주의적 경향은 WCC의 신학적 기초를 확실히 의심케 하였다.

(6) 신학적 좌경화: WCC 에큐메니칼 운동은 신학적 자유주의 및 혼합주의를 보여준다. WCC의 지도자 후프트 박사는 '에큐메니칼 리뷰' 에서 "WCC 운동의 약점은 명백히 정의된 신학을 가지지 못한데 있다. 이곳은 신학자들이 모이는 곳이므로 아무도 회의 결과로 어떤 에큐메니칼 신학이 생길 런지 혹은 내용이 어떠할는지 전혀 알수 없다." 고 하였다. 이것은 바로 신학적 자유주의요 혼합주의의 특징인 포괄적 신학을 의미한다. 이렇듯WCC는 각 교회를 묶는 공통분모, 즉 누구나 만족할 수 있는 가장 축소된 신조 위에 있기 때문에 신교의 모든 자유주의 교회, 심지어는 유니테리안 교회와 로마 가톨릭 교회까지도 어려움 없이 가입할 수 있다. ?이로써 구원에 이르는 기독교의 참 진리는 에큐메니즘의 '부분적 진리' 혹은 '반 진리' 에 의해 위협을 받고 있다. WCC 내의 많은 자유주의적인 교회지도자들과 신도들은 성경의 영감성과 무오성, 권위성과 절대성, 최종성 등을 믿지 않으며, 성경에 기록된 기독교의 근본적인 교리들, 즉 교회가 믿음으로 수납해야 할 진리들, 예를 들면, 그리스도의 동정녀 탄생, 대리적 속죄의 죽음, 육체적 부활과 승천, 재림과 영생복락, 영혼 불멸 등을 부인한다. 따라서 WCC 에큐메니칼 운동은 본질적으로 비성경적이며, 사회주의적으로 참된 하나님이신 예수님을 멸시하며 부인하고, 단지 예수님을 '지도자' 요 '선생' 으로 볼 뿐이다. 뿐만 아니라 '구원자' 로 믿지 않고, 복음의 메시지를 왜곡하여 사회주의적 지상천국의 수단으로 인용할 뿐이다.

A History of Morden Christian Church

제 5 부

결론 및 부록

제19장

근현대교회사의 역사적 평가와 전망

1. 서론

필자가 서론에서 언급했듯이 A.D. 30년 예수 그리스도의 부활과 승천, 특별히 승천 직전 주님께서 제자들에게 말씀하신, 행 1:4, "너희는 예루살렘을 떠나지 말고 내가 너희에게 분부한 명령을 지켜 행하라". 행 1:8, "성령이 너희에게 임하시면 너희가 권능을 받고 예루살렘과 유대와 사마리아와 땅 끝까지 이르러 내 증인이 되리라" 하신 대로 주님의 말씀을 믿고 기도하는 중에 마가의 다락방에서 열두 제자와 120문도들이 성령의 충만을 받고, 이후 기독교는 전 세계로 급속히 전파되어 지금까지 2,000년 동안 수많은 고난과 시련 속에서 모든 민족을 구원하는 생명의 종교가 되었다. 그 과정에서 누구도 예측하지 못한 역사가 시대와 지역, 언어와 인종의 벽을 넘어 모든 열방으로 복음이 전파되었다. 특별히 1500년 종교개혁 이후 지금까지 근현대 기독교 500년 역사는 이전의 그 어느 시대보다도 업적과 성취만큼 끝없는 도전과 응전의 실로 광범위한 내외적 도전에 직면하였다. 이러한 급박한 상황에서 21세기 교회는 과연 어떤 모습일까? 과연 초대교회의 사도적 신앙과 신학을 올바로 계승하되, 비성경적인 가르침과 전통들, 예를 들면, 세속주의와 물질주의, 혼합주의와 포스트모더니즘에 맞서 16세기 종교개혁자들이 수립한 개혁주의적 전통, 즉 오직 성경, 오직 믿음, 오직 은혜, 오직 하나님께 영광을 올바로 드러냈는가? 솔직히 자고새면 달라지는 시대, 잠시도 한 눈 팔 수 없는 변화무쌍한 상황에서 오늘 교회는 어떻게 사도적 신앙과 개혁자들의 신학적 유산을 계승할 수 있는지 고민해야 할 상황이다. 필자는 향후 21세기 기독교가 처한 긴박한 상황을 풍전등화(風前燈火)로 간략히 정리하였다. 이는 현대는 모든 면에서 전혀 예측할 수 없는 불안한 시대이기 때문이다.

언급한 대로 실로 16세기 종교개혁 이후 지금까지 500년의 근현대 기독교는 이전 시대의 역사를 높이와 깊이, 넓이와 길이 면에서 10배 100배 1,000배 확장하였다. 이는 감히 상상할 수 없을 정도로 정치와 문화, 사회와 경제, 예술과 종교 등 전 분야에서 일어났다. 특별히 2,000년을 전후로 일어난 지난 30년 동안의 첨단 과학, 대표적으로 물리학과 정보화의 발전은 그 어떤 분야보다 가히 충격적이다. 2018년 8월 현재, 우리가 경험하듯이 스마트 폰과 SNS가 그것을 단적으로 입증한다. 특별히 21세기는 제4차 산업혁명 시대로 '디지털 혁명에 기반한 물리적 공간, 디지털적 공간 및 생물학적 공간의 경계가 희석되는 기술융합의 시대' 이다. 이는 이전의 제1차 산업혁명(1760-1840년)의 철도와 증기기관의 발명 이후의 기계에 의한 생산, 제2차 산업혁명(19세기 말-20세기 초)의 전기와 생산 조립라인 등 대량 생산체계의 구축, 제3차 산업혁명의 기반인 반도체와 메인프레임 컴퓨팅(1960년대), PC(1970-1980년대), 인터넷(1990년대)의 발달을 통한 정보 기술 시대로 정리된다.

그런데 제3차 산업혁명의 기반위에 도래할 향후 제4차 산업혁명은 '초연결성(Hyper-Connected)', '초지능화(Hyper-Intelligent)의 특성, 그리고 사물 인터넷(IoT)과 클라우드(cloud)[1] 등 정보통신기술(ICT)을 통해 인간과 인간, 사물과 사물, 인간과 사물이 상호 연결되고 빅 데이터와 인공지능 등으로 보다 지능화된 사회가 될 것이다.[2] 하지만 향후 10년 혹은 20년 이후의 상황은 우리를 더욱 끝 모

---

1) 이는 요약 데이터를 인터넷과 연결된 중앙컴퓨터에 저장하여 인터넷에 접속하면 언제 어디서든 데이터를 이용할 수 있는 것을 가리킨다.

2) 독일 출신의 세계경제포럼 회장 클라우스 슈밥(Klaus Schwab, 1938-)은 자신의 책 「4차 산업혁명」에서 이를 이끄는 10개의 선도 기술을 제시했는데, 먼저 물리학 기술로는 무인운송수단과 3D프린팅, 첨단 로봇공학과 신소재 등 4개, 디지털 기술로는 사물인터넷과 블록체인, 공유경제 등 3개, 생물학 기술로는 유전공학과 합성생물학, 바이오프린팅 등 3개이다. 이러한 기

를 미지의 세계로, 인간 생활의 전 분야에 미래의 가치가 더욱 가속화 될 것인바, 지금까지 그랬듯이 궁극적으로는 절대자에 대한 도전으로, 결국 인간은 과학과 정보의 힘을 빌려 어떻게든 신이 되고 또한 신이 되려 할 것이다. 하지만 인간이 추구하는 바벨탑 신화는 성경이 명확히 지적한 대로 파멸을 면치 못할 것이다(창 11:1-9; 마 24:1-14; 벧전 5:13; 계 14:8, 17:1-5, 15, 18:1-6). 그러나 잠 18:10, "여호와의 이름은 견고한 망대라 의인은 그리로 달려가서 안전함을 얻"는다. 시 33:13-14, 10-11, "여호와께서 하늘에서 감찰하사 모든 인생을 보심이여 곧 그 거하신 곳에서 세상의 모든 거민을 하감하시도다. 여호와께서 열방의 도모를 폐하시며 민족들의 사상을 무효케 하시도다 여호와의 도모는 영영히 서고 그 심사는 대대에" 이를 것이다.

술을 기반으로 클라우드 컴퓨팅과 스마트 단말, 빅 데이터와 딥러닝, 드론과 자율주행차 등의 산업이 발전할 것이라고 하였다. 이 중에 사물인터넷(IoT)은 다양한 플랫폼을 기반으로 사물(제품, 서비스, 장소)과 인간을 연결하는 새로운 패러다임을 창출하고, 이러한 환경에서 생성되는 다양한 데이터를 처리하기 위한 클라우드 컴퓨팅 및 빅 데이터 산업이 발달한다는 것이다. 또 이에 인공지능(AI)이 더해져 다양한 서비스 제공이 가능해진다는 것이다. 만약 이러한 기술이 제조업 현장에 적용되면 사이버물리시스템(CPS · Cyber-Physical System)으로 운영되며 생산성이 극대화된 '스마트 공장'이 만들어진다. 한편 CPS는 컴퓨터와 네트워크 상의 가상세계와 현실의 다양한 물리, 화학 및 기계공학적 시스템을 치밀하게 결합시킨 시스템인바, 이러한 체계가 적용된 공장 '스마트 팩토리'는 자체적으로 정보를 교환하고, 독립적으로 작동하게 된다. 이를 구축한 대표적인 공장은 독일 남동부 바이에른 주에 있는 지멘스 암베르크로 독일의 인더스트리 4.0을 대표하는 스마트 팩토리이며, 부품 제조업체와 조립공장, 물류와 판매회사 등이 인터넷으로 연결되어 있다. 또한 공장 내 생산 장비와 부품, 제품도 센서와 바코드 정보 등을 통해 실시간으로 관리, 제어된다. 이렇듯 독일을 필두로 미국과 일본 등의 주요 국가들은 4차 산업혁명에 선제적으로 대응하기 위한 전략을 수립해 추진하고 있다. 언급했듯이 독일은 인더스트리 4.0, 미국은 산업 인터넷, 일본은 로봇 신전략, 그리고 중국은 제조 2025 등 자국의 산업 강점에 제4차 산업혁명의 선두기술을 접목해 제조업 혁신을 도모하는 정책을 내놓고 있다. 김진하, "제4차 산업혁명시대 미래사회 변화에 대한 전략적 대응 방안 모색", (KISTEP InI 제15호, 한국과학기술기획평가원, 2016, 8); 클라우스 슈밥, 「4차산업혁명」, 송경진 역, (새로운 현재, 2016. 4); "2016년 다보스 포럼의 주요 내용과 시사점", 「현안과 과제」, (현대경제연구원, 2016. 1.); 장필성, "2016 다보스포럼: 다가오는 4차 산업혁명에 대한 우리의 전략은?", 「과학기술정책 211호」, (과학기술정책연구원, 2016, 2); 경향신문, 4차 산업혁명 이대로 괜찮습니까 2016. 8); 파이낸셜뉴스, 독일은 '스마트공장' 일본은 '로봇신전략…목표는 모두 "제조업 부활" 2016. 3. 20; "4차 산업혁명-네가지 키워드 속 사라질 직업", 「주간조선」, 2017. 2); 한겨레, 인공지능 시대에도 살아남을 직업은 2016. 3. 24).

2. 근현대교회사의 평가

근현대교회사를 신학적 및 사상적으로 압축하면 정통주의와 경건주의, 합리주의와 자유주의로 정리된다. 이들은 각각 태동 당시의 문제를 각자 해결하려는 노력 속에서 발생하여 나름대로 상황에 대한 답변을 제공하였다. 그런데 역사의 흐름 속에서 마지막 주도권은 합리주의의 뿌리인 이성이 주도하며 이것이 곧 근대사회는 물론 현대 교회의 역사까지 주도하였다. 종교개혁이 한 세대를 지나면서 그리고 종교전쟁의 비극을 거치면서 사람들은 정통교리에 의문을 가졌고, 이후 반발로 몇 가지 다른 형태의 신학을 형성하였다. 이들은 정통주의와 달리 주위 환경과 정치적 현실을 무시하고 거부하는 경건주의와 신비주의를 낳았다. 한편 새로운 과학적 발견과 지리적 발견으로부터 야기된 이성의 확산을 수용한 자들은 이른바 자연신교, 이신론을 따라서 합리주의, 19세기 이후에는 통칭 자유주의 신학과 근본주의 신학, 신정통주의 신학과 복음주의를 꽃피웠다. 그런 가운데 20세기는 제1차, 제2차 세계 대전을 거치면서 전 세계를 절망의 나락에 빠뜨렸다. 이 시기 교회 또한 이에 편승하여 정체 모를 다양한 신종 신학과 이단의 출현으로 지금까지 어려움을 겪고 있다.[3)]

이러한 상황에서 필자는 근현대 기독교 500년의 역사를 그간에 출간된 필자의 저서 「언약사상사」, 「개혁신학의 전통」, 「스코틀랜드 교회와 한국 기독교」, 「청교도 유산」을 근간으로 신학적 주제를 따라서 다음과 같이 정리하였다. (1) 근현대 교회사의 역사적 조망: 위치와 중요성, (2) 16세기 종교개혁과 칼빈주의의 확장, (3) 아우구스부르크 종교화의와 개신교 정통 신앙고백 시대, (4) 네덜란드의 독립과 개혁파 신학, (5) 영미 청교도운동의 역사적 전개, (6) 경건주의(Pietism)의 형성과 전개과정, (7) 존 웨슬리와 영국의 복음주의 운동, (8) 조나단 에드워드의 대각성 운동, (9) 아브라함 카이퍼의 생애와 신학사상, (10) 스코틀랜드 자유교회와 토마스 찰머스, (11) 현대기독교 사상의 전개(I, II), (12) 19세기 영국의 옥스퍼드 운동 소고, (13) 근현대 세계, 제1, 2차 대전과 기독교, (14) 현대 기독교와 자유주

3) 서요한, “제2장 초대교회사의 역사 개관”, 「초대교회사」, (도서출판 그리심, 2010), 57-74.

의 소고, (15) WCC, 세계종교협의회 소고, (16) 사이비 이단 천부교 경전 하나님 말씀 비판 등이다. 필자는 상기한 주제를 6가지로 정리하였다.

(1) 근현대 기독교는 정통 신학, 다른 말로하면 종교개혁의 신학과 전통, 즉 개혁주의로부터의 이탈이 현저한 시대였다. 이는 역사적으로 14세기 이탈리아에서 발흥한 인문주의와 근대철학의 영향 때문이었다. 당시 인문주의자 페트라르카(Petrarca)는 개인주의를 강조했으나 동시에 중세교회의 신율주의적 신정정치를 비판하였다. 당시 르네상스, 인문주의의 본질은 현세를 즐기는 대신 초자연적인 것들은 무관심하였다. 하지만 종교개혁은 개인의 자율성과 함께 내세를, 육신보다는 영혼을 중시하였다. 르네상스 인문주의가 옛 그리스 로마 문화의 부흥을 추구했다면 종교개혁자들은 바울과 어거스틴의 새로운 발견, 즉 복음을 재발견하였다. 그리고 르네상스가 중세의 구조와 전통을 인정했다면 종교개혁은 중세제도와 교리를 철저히 거부하였다. 그러므로 진정한 의미에서 근대는 종교개혁과 함께 시작되며, 실제로 근대는 종교개혁의 제1세대가 사망한 16세기 중반에 시작되었다. 그 이유는 이때 비로소 중세 1,000년을 지배한 로마 가톨릭교회의 제왕적 내지 보편적인 통치가 실제적인 기반을 상실했기 때문이다. 이는 바로 1555년 아우구스부르크 종교화의(Augusburg Interim, 1555)가 입증한다. 하지만 이후 정통주의 혹은 개혁주의 신학은 2018년 8월 현재까지 전 방위적인 도전에 직면하였다.

(2) 따라서 종교개혁의 전통, 즉 바울 신학은 새로운 사조의 발흥과 도전으로 심각한 갈등과 대립에 휘말렸다. 이는 16세기 종교개혁 제1세대의 사후, 제자들 간에 소위 정통성 문제가 발생하였다. 이 과정에서 개혁의 본질이 본의 아니게 왜곡되거나 심지어 거부되었다. 이러한 흐름은 개혁 제1세대가 사라진 상황에서 어쩔 수 없는 결과였다. 루터는 물론 칼빈이 남긴 신학적 전통과 유산은 일부 추종자들의 확고한 신념과 계승에도 불구하고 이탈자들에게는 단지 보수적인 유품일 뿐이었다. 이처럼 종교개혁자들에 대한 일부의 갈등이 제기되는 때에 독일과 프랑스에서는 가톨릭을 상대로 각각 전쟁을 벌였다. 1546년 독일 내 루터파와의 갈등을 슈말칼덴 군사협정으로 해결한 독일 황제 찰스 5세는 약속을 깨고 곧바로 개신교 영주들을 공격하였다. 하지만 작센 공 모리츠가 찰스 5세에 반란을 일으켜 승리하였고, 그리하여 1555년 아우구스부르크 종교화의를 결성하였다. 이 종교화의는 독일 내에서 가톨릭과 개신교의 공존을 인정하는 계기가 되었고, 이후 근현

대 교회사는 종교개혁 시대를 벗어나 새로운 시대를 예고하였다. 그런데 1555년 아우구스부르크 종교화의 이후 잠시 평화가 왔을 때 프랑스에서는 1562-1598년까지 위그노 전쟁이 발발하였다. 이 전쟁 또한 개신교, 칼빈 파와 가톨릭 간의 싸움으로, 결국 독일처럼 둘 사이의 공존을 허용한 1598년 낭트 칙령의 발표로 종식되었다.

물론 당시 프랑스는 독일의 상황과 많이 달랐다. 그 차이는 개신교뿐 아니라 가톨릭에서 나타났으며 정치적으로 절대왕정의 강압적인 통치 속에서 전개되었다. 당시 첨예하게 대립하던 가톨릭과 위그노, 프랑스의 칼빈파는 캐더린 드 메디치의 섭정 하에 충돌하였다. 캐더린 드 메디치가 쌩 제르멩 칙령을 통해서 관용정책을 펼치자 이에 반발한 가톨릭 측의 선제공격으로 위그노 전쟁이 일어났다. 전쟁 10년 후 성 바돌로메 대학살이 발생하여 이때부터 위그노들은 강력히 대응하였다. 30년 이상 계속된 전쟁은 한 때 위그노 지도자 앙리 4세가 가톨릭으로 개종한 후, 1598년 낭트 칙령을 통해 개신교에 종교의 자유를 허용하였다. 아우구스부르크 종교화의나 낭트 칙령은 모두 공존의 원칙을 근본으로 근대의 민주적인 틀을 제공하였다. 그러나 독일에서는 이후 영주의 권한이 강화됨으로 비스마르크에 의해 1871년 통일을 이루었고, 반면 프랑스에서는 왕권이 강화됨으로 국가의 행정조직과 모든 권한을 중앙이 관장하는 소위 중앙집권적인 민족국가가 되었다.

이렇듯 독일과 프랑스가 분쟁을 통해 개신교와 가톨릭의 공존을 모색했다면 네덜란드의 개신교는 외세와의 투쟁을 통해서 자립하였다. 역사적으로 네덜란드는 일찍부터 상업의 발달로 북해무역을 주도하였고, 지리적으로 중요한 요충지였기 때문에 강대국의 침략이 빈번하였다. 16세기 개혁 당시 네덜란드의 통치자는 신성로마제국의 찰스 5세였다. 그는 생존 시 개신교도를 핍박했으며 그의 계승자 필립 2세는 네덜란드의 스페인 화(Hispanisation)를 꾀하였다. 그리하여 1568년 독립전쟁이 일어났고, 그 후 필립 2세의 사망, 1609년 휴전조약으로 네덜란드는 독립하였다. 이제 네덜란드는 유럽에서 몇 안 되는 개신교 국가가 되었고 칼빈주의가 만발하였다. 그러나 문제가 다 해결된 것은 아니었다. 결론적으로 1618년 돌트 총회 전까지는 관용론이 우세했으나, 총회 이후 원칙론 자들이 득세하였여 종교적 관용이 위축되었다. 그 후 네덜란드 개혁파 교회는 1850년 독일에서 형성된 성서비평학에 맞서 다시 한 번 종교개혁의 신학적 전통을 재 확증하였다.

(3) 최고의 통치와 권력을 둘러싸고 발생한 지속적인 개혁의 갈등과 대립이었다. 주지하듯이 16-18세기 유럽은 절대 왕정시대이다. 이는 정치학적 관점의 정의이지만 신학적인 관점에서도 많은 것을 시사해 준다. 16세기 종교개혁의 열정이 쇠락하면서 사람들은 점차 종교와 정치를 혼합하였다. 이러한 사고는 종교보다 정치가 우선하며 교리적인 일치보다는 민족적 일치가 더욱 중시되었다. 고찰한 대로 독일과 프랑스, 네덜란드 같은 대륙의 국가에서 전쟁을 통한 신앙의 자유가 전개되던 때, 영국에서는 또 다른 형태의 개혁이 전개되었다. 1534년 헨리 8세의 수장령 선포와 함께 창설된 영국 국교회, 성공회는 합법적인 종교로 정착하였다. 그런 가운데 유럽과 달리 영국에서는 가톨릭과 칼빈주의 모두 성공회를 상대로 힘든 싸움을 하였다. 헨리 8세 이후 왕이 선택한 종교에 따라 그 때마다 수많은 피를 흘린 후, 1558년 엘리자베스 1세 때 안정을 찾았다. 1563년 엘리자베스 1세는 39개 신조(Thirty-Nine Articles)를 발표하고, 그 신조가 1571년 의회를 통과함으로 승인되었다. 하지만 여왕의 개혁안에 반발한 일단의 청교도들이 보다 강력한 종교개혁을 통해 가톨릭적인 요소를 제거하고자 하였다. 엘리자베스 1세를 이은 스코틀랜드의 왕 제임스 1세(제임스 VII)가 영국의 왕위에 오르자 장로교도에게 청교도들이 기대를 걸었다. 그러나 제임스 1세는 기대와 달리 영국의 국교회, 성공회를 중시하는 정책을 펼쳤다. 그리하여 결국 그의 재임기간 내내 쌍방 간에 팽팽한 긴장이 고조되었다.

1625년 제임스의 사망 후 아들 찰스 1세가 즉위했으나 그 역시 재임 내내 의회와 대립하였고, 의회가 권리청원을 하자 해산시켰다. 더욱이 찰스 1세가 스코틀랜드까지 감독교회로 만들려고 하자 스코틀랜드가 반란을 일으켰으며, 이를 저지할 군비 확보를 위해 의회를 소집하였다. 그러나 그 의회는 3주 만에 해산되었고(1640년, 단기의회), 다시 스코틀랜드와 전쟁을 치른 찰스 1세는 배상금 문제를 위해 의회를 소집했으나 결과 없이 1649년 2월까지 의회는 약 8년간 계속되었다(장기의회). 이때 청교도들이 새로운 나라를 건설하기 위해서 청교도 혁명을 일으켰다. 그런데 1649년 당시 군부 수장 올리버 크롬웰은 찰스 1세를 처형하여 혼란을 수습하였다. 올리버 크롬웰은 청교도혁명을 통해서 영국을 공화국으로 만들었으나 그의 사후 다시 왕정복고 되었고(1660), 비국교도에 대한 탄압이 가중되면서 영국 교회의 종교상황은 깊은 수렁에 빠졌다. 그러나 1688년 명예혁명으로 영국

교회는 신앙의 갈등과 대립을 끝내고 마침내 자유를 쟁취하였다.

(4) 종교의 자유를 위한 갈망과 끝없는 투쟁이다. 1555년 독일의 개신교는 아우구스부르크 종교화의를 통해서 자유를 얻었으나 그것은 최종적인 해결책이 되지 못했다. 그 이유는 화의가 제공한 자유가 제한된 자유였기 때문이다. 게다가 1576년 왕위에 오른 루돌프 2세의 친 가톨릭적 성향은 개신교도들을 긴장시켰고, 결국 1608년 복음주의 연맹이 결성되었다. 일 년 후 이에 맞서 가톨릭 연맹이 결성되면서 쌍방 간에 전쟁 기운이 고조되었다. 이런 상황에서 칼빈주의자 팔레티네이트(Palatinate)의 선제후 프리드리히 4세와 가톨릭 연맹의 막시밀리안 1세가 지휘하는 쌍방 간의 30년 전쟁이 발발하였다. 제 1차와 제 2차 전쟁 중 개신교측은 큰 고통을 겪었고, 가톨릭 측의 일방적인 승리가 예상되는 중에 뜻밖에 구원의 손길이 스웨덴에서 왔다. 구스타프 아돌프는 당시 독일과 보헤미아에서 발생한 사태를 우려하고, 개신교도를 구원하기 위해 전쟁에 가담하였다. 그의 가담으로 전세가 뒤바뀌었고, 그가 전쟁 중에 전사했음에도 불구하고 개신교가 승리하였다. 1648년 웨스트팔리아 화약이 조인되고 독일 내에서 영주뿐 아니라 일반 주민들도 신앙의 자유를 얻게 되었다. 그러나 이 전쟁의 의의는 전혀 다른 방향에서 나타난 바, 이 전쟁으로 종교개혁시대의 신앙적 열기가 식고, 전쟁과 종교는 단지 권력 획득의 수단으로, 종교에 대한 무관심이 증가한 것이다. 이러한 변화는 현대 세속 국가의 발전을 야기했으나 신학적으로는 합리주의의 발흥을 유도하였다.

(5) 끝없는 투쟁 속에서 한편 유럽과 달리 미국의 개신교는 급속히 번영하였다. 이는 복음이 각 지역이 처한 상황에 따라서 다르게 나타날 수 있다는 것이다. 예를 들면, 예루살렘과 아덴, 유대와 사마리아, 로마와 콘스탄티노플, 안디옥과 알렉산드리아는 동일한 방식이 아닌 각각의 특성에 따라서 복음을 수용 내지 정착한다는 것이다. 주지하듯이 미국, 뉴잉글랜드로 이 민간 초기의 사람들은 영국의 청교도였다. 이들은 신앙적인 자유를 꿈꾸며 이곳에 개혁주의 전통을 이식하고 정착시키기 위해서 갔지만 다른 종교에 대해서는 매우 적대적이었다. 이들은 처음과 달리 경제적인 문제가 제기되면서 청교도적인 나라를 건설하려는 꿈을 망각하였다. 그 중에 특별히 식민지의 종교적 획일주의 내지 불관용주의와 인종차별을 비판하는 사람도 있었으나 소수였다. 그러나 북부의 9개와 남부의 4개 식민지로 구성된 13개의 식민지는 대체로 종교의 자유를 허용하였다. 이것은 종교적인 박애정

신이라기 보다는 다분히 정치적이고 경제적인 이유였다. 이러한 상황에서 유럽 대륙과 영국에서 신앙의 자유를 찾아 건너오는 자의 숫자가 증가하면서 미국의 종교는 더욱 다양해졌다. 그 후 시간이 지나면서 이것이 미국 사회를 특징짓는 다문화, 다인종, 다 종교 사회를 이루었다. 비로소 미국은 유럽이나 영국과 달리 종교 영역에서 개척과 실험이 동시에 이루어졌다. 많은 대가를 치렀으나 이제 미국의 개신교는 도처에서 자리를 잡았고, 오히려 역사의 주도권을 잡게 되었다. 개신교 정신은 중세의 길고 긴 어둠의 장막을 벗어나 근대 사회로 나가는 정신적 기반이자 자본주의를 적극적으로 추구하는 계기가 되었다. 그러나 이처럼 개신교가 확고히 뿌리내리기 전에, 개신교 내에서 경직된 정통주의는 내부의 공격을 피할 수 없게 되었다.

(6) 하지만 세속 철학과 혼합주의적인 사상, 그리고 사이비 이단들의 무차별적인 출현이다. 이것은 이미 고찰한 대로 르네 데카르트의 합리주의를 중심으로 전 유럽에 급속히 확산되었다. 따라서 종교개혁자들이 이룩한 개혁주의적 신앙 전통은 엄청난 시련과 도전에 직면하였고, 특별히 19세기 이후 미국의 기독교 안에서 태동한 몇 몇 이단으로 더욱 혼란에 빠졌다. 이 단체들은 대표적으로 유사 기독교 이단인 몰몬교를 포함하여 여호와의 증인, 그리고 제7일 안식교 등이다.[4] 이후 이들 소수 신흥 이단들이 일제의 강점아래 한국에 상륙하여 지금까지 도처에서 교세 확장을 꾀하고 있다. 이는 미국의 주류 교단들, 예를 들면, 청교도들의 영향으로 설립된 장로교회와 회중교회의 보수적 성향의 백인교회가 신학적 논쟁으로 정체성을 상실하고 점차 쇠퇴하는 과정에서 약진한 것이다.

일제 강점기 한국교회는 신흥이단의 출현으로 혼란에 빠졌다. 이단들의 특징은 주로 성적인 문제인바, 신흥집단의 교주가 여신도와 성적인 문제를 야기하거나, 인간의 구원을 위해서는 몸속에 흐르는 사탄의 피를 깨끗이 정화해야 하고, 그러기 위해서 교주와 교접해야 한다고 가르친다. 또한 폭행과 과실치사 문제로 질병 치유에 집착하는 신흥종교가 불치병환자들에게 마귀를 떼려 잡기 위해 극심하게 구타하다가 사망하는 경우, 혹은 금식에 집착하다가 사망하는 경우, 신흥종교를

4) 심창섭/김도빈/오영호/박영관, 「기독교의 이단들」, (대한예수교총회, 2006), 50-124; 탁명환, 「기독교이단연구」, (한국종교문제연구소/국제종교문제연구소, 1986), 185-208,229-254, 270-296.

이탈하려는 사람들을 구타하여 사망시키는 경우 등이다. 뿐만 아니라 재물의 수탈로 신도들의 재산을 헌납하게 하여 엄청난 부를 축적하는 경우이다. 그리고 마지막으로 집단자살이다. 1978년 11월 18일, 미국의 신흥종교인 인민사원의 창시자는 추종자들과 함께 남미의 가이아나에 이주하여 공동생활을 하다가 923명과 함께 집단자살 하여 세상을 경악시켰다. 우리나라에서도 1978년 8월 29일, 신흥종교 오대양교 신도 32명이 집단자살 하였고, 그 이후에도 이와 유사한 일들이 발생하였다.

한편 1984년 교주 아사하라 쇼코(麻原 彰晃)가 설립한 일본의 옴진리교는 일본의 사이비 종교 집단이자 테러리스트 범죄 집단이다. 옴진리교는 1989년 11월 4일 사카모토 쓰쓰미 변호사 일가족을 살해 했으며, 1993년 카메이도 악취사건, 1994년 6월 27일에 나가노현 마쓰모토 시에서 마쓰모토 살인 사건, 1995년 3월 20일에 도쿄 지하철 살인 사건을 일으키는 등 극악무도한 범죄행위를 저지른 악명높은 종교단체이다. 그 사건 이후 1995년 5월 16일 교주 아사하라가 야마나시현 니시야쓰시로 군 가미쿠이시키 촌에서 체포되었고, 옴진리교가 일으킨 여러 범죄에 연루된 사실이 드러나 사형선고를 받은 중에, 2018년 7월 6일 교주 아사하라 쇼코 등 7명이 도쿄구치소에서 형이 집행되어 형장의 이슬로 사라졌다. 이는 아사하라의 체포 23년만이었다.

한국의 대표적인 기독교 이단의 두 축은 문선명의 통일교와 박태선의 천부교이다. 그 중에 후자는 1955년 경기도 부천시 소사에서 박태선이 직접 신도들의 헌금으로 신앙촌(통칭 한국예수교전도관부흥협회)을 설립하였다. 사역 초기 박태선은 전국을 순회하며 기독교적인 가르침을 실천했으나 점차 사이비 이단적인 행태를 보이던 중에 1980년 1월 1일 자칭 하나님으로 천부(天父)가 되었다. 그는 설교에서 기독교의 성경은 98%가 거짓이며, 예수는 실패자이다. 자신은 3조 살의 영원한 하나님이다. 누구든지 천국에서 영생하려면 자신과 성관계를 가져야 한다고 주장하였다.[5] 하지만 그는 스스로 천부임을 부정한 채 1990년 2월 7일, 향년 76

---

5) 천부교(한국천부교전도관부흥협회) 교주 사이비 이단 박태선과 관련해서는 서요한의 두 논문, (i) "한국예수교전도관부흥협회의 형성과 대표성에 관한 연구", (국제기독교뉴스사, 2014. 5.26), 1-24, (ii) "사이비 이단 천부교 경전 「하나님 말씀」 소고", (국제기독교 뉴스사, 2017.10.26.), 2-37을 참고하라.

세로 사망하였다. 천부교의 제1대 교주 박태선의 사후 그의 세 아들 중에 삼남 박윤명이 제 2대 교주에 올랐으나 2005년 5월 이후 지금까지 행방불명이다. 이는 실로 어처구니없는 코미디이자 아연실색할 속칭 현대판 신들의 작난이라 하겠다.

더욱이 2018년 7월 25일, 한국교회로부터 '이단' 으로 규정된 경기도 과천 은혜로 교회의 신옥주 목사가 극단적인 이단 행태를 보여 사회적 공분을 샀다. 신옥주 목사는 자녀가 보는 앞에서 병든 부모를 "귀신을 쫓는다" 는 명분으로 집단적으로 폭행하였다. 이를 위해서 그는 소위 '타작마당' 을 가한다는 구실로 자녀를 포함하여 가족 상호 폭행을 지시하였다. 그는 성경의 가르침을 왜곡하여 임으로 '타작' 이란 용어를 가학적으로 활용하였다. 또한 그녀는 '한반도 대 기근' 에 대비할 마지막 낙원으로 남태평양의 피지 섬을 준비하고, 그곳 현지에 신도들이 도착하는 즉시 자녀를 가족과 분리시켰다. 이런 작태는 종교의 이름으로 돈을 추구하는 현실주의와 신비주의가 결탁된 이단의 전형적인 사례이다. 하지만 2014년부터 은혜로 교회의 신옥주 목사는 한국의 주요 교단에 의해 이단으로 단죄되었다.[6] 신 목사는 성경을 자의적으로 해석하고 한반도 전역에 기근의 도래를 예언하였으며, 2014년부터 은혜로 교회의 신도 약 400명을 피지로 집단 이주시키고 "이곳이 환란 날의 피난처이며 낙원이다. 살아서 영생하자" 고 하였다.

이렇듯 역사적으로 복음이 가는 곳에는 거짓 스승들(마 7:16, 24:23-24; 행 20:28-30; 롬 16:17-20; 딛 1:10-16; 요일 2:27, 4:1)의 이단적인 가르침이 끈이지 않았지만, 16세기 종교개혁 이후 근현대교회 500년 역사 속에 사이비 이단들의

6) 2018년 7월 25일 은혜로 교회의 신흥 사이비 교주 신옥주 목사가 인천 국제공항에서 긴급 체포됐다. 경기지방경찰청은 신 씨 외 3명을 노동착취와 외화반출, 타작마당으로 인한 신도 폭행 등으로 체포하였다. 탈퇴자들과 피해 가족들은 은혜로 교회 신도들이 이탈하려는 신도를 '타작마당' 이라는 이름으로 집단폭행 하며, 신 씨를 우상화하고 가정을 파괴시켰다고 주장하였다. 그런데 은혜로 교회의 목사 신옥주의 이단성은 2014년 예장 합신측 제99회 총회에서 제일 먼저 규정하였고, 이듬해는 고신측 총회가 '참여금지' 를 하였으며, 2016년에는 예장 합동 측과 통합 측이 각각 '이단적 주장' 과 '이단성' 으로 규정하였다. 이단 연구자들은 신 목사가 신천지의 영향을 받아 성경의 비유를 자의적으로 해석하고 종말론은 '피지 피난설' 과 '시한부 종말설' 을 주장한다고 하였다. 신 목사는 피지 현지에 Grace Road Food Co., Grace Road Farm 등 회사 농장과 Grace Road Kitchen, 피자 가게 등 7개의 음식점과 기타 철물점, 건설회사 등을 운영하였다. 언론에 의하면, 이주자들은 모두 여권을 빼앗긴 채 지킴이의 감시를 받았다. 그러나 교회 측은 모든 관련 의혹을 부인하였다. 이것은 여타 이단들이 보여 주듯이 전형적인 이단의 행태로 목사가 하나님의 종을 빙자한 교주화 내지 신격화이다.

행태는 시대와 지역을 따라서 매우 다양하였다. 그러나 정통교회는 사이비 이단에 단호히 맞서 성경적 가르침, 즉 사도적 교훈과 전통을 계승하기 위하여 피 흘리기까지 투쟁하면서 오늘에 이르렀다.

3. 근현대교회사의 전망

한 마디로 근현대 교회는 변화무쌍한 시대로, 2018년 8월 현재, 급변하는 세계 속에서 인류의 역할은 창조주 하나님에 대한 그릇된 도전에도 불구하고 속수무책이었다. 이것은 오늘 급변하는 교회의 현주소이다. 그럼에도 불구하고 우리는 주님께서 세상을 이기셨듯이 성령의 능력으로 힘차게 다시 일어서야 할 것이다.

(1) 무차별적인 도전에 오직 말씀, 정통신학으로 맞서는 것이다. 위에서 상고한 대로 16세기 종교개혁 이후 기독교는 끝없는 도전에 직면하였다. 그 도전은 각국의 형편에 따라서 내용과 방식이 매우 달랐지만 근본적으로는 하나님의 말씀에 기초한 정통 신학의 정착과 계승은 동일하였다. 하지만 정통교회에 맞서 출현한 신비주의와 경건주의로 교회는 내적 갈등에 휘말렸다. 말하자면 끈임 없이 이어진 교리 논쟁은 지식인이나 일반 백성 모두를 신비주의로 이끌었다. 신비주의는 기본적으로 타협 없는 냉정한 교리주의에 대한 반발이자 형식적인 교회 의식에 대한 반동으로 형성되었다. 따라서 이들은 각 개인의 내면적 예배형식을 추종하며 결국은 회의적인 세계관을 낳았다. 이러한 사상은 결과적으로 이 세상에 부정적인 요소를 제공하였다.

하지만 경건주의는 이와 다른 신앙 유형으로, 1675년 개혁파 정통이 스위스 일치신조를 낸 필립 야콥 스페너의 「경건한 소원」(*Pia desideria*)에서 시작되었다. 그는 이 책에서 루터파 정통의 패악을 고발하고, 경건훈련과 성경공부의 시행을 주장하였다. 그의 신학은 교리를 강조한 루터파 대신 그의 약점인 성화를 공격하였다. 스페너를 이어 프랑케가 독일의 경건주의를 완성하였다. 프랑케는 조직가이자 교육자로, 경건주의로 촉발된 세계선교 사역에 참여하여 많은 인재를 배출하였다. 뿐만 아니라 경건주의는 미국의 대각성 운동에 영향을 끼치며 이후 진센돌프에 의해 만개하였다. 그는 모라비안파에 가담하여 헤른후트 공동체를 창설, 전 세계 선교를 주도하였다. 교회가 교회답기 위해서는 무엇보다도 하나님의 말씀을 사랑하고, 그 말씀을 실생활에 적용하는 균형잡힌 실천적 삶이 요청된다.

(2) 오직 말씀으로 사회변화에 민첩하게 대처하는 것이다. 이는 경건주의 운동의 영향을 받아 성화를 강조한 감리교 운동의 창시자 존 웨슬리와 미국의 대각성 운동을 주도한 요나단 에드워드가 잘 보여준다. 18세기 영국은 국교회 내에서 소집단 운동이 활발히 진행되었다. 바로 이때 웨슬리 형제가 옥스퍼드 재학 중에 신성클럽(1729년)을 결성하여 성경공부와 기도모임을 가졌다. 존 웨슬리는 졸업 후 미국으로 선교 여행을 떠났는데, 선상에서 모라비안 슈팡겐베르그를 만남으로 모라비안과 인연을 맺었다. 미국에서 귀국 한 후 그는 1738년 어느 날 올더스게이트 회심을 체험하고 헤른후트 공동체에 머물면서 본격적으로 전도활동을 벌였다. 그는 영국의 사도라는 칭호를 얻을 정도로 영국사회에 크게 영향을 끼치며, 감리교를 영국국교회 안에 정착시키기를 원하였다. 그리하여 그는 감리교를 협회형식으로 조직화 하여 국교회 안에 포함시켰다. 그러나 그의 사 후 2년 만에 감리교회는 분리되었다. 웨슬리의 부흥운동은 영적으로 피폐한 영국사회를 회생시키는 역할을 했으며 교육에 대한 관심을 고조시켰다. 또한 폭넓은 사회사업은 물론 청교도 정신을 다시 불태워 산업 혁명기에 영국 사회에 영적 변화를 주도하였다.

영국에서 웨슬리의 복음주의 운동이 활발히 전개되는 때에 미국에서는 교파주의(denominationalism)가 크게 번창하였다. 일부 학자들의 지적처럼 교파주의는 미국의 민주화를 촉진했으나 연합사업을 어렵게 했다. 따라서 미국은 연방국가의 깃발 아래 국민적인 통합이 쉽지 않았다. 여기에 팽배한 종교 다원주의는 종교의 무관심과 타락을 야기하여 청교도 전통을 훼손하였다. 그러나 바로 이 때, 1734년 조나단 에드워드를 통해서 일어난 대각성 운동은 프렐링호이젠과 조지 화이트필드에 의해 더욱 확산되었다. 이들은 서로 연합하여 부흥회를 인도함으로 미국의 회중교회와 장로교회의 연합을 꾀하였다. 그러나 부흥회 반대자들은 부흥회가 참된 경건을 훼손하며 학문 대신 감정만을 앞세운다고 비난하였다. 결국 부흥회를 찬성하는 신파와 반대하는 구파가 분열하면서 결과적으로 침례교가 성장하였다. 대각성운동의 가장 큰 기여는 미국인들에게 일체감을 심어준 것이다. 이후 교파보다는 회심한 기독교인이냐 아니냐가 중요한 문제였으며, 결국 이러한 통합은 독립전쟁(1775-83)의 원동력이었다.

(3) 하나님이 주신 일반은총의 빛 아래서 인간의 존엄성과 합리적인 사고를 중

시하는 것이다. 다른 표현으로 다양성을 인정하고 수용하는 가이다. 그 이유는 모든 것이 하나님으로부터 왔기 때문이다. 비록 세상이 악하여 진리를 이성으로 검증하는 시대에 계시, 즉 하나님의 말씀도 예외일 수 없다는 상황에서 말씀에 굳게 서서 믿음으로 더욱 계시의존 사색으로 나가야 할 것이다. 역사적으로 근대에 정통주의는 이성주의로부터 무참히 공격을 받았다. 그 첫 공격은 개신교의 나라인 네덜란드에서 시작되었다. 사실 네덜란드는 일찍부터 종교와 양심의 자유가 보장된 곳이었다. 따라서 이곳에는 여러 인근 나라와 지역에서 이민 온 사람들이 있었고, 그 중에 데카르트와 스피노자가 있었다. 데카르트는 전적인 회의, 의심을 통해서 진리를 찾아야 한다고 보고, 정신과 물체에 대한 관계에 있어서 이들은 서로 다른 영역에 속한 것으로 보았다. 그의 이러한 사고는 근대인에게 자연과학적 세계관을 제공하였다. 한편 스피노자는 일원론적으로 자연을 해석하였다. 한편 대륙의 합리론과 달리 영국에서는 귀납적인 방법을 중시하는 경험론이 득세하였다. 존 록크는 모든 지식이 경험에서부터 나오며 이러한 경험은 외부적 경험과 내면적 경험을 모두 포함한다고 주장하였다. 그는 1695년 발표한 「기독교의 합리성」(*The Reasonableness of Christianity*)을 통해서 기독교가 최고로 합리적이며 기독교란 결국 인간이 자연적인 능력을 통해서 알 수 있는 진리와 법칙들의 보다 명료한 표현이라고 하였다. 이러한 록크의 견해는 결과적으로 진정한 종교는 보편적이어야 한다는 자연신론의 지지를 받았다. 자연신론의 주창자 셔베리의 허버트는 만인에게 공통되는 종교의 다섯 가지 교리를 주장하면서 자연신론의 3요소, 하나님, 덕, 영혼불멸-을 말하였다. 그러나 이성에 대한 과도한 기대는 결국 데이비드 흄에 의해 비판받으며 지식의 범주는 생각보다 매우 좁다는 결론에 이르렀다.

합리주의가 정통주의를 공격했다면 합리주의는 자유주의의 공격을 받았다. 19세기 신학을 주도한 자유주의 신학자 슐라이어마허는 칸트에 의해 인식된 관념론의 구조 안에서 기독교의 가치를 재발견하려고 하였다. 사실 그의 영역이 실로 광대하여 이후의 신학이 모두 그의 영향을 받았음을 부인하기 어렵다. 따라서 칸트에게 주어진 철학 영역의 찬사가 신학에서는 슐라이어마허에게 돌려져야 할 것이다. 그는 종교에 대해 이성적인 접근을 포기하고 오직 직관에 의한 그리고 그의 표현처럼 절대의존의 감정으로 접근하였다. 그리하여 그는 합리주의나 정통의 문제를 극복할 수 있다고 믿었다. 결국 그에게 종교의 궁극적 목표인 구속은 이러한 감정의 회복이며 이 회복이 바로 그리스도의 사역이라고 하였다.

(4) 오직 신앙으로 세속적인 변화에 적극적으로 맞서 성도의 존재감으로 개혁을 주도하는 것이다. 그 이유는 복음과 함께 이루지 못할 것, 불가능은 없기 때문이다. 16-18세기 절대왕정은 근대 발전의 소산이지만 여전히 봉건적인 잔재가 남아있었다. 그런데 18세기 후반에 이러한 잔재를 없애고 근대적인 시민사회를 건설하려는 움직임이 활발히 일어났다. 이러한 움직임 속에서 기독교도 변화의 길을 걸었다. 시민혁명과 근대사회의 건설은 종교개혁의 정신을 완성하며 자본주의를 꽃피웠다. 그러나 기독교가 점차 역사 속에서 그 영역이 축소되는 경향이 나타났다. 그러나 이러한 상황에서 제3세계에 기독교가 급속히 전파되었다.

(i) 미국의 독립전쟁은 일종의 민주혁명이었다. 특별히 자유를 위한 혁명이었으며 이러한 사상은 독립선언서에 잘 나타나 있다. 그러나 이 자유에 종교의 자유는 포함되지는 않았다. 하지만 애초부터 식민지들은 상당한 독립을 이루었다. 그러나 18세기 후반 영국정부는 식민지에 대한 통치를 강화하였고 이에 대한 반발로 결국 전쟁이 일어났다. 1773년 보스턴 차 사건이 일어났고, 이듬해 제1차 대륙회의가 열려 본국과의 통상단절을 선언하였다. 결국 1775년 렉싱턴에서 영국군과 민병대가 격돌함으로 독립전쟁이 시작되었다. 이듬해 독립을 선포한 식민지 대표들이 승승장구하였고 1783년 파리조약으로 독립을 승인받았다. 마침내 미국의 독립은 하나님의 섭리라는 사상이 제기되면서 기독교에 대한 관심이 강화되었다. 그러나 인간의 자유와 지적능력을 강조하는 경향이 교파를 초월하여 일어나면서 미국의 신학은 급속히 자유주의화 되었다. 앞에서 언급했듯이 1850년 형성된 성서비평학의 등장으로 미국 교회, 특별히 프린스톤 신학교는 보수와 진보로 나뉘어 엄청난 시련에 직면하였다. 그 여파는 일제강점기의 한국교회에도 영향을 끼쳤고, 1945년 해방 후 보수와 진보의 갈등과 대립 속에 마침내 분열하였다.

(ii) 프랑스 혁명은 전형적인 시민혁명(bourgeois revolution)으로 근본원인은 앙시앙 레짐(Ancien R gime), 즉 혁명전 프랑스 사회의 구체제의 모순에 있었다. 당시 프랑스는 절대왕정의 절정기로 경제적으로 많은 체제 유지비가 필요하였다. 게다가 종교적으로는 극도의 불평등으로 금 새 터져버릴 용광로 같은 상황이었다. 따라서 프랑스 혁명의 직접적인 원인은 왕실의 재정위기를 극복하려는 개혁안을 특정 귀족들이 반대한데 있다. 결국 루이 16세는 1614년 이후 180여 년 동안 한

번도 열지 않은 삼부회[7])를 1789년 소집하였다. 그러나 귀족과 성직자들의 반발로 제 3신분인 평민계급이 삼부회에 출석하지 못하였다. 이에 반발한 제3신분의 대표들이 국민의회를 결성하였다. 그 후 루이 16세가 이를 인정함으로 국민의회가 삼부회를 대신하였다. 그런데 1789년 7월 초 왕이 파리에 군대를 집결한 것을 시민들이 알고 14일 바스티유 감옥을 공격함으로 프랑스혁명이 시작되었다. 루이 16세를 처형한 혁명정부는 가톨릭에 적대 정책을 핀 반면 개신교에 대해서는 관용정책을 펼쳤다. 그러나 이러한 정책, 즉 프랑스의 혁명의 여파가 자신들의 나라에도 미칠 것을 염려한 주변의 몇 몇 절대왕정과 교황청을 자극하여 결국 전쟁이 발발하였다. 수차에 걸친 전쟁으로 프랑스 공화정이 무너지고 나폴레옹이 다시 왕정을 복구하였다. 나폴레옹은 한편 자신의 권력 유지를 위해서는 가톨릭의 협조가 필요함을 인식하고 다른 한편 대외의 지지를 얻기 위해서는 가톨릭교회와 제휴해야 함을 알고 1801년 프랑스 협정을 맺었다. 그러나 1812년 나폴레옹은 무모한 러시아 정벌로 큰 피해를 보았고, 결국 1814년 제위에서 물러나 엘바 섬에 유배되었다. 나폴레옹은 프랑스 혁명의 계승자도 결산자도 아니며 단지 혁명의 혼란을 수습하고 성과를 분배하며 프랑스 국민에게 위대한 프랑스의 모습을 심어준 지도자였다. 더욱이 프랑스의 혁명 사상을 전 유럽에 퍼뜨림으로 자유주의와 민주주의 그리고 민족주의를 일깨웠다. 그리하여 절대왕정의 상징인 전제정치, 구체제의 몰락을 앞당겼다.

(iii) 이처럼 19세기는 혁명이 고조되었으나 바로 이 때 제3세계에 기독교가 확산되었다. 사실 이 시기는 세계 정치와 경제 지형 상 서구 제국주의의 식민지 확장이 급속히 이루어졌다. 정치적으로는 신생 독립한 미국이 식민지 쟁탈전에 가담했으며, 경제적으로는 산업혁명으로 인한 기술의 발달과 생산력의 증가가 거대한 자본과 보다 넓은 시장을 요청하였다. 이러한 상황에서 라틴 아메리카와 아시아 그리고 아프리카는 서구 제국주의의 제물이었다. 그러나 교회는 그 유래를 찾을

---

7) 이 의회는 당시 재무장관 샤를 알렉상드르 드 칼론이 내세운 개혁안을 거부하고 대신 1614년 이래 소집된 일이 없는 성직자, 귀족, 제3신분으로 구성된 삼부회를 소집하였다. 이러한 저항에 맞서 칼론의 후계자들이 개혁을 강행하자 귀족들의 반란이 야기되었다. 특히 고등법원 파를망의 저항이 거셌으나 1788년 5월의 칙령으로 법원의 세력이 축소되었다. 그리고 이듬해 5월 5일 베르사유 궁전에 소집된 삼부회는 제3신분 600명과 귀족 대표 300명 및 성직자 대표 300명의 대의원을 선출하였다.

수 없을 정도로 선교의 열망에 사로잡혔다. 19세기 선교의 특징은 선교협회의 설립, 특별히 평신도에 의한 선교협회가 세워졌다. 그런데 이러한 선교협회가 파송한 선교사들은 안타깝게 식민주의의 앞잡이였다. 물론 이 주장을 거부한 자들도 없지 않지만 분명한 것은 식민지 확장과 선교영역의 확장에 일정 부분 영향을 끼쳤다. 여러 지역 중에서 아시아에 대한 선교는 인도 대륙에 우선적으로 실시되었다. 따라서 18세기 초 첫 개신교 선교사 윌리암 케리는 인도 선교사로서 현대 선교의 아버지가 되었으나 결실을 맺지 못하였다.

중국 역시 많은 투자가 있었으나 아편전쟁과 태평천국의 난을 통해 기독교가 부정적으로 중국인들에게 각인되었다. 결국 1899-1901년에 의화단의 난이 일어나 수천 명의 선교사와 개종자가 살해되었다. 우리나라의 경우 1884년 4월 5일, 개신교 선교사가 처음 재물포에 상륙하였고, 이후 많은 어려움을 겪었지만 지속적으로 성장하여 세계를 놀라게 하였다. 아프리카 선교는 점진적으로 1914년경에 대부분의 지역에 교회가 세워졌다. 아프리카 북부의 모슬렘 지역 선교는 오히려 가톨릭 쪽에서 결실을 거두어 합동 동방 가톨릭교도를 흡수하였다. 하지만 모슬렘에 대한 선교는 여전히 쉽지 않다. 라틴 아메리카의 경우 대부분의 나라에서 독립과 함께 개신교회가 세워졌다. 왜냐하면, 새로운 정부가 이민을 적극 장려한바, 이는 필요한 인력의 충당을 위해 어쩔 수 없는 것이었다. 결국 아시아와 아프리카의 제3세계 나라들이 개신교를 받아들이면서 그들의 신앙도 수용하였다. 그리하여 원주민들에게 개신교 신앙이 자연스럽게 전파되었다.

4. 결론

고찰한대로 16세기 종교개혁 이후 급박하게 전개된 근현대교회 500년의 역사는 실로 파란만장하였다. 그 과정에서 정통 신학을 사수하려는 몸부림에 맞서 이를 파괴하려는 다양한 신학이 출현하였다. 이는 마치 우리의 육체와 영혼, 즉 육과 영의 대립처럼 결국 국가와 교회간의 전쟁으로 사느냐 죽느냐의 한 판 승부였다. 그 과정에서 종교전쟁은 불가피하였고, 몇 몇 국가수반은 자신의 권력을 지키기 위해 스스로 신이 되었다. 대표적인 사례는 바로 영국과 프랑스 왕들이 주도한 절대왕정이었다. 그들은 자신의 권력을 유지하기 위하여 수단과 방법을 가리지 않고 온갖 폭력과 전쟁, 살인과 살상을 자행하였다. 하지만 그 누구도 역사를 거역하지 못한 채, 역사의 재물이 되었고, 오히려 그들이 통치한 국가들은 현대 민주주의의 토대를 이루었다. 여기서 우리는 몇 가지 교훈을 다음과 같이 얻을 수 있다.

(1) 역사는 인간의 의도와 달리 하나님의 주권아래, 종말을 향해 나아간다는 것이다. 그것은 근현대교회 500년의 역사가 단적으로 보여준다. 사실 지난 500년 동안 기라성 같은 소위 영웅호걸들이 보여준 삶이 무엇인가? 그것은 그들이 의도했든지 안 했든지, 혹은 신의 뜻을 따랐던지 따르지 않았던지 결국 그들은 하나님의 뜻을 이루는 도구였다는 것이다. 이는 그간에 등장한 다양한 운동들, 예를 들면, 교회 밖의 과학자들과 철학자들, 그리고 정통주의를 포함한 교회 안의 신비주의와 경건주의, 그리고 자유주의 신학자들이 보여준다. 그러므로 더욱 말씀에 착념하는 신앙이 요청된다는 것이다. 이를 위해서는 불필요한 논쟁을 삼가고, 대신 주의 말씀에 귀를 기울여야 할 것이다. 수 1:8, “이 율법 책을 네 입에서 떠나지 말게 하며 주야로 그것을 묵상하여 그 가운데 기록한대로 다 지켜 행하라 그리하면 네 길이 평탄하게 될 것이라 네가 형통하리라”. 잠 3:1-6, “내 아들아 나의 법을 잊어버리지 말고 네 마음으로 나의 명령을 지키라. 그리하면 그것이 네가 장수하여 많은 해를 누리게 하며 평강을 더하게 하리라. 인자와 진리가 네게서 떠나지 말게 하고 그것을 네 목에 매며 네 마음 판에 새기라. 그리하면 네가 하나님과 사람 앞에서 은총과 귀중히 여김을 받으리라. 너는 마음을 다하여 여호와를 신뢰하고 네 명철을 의지하지 말라. 너는 범사에 그를 인정하라 그리하면 네 길을 지도하시리라”.

(2) 끝없는 도전과 변화에 적극적으로 맞서라는 것이다. 16세기 종교개혁 이후 세속주의와 혼합주의, 그리고 자유주의의 근현대교회에 대한 도전은 가히 절대적이었다. 그러나 역사적 개혁주의, 정통신학은 그 도전과 변화에 적극적으로 맞섰다. 그들은 종교개혁 신학의 요체 오직 성경, 오직 믿음, 오직 예수 그리스도, 오직 하나님께 영광으로 맞섰다. 만약 근현대교회가 정통신학을 거부하고 자유주의 신학을 수용했다면 현재 우리 교회는 살았으나 실상은 죽은 교회일 것이다. 솔직히 성경의 권위를 부정하고, 예수 그리스도의 동정녀 탄생, 예수 그리스도의 십자가 수난과 부활, 장차 구름타고 오실 부활을 믿지 않는다면, 더 이상 기독교는 기독교일 수 없고, 교회 또한 교회일 수 없다. 오늘 날 종교다원주의의 주장처럼, 모든 종교는 구원의 원천일 것이다. 고전 15장에서 사도 바울이 역설한 대로 예수

그리스도와 그의 제자들, 그리고 성도들은 세상에서 가장 어리석고 불쌍한 자들일 것이다. 하지만 성경의 가르침이 참 진리인 이상, 이를 믿는 자들은 이 세상에서 가장 행복하고 축복받은 자들로 이 은혜를 베푸신 주님께 감사해야 할 것이다.

(3) 21세기 향후 세계는 신학과 과학(철학), 신앙과 이성의 싸움으로, 궁극적으로는 창조주 하나님과 사탄의 전쟁이 될 것이다. 이는 2016년 3월 진행된 이세돌과 알파고의 챌린지 매치가 보여 주었듯이 모든 것이 전자로 통합되는 시대로 인류는 새로운 도전에 직면하였다. 인류가 자신의 행복과 복지를 위해 시대를 따라서 놀라운 과학적 발전을 이루었으나, 이제 인류는 최첨단 과학의 지배와 통제를 벗어날 수 없는 상황이다. 따라서 일부 학자들의 주장처럼 인류는 만물의 영장이지만 역설적으로 과학의 노예가 되었다. 2018년 8월 현재 인류는 과학의 힘을 빌리지 않으면 아무것도 할 수 없다. 스마트 폰에서 보듯이 모든 것은 버튼 하나로 움직인다. 문제는 앞으로 현대 과학이 어디까지 발전할 것인지 잘 알 수 없지만 보고 느끼는 것은 매우 위협적이라는 것이다. 그럼에도 불구하고 현대 과학이 무엇을 만들고 창조하든 인간의 인격과 무엇보다도 영혼을 창조할 수는 없다. 이러한 상황에서 우리는 무에서 유를 창조하신 여호와 하나님, 여전히 당신을 거역하는 인간을 사랑하셔서 그들에게 구원의 손길을 펼치시는 주님만을 바라보고 나가야 할 것이다. 참 된 소망과 위로, 행복과 축복은 하늘 위, 보좌로부터 오기 때문이다.

(4) 다문화, 다민족, 다종교 사회로 인류의 생활 반경이 급변하고 있다. 이러한 상황에 맞서 열린 자세로 기독교인의 포용력을 증대해야 할 것이다. 이는 결국 타협이냐 포용이냐, 그렇다면 그 한계는 어디까지인가? 이러한 상황에서 땅 끝까지 선교는 모든 그리스도인의 지상과제이다. 그러므로 때를 얻든지 못 얻든지 마 18:19-20, "그러므로 너희는 가서 모든 민족을 제자로 삼아 아버지와 아들과 성령의 이름으로 세례를 베풀고 내가 너희에게 분부한 모든 것을 가르쳐 지키게 하라 볼지어다 내가 세상 끝 날까지 너희와 항상 함께 있으리라 하시니라". 막 16:15, "또 이르시되 너희는 온 천하에 다니며 만민에게 복음을 전파하라". 행 1:8, "오직 성령이 너희에게 임하시면 너희가 권능을 받고 예루살렘과 온 유대와 사마리아와 땅 끝까지 이르러 내 증인이 되리라 하시니라".

(5) 신흥 사이비 이단을 척결하는 것이다. 역사적으로 말씀이 전파되는 곳에는

항상 거짓 스승들이 난립하였고, 소위 정통을 빙자한 사이비 이단들이 득세하였다. 이러한 경향은 학문적 연구와 탐구를 구실삼아 다양한 철학적 사변과 사상으로 출현하였다. 특별히 19세기 이후에는 보다 적극적으로 하나님의 말씀을 거부하거나 부정하는 사이비 이단들이 교회 안에 출현하였다. 20세기에는 UFO(미확인 비행물체)를 신봉하는 공동체, 외계인을 신봉하는 공동체, 컴퓨터 네트워크로만 연결되는 사이버 종교(Cyber-religion), 복제인간이나 시험관 아기 그리고 대리모 등과 관련된 라 엘리언 공동체 등이 나타났다. 그리고 1960년대를 전후로 미국의 젊은이들 사이에서 급속히 확산된 뉴에이지 운동(New Age), 소위 '새로운 세대' 운동이 등장하였다. 이 운동은 기존사회 특히 기독교 문화 안에서 더 이상의 가치를 느끼지 못해 영적 공허를 느낀 사람들이 인간의 구원을 지금의 형태와는 다르게 추구하려는 운동이다. 그런데 뉴에이지는 서양의 정신 분석과 동양사상, 예를 들면, 선, 요가, 건강요법, 정신통일, 점성술, 강신술, 마술 등이 혼합된 매우 세속적인 사상적 혼합주의 이다.

한편 2,000년대를 전후로 건강과 치료, 소위 웰빙 바람과 함께 병을 치료하고 고치는 것과 관련된 기수련 운동, 예를 들면, 명상과 기공, 단전호흡 등의 건강 수련법들이 거의 대부분 신흥종교 수준이 되었다. 이러한 다양한 요법이 정신적, 육체적 건강을 보장해 준다고 믿는 일부 사람들 사이에서 관심이 고조되었다. 그 중에서 특별히 기공과 단전호흡이 가장 많이 통용되고 있다. 문제는 명상과 요가, 선과 기공, 단전호흡 등이 단순히 심신단련이나 건강의 치료를 위해 훈련하는 것은 좋지만, 혹시 그 선을 넘을 때에는 심각한 문제가 발생할 수 있다. 그러므로 이 단체들이 추구하는 것들이 단순히 심신 단련이나 건강치료인지 아니면 새로운 형태의 신흥종교인지 정확한 식별하는 것이 중요하다. 왜냐하면, 많은 단체들이 '기' 를 우주만물의 근원으로 간주하고 신앙의 대상으로 삼거나 기 체험을 성령체험으로 믿고 있기 때문이다. 이 밖에도 '모든 종교는 상대적이다' 는 종교 다원주의도 새로운 종교 형태로 사람들을 유혹하며 혼란에 빠뜨리고 있다, 이러한 상황에서 인간에게 정작 가장 중요한 것, 삶의 최고 목표와 목적이 무엇인지를 물으면서 부끄럽지 않은 삶을 살도록 힘써야 할 것이다. 여기에 필요한 것이 바로 성경적 신앙이다. 사요 요한은 요일 2:15, "이 세상이나 세상에 있는 것들을 사랑치 말라. 누구든지 세상을 사랑하면 아버지의 사랑이 그 속에 있지 아니하니".

인간이 한평생 살아가면서 고통과 어려움을 피할 수 없다. 욥 5:7 말씀처럼 어쩌면 고통은 인간의 운명인지도 모른다. 그러나 고통과 시련의 때에 신앙, 절대 신앙은 모든 것을 이기는 능력이요 힘이다. 그러므로 잠 9:10, "여호와를 경외하는 것이 지혜의 근본이요 거룩하신 자를 아는 것이 명철이니라". 시 144:15, "...여호와를 자기 하나님으로 삼는 백성은 복이 있도다"를 기억하는 것이 중요하다. 전 12:1-2, "너는 이제 너의 젊은 날에 곧 재앙의 날이 이르지 않고 나에게는 즐거움이 없다고 말할 해가 가까워 오기 전에 너의 창조주를 기억하라. 해나 빛, 달이나 별들이 어두워지지 않은 때, 비 뒤에 구름이 다시 돌아오지 않은 때에 그리하라". 인간으로 태어나 날마다 주님과 함께, 주님과 동행하는 삶은 행복 중의 행복이다. 이 세상의 그 무엇과도 바꿀 수 없는 행복이다. 그러므로 오직 여호와 하나님께, 여호아 하나님에게만 영광을 돌려야 할 것이다!

Solideo Gloria!

A History of
Morden Christian Church

부록

사이비 이단 천부교 경전 「하나님 말씀」 비판

제20장 부록(1)

사이비 이단 천부교 경전 「하나님 말씀」 비판

본 논문의 이해와 남용 방지를 위한 4가지 지침

- 본 논문에 기록된 여호와는 전통적인 기독교, 특별히 한국 교회가 사용하는 개역판 혹은 개역 개정판 성경에 기록된 창조주 하나님을 가리킨다. 그러나 천부교가 발행한 경전 「하나님 말씀」의 하나님 명칭은 자칭 천부 하나님 박태선, 감람나무와 이슬성신을 가리킨다.
- 본 논문에 서술된 성경 속의 여호와 하나님과 천부교의 자칭 하나님 간의 용어상 혼란이 발생할 경우에는 올바른 이해를 위해 저자에게 문의를 바란다.
- 창조주 여호와 하나님의 이름을 망령되이 일컫는 사이비 이단들에 대한 하나님의 저주와 엄중한 심판이 임할 것을 믿어 의심치 않는다.
- 본 논문을 통해서 정통 교회와 사이비 이단을 명확히 구분하고, 주님께서 약속하신 은혜와 축복을 넘치도록 누리는 행복한 인생 여정을 간절히 기원한다.

- "먼저 알 것은 경의 모든 예언은 사사로이 풀 것이 아니니 예언은 언제든지 사람의 뜻으로 낸 것이 아니요 오직 성령의 감동하심을 입은 사람들이 하나님께 받아 말한 것임이니라"(벧후 1:20-21)
- "모든 성경은 하나님의 감동으로 된 것으로 교훈과 책망과 바르게 함과 의로 교육하기에 유익하니"(딤후 3:16), "너는 진리의 말씀을 옳게 분별하며 부끄러울 것이 없는 일꾼으로 인정된 자로 자신을 하나님 앞에 드리기를 힘쓰라"(딤전 2: 15)

주제: 한국교회신흥사이비이단의 실태와 대처방안
일시: 2017년 10월 26일(목), 오후 6시
주최: 국제기독교뉴스사
장소: 국제기독교 뉴스사 사무실
강사: 서요한 교수(총신대학교, 역사신학)

사이비 이단[1]
천부교[2] 경전 「하나님 말씀」 소고

-천부교 초대 교주 자칭 하나님 박태선 장로의 설교 비판적 평가-

1. 서론

오늘 우리는 역사상 그 어느 때 보다도 급변하는 시대를 살고 있다. 얼마나 빠르게 변모하는지, 과거의 100년, 50년, 10년의 세월이 1년, 1개월, 하루, 그리고 몇 시간 몇 초에 바뀌고 있다. 정신을 차리지 않으면 백주에 코를 베이거나 순식간에 도태될 실로 숨 막히는 시대를 살고 있다. 그 변화의 중심에는 세계의 정치와 경제, 문화와 예술, 과학과 정보가 있지만, 무엇보다도 종교가 자리한다. 서양의 한 저명한 학자는 앞으로 세계의 문제는 종교적 갈등, 인종간의 대립일 것이라

---

1) 사이비(似而非)란 문자적으로 '비슷하나 다르다', 직설적으로 가짜라는 뜻이며 성경을 자의적 판단으로 가르치는 것을 말한다. 이와 달리 이단(異端)은 가르치는 내용이 성경과 다른 내용, 즉 다른 복음과 다른 교리 혹은 성경과 다른 행동을 하는 것이다. 성경에는 수많은 비밀과 약속이 있는데 내용 중에 이미 이루어졌거나 현재 이루어지고 있는 일, 그리고 아직 이루어지지 아니한 것을 자의적으로 가르치는 것이다. 그러므로 성경과 관련된 검증받은 양서들을 선별하여 읽고 해석하며 통시적으로 가르치는 것이 중요하다. 성경 해석을 주관적 지식이나 경험적 관점에서 접근하는 것은 다른 복음으로 가라지를 뿌리는 것과 같다. 기록된 하나님의 약속(예언)을 성령의 인도를 따라서 올바로 가르치고 전달하는 것이 중요하다. 혹 주변에서 자신을 포함한 특정인을 하나님이나 재림 예수, 보혜사라고 주장하는 것, 혹은 목사나 교주, 장로와 권사를 성경에 예언된 존재라는 사람이나 단체는 사이비 이단이며, 또한 어떤 종교적인 행위의 대가로 헌금을 강요하거나 시한부 종말론처럼 사회적으로 그리고 가정적으로 문제를 야기한 단체가 바로 사이비 이단이다. 보다 자세한 것은 본고 3.2를 참고하라.

2) 1989년 4월 28일, 새천년과 남북한 통일을 대비하여 한국교회를 하나로 묶어야 한다는 공감 속에 개신 교단의 지도자들, 한경직 목사 외 약 300여 명이 영락교회에서 창립 모임을 갖고, 동년 12월 28일, 36개 교단과 6개 단체 대표 121명이 강남침례교회에서 창립 총회를 열어 한국기독교총연합회(이하 한기총)를 결성하였다. 이 후 2017년 10월 지금까지 한기총은 한국교회의 제반 문제를 총괄해 왔다. 특별히 한기총은 각 교단 간의 신학적 입장 차에도 불구하고 한국교회의 연합과 협력을 통해 지상교회에 부여된 공동 사명을 함께 수행하기 위하여 역사

고 하였다.[3] 실제로 오늘 날 세계 도처에서 특별히 중동과 유럽에서 IS의 출현으로[4] 심각하게 위협을 느끼고 있다. 이렇듯 종교는 인간의 역사와 궤를 함께 하는 바, 과거와 현재, 미래의 삶을 총괄하는 궁극적 힘, 생사화복을 결정하는 삶의 원리이다. 그러므로 누구나 종교를 떠나서는 살아갈 수가 없고, 그렇기 때문에 올바른 종교, 참 종교를 선택하는 것은 매우 중요한 것이다. 사람이 아무리 부와 재물, 권력과 명예를 누린다 해도 인간 최대의 문제인 죽음과 이후의 삶을 피할 수 없기

적 복음주의 운동의 근거요 신학적 기반인 사도신경, 니케아 신경과 아타나시우스신경, 칼케돈 신경을 고백하며, 종교 개혁자들의 신앙, 곧 '오직 성경만', '오직 은혜만', '오직 그리스도만', '오직 믿음만', 그리고 '오직 하나님께만 영광'을 강조하고 복음주의적 세계연합체가 공인한 로잔언약(The Lausanne Covenant)과 마닐라 선언문(The Manila Manifesto)을 모범삼아 우리의 신앙과 결단을 확인하고 교회의 협력과 일치를 위한 공동신앙 선언문을 공포하였다. 아울러 한기총은 2004년 한국교회의 올바른 신앙과 신학의 계승을 위해 천부교와 그 아류를 사이비 이단으로 규정한 이단사이비 종합자료를 발간하였다. 따라서 필자는 한기총의 종합자료에 근거하여 천부교를 사이비 이단으로 적시하였다.「이단 사이비 연구: 종합 자료 II」, (한국기독교총연합회, 이단사이비문제상담소, 2007), 3-170 참조.

3) 2017년 10월 현재 전 세계 도처에서는 민족과 종교, 정치와 문화 집단 간의 인식과 대응의 차이로 갈등과 분쟁이 발생하고 있다. 이러한 갈등과 분쟁은 초기에는 시위와 폭동으로 나타나지만 정도가 심해지면 테러와 내전, 그리고 국제전으로 확대된다. 사실 민족 분포가 복잡한 지역이나 국가에서는 민족 간 갈등으로 분쟁이 격화되는 경우가 많다. 예를 들면, 민족이 복잡하게 얽혀있는 유럽 남동부의 발칸 반도에서는 갈등과 분쟁이 빈번하다. 구 유고슬라비아 연방 공화국의 해체 과정에서 인종 청소의 참극이 일어났고, 아프리카에서 발생하는 수많은 내전도 근본적으로는 종족 갈등과 깊이 관련되어있다. 한편 민족 간의 분쟁이 종교와 연관될 때는 그 강도가 더욱 높다. 대표적으로 팔레스타인 분쟁은 이스라엘과 주변 이슬람 국가 간의 민족과 종교, 그리고 영토 문제가 복잡하게 얽힌 분쟁이다. 또한 같은 종교나 종족 안에서도 종파 간의 교리 차이로 분쟁이 발생하기도 한다. 최근에 중동의 여러 내전이나 민주화 운동에는 이슬람교 내 각 종파 간의 갈등이 내재되었다. 국제 협력이 강화되고 있는 21세기에는 지난 세기의 세계 대전과 같은 국제적 전쟁이 발발할 가능성은 높지 않다. 그러나 종교적 원리주의나 배타적 민족주의에 근거한 테러리즘이 널리 확산되고 있는 것은 우려할 사항이다. 특별히 테러리즘(Terrorism)은 폭력적 수단을 이용하여 정치와 종교, 사상적 목적을 이루려는 극단적 행위로, 테러리스트들은 사람과 단체, 국가를 상대로 살상과 파괴를 저지름으로 공포심을 유발하여 자신들의 요구를 불법적으로 관철하려 한다. 이러한 상황에서 만약 테러 조직이 미사일이나 대량 살상 무기를 손에 넣는다면 그 위험성은 상상하기 어려울 것이다. 실제로 세계 주요 테러 조직 중의 하나인 '알카에다'는 2001년 민간 항공기를 납치하여 미국 뉴욕의 세계 무역 센터를 파괴하였다. 그 결과 초고층 빌딩이 무너지고 수천 명이 죽고 실종되었다. 이 사건 이후 미국은 '테러와의 전쟁'을 선포하고 아프가니스탄 전쟁을 주도하였으며, 그 후 유럽에서는 반 이슬람 정서가 강화되었다. koc.chunjae.co.kr/Dic/dicDetail.do?idx=23098.

때문이다. 수많은 종교들이 교주의 가르침, 즉 경전에 따라서 인생과 세상을 보는 관점이 다르지만 대부분 인간의 죽음과 그 이후의 문제를 취급하고 궁극적으로 그 문제를 해결하려는데 목적이 있다. 종교는 결국 인간의 행복과 불행, 성공과 실패, 생과 사를 결정하는 열쇠이자 바로미터이다. 이 세상을 살아가는 인간은 좋든 싫든 심지어 무신론자라도 종교를 떠나서는 살아갈 수 없다. 이는 극단적으로 주변에서 종종 듣는 말로 "신 곧 하나님을 믿으려면 차라리 내 주먹을 믿으라"고 말하는 사람일지라도 엄격한 의미에서 무신론자는 없다 할 것이다.

그런데 오늘 우리 사회에 뿌리 깊이 내재하는 것 중에 하나는 기성 종교, 즉 불교와 유교, 기독교와 기타 종교들에 대한 따가운 시선과 비판이다. 이것은 기존 종교들이 가르침과 달리 제 역할을 다하지 못하기 때문이다. 그 중에 특별히 기독교는 역사적 계시종교로 오랜 전통을 자랑하지만 마치 불 꺼진 창에 맛 잃은 소금으로 비판과 비난의 중심에 있다. 비판 요소 중에 하나는 이런저런 비리로 언론에 자주 오르내리거나 빈번한 분열과 야합, 설상가상 무분별한 이단들의 왕성한 활약과 다양한 책략과 음모로 사회적 혼란이 가중되기 때문이다. 하여 한국교회를 대표하는 한국기독교총연합회(이하 한기총)에서는 이단에 대한 경각심과 퇴치를 위하여 대책위원회를 구성하고 또한 지침서[5])를 만들어 교육하고 있다. 그럼에도 불구하고 몇몇 이단들 중에 특별히 한국천부교전도관부흥협회(이하 천부교)는 1955

---

4) 역사적으로 IS는 알 자르카위(요르단 출신)가 만든 '유일신과 성전', JTJ라는 조직이 원조이며 2004년 AQI '이라크 알카에다' 라는 이름으로 개명하였다. 그 후 2006년 10월 알 자르카위와 함께 조직을 지휘한 알 바그다디가 이슬람국가(ISI)를 최초로 창설하였다. 그 후 IS는 2014년 6월 9일 이라크의 최대 유전 도시 모술을 장악하고 IS 국가 수립을 선포하였다. 하지만 세계의 어느 국가도 이들을 국가로 인정하지 않았다. 하지만 IS는 막무가내로 국기를 제정하고 비인간적으로 끔찍한 만행과 테러를 자행하였다. 이들은 이슬람교의 창시자요 예언자인 마호메트가 세운 이슬람 국가를 재현하기 위해 자신들 외의 모든 이교도와 무슬림일지라도 IS를 따르지 않는 자들을 적으로 판단하고 제거하였다. 2015년 11월 13일 오후 9시 20분부터 다음날 새벽 0시 20분까지 프랑스 파리에서 동시 다발적으로 발생한 테러를 주도하였고 당시 132명의 사망자와 352명의 부상자가 발생하였다. 한편 수니파 국가는 사우디아라비아를 중심으로 이집트, 요르단, 시리아, 시아파 국가는 이란을 중심으로 레바논, 이라크에 퍼져 있으며, 현재 수니파 이슬람은 80%, 시아파 이슬람 20%로 구성되었다. iloveya99.blog. me/220268501080;ac-news.net/include/google_detail_trans_group.php?cat=112&gidx;panda-inspirationtistory .com/26.

5) 보다 자세한 것은「이단 사이비 연구: 종합 자료 II」, (한국기독교총연합회, 이단사이비문제상담소, 2007), 3-170 참조.

년 4월 8일 박태선 장로 자신이 창설한 한국예수교전도관부흥협회(이하 예수교)[6]를 이탈하여 1980년 1월 1일 자칭 "천부 하나님"이라고 선언하고 새롭게 창설된 교단이다.[7] 그 후 2017년 10월 현재까지 천부교는 우리 주변에 파생된 몇몇 이단들의 원조로,8) 예를 들면, 이영수의 에덴성회와 조희성의 영생교 등으로 사회적 지탄의 대상이 되어 왔다.

최근 기독교 일각에서 이단 천부교 교주 박태선 장로가 자칭 하나님으로 별도의 교단을 창설했다면 왜 자체 경전과 찬송가가 없는지 의문을 제기하였다. 생전에 박태선 장로는 설교에서 기독교의 경전인 성경은 98%가 거짓이며 예수는 실패자이다. 그러나 자신은 1조5천 억 살, 사망 직전에는 3조 살로 영원히 죽지 않는 하나님이라고 주장했으나, 1990년 2월 7일 여러 합병증, 폐결핵과 고혈압, 당뇨, 정신질환 등으로 사망하였다.[9] 이에 천부교에서는 기독교에 맞서 제1대 교주 박태선 장로의 생전 설교(대부분 녹취한 설교를 문어체로 전환)을 묶어[10] 2014년 5월 「하나님 말씀」을 출간[11]하였다. 이에 필자는 천부교의 경전「하나님 말씀」의 출간 동기와 구조, 그리고 분석과 평가를 통해서 이 경전이 왜 불온 이단서인지를 규명

---

6) 박옥래,「사회단체등록증, 등록번호 262호」, (대한민국 문교부, 1963년 5월 31일) 참조.

7) 한국예수교전도관부흥협회는 1950년 6월 25일 동란으로 위기에 처한 나라와 민족의 재건과 교회를 새롭게 하기 위하여 박태선이 직접 창설한 기독교 단체이다. 최근(2017년 8월 22일) 한국의 대표적인 기독교방송, CBS는 한국천부교부흥협회(이하 천부교)가 2014년 11월 6일 노컷뉴스에「사이비종교피해대책연맹」, "천부교는 종교라는 가면쓰고 반사회적 행위"라는 제목의 기사 게재를 문제 삼아 서울남부지방법원에 제소했으나 담당 재판부는 "원고들의 피고들에 대한 청구는 이유 없어 이를 기각"하였다. 그러나 당시 판결문의 이유, 인정사실 3페이지에 당사자의 관계에서 재판부는 "원고 한국천부교전도관부흥협회(이하 '원고 천부교협회' 라 한다)는 박태선이 1955년 설립한 종교단체이고, 원고 한국천부교 신도연합회(이하 '원고 신도연합회' 라 한다)는 천부교를 믿는 사람들이 만든 단체이다" 라고 기록되었으나 이것은 사실과 달리 천부교는 1980년 1월 1일 박태선이 자칭 천부 하나님으로 선언하고 새롭게 창설한 사이비이단 교단임을 밝힌다.

8) 각주 66과 이영호,「박태선 천부교의 아류들」, (국종제2교회, 2017. 7), 3-36을 참조하라.

9) 탁명환, 「기독교이단연구」, (한국종교문제연구소/국제종교문제연구소, 1999), 184; 서요한, "전도관의 재산 상속, 후계자에 대한 법적 권한과 적법성을 중심으로", 「한국예수교전도관부흥협회의 형성과 대표성에 관한 연구」, (국제기독교뉴스사, 2014.5), 8 참조.

10) "일러두기(1-2)", 「하나님 말씀」, (한국천부교전도관부흥협회, 2014. 5.1), 5.

11) 「하나님 말씀」, (한국천부교전도관부흥협회, 2014. 5.1), 17-296.

할 것이다. 그리하여 지금까지 천부교 이단에 빠져있는 수많은 우리의 형제와 이웃들을 어둠에서 빛으로, 절망에서 희망으로, 죽음에서 생명으로, 사적으로는 자유롭고 인간다운 삶의 회복과 공적으로는 사회 공동체의 자유와 질서를 함께 공유하여 보다 나은 미래를 세우기 위함이다. 이를 위해 필자는 종교의 정의와 경전, 참 종교와 기독교의 관계 및 정통과 이단, 특별히 천부교의 경전「하나님 말씀」의 내용을 아래 목차를 따라서 취급할 것이다.

2. 종교와 경전

(1) 종교의 필요성과 정의 : 인류가 살아가는데 필요한 것이 많지만 그 중에 빼놓을 수 없는 것이 삶의 문제, 즉 행복과 불행, 성공과 실패, 현세와 내세의 생과 사의 문제 즉 종교 문제이다. 종교란 규정된 믿음을 공유하는 이들로 이루어진 신앙 공동체와 그들이 가진 신앙 체계나 문화적 체계(cultural system)를 말한다. 또한 인간과 관련된 존재의 우주적 질서(a cosmic order of existence)를 가리킨다. 종교는 영어의 "religion"으로 라틴어 '릴리지오'(*religio*)에서 유래되었고,[12] 뜻은 '돌아간다', '찾아간다'로 신을 찾아간다는 뜻이다. 사전적 의미로는 초자연적인 절대자의 힘에 의존하여 인간 생활의 고뇌를 해결하고 삶의 궁극적 의미를 추구하는 신앙 체계를 일컫는다. 그런데 한문의 '종교'는 '宗'자와 '敎'자의 합성어로 전자는 으뜸, 기둥, 근본의 뜻이며, 후자는 가르치고 배우는 교육의 의미이다. 이를 종합하면 인간은 어디서 와서 어떻게 살다가 어디로 가는지의 근원을 가르치는 것이다. 그러므로 종교는 이 세상에서 가장 먼저 가르치고 배워야 하는 교육의 으뜸이요 근본이다.

---

12) 릴리지오(religio)는 2개의 어원적 배경에서 유래된바, 하나는 씨세로(Cicero, De Deorum Natura, 2, 28,72)와 연결하여 라틴어 리레고(relego, 숭배하다)에서 왔다. re(다시)가 레고(lego, 읽다, read)와 합하여 '다시 읽다', '반복 음미하다', '주의깊이 관찰하다'(go over again, consider carefully)의 의미로 신에게 예배하는 것과 관계된 것들을 지속적으로 살피는 것이다. 즉 신이나 조상을 숭배하는 것이다. 한편 락탄티우스(Lactantius, Divinae Institutiones, 4, 28)와 연결하여 re(다시)가 리가레(ligare, to bind, 묶다)와 합해 '다시 묶다'가 되었다는 견해이다. 어거스틴은 이 견해를 따라서 하나님께로 다시 결합하여(to reconnect) 하나님께 대한 경외(reverence for God, the fear of God)로 정리되었다.

오늘 날 종교는 힌두교와 불교, 이슬람교와 유교, 그리고 기독교 등 무수히 많다. 그 종교들은 본질상 인류에게 근본 법칙과 원리대로 살아가도록 가르치는 바, 이념과 사상을 넘어 국경 없이 서로 왕래하며, 서로 도우면서, 위하여 사는 세상을 만든다. 미국의 종교 사회학자 피터 버거(Peter Ludwig Berger, 1929-2017)의 지적처럼 종교는 인간의 실재, 즉 현존하는 곳에서 자연스럽게 통찰하는 데 가장 중요한 역할을[13] 하는 것이다. 그러므로 종교란 인간의 포괄적 삶과 세계를 보는 관점, 즉 과거와 현재와 미래의 삶의 의미와 진로, 원칙과 방향, 태도와 가치 체계, 사고방식과 통찰력 등 모든 것을 포함한다. 좀 더 구체적으로 정리하면 종교는 우주의 기원은 무엇인지, 산다는 것은 무엇인지, 인간은 왜 고통을 당하는지, 죽음은 무엇이며 사후에는 어떻게 되는지 등의 인간을 둘러싸고 제기되는 궁극적인 질문에 대하여 각각의 대안을 제시해 준다. 하지만 종교가 모든 이에게 반드시 필요하거나 긍정적인 것은 아니다.[14] 그 이유는 종교를 믿는 각 사람의 신앙적 취향과

13) 피터 버거, 「종교와 사회」, 이양구 역, (종로서적, 1981), 66-68; blog.naver.com/mokpojsk/130000143456. 오스트리아 출신 미국의 사회학자로 1960년대 뉴욕의 사회조사 뉴스쿨에서 종교사회학과 지식사회학을 연구하였다. 1981년부터 보스턴 대학교에서 사회학 및 신학 교수로 재직하였고, 1985년부터는 경제 문화 연구소(Institute for the Study of Economic Culture) 이사를 지냈다. 이 기관은 후에 문화와 종교 및 국제 사안 연구소(Institute on Culture, Religion and World Affairs)로 개편되었다. 피터 버거는 「의심에 대한 옹호」를 통해서 종교와 종교에 대한 믿음, 그리고 사회적인 의심을 통찰력 있게 접근, 종교의 쇠퇴문제를 심층적으로 취급하였다. 자서전 「어쩌다 사회학자가 되어」에서 그는 정치적으로 공화당의 보수주의자요 종교적으로는 기독교 신자임을 밝혔다.

14) 왜 인간에게 종교가 필요한가. 그것은 인간이 만물의 영장으로서의 성숙한 삶, 즉 '삶의 변화' 를 통한 완전한 삶의 실현 때문이다. 그러나 인간은 아우구스티누스의 지적처럼 교만하여 하나님으로부터 돌아섰다. 성경에 의하면 결국 교만이 모든 죄와 타락의 기원이다. 한편 구원은 인간이 교만을 버리고 신에게 돌아가서 그의 말씀에 순종하는 것이다. 따라서 아우구스티누스는 종교는 타락한 인간의 삶의 방향을 전환하는데 절대 필요한 것이다. 그런데 그 일은 단순한 교훈적 가르침이 아니라 신앙, 예수 그리스도를 믿음으로 성취된다. 이것이 바로 도덕과 윤리가 아닌 종교가 인간을 구원할 수 있는 이유라고 규정하였다. 그러므로 종교의 역할은 신앙으로 사람들을 사로잡아 삶의 방향을 바꾸는 것이다. 말하자면 타고난 본성을 따라 사는 '자기중심적 삶을 벗어나 새로운 가치를 좇아 사는 '가치중심적 삶(기독교적 용어로는 '신중심적 삶' 이라 한다)' 을 살도록 변화시키는 것이다. 그런데 우리는 종종 종교에 대해 거부감을 가진 일부 사람들을 발견한다. 그것은 어떻게 생겨났는가? 그것은 예수 이전의 몇 몇 철학자들의 부정적인 이해와 해석에 기인하였다. 대표적으로 로마의 철학자 겸 시인 루크레티우스(B.C. 94?-55?)는 종교를 해악을 끼치는 매우 위험한 것이라고 하였다. 그런데 사실 루크레티우스에서 21세기 도킨스

태도, 이상과 가치관에 따라서 다를 수 있기 때문이다. 혹 주변에서 종종 나는 종교, 즉 신이 필요 없다고 말하는 자들이 있지만, 종교는 반드시 인간에게 없어서는 안 될 중요한 과제이다. 그러므로 종교란 지금까지 우리가 살아온 불완전한 의식 구조에서 해방되어 어떤 제약을 받거나 비뚤어지지 않은 실재 그 자체의 본질을 계속 발견하고 깨우쳐 가는 과정이다. 이것이 바로 구도의 길이요 진리의 길이며 종교가 존재하는 이유라 할 것이다.

(2) 종교와 경전 : 유사 이래 이 세상에는 원시 종교를 포함하여 2017년 10월 현재까지 수많은 종교가 있어 왔다. 그런데 종교는 본질상 각각의 경전을 갖는다. 표준 국어대사전에 의하면 경전은 인간이 살아가는 과정에서 요청되는 궁극적 실재의 체험들, 예를 들면, 희로애락 혹은 생로병사, 그리고 사후 세계에 대한 변치 않는 규범(법칙)과 도리를 담은 책, 성현이 직접 저술했거나 또는 성현의 말이나 행실을 기록한 책, 그리고 종교적 교리를 기록한 책을 가리킨다.[15] 따라서 경전은 각 종교를 창설한 교주의 가르침, 즉 교리의 근간을 이루는 문서로 주목적은 고상한 정보를 제공하기 보다는 인류와 관계된 문제들, 현재와 미래의 삶, 궁극적으로 죽음과 사후의 삶, 영생에 있다. 이를 기초로 인간이 얻고 누릴 수 있는 죄의식과 번뇌로부터의 해방과 자유 같은 일종의 신비로운 종교적 체험을 말하며, 이것은

까지 2,000년 동안 종교에 대한 거부감은 대부분 종교 자체에서 나왔다기보다는 오히려 그것을 신봉하는 종교인들의 과오에서 나왔다. 도킨스에 의하면 이것은 바로 수많은 전쟁과 테러 그리고 폭력적 사건들이 실증한다고 하였다. 그런데 종교를 빌미 삼아 배척과 분쟁, 그리고 전쟁과 테러를 일으키는 사람들(그가 유대교인이든 기독교도든 이슬람교도든)은 사실상 그들이 믿는 종교의 가르침을 따르는 자들이 아니다. 그들은 자신들이 만든 이데올로기의 추종자일 뿐이다. 그들이 배척과 분쟁을 일으키는 근본 동력은 사실 정치적, 경제적, 사회적 조건이거나 이기심이다. 그럼에도 불구하고 그들은 그것들을 교묘히 감춘 채 종교적으로 이데올로기화된 이슈들을 내세워 추종자들을 기만하고 선동하여 전쟁과 테러 그리고 폭력을 자행한다. 예를 들면, 중세 십자군 원정의 동력은 성직자의 종교적 타락, 황제와 왕의 정치적 야욕, 귀족과 상인의 경제적 탐욕, 그리고 평민의 전리품들을 바라는 것처럼 저급하고 세속적이었다. 그럼에도 불구하고 성지 탈환을 "신의 뜻이다"라며 종교적 이데올로기로 포장했기에 이 원정에 참여한 병사들은 자신들을 '순례자' 또는 '십자가로 서명한 사람들'로 불렸고, 숱한 살인, 강간, 약탈, 방화를 자행하면서 자신들의 원정이 신성한 과업임을 의심하지 않았다. 따라서 일부 사람들은 종교적 진리를 미신이나 망상으로 이해하는바, 일부 이성적이고 합리적인 사람들은 종교를 꺼리는 것이다.

15) 최태경, 「표준국어대사전 상」, (두산동아, 2000), 366; 신기철/신용철(편저), 「새 우리말 큰 사전」, (삼성출판사, 1980), 202.

단순히 인간의 말과 용어로 도저히 표현될 수 없는 것이다. 하지만 경전에 표현된 것은 누가 누구를 위해 설파했느냐 하는 대상에 따라 그 의미가 다를 수밖에 없다. 결국 인간의 궁극적 실재, 즉 신과의 관계에서 이루어지는 이 종교적 체험은 역사적, 사회적, 심리적 요인 같은 여러 내외적 특수 요인에 의해 형성된다. 종교적으로 체험한 궁극적 실재의 세계 그 자체는 혹 영원불변이라 해도 그에 대한 표현은 어쩔 수 없이 실재적 산물로 상대적일 수밖에 없다.[16)]

그렇다면 각 종교의 경전, 그 경전이 말하는 진리란 무엇인가? 그것은 어떤 말장난이나 정의의 대상이 아니며 사색과 침묵을 통해 그 자체의 본질을 웅변적으로 드러낸다. 그런데 이 진리는 궁극적으로 인간에게 자유와 해방을 제공하며 영원한 실재를 추구해 가는 한 과정이다. 또한 지금까지 구도자가 알고 마음으로 믿어온 것을 재확인하는 것이다. 그리하여 무지의 장벽, 즉 인간을 죄악의 어두움과 절망에 빠뜨려 사망에 이르게 하는 속박이나 영원한 진노와 심판, 궁극적으로 지옥, 즉 영원한 죽음에서 벗어나게 하는 것이다. 그 과정에서 진리의 실재를 보다 깊이 인식하고 체험하는 해방과 자유는 실로 감격과 환희 그 이상이다. 이것은 몇몇 성인들이 각각의 경전에서 설파한 대로 대자대비와 무소유 내지 도덕군자로서의 완전한 삶의 실현을 가르친다.

(3) 참 종교의 정의와 본질 : 현대 과학은 주로 우주의 물질적, 화학적, 생물학적 문제를 취급함으로 인간 생활을 향상시켜 왔다. 그러나 과학으로는 인간의 자유나 인간의 존재 이유, 생명과 죽음의 신비한 문제를 해결할 수 없고 오직 믿음으로만 해결할 수 있다. 이 믿음은 어떤 형태로든지 인간이 자신의 구원을 위해서 인간 그 이상의 초월적인 어떤 절대자를 추구하고 대면하는 것을 믿으며, 바로 그 믿음 안에서 인생의 의미와 가치를 확신한다. 그러므로 종교를 한 마디로 정의할

16) 이것은 대체로 동양(한자) 문화권에서 사용되는 표현으로, 예를 들면, 유교의 경전 논어와 맹자는 주로 공자와 맹자의 언행을 기록하였으며, 그밖에 서경, 시경, 주역 등은 인간 생활에 변치 않는 도리를 담고 있다. 이처럼 불교의 불경은 창설자 시타르타의 언행을 기록한 것이며, 이슬람교는 교주 마호메트가 알라로부터 받은 것을 기록하였으며(코란), 힌두교는 베다(소마제의를 행하는 종파 사이에서 생겨난 일종의 예배, 신들을 찬양하는 내용), 즉 여러 가지 자연과 우주의 현상을 인격화한 존재이며, 그리고 기독교의 경전 성경은 크게 두 부분 구약과 신약으로 나누인다. 그러면 각 종교가 가르치는 경전의 주요 내용은 무엇인가? 그것은 각 종교를 설립한 교주의 가르침을 따라서 스스로의 진리, 만고불변의 진리, 즉 인생과 삶, 현세와 내세의 문제를 가르친다. 이런 의미에서 종교와 진리는 불가분의 관계이다.

수는 없으나 정리하면 '인간과 신, 즉 절대자와의 관계를 말하는 것'이다. 그러므로 종교는 절대자와 나, 즉 한 인간의 삶의 문제, 그 전 관계에 대해 가르친다. 그런데 종교는 반드시 두 가지의 본질적 요소가 요청된다. (i) 종교의 대상인 절대자 곧 교주와 교의, 그의 가르침과 행적을 기록한 경전이며, (ii) 종교행위를 하는 인간, 즉 인간이 지켜야 하는 종교윤리와 도덕, 절대자와의 관계를 구체화하는 종교행위 즉 종교의식과 규례 등이다.[17] 물론 이 중에서 중요한 것은 믿음의 내용, 즉 교주의 언행록인 교의, 경전이며, 이를 기초로 종교적 윤리와 도덕, 그리고 종교의식이 나온다. 각 종교는 이 교의, 경전에 따라서 인생과 우주에 대한 궁극적인 질문에 각각의 해답을 주는 것이다. 그러므로 하나의 종교를 올바로 이해하려면 그 종교가 믿는 교리, 그 종교가 가르치는 계명 즉 종교윤리와 의식, 예를 들면, 규례와 실천 규범 등을 알아야 한다.

(4) 참 종교와 기독교 : 주지하듯이 기독교는 불교와 힌두교, 이슬람교와 더불어 세계 4대 종교 중의 하나이다. 하지만 분명 이 네 종교 중에 기독교는 분명 다른 진리를 가르친다. 물론 개인에 따라서는 이 세상을 주관하는 신이 기독교의 하나님, 힌두교의 창조의 신 브라마(Brahma), 이슬람의 알라, 불교의 부처, 그 밖에 여러 신들이 서로 다르게 공존할 수 있을 것이나 분명한 것은 사람들의 마음에는 각자 믿는 유일신, 하나님이 존재한다. 그렇다면 그 세계를 주관하는 전지전능한 신, 유일신이 존재하는 것이다. 따라서 종교는 신학과 밀접히 연관되었다. 왜냐하면 "이 둘은 모두 동일한 원인, 곧 우주와 관련된 하나님에 관한 사실들의 결과

17) 그것은 대체로 규율과 의식, 또는 관계로 구성된다. 그 종교는 규율 중심의 두 가지 예는 이슬람교와 유대교이다. 이슬람교는 준수되어야 할 다섯 기둥들을 가지고 있다. 유대교는 준수되어야 할 수백 가지의 계명들과 전통들을 가지고 있다. 두 종교는 어느 정도 그 교회의 규율에 순종함으로써 사람들이 하나님 앞에 올바르게 된다고 주장한. 그 밖에 다른 종교들은 규율 목록에 순종하는 대신 의식의 준수를 더 강조한다. 따라서 그들은 자신들이 규정한 희생물을 드리고, 예배에 참여하며, 그리고 특정 음식을 먹음으로서 하나님 앞에 올바르게 된다고 가르친다. 가장 현저한 의식 중심 종교는 로마 가톨릭이다. 로마 가톨릭 교회는 사람들이 물로 유아 세례를 받거나 미사에 참여함으로써, 혹은 성직자에게 죄를 고백하거나 천국에 있는 성인들에게 기도함으로써, 혹은 죽기 전에 성직자에게 기름을 발리움으로써 하나님께서 그들을 죽음 후에 천국으로 받아들이실 것이라 믿는다. 불교와 힌두교 역시 의식 중심 종교들이지만, 약한 정도의 규율 중심으로 간주된다. 하지만 참 종교는 규율 중심도 의식 중심도 아니다. 참된 종교는 창조주 여호와 하나님과의 관계이다.

이"기[18] 때문이다. 그런데 종교는 이 사실들이 인간의 개별적이고 집합적인 삶의 영역에서 낳은 결과라면 신학은 그것들의 체계적 사고의 영역에서 낳은 결과이다. 하나의 원리는 또한 다른 것의 원리이며, 이 원리들은 자연적이거나 일반적인 성격이기보다는 영적이고 특별한 것이다. 그것들은 창조 그 자체의 영역이 아닌 궁극적으로는 인류의 구속 영역에 속한다. 하지만 종교와 신학이 비록 일반적인 학문과 지식을 갖는다 해도 그것을 기독교적으로 추구하는 것은 매우 귀중한 것이다.[19]

기독교는 한문으로 "基督教", 즉 근본을 살피는 가르침으로, 기독교의 경전 성경은 바로 유일신 하나님의 특별 계시로 그분의 뜻, 궁극적으로 이 땅에 하나님의 나라를 세우는 것을 가르친다. 성경에 의하면 창조주 하나님이 이 세상을 지으시고 우리 인생을 주관하시며, 심지어 사후의 또 다른 세계를 통치하시는 유일하신 '하나님', 창조주 여호와가 계심을 가르친다.[20] 성경의 첫 말씀 창 1:1-2, "태초에 하나님이 천지를 창조하시니라. 땅이 혼돈하고 공허하며 흑암이 깊음 위에 있고 하나님의 신은 수면에 운행하시니라." 그리고 마지막 책인 계 21:1, "또 내가 새 하늘과 새 땅을 보니 처음 하늘과 처음 땅이 없어졌고 바다도 다시 있지 않더라." 이렇듯 성경의 처음과 끝, 시작과 마지막은 바로 우리가 살고 있는 이 세상의 창조, 그리고 또 다른 세상에 대한 말씀을 보여준다. 태초에 천지를 창조하신 하나님께서 말씀하신 대로 언젠가 약속하신 메시아가 오시면 그가 지금 우리가 살고 있는 세상 대신에 새 하늘과 새 땅을 새롭게 창조하실 것이다. 따라서 성경은 처음과 끝, 시작과 종말을 분명히 말씀하는바, 이것은 그 어떤 종교나 경전에서도 찾아볼 수 없는 명확한 예언적 선언이다. 요 1:1-4, "태초에 말씀이 계시니라 이 말씀

---

18) 루이스 벌코프, 조직신학, 권수경/이상원 역, (크리스천 다이제스트, 2007), 103-104.

19) 루이스 벌코프, 103-104.

20) 사 43:7, "내 이름으로 불려지는 모든 자 곧 내가 내 영광을 위하여 창조한 자를 오게 하라". 사 43:11-13, "나 곧 나는 여호와라 나 외에 구원자가 없느니라. 내가 고하였으며 구원하였으며 보였고 너희 중에 다른 신이 없었나니 그러므로 너희는 나의증인이요 나는 하나님이니라. 여호와의 말이니라. 과연 태초로부터 나는 그니 내 손에서 능히 건질 자가 없도다. 내가 행하리니 누가 막으리요". 사 43:21, "이 백성은 내가 나를 위하여 지었나니 나를 찬송하게 하려 함이니라". 롬 11:36, "이는 만물이 주에게서 나오고, 주로 말미암고 주에게로 돌아감이라 영광이 그에게 세세에 있으리로다. 아멘".

이 하나님과 함께 계셨으니 이 말씀은 곧 하나님이시니라. 그가 태초에 하나님과 함께 계셨고 만물이 그로 말미암아 지은 바 되었으니 지은 것이 하나도 그가 없이는 된 것이 없느니라. 그 안에 생명이 있었으니 이 생명은 사람들의 빛이" 다.[21] 그러므로 기독교는 이 세상의 종교들, 즉 사람이 만든 종교가 아닌 전능하신 창조주 하나님, 성경에 기록된 대로 하늘로부터 임한 계시 종교이다.

3. 기독교 정통과 이단의 구분

인간 사회의 거의 모든 분야에는 주류와 비주류, 여당과 야당이 있듯이 기독교에는 정통(Orthodox)과 이단이 있다. 지금까지 2,000년 기독교 역사는 공교롭게 정통과 이단의 역사라 할 것이다. 그 이유는 한 편에 정통(orthodox), 즉 성경에 기초한 '올바른' 교회가 있다면 다른 한편에 항상 성경에서 벗어난 그릇된 이단(heresy), 즉 '시대적 상황에서 자의로 선택 받은 또는 의도적으로 결성' 된 무리와 추종자가 있어 왔기 때문이다. 그런데 역사 속에 '정통과 이단' 은 시대적 정황에 따라서 성경을 둘러싸고 대립하며 충돌했으나 동시에 끊임없이 변화하며 발전되었다. 그러면 교회가 어떻게 정통과 이단을 구별하고 나누는지, 그 원칙과 기준은 무엇인가? 그것은 신앙의 행위를 기록한 기독교의 경전, 즉 계시된 하나님의 말씀 성경과 그 성경을 기초로 공교회(Ecumenical Council)가 작성한 역사적 신앙고백서들[22]이다.

3.1. 정통신학의 정의와 역사

(1) 정의 : '정통' 의 사전적 의미는 어떤 사상과 이념, 학설이나 종교의 교의를

21) 그러나 칼 마르크스는 우리의 관심을 실재로부터 유리시키는 허상으로 종교를 인민의 아편이라고 했다. 프로이트는 종교란 아버지 집을 떠나 거친 세파를 몸소 겪으며 문제를 해결해야 하는 일종의 심리적 방충벽이라고 했다. 하지만 종교는 그 이상으로 신기루가 아니면 당장 죽어버릴 사람에게 신기루 역할을 해줄 수 있다. 그러므로 참된 종교가 요청되는 것이다.

22) Hans J. Margull(ed.), *The Councils of the Church*, (Philadelphia: Fortress Press, 1966), 6. 보다 자세한 것은 Philip Sharff, *The Creeds of Christendom, with a History and Critical Notes*, (Harper and Brothers: Franklin Square, 1877), 3 vols 참조.

가장 바르게 이어받은 계통을 가리킨다. 신학적으로 정통신학(Orthodox Theology)은 예수님의 가르침을 받은 12제자와 사도 바울이 최초로 정립하였다. 특별히 사도 요한은 그의 제자 폴리갑에게 자신의 신앙과 신학을 전수하였다. 그런데 전수 과정에서 초대교회는 이 후 수많은 도전과 논쟁을 통해 확립된 교리들, 예를 들면, 사도신경과 니케아-콘스탄티노플 신조, 에베소와 칼케돈 신조를 따라서 정통과 비정통, 즉 참 교회와 그릇된 사이비 이단을 규정하였다. 특별히 정통 교회는 성경의 전통과 권위를 거부하며 교회를 혼란에 빠뜨리는 이단과의 논쟁에서 하나님의 말씀인 성경, 그 성경이 가르치는 그리스도의 동정녀 탄생과 구원의 유일성, 성부와 성자와 성령의 삼위일체 교리, 성령의 내적 증거와 교회의 증언, 이신득의와 구원의 특별한 은총, 그리스도의 재림과 심판, 종말 사상 등을 확증하였다.[23] 이것은 예수 그리스도께서 친히 당신의 피로 값 주고 사서 세우신 교회,[24] 그 교회의 형성과 발전 이후 지금까지 2,000년 동안 끝없는 질시와 도전 속에서 정통 교회의 신학적 기초가 되었다.

(2) 역사 : 최초의 정통 신학은 사도 요한의 제자 속사도 폴리캅(Polycarp: 80-165)을 통해 전수되었다. 교부 폴리캅은 예수님의 제자 사도 요한(John the Apostle)의 제자로 86세 때 순교하였다. 순교 당시 그가 로마 황제 앞에서 화형을 당할 때, 지펴 논 불이 그를 태우지 않아 로마 군병이 창으로 찌른 후 불로 태웠다. 그런데 그의 신학은 사도 요한을 계승한 신학이었다. 그의 신학은 이 후 이레니우스(Irenaeus: 135-202)에게 전수되었다. 그는 「이단 논박」(*Adversus Haereses*)을 통해서 당시 영지주의 이단(Gnostic Heresies)들을 비판하였다. 그 후 정통 신학은 최초의 신조 사도신경(the Apostle's Creed)을 통해 계승되었다. 사도신경은 정통 신학의 시금석으로, 신론(Theology)과 기독론(Christology)과 교회론(Ecclesiology), 종말론(Escatology) 등이 담겨져 있다. 313년 콘스탄티누스 황제의 기독교 공인 이후 교회가 논쟁으로 혼란한 상황에서 제국 회의는 니케아 신조

---

23) 탁명환, 「기독교이단연구」, (국제종교문제연구소, 1986), 42-73; 김영한, "사이비이단과 정통의 기준", 「한국기독교와 사이비이단운동」, (서울: 숭실대학교출판사, 1995), 20-29.

24) 행 20:28, "너희는 자기를 위하여 또는 온 양떼를 위하여 삼가라 성령이 저들 가운데 너희로 감독자를 삼고 하나님이 자기 피로 사신 교회를 치게 하셨느니라". 그리스도의 피와 관련하여 엡 1:7; 벧전 1:18-19; 히 9:12-14; 요일 1:7을 참고하라.

(Nicene Creed: 325)를 통해서 사도 신경을 재확인함으로 정통 신학의 전통을 공고히 하였다. 그 후 칼케돈 신조(Chalcedonian Creed: 451)는 니케아 신조의 전통을 계승하였다. 그러므로 325년의 니케아 신조와 451년의 칼케돈 신조는 모두 범교회(Catholic Church)의 정통 교리이다.[25] 당시 동방의 헬라파 교부들은 자신들과 다른 유사 기독교 단체나 지도자들을 구별할 목적으로 '정통' 이라는 용어를 사용했으나, 이후 그들과 교류하는 개인이나 단체의 명칭으로 폭넓게 사용되었다.[26] 특별히 교부 아타나시우스는 당시 소집된 니케아 공의회에 참석하여 성경에 기초한 정통 삼위일체론을 변증하였다. 그가 작성한 아타나시우스 신조는 고대 신조 중에서 삼위일체론을 가장 잘 표현하였다. 니케아 신조와 아타나시우스 신학을 후대에 전해준 정통 신학자들은 동방 교회의 갑바도기아 교부들로 성 대 바질(Saint Basil the Great: 329-379)과 나지안 주스의 그레고리(Gregory of Nazianzus: 329-390), 닛사의 그레고리(Gregory of Nyssa: 335-395)는 이전의 정통 신학을 체계화하였다.

한편 어거스틴(Augustine: 354-430)은 갑바도기아 교부들의 교리를 계승하여 고대 교부들의 정통 교리를 집대성하였다. 어거스틴은 초대교회의 신학을 말씀 중심 신학으로 정리하여 정통 교리와 신학을 후대에 계승하였다.[27] 그 후 정통 신학은 어거스틴을 중심으로 둘로 나뉘는바, 하나는 콘스탄티노플을 중심으로 한 동로

25) 서요한, "제12장 초기 3대 학파의 신학사상", 「초대교회사」, (도서출판 그리심, 2010), 345-375; "제14장 니케아 공의회와 삼위일체 논쟁", 409-438; "제15장 칼케돈 공의회와 기독론 논쟁", 439-466.

26) 한편 유대교에서 정통은 가장 엄격히 옛 전통을 고수하는 종교적 신조와 관습을 지닌다. 이들은 현대적인 개혁파 유대교, 즉 개방된 신앙을 전혀 인정하지 않는다. 그러나 개혁파 유대교는 성경과 그 밖에 신성한 유대교 저서나 법전에 기록된 항구적인 가치의 윤리적 원칙뿐 아니라, 역사적 및 문화적 상황에 따라 율법의 해석도 용인할 수 있다고 간주한다. 이에 반해 정통 유대교인들은 율법은 영원히 변하지 않으며 종교적으로 반드시 준수해야 할 유일한 규범으로 간주한다. 그런데 정통은 기독교나 유대교 밖의 단체, 예를 들면, 참된 이슬람 교리를 무타질리파 교리 같은 이단적 가르침과 구별할 때 사용하며, 또한 지극히 보수적으로 성경을 해석하는 특정 형태의 개신교를 지칭할 때도 사용된다. 한편 복음주의적 정통은 보통 성경의 문자적 권위와 무오성을 주장할 때 지칭된다. 비종교적인 의미에서 정통은 어떤 일관된 의견 체제나 학문 영역에서 널리 인정된 견해를 가르친다.

27) 서요한, "제16장 후기 동서방 교부들의 신학사상", 초대교회사, (도서출판 그리심, 2010), 467-495; 서요한, "제17장 어거스틴의 생애와 신학 사상", 497-524.

마 제국 안의 그리스 정교회였으나 신학적 발전은 이루지 못하였다. 다른 하나인 서방의 라틴 교회는 로마 가톨릭 교회를 형성하였다. 이는 4세기 경 시작된 서유럽의 난민들, 즉 게르만 민족이 북부 지방을 공략한 훈족의 압박을 견디지 못해 남하와 연관되었다. 당시 로마 제국은 내부적으로 지배 체제가 무너져 있던 중에 게르만 민족으로 구성된 제국의 용병들과 북쪽 본토 게르만 민족의 합세로 패망하였다. 당시 북 아프리카까지 영토를 확장한 로마 제국은 몰락과 함께 그 찬란한 문명을 상실하였다. 다만 로마를 중심으로 현재의 프랑스와 이탈리아, 독일 지역을 차지한 프랑크 왕국이 신성 로마 제국 황제로 등극하면서 극적으로 정통 교회를 수호하였다. 그러나 그때는 순수한 형태의 로마 제국이 아닌 로마의 감독과 프랑크 지역을 점령한 왕이 성립한 정치적인 국가 교회 형태였다. 그리하여 7세기 경 서로마의 가톨릭 교회를 형성했으나 어거스틴의 신학 전통인 "인간의 전적 부패와 타락, 하나님의 구원과 은총"을 거부하고 인본주의 신학인 행위구원과 공로 사상을 수립하였다. 따라서 16세기 종교개혁은 필연적인바, 당시 활동한 여러 개혁자들 중에 존 칼빈은 초대교회의 사도적 신앙과 전통. 특별히 어거스틴의 신학에 기초하여 정통 신학을 확고히 하였다.[28)]

3.2. 이단의 정의

(1) 기독교와 이단의 관계 : 다른 종교와 달리 기독교는 왜 그렇게 많은 이단들

28) 16세기 종교개혁으로 정리된 정통 신학 혹은 개혁신학은 17세기 대륙의 개신교 정통주의자들에 의해 계승되었다. 그것은 유럽의 여러 개혁 교회의 요리 문답서와 신앙 고백서로 고백되었다. 예를 들면, 하이델베르크 요리 문답서, 벨직 신앙 고백서, 돌트 신앙 고백서, 그리고 웨스트민스터 신앙고백서 등이다. 그러나 18세기 이후 성경의 권위를 부정하는 새로운 신학 사조가 다양한 형태로 일어나면서 유럽의 여러 국가들, 대표적으로 프랑스와 스위스, 그리고 독일 등 서유럽의 개신교회가 급속히 몰락하였다. 당시 출현한 신학 사조는 성서 비평학을 필두로 사회복음주의 신학, 오순절 신학, 자유주의신학, 근본주의 신학, 신정통주의 신학 등이었다. 따라서 18세기 이후 교회에는 정통 신학 대신 통칭 배교의 신학, 자유주의적 인본주의 신학이 활개를 쳤다. 그리하여 교회에는 고등 비평과 양식사 비평, 그리고 벨하우젠의 모세 오경에 대한 문서설 등의 뒤틀린 신학이 현대교회의 신학적 주류를 형성하였다. 그리고 20세기에 들어와서 정통 신학은 신학적 혼란을 제어하기 위해 교의신학(Dogmatic Theology)을 중심으로 발전했으나 급속히 축소된 반면 자유주의를 포함한 여러 신학, 예를 들면, 신정통주의 신학을 포함한 혼합주의 신학과 세속화 신학, 그리고 포스트모던 신학이 활개를 치게 되었다. 그 과정에서 정체 모를 다양한 사이비 이단들이 출현하여 한국 교회는 이들과의 전투로 어려움을 겪고 있다.

이 있는가? 그 이유는 여러 가지가 있지만[29] 무엇보다도 기독교의 절대적 진리와 그 신비성 때문이다. 창조주 하나님은 시작도 끝도 없는 영원한 존재 그 자체요 알파와 오메가, 처음과 나중이시다. 그의 생각은 우리의 생각과 다르며, 우리의 길은 그의 길과 다르다. 사 55:8-9, "하늘이 땅보다 높듯이 그의 길은 우리의 길보다 높으며, 그의 생각은 우리의 생각보다 높다". 고후 4:7-10, "우리가 이 보배를 질그릇에 가졌으니 이는 능력의 심히 큰 것이 하나님께 있고 우리에게 있지 아니함을 알게 하려 함이라". "우리가 항상 예수님의 죽음을 몸에 짊어짐은 예수의 생명도 우리 몸에 나타나게 하려 함이라". 그러므로 인간은 절대자의 도움 없이는 진리이신 하나님을 바로 인식할 수 없다. 그러나 사람들은 지금까지 자신의 이성적 체계와 한계를 깨닫지 못하고 스스로 교만하여져서 하나님의 지혜와 능력, 계시와 진리에 이르고자 하였다. 그러나 기독교의 진리는 단순히 우리의 노력과 열망으로 쟁취할 수 있는 것이 아니다. 위로부터 주시는 은혜와 능력이 아니면 아무것도 할 수 없다. 그런데 하나님은 당신의 영광과 구원을 위하여 당신의 말씀을 인간에게 주셨다. 그렇다고 아무나 그 말씀을 깨달을 수 있는 것이 아니다. 눅 10:21, "그 때에 예수께서 성령으로 기뻐하시며 이르시되 천지의 주재이신 아버지여 이것을 지혜롭고 슬기 있는 자들에게는 숨기시고 어린 아이들에게는 나타내심을 감사하나이다. 옳소이다 이렇게 된 것이 아버지의 뜻이니이다".

이렇듯 하나님은 이 세상의 지혜 자들에게는 말씀을 숨기시고 어리석은 자들에게는 알게 하셨다. 그리하여 하나님은 당신의 그 깊은 뜻과 비밀을 세상의 지혜 자들이 알 수 없게 하셨다. 고전 3:18-21, "아무도 자신을 속이지 말라 너희 중에 누구든지 이 세상에서 지혜 있는 줄로 생각하거든 어리석은 자가 되라. 그리하여야 지혜로운 자가 되리라. 이 세상 지혜는 하나님께 어리석은 것이니 기록된바 하나님은 지혜 있는 자들로 하여금 자기 꾀에 빠지게 하시는 이라 하였고, 또 주께서 지혜 있는 자들의 생각을 헛것으로 아신다 하셨느니라. 그런즉 누구든지 사람을 자랑하지 말라 만물이 다 너희 것임이라"고 하셨다. 그러므로 빌 4:13 말씀처럼 "내게 능력 주시는 자 안에서 나는 모든 것을 할 수 있"는 것이다. 따라서 기독교에 유독 이단이 많은 것은 귀중한 것, 즉 명품 일수록 가짜가 많은 것과 같다

---

29) 서요한, "제10장 초기 이단들의 형태와 특징", 「초대교회사」, (도서출판 그리심, 2010), 288-292.

할 것이다. 하지만 우리는 진짜와 가짜를 구별하는 분별력을 가져야 한다. 그러므로 우리는 온전한 성도로서 부르심에 합당한 삶을 위하여 진리를 아는 일에 힘쓰되, 말씀을 부인하며 십자가를 대적하고 교회를 파괴하는 이단이 무엇을 말하는지 알아야 할 것이다.

(2) 정의 : 어원상 이단은 다양하게 설명되는 바, 헬라어로 '하이레시스' (hairesis)이다. 이 말은 원래 '자유로운 선택' (free choice)의 의미로 '당파' 와 '종파' 를 가르쳤다. 예를 들면, 행 5:17의 사두개인의 당파와 행 15:5에서 바리새파에게 사용되었고, 행 26:5에는 '우리 종교의 가장 엄한 파' 에 사용되었다. 따라서 어느 교회나 단체의 교주 혹은 지도자의 개인적인 주장, 즉 인위적이며 자력적인 가르침을 절대화 한다면 그것은 이단이다. 즉 이단은 인위적이며 자력으로 취한 가르침을 갖는 당파나 개인을 말하며, 성경과 어긋나는 '다른 교훈' 혹은 '다른 복음' 을 주장하는 단체나 개인을 가르친다. 사실 처음에 이 용어는 그렇게 나쁜 의미가 아니었으나 초대교회에 영지주의 이단들이 침투하면서 부정적 의미의 '교회와 대적하는 종파' 로 사용되었다.

따라서 이단은 헬라어 의미로 보면 단순히 기독교와 다른 또 하나의 당파나 종파를 가르친다. 그러므로 이단이 단지 문자적으로라면 그들이 이 용어를 그렇게 싫어할 이유는 없다. 그러나 성경은 분명히 '하이레시스' 를 나쁜 의미로 사용하였다. 즉 이단은 고전 11:19에 교회의 분쟁을 일으키는 편당으로, 갈 5:20-21은 하나님 나라를 유업으로 받지 못할 이단으로, 벧후 2:1에서는 "멸망케 할 이단을 가만히 끌어 들여 자신들을 사신 주를 부인하고 임박한 멸망을 스스로 취하는 자들"로 부정적으로 사용되었다.[30)] 영어의 이단은 "heresy", "sect", "cult" 3가지로, 그 중에 "sect"는 '분리' 를 뜻하며, "cult"는 '숭배, 예배' 를 뜻한다. 이들 중에 이단을 지칭하는 헬라어 어원의 "hairesis"가 매우 나쁜 부정적 의미로 사용되었다. 한편 우리말 이단의 끝말은 한문의 끝단(端)으로 의미상 처음과 중간은 같은데 끝이 다르다는 것이다. 즉 이단은 처음에는 비슷하여 분별이 어렵지만 나중에는 전혀

---

30) 보다 자세한 것은 서요한, "제10장 초기 이단들의 형태와 특징", 284-288을 참조하라.

31) Donald K. McKim(ed.), *Encyclopedia of the Reformed Faith*, (Edinburgh: Saint Andrew Press, 1992), 172; 윌리엄 L. 랭어(ed.), 「호메로스에서 돈키호테까지」, 박상익 역, (푸른 역사, 2001), 351-354.

다르다는 것이다. 그런데 한문의 '端' 은 끝의 의미와 함께 '옳다, 바르다' 는 뜻이 포함되어 옳지 않다는 의미로 해석할 수도 있다.

정리하면 이단은 특정 철학이나 학파의 사상 혹은 바른 교리의 표준에서 이탈하여 잘못된 신앙을 믿고 따르는 개인이나 집단을 가리킨다.[31] 신학적으로 이들은 정통 교회의 말씀과 교리, 사도적 신앙과 사상에 구속받지 않고,[32] 사사로운 감정이나 지적 편견에 사로잡혀 말씀을 오해와 곡해, 음해하며 독자적으로 해석하고 실천한다. 그리고 기독교 사상과 실천의 당면한 문제들, 특별히 영적 문제에 집중함으로 교회의 질서와 통일을 파괴한다. 그러므로 딛 3:10, "이단에 속한 사람을 한두 번 훈계한 후에 멀리 하라" 고 하였다. 이는 해로울 뿐 전혀 유익이 되지 않기 때문이다. 그들에게는 기존의 몇몇 종교와 같이 만인의, 만인에 의한, 만인을 위한 객관적으로 입증된 진리가 없다. 특별히 오늘 국내의 무수한 신흥 기독교 이단들은 성경 말씀을 각자의 이해관계를 따라서 제 것으로 위장하거나 왜곡하여 믿고 가르치며 따르는 거짓말쟁이들이다.[33]

즉 이단은 교회의 전통에서 벗어나 어긋나는 가르침을 말하며 거짓 선생과 거짓 선지자의 다른 교훈 혹은 다른 복음을 일컫는다. 말하자면 교회에 가만히 들어온 거짓 형제(유 1:18)를 말한다. 사도 바울은 갈 1:6-9, "그리스도의 은혜로 너희를 부르신 이를 이같이 속히 떠나 다른 복음 좇는 것을 내가 이상히 여기노라. 다른 복음은 없나니 다만 어떤 사람들이 너희를 요란케 하여 그리스도의 복음을 변하려 함이라. 그러나 우리나 혹 하늘로부터 온 천사라도 우리가 너희에게 전한 복음 외에 다른 복음을 전하면 저주를 받을 찌어다. 우리가 전에 말하였거니와 내가 지금 다시 말하노니 만일 누구든지 너희의 받은 것 외에 다른 복음을 전하면 저주를 받을 찌어다" 라고 엄히 경고하였다.

---

32) Stuart G. Hall, *Doctrine and Practice in the Early Church*, (Michigan: Grand Rapids: William B. Eerdmans Publishing Company, 1992), 36; 마크 A. 놀, 「복음주의 지성의 스캔들」, 이승학 역, (엠마오, 1996), 12; 김영한, "이단 사이비 기준에 대한 신학적 성찰", 「오피니언」, (크리스천투데이, 2012.11.12) 참조.

33) 요 8:44, "너희는 너희 아비 마귀에게서 났으니 너희 아비의 욕심을 너희도 행하고자 하느니라. 저는 처음부터 살인한 자요 진리가 그 속에 없으므로 진리에 서지 못하고 거짓을 말할 때마다 제 것으로 말하나니, 이는 저가 거짓말 장이요 거짓의 아비가 되었음이니라".

4. 성경의 구조와 내용

성경은 역사적 기독교가 수많은 도전과 위기 속에서 공적으로 인정한 신앙의 법전, 경전이다. 성경은 크게 두 부분 구약과 신약, 이렇게 두 언약으로 구성되었다. 전자는 범죄한 인간을 구원할 메시아에 대한 옛 언약의 역사를, 후자는 구원자 메시야의 도래와 새 언약의 성취를 가르친다(렘 31:31; 출 24:7; 히 8:13; 고전 1:25; 고후 3:14). 중심 내용은 만세 전에 창조주 하나님(God)이 예수 그리스도 안에서 세우신 구속 경륜을 그의 백성을 통해서 이루시고 그들과 함께 하나님의 나라 천국에서 영원토록 영광을 누리는 것이다.[34)]

4.1. 성경의 구조

구약 성경은 본래 유대인의 타나크((Tanakh, 히브리어: תנך)[35)]에 기초하여 약 B.C. 1500-400년 사이의 기록을 모은 것이다. 구약은 총 24권으로 A.D. 100년경 얌니아 회의에서 정경으로 확정되었다. 이후 기독교회는 24권을 목록과 배열에 따라 39권으로 분리하였다. 구조는 크게 다섯 부분으로 (i) 율법서인 토라 모세 5경은 이스라엘의 출애굽 이후 약속의 땅 가나안에서의 삶, 즉 질서유지를 위한 법적 문서이며, (ii) 역사서는 룻기와 에스더를 포함한 문학적 소품과 삼상하, 대상하, 왕상하 등의 열왕들의 기록이며, (iii) 지혜서는 욥기, 시편, 잠언, 전도, 아가서로 이 중에 욥기, 전도서, 잠언은 지혜문학이며 시편과 아가는 시가서이다. (iv) 예언서 중에 다니엘서와 스가랴서는 종말론적 묵시문학이며, (v) 선지서는 대선지와 소선지서로 구성되었다. 이는 주로 선지자(예언자)들이 장차 일어날 일을 하나님 편에서 이스라엘 백성들에게 그분의 말씀을 전한 내용을 가르친다.[36)] 한편 신약

---

34) 사 43:7, "내 이름으로 불려지는 모든 자 곧 내가 내 영광을 위하여 창조한 자를 오게 하라 그를 내가 지었고 그를 내가 만들었느니라". 43:21, "이 백성은 내가 나를 위하여 지었나니 나의 찬송을 부르게 하려 함이니라". 고전10:31, "그런즉 너희가 먹든지 마시든지 무엇을 하든지 다 하나님의 영광을 위하여 하라". 갈 1:5, "영광이 그에게 세세토록 있을지어다 아멘."

35) 이 이름은 이를 구성하는 세 분류 명을 늘여서 쓴 형태로 율법서 토라(תורה, Torah), 예언서 네비임(נביאים, Neviim), 성문서 케투빔(כתובים, Ketubim)의 맨 앞 글자를 따서 표현 것이다. cafe.daum.net/xorwjsryghl/RwX5/26.

성경은 A.D. 50-100여 년 간에 당시 상용어인 코이네 그리스어로 기록되었다. 구약과 신약은 예수님의 탄생을 기점으로 B.C.와 A.D.로 나뉘며 신약은 총 27권으로 집대성 되었다. 내용은 예수 그리스도의 사역을 정리한 4복음서, 복음이 유대인으로부터 이방인에게 전파되는 과정을 기록한 사도행전, 그리고 복음의 의미와 그리스도인의 믿음과 생활을 기록한 여러 서신서들(13편의 바울서신과 8편의 일반서신), 신앙인의 최후 승리를 예언한 요한 계시록이 포함되었다. 397년 카르타고 공의회는 현재의 성경 구약 39권 신약 27권 총 66권을 정확무오한 하나님의 말씀, 정경(cannon)으로 채택하여[37] 오늘에 이르렀다.

4.2. 성경의 특징

(1) 하나님의 나라와 언약 : 첫 번째 특징은 하나님이 당신의 나라, 천국을 세우기 위한 구속 경륜과 그의 백성과 맺으신 언약의 성취를 보여준다. 하나님의 계

36) 모세 이후 말라기까지 이스라엘의 역사는 선지자들의 역사였다. 사무엘 시대에는 라마에 선지학교가 있었고(삼상 10:10, 19:18-24) 그 후에는 벧엘(왕하 2:3)과 여리고(왕하 2:5), 길갈(왕하 4:38)에 있었다. 주요 교과 과목은 율법을 읽고 해석하는 일이었다. 선지자들은 자신의 생각이나 의지를 말한 것이 아니라 하나님의 성령에 감동을 받아 하나님의 뜻을 말하였다. 선지서를 둘로 구분하면 대 선지서: 이사야, 에레미아, 에레미아애가, 에스겔, 다니엘, 소 선지서: 호세아, 요엘, 아모스, 오바댜, 요나, 미가, 나훔, 하박국, 스바냐, 학개, 스가랴, 말라기 였다. 이는 선지자의 개인적인 차이보다는 선지서의 분량, 즉 대소를 기준으로 한 것이다. 히브리 성경은 12권의 소선지서를 한 권으로 취급하며, 예언의 대상을 따라서 선지자들을 분류하면 이스라엘: 호세아와 아모스, 미가, 이방나라: 요나와 나훔, 오바댜(에돔), 유다: 그 밖의 선지자들이다. blog.daum.net/church2006/5222773.

37) 한편 로마 가톨릭은 종교개혁에 맞서 개최한 트랜트 공의회를 통해 기존의 교리, 성경과 전통을 재천명하였다. 이 공의회는 황제 찰스 5세의 요청으로 교황 바울 3세가 1545년 개최하여 1563년 12월까지 무려 18년간 5명의 교황(바울 3, 재위 1534-1549, 율리오 3세 재위 1550-1555, 마르첼로 2세 재위 1555, 바울 4세 재위 1555-1559, 비오 4세 재위 1559-1565)이 재위하였다. 이들은 성경 66권 정경 외에 외경과 가경을 받아들였다. 정경과 외경의 구분 기준은 아래와 같다. (i) 사도성: 예수님의 제자들 또는 그 영향을 받은 사람이 쓴 책인가? (ii) 내용성: 성도들에게 유익한 하나님의 말씀이 담겨 있는가? (iii) 보편성: 특수한 상황에서 기록된 각 성경이 모든 교회에서 받아들일 수 있는 내용으로 이루어져 있는가? (iv) 영감성: 하나님의 감동으로 쓰인 명백한 증거가 있는가? 등이었다. 서요한, “제7장 신약교회 형성과 제도의 발전”, 「초대교회사」, (도서출판 그리심, 2010), 214-218 참조.

획과 언약의 성취 과정은 창조와 인간의 타락, 하나님의 구원과 회복, 즉 완성이다.[38] 하나님은 당신의 구원 역사를 이루기 위하여 먼저 이스라엘 민족을 택하시고, 그 민족과 함께하시며, 그들에게 당신께서 구원과 회복의 참 하나님이심을 지속적으로 나타내셨다. 그리고 마지막 때에 이스라엘 민족뿐 아니라 모든 열방이 당신의 진노와 심판에서 벗어나 영원토록 영광을 누릴 것을 말씀하셨다. 그 과정에서 하나님은 그 언약을 이루기 위하여 중보자 예수 그리스도를 이 땅에 보내시고, 그를 믿고 따르는 자에게 영원한 생명을 약속하셨다. 언약 백성, 즉 구원의 상속자들은 영적 이스라엘이요 오늘날 신약 교회의, 그리스도를 주라 고백하는 모든 성도들이다.

(2) 성경의 신적 권위 : (i) 계시된 말씀: 성경은 성령의 감동을 입은 사람들이 하나님께서 주신 말씀을 기록한 책이다. 이 책은 B.C. 1,500년부터 A.D. 100년까지 약 40명의 저자들이 1,600년에 걸쳐 오직 한 가지 목표와 주제, 즉 구원자 예수 그리스도의 도래와 성취를 성령의 감동을 입은 사람들이 기록한 것이다. 이것은 단적으로 성경이 단순한 책이 아니라는 것을 보여주는바, 예수님은 히 10:7에서 이것을 "두루마리 책"이라고 하셨다. 사실 어느 누구도 말씀이 없다면 공의의 절대적 기준을 알 수 없으며, 그의 삶에서 은혜의 필요성을 결코 깨달을 수 없다. 하나님은 그 기준을 명확히 하기 위하여 계시의 말씀을 기록하셨다. 계시된 말씀은 오랜 역사 속에 수많은 사건과 논쟁을 통해서 증명되었다. (ii) 은총의 말씀: 성경은 창조주 하나님이 범죄한 죄인을 구원하려는 메시지, 그분의 사랑과 구원의 은총, 즉 은혜의 말씀을 기록한 책이다. 그런데 성경은 그 어떤 경전이나 책보다도 인생의 본질적인 문제들, 그들의 삶의 실상을 구체적으로 기록하였다. 여기에는 인간의 아름다운 모습, 욥기와 시편, 잠언과 전도서 그리고 아가서와 같이 시와 찬미로 주를 경배하며 주께 영광돌리는 모습도 있지만 대부분은 말하기에 부끄러운 수를 알 수 없는 죄악들, 예를 들면, 미움과 증오, 원망과 불평, 거짓과 속임, 배신과 배교, 분리와 분쟁, 전쟁과 살상, 우상숭배가 기록되었다.[39] 이것은 성경이 곧 인생사로, 예를 들면, 희로애락, 생사화복, 성공과 실패, 절망과 희망을 구체적으로

38) 서요한, "제15장 세계관의 기독교적 이해와 전개", 「스코틀랜드 교회와 한국장로교」, (도서출판 그리심, 2015), 411-438.

39) 막 7:14-23; 롬 1:18-32 참조.

보여준다. 그러나 성경은 눅 15:7, "내가 너희에게 이르노니 이와 같이 죄인 한 사람이 회개하면 하늘에서는 회개할 것 없는 의인 아흔 아홉으로 말미암아 기뻐하는 것보다 더하리라". 요 3:16, "하나님이 세상을 이처럼 사랑하사 독생자를 주셨으니 누구든지 저를 믿으면 멸망하지 않고 영생을 얻게 하려하심이니라". 이 세상에 성경 말씀 같은 책은 없다. 성경은 은총의 말씀이요 구원의 말씀이기 때문이다. (iii) 영생의 말씀: 성경은 하나님 즉 우리 주 예수 그리스도의 생명의 말씀을 기록한 책이다. 요 6:66-69, "그 때부터 그의 제자 중에서 많은 사람이 떠나가고 다시 그와 함께 다니지 아니하더라. 예수께서 열두 제자에게 이르시되 너희도 가려느냐. 시몬 베드로가 대답하되 주여 영생의 말씀이 주께 있사오니 우리가 누구에게로 가오리이까. 우리가 주는 하나님의 거룩하신 자이신 줄 믿고 알았사옵나이다". 다시 말해서 영생의 말씀은 주 예수 그리스도에 대한 신적 기술이다(히 4:12; 요 5:39-47). 이렇듯 성경은 창조주 하나님의 말씀이기 때문에 그 자체 신적권위를 갖는다. 그것은 성경 딤후 3:16, 성령의 감동으로 기록되었기 때문이다. 우리가 알 것은 성경을 믿는 것은 곧 하나님을 믿는 것이며 성경의 어느 부분을 불신하는 것은 곧 하나님을 불신하는 것과 같다. 예수님은 "내 양은 내 음성을 듣고, 나는 저희를 알며, 저희는 나를 따르느니라."(요 10:27)고 하셨다.

(3) 성경과 기독교 역사 : 성경은 초대교회 이후 지금까지 2,000년 동안 전 세계인의 역사와 문화, 즉 삶의 전반에 크게 영향을 끼쳤다. 특별히 유럽과 구미의 역사는 기독교를 떠나서는 감히 상상 할 수 없다.[40] 기독교는 곧 이들의 종교적 관습과 사회활동 및 개인 생활의 규범이었다. 루터의 신약성경 번역은 성경을 성직자로부터 평신도에게 이양하는 교회의 민주화와 그들이 믿는 것이 무엇인지에

---

40) Robert D. Knudsen, "Calvinism as a Cultural Force", 그리고 W. Stanford Reid, "The Transmission of Calvinism in the Sixteenth Century", John Calvin, *His Influence in the Western World*, ed. W. Stanford Reid, (Michigan: Zondervan, 1982), 13-29, 33-52; M .Weber, *The Protestant Ethics and the Spirit of Capitalism*, ed. T. Parsons and R. H. Tawney, (New York: Scribner, 1958), 1-98; C. Gregg Singer, *John Calvin: His Roots and Fruits*, (Greenville: Salisbury, 1989), 29-60; Alastair Duke, "Perspectives on international Calvinism", *Calvinism in Europe 1540-1620*, eds., Andrew Pettegree/Alastair Duke/Gillian Lewis, (Cambridge University Press, 1996), 1-20; Donald K. McKim, *Readings in Calvin's Theology*, (Michigan:Baker Book House, 1984), 9; G. R. Elton, *Reformation Europe 1517-1559*, (Fontana Press, 1963), 231-238; K. S. 라토렛, 「기독교의 역사」, 허호익 역, (대한기독교출판부, 1994), 38.

대한 구체적인 증거를 제시해 주었다. 이는 먼저 독일어와 독일 문학의 기초가 되었다. 또한 영어 성경은 17세기 영국 개신교의 신학과 영성을 보여주는 천로역정 같은 영국의 고전들의 산파 역할을 하였다. 그리고 유럽 문학의 고전인 단테의 신곡, 청교도 시인 밀턴의 실락원, 괴테의 파우스트는 모두 그리스 로마의 고전 정신과 히브리와 기독교 정신의 갈등과 공존을 통합하였다. 그밖에 헨델의 메시아, 마태 수난곡, 바흐의 음악들과 네덜란드 출신 램브란트의 종교화와 미켈란젤로의 조각 등이 모두 성경의 영향이었다. 물론 근대의 민주제도와 시민운동, 문화 활동과 자본주의 경제 정신도 이스라엘과 유대적 전통에 칼빈주의의 예정론과 신앙적 합리성에 기초하였다.

1653년(효종 4년) 네덜란드 상인 하멜이 조선을 다녀간 후 1832년 2월 독일 출신 선교사 구출납부는 중국 마카오를 떠나 산동 해안을 거쳐, 그 해 7월 조선의 서해안 백령도 인근에 상륙하였다. 그는 성경을 번역하여 가르치고 또한 그곳 주민들에게 감자 재배를 가르쳐 섬사람들의 배고픔을 덜어 주었다.[41] 1859년 토마스 선교사는 런던의 뉴칼리지 졸업 후 중국 상해에 도착하였다. 그러나 얼마 후 부인의 소천으로 의기소침하던 차에 현지 런던선교회 책임자와 갈등으로 선교직을 사임하고 산동성 지푸 세관에 취직하였다. 그 때 스코틀랜드 성서공회 소속의 윌리암슨을 만나 우연히 한국의 천주교 박해를 피해 그곳으로 피난 온 두 사람을 만났다. 그리하여 그들로부터 조선의 소식을 듣고 조선 행 기회를 찾던 그때 미국 상선 제너럴셔먼호가 한국에 교역 차 떠난다는 소식을 접하였다. 1866년 7월 그는 셔먼호의 통역 겸 안내자로 동승하여 대동강을 거쳐 평양으로 항진하였다. 그런 가운데 홍수로 불었던 대동강 물이 줄어들고 간조로 배가 좌초되었다. 그 때 상류에서 불타는 보트가 떠 내려와 셔먼호에 닿으면서 화염에 휩싸였다. 대기하던 조선의 병졸들이 뭍에 오르는 선원들을 칼로 쳐 죽였다. 토마스 목사도 어쩔 수 없이 성경 몇 권을 가슴에 품고 강으로 뛰어내렸다. 그 때 헤엄쳐 나오는 토마스 목사를 평양감사 박춘권이 칼로 쳐 죽였다. 토마스 목사는 자기를 죽이는 박춘권에게 성경 한 권을 주었다. 처음에는 거절하던 박춘권이 후에 성경을 통해 예수를 믿고 영수가 되었다. 따라서 그는 한국에서 순교한 최초의 목사였다.[42]

---

41) 한국기독교역사연구소, 「한국기독교의 역사 I」, (기독교문사, 1994), 129-133; 김인수, 「한국교회의 역사」, (쿰란출판사, 2017), 67-70.

한편 1875년 스코틀랜드 선교사 존 로스는 이응찬을 통해 백홍준, 이성하, 김진기 등 의주 청년 세 사람을 포섭하였다. 존 로스는 그들과 함께 한국선교의 선행 조건은 성경 번역이라고 간주하고 즉시 번역을 시작하였다.[43] 존 로스는 '말씀' 만이 기독교의 핵심이요 전도의 중심이라고 보았고, 네 명의 청년들은 선교사, 세관관리, 병원장 등 그곳 외국인들의 어학 선생으로 활동하면서 이응찬과 함께 로스의 성경 번역을 지원하였다. 이들은 성경을 한글로 번역하기 전에 먼저 한문 성경을 수차례 정독하였다. 이 과정을 되풀이 하는 중에 말씀을 통해 성령께서 이들의 마음을 움직여 예수를 믿게 되었다. 그로부터 4년 후 1879년 네 사람 모두 맥킨타이어에 의해 세례를 받았다. 그 후 그들은 로스가 번역한 한글 성경을 짊어지고 다니면서 성경을 반포하고 복음을 전파하였다.[44] 한편 같은 시기 일본 동경에서 이수정이 성경을 번역하였다.[45] 1884년 9월 의료 선교사 알렌이 제물포에 도착한지 2일 후 서울에 입국하였고, 1885년 4월 5일 부활주일 아침, 미국의 북장로교와 북 감리교 선교사 언더우드와 아펜셀러가 알렌의 인도를 따라 제물포에 도착하였다. 그 후 서울에 온 그들은 도처에 학교와 병원, 교회를 세웠다. 그리고 다양한 성경공부를 통해 당시 많은 부녀자들이 문맹(文盲)을 떨치게 되었다.[46] 1910년 한일합방, 일제 강점기에 민족의 자주독립을 위해 투쟁하던 애국지사들이 1919년 3월 1일, 기미독립 선언문을 작성한바, 서명자 33인 중에 기독교인이 16명이었다. 2017년 10월 마지막까지 종교개혁 500주년을 맞는 뜻깊은 해(歲)에 성경(聖經)은 여전히 기독교인은 물론 전 세계인들에게 가장 사랑받고 또한 영향을 끼치는 기독교 경전이다. 성경은 전 세계에서 매년 1억 부가 출간되고 있는,[47] 남녀노

42) 한국기독교역사연구소, 137-141; 김인수, 70-73.

43) 한국기독교역사연구소, 142-152; 김인수, 73-78.

44) 한국기독교역사연구소, 153-156; 김인수 73-78.

45) 한국기독교역사연구소, 157-169; 김인수, 78-80.

46) 김인수, 92-95; 김성준, 「한국기독교회사」, (기독교문화사, 1993), 50-59.

47) 2018년 8월 31일 현재, 세계성서공회연합회(United Bible Societies, UBS)의 2017년 12월 기준, 성서번역 현황에 따르면 전 세계 성경은 전 세계 7,097개 언어 중에 3,324개(최소한 단편, 쪽 복음 번역 포함) 언어로 번역되었다. 세계성서공회가 발표한 바에 의하면 성경이 674개의 언어로 번역되었으며, 그 중에 신약 1,515개, 단편(쪽복음)은 1,135개 언어로 번역되었다. 하지만 단편 성경조차 번역되지 않은 언어는 3773개이다. 세계 성서공회는 끊임없이 발전하

소, 빈부귀천 할 것 없이 모든 민족 모든 사람들을 위한 책 중의 책이다.

5. 성경 해석과 적용의 원리

(1) 성경과 교회: 성경은 하나님께서 당신의 계시를 사람의 언어로 교회를 위해 주신 책이다. 이 책은 기독교 공동체에서 널리 읽혀지는 경전이다. 오늘 날 교회는 하나님의 뜻을 알기 위하여 성경해석, 올바른 해석에 힘써야 한다. 그 이유는 성경 곧 하나님의 말씀은 영혼을 살찌우는 영혼의 양식이기 때문이다. 현재 우리가 갖고 있는 성경 66권은 정경으로 교회가 수납했으나 사실은 하나님께서 교회를 위해 주신 것이다. 하나님은 당시 교회의 자연적인 표현을 통해 그의 섭리로 역사를 주관하셔서 수많은 도전과 시련 속에 현재의 정경을 허락하셨다. 그러므로 교회는 성경을 근거로 존재한다. 성경이 없으면 결코 교회는 존재할 수 없다. 교회는 성경 본문을 지배할 수 없고 오히려 본문에 의존적이다. 교회의 본문 해석, 즉 성경 해석은 항상 오류의 가능성이 있지만 성경 자체는 오류 없는 완전한 말씀이다. 미국의 트리니티 복음주의신학교 D. A. 카슨(Carson) 교수는「성경해석의 오류」(*Exgetical Fallacies*, 1996)에서 하나님께서 우리에게 은혜와 함께 하나님의 말씀을 신실하게 선포할 책임을 주셨다. 그러나 우리는 너무나 많은 석의적 오류를(잘못된 주석과 해석) 범하고 있다[48]고 하였다. 그에 의하면 우리는 하나님의 말씀을 진실하게 이해하고 분명하게 설명하기 위해 그 어떤 수고도 아끼지 않아야 한다. “성경을 더욱 주의 깊게 다룰 때 우리는 좀 더 성경 말씀을 잘 들을 수 있게 된다.”[49]고 하였다.

는 언어로 많은 사람들이 성경을 더욱 쉽고, 정확하게 읽을 수 있도록 기존 번역본을 개정하고, 새롭게 번역하는 데 집중하고 있다. 2017년에 약 1400여 만 명의 사람들이 사용하는 20개 언어의 첫 번역이 이루어졌는바, 이 중에 첫 번역 신구약 성경은 7개, 신약은 4개, 단편 성경은 9개이다. 2018년 3월 현재 400개 이상의 번역 프로젝트를 진행하고 있으며, 지난 연말에는 남 수단의 마반어 9,320부를 보급하였다. 남수단은 현재 내전이 계속되고 있지만, 교회는 지속적으로 성장하고 있다. UBS 측에 의하면 아직도 2억 900만 여명의 사람들이 사용하는 3,773개 언어는 전혀 번역이 이루어지지 않고 있다. 그럼에도 불구하고 상기한 바대로 성경은 오랜 역사 속에 검증된 책으로 세계인의 사랑을 받고 있으며 또한 귀중한 경서임을 잘 보여준다. 지구상에 수많은 책들이 있지만 그 어떤 책도 성경과 비교할 수는 없을 것이다.

48) D. A. 카슨,「성경해석의 오류」, 박대영 역, (성서유니온, 2014), 14.

(2) 성경해석의 원리 : 성경은 하나님의 감동으로 된 책이기 때문에 원저자인 성령의 도움이 없이는 아무것도 알 수 없다.[50] 따라서 올바른 성경 해석을 위해서는 말씀 안에서 답을 찾아야 한다. 모든 성경은 짝이 있어 앞뒤, 구약과 신약, 신약과 구약은 상호 보완적이다. 그러므로 성경적 해석(Scriptural interpretation)은 성경 전체의 흐름, 즉 주제를 잡아 그 맥락 속에서 각 본문을 해석해야 한다. 이것은 눅 24:27, 예수님께서 엠마오로 가는 두 제자에게 "모세와 및 모든 선지자의 글로 시작하여 성경에 기록된바 자기에 관한 것을 자세히 설명하" 신 모범을 따르는 것이다. 그런데 학자들은 이를 기초로 보다 균형잡힌 성경 해석을 위하여 모두 4가지 해석 방법, 문법적, 즉 본문 중심의 해석방법, 역사적 해석방법, 상징적 혹은 영적 해석방법, 신학적 해석 방법을 제시하였다.

(i) 문법적 해석 : 이것은 성경 본문의 문맥에 맞추어 문자 그대로의 의미를 해석하는 방법을 가르친다. 그리하여 성경 본문, 즉 해당 언어의 문법적 법칙과 문장의 구성에서 저자의 의도를 정확히 찾아내는 것이다. 여기서 해석자는 성경의 저자가 사용한 언어상의 문법을 이해한 후 그 문법을 문장과 연결하여 해석한다. 여기서 중요한 원칙은 일반적으로 단어나 문장이 한 문맥에서 한 뜻만 내포 한다는 것이다. 예를 들면, 창 1장에서 하나님은 6일 동안 땅과 바다와 그 안에 있는 모든 것을 만드셨다(창 1:1-31). 이 해석에 의하면 그것을 성경에 기록된 대로 "6일간의 창조"로 받아들이는 것을 말한다. 출 20:11, "엿새 동안에 주가 하늘과 땅과 바다와 그것들 안에 있는 모든 것을 만들고 일곱째 날에 안식하였느니라. 그러므로 주가 안식일을 복되게 하여 그 날을 거룩하게 하였느니라".[51] 그러므로 문법

---

49) D. A. 카슨, 16.

50) 루이스 벌코프, 조직신학, 권수경/이상원 역, (크리스천 다이제스트, 2007), 157-168.

51) 혹자는 성경 말씀을 문자 그대로 믿는 신자들을 조롱하며 비난한다. 예를 들면, 그들은 "성경이 예수님을 어린양이라고 했기 때문에 예수는 사람이 아니라 동물이다.". "시편에 하나님을 반석이라고 했기 때문에 하나님은 바위다."라는 극단적인 주장으로 공격하기도 한다. 그러나 문법적 해석에는 이런 수사적 표현에 대한 고려가 포함된다. 즉 성경에 나타난 명백한 비유나 수사적인 표현까지 억지로 "글자 혹은 문자 그대로" 풀이하면 안 된다. 누군가 사랑하는 사람의 품에 안기면서 "당신의 가슴은 푸른 풀밭이오"라고 말한다면, 이것은 그의 품이 편안하고 아늑하게 쉴 수 있는 곳이라는 뜻이지 그 사람의 가슴에 진짜 풀이 자라고 있다는 뜻이 아닌 것과 같다. 성경에 예수님을 "어린 양"(요 1:36)이라고 했는데, 이것은 예수님이 진짜 짐승이라는 것이 아니다. 시편 기자가 "주는 나의 반석이시요"(시 18:2)라고 말씀했는데, 실제로 하나님이 돌

적 연구는 항상 그 언어의 법칙과 원리를 정확히 연구하고 적용해야 한다. 해석자는 성경의 문맥의 흐름 속에서 각 단어나 문장의 의미를 파악해야 하는 것이다. 그런데 문맥에는 근접 문맥과 원접 문맥이 있다. 전자는 내가 지금 해석하고자 하는 문장이나 그 문장 가까이에 있는 전후의 흐름을 말한다. 해석 시에 주의 할 것은 성경전체를 보지 않은 채 본문에 집착하는 것이다. 한편 후자는 지금 읽고 있는 책의 전체 흐름을 보는 것이다. 즉 성경 전체를 통시적으로 보는 것이다. 모든 성경은 예수 그리스도를 통한 구속사로 통일성을 갖기 때문이다.

(ii) 역사적 해석 : 성경, 즉 하나님의 말씀은 역사적인 상황에서 선택받은 자들에게 주어졌다. 그러므로 본문 말씀과 내용을 올바로 이해하기 위해서는 저자가 그 말을 사용했을 때 불어넣은 정신, 즉 저자의 의도를 정확히 포착해야 한다. 그렇지 않으면 매우 위험한 상황에 처하게 된다. 따라서 저자와 저자의 글, 단어와 문장을 올바로 이해하려면 당시의 역사적 배경과 문화를 잘 알아야 한다. 이유는 성경이 기록된 시대와 장소, 주변 환경 등이 기록된 글, 말씀에 절대적으로 영향을 미치기 때문이다.[52] 따라서 역사적 해석 방법은 성경의 각 책을 연구하는데 그 책

덩어리인가? 이렇듯 문장의 수사법을 고려하지 않는 경직된 해석은 잘못된 것이다. 우리에게는 언제나 말씀을 진심으로 깨달으려는 겸손한 자세, 어린아이의 마음이 요청되는 이유이다.

52) 예를 들면, 레 25:44, "네가 취할 남자 노예와 여자 노예는 다 네 사방의 이교도들 중에서 취할지니 너희는 그들에게서 남자 노예와 여자 노예를 살지니라". 이 말씀은 그 당시 이스라엘 공동체에게 하나님께서 주신 율법의 말씀이다. 그 당시에는 계급 사회였기 때문에 왕과 귀족, 평민과 노예, 제사장의 신분이 있었다. 그리하여 하나님은 이스라엘 백성들이 그런 제도 속에서 살 때 그들에게 마땅히 지켜야 할 규범들을 가르쳐 주셨다. 이것을 현대의 상황에서 문자 그대로 적용하여 자기와 다른 종교를 가진 사람들을 노예로 사고팔면 안 되는 것이다. 레 11장에는 하나님께서 이스라엘 백성들에게 먹을 수 있는 짐승과 먹지 말 것에 대한 규례를 주셨다. 이것을 문자 그대로 해석하면, 레 11:7, 돼지갈비나 삼겹살은 먹으면 안 되고, 레 11:12 말씀에 따라 지느러미와 비늘이 없는 물 속 생물들, 예를 들면, 오징어와 굴, 해삼과 전복은 가증하기 때문에 먹지 않아야 한다. 그러나 하나님이 그 당시 이스라엘 백성들에게 이처럼 어떤 짐승들을 먹지 말라고 하신 것은 이들 짐승들이 이교도들의 우상숭배와 연관된 것이거나, 전염병을 옮기는 것이거나, 혹은 이스라엘의 더운 날씨에 쉽게 부패하고 변질되는 것이었기 때문이라는 것을 기억해야 한다. 한편 신약 시대의 성도들에게는 이스라엘 백성들에게 주신 음식물에 대한 규례가 적용되지 않는다. 딤전 4:3 말씀처럼 하나님께서 만드신 모든 음식을 감사함으로 받으면 되기 때문이다. 딤전 4:3, "이들이 혼인을 금하고 음식물을 삼가라고 명령할 터이나 음식물은 하나님께서 창조하사 진리를 믿고 아는 자들이 감사함으로 받게 하셨느니라". 또한 성경에 기록된 할례와 안식일에 대한 규례는 하나님께서 택하신 아브라함의 자손, 이스라엘 백성들 사이의 언약이지 우리들에게 해당하는 것이 아니다. 그러므로 성경을 읽으면서 이 말씀이 누구를 대상으로 하

이 기록된 역사적 배경과 형편을 이해함으로 본문의 뜻을 깊게 더 잘 이해할 수 있게 한다. 이를 위해서 고대 이집트와 바벨론, 아시리아와 페르시아를 포함한 이스라엘의 역사, 지리적 환경과 종교적 관습, 또한 신약 시대의 역사적 배경과 정치적 상황, 헬라와 로마 시대의 통치 등의 연구가 요청된다.

(iii) 상징적 해석 : 성경을 해석하는 과정에서 종종 본문의 뜻이 문자적으로 잘 이해가 되지 않는 경우를 발견한다. 미국의 필라델피아에 위치한 웨스트민스터신학교의 존 프레임 교수에 의하면 창조에 속한 모든 것들은 우리에게 하나님을 유추할 수 있게 상징화 되었다. 그 이유는 이 모든 세상은 하나님을 계시해 주는 하나님의 직인이 찍혀 있기 때문이다. 하나님에게 창조 세계는 그의 성전이며, 하늘은 그의 보좌요 땅은 그의 발등상이다. 그러므로 성경은 모든 창조의 영역에서 하나님에 대한 유추와 상징임을 발견하게 한다. 예를 들면, 움직이지 않는 사물들, '이스라엘의 반석' 이신 하나님, '양의 문' 이신 그리스도, '바람, 호흡, 불' 이신 성령, 식물들, '레바논의 백향목' 이신 하나님의 위엄, '생명의 떡' 이신 그리스도, 동물들, '여호와의 사자' , '유다 지파의 사자' 이신 그리스도, '하나님의 양' 이신 그리스도,[53] 그밖에 인간들로 왕이요, 주인이요, 사랑하시는 하나님, 선지자요, 제사장이요, 왕이요, 섬기는 자요, 아들이요, 친구이신 그리스도, 추상적인 아이디어로는 영과 사랑, 빛이신 하나님과 길, 진리와 생명, 지혜와 의, 거룩함과 구속이신 그리스도 등이다.[54]

다윗은 우리의 능력으로 하나님을 이해할 수 없기에 하나님께서 친히 우리의

시는 말씀인지 잘 구별해야 한다. 창 17:10, "너희 가운데 사내아이는 다 할례를 받을지니 이것은 나와 너희와 네 뒤를 이을 네 씨 사이의 언약 곧 너희가 지킬 내 언약이니라". 출 31:13, "너는 또 이스라엘 자손에게 말하여 이르기를, 너희는 진실로 내 안식일을 지킬지니라. 그것은 너희 대대로 나와 너희 사이에 있을 표적이니 이것은 내가 너희를 거룩히 구별하는 주인 줄을 너희가 알게 하려 함이니라". 우리가 알고 있는 바와 같이 어느 시대, 어느 민족이나 "하나님의 은혜로", "믿음을 통하여" 구원받는다는 사실에는 변함이 없다. 하지만 각 세대별로 하나님께서 사람을 다루시고 경영하시는 경륜과 방법에는 차이가 있다. 그러므로 주신 말씀이 어느 세대에 속한 사람들에게 하시는 것인지, 이스라엘에게 하신 말씀인지, 신약교회 성도들에게 하신 말씀인지 올바로 이해해야 할 것이다. 딤후 2:15, "너는 진리의 말씀을 바르게 나누어 네 자신을 하나님께 인정받은 자로, 부끄러울 것이 없는 일꾼으로 나타내도록 연구하라".

53) 루이스 벌코프, 조직신학, 권수경/이상원 역, (크리스천 다이제스트, 2007), 145-147.

54) http://www.kscoramdeo.com/news/read.php.

수준으로 내려오셔서, 어린이의 언어를 사용하시고, 마지막에 인간의 몸을 입고 친히 말씀하셨다. 그것은 마치 이미 존재하고 있는 인간을 둘러보신 하나님께서 "아, 내가 마치 팔과 손이(사 53:1) 있는 것처럼 얘기해 주면 사람들이 잘 이해할 수 있겠지"라고 말하는 것과 같은 것이다. 그런데 성경은 몇 몇 구절이 말씀하듯이 의미상 창 6:5-6, 하나님께서 후회, 한탄하셨다는 말씀처럼 뜻이 난해하다. 그런데 성경에는 수많은 것들이 상징적으로 표현되었다. 상징적 표현은 주로 숫자(계 7:1-4, 13:15-18)나 사물로 표현된바, 예를 들면, 출 25-30장과 35-40장의 성막제도, 단 2장에 기록된 느브갓네살이 본 환상, 금, 은, 동, 철, 흙, 그리고 숫자 3, 4, 7, 70, 153, 666과 14만 4천 등이다. 이 외에도 단 9:23-27, 12:11-12과 소선지서에 기록된 말씀, 요한계시록에 기록된 여러 상징들이 있다. 이러한 표현들은 문자로 이해하기 보다는 상징적으로 해석해야 그 뜻이 밝히 드러난다.

(iv) 신학적 해석 : 성경은 하나님의 영감으로 기록된 하나님의 말씀으로 인류의 구원을 위한 계시이기 때문에 해석은 반드시 신학적이어야 한다. 다시 말하면 성경은 성령의 영감으로 기록되었으므로 성령에 의해 그리고 성경 자체의 증거에 의해 이해되어야 한다. 특히 성경은 교회 공동체, 선택받은 하나님의 백성들에게 주어졌으므로 먼저는 성경의 저자이신 하나님의 구속 경륜, 즉 구속사적 관점에서 그리고 참 구원과 신앙의 성숙을 위해 읽혀져야 한다. 이를 위해서는 성경에 제시된 건전한 믿음의 체계 혹은 교리의 체계를 따라야 하되 그것은 항상 성경의 가르침과 일치해야 한다. 이 요소는 개혁자 존 칼빈이 말한 대로 성경이 성경을 해석한다는 원리를 말해준다. 그런데 이 원리는 구속사적으로 그리스도와 십자가, 언약신학을 축으로 창조-타락-구속-완성으로 나아간다. 따라서 신학적 해석은 올바른 문법적, 역사적 해석의 기초 위에서 이 말씀이 나에게 주는 영적인 의미를 깨닫고 내 삶에 적용하는 것이다. 비록 그 말씀이 직접 우리를 대상으로 기록한 것이 아니라 해도 말씀을 읽음으로 교훈을 받고 그 말씀에 나타난 하나님의 뜻에 순종하는 것은 중요한 것이다.[55)]

55) 구약의 내용은 주로 이스라엘 백성들에 대한 것을 기록하고 있지만 하나님께서는 땅 끝에 있는 우리에게 여러 가지 본보기와 훈계를 위하여 그 말씀들을 기록하셨기 때문이다(고전 10:11) 사도 바울은 또한 신 25:4, "곡식 밟는 소의 입에 마개를 씌우지 말라"는 말씀으로부터 영적인 의미를 찾아서 그것을 하나님의 일을 하는 사역자들에게 적용하여 일꾼이 자기 삯을 받는 것이 합당하다고 해석하였다(딤전 5:18) 모세의 율법에, 너는 곡식을 밟는 소의 입에 마개

(v) 소결론 : 성경은 성령의 영감을 입은 인간의 언어로 기록된 하나님의 말씀이다. 그러므로 모든 말씀은 인간이 이해할 수 있게 해석되어야 한다. 우리가 하나님의 말씀을 이해하고 배우는 목적은 하나님을 알고 경배하기 위함이다(전 12:13). 그러므로 해석자는 주여 "나로 깨닫게 하소서 내가 주의 법을 준행하며 전심으로 지키리이다"(시 119: 34)라고 기도해야 한다. 그러나 우리는 성경을 해석하는 과정에서 벧후 1:20-21, "먼저 알 것은 성경의 모든 예언은 사사로이 풀 것이 아니니 예언은 언제든지 사람의 뜻으로 낸 것이 아니요 오직 성령의 감동하심을 받은 사람들이 하나님께 받아 말한 것임이라"는 말씀을 항상 명심해야 할 것이다. 따라서 정통과 이단을 구별하는 중요한 관점은 이미 정의와 역사에서 보았듯이 성경 말씀과 그 성경에 기초한 교리로, 교리가 성경적인가에 따라서 결정된다. 기독교 이단은 '기록된 성경', 하나님의 영감된 말씀 66권을 부분적으로 혹은 전부를 부인하거나 그릇되게 해석하고 남용하며 왜곡하는 것, 그리고 역사적 기독교의 신앙고백서를 부정하고 이탈하는 개인이나 단체를 가리킨다.[56] 고전 4:6, "형제들아 내가 너희를 위하여 이 일에 나와 아볼로를 가지고 본을 보였으니 이는 너희로 하여금 기록한 말씀 밖에 넘어가지 말라 한 것을 우리에게서 배워 서로 대적하여 교만한 마음을 먹지 말게 하려 함이라"고 하였다.

최근 한국에 자칭 하나님을 빙자하여 혹세무민하는 선동적인 일단의 이단 교주들이 출현하여 교회는 물론 사회를 혼란에 빠뜨리고 있다. 그들 중에 몇몇 종파와 교주들은 기독교에서 이탈한 이단들이다.[57] 이들이 혹 성경을 인용한다 하여 성경적이라거나 신앙적이라고 생각하면 큰 착각이요 오해이다. 물론 누구든지 성경을

를 씌우지 말라, 하고 기록되었나니 하나님께서 소들을 위해 염려하시느냐? 아니면 전적으로 우리를 위해 말씀하시느냐? 틀림없이 이것은 우리를 위해 기록되었나니 밭을 가는 자는 소망 중에 갈며 소망 중에 타작하는 자는 자기의 소망에 참여하는 자가 되어야 마땅하니라(고전 9:9-10)

56) 서요한, "제10장 초기이단들의 형태와 특징", 「초대교회사」, (도서출판 그리심, 2010), 283-319.

57) 대게 이단들은 교주 자신이 자칭 하나님으로 행세하며 이를 정당화하기 위하여 온갖 감언이설과 만행으로 무리들을 호도하며 혼란에 빠뜨리고, 무엇보다도 자신의 왕국을 건설하기 위하여 비밀리에 자체 제정한 여러 규칙과 규범을 통해 폭행과 폭언을 일삼으며 헌금을 강요하거나 성추행과 성폭행을 일삼는다. 그리고 내세의 천국과 구원을 빙자하여 수많은 부인들을 겁탈하여 가정을 파괴하였다. 한편 참된 종교는 사람이 아닌 오직 전능하신 하나님께서 분리와 분열, 즉 깨어진 관계를 회복할 수 있다고 가르친다.

해석하고 인용할 수 있지만 문제는 그 내용을 어떻게 정확히 해석하느냐가 중요한 것이다. 따라서 기독교회는 성경의 그릇된 해석과 오해를 막기 위하여, 특별히 교회의 일치와 통일을 파괴하는 사이비 이단을 척결하기 위하여 올바른 해석 방법을 제시하였다.

6. 이단 박태선과 천부교의 관계[58)]

박태선은 6.25 동란 후 1955년 1월부터 1979년 12월까지 부흥사로 활동하며 모은 헌금으로 신앙촌 건립과 사업 확장을 꾀하고, 기성 교회를 비판하면서 자신의 교단 설립을 진행하였다.[59)] 그러던 중에 1980년 1월 1일, 박태선은 신년 첫 집회를 축복일로 선포하고 안찰을 실행하며 생수를 공급하였다. 동년 5월에는 중생원을 설치하여 중견 간부들과 유부녀들을 대상으로 섹스 안찰을 실시하였고, 8월

58) 박태선 장로의 생애, 활동과 행적은 필자의 논문, "한국예수교전도관부흥협회의 형성과 대표성에 관한 연구-전도관의 재산 상속, 후계자에 대한 법적 권한과 적법성을 중심으로", 「한국교회 신흥 사이비이단의 실태와 대처방안」, (국제기독교뉴스사, 2014, 5), 1-24를 참조하라.

59) 특별히 1955년 1월 1-7일, 박태선 장로는 서울 성동구 왕십리 소재 무학교회의 부흥회를 시작으로, 3월 26일-4월 5일까지, 남산 광산천막부흥회, 대구, 부산, 한강집회를 열었다. 그는 능력 체험 후 하나님도 필요 없다고 설교하며 기성교회 목회자들을 마귀새끼라고 비판하고, 설교 중에 이슬성령의 강림을 주장하였다. 그리고 1955년 7월 1일(사회단체등록증에는 1955년 4월 8일)에 독자적인 한국예수교부흥협회를 발족하였다. 이렇게 되자 당월 15일 한국기독교연합회(KNCC)는 박 장로를 이단으로 규정하였다. 이에 맞서 박태선은 칼빈의 예정론을 부정하고 장로교단을 탈퇴하였다. 그리고 그는 집회에 참석한 목사 100여 명에게 안찰 기도를 하였다. 그리고 그는 피 가름 교리, '영체교환' 교리, 즉 성상납과 혼음을 가르치며 신봉하였다. 이는 초대교회 이단에서 발견되는바 신령한 존재의 성혈(聖血)을 나눠가짐으로 죄와 타락에서 벗어날 수 있다고 하였다. 그리고 동년 12월 25일, 원효로 2가에 서울 중앙 전도관 개관을 시작으로 전국 각 도청 소재지 및 주요 도시에 14개 제단을 개관하였다. 이 집회 후 박태선은 한국예수교 전도관부흥협회를 조직하였다. 이사장 최창순, 이사 박태선, 정기원, 이윤영, 양성태, 임영신, 홍은애 등이었다. 그리고 목회자들은 권연호 목사를 포함 김치선, 김두영, 이동선, 김현준, 홍관순 목사, 변호사 황성수 장로가 포함되었다. 「남대문교회사」, (남대문교회사편찬위원회, 1971), 198; 김동화, 「나에게 있어 영원한 것」, 287-292. 한편 천부교에서 발행하는 「신앙신보」, 제2459호, 2014년 5월 25일 자 1-4면 기사와 사설, 말씀 해설 및 광고에 의하면 기장신앙촌에서 2014년 이슬성신절 예배를 드렸다. 3면에 게재된 글을 요약하면 예수는 구원의 길을 가로 막았다. 예수는 막달라 마리아, 사마리아 여인 등과 부적절한 관계를 갖었고 예수 당시 유대인들은 예수를 믿지 않은 것이 증거라고 하였다.

23일에는 예수교 전도관을 탈퇴 한 후 천부교 전도관을 창립하고 자칭 하나님임을 선포한 후 교회의 십자가를 철거하고 비둘기 상을 세웠다. 동년 12월 14일에는 처제 최옥자를 강간 미수 하는 사건이 발생하였다.[60] 하지만 박태선은 이후 부부관계를 죄악으로 규정, 이듬 해 1월부터 약 183명의 여신도들에게 덕소 신앙촌에서 섹스 안찰을 실시하였다. 그리고 생수 교리를 가르치며 이를 신앙촌의 주력 상품으로 막대한 이익을 취하였다. 특별히 생수권과 정기 생수권[61]에 차등을 두어 신도들에게 강매하였다. 1981년 1월 박태선이 둘째 부인 최옥순을 음란한 여자로 매도하자 가출하였다. 박태선은 이를 틈타 여신도들에게 공개적으로 섹스 안찰을 하였다. 당시 추행 당한 여성들은 수치감에 침묵했으나 몇몇 용기 있는 여성들이 관계 당국에 고발하였다.[62] 1983년 2월 20일, 그는 또 다시 자칭 새 하나님을 천명하고 신격화를 위해 성경을 불태우는 소위 현대판 분서갱유(焚書坑儒)[63]를 주도하였다. 이렇듯 그가 우상화에 몰두하자 동년 3월 22일 54명이 한국예수교전도관부흥협회 정화대책위원회를 결성하여 한국일보 신문지상에 성명서를 발표하였다.[64]

한편 1983년 8월 30일 'KBS 추적 60분' 취재진은 박태선의 비리 특집 방영 일정을 신문에 고지했으나 돌연 취소하여 지금까지 의혹으로 남아 있다.[65] 결국

---

60) 「전도관의 역사」, No. 1., 41 참조.

61) 생수의 근거는 요 4:10의 예수님과 사마리아 여인과의 대화에 나오는 것으로 신도들이 만병통치약으로 믿는 만능 물이었다. 당시 생수는 병 치료 뿐 아니라 죄를 사하는데도 사용되었다. 박태선 장로는 공공연하게 자신이 이 땅에 온 5,798세의 새 하나님이며, 자신의 실제 나이는 1조 5천억 살이라고 주장하였다. 그리고 크리스마스는 마귀의 날로 폐지하였다. 탁명환, 「기독교이단연구」, (한국종교문제연구소/국제종교문제연구소, 1999), 176-177.

62) 박정숙(본명 금부연), 「고소장」, 1981.6.1; 「전도관의 역사」, No. 1., 42 참조.

63) 중국을 통일한 진시황은 춘추전국 시대의 다양한 사상을 약화시키고 법가 사상 아래 전제주의적 통일 국가를 만들고자 했다. 그런데 진시황이 구축한 신제도를 비판하며 신하와 학자들이 목소리를 내자 황제는 재상 이사의 건의를 받아들여 B.C. 213-206년, 재위 34년 진나라의 사서인 의약, 점복, 농업에 관한 책들을 제외한 민간의 모든 서적을 불태우고, 이듬해 460여명의 유생들을 구덩이에 생매장한 사건을 가리킨다. 당시 불태운 서적들은 대나무로 만든 죽간이었다. 그런데 바로 그 때, 공자의 제자들이 공자의 벽(노벽)에 책을 숨겨 놓았다. 후에 공자 집 벽이 무너지면서 숨긴 책들이 발견되었다.

64) 민태은, 「가칭 유지재단 한국예수교전도관정화추진위원회」, (1983년 3월 22일, 박태선 전도관의 비리 문건 명단 참조.

박태선의 탈선행위가 사회문제가 되면서 한국예수교전도관 정화대책위원회가 재구성되었고, 기성 교회생활에 적응하지 못한 일부 추종자들이 각양의 이단 종파를 설립하였다.[66] 그 결과 1980년 이전 부흥기 에 약 70만 명에 달한[67] 신도는 1980년 분열 이후 급락하였다. 그리고 1990년 2월 7일, 박태선이 폐결핵과 고혈압, 당뇨 등으로 사망[68]하자 천부교 광신도들은 2,000명 미만으로 몰락하였다.[69] 그의 사후 삼남 박윤명이 제 2대 교주에 올랐으나, 2005년 6월 이후 지금까지 행방불명이다.[70] 이렇듯 박태선은 정통 기독교를 이탈한 사이비 이단의 교주로, 그의 사

---

65) 이는 박태선의 고위층 로비와 신도 30명의 방송국 항의 소동 때문이었다. 탁명환, 「기독교이단연구」, (한국종교문제연구소/국제종교문제연구소, 1999), 177.

66) 그의 가르침과 사상은 약 18개의 이단의 모체가 되었다. 그 중에 대표적인 단체는 한 때 전도관의 전도사였던 이영수이다. 그는 독특한 성경해석으로 추종자들의 열광적인 지지를 받았다. 이에 박태선이 해고 하자 이탈하여 한국기독교에덴성회를 창설하였고, 1980년 초 밀실파 영생교 하나님의 성회는 조희성이 설립하였으며, 같은 시기 이현석 또한 전도사로 활동 중에 이탈하여 한국기독교승리제단(광주삼성교회)을 창설하였다. 최근 이만희의 신천지는 기성 교회는 물론 심지어 천주교까지 침투하여 혼란을 야기하고 있다. 이만희는 자칭 성경의 마지막 종결자, 대언자 사자, 약속한 목자, 예수님의 대언자, 인류구원자, 마지막 시대의 인류 구원자 로 활동하며, 추종자들은 자칭 추수군으로, 최근에는 신천지 맛디아지파와 시몬파를 창설하여 특별 행사를 열고, 과정을 마친 자들에게 수료증을 수여하였다. 그밖에 세검정 밖 기도원에서 활동해 온 김계화는 할렐루야 기도원을 중심으로 절박한 병자들을 이용하여 많은 재산을 모았으며, JMS 집단도 이단적 가르침으로 자신들의 왕국을 건설하였다. "3.강간 및 추행사건", 「미혹으로부터의 각성」, (한국예수교전도관정상화추진위원회, 1983.2.28), 847; 한국예수교전도관 현정회," 한국예수교전도관에서 분파된 교파내역", 「사교증가, 박태선 성화, 예수교 현정회」참조; 탁명환」, 「기독교 이단연구」, (한국종교문제연구소/국제종교문제연구소, 1999), 121; "한국교회 이단의 역사", cafe.daum.net/leedan4/XcX7/16; "한국신흥종교 기독교신비주의계열", http://cluster1.cafe.daum.net/-21-/bbs-search-read?grpid=Giv&리양=리양=CiX&datanu...2014-01-23 참조. "한국교회 이단의 역사", cafe.daum.net/leedan4/XcX7/16; 정윤석/진용식/장운철, 「신천지 포교 전략과 이만희 신격화 교리」, (한국교회문화사, 2007), 1-125; cafe.daum.net/ nde1/C1Nk/11808; 송홍근, "한국의 메시아들, 하나님들", 「신동아」, 2014. 6. 130-145. Cf. 최우현, "사이비 종교 감별사 탁명환의 저서로 살펴본 유병헌", 「월간조선」, (2014.6. 134-147 참조.

67) 「하나님 말씀」, (한국천부교전도관부흥협회, 2014. 5.1), 34, 37.

68) 탁명환, 「기독교이단연구」, (한국종교문제연구소/국제종교문제연구소, 1999), 184. 2017년 10월 현재 약 1,000명 잔류. 법원 서류 참조.

69) 2017년 10월 현재 천부교의 지 교회는 국내 122곳, 해외 5곳 등 127곳이 남아있다. 심창섭, 김도빈, 오영호, 박영관, 「기독교의 이단들」, (대한예수교장로회총회, 2006), 316; http://blog.naver.com/PostPrint.nhn?blogId=ch-review/150175125326.

70) "박윤명은 나의 12년 친구", 「추적사건25시」, (2015년 2월 17), 6-8. 이와 관련된

후 천부교에서는 특별한 대안 없이 기독교의 경전 성경과 찬송가를 사용해 왔다. 이에 대해 몇몇 기독교 단체에서 기독교의 성경을 2%의 진실 98% 거짓말이라고 비판하는[71] 이단이 왜 성경을 사용하는가? 그리고 예수 그리스도를 주와 그리스도로 고백하는 기독교를 모독하고 부정하면서 무슨 이유로 천부교는 자신들의 경전과 예식서 없이 공예배 시에 기독교의 경전, 성경과 찬송가를 사용하는지를 물었다. 이에 응답하듯이 천부교는 2014년 5월, 자신들의 경전 「하나님 말씀」(*The Words of God*)을 출간하였다. 그의 추종자들은 사후 사반세기가 지났음에도[72] 불구하고 그를 신봉하며 본서를 출간하였다.

7. 천부교 경전「하나님 말씀」의 출간 동기와 구조

(1) 출간 동기 : 천부교 편찬위원회의 간행사에 의하면 본 경전 「하나님 말씀」은[73] 교주 박태선이 성경의 예언대로 하나님이 인간의 몸을 입고 한국 땅에 와서 구원의 역사를 시작한지 반세기가 지난 오늘 역사적으로 간행되었다. 또한 박태선은 "육신을 입고 우리 곁에(이 땅에) 오신 하나님으로 마음과 생각으로 죄를 지으면 구원을 얻을 수 없다는 자유율법을 온 세상에 처음으로 공표하"였다. 그리고 자유율법을 알지 못한 채 믿기만 하면 죄 사함을 받고 구원을 얻는다고 한 예수는 구원자가 될 수 없음[74]을 천명하였다. 그리고 간행사는 박태선이 예수와 함께 온 세상이 하나님의 말씀이라고 믿는 성경의 대부분이 하나님의 말씀이 아니라는 사실을 처음으로 발표하고, 인간 창조의 근본과 인간 구원의 방법론을 상세히 가르

최근의 정보는 사건 2015나2074211 손해배상(기) 등, 서울고등법원 제13민사부(재판장 조한창, 판사 이세라, 판사 김광수), 2017년 8월 22일 판결문 10-13 참조. 본 소송은 천부교 측이 CBS를 상대로 제기한 소송이었으나 패소하였다.

71) 「하나님 말씀」, (한국천부교전도관부흥협회, 2014. 5.1), 118-119, 132.

72) "하나님 말씀 간행에 붙여", 「하나님 말씀」, (한국천부교전도관부흥협회, 2014. 5.1), 3.

73) 본서에 명시된 "하나님"은 인간의 모습을 입고 오신 하나님, 동방의 의인이자 감람나무, 이슬성신을 내리는 자유율법의 완성자로 자칭 하나님, 천부교의 설립자 박태선을 지칭한다. 「하나님 말씀」, 제2부 제2장-5장, pp. 29-75, 제3부 제1장-제4장, 79-95 참조.

74) "하나님 말씀의 간행에 붙여", 「하나님 말씀」, 3-4, 79-86.

쳤다고 하였다. 그리고 박태선은 구원의 방법론 뿐 아니라 실제로 죄를 씻어 구원을 주는 이슬성신을 내려 줌으로써 그 자신이 하나님임을 증명하였다고 하였다. 하지만 어둠의 세상은 이 땅에 오신 천부 하나님에게 온갖 박해와 음해를 가했으나 인류는 지금 천부 하나님 박태선의 구원의 손길이 없이는 당면한 혼돈과 혼란을 피할 수가 없다고 하였다. 그러나 금번에 경전「하나님 말씀」의 출간으로 온 세상이 이 땅에 오신 하나님 천부 박태선을 올바로 깨달아 구원의 길을 찾을 수 있는 계기가 되기를 바란다고 하였다.[75]

천부교 편찬위원회가 보여주듯이 본서 「하나님 말씀」은 천부교가 왜 이단인지를 그들 스스로 만천하에 천명한 "이단 선언서" 임을 단적으로 증명하였다. 그것은 (i) 그 자신이 자칭 하나님, 천부(天父)로 성경의 예언을 따라서 인간의 몸을 입고, (ii) 인류의 구원을 위하여 한국 땅에 와서 구원의 역사를 시작하였다. (iii) 믿음을 강조한 예수는 자유율법을 알지 못함으로 참 구원자가 될 수 없고 자신이 바로 구원자이다. (iv) 이를 위해 그는 성경을 부정하고 인간 창조의 근본과 인간 구원의 방법론을 상세히 가르쳤으며, (v) 자신이 친히 이슬성신으로 구원을 베푸는 하나님임을 증명하였다. (vi) 천부 박태선은 말할 수 없는 박해와 음해를 받았으나 이 세상은 그의 구원의 손길이 없이는 당면한 혼돈과 혼란을 피할 수 없음으로 천부 하나님, 곧 박태선 자신을 바로 깨닫고 구원의 길을 찾아야한다[76]고 하였다. 이것은 박태선 장로 자신이 스스로 영원하신 하나님, 천부임을 강조했으나 가르침과 달리 오래 전에 합병증으로 죽었으나 본서의 출간으로 여전히 기독교 이단의 거목으로 활동하고 있음을 보여 주었다.

(2) 구조와 내용 : 본서는 간행사와 목차 pp. 3-13, 내용 총 7부 34장, pp. 15-271, 각주 총 94개(pp. 274-296), 색인 pp. 300-317[77])로 구성되었다. 그런데 본서의 간행사와 목차, 각주와 색인을 제외하고 주 내용을 차례를 따라서 다음과 같이 정리하였다.

제1부 인간 창조의 근본은 모두 2장으로, 제1장 종교와 구원, (i)[78] 종교의 목

75) "하나님 말씀의 간행에 붙여", 「하나님 말씀」, 3-4.
76) "하나님 말씀의 간행에 붙여", 「하나님 말씀」, 3-4.
77) 「하나님 말씀」, (한국천부교전도관부흥협회, 2014. 5.1), 3-317.

적, (ii) 구원을 줄 수 없는 종교, 제2장 인간의 본질, (i) 1차 천국에서의 범죄, (ii) 사망의 구조로 창조된 인간이다.[79]

제 2부 구원의 약속은 총 6장으로 제1장 1차 지옥과 구원 아래 (i) 지구는 1차 지옥, (ii) 형벌과 구원의 기회, 제2장 인간의 모습을 입고 오신 하나님, (i) 초창기 천막집회, (ii) 이슬성신 증거, (iii) 기성교단의 태도 돌변, (iv) 천부교의 시각, 제3장 이슬성신의 권능, (i) 초창기 집회에 나타난 권능, (ii) 안찰을 통한 은혜의 체험, (iii) 마음을 변화시키는 이슬성신, 제4장 동방의한 사람과 감람나무, (i) 한국 땅과 동방의 한 사람, (ii) 동방의 한 사람에 대한 증거, (iii) 감람나무의 의미, (iv) 감람나무의 증거, (v) 이슬성신을 내리시는 감람나무, 제 5장 생명물의 권능, (i) 이슬성신이 담긴 물, (ii) 시신을 피게 하는 권능, (iii) 시신을 통해 드러나는 참과 거짓, 제6장 감람나무는 곧 하나님, (i) 감람나무에 대한 반발, (ii) 처음부터 하나님이신 존재, (iii) 예수를 타고 나오신 이유로 구성되었다.[80]

제 3부 자유율법은 총 4장으로 제1장 모세 율법과 자유율법, 제 2장 자유율법과 하나님의 법, (i) 자유율법은 마음의 법, (ii) 자유율법은 이슬성신, (iii) 자유율법을 모른 예수, 제3장 믿음과 행함, (i) 행함이 없는 믿음, (ii) 행함이란 곧 자유율법의 준수, (iii) 자유율법의 가치, 제4장 자유율법과 신앙촌, (i) 신앙촌의 의의, (ii) 신앙촌의 건설로 구성되었다.[81]

제 4부 성경과 예수는 총 8장으로 본서의 내용 중에 가장 길게 구성되었다. 제 1장 창세기의 거짓과 허풍, (i) 지구 창조 6,000년 설의 허풍, (ii) 아담 창조의 허풍, (iii) 아담이 영원히 산다는 허풍, (iv) 해와 창조의 허풍, (v) 선악과와 생명과일의 허풍, (vi) 최초의 인간에 대한 허풍, 제 2장 창세기의 거짓을 밝히신 하나님 아래 창세기의 거짓을 드러내심과 인류 역사 기록의 단절이다. 제 3장

78) 본 경전의 차례에 따른 각장의 소제목은 독자의 이해를 위하여 필자가 별도로, 예를 들면, (i)과 (ii) 등으로 번호를 붙인 것이다.

79) 「하나님 말씀」, 17-21.

80) 「하나님 말씀」, 25-75.

81) 「하나님 말씀」, 77-98.

성경의 진실에는 성경 편찬 과정의 오류, 성경을 편찬한 사람들의 허풍, 성경의 2퍼센트만이 하나님의 글, 성경의 주인공은 감람나무, 하나님 말씀의 귀중성, 제4장 구원을 몰랐던 성경의 인물들은 롯과 다윗, 제 5장 바울의 죄는 음란 문화 전파의 원조 바울, 방언의 원조 바울, 낙원을 보았다고 거짓말한 바울, 행함을 부인한 바울의죄, 제6장 예수의 행적은 막달라 마리아와 사마리아 여인과 사복음의 허구, 제7장 예수의 허풍은 예수 부활의 허풍, 예수 심판의 허풍, 예수 천국의 허풍, 하나님의 빛을 모른 예수, 제8장 구원을 가로막은 예수에는 인간의 본질을 모른 예수, 예수의 피로 구원을 준다는 허풍, 어린양이 아닌 예수, 세상 죄를 진 어린양은 감람나무, 인간의 구원을 가로막은 예수, 하나님의 영광을 가로막은 예수이다.[82)]

제 5부 인간 창조의 근본은 제1장, 인간의 창조 아래 5개의 소제목으로 (i) 인간 창조를 위한 연구, (ii) 외모가 모두 다르게 창조된 인간, (iii) 혈액형이 모두 다르게 창조된 인간, (iv) 썩는 구조에서 생명체를 창조, (v) 하나님의 권능으로 움직이는 심장, 제2장 지구의 가열과 운행에는 (i) 창조주의 운행, (ii) 지구를 가열하시는 하나님의 신, (iii) 원유로 지열을 미세하게 조절, (iv) 지구 인력의 조절, 제3장 천체와 우주의 운행에는 (i) 태양의 가열과 흑점, ii) 끝없는 별들은 지구의 액세서리, iii) 지구의 우주와 영원한 천국의 우주, 제4장 마귀의 우주, 타계에는 (i) 타계는 마귀의 우주, (ii) 마귀의 인간과 비행접시, (iii) 타계의 파괴로 구성되었다.[83)]

제 6부 구원과 심판은 총 6장으로, 제1장 인간의 본향, (i) 1차 천국과 마귀의 기원, (ii) 낙원의 창조, (iii) 돌아갈 내 본향 하늘나라, 제 2장 인간의 구원, (i) 마귀의 구성체와 성신의 구성체, (ii) 성신의 구성체와 영원한 생명, (iii) 하나님의 빛과 구원의 자격, (iv) 구원의 정확한 방법론, (v) 구원의 권능, (vi) 죄의 정확한 측정, 제 3장 구원의 특혜, (i) 이슬성신으로 주는 구원의 특혜, (ii) 성경의 최고 믿음과 그 한계, 제 4장 인간의 행함과 구원의 조건, (i) 니느웨성의 회개,

82) 「하나님 말씀」, 101-163.
83) 「하나님 말씀」, 165-191.

(ii) 죄의 경중과 의의 가치, 제 5장 하나님의 심판, (i) 노아 시대의 심판, (ii) 창세 이후의 모든 인간을 심판, (iii) 기한부가 아닌 2차 지옥, (iv) 인간의 죄상을 측정하여 심판, 제6장 영원한 천국, (i) 천국은 영원한 세계, (ii) 천국은 재창조되는 세계, (iii) 영존할 한 생명의 가치이다.[84]

제 7부 행함의 종교는 총 4장으로, 제1장 행함이 있는 신앙생활, (i) 신앙과 행함의 의미, (ii) 예배와 은혜 받을 준비, (iii) 십일조, (iv) 기도는 영의 호흡, (v) 기도문, (vi) 심령을 건지는 전도, 제2장 찬송은 곡조 있는 기도, (i) 찬송은 은혜를 구하는 기도, (ii) 성신에 관한 찬송, (iii) 기도에 관한 찬송, (iv) 천국에 관한 찬송, 제3장 말씀대로 사는 생활, (i) 하나님께서 귀히 여기시는 자, (ii) 구원을 얻기 위한 노력, (iii) 구원을 얻는 최고의 조건, (iv) 죄를 이기는 방법, 제4장 하나님과 인간의 합동작전, (i) 죄와 타협하지 않는 성신, (ii) 구원에 이르는 세 단계, (iii) 구원을 위한 합동작전 등[85]이다.

필자의 분석에 따르면 본서의 전체 내용 중에 극히 일부, 약 2%는 박태선이 활동하던 사역 초기에 있었던 몇 몇 사례가[86] 포함되었고, 내용 중 98%는 사역 중에 자신이 하나님임을 천명한 것이다. 이것은 공교롭게 그가 성경은 단지 2%가 진실이요 98%는 거짓말이라고 한 것과 비례한다.

8.「하나님 말씀」비판[87]

앞에서 고찰한 대로 대부분의 종교들, 특별히 4대 종교는 각각의 경전을[88] 갖

84)「하나님 말씀」, 193-230.

85)「하나님 말씀」, 233-271.

86)「하나님 말씀」, 17-75, 96-98. 내용에는 초기 집회 시에 참석한 사람들의 숫자와 함께 개인적으로 임영신, 최창순, 박현숙, 유호준, 신사훈, 박마리아, 김경래, 장면, 그리고 재판 시의 공판정과 당시 언론사와 여야를 둘러싼 정치 상황이 묘사되었다. 그리고 1957년 소사신앙촌 건설과 1만 명의 거주, 덕소와 기장에 10년 만에 제2, 제3 신앙촌 건설, 특별히 소사는 유치원에서 고등학교, 그리고 대학 건립을 위해 대지를 마련했으나 수감으로 중단되었다. 그는 밤하늘에 불기둥이 내리는 것을 볼 수 있을 것이다. 그 불기둥은 하나님의 빛이 임하는 것, 천부의 도래라고 하였다.

87) 필자의 본 비판은 (i) 모든 종교의 경전은 성역 없이 특정 종교를 믿든 안 믿든 누

고 있다. 그 종교들이 역사 속에 수천 년, 수백 년 혹은 수십 년 전통을 유지하는 것은 바로 그 경전의 내용과 가르침, 즉 핵심 가치의 원리와 실천에 있다 할 것이다. 사실 4대 종교의 교주들은 자신들이 경전에서 설파한 대로 모범적 삶을 살았다. 누구도 남의 재물이나 명예를 탐하지 않고 오히려 자신들의 삶을 수많은 무리들과 함께 사랑과 평화를 실천하였다. 그러한 삶은 한 마디로 그들의 종교가 당대는 물론 역사 속에 공인된 경전의 가치와 위상을 더욱 높여 주었다. 이렇듯 종교란 만인의, 만인에 의한, 만인을 위한 구원과 자유, 평화와 희망의 대상이다. 이점은 박태선도 인정하였다.[89] 그러나 박태선과 천부교는 「하나님 말씀」이 보여 주듯이 매우 독단적이자 획일적으로 극히 일부 자체 신도들 간에 교류 외에는 거의 활동이 없다. 특별히 최근에 야기한 반인륜적 그리고 반사회적 이슈로[90] 오히려 질시와 냉혹한 비판을 받고 있다. 필자는 여기서 본서를 크게 5가지 관점에서 제1-4부를 취급하되[91] 특별히 4부 성경과 예수 부분에 집중하였다.

8.1. 성경의 전면부인

본 경전의 여러 특징 중에 가장 큰 특징은 박태선이 자신을 자칭 천부 하나님,

구에게나 자유롭게 읽히고 삶 속에 실천되어야 한다는 원칙 아래, (ii) 이단에 빠져 재산을 탕진한 채, 사랑하는 가족과 해어져 살아가는 무지한 이웃과 형제들을 어둠에서 빛으로, 절망에서 희망으로, 사망에서 생명으로 인도하기 위한 목적으로 연구된 것이다. 특별히 본 비판은 저작권법에 저촉되는 최근의 책들과 달리 특정 종교 단체의 "경전", 즉 누구나 자유롭게 읽고 비판해야 할 책이기 때문이다. 우리나라 헌법 제2장 국민의 권리와 의무, 제22조 ① 모든 국민은 학문과 예술의 자유를 가진다. ② 저작자, 발명가, 과학기술자와 예술가의 권리는 법률로써 보호한다. namu.wiki/w; www.law.go.kr/lsInfoP.do?lsiSeq=148848&efYd=20140701.

88) 4대 종교 외에 대표적으로 한국의 증산도와 통일교, 전자는 도전을 후자는 원리강론을 갖고 있다.

89) 「하나님 말씀」, (한국천부교전도관부흥협회, 2014. 5.1), 162, 169.

90) 대표적으로 2014년 11월 22일 경주 불국사, 토암산 임야 시신 3,000구 불법 암매장 사건이다. 당시 TV 조선의 이재중 기자가 현장에서 보도하였다. 보다 자세한 것은 「추적 사건25시」, 제33호, (2015년 1월 25일), 9-11; 「추적 사건25시」, 제34호, (2015년 2월 17, 6-8 참조하라.

91) 그 이유는 본서의 제5부-제7부는 제1부-4부의 내용을 일부 각색하여 재편집 재해석했기 때문이다. 예를 들면, 제5장의 인간의 창조와 제6장의 구원과 심판, 구원의 특혜와 인간의 행함과 구원의 조건, 인간의 죄상과 하나님의 심판과 천국의 실상 등이다. 그러므로 필자는 본서가 경전으로서 목차와 구성, 내용과 분량이 너무 취약하여 그렇게 한 것이라고 믿는다. 「하나님 말씀」, 165-271.

동방의 한사람과 자유율법의 완성자, 생명물과 어린양 구세주, 이슬성신과 감람나무임을 부각시키는 것이었다. 그는 사역 초기부터, 특별히 1980년 1월 1일, 자신이 천부 하나님임을 선포한 후 더욱 강조하였다. 이를 위해서 그는 의도적으로 성경을 부인하였다. 그는 성경, 신구약은 여러 사람들이 기록한 것을 묶은 것이다.[92] 양피와 나무껍질로 창고에 둘 정도였다. 그러나 박해 시에 땅에 묻어 습기가 차거나 불에 태워졌다. 그런데 후에 성경 편찬자들이 자신들의 구미에 맞게 뽑아 편찬하였다. 만약 당시에 편찬 위원들이 성신인 자신의 은혜를 입었다면 하나님 말씀, '천부'의 비율이 높아졌을 것이다.[93] 혹시 불에 타 없어진 것을 자신에게 물었다면 끊어진 것을 가르쳐 주었을 것이다.[94] 그러나 그들은 성령, 천부의 능력을 받지 않고 인위적으로 편집하였다. 그러므로 성경은 생명의 말씀이 아니라 인간이 가필한 것과 거짓말 한 것이 포함되었다.[95] 신약은 앞뒤가 맞지만 구약은 문맥이 맞지 않는다. 그 중에는 신화나 전설도 포함되었다. 그러므로 성경은 허풍이요 거짓이라[96]고 하였다.

박태선에 의하면 성경 66권은 단지 2%만 진실일 뿐 98%가 하나님의 말씀이 아니다, 거의 모두가 거짓이다. 성경이 그나마 2%의 진실이 있는 것은 자신이 성경에 등장하는 사람들, 예를 들면, 노아와 야고보, 이사야와 에스겔, 다니엘과 요나, 그리고 사도 요한을 조종하여 직접 지시했기[97] 때문이다. 이 말의 의미는 자신이 그렇게 하지 않았다면 성경은 100% 거짓말이라는 것이다. 그러므로 자신이 삽입한 말씀이 귀하고 보배로운 구원이요 생명의 말씀이다. 심지어 예수님이 말씀한 "너희가 성령을 받으면 그 배 속에서 생수가 강같이 흐르리라"고 했는데 그는 그 의미를 모르고 했다. 그런데 자신이 그것을 그렇게 하도록 지시를 했다고 주장하였다.[98] 특히 내용 중에 죄에서 벗어나 성결한 삶, 행함을 가르치기 때문에 귀한 것이다.[99] 그러나 사람들은 그 사실을 알지 못한 채 모세의 율법만을 지키라고

92) 「하나님 말씀」, 115.
93) 「하나님 말씀」, 116.
94) 「하나님 말씀」, 116.
95) 「하나님 말씀」, 116.
96) 「하나님 말씀」, 117.
97) 「하나님 말씀」, 119-120, 202, 209-214.
98) 「하나님 말씀」, 120.

하였다. 그는 이 사실은 자신이 최초로 밝혔다고[100] 하였다. 성경학자들은 일점일 획도 거짓이 없다고 하지만, 성경은 창 1:1-계 22:21까지 엉터리로 편집되었다는 것이다. 이렇듯 박태선은 자신이 유리한 대로 자칭 '천부' 하나님이 성경의 중심이라며 인용하고, 그리고 의도적으로 성경말씀을 왜곡하며 비판하고, 부정하고 부인하였다.

8.2. 자칭 천부 하나님 선포

박태선은 본서 제1부 인간 창조의 근본에서부터 마지막 제 7부 행함의 종교까지 일관되게 자신이 자칭 하나님임을 주장한 것은 1980년 1월 1일 이후부터다. 1979년까지 예수님을 구세주라고 그토록 강조하다가 갑자기 돌변하여 자신의 나이가 3조 살이라고 선언하였다. 따라서 그는 이것을 입증하기 위해 성경의 내용 중에 극히 일부를 자신을 합리화할 몇몇 말씀 외에는 대부분을 비판하고 거짓으로 부정하였다. 하지만 강변에도 불구하고 그는 본 경전 「하나님 말씀」을 통해서 그 자신이 정통에서 이탈한 치명적인 이단임을 천명하였다. 가장 주목할 것은 성경에 기록된 내용, 특별히 삼위일체 하나님과 그분이 세우신 영원한 하나님의 나라, 천국의 실상, 인간의 존엄성과 구원의 과정, 성경에 기록된 천국과 지옥을 부정하고, 자신이 자칭 천국의 완성자요 구원자, 생명물과 어린양, 동방의 그 한 사람, 그리고 감람나무 하나님이라고 하였다.

박태선은 이를 입증하기 위하여 인간은 종교적인 존재이다. 인간이 종교를 믿는 것은 영원히 살기 위함이다. 즉 영원한 생명을 위해서이다. 그러나 인간은 범죄하여 천국에서 살수 없게 되었다. 그러나 이 세상의 어떤 종교도 명확히 창조의 원리를 제시하지 않고는 구원을 줄 수 없[101]으나 자신이 구원을 줄 수 있는 하나님(필요시에 이하 "천부"로 표기)이라고 하였다. 그는 '천부'로서 처음에 1차 천국을 창조했으나 인간이 범죄하여 이 세상 지옥으로 떨어졌다. 그리하여 이 세상에 사는 모든 인간은 고통을 피할 수 없게 되었다.[102] 그러나 이것은 '천부'인 자

99) 「하나님 말씀」, 119.
100) 「하나님 말씀」, 119.
101) 「하나님 말씀」, (한국천부교전도관부흥협회, 2014. 5.1), 18.

신이 인간의 육신을 사망의 구조로 창조했기 때문에 어쩔 수 없이 죽게 되며 죽음을 향해 나아간다. 만약 자신이 "창조한 1차 천국에서 인간이 범죄하지 않았다면 1차 지옥의 형벌을 받는 지구와 인간을 창조하지 않았다.[103] '천부' 자신은 의도적으로 인간을 저주의 구조로 창조하였다.[104] 그런데 야훼 하나님이 창조하신 에덴에서의 인간은 생존을 위해 산소를 취하지만 인간을 노화시켜 마침내 인간을 죽게 한다고 하였다. 그런데 이러한 인생을 위하여 자신이 천국을 창조한바, 그곳에는 산소나 공기가 없다. 심지어 천국의 육신은 성신의 구성체로 창조되어 피가 없고 오장육부가 없다[105]고 하였다.

그리고 박태선은 타락한 죄인의 구원을 위해 특별히 지옥의 창조를 역설하였다. 그에 의하면 천국과 달리 1차 지옥은 천국에서 죄를 짓고 추방된 이들이 가는 곳이다. 그들은 지옥에서 그들이 지은 죄의 벌을 받는다.[106] 그리하여 인간은 온갖 고통과 근심과 번민과 병마속에 살다가 죽는다. 이 세상은 복잡할 뿐 진정한 평안이 없다.[107] 지옥 같은 이 세상을 마귀가 점령했기 때문이다.[108] 그러므로 이 세상은 눈물의 세계, 탄식과 번민의 세계요, 이별하고 통곡하는 죽음의 세계이다. 하지만 자신이 본래 창조한 1차 천국에서 영원히 사는 인간은 끊임없이 자녀를 낳아 그 수를 헤아릴 수 없었다. 그런데 자신이 그들에게 구원의 길을 약속하였다. 그러므로 '천부' 가 1차 지구와 인간을 창조한 목적은 형벌과 동시에 구원의 기회를 주기 위함이었다.[109] 그에 의하면 1차 천국에서 범죄한 인간의 영은 3조 년에 걸쳐 지구로 왔다. 오늘 날 그들의 영이 생육하고 번성하여 3조 년이 차서 이제 그들을 구원하기 위해서 자신이 3조 년을 기다린 중에 육신을 입고 이 곳 한국에 왔다.[110] 그는 자신을 이슬 같은 은혜를 내려 인간의 죄를 씻고, 그들을 다시 하늘

---

102) 「하나님 말씀」, 18.

103) 「하나님 말씀」, 19.

104) 「하나님 말씀」, 20. 그에 의하면 인간이 저주받은 증거는 몸에 똥을 만드는 위장 때문이었다. 그러므로 인간은 썩을 것을 먹으며 똥을 배출하는 추한 존재로, 인간은 인분 공장, 똥의 구성체이다. 전혀 존엄성이 없는 것이다.

105) 「하나님 말씀」, 21.

106) 「하나님 말씀」, 26-27.

107) 「하나님 말씀」, 25.

108) 「하나님 말씀」, 26.

109) 「하나님 말씀」, 27.

세계로 인도하기 위해서 이 땅에 온 천부, 타락한 인간을 구원하여 영원한 생명 길로 인도하는 3조 살의 하나님이라고 선언하였다.[111] 자칭 '천부' 박태선은 천국과 지옥을 역설했으나 천국에서의 궁극적인 삶, 예를 들면, 그곳에는 공기도 없다고 했는데 어떻게 몇 년을 사는 것인지 그리고 지옥의 형벌에 대한 구체적인 설명을 보이지 않았다. 무엇보다도 박태선은 자신은 3조 살의 영원한 하나님이라고 했으나 1990년 2월 7일 사망하였다. 소위 그가 말한 하나님, 그 하나님은 지금 어디에 있는가? 단지 그는 성경 말씀, 썩을 육신으로 천국에 간다는 말씀을 악의적으로 해석하고 왜곡하여 부인하였다. 이를 통해서 그는 자신을 하나님으로 절대화하였다. 그는 그리스도가 그의 부활로 새롭게 창조한 백성들과 함께 천국에서 영원토록 함께 왕 노릇 할 것을 부정하였다.

특별히 박태선은 자칭 '천부' 하나님을 드러내기 위하여 의도적으로 성경의 몇몇 말씀을, 대표적으로 동방의 한 사람과 감람나무, 생명물과 이슬성신, 자유율법과 어린양을 활용하였다. 이것은 자신이 성경의 저자들에게 몇 천 년 전에 삽입케 한 것 이라고 강변하였다.

(1) 동방의 한 사람 : 박태선은 사 41:25에 기초하여 자신은 동방의 한 사람이자 감람나무요[112] 심판권자라고 하였다. 그리고 그는 이사야 선지자가 말하는 동

---

110) 「하나님 말씀」, 27.

111) 본서 2장은 '천부' 의 존재를 입증하기 위하여 인간의 모습을 입고 온 자신의 초기 사역을 서술한 것이다. 그에 의하면 역사가 시작된 1955년은 일제의 36년 해방과 6.25를 거치면서 피폐한 형편에서, 전국적으로, 특히 초창기에 서울 남산과 제1한강교 위의 모래사장, 영등포 앞 모래사장에서 천막집회를 하는 중에 이슬 같은 은혜가 내렸다. 당시 기성 교회의 대부분의 신자들이, 부산과 대구, 광주와 전남, 그리고 전북에서 참석하였다. 집회가 열리면 기성교회는 자리가 비었고, 너무 많은 인파로 옥내 집회(당시 큰 건물 약 2,000명)가 불가능하여 옥외에서 약 4-5만 명이 모래사장과 운동장에 운집하였다. 야외 집회 행사를 위해서 천막과 장비를 싣고 가는 트럭이 100여대였다. 보통 집회는 10일이었으나 집에 갈 생각을 하지 않았고, 졸지 않은 채 배고픈 줄 모르고 참석하였다. 보통 집회는 3-5시간 낮과 밤으로 6시간 혹은 10시간 계속되었다. 그에 의하면 설교는 인간의 차원이 아닌 신의 차원에서 한 것으로 많은 시간이 필요하였다. 그의 집회 시에 기존 교회 목사 2,000명이 안찰을 받고 불치병, 심지어 썩은 냄새나는 사람도 치료를 받았다. 대학총장과 국회의원들이 손바닥을 치며 찬송하였다. 집회 중에 이슬 같은 은혜를 받고 얼굴이 환하였다. 이렇게 그는 자신의 사역을 역설하였다. 이것은 1980년 1월 1일 이전 일로 당시 수많은 사람이 운집한 이유는 한국전쟁(6.25)으로 굶주림에 피폐해진 유랑하는 국민들, 이산가족들, 전쟁고아들이 갈 곳이 없었기 때문이다. 그 집회현장에 여러 독지가들, 대표적으로 허병주목사의 부친 고(故) 허덕수 장로와 고(故) 이봉장 장로 등이 양식을 공급하였다. 「하나님 말씀」, 29-31.

방의 한 사람이 곧 자신임을 강조하기 위하여 독단적으로 곡해하였다. 그에 의하면 역사적으로 동방의 해 돋는 곳은 이스라엘의 유대 땅을 중심으로 동쪽이다. 그리고 이스라엘을 중심으로 극동 국가 중에서 일본은 자국의 국가에 "아시아의 동쪽 해 뜨는 곳"을 넣어 부른다. 그러나 사 41:1은 "섬들아 내 앞에서 잠잠하라"고 되었다. 그러므로 동방의 한 사람은 섬이 아니라 대륙과 연결된 나라이다. 사 41:9에 의하면 땅 끝은 이스라엘을 기준으로 대륙 끝, 중국과 한국이다. 그런데 본문에 또한 "모퉁이"라고 했으니 바다와 접한 반도, 한국이라는 것이다. 그리고 그는 사 41:25에 기초하여 "북방에서 한 사람이 와서"를 이것은 남과 북이 갈라진 나라에서 이북 사람이 이남에 와서 역사를 이룬 다고 하였다. 그에 의하면 이 기록이 자신의 명령에 의하여 선지자 이사야가 성경에 삽입하였다.[113] 그러므로 "동방의 해 돋는 곳"은 한국이며, 자신이 바로 성경에 기록된 대로 동방의 한 사람[114]이라고 하였다.

(2) 감람나무와 이슬성신 : 감람나무와 이슬성신은 호 14:5-6, 여기서 박태선은 "내가"곧 천부 하나님, 자신이며 하나님이 이슬과 같다는 것은 하나님의 신이 이슬과 같이 임하는 것을 말한다. 그러므로 누구든지 이슬 같은 은혜를 본 자는 하나님의 신, 이슬 같은 은혜를 체험한 자라[115]고 하였다. 그리고 "그 아름다운 것이 감람나무와 같고"는 단순한 나무가 아니라 이슬 같은 은혜를 내리는 자, 감람나무를 가리킨다고 하였다. 또한 "백합화같이 필 것이요" 라는 말씀은 이슬 같은 은혜를 받아서 황무지와 같은 사람들의 마음이 백합화같이 아름다워지는 것을 의미한다. 또한 온갖 누추한 죄를 이슬 성신으로 씻어 흠과 티가 없는 아름다운 마음으로 변화하는 것을 가르친다고[116] 하였다. 한편 "레바논의 백향목과 같이 뿌리가 박히리로다"에서 뿌리는 나무의 뿌리가 아니라 신앙의 뿌리가 깊이 박힌다는 것이[117]라고 하였다. 이슬 같은 은혜를 받은 사람들은 어떤 핍박이나 죄의 유혹에

112) 「하나님 말씀」, 45.
113) 「하나님 말씀」, 47.
114) 「하나님 말씀」, 46-47.
115) 「하나님 말씀」, 49.
116) 「하나님 말씀」, 50.
117) 「하나님 말씀」, 50.

도 흔들림이 없는 굳건한 믿음을 갖게 된다는 것이다. 그리고 자신에게서 나가는 이슬 같은 은혜를 받은 자는 곧 감람나무의 가지가 된다. 그 가지는 퍼져서는 그 은혜를 입은 사람들이 끝없이 많아지는 것을 나타낸다고 하였다. 그리하여 박태선은 자신을 감람나무 하나님임을 천명[118]하였다.

박태선은 말하기를 자신이 이 땅에 와서 구원 역사를 할 때 사람들은 예수를 구세주로 믿고 있었다. 이것은 자신에게는 구역질나는(자존심 상하는) 일이었지만 예수를 타고 나오면서 사람들을 이끌고 나왔다.[119] 그 때 자신은 뭇 백성들, 즉 듣는 사람의 수준에 따라 낮은데서 높은 차원으로 이끌었다. 그 후 그는 26년을 기다린 끝에 2번 감옥[120]을 다녀 온 후 예수와 성경의 거짓을 밝히고, 자신이 예수를 타고 나오면서 예수의 것이 아닌 감람나무 이슬성신을 부어 새롭게 하였다. 이슬성신은 예수의 것이 아닌 감람나무의 것이요 '천부' 하나님 곧 자신의 것이다.[121] 이슬 같은 은혜는 다름 아닌 '천부' 하나님이다. 하나님의 신이며 그가 곧 하나님이다. 그에 의하면 '천부' 는 처음부터 감람나무를 증거하였다. 1980년 12월 24일 자정, 동해안에 해일을 일으키면서 감람나무가 곧 하나님인 것을 발표하였다.[122] 그리하여 그는 자칭 하나님 감람나무가 되었다.[123]

(3) 생명물과 이슬성신 :[124] 박태선은 예수는 그 배 속에서 생수가 강같이 흐

118) 「하나님 말씀」, 52-53.

119) 1980년 이전에는 박태선이 예수님을 믿음으로 구원을 받고 구세주가 예수님이라는 것을 그토록 강조하였다. 그런데 1980년 이후부터 돌변하여 예수님을 모독하고 비판하였다. 「하나님 말씀」, 73.

120) 그는 자신의 범죄 행위를 정당화하였다. 「하나님 말씀」, 74.

121) 「하나님 말씀」, 74.

122) 「하나님 말씀」, 75.

123) 자칭 하나님 '감람나무' 는 성경에 나오는 명칭으로 박태선이 자신을 우상화할 목적으로 왜곡하여 편파적으로 사용하였다. 그런데 성경의 감람나무는 예수님을 가리키는 비유적 표현이다. 지형 상 중동에 위치한 이스라엘은 석회석이 많으므로 감람나무의 열매(별칭 올리브)를 먹지 않으면 담석 등에 걸리므로 이 열매가 생활에 필수적이다. 이렇듯 중동에서는 올리브열매가 중요한 식재료이지만 한국에서는 그렇게 필요하지 않은 열매이다. 그런데 박태선이 자신을 감람나무라고 지칭한 것은 성경에 나오는 중동지역의 특성을 잘 알지 못해 한 표현으로, 자신을 감람나무로 높이고 정당화하려는 술수와 음해에 지나지 않는다. 이것은 자칭 천부 하나님의 무지를 온 세상에 드러낸 것이다.

124) 경전에서 박태선은 마치 이슬이 대단한 것처럼 강조하였다. 그러나 이 또한 중동

흐르리라 말했으나 정작 자신은 생명물, 생명수를 알지 못했다.[125] 생명물은 바로 박태선의 것으로 생명물이다. 만약 알았다면 알고 했다면 기성 교회에 생수가 넘쳤을 것이다.[126] 그런데 오래 전에 천부인 자신이 이 말씀을 예수를 통해서 말했다. 하지만 예수가 그 말을 한 후 2,000년이 지났지만 생수가 강같이 넘친다고 말한 사람이 있었는지를 묻고 기성교회에는 그러한 물이 없다. 뱃속에서 생수가 강같이 흐르리라는 말씀은 예수가 아니라 그의 것, 즉 '천부' 의 것으로 자신이 만든 것이라고 하였다.[127] 그에 의하면 그 생명물은 하늘의 생명물이요 '천부' 하나님의 은혜의 물이다.[128] 그가 생명물, 천부 하나님인 증거는 이슬성신을 내리기 때문이다. 이슬성신은 자신이 아니면 누구도 내릴 수 없다. 하나님의 신을 내리는 자가 감람나무요 동시에 하나님[129]이라고 하였다. 따라서 그는 감람나무가 내리는 이슬성신으로 모든 죄를 씻을 수 있다. 그런데 자신은 하나님이요 감람나무, 그리고 성신의 삼위일체[130]라고 하였다. 그러므로 구원을 받기 위해서는 이 세상의 모든 사람들은 반드시 천부교[131]를 믿어야 한다고 하였다. 그러나 오늘날 천부교는 한국기독교총연합회이 사이비 이단 집단으로 규정하였다.[132]

(4) 자유율법과 천부교 : 박태선은 자유율법을 강조하고 모세의 율법을 행위의 법으로 규정하였다. 박태선에 의하면 자유율법은 마음의 법으로 율법과 달리 죄의

지역을 배경으로 기록된 말씀으로, 강수량이 극히 적은 중동의 사막에서는 밤에 이슬이 내리지 않으면 생존에 필요한 수분을 공급받을 길이 없다. 그러므로 중동은 지정학적으로 반드시 이슬이 필요하고 감람나무처럼 없어서는 안 된다. 그런데 우리나라에서는 중동과 달리 이슬이 그렇게 중요하지 않다. 그 이유는 충분한 연 중 강수량으로 살아갈 수 있는 환경이기 때문이다. 사실 때를 따라 내리는 비와 특별히 장마와 태풍 등으로 강수량이 넘쳐나는 우리나라에 이슬이 뭐 그리 필요하겠는가. 그러므로 이슬 또한 자칭 하나님 박태선의 무지를 드러낸 것이다. 마치 자신이 대단한 존재인양 감언이설로 허풍을 떨었으나 실제로는 존재가치가 없는 것이다. 「하나님 말씀」, 44, 55, 57.

125) 「하나님 말씀」, 120. 27.

126) 「하나님 말씀」, 120. 26.

127) 「하나님 말씀」, 66.

128) 「하나님 말씀」, 54, 59, 60.

129) 「하나님 말씀」, 53.

130) 「하나님 말씀」, 73.

131) 「하나님 말씀」, 61, 114.

132) 각주 1, 2번을 참조하라.

근본, 곧 행위 이전의 마음을 취급한다. 이는 죄를 지을 마음과 생각조차 갖지 않기 위해 지키는 법으로 예수가 산상수훈에서 이 법을 가르쳤다. 소위 은혜의 법이다.133) 그에 의하면 자유율법의 원리는 특별히 야고보서에 자세히 기록되었다. 야고보가 말씀한 "행함이 없는 믿음은 죽은 것이다"라는 것은 참이라고 하였다. 그러나 그는 예수와 바울도 그렇지만 말씀의 참 뜻을 모른 채 기록하였다.[134] 그런데 자신이 이를 밝혀 자유율법을 지킴으로 구원을 얻게 하였다. 자신이 가르치는 자유율법은 하나님의 법, 마음의 법[135]으로 야고보가 말씀한 "너희는 자유 율법대로 심판받을 줄 알고 행하라"는 것을 이루었다고 하였다.[136] 행함은 기성 교회가 가르치는 모세율법이 아니라[137] 눈으로 마음으로 생각으로 죄[138]를 짓지 않게 하는 것이다. 구원의 길은 자유율법을 지키는 것, 행함으로 이룬다고 하였다.139) 박태선은 부연하기를 이 세상의 모든 사람들 심지어 성인들도 마음과 생각으로 죄를 짓는다. 그런데 '천부'는 자유율법대로 심판한다.[140] 범죄는 각 사람의 자유로운 양심에 따르지만 구원을 얻고자 하는 자는 스스로 자제하고 절제해야 한다. 자유율법을 지켜야 하며 항상 자신을 경계해야 한다.[141]

자유율법을 지키기 위해서는 '천부'의 은혜인 이슬성신을 받아야 한다. 박태선에 의하면 성경을 천 번 읽어도 자유 율법을 모르면 구원을 받을 수 없다. 이것은 지금까지 예수와 신학자와 신부, 목사가 알지 못함으로 기성교회가 모르는 것이다.[142] 기성교인들은 자유율법을 모르기 때문에 구원의 방법은 물론 심판받음도 모른다. 분명한 것은 믿음으로는 결코 구원 받지 못한다.[143] 예수가 자기를 믿으

133) 「하나님 말씀」, 79.
134) 「하나님 말씀」, 85.
135) 「하나님 말씀」, 81.
136) 「하나님 말씀」, 90.
137) 「하나님 말씀」, 90.
138) 박태선은 죄를 그토록 강조했다. 그러나 무엇이 죄인지 명확한 정의와 규범이 없다.
139) 「하나님 말씀」, 91.
140) 「하나님 말씀」, 82.
141) 「하나님 말씀」, 82.
142) 「하나님 말씀」, 85-86.
143) 「하나님 말씀」, 86.

면 구원을 얻을 수 있다면서, "누구든지 나를 믿으면 영생을 얻으리라", 사도 바울은 "행함이 아니라 믿음으로 구원을 얻는다. 예수를 믿으면 구원을 얻는다" 고 하였다.[144] 그러나 박태선은 자유 율법을 통해서 죄인[145]에게 구원을 베푼다고 하였다. 이는 마치 목욕탕에 가서 씻는 것과 같다. 그저 바라만 볼 것이 아니라 직접 씻어야 한다.[146] 또한 미국에 살고 싶은 사람은 표를 사고 비행기를 타야 한다. 믿는 다고 갈 수는 없다. 행함이 있어야 하는 구원을 얻는다.[147] 구원은 단순히 믿는 것만으로는 갈 수 없다. 이슬같은 은혜, 성신, '천부' 를 믿고 행해야 한다. '천부' 의 은혜를 입어야 하는 것이다. 그는 말하기를 성경의 힘으로도 못하고 능으로도 못하고 내 성신으로 하리라를 오직 이슬 성신, 곧 '천부' 의 은혜를 받아야 한다148)고 하였다. 만약 죄가 씻어지면 하나님의 성신, 박태선의 능력이 우리 안에 거한다. 그래야 자율율법을 지킬 수 있다.[149] 그리하여 모든 사람들은 이슬성신의 하나님, 자신의 은혜를 받아야 한다. 박태선은 자칭 자유율법을 완성하는 이슬성신 하나님을 천명하였다.

8.3. 창세기와 계시록의 곡해

(1) 천부교의 역할 : 박태선에 의하면 종교의 가치란 죄가 무엇인지를 가르쳐, 죄를 벗게 하는 것이다.[150] 그러므로 그 역할은 국가 경제와 사회문제를 근본적으로 해결하는 것이다.[151] 문제는 사람들에게 보증 수표가 되는 것이 중요하다. 천부에 의하면 자유율법을 지킴으로 죄에서 벗어나는 것이 지고지선이다.[152] 그러므로 '천부' 는 자유율법을 지킬 수 있는 환경을 만들기 위하여 신앙촌을 설립하였

144) 「하나님 말씀」, 87.
145) 죄인이 무엇인지 명확한 정의가 없다.
146) 「하나님 말씀」, 88.
147) 「하나님 말씀」, 88.
148) 「하나님 말씀」, 83.
149) 「하나님 말씀」, 83.
150) 「하나님 말씀」, 91-92.
151) 「하나님 말씀」, 91.
152) 「하나님 말씀」, 93.

다.[153] 죄를 멀리하고 자유율법을 지킬 수 있는 조건을 믿는 사람들끼리 함께 하기 위함이었다.[154] 은혜 받은 사람들이 모여 함께 은혜 생활하도록 하는 것이다. 기성 교회가 신앙촌을 천년성이라고 비판[155]했으나 신앙인의 도시이다. '천부', 성신의 충만을 받으면 1억이든 10억이든 모두가 한 마음이다.[156] 신앙촌은 성신으로 한 마음 되어 하나님, 천부를 섬기는 것이다.[157] 그러나 신앙촌에서 자유율법을 지키지 못하면 옛 모습이 나온다. 신앙촌이라도 구원받지 못한다.[158] 어디 있는지 천부교[159]에 나와 그의 말씀을 듣고 생활해야 구원을 얻는다. 박태선은 "성령의 감동함을 받지 않고는 주를 주라 할 자가 없다. 누구든지 주의 이름을 부르는 자는 구원을 얻으리라"는 말씀을 인용하고, 이미 지은 죄가 쌓여 있고, 계속 죄를 지으면서 어떻게 구원 받을 수 있는가? 이것은 성도들이 죄를 가지고 천당에 갈수 있다고 한 것은 예수의 잘못된 가르침 때문이다.[160] 예수는 자기를 믿으면 죄를 용서받고 구원을 얻는다고 하여 수많은 사람들을 불행하게 하였다. 하지만 그들이 자유율법을 지켜 구원을 얻게 하지 않았다[161]고 주장하고, 자신이 그 생각을 뽑기 위해 수십 년 수고하였다[162]고 하였다. 그러므로 모든 책임은 예수에게 있다. 그런데 만약 천국 갈 자를 자칭 하나님이 창세전에 예정했다면 지옥 갈 사람은 누가 정하는가? 감람나무 박태선 자신이다.

(2) 천지창조와 아담의 창조 : 박태선은 과학적 자료, 예를 들면 진화론에 근거하여 창세기의 창조 6,000년(?)을 거짓으로 규정하였다.[163] 그리고 '천부'가 이 지구를 창조했고 3조년이 되었다. 따라서 그는 스스로 3조살 된 하나님을 천명하

153) 「하나님 말씀」, 93.
154) 「하나님 말씀」, 93.
155) 「하나님 말씀」, 94.
156) 「하나님 말씀」, 94.
157) 「하나님 말씀」, 95.
158) 「하나님 말씀」, 95.
159) 「하나님 말씀」, 95.
160) 「하나님 말씀」, 89.
161) 「하나님 말씀」, 90.
162) 「하나님 말씀」, 90.
163) 「하나님 말씀」, 103.

고 앞으로 과학자들이 뇌가 발달하면 3조년 된 물체까지 찾을 것이다.[164] 혹 그 이상 된 물체가 나오면 그것은 거짓이라며 자신을 정당화하였다. 이를 위해서 '천부' 는 창세기 1장, 태초에 하나님, 야훼가 천지를 창조하셨다. 에덴동산을 창조한 것이다. 땅은 흙이고 재배되는 식물은 썩는다. 천국은 썩는 것이 없는 세계이므로 천국의 에덴동산, 땅의 창조는 거짓이다.[165] 하나님은 아담을 흙으로 창조, 이미 있는 물질로 다른 것을 변하게 한 것은 창조가 아니다. 그에 의하면 창조는 완전 무에서 유를 만드는 것이다.[166] 흙은 변함으로 아담은 영원히 살 수 없다(영혼은 루아흐, 하나님이 하늘에서 입김으로). 그러나 '천부' 가 창조한 천국은 밟고 다니는 바닥이 전부 보화이므로 땅이 없고 흙이 없는 세계이다. 그러므로 천국에서는 아무것도 먹지 않고 영원히 산다고 하였다. 흙으로 빚은 구조로는 영원히 살 수 없기 때문이다.[167]

창세기 1장에 의하면 야훼 하나님이 낮과 밤을 만들었다. 그런데 에덴에 지음 받은 첫 사람 아담과 하와는 자는가 안 자는가[168]를 묻고 천국은 잠을 자지 않는다.[169] 영원히 자지 않고 눈도 깜빡이지 않는다. 그 이유는 눈이 1초에 144번 재창조되기 때문이다. 그러므로 눈은 피곤함이 없고 잠을 자려 해도 잠을 잘 수 없는 곳이 천국이다.[170] 그러나 에덴동산에 낮과 밤이 있어 아담이 피곤하여 잠을 자는 것은 늙어 죽는 육신을 가르친다. 그런데 아담이 잠을 잔 것은 그가 참된 천국을 모른 것이다. 이것은 참으로 웃음거리이다.[171] 이보다 더한 것은 야훼 하나님이 자고 있는 아담의 갈빗대를 뽑은 것이다. 아무리 코를 골아도 갈빗대를 뽑으면 마취를 하고 수술해야 한다. 그런데 생 뼈를 뽑으면 어떻게 되겠는가? 그것으로 야훼가 여자를 만든 것이다. 어떻게 이것을 창조라 할 수 있는가? 이것은 거짓으로 곧 천국이 어떤 곳인지를 모르고 모세가 기록한 것이다.[172] 뿐만 아니라 야

164) 「하나님 말씀」, 103.
165) 「하나님 말씀」, 104.
166) 「하나님 말씀」, 104.
167) 「하나님 말씀」, 105.
168) 「하나님 말씀」, 105.
169) 「하나님 말씀」, 105.
170) 「하나님 말씀」, 106.
171) 「하나님 말씀」, 106.

훼 하나님은 에덴에 아담을 영원히 살게 지어 놓고 선악과를 주었다. 성경에 의하면 선악과 이전에 아담과 하와는 영원히 사는 존재였다. 그러나 그들은 오장육부를 가진 육신으로 영원히 살수 없는 존재였음을 천부가 처음으로 증거한다고 하였다.[173] 이는 물론 궤변이 아닐 수 없다. 박태선에 의하면 결국 창세기는 자신이 마귀의 머리에서 기억을 빼고 그를 조종했기 때문에 엉터리라고 하였다. 그 이유는 인간의 역사, 죄의 역사가 흐르지 않게 그가 심판했기 때문이다. 만약 그렇지 않았다면 인간이 창세기를 뜯어 고쳤을 것이다.[174] 천부 박태선은 지구를 창조한 이후 3조 년 동안 6억 번 인간을 심판했다.[175] 평균 5,000년이면 인간은 지구에서 한계점에 이르는바, 그 때 마다 이전의 역사와 문화가 넘어오지 못하게 심판하였다. 노아 때는 인간이 한계점에 이르러 물로 심판하였다. 그 때 자신이 그를 선택하여 이전에 보고 들은 것을 옮기지 못하게 하였다.[176] 이것은 오직 감람나무 만이 할 수 있는 역사로 자신이 성경의 허구와 오류를 온 땅에 드러냈다고[177] 하였다.

(3) 계시록과 천국의 곡해 : 박태선은 성경과 달리 천국은 땅이 없고 흙이 없다고 하였다. 그리고 그는 성경에 영원히 산다는 아담은 생명나무의 과일을 먹었다. 그런데 그곳에 생명나무를 심은 것을 보면 성경은 거짓이다.[178] 인간은 땅에서 나는 것을 먹고 오장육부를 가진 존재로 영원히 살수 없기 때문이다. 아담과 하와는 처음부터 땅에서 나는 것을 먹고 대소변을 보는 육신의 구성체로 영원한 존재가 아니었다. 또한 가인이 동생을 죽인 것은 거짓이라고 하였다.[179] 가인이 동생을 죽인 후 만나는 자에게 맞아 죽을까 했는데, 그 때 아담과 하와 가인, 세 사람뿐인데 누가 죽일 수 있었는가? 이는 아담과 하와 이전에 많은 사람이 있었다는 것이다. 창세기는 에덴동산이 천국이라 했지만 천국 생활의 모습은 보이지 않는 거짓이다.[180] 창세기를 기록한 모세는 천국을 전혀 몰랐다고 비판하였다.

---

172)「하나님 말씀」, 107.
173)「하나님 말씀」, 108.
174)「하나님 말씀」, 113.
175)「하나님 말씀」, 113.
176)「하나님 말씀」, 114.
177)「하나님 말씀」, 114.
178)「하나님 말씀」, 108.
179)「하나님 말씀」, 109.

8.4. 성경 인물의 왜곡: 롯과 다윗과 바울

(1) 롯의 왜곡 : 박태선은 롯과 다윗을 구원을 모른 인물이라고 비판하였다. 그는 말하기를 성경 66권이 구원의 말씀이라면 구원에 필요한 사람, 구원을 얻는데 본받을 교훈적인 사람, 최종적으로 구원을 줄 수 있는 사람이 있어야 한다.[181] 하지만 성경이 구원의 말씀이면서도 내용 중에 몇 사람은 구원을 알지 못하고 교훈도 주지 못하였다. 대표적으로 아브라함은 첩을 얻었고 이스라엘은 3명 두었다.[182] 특별히 아브라함의 조카 롯은 음란한 소돔과 고모라 성을 극적으로 탈출한 의인이다. 하지만 그의 아내는 소금기둥이 되었다.[183] 깊은 산 중에 서 지내는 동안 롯의 두 딸이 범죄 하였다.[184] 그런데 어떻게 그가 의인인가? 술에 취해서, 감각이 없어서, 그러면 어떻게 임신될 수 있는가, 이것은 모두 어불성설이요 거짓말이다.[185] 오히려 그는 구원에 해가 되는 것이다.

(2) 다윗의 왜곡 : 주지하듯이 다윗은 구약을 대표하는 왕이다. 기성교회에서는 성경 속에 다윗을 신앙심이 깊은 왕이며 하나님과 통해서 영적인 시를 쓴 왕으로 간주한다.[186] 사실 시편의 대부분의 시는 다윗의 것으로 하나님의 지혜, 계시가 아니라 자신의 경험과 지식으로 쓴 것이다.[187] 그런데 그의 시 대부분은 전쟁터에서 ◎기는 중에 원수를 멸해 달라는 것이다.[188] 또한 다윗은 여호와 하나님에게 깨어서 자신을 도와 달라며 여호와 하나님을 주무시는 존재라고 비하하였다.[189] 이것은 다윗이 진짜 하나님을 안 것인가, 가짜 하나님을 안 것인가[190] 사실 다윗

180) 「하나님 말씀」, 110.
181) 「하나님 말씀」, 125.
182) 「하나님 말씀」, 125.
183) 「하나님 말씀」, 126.
184) 「하나님 말씀」, 126.
185) 「하나님 말씀」, 126.
186) 「하나님 말씀」, 127.
187) 「하나님 말씀」, 127.
188) 「하나님 말씀」, 127.
189) 「하나님 말씀」, 127.
190) 「하나님 말씀」, 127.

이 소년 시절, 골리앗을 물맷돌로 물리칠 적에는 순수했다. 그 때 그의 말은 하나님(박태선)으로부터 흘러나온 말이다. 그러나 그가 더러운 죄를 지을 때 한 말은 하나님(박태선)의 영시(靈詩)가 아니라 마귀의 시였다.[191] 그는 한 여인이 목욕하는 것을 본 후 범죄하였다. 남편 우리아는 충성스런 장수로 전쟁에 참전하였다. 그의 아내 밧세바는 아기를 가질 수 없었으나 다윗 왕과 동침하여 임신하였다.[192] 다윗은 자신의 죄를 감추기 위하여 우리아를 불러 술을 먹인 후, 부인과 동침시키려 하였다.[193] 그러나 우리아는 동침하지 않았다. 그러나 다윗은 우리아가 전쟁터로 나가자 사령관을 시켜 격렬한 전투에서 죽게 하였다. 그렇게 충신의 목숨을 빼앗고 그 부인을 취하여 낳은 아들이 솔로몬이다. 다윗은 그런 죄를 끊임없이 지었다.[194] 그런데 어떻게 다윗에게 하나님이 함께 하겠는가" 같이 하다가도 떠나게 될 것이다.[195] 그러므로 다윗의 역사는 성령의 역사가 아니라 악령의 역사였다.[196] 그러므로 이러한 말씀을 모두 제외하면 성경 중에 하나님의 말씀은 2%이다.[197]

(3) 바울의 왜곡 : 박태선에 의하면 바울은 신약에서 가장 영향력 있는 사람이다. 신약의 반 이상이 그의 편지이다. 그러나 그의 추한 죄가 감추어 졌는데, 박태선이 최초로 이것을 세상에 밝혔다.[198] 바울은 살전 5:26, "거룩하게 입맞춤으로 모든 형제에게 문안하라", 입맞춤으로 거룩해 진다고 하였다. 이 말은 로마서와 고전후서에도 있다.[199] 그에 의하면 바울의 편지는 많은 여성이 등장하는데, 그들에게 입맞춤으로 문안하라고 하였다. 딤전 5:3, "참 과부를 공경하라" 고 하였다. 이것은 "거룩하게 입맞춤하라" 는 것과 연관되었다.[200] 그런데 당시 독신자 바울은

191) 「하나님 말씀」, 128.
192) 「하나님 말씀」, 128.
193) 「하나님 말씀」, 128.
194) 「하나님 말씀」, 129.
195) 「하나님 말씀」, 129.
196) 「하나님 말씀」, 129.
197) 「하나님 말씀」, 129.
198) 「하나님 말씀」, 130.
199) 「하나님 말씀」, 130.
200) 「하나님 말씀」, 131.

여인들을 가까이하고 문안을 핑계로 포옹하고 키스를 많이 하였다. 처녀나 유부녀보다 말썽이 없는 과부들과 그리하였다.[201] 그 후 바울은 소문이 퍼지자 키스를 하면 거룩하게 된다고 자신의 행동을 합리화하였다.[202] 그리하여 키스하면서 문안하라는 바울의 말이 성경이 되었다고 하였다. 이는 결코 따를 수 없는 말이라고 하였다. 한편 베드로도 "너희는 사랑의 입맞춤으로 서로 문안하라"고 하였다. 과연 이것을 하나님 말씀으로 믿어야 하는지, 바로 이런 이유로 성경의 98%가 성경이 아닌 이유이다. 그런데 서양 사람들은 이 말씀을 그대로 실행하였다. 그리하여 친구와 형, 동생의 부인과 키스하여 세상이 음란하게 되었다[203]고 하였다. 또한 청교도들도 성경에 하나님의 말씀이 2%인 것을 몰랐다[204]고 하였다.

특별히 박태선은 바울의 방언을 강력히 비판하였다. 그에 의하면 성경에 성신이 많은데 태반이 마신, 마귀의 역사이다.[205] 박태선은 당시 예수의 제자들도 방언을 하였다. 이는 초대 교회의 산물이요 바울의 산물이었다. 그런데 박태선은 자신의 경험을 통해서 방언하는 자들은 대부분 뒤로 넘어져 버둥거리며 거품을 물거나 무당처럼 주술을 하며 소리지른다.[206] 기성교회에서는 방언을 받으려고 애쓴다. 그러나 박태선은 방언을 마신으로 경계하였다. 방언을 마귀의 역사로 본 것이다.[207] 그에 의하면 방언 자들은 음란죄가 많았는데 더러운 똥파리가 붙은 것이다. 바울은 입맞춤으로 거룩하게 된다며 음란을 합법화 하였다.[208] 이것은 다윗이 충성된 신하 우리아를 죽이고 아내를 뺏은 것 보다 100만 배 더 악한 죄[209]라고 하

---

201) 「하나님 말씀」, 131.

202) 「하나님 말씀」, 131. 이 말씀에 기초하여 자칭 하나님 박태선은 순진한 사람들을 유혹하여 천국을 보내준다는 미명 아래 남녀 간에 은밀한 행위, 섹스 안찰을 하였다. 그리고 박태선은 수많은 천부교 신도들을 강제로 이혼시켰다.

203) 「하나님 말씀」, 132.

204) 「하나님 말씀」, 132.

205) 「하나님 말씀」, 132.

206) 「하나님 말씀」, 133.

207) 「하나님 말씀」, 133.

208) 「하나님 말씀」, 133.

209) 「하나님 말씀」, 133. 여기 이 말씀, 즉 바울과 다윗을 비교한 것은 박태선의 극단적인 비교요 과장이라 할 것이다. 10배 100배 1,000배도 아니고 100만 배는 터무니 없는 표현이여 허풍이다.

였다. 박태선은 방언은 성신을 대항하는 것[210]이라고 하였다. 그런데 바울이 고후 12:1-7에서 삼층천, 낙원을 보았다고 하였다. 이에 대하여 박태선은 자신이 낙원을 창조했는데,[211] 사람들은 그곳이 왜 창조되었는지 누가 살고 있는지 몰랐다고 하였다. 그런데 바울이 참으로 낙원을 보았다면 조금이라도 설명을 해야 했으나 아무 말을 못하였다.[212] 그 이유는 그가 가 보지 않았기 때문에, 사람들이 자신을 중하게 여길까 두려워서 그만 둔다며 마치 겸손한 듯이 표현[213]했다고 하였다. 또한 바울은 낙원에 가 본 사람이 자신이 아니라 다른 사람인 것처럼 주에게 속한 사람이라고 했는데, 그는 바로 '천부' 자신을 가리킨다고 하였다. 바울이 핑계를 위해 그렇게 한 것[214]이라는 것이다. 그러므로 예수를 믿는 자들은 하늘 세계를 모르는 자이다. 그나마 유식한 바울이 하늘 세계를 모르니 구원을 알 수 있겠는가, 그는 천국에 갈 수도 없다[215]고 왜곡하였다.

약 2:17, 26에서 바울은 "행함이 없는 믿음은 죽은 것이"라 하였다. 이 말씀을 근거로 박태선은 행함을 강조한 것은 옳은 것이다. 그러나 그는 믿음으로 구원을 얻는 것이지 행함으로 얻는 것이 아니다 라며 행함을 부인하고 믿음을 강조하였다. 그러나 죄인은 행함 즉, 자유율법으로 구원을 얻는다.[216] 여기 믿기만 하면 구원 얻는다 혹은 천국 간다는 것은 칼빈의 예정설에서 나왔다.[217] 따라서 그는 창세전에 예정된 사람은 주를 부르기만 하면 구원을 얻을 수 있다고 주장한다. 예정설을 주장하는 사람들은 실제로 추한 죄를 지은 자들이다. 6.25 피난 시절 남편과 가족을 북에 두고 월남하여 과부와 처녀 행세를 하며 다시 시집간 사람들이 많았다.[218] 목사 중에서도 북에 부인과 자녀를 두고 이남에서 총각으로 행세하고 장가

210) 「하나님 말씀」, 133.

211) 「하나님 말씀」, 134.

212) 「하나님 말씀」, 134.

213) 「하나님 말씀」, 134.

214) 「하나님 말씀」, 135.

215) 「하나님 말씀」, 135.

216) 「하나님 말씀」, 136.

217) 「하나님 말씀」, 136.

218) 「하나님 말씀」, 137. 당시 수많은 사람들이 이혼한바, 그 중에 대표적인 사람이 이

든 자가 많았다.[219] 그들이 그렇게 한 것은 자유 율법을 몰랐기 때문이다. 그런데 감람나무 하나님이 나타나서 자유율법을 지켜야 구원을 얻는다고 했어도 믿지 않은 것은 바울 때문이다.[220] 무엇보다도 바울은 천부 하나님 박태선이 성경에 삽입하여 누구도 해석할 수 없게 가려 둔 감람나무 성구를 엉터리로 해석하여 감람나무 역사를 크게 저해하였다.[221] 그는 행함이 없어도 구원을 얻는다 함으로 많은 사람들의 구원을 막고 지옥에 보냈다.[222] 그러므로 바울은 마귀의 자식이요 지옥의 자식이다. 천부 박태선이 후에 사도바울을 심판하여 지옥에 보내는 것을 보여 줄 것[223]이라고 하였다. 이렇듯 그는 심판 주 하나님을 자처하였다.

8.5. 예수의 비판과 왜곡, 부정과 부인

(1) 복음서의 왜곡 : 성경의 4복음서는 예수의 생애 중에 가장 좋은 것을 골라서 기록한 것이다. 가경에는 예수에 대한 수상한 기록이 많이 있고 외국에는 예수의 애정 행각과 그의 부인에 대한 책도 많다.[224] 만약 성경을 편찬할 때 예수편도 반대편도 아니었다면 객관적으로 되었을 것이다. 지금 성경은 예수의 제자들이 그의 편에서 기록한 것이다. 그런데 유대 땅에서는 그들의 조상인 예수의 행적을 너무나 잘 알기에 유대인들 중에는 예수를 믿는 사람이 별로 없다. 그들은 같은 동족인 예수의 참 모습을 보았기 때문이다.[225] 그 중에 대표적인 것이 예수와 막달라 마리아의 수상한 행적이다. 마리아는 일곱 귀신과 마귀, 음란 마귀가 들어갔다. 이 마리아는 성경의 대표적인 음녀이다. 그녀의 유혹에 넘어가지 않은 남자는 없었다. 아무리 도덕적이고 자제심이 강한 남자도 넘어졌다. 예수도 마리아의 집을

봉장이다.

219) 「하나님 말씀」, 137.

220) 「하나님 말씀」, 137.

221) 이것은 실로 터무니없는 거짓말이다. 박태선은 중동에 자생하는 올리브(감람나무)의 역사를 아는가? 각주 123과 「하나님 말씀」, 138을 참조하라.

222) 「하나님 말씀」, 138.

223) 「하나님 말씀」, 138.

224) 「하나님 말씀」, 139.

225) 「하나님 말씀」, 140.

지날 때 꼭 그 집에 들렀다. 그렇다면 30세 총각 예수가 음녀인 마리아의 죄를 사해주려 했겠는가 아니면 죄를 짓기 위해서 들어갔는가.[226] 마리아가 예수를 만날 때 마르다는 항상 문제, 방해거리였다. 그리하여 예수는 마르다를 부엌에서 시중을 들게 했는데 동생을 시기하였다.[227] 또한 예수가 우물가에서 물을 좀 달라고 한 사마리아 여인은 남편이 5명인 음녀였다. 그 때 예수가 먹을 것을 사오라며 제자들을 성으로 보냈다. 십여 명이 먹을 것을 사 오려면 1-2명만 보내고 교훈을 받게 해야 했으나 예수는 모두 밖으로 보내고 여인과 단 둘이 남았다. 그 때 두 사람이 소곤대는 것을 자신이 보았다.[228] 그런 예수에게는 구원이 없다[229]고 하였다.

뿐만 아니라 박태선은 4복음서는 거짓 허구라고 비판하였다. 그에 의하면 신약에서 예수의 행적을 기록한 것이 4복음이다. 예수가 실제로 설교한 것은 몇 가지 안 된다. 분량이 그렇게 많지 않다. 그러나 요 21:25에 의하면 예수가 행한 기적을 다 기록하려면 이 세상이라도 쌓아 둘 곳이 없다고 하였다. 이것은 참으로 거짓이요 허풍이다.[230] 그리고 4복음에는 예수가 십자가에 처형될 때의 내용이 기록되었다. 그 때 양편 강도 중에 한 강도는 조롱하고 욕을 했으나, 다른 강도는 회개하니 오늘 날 네가 나와 같이 낙원에 있으리라 했다.[231] 그러나 복음서 중에 마태와 마가를 보면 두 강도가 조롱하고 욕하였다(마 27:44; 막 15:32). 당장 십자가에서 내려와 우리로 믿게하라고 하였다. 뿐만 아니라 안식 후 첫날 날 막달라 마리아가 무덤에 갔다. 요 20:12에 "거기에 천사 둘이 머리맡과 발치에 있더라"인데, 마 28:4에 " ...천사를 보고 무서워 떨더라"라고 하였다. 성경이 일점일획도 오류가 없다면 왜 서로 다른가? 그러므로 4복음은 거짓이라고 하였다.

(2) 예수와 구원 : '천부' 박태선에 의하면 인간을 구원하려면 인간 창조의 근

---

226)「하나님 말씀」, 140.

227)「하나님 말씀」, 141. 여기서 박태선은 막달라 마리아와 나사로의 누이 마리아를 혼돈하였다. 이는 그의 성경적 지식의 일천함을 보여준다 할 것이다. 여기에 기술된 막달라 마리아와 마리아는 출신이 완전히 다른 사람들이다.

228)「하나님 말씀」, 141.

229)「하나님 말씀」, 141.

230)「하나님 말씀」, 142.

231)「하나님 말씀」, 142. 눅 23:39-43 참조.

본을 알아야 한다. 왜 창조되고 죽을 수밖에 없었으며, 영원히 살려면 어떻게 해야 하는지의 구조가 바뀌어야 한다. 그에 의하면 인간이 죽을 수밖에 없는 것은 죄 때문이다. 그런데 인간은 죄로 구성된 마귀의 구성체이다.[232] 그러므로 인간이 마귀의 구성체인 것을 모르고서는 죄에서 벗어나거나 구원을 받을 수 없다.[233] 그러므로 인간은 마귀의 구성체임을 알고, 죄가 인간 속의 어디에 있는지, 죄의 소재를 알아야 구원할 수 있다.[234] 그런데 예수는 인간이 마귀의 구성체인 것을 모른 채 자기가 구원의 길이라고, 자신만 믿으면 구원을 얻을 수 있다고 하였다. 이를 위해 박태선은 마치 "당신은 중병이 있어 꼭 죽을 것이지만 내가 병명은 모르겠습니다. 그러나 나는 유명한 의사이니 나를 믿고 내 이름만 주여 하고 부르면 당신은 죽지 않습니다." 하는 것과 같다[235]고 하였다. 그는 진짜 의사라면 병명을 알아야 한다는 것이다. 그는 마치 진짜 의사처럼 초창기부터 수많은 사람을 안찰하면서 각 사람의 죄의 소재와 그 형태를 지적하고 그 죄를 이슬성신으로 씻어 주었다. 처음 보는 자라도 그 사람의 혈기, 고집, 욕심, 음란을 지적하였다. 고집은 옹고집인지 보통 고집인지, 또한 혈기는 건드리면 팩하는 것인지 아니면 건드려도 너털웃음만 짓는 것인지, 도적 죄를 예로 들면, 그 사람이 어렸을 때 달걀하나 훔친 것 까지도 지적하였다.[236] 그는 진짜 의사 구원자임을 선포하였다.

(3) 예수와 피(보혈) : 박태선은 예수는 피로 구원을 준다고 허풍을 떨었다고 비판하였다. 예수는 자신을 믿으면 구원을 얻는다면서 또한 십자가에서 흘린 피로 죄를 씻어 준다고 하였다. 찬송가 250장 "구주(예수)의 십자가 보혈로 죄 씻음 받기를 원하네". 과연 십자가의 피로 죄를 영원히 씻을 수 있는가? 박태선에 의하면 이 육신의 구성 물질 중에 뼈와 힘줄, 껍질과 살, 피 등 다섯 가지 중에 가장 빨리 썩는 것이 무엇인가? 피 이다. 그런데 피는 육신의 생명이다. 소의 피는 소의 생명, 개의 피는 개의 생명이듯이 예수의 피는 예수의 생명이다. 그런데 그의 생명은 영존할 생명이 아니고 금방 썩어 버리는 육신의 생명이다.[237] 그는 말하기를

---

232) 「하나님 말씀」, 154.
233) 「하나님 말씀」, 154.
234) 「하나님 말씀」, 154.
235) 「하나님 말씀」, 155.
236) 「하나님 말씀」, 156.

영원한 천국은 썩는 것이 없는 세계이다. 이 썩을 육신에는 피가 있지만, 천국에서 영원히 사는 인간에게는 피가 없다. 이것을 예수는 몰랐다.[238] 그런데 육신 중에서도 가장 빨리 썩는 피를 가지고 썩지 않는 영원한 생명을 줄 수는 없다. 그러므로 예수의 피로 죄를 씻어 구원을 얻는 것은 거짓이다.[239] 성경에 구원을 위해서는 썩을 것이 썩지 아니함을 입어야 한다고 하였다. 그것은 썩고 죽을 수밖에 없는 육신이 영원히 살 수 있는 썩지 않는 구조로 바뀌어야 한다는 것이다.[240] 또 죽을 것이 생명에게 삼킨바 된다는 그 생명은 예수의 피가 아니고 천부 하나님 감람나무를 말한다. 영존할 성신, 천부의 구성체로 바꾸는 것은 오직 이슬성신으로만 가능하다는 것이다. 성경에 힘으로도 못하고 능으로도 못하고 오직 내 성신으로 하리라는 곧 이슬성신으로만 구원이 가능함을 가르친다고 하였다. 감람나무는 그 이슬성신의 소유자이며 인간을 구원하여 영원한 생명을 주는 존재[241]라는 것이다. 그리하여 그는 자신이 죄를 씻는 참 하나님, 감람나무요 이슬성신임을 주장하였다.

(4) 예수와 어린양 : 성경은 예수가 십자가를 졌다고 하여 세상 죄를 진 어린양이라고 하였다. 그러나 십자가를 지는 것이 어떻게 세상 죄를 지는 것인가.[242] 병의 고통을 친히 걸머지셨다는 것은 예수의 입을 통해 말했지만 사실은 천부 박태선, 자신이 성경에 삽입하였다.[243] 그러므로 천부로서 그는 만 명의 병을 고치면 만 명의 병고로 인한 고통을 받았다.[244]한 명의 병고에 쓰러질 것인데, 만 명의 병고를 모두 합한 고통이 그의 몸속에 들어와 그가 그 고통을 당한 후에 만 명이 낫는다. 그가 그 병고를 주는 마귀를 이겨서 부숴 버려야만 만 명의 병이 없어진

---

237) 「하나님 말씀」, 157.

238) 「하나님 말씀」, 157.

239) 「하나님 말씀」, 157.

240) 「하나님 말씀」, 157.

241) 「하나님 말씀」, 158.

242) 「하나님 말씀」, 158.

243) 「하나님 말씀」, 158.

244) 「하나님 말씀」, 158. 박태선은 자칭 천부 하나님, 창조주 하나님이라고 천명하였다. 그런데 그런 하나님이 아프다고 하는 것은 아이로니컬하게도 그 자신의 신적 존재를 스스로 부정하는 것이다.

다.[245] 그런데 천부 자신도 인간과 똑같은 몸을 입고 왔기 때문에, 칼로 한 치를 째면 다른 사람들처럼 똑 같이 피가 나고 아프다. 그러나 병을 낫게 할 때의 고통보다 인간의 죄를 짊어지는 고통은 말로 표현할 수가 없다. 하지만 그가 인간의 죄를 짊어지고 고통을 당하면서 죄를 씻어 주는 것이라고 하였다.[246] '천부' 가 성신을 부어 주면 인간은 죄가 씻어져 의롭게 되지만, 그 대신 자신은 인간의 죄를 짊어진 대로 고통을 당한다. 죄를 씻어 주니 인간에게는 끝없는 의가 되고 자신에게는 큰 희생이 된다. 희생의 고통을 당하면서 인간의 죄를 짊어져야 참 어린양이다. 그러므로 이슬 같은 성신을 부어 주는 감람나무가 다름 아닌 어린양이다.[247]

세상 죄를 담당하는 것은 이슬성신이 인간의 죄를 씻어주는 것이다. 그런데 이 세상에 이슬성신을 부어 죄를 씻어 주는 존재는 감람나무 하나님 밖에 없다.[248] 그러므로 죄 짐 맡은 우리 구주는 감람나무이지 예수가 아니다. 계 14장의 어린양은 이마에 두 이름을 쓴 자라고 하였다. 여기 이마에 천부 하나님의 이름과 감람나무의 이름, 두 이름을 쓴 자가 감람나무인 동시에 하나님이며 그가 바로 어린양이다.[249] 또한 계시록에 어린양은 그 음성이 에스겔처럼 많은 물소리와 같다고 하였다. 그런데 박태선이 아 하고 부드럽게 음성을 내면 먼 바다에서 많은 물소리 같은 소리가 나온다. 그 이유는 박태선 자신이 바로 두 이름을 쓴 하나님이자 어린양이기 때문이다.[250] 그리고 계 14장, 땅에서 구속함을 얻은 수는 어린양이 이끄는 대로 어디든지 따라간다고 하였다. 그러면 어린양이 어디서 움직이는가? 하늘인가 땅인가, 땅에서 움직이는 것이다. 이것은 하나님, 곧 박태선이 육신으로 와

245) 「하나님 말씀」, 159.

246) 「하나님 말씀」, 159.

247) 「하나님 말씀」, 159.

248) 「하나님 말씀」, 160.

249) 「하나님 말씀」, 160. 그렇다면 자칭 동방의 한 사람과 참 구원자 그리고 이슬성신이라고 외친 그 하나님은 어디에 있는가? 또한 여기에 사용된 감람나무는 한국적 상황이 아닌 이스라엘의 지형적 상황 속에서 이해되어야 할 말씀이다. 우리나라는 봄여름가을겨울 사계절, 즉 삼한사온의 변화 속에서 때를 따라 햇빛과 바람, 구름과 비, 특별히 여름에는 장마로 폭우가 내리고 겨울에는 눈이 내리지만 이스라엘을 포함한 중동지방은 사막(광야) 지대로 비가 거의 내리지 않고 밤에 이슬이 내리면 그 이슬을 먹고 식물이 자란다.

250) 「하나님 말씀」, 160.

서 움직이는 것을 사도 요한이 삽입해 놓았으므로 누구도 해석할 수 없다. 그러나 이 땅에 온 감람나무 하나님이 바로 그것을 해석할 수 있는 세상 죄를 지는 어린 양이라고 하였다.[251)]

(5) 예수와 구원의 방해 : 박태선은 예수는 인간의 죄를 씻어 주는 존재가 아니라 인간으로 하여금 죄를 짓게 하는 자라고 하였다. 그에 의하면 예수가 누구든지 나를 믿으면 영생을 얻는다고 했는데, 이것 때문에 갖가지 더러운 죄를 지은 자가 천국에 가는 줄로 알고 있다는 것이다. 이것은 예수가 그렇게 만들어 놓은 것이다.[252)] 그러나 예배당 문 안에 들어오면 천국에 가기로 택정되었다는 것은 죄를 짓게 만드는 마귀의 수단이다. 예수는 인간으로 하여금 죄를 짓게 만들면 만들었지 죄를 씻어 주는 존재가 아니다. 이것은 바로 감람나무가 나타나서 처음으로 밝힌 것이다.[253)] 그리고 그는 예수가 하나님의 아들이 아니고 왕 마귀의 아들이라는 것을 감람나무, 자신이 아니면 밝힐 수 없다. 그가 예수의 정체를 밝히고 예수의 신을 무저갱에 쓸어 넣었다는 것을 발표하였다. 그 후 기성교인들이 아무리 기도해도 응답이 없다고 하였다.[254)] 뿐만 아니라 예수는 자칭 빛이라 하면서 온 세상이 자기를 바라게 만들었으나 사실은 그 정체가 마귀라고 하였다. 그런데 이것 또한 자신이 최초로 밝혔다.[255)] 예수의 정체를 밝힌 '천부'로 인하여 비로소 하나님의 빛이 세상에 비치게 되었다[256)]고 하였다.

박태선은 예수는 구원을 방해했을 뿐 아니라 하나님의 영광을 가로 막았다고 비판하였다. 그에 의하면 전 세계 종교가 인정하는 종교는 어느 종교나 그 안에 나쁜 말은 없다. 도덕적으로 다 좋게 되라는 가르침이다. 그러나 자칭 하나님 앞에서 가장 나쁜 종교는 하나님의 아들이 아닌 것을 하나님의 아들이라고 믿게 하는 종교이다.[257)] 예수는 누구도 침범하지 못하는 신성불가침의 하나님의 아들로 행세

251) 「하나님 말씀」, 161.

252) 「하나님 말씀」, 161.

253) 「하나님 말씀」, 161.

254) 「하나님 말씀」, 162.

255) 「하나님 말씀」, 162.

256) 「하나님 말씀」, 162.

257) 「하나님 말씀」, 162.

하면서 하나님의 영광을 가로 막았다.[258] 구원을 얻으려면 이미 지은 죄를 씻음 받고 다시는 죄를 짓지 않음으로써 죄 문제를 해결해야 하는데, 예수는 자기를 믿기만 하면 구원을 얻는다고 하여 온 세상을 속인 것이다. 결국 예수는 구원을 얻을 수 있는 수많은 사람들조차 구원을 얻지 못하게 하였다. 소경이 소경을 인도하면 둘 다 구렁텅이에 들어간다는 말씀처럼 온 세상 사람을 잘못 된 길로 인도하여 지옥에 보내는 소경이 바로 예수였다.[259] 예수는 의인의 수(144,000명을 가리킴)를 끝없이 늘릴 수 있는 길을 가로막고, 수많은 사람을 지옥의 구렁텅이에 쓸어 넣었다. 박태선은 하나님의 구원 역사, 곧 자신의 사역을 가장 방해한 것이 예수와 그에게 속한 자들이다. 그러므로 그가 그 책임을 물어 예수를 가장 뜨거운 지옥에 쓸어 넣을 것이라[260]고 하였다.

(6) 예수와 부활과 승천 : 박태선은 예수가 죽은지 3일 만에 부활한 것은 거짓이라고 비판하였다. 그는 예수가 부활했다는 것은 박태선이 죽은 자를 심판할 때 하는 죽은 자의 부활을 보고, 모방했다는 것이다. 박태선은 겔 37:13, "무덤을 열고 죽은 자를 일으켜 나오게 한다"는 말씀을 자신이 삽입한 것인데 이것을 예수가 인용하여 자신이 죽어서 부활했다고 한 것이라[261]는 것이다. 박태선에 의하면 예수는 막달라 마리아와 결혼하여 아들을 낳았으며 음녀인 그녀는 예수의 부인이었다. 막달라 마리아는 그 후 예수의 아들과 함께 프랑스로 도망을 갔는데, 지금도 그 자손이 퍼져 있는 많은 증거가 있다.[262] 그리고 창 5:24, 에녹의 승천을 본

258) 「하나님 말씀」, 162.

259) 「하나님 말씀」, 163.

260) 「하나님 말씀」, 163.

261) 「하나님 말씀」, 145.

262) 「하나님 말씀」, 146. 여기서 박태선이 언급한 현재의 프랑스는 당시에는 존재하지 않은 나라이며 당시 프랑스는 갈리아(라틴어: Gallia) 또는 골(Gaul)은 476년 로마 제국의 멸망 이전까지 현재의 프랑스, 벨기에, 스위스 서부, 그리고 라인 강 서쪽의 독일을 포함한 지역을 가리키는 말이며 좋은 기후 조건으로 포도주가 발달하였다. 그 후 갈리아는 제2의 콘스탄티누스로 알려진 클로비스(Clovis, 481-511년)에 의해 프랑크 왕국으로 중세 1,000년을 유지하였다. 오늘날의 프랑스는 1789년 프랑스 혁명으로 구체제를 무너뜨린 후 나폴레옹의 통치, 제1, 2차 세계대전까지 다양한 정치적 변화를 겪었으며 1944년 의회민주주의를 회복하였다. 그러므로 이는 자칭 천부 하나님 박태선의 역사적 무지를 드러낸 것이다. 서요한, "제20장 초기 복음전파와 기독교선교", 「초대교회사」, (도서출판 그리심, 2010), 583-612.

예수가 이것을 본떠서 자신이 승천했다며 거짓말을 했다.[263] 그런데 사도행전의 예수 승천을 제자들이 보았고, 계시록 구름을 타고 온다고 하였다.[264] 그러나 구름의 속도는 바람의 속도 보다 빠르지 않다. 구름을 타고 가는 것을 사람들이 볼 정도라면 속도가 느린가 빠른가. 그런데 신, 천부 하나님의 속도는 1초에 우주를 몇 바퀴 도는 지 알 수 없을 정도로 빠르다. 그런데 부활해서 신이 되었다는 예수가 구름을 타고 허수아비 같이 천천히 올라갔다가 구름을 타고 내려온다고 했으니 이것 또한 거짓이라[265]고 하였다. 예수는 구름 위의 상태를 알지 못했기 때문에 구름을 타고 승천했다고 했으나 그가 만약 하나님의 아들이라면 구름 위 상공을 잘 알았을 것이[266]라고 하였다.

(7) 예수 심판 : 성경에 의하면 예수의 심판 방식은 저희가 산 자와 죽은 자 심판하기를 예비하신 자 앞에서 직고하는 것이다. 이것은 모든 사람이 평생 지은 죄를 직고하면 재판관이 판단하여 형을 결정한다는 것이다.[267] 예수는 천년세계, 천국을 만들어 놓고, 최후의 심판을 역설하였다. 예수와 심판관들이 인간의 죄를 심판한다는 것이다.[268] 창세 이후 모든 사람이 심판관 앞에서 한 명씩 죄를 직고하는 식으로 심판을 받는다. 그런데 그 많은 사람이 죄를 짓게 된 원인부터 각각 고하는 것은 엄청난 시간이 걸릴 것이다. 그에 의하면 이 세상의 죄는 3심까지 많은 시간이 걸린다. 그런데 최후의 심판 때 한 사람의 일생을 계시록에 기록된 예수의 방식으로 심판하면 100년 200년 이상 걸릴 것이다.[269] 그렇게 되면 예수와 심판관이 영원토록 심판을 해도 창세 이후의 전 인류를 심판할 수 있겠는가? 그러므로 예수의 방식은 가장 인위적으로 유치할 뿐이다. 그것은 신, 하나님이 할 일이 아니

---

263) 「하나님 말씀」, 146.

264) 「하나님 말씀」, 146.

265) 「하나님 말씀」, 146.

266) 「하나님 말씀」, 147. 박태선에 의하면 비행기가 발명되기 전에는 인류가 구름 위의 상태를 몰랐으나 지금은 타면 누구든지 구름 위의 상태를 볼 수 있다. 구름을 뚫고 위로 올라가면 솜뭉치 같은 구름이 있고 거기서 조금 더 올라가면 좁쌀 만 한 구름도 보이지 않는다. 즉 그 위에는 구름이 없는 것이다. 구름을 타고서는 구름층 이상 올라갈 수 없다. 그러므로 예수가 구름을 타고 승천했다는 것은 거짓이라고 하였다.

267) 「하나님 말씀」, 147.

268) 「하나님 말씀」, 147.

269) 「하나님 말씀」, 148.

다. 그러면서 박태선은 말하기를 예수는 6,000년 동안 태어난 인간을 심판하는 것이지만,[270] 자신은 3조 년 동안 태어난 인간 전체를 심판한다는 것이다. 그러므로 자신은 예수 보다 5억 배나 많은 수를 심판한다.[271] 그 많은 수를 자칭 하나님인 박태선은 자유율법에 따라서 심판한다. 이것을 개인당 계산하면 의식 죄 무의식 죄 모두 100억이 넘는다. 그 많은 죄를 심판하기 위하여 인간 한 사람마다 하나님의 분신이 하나씩 옆에 서서 심판한다.[272] 그 때 그 옆의 분신은 누구인가? 그에 의하면 상대, 즉 분신을 잠깐 신으로 화하게 하여 사람의 말보다 10억 배 빠른 말을 알아듣게 하여 각자가 지은 100억 가지 이상의 죄를 빠른 속도로 고지해 주는 것이다. 그 다음에 각자의 죄를 종합한 것을 하나님, 박태선 자신이 재빨리 그 죄를 바라본다.[273] 그리하여 3조 년 동안 태어난 모든 사람의 형량을 각자의 형량에 따라서 심판하여 지옥에 가게 된다. 그렇게 하여 그는 모든 심판을 5분 이내에 끝내게 된다. 이것이 바로 그가 취하는 천부 하나님의 심판이다.[274]

(8) 예수 천국과 천부의 천국: 박태선에 의하면 예수가 설계한 천국이 계시록에 기록되었다. 그런데 그 천국은 땅의 물질로 너절하게 꾸민 것이다.[275] 성터는 금강석이요 녹보석이요 홍마노요...열두 진주문이니...등등 세상의 온갖 보석으로 귀신 단지처럼 되었다.[276] 만약 세계적인 건축가가 이것을 평가한다면 예수, 곧 하나님의 아들이라는 자가 왜 이렇게 설계했을까 물을 것이다.[277] 예수가 계획한 천국은 모두 땅에서 나는 보석으로 치장한 것이다. 또 '한 성이 하늘에서 내려오니' 라고 하여 하늘에서 내려 온 것같이 기록했다. 그러나 하늘의 물질은 하나도 없고 그 성안에 무엇이 있는지 내용물은 전혀 표시가 없다.[278] 천국의 보석은 이

---

270) 생전에 박태선은 예수는 하나님과 구원자, 그리고 어린양이 아니라며 비난하고 부정했는데 무슨 이유로 여기서는 예수의 심판을 인정했는지, 전혀 일관성이 없는 말이라 할 것이다.

271) 「하나님 말씀」, 148.

272) 「하나님 말씀」, 149. 여기 분신은 정확히 누구를 가르치는지 명확하지가 않다.

273) 「하나님 말씀」, 149. 그런데 심판 주 천부 박태선은 죽어서 지금 어디에 있는가?

274) 「하나님 말씀」, 149.

275) 「하나님 말씀」, 150.

276) 「하나님 말씀」, 150.

277) 「하나님 말씀」, 150.

278) 「하나님 말씀」, 150.

땅의 보석과 비교할 수 없는데, 그 보석은 그대로가 아니라 1초에 144번 재창조되어 더욱 아름답게 변화되는 것이다.[279] 그러나 예수는 하늘의 물질과 하늘의 세계를 알지 못하고 그것을 창조할 능력도 없기 때문에, 이 땅의 보석만으로 천국을 꾸몄다. 그러므로 예수의 천국은 빨강, 노랑, 파랑 등 각양각색의 천과 실을 나무에 매달아 놓은 서낭당과 같다. 귀신에게 비는 사람들이 물을 떠 놓고 절을 하는 서낭당과 같은 것이다.[280] 예수의 천국은 4각형, 12,000리로 길이와 너비와 높이가 같다. 박태선은 도적과 악인이 없는 천국에 그렇게 높은 성과 담장이 필요한지 물으면서 천국을 부인하였다.[281]

박태선은 예수는 천국에서 사는 인간이 어떤 구조인지를 전혀 알지 못했다. 창세기에는 에덴동산의 아담과 하와가 영원히 산다고 했으나, 땅에서 나는 썩을 것을 먹음으로 이 땅의 인간과 똑 같은 육신으로 죽게 되었다. 만약 예수가 천국을 알았다면 창세기에 천국이 거짓임을 지적했을 것이다. 그러나 예수는 천국을 몰랐기 때문에 에덴동산의 아담과 하와가 영원히 사는 줄 알았고, 천국에서 영원히 사는 것도 알지 못하였다.[282] 또한 예수가 말한 천국에서는 어떤 생활을 하는지의 기록이 없고, 단순히 영원토록 할렐루야 영광을 돌린다고 하였다. 그러나 아무리 신이라도 영원토록 찬송만 부른다면 그 이상의 형벌이 아닐 수 없다.[283] 그러므로 예수가 말하는 천국은 천국이 아니라 지옥 중의 지옥이다.[284] 성경에 하나님은 빛이시라 조금도 어둠이 없으시다(요일 1:5)고 되었다. 그런데 '천부' 하나님, 감람나무의 빛은 영원한 천국의 우주까지 환하게 비추므로 천국은 어둠이 없고 밤이 없는 광명한 세계이다.[285] 그러므로 천국에서는 찬란한 하나님의 빛 속에서 살게 되며 다른 빛은 필요 없다.[286] 태양빛은 장애물이 있으면 뚫지 못하기에 그늘이

---

279) 「하나님 말씀」, 150. 이것은 새롭기 보다는 전혀 근거 없는, 증거가 불확실한 내용이다. 이것이 바로 많은 성도들을 기만하는 감언이설과 감탄고토의 거짓말이라 할 것이다.

280) 「하나님 말씀」, 151.

281) 「하나님 말씀」, 151.

282) 「하나님 말씀」, 151.

283) 「하나님 말씀」, 152.

284) 「하나님 말씀」, 152.

285) 「하나님 말씀」, 152.

286) 「하나님 말씀」, 152.

생기고 낮과 밤이 있지만, '천부' 하나님의 빛은 장애를 받지 않는 빛이다.[287] 태산 같은 장애물도 암석으로 사방이 막혔어도 그 안을 환하게 비추인다.[288] '천부' 박태선이 생명물을 축복할 때 1,000미터 두께의 철판 속에 물병을 넣었다 해도 성신이 그 철판을 뚫고 들어가는 것처럼 하나님의 빛은 어떤 물체도 통과하는 것이다.[289] 만약 한국에서 '천부' 의 빛을 발한다면 그 빛이 지구를 뚫고 반대편에도 비추게 된다.[290] 또한 '천부' 의 빛은 거리에 제한이 없어 온 세상을 비출 뿐 아니라 끝도 한도 없는 천국의 우주를 비추인다.[291] 이러한 '천부' 의 빛이 비치는 천국은 영광의 세계요 광채의 세계이다. 그런데 예수는 천국에서 혼인잔치를 한다고 하면서 한밤중에 등불을 들고 잔치를 한다고 하였다.[292] 그러므로 예수는 '천부' 의 빛과 광명한 천국을 모른 것이다. 그가 말한 천국은 모두 거짓이라며 전면 부인하였다.

9. 결론: 정리 및 평가

9.1. 정리

(1) 이단의 분별 : 흔히 경험하듯이 교회 생활을 막 시작한 초신 자들은 성경을 잘 알지 못하여 이단 식별이 쉽지 않다. 따라서 올바른 교회에서 가르치는 정통교리를 잘 배워야 한다. 이단은 거짓 선지자와 거짓 선생으로, 때로 교계의 지도자나 목회자로, 선한 의의 일군(고후 11:15)으로 나타난다. 혹은 양의 옷(마 7:15)을 입고 또한 광명한 천사(고후 11:4)로 다가온다. 이러한 상황을 대비하여 성도들은 (i) 그들의 교리와 가르침이 성경적인 내용인지를 먼저 판단하고, (ii) 그들의 행위와 행동이 그리스도인의 향기에 부합되는지를 판단해야 하며, (iii) 그리고 그들의

287) 「하나님 말씀」, 152.

288) 「하나님 말씀」, 152.

289) 「하나님 말씀」, 153. 이것은 박태선의 즉흥적인 표현법으로 역시 일관성이 없는 허풍이라 할 것이다.

290) 「하나님 말씀」, 153.

291) 「하나님 말씀」, 153.

292) 「하나님 말씀」, 153.

신앙적 목적이 누구를 위한 것이며, 무엇을 위한 것인지를 주의 깊게 판단해야 한다. 딛 3:10-11, "이단에 속한 사람을 한두 번 훈계한 후에 멀리하라. 이러한 사람은 부패하여 스스로 정죄한 자로서 죄를 짓는다"고 하였다. 한편 사도 요한은 요이 1:10-1, "누구든지 이 교훈(teaching)을 가지지 않고 너희에게 나아가거든 그를 집에 들이지도 말고 인사도 말라. 그에게 인사하는 자는 그 악한 일에 참예하는 자임이니라"고 하였다. 사도 바울은 갈 1:8, "하늘에서 온 천사라도 사도들이 전한 복음 외의 다른 복음을 전하면 저주를 받고 천국에 들어 갈 수 없다"고 하였다. 이것은 그들로부터 변질된 거짓 복음이 전파될 수 있음을 사전에 예방하기 위함이다.

우리가 이미 성경 해석의 원리에서 고찰한 대로 성경은 4가지의 종합적인 관점에서 살펴야 한다. 완벽하지는 않지만 해석자는 항상 성경 본문을 대할 때 문법적, 역사적, 상징적, 그리고 신학적 관점에서 통시적으로 접근해야 하는 것이다. 비록 해석자가 상기한 원리를 충실히 따른다 해도 성경을 올바로 해석하는 것은 쉽지 않다. 해석자의 기도와 묵상, 끊임없는 노력과 성실한 연구, 역사적 및 신학적, 그리고 영적 능력과 혜안이 지속적으로 요청되기 때문이다. 그러므로 성경 해석은 주경신학자 박윤선 박사의 표현대로 코람 데오(*Coram Deo!*), 항상 계시의존사색[293] 이 요청된다 할 것이다.

(2) 박태선의 이단사상 : 박태선은 월남 후 기독교계의 여러 지도자들의 도움을 받으며 기독교적 환경에서 성장했으나 모두의 기대를 저버린 채, 1990년 2월 7일

---

293) 박윤선, 「계시의존사색」, (영음사, 2015), 3-355. 이 시대 우리에게 계시 의존 사색이 필요한 이유는 무엇인가. 박윤선에 의하면 그것은 우리의 신학과 신앙이 그 방법, 하나님의 말씀에 기초하여 세워지기 때문이다. 실로 인간은 자력과 자율로써는 결코 하나님을 알 수 없다. 그러므로 인간에게는 오직 계시 의존 사색이 필요하다. 구약과 신약의 모든 계시 운동은 은혜 계약을 보여 주며, 또한 그것과 관계된 하나님의 행동을 취급한다. 산상보훈은 유대인들이 오해한 율법관을 교정시킬 목적으로 주셨으며, 지상명령은 교회을 살리는 생명의 법이며, '내 증인이 되리라'(행 1:18)는 말씀은 교회의 할 일보다는 교회가 무엇임을 가르쳐준다. 만약 우리가 밝히 드러난 하나님의 말씀을 신중히 접하지 않으면 샘물 곁에서 목말라 죽고, 곡식이 가득한 창고에서 굶어 죽을 것이다. 기독교인은 국가 지상주의를 가지지 않는다. 이유는 국가도 역시 하나님의 주권아래 제정된 기관임으로, 필요한 임무를 충실이 이행해야 할 것이다. 계시록의 재앙들은 세 가지 계통인바, 그것들은 각각 서로 다른 재앙들을 취급하지만 다함께 세상 끝 날을 지향하며 일어난다. 성경은 성령의 감동으로 기록된 말씀이므로 그분의 도움 없이는 결코 그 깊은 하늘의 비밀을 깨달을 수가 없다.

한국교회의 사생아요 탕자, 이단의 맏형과 수장으로 생을 마감하였다. 생전 사역을 통해 천부 자칭 하나님 박태선이 선포한 대부분의 설교와 가르침은 일관되게 자신을 감람나무 하나님으로 성경 66권은 단지 2%만 진실일 뿐 98%가 거짓말이라고 하였다. 그런데 성경에 그나마 2%의 진실이 기록된 것은 자신이 성경에 등장하는 사람들, 예를 들면, 노아와 야고보, 사도 바울과 요한에게 자신이 동방의 그 한 사람이요 구원자 어린양, 감람나무 하나님이자 이슬성신 임을 직접 계시했기[294] 때문이다. 이 말은 곧 자신이 그렇게 하지 않았다면 성경은 100% 거짓말이라는 것이다. 심지어 예수님이 말씀한 "너희가 성령을 받으면 그 배 속에서 생수가 강같이 흐르리라"고 했는데 그는 그 의미를 모르고 했다. 그런데 자신이 그것을 그렇게 하도록 지시를 했다고 주장하였다.[295] 이렇듯 박태선은 한편 자신이 유리한 대로 '천부' 하나님이 성경의 중심[296]이라며 인용하고, 다른 한편 의도적으로 말씀을 왜곡하거나 모욕하고, 부정하고 부인하였다. 이는 다른 종교나 종파에서는 찾아 볼 수 없는 파렴치한, 실로 아연실색 할 일이라 할 것이다.

9.2. 평가

1980년 1월 1일 박태선은 자칭 천부 하나님을 선언한 후 성경이 98% 거짓이라고 주장하였다. 그러나 그 이전에는 성경이 여호와 하나님의 말씀이며, 또한 예수님을 하나님의 어린양이요 구세주로 증거하였다.[297] 하지만 1980년 1월 1일 이후 박태선은 자신을 추종하는 일부 맹신도 들에게 섹스안찰과 이혼을 강요하였다. 그 후 그는 1990년 2월 7일, 자칭 3조 살의 천부 하나님 선언 10년 만에 사망하였다. 초대교회의 감독 이레니우스는 정통을 "어느 곳에서나 항상 모든 사람에 의하여 믿어진바"라고 하였고, 이단을 "올바른 교리의 표준에서의 이탈"[298]로 정의

294) 「하나님 말씀」, 44, 55, 57, 46-49, 52-55, 59-60, 72-73, 83, 114, 119-120, 122 등등.

295) 「하나님 말씀」, 120.

296) 「하나님 말씀」, 44-50, 55-60, 66-75, 103-124, 147-151, 158-160.

297) 「국제기독교뉴스」, 참조.

298) 서요한, "제10장 초기 이단의 형태와 특징", 「초대교회사」, (도서출판 그리심, 2010), 287-288.

하였다. 20세기 이단학의 권위자 월터 마틴(Walter Martin)은「이단들의 발흥」(The Rise of the Cults)에서 이단은 "어떤 특정인의 그릇된 성경해석을 중심으로 형성된 종교 집단"이라고 정의[299]하였다. 자칭 천부 하나님 박태선은 20세기 한국이 낳은 대표적인 이단으로 한 때 엄청난 교세를 이루었으나[300] 온갖 추문들, 예를 들면, 재산탈취와 섹스 안찰, 마지막에는 갑작스런 죽음으로 몰락하였다.[301]

(1) 전형적인 이단의 수법과 행태 : 지금까지 고찰한대로 천부교 경전「하나님 말씀」은 한 마디로 자칭 이단의 대표요 수장임을 천명한 책이다.[302] 책의 내용 대부분은 1955년을 전후하여 한국예수교전도관부흥협회 기관지「국제기독교 뉴스사」와 1980년 이후 천부교 기관지 신앙신보를 포함하여 그 밖의 수많은 잡지와 교계 신문, 여러 언론과 방송 매체에 보도되거나 게재된 것들로[303] 특별히 새로운 것은 없다. 그런데 본서를 통해 발견하는 것은 박태선 장로가 최근의 국내 신흥 이단들의 원조로[304] 주관적이며 매우 독선적이라는 것이다. 본서에서 박태선은 자신의 주장을 강변하기 위하여 전통적인 기독교의 경전인 성경을 편파적으로 인용하고, 특별히 제4부 성경과 예수를 악의적으로 비판하고[305] 종내는 부정하였다. 특별히 본서는 교주 박태선 장로가 1980년 1월 1일 동방의 의인이요 감람나무, 자칭 천부 하나님을 천명한 후 성경은 2% 진실, 나머지 98%가 거짓말[306]이라고 했음에도 불구하고 오히려 98% 내지 그 이상으로 성경을 활용하였다. 이것은 본서에 기록된 수많은 용어들, 예를 들면, 천국과 지옥, 이슬성신, 모세율법, 감람나무 믿음과 행함, 창세기와 아담의 창조, 롯과 다윗, 사도 바울, 방언, 막달라 마리아와 사마리아 여인, 사복음, 예수의 부활과 심판, 하나님의 영광, 마귀와 하늘나

299) Walter Martin, *The Rise of the Cults,* (Zondervan Publishing Company, 1957) 참조.

300)「하나님 말씀」, 29-44.

301) 각주 70 참조.

302) "일러두기(1-2)",「하나님 말씀」, (한국천부교전도관부흥협회, 2014. 5.1), 5.

303) 최호열, "소사 신앙촌 30년 부동산 전쟁", (신동아, 2014, 4) 256-265.

304) 이영호, "박태선 천부교의 아류들",「전교인 하계 수련회 세미나」, (국종제2교회, 2017.7), 3-36 참조.

305)「하나님 말씀」, 103-163 참조.

306)「하나님 말씀」, (한국천부교전도관부흥협회, 2014. 5.1), 118-119, 132.

라, 니느웨 성과 노아시대, 영원한 천국과 재창조, 예배와 찬송, 기도와 십일조, 죄와 죄의 용서 등이 잘 보여준다.[307)]

사실 상기한 표현들은 다른 종교들, 예를 들면, 불교와 힌두교, 이슬람교와 유교 등에서는 거의 찾아 볼 수 없는 특별한 경우이다. 만약 박태선의 주장대로 성경의 내용이 50%나 60%, 70%나 80%도 아닌 98%가 거짓말이라면 바보가 아닌 이상 사실 정상적으로는 성경을 가까이 하거나 인용해서는 안 될 것이다. 그런데 박태선은 자신이 그렇게 집요하게 성경을 비판하고 부정하면도 결코 성경을 떠나지 못하였다. 오히려 그는 성경을 성경되게 하기 위하여 자신이 몇 천 년 전에 성경의 몇몇 저자에게 특별한 계시를 삽입케 했다고 하였다. 이것은 그가 자신의 설교에서 주로 사용한 감람나무와 이슬성신, 자유율법과 생명물, 어린양과 동방의 그 한 사람이 증거한다. 따라서 이를 만약 최근에 입법화된 출판물에 관한 법률을 적용하면 명백히 출판물에 의한 명예훼손이며 저작권법(?)[308)]에 저촉된다 할 것이

307) 상기한 표현들은 「하나님 말씀」, (한국천부교전도관부흥협회, 2014. 5.1), 3-13 차례를 참고하라. 보다 자세한 것은 김성여, 「박태선 장로의 이적과 신비경험」, 33-34, 39. 46-48, 62-67, 88, 96-97, 130; 승리제단 교사 일동, 하나님의 승리, (경기: 승리제단, 1990), 260; 심창섭, 김도빈, 오영호, 박영관, 「기독교의 이단들」, (대한예수교장로회총회, 2006), 313.

308) 저작권은 주로 예술가나 출판업자 또는 기타의 소유자들에 대하여, 권한 없이 그 작품을 모방하는 것, 예를 들면, 어떤 구체적인 형태로든 그 작품을 복제하거나, 출판하거나, 공개적으로 상연하거나, 영화화하거나, 방송하거나, 구독자에게 배포되게 하거나, 각색하는 것 등으로부터 보호하기 위해 고안된 것이다. 저작권은 저작권자에게 창작물에 대한 일종의 독점권을 부여함으로써 그로부터 파생되는 금전상의 이득을 보장해준다. 대부분 국가들의 법 역시 저작권자의 '도덕적 권리'를 인정하여 금전적 보상의 유무에 관계없이 저작물을 복제함으로써 그것이 변경되거나 왜곡되지 않도록 보호하고 있다. 역사적으로 최초의 자작권은 1476년 베네치아 시의 인쇄업자들이 책을 인쇄할 배타적인 권리를 획득하기 위해 국가에 수수료를 지급한데서 시작되었다. 1710년 영국에서 제정된 앤 여왕법(Statute of Anne)은 저작권법사에서 하나의 이정표였다. 이 법은 저자들이 저작권법의 주요한 수혜대상임을 인정하고, 그와 같은 법률들은 한시적으로 지속되어야 하며 그 이후에는 작품들이 공유상태(public domain)로 들어간다는 이론을 확립하였다. 그러나 근대적 의미의 저작권법은 19세기 빅토르 위고가 명예회장으로 속해있던 국제문예협회 주도로 체결된 베른 협약(Bern Convention)에 있다. 베른 협약은 이후 여러 차례의 개정과 가입국 확대를 통해 전 세계 180여개 국가가 가입한 명실상부한 각국 저작권법의 토대가 되는 국제조약으로 발전하였다. 따라서 베른 협약의 실체조항들은 이후 세계지적재산권기구(WIPO)의 중심이 되어 각국이 체결한 WCT(세계저작권협약)에 원용되었고, 무엇보다 세계무역기구(WTO) 체제 출범과 함께 WTO 부속협정의 하나인 지적재산권협정(TRIPs)에 역시 원용되어 WTO 조약의 일부로 적용되었다. 한편 우리나라는 1963년부터 저작권이 형성된 모든 저작물

다. 문제는 박태선이 본서에서 처음으로 자칭 하나님 감람나무를 천명했으나[309] 수천 년 동안 인류의 구원과 희망을 주는 책으로 공인된 성경과 비교할 때 구성과 내용, 스케일이 절대적으로 취약하다는 것이다. 사실 두 책, "하나님 말씀과 성경"을 직접 비교하는 것은 전자의 후자에 대한 모독이요 배반이다. 그 이유는 성경의 저자와 달리 박태선 장로는 이렇다 할 체계적인 신학 교육을 받지 않은 채[310] 전국의 수많은 교회와 집회에서 행한 설교이기 때문이다. 그러나 그가 아무리 성경을 부인한 채 자신이 이슬 같은 은혜를 내리며 자칭 하나님을 천명해도 이는 마치 손오공이 삼장법사의 손바닥을 벗어 날 수 없듯이 결코 성경의 가르침, 불꽃같은 눈으로[311] 살피시는 하나님의 손길을[312] 벗어날 수는 없다. 그러나 그는 방자히 개구리가 올챙이 때를 부정하듯이, 하늘 나는 나비가 애벌레 시절을 망각하듯이 어리석게도 스스로 이단의 앞잡이, 기수와 선봉이 되었다. 수많은 무리들의 재물을 빼앗고 섹스 안찰로 가정을 파괴하였다.[313] 그러므로 본서는 구원을 갈망하는

은 저작권자의 승인없이는 절대로 사용하지 말라고 축약할 수 있다. namu.wiki/w; www.law.go.kr/lsInfoP.do?lsiSeq=148848&efYd=20140701.

309)「하나님 말씀」, (한국천부교전도관부흥협회, 2014. 5.1), 4, 31, 34-35, 45, 47-48, 52-53, 67, 72-75, 85, 90, 105, 108, 110, 114, 117-118, 120-122, 134, 149, 153, 158, 160, 162, 167 등등 참조.

310) 김동화,「나에게 있어 영원한 것」, (기독교연합신문사, 1997), 276-297.

311) 계 1:13, "촛대 사이에 인자 같은 이가 발에 끌리는 옷을 입고 가슴에 금띠를 띠고, 그 머리와 털의 희기가 흰 양털 같고 눈 같으며 그의 눈은 불꽃 같고, 그의 발은 풀무에 단련한 빛난 주석 같고 그의 음성은 많은 물 소리와 같으며, 그 오른손에 일곱 별이 있고 그 입에서 좌우에 날선 검이 나오고 그 얼굴은 해가 힘 있게 비취는 것 같더라". 계 2:8, "계 2:18, "두아디라 교회의 사자에게 편지하라 그 눈이 불꽃같고 그 발이 빛난 주석과 같은 하나님의 아들이 이르시되".

312) 시 139:1-24 참조.

313) 일명 섹스 안찰로 박태선은 섹스 안찰을 받기 위해서는 하나님께 공로를 쌓아야 한다. 안찰 받을 사람은 그의 지명(은혜)을 받은 자이며, 이 세상 그 누구도 자신의 안찰을 받지 않으면 결코 구원 받을 수 없다고 역설하였다. 1981년 1월부터는 안찰 받을 사람은 1992년 역사의 종말이 올 때까지 비록 정당한 부부라도 일체 성교행위를 금하고 깨끗한 독신 생활, 극기 생활을 해야 했다. 그리고 그는 자신의 성욕을 발산하기 위해 여신도를 유인하여 순응 자를 농락하고 반항 자에게는 강제로 약을 주입하여 음행을 일삼았다. 그는 강압적으로 섹스 안찰을 한 후, 여인들에게 "자신이 남편이며 타인에게 누설하면 죽인다, 이를 발설하면 혀가 잘려지고, 남편은 즉사하며 너희는 지옥 간다" 고 위협하였다. 이렇듯 박태선은 섹스 안찰로 가정 파탄을 조장하고,

이들이 읽고 따르기에는 매우 박약하다.[314] 할 것이다.

(2) 성경 해석과 인용의 편파성과 부당성 : 살펴본 대로 박태선은 본서에서 자신의 존재를 부각시키기 위해서 앞에서 언급한 몇 가지 명칭들을 사용하였다. 그런데 그는 그 명칭을 사용하는 과정에서 성경 본문을 선택적으로 자신이 천부 하나님임을 정당화하기 위한 방편으로 이용하였다. 그 과정에서 그는 성경 본문의 전후 문맥은 물론 성경 저자들의 저술 동기와 목적, 기록된 배경과 대상과 부합하는지를 전혀 고려하지 않았다. 따라서 그가 성경을 해석한 것이나 인용한 것들은 성경의 원자의 의도를 무시한 채 자신의 합리화를 위해 막무가내로 사용하였다. 본 경전「하나님 말씀」은 성경이 말씀하는 신앙적 경륜과 교훈의 체계, 예를 들면, 역사를 통찰과 신앙적 영감에서 또한 현 시대를 포함하여 장차 일어날 일에 대한 교훈들, 예를 들면, 욥기와 시편, 잠언과 전도서, 아가서 및 구약의 선지서나 신약의 서신서처럼 구체적인 가르침이 전무하다. 본서는 우리가 앞에서 고찰한 정통교회가 규정한 원칙을 비롯하여 성경 해석의 기본 원칙을 전혀 확인할 수 없다. 그러므로 그가 인용한 해석과 비판은 저자의 저술 의도와 원칙을 도외시한 극히 개인적이자 주관적인 것이다. 이는 종교가 갖는 객관성과 공정성, 진실성과 역사성을 상실한바, 과거 파시스트들이나 공산주의자들에게서 발견할 수 있는 모습이라

안찰 명목으로 100만원을 받고, 자신의 침실로 유인하여 여인들을 추행하였다. 남자들은 여자보다 구원받는데 5만 배 이상 불리하므로 100만 원짜리 안찰을 100번 받아야 하며, 여자는 50번만 받으면 된다고 하였다. 결국 구원 받기 위해서 남자는 100번, 여자는 50번, 1억과 5천만 원이 소요되었다. 그리고 100만원 안찰 자 6만 명이 차면 천국이 도래한다고 하였다. 처음에 박태선은 100만 원짜리 안찰을 받으면 영생을 책임진다고 했으나 후에는 그 이상을 요구하였다. 안찰 대상자가 없자 박태선은 전국 관장들에게 대상자 1명을 모집하면 6%의 커미션을 준다고 하였다. 놀라운 것은 수많은 맹도들이 안찰받기 위해 집을 팔거나 빚을 내었다. "제1장 섹스 안찰과 강제추행",「제9편 사회문제 발생요인」, (강제추행고소, 1982.2.13), 1-16; 박정숙(금수연), 최미옥(심영자),「고소장」,「항고장」(부산지방검찰청 검사장, 1981.6.1); "3.강간 및 추행사건",「미혹으로부터의 각성」, (한국예수교전도관정상화추진위원회, 1983.2.28), 835, 842-843; "나는 이렇게 속았다", 한국예수교전도관정화대책위원회; 안용택, "진정, 소송",「탄원서, 60여명의 현직 전도관 교역자 일동」, (1983.2.19), 5; "한국예수교전도관개혁사업의 포괄적 개요",「한국예수교전도관 개혁사업 계획(안)」, 4-5, 7; "안찰 모집 자에게 6% 컴미숀",「섹스, 강제 추행 고소」, 9 참조. 상기 자료들을 수집, 보관하고 있는 한국예수교전도관부흥협회 대표 허병주 목사는 1955년 4월 설립 당시부터 현재까지의(2012라42 임시이사선임신청) 기존교단의 대표이다.

314) 예를 들면, "제2장 인간의 본질",「하나님 말씀」, (한국천부교전도관부흥협회, 2014. 5.1), 19-20을 보라.

할 것이다. 박태선은 한 때 말하기를 어떠한 문헌이든 원칙과 근본에 오류가 있다면 그 내용 전체가 틀린 것이라고 하였다. 문헌의 첫 페이지에 기록된 총론에 오류가 있다면 각론 전부는 오류가 될 수밖에 없다는 것이다. 그러면서 그는 성경은 총론인 창세기부터 바로 이와 같이 허구이다. 성경의 내용 대부분이 거짓이라는 이유가 여기에 있다[315]고 하였다. 그런데 문제는 박태선 자신이 성경을 해석하고 인용하는 과정에서 그가 취한 모든 주장들이 총체적으로 잘못되었다는 점이다. 그러므로 본서는 순진한 성도들을 포함하여 아직 신앙생활을 하지 않는 일반인의 영혼을 잘못 인도하여 헤칠 수 있는 불온한 서적으로 경계해야 할 것이다.

(3) 영적 무지와 교만의 증거 : 본서는 전개가 매우 획일적이며 한 사람 영웅 만들기에 주력하였다는 점이다. 자신이 제1천국과 제2천국, 제1지옥과 제2지옥을 창조한 하나님이라면 왜 모든 종교, 예를 들면, 불교와 유교와 도교, 이슬람교와 힌두교의 베다를 통합하여 완전한 경전을 남기지 않았는가? 필요할 경우 왜 한 구절도 인용하지 않았는가? 모든 종교의 구원을 역설했음에도 불구하고 왜 하필 기독교의 성경과 예수를 취급했는가? 이것이 바로 전형적인 이단들의 행태이다. 박태선은 성경에 소경이 소경을 인도하면 둘 다 구렁텅이에 빠진다를 저자에게 지시하여 삽입했는데 그 말은 둘 다 지옥 간다는 것[316]이라고 하였다. 그에 의하면 전 세계 기성교인은 성경을 하나님의 말씀으로 믿으나 그 안에는 인간 구원에 방해되는 독소가 포함되었다[317]고 비판하였다. 그의 주장대로 성경은 2% 만 진실하고 98%가 거짓이라면 그가 그렇게 심혈을 기울여 연구하고 비판할 이유가 없다. 왜 문제 많은 성경에 목매야 하는가? 온갖 비난과 비판을 하기 보다는 그의 영육을 위하여 차라리 자신이 성경을 새로 기록하면 될 것이 아닌가? 자칭 하나님, 감람나무는 전능한 창조주라고 한다면[318] 솔직히 자존심도 없는가? 제 1천국, 제 1지옥과 제 2지옥, 제 2천국,[319] 이슬성신과 생명물, 감람나무, 어린양, 스스로 3조

315) 「하나님 말씀」, 111.

316) 「하나님 말씀」, 121.

317) 「하나님 말씀」, 121.

318) 「하나님 말씀」, 167-174. 178-185, 190, 195-198.

319) 사도 바울은 고후 12:1-4에서 자신이 체험한 삼층천을 기록하였다. "무익하나마 내가 부득불 자랑하노니 주의 환상과 계시를 말하리라 내가 그리스도 안에 있는 한 사람을 아노니 14년 전에 그가 셋째하늘에 이끌려 간자라(그가 몸 안에 있었는지 몸 밖에 있었는지 나는 모

살을 강조하는 영원한 하나님이라면 성경 말씀을 새롭게 써서 만백성에게 알려야 할 것이 아닌가? 구태여 98%가 거짓인 성경을 인용하면서 그 범주에서 벗어나지 못하는가. 그 이유가 무엇인가? 도대체 왜 박태선은 기독교와 예수를 벗어나지 못한 채 비난하고 폄하, 부인했는가? 그것은 궁극적으로 기독교의 하나님이 참 하나님이기 때문이다. 역사상 다른 종교에는 이 같은 배도와 반란이 일어난 적이 없다고 할 것이다.

(4) 교주 박태선의 명칭(이름)표기 전무 : 이것은 본서 「하나님 말씀」에서 발견한 특이한 점이다. 박태선은 자칭 천부임을 강조하기 위하여 의도적으로 혹은 추종자들을 호도하기 위하여 자신의 실명 기록을 배제하였다. 그러나 그는 동방의 그 한 사람, 이슬 성신, 생명물, 어린양, 자칭 천부와 감람나무를 거의 매 페이지마다 사용하였다. 주지하듯이 세계 4대 종교의 교주들, 예를 들면, 불교의 석가모니, 힌두교의 베다와 이슬람교의 마호메트, 그밖에 유교나 도교의 공자와 노자는 그들의 경전에 별도의 명칭을 사용하지 않았다. 이들 중에 석가모니는 종종 불타(붓다)로 불린다. 다른 종교의 교주들도 별도의 이름 없이 공자와 맹자, 마호매트로 명명한다. 그러나 이들의 경전이나 교주들과 달리 기독교의 하나님은 성경에 여호와 야훼 하나님을 포함하여 이름이 대략 40여 성호로,[320] 기타 은유적인 표현

르거니와 하나님은 아시니라) 내가 이런 사람을 아노니 그가 몸 안에 있었는지 몸 밖에 있었는지 나는 모르거니와 하나님은 아시니라 그가 낙원으로 이끌려가서 말할 수없는 말을 들었으니 사람이 가히 이르지 못할 말이 로다". 여기서 박태선은 사도 바울의 삼층 천을 확대 해석해 표현한 것으로 전혀 근거 없는 말작난이라 할 것이다.

320) 성경에 기록된 하나님의 명칭은 크게 3부분으로 계시적, 관계적, 속성적인 이름으로 나눌 수 있다. 그 중에 대표적인 이름은 하나님은 창조주(엘 로힘, Elohim), 하나님은 스스로 계신 분(여호와(Jehovah), 하나님은 나를 살피시는 분(엘 로이, El Roi), 하나님은 전능하신 분(엘 샤다이, El Shaddai), 하나님은 영원하신 분(올람, El Olam), 하나님은 위로하시는 분(나함, Naham), 하나님은 모든 것 다해 사랑하시는 분(엘 칸나, El Kanna), 하나님은 의로우신 분(치드케뉴, Tsidkenu), 하나님은 미리 준비하시는 분(여호와 이레, Jehovah Jireh), 하나님은 가장 높으신 분(엘 엘리온, El Elyon), 하나님은 어디든지 계시는 분(여호와 삼마, Jehovah Samma), 하나님은 은혜 주시는 분(챈, Chen), 하나님은 승리케 하시는 분(여호와 닛시, Jehovah Nissi), 하나님은 거룩하게 하시는 분(여호와 카도쉬, Jehovah Kadesh), 하나님은 샬롬(여호와 샬롬, Jehovah Shalom), 하나님은 우리의 왕(여호와 멜렉, Jehovah Melek), 하나님은 치료자(여호와 라파, Jehovah Rapha), 하나님은 부드러운 분(알룹, Al lup), 하나님은 목자(여호와 로이, Jehova Roi), 하나님은 능력(여호와 체바오트, Jehova Sebaot), 하나님은 우리의 반석(여호와 추리, Jehova

까지 포함하면 그 수는 훨씬 많다. 그런데 예외적으로 성경의 에스더는 하나님에 대한 직접적인 명칭이 없다. 그러나 에스더는 당시 민족의 존폐 상황에서 하나님이 고난 중에 있는 유대 백성을 지키시며 보호하시고 구원하시는 분으로, 그분의 주권적 통치와 능력을 감동적으로 증거하였다. 에스더(Esther)와 모르드게(Mordecai)는 결코 신이 된 적이 없고 그렇다고 백성들을 호도한 적도 없다. 오히려 그들 자신이 여호와 하나님만 믿고 의지하며 그분에 온전히 헌신하였다. 하지만 천부교 교주 박태선은 자신의 경전에서 자신의 이름, 실명을 뺀 대신 그가 하나님으로 자처하는 다른 명칭들을 거의 절대적으로 사용하였다. 이것은 그가 역설적으로 자신을 은폐하는 대신 진정한 하나님은 자기 자신, 감람나무 천부를 강조하기 위한 선택적 방식으로 그 스스로 사이비 이단임을 보여주었다. 그리고 그는 자칭 감람나무 하나님을 강조한 바, 이는 기독교를 모독한 도발(挑發)이 아닐 수 없다. 그는 역사 속에 심지어 다른 어떤 종교의 교주도 언급한 적이 없는 자칭 3조 살의 하나님을 공언했으나 여러 합병증으로 1990년 2월 7일(향년 74세)에 사망하였다. 이로써 자칭 하나님의 죽음으로 천부교는 종언(終焉)을 고하였다.

(5) 교주 부재와 천부교의 실상 : 우리가 5장 이단 박태선과 천부교의 관계에서 살펴본 대로 이단 박태선 사후 그의 세 아들 중에 3남 박윤명이 제2대 교주가 되었다.[321] 중요한 것은 이번에 출간된 경전 「하나님 말씀」에는 교주로서 그의 철학이

Tsuri), 하나님은 내 삶의 주인(아도나이, Adonai), 하나님은 우리와 함께 하시는 분(임마누엘(Immanuel), 하나님은 말씀(로고스, Logos), 하나님은 용서 하시는 분(암모스, Amnos), 하나님은 영원히 목마르지 않는 생명수(자오 히도르, Zao Hydor), 하나님은 빛(포스, Phos), 하나님은 거룩한 영(프뉴마, Pneuma), 하나님은 사랑(아가페, Agape), 하나님은 침묵하시는 분(하사, Hasah), 엘 벧엘(EL BETHEL), 엘 엘로헤 이스라엘(EL ELOHE YISRAEL), 거룩하신 자, 이스라엘의 거룩한 자, 질투라 이름하는 하나님, 만군의 여호와, 참 하나님, 사시는 하나님, 높으신 하나님, 보복의 하나님, 온 세계의 하나님, 창조주, 심판자, 왕, 모든 육체의 하나님, 이스라엘의 하나님, 백성에게 계시하시는 하나님, 여호와의 사자, 내 구원의 하나님, 목자, 방패와 산성, 빛, 힘, 피난처, 해, 아버지, 어미 새, 도움, 그늘, 분깃, 노래, 구속자, 전사, 토기장이, 남편, 생수의 근원, 이슬, 사자, 표범, 곰 등이다. 성경에 하나님의 이름이 이렇게 많고 다양한 것은 여호와 하나님의 전능하신 성품과 속성, 죄인을 향한 은혜와 사랑을 보여주기 위함이다. nahee1101.blog.me/130157582096; cafe.daum.net/hangilcc/GRw4/560 참조.

321) 끝으로 왜 박태선은 자신의 부모에 대해서 거의 언급하지 않았다. 기념하지 않는가? 자신의 모태에서부터 하나님이라고 하였다. 예수님과 가족과의 대화가 있는데, 왜 경전에 가족사가 없는가? 즉 그의 부모는 어떤 존재이며 자녀들은 어떠한가? 지금 그의 후계자 박윤명은

나 소신 혹은 신도들에게 주고자 하는 간절한 메시지, 간행사와 축사가 빠져있다. 대신에 한국천부교전도관부흥협회의 출판위원회가 「하나님 말씀」의 간행사[322]를 대신하였다. 하지만 2005년 6월 이후 지금까지 천부교의 제2대 교주 박윤명의 생사를 누구도 알 길이 없다. 그들의 말대로 만약 제2대 교주 박윤명이 살아있다면 간행사의 기록처럼 제1대 교주 박태선 사후 사반세기 만에 그들의 경전이 출간되었으니 이 얼마나 기쁘고 즐거운 일인가? 그럼에도 불구하고 본서에는 제2대 교주 박윤명의 발간사나 축사는 물론 그 어떤 언급이 전혀 없다. 문제는 교주의 부재 상태에서 그들의 경전 「하나님 말씀」의 출간된바, 누가 누구를 위한 것인지 그 의도를 알 수 없다. 이것은 일반 상식으로는 도무지 이해할 수 없는 것이다. 도대체 요즘 같은 세상에서 교주가 부재한 종교가, 교주의 승인 없이 기실 이런 일이 가능할까? 오늘 우리 주변에 산재한 종교들은 각각 교주와 교주가 기록한 경전을 중심으로 모든 역량을 모아 안으로는 신도 관리를 밖으로는 포교에 주력하고 있다.

사실 불교나 로마 가톨릭에서는 중요한 절기들, 국경일이나 민족명절, 그리고 교단 자체의 기념일에는 모든 신도들에게 교단장의 메시지가 주어진다. 그런데 천부교는 이번의 경전 출간과 같은 큰 행사에 박윤명 교주의 인사말과 축사가 전혀 없다. 그것도 이번 경전에는 제1대 교주 박태선의 설교를 모아 편집했을 뿐 제2대 교주 박윤명의 교서나 가르침이 전무하다. 무엇보다도 생전에 자칭 천부 백태선이 그렇게 성경을 비판했으나 시편과 잠언, 전도서와 아가서 혹은 예수님의 산상수훈 같은 수준 높은 영적 가르침을 찾아 볼 수 없다. 그리고 한 종파를 이끌면서 교단의 홍보를 포함하여 관련된 여러 산하 기관들을 관장하는 일이 막중한바, 2005년 6월 이후 2018년 4월 현재까지 제 2대 교주 박윤명의 생사를 알 길이 없다.[323] 앞에서 지적했지만 최근 천부교 내의 몇몇 신도가 박윤명을 보았다고 하지만 정확히 언제 어디서 어떻게 살고 있는지를 명확히 답변하지 않고 있다. 그들의 증언대로 그가 살아있다면 왜 교주 박윤명은 현재 주민등록상 부산 기장군 기장읍 주

근 10년 동안 행방불명인 채 어디서 무엇하고 있는가? 왜 아버지가, 천부 하나님이 그를 보살피지 않는가? 도대체 구원의 날은 언제인가? 그리고 천부의 도래를 기다리는 80-90세 된 할머니들은 누가 책임질 것인가? 토암산 불법 암매장, 그곳의 영혼들은 어떻게 할 것인가?

322) 각주 10번 참조.

323) 각주 70 참조.

소지에 부재하며, 또한 주민등록의 갱신은 물론 핸드폰이나 통장거래, 그밖에 서신왕래나 국내외 교통(고속도로)과 해외여행 등 일체의 활동이 전혀 없는지를 밝혀야 할 것이다. 이러한 의혹을 일시에 해결하기 위해서는 박윤명이 당당히 밖으로 나와 천부교 신도는 물론 일반 신문 기자들 앞에서 자신의 각오를 새롭게 해야 할 것이다.

2018년 4월 현재 그의 초, 중, 고 동창인 50년 친구 허병주 목사는 그의 생사를 확인하기 위해 수고하며 애쓰며 약 50여 건의 민, 형사소송 중에 있다. 하지만 박윤명은 법원과 경찰, 검찰에 단 한 번도 모습을 보이지 않고 있다. 매일 그를 본다는 천부교 간부들은 그를 어디서 보는가? 보았다면 어디서 보았는가? 하여튼 2018년 4월 현재 검찰과 경찰이 그의 행방에 대해 조사를 진행하고 있는 것으로 사료된다. 참고로 2017년 8월 22일 CBS(기독교방송국)를 상대로 천부교에서 거액의 손해배상 소송과 박윤명 행방불명에 대한 정정보도 관련 선고공판에서 법원은 박윤명 행불에 대한 정정 보도와 손해배상을 하지 않아도 된다고 판결하였다.[324)]

(6) 천부교의 경전 연구나 연구 단체 전무 : 만약 일부의 말대로 그가 살아 있다면 출간한 그들의 경전을 구체적으로 가르치고 연구하는 모임이나 단체, 그 밖에 이런저런 상설 기관을 설치하여 포교에 힘써야 할 것이다. 그리고 천부교와 경전에 관심 있는 일부 구도자들이나 연구자들이 자유롭게 서점에서 구입하여 읽고 연구하려 해도 경전 자체를 구할 수가 없으며, 무엇보다도 대부분의 사람들은 경전 자체를 모른다는 것이다. 혹 경전을 자유롭게 구입하여 연구를 해도 그 내용의 일천함으로 연구할 필요성을 느낄 수가 없다. 오히려 천부교는 사반세기 만에 경전을 출간했으나 2005년 6월 이후 제 2대 교주 박윤명이 행불과[325)] 관련하여 철저한 감시 속에서 경전의 외부 유출을 막고 있다. 이것은 요즘 정부의 방송통신위원회(이하 방통위)가 기획하는 지상파다채널방송(MMS) 전략과 상반되는 것이며 또한 정보화 시대에 모든 국민의 알권리와 일부 구도자의 신앙 차단하는 일로 시대적 흐름에 역행하는 것이다. 방통위는 10월 23일 '2017년 규제정비계획' 을 발

324) 「사건 2015나2074211 손해배상(기) 등 판결문 1-19」, (서울고등법원 제13 민사부, 2017.8.22) 참조.

325) 각주 70과 322, 323 참조.

표하고 제 4기 위원회 출범과 새 정부의 규제개혁 방향에 맞춰 미래 신산업 지원, 민생부담 해소, 국민 편익 추진 등 3가지 목표에 따라서 다양한 방송과제를 추진하였다.[326] 특별히 국민 편익 증진을 위해 시각장애인뿐 아니라 일반 국민에게 재난 상황을 효과적으로 알릴 수 있도록 자막과 경보음을 동시에 방송하도록 규정 완화를 확대하고 있다. 이 같은 범국가적 및 사회적 상황에 비추어 볼 때 천부교는 최첨단 정보와 기술을 활용하는 적극적인 포교 전략, 예를 들면, 인터넷을 통한 포교 활동이나 요즘 젊은이들에게 인기 있는 SNS 등을 거부하고 오히려 내부 단속에 치중하는 바, 이는 시대에 뒤떨어진 지극히 폐쇄적인 행동이다. 필자가 본 논문을 준비하는 중에 접한 정보로는 천부교 본부에서 년 전에 출간한 경전 전량을 회수했다는 것이다. 따라서 천부교는 종교의 본질과 사명을 벗어난 집단으로 국가와 사회, 그리고 민생의 유익보다는 도리어 많은 해악을 끼치는 사이비 이단일 뿐이다. 2018년 4월 현재, 천부교의 자칭 천년성 제1소사 신앙촌과 제2 덕소 신앙촌은 기장에서 생산한 자체 생산품을 거래하는 일부 사람들을 제외하고는 출입이 통제되고 있으며, 특별히 부산 기장의 제 3신앙촌이 대표적인 경우이다.

(7) 교주의 특별 교훈이나 신도 간의 대담 전무 : 본서에는 교주와 신도 간의 대화 혹은 교주가 신도들에게 혹은 신도들이 교주에는 묻고 답하는 대화나 메시지가 전무하다. 오히려 박태선은 생전에 탈세와 병역 기피 조장, 사기, 상해, 위증 등의 혐의로 1959년 3월 13일 징역 2년 6개월을 선고받았다. 그리고 1970년 12월 7일에는 전도관을 비판했다 하여 동아일보사를 습격하여 검거되었다. 박태선이 정통 기독교에서 탈선하자 1956년 2월 15일 대한예수교장로회 경기노회는 그를 사이비 이단으로 규정하였다. 그러나 박태선은 도리어 "기성교회는 마귀의 전당이니 구원이 없고 전도관에만 구원이 있다"고 기성교회를 비판하였다. 그는 온갖 거

---

326) www.kcc.go.kr/ 참조. 본 위원회는 방송과 통신에 관한 규제와 이용자 보호 등의 업무를 관장하는 행정기구이다. 디지털 기술의 발달에 따른 방송과 통신의 융합현상에 능동적으로 대응하고, 방송의 자유와 공공성 및 공익성을 보장하며, 방송과 통신의 균형발전과 국제경쟁력을 증진하기 위해 설치된 대통령 직속 행정기구이다. 이 위원회는 방송의 자유와 공공성 및 공익성을 보장하고, 방송과 통신의 균형 발전 및 국제 경쟁력을 강화하는 것 등을 목적으로 하며, 지상파방송 및 종편, 보도 PP 정책, 방송통신사업자의 금지행위 조사와 제재, 방송통신 이용자 보호정책 수립과 시행, 개인정보의 보호정책 수립과 시행 및 불법유해정보 유통방지, 방송광고와 편성 및 평가정책 수립과 시행, 미디어 다양성 정책 등을 취급한다.

짓된 말로 사람들을 미혹하며 기성교회를 비난하였다. 그가 가르친 생수 축복과 혼음 행위, 섹스 안찰 등은 교리나 신앙 여부를 떠나 사회 질서를 파괴하고 혼란에 빠뜨린 심각한 범죄 행위일 뿐이다. 그러므로 박태선의 천부교는 양의 탈을 쓴 이리라 할 것이다. 사도 바울은 딤전 4:1, "그러나 성령이 밝히 말씀하시기를 후일에 어떤 사람들이 믿음에서 떠나 미혹케 하는 영과 귀신의 가르침을 좇으리라" 고 경고하였다. 실로 박태선은 마 24:24[327) 말씀처럼 거짓 선지자요 적그리스도이며, 요일 4:1-6[328)처럼 이단 중에 가장 간악한 이단이 라 할 것이다.

본 경전에서 박태선은 자신의 실명과 범죄 행위는 일체 거론하지 않은 채, 교주 자신의 거짓말 만 일관되게 역설할 뿐 신도들과 전혀 소통이 부재하였다. 이 같은 상황에서는 어떤 믿음과 희망도 기적도 일어날 수 없다. 2018년 4월 현재, 급격히 몰락한 천부교가 그것을 입증하고 있다. 이것은 1600년에 걸쳐 40여 명의 저자에 의해 저술된 성경의 실제적이며 영적인 다양한 교훈과 비교할 수 없는 것으로, 단지 자칭 천부 하나님 개인의 3류 소설이요 망언일 뿐이다. 그러나 "모든 성경은 하나님의 감동으로 된 것으로 교훈과 책망과 바르게 함과 의로 교육하기에 유익" 한 말씀이다(딤후 3:15-16). 모든 성경, 특별히 욥기를 포함하여 시편과 잠언, 전도서와 아가서, 그리고 산상수훈을 포함한 복음서와 서신서들은 소위 하나님과 인간 간의 소통이 무엇인지 구원과 영생에 관한 진면목을 보여준다.

사실 성경은 어느 특정 부분만이 아니라 말씀 전체가 하나님과 그분의 백성 간의 속삭임이요 영적 대화이다. 하나님은 아브라함과 맺으신 언약을 모세 때 이루셨고(창 15:13-16; 출 12:37-42), 구약 선지자들과 약속하신 것은 예수님 초림 때

327) "거짓 그리스도들과 거짓 선지자들이 일어나 큰 표적과 기사를 보이어 할 수만 있으면 택하신 자들도 미혹하게 하리라".

328) "사랑하는 자들아 영을 다 믿지 말고 오직 영들이 하나님께 속하였나 분별하라 많은 거짓 선지자가 세상에 나왔음이라. 이로써 너희가 하나님의 영을 알지니 곧 예수 그리스도께서 육체로 오신 것을 시인하는 영마다 하나님께 속한 것이요. 예수를 시인하지 아니하는 영마다 하나님께 속한 것이 아니니 이것이 곧 적그리스도의 영이니라 오리라 한 말을 너희가 들었거니와 지금 벌써 세상에 있느니라. 자녀들아 너희는 하나님께 속하였고 또 그들을 이기었나니 이는 너희 안에 계신 이가 세상에 있는 자보다 크심이라. 그들은 세상에 속한 고로 세상에 속한 말을 하매 세상이 그들의 말을 듣느니라. 하나님 말을 듣는 자이며 진리의 영을 가진 자>우리는 하나님께 속하였으니 하나님을 아는 자는 우리의 말을 듣고 하나님께 속하지 아니한 자는 우리의 말을 듣지 아니하나니 진리의 영과 미혹의 영을 이로써 아느니라".

다 이루셨다(요 19:30). 이후 예수님의 약속은 지금까지 역사 속에 성취되었듯이 주님의 재림 때 모두 이룰 것이다(계 21:6 참고). 히 13:8, "예수 그리스도는 어제나 오늘이나 영원토록 동일하시" 다. 그러므로 사도 베드로는 벧후 1:20-31, "먼저 알 것은 경의 모든 예언은 사사로이 풀 것이 아니니 예언은 언제든지 사람의 뜻으로 낸 것이 아니요 오직 성령의 감동하심을 입은 사람들이 하나님께 받아 말한 것임이니라" 고 하였다. 모든 것을 주님께 맡기고 잠잠히 그분의 뜻을 기다리는 것이 좋을 것이다.

"모든 영광을 하나님께!" (*Soli Deo Gloria!*).

"...나를 존중히 여기는 자를 내가 존중히 여기고 나를 멸시하는 자를 내가 경멸하리라" (삼상 2:30),

"나는 여호와이니 이는 내 이름이라. 나는 내 영광을 다른 자에게, 내 찬송을 우상에게 주지 아니하리라" (사 42:8),

"이스라엘의 왕인 여호와, 이스라엘의 구원자인 만군의 여호와가 이같이 말하노라 나는 처음이요 나는 마지막이라 나 외에 다른 신이 없느니라" (사 44:6)

"내가 이 두루마리의 예언의 말씀을 듣는 모든 사람에게 증언하노니 만일 누구든지 이것들 외에 더하면 하나님이 이 두루마리에 기록된 재앙들을 그에게 더하실 것이요 만일 누구든지 이 두루마리의 예언의 말씀에서 제하여 버리면 하나님이 이 두루마리에 기록된 생명나무와 및 거룩한 성에 참여함을 제하여 버리시리라" (계 22:18-19)

中甫 서요한 교수 약력

- 총신대학교(신학과) 및 합동신학대학원대학교 졸업
- 영국 런던신학교 졸업
- 스코틀랜드(에든버러), Free Church College 졸업
- 스코틀랜드, 애버딘 대학교(Th.M, 역사신학)
- 영국 남 웨일즈, 글라모르간대학교(Ph.D, 역사신학)
- 영국, 옥스포드대학교, Green College(Post-doctoral, 현대 신학과 기독교 윤리)

- 전 한국기독학생회(IVF) 간사역임
- 전 영국 카디프 한인교회 개척 시무
- 2018년 8월, (현) 총신대학교 신학대학원 교수(역사신학)
- (현) 청교도개혁신학연구소 소장
- (현) 한국가곡세계선양회 부회장 겸 사무총장

저서 및 논문

- 언약사상사(1994)
- 초대교회사(1999, 2003, 2010)
- 중세교회사(2003, 2010, 제21회 기독교출판문화상 신학부분 최우수상 수상)
- 종교개혁사(2013)
- 개혁신학의 전통(2014)
- 스코틀랜드 교회와 한국 장로교(2015)
- 청교도 유산(2016)

- 설교집 제1권: 빈들에 임한 계시(2015)
- 설교집 제2권: 광야에서 맺은 사랑(2015)
- 만화 초대교회사 I, II, (2015)
- 만화 중세교회사 I, II, (2016)

- 2018년 8월 현재 만화 종교개혁사 I, II와 청교도 유산 I, II 만화 작업 중
- 그밖에 언약신학의 역사신학적 전통 외 논문 약 110여 편 이미 출간된 책에 게재 (2016년 12월, 성역 25주년 中甫 서요한 교수 관련 기독신문 광고 참조)

- 2009년 문학21 안도섭 선생 추천 등단
- 2013년 시집(1) "내 가슴에 타는 불은" 출간

- 2010년-2018년 8월 현재, "그리운 금강산"의 작곡가 운산 최영섭 선생님의 가곡 및 성가곡 작곡 약 90곡 작사. (1) 서정가곡: 설악산아, 삼각산아, 아 독도여, 영원하라 무궁화여,그리워라 풍악산아, 흘러라 압록강아, 아 나의 조국 대한민국, 억새꽃 향기, 어머니 사랑, 사랑의 아리랑, 금빛 사랑, 4월 꽃 향기 등 50곡. (2) 성가곡 및 찬송가: 상한 갈대, 나실인, 촛불, 영광의 주 여호와, 환란 많은 세상에서 등 40 여곡 작사

- 2010년-2018년 4월 현재, 서요한 작사, 찬송가 및 성가곡, 장욱조 6곡, 최종길 4곡 작곡
- 2014년 5월 세월호 추모곡 "하늘 소망"(장욱조 작곡, 이지연 CD 출연) 작사
- 김자경 작곡(인생, 사랑의 향기, 사랑의 불꽃 3곡 작사), 유수연 작곡 3월 작사

초대교회사

근현대교회사

2018년 10월 10일 초 판 1쇄 인쇄
2018년 10월 15일 초 판 1쇄 발행

저 자 / 서 요 한
발행인 / 조 경 혜
발행처 / 도서출판 그리심

도서출판 그리심 · since 1998
등록번호 / 제7-258호(1998. 4.23)

● Home page: 그리심
● E-mail: grisimcho@hanmail.net

07030 서울시 동작구 사당로 2길 72 인정apt. b-01)
TEL : 523-7589(출판), FAX : 523-7590(출판)

* 저자와 협의하여 검인을 생략함

ISBN 978-89-5799-415-3 93230

값 : 표지 뒷면에